泰国

编　　著：保罗·盖瑞、露西·里杜特

特别鸣谢：史蒂夫·维克斯

ROUGH GUIDES

中国旅游出版社

目录

左页图：曼谷的黎明寺；扉页图：停泊在攀牙岛岸边的长尾船

泰国概览

泰国每年接待的国外游客人数达 1600 万人次，是亚洲的度假胜地。但其文化一直以来都被保护得十分完好——在吸收西方文化的同时，又保留了自身丰富的文化遗产，避免了文化的西方化。虽然在旅游宣传图片上高楼大厦和霓虹灯随处可见，但是典型的泰国社区形态仍以农村为主，你还能看到更传统的场景，如渔村社区、橡胶林以及佛寺，等等。大约 40% 的泰国人都靠农业为生，以大米为主食，并且形成了泰国独一无二、闻名遐迩的精致美食。

近些年来，旅游业成了泰国发展的主要因素，自旅游业对外开放以来，泰国的大多数地区都得到了突飞猛进的发展——20 世纪 80~90 年代初期，泰国堪称世界上经济发展最快的国家之一。然而，泰国的国家政策却没有跟上发展的脚步。自第二次世界大战以来，为推翻当局政府，泰国的政变就和换届选举一样频繁。当时畸形的民主制度——在得到军队支持的时候——到处充斥着腐败及任人唯亲等现象。

经过过去 60 年翻天覆地的变化，泰国立宪制君主普密蓬国王将严谨的等级制度体系推向了最高峰，备受泰国各界人士的尊敬，使泰国政治得到了稳定。在宗教方面，约有 85% 的泰国人口信奉小乘佛教，这一统一的信仰渗入了日常生活的各方面——从四处可见的分层式寺庙屋顶，到无处不在的身着藏红色长袍的僧侣，再到形形色色的节日庆典，都体现出了宗教信仰的影响力。

上图：阿卡族妇女；红椒和青椒

必游推荐

曼谷是泰国传统和现代冲击最激烈的地方，几乎所有前往泰国的游客都会从此地出发。在其历史核心地带，你可以看到金碧辉煌的寺庙、运河边上的繁华市场，以及富丽堂皇的18世纪**大王宫**。但在市中心区域高楼林立，各种前沿时尚的精品店鳞次栉比，还有一些时髦的酒吧和俱乐部。在到达曼谷后，大多数旅游团队都会前往东部的**芭堤雅**，虽然此地可以说是泰国最破旧的度假村，但其附近拥有美丽的海滩，还可以很方便地前往**沙美岛**及**阁昌岛群岛**，享受吱吱作响的白色沙滩和海滨平房。

伊桑是泰国最贫穷的地区，在某些方面也是最传统的地区，因此很少有游客会来这里游玩。但是沿途可以观赏**湄公河**流域的美丽景观。伊桑位于泰国边界的最东北端，是典型的农村，拥有许多引人注目的宗教场所；而在伊桑南方地带坐落着许多泰国不为人知的秘密景点——宏伟的大型石庙，如**披迈**和**帕侬蓝**，这些石庙都是在千年前由柬埔寨高棉人建造的。在距离曼谷不远处的**考艾国家公园**生活着几乎泰国所有的动植物，从野生兰花到绞杀榕，从大象到犀鸟，无奇不有。

清迈位于北部高地的中心位置，既是一座拥有无限魅力的历史名城，也是充满活力的文化中心，其艺术、工艺品及节庆活动都体现出浓厚的传统氛围。清迈在自我改善上有较大进步，从宗教信仰到世俗的烹饪乐趣都有迅速发展，但是相比于周围地区，其最大的魅力在于**徒步**穿过各种部落民族混居的村庄。**拜县**位于清迈西北方，距其有4小时路程，在这里你可以享受到各种各样的户外活动以及温泉和按摩服务，此外，拜县更是一个山中**避暑胜地**，吸引了世界各地的游客。

由于清迈和北部地区坚定地发展独立旅游线路，处于其中间的**中部平原**往往

小档案

- 泰国共有77个府（changwat）。泰国旧称为**暹罗**，直到1939年才改为泰国（1945~1949年期间，泰国沿用了暹罗之名）；目前有学者建议将国名改回暹罗，从而更好地反映国家的泰国元素和非泰国元素之间的差异。
- 泰国**人口**约有6710万（2013年数据），其中泰族人占75%，华人占14%，其余人口主要为周边国家的移民以及山地部落民族。
- 佛教是泰国**国教**，伊斯兰教是最大的少数宗教，但是几乎所有泰国人都会信仰特定形式的泛灵论（神灵崇拜）。
- 1932年，泰国建立了君主**立宪制**。普密蓬国王，也被称为拉玛九世（是却克里王朝的第九任统治者），是世界上统治时间最长的国家元首，于1946年继任王位至今。
- 根据2010年无国界记者有关**新闻报道自由**指数显示，由于冒犯君主罪的设定，泰国的排名在178个国家中下降到了第153位。
- 2012年情人节那天，两名泰国男子在芭堤雅创下了50小时25分1秒的**持续亲吻纪录**，令人咋舌。

北部湾
GULF OF TONKIN
越南
VIET NAM
老挝
LAOS
缅甸
BURMA
内比都
NAY PYI TAW
仰光
Rangoon
琅勃拉邦
Luang Prabang
湄公河 Mekong
万象
VIENTIANE
清孔
Chiang Khong
湄赛
Mae Sai
清盛
Chiang Saen
塔通
Tha Ton
清莱
Chiang Rai
拜县
Pai
夜丰颂
Mae Hong Son
帕尧
Phayao
普卡山国家公园
DOI PHUKHA NATIONAL PARK
清迈
Chiang Mai
南奔
Lamphun
坤丹山国家公园
DOI KHUN TAN NATIONAL PARK
难
Nan
因他暖国家公园
DOI INTHANON NATIONAL PARK
迈萨良
Mae Sariang
南邦
Lampang
帕
Phrae
登猜
Den Chai
程逸
Uttaradit
Ping
西沙差那莱
Si Satchanalai
弄龙时山国家公园
PHU HIN RONGKLA NATIONAL PARK
素可泰
Sukhothai
彭世洛
Phitsanulok
达克
Tak
湄索
Mae Sot
Nan
甘烹碧
Kamphaeng Phet
翁庞
Umphang
隆塞
Lom Sak
南瑙国家公园
NAM NAO NATIONAL PARK
那空沙旺
Nakhon Sawan
Three Pagodas Pass
桑卡拉武里
Sangkhlaburi
赛育国家公园
SAI YOK NATIONAL PARK
爱侣湾国家公园
ERAWAN NATIONAL PARK
德林达依 TENASSERIM
Kwai
北碧
Kanchanaburi
佛统
Nakhon Pathom
湄南河
Chao Phraya
华富里
Lopburi
大城
Ayutthaya
邦巴茵
Bang Pa-In
曼谷
BANGKOK
沙没颂堪
Samut Songkhram
清刊
Chiang Khan
普加东山国家公园
PHU REUA NATIONAL PARK
黎
Loei
普加东山国家公园
PHU KRADUNG NATIONAL PARK
廊开
Nong Khai
汶干
Bung Kan
乌隆
Udon Thani
班清
Ban Chiang
那空拍农
Nakhon Phanom
甘蒙
Khammouan
沙功那空
Sakon Nakhon
塔帕农
That Phanom
莫拉限
Mukdahan
沙湾拿吉
Savannakhet
Mekong
孔敬
Khon Kaen
乌汶
Ubon Ratchathani
Mun
披迈
Phimai
呵叻
Khorat
素林
Surin
四色菊
Si Saket
空尖
Chong Mek
巴色
Pakse
考艾国家公园
KHAO YAI NATIONAL PARK
沙缴
Sa Kaew
亚兰
Aranyaprathet
诗梳风
Sisophon
暹粒
Siem Reap
吴哥
Angkor
1
2
3
4
11
21
22
24
101
107
108
118
212
226
317

安达曼海
ANDAMAN SEA
泰国湾
GULF OF THAILAND
南海
SOUTH CHINA SEA
柬埔寨
CAMBODIA
越南
VIET NAM
马来西亚
MALAYSIA
洞里萨湖
Tonle Sap
金边
PHNOM PENH
胡志明市
Ho Chi Minh City
西哈努克城
Sihanoukville
碧武里
Phetchaburi
华欣
Hua Hin
三百峰国家公园
KHAO SAM ROI YOT NATIONAL PARK
巴蜀
Prachuap Khiri Khan
芭堤雅
Pattaya
罗勇
Rayong
庄他武里
Chanthaburi
沙美岛
Ko Samet
达叻
Trat
阁昌岛
Ko Chang
哈特列克
Hat Lek
春蓬
Chumphon
拉廊
Ranong
涛岛
Ko Tao
红统国家海洋公园
ANG THONG NATIONAL PARK
帕岸岛
Ko Pha Ngan
苏梅岛
Ko Samui
素林岛
Ko Surin
猜亚
Chaiya
素叻他尼
Surat Thani
考索国家公园
KHAO SOK NATIONAL PARK
斯米兰岛
Ko Similan
蔻立
Khao Lak
攀牙
Phang Nga
甲米
Krabi
普吉
Phuket
皮皮岛
Ko Phi Phi
拷龙次国家公园
KHAO LUANG NATIONAL PARK
那空是贪玛叻
Nakhon Si Thammarat
博他伦
Phatthalung
董里
Trang
兰达岛
Ko Lanta
合艾
Hat Yai
宋卡
Songkhla
北大年
Pattani
阁德鲁道岛国家公园
KO TARUTAO NATIONAL PARK
沙春
Satun
也拉
Yala
那拉瓦提
Narathiwat
兰卡威岛
Langkawi
瓜拉玻璃市
Kuala Perlis
亚罗士打
Alor Setar
勿洞
Betong
双溪哥乐
Sungai Kolok
哥打巴鲁
Kota Bharu
4
41
44
401
408
3
42
410
米
1000
500
200
100
0
N
0
100
千米

泰拳

泰拳（muay thai）是泰国人最痴迷的运动项目之一，当维扬·邦里德在2000年悉尼奥运会上为泰国夺得唯一一枚金牌（国际轻量级拳击）凯旋时，泰国政府为他举行了隆重的游行仪式，游行队伍中共有49头大象，他就坐在领头大象的头上，接受人们的赞美，此外，政府还给予其一套房子及2000万泰铢的奖励，并为其在警察机关提供了晋升机会。虽然有些迟，但是最近泰拳终于也渐渐出现在武术类电影中：《拳霸》（2003）、《冬荫功》（2005）、《拳霸2》（2008）都在全球票房大卖，而在电影中展示其特技的功夫巨星、武术家托尼·贾（Tony Jaa），已被任命为泰国文化大使。

虽然拳击馆在泰国随处可见，但是最激烈的拳击比赛通常在曼谷两最大的两座体育馆举行：拉查达蒙农和鲁比尼。即使你对体育本身没有兴趣，将此作为一种文化体验也是很值得的（见p.45和p.143）。

不如这两个地区那样引人注目；但是靠近缅甸边境的**翁庞**周围的风光还是值得一看的。此外，**大城**和**素可泰**这两个前首都的遗址精美绝伦，展现了古都辉煌的艺术遗产，以及泰国吸收不同文化的独特能力。位于**桂河**的**北碧**更是令人惊叹，讲述了泰国过去一段最黑暗的历史，在“二战”期间，日本军队正是沿着这条河流，用成千上万战俘的鲜血修建了泰缅铁路。

作者推荐

本书作者之一保罗在经过20年的奔波后，终于在泰国定居下来，对于这个第二家乡他想展现给读者的有很多，在此，他推荐了一些他的个人最爱。

按摩是必须要享受的体验之一。在按摩亭中享受力度适中的按摩，周围又有卧佛寺历史悠久且千变万化的建筑，这可以说是曼谷无与伦比的体验之一。见 p.80

公路旅行。沿着伊桑的清刊一廊开公路（p.428），你就可以近距离亲身体验到湄公河的伟大。而夜丰颂环线的三千弯道更是展现了泰国高地的最佳风景。见 p.286

岛屿的吆喝声。船只的嘈杂是岛居生活很重要的一部分，尤其是围绕涛岛的巡游之旅，或者在南园岛的堤道沙滩上嬉戏打闹，都是最美妙的旅游体验，虽然行程短暂，但丰富多彩。

啊啊啊啊，好吃！在泰国最不缺的就是“美食”，你可以享受到有浓浓芒果沙拉酱的蓬松炸鲇鱼、美味可口的牛肉绿咖喱，还有芒果糯米饭和椰子牛奶。见 p.37

放松自我。在益梭通的火箭节（见 p.412）及丹塞的鬼脸节上，可以疯狂地畅饮作乐。见 p.425

简约大方的青瓷。在泰国数十种技艺精湛、价值不菲的手工艺品中，以精致的青瓷位居榜首，再巧妙地加上绿色釉面，更是美妙绝伦。

孔剧。目前很少能够看到孔剧了，但是如果你偶然碰上一次表演，请坐下来细细观赏，你会陶醉在这种泰国最高级别戏剧艺术中，那悠扬的音乐、美丽的服饰以及精致的手势无一不使人折服。见 p.44

最佳景点？是曼谷 Sky Bar（p.140）混凝土丛林的庄严全貌？还是 Chang Moob 山（p.320）层峦叠嶂、郁郁葱葱的山脉？抑或是攀牙湾（p.575）令人震惊的石灰石炮塔？最佳景点等着你来决定。

> 本书的建议远不止这些，在本书中，我们将地理位置优越的酒店、气氛独特的酒吧及特色餐馆都用★号突出标明，这些都是作者最常去的场所。

左页图：游客到达苏梅岛的情景
右上图：詹姆斯·邦德岛；右下图：香蕉叶包裹的食物

泰国旅游主要以沙滩和大海为主，其中最吸引游客的海岸位于泰国南部，离**海湾沿岸**不远的苏梅群岛就是个中翘楚。**苏梅岛**本身就拥有最广阔的白色沙滩，以及最齐全的住宿条件和配套设施。**帕岸岛**附近大部分地区仍然是背包旅行者的"领土"，在这里，你可以前往荒凉的海湾，也可以选择当地著名聚会地**哈林海滩**。多岩石的**涛岛**是泰国最偏远的岛屿，但作为东南亚最大的潜水训练中心，它也发展得十分成熟。

而在半岛另一侧的**安达曼海岸**拥有更迷人的风景以及全泰国最好的珊瑚礁，尤其是**斯米兰群岛**周围，被誉为世界顶级潜水点之一。安达曼海岸最大的岛屿**普吉岛**是泰国最受欢迎的旅游目的地之一，在周围十几个沙滩的衬托下显得更加美丽，但其中几个沙滩高楼林立，夜生活纸醉金迷，已遭到过度开发。美丽富饶的**小皮皮岛**是重要的社交中心，四周碧波环绕，整个**甲米府**海岸遍布着独特的石灰石峭壁，让人叹为观止。树木丛生的**兰达岛**是一个广阔而宁静的栖息地，最适合家庭游客。但是只是当你抵达**考索国家公园**的雨林后，你才会了解到什么是真正的丛林。

从泰国半岛继续下行就可以到达**南方腹地**的各省府，在这里，你可以欣赏**董里**的岛屿以及**阁德鲁道岛国家海洋公园**丰富多样的海洋生物和人迹罕至的沙滩。不仅如此，这里还提供有趣的环岛旅行，游客们可以享受从普吉岛到马来西亚槟榔屿的游船旅行，饱览沿途风光。

最佳旅游季节

由于西南季风带来的水分集中在安达曼海以及泰国湾，泰国大部分地区的气候主要分为三个季节：雨季（大致是5~10月）、凉季（11月~次年2月）、热季（3~5月）。在这三个季节中，**雨季**是最不可预测的，因为其持续时间长度和降雨强度每年都有所不同，但是每一年雨季基本都是从5月开始，直到10月才会渐渐结束：期间是下雨天数最多的季节，但是基本上都只是在下午或晚上下几个小时。降雨通常集中在6~8月，在9月和10月降雨量达到最大，因此没有铺设路面的土路都会变得泥泞不堪，无法通行。**凉季**是去泰国游玩的最佳季节，

灵屋

绝大多数的泰国人都是佛教徒，而且几乎所有泰国人都相信这个物质世界是有灵魂存在的（p.656）。如果得不到足够的关心和照顾，这些灵魂就会带来麻烦，如果让其无家可归，更会引起一场浩劫。因此，每当要建造新建筑物时，无论该建筑物是传统村屋还是办公大楼，屋主都会为先前拥有该土地的灵魂建造一个房屋。最关键的是，这些灵屋必须位于建筑物的最佳地点（在曼谷，灵屋的最佳地点通常是在屋顶），同时还必须反映该建筑物的地位，因此，灵屋的建筑风格迥异，有最简单的木质结构，有气势宏伟华丽的寺庙，甚至还有现代时尚的小塑像。在灵屋里，每天都要献上鲜花、香烛等贡品，有时还有少量食物。

拼写方式

由于将泰国字母用罗马字母表示并不存在标准的体系，所以如果你在本书中发现有些泰语和你平时经常看见的版本不相符，是很正常的情况。最具争议的要数地图和街道指示牌了，我们已经尽量使用当地最常见的拼写方法；如果遇到两个版本同样流行而难以抉择的情况，我们选择了对发音最有帮助的版本。但是有时候你需要一些横向思维，例如在本书中，最经典的变形就是大城（Ayutthaya）的拼写，其罗马拼写为 Ayudhia。而在街道名称中，Thanon Rajavithi 也可被写为 Thanon Ratwithi；而且你很有可能发现在街道一头的名称是这个，另一头的名称就换成了另外一种拼写方式。

不过中午时仍会达到 30℃的高温。在**热季**，曼谷的气温通常会达到 35℃，此时去海边度假是最好的选择。

虽然泰国气候大致如上所述，但是各地区（见 p.54）之间还是有细微差别的。**北部**较为干燥的高原地区温差最大：凉季晚上温度骤降，一些较高山坡的温度偶尔会下降到 0℃，而在 3~5 月，该地区的气温甚至比中部平原地区还要高。**东北部**是泰国热季最炎热的地方，干涸的田地上方尘土遮天，空气湿度较高。而在**泰国南部**，温度终年保持稳定，越接近赤道地区，温度变化就越小。南部半岛的**安达曼海岸**受雨季影响最严重：从 4 月开始降雨，通常会持续到 11 月。

但泰国有一个地区的气候不在这种一般模式范围之内，那就是南部半岛的**海湾海岸**。由于其东部直接与大海相通，该海岸及其近海岛屿主要受东北季风的影响，因此通常在 10 月 ~ 次年 1 月期间降雨量较大，尤其是 11 月。不过西南季风对海湾海岸的影响并没有安达曼海岸那么大。

概括而言，凉季是去泰国游玩的**最佳季节**：温度更容易预测，而且雨量又少，这一时节去泰国不仅可以看到大大小小的瀑布，还可以欣赏到漫山遍野的鲜花。但是凉季同时也是游客最多的季节，因此预先制订好计划是至关重要的。

右图：俯瞰曼谷

不可错过的30处看点

一次旅行是不可能游尽泰国所有风情的，而且作者也不建议游客一次性走遍泰国。下面提供了去泰国游玩不可错过的 30 处看点，排名不分先后：如美丽的海滩、无与伦比的国家公园、气势宏伟的寺庙以及惊险刺激的活动等。所有入选内容都会在下文中有详细信息的页面参考，带你直接领略当地风光。

1

1 **阁骨岛**
p. 374
洋溢着野性美，且岛屿边缘拥有非常漂亮的海滩。

2 **大城**
p. 186
船只和自行车是探索这个泰国前首都分散的寺庙遗址的最佳方式。

3 **普吉岛素食节**
p.552
在道教斋戒期间，华人斋戒信徒通过严酷的自我禁欲方式来测试他们的精神决心。

4 高棉遗址
p.396

高棉人留下了一系列壮丽的庙宇建筑，遍布泰国整个东北部，包括图中这处位于披迈的遗址。

5 考索国家公园
p.535

岩石表面薄雾笼罩，丛林小径回响着由长臂猿叫声交织而成的奏鸣曲，还有那广阔无垠的秀兰湖，无不吸引着游客去探索这个美丽的国家公园。

6 恰图恰周末市场
p.142

去泰国购物绝不可错过恰图恰周末市场，这里共有 8000 多个商铺，所卖物品从烹饪锅具到专门设计的灯具，应有尽有，可享受到一流的购物体验。

7 吉姆·汤普森纪念馆
p.104

吉姆·汤普森是美国伟大的冒险家、企业家和艺术收藏家，这个纪念馆是一家小型的私人博物馆，主要收藏泰国手工艺品，展现了泰式建筑风格。

8 水灯节
p.213

泰国水灯节是为了向水神表示敬意，节日期间，泰国所有河流、池塘、海滨都会漂满水灯，鲜花簇簇，烛光闪烁。

9 卧佛寺
p.78

寺院富丽堂皇，而那令人敬畏的巨大卧佛更是栩栩如生。

10 那空是贪玛叻
p.509

那空是贪玛叻是南方精致美食、主要宗教和文化财产的发源地。

4

5

6

7

8

9

10

11

12

13

14

15

11 泼水节
p.249

泰国的新年——宋干节其实就是泼水节。

12 考艾国家公园
p.385

公园内有易于游览的小径和夜间动物园，可以观赏到成群结队的犀牛和长臂猿。

13 清迈素贴寺
p.265

素贴寺是泰国寺院建筑中最和谐壮观的建筑群之一。

14 彭世洛士官长扎为民俗博物馆
p.205

是泰国最顶级民族学博物馆之一，完整重现了村庄风貌。

15 夜丰颂环线
p.286

该环线总长 600 千米，山上森林密布，环线蜿蜒通向山林深处，异常壮观。

16 夜市
p.35

晚上聚集了各种各样的小吃摊，要想吃到当地最纯正的美味，夜市是最佳去处。

16

17

18

19

20

17 大王宫
p.72
这个宏伟壮观的建筑群是每个游客到泰国旅游的必到之处，展示了泰国最神圣、最美丽的寺庙——玉佛寺。

18 清迈泰式烹饪课堂
p.247
在清迈你可以体验各种课程活动，其中烹饪课堂是最吸引游客、最受游客欢迎的项目。

19 难河
p.284
难河流淌在美丽富饶的山峦之中，风光秀丽，此外还有精湛的手工艺传统及一些别具一格的寺庙，分外吸引游客。

20 传统按摩
p.46
泰式传统按摩结合了指压按摩和瑜伽的综合元素，用传统按摩结束一天的疲累虽有点痛楚，但可令人心旷神怡。

21 攀牙湾
p.575
乘船或独木舟游览安达曼海上奇异美丽的岩石。

22 哈林海滩的满月派对
p.495
仿佛露天超级大夜店，狂野与浪漫一触即发。

23 兰达岛
p.608
兰达岛上有许多长长的海滩，还有很多美丽但不起眼的度假设施，是家庭出游的热门景点。

24 徒步旅行

p.51

徒步穿过泰国北部山区美丽的雨林，同时可以深入了解迷人的山地部落文化。

25 甫托寺

p.438

甫托寺坐落于树木繁茂的峭壁上，规模宏大，独具一格。

26 泰丝

p.404

泰国东北部的纺织工人生产出了泰国最精致的丝绸。

27 搭乘沿桂河的死亡铁路

p.163

死亡铁路是泰国风景最秀丽，同时也是历史最悠久的铁路，这条铁路是用无数“二战”战俘的生命修建而成的，因此得名。

28 攀岩

p.573、596及592

即使是攀岩新手也可以攀上阁遥岛、皮皮岛以及莱雷半岛的岩壁，一览安达曼海无与伦比的风光。

29 素可泰

p.209

租一辆自行车，探索泰国13世纪首都的遗址，别具风味。

30 曼谷国家博物馆

p.83

这座规模宏大的博物馆汇集了泰国众多的艺术珍品。

24

25

26

27

28

29

30

主题线路

下面提及的主题线路会涵盖泰国的各个景点，从北部山间漂流到安达曼群岛的海滩漫步，应有尽有。无论你是想感受野外大自然冒险的惊险刺激，还是想体验泰国各种各样的美食盛宴，抑或是想在人迹罕至的天堂岛屿找到最好玩的项目，都可以得到满足。

壮观的户外活动线路

目前，泰国提供了各种各样好玩的陆地和热带海洋野外活动。

❶ **考艾国家公园** 泰国为数不多的几个游客可以沿着小径徒步观赏壮观瀑布、美丽兰花以及各种野生动植物的国家公园之一。见p.385

❷ **清迈** 户外活动最好的基地，有单车一日游和多日游、山地自行车、徒步旅行、漂流、攀岩等多种项目。见p.241

❸ **拜县漂流** 徒步旅行的好去处，其中最经典的是两日一夜游，包括了拜河漂流、观赏瀑布、享受温泉以及丛林露营。见p.302

❹ **翁庞徒步旅行** 要想到达200米高的提洛苏瀑布，最好的办法是漂流而下，然后花三天时间徒步穿过丛林就可以到达目的地了。见p.232

❺ **斯米兰岛是潜水和浮潜胜地** 这个偏远的国家公园列岛拥有世界级的水下风光，游客可以搭乘带有潜水装备的小型船只探索这里美丽的海底世界。见p.544

❻ **在攀牙湾海面上乘独木舟** 无论是一日游、夜游还是多日游，要想游览这与众不同的海湾，划船是最好的选择，既舒适，又可探索神秘的山洞和红树林沼泽。见p.575

❼ **小阁遥岛** 一座休闲岛，位于攀牙湾的边缘，对于那些酷爱皮划艇、浮潜、潜水和攀岩的游客来说，这里是一处低调的热门中心。见p.571

❽ **在莱雷半岛攀岩** 会为攀岩初学者提供讲解、设备租赁和指导人员，在莱雷半岛令人叹为观止的风景中有700多条攀岩线路，因此是攀登者的首选之地。见p.590

美食线路

我们不敢保证下面提及的餐馆是泰国最好的，但是这些都是当地有名气、服务独具一格、具有地方特色的餐馆，在这里你可以非常舒适地用餐。

❶ **清莱** 并不是一个以美食闻名的城镇，但是Salungkham餐馆通常会吸引行人驻足停留，对于他家自制的烟熏猪肉，你肯定会有打包的欲望。见p.316

❷ **清迈** 对于酷爱美食的游客来说简直就是天堂：这里有数不尽的泰式烹饪班，有烹饪徒步游，而且在类似Huen Phen这样的餐馆里，既可以选择泰国中部菜肴，也可以尝尝带有缅甸口味的泰国北部菜。见p.247、257及258

❸ **曼谷** 有5万多处可以用餐的地方，其中特别值得一提的有两家餐馆：一家是Taling Pling餐馆，这家店中的许多菜肴都获得了

上图依次为：斯米兰岛的浮潜项目；美味的泰国菜；考艾国家公园

各地泰式菜肴美食家的称赞；另外一家是 Bolan 餐馆，菜式按照传统配方精心制作，且使用的都是当地高质量的时鲜材料，堪称一绝。见 p.136

❹ **华欣** 长久以来一直都是曼谷中产阶级美食爱好者最钟爱的海滨度假处，为此创建了独特的烹饪环境——Baan Itsara 为食客提供的是创意海鲜料理。见 p.458

❺ **普吉岛** 有许多时髦大牌的餐馆，The Seacret 貌似毫不起眼，却可品尝到许多当地美食，如干熏风味虾以及肉桂红烧五花肉等。见 p.566

❻ **甲米** Ko Tung 餐馆闻名遐迩，有很多人慕名前来，想在这里用餐估计要排队等候，但是为了香甜可口的贻贝和烤螃蟹等新鲜且具有泰国南部风格的海鲜料理，等再久也是值得的。见 p.584

❼ **苏梅岛** 目前有一些不错的酒店餐厅，但是作者还是会推荐 Ban Hua Thanon 海鲜餐馆，这家家庭餐馆坐落在一处木建筑内，餐桌都靠近海岸，芒果沙拉虾丝堪称一绝。见 p.488

❽ **那空是贪玛叻** Krua Thale 餐馆是吸引游客的重要因素，来到这里就不能错过该餐馆的贻贝草药汤。见 p.514

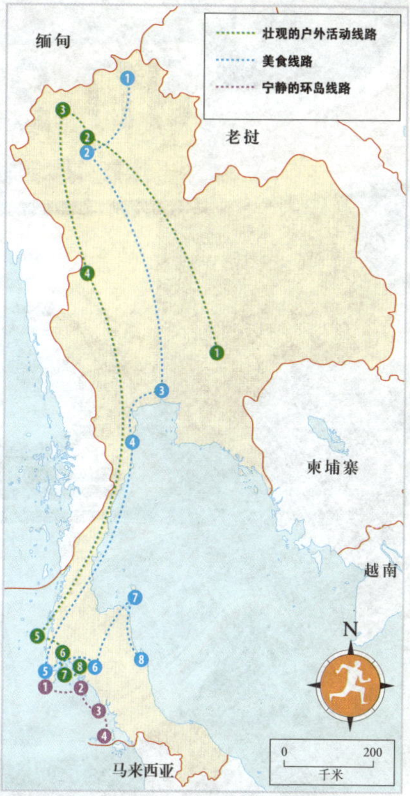

宁静的环岛线路

目前已有渡轮前往安达曼海岸的石灰岩岛屿，所以即使脚不沾地，游客也可以从普吉岛到达马来西亚的槟榔屿。你也可以避开人潮，绕开普吉岛、皮皮岛以及丽贝岛这些景色优美但游客众多的岛屿，从而节省金钱，也可以减少困扰。

❶ **普吉镇** 普吉岛的首府，这里的建筑以中葡风格为主，相比于那些鼎鼎有名的海滩，这里的食宿性价比更高，也更有趣，交通也更加便利。见 p.551

❷ **兰达岛** 向西大约 20 千米处就有沙滩，很适合全家人休闲度假，岛上有各种价格实惠的住宿设施，众多海滩酒吧提供令人眼花缭乱的落日晚饮选择。见 p.607

绕过兰达岛不远就是**俊穆岛**，有 6 片荒凉偏僻的海滩，在这里可以看夕阳，可以乘船游览，欣赏美景，还可以爬山。见 p.602

❸ **孩岛** 岛上有各种预算的度假村，且可欣赏到参差不齐的石灰岩岛屿的壮观全景。见 p.624

绕过孩岛，很快就可以到达**姆克岛**，岛上最令人惊叹的就要数翡翠洞了，其内陆是细沙沙滩，就位于天然火山口下，异常壮观。见 p.626

就在姆克岛西南方是一座杳无人迹的孤岛——**克雷登岛**，岛上有 6 座度假村，东部有一个绵长的粉状沙粒海滩，海水如宝石般美丽清澈。适合浮潜，可尽情下海探索暗礁，除此之外，岛上再无其他活动。见 p.628

❹ **阁德鲁道岛** 这座国家海洋公园中的红树林、丛林小径以及该地区最原始的沙滩都是游客的最爱。见 p.631

泰国的嘟嘟车

基本信息

如何抵达

目前，泰国共有6座国际机场，分别位于曼谷、清迈、合艾、甲米、普吉和苏梅岛。绝大多数游客都会选择抵达曼谷素万那普国际机场（见p.114）。

飞往泰国的机票通常随着**季节**的变化而变化，11月中旬～次年2月中旬左右的票价是最高的，因为泰国在这个时间段的天气最适合旅游（在12月中旬～新年这段时间的票价还会上涨），由于7月和8月是学校放假的时间段，因此这期间的票价也比较高。在旅游高峰阶段，若想买到价格合理的机票，需要提前几个月预订。

中国国内目前有多条直飞**普吉**和**清迈**的国际航线，分别从北京、上海、成都、香港和昆明、天津等城市出发。但是去往**曼谷以外的地区机场**，最经济的方式还是先抵达曼谷，然后再单独购买泰国国内机票（见p.29）。从中国香港、吉隆坡、新加坡都有多家航空公司的航班飞往**苏梅岛**；你也可以搭乘亚洲航空、马来西亚航空从吉隆坡飞往**甲米**，或选择从新加坡搭乘欣丰虎航出发。

当地旅游代理商

Andaman Discoveries Ⓦ www.andamandiscoveries.com 这个机构在安达曼海岸北部的库拉武里地区为游客提供为期1~5天的乡村寄宿家庭社区旅游项目，可以让游客亲身体验当地的日常活动，如肥皂制造、腰果种植以及搭建茅草屋等。其他旅游项目还包括素林岛国家公园4日游，深入了解莫肯人日常生活。

Asian Trails Ⓦ www.asiantrails.net 这是一家很有名气的旅游公司，提供全面的旅游服务，包括自驾游、单车冒险、寄宿家庭项目、江海巡游以及各种经典的包团旅游。

Creative Events Asia Ⓦ www.creativeeventsasia.com 从庆典请柬到来宾住宿，该公司都有专家负责。

Education Travel Center Ⓦ www. etc.co.th 该中心提供的旅游项目是与众不同的，包括泰国烹饪假期、运往大城的粮船巡航线路，以及社区活动和寄宿项目，在社区，游客可以享受徒步旅行，也可在社区进行支教活动。

Origin Asia Ⓦ www.originasia.com 提供各种泰国现存艺术的教学和讲解，如舞蹈、音乐、武术、纺织、花卉产品以及烹饪等文化项目。这些课程一般为期1~7天，上课地点在曼谷及清迈。

Spice Roads Ⓦ www.spiceroads.com 游客可以在导游的陪同下，骑自行车游览泰国北部、中部和南部的风光。

Thailand Birdwatching Ⓦ www.thailandbirdwatching.com 在国家公园以及自然保护区提供专业的观鸟行程。

顺游邻国

泰国和缅甸、老挝、柬埔寨以及马来西亚接壤，作为整个亚洲陆上旅行的一部分，泰国表现得相当出色。而曼谷更是东南亚主要的区域飞行枢纽之一。

允许通过的陆路口岸位置和**签证**是经由陆路进出泰国的主要限制因素。泰国邻国旅游所需签证的详细要求将会在下文概述，但是在旅游前，请游客务必要重新审查一遍。**亚洲各国大使馆**都位于曼谷，但是如果去其他地区的签证签发领事馆办理签证事宜的话，等待时间会较短，如清迈的印度领事馆、孔敬的老挝和越南领事馆。曼谷考山路有很多旅游代理机构可以为游客代办签证，但是在此我们需提醒游客：一些代理机构所发签证上的**印章是伪造的**，可能会带来很严重的后果。因此为了保险起见，还是由本人亲自去使馆办理签证较为妥当。

如果你想**驾驶自己的汽车或摩托车**进入泰国，必须具备相关的合法文件；有关信息请咨询Golden Triangle Rider网站（Ⓦ www.gt-rider.com）。

缅甸

无论是从缅甸到泰国，还是从泰国到缅甸都没有陆路通道，因此游客只能在缅甸特定范围内进行游览，通常只花一天时间游玩

更好的旅游方式

因为钟爱旅游，我们完成了这本旅游指南，希望本书能够帮助读者更好地了解这个世界，以及各地区的人文环境，而且对于大部分发展中国家来说，旅游业是至关重要的。但是现代旅游业的规模已经对一些景点造成了无法挽回的伤害，而且各种形式的交通运输尤其是航空运输加快了气候变化。本书中提及的大部分航班都是碳补偿航班，而且我们每年也都会向各种环保组织捐款。

清莱对面的大其力地区（Thachileik）、湄索附近的苗瓦底地区（Myawaddy）以及拉廊附近的高当地区（Kavo Thaung）。在这些边界地带，花 $*1 10（或 B*2 500）临时办张**签证**，就可以进入缅甸境内游玩，当你回到泰国境内时，可以办理一份为期 15 天的新签证；详情请参见相关说明。

说明：*1 $ 为美元符号，*2 B 为泰铢符号，本书 p.61"货币"部分有详细介绍。

柬埔寨

在本书的写作过程中，泰柬边界对非泰国人共开放了 6 个陆路口岸。所有边境口岸的详细信息请参见相关城镇描述；根据游客的最新体验，当地从曼谷到暹粒的联运服务是一种常见的**诈骗手段**，详情可以咨询 ⓦ www.talesofasia.com/cambodia-overland.htm。

大部分游客会选择经过波贝（Poipet）的口岸，再转到诗梳风（Sisophon）、暹粒（Siem Reap）及金边（Phnom Penh），波贝口岸位于泰国的亚兰（见 p.333），从这里出发可以直接到达曼谷，也可以在沙缴稍作停留，再转往庄他武里；或者，游客们还可以从柬埔寨的西哈努克城出发，经过戈公（Koh Kony）和海特列克进入泰国边境，抵达泰国东海岸阁昌岛附近的达叻地区（见 p.354）。

泰国东北部口岸包括泰国素林鸽冲县附近的充宗—奥斯玛边境关口（见 p.404）以及四色菊（见 p.405）的 Sa Ngam-Choam 边境关口，都会提供前往安隆汶（Anlong Veng）及暹粒的交通。此外，庄他武里还有两个可以前往柬埔寨拜林市（Pailin）的口岸（见 p.353）。

当游客抵达金边或暹粒机场或者上面列出的任一边境关口时，就可办理柬埔寨旅游签证，签证有效期限为 30 天，办理签证时，你需要上交 $20 以及一张照片。如果你想提前办理为期 30 天的签证，可通过 ⓦ www.mfaic.gov.kh/evisa 进行网上操作，办理流程需 3 个工作日，共需 $25。这种电子护照只可以在国际机场以及波贝和戈公省的边境关口使用，但是却可以帮你省去陆地边境处很多不必要的麻烦，如诈骗等。

老挝和越南

从**老挝边境**到泰国，主要有 5 个重要城市：会晒（Houayxai，可前往泰国清孔，见 p.325），万象（Vientiane，可前往泰国廊开，见 p.431），甘蒙（Khammouan，可前往那空拍侬，见 p.439），沙湾拿吉（Savannakhet，可前往莫拉限，见 p.442），以及巴色（可前往空尖口岸，见 p.410）。所有这些边境地区都可作为进出老挝的关口，详细交通情况请参阅相关城镇描述。

所有非泰国籍游客进入老挝境内都**需要签证**。在到达万象、琅勃拉邦、巴色机场或者上面列举的任一陆地边境处，你可以花费 $30 办理一份为期 30 天的**落地签证**，但需要当地人的联络电话、地址及酒店预订，另外你还需要准备一张照片。或者你也可以花费同样的价钱在曼谷的老挝大使馆或者孔敬的老挝领事馆提前办理一份签证。

从越南出发，经过老挝—泰国边境的沙湾拿吉，不出几个小时就可以抵达泰国境内；你可以在越南东河市（Dong Ha）西面的辽保（Lao Bao）边境口岸处搭乘巴士前往沙湾拿吉，然后再转车经过湄公河大桥抵达泰国的莫拉限。所有去越南的游客都必须提前办理签证。在曼谷的越南驻泰国大使馆办理签证需 4 个工作日，也可交由当地旅行社代为办理。最直接的方法是在网上通过越方代理申请越南签证，在线填表，手续费 $10~20 不等。3 个工作日后收到签证批准函，打印随身携带。但只能通过越南的国际机场入境，到机场后凭此换取真正的贴纸签证并现场支付 $45 的 Stamp Fee。

马来西亚和新加坡

泰国与**马来西亚和新加坡**之间的旅游路线从很早以前就一直采用直达的陆上线路，线路有很多，游客可以从公交车、小型巴士、合乘出租车以及火车等方式中选择自己喜欢的交通工具，其中大部分交通方式都有其规定的线路，中途会经过泰国南部城市以及交通枢纽合艾。包括下列几个进出马来西亚的边境口岸：巴东勿刹，连接马来西亚巴特沃斯（Butterworth）和合艾及曼谷的主要铁路线（其终点是吉隆坡和新加坡）；双溪哥乐，是从合艾和曼谷出发的铁路终点站，与 Ban Taba 相毗邻，合艾和曼谷到马来西亚哥打巴鲁（Kota Bharu）附近主要是由公路连接；以及也拉南部的勿洞口岸。

游客还可以从西部海岸**经过沙敦越境**旅行：可乘渡轮往返于沙敦与兰卡威岛（Lang

Kawi）之间，或者通过陆路往返于郡村（Ban Khuan）和加央（Kangar）之间；此外还可以从丽贝岛（见 p.633）搭船前往兰卡威岛。

中国游客若想从上述口岸前往马来西亚或者新加坡，都需要提前在国内办理好该国签证。

国内交通

如果时间宽裕，泰国旅游是既便宜又好玩的。在泰国，除非乘坐飞机，否则泰国国内的长途旅行实在让人受不了，尤其是当你经费预算有限时，你只能选择硬座且没有空调设施的交通工具。

尽管如此，相比于东南亚其他国家，游客还是可以选择多种交通方式来游玩泰国。泰国的**长途汽车**速度快、价格低、班次多，而且还相当豪华。**火车**速度较慢，但是比较安全，而且在夜间旅行中可以睡得更好；此外，如果是白天旅行，相比起巴士来，搭乘火车可以欣赏到更多美丽的风景。跨镇**双条车**、**空调迷你巴士**以及**合乘出租车**随处可见，而且搭乘**渡船**就可以轻松到达各个主要岛屿。当地交通形式有很多，游客可以选择各种各样的公共交通工具或包车。

跨镇长途汽车

总体而言，**长途汽车**（巴士）是游览泰国最方便的交通工具，主要有四种类型。按照舒适度、速度及价格的升序排列分别为**普通**巴士（rot thammadaa；没有空调，通常是橙色的），另外三种巴士都是**有空调的**（rot air 或 rot thua；通常是蓝色的），分为二等、头等和 VIP。普通巴士和大多数空调巴士都由 Baw Khaw Saw（BKS）政府公交公司运营，而一些得到许可的私营空调巴士（rot ruam，通常翻译为“加盟公交”）也是从 Baw Khaw Saw 终点站开始运营的，同时也提供最流行的长途线路。但是需要提醒游客的是，有传言说长途通宵巴士的驾驶员会服用安非他命使自己保持清醒，有可能会卷入严重的事故，因此一些游客在夜间宁可坐火车，然后再搭乘一小段巴士到达目的地。

普通巴士和二等巴士

二等空调巴士（baw sawng，在车辆侧面写着“2”）已基本取代了泰国大多数线路——包括曼谷以外几乎所有线路的**普通巴士**，成为了泰国公交系统的主力，但是在泰国偏远地区较短线路中，你还是可以看到很多普通巴士。无论是否有空调，这些公交车的票价都非常便宜，而且通常是在白天运行，途中会尽可能多地搭载乘客，因此行驶速度极慢。

在搭乘巴士前，最好问下当地人哪里可以乘车。如果找不到人询问，就找指定的**公交站台**，通常是一个侧边敞开的小型木质凉亭，凉亭里有长条座椅可以休息，经过城镇的主要长途公交线路一般每隔一段距离就会有站台，或者在一定规模的居民区边缘也有站台，如城镇边缘的主要公路上。如果在马路边只有一个站台，那么无论哪个方向开过来的巴士都会在这里停车，搭载等候的乘客，只要你将行李放在马路的右侧提醒公交司机停车，就可以到阴凉处等车了。如果前后都没有站台，那么只要招手，普通巴士或二等巴士都会停下来让你上车的。

头等巴士和 VIP 巴士

头等巴士（baw neung，在车身侧面写着“1”）和 VIP **巴士**（在车身侧面写着 VIP）速度快，中途不怎么停车，是长途旅行的最佳选择：游客通常有指定的座位，而且车上有洗手间；旅途最长的巴士还提供毯子、快餐和 DVD。相比于二等巴士，头等巴士的座位较少，但有更多的腿部空间，游客也可以平躺下来休息。VIP 巴士的座位比头等巴士还要少。由**私人加盟公司**运营的巴士提供顶级服务，一般命名为“999”、“Super VIP”（座位数更少）、“Gold Class”，有时候甚至称为“First Class”（这类公交模仿航空公司，仅有 18 个巨大的、设备精良的座椅）。

在大多数长途线路中，私人加盟长途汽车和政府长途汽车是无法区分的，因为它们都是从 Baw Khaw Saw 公交总站出发的。主要私营企业有 Nakhon Chai Air 公司（☎ 02 936 0009），Sombat Tour 公司（☎ 02 792 1444）以及清迈的 Green Bus 公司（☎ 053 266480）等，虽然票价变动范围较大，但是定价大致相似，而且都提供同类设施和标准服务。相反的，还有一些更小的无营业执照的私人企业，提供的服务和舒适度都不是很好，但是这些企业为外国游客提供的车辆票价低廉，且时间比较灵活。从邦兰铺的 Khao San 路到清迈和素叻他尼的长途旅程就是典型的例子；虽说是 VIP 车，但是这些线路的游客常常抱怨车上设施破旧，空调不起作用，司机不友好（甚至咄咄逼人），车辆晚点，而且还很没有安全感——行李偷窃的事常有发生，歹徒有时甚至会喷洒“迷烟”，然后轻而易举地将乘客的手提行李洗劫一空。所以最好还是在主要汽车总站搭乘政府长途汽车或有营业执照的私人公交（在经常搭乘的本地游客中间声誉较好）或者搭乘火车——虽然费用较高，但是环境更加舒适，也比公交安全。

车票及时刻表

旅客可以在出发总站买到所有长途汽车的**车票**，但是普通巴士和二等巴士需上车后买票。头等巴士和 VIP 巴士有单独的站点或售票处，而且人流比较多的线路需提前一天订票。粗略估计**票价**，从曼谷到清迈全程 700 千米，VIP 票价为 B600~800、头等空调巴士票价大约为 B500、二等空调巴士票价大约为 B400。

长途汽车差不多都是在同一时间段一起出发（如清晨或深夜），而在白天，中间有时有 5 个多小时都没有一班长途汽车。当地客运车票及时刻表办公室偶尔会更新公交**时刻表**，不过游客也可以登录网站 Ⓦ www.thaiticketmajor.com 查询，这是除车站外最准确的信息来源了，提供 360 条线路以及如何提前买票等有用的英文信息。你可以通过该网址网上购票，或者拨打 Ⓣ 02 262 3456 购票（请在 5 小时内通过任何一家 7-Eleven 便利店等完成付款），也可在网址上所列举的 83 个主要邮局里购票，包括曼谷邮政总局、邦兰铺的 Ratchadamnoen 邮局以及拉塔那古辛大王宫入口对面的 Na Phra Lan 路邮局。

双条车、合乘出租车以及空调迷你巴士

农村地区公交系统主要是**双条车**（Song thaew），这种车辆通常是车尾开放的有篷货车（偶尔可能是动物运输车），司机会尽可能多地让乘客坐在两张相对的长椅上，后上的乘客只能吊挂在车尾踏板上。在城镇交通中，双条车有着举足轻重的作用（见 p.30），它主要用作较大城镇和周围郊区及村庄之间的连接，而且在小城镇之间找不到班车的时候，双条车就是最好的交通工具；有些双条车会用泰语写着其目的地，但是几乎所有双条车都没有编号。在大多数城镇里，你可以在集市附近找到双条车的“终点站”，沿途随叫随停。要下车的乘客可以用硬币使劲敲金属栏杆（如果有车铃的话可以按下按钮）。

而南方腹地（见 p.617）的交通工具就比较多样了——大多数主要城镇之间的交通是**合乘出租车**（Share-taxi），但逐渐地被更舒适的**空调迷你巴士**（rot tuu，意思是“小公共汽车”）所取代。目前，泰国各地都出现了类似的私人空调小型巴士服务，主要在城镇中心的小型办公室外或人行道上运行——在曼谷胜利纪念碑附近的马路上也可看到这些巴士。其中有些小巴是有时刻表的，但是大多数小巴在搭载到一定数量的乘客后就会出发；另外，有些公司虽然公布有时刻表，但无论是提前还是晚点，只要人满就会出发。这些小巴的速度通常要比巴士快，但是速度太快了，让人觉得不舒服，而且对于那些有大行李的旅客来说，小巴不是理想的交通工具，因为它们需要支付额外的费用。这些小巴通常需要许可证而且要经常搭载泰国本地乘客以维持好的声誉，但是正如巴士那样，你需要提防，最好不要选择曼谷考山路附近无营业执照私人企业擅自为外国游客提供的小型巴士。

通常情况下，当你搭乘长途双条车和空调小型巴士时，如果你提前告知他们目的地很远，那么司机会让你在确切的地址下车（例如某个酒店）。一般来说，跨镇双条车的**价格**和空调巴士价格差不多，而空调小型巴士要稍贵一些。

火车

泰国的**轨道交通网络**是由泰国国家铁路（SRT）管理的，包括四条主线和一些支线。**北线**主要连接曼谷和清迈，途经大城、华富里、彭世洛和南邦。**东北线**在经过大城不远后分成两条轨道，靠下的那条分支向东通往乌汶，途经呵叻和素林，更靠北部的那条支线是从首都通往廊开（再经过湄公河不远就可进入老挝；见 p.433），途经孔敬和乌隆。**东线**也有两条支线，一条从曼谷通往位于柬埔寨边境的亚兰，一条从曼谷通往是拉差以及芭堤雅。南线会经过华欣、春蓬和素

叻他尼，接着一条支线通往董里和那空是贪玛叻，另一条支线通往合艾，在合艾分为两条支线，一条继续向下通往马来西亚的西海岸，途经巴特沃斯，在这里，你可以转乘去往吉隆坡和新加坡的火车；另一条支线朝半岛东部前进，通往泰国与马来西亚边境的双溪哥乐（离马来西亚境内的巴西马士火车站20千米）。该线路的一条支线会在佛统转向Nam Tok，途经北碧——这都是桂河桥上臭名昭著的死亡铁路（见p.163）遗留下来的。

火车**票价**取决于你的座位等级，是否需要空调以及火车速度；这些报价排除了“速度”的附加费。硬座、木质或坐垫较薄的座位属三等席位，比巴士费用要便宜得多（曼谷到清迈需B121，空调车票价为B221），大约3小时车程，时间刚刚好，如果时间再长，人就会产生不适感。如果旅程再长一些，最好选择二等有衬垫的倾斜的座椅（曼谷到清迈需B281，空调车票价为B391）。在长途火车上，你还可以选择二等卧铺（曼谷到清迈票价为B381~431，空调车票价为B491~631），白天的座椅在晚上可变为舒服的有帐幕的卧铺；下铺比上铺贵一些，因为下铺空间要大一些，光照也没上铺强烈，还有窗户。每节车厢都有一个女性专属区域，女性乘客可要求该区域内的卧铺。通常头等车厢（曼谷到素叻票价为B1063~1263/人）是指供两个乘客睡觉的卧车包房，有空调，还有脸盆，设施较齐全。

火车类型有好几种：其中最慢的是只有三等座的普通火车，一般（但不总是）仅适用于短程和中等长度的旅程，没有速度附加费。其次就是快车（需B20~110的附加费），虽然叫快速列车，但速度也不是很快，就拿曼谷到清迈的路程来说，需花费15个小时；直达列车（需B150的附加费），从曼谷到清迈所花时间和快速列车差不多；特快列车（需B170~190的附加费）从曼谷到清迈大约要14个小时。所有火车中最快的要数日间的特快内燃动车，大多数时候都会准点出发（其他大部分火车都不会按照时刻表运行）。几乎所有长途火车上都有**餐车**，列车工作人员也可以把饭菜送至你的座位上。

如果旅程较长，强烈建议你至少提前一天**预订**二等和头等座，而卧铺越早预订越好（预售票在出发前6天可以订购）。你可以在任何一个主要城镇的火车站购买泰国所有车次的预订票，而且现在还可以通过泰国国家铁路网站 Ⓦ www.thairailticket.com 提前两天预订车票，但是网站上提供的座位数量有限。你可以用信用卡支付，车票打印很简单。或者你也可以在网上通过规范的泰国旅行社订购车票，如 Thai Focus（Ⓦ www.thaifocus.com）或 Thailand Train Ticket（Ⓦ www.thailandtrainticket.com）。从曼谷出发的火车票你可以**亲自**去华南蓬火车站购买（见p.115）。

渡船

正规渡船是连接所有主要岛屿和大陆之间的交通工具，对绝大多数渡口来说，你只需上船买票即可。安全措施尚可，但是近几年已出现了好几起沉船事件——请避免搭乘明显超载或条件恶劣的船只。在旅游区，由于竞争激烈，价格都比较低，票价高低由船速快慢决定：如春蓬到涛岛票价介于B200（6小时）~600（1小时45分钟）。

在季风季节（5~10月），如果去较偏远的岛屿会很危险，因此东海岸和安达曼海岸的船只数量通常会减少。苏梅群岛的渡船全年都比较稳定。有关海岛联运的详细信息会在相关章节详述。

飞机航线

泰国航空公司（Ⓦ www.thaiair.com）和曼谷航空公司（Ⓦ www.bangkokair.com）是泰国国内飞行网络中最主要的全方位服务航空公司，可利用20多个机场飞往泰国各

火车信息及车票预订

拨打24小时免费热线电话 Ⓣ 1690，泰国国家铁路（SRT）会提供火车信息，免费发布英文版的时刻表，并会详述各条线路上的火车类型（最好是去华南蓬火车站柜台处了解这些信息）。其主要网站（Ⓦwww.railway.co.th）会提供英文版的时刻表以及详细的价格列表，但是如果你要购买火车票的话，需在其车票预订网站 Ⓦwww.thairailticket.com 上操作。更详细的信息以及相关建议请访问 Ⓦwww.seat61.com/thailand.htm。

地。亚洲航空（Ⓦ www.airasia.com）、由泰国航空持部分股权的泰鸟航空（Ⓦ www.nokair.com）以及泰国东方航空（Orient Thai）主要提供低成本服务；泰国航空公司近年也推出了新品牌——微笑泰航（Thai Smile），这是一个介于高档奢华的泰航和低成本的亚航、虎航之间的中高档子品牌，有曼谷往返等国内航线。

在某些情况下，飞机航行可为你缩短旅程天数：例如搭乘泰国航空或亚洲航空，从清迈到普吉岛只需2个小时，而如果坐火车或巴士，需要好几天才能到达。你可以在网上预订所有航空公司的机票，因为票价涨幅很大，所以建议尽早订好机票。泰国航空从曼谷到清迈经济舱弹性票价在B4000左右，但是如果你提前很长时间在网上订票的话，还可以找到票价低于B1000的相同航线的航班（机票改签有限制）。

如果需要搭乘国内航班多次，你可以考虑泰航或曼谷航空提供的**航空套票**——有关条件和价格在其官方网站都有说明。

当地交通

大多数较大的城镇都有**当地交通系统**，包括公交车、双条车，甚至还有长尾船，这些交通工具都有规定的价格和线路，但时间并不固定——大多数交通工具都会等到满员后再出发。

公交车和双条车

像曼谷、呵叻、乌汶以及彭世洛等大城市都有**自己独立的公交网**往返于城市和郊区之间，运营时间一般都是从黎明到黄昏（曼谷有通宵公交）。大多数交通线路编号都是用阿拉伯数字表示的。

在大中型城镇中，**双条车**是主要的交通工具。不同城镇使用的车辆的大小和形状都有所不同——在某些地方，双条车因其发出的声音又被称为“嘟嘟车”，但是请不要将其与下文描述的小型嘟嘟车混淆，小型嘟嘟车主要用作私人出租车——但是这两种车的背后都有两张相对的长椅。在某些城镇，尤其是东北部的城镇，双条车有固定的线路；而在清迈等其他地方，它们就是合乘出租车，会搭载一些大致方向相同的乘客，并将每个乘客送至目的地。只要招招手就可以拦车，如果要下车，你可以用硬币使劲敲打金属栏杆，如果有车铃的话你可以按车铃。车费在B10~20，根据路程长远来定。

长尾船

长尾船（longtail boat）一般会出现在美丽的公共水路上。这些别致的流线型小船是泰国的另一标志，使用的是有极大噪声的柴油机，这些发动机有些是定制的，但更多的是由汽车或卡车发动机改装而成的，转动安装在旋转长轴上的螺旋桨就可以驾驶小船了。长尾船可以搭载8~20位乘客：一般情况下你不得不包下整条船，但是如果是近海小岛和内陆之间比较流行的固定航线，你可以选择等船夫搭载到一定人数后出发，这样便宜点。

出租车服务

出租车类型也很多，在较大城镇中，你可以选择嘟嘟车、三轮出租车或摩的。除了曼谷及东北部一两个城市的计程出租车外，各种形式的包车客运都有一个共同点，那就是事先必须谈好**价格**：一开始司机出的价格都会比较高，他们会根据当时的交通流量、搭乘时间以及路程长度计算价格，但是如果一连好几个司机都对你的价格不满意，那么就是你的开价有问题了。

嘟嘟车

嘟嘟车（tuk-tuk）是根据其发动机发出的嘈杂声命名的，一般只有三个轮子，两边开敞，是泰国的特色交通。嘟嘟车一般都是红黄蓝三原色，双冲程发动机，绕着城镇和城市疾驰，留下一连串刺耳的声音，速度比任何汽车都要快，弯道处采取两轮行驶。但是它们并没有想象中那么危险，只要你不嫌弃所排的废气，嘟嘟车还是很好玩的。不管有多少乘客，中等长度旅程费用都是在B60左右（在曼谷要B100多），出于安全考虑，最多只能搭载3位乘客，但是搭载6位乘客的情况也并不少见。请重视相关建议，以避免被曼谷嘟嘟车司机敲竹杠（见p.122）。

三轮出租车

嘟嘟车有时候也被称为三轮出租车，但是最原始的**三轮出租车**（Samlor）是人力三轮车。速度虽然比嘟嘟车慢，但是外观要正式得多，目前泰国仍然有一两个城镇还有三轮出租车。

渐渐地，人力三轮车被机动化的三轮出租车所取代（在泰国东北部通常称之为“Skylab”），这种三轮车的司机主要依靠摩托车将乘客送至目的地，而非自行车。虽然它们看起来和人力三轮车一模一样，但是发出的声音和嘟嘟车一样吵。

摩的

相比于嘟嘟车，**摩的**（motorbike taxi）速度更快，也更危险，在城镇和偏远地区比较常见。在城镇，摩的司机会穿有数字编号的彩色汗衫，虽然乘摩的可以免去交通堵塞的烦恼，但是摩的只适合单个旅客，而且如果你有行李的话，乘摩的也不是很方便。另外，在偏远地区，摩的是除搭便车或步行外唯一的选择，如果你在主干道上看不见公交站，或在无车岛屿附近，抑或想去国家公园及古老遗址时，摩的就是最好的选择。

在城镇，摩的起步价为B10，但是只有一小段路程，若想去市郊，价格会急剧上涨，往返20千米估计至少要B200。

车辆租赁

尽管大多数游客对曼谷道路的第一印象是事故发生率高，环境混乱，但是在泰国，**自驾游**还是值得一试的。泰国的大多数道路，尤其是东北部和南部道路车辆都很少。主要线路都有英文明确标识，次要道路只有一部分有英文；而且很不幸的是，没有完整版的英文地图可以查看（见p.61）。

除曼谷以外，东部沿海地区及苏梅岛和普吉岛等主要旅游景区的司机都很体贴友好；例如，他们很少使用喇叭，当要撞到你时，他们都会提醒你，甚至会突然转向。在泰国，巴士司机和货车司机是最不可理喻且最危险的道路使用者，这些司机开车速度超快，又要霸占整条道路，在拐弯时逆向行驶，还会不停地按喇叭，更恐怖的是，大部分司机都有吃安非他命的习惯，让他们变得无所畏惧。

黄昏后是巴士司机和货车司机情况最糟的时候（大多数司机只在这个时候开车），因此建议你**最好不要在晚上开车**，而且晚上在建筑物多的地区周围有很多不发光的自行车和轻便摩托车，危险更大，而且道路施工标记也不到位，没有安全封锁。在泰国，道路施工通常用橙色标志，有时候就只是一些树枝或几块石头来提醒路人前方有危险。

当地**交通规则**是：靠左行驶，建筑物林立地区限速60千米/小时，其他地区限速90千米/小时。除此之外，还有几个规则需要遵守——必须高度集中注意力，提防其他车辆的突然出现。尤其要注意从支路直冲出来的车辆，不要指望他们会给你让路。迎面而来的车辆若闪烁灯光，说明他们无论如何都会穿过马路；若前面车辆打出右边的指示灯信号，说明你此时超车是不安全的，若是左边的指示灯信号亮，说明你此时可以超车。

理论上，国外游客租用任何类型的车辆都需要**国际驾驶执照**，但是大多数汽车租赁公司也可接受国家驾照，而有些规模较小的公司甚至都不需要出示任何证明；而摩托车出租鲜有问津。在帕岸岛等岛屿上，小型代理商经常会敲诈承租人，当承租人归还吉普车或摩托车时，代理商只要发现任何一些小损伤，即使是掉漆，都会要求承租人支付高昂的赔偿，他们声称从大陆运新零件过来是很昂贵的。因此在租车前，务必要仔细检查车辆的每个部位。

目前**汽油**（nam man）价格每升在B38左右，酒精汽油可用于大多数租赁车辆（虽然这还有待查证），每升价格为B36。若要加满油（hai tem），大型加油站是最便宜的地方，而且大多数大型加油站都有洗手间、小超市以及餐馆等设施，但是在主要公路上也有一些比较破旧的加油站只提供柴油。在大多数小村庄里，你可以很容易地找到可以加油的路边小屋，其燃油主要是从一个大木桶中抽取的。

汽车租赁

如果你决定**租一辆汽车**，最好找一家有信誉的商家，如Avis、Budget或National等汽车租赁公司（见p.32），或者找泰国旅游局推荐的租赁公司，确保你可以获得安全保障。在许多机场都有国际汽车租赁点，曼谷的素万那普机场就是一个不错的旅程出发点，因为这里靠近城市，跟着路标很容易就可以到达主要区域公路了。

本书会列举一些省府和度假村的汽车租赁点。对于那些声誉比较好的公司，如果在网上预订小汽车租赁服务，那么价格可低至B900/天。在清迈等地区，你可以在租汽车或小型巴士时再请一个司机，当地一日游的价格在B1000左右，如果时间较长，价格还会再高点，如果是多日游的话，最高价格大约是B3000/天，包括司机的薪资和汽油钱。

吉普车或基本的四轮驱动车比较受外国人欢迎，尤其是在海滩度假村地区以及芭堤雅、普吉和苏梅岛等地区，但是在这些地方驾车非常危险，有许多游客在遇到陡峭的山坡和急转弯时都曾发生事故。不管怎样，吉普车租赁价格是B1000~1200/天。

国际汽车租赁公司可接受你将信用卡详细资料作为抵押，但是小型代理商通常会要求你将护照作抵押。

汽车租赁公司

Avis Ⓦ www.avisthailand.com
Budget Ⓦ www.budget.co.th
Master Ⓦ www.mastercarrental.com
National Ⓦ www.nationalcarthailand.com
Thai Rentacar Ⓦ www.thairentacar.com

骑自行车

在泰国，自行车的选择是多种各样的，无论你是想从马来西亚边境骑到清莱，抑或是在清莱周围的山林中进行一次土路冒险，你都可以找到合适的自行车类型。泰国大多数道路路况良好，且有明确的路标，虽然在西部和北部边界地区多山，但是其他地方还是很平坦的。泰国二级公路（根据其三位数字区分）的车流量比主干道要少很多，是骑自行车旅行的首选道路。路上交通状况很好，只要你能骑到终点，个人安全不是什么大问题；但是，狗可能是次要道路上的大麻烦，所以在出发前你最好打下狂犬病疫苗。几乎每个城镇都会有自行车店，里面的基本设备和维修都很便宜。除非你去的是泰缅边境周围最偏远的地区，不然不到25千米你就可以找到有食物、水和住宿的地方。总的来说，骑自行车最好的时节是11月～次年2月，既凉爽又干燥，最不适宜的季节是4~7月（见p.10）。

每天进出曼谷的车流量很大，因此前50~100千米最好搭乘公交或火车，到达你的出发点。城际公交、出租车和大多数泰国国内飞机都可以免费**运送自行车**。如果城际火车有附加的行李车厢，就可以帮你运送自行车（货物票价大约是一个人的价格），不然你就只能把自行车拆了，把它当作行李带入你所在的车厢。双条车可以将自行车放在车顶，运送费用大概也是一个人的票价。

当地自行车一日游以及**自行车租赁点**（B30~100/天）在本书中会一一列举。泰国还有许多系统的自行车旅行，既有全国范围的，也有在泰国北部地区范围内的（见p.244）。Ⓦ www.bicyclethailand.com 是一个很有用的英文网站，而 Biking Asia with Mr Pumpy 机构（Ⓦ www.mrpumpy.net）会提供泰国境内自行车旅游线路的详细信息，但是有些描述已经过时了。

自行车实例

结实轻巧、质量好的**山地自行车**是最流行的。26英寸的车轮是泰国各地的标准尺寸，我们强烈推荐这款自行车，它的轮胎具有两用性（道路和越野都可），最适合旅行。至于挂篮和**装备**方面，最重要的就是轻便。不要带太多的工具和零件，只要带一些备用辐条就可以了。在泰国，自行车零件都很便宜，而且大多数问题任何一家自行车店都能帮你很快解决。

最好是将你自己的自行车带过来，性能比较熟悉。现在用飞机**空运**还是很方便的，但是有关详情还需咨询下航空公司。大多数亚洲航空公司不会收取额外费用。

也可以在泰国**买**辆自行车：种类多，价格也比较便宜。在曼谷，最好的自行车专卖店就是Rajdamri路237/2号的Probike自行车店（就在鲁比尼公园旁边的Soi Sarasin巷附近 Ⓣ 02 253 3384 Ⓦ www.probike.co.th）；Velo Thailand也卖各种国际品牌的铝质框架自行车，并可出租山地自行车，B300/天。在曼谷，你也可以去Spice Roads的自行车旅行经营店（Ⓣ 02 712 5305 Ⓦ www.spiceroads.com）租用上等的山地自行车，费用在B280~400/天。清迈也有几处不错的自行车店（Ⓦ www.chiangmaicycling.org）：Cacti可出租各种各样的山地自行车和城市自行车；Chaitawat，位于Ratchamankha街往南，Phra Pokklao路右侧（Ⓣ 053 279890）；还有由加拿大独资的Top Gear，位于Chang Moi大街173号（Ⓣ 053 233450）。

搭便车

在泰国，公共交通非常便宜，但是在偏远地区，你只能靠搭便车才有可能最快到达最近的公交站或双条车停靠点。在巴士和火车的行程线路中是不允许搭便车的，但在某些地区，当地司机也会让路人（如国家公园的职员）搭顺风车，你也可以利用这种“服务”特权。但是当你一个人或在晚上搭便车时（尤其是女性），需再三小心。如果巴士司机或货车司机服用安非他命，为了安全起见，你最好还是等下一辆车。

住宿信息

简单双人房的价格比较便宜，偏远地区价格是B150，曼谷B200，在比较奢华的度假村地区是B400。旅游中心提供了各种各样更高档的服务，但这些地区的住宿价格是根据住房需求而变动的，在淡季时，价格暴跌，在圣诞节两周，价格又会猛涨，而在有些地区，双休日的房价比平时要高一些。

旅馆、平房和旅舍

曼谷的**旅馆**（guesthouse）和**平房**（bungalow）的住宿比较**便宜**。这些旅馆虽然比较小，但很适合游客居住，所提供的服务也比较齐全，有便宜的餐馆、贵重物品安全柜以及行李寄存，而且几乎每个房间都有互联网接口（有些房间甚至有Wi-Fi），还有旅游咨询服务等。旅馆和平房的不同之处主要在于两者的设计风格，平房主要位于海滩和农村地区，大多数都是棚屋、城郊小屋、小型度假屋或就是平房里的独立或半独立房间，而旅馆是为特定目的建造的小型旅舍，或是由家庭住宅改建而成。独立淋浴室以及冲水马桶是最常见的，但是在比较便宜的旅馆，洗澡时你有可能要在水缸里用瓢冲洗，而且是蹲式马桶。

许多旅馆和平房会提供各种选择以满足不同程度的预算：**最便宜的房间**一般就只提供一张双人床、一条毛毯和一台风扇（窗户可选，独用浴室需另外收费），两人所需费用大概B150~300，取决于旅馆所处地理位置和市场竞争。如果房间有**独立浴室**，设施较时尚的话，费用在B200~600，如果是**空调房**，且有电视机和冰箱的话，费用大概在B350~1500。在泰国北部，凉季是不需要空调的，但是你需要确认一下房间内是否有热水。

在旅游旺季，热门旅游中心中最有名的旅馆经常夜夜爆满。一些游客会通过网站提前**预订**并完成付款，但没有预订的游客就只能等到有空房时才能入住。大多数旅馆的退房时间是上午11点或正午。

对于**拉生意的贩子**或嘟嘟车司机提供的住宿建议，你一定要小心谨慎，因为他们会从旅馆主人那里获得回扣，如果不从游客身上获得更高的利益，这些规模较小的旅馆会无以为继。如果拉生意的贩子告诉你那个你想去的旅馆已经“客满”或“没那么好”，或者告诉你它已经“烧毁”了，那你最好亲自打电话确认一下。拉生意的贩子总会想方设法争取到最大的利益，如在兰达岛上，你好不容易到了想去的海滩，而且所花价格不菲，却发现平房已经没空房的时候，是很令人沮丧的；岛上拉生意的贩子通常会对你甜言蜜语，然后再免费载你去看他们的住宿场所，当然理论上你是不一定要在那里住下来的。

在泰国只有十几家注册过的**青年旅舍**（youth hostel），你可通过 Ⓦ www.tyha.org 预订房间，但是只为了去泰国旅游就办一张国际青年旅舍会员卡是不合算的，尤其是会员只能得到很小的折扣，而且房价和其他旅馆差不多甚至还更贵一些。此外，在泰国出现了少量现代时尚的自营**旅舍**（hostel），且其数量正呈上升趋势，尤其是曼谷。这些旅舍价格通常要比廉价旅馆高一些，但确是一个会见其他游客的好地方。

经济型酒店

纯粹的旅行者大多会选择旅馆，但泰国的销售人员以及其他商务旅行人员基本上会选择**经济型酒店**，费用在B150~600。三层或四层功能性酒店通常是中泰合资的，主要位于大城镇车站或中心市场附近。床位很大，供两个人睡绰绰有余，所以两个人支付“单人”间（hawng thiang diaw，直译为“单床房”）的价钱是可以接受的。虽然这些房间都是很整洁的套房，有风扇或空调，但是很少酒店里会有餐厅，而且气氛也没旅馆欢快。许多经济型酒店也兼做妓院，但是作为外国人，酒店是不会提供给你这种服务的，甚至你可能压根就不会注意到异常。

你可以通过电话提前预约房间，但其实没必要预约，因为这种类型的酒店很少会满客。经济型酒店房间会紧张的唯一时间段就是中国春节期间了（1月末或2月，为期3天），在这段时间里，大多数中国人经营的酒店都会歇业，大部分游客会提前预订其他酒店。

旅游酒店

关于住宿信息只剩下**旅游酒店**（tourist hotel）没有介绍了，正如世界其他国家一样，泰国也有各种规模和不同档次的旅游酒店，而且通过网站预订房间还可享受不同折扣，如 Ⓦ www.sawAdee.com。无论如何，旅游旺季期间，在热门旅游区**提前预订**房间是明智的决定。

中等档次酒店价格在 B600~2000，这个价格你可享受到高档酒店的服务——房间里有空调、电视和小酒吧，酒店内有游泳池、餐馆，甚至有夜总会，但是装饰比较老式，颜色比较暗淡，不太符合著名品牌的风格，这些酒店过去都曾辉煌一时，但是在跨国奢华酒店进驻泰国后，就渐渐落伍了。

泰国大部分**消费昂贵的酒店**都属于大型国际连锁酒店：喜来登、万豪以及索菲特大酒店都是泰国很有名的酒店，紧跟其后的是泰国本地的高档酒店，如 Amari、Dusit 和 Centara。在曼谷和主要度假区，这些酒店一如既往地提供着优质服务标准，住宿价格约为 B3000/ 晚，双人房要贵一些。

泰国美味时尚的**豪华酒店**越来越多了，其中大多数都是小规模的私人**精品酒店**，拥有别致简约的装饰、卓越的服务以及一流的设施，通常还有私人泳池和 SPA 中心。这些地方的消费基本不低于 B6000/ 晚，这价格让大多数人望而却步，不想再来第二次，但是若在蜜月期间来享受下还是很不错的；有关曼谷、清迈、苏梅岛、呵叻和普吉岛的住宿建议请参考相关房源信息。在泰国“精品”一词也随处可见，而实际上，“精品”旅馆或酒店就是“小”的代名词。一些豪华酒店是以美元标价的，但你也可以用泰铢支付。

民宿

随着旅馆越来越酒店化，其设施和服务也逐渐商业化，因此大多数想要体验当地传统招待的游客会选择**民宿**（homestay）。民宿里的设施基本都很简单，价格也很便宜，每人每晚只需 B150 左右，游客们一起住在空余的房间，还可以和民宿老板家庭一起用餐。民宿会让你亲身感受到泰国人的传统生活（通常是农村生活），是一次无与伦比的经历，而且还可以体验乡村生活，如水稻耕作、捕捉鱿鱼、割胶或丝织等。同时，这也是一种积极资助小社群的方式，因为你所花的钱直接回报了这个村庄。本书也列举了一些地方的民宿清单，如安帕瓦（见 p.162）、因他暖（见 p.290）、迈萨良（见 p.293）、夜丰颂（见 p.298）、清莱（见 p.315）、帕萨村（见 p.394）、莫拉限（见 p.442）、库拉武里（见 p.533）以及甲米镇（见 p.583），也可通过旅行社或网站 Ⓦ www.homestaybooking.com/homestay-thailand 来预订其他民宿。

国家公园及露营

在泰国，几乎所有的**国家公园**都有住宿设施，通常是指一系列简单的混凝土平房，费用不低于 B600，包括两个或两个以上床位，外加一个简单的盥洗室。由于来这里住宿的顾客通常是泰国家庭和学生团体，因此公园负责人有时不愿给单独的旅客打折。但是有好几个公园可提供宿舍风格的住宿，每个床位价格在 B100 左右。除了双休日和国定假日外，大多数公园都不需要提前预订。

如果你想提前预约，你可提前 60 天在 Ⓦ www.dnp.go.th 网站上进行预约。这些网站不能用信用卡支付，因此你需要在预约后两天之内支付现金或通过银行转账完成付款，去泰京银行（Krung Thai Bank）任一支行或指定的国际银行付款是最方便的，或者也可以去国家公园总部付款，有关详情请查阅上述网站。Ⓦ www.Thaiforestbooking.com 是附

住宿价格

本书中所提供的旅馆、平房和酒店住宿价格皆指旅游高峰期间（大致是 7 月、8 月以及 11 月 ~ 次年 2 月）典型双人房的最低价格，可通过相应的酒店网站预订房间；而在圣诞节至新年期间还会有一个额外的“高峰期”。如果你是单人旅行，住房费用大概是双人房价格的 60%~100%。有些旅馆也提供宿舍床位，我们会告知其最低价格；而有些旅馆有不同类别的房间（如风扇房 / 空调房，浴室共享房 / 套房），每种类别我们都会列出双人房的最低价格。顶级酒店需额外支付 7% 的税金以及 10% 的服务费；本书中所提供的价格是仅加上税费后的净房价。

浴室礼仪

虽然西方现代风格的浴室在泰国已随处可见，但在此还是要事先告知下当地的浴室礼仪。

虽然在公共区域尤其是汽车站和火车站中使用的是坐式厕所，但是在一些家庭以及古老的旅馆和客栈里使用的仍是蹲式厕所。根据传统，泰国人上厕所时不用厕纸，而是在上完洗手间后用水冲洗。因此，现代洗手间都会配有一个特殊的软管，而较原始的洗手间只提供一桶水和一个瓢。泰国人上厕所用左手，吃饭用右手（见 p.36）。泰国的排水系统非常差，因此如果洗手间有厕纸的话，一定要扔进垃圾桶，而不能直接丢在厕所里。如果不是抽水马桶，你应该用木桶中的水冲洗厕所。有些旅馆非常简陋，没有淋浴设施，你也可以用木桶和瓢冲洗一下身体。

属于国家公园部门的网站，理论上可接受信用卡预订（最多提前 65 天），但是效果不是很好。如果没有提前预订，你可以去公园总部办理入住手续，通常位于游客中心附近。

在某些园区里，一些私人运营商在边界地带建立了旅馆，价格比较便宜，这些旅馆通常更吸引游客，也更经济实惠。

露营

在国家公园里**露宿**，每顶帐篷可住两个人，公园会象征性收取 B60 的费用，而且有些国家公园也出租装备齐全的帐篷，价格在 B150 左右（在 Ⓦ www.dnp.go.th 网站上有一个独立板块可进行预订）。除非你打算广泛游览泰国的国家公园，不然背着帐篷周游泰国是没有任何意义的：其他地方的住宿都很便宜，而且在城镇边缘地区也没有露营点。但是几乎所有的岛屿和海滩都可以露营，其中大多数本身就是国家公园。

餐饮信息

曼谷和清迈是泰国的两大饮食中心，不仅有各种美味的泰式餐馆，也可品尝到全世界最精致的菜肴。在其他地方也有各种各样的美味佳肴，即使是在最小的府会城市，你也可以享受到很便宜的美食，而且具有独特的地方特色。实际上，如果你不去餐馆，可以吃到更多的美食，即使是在最偏远的地区，或是在火车和巴士上，也有兜售各种冷热小吃的小贩，而且泰国的夜市通常会从黄昏时分一直持续到黎明。

在泰国用餐一定要注意**饮食卫生**，但如果太讲究的话就意味着你必须要花大价钱，而且会错过泰国当地真正的美食。到达泰国的前几天，为了减轻肠胃负担，你最好避免过辣的饮食，也不要吃太多的新鲜水果。

如果一家面馆或咖喱店常常客满，就说明这家的饮食安全没有问题。大多数泰式菜肴不到 5 分钟就可以制作好，因为很少有焖或炖的食物。在泰国，食用沙拉、冰激凌、贝类以及生的或未煮熟的肉类、鱼类或鸡蛋都是有一定危险性的。如果你真的很在意卫生标准的话，可以到挂有“**清洁食物好味道**”标牌的餐馆和排档用餐，这些用餐点是由泰国公共卫生部门、旅游部门以及内政部共同建立的食品卫生项目中的一部分。

每天的午餐和晚餐时间是大多数泰国餐馆的营业时间，在本书中，我们会列举出所有的营业时间段。泰国大多数消费最高的餐馆都位于曼谷，而其中一些餐馆在结账时需额外支付 10% 的服务费，甚至可能还有 7% 的增值税。

在曼谷（见 p.132）、清迈（见 p.247）以及泰国其他几十个旅游中心都会为那些想**学习泰国烹饪**的游客提供短期课程。

用餐地点

泰国虽然有很多吸引人的**美食排档**，但是为了饮食安全，大部分游客都会选择旅馆和酒店的餐厅。几乎所有的旅馆都有厨房，而且有些食物非常精致，不仅提供清淡的西式美食，还有各种常见的泰国佳肴。在丛林里经过 5 天的艰难跋涉后，你可以好好享受下奶酪三明治，另外，旅馆还会提供游客熟悉的西式早餐。

泰国**最便宜的泰式餐馆**和咖喱店只经营某种特定类型或特定制备方法的食物，一盘菜的价格在 B40~50。比如，“面馆”（noodle shop）通常会做炒面、汤面，也许还会有一般的炒饭，但是不会有咖喱、肉类或鱼类菜肴。同样地，在橱窗里展示有烤全鸡和烤鸭的餐馆会提供已切成薄片的鸡肉或鸭肉，除此之外，通常还会有辣椒、调味料和米饭，但是菜单上绝不会出现面食或鱼类，而在“咖喱店”（carry shop），你只能选择热柜中所加咖喱的量。

如果你想吃到更多廉价的食物，当地的**夜市**（talaat yen）是最好的美食场所，每个城镇在夜间都会有一个长时间的露天美食集市。夜市经营时间一般从 18:00 持续到次日 6:00，通常位于果蔬市场或公交站附近，而且往往都是最好的，也是最有趣的饮食地点，更何况价格还是最便宜的——美味可口的菜肴、一杯果汁和一份甜点，加起来总消费也不会超过 B150。

典型的夜市是由 30 多个“专业”手推车排档（rot khen）聚集在一起组成的，每个摊位前都会摆着若干桌子和椅子。面条和炒饭小摊往往是最多的，甜点摊位上也有各种美食，有用香蕉叶包裹的高档糯米蛋糕，以及刚刚出锅的小巧的袋装甜玉米薄煎饼。此外，每个夜市都会有水果饮料摊位，没有水果饮料的夜市不能称为夜市。水果饮料一般有香蕉奶昔、鲜榨橙汁、柠檬汁和番茄汁等。而在规模较大的夜市中，除了咖喱料理、烤甜玉米、沙嗲烤猪肉串和鸡肉串、油炸昆虫、新鲜菠萝、西瓜和芒果外，你还可以找到许多其他美食，而且如果该城镇靠近河道或大海，夜市上还会有大量新鲜的鱼类食物。将自己想要的食物告诉摊主（或勤杂工），然后就可以坐在最近的空桌旁等待了。泰国的夜市是没有地域制度的，因此你可以在不同的小摊吃，然后到最近的摊主那里一起结账。

一些大型商场，尤其是在曼谷的大型商场都有单独的**美食广场**区域，你可以先买票券，然后根据票券价值去你想去的摊位选择饮食。这也是泰国所有百货公司和购物中心里的美食广场的惯常做法。

如果你想在比较轻松的氛围下用餐，曼谷和其他大城市里有许多**高档餐馆**，其中一些专门制作**泰国帝王餐**，而这些主要是根据配料质量、制作的复杂度以及菜肴的呈现形式区分的。个别菜肴的外观非常讲究：量比较少，要用雕刻过的水果和蔬菜对其进行装饰，在过去这些都只在王室菜肴中才能看到，而现在都已经成为民间常用菜式了。这些美食的价格也不是很贵——在这些地方用餐，每人消费也不太会超过 B500。

用餐方法

泰国用餐不用刀，一般左手拿**叉**，右手拿**勺**，因为上菜时大块的食物已经被全部切好，只要用叉子将食物放到勺里就可以吃了。餐具通常放在餐桌上小巧的粉红色餐巾里：这个餐巾不是放在腿上的，而是在用餐前用来擦拭叉、勺和盘子的。大多数用餐时会提供**米饭**（khao），而实际上“用餐”时最常听到的词就是 kin khao（字面意思就是“吃米饭”）。筷子只有在吃面时才会提供，而在东北部吃糯米饭时，是直接用**右手手指**抓着吃的。千万不要用左手手指，因为上厕所时用的是左手，是不洁的。

为了可以享受到各种不同味道的菜肴，泰国菜肴都是一次性全部上完的，包括汤羹，而且是一桌人共享的，不是每人一份。用餐人越多，可尝到的不同风味和口感的菜肴也就越多。每次炒饭都只提供一个菜，而且就只要 1~2 勺的量。

泰国人非常讨厌无味的食物，因此每个餐桌上都会摆满**调味品套具**，主要有四种基本口味（咸、酸、甜和辣）：通常有伴有辣椒末的鱼酱、伴有辣椒末的醋、糖，以及辣椒干，除此之外，还有几盘花生碎和一瓶辣椒酱。同样地，大多数私房菜都有其独特的调味酱（nam jim），通常都是辣的。如果你不小心吃到了**辣椒**，想消除灼热感的最好方法就是吃一大口白饭或喝口啤酒：喝水只会越喝越辣。

泰国美食

泰国美食主要有五种口味——辣、酸、苦、咸、甜，为了将这些口味都品尝一下，食客们会点各种菜肴来平衡。柠檬草、罗勒、芫荽、高良姜、辣椒、大蒜、酸橙汁、椰汁以及鱼露都是制成这些口味的重要配料。在本书最后的“背景资料”章节的“词汇表”一节有详细的“餐饮用语”（见 p.684）。

咖喱和汤类

泰国**咖喱**（kaeng）有各种不同的咖喱酱：通过杵臼将药草、香料、大蒜、葱和辣椒混合在一起捣碎制成。其中使用的一些香料和椰浆是很早以前从印度进口过来的，如果不加椰浆，做出来的咖喱就不甜，而且比较稀薄，就像汤水一样。而有

泰国水果

在泰国你会发现**水果**（phonlamai）随处可见——小贩推车的玻璃盒里有切得很整齐的水果，餐馆里也会将水果做成美味的奶昔和甜点。下面所描述的水果在泰国各地都可以找到，但是有些水果是季节性的。泰国最常见的水果包括40个品种的**香蕉**（kluay）、几十种**芒果**（mamuang）、3种**菠萝**（sapparot），除此之外，还有**椰子**（maprao）、**橙子**（som）、**酸橙**（manao）和**西瓜**（taeng moh）。泰国最珍贵、价格也最高的水果是**榴梿**（thurian；见p.113）。

为了避免胃病，在吃水果前应先去皮，而且如果你打算购买街上预先去了皮的水果，有些常识需要注意一下，例如那些有蝇蛆叮咬的或看起来在太阳底下晒了好几个小时的水果，最好不要购买。

释迦果（noina；7~9月）。释迦果墨绿色的外壳上有很多小疙瘩，果肉呈乳白色，牛奶冻状，带有浓郁的草莓味和香梨味，还有淡淡的肉桂味，酸甜多汁。

番石榴（farang；全年）。这种热带水果呈绿色，果皮薄脆，果肉呈粉色或白色，香甜可口。维生素C的含量是橙子的5倍，食用时可以将其切成条状，撒上糖和辣椒。

菠萝蜜（khanun；全年）。这种个头较大的水果可重达20千克，外壳比较厚，有很多小疙瘩，颜色黄中带绿，果肉香甜可口，呈黄色。绿色还未成熟的菠萝蜜可作蔬菜放进咖喱里面食用。

龙眼（lamyai；7~10月）。和荔枝属同科，果肉多汁呈白色，果皮薄脆。

荔枝（linjii；4~5月）。果皮粗糙，呈红褐色，白色的果肉香甜可口，丰富多汁，有淡淡的玫瑰香，富含维生素C。

山竹果（mangkut；4~9月）。个头较小，果皮光滑呈紫色，果肉为白色，酸甜可口，丰富多汁，分成好几瓣。

木瓜（malakaw；全年）。形状看起来像细长形的西瓜，表面光滑，果皮呈绿色，果肉呈淡黄色或橙色，富含维生素A和维生素C。木瓜经常用于制作水果沙拉和奶昔，有时候在沙拉中还会使用未成熟的绿色木瓜，尤其是青木瓜沙拉（somtam）。

柚子（som oh；10~12月）。在所有柑橘类水果中，柚子的个头最大，虽然它看起来很像葡萄柚，但是水分要比葡萄柚少一些，味道也没有那么浓。

红毛丹（ngaw；5~9月）。红毛丹外观鲜红，柔软多毛，这就是其名字的由来——在马来语中，rambut意指"毛"。红毛丹通常有高尔夫球大小，果肉呈白色，不透明，味道鲜美，类似于荔枝。

蒲桃（chomphuu；全年）。比较神奇，传说是不死金果；外观小小的，跟鸡蛋差不多大小，果肉为白色，有玫瑰香味。

人心果（lamut；9~12月）。人心果外观比较小，果皮粗糙呈棕色，椭圆状，看起来有点像猕猴桃，果肉为淡黄色，呈粒状，味道像蜜一样甜。

酸角（makhaam；12月~次年1月）。泰国人最喜欢的，也是最昂贵的水果——据说佩戴着这种果实的种子可以刀枪不入。酸角荚粗糙不平，呈褐色，里面最多有十粒种子，每一粒种子都被黏糊糊的比较干的果肉所包围，这些果肉吃起来酸酸的，有点像柠檬味。

些咖喱，如kaeng kari（比较清淡的黄色咖喱）和kaeng matsaman（"穆斯林咖喱"，通常加有土豆、花生和牛肉）仍然保留了原状，而其他一些咖喱已被改良成典型的泰国菜肴，尤其是kaeng khiaw wan（甜的绿咖喱）、kaeng phet（辣的红咖喱）以及kaeng phanaeng（浓稠，比较咸，伴有花生）。kaeng som通常包含鱼，通过添加酸角使其具有独特的酸味，而在东北部，主要添加秋葵叶。按照传统，凉季期间要吃kaeng liang，这种咖喱是用普通蔬菜混合而成的，但是加了热胡椒后就香气四溢。

泰国的**汤羹**不是开胃菜，通常要和其他菜式一起享用，汤里面通常会加柠檬草、青柠叶和高良姜，有时候为了辣一些，会加辣椒。泰国最受欢迎的两个汤分别是：tom kha kai，泰式椰汁鸡肉汤；tom yam kung，冬荫功汤，不加椰子奶的酸辣虾汤。khao tom通常是指早餐时候的淀粉米汤，据说还具有醒酒的功效。

沙拉

泰国的**沙拉**（yam）十分独特，将大部分的基本配料用不同寻常的方式混合在了一起。泰国的yam种类繁多，有面条、肉类、海鲜或蔬菜，但是每个品种都需加上青柠汁，并撒上一些辣椒。值得一提的沙拉有yam som oh（柚子沙拉）、yam hua plee（香蕉花沙拉）以及yam plaa duk foo（蓬松油炸鲇鱼沙拉）。

面食和米饭

面食在街边小摊到处都有卖，而且种类很多，包括kway tiaw（用米粉制成）和ba mii（鸡蛋面），而且还可做汤面（nam），浇上肉汁（rat na）或者炒面（haeng，指干拌面，或phat，指油炸面）。其中最有名的是phat thai（泰式炒面），将面条（通常是kway tiaw）、鸡蛋、豆腐和葱放在一起，撒上花生碎和酸橙，再加一些小虾米，美味无比。其他一些不错的饮食还包括炒饭（khao phat）以及只有一个菜的盖浇饭，比较便宜，尤其是khao kaeng（加咖喱）。

地方特色菜

大部分**泰国北部**特色菜都起源于缅甸，包括khao soi，是指在咖喱椰子汤加香脆鸡蛋面以及牛肉、鸡肉或猪肉；以及kaeng hang lay，加了姜、姜黄和酸角的猪肉咖喱。也可以尝试一下辣酱汁，如nam phrik ong，这是用猪肉糜、烤过的番茄以及柠檬草制成的，然后再加上清脆的黄瓜片。

伊桑地区土地贫瘠，最适合种植糯米（khao niaw），这是泰国东北部人民的主食。糯米通常放在藤篮里，直接用手将其卷成一个小球，然后在辣椒酱里蘸着吃。这里还有很多辛辣的特色美食，如som tam，是一种青木瓜沙拉，里面有生辣椒、四季豆、番茄、花生和虾米（或肉蟹）。虽然你在泰国各地都能看到在一根棍子上烤的烤鸡（kai yaang），但是这种做法起源于伊桑，且伊桑地区的烤鸡更加美味正宗。生的猪肉、牛肉或鸡肉糜是伊桑又一美食laap的基本材料，这种沙拉微带薄荷和酸橙口味，跟它有些类似的是nam tok，是用烤牛肉或猪肉加烤糯米粉制成的泰式东北风味沙拉，由于其清新的混合口味，因此被命名为“waterfall”。

在靠近边境地区时，**泰国南部**美食除了更注重海鲜外，还倾向于马来西亚和穆斯林风味，特别是khao mok tai，这是具有当地风情的印度比尔亚尼菜：将鸡肉和米饭与姜黄和其他印度调味品放在一起煮，然后再加上鸡汤。在南方，khao yam通常作为早餐或午餐，这种美味沙拉是将米饭、虾米和椰蓉混合在一起，然后再加上甜酱制成。你还可以找到各种各样的roti，是在手推车煎锅里做成的大饼，然后再在炼乳里转一下。其他品种还包括咸的mataba，加有鸡肉糜或牛肉糜，以及roti kaeng，涂有咖喱酱，是早餐餐点。在南部也有各种不同种类的咖喱，但大多都将鱼露替换为虾酱。其中最具代表性的是kaeng luang，黄色咖喱，由鱼、姜黄、菠萝、南瓜、豆类和青木瓜制成；以及kaeng tai plaa，是由鱼腹和土豆、豆类、腌制竹笋和姜黄制成。

甜品

大多数餐馆的菜单中都不包含**甜品**（khanom），但是有些餐馆会提供luk taan cheum，这是一种漂浮在有茉莉花香或其他花香果汁中的莲子或棕榈仁果冻甜食。大多数其他甜品中都会包含椰奶，尤其是美味的椰子冰激凌，khao niaw mamuang（芒果糯米），以及泰国王室美食——在小南瓜里煮的椰子软冻（sangkhayaa），南瓜本身也可以吃。

素食主义者和严格素食主义者

很少有泰国人是素食主义者（mangsawirat），但你若想让人知道你是素食主义者，在点餐时可以选择不要肉或鱼；只要告诉厨师不要放肉和鱼：mai sai neua, mai sai plaa，而最终你可能只会吃到平淡无奇的蔬菜炒饭以及没有虾的泰式炒面。但是在好一点的餐馆里，有各种咖喱素食版本可供你选择，用蘑菇做成的椰汁鸡汤就是个很不错的菜式，点餐时你只需说tom kha hed即可。各种排档也可以丰富你的选择，如烤甜玉米、坚果、水果等，还有许多其他常见的无肉美味。但是有两种配料你不得不忍受一下，那就是发酵的**鱼露**和**虾酱**，这两种配料是大多数泰式菜肴的基础材料，只有在下面提及的泰国绝对素食餐馆以及在旅游景区特别调配的泰式和西式素食里才没有这些配料。

如果你是**严格素食主义者**（jay，有时也拼写为“jeh”），当你点餐时一定要强调你不要鸡蛋等，因为平常他们已经习惯放蛋了；而干酪和其他乳制品在泰国菜系中并不怎么常用。大多数城镇都有一家或多家**绝对素食餐馆**（raan ahaan jay），这些餐馆通常都是由寺庙或佛教宗派成员经营的，大多位于主要街道，装饰朴素简单。由于严格的佛教徒是不吃晚餐的，因此这些餐馆通常很早开门，大约在清晨6点或7点，到下午2点就关门了。这些地方大多都有一个红黄相间的标志，但是很少用英文标明。餐馆里也没有菜单：顾客可以直接在已准备好的素食炒菜和咖喱中选择自己喜欢的食物，所有这些基本都是豆制品，有点像食堂用餐。这些地方两个人的消费在B40左右，外加一盘糙米。

饮料

水龙头里流出来的水是不可以直接饮用的，泰国各地都出售塑料瓶装**饮用水**（nam plao），即使是最小的村庄也有卖，价格在B10左右，刷牙时你也要使用这种饮用水。便宜的餐馆和酒店会免费提供白开水，虽然也可以喝，但是没有瓶装水那么安全。在一些大城镇，尤其是清迈，你会发现在路边有蓝白相间的机器，主要供给纯净水，B1可以装1~2升水（需自带瓶子）。

夜市、旅馆和餐馆都会提供鲜榨果汁，如酸橙汁（nam manao）和橙汁（nam som），这些果汁——尤其是在内地都已添加过盐和糖。这些地方通常还会提供**水果奶昔**，将香蕉、木瓜、菠萝等和糖浆或炼乳混合而成；若做印度奶昔（lassi）就加酸乳酪。新鲜的**椰汁**（nam maprao）最能解渴，你可以买整个的椰子，然后去壳，将里面的汁水冷冻一下，露兜叶汁（bai toey）也可如法炮制；泰国人还特别喜欢鲜榨的甘蔗汁（nam awy），有点甜腻。

瓶装和罐装品牌**软饮料**在泰国各地都有售，特别是在到处存在的7-Eleven连锁超市有各种不同品牌的饮料。玻璃饮料瓶是可回收的，因此一些商店和饮料摊位就将饮料装在一个小的塑料袋里（用一根松紧带扎紧，然后将吸管插进去），如果你要将瓶带走，需额外付钱。较大的餐馆通常会将饮料冰冻起来，而小一点的咖啡店和商店会直接在玻璃杯和塑料袋里加**冰**（nam khaeng）。大多数冰都是在卫生条件下批量生产的，但是在运输过程中可能会变得不那么纯净，因此一定要注意（一般冰块要比刨冰卫生一些），而且如果你腹泻的话，最好不要加冰。对于那些带小孩出游的游客或者偏爱**乳制品**的游客来说，最好选用高温处理保存的牛奶和冷冻的酸奶饮料（最好是7-Eleven店里出售的），以及各种豆浆。

淡淡的中国**茶**（nam chaa）令人神清气爽，一般在中国餐馆和路边咖啡店就有提供，而高档餐厅一般会提供中国浓茶和西式茶点。**咖啡**通常是速溶雀巢咖啡，但也有泰国本土的新鲜咖啡，尤其是泰国北部山区的几个优良品种的咖啡。你可以在泰国南部的中式咖啡店或户外市场找到传统的泰国咖啡，这些研磨出来的咖啡粉末是通过一块布来过滤的，被称为kaafae thung（直译为袋装咖啡；有时也叫kaafae boran，传统咖啡或kopii），这些咖啡一般都比较苦，因此会提供糖和炼乳，还提供红茶或中国茶来清口。意式浓缩咖啡、卡布奇诺以及其他衍生出来的西式咖啡（kaafae sot）在泰国越来越受欢迎，所以你在泰国各大城镇都能喝到浓咖啡（但是这些新咖啡吧早餐时间都不开门，因为只有在晚些时候当地居民才会多一些）。

酒精饮料

泰国最有名的两种啤酒（bia）是星哈啤酒（Sing ha 泰语为bia sing）和大象啤酒（Chang），但是很多游客觉得星哈的质地比较低劣，而Leo牌啤酒比前两者更好喝。在小店里，330毫升的这些啤酒需花费B30左右，660毫升的则需B50。在泰国酿造的国外啤酒要稍贵一些，如喜力和朝日啤酒等，而在最热门的旅游景区，你可以找到从世界各地进口的昂贵啤酒。

大多数高档餐馆和游客较多的餐馆都会提供**葡萄酒**，品质一般，但由于税金高，价格却比较昂贵。目前泰国的葡萄酒都是由几个葡萄园生产的，如东北部舟山国家公园附近的黎府葡萄庄园生产相当可口的红葡萄酒和白葡萄酒，包括甜酒、玫瑰酒和白兰地（见p.423）。

当地375毫升扁平小酒瓶装威士忌价格在B80左右，经过冰块、苏打或可乐稀释后，即使一晚上喝一瓶，一般人也不会有什么不适感。但是最美味、最受人喜爱的要数湄公河酒了。细细品尝，它就像苏格兰威士忌，爽口舒适。湄公河酒是由大米提炼制成，酒精度为35%，颜色呈深金色，味道有点甜。如果这不合你的口味，你也可以试下价格更高的泰国**朗姆酒** Sang Som，由甘蔗制成，酒精度比威士忌还高，达到40%。在旅游区的酒吧里点湄公河酒时一定要仔细查看菜单，因为这里的价格要比旅馆或商店高出不止5倍。享受威士忌或朗姆酒最流行的方式就是在海滩度假村购买一个B200左右的木桶，里面有1/4瓶的烈酒、搅拌器、红牛、冰块及一些吸管，这样你不仅可以和朋友们共饮，还可在喝完酒后用木桶搭建一个沙堡。

你可在食品店、旅馆和大多数餐馆**购买**啤酒，泰国**酒吧**并没有严格的限制，因为根据传统，泰国人不吃东西是不会出去喝酒的，但是在曼谷和全国各大中心，你会发现大量西方风格的酒吧，从位于首都、经常有客户出入的时髦酒吧到只有一小部分常客的**啤酒酒吧**，数量繁多。

文化和礼仪

旅游文学将泰国定义为“充满笑容的国度”，吸引了大量外国人到泰国来恣意放松。而这并不是全部：泰国是一个处处充满神圣气息的国土，即使是一丝丝的不敬都是不可饶恕的罪行。

君主制度

对**泰国王室**做出批评性或诽谤性言论是社会不允许的行为，也是一种刑事犯罪。泰国实行的是君主立宪制，但是几乎每家每户都会在显眼的位置挂上普密蓬国王和诗丽吉王后的画像，而且每当其中一位要公开露面时，广大人民群众都会毕恭毕敬地迎接他们的到来。国王和王后共育有4个孩子，其中第二个孩子哇集拉隆功王储是王位继承人；他的妹妹诗琳通长公主参加了许多慈善活动，因此经常出现在电视屏幕和各国报纸上。当访问或谈论有关王室的事情时，泰国人都会使用一种特别的语言以表尊敬，这种语言称为 rajasap（直译为“王室语言”）。

泰国的**冒犯君主法律**是全世界最严格的法律之一。冒犯君主罪是针对所有人的，没有例外，无论你是泰国国籍还是外国人，一旦被指控冒犯君主，就要接受警方的调查。几起涉及外国人的备受瞩目的案件就是证据，虽然表面上他们可能只是因为轻微违纪行为被指控，如涂改海报或在小说中言辞不敬等，一旦定罪，最高可被判处15年有期徒刑。

除了不能流露任何反君主情绪外，在每场电影开始播放**泰王国歌**的时候，你必须起立，当你所处的城镇通过公共广播系统播放国歌时——大多小城镇一天会播放两次，早上8点一次，下午6点一次，你也要迅速停住脚步，在火车站和机场也要如此。另外容易被忽略的一点：由于所有泰国货币上都有国王头像，因此你绝不能踩硬币或纸币，这无异于踢国王的脸。

宗教

忽略某些**宗教**戒律也是十分不明智的。**佛教**在泰国文化中有着举足轻重的作用，对于佛教古迹一定要庄严对待——这意味着在拜访古迹时，你需穿着长裤或及膝的裙子、长袖衫，无论拜访哪里，都要脱鞋。

无论**佛像**多么小、多么破旧，都是神圣不可侵犯的，而且不能将佛像作为人物照片的背景、不能攀附在佛像上、不能放置在劣等位置，也不能用任何不敬的方式对待佛像。为了避免外国游客犯下任何一种罪行，泰国政府要求所有被带离本国的佛像办理出口特别许可证（见 p.56）。

僧侣是仅次于君主的社会阶层，和他们交流谈论也需要使用特殊语言。如果周围有僧侣，在巴士上总有人给他让位，而且通常位于后排右手位置。理论上来说，僧侣是禁止与女性有任何亲密接触的，换句话说，如你身为女性，你不能站或坐在僧侣旁边，即使是掠过他的僧袍也是不允许的；如果一定要把东西传到僧侣手上，你可以将物品放在地上，然后他再将之捡起来，而不是直接递给他。然而，对待尼姑只需像对待普通女性那样就可以了。

更多泰国的宗教习俗可查阅本书“背景资料”一章（见 p.638）。

身体

虽然西方自由主义已经被泰国的性产业所接受，但这并不是大多数泰国人对肉体的看法。游客**服装**——或者说服装暴露是使大多数泰国人困扰的原因。进入寺庙时，你必须衣着端庄，访问其他重要建筑以及在所有公共场合，同样也要如此。虽然穿正装会有些闷热，但是短裤和汗衫这类服装只有在纯粹的旅游度假村才能穿，尤其是女性，在乡村地区一定要穿戴内衣并尽量不暴露自己的身体。西方人在去沙滩时都喜欢穿很暴露的服装，但是泰国人仍然会穿得一丝不苟，他们认为袒胸露乳是一种很无礼的行为。

根据古老的印度教信仰，**头部**是身体最神圣的部位，**脚部**是最不洁的部位。这种观念也在泰国根深蒂固，因此，触摸别人的头或将你的脚指向别人或神圣的事物都是很粗鲁的行为。例如当你坐在寺庙地板上时，你应该**屈膝盘坐**而不是将腿伸直朝向佛像。同样，在寺庙及大多数私人住宅里，是不能穿**鞋**进去的（鞋比脚更不洁）。如果看见有人坐在“头部”或船头，泰国人都会很生气。**把你的脚搁在**桌上、椅子上或枕头上，都是很粗俗的行为。如果泰国人需要站在火车或巴士座位上取行李，通常他们都会脱掉鞋子。还有更重要的一点，在泰国上厕所时通常用**左手**，因此泰国人从不用左手碰触食物、传递物品或与人握手。但是身为外国人，必定习俗会有所不同，所以左撇子也无须过分担心。

社会习俗

泰国人在问候和道别且表达尊敬、感谢或道歉时，通常**双手合十**，置于胸前，然后礼貌点头，很少与人握手。这种姿势在泰国通常称为 wai，当两个人相互问候时，问候方式根据这两人的相对地位不同而有所改变，泰国人能够立即反应过来该采用何种 wai 姿势，但是身为外国人，最保险的方法就是双手合十，置于胸前，低头且手指就在鼻子正下方。如果有人朝你做 wai 姿势，你一般可以用 wai 做回礼，但是不做的话会更安全。

在泰国公共场合，同性朋友之间的**身体接触**比情人之间的身体接触更常见，无论是同性恋还是异性恋，皆是如此。男性朋友之间像女性朋友那样手拉手、相互拥抱是非常普遍的，因此如果你被一个同性的泰国熟人抚摸，不要误以为他（她）在向你调情。

最后，你一定要记住泰国人三个特别的**观念**，这些观念可以帮助你放松心情，缓解对巴士晚点及其他不便事项的焦躁情绪。第一，jai yen，直译过来是“心清凉”，每个人都努力保持心平气和：大多数泰国人都比较讨厌高嗓门、明显让人恼怒的事物以及任何形式的对抗，因此一个泰国人若失去冷静所产生的激动情绪要比长期好斗文化中的人产生的情绪严重得多。与此相关的是对争议经常采取的态度——mai pen rai，意为“没关系”、“没问题”或“不会有任何帮助”，这些话是以佛教因果报应的观念（见 p.653）为依据的，会让人茅塞顿开。最后就是 sanuk，“娱乐”，具有深远的哲学意义，虽然听起来有些可笑，但是泰国人却努力将它带到任何场合甚至是工作中去。也正因此，泰国人都喜欢在法定假日期间聚集在瀑布和其他风景胜地饮酒作乐（当然单独旅行是不能称为 sanuk 的），喜欢高音量的音乐伴奏，而且在每年 4 月泼水节期间，泰国各地都会打水仗。

泰国人的名字

所有泰国人都有姓和**名**，一般都用名来称呼别人——即使是陌生人也直接称呼名，在名前加上称号“Khun”（表示先生/女士）；没有人会用 Khun+ 姓来称呼别人，而且即使是在电话簿上，也是用他们的名字记录的。泰国的称呼方式和英语中的称呼方式一样，如“Mr Paul”或“Miss Lucy”。但是请记住，在别人向你介绍时，如果那个男人叫 Khun Pirom，那么他的妻子肯定不会也叫 Khum Pirom（虽然这很像 Mr Paul 和 Mrs Paul 的称呼）。在亲朋好友间，称呼年长者时通常用 Phii（哥哥/姐姐）来代替 Khun（但是你是游客，所以肯定是用 Khun），而称呼年龄较小者用 Nong（弟弟/妹妹）。

泰国人的**名字**大多来自古梵文，有吉利的寓意；例如 Boon 表示恩惠、Porn 表示祝福、Siri 表示荣耀、Thawee 表示提高。然而，各年龄段的泰国人更多使用的都是他们出生后不久起的**小名**，而不是正式的名字。这种传统起源于一种根深蒂固的迷信：一旦孩子正式起名，那些鬼魂就会对他们的健康产生危害，用小名是为了迷惑那些鬼魂。通俗的小名与其成人后的性格或体型无关，如 Yai（大）、Oun（胖）和 Muu（贪婪）；Lek 或 Noi（小）、Nok（小妞）、Noo（懦弱）和 Kung（矮个子），以及英文名如 Apple、Joy 甚至 Pepsi 等。

直到 1913 年，泰国才引入了**姓**（由拉玛六世引入，他也亲自为许多贵族创造了姓氏），而且只有在十分正式的场合才会使用姓氏，通常姓名连在一起使用。因此好朋友之间不知道对方的姓氏在泰国是很正常的事。泰国人的姓氏一般较短，如 Somboon 或 Srisai，而一些又长又烦琐的姓氏——如 Sonthanasumpun，通常表明是有中国血统的。不是因为其发音像中国话，而是由于大多数中国移民选择采用泰国新姓氏，而泰国法律又规定，每一个新创建的姓氏都必须是唯一的。如果想要改变姓氏，就必须提交一份候选名单，上面列举 5 个独特的泰国姓名，每一个都是使用了 10 个泰文字符后的最大长度，然后再与现有姓名数据库相对照。由于越来越多的姓氏都被使用过了，中国移民的姓氏就只能变得越来越复杂，因此和简练的泰国姓氏很容易就能区分开。

媒体信息

为了让民众了解世界时事，泰国有若干英文报纸可供阅读，虽然泰国审查制度（或自我审查）的形式相对温和，对所有新闻报纸和政府控制的主要媒体仍有一定影响。

报纸和杂志

泰国每周都会发布数百种泰语版报纸和杂志，其中《泰国日报》吸引了最广泛的读者，其发行量在100万份左右，而适度改革的《民意报》是主要的优质日报，发行量在60万份左右。

除此之外，还有两种**英语报纸**：《曼谷邮报》（ⓦ www.bangkokpost.com）和《国家报》（ⓦ www.nationmultimedia.com），这两家报纸能够对政治举动采取公正批判的态度，且内容涵盖了国内外主要时事以及与旅游相关的话题。

你也可以在曼谷、清迈和主要旅游地购买到**外国**杂志，如*Newsweek*和*Time*等。如Bookazine等英文书店以及一些高档酒店会将国外刊物空运过来，或者会在本地进行印刷装订，国外的全国性报纸每份副本价格在B50左右；在规模较大的旅游地中以游客为中心的小型市场上可以购买到本地印刷装订的报纸副本。

电视广播节目

泰国总共有6个由政府控制的地面**电视频道**：频道3、5（由军队拥有并运营）、7和9主要播送新闻、纪录片、肥皂剧、体育、访谈和智力竞赛节目，而PBS（前身为他信·西那瓦创办的ITV）和NBT是比较严肃的公共服务频道，属于政府公共关系部门并由其运营。大多中高档酒店的客房都已安装**有线电视**网络，可以收到世界各地的频道，包括美国的CNN、英国的BBC，有时可能还会收到澳大利亚的ABC，此外，还有英文电影频道、音乐电视频道以及各种体育和纪录片频道。《曼谷邮报》和《国家报》上每天都会刊登电视和有线电视的**节目单**。

无线电广播

泰国拥有500多个**无线电台**，大多都是以音乐为主，范围从播放西方流行音乐的Virgin电台Eazy频道（FM105.5）到FM95的卢克逊风格音乐（见p.671）再到播放泰国独立音乐的Fat电台（FM104.5），应有尽有。朱拉隆功大学广播电台（FM101.5）每天从早上9:30到深夜都会播放古典音乐。FM107的107电网是几个可以播报英语新闻简报的电台之一。

节庆活动

泰国所有的节日几乎都与宗教有关。其中最具戏剧性的是起源于婆罗门（印度教）的节庆活动，以古老的仪式和正式的盛装游行来膜拜元素精灵和神明。佛教庆典通常在当地寺庙周围举行，而且多会举行布施法会，氛围轻松愉悦，因为佛寺通常会挤满各种食物和饰品供应商，还会搭建临时舞台表演民间戏剧likay，还有歌星表演和选美比赛等。

大多数**世俗节日**（如大象围捕和桂河大桥上的精彩表演）都是户外本土文化展示，是专门为游客准备的。还有路人皆知的展销会热闹非凡，通常会在府会城市举办，以展示当地特产，如精致的泰丝制品或特别好吃的红毛丹果等。

大多数宗教节日的**日期**是不固定的，所以有关详情可咨询泰国旅游部门（ⓦ www.tourismthailand.org）。在泰国大多数庆典的名称都是用英文表示的，比较不起眼的庆典名称则用泰语表示（ngan的意思是"节日"）。下面所提及的节日都是泰国的法定假日。

节日一览表

1~3月

中国春节 那空沙旺（1月中旬~2月下旬的某3天）。在春节期间，那空沙旺会举行盛大的舞龙舞狮游行以迎接新年，除此之外，还有中国戏曲表演、国际舞狮竞赛以及烟火表演。同样，在泰国各地的唐人街尤其是曼谷和普吉也会隆重庆祝。

百花节 清迈（通常在2月第一个周末）。会有巨大的花卉雕塑游街庆祝。

万佛节 全国（尤其是曼谷的云石寺、清迈的素贴寺及洛坤的玛哈泰寺；2 月满月日）。这天会举行布施法会，以纪念 1250 名弟子自发前来听取佛陀传教，在佛寺周围举行烛光游行是万佛节的高潮部分。

Ngan Phrabat 华富里附近的佛足寺（2月初～3月初）。这期间朝圣者会前往圣迹朝拜，因此会吸引很多食物和手工艺品小贩及不少游客。见 p.201

那莱王统治时期展览会 华富里（2 月）。盛装游行，并在那莱宫殿进行实地历史演出。

Ngan Phra That Phanom 塔帕农（2 月）。成千上万的人都会到这个伊桑藏有佛教文物的、最神圣的地方来朝拜。

放风筝比赛 全国（尤其是曼谷皇家田广场；2 月下旬~4 月中旬）。

4 月和 5 月

成年礼 湄公河与清迈（4 月初）。泰族小男孩的受戒仪式，这些未来的小和尚会戴着花卉头饰盛装游街。见 p.249

泼水节 全国（尤其是清迈以及曼谷的考山路；通常是 4 月 13~15 日）。这是最隆重的民族节庆，全国各地泼水喜迎泰国新年，还要在寺庙群里搭建沙堡，举行游行活动以及"泼水小姐"选美比赛。见 p.249

帕侬蓝节 帕侬蓝寺（通常在 4 月）。该节日为期 3 天，为了庆祝黎明完全通过 15 个宏伟的 11 世纪高棉遗址门道，白天会举行游街，晚上有声光秀。见 p.397

佛诞节 全国（尤其是曼谷云石寺、清迈素贴寺及洛坤的玛哈泰寺；5 月满月日）。佛教年度最神圣的一天，同时纪念佛祖诞辰、开悟以及圆寂；最公众化、最精彩的就是寺庙周围的烛光夜游。

王室耕作仪式 曼谷皇家田广场（5 月初）。皇家春耕仪式标志着水稻种植季节的到来；身着庆典盛装的婆罗门长老带着神圣的牛和皇家犁一起游行，预言当年的水稻收成。见 p.82

火箭节 益梭通（5 月中旬的周末）。制作精美、手绘的木质火箭游行，并将其点燃以祈祷风调雨顺；伊桑各地都会举行庆祝活动，但在益梭通格外热闹。见 p.412

6~9 月

鬼脸节 黎府附近的丹赛城镇（6 月末或 7 月初）。戴上面具，再现佛祖倒数第二个化身。见 p.425

蜡烛节 乌汶（7 月满月前后 3 天）。这个全国性的节日标志着佛祖的第一次布道，随后开始一年一度的佛教修行（斋戒），在泰国东北部会举行盛大的蜡像雕塑游行，乌汶的庆典最壮观。见 p.406

十月法会 洛坤（9 月或 10 月）。布施法会以纪念死去的亲人，通常伴有为期 10 天的庙会。

10~12 月

素食节 普吉和董里（10 月或 11 月）。中国信徒在这为期 9 天的时间里只吃素食，并在城镇游行，表演铁杆刺肉等以表现自我禁欲。曼谷唐人街为庆祝该节日，大多数食品供应商和餐馆在两周内都会销售蔬菜。见 p.552 和 p.620

那迦火球节 廊开及其周围地带（通常在 10 月）。湄公河上的粉红色火球奇观吸引了泰国各地的观光客。见 p.434

Tak Bat Devo 和 Awk Pansa 全国（尤其在乌汶和那空拍侬；10 月满月日）。向僧侣进贡并举行欢庆活动以庆祝佛祖后裔从忉利天下凡到尘世以及斋戒修行的结束。在乌汶通常沿着河流举行灯船游行，而在那空拍侬除了举行灯船游行外，还会在湄公河上举行泰国—老挝龙舟比赛。

解夏节 素叻他尼（10 月中旬）。将城镇主要的佛像放在花车里游街，或放在船舶上沿着河流游行。见 p.471

划船比赛 难河、廊开、披迈及其他地区（10 月～11 月中旬）。划船比赛并沿着城镇河流举行游船仪式。

Thawt Kathin 全国（Awk Pansa 节和水灯节之间的一个月，通常在 10~11 月）。在僧人雨季修行结束的这个月里，按照惯例，百姓要向僧侣捐赠新长袍。大多数城镇会举行游行庆祝，偶尔恰逢王道周年之际，会在曼谷湄南河举行盛大的王室船舶游行。

水灯节 全国（尤其在素可泰和清迈；11 月满月日）。所有水面上（如池塘、河流、湖泊、运河和海岸等）都漂浮着鲜花篮（krathong）和点燃的蜡烛，以向水神表示尊敬并庆祝雨季结束。几乎每个城镇都有盛大表演，如集市、公众娱乐、烟火等，清迈还会放孔明灯；在素可泰，最好看的就是连续几个晚上的声光秀。见 p.213 和 p.249

Ngan Wat Saket 曼谷金山寺（11月的前两周）。这是泰国最大的庙会，在金山寺周围举行，穿平常的节日服饰。

大象节 素林（11 月的第三个周末）。200 头大象举行团队赛，执行复杂的任务并穿战斗服游行。见 p.401

桂河大桥节 北碧（从 11 月最后一周持续到 12 月第一周，共 10 个晚上）。在声名狼藉的大桥上进行壮观的声光秀。

丝绸节 孔敬（11 月 29 日 ~12 月 10 日）。各府会的织工都会聚集在这里售卖泰丝。见 p.413

世界遗产地展览 大城（12 月中旬）。为期一周的庆典，包括夜间的历史声光秀，以纪念城镇通过联合国教科文组织评定。见 p.187

除夕倒数计时 全国（12 月 31 日）。大多数城市和旅游景区为迎接新年会放烟花，通常还有各种美食节、选美比赛和户外表演。

娱乐和运动

曼谷是看泰国正宗古典舞蹈最好的地方，而大多数比较容易理解的、面向游客的节目在较大的旅游中心和曼谷都可以欣赏到。泰国的两个主要拳击场馆也在曼谷，但是在各府会你也可以见到当地的比赛。

戏剧和舞蹈

在泰国古典戏曲中，**戏剧**艺术可与**舞蹈**媲美，泰国传统的舞蹈剧大多都是以《拉玛坚》神话为背景的，这本泰国文学以印度神话史诗《罗摩衍那》为基础的，主要讲述了正义与邪恶之间的神话故事，是所有学校必教书目。这个舞蹈剧最令人困惑的地方就是不能理解其中的剧情，因此可以事先阅读一下该剧的节略本（p.77），并且可以对照下曼谷玉佛寺精彩绝伦的壁画。泰国传统舞蹈剧分为三大类——孔剧（khon）、洛坤剧（lakhon）和 Llikay，下面会根据精致程度按从高到低的顺序进行描述。

孔剧

泰国传统戏剧最壮观的形式就是孔剧，这种戏剧通常是由经过严格训练的古典舞蹈剧团表演的，表演时要戴面具、穿精心制作的服饰。这些舞蹈通常都没有任何个别性解释，因为每一个动作都严格遵守代代相传的舞蹈编排：对于接受过孔剧教育的听众来说，舞蹈演员每一个优美的、棱角分明的姿势都精确描绘了一个事件、一个动作或一份情感。舞蹈演员不会开口说一个字，整个故事都是由站在舞台旁边的合唱团吟诵和歌唱的，由传统 phipat 乐队伴奏。

典型的孔剧表演通常都会包含几段最有名的**《拉玛坚》**情节，主要演员可通过他们所戴的面具、头饰以及穿着的厚重的锦缎服装识别。神灵和人类是不戴面具的，但是男主角拉玛和女主角西塔总戴着繁重的镀金头饰，而且经常和拉玛的兄弟拉什曼三人一起出现。猴将军**面具**嘴巴都是张大的：猴将军哈努曼通常戴白色面具，而他的得力助手——火神 Nilanol 和死神 Nilapat 分别戴红色和黑色面具。与此相反，恶魔面具的嘴巴比较冷酷，或紧抿或咆哮；魔王图萨坎在战斗时会戴绿色面具，和平时期戴金色面具，但总是戴着双重头饰，而且每一重都刻满了脸。

孔剧在曼谷皇家剧院表演时会附带英文字幕（见 p.143），而且在曼谷、普吉和芭堤雅旅游餐馆的各种文化表演中也经常可以欣赏到孔剧。即使你没有看到表演，你也一定可以在各地博物馆和纪念品商店里看到各种精雕细琢的孔剧面具真品和复制品。

洛坤剧

洛坤剧比较庄重精致，是由孔剧发展而成，但是表演的故事背景更广泛，包括佛教本生经故事、当地民间戏剧，当然还有《拉玛坚》神话。

最常见的洛坤剧形式是查特里舞，经常在神社，如曼谷四面佛以及国柱神庙里表演，以供神灵欣赏，也是崇拜者感谢神灵的象征。这种查特里舞都是由剧团里的女性表演的，就像孔剧那样，每一个细微的动作都有其特定的含义。这些舞者也穿着华丽的服饰，但是表演时不戴面具，随着传统 phipat 乐队所奏音乐翩翩起舞。但不幸的是，由于常驻神社剧团每天要重复表演十多次相同的舞蹈，因此很少会像精心表演时那样壮观。在曼谷国家剧院还会表演更优雅的奈舞，这种舞蹈通常只在泰国宫廷表演，且重新讲述了《拉玛坚》神话故事的情节。

Likay

Likay 是由孔剧中衍生出来的更受欢迎、更有活力的戏剧，其中大量有趣的插曲、黄色笑话以及哑剧式一流的表演和歌唱，让人心情更加愉悦。一些 Likay 剧团会表演《拉玛坚》节选，但是大多都被改编成了令人血液沸腾的爱情故事或写成了自己的事情，且由演员通过即兴创作并讽刺最新时事夸大其实地对其进行了演绎。既有像孔剧和洛坤剧的传统服装，也有像电影中的现代西式服装，还有两者的混合服装。

Likay 剧团会走遍全国，只要有观众的地方，他们就会搭建临时舞台进行表演，通常都是在举行庙会的地方。表演一般持续 5 个小时，大多是免费的，在表演过程中，观众都会进进出出，且不停地为整体演员阵容欢呼叫好。电视上播出的 Likay 戏剧通常都有大量观众，主要遵循浪漫的肥皂剧式情节。Likay 短剧也是曼谷国家剧院的一大亮点。若想看更精彩、更有国际性的表演，可以搜索下泰国**油甘子剧团**（Ⓦ www.makhampom.net），这是一个以曼谷和清佬为基地，历史悠久的著名剧团，正是它将Likay推向了一个新方向，将社会因素以及少数民族风情融合到了戏剧中。

皮影戏

据说**皮影戏**（见p.514）是泰国最早的戏剧表演形式，但是现在除了在偏远的南方地区，基本看不到皮影戏了，因为在南方，受马来西亚的影响，有许多喜欢皮影戏的观众。皮影戏的皮影是用水牛皮制成的，表演时将其投射在背光屏幕上就可以了，而故事情节是通过唱歌、吟诵及音乐插曲讲述的。南雅皮影戏更加罕见，它使用的是大面影偶而不是单个的角色，因而这种表演有点类似动画电影。

电影

所有大城镇里都有一到两家**电影院**，而曼谷拥有50多家电影院（见p.143），最低票价在B80左右。Ⓦ www.movieseer.com网站上会列出全国各地大多数电影院一周内的电影清单。在一些农村地区，村民可通过移动式电影院观看电影，在寺院或其他公共场所搭建一个移动屏幕，然后就可以让整个村子的人看到电影了。但是在临时搭建的电影院里，每次放映前都会播放**泰国国歌**，观众们必须起立以示尊敬。

在泰国电影院里，快节奏的中国电影是主流。在城市里，**西方电影**也很受欢迎，播放新片时通常都是加字幕，而不是配音。影片也可以很快找到，因为在主要城市和旅游胜地的地摊上有盗版DVD卖。

近年来，泰国自己的电影工业正蓬勃发展，如果你足够幸运，你可以在大城市和度假胜地找到有英文字幕的泰国大片。

泰拳

泰拳（muay thai）深受泰国大众喜爱：每个府会城市都有一座大型体育场，而且每当电视上出现泰拳比赛时，都会有大量嘈杂的人群聚集在街道餐馆周围。观看泰拳的最佳场所是曼谷的两处主要场馆，每周晚上这两个场馆都会有所较量（见p.143），在大多旅游胜地也会定期举行比赛。

泰拳具有很强的精神指向，且有固定仪式，为这种残酷的运动方式增添了一丝风度。每位拳击者在悲壮的三件式phipat传统乐队的音乐声中进入拳击场，身着规定的红色或蓝色短裤，头戴神圣的绳索头饰。在二头肌上需绑上phra jiat，这种布片上通常有神秘符号，可能是佛经。然后选手要鞠躬，首先是朝向自己的出生地，接着依次向南、北、东、西方向鞠躬，以示对老师及拳击精神的尊敬。接下来，选手还需表演一段慢动作，吸引观众的注意力，展现他的超凡技术。

在泰拳中，除了头部外，身体的任何一个部位都可用作**攻击性武器**，而除了腹股沟外，所有部位都是攻击目标。踢中头部大多数时候都可以将对方击倒。随着动作越来越快，乐队也加快了演奏速度，而全场观众的投注也愈加狂热。虽然看起来仍有点可怕，但是在以前这个场面要比现在血腥得多，直到20世纪30年代，泰拳采取昆斯伯里拳击规则，强制规定要戴上现代拳击手套——拳击者过去常常在拳头上缠上涂有麻醉剂的毛玻璃，在割破对手脸部的同时麻醉对方。

有许多泰拳体育馆和营地为外国人提供**训练**课程，包括曼谷、清迈、华欣、帕岸岛及阁遥岛等地——详情请见相关描述。

藤球

无论是在曼谷还是内陆地区，你都可以在公立公园、学校、寺庙或后街小巷里看到各种藤球比赛。藤球一般比较轻（或是用塑料做成的球，看起来像用藤制成的），藤球比赛的基本目的就是不让球接触到地面。为此，你可以使用除手之外的任何一个身体部位，所以表现不错的藤球比赛看起来像跳芭蕾一样，选手们或跳或拱，以获取击败对方的机会。

藤球竞赛至少有5个版本，比赛规则都是一样的。东南亚运动会和大多数校园运动会基本采用排球网比赛，比赛分两队，通常打三场；另外一种比较流行的比赛方式是圆场赛，是指团队成员围成一个篮球式的圆圈，在下一组队员替换他们之前尽可能得更多的分。

还有其他一些藤球比赛的规则更复杂（如用脚后跟将球往后踢且球要通过背后用手臂围成的圈），而且许多得分点都是根据个人技巧而不是进球或失球次数决定的。

SPA和传统按摩

温泉SPA旨在自我放松消遣，所以其消费群体通常都是高消费游客，但是泰国五星级酒店提供的温泉SPA疗养与传统医师

所用疗养方式几乎别无二致。这些传统医师认为，按摩和草药是恢复身体和精神健康的最佳良药。

泰式按摩（nuad boran）的基本原理是：许多身体和情绪问题都是因为身体内主要中枢神经阻塞所引起的。按摩师通常使用他/她的脚、脚跟、膝盖、手肘以及手在这些中枢神经上施加压力，再辅以推拿式穴位按摩术使四肢尽量伸展，达到瑜伽的效果。不同于其他大多数按摩，泰式按摩更加注重对身体组织的推拿。人们可以在泰式按摩中得到解放，感觉既轻松又充满活力，据说长期做按摩对肌肉放松以及促进血液循环、帮助自然排毒都有很好的疗效。

泰国人在很多情况下都会去看按摩师，如发烧、感冒以及肌肉劳损等，即使身体没有问题时去享受一下按摩也是很有好处的，几乎所有酒店和旅馆都可以为你安排一位**按摩师**。在大多数比较热门的海滩，通常每几百米就会有一个提供按摩的地方——泰国人对按摩的热衷程度丝毫不亚于外国人。泰国按摩师在传统按摩中不会使用精油或乳液之类的东西，而顾客通常都是躺在席子或床垫上，按摩前会让你穿上宽松的裤子，可能是由宽松上衣改制而成的。按摩师会询问你身体的哪个部位需要重点按摩一下，或者哪些部位是他们不能碰的；如果你的按摩师不会说英语，提示他/她的最简单的方法就是指着有问题的身体部位说 mai sabai（"不是很好"）。如果在按摩过程中感觉到疼痛，躲避通常是个不错的技巧，你也可以加一句 jep（"疼"）；如果按摩师的按压力度对你来说过重的话，你可以说 bao bao na khrap/kha（"请轻一点儿"）。

享受基础按摩最好的去处通常是政府认可的诊所和医院，在全国各大城镇都可以找到。比较理想的按摩要持续一个半小时，费用在 B250 左右。如果对整体按摩比较担心，你可以先尝试一下**足底按摩**，采用了相同的穴位按摩技术，但是延伸范围仅限于你的脚部和小腿部位。大多数地方还会提供**草药按摩**，在按摩过程中，按摩师会将一个草药球（phrakop）包裹在一块布里，经过蒸汽加热再用其对你进行推拿；据说这种按摩对脖子、肩膀和背部僵硬都有很好的疗效。

泰式按摩背后的科学原理起源于印度的阿育吠陀医学，根据四个要素（土、水、火、气）对身体的每一个组成部位进行了分类，且认为身体内四要素的平衡是身体健康的关键。在泰式按摩中，舒展身体及推拿是至关重要的，通常认为这些技巧起源于瑜伽练习，并在公元前 2 世纪由佛教徒从印度引进泰国；中国的针灸和足底按摩对其也有一定的影响。在 19 世纪，拉玛国王三世下令在曼谷卧佛寺的庭院周围描绘一系列壁画，用来说明泰式按摩的原理，而如今，这些壁画仍可以在卧佛寺看到，同时在经典按摩姿势中还有修行者的雕像。

百年来，**卧佛寺**一直是泰式按摩的一流院校，而且你在这里既可以学习按摩，还可以享受按摩（见 p.80）；此外，它还在佛统经营按摩寄宿学校及诊所（Ⓦ www.watpomassage.com）。在卧佛寺接受过培训的按摩师被公认是全泰国最好的按摩师，而全泰国的按摩师无论真假都声称自己在卧佛寺接受过培训。

虽然卧佛寺是**学习**泰式按摩最著名的场所，但是大多数外国人都喜欢去清迈学习这门古老的技术，因为清迈聚集了最多的按摩学校（包括另外一家卧佛寺学院的附属分校），你也可以在泰国各地发现其他一些按摩学院，包括在曼谷及南部海滩度假村。

泰国所有的**温泉浴场**提供的都是传统泰式按摩以及草药疗法，但是大多数浴场也提供多种其他国际疗法，如脸部按摩术、香料按摩、瑞典按摩法以及各种身体裹敷疗法等。高档酒店和度假村的 SPA 中心通常也对非住客开放，但是需要提前预约。不属于酒店的日间温泉浴场通常要便宜一些，而且在大城市及度假胜地都可以找到——其中一些地方不需要预约。

禅修中心

泰国有数百座禅寺，其中几个是专门为外国游客准备的，有英文版的冥想沉思和修行。无论你是初学者还是有经验的禅修者，这些寺院都非常欢迎，但是绝对初学者最好去解脱自在园和洞山寺进行恰当的修行，这里的禅修老师既有泰国人也有西方人，都非常有经验，很有帮助；此外还提供佛教教义及实践的讲座和访谈。所教的禅修大都是毗卢舍那智慧禅，又叫"内观"，注重对内部感觉的仔细观察；另外一种主要的禅修是止禅，旨在使心灵平静，培养集中力（这两种

禅修并不完全独立，因为如果没有一定程度的集中力，你是不会有内观的）。

长时间的休行一般只针对严格的修行者。下文列举的所有寺庙都非常欢迎说英语的男性和女性，但是不同性别的人必须严格分开，而且大多数地方都要保持安静。在这里阅读和书写也是不被倡导的，除非绝对必要，否则不准离开修行寓所，因此你最好将所有需要的东西都带在身上。在所有修行寓所，你要穿最端庄的服装，且有些地方会要求穿着白色服饰——提前查看一下修行建筑群里有没有商店，或者是否随身携带了白色服装。

在这些寺院修行时，每天凌晨 4 点左右都会有**起床铃**叫你起床，开始一天的修行，之后会有持续几个小时的**集体禅修**并诵经，还要抛开凡尘琐事，静静地进行自我反思。无论在这里待多久，修行者们都必须遵守佛教的八大戒律，其中最严格的是正午后戒食，且在修行期间需戒酒、戒烟、戒毒、戒色。大多数寺院会要求你给他们一些最小的日常**捐赠**（B200 左右），包含了食宿费。

大多数下列寺庙的详细信息——包括交通线路，会在本书的相关章节有所提及。Ⓦ www.dhammathai.org 是一个比较有用的信息来源，提供了泰国各地禅修寺院和中心的基本背景介绍、实用建议及其详细信息。

禅修中心和修行寺庙

除了下列地方外，本书其他章节也会列举一些禅修中心和修行寺庙，包括帕岸岛的**洞山寺**（见 p.492）、曼谷的**玛哈泰寺**（见 p.83）、**清迈的**一系列修集会（见 p.250）、猜亚（见 p.470）及苏梅岛（见 p.474）的**解脱自在园禅修**。

House of Dhamma Insight Meditation Centre 26/9 Soi Lardprao 15，Chatuchak，Bangkok Ⓣ 02 511 0439 Ⓦ www.houseofdhamma.com 通常会进行 2 天的内观课程，然后进行慈心（Metta）禅修。还可提供灵气与其他项目的课程。

Thailand Vipassana Centres Ⓦ www.dhamma.org 缅甸内观传统课程，初学者适合 10 天，熟练的禅修者修行 1~45 天。这些静修中心可在孔敬、南奔、彭世洛（见 p.202）、巴真武里（曼谷附近）以及桑卡拉武里找到。国外学习者必须通过邮件提前登记（可通过网站申请）。

Wat Pah Nanachat Ban Bung Wai，Amphoe Warinchamrab，Ubon Ratchathani 34310 Ⓦ www.watpahnanachat.org 著名大师 Ajahn Chah 建立了这座丛林寺院，位于乌汶西面 17 千米处，1975 年开始特地为国外游客提供寺院培训，英语为主要语言。也欢迎游客和社区居民一起练习，但是氛围比较严肃紧张，不适合初学者或好奇的观光客；而且这里住宿比较紧张，因此在拜访之前应先给寺院写信问一下有无空房，可能会在几周后收到回信。

Wat Phra Si Chom Thong Insight Meditation Centre Ⓣ 053 826869 Ⓔ watchomtong@sirimangalo.org 位于清迈南部 58 千米处的宗通（见 p.288），是北方内观修行学校中心，由著名的 Phra Ajam Tong Sirimangalo 创建（清迈朗奔寺和素贴山佛寺的老师都是 Phra Tong 的学生）。可为你提供 4~21 天的内观智慧禅课程，有英语。需捐赠。

World Fellowship of Buddhists（**WFB**）616 Benjasiri Park，Soi Medhinivet off Soi 24，Thanon Sukhumvit，Bangkok Ⓣ 02 661 1284-7 Ⓦ www.wfbhq.org 佛教徒（大多是小乘佛教）世界组织总部，1950 年成立于斯里兰卡，是泰国英语修行课程建议的主要信息中心。

户外活动

许多游客的行程中都会包括山上徒步之旅以及南部海滩的浮潜或潜水活动。徒步旅行主要集中在北方，但是在北碧、桑卡拉武里以及翁庞都提供规模较小、旅游观光较少的徒步旅行。除此之外，还有大量的国家公园，可以进行攀岩及皮艇运动。

潜水和浮潜

清澈温暖的海水（平均温度在 28℃）、丰富多样的海洋生物以及实惠的价格，使泰国成为**潜水和浮潜**的最佳场所。大多数岛屿和海滩度假胜地都至少有一个潜水中心可以前往偏远岛屿，并提供潜水新手教程及设备租赁，而在较大的度假胜地，有几十个服务选项。

泰国的三个海岸受到不同季风**季节**的影响，因此在这里全年都可以潜水；安达曼海岸在 11 月～次年 4 月是旅游旺季（但是潜水可持续到 8 月下旬），而在泰国海湾及东部海岸全年都可潜水。每个潜水员都有自己钟爱的珊瑚礁，泰国**潜水首要目的地**一般都在斯米兰岛、素林岛、黎希留岩、红岩和紫岩——这些地方都在安达曼海岸（见 p.517）。作为潜水旅游基地，泰国湾海岸的涛岛无与伦比，清澈的近岸深水海域以及各种各样的潜水点吸引着无数游客。

无论你是来浮潜还是潜水，都请**不要碰触珊瑚礁**，也请要求船家不要停泊在珊瑚礁中间，以免使脆弱的珊瑚礁受到影响。切记不要购买珊瑚纪念品，因为这样只会趋使当地的企业家更加肆无忌惮地炸毁珊瑚礁。

如果你的皮肤被珊瑚擦伤了，请用开水彻底清洗伤口，消毒包扎，直至痊愈。在浮潜时可以穿一件T恤，以免背部被晒伤。

潜水

在决定好去哪里进行潜水旅游或学习潜水教程之前，你可以先多了解几个**潜水中心**。而且一定要验证潜水教练的PADI（专业潜水教练协会）认证或其他具有同等效力的认证，并检查该潜水店是否属于PADI的国际旅游度假区及零售店协会（IRRA），因为这可以保障该潜水店有一定的专业水平。你可在 ⓦ www.padi.com 上找到泰国IRRA潜水店列表。

我们已将认证为五星级潜水中心的IRRA潜水店用着重符号标注出来了，这些经过PADI认证的潜水中心标准非常高，但是如果可能的话，你最好还是咨询一下其他潜水员，因为有些潜水经营商会假冒PADI认证。如果你对某个潜水中心一无所知，请不要在网上提前预订，而且需谨防那些提供非常便宜的课程的经营商：在泰国，潜水设备的维护是很昂贵的，因此价格低的地方所提供的潜水设备可能有问题，并会危及你的安全。要求**会见你的教练员**或潜水领导员，问清楚小组里共有多少人以及教授方式（一些课程以看视频为主）并仔细检查设备，亲自查看气瓶中的空气质量并确保船上有氧气瓶。比起长尾船，大多数潜水者都喜欢搭乘较大的**船**去潜水点，船上配备有无线电通信以及紧急医疗设备。如果对此有困惑，你可以在报名之前先咨询潜水公司有关船舶的问题；使用长尾船的公司一般收费较便宜。

潜水课程和初步潜水的价格中应包含**保险费用**；最好确认下你的普通旅游保险是否包含潜水项目，虽然一些潜水店可以为你缴纳潜水保险费。在芭堤雅、苏梅岛以及普吉岛上有**减压舱**培训服务，你可顺便检查一下你所选的潜水中心是否是这些会所的成员之一，因为减压舱的服务费用要比没有减压舱的贵很多。

旅程及课程

所有的潜水中心都会提供为期1天的**潜水旅游**（设有两个潜水点）以及**夜潜**项目，消费在B1500~4500（如果自带设备可减少一定花费）。安达曼海岸的大多数潜水中心还提供3~7天的**船上旅行**，去偏远的斯米兰岛和素林岛观赏珍奇的珊瑚礁（起价B11900）。大多数潜水中心还可租赁**水下摄像机**，每天的费用为B1500。

所有潜水中心都提供了从初级到高级的潜水**课程**，且费用通常也包括了设备租赁；涛岛是东南亚地区规模最大、最具竞争力的潜水训练中心，岛上大约有50家潜水公司，包括许多PADI五星级潜水中心。其中，最受欢迎的课程是为期一天的潜水**训练**或度假潜水（会对任何10岁或10岁以上的潜水者进行鼓励并保护他们在浅潜水区域活动），从典型的当地潜水到包括所有项目的斯米兰岛一日游价格从B2000~B7000不等；还有为期4天的**开放水域课程**也深受大家喜欢，这种潜水项目没有教练员（涛岛旺季最低价B9800）。儿童泡泡潜水课程是针对8~9岁儿童设立的，价格在B2000左右。

泰国主要的潜水度假胜地

东部海岸
阁昌岛（见p.362）
芭堤雅（见p.338）
泰国湾海岸
帕岸岛（见p.491）
苏梅岛（见p.474）
涛岛（见p.504）
安达曼海岸
奥南湾（见p.585）
蔻立（见p.539）
兰达岛（见p.608）
皮皮岛（见p.596）
普吉岛（见p.565）
南方腹地
丽贝岛（见p.634）

浮潜

大多数海滩上的船家和旅游代理商都会提供到附近珊瑚礁的**浮潜**之旅，且多数潜水经营者也欢迎浮潜爱好者跟随他们，可打30%或更多折扣；但是并非所有的潜水目的地都适合浮潜，所以事先请注意一下本书的相关描述。至于浮潜**装备**，最重要的就是购买或租一个合适的潜水面罩。若想知道面罩是否合适，可将之戴在脸上，深吸一下然后移开手——如果面罩会掉下来，说明会渗水。如果你想要购买设备，需购买全套，包括面罩、呼吸管以及脚蹼，价格在B1000左右，大多数潜水中心都有售。很少有地方会出租脚蹼，但是大部分都会提供面罩和呼吸管租赁，每天B150，如果你想尝试浮潜一日游，这些租赁费用都包含在价格里了。

国家公园及野生动植物观赏

泰国有100多座国家公园（见下文方框内容），由国家公园、野生动物和植物保护部门管理（Ⓦwww.dnp.go.th），是**观赏野生动植物**的最佳场所。虽然你不大可能遇到老虎或太阳熊，但是你可以看到长臂猿、麝猫、鼷鹿和犀鸟，甚至还可以看到野生大象。许多湿地地区也生活着各种各样的鸟类。所有公园都要收取**门票费用**，国外游客门票价格通常为B200（儿童B100），但是有些公园门票为B100，极少数要收取B400。

在大多数公园里，设有路标的徒步小径都是有限制的，那些极有挑战性的、规模较大的公园，地图是很难得到的，因此若想在比较危险的国家公园徒步旅行，你需要聘请一位导游，并敢于去非公共线路区域冒险。几乎所有公园都会提供**住宿**和/或露营地（见p.35）。一些国家公园出于保护、安全或环境等原因，每年都有几周或几个月是**不对外开放**的，不开放日期在国家公园网站上都有公布。

有关泰国野生动植物及其栖息地的详细介绍、环境问题以及泰国野生动植物慈善机构和志愿服务项目列表等信息在本书“背景资料”章节都有介绍（见p.663）。

攀岩

泰国安达曼海岸南部布满了各种石灰岩山脉，是**攀岩爱好者**的天堂，而攀岩运动在过去15年间也得到了迅速发展。大多数攀岩场所都围绕在甲米（见p.579）的帕南海岬的**莱雷**东部以及**通赛**海岸附近，这里有几十条线路可轻松到达游客住宿的平房、餐馆以及海滩。**离岸处深水独攀**——攀登一座面朝大海的岩石，没有绳索，没有伙伴，也没有固定物，若你坠落会直接掉进大海——也是此地旅游的一大特色。莱雷东部和通赛地区的一些**攀岩学校**会提供攀岩教学（最低价为半天B1000），以及攀岩指导和设备租赁（两人每天费用为B1300）。皮皮岛（见p.596）同样也有一些攀岩线路，几所攀岩学校，而小阁遥岛（见p.573）和涝莨岛（见p.631）提供的攀岩活动更闲适、更有趣。攀岩在清迈附近也很流行（见p.244），在涛岛（见p.504）和华富里（见p.197）也有一些欠发达的攀岩区域。有关莱雷及泰国南部其他地区的攀岩介绍，请登录Ⓦwww.railay.com网站查看。

海上皮艇及白水漂流活动

海上皮艇活动同样集中在安达曼海岸，石灰岩露出区、海蚀洞、隐蔽的环礁湖、红树林沼泽，尤其还有攀牙湾风景如画的海岸线（见p.575），都吸引着游客到这里来享受水上运动。在普吉、蔻立、甲米的所有海滩和岛屿以及阁遥岛的任一度假胜地都可安

泰国顶级国家公园

红统（p.488）泰国湾最壮观的群岛，一般在苏梅岛或帕岸岛一日游中会参观到此公园。

因他暖（p.287）这里有壮观的瀑布、美丽的兰花，居住着山地部落，栖息着大约400种鸟类，还有泰国最高的山峰。

伊拉旺（p.171）拥有格外美丽的七阶瀑布景观，一直蜿蜒到森林深处。在北碧一日游中广受欢迎。

三百峰（p.462）坐落在泰国湾海岸的沿海浅滩，是鸟类的天堂，以及各种各样的钟乳石岩洞。

考索（p.535）泰国南部最受欢迎的公园，拥有多条热带雨林小径，多个岩洞，湍急的河流中有许多怪诞的岩石，还有木筏房可供居住。

考艾（p.385）泰国最受欢迎的国家公园，距离曼谷有3小时路程，其特色有6条高地小径以及有组织的徒步旅行和夜间旅行。

斯米兰岛（p.544）是安达曼海岸的偏远岛屿，有令人难以置信的著名珊瑚礁以及优美的水域风光。大部分游客都喜欢搭乘有潜水项目的船只来旅游，但是国家公园内提供的住宿条件有限。

素林岛（p.535）安达曼海上的国家海洋公园群岛，海水清澈美丽，但是在2010年大部分珊瑚都出现了白化现象。是顶级的浮潜点及国家公园野营场所。

阁德鲁道岛（p.631）在长26千米的主要岛屿上拥有各种各样美丽的陆地及海洋景观，在其西部还有50多座较小的岛屿。

普加东山（p.424）海拔1300米的壮观高地，最好不要在周末去游玩。

排围绕攀牙湾进行的皮划艇一日游；皮划艇多日探险也是可行的。而在苏梅岛上，Blue Stars（见 p.489）可为你安排去红统海洋公园的皮划艇之旅，欣赏公园内风景如画的岛屿，而 Kayak Chang（见 p.362）会提供阁昌岛半日～7 日游。在其他海滩度假胜地，许多平房都有免费皮划艇可供使用，你可以租用这些皮划艇（B100/ 小时起价）单独进行沿海休闲探索。

你也可以在泰国北部、西部和南部的几条河流里享受**河流独木舟**及**白水漂流**。这些河流的某些河段水流比较湍急，尤其是在 7~11 月的雨季期间，但即使初学者也有许多选择项目。到这里旅游的最佳时节是 10 月～次年 2 月；而在热季期间（3~6 月），大多数河流的水流速度较慢。最著名的漂流河流包括翁庞（见 p.232）的几条河以及翁庞附近的眉隆河和拜县附近的拜河。在泰国北部、桂河及其在北碧（见 p.172）附近的支流、塔通（见 p.309）地区的郭河以及在夜丰颂（见 p.297）和拜县（见 p.304）地区，比较缓慢的漂流游览都是有组织徒步旅行中的一部分。在清迈的西南部，可在国家公园总部租用橡皮船前往欧宝隆峡谷（见 p.290）旅行。

徒步旅行

在泰国北部山区的徒步旅行和其他世界各地的徒步旅行有所不同，因为其旅行重点不在风景而是该地区的民俗风情。泰国北部的山地部落目前有 80 多万人口，分别生活在大约 3500 个村庄里，他们仍然保持着自给自足的生活方式，与他们几千年前的生活相差无几（见 p.674）。近年来，**山里人**（由泰语 chao khao 翻译而来）这个名词被越来越多的人使用，已不再那么有歧视意义；这些部落中并没有族长，而且技术也并不落后。有些乡村部落离主干道很近，徒步旅行一天内就可以从一个主要城镇到达另一个主要城镇，而比较传统的乡村部落通常需要花费好几天，最好找一个向导，而且每天晚上都会在不同的地方露宿。但是对于大多数游客来说，能够遇到截然不同文化的民族、游览美丽的热带田园风光、享受骑大象和漂流的乐趣，再多困难都不值一提。

在所有旅途中，你都必须遵守**道德规范**。现在每年大概有 10 万游客会去泰国徒步旅行，大多数游客都会前往位于清迈西北部 40 千米处的 Mae Taeng 山谷以及清迈西部郭河附近的山林地区。旅游业对这些地方的环境产生了一定影响，而且源源不断的徒步旅行者也给传统封闭的山地部落带来了压力。外国游客不熟悉山地部落的习俗，很容易引起民愤，尤其是那些去寻找药物的人。但是旅游业已逐渐从他们的传统生活方式中脱离出来，大多数部落成员都对外国游客真诚热情，也感谢徒步旅行给他们带来的物质利益。但是，为了尽量避免给山地部落带来破坏，在徒步旅行途中一定要持有负责任的态度。虽然有一两处景点可以独自跋涉，如拜县素蓬（见 p.301）附近的 Cave Lodge，但是如果没有导游做介绍，一个人徒步旅行的收获会很少，更有可能在毫无意识的情况下就违反了当地的风俗；因此最好找一个心思敏捷、经验丰富且在当地部落里有一定地位的**导游**，并遵守下面提及的礼仪基本准则。如果你喜欢单独旅行，可以在旅游代理商处聘请一位私人导游，每天费用在 B1000~1500。

山地部落是泰国北部的大产业组织：仅在**清迈**就有数百家机构，几乎覆盖了北部所有徒步旅行区域。**清迈**是泰国第二大徒步旅游中心，而在难府、迈萨良、夜丰颂、拜县、清佬、塔通以及美斯乐地区也可以找到徒步旅行机构，通常安排去附近地区的徒步旅行。在翁庞、北碧和桑卡拉武里地区可找到有导游带领的徒步旅行，但规模比北方要小。

基础信息

11 月～次年 2 月天气比较凉爽干燥，是徒步旅行的最佳季节，虽然可选择不同天数的徒步旅行，短则 2 天，长则 10 天，但 3~4 天是最流行的。组队人数在 5~12 人，最好选择小一点的组，这样你就可以和导游及村民保持更好的关系。每个组员通常都睡在村庄客人小屋里的睡垫上，而导游会为组员做公共餐，一些烹饪材料是从外面带进来的，还有一些是在当地找的。

通常徒步旅行都遵循旅游机构制定的常规**行程**，但人员较少的组以及小城镇里的机构可重新定制旅游线路。一些行程是针对长期徒步旅行者的，而其他的徒步行程节奏会稍慢一些，但是所有的徒步旅行都要顶着炎炎烈日，翻过树木丛生的陡峭山岭，所以对身体素质有一定要求。目前大多数徒步旅程会包括乘坐大象和竹筏之旅——如果水流湍急，会更加惊险刺激。在清迈，典型的三日两夜徒步旅行**价格**在 B1600~3000（包括交通、食宿及导游费），而在其他城镇会比较便宜，如果不去漂流、不骑大象，价格会便宜很多。

徒步旅行选择

在选择徒步旅行时需注意一些特征。如果你喜欢小组旅行，一定要从机构那里得到保证你不会被分配到大组里去。确保旅程至少有两个导游——一个带队一个压队，据说有些游客在掉队后失踪了好几天。仔细核对旅程的起止时间以及交通方式；大多数旅程在开始时会搭便车出城，但偶尔也会乘坐长途巴士。如果可能的话，事先可以和其他游客以及导游见面交流一下，基本上导游都会说英语，而且很了解山地部落的文化，尤其是每个乡村部落的礼节详情。最后问一下饮食信息以及每日行程，最好拿一份线路图研究下地形。

虽然**旅游机构**会为游客安排旅游行程及导游，但是只有少数机构认识这些导游，所以最好选择信誉良好的机构或民宿。在选择机构时，你要先检查这些机构及其导游是否持有泰国旅游局颁发的执照和证书：这些能保证该机构至少达到了经营的最低水平，且万一出现问题也有所保障。口碑往往是最重要的，如果你听说一个不错的机构，可以去尝试一下。每次徒步旅行都会在旅游警察署有所**登记**，上面会说明行程、持续时间以及游客姓名，以防遇到任何问题——在出发前一定要和机构确认此次旅行已在旅游警察署注册登记。

携带物品

对于任何旅行，合适的**衣服**都是至关重要的。最好穿结实的靴子，可以保护脚踝，但是在干燥的季节，穿运动鞋即可；宽松点的薄款衣服——最好穿长裤，这样可以避免被有刺植物割伤，而且在雨季，还能防止被水蛭叮咬；帽子；如果你很容易被晒伤，最好穿长袖衣裤。此外，消毒液、抗组胺剂、抗腹泻**药**以及驱虫剂都是必需品，而且最好带上蚊帐——检查一下留宿的地方是否有蚊帐提供。至少需要携带两套衣物，外加纱笼或毛巾（女性尤其要带纱笼，可以清洗或替换下身衣物）。

如果你是跟团旅行，导游通常会提供**水**以及一个小背包，还有**毛毯**或更好的**睡袋**，

山地部落徒步旅行礼节

作为客人就应入乡随俗，不能我行我素。除了保持乐观开朗的态度，不对主人提出过多要求之外，还需遵守一些**简单规则**。

- **穿着谨慎得体**，下身穿长裤或长裙（最短只能穿及膝裙），上身穿 T 恤或衬衫。在村民面前穿衣或换衣服都是无礼行为。
- 禁止大声说话及**喧闹行为**。微笑和点头代表友好。可从当地书店买到山地部落的常用语手册和字典，如果你能学会当地语言的一些单词，可获得更多村民的喜爱。
- 如果与爱人一同旅行，请不要**在公众面前表现亲密**，如亲吻等，对当地人们来说，这是极令人反感、不尊重他人的行为。
- 留意**禁忌标志**（ta-laew），放置在乡村入口的地面上、房子入口上方的屋顶处或新长出树枝上的编织竹条。这表示这些地方正在进行一种特殊仪式，你不准进入。注意不要乱碰；在阿卡族部落，入口大门和大型秋千是不能碰的。进门之前需先询问，且不能站或坐在门槛上，门槛通常被认为是屋子里鬼魂的象征。如果屋子的桩柱上有一块高出的地板，请将鞋脱下后放在该地板上。大多数山地部落的房子里都有一个宗教神龛——不要碰触此神龛，也不能对其拍照，或者坐在神龛底下。如果你得到允许可观看仪式，其实这并不表示邀请你参加仪式，除非被问及。就像当地村民本身那样，如果违反了当地习俗，你需缴纳罚款。
- 一些村民会喜欢拍照，但是大多数都不喜欢。如果你想拍照片，你可以指向照相机然后点头示意。如果对方明显不想拍，请不要坚持。特别要注意病人、老人、孕妇以及婴儿——大多数部落都认为照相机对胎儿或婴儿的灵魂有影响。
- 送**礼物**时需小心谨慎。一般给小孩送文具用品或衣服是比较受欢迎的，也可给妇女送缝纫工具（如针等）——可让导游将礼物转交给村长，让村长公平分配。然而，金钱、糖果、烟草等可能会助长乡村乞讨之风，从而造成不良影响。
- 不要询问关于鸦片的任何问题，因为这是对主人的一种冒犯。

但是在凉季，夜间温度会下降到零摄氏度以下，这些东西可能不够保暖，你至少要带一件毛衣，也可以买一件很便宜的，由当地制造的帽兜来驱除寒意。

不要携带任何贵重物品，在清迈等徒步旅行比较受欢迎的地方，大多数旅馆都会提供保险箱以及行李寄存室。

带小孩出行

尽管在泰国以儿童为中心的旅游景点很少，但是不管是海滩还是内陆，都有大量景点适合全家旅游，而且泰国人民对小游客非常热情。

在泰国所有**海滩度假胜地**中，最适合家庭旅游的两座岛屿是苏梅岛和兰达岛。这两座岛屿的海滩上都有许多符合中高级预算的住处，而且还有各种热情的露天沿海餐馆，如此父母亲可以安稳用餐，而孩子们也可在他们的视线内玩耍。此外，这两座岛屿还提供了许多一日游活动，从骑大象到浮潜，应有尽有。普吉岛也是全家旅行的好去处，但是这里的沿海住宿价格很贵，而且主要项目也很少。在许多海滩度假胜地，大一点的孩子可以去划船或学习攀岩，许多潜水中心会根据要求教授PADI儿童潜水课程：8~9岁的孩子可以上泡泡小勇士（Bubblemaker）课程，而10岁及以上的孩子可以去上潜水体验课程（Discover Scuba Diving）。

在泰国内陆，许多**国家公园**及其瀑布和岩洞都是旅游胜地，而且有很多**漂流**、**骑大象**的场所。北碧可提供所有这些项目，而且许多城镇旅馆里都会大面积铺上草坪。清迈也是家庭旅游度假胜地，不仅包括了上述项目，还有各种乘船旅行以及迷人的现代动物园和水族馆，此外，还可以看到雨伞制作者及其他工匠的工作流程；而且在湄沙山谷有许多适合家庭旅行的景点，如植物园以及**蝴蝶农场**等。曼谷还有几个适合儿童游玩的**主题公园**以及活动中心。

如果你1月去泰国，你的孩子还有机会免费参加泰国各地为**国家儿童节**（Wan Dek）筹划的娱乐项目和活动，通常在1月的第二个周六举行。在那天，孩子们还可以免费去动物园参观，免费乘坐巴士。

酒店和交通信息

本书中列出的许多昂贵酒店都规定，只要不要求额外的床上用品，可允许1~2个12岁以下的儿童免费分享父母的房间。这里中档酒店（相当于旅馆规格）双人房的预算可以解决两个成年人和两个孩子的住宿问题，因为泰国酒店的床非常大，供两个人睡绰绰有余。现在越来越多的旅馆都可提供三人房，甚至还有特殊的家庭套房。大酒店和一些小旅馆可免费提供婴儿床（虽然小旅馆里的婴儿床有一点难看），而中高档酒店的客房通常还配有小冰箱。许多酒店还有**保姆**服务。

很少有博物馆或交通公司会给学生提供优惠票价，但可能会给儿童**打折**。泰国国家铁路还有一个更奇怪的规定，3~12岁的儿童只有在150厘米以下才可半票，而一些车站在售票大厅的墙上标有身高测量标志。大多数国内航线规定2岁以下儿童收取全票价的10%，12岁以下儿童半价。

其他实用信息

虽然大多数泰国婴儿都不穿**纸尿裤**，但是在规模较大的度假胜地和城镇的便利店、药房和超市都可以买到；如果要在孤岛上过夜，最好带一些可洗的尿布以作备用。**尿垫**也是带孩子旅游必需品，因为在泰国公共厕所本身就很少，更不用说是带有婴儿设施的卫生间了（但是豪华酒店还是有此设施的）。各国际知名品牌的奶粉在泰国各地都有售，在较大的城镇和度假中心可买到品牌婴儿食品，但是有些父母认为餐馆提供的米饭和香蕉也一样好吃。泰国妇女不会在公共场所**哺乳**。

在旅游过程中，婴儿背带是最理想的。很多游客会犹豫到底要不要带上**童车**或三轮**折叠式婴儿车**。泰国的路面较好，顶多算颠簸，几乎没有斜坡，比较适合婴儿车；沙滩非常不适合用童车，但是三轮婴儿车还是可以使用的。童车和折叠式婴儿车对于喂食甚至让小孩睡觉都可以派上用场，在高档餐馆和酒店仅会提供高脚儿童椅及儿童摇床。在大多数城镇你都可以买到童车，价格相当便宜。如果有必要，你可以带一顶适当大小的**蚊帐**（见p.58）或在当地任何一家百货商店购买；此外，小型**阳光帐篷**也是沙滩游玩的必备良品。出租车和汽车租赁公司都不会提供婴儿**安全座椅**，即使将自己家的带过来，也没有安全带可以固定。

大多数百货公司都有儿童专区，从奶瓶到玩偶，应有尽有。在曼谷甚至有几家 Mother Care（英国品牌）可为你提供服务。

危险因素

比起父母，孩子更需要注意防晒、饮水安全、避免高温以及不尝试新奇的**食物**等情况。与成人一样，孩子不能吃不干净的水果和沙拉，也不能吃长期暴露在空气中的食物。由于腹泻对孩子来说很危险，为以防万一最好带上电解质水或粉末（见 p.60）。其他一些主要**危险因素**还包括拥挤的交通；巨大的海浪、湍急的水流和水母；以及**日晒**——光靠沙滩上那有限的遮阴处是远远不够的，遮阳帽、防晒霜以及防水防晒油都是必备物品，在大多数度假胜地都可买到。如果可能的话，你要确保你的孩子了解**狂犬病**的危险；最好让孩子远离旅途中遇见的**动物**，尤其是狗和猴子，可能的话提前注射狂犬疫苗。

相关信息及建议

Nancy Chandler Family Travel Ⓦ www.nancychandler.net/travelwkids.asp 提供许多关于儿童在泰国游玩的独特想法，还有出行提示、相关链接以及以泰国为主题的儿童读物等。

Thailand 4 Kids Ⓦ www.thailand4kids.com 对赴泰国家庭旅游有许多实用的建议。

旅行须知

气候

泰国大部分地区主要有三个**季节**：雨季，受西南季风影响（很难预测，但是大致在5~10月）；凉季（11月~次年2月；北方偏远地区尤为明显，但是在南方几乎感觉不到）；热季（3~5月）。泰国湾海岸的气候有所不同：虽然受西南季风影响较小，但是深受东北季风影响，因此11月雨量最多。

费用

泰国旅游很便宜。如果你愿意像当地人那样只选择最基本的吃、喝、住、行，而且远离普吉岛、苏梅岛以及皮皮岛等昂贵的度假中心，那么每天的**预算**大概为B650；如果你想享受昂贵的度假胜地，每天的预算详情如下：宿舍或共享房间（多人住在一个单间）大约B200，一日三餐B200（主要在夜市或普通面馆用餐，远离酒吧），剩下的就是交通费用（如有可能坚决乘坐便宜的巴士以及三等列车）及其他杂费；如果你想要住空调房，在跨镇旅行中乘坐各种出租车而不是巴士或合乘双条车，喜欢在旅游观光餐馆用餐、喝啤酒，那么一天的开支将会在B1000左右；如果选择设施完善的中档酒店以及高级餐馆，生活会很舒适，但每天开支在B2000左右。

只要游客像泰国本地人那样抓住一切机会**讨价还价**，你就会习惯泰国的低成本生活。砍价在很多商业交易中都很有用处，尤其是在集市以及搭嘟嘟车和不计程出租车的时候（超市和百货公司不能讲价），但也是一门很微妙的艺术，幽默、智慧和耐心，三者缺一不可。如果你的价格太离谱，卖主会强烈拒绝，那时你就应该提高价格，这些小钱没必要这么小题大做，要记住，这在泰国人手中比在你手中有用得多。

另外，在官办旅游景点，已经正式制

泰国的地址

泰国的**地址**非常令人困惑，这主要是因为建筑会用数字表示两次，第一次显示的是建筑所在地段位置，第二次的数字用于区分该建筑在这个地段中的位置。因此 154/7-10 Thanon Rajdamnoen 这个地址表示这座建筑位于154地段，占据了7-10号的屋子。但是这些数字不一定会帮你找到一条长街上你想找的那一座建筑。当你在问路或告诉出租车司机目的地时，最好引用一下目的地周围的寺庙、大酒店或其他标志性路标。泰语中的“Thanon”是路、街的意思，Soi 是指弄堂或小巷，比 Soi 更小一些的是 rok，不常用。但有时泰国马路的命名方式还有另外一种特质：大城市里，主要道路上的支路名称就是加 Soi（虽然它有可能是一条宽敞的通道），而不是重新命名。例如素坤逸大街，是曼谷最长的道路，其支路命名方式就是从 Soi1 一直排到 Soi103，奇数表示在道路的同一侧，偶数表示在道路的另一侧；因此地址如 27/9-11 Soi 15, Thanon Sukhumvit 就表示这座建筑位于素坤逸街15号支路27地段9-11号。

日平均最高气温及月平均降雨量

	1月	2月	3月	4月	5月	6月	7月	8月	9月	10月	11月	12月
曼谷												
最高温度（℃）	26	28	29	30	30	29	29	28	28	28	27	26
雨量（mm）	11	28	31	72	190	152	158	187	320	231	57	9
清迈												
最高温度（℃）	21	23	26	29	29	28	27	27	27	26	24	22
雨量（mm）	8	6	15	45	153	136	167	227	251	132	44	15
芭堤雅												
最高温度（℃）	26	28	29	30	30	29	29	28	28	28	27	26
雨量（mm）	12	23	41	79	165	120	166	166	302	229	66	10
苏梅岛												
最高温度（℃）	26	26	28	29	29	28	28	28	28	27	26	25
雨量（mm）	38	8	12	63	186	113	143	123	209	260	302	98
普吉岛												
最高温度（℃）	27	28	28	29	28	28	28	28	27	27	27	27
雨量（mm）	35	31	39	163	348	213	263	263	419	305	207	52

定**价格双轨**体制，以作为一种非正式的旅游税：以国家公园为例，外国人门票价格高达B400，而泰国人只要支付B20。许多私人拥有的旅游景点的价格双轨体制与此类似，对于外国人，高额收取费用，价格表用英文表示；而对本地人，价格偏低，用泰文表示。

购买了大宗商品的消费者如果从曼谷素万那普、清迈、合艾、苏梅岛、甲米、芭堤雅安或普吉岛机场离开的话，通过申请**增值税退税**（Ⓦwww.rd.go.th/vrt）可省下一笔费用，但是比较坑人，只有7%的退款（目前增值税的税率）。所购商品申请退税条件有：必须是在标有增值税退税的商场购买；每人在这些商场所购总额（不包括珠宝）不得少于B5000，且每天在同一商场购买总额不少于B2000。在商场办理时你需要出示你的护照并填写申请表格（将原始税务发票贴在表格上）。在相关机场办理离境手续前，前往机场退税办公室，向海关人员出示申请表和所购物品，海关人员会给你盖章，就可以拿到7%的退款了，但是需收取B100的退税办理费。

犯罪及人身安全

只要你够理智，在泰国就不会遇到太大的麻烦。**扒窃**和**抢包**是最主要的治安问题。但是最令人担心的是泰国有许多诈骗集团，经常骗取游客的现金。此外，泰国有关护照、合法年龄以及公共场合吸烟的法律，游客需要特别注意。

偷窃

为**防止被偷**，大多数游客喜欢随身携带贵重物品，寸步不离，但是最好还是放在酒店或旅馆的锁柜里——最安全的是那种需要挂锁的锁柜，因为有些酒店职员会监守自盗。当你将行李放在酒店或旅馆房间时，或者寄存在储物室或将行李带上公共交通工具时，一定要**用挂锁将行李锁上**。挂锁也可用于增加房间安全性，尤其是可以用它将海滨竹屋的门锁上。

长途巴士上也有**偷窃**问题，据报告绝大多数偷窃事件都发生在私人公司经营的通宵巴士上——这种巴士价钱非常便宜，从曼谷考山路（而不是从政府巴士站）出发，直达清迈和南方海滩度假胜地等目的地。最好的解决办法就是直接从巴士站买票上车（见p.27）。

人身安全

无论是在私人巴士还是政府巴士上，抑或是火车行程，不要将任何贵重物品放在不在你视线范围内的行李箱里。对其他乘客给你的食物和饮料要特别小心，因为有可能被下了药。这听起来有点疑神疑鬼，但是已经发生过多起**利用药物抢劫**事件了，为此泰国旅游局特地发布了特殊警告。酒吧或俱乐部的饮料也有可能被下药；在帕岸岛满月派对上，一些犯罪分子会利用这些药物对外国妇女进行性侵犯，也有些妓女会在饮料中下药，以窃取受害者房里的贵重物品。

针对游客的**暴力犯罪**并不常见，但确实发生过，而且近年来，已经发生了好几起恶性袭击女性游客的案件。但是，每年有1400万外国游客会到泰国游玩，成为受害者的可能性微乎其微。无论哪种性别的游客都应做好全套的预防措施，如在晚上要锁好门窗——最好使用你自己的挂锁（许多小旅馆和海滩平房的房门就是专门为此设计的），晚上不要单独搭乘出租车或嘟嘟车。在白天也不要搭乘曼谷机场的无执照出租车：这些出租车里曾发生过几起暴力抢劫事件，因此要搭乘执照识别清楚的计程出租车。

除人为因素外，还要注意自然危险，每年在季风季节的暴风雨期间都会有游客丧生于**湍急的水流**中，尤其是在普吉岛、阁昌岛、华欣、七岩、罗勇、芭堤雅以及苏梅岛等多岛海地区，因此请时刻注意警告标志和危险信号，如果不确定的话一定要询问当地居民。在所有海岸都存在**水母**问题，尤其是在暴风雨（见 p.59）过后。

虽然泰国高调的**色情行业**很令人不快，但是对女性游客却不具危险性，因为这只针对外国男性；而且色情行业只存在于曼谷的小部分地区及三两个海滩度假胜地，因此很容易避免。

地区问题

如果在某些边境地区走小路的话，你最好带一个导游，或者至少在出发前听取别人的建议。因为在这些地区通常有很多地图上未标明的茂密丛林，单独进去肯定会迷路。这片丛林大致通向偶有战火的泰缅边境地区，且泰国安全部队和非法分子偶尔也会发生冲突；在柬埔寨和伊桑南部边界地区有许多未被引爆的地雷。

诈骗

尽管所有旅游指南的作者、泰国旅游局以及泰国旅游警察署做了最大努力宣传、提示，每年仍有无数游客被骗。只要防备那些无缘无故和你套近乎的人，就几乎可以避免所有**诈骗**情况。我们在相关章节已经介绍了主要诈骗方式，但是诈骗手段不可能一成不变，所以如果觉得有问题要尽早走开。诈骗犯最猖狂的地区是热闹的旅游中心，包括曼谷的多家公园以及主要海滩度假胜地。

带游客进商店的**佣金**是大多数**嘟嘟车司机**的主要生活来源；在曼谷尤其如此，他们会想尽一切办法带你去珠宝商店。这些司机最常用的伎俩就是假装你想去的大王宫或其他主要景点当天不对外开放，然后甚至免费带你绕着城市转一圈，但中间肯定会经过珠宝店。避免这一切最简单的方法就是搭乘**计程出租车**；如果你一定要搭嘟嘟车的话，不要找停在路边或四处游荡的嘟嘟车，而且一定要坚持去往你要去的地方。

那些自称是**导游**、**兜售者**、**学生**或**商务人士**的骗子通常会说要带你去参观名胜古迹或邀请你回家，引你上钩。如果你跟着他们走了，要么你会被带到珠宝店，要么会被带到赌场，最好的情况就是你被带到本来不打算光顾的旅行社或酒店。这并不表示你不能接受当地人的邀请，只是如果在曼谷和其他度假胜地，你跟着那人走了一条街还没到目的地的话，就需格外小心了。在泰国，导游身份证是很容易伪造的。

这些人的主要目的就是带你去**珠宝黑店**，几乎都位于曼谷（见 p.148 框中内容），如果你对珠宝不熟悉，肯定会被敲诈，金额可能高达几千美元。2Bangkok 网站上有典型的宝石骗局案例（Ⓦ www.2bangkok.com/2bangkok-scams-sapphire.html），在付现金之前你一定要仔细对照。

犯罪或紧急事件报告

遇到紧急情况，可以拨打全国 24 小时免费电话（Ⓣ 1155）与会说英语的旅游警察署联系，而且在主要旅游中心都设有办事处；第一时间找旅游警察绝对比找当地警方、救护车或消防车更有效率。旅游警察的工作就是提供意见，并告诉你接下来该怎么做，但是他们不会将犯罪记录存档，只能去最近的警察局报案。

还要一种不太常见但是更恐怖的骗局，就是带游客去玩**赌博**游戏。那些人通常会用听似无心的借口将受害者骗到家里，拿出纸牌，然后用各种伎俩骗取受害者的财物。犯罪地点通常离酒店或标志性建筑很远，你也不可能从警察那里得到任何同情，因为在泰国赌博是**违法**的。

目前在泰国各地的旅游中心，有越来越多的旅行社试图假冒政府旅游信息办事处，一般这些店铺的招牌上除了"TOURIST INFORMATION"外什么都没有，或者自称"T&T"之类（真正的TAT泰国旅游局是不负责酒店预订或各种旅游票务的）。这些假冒者主要向你兜售不标准或不存在的服务。此外，你还需提防**摩托艇**运营商：通常要求游客将护照做抵押，当你退换摩托艇时，任何细微的损坏都会被索取高昂的赔偿金。

年龄限制及其他法律

泰国法律规定游客需随身携带**护照正本**，虽然有时将正本存放在保险箱，携带护照复印件会更实用。泰国的**法定年龄**是15岁，但是法定规定性行为年龄为18岁，否则会对当事人或其父母予以法律制裁，无论当事人同意与否——这条法律主要针对泰国18岁以下和娼妓发生性行为的人。**18岁以下**不得买烟、不得开车；20岁以下不得**买酒**、不得进入**酒吧**或**俱乐部**（在曼谷有时会检查身份证）。任何人在泰国**赌博**都是违法的（虽然仍有许多人赌博）。

泰国的公共场所禁止**吸烟**。这条禁令涵盖了所有装有空调的公共建筑（包括餐馆、酒吧和俱乐部）以及空调列车、巴士、飞机，甚至还包括公园和街道；违令者会被处以B2000罚款。在公共场所乱丢烟头、**垃圾**，随地吐痰者同样处以B2000罚款。**逾期滞留**（见p.57）、**工作没有许可证**、**骑摩托车不戴安全帽**以及违反其他**交通法规**的行为，都需缴纳罚款。

毒品

在泰国，**走私毒品**最高可判处死刑，而**毒品交易**会被判处4年有期徒刑至无期徒刑，取决于交易的毒品类型和毒品数量。若在机场或边界地区，游客被发现身上藏有毒品，那么即使是最小量也会以非法交易罪起诉，而且不得保释。海洛因、安非他命、迷幻药和摇头丸为一类毒品，处罚最重：即使是**私藏**，也可判处**终身监禁**。如果外国人在泰国境内被抓获藏有少量大麻，可获准保释，处以罚款并驱逐出境，但是法律比较复杂，也有可能被判处有期徒刑。

尽管偶尔会遇到王室特赦，但是身为外国人，不要妄想有特殊待遇：你只需看一下先前国外囚犯的一手资料或网站 Ⓦ www.thaiprisonlife.com 上博主的图片就会明白里面的生活是怎样的。**警方**对搜寻私藏毒品的游客非常积极，例如，在考山路经常会进行突击检查。如果他们有合理的理由怀疑你身上藏有毒品，就有权利命令你做尿检，即使只有大麻结果呈阳性，你也要被判处一年有期徒刑。同时还要注意：有些外国人或当地毒品贩子会向当地警方**告发**，成功抓获嫌疑人后他们可获取奖金（例如故意在帕岸岛满月派对上交易），或将毒品塞进你的行李（很容易就能做到，除非你将所有扣件都用挂锁锁上）。

如果你被逮捕了，根据泰国法律，你可立即与贵国使馆联系（见p.148），而使馆工作人员会根据程序与你交谈，为你提供帮助。

海关规章

进入泰国时的**免税**定额是200支香烟（或250g烟草）以及一升烈酒或葡萄酒。

要想从泰国出口古董或新刻佛像，必须得到泰国美术部门授予的许可证（古董佛像是禁止出口的）。许可证可通过考古及国家博物馆等部门获得，位于曼谷大城Thanon Si街81/1号（国家图书馆附近），也可通过清迈或普吉的国家博物馆获得。在曼谷申请程序通常需要3个工作日，在其他府会城市的申请时间要更长，而且需要提供出口物、合法拥有权证明、两张明信片大小的出口物正面白底彩色照片以及申请人护照的复印件；如果出口物品是一尊佛像，你的护照复印件还需通过我国驻曼谷大使馆的认证。一些古董店可以为你提供全套服务。

机场离境税

国际和国内**机场离境税**都包含在机票里。

电力

泰国市电使用220V交流电，除偏远乡村以及简陋的沙滩小屋外，都有电力供应。某些人口较少的小岛屿通过发电机和/或太阳能供电，因此通常只有晚上供电。如果你想使用手机和照相机充电器、吹风机、笔记本电脑或其他装置，需要携带旅行插头适配器，泰国普遍使用的插头类型是双扁脚或双圆脚插头。

入境要求

游客进入泰国可以办理三种形式的签证，无论哪种形式，都要求你的护照至少有6个月的有效期。在泰国驻华使馆的官方网站（ⓦ http://www.thaiembbeij.org）有关签证的页面有详细介绍，还有泰国驻华使领馆的地址及联系方式等的介绍，请多加利用。

泰国政府对中国游客开放了不超过15天有效期的**落地签证**，但因为此举为泰方单方面决定，一直未通知中国政府，所以中国边检对个人游客的泰国落地签目前并不承认，最好在出发前办理泰国签证。或者你也可通过第三国签证出境，但泰国落地签还存在机场办理费用较高且排队时间可能较长，仅限几个大的国际机场等不便情况，我们并不推荐。

旅游签证的有效期为3个月或6个月，可以停留30~60天。签证费用为230元人民币。申请者首先要登录泰国驻华使馆网站浏览有关签证信息和签证所需材料清单，下载签证申请表。签证所需材料包括：有效期6个月以上的护照、一张填写完整的签证申请表和一张护照尺寸照片；往返机票复印件或确认过的机票订单；不少于10000元人民币的存款证明；由申请人所在单位或有关部门出具的担保信（英文或泰文），注明申请人的姓名、赴泰目的。

由中国出发从泰国前往第三国可以办理泰国**过境签证**，3个月有效期，可在泰国停留15天，签证费用为180元人民币。所需材料包括：由本人签名的过境签证申请表一式三份；半年内2寸彩色照片3张；前往第三国的有效签证或入该国国境不需要国境签证的证明；出示确认往返时间的出入泰国的机票（含机票票号），该机票必须注明飞往泰国和第三国的日期或者从第三国途经泰国回中国的日期，并递交该机票的复印件一份、护照和护照复印件一份。

除亲自去泰国驻华使领馆办理签证外，你也可以委托正规有资质的旅行社或通过各大旅游电商代为办理。不需要提交申请人本人单位的担保信，手续简单，花费的时间也较短。不过费用比自己办理要高一些。

如果签证到期还不想离开泰国，则需在签证到期前赴泰国移民总局**申请签证延期**。申请延期需提供护照复印件、一张4cm×6cm证件照和B1900延期费，可以延期30天。若签证过期，则须交纳逾期居留罚款并被遣送回国。罚款金额为每天B500，上限为B20000，在机场出入境管理处直接缴纳罚款即可。

跨境操作、延期以及再入境许可

跨境去邻近国家再回泰国可重新得到为期15天的旅游签证。这样的旅游免签在泰国还可获得7天**延长期**，而60天的旅游签证可另外获得30天的延长期，由出入境官员酌情处理；签证延期需花费B1900，每个府会出入境部门柜台处都可签发（Kaan Khao muang　24小时英语信息咨询 ⓣ 1111 ⓦ www.immigration.go.th）——多数办事处也要求携带1或2张照片，以及1或2份护照主要页面的复印件，包括泰国出境登记卡，入境印章和签证。许多考山路的旅行社都可为游客提供签证延期服务，但是要注意的是：据说有些旅行社的盖章是假冒的，可能会给你带来很大麻烦。如果你想离开泰国再入境的时候，现有签证仍有效，那么可去出入境办事处办理再入境许可证（单次B1000，多次B3800）。

泰国同性恋

虽然不是完全看好同性恋关系，但是受佛教慈悲心以及国家对斗争伤害深恶痛绝的影响，泰国人对**同性恋**相对比较宽容。大多数泰国同性恋都是非常私密谨慎的，通常对家人奉行“不问不说”的态度。很多泰国人都对打击同性恋的想法表示反感，认为因孩子是同性恋而唾弃他是非常过分的行为。

很少有泰国名人是同性恋，但是一些著名的社交、政坛和娱乐人物都是同性恋者，而且都被广大人民所接受。泰国法律并没有提及同性恋，这同时也意味着同性恋权利并不受泰国法律保护。

不管是同性恋还是异性恋，过度的身体示爱行为还是不太能被接受的，但是如果西方同性恋伴侣在公共场所被发现在一起是不会有什么麻烦的——而且通常更能让人接受，实际上，你可以看见手牵着手的同性朋友（无论是不是同性恋）要比异性朋友多。

在泰国，**异装癖者**（又称作"人妖"）和**变性者**也很多。即使在很小的内地城镇，你也可以在普通工作场所看到喜扮异性的人，而且你也可以在许多公众场合看到许多异装癖者和变性者——包括国家排球明星以及泰拳冠军。泰国政府旅游部门极力推广芭堤雅、普吉和曼谷地区的异装癖歌舞表演，以作为家庭娱乐表演。泰国人妖也通常会出现在肥皂剧、电视喜剧和电影中，他们千篇一律扮演的都是无害的人物。

场所

泰国同性恋场所通常集中在主流场馆，如卡拉OK、餐馆、按摩店、体育馆、桑拿房以及援交机构等。曼谷、普吉以及芭堤雅的国外同性恋酒吧最多，而在清迈也有指定的酒吧。

卫生健康

比起亚洲许多其他地区，泰国的气候、野生动植物以及美食给游客带来的健康隐患相对较少，但是最好还是提前了解一下可能的潜在风险，并明确该采取怎样的预防或治疗措施。

出发前，没必要带许多非处方药，因为泰国药房（raan khai yaa；营业时间为每天8:30~20:00）里有各种当地和国际品牌的药物出售。几乎所有药店都是由训练有素、会讲英语的药商经营的，如果你的症状并没有严重到要看医生，那么这些药商是询问病情的最好对象。而且英国的连锁药店 Boots 在许多大城市都有分店（位置请查询 Ⓦ www.th.boots.com），可提供一些西方产品，如**卫生棉条**（泰国妇女不太用）等。

不同医院（rong phayabaan）的清洁度和效率各有不同，但是其卫生保健服务标准通常都较好。大多数医生也都会讲英语。曼谷有些医院知名度很高（见 p.148），而且所有府会城市至少都有一家医院：如果你需要去医院，可询问一下你住宿的地方如何前往最近的医院或怎样最方便。如果突发疾病，立刻让人联系中国大使馆以及保险公司——最好是能将你送去曼谷或回国。

泰国家禽和野生鸟类曾在 2008 年爆发过**禽流感**，而且导致了少数人死亡，据报道这些人是通过亲密接触感染的家禽后才患上禽流感的。泰国目前并没有发现人传人的病例，因此人感染上禽流感的概率很低。然而为了以防万一，你最后不要去活畜市场以及其他可能亲密接触到鸟类的地方，除此之外，还需确保所有家禽和蛋类菜肴都已彻底煮透。

接种疫苗

去泰国旅游的游客并没有强制性**接种**要求，但是最好在出发前 4 周内咨询一下医生或其他医疗专家有关推荐接种疫苗的最新信息。除了确定你所要接种的疫苗是国内最新疫苗外，大多数医生还强烈建议接种水痘或破伤风、白喉、A 型肝炎疫苗，大多数情况下，还要打破伤风疫苗，极少数情况下建议你接种乙型脑炎、狂犬病和 B 型肝炎疫苗。目前还没有疟疾疫苗接种（见下文）。如果在你出发之前忘记或没有时间接种疫苗，你也可以在曼谷接种，如泰国红十字会 Queen Saovabha 研究院以及环球医生诊所等（见 p.148）。

虫媒病

在泰国，**蚊子**不仅会传播疟疾，还会传播登革热以及类似于基孔肯亚热等疾病，尤其是在雨季期间。因此，最重要的就是**避免蚊虫叮咬**。你可以定期在自己的衣服上喷一些驱蚊剂，里面含有化学化合物避蚊胺（DEET；泰国各地商店、旅馆和百货商场都有售，但如果你想要最高强度的驱蚊剂，或是滚抹式或喷洒式驱蚊剂，最好在国内买）。避蚊胺药性较强，如果你皮肤过敏，可以使用香茅天然油，一般由桉油混合而成，而泰国的香茅是由柠檬草制成的。

晚上，你可以在**蚊帐**里喷洒避蚊胺，或住在有**防蚊纱窗**的卧室里（或密闭的空调房）。旅游景点的住房几乎都会提供纱窗或蚊帐（两者都要检查一下是否有洞），但是如果你要去人迹罕至的地方或想携带自己的蚊帐以防万一，可以在曼谷购买。此外，插入式杀虫剂喷雾器、昆虫室内喷雾剂和蚊香在泰国也被广泛使用，可以确保没有蚊虫叮咬；而电子灭蚊拍在这里不起作用。

疟疾

在泰国，疟疾发病率比较高，可以通过蚊虫叮咬传播，但是全国各地发病率风险各不相同。

疟疾是泰国旅行的重大隐患，主要发生在农村和森林地区，与**柬埔寨**（不包括阁昌岛）、**老挝**及**缅甸**（风险最高区域，包括夜丰颂的乡村地区，但是清迈、清莱、北碧的城镇以及泰国湾海岸附近的度假胜地、道路和铁路轨道除外）边界地区的狭长地段。你可以咨询医生在这些地区哪种疫苗目前比较有效，因为预防建议每年都有所不同。

泰国其他地区疟疾风险比较低，不建议服用抗疟疾药片。

疟疾症状通常与流感很相似，但是又有很大区别。恶性疟疾的潜伏期通常有7~28天，可能是致命的阶段，但良性疟疾的潜伏期可达到1年。疟疾病发第一周或潜伏期第一阶段最重要的症状就是发烧至38℃以上：如果你有相似症状，请立即去医院或诊所诊断确认。

登革热

登革热是一种使人疲乏，有时会致命的病毒性疾病，雨季期间或雨季刚过之后是高发期，目前，整个亚洲热带地区发病率在逐渐增加，尤其是泰国的大部分地区，仅2010年就有11.5万个病例。与疟疾不同，登革热只能通过白天蚊虫叮咬才能传播，所以在白天期间你也需要使用避蚊剂。其症状包括发烧、头痛、全身肌肉、关节疼痛（登革热有时也叫作“关节热痛”），有时还会并发皮疹，这些症状通常在被咬后5~8天内出现。

目前还没有疫苗可以预防登革热，唯一的治疗方法就是多休息、多喝水以及服用扑热息痛（或其他替代阿司匹林的醋氨酚止痛剂），但比较严重的情况可能需要住院治疗。

狂犬病

狂犬病在泰国非常普遍，狗是主要携带者（据报道，曼谷有4%~7%的流浪狗都带有狂犬病毒），此外，猫和猴子也可能带有狂犬病毒。咬伤、抓伤，有时甚至舔一下都能传播。狗在泰国随处可见，即使是作为宠物，也照顾得不是很妥当，看上去比较脏，希望这能让你远离这些狗，不要去摸它。如果病人不采取任何措施，狂犬病是可以致命的，但是现代疫苗和治疗都非常有效，所有死亡概率很小。重要的是，如果你被动物咬伤、舔或抓伤，请用肥皂大力清洗伤口并消毒，最好是用含碘酒精消毒，并立刻就医治疗。

其他叮咬

一定要小心泰国大海里的危险生物，尤其是**水母**，在季风期间，水母往往会被波涛汹涌的大海冲向海滩，但是它也可以在一年中的任何时间出现。在泰国可以找到各种各样蜇人或不蜇人的水母——一般来说，触角越长，蜇伤越严重——但是严重的事故报告比较罕见；你也可以向度假胜地或当地潜水商店咨询一下是否有有毒品种出现。此外，还要当心有毒**海蛇**、**海胆**及其他一些不太显眼的物种——**黄貂鱼**，经常深埋在沙里，以及**石鱼**，其背脊上的刺有毒，而且一不小心就会踩到，因为石鱼看起来很像石头，一动不动地躺在海滩上。

如果被蜇伤或咬伤，应该立即就医检查，也有好几种减轻痛苦的方法可自行急救。如果你被水母蜇伤，用盐水（不是淡水）清洗感染部位，如果可能的话，再用醋清洗（如果没有醋，氨水、柑橘果汁，甚至尿都可代替），然后戴上手套，用镊子、厚布条或信用卡拨开皮肤上的触角。以防踩到海胆、黄貂鱼和石鱼的毒刺，最好的办法就是穿厚底鞋，但是这些都不能提供百分之百的安全保障；拔海胆刺时，可先用药膏将皮肤软化，也有人建议用尿将刺溶解；如果被黄貂鱼或石鱼蜇伤，在等待救援时可用热水浸泡伤口以减轻疼痛。

万一被**毒蛇咬伤**，不要尝试吸出毒液，也不要使用止血带止血：将被咬的部位包裹起来并固定，不要移动，冷静等待救援队到来；泰国所有府会医院都有抗毒血清药剂。

在泰国一些欠发达的荒野沙滩，需要当心蚋，这是一种微小的、肉眼几乎看不见的生物，但是被它叮咬会引起过敏反应，留下红色的大伤疤，而且会很痒，如果你用力挠的话还有可能引起感染。根据许多岛民的经验，你可以将椰子油涂在身上（广泛使用），蚋最讨厌的就是椰子油的味道。当地用樟脑制成的黄油（见p.354）可用于止痒，但是如果发炎了，就需要使用抗组胺剂。**水蛭**一般是没有危险的，但当你走在森林区域的时候却是个大麻烦，尤其是在雨季及雨季刚过的时期。摆脱水蛭最有效的办法就是用点燃的香烟去烫它，或浸泡在盐里；有时油性防晒油或驱虫剂也有效。

蠕虫和吸虫

蠕虫可通过脚底板爬到你身上，所以一定要穿鞋袜。蠕虫还会通过未煮熟的肉类进入人体内，而肝**吸虫**会通过生的或未煮熟的淡水鱼进入人体。蠕虫会依附在你的膀胱或肠子上，从而引起血吸虫病（裂体吸虫病）。蠕虫一般存在于淡水河流和湖泊中，患此病的风险比较低，但是你一定不能在湄公河南部流域及大部分淡水湖泊里游泳。

消化问题

到目前为止，**消化问题**是到泰国旅游的最大问题，通常情况下，消化问题大多都是由受污染的食物和水引起的，有时过量摄入不熟悉的食品也会引起消化不良。

胃病通常表现为简单的**腹泻**，即使没有药物治疗，3~7 天内也会痊愈，最好多喝点水，否则你会有**脱水**危险。要接受补液治疗，你可以选择 ORS 成品（口服补液），在泰国所有药店都有售，也可以自己制作，只需在每升沸水或瓶装水（不可用软饮料）中加入少量糖和盐即可。如果你可以进食，请避免食用高脂肪的食物。

在长途汽车旅途中，像泻立停（Imodium）等抗腹泻药剂是非常有效的，但是治标不治本，而且可能会加重感染；但是，如环丙沙星等抗生素可短时间内减轻游客腹泻的典型症状。如果腹泻持续一周或更长，或大便出血、有黏液，或有发烧现象，请立即就医治疗。

艾滋病毒和艾滋病

在泰国，由于各种性交易，**艾滋病毒**感染非常普遍。避孕套（meechai）在各大药店、便利店、百货店、美发店，甚至是街道市场都有售。而泰国的医疗血液供应会经过严格的筛选，因此不会有艾滋病毒或艾滋病感染的可能。

保险

大多数到泰国的游客都建议购买**专门的旅游保险**，但是你要仔细核对一下涵盖了哪些项目及地区。保险政策通常会排除所谓的危险运动，除非支付额外的保险费：在泰国，危险运动可能是指潜水、漂流和徒步旅行等。

网络

在泰国，上网既普遍又便宜。每个旅游城镇和度假胜地都有专门为游客开放的**网吧**——仅在曼谷邦兰铺地区就有至少 20 家网吧。在非旅游地段，你可以在随处可见的网游中心查看邮件，这些地方是学生下课后经常逗留的地方，在校门外聚集着最多男学生的地方就是了，很容易发现。而且由于竞争激烈，价格都很低：在内陆地区，上网每小时只需 B20，而旅游中心通常是 B1/ 分钟。

现在，越来越多的经济型酒店和便宜旅馆都全部或部分提供 Wi-Fi 服务，尤其是在曼谷；所有高档酒店都有 Wi-Fi，但是价格有时很高。泰国大多数咖啡厅、餐馆、酒吧等地方都提供 Wi-Fi，而且都是免费使用的。有关泰国热门网点列表，可查看 Ⓦ www.jiwire.com 免费上网地点，可查看 Ⓦ www.stickmanweekly.com。

洗衣店

泰国各地的旅馆和便宜酒店都提供价格低廉的当日洗衣服务，但是在豪华酒店，洗衣服务的价格非常昂贵。一些地方是按件数收费的，还有一些地方是按重量收费的（大约每千克 B30~50）；熨烫费往往包含在价格内。

行李寄存

许多主要火车站都有行李寄存处，最长可寄放 20 天（每件每天大约 B30~80）；在巴士汽车站，你可以让车站工作人员帮你照看行李几小时。大多数旅馆和比较便宜的酒店也会提供行李寄存服务，价格实惠又可靠，而高档酒店可以免费存放行李。曼谷、清迈以及普吉岛国际机场也都有行李寄存处（每天 B80~140）。

邮寄

从曼谷空运邮寄向海外通常需要 7 天左右的时间，从偏远区域空邮时间更长（最好问下邮局的快递 EMS 服务，邮寄只需 3 天，而且价格也不是很贵）。近年来，泰国**邮局**都已成功转为私营企业，现在许多邮局都提供电汇服务（与西联相联系）、包裹包装、长途客车票、护身符、美白霜等，应有尽有。邮局营业时间通常为周一至周五 8:30~16:30，周六 9:00~12:00；一些邮局在周一至周五 12:00~13:00 是关门的，然后再营业至 18:00，还有一些邮局会在周日和公共假期 9:00 ~ 12:00 营业。泰国几乎所有主要邮局都提供**留局候领**服务，会保存 1~3 个月的信件。邮件上应标明姓名地址：**姓名**（姓氏用下划线或大写字母表示），邮件待取（Poste Restante），邮政总局，**城镇或城市**，泰国。虽然邮局都是按名字存档的，但是最好按照你的姓氏检查一下。小邮局极少注意谁拿了什么，但是在繁忙的邮政总局（GPO）需要出示你的护照，每封信件需支付B1，每个包裹B2，并要签名。

在明信片和信封表面醒目地写上CHINA，收信人地址和姓名全部用中文写即可。4~7天可到达国内。**邮票**在书店和邮局都能买到，泰国纪念邮票的种类很多，可以在邮局购买一些作纪念。寄回国内的明信片邮资为B15~20，15~30天可达。泰国的邮局出售各种各样的组合式包裹箱，海运包裹大概需要1个月，空运包裹大概需要1周时间。此外还有空运水陆路（Surface Air Lifted），无论费用还是到达时间都位于海运和空运之间，需要2~3周。EMS根据重量有时会比邮寄更便宜，而且1~4天就可到达。

地图

本书列举了大部分你所需要的目的地的**地图**，但是你可能还需要曼谷和整个泰国的大比例地图。在曼谷的书店就可以买到这些地图，本书也会推荐给你一些适用的当地详细地图，并会告知你在哪里可以买到这些地图。

对于驾驶员来说，最好的地图集是由thinknet（ⓦ www.thinknet.co.th）出版的《泰国豪华地图集》：比例为1:550000，双语且定期更新，但是价格比较高，需B550。在泰国大多数书店都有英文版出售。另外，一本比例为1:1000000的最新版《泰国便利地图集》只需B270，该地图也可在网站ⓦ www.mapg uidethailand.com上找到。

徒步旅行地图很难找到，除了在一些最流行的国家公园，你通常可以免费领取一份显示有主要小径的小地图。

货币和银行

泰国的货币单位是**泰铢**（缩写为“B”），1铢=100萨当——目前已很少使用了。硬币面额可分为B1（银）、B2（金）、B5（银）和B10（主要是金，外围用银），纸币面额分为B20、B50、B100、B500和B1000五种，上面既有阿拉伯数字也有泰文数字，纸币大小根据面额增大而增大。

在本书制作过程中，**汇率**大概是B5.1=¥1。注意，在泰国没有外币黑市。

银行营业时间是从周一至周五8:30~15:30或16:30，但是主要旅游中心的外币交换场所至少会营业到17:00，有时甚至会到22:00；而在高档酒店一天24小时都可兑换外币（汇率很低）。素万那普机场也可24小时兑换外币。

泰国每个大城镇的银行和货币兑换处都会接受英镑和美元的**旅行支票**，而且大多数地方也受理许多其他货币；支票收费要比现金更高一些。一般来说，每张支票总共收取B33手续费及关税——而偏远地区的外币兑换处和酒店还会收取额外费用——所以兑换较大面额的支票会比较省钱。

顶级酒店和一些豪华餐馆、百货商店、旅游商店和旅行社都会接受American Express、Visa和Master Card的**信用卡及借记卡**，但是通常会收取高达7%的附加费，所以请不要让你的卡离开你的视线，也不要将卡留在行李寄存处。推荐使用我国发行的银联卡（信用卡或储蓄卡均可），在泰国95%的ATM机（本书中地图上所有标记的银行都有ATM机）上都可提取现金，还有中文界面，无论消费或取款均无须支付1%~2%的货币转换费，会将发生的泰铢金额按市场汇率直接转换成人民币金额，记入你的人民币账户。要注意的是，泰国盗窃和伪造信用卡的情况比较严重。

营业时间和法定假日

大多数店铺**营业时间**很长，从周一至周六8:00~20:00，而百货商场的营业时间通常是每天10:00~21:00。私人办公时间通常是周一至周五8:00~17:00，周六8:00~12:00，但是在旅游区域的营业时间会更长，周末工作时间和平时一样。政府部门工作时间从周一至周五8:30~12:00、13:00~16:30，国家博物馆也遵循此工作时间，但有些博物馆周一和周二关门，周末正常工作。寺庙一般从黎明开到黄昏。

法定假日期间火车和巴士会变得格外拥挤：虽然政府部门不工作，但是大多数商店以及面向游客开放的企业都会继续营业，泰国旅游局也会继续发放信息（银行假日与政府假日略有不同：银行在5月1日和7月1日会关门，但是王室耕作节和守夏节是照常工作的）。一些国家法定节日会有文艺会演庆祝（见p.44）。大多数商店、餐馆和酒店唯一会闭门歇业的时间段就是**中国春节期间**，虽然不是官方法定假日，但是许多企业会在1月末或2月的春节期间停止营业。尤其是在南方地区，因为这里大部分服务性行业都是华人经营的。

泰国人同时使用**公历**和**佛历**——据说佛陀于公元前543年涅槃，所以泰国人就从那一年开始计时：因此公元2013年就是佛历2556年。

国家法定假日

1月1日 元旦节。
2月（泰历3月满月日）万佛节。纪念佛陀为自动前来集会的1250名罗汉宣传教义。
4月6日 却克里王朝开国纪念日。
4月（通常是13~15日）泼水节。泰国新年。
5月5日 泰王登基纪念日。
5月（月初）王室耕作节。标志水稻种植季节的开始。
5月（满月日）佛诞节。佛教最神圣的节日，纪念佛陀的诞生、觉悟和涅槃。
7月（满月日）阿沙茶节。佛陀第一次布道纪念日。
7月（阿萨拉日后一天）守夏节。开始为期3个月的佛教节日，在此期间新僧侣会受戒。
8月12日 王后诞辰、母亲节。
10月23日 朱拉隆功国王纪念日。拉玛五世忌日。
12月5日 国王诞辰、父亲节。目前还作为国庆节（代替行宪纪念日）。
12月10日 行宪纪念日。
12月31日 元旦前夕。

电话

国内电话

泰国没有地方区号，全国的座机号码是首位为0的9位数字，手机号码是首位为08的10位数字，无论从哪儿往哪儿打电话，都必须输入全部号码。固定电话拨打市内的话一次B3（+附加税），时间不限。公共电话（有绿色、蓝色、不锈钢等类型的）打往市内的话B1/3分钟。在餐馆和酒店也设置有不找零的B5投币电话专用机。市外通话的费用根据距离结算。要注意的是，泰国有的投币电话的号码盘旁还有一个按钮，如果对方接起电话而你不按这个按钮的话，对方就听不到你这边的声音。绿色公用电话是插卡专用，电话卡可以在书店、超市、便利店购买。

国际电话

座机

使用一般座机：先输入国家电话识别码（001/001/008/009），再输入中国国家代码86，省略区号第一位的0，最后输入电话号码。电话局和一部分邮局都有可以拨打国际长途的电话亭；高档酒店客房内一般都可以拨打国际长途，但是价格很高。有一种Lenso公司运营的黄色的国际电话专用公共电话，可以使用信用卡或者专用电话卡。也可以使用预付费卡，如TOT公司的PIN Phone108和CAT电信的Phone Net、Thai Card，要根据提示输入电话卡上的号码，再输入对方号码（总共将近40位数字）。

手机

中国移动、中国联通、中国电信的国际卡都可以在泰国使用，但是漫游费用比较高。也可以在泰国租借当地手机使用。

或者你可以在泰国购买SIM卡。泰国当地的SIM卡可以直接插进中国购买的手机中使用。泰国的手机SIM卡主要有三种：HAPPY卡、1-2-CALL卡和True卡，都是单向收费，泰国国内无市话和长途之分，预存话费为0照样可以接听。但是需要注意预存话费的有效期，过期之后只能再充值或者换一张电话卡。

HAPPY卡：可以从绝大多数7-Eleven便利店购买，可以请店员帮忙充值并将语音设置为英语。售价为B299，含B100话费及7天无限上网。打回中国国内为B7/分钟，打泰国本国电话为B1/分钟。

1-2-CALL卡：是泰国最大的移动通信公司AIS发行的，在小海岛上信号也很好。同样可以从绝大多数7-Eleven便利店购买，并请店员帮忙充值并将语音设置为英语。售价为B250，内含B50话费。打回中国国内为B6/分钟，打泰国本国电话在5:00~17:00时段为每通电话B1，17:00~5:00时段B1/分钟。

True卡：每张售价B99，含B30话费。打回中国以30秒为单位计费，算下来1分钟约为B6。

当然，最省钱的方式是找一个免费提供Wi-Fi的酒店或者咖啡馆，然后使用Skype网络电话。大多数网吧的电脑也安装了Skype。

摄影

大多数城镇以及所有度假胜地都至少有一家相片**冲印店**，花费B100~150就可以将你的数码照片转存到CD上；且所有店里都有读卡器。在旅游中心，大多数网吧也提供CD刻录服务，但是如果你自备数据线以邮件形式发送照片会更加方便。

时间

泰国全年都处于同一时区，没有夏令时。泰国时间比格林尼治标准时间快7个小时，比中国标准时间慢1个小时。

小费

通常酒店门童和服务员的**小费**在B20~40之间，而出租车司机的小费在B10左右。大多数导游、司机、按摩师、服务员和女仆也都要付小费，虽然一些高档酒店和餐馆会自动在你的账单上添加10%的服务费，但这些费用是不具体分配到个人的。

旅游信息

泰国国家旅游局（TAT ⓦwww.tourismthailand.org）在中国的北京、上海、昆明、成都和广州都设有办事处，在泰国境内也有几十家分支（工作时间是每天8:30~16:30，但是有一些中午12:00~13:00会休息），在素万那普国际机场也有相关机构。地方办事处会提供当地节日日期的最新信息，也许还会提供交通时刻表，但都不提供住宿预订，而且提供的服务也有所不同。你在泰国任何地方都可以免费拨打ⓣ1672（每天8:00~20:00）与TAT旅游援助取得联系。在曼谷的旅游部会为你提供有关首都的最详细信息。一些小城镇没有TAT地方办事处，因此，其信息空缺都是由**市旅游援助办公室**提供的，但是其中有些信息英文描述不太准确，阅读起来有些困难。

中国的TAT办事处

北京办事处 东城区东长安街1号东方广场E1办公楼9层2室 ⓣ010 8518 3526

上海办事处 南京西路288号创新金融中心2703室 ⓣ021 3366 3409

昆明办事处 三市街6号柏联广场写字楼1301室 ⓣ0871 6317 8840

成都办事处 人民南路二段1号仁恒置地广场写字楼1404室 ⓣ028 6465 6299

广州办事处 越秀区环市东路368号花园酒店花园大厦844室 ⓣ020 8365 8132

残疾游客

泰国对其残疾公民制定了几条规定，显然这也影响到了**残疾游客**，但是残疾游客搭乘出租车、住舒适酒店、聘请私人导游等都比较实惠，而且大多数残疾游客会觉得泰国人民非常热情，喜欢助人为乐。特别推荐残疾游客聘请一名当地导游带你一日游：任何一家TAT办事处都会为你安排政府导游。

大部分情况下，**坐轮椅的残疾人士**是不可以到马路上去的，因为路面非常不平坦，而且为防止洪水，泰国的道路边缘离地面很高，没有下斜坡度。可以穿越马路，不过在曼谷和其他大城市，过马路必须走楼梯上桥，而不是有坡道的地下通道，因此比较麻烦。公交车和火车很少会带有坡道，但是曼谷的一些轻轨站以及所有地铁站都有升降梯。

泰国的一些**旅游公司**会专门组织设施方便、交通便捷且有护送的特色旅游。总部设于曼谷的Help&Care旅游公司（ⓣ081 375 0792 ⓦwww.wheelchairtours.com）为行走障碍者以及坐轮椅的残疾人士设计了在泰国的方便假期，并提供机场接送和个人看护服务。而清迈的Thai Focus（ⓦwww.thaifocus.com）经常为残疾游客设计旅游线路并提供轮椅租赁服务。芭堤雅的Mermaid's Dive Centre（ⓣ038 232219 ⓦwww.learn-in-asia.com/handicapped_diving.htm）为**残疾潜水员**和教练建立了国际残疾潜水员协会项目（见p.338）。

曼谷

玉佛寺

1

曼谷 Bangkok

和大多数人想象的具有异国情调的暹罗首都不符，曼谷是一个快节奏的、有缺陷的现代化都市。高楼林立，到处都是混凝土和玻璃。这片广阔的土地养育了1100万人口，感觉更辽阔。然而在摩天大楼下隐藏着混乱和优雅的完美融合，那狂热的市场、蜗牛般前行的交通工具以及寂静的金色寺庙，带有几分颓废气质的色情表演以及寺院的晨钟施舍典礼，静中有乱，乱中有静，相得益彰。这个“大芒果”（曼谷的昵称）受到众多游客的青睐，但是不管怎样，这种地方一定会让你感到烦躁。

大多数经济型游客都喜欢去**邦兰铺**地区，这里离曼谷住宅区很远，但是离**拉塔那古辛岛**的主要景点很近：金碧辉煌的**大王宫**和**玉佛寺**，栩栩如生、气势宏伟的**卧佛寺**，以及拥有众多精美艺术品的**国家博物馆**。欣赏过那些文化精髓，你还可以游览一些较小的景点，包括**云石寺**，特别是在节日庆典期间更加热闹，还有一家泰式风格的私人博物馆——**吉姆·汤普森纪念馆**。

在**唐人街**的市集，你可以看到更加生机勃勃的场景，此外还可以观赏伟大的**湄南河**，湄南河是**运河**的主要河段，在西岸**吞武里**区域仍然保持原有风貌，为城市景观增添了别样的风味。而这条水域也使曼谷获得了“东方威尼斯”之名，当你在雨季蹚过这里被淹的街道时，会切身感受到“东方威尼斯”名不虚传。而在陆地上，有各种各样的**购物场所**，从卖丝绸、手工艺品和冒牌名表的旅游商店，到出售街头时尚以及别致饰品的当地精品店，还有人山人海的当地市场，让人眼花缭乱，应接不暇。虽然泰国的节日庆典（见p.42）大多与曼谷无关，但是曼谷的确提供了泰国全国最多样化的**休闲娱乐**，从传统舞蹈到精彩狂热的泰拳比赛，从播放各种最新流行乐曲的时髦酒吧和俱乐部到纸醉金迷的帕蓬路上招徕外国游客的色情酒吧——该地区可谓是泰国最有名的红灯区，堪称浮华城巴比伦。即使上面这些都不吸引你，你也肯定会去曼谷一次——这不仅仅是因为曼谷是泰国的主要入境口岸，也因为在曼谷更容易安排**接下来的行程**，既有更优惠的国际机票，也便于前往大使馆办理邻国签证。

曼谷简史

曼谷是一个历史比较短的首都，建立于1782年缅甸攻克泰国前首都大城之后。当时在湄南河的西岸建立了一个临时总部，即如今的**吞武里**，而在此之前的17世纪60年代，法国曾在防御性较高的东岸建立了 一座宏伟的城堡，但只是昙花一现。新王朝的第一任国王拉玛一世将王宫建立在拉塔那古辛岛，位于两条运河（后来扩展为三条）的防御圈里，至今仍是整座城市的精神象征。

天空酒吧

旅游重点

❶ **玉佛寺及大王宫** 泰国必游景点，神圣庄严，此外泰国最宏伟的寺庙——玉佛寺也坐落于此。见 p.72

❷ **卧佛寺** 可观赏寺内雄伟的卧佛以及豪华的建筑，还可享受按摩服务。见 p.78

❸ **国家博物馆** 泰国艺术财富的中央储存库。见 p.83

❹ **吞武里运河** 欣赏曼谷昔日风光，长尾船之旅令人难以忘怀。见 p.97

❺ **吉姆·汤普森纪念馆** 优雅的经典泰式设计博物馆。见 p.104

❻ **恰图恰周末市场** 8000 多个商品摊位贩卖各种各样的物品，从三角枕头到二手 Levi's 应有尽有。见 p.142

❼ **考山路** 东南亚背包客的向往之地，这里有各种便宜的住房以及荒诞的故事。见 p.122

❽ **63 层楼的落日晚饮** 日落时分，在天空酒吧品着精美的鸡尾酒，欣赏着令人叹为观止的景色，自在惬意。见 p.140

❾ **泰拳** 国家体育场馆每晚都有泰拳比赛，现场还有激动人心的音乐伴奏以及观众们狂热的投注。见 p.143

这些旅游重点在 p.69 的地图都已标记

1

城市布局

由于曼谷（泰语为“Krung Thep”）地域比较广阔而且异常拥挤，到处都是相似的现代建筑，也没有明显的中心建筑物，因此很难确定你的确切位置。地图上最醒目的线条表示的是**湄南河**，它将城市分为东岸的老曼谷区以及西岸的**吞武里区**（见 p.70 地图）。

曼谷的历史核心、原王宫的遗址，位于**拉塔那古辛**岛的河湾。拉塔那古辛岛向东有三个向外扩散的同心运河：其中南部是**唐人街**和印度**拍乎叻**贸易区，由 Charoen Krung 路（也称新街）一直通向古老的王宫；北部有许多古老的寺庙，还有**民主纪念碑**，在其西面是背包客聚集区**邦兰铺**。而运河过去的北面区域就是**律实**，坐落着许多政府建筑以及 19 世纪的维曼默宫，而且通过 Rajdamnoen Nok 路、Rajdamnoen Klang 路和 Rajdamnoen Nai 路这三条繁华的大街与拉塔那古辛岛相连。

“新”曼谷起源于运河以东，包含了主要的铁路线以及华南蓬火车站，而东部和北部一眼望去全都属于“新”曼谷区域。其主要商业区位于**拉玛四世大街**南部，在其东部边缘有孔提港。拉玛四世大街北部地区呈多样化趋势，有广阔的朱拉隆功大学、**暹罗广场**周围巨大的购物中心，以及各种其他商业设施。在暹罗广场东北方隔开几条街矗立着曼谷最高的建筑——84 层高的**彩虹中心** II 塔楼，其金色的塔尖是最好的参照点。在**素坤逸路**东区坐落着豪华的住宅小区。

一开始，这座城市的大部分建筑都是**水陆两用**的：只有寺庙和王室宫殿建立在陆地上，普通居民住宅就漂浮在河流或运河上的厚竹筏上；即使是商店和仓库也停泊在江边。在 19 世纪下半叶，王朝重心发生了重大转移：首先在拉玛四世统治期间（1851~1868），沿着欧洲线建立了曼谷的第一条道路，接着就是拉玛五世统治期间（1868~1910），在拉塔那古辛岛北部的律实建造了一片新王室区，留下了条条林荫大道。

现代化大都市

自“二战”以来，尤其是从 20 世纪 60 年代中期起，曼谷迅速崛起为一座**现代化**都市，

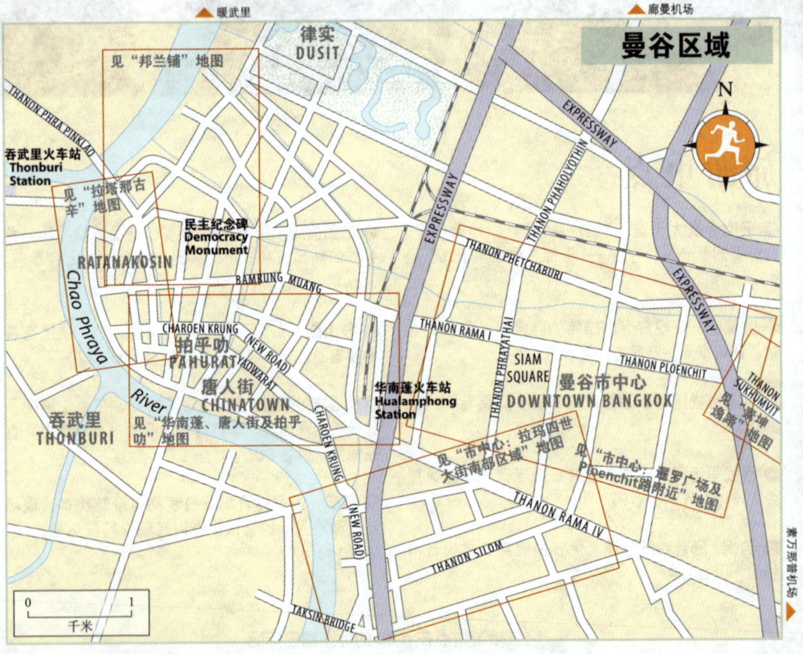

脱离了早期的有序规划，变得杂乱无章，没有明确的中心点。大多数运河都被填埋，取而代之的是一排排廉价但实用的混凝土店铺及高楼大厦，建筑面积达 300 多平方千米。自 20 世纪 80 年代以来，泰国**经济蓬勃发展**，尤其是曼谷地区，吸引了泰国各地的移民，变得空前繁荣：其一半以上人口都在 30 岁以下，是目前第二大城市清迈同年龄段人口的 40 倍。

国民生活的方方面面都集中在城市，但是曼谷市长却没有足够大的权力应对随之而来的问题，尤其是**交通**问题——曼谷目前拥有的汽车数量占全国的 4/5。虽然轻轨和地铁都有助于缓解交通压力，但是竞争系统没有正确相交，票务也不连通，因此主要靠各种巧妙的本地交通来维持城市运转，如塞萨运河上的船舶以及街头摩托车的士等。此外，环境污染也比较严重：相比于伦敦人均 30.4 平方米公共绿地而言，曼谷每个居民平均只有 0.4 平方米的公共绿地，排名居世界末位。

1

曼谷中部
BTS轻轨线路和总站
地铁和车站
素万那普机场铁路线路和车站
塞萨运河停泊码头
暖武里
曼谷公交南站 (Sai Tai) & 莱林旗区
吞武里火车站
天使之城大桥
律实
DUSIT
维曼默宫
Vimanmek
Palace
国会大厦
Parliament
国家图书馆
National
Library
支援博物馆
Support Museum
大象博物馆
Elephant
Museum
律实动物园
Dusit
Zoo
Suan
Amporn
拉玛五世雕像
Rama V Statue
集拉达宫
Chitrlada
Palace
云石寺
Wat
Benjamabophit
皇家赛马俱乐部
Royal Turf
Club
政府大厦
Government
House
拉查达慕农
体育馆
Rajdamnoen
Stadium
泰国国家旅游局 TAT
Bangkok
Mission
医院
王室庆典御舟
博物馆
Royal Barge
Museum
Khlong Bangkok Noi
邦兰铺
BANGLAMPHU
诗里拉吉医院&博物馆
Siriraj Hospital &
Museums
国家博物馆
National
Museum
皇家田广场
Sanam
Luang
民主纪念碑
Democracy
Monument
王孙寺
Wat
Ratchanatdaram
Woravihara
Tha
Phan Fah
金山塔
Pha Khao
Tong
Khlong Saen Saeb
玉佛寺
Wat
Phra Kaeo
大王宫
Grand
Palace
善见寺
Wat
Suthat
拉康寺
Wat
Rakhang
湄南河
Chao Phraya River
拉塔那古辛
RATANAKOSIN
卧佛寺
Wat Pho
泰国皇家剧院
Chalermkrung
Theatre
郑王寺
Wat
Arun
花卉市场
Pak Khlong
Talat
三宝宫
Wat
Kanlayanamit
圣克鲁斯
Santa Cruz
帕荣寺
Wat
Prayoon
墓地
Khao Mor Cemetery
查嘎瓦寺
Wat
Chakrawat
唐人街
CHINATOWN
孟空寺
Wat
Mangkon
金佛寺
Wat
Traimit
华南蓬火车站
Hualamphong
Station
Hua Lamphong
Khlong Mon
Khlong Bangkok Yai
吞武里
THONBURI
郑信纪念碑
Taksin
Monument
Wongwian Yai
火车站
Krung
Thonburi
河畔城
River
City
GPO
Saphan
Taksin
Surasak
EXPRESSWAY
THANON PHRA PINKLAO
PHRA PINKLAO BRIDGE
RAMA VIII BRIDGE
THANON PHRA ARTHIT
THANON WISUT KASAT
THANON SAMSEN
THANON PRACHA THIPATAI
THANON PHRA SUMEN
KHAO SAN
RAJDAMNOEN KLANG
THANON RAJDAMNOEN NOK
THANON RATCHASIMA
U-THONG NAI
THANON RAJWITHI
THANON RAMA V
THANON SRI AYUTTHAYA
THANON PHITSANULOK
LAN LUANG
Khlong Krung Kasem
THANON PHRANNOK
THANON ARUN AMARIN
Khlong Lod
MAHACHAI
THANON TITONG
THANON BORIPHAT
THANON BAMRUNG MUANG
THANON RAMA I
THANON MAHARAT
THANON PAHURAT
THANON TRIPHET
THANON CHAKRAPHET
CHAKRAWAT
CHAROEN KRUNG (NEW ROAD)
THANON YAOWARAT
RAJAWONG
THANON MAITRI CHIT
MEMORIAL BR.
PHRA POKKLAO BR.
THANON SOMDET CHAO PHRAYA
THANON PRACHA THIPOK
THANON LAT YA
THANON SOMDET PHRA CHAO TAKSIN
THANON KRUNG THONBURI
TAKSIN BRIDGE
THANON CHAROEN NAKHON
THANON CHAROEN KRUNG (NEW ROAD)
MAHA NAKORN
THANON SIPHRAYA
THANON SURIWONG
THANON SILOM
PAN
THANON SATHORN NUA
THANON SATHORN TAI
住宿
Anantara Sathorn 5
ETZ Hostel 2
Malaysia 3
Sala Thai Daily Mansion 4
Sofitel Centara Grand 1
餐馆
Isaan Rot Det 1
Mali 2
酒吧
Raintree 2
Saxophone 1

湄南河快船—船舶码头		
N15	◁▲▷	Thewet码头（所有船只）
N14		拉玛八世桥码头（无旗船只）
N13	▷	Phra Arthit街码头（无旗及橙旗船只）
N12	◁▲▷	Phra Pinklao桥码头（所有船只）
N11		吞武里火车站码头（无旗船只）
N10	◁▲▷	Wang Lang花卉市场码头（所有船只）
N9	▲▷	Chang码头（无旗、绿旗和橙旗船只）
N8	▷	Thien码头（无旗及橙旗船只）
N7		Ratchini码头（无旗船只）
N6	▷	纪念桥码头（无旗及橙旗船只）
N5	◁▲▷	Rachawongse码头（所有船只）
N4	▷	港务局（海事处）码头（无旗及橙旗船只）
N3	◁▲▷	Si Phraya码头（所有船只）
N2		Wat Muang Kae寺码头（无旗船只）
N1	▷	Oriental码头（无旗及橙旗船只）
中央	◁▲▷	Sathorn码头（所有船只）

▷ 全天　◁▲ 仅限于高峰时刻（周一至周五）

高峰时刻的无旗船只会在所有码头停靠（周一至周五）

1

拉塔那古辛（Ratanakosin）

拉塔那古辛位于湄南河东岸，是王室圣地，全曼谷最壮观雄伟的景点就坐落于此，是探索曼谷的最佳出发点。大城王朝灭亡后，拉玛一世于1782年将首都从吞武里迁往拉塔那古辛，并大肆仿建了大城的布局和结构——他甚至将前王都遗址的建筑材料都运到了拉塔那古辛。正如大城一样，新王都位于护城河旁，通过挖凿防守运河建立了一座人工岛屿，以**大王宫**为中心，毗邻王室寺庙**玉佛寺**，正前方就是王室举行盛大仪式的**皇家田广场**；旺纳宫（第二代国王的宫殿），即如今的**国家博物馆**，也是在这期间建造的。**卧佛寺**的建立时间比王都更早，经过历代美化，及一系列欧式宫殿（目前是政府机构）建造，巩固了拉塔那古辛的杰出地位；玛哈泰寺是东南亚最重要的佛学中心；此外，还有国家大剧院、国家美术馆以及国立法政大学和泰国艺术大学。

曼谷主要向东部内陆发展，大王宫离城市商业中心只有5千米远，而王室自很久以前就将居住地迁到了律实，但是拉塔那古辛仍然是整个王国的礼仪中心——以至于让人感觉那雄伟的建筑会被自身的重力压垮。然而，建筑周边各种卖中草药的传统店铺、卖护身符的街边小贩以及江边Maharat路的学生食堂缓解了这沉重庄严的气氛；而皇家田广场至今仍用于火葬及皇家仪式，此外还是一个广受欢迎的开放公园，更是现代城市公交系统的枢纽所在。虽然有好几处国家级主要景点，但是由于各种原因，该地区并没有成为旅游热点区域，而且在轻松闲适与庄严肃穆之间取得了巧妙的平衡。

抵达和离开 **拉塔那古辛**

拉塔那古辛距邦兰铺只有几步之遥，但是最佳途径是通过Tha Chang（前身为王室大象洗澡的场所，可以通往大王宫）或Tha Thien（可通往卧佛寺）的快船码头走水路。目前正在修建从华南蓬火车站出发的地铁延长线路，新增了暹罗博物馆站，离卧佛寺只有5分钟路程，离Tha Thien快船码头10分钟路程，离大王宫入口15分钟路程。

玉佛寺及大王宫（Wat Phra Kaeo & Grand Palace）

Na Phra Lan路・每天8:30~16:00，最晚入场时间15:30（武器陈列馆、Phra Thinang Amarin Winichai以及律实玛哈帕沙托等内宫周六、周日不开放）・B400，包括地图和入场券，7天内还可去律实公园（见p.100）或佛统的莎南詹行宫（见p.157）；2小时语音导游需B200，需护照或信用卡做抵押・Ⓦ www.palaces.thai.net

玉佛寺那新颖鲜艳的色彩和独特的形状组合起来看似不和谐，却是泰国宗教艺术的巅峰之作。这座泰国最神圣的佛教遗址中供奉着最重要的佛像——**玉佛**。玉佛寺作为王室私家寺庙，位于**大王宫**东北角，于1785年正式开放，标志着新王都的建立以及缅甸入侵后泰国的重新崛起。历代国王都在这里留下了印记，目前，整座王宫建筑群占地8000余平方米，但是寺庙对外开放的面积很少。

建筑群外有2千米长的锯齿墙，其唯一**入口**就是Na Phra Lan路北侧中间的光荣胜利门（Gate of Glorious Victory）。在车道两边有诱人的风景，左边是闪闪发光的寺庙塔尖，右边是王室办事处的老式建筑：这是王国礼仪庆典办事之处，提供一切东西，包括椅子和餐饮等，甚至当某些等级的人死亡时，还能提供骨灰盒。在王后的赞助下成立了纺织博物馆，其中将展示她如何发明泰国20世纪60年代的民族服饰，而该博物馆就预定建立在这建筑群中，但是目前你只能在王后援助基金会（见p.144）购买一些工艺品。在车道尽头向左拐就是售票处及入口处。

由于这是泰国最神圣的场所，因此你必须衣着得体：严禁穿背心和透视装；男士必须穿长裤，女士穿长裤或过膝长裙。在光荣胜利门入口处右侧的办公室可借到合适的服装（与王后援助基金会在同一建筑物里；免费，每件衣服押金为B200）。

玉佛寺

在这个暗淡的世上居然有如此奇妙的事物存在，光是想象就令人兴奋不已。

——威廉・萨默塞特・毛姆，《客厅里的绅士》

邦兰铺
民主纪念碑
普贝寺
拍平叻&唐人街

1

玉佛寺及大王宫

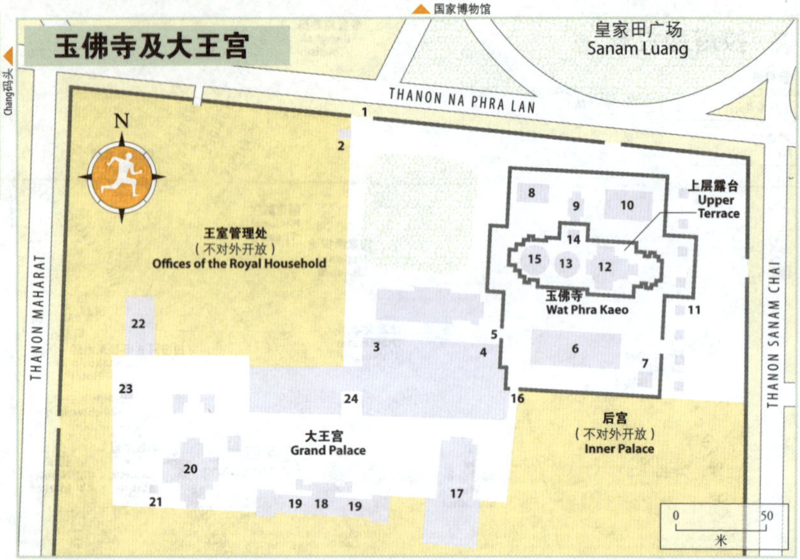

光荣胜利门	1	瓷质主堂	9	Phra Thinang Amarin Winichai	17
王后援助基金会	2	附属藏经阁	10	却克里玛哈帕沙托宫	18
售票处	3	普兰佛塔	11	武器博物馆	19
王室装饰品&钱币馆	4	王室神殿	12	律实玛哈帕沙托宫	20
通往玉佛寺的入口闸机	5	藏经阁	13	凯拉萨神山模型	21
正殿及玉佛像	6	吴哥窟微缩模型	14	玉佛寺博物馆	22
犍陀罗佛殿	7	舍利佛塔	15	咖啡馆	23
王室陵寝	8	玉佛寺出口	16	大王宫出口	24

走进玉佛寺就像步入一个精心布置的豪华舞台，从完美无瑕的石板到绚丽多彩的屋顶，无不吸引着游客的眼球。此外，整个大院周围都是拱廊墙壁，上面刻有描绘《拉玛坚》(印度史诗《罗摩衍那》的泰国译本)故事情节的非凡壁画，为整座寺庙增添了一丝虚幻感。虽然每天都会接待数百名外国游客以及许多香客，而且没有僧侣居住，但是经过时间洗礼的这座寺庙至今仍然完好无损，仿若昨天才建成的一样。

正殿通道(Approach to the bot)

一进入入口转门，你就可以看到一个6米高的**夜叉**，是《罗摩衍那》神话里的恶魔，负责看守玉佛，阻挡邪灵；而长着十个脑袋青面獠牙的恶魔之王图萨坎则位于金色舍利佛塔西南角入口处的左侧。寺院后墙十字转门入口处的柱基上坐落着一尊无牙怪老头的青铜雕像，相比之下显得不那么凶神恶煞，这个怪老头就是发明了瑜伽和草药医学的印度教**隐士**。在其正前方有一块大研磨石，以前的草药医师就用这种研磨石研磨草药成分——以达到更好的药

天使之城

拉玛一世于1782年加冕时，他给他的新王都起了一个有43个音节的惊人名字以匹配他雄心勃勃的城市建设计划。此后又新增了21个音节：Krungthepmahanakhombowornrattanakos inmahintarayutthayamahadilokpopnopparatratchathaniburiromudomratchaniwetmahasathanamornpimanavatarnsathitsakkathattiyavisnukarprasit。经吉尼斯纪录认证为全世界最长的地名，大致意思为“天使之都，伟大之都，翡翠佛居住之都，无法征服的神圣之都，被赋予9枚宝石的世界宏伟之都，至高无上的王室居住之都，转世神灵的庇护、居住之都”。幸运的是，所有泰国人都简称其为Krung Thep，意为“天使之城”，但是还是有泰国人能立刻背出它的全名。**曼谷**——“梅子橄榄之村”——是原来吞武里沿岸村庄的名字；自法国驻军以来，这个名字就一直被外国人沿用至今。

注意事项

当你去大王宫或卧佛寺的时候，有些人可能会假装成学生或工作人员故意接近你，告诉你这些景点不开放，还有一些人会带你绕圈子，把你带离景点入口——这些人通常会带你去购物区域，让你买各种纪念品以及定制服装，如果你很容易上当受骗，就会带你去珠宝店（见 p.148）。因为大王宫有时要举行国家典礼，所以对外开放时间确实不固定，但卧佛寺不存在这种情况；而且有关大王宫开放时间的详细信息可以登录官网 ⓦ www.palaces.thai.net 查看——即使你想参观的那天大王宫恰好不开放，也不能便宜这些奸诈之徒。

效。沿着正殿周围前进，你就会到达东侧**正门**，门前矗立着一群灰色**雕像**，洋溢着浓厚的中国气氛：其中有大慈大悲观世音菩萨像，手持玉净瓶，在其旁边是一支柱，顶部呈莲花状，这是曼谷的中国移民进献给拉玛四世的礼物，以彰显其 27 年的僧侣生涯，此外还有两头体态俊美的奶牛，以纪念拉玛一世出生于牛年。参拜者可将供奉物进献给两个小小的替身佛，在这里参拜者们可以通过敞开的大门看清主要佛像，也不会弄乱室内的金箔、香烛以及香灰等。

正殿及玉佛像（Bot & the Emerald Buddha）

正殿是整座寺庙中最大的建筑，是玉佛寺里为数不多的几座原始建筑之一，但是扩建次数很频繁。正殿周围有 8 尊界石，是神圣区域的边界，每一尊都仿佛坐落于迷人的童话城堡里，用中国瓷砖砌成的矮墙上还刻有精致的风景图案。正殿本身的墙壁是用闪闪发光的镀金材料以及彩色玻璃建造而成的，上面刻画着 112 只手擒娜迦族的金色迦楼罗（鹰头人身的金翅鸟），以纪念因陀罗神战胜吞没了所有水源的妖邪，拯救了世界。这也象征了国王在当时民众中的传统形象——呼风唤雨者。

在正殿的三扇大门里，位于中间的最大入口是国王御用的。佛殿里，那尊小小的**玉佛像**位于 9 米高的基座之上，正是这份神秘感吸引了泰国各地的香客——当然还有那些被控告有贪污之嫌的政治人物，根据传统，这些人通常会在这里公开宣誓自己的清白。在这里你的一言一行都要更加慎重，落座时绝对不能把脚对着佛像。虽然这尊玉佛佛像只有 60 厘米高，但是它传奇的历史赋予了其强大的精神力量。据说玉佛是由印度众神创造出来的，在 15 世纪初，有道雷电劈开了清莱的一座古佛塔，玉佛因此被人们发现。这尊佛像一直在北方辗转，无论到哪里，都会带来各种奇迹，后来又流落在老挝 200 年。由于人们深信它能给拥有者带来巨大财富，因此拉玛一世于 1779 年攻打万象，夺回了这尊玉佛，并将它供奉在新首都的重要地方，作为王权和国家的护身符。

玉佛像呈禅定印姿态，总共有三套**服装**，每个季节一套：热季时，穿戴大城王朝时期国王的王冠和装饰品；雨季期间，所有僧侣会退隐到寺庙接受训诫，因此佛像主要穿镀金的僧侣长袍；而在凉季期间，佛像会穿上加长版的黄金大披肩。直至今日，仍是由泰国国王亲自为佛像进行更衣仪式——但近年来，由于现任国王年纪较大，该仪式一直由王储代为执行。1997 年，为佛像更换了全新的服装，原来的三套服装目前收藏在玉佛寺博物馆（见 p.78），而新的装束在不用的时候会在皇家装饰品和货币馆（位于售票处和玉佛寺入口处之间）内和其他金光闪闪的王冠及珠宝一起展示。

基座前面有一尊小巧的银质胜利佛像（Phra Chai Lang Chang），在上阵打仗时，为了祈求旗开得胜，拉玛一世总是会将它戴在象背上；而且在它的加冕仪式上，这尊佛像仍然有着举足轻重的作用。就在不久之前，为它重塑的金身胜利佛就位于正中心，但是被电风扇以及前排较大的金佛像挡住了。还有十几尊站立的镀金青铜佛像，全都双手举起，以消除众人心中的恐惧，其中最高的两尊佛像位于前排：这两尊佛像都是拉玛三世进献的，其中玉佛像左边那尊是给拉玛一世的，右边那尊是给拉玛二世的，而拉玛四世将佛陀的舍利子安置在了他们的王冠上。

犍陀罗佛殿（Chapel of the Gandhara Buddha）

犍陀罗佛殿（又被称为 Hor Phra Kanthara Rat）位于正殿入口附近的寺院东南角，门窗的

1 蓝色玻璃上刻画着金黄的稻束、鱼以及乌龟等精美图案。由于这座佛殿是古时王室求雨仪式的重要场所，而且现今的王室耕作仪式（见 p.82）也在此举行，因此门窗上的装饰图案都象征着稻田丰收。屋顶上刻有许多那迦（巨蛇）形象，象征风调雨顺；而在密闭的佛殿内，供奉着仪式中至关重要的犍陀罗青铜佛像，佛像右手呈求雨姿势，左手弯曲接雨。时逢大旱，国王会下令举行为期一周的求雨仪式，在这段时间里，国王要定时沐浴且远离异性，而佛教僧侣以及印度婆罗门教徒要不停诵经。

王室神殿及次要建筑物（ Royal Pantheon & minor buildings ）

在正殿北面，**高层平台**的东端坐落着**王室神殿**（又称 Prasat Phra Thep Bidom），融合了各种风格。顾名思义，这是众国王的神殿，供奉着自曼谷成为泰国首都以来，历代国王的真人大小青铜雕像和黄金雕像。这座建筑是拉玛四世下令修建的，只在特殊场合对外开放，如却克里王朝开国纪念日（4 月 6 日）以及泰王登基纪念日（5 月 5 日）。

这里是观赏北面**王室陵寝**（Royal Mausoleum）、**瓷质主堂**（**Porlelain Viharn**）以及**附属藏经阁**（Ho Phra Morthien Tham）的最佳视角（这些建筑都不对游客开放，但是有时你可以瞥见藏经阁里供奉着的泰国佛像），此外，你还可以看到在寺庙东侧有 8 个子弹状的**普兰佛塔**（prang），所用陶瓷颜料各不相同。毛姆曾形容其为“惊世之作”，这 8 座佛塔从北到南分别代表了佛陀、佛经、僧侣、尼姑、只悟道不布道的佛陀、先前历代君主、成佛之前佛陀的生活以及未来的佛陀。

藏经阁及舍利佛塔（Phra Mondop & Phra Si Ratana Chedi）

露台中间的深绿色玻璃马赛克建筑是拉玛一世时期建造的**藏经阁**，用以收藏“三藏经”——是拉玛一世于 1788 年下令在玛哈泰寺重新修订的佛经，原版在大城府被洗劫一空时遗失了。藏经阁因其珍珠母柜以及银质底板闻名天下，但是却从不对外开放。阁楼的四个角落各有一座微小的**纪念碑**，上面刻有却克里王朝九代国王的象征，从拉玛一世的王冠到现任国王的铁饼，依次排列，而纪念碑四周围绕着历任国王的幸运白象的青铜雕像，雕像上标有白象名字及其血统。在藏经阁的北侧是拉玛四世下令建造的**吴哥窟微缩模型**，吴哥窟在拉玛四世执政期间（1851~1868）属泰国管辖（一开始拉玛四世想将整座高棉寺庙迁移到曼谷来，幸运的是被他的官员们劝阻住了）。平台西端的**舍利佛塔**是你不可错过的景点之一，这座佛塔也是由拉玛四世下令按照大城著名的钟形佛塔——菩斯里善佩寺（见 p.190）仿建而成，用来供奉佛陀的一块胸骨。

壁画（Murals）

在寺院围墙内的 1 千米长拱廊上雕刻着**《拉玛坚》壁画**，以寺庙本身为背景，加以丰富细致的柔和风景，描述了正义战胜邪恶的古老传说。但是由于湿度很大，拉玛一世时期的作品无一流传，而维护工作是一个永无止境的过程，因此你经常会看到艺术家在修复壁画的场景。整个故事分为 178 块嵌板，仅用泰文标记并编号，位于瓷质主堂对面，从北面中间部分开始。第一部分描述了一位隐士在外出耕种时发现一个婴儿躺在荷叶上的黄金水缸里，也就是女主角悉多，然后就把她带到了城里。而通往宫殿建筑门口附近的第 109 块嵌板上描绘了整个故事的高潮部分，男主角拉玛杀死了十首魔王图萨坎，敌城里的所有女性都为魔王的死喜极而泣。第 110 块嵌板描述了魔王的葬礼游行，第 113 块嵌板则展现了葬礼的盛大场面，有各种杂技、舞剑和走钢丝表演等。而中间几块嵌板主要描绘的是拉玛的妻子悉多在被图萨坎囚禁了 14 年之后，纵身投火证明自己的清白。如果精力不够，走不完全程，你也可以直接看一下故事的结局，就在第 1 块嵌板的左边，主要描绘拉玛胜利后举行盛大的游行，并有谢礼赠送。

宫殿建筑（Palace buildings）

玉佛寺西南角的出口可通向宫殿，宫殿内有大面积的建筑群和花园，但是对公众开放的只有北部边缘地区。虽然泰国国王目前住在律实的集拉达宫，但是大王宫仍是国家接待和官

《拉玛坚》神话

《罗摩衍那》起源于印度的口头史诗，有各种方言版本；其中最有名的是瓦尔米基版本，据说在 2000 多年前，他将这部故事集作为贡品进献给了当时的国王。《罗摩衍那》从印度传至东南亚所有受印度教影响的国家，然后经由高棉流传至泰国，成为民族史诗**《拉玛坚》**，这是对泰国君主制及其与印度教之间关系的肯定。作为文学、绘画、雕塑以及舞蹈戏剧的灵感来源，《拉玛坚》绝对是宗教经典的权威，给予泰国人民道德和实践上的启示，而电影及漫画版《拉玛坚》则显示了其巨大的号召力。泰国目前使用的《拉玛坚》版本是由拉玛一世资助的诗人协会创作的（先前所有的泰文版本都在 1767 年大城王朝灭亡时遗失了），厚达 3000 多页。

《拉玛坚》以阿瑜陀城国王的儿子**拉玛**（Rama 泰语叫 Phra Ram）和他美丽的妻子**悉多**（Sita）之间的悲欢离合为故事主线，拉玛通过比武获胜，拉断了神弓，从而迎娶了悉多公主。但拉玛的父王听从了第二个王后的挑唆，将拉玛流放到森林，从此开始了他们的冒险生涯，而**拉什曼**（Phra Lak）为了兄弟情义，甘愿陪拉玛一起流放。与此同时，楞伽城的魔王**图萨坎**（Totsagan）一直想要得到悉多，因此他伪装成为一名隐士，使计诱惑悉多，然后命令小妖化作金鹿，引开拉玛和拉什曼，乘机劫走悉多，将她带回了楞伽城。拉玛为救妻子，和魔王展开了长期的斗争，在这里穿插了许多战斗、间谍情节以及各种各样的小故事，最后拉玛杀死了图萨坎，救出了悉多。

与印度版《罗摩衍那》史诗相比，泰国版本更注重佛教的典型美德孝顺，懂得放弃。此外，在《拉玛坚》神话中，忠实的猴子将军哈努曼（Hanuman）显得更加有趣，其中添加了很多有关他聪明狡猾又酷爱恶作剧的情节，更不用说他的混乱史了。但是，最主要的改变在故事结尾处，当拉玛将悉多从图萨坎手里救出来后，拉玛怀疑悉多对他的忠诚。印度版本的结局是悉多被大地吞噬，从而证明了自己的清白；而《拉玛坚》的结局比较美满——拉玛和悉多从此之后一直过着幸福的生活。

方庆典的重要场所，而在活动期间，公众是不可以踏进宫殿的。

玛哈寺建筑群（Phra Maha Monthien）

从寺庙大院一出来，首先映入眼帘的就是用无数小瓷砖堆砌而成的中国式大门，非常华美。进入大门一直往前走就是**玛哈寺建筑群**，是早期国王的寝宫，气势宏伟。

但是对公众开放的只有建筑群的**王座大殿**（Phra Thinang Amarin Winichai）。过去君主专制时期的最高判决场所，如今主要用来举行仪式，如国王的生日演讲等。大殿里最引人注目的就是拉玛一世统治时期的两张金光灿灿、精雕细琢的王座：通体白色，分为九层，呈伞状，主要用于庇护前座，后面的王座具有镀金木雕制成的尖塔，整张座椅就坐落在船形基座上。后方建筑目前主要用于盛大的加冕典礼，每任新国王都会在这里待一个晚上，以表示和祖先团结一心。

却克里玛哈帕沙托宫（Chakri Maha Prasat）

在王座大殿隔壁，你可以观赏到**却克里玛哈帕沙托宫**的外观，又被称作“泰国式外国建筑”。大殿入口处挂有拉玛五世的肖像，这座纯粹的新古典主义风格的寝宫是拉玛五世聘请英国建筑师设计的，其他王室成员又说服他添加了三个泰式尖顶。这里曾经是大象营地：如今仍然保留着红色大门柱，而且有大象青铜雕像作为标记。在建筑的三角形屋顶上刻有却克里王朝徽章——一柄三叉戟从铁饼中穿过，铁饼边缘被削尖。却克里玛哈帕沙托宫对公众开放的地方只有 1 楼的**武器博物馆**（Weapons Museum），陈列着各种古老的兵器，如钩、矛和枪等。

后宫（The Inner Palace）

后宫（不对外开放）是国王嫔妃们的居住之地，位于却克里玛哈帕沙托宫左侧大门后。克立 - 巴莫亲王在其著作的小说《四代王朝》中曾如此描述：后宫本身就是一座小城镇，有商店、衙门、女护卫队以及众多女眷，如现任的王后、妃嫔以及她们的子女（包括未成年的男孩子）和仆人等都居于此地，此外，前任国王的女儿及后妃、参加后宫精修学校的贵族小

1

王室剃度仪式

在律实玛哈帕沙托宫殿的右后方有一座奇怪的假山，上面装饰着许多传说中的动物，而且顶部有城堡和高塔尖顶。这座假山象征着**凯拉萨神山**——印度教湿婆神（Phra Isuan）在喜马拉雅山的家，由拉玛四世修建，是**王室剃度仪式**的场所，最后一次举行仪式是在1932年，君主专制时代结束前3个月。以前，泰国的小孩普遍都剃光头，仅剩头顶一小撮头发或发髻，而在11~13岁时，为迎接青春期的到来，这一小撮头发或发髻也会在印度教成人礼上被全部剪掉。对于王室子女来说，这是一个盛大的仪式，有时要持续7天，由国王亲自剪发髻，并将发髻抛入湄南河中。然后这个孩子要在Krailas神山模型中沐浴，这里的池水象征着从中央山脉流淌下来的原生河。

姐也都住在这里。如今的后宫成为了泰国有修养的年青一辈的教育场所，主要传授烹饪、水果雕刻及其他家政学。

律实玛哈帕沙托宫（Dusit Maha Prasat）

在庭院西侧是精致匀称的**律实玛哈帕沙托宫**，这座大殿由拉玛一世兴建，集中体现了泰国传统建筑风格。高耸的屋顶色彩鲜艳，有红色、金色和绿色，最高处有一个镀金的如国王王冠般的塔尖（称为mongkut），是33种佛教完美等级的象征。每层屋顶都有一个典型的chofa，这是一种修长的鸟头风格的尖顶饰，还有一些hang hong（天鹅的尾巴），是三头那迦的象征。在大殿内部仍然摆放着拉玛一世时代制造的**御座**（Phra Ratcha Banlang Pradap Muk），是镶嵌着珍珠母的经典之作。当王室的重要成员死亡时，会在这里举行遗体告别仪式：遗体经过防腐处理后固定在一个密封的大瓮里，然后安放在西侧的耳堂里，直到两年后选个黄道吉日再将遗体火化。

玉佛寺博物馆（Wat Phra Kaeo Museum）

玉佛寺博物馆的前身是19世纪的王室铸币场所，位于律实玛哈帕沙托宫的正前方——旁边有一家小**咖啡馆**，还有一家格格不入的发廊——博物馆里珍藏了许多进献给玉佛的有趣文物，以及20世纪80年代大王宫修复期间保存下来的建筑元素。参观重点包括历代国王所用白象的骨骸、陈列在2楼的玉佛原先使用的三套金缕衣，此外还有两个大王宫的比例模型，一个展现了大王宫的现有面貌，另一个则展现了大王宫的最初面貌。一楼还安放着Manangasila御座，13世纪素可泰王朝的伟大国王兰甘亨就是在这张灰色石板王座上接见他的臣民的。1833年，拉玛四世还在做和尚时发现了此御座，然后将它带回了曼谷，而拉玛六世将之作为了他的加冕宝座。

卧佛寺（Wat Pho）

Chetuphon巷（位于大王宫南面）· 每天8:00~21:00 · B50 · Ⓦ www.watpho.com

如果玉佛寺对有些人来说显得过于完美小巧，那么**卧佛寺**就是热闹和混乱的代表，各种豪华的建筑和教室、篮球场及乌龟池夹杂在一起，杂乱无章。每天都有旅游巴士将一批批游客从**北门入口**送进送出，中途只让人停下来观赏一下巨大的卧佛，但是这样你就可以避开**正门口**拥挤的人群。

卧佛寺是曼谷最古老的寺庙，其历史甚至比曼谷这座城市都要久远，卧佛寺创建于17世纪，当时以Wat Photaram命名。外国人一直沿用了这个古老名字的缩写，虽然拉玛一世扩建了这座寺庙，并在1801年将寺庙改名为**涅槃寺**（Wat Phra Chetuphon），但是这个名字一般只有泰国人知道。而在1832年，这座寺庙又经历了一次彻底翻修，拉玛三世为卧佛修建了一座佛堂，将寺庙改造成了市民的学习中心，寺庙的院墙和支柱上都刻满了历史、文学、畜牧学及占星学等科目的图文教材。卧佛寺被誉为泰国的第一所大学，至今仍然是传统医学，尤其是泰式按摩的重要中心（见p.80框中内容），从腰酸背痛到病毒性疾病都可通过泰式按摩治疗。

Tha Thien码头

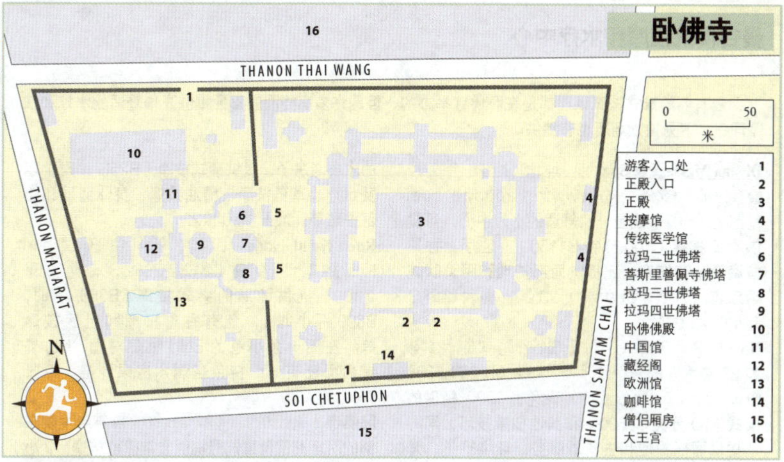

东边庭院（Eastern Courtyard）

卧佛寺正门位于主院周围16扇具有纪念意义的大门中，每扇大门都有石巨人守卫，其中大部分都是漫画中戴宽边帽的西方人形象——以前泰国将大米出口航运到中国后，回来时用这些雕像作为压载物。

入口主要通往东边主院，庭院结构从正殿向外扩散，具有对称性，很容易让人失去方向感。经过入口后向右转，穿过两个回廊就可以到达正殿、集会大厅和戒堂，回廊两旁排列着数百尊佛像。**正殿（bot）**典雅肃穆，点缀着珍珠母的柚木大门美丽非凡，详尽地展现了《拉玛坚》故事情节。正殿柱基周围的石浅浮雕同样引人入胜，用152块嵌板讲述了从悉多被劫到最后被救的过程，动感十足。豪华的殿内摆放着比例匀称的祭坛，祭坛上面有十位门徒雕像，构成了一幅优美的大乘佛教艺术，佛像里还有曼谷创始人拉玛一世的遗骸（拉玛四世将他的遗骸放在这里是让公众在参拜佛陀的同时也可以参拜拉玛一世）。

在双重寺院入口外，你一定要仔细留意一座微型小山，山上有许多头顶高帽的裸男雕像，而且手势都比较粗鲁：这些都是圣人（隐士），展现了各种按摩疗法的姿势。在寺院西南角的边缘地区，你将会看到两座阁楼处于东西庭院之间，阁楼牌匾上刻有传统医学戒律以及解剖图片等，展现了不同的压点及通过按摩这些压点可治愈的病症。

西边庭院（Western Courtyard）

在散落各处的99座佛塔中，位于西边庭院的4座**大佛塔（Chedi）**特别引人注目，因为这几座佛塔上上下下都铺满了鲜艳的墙砖。中间的菩斯里善佩寺佛塔（Prha Si Sanphet Chidi）最古老，由拉玛一世所建，主要用来收藏大城的菩斯里善佩寺最神圣的佛像遗迹。后来，拉玛三世在其北面为拉玛二世的遗骸建了一座佛塔，又在其南面为他自己建了一座佛塔；第四座由鲜蓝色墙砖堆砌而成的佛塔由拉玛四世所建，但是建造原因至今不明。

卧佛（Reclining Buddha）佛殿坐落在寺院的西北角，这尊长45米的镀金佛像由灰泥砖制造而成，展示了佛陀为达到涅槃境界而采取的一种卧躺姿势。整座佛殿只比佛像稍大一些——照相时，即使离佛像很远，除了佛像那5米长的超凡脱俗的笑容特写外，再也拍不到其他画面。而在佛像漆黑的脚底镶嵌了精致的珍珠母，显示了108种吉祥符号（泰语为lakshanas），从而与真正的佛塔区别开来。在佛像的一侧摆放着108只碗：在每只碗里都投1枚硬币将会给你带来好运，且会延年益寿。

暹罗博物馆（Museum of Siam）

Sanam Chai路・周二至周日10:00~18:00・B300，16:00过后免费・❶ 02 225 2777・❷ www.museumsiam.com

这座高科技的**暹罗博物馆**内大多都有双语标识，其前身为国家商业部，是一座有百年

1

曼谷传统按摩和水疗中心

最有名的泰式按摩课程都是在卧佛寺举办的，但是许多高档酒店都会提供豪华舒适的水疗和按摩理疗，下列独立场所也有提供。

Divana Massage & Spa 素坤逸路25巷7号 ☎02 661 6784 🌐www.divanaspa.com 地图见p.107 这是一家舒适的水疗中心，可提供泰式按摩（100分钟B1150）、足疗、香熏按摩及草药按摩，还提供面部护理和阿育吠陀理疗。周一至周五11:00~23:00，周六和周日10:00~23:00

Nicolie Sun Square（位于Silom路南端，21巷和23巷之间的一个小商场）☎02 233 6957 🌐www.nicolie-th.com 地图见p.109 精湛的泰式（90分钟B1600）和其他按摩技巧，同时还提供面部护理和去角质服务，环境舒适，洋溢着浓厚的亚洲文化气息。每天11:00~22:00

Pian's Susie Soi Susie Pub（考山路东端和Ram Bhuttri大街之间）☎02 629 0924 地图见p.88~89 虽然看起来不怎么样，但是性价比极高，可提供泰式按摩（B200/小时）以及足疗、精油按摩及草药按摩等；你也可以在这里学习泰式按摩。每天7:30~00:30

Pimmalai 素坤逸路，81巷与83巷之间（轻轨On Nut站以东50米，1号出口）☎02 742 6452 🌐www.pimmalai.com 这是一家漂亮的木质老房子，提供泰式按摩（B250/小时）以及足疗、草药按摩、精油按摩、身体磨砂和脸部护理等。每天10:00~22:00

Ruen Nuad Convent路42号（位于Sathon Nua路附近）☎02 632 2662-3 地图见p.109 提供精湛的泰式按摩（B350/小时，B600两小时），还有香熏按摩和足底按摩等。在下一条小巷的BNH医院对面、Naj餐馆后面还有一个特色空调木房果汁吧。每天10:00~21:00

卧佛寺（见p.78）地图见p.70 卧佛寺主院东侧的两座有空调建筑里提供非常棒的按摩；2小时可做全套服务（B420/小时，足部按摩B420/小时）。但是这里排队的人通常都很多，建议去该中心位于寺庙外的其他分所：Maharat路Pen phat 1巷392段25-28号（这条小巷没有标记，但是你可以先找拐角处的Coconut Plam）餐馆；每天8:00~18:00 ☎02 622 3533或02 622 3550-1 🌐www.watpomassage.com）。在这里你还可以参加30小时的按摩培训英语课程，为期5天（B8500），足底按摩课程B6500。每天8:00~19:00

历史的欧式建筑。博物馆主要着眼于泰国的一切，有许多幽默短片和极富想象力的影像资料展示，如皮影戏动漫和战争视频游戏等。此外，博物馆还会筹划各种有趣的临时展览，如曾让游客体会水稻种植的过程，还可以研究泰国对外国商品的不解情缘。不管是对于成人还是小孩，暹罗博物馆都是一个非常有趣的场所，1楼还有Black Canyon连锁室内**咖啡馆**，虽然小但是很温馨。

暹罗博物馆揭开了东南亚史前时代史的序幕，将素万那普（黄金之地）作为古老文献，展现了伟大的印度君主阿育王派使者将佛教传到泰国的传奇历程。博物馆的大部分内容都是介绍大城的，从中我们可以了解到在大城王朝统治的长达400年的时间里，和缅甸之间一共爆发了不下20场战争，直到1767年战争才最终平息。除此之外，你还可以看到壮观的吞武里地图，这张地图由缅甸间谍绘制，在1768～1782年，郑信国王将吞武里定为新王都。在曼谷王朝期间，泰国深受中国文化及20世纪早期的种族主义影响，但这些对泰国穆斯林教的影响微乎其微。最后，在西化的旗帜下，游客可以观赏卡通西洋镜，试穿殖民地风格的制服衬衫。

皇家田广场（Sanam Luang）

皇家田广场位于大王宫以北，占地面积达12公顷，首都居民们在傍晚时分会聚集在这个广阔的广场上吃喝玩乐。附近的街道上有各种异国情调的小摊：东边主要是一些占卜者以及卖壮阳药水和各种奇怪工具的小贩；在广场西侧及曼谷法政大学和玛哈泰寺附近是风水宝

右页图从左上起顺时针顺序依次为：曼谷的夜店Bed Supperclub（见p.141）；
卧佛寺（见p.78）；考山路上的嘟嘟车（见p.86）>

Roof
Bar & Restaurant
Balcony View and Live
3rd Floor
BUDDHA VIEW DIVE
CURRENCY
EXCHANGE
atm
UOB
ID
PHOTO
KHAOSAN PALACE
INN
EXCHANGE
TAXI

1

放风筝

如今，泰国人民放各种各样五颜六色的**风筝**大多是为了娱乐，但是其起源是非常庄严的。起初的风筝都装有火药及很长的导火线，是泰国第一个王朝素可泰王朝（1240~1438）时期的战争武器。而同一时期的 ngao 风筝（头部呈竹弓状）主要用于婆罗门仪式：其弓弦会在风中振动从而发出声音吓跑邪灵（如今这种风筝主要被农民用来驱赶鸟类）。在大城王朝时期（1351~1767），风筝主要用于装饰品：王室仪式上有各种奇形怪状的风筝，并有叮当作响的铃铛及彩灯做装饰。

在 19 世纪，由于拉玛五世对风筝的热爱，他将放风筝推广为一种健康时尚的休闲活动。如今在 2 ~ 5 月期间，风力足够强，而且农民在农忙过后都有空闲时间，泰国全国各地都会进行风筝**比赛**。比赛主要分为两大类：一种是放风筝比赛，通常都是动物形状的风筝；另外一种主要就是看风筝的形态美不美。其中最流行的一种比赛方式是：比赛分为两队，一队放星形 Chula 风筝，即“男筝”，有 2 米高；另外一队放小巧敏捷的 Pakpao 风筝，即“女筝”，形如钻石。比赛时，技巧和团队合作很重要，每队都要想方设法将对方的风筝诱惑到圈套里，然后将其拉回分界线。

地，因此有大量卖护身符（见 p.91）的小贩。每年 2~5 月，广场还是人们放风筝的极佳场所，会举行各种**放风筝**比赛（见上面框中内容）。

一些国家庆典也会在此举行，如王室火葬仪式，会搭建起结构复杂的巨大木柴堆（meru 或 phra mane）以代表印度佛教诸神聚集的喜马拉雅山中心——须弥山；5 月还会在此举行**王室耕作仪式**，占星家们会选定日子以祈求来年风调雨顺，五谷丰登。这一从 1960 年开始重新举行的经典婆罗门仪式用来提高冷战期间君主的地位，仪式由农业部官员代表国王主持，以防仪式中出现任何差错从而削弱王室权力。在指定的时间里，农业部官员会拉着两头白牛犁出一系列圆形沟渠，然后再撒米，这些米来自国王集拉达宫的农作物试验站，并由王室的婆罗门祭司用圣水浇灌。当仪式结束后，观礼群众会争先恐后地去抢一把大米，然后将它们种在自己的稻田里，以求吉利。

国柱神庙（The lak muang）

Rajdamnoen Nai 路（皇家田广场东南角）

在 1782 年 4 月 21 日清晨 6:54——经占星后确定为曼谷王朝成立的良辰吉时——举行了国柱落地仪式，将这根含有城市星象的国柱安置在大王宫东北角对面。泰国每个府都立有与国柱功能相似的城柱，并建有城柱寺以为守护神提供一个栖息之地。曼谷的**国柱**是由 4 米长的树干制成的，上面刻有莲花形王冠。而在 19 世纪，拉玛四世又重新打造了一根短一些的国柱，现在这两根国柱都安置在同一个典雅的神社里，四周围绕着美丽的花园。

每天都有数以百计的参拜者带着鲜花来这里祈祷，尤其是那些无子女的夫妇，会来这里祈求神灵赐给他们一个孩子。在花园角落里经常会有**古典舞蹈**演出，当大户人家遇到喜事时，他们会花钱请这些人表演。

泰国艺术大学艺术中心（Silpakorn University Art Centre）

Na Phra Lan 路（大王宫入口处马路对面）· 周一至周五 9:00~19:00，周五 9:00~16:00 · 免费 · Ⓣ 02 623 6115，分机号 1422 · Ⓦ www.art-centre.su.ac.th

泰国艺术大学艺术中心的一部分坐落于拉玛一世时期所建宫殿的御座大厅里，定期举办大学学生、老师及特约艺术家和国家级艺术家的表演。艺术大学是泰国第一所艺术学校，于 1935 年创办，其创始人 Silpa Bhirasri 教授是一位备受尊敬的泰籍意大利雕刻家；沿着艺术中心的东墙有一座绿树成荫的迷人花园，里面点缀的雕刻作品皆出自 Bhirasri 教授之手。

玛哈泰寺（Wat Mahathat）

正门：Maharat；后门 Na Phra 路（皇家田广场）

18 世纪时期，**玛哈泰寺**的游客不是很多，许多僧侣借此机会到这里的**摩诃朱拉隆功佛教大学**（Mahachulalong Korn Buddhist University）学习佛教经典。作为泰国大宗派的发源地

（拉玛四世在1851年继任王位之前，在此修行了很多年），且拥有曼谷两大佛教大学，玛哈泰寺可谓名不虚传。正是这种寺庙活动以及可以互动、一起参与的机会而非其建筑特色吸引了大批游客。许多就读于寺院大学的僧侣都很友好，也热衷于练习英语，而且很喜欢接近游客。

内观禅修中心（Vipassana Meditation Centre）

玛哈泰寺第五区域・实践时间：每天7:00~10:00，13:00~16:00及18:00~20:00；佛法讲座时间：每天20:00~21:00・欢迎捐款・Ⓣ 02 222 6011或02 222 4981・Ⓦ www.udomwid.org

在寺庙的**内观禅修中心**，静坐冥想和步行冥想练习是英文授课的（寺内第一区域还有一处冥想研究及修行中心，但是很少接受外国冥想者）。禅修者通常都待在冥想建筑里，周围环境很简单，修行时一定要穿白色服饰（该中心有服装出租）且要遵守佛教八大戒律（见p.653）。

国家博物馆（National Museum）

Na Phra That路（皇家田广场西北角）・周三至周日9:00~16:00，一些场馆在午餐时间会闭馆；通常场馆在维护期间不对外开放，有关信息可咨询售票处・B200・Ⓣ 02 224 1333・Ⓦ www.thailandmuseum.com

国家博物馆收藏了大量泰国一流艺术文物，从南北两翼的雕塑珍品到古老建筑的奇异装饰物品，从古怪的灵柩到精致的浮屠沙旺圣堂，应有尽有，让人眼花缭乱。此外，有时还会举办很有意义的临时展览。

相关资料 **国家博物馆**

导游 最好在周三及周四9:30、周六10:00参观国家博物馆，因为这段时间有志愿者免费做英语导游（除此之外，这些志愿者还会组织各种有趣的讲座和游览 Ⓦ www.museumvolunteersbkk.net）：他们通常都很热情好客，而且他们的解说详细有趣，充分介绍了泰国的宗教和文化。

书店 在售票处旁边有一个藏书丰富的书店。

饮食 书店旁边有一家温馨的有空调咖啡馆，可提供浓咖啡、冰激凌及一些午餐套餐，而博物馆内灵柩建筑旁边的餐馆可提供各种物美价廉的泰式菜肴。

历史建筑

走进博物馆，距离售票处不远你就可以看到第一幢建筑，里面收藏着泰国正史遗迹，其中有一枚很小的考古宝石：这块刻有**题字**的黑色石头的历史可追溯到素可泰王朝的兰甘亨国王时期，在他的统治下，素可泰成为泰国第一座王都（1278~1299）。1833年，拉玛四世发现了这块石头并将其带回曼谷，是现存最古老的题有泰国文字的碑文。结合碑文上面记录的素可泰黄金时期的繁荣及虔诚，这块石头已成为了泰国建国的象征。最近关于这块石头的起源引起了很大争议，因为有些人认为这块石头是由拉玛四世仿造的，但是它又极有可能是正品。在某种程度上，这块石头简单介绍了素可泰以吸引更多的商人和移民定居在这个人口稀少的王国。

主要馆藏：南楼

在大院后方一座改建的古老宫殿旁有两幢大型现代建筑，其内陈列着博物馆的**主要藏品**，你可以从**南楼**的底层开始慢慢参观。在这里你可以欣赏到亚洲其他地区的一些历史悠久的雕塑（S1），其中包括最早的佛陀象征，它来自于犍陀罗王国，即如今的巴基斯坦。当时亚历山大大帝在犍陀罗王国留下了一队驻军，因此这尊佛像具有古典希腊雕塑风格。例如佛顶髻，即头顶突出的部分，是佛陀智慧和精神力量的象征，这尊雕塑则将其化为一个厚卷发的发髻。

楼上的**史前展览馆**（S6）为游客展现了泰国东北部班清地区的斧头和矛形刀头，是迄今为止发现得最早的青铜时期文物之一。其周围差不多都是出土于北碧府的同时代金属文物，还有其他一些精致藏品，展现了班清著名陶瓷的发展史。在其隔壁就是**堕罗钵底时期文物收藏室**（S7；6~11世纪），在众多石制或陶制佛像展品中的精华是一尊小巧光滑，用粉色黏土制作的佛头，来自佛统的wat phra Ngam寺，佛头低垂的眼睛，若有似无的笑容以及丰满的嘴唇象征着这个时代的宁静和谐。1楼的尽头处坐落着印度教的智慧和艺术之神——象头神

1

伽内什的妖娆爪哇雕像，总是戴着鲜艳的花环，是美术部的象征。由于人们认为象头神能克服一切困难险阻，因此印度教徒都会先拜象头神，再拜其他神佛，因他是第一个选择供奉物的神灵，所以变得很胖。

隔壁 S9 房间里收藏着室利佛逝最著名的艺术作品（7~13 世纪）——在猜耶发现的一尊手持莲花的青铜菩萨像。菩萨严肃的神情及柔软的身躯形象已经成为泰国南部无处不在的标志。按照收藏品的大致时间顺序再次回到底楼高棉及罗斛王国时期的雕塑展览（7~14 世纪），大部分是动态青铜雕像及石过梁。此外，你还可以留意一下武里南 Ku Suan Tang 地区（S3）的精致过梁，上面刻画了当旧世界在印度教创建和湮灭的周期中灭亡时，毗湿奴斜倚在永恒之海的邪龙阿难陀上梦见自己创造了新宇宙。你会看到在毗湿奴的肚脐上出现一朵莲花，而在莲花中浮现出了四面佛梵天，从而将毗湿奴的梦境变成了现实。

主要馆藏：北楼

参观完南楼你可以继续探索北楼，一般从 2 楼的**素可泰收藏馆**（13~15 世纪；N7~8）开始，里面有一些形态优雅的经典佛像、印度教众神的矮胖青铜像以及各种各样的陶瓷。接下来是**兰纳王国的藏品**（大致是在 13~16 世纪；N5~6），包含了黄金徽章缩影集，其中小型保护伞和一双可爱的用金银丝装饰的拖鞋还被供奉在一座佛塔里。一个用颗粒状粉砂岩雕刻而成的佛头，虽然不好看，但给人以宁静安详的感觉，代表了**大城王朝时期**（14~18 世纪；N9~10）的雕塑风格：其嘴唇上方刻有小胡子，这打破了高棉自占领吴哥王朝后对大城长期以来的影响。另外还有更加罕见的文物——华丽的经文橱柜，上面展示了大城昔日的风采，这是现存的少数几个雕绘家具之一。

在底楼**曼谷王朝**或**拉塔那古辛艺术展览区域**（18 世纪后；N1），一座笔直、逼真的青铜雕像为你完美重现了曼谷王朝的艺术。由于拉玛五世对西方自然主义的热爱，这尊陈列在博物馆第一个场馆中的雕像采用的是最早时期的佛陀形象，属于犍陀罗风格。

灵柩（Funeral Chariots）

在北楼东边，咖啡馆的左前方矗立着一座大型车库，里面存放的全都是王室成员遗体的**灵柩**，让人难以置信。其中最引人注目的是由拉玛一世在 1789 年左右建造的伟大胜利王室灵柩（Royal Chariot of Great Victory），在他父亲的葬礼上就是用这个安放他父亲的骨灰盒的。这座 11 米高的建筑象征着须弥山上的天堂，而四周的龙和神灵代表了山上森林里的神仙，堆积起来的五个金层则意味着火葬的火焰。每个灵柩约有 40 吨重，需要 300 个壮士才能将其拉动，最近一次是在 2012 年，拉玛六世唯一的女儿——佩拉达娜公主的葬礼上使用了这个柚木灵柩。

旺纳宫（Wang Na）

博物馆的中央建筑最初都属于**旺纳宫**（Wang Na）的一部分，这座巨大的宫殿横跨整个皇家田广场，一直延伸到 Khlong Lod 地区，是“下一任国王”，即在位国王指定的王位继承人和代表人的寝宫。当拉玛五世于 1887 年退位后，他将这座宫殿改建成了博物馆，如今收藏了泰国的各种艺术珍品。当你一走进第五个收藏室时，你一眼就可看见沉重的铁栏杆后面陈列着各种华丽罕见的金饰，其中包括一枚完好无损的臂章，这是从大城 15 世纪时期的拉布拉纳寺的尖顶废墟中挖掘出来的。在其隔壁房间有一个精雕细琢的象牙座，主要用作象背上的象轿。而在房间 7 里收藏着孔剧演员所戴的面具，其中最特别的就要数猴子将军哈努曼的凶猛面具——他是《拉玛坚》神话中的勇士，面具上还点缀着闪闪发光的珍珠母。

房间 8 里收藏着各种各样的巨型陶器，其中包括一些素可泰时期的精美文物。在其后的房间 9 则有各种珍珠母收藏品，其火焰彩虹般的色彩来自泰国湾的蝾螺的壳。此外，房间 15 里的各种音乐器材也值得一看。

浮屠沙旺圣堂（Buddhaisawan Chapel）

浮屠沙旺圣堂里供奉着泰国第二大神圣佛像，仅次于玉佛像，这座巨大的佛殿就位于旺纳宫东入口的正前方。圣堂内华丽的格子天花板及涂漆的百叶窗将整座大殿衬托得更加富丽堂皇，还有各种神灵和转换恶魔的画像，全都面对着圆胖的帕辛佛像，传说这尊**帕辛佛**（Phra Sihing Buddha）奇迹般地出现在了斯里兰卡，在13世纪时被供奉给了素可泰王朝。正如玉佛一样，人们同样相信帕辛佛能给拥有者带来好运，因此经常在北部城镇被抢来抢去，直到1795年，拉玛一世将其从清迈带回来，并安置在王储宫殿的私人佛堂里。另外两座佛像（分别在洛坤和清迈）声称自己是正宗的帕辛佛像，但事实上这三尊佛像全都是仿制的，其真迹具有15世纪的素可泰风格，但如今早已遗失。帕辛佛像至今仍受广大百姓的喜爱，每当泰国新年的时候，帕辛佛像会被放置在皇家田广场，而根据传统仪式，参拜者们会将水洒在佛像上。

圣堂周围的**壁画**内容丰富，色彩柔和，已有200年历史，至今仍保存完好；窗户下面的内容叙述了佛陀的一生，从最右面开始以他父母亲结婚作为故事的开端。

红房子（Tamnak Daeng）

在浮屠沙旺圣堂的南面坐落着修复后的**红房子**，这是一座大城风格的通风建筑，富丽堂皇，气势宏伟，由珍贵的金丝柚木建造而成，屋顶呈多层次状，并有天鹅尾尖顶做装饰。这里原本是拉玛一世的姐姐Sri Sudarak公主的寝宫，后来拉玛二世为他的妻子Sri Suriyen将这个建筑从大王宫迁移到吞武里的旧宫殿；而当Sri Suriyen王后的儿子成为拉玛四世的王储时，他又将这座建筑拆迁到了旺纳宫。房子内部装饰属于曼谷王朝早期风格，其中一些美丽的家具都曾是Sri Suriyen王后用过的，如珍贵罕见的雕刻箱床，此外，房子里还配有超豪华的室内卫生间。

国家美术馆（National Gallery）

Chao Fa 路4号（皇家田广场北面，国家大剧院对面）·周三至周日 9:00~16:00 · B200 · ☎ 02 282 2639–40 · Ⓦ www.thailandmuseum.com

如果国家博物馆让你意犹未尽，你还可以去附近的**国家美术馆**一饱眼福。在美术馆的2楼陈列着一些20世纪初期相当漂亮的佛教主题条幅，上面描绘了各种佛教艺术，而在底楼则收藏了大量20世纪时期的泰国艺术品，大多都是仿造的，平淡无奇。然而其举办的临时展览却非常精彩。这座古老精美的建筑里有一处画廊，值得游客细细品味——属于20世纪早期典型的新古典主义风格，由拉玛五世的宫廷建筑师Carlo Allegri设计建造，是王室的铸币场所。

邦兰铺和民主纪念碑区域（Banglamphu & Democracy Monument）

邦兰铺紧邻拉塔那古辛北部，以**考山路**最为有名，考山路很窄，但沿街有很多旅馆，热闹非凡，夜生活既便宜又丰富多彩，是游客们途经东南亚的必到之处。这里也有大量的文化景点，民主纪念碑地标附近的几个街区聚集着各种特色寺庙，而且各寺庙之间都是典型的曼谷街道，其中大多数仍保留着迷人的古老风格。

抵达和离开　　邦兰铺

邦兰铺区域有许多公共交通工具。

船舶　附近有若干处湄南河快船码头，N13（Phra Arthit码头），N14（拉玛八世桥）及N15（Thewet码头）。此外，沿塞萨运河也有公交船往返于邦兰铺和Phan Fah码头之间，中途可抵达暹罗广场及轻轨车站。

轻轨　除了搭乘塞萨运河的公交船可到达轻轨车站外，另一种较快捷的方式就是从曼谷搭乘出租车到BTS国家体育场站。

公交车　在邦兰铺共有几十条公交线路为大众服务（见下文及p.119的框中内容）。

1

考山路（Thanon Khao San）

传说中的**考山路**就位于邦兰铺的中心位置，是游客聚集中心，网吧和旅行社随处可见，而道路两边贩卖着各种便宜的背包客时装和盗版的 PlayStation 游戏，还可以文身、盘发等。这是一个生机勃勃、动力十足的场所：非常适合购物及安排旅游行程——但是一定要提防这里的各种骗子（见 p.55）——也是结交其他旅客的好地方。晚上的考山路特别热闹，因为来自全国各地的泰国年轻人都会聚集在这里游逛衣服摊位，他们很快就会和外国人打成一片，然后一起挤进当地的酒吧或俱乐部，开始了在考山路的狂欢之夜。同时，考山路区域本身就是一个文化猎奇中心，泰国人的创业精神造就了其独特的全球青年文化方式，并仍在不断发展。

Phra Arthit 街及河滨小径（Thanon Phra Arthit & riverside walkway）

附近曼谷法政大学的学生为邦兰铺增添了一丝艺术气质，尤其是毗邻湄南河的**Phra Arthit 街**。此外，这里还有一条引人入胜的**河滨小径**，从 Phra Pinklao 大桥附近的曼谷旅游局信息中心开始，中途可以观赏到几座精心修复的百年豪宅，目前是联合国儿童基金会及联合国粮农组织所在地；这些建筑将它们最壮观的一面正对着河流，在旅游旺季期间，多数游客都是乘船抵达，便于欣赏。这条小径的终点是白色的**帕舒曼城堡**（Phra Sumeru Fortress），这是拉玛一世于 1783 年所建的 14 座保护拉塔那古辛王室岛屿的城堡之一，因年代久远，已对其进行了整修（14 座城堡中能保存至今的，除了帕舒曼城堡外，就只有玛哈坎城堡（Phra Mahakhan Fortress）了，当然也经过了重新修建，就位于金山寺附近）。如今这座堡垒也没什么景点可看，但是其周围地区被改建成了**山提柴帕堪公园**（Santichaiprakarn Park），濒临湖畔，绿草如茵，还有该地区仅存的一些形似红树林的兰铺树（八宝树），因此，邦兰铺又被称为"河畔的兰铺树天堂"。

印他叻维罕寺（Wat Indraviharn）

Wisut Kasat 路（考山路以北，步行大约 20 分钟）· 从湄南河快船码头 N14 和 N15 步行过来大约 10 分钟

虽然无法与拉塔那古辛雄伟壮观的巨大卧佛相媲美，但是在邦兰铺的**印他叻维罕寺**（也

邦兰铺公交站点及线路

邦兰铺主要的公交站位于 Rajdamnoen Klang 路：总共将近有 30 条西行路线和东行线路，由此出发你可以到达该城市的任何地方。除此之外，还有其他一些线路可以出邦兰铺地区，但是其搭乘地点有所不同。为了让读者看得简单明了，我们为这些**公交站点**制定了编号，但实际上是没有编号的。如果两个站台停靠的巴士都相同，那么这两个站台使用同一个编号。我们已在邦兰铺地区的地图上对公交站位置做了标记（见 p.88 ~ 89）。

1 号公交车站：Krung Kasem 路，北面

51 路（顺时针方向）前往华南篷火车站（公交车从这里出发）

2 号公交车站：Phra Sumen 路，南面，Bang Lumpoo Place Hotel 附近；Phra Arthit 街，东面，Hemlock 附近

53 路（逆时针方向）前往大王宫及唐人街

3 号公交车站：Phra Arthit 街，西面，新暹罗河畔附近；Phra Sumen 路，北面，Bang Lumpoo Place Hotel 对面

3 和 9 路 前往恰图恰周末市场及公交北站

53 路（顺时针方向）前往华南蓬火车站（可在 1 号公交站换乘，但票价相同）

4 号公交车站：Chakrabongse 路，7-Eleven 便利店附近

3 路 前往暹罗博物馆、芭空达拉集市及 Wongwian Yai 火车站

9 路 前往卧佛寺及芭空达拉集市

15 路 前往吉姆·汤普森纪念馆、暹罗广场及 Silom 路

5 号公交车站：Rajinee 路（Rachini），曼谷旅游信息中心附近

124 路 前往公交南站

被称为 Wat Intharawihan 或 Wat In）内也坐落着一尊 32 米高的大型立佛镀金雕像，手持钵盂，闪闪发光。19 世纪中期，拉玛四世建造了这座寺庙以供奉来自斯里兰卡的佛舍利（安放在佛像的顶髻里），这尊佛像虽算不上美丽典雅，但是其露出 30 厘米长的脚趾若隐若现，别有一番风味，还有那散发着茉莉花香的花环，让人流连忘返。如果你登上塔顶，可以将周围的景色一览无遗；当佛塔上面的门没有上锁时，你还可以进入佛像内部参观一番。而寺庙的其他部分则将建筑风格及精神风貌融为一体，如中国式神殿及拉玛四世和五世的雕像等。

令人扫兴的是，印他叻维罕寺周边聚集了许多**骗子**（见 p.55），游客们大约花个 B20 就可以搭乘他们的嘟嘟车踏上曼谷之旅，但是旅途中间他们一定会带你去珠宝店强制消费（见 p.148）。若想避免这些麻烦，你最好搭乘出租车，或是 Samsen 路上的公交车。

民主纪念碑（Democracy Monument）

民主纪念碑（泰语称 Anu Sawari Pracha Tippatai）两边的黄色翼状巨石赫然耸立在 Rajdamnoen Klang 大道上，介乎大王宫及新王室区域律实之间。这座民主纪念碑于 1939 年动工，是为纪念 1932 年的政变而建。此次政变推翻了君主专制制度，建立了君主立宪制，因此将其建造在王室住宅之间有其特殊的意义，而其尺寸也暗示着政治体制改革的时间——佛历 2475 年（1932 年）6 月 24 日。在这 20 年来，泰国领导人相继出台了大量临时章程和宪法，但由于这些宪章的专制及倒退引起了许多抗议者聚集在这些街道游行示威。

Tanao 街（Thanon Tanao）

Tanao 街是一条迷人的老街，街道两旁都是 19 世纪的木质店屋，以其正宗的**泰国传统美食**出名。这些地方大多都是祖辈上传下来的，从牛肉面到猪脑汤，从自制冰激凌到芒果糯米饭，应有尽有，即使你不喜欢这些食物的味道，只是闲逛欣赏一下店铺的建筑风格，都能感受到各种不同的乐趣。有关餐饮建议请参阅“餐饮”部分（见 p.130），但若想了解详细信息，你可以参考《拉塔那古辛的美味佳肴》地图（*Good Eats Ratanakosin*，由泰国的 Pan Siam 出版社出版，各大书店均有售），鉴于这些地方既没有英语标记，也没有店铺编号，因此看地图会方便一点。

Tanao 街南端附近的区域有时也被称为**圣清茶**（Sao Ching Cha，见 p.90），这里有个**大秋千**，你可以从 Tanao 街出发搭乘东线公交车，到 Dinso 街下车就可以找到大秋千，或者你也可以沿着 Bamrung Muang 路走到那里，沿途还可以浏览下各种佛教用品摊位。另外，如果你沿着 Tanao 街南面的一个街区走，可以到达一座有趣的小庙——王爷寺（Wat Rajabophit）。

玄天上帝庙（San Chao Phor Seua）

Tanao 街・每天 6:00~17:00，在素食节期间会延长至 21:00

在 Rajdamnoen Klang 路以南不远处坐落着虎神神殿——玄天上帝庙，这座宏伟大气、香火缭绕的道家神殿供奉的是中国老虎的守护之神及北斗星君，其雕像就摆放在主坛正中央。华裔泰国人都非常喜欢到这里来参拜以祈求权利、名望以及子嗣，贡品通常有猪肉火腿、新鲜鸡蛋、糯米、瓶装油及用糖做成的老虎等。

10 月 14 日纪念日

1973 年 10 月 14 日，在民主纪念碑周围爆发了一起规模最大也最惨烈的学生示威游行，当时有 50 多万民众聚集在 Rajdamnoen Klang 路沿途，要求结束“三霸”的专制政权。当时政府采取了残酷镇压，并逐渐演变为一场血腥的暴动，最终有数百名示威者在这场暴乱中丧生。而经过了 30 年，这灾难性的一天最终被确立为 **10 月 14 日纪念日**，并建造了一个小型花岗岩露天剧场，中间矗立着一座优雅的现代佛塔，上面铭刻着在此次暴乱中丧生者的名字；在其后墙上记录了这场为期 10 天的暴乱的照片及双语说明。这座纪念碑就矗立在“三霸”之一——纳隆・吉滴卡宗上校前司令部的正前方，民主纪念碑往西 200 米，Rajdamnoen Klang 路和 Tanao 街的拐角处。

1

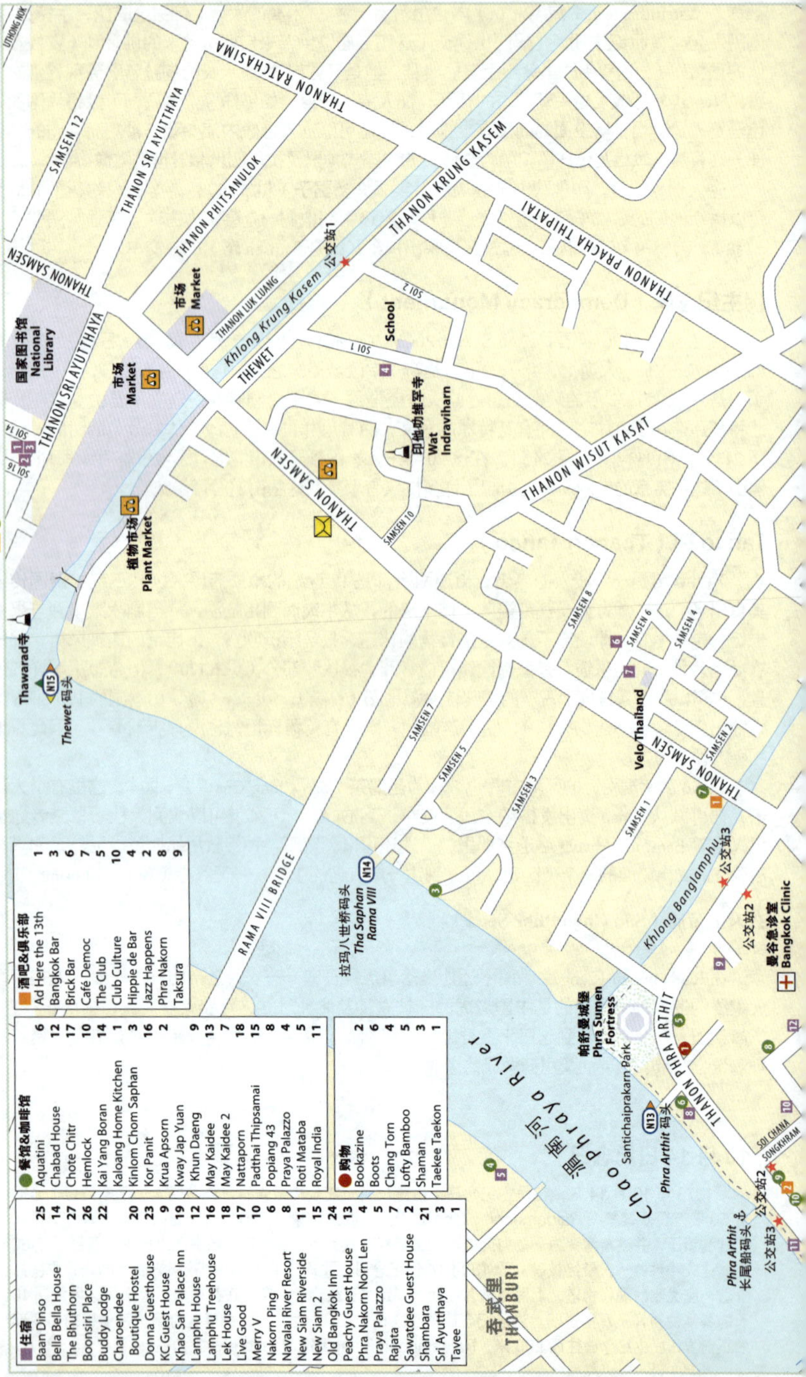
住宿
Baan Dinso 25
Bella Bella House 14
The Bhuthorn 27
Boonsiri Place 26
Buddy Lodge 22
Charoendee Boutique Hostel 20
Donna Guesthouse 23
KC Guest House 9
Khao San Palace Inn 19
Lamphu House 12
Lamphu Treehouse 16
Lek House 18
Live Good 17
Merry V 10
Nakorn Ping 6
Navalai River Resort 8
New Siam Riverside 11
New Siam 2 15
Old Bangkok Inn 24
Peachy Guest House 13
Phra Nakorn Norn Len 4
Praya Palazzo 5
Rajata 7
Sawatdee Guest House 2
Shambara 21
Sri Ayutthaya 3
Tavee 1
餐馆&咖啡馆
Aquatini 6
Chabad House 12
Chote Chitr 17
Hemlock 10
Kai Yang Boran 14
Kaloang Home Kitchen 1
Kinlom Chom Saphan 3
Kor Panit 16
Krua Apsorn 2
Kway Jap Yuan Khun Daeng 9
May Kaidee 13
May Kaidee 2 7
Nattaporn 18
Padthai Thipsamai 15
Popiang 43 8
Praya Palazzo 4
Roti Mataba 5
Royal India 11
购物
Bookazine 2
Boots 6
Chang Torn 4
Lofty Bamboo 5
Shaman 3
Taekee Taekon 1
酒吧&俱乐部
Ad Here the 13th 1
Bangkok Bar 3
Brick Bar 6
Café Democ 7
The Club 5
Club Culture 10
Hippie de Bar 4
Jazz Happens 2
Phra Nakorn 8
Taksura 9
THANON RATCHASIMA
THANON SRI AYUTTHAYA
THANON PHITSANULOK
THANON SAMSEN
THANON KRUNG KASEM
THANON PRACHA THIPATAI
THANON WISUT KASAT
THANON PHRA ARTHIT
THANON LUK LUANG
THEWET
RAMA VIII BRIDGE
国家图书馆 National Library
市场 Market
植物市场 Plant Market
印他叻维罕寺 Wat Indraviharn
School
Khlong Krung Kasem
Khlong Banglamphu
Thawarad寺
Thewet 码头
拉玛八世桥码头 Tha Saphan Rama VIII
Chao Phraya River 湄南河
帕舒曼城堡 Phra Sumen Fortress
Santichaiprakarn Park
Phra Arthit 码头
Phra Arthit 长尾船码头
公交站1
公交站2
公交站3
曼谷急诊室 Bangkok Clinic
Velo Thailand
吞武里 THONBURI
(100米)
(200米)

律实

邦兰铺
拉查达慕农体育馆 Rajdamnoen Stadium
泰国旅游局 TAT
RAJDAMNOEN NOK
NAKHORN SAWAN
LAN LUANG
拉玛七世博物馆 King Prajadhipok (Rama VII) Museum
DAMRONG RAK
Khlong Saen Saeb
Tha Phan Fah
THANON BORIPHAT
金山塔&金山寺 Phu Khao Tong & Wat Saket
0
200
米
N1 快船码头
塞萨运河船停靠点
Khlong Ong Ang
玛哈坎城堡社区 Mahakhan Fort Community
THANON MAHACHAI
王后画廊 Queen's Gallery
THANON PHRA SUMEN
王孙庙 Loha Prasat
王孙寺 Wat Ratchanatdaram Woravihara
THANON PRACHA THIPATAI
RAJDAMNOEN KLANG
THANON DINSO
民主纪念碑 Democracy Monument
市政府 City Hall
THANON MAHANNOP
THANON BAMRUNG MUANG
邦龙孟路
圣清祭 Sao Ching Cha
善见寺 Wat Suthat
THANON PHRA SUMEN
布旺尼威寺 Wat Bowoniwet
邮局 Ratchadamnoen P.O.
DAMNOEN KLANG NEUA
公交站7
THANON SOI DAMNOEN KLANG TAI
TROK SIN
THANON BOWONNIWET
HANG
SOI SIBSAM
邦兰铺邮局 Banglamphubon P.O.
THANON TANAO
Lomprayah
TROK NAWA
寺院用品 Temple Supplies
THANON TANAO
王爷寺
TROK KRAISI
THANON TANI
THANON RAM BHUTTRI
Pian's Susie
THANON KHAO SAN
DAMNOEN KLANG NEUA
SOI DAMNOEN KLANG TAI
BUNSRI
玄天上帝庙 San Chao PhorSeua
THANON PHRAENG PHUTON
THANON KANLAYANA MAITRI
夜市 Night Market
公交站4
ETC
考山路
THANON BURANASIT
TROK MAYOM
公交站6
TROK SA-KE
警察局 Police Station
@ True
SOI RAM BHUTTRI
查那松康寺 Wat Chana Songkhram
THANON CHAKRABONGSE
Royal Ratanakosin Hotel
前往北碧的迷你巴士
夜市 Night Market
THANON ATSADANG
体育馆 Sor Vorapin's Gym
Olavi
国家美术馆 National Gallery
地母雕像 Mae Toranee statue
THANON RAJDAMNOEN NAI
国柱神庙 Lak Muang
THANON LAK MUANG
SOI RAM BHUTTRI
TROK RONG MAI
CHAO FA
PHRA PINKLAO BRIDGE
RAJINEE
皇家田广场 Sanam Luang
国家剧院 National Theatre
THANON NA PHRA THAT
N
曼谷旅游局 Bangkok Tourism
公交站5
国家博物馆 National Museum
法政大学 Thammasat University
玛哈泰寺 Wat Mahathat

1

王爷寺（Wat Rajabohpit）

Rajabophit 路，Tanao 路和 Bamrung Muang 路十字路口南面的一个街区，就在 Khlong Lod 东面（见 p.73 地图）

王爷寺是曼谷最美丽的寺庙之一，其附近街区同样深受中国文化影响。这座寺庙由拉玛五世兴建，其典型之处就在于它别具一格的设计风格，尤其是佛塔周围的圆形回廊，巧妙地将长方形正殿和佛殿连接在一起。寺院里的每堵外墙都是用中国的五彩瓷砖堆砌而成的，色彩柔和，整体效果令人惊叹不已。而正殿内部设计犹如一个小型宴会厅，镀金的哥特式拱顶，以及复杂的珍珠母大门，将整个佛堂衬托得美丽无比。

邦龙孟路（Thanon Bamrung Muang）

邦龙孟路从东部 Tanao 街一直延伸到圣清茶和善见寺地区，是泰国购买**佛教用品**（sanghapan）最有名的场所，绝对值得游览一番。街道两旁全都是佛教用品店，从家用香火台到寺庙伞，只要是虔诚的佛教徒所需要的东西这里都有卖，甚至还有用玻璃纸包裹着的 2 米高的佛像。除此之外，还有特殊的施舍包，可以捐献给僧侣，比较常见的是橘黄色的塑料桶（僧侣主要用这个来清洗他们的长袍或洗澡），里面还包括了一些生活必需品，如肥皂、牙膏、洗衣粉、卫生纸及香火。

圣清茶（Sao Ching Cha）

邦龙孟路中途，就位于善见寺前面

你绝对不可错过**圣清茶**巍峨的红色柚木门柱，人们又称之为**大秋千**。这个奇怪的玩意儿曾是婆罗门每年迎接印度教湿婆神降临凡间的重要用具，在仪式上，许多年轻男子都会跃跃欲试，将秋千荡到 25 米高，并用牙齿抢下装着金子的吊袋。秋千的摆动可能象征着日出日落，但也有传言说湿婆和他的妻子乌玛在天堂禁止荡秋千，因为这样做会为尘世带来洪灾——所以用这个大秋千来提示湿婆要在凡尘继续施法以确保风调雨顺、五谷丰登。但大秋千经常发生事故，因此在 20 世纪 30 年代，这个仪式就被取消了。

善见寺（Wat Suthat）

Bamrung Muang 路 · 开放时间：每天 9:00~16:00 · B20

如果大秋千仍可以使用的话，你就可以将善见寺周围的美丽景色及全曼谷最高、最巍峨的佛寺正殿尽收眼底。善见寺是泰国最重要的 6 座寺庙之一，建于 19 世纪早期，用来供奉 8 米高的**释迦牟尼**冥想雕像，这尊雕像是从素可泰一路船运过来的。如今就坐落在闪闪发光的镶嵌式高台上，周围雕刻着超现实主义的壁画，描述了佛陀生前最后 24 小时的故事，而其他寺院的相关壁画内容大多只记录了 10 小时。其周围的走廊里包含了佛陀 156 种安详的形态，与寺庙庭院周围星罗棋布的**中国佛像**形成了鲜明对比，其中大部分都是在拉玛一世在位期间，作为粮船的压载物从中国带回来的；其中也有一些有趣的人物雕像，如呆头呆脑的西方水手及傲慢自大的中国学者等。

王孙寺（Wat Ratchanatdaram Woravihara）

民主纪念碑往东步行 5 分钟，Rajdamnoen Klang 路 Mahachai 路交会处 · 王孙庙 每天 9:00~17:00 · 免费

在**王孙寺**众多琳琅满目的宗教建筑中，最引人注目的就是城堡式的**王孙庙**（又称 Loha Prasat）了，这座多层式建筑建于 19 世纪早期，又称“铁寺”，其 37 个令人生畏的金属尖顶代表了悟道时必须具备的 37 种美德。整栋建筑是仿照斯里兰卡寺院建造的，层与层之间都有南北向和东西向过道连接——每个方向与水平地面夹角为 15° ——而在每个交点处都有一尊小型的冥想佛像。

护身符市场（Amulet market）

在寺院的东南角（Mahachai 大街）坐落着曼谷最大的**护身符市场**——王孙寺佛像中心，至少有 100 个摊位，出售各种各样的小佛像。还可购买印度教众神雕像、玩偶来安抚精神或抵挡恶灵，此外还有爱情药水和宗教音乐 CD 等。

玛哈坎城堡社区（Phra Mahakhan Fortress community）

Mahachai 路

玛哈坎城堡社区与王孙寺隔路相望，位于18世纪已修葺城墙的白色开垛口和Ong Ang运河之间。这个历史性的街区居住的大多是工薪阶层，其中一些房子建造于19世纪早期，最近已被列入城市改造计划。为了欢迎各地游客，社区提供了翔实的布告牌，列举了当地的一些传统，包括按摩疗法、鱼鳔汤以及Likay大众剧院等。就在紧邻开垛口南面的Mahachai路商铺区，有一家有名的传统泰式香水店，还有几家专门出售泰国和中国古董的店铺。

金山寺（Wat Saket）

到达金山寺最简单的方式就是沿着Boriphat路（专门定制雕花木门的街道）走，离Khlong桥以及Pajdamnoen Klang路东头的Phan Fah运河船码头步行只需5分钟

金山寺建立于18世纪后期，入夜后灯光灿烂，美不胜收，似乎悬浮在街区上空，而其闪耀的金佛塔坐落在一建筑物顶部，世人称该建筑物为金色圣山。这座寺庙位于首都城墙外，本来被用作火葬场，后来因为瘟疫，有6万人因买不起葬礼柴堆只能被丢弃在这里，让秃鹰啄食。当然，现代的金山寺不会发生这种残酷的情节，这里的金色山顶佛塔如今是宗教活动的繁忙之地，热闹非凡。金山寺在每年11月的第一周都会举办盛大的**庙会**，届时，整座山都会被灯笼照亮，寺院里也会安装各种游乐设施并有巡回演出剧团的表演。

金山塔（Phu Khao Tong）

每天8:00~17:00・B10

金山塔建立于19世纪初期，当时拉玛三世想使用前首都大城的城堡和城墙废墟的建筑材料在这里建造一座巨大的佛塔。此地地质太软不能支撑佛塔，因此成了一堆瓦砾。但根据佛法，无论宗教建筑多么破败不堪，都不能够被摧毁，所以50年后，拉玛五世下令将它建成了如今大小的佛塔，并在里面安放了一些圣物，有些人猜测这些圣物是佛陀的牙齿。这座古老的碎石堆如今已风景如画，绿树成荫，还矗立着许多墓碑和纪念碑。沿着旋梯可以到达佛塔露台，将邦兰铺和拉塔那古辛的美丽景色及地标建筑尽收眼底，包括大王宫的金色尖顶、

护身符

为了带来好运，抵挡邪灵且保佑平安，许多泰国人都会随身佩戴至少一个**护身符**。最常见的就是著名寺庙里神圣佛像的仿制品，另外还有一些护身符会使用备受尊敬的僧侣、国王（拉玛五世最受欢迎）或治疗师的头像。而在护身符的另一面通常刻有佛教器具，也会设计成字母和数字组合的形式来抵挡恶灵。有时护身符的性质也可以很具体：如保护你的榴梿果园免遭狂风袭击，或保佑你的嘟嘟车一路平安。无论是个别手工制作还是大批量生产，护身符都可使用青铜、黏土、石膏或金子制成，甚至有时还会添加一些神圣的成分，如特殊的草药或焚烧神圣书籍的灰烬等。但是真正决定护身符功效的因素是它的历史：护身符在何地由何人制作而成，它代表了谁或什么东西，以及是谁为它开光的。而各种奇迹般的痊愈和死里逃生的故事也都会掀起人们寻求幸存者佩戴的护身符的热潮。护身符佛像通常都由僧侣制作，而且有很多人也会邀请僧侣为护身符开光——僧侣越德高望重，护身符的功效就越强。尽管泰国的护身符行业逐渐趋向于异常化和商业化，但由于其对寺庙资金以及公益事业的贡献，宗教当局仍对其采取宽松政策。

据说**对护身符的信仰**起源于印度。在印度，人们会将小佛像卖给那些拜访过佛教四大圣地的朝圣者。但并不是所有的护身符都和佛教有关：还有许多其他有魔力的物品可以起到保护功效，包括老虎的牙齿、玫瑰石英、酸角种子、彩色丝线及微型阴茎等。将阴茎护身符佩戴在腰间而非脖子上，可以保护生殖器，也可保佑孕育子嗣，这些护身符都起源于印度。

对于有些人来说，护身符不仅是神灵保护的重要形式，还是有价值的**收藏品**。对护身符收集的热爱就类似于集邮，这些收藏家们至少收集了半打泰国杂志，介绍了某些护身符类型的历史以及区分真货和假货的技巧，还有有关特别强大的护身符的个人经验。若想看看收藏用护身符及佩戴用护身符，最值得去的地方就是王孙寺佛像中心，也是全曼谷最好的护身符市场；玛哈泰寺（见p.82）和河流之间有一条“护身符巷”，其街边小贩可提供各种便宜的护身符；你也可以在恰图恰周末市场（见p.111）购买护身符。差价比较大，低至B50，高达上千，各有不同。

1

河对面郑王寺比例匀称的高塔尖顶以及河上游拉玛八世桥令人惊叹的上部结构。

王后画廊（Queen's Gallery）

从王孙寺向北穿过 Rajdamnoen Klang 街，Phra Sumer 路拐角处 · 每天 10:00~19:00，周三休息 · B30 · ⓣ 02 281 5360–1 · ⓦ www.queengallery.org

这座 5 层楼高的**王后画廊**是由私人资助的，经常举办当代泰国艺术的临时展览，偶尔还有外国艺术家们的作品展。而 Rajdamnoen Klang 街另一头的国家美术馆（National Gallery）氛围比较稳重，与之相比，王后画廊显得更生动活泼。其书店里有各种泰国艺术书籍，其他地方难以找到。

唐人街和拍乎叻路（Chinatown & Pahurat）

1782 年，拉玛一世刚即位时，他就决定将首都迁往湄南河东岸，而当时居住在宫殿选址上的华人社区被迫向下游的**舢舨**区（Sampeng area）迁移。经过两个世纪，**唐人街**已发展成为全国最大的华人区，在查隆功路（Thanon Charoen Krung，也称新街）与湄南河之间遍布着各种狭窄的小巷、寺庙及店铺，而有"小印度"之称的**拍乎叻路**将唐人街从拉塔那古辛分隔开来，东部与**华南蓬火车站**接壤。拍乎叻路以其服装市场及纺织市场闻名各地。

自 14 世纪第一个中国商人在大城获得立足点以来，**华人**对泰国的文化及商业产生了重大**影响**。经过两国人民百年的移民和通婚，现在几乎每个泰国人都流着中国人的血，包括泰国国王，并且中泰两国的商业利益对泰国经济具有重大影响。尤其在唐人街，据说该地区的房价是全泰国最贵的；仅在 Yaowarat 路上就有不下于 100 家金银珠宝店。

对游客来说，唐人街的市集、店铺、大门敞开的大商店以及残存的殖民风格建筑是其最吸引人的地方，虽然里面也藏着几处值得注意的寺庙。漫步在唐人街最有趣的街道上，可以很容易就消磨掉一整天的时光，只要你能够忍受车辆雷鸣般的噪声及呛人的尾气。若想体验最正宗的唐人街氛围，最好在工作日期间来，因为有些店铺和摊位双休日不营业；平时店铺大多在 17:00 左右关门，但过了这个点，该街区的另一大诱人之处——美食就要揭开神秘面纱了。

如何抵达及周边信息 唐人街

抵达 到达唐人街最简单的方法就是乘地铁到华南蓬站，或乘湄南河快船到 Rajawong 街南头的 Rachawongse 码头（Rajawong；N5）。除此之外，该地区也有很好的公交服务，况且华南蓬还是一个很容易识别的下车点（见 p.119 框中内容）。但要注意由于唐人街有许多单行道，交通系统比较复杂，因此公交及出租车可能会绕远路。

周边信息 在唐人街辨别方向可能有点棘手：里面的小巷（trok）极其狭窄，而其岔路和其他道路的路标经常被成堆的商品及拥挤的人群所掩盖，而较长的路标名称叫法也有所不同。有关唐人街小巷和市集的详细信息，你可以参考 *Nancy Chandler's Map of Bangkok* 地图；或者你也可以去 BMA 旅游信息亭（周一至周五 9:00~17:00）寻求帮助，就位于 5 号支路旁 Yaowarat 路入口处的中国拱桥的西北方。

金佛寺（Wat Traimit）

唐人街 Mittaphap 街，就在华南蓬火车站和地铁站（1 号出口）的西面 · 每天 8:00~17:00，展览会周一不开放 · 仅观赏金佛 B40，金佛和展览会门票共 B100 · ⓦ www.wattraimitr-withayaram.com

开始唐人街之旅的最佳起点在其东部外围——**金佛寺**及其著名的金佛像。在很远的地方你就可以看到寺庙藏经阁的金色尖塔，是 3 楼所藏珍贵宝藏——全世界最大纯金佛像的象征。这个社区对黄金交易异常偏爱，为了顺应旅游市场政府最近在藏经阁的 1 楼和 2 楼布置了各种各样的展览品，介绍了唐人街的历史及标志性佛像的历史等。

金佛像（Golden Buddha）

这尊**金佛像**高 3 米，重 5 吨，全身闪闪发光，仿佛涂了一层液体金属。佛像坐在汉白玉

华南蓬、唐人街及柏乎叻
N
EXPRESSWAY
THANON MAHA NAKHON
TROK LA-O
SOI CHALONG KRUNG
Hualamphong
THANON RONG MUANG
华南蓬火车站
Hualamphong Train Station
Khlong Krung Kasem
THANON KRUNG KASEM
THANON RAMA IV
THANON MAHA PHRUTHARAM
THANON LUANG
THANON MANGKON
THANON MAITRI CHIT
JULY 22 CIRCLE
THANON MITTAPHAP THAI-CHINA
SOI SUKON 1
THANON KHAO LAM
THANON CHAROEN KRUNG
金佛寺
Wat Traimit
THANON MITRAPHAN
THANON SANTI PHAP
SOI CHAROEN PHANIT
THANON YAOWARAT
中国拱桥
Chinese Arch
THANON TRI MIT
SOI PHANU RANGSI
THANON SONGWAT
THANON PLAPLACHAI
PLABPLACHAI
THANON SONGSAWAT
SOI PHADUNGDAO (TEXAS)
THANON PLAENGNAM
龙莲寺
Wat Mangkon Kamalawat
SOI 21
SOI 16
SOI 6
THANON CHAROEN KRUNG (NEW ROAD)
THANON YAOWAPHANIT
SOI WANIT 1 (SAMPENG LANE)
THANON CHAKKRAWAT
SOI ISSARANUPHAP (SOI 11)
THANON SAN CHAO MAI
THANON MAHACHAK
THANON CHAOKHAMROP
THANON YAMMARAT SUKHUM
THANON CHAKRAWAT
BAMRUNG RAT
THANON MIH WANG TAENG
THANON KWANG
THANON RAJAWONG
THANON MAHACHAK
甘贝金寺
Ga Buang Kim
Wat Ga Buang Kim
ANA WONG
Rajavongse 码头
N5
Chao Phraya River
(NEW ROAD)
THANON BORIPHAT
贼仔市场
Nakhon Kasem
THANON MAHACHAI
查克瓦寺
Wat Chakrawat
Khlong Ong Ang
THANON CHAKRAPHET
THANON CHAROEN KRUNG
皇家剧院
Chalermkrung Theatre
Merry King
THANON BURAPHA
THANON PAHURAT
柏乎叻市场
Pahurat Market
旧暹罗广场
Old Siam Plaza
THANON TRIPHET
拉玛一世雕像
Rama 1 Statue
纪念大桥夜市
Memorial Bridge Night Bazaar
湄南河
吞武里
THONBURI
MEMORIAL BRIDGE (SAPHAN PHUT)
PHRA POKKLAO BRIDGE (RAMA VII)
THANON BANMO
芭空达拉集市
Pak Khlong Talat
N6
Saphan Phut 码头
邦兰铺
商店
Bookazine 1
餐馆
Chong Kee 6
Hua Seng Hong 3
Raan Khun Yaa 5
Royal India 1
Shangarila 2
T&K 4
住宿
Baan Hualamphong 3
FF Guest House 4
Grand China Princess 1
Shanghai Mansion 2
地铁线路及地铁站
0 250 米

1

莲花座上，四周供奉着许多莲花。这尊佛像完美体现了素可泰艺术的曲线美，纤细苗条，精美匀称。佛像制造于13世纪，后被拉玛三世带回曼谷，且完全包裹在灰泥中——这是一种将珍贵雕像隐藏起来的常见伎俩，以防被小偷偷走。拉玛三世将它伪装得非常好，因此无人想象得到其真身如何，直到1955年，这尊佛像转移到金佛寺的过程中不小心被碰倒在地，部分灰泥脱落，露出了一小块黄金。当时正值佛教2500周年，这个发现在泰国掀起了敲打石膏佛像的热潮以找寻隐藏着的珍贵金属制品，但是这尊金佛像仍是最珍贵的，其他都无法与之相提并论——单论重量，它的价值就超过1000万美元。

展览会（The exhibitions）

寺庙二层有关于金佛制造和历史的展览，没什么特别之处，但是底层的**耀华叻路唐人街遗产中心**（Yaotoarat Chinatown Heritage Centre）还是值得一看的。虽然也有不足之处，但总体还是很有趣的，该遗产中心展示了自18世纪后期起，华人在曼谷迅速扩展的踪迹，起先只是作为拾荒者，渐渐成为了劳务人员及税务农民。为了加强游客对整个故事的理解，遗产中心特别提供了西洋镜，描述了一个拾荒者的一生。此外还有许多自19世纪后期以来的有趣照片以及完美再现耀华叻路20世纪50年代全盛时期风貌的比例模型，当时该地区是曼谷的商业及娱乐中心。

舢舨巷（Sampeng Lane）

金佛寺巨大的中式大门的西北方向，绕着Yaowarat路走，左拐进入Songsawat路，就可到达舢舨巷

舢舨巷（其路标也叫Soi Wanit 1）是唐人街最繁华的购物小巷之一。该小巷呈东南—西北方向，大约1千米长，是不错的旅游景点，整条小巷看起来像一个蜿蜒曲折的百货公司，从中国丝质睡裤到超低价格的电脑游戏，应有尽有。同类商品都或多或少地聚集在一个地段，比如，在舢舨巷东端，你可以找到各种各样便宜的珠宝及发饰，接下来是专门做陶瓷和中国灯笼的摊位，然后是卖鞋子衣服的（在Rajawong路的西面），而在拍乎叻路附近主要有纺织品、男子服饰用品店以及各种极具诱惑力的少女配饰。

Issaranuphap 巷（Soi Issaranuphap）

想更深入体验本地风情，你可以在舢舨巷半途往右拐进入Issaranuphap **巷**（也可根据其线路标记，先是Yaowarat路11巷，到Yaowarat路6巷，然后是Charoen Krung路16巷和21巷）。这条横穿Charoen Krung路的昏暗胡同从早到晚都挤满了人，在这里可以买到人参根（有助于身体健康）、金枪鱼头、灭蟑螂药等，吃货们还可以尝试一下这里的干香菇及盐水蔬菜。在到达Issaranuphap巷前，有岔路可以通往华丽的中国寺院和小型广场，而这条胡同的尽头在与Plaplachai路的交会处，四周有许多专门贩卖中式**丧葬用品**的店铺，最常见的就是房屋、汽车、衣服套装，当然还有金钱。

龙莲寺（Wat Mangkon Kamalawat）

最佳途径是通过Charoen Krung路和Issaranuphap巷交会处前方10米的多层次门道到达

如果说Issaranuphap巷集中体现了古老唐人街的商业文化，那么**龙莲寺**（泰语称Leng Noei Yee）则是唐人街精神文明的典型代表。这里有许多虔诚的信徒，每次到这座有名的大乘佛教寺庙来都会带各种供奉物品。正如泰国人民信奉的小乘佛教那样，大乘佛教也融合了其他一些古老的宗教信仰，尤其是儒家思想和道家学说，而龙莲寺里的佛像和神殿涵盖了所有这些元素。穿过第二扇大门时，你会看到在釉面陶瓷砌成的山墙顶上有一条条中国龙做装饰，接下来映入眼帘的就是巨大的刻有胡须的四大天王雕像，表情威严，每尊雕像都象征性地或拿伞或托塔或拿蛇头或持曼陀罗。再过去，你可以看到一大片藏红花海，中间矗立着各种佛像，而整座佛殿侧边敞开，表面涂有黄金，由红色漆木建造而成，周围挂有格子式灯笼，墙壁上刻着图案并嵌有珍珠母。寺院建筑物内还有贩卖祈祷用具的货摊以及中医药馆和算命先生。

Ga Buang Kim 寺（Wat Ga Buang Kim）

从龙莲寺沿 Charoen Krung 路往前不到 100 米；往左拐进入 Rajawong 街，然后右拐进入 Anawong 路，最后再右拐进入狭窄的 Kra 巷

Ga Buang Kim 寺是一座典型的邻里寺庙，寺院很小且与世隔绝。这座别具一格的寺院以其精美但不失朴素风格的大厅闻名远近。而佛殿内最引人注目的就是神坛了，神坛的木质边框雕刻精美，其上以固定顺序排列着描金的人物形象，这些人物形象循环出现，但每次的表情都略有不同。佛殿外墙上也有小型壁画，而在楼梯顶部的门口附近区域收藏着各种中国戏剧里的小雕像，做工精美。寺庙里的另一栋建筑会进行中国戏曲表演。

拍乎叻路（Pahurat）

在**拍乎叻路**起点处——Ong Ang 运河的西边，民族构成发生了改变，因为从 Chakrapht 路和拍乎叻路交会处南边的小广场开始就属于曼谷庞大的印度居民聚集区。除非你想买 Bindi 印度烟卷、旁遮普甜点或宝莱坞影片的 VCD，如果只是好奇想随便逛逛的话，建议你还是去唐人街比较好。但是这里有各种各样的**纺织品**，从衬衫衣料到窗帘材料以及纱丽服装，让人目不暇接。

此外，在 Charoen Krung 路和 Triphet 路交会处坐落着**旧暹罗广场**，那薄荷绿及奶白的色彩都是典型的殖民风格，而广场内的部分建筑也继续保持者怀旧主题，如其 1 楼购物大堂里有不少摊位出售手工制作的泰国传统小吃、甜品及糕点等。而其邻近的泰国皇家剧院（Sala Chalermkrung Theatre）有时会为外国游客上演经典泰剧（见 p.142）。

芭空达拉集市（Pak Khlong Talat）

芭空达拉集市 24 小时营业 · **纪念桥夜市** 周二至周日 大约 20:00~24:00 · 搭乘湄南河快船至纪念桥码头（N6）

芭空达拉集市是一个 24 小时营业的鲜花农产品市场，你可以选择在此圆满结束唐人街一日游，但是入夜前的芭空达拉也是一个不错的旅游景点，你可以看到来自吞武里的商品菜园经营者千里迢迢搭车乘船跨过湄南河，准备将他们新摘的产品出售给店主、餐馆及旅馆的老板们。自 19 世纪起，这个集市就涵盖了 Lod 运河、Banmo 路和 Chakraphet 路南面与河岸之间的所有街道，也是目前曼谷最大的批发市场。各大花店出售 20 多种不同种类的兰花及其他各种各样的热带花卉，沿着临河的街道也有许多卖花的小贩，虽然花价在清晨的时候最低，但是在午后你也可以讲到一个好价钱。大多数夜晚时分，在河岸尽头的 Triphet 路附近以及**纪念桥**（Saphan Phut）的基座附近都会有大型**夜市**，出售各种便宜又有特点的时装——深受广大少女的喜爱。

从旧暹罗广场到花卉市场最有趣的**途径**是穿过 Triphet 街往西拐，到达 Banmo 路，然后沿着这条路朝着湄南河的方向往南走。当你快要到达湄南河时，你会看到面对面的两排传统中式店铺，至今仍然保留着其原先的特色（虽然有些脱落）——粉彩画的外观、百叶窗以及各种花饰。在你右手边有个入口通往花卉市场，日落之后，在 Banmo 路的最南端就会挤满各种手推车和面包车，在卸载堆积如山的新鲜花卉。

吞武里（Thonburi）

位于湄南河西岸的**吞武里**城镇与如今的曼谷隔河相望，在 1767 年大城王朝没落之后至 1782 年曼谷王朝成立之前的 15 年间，郑信将军统治期间，吞武里被定为泰国首都。但其光辉岁月只是昙花一现，并未像早先的素可泰和大城的首都那样建造出奢华精美的纪念碑和寺庙，但其境内一些古老的**运河**却保存了下来，这些运河曾目睹了所有重大人物，经历了所有重要事件；正是这些运河以及依赖于它们的生活方式构成了吞武里的主要景点。在某些季节里，河岸这一侧的人们仍以这些运河为生活重心：食品和家居用品的供应商会载着商品沿着居民区里纵横交错的运河沿街叫卖，而运河旁边的厂家也会聘用这些船家将他们的商品运送到湄南河主渠道上。在河流西面不到三四千米的地方就有乡村小路，周围全都是商品菜园以及农家住宅，在其对面看不到任何大都市的踪迹。探索这些古老居民区最流行的方式就是**乘船**（见 p.118），但在更古老的区域你还可以尝试一下骑自行车旅行。多数乘船游览都会包括

吞武里河畔气势磅礴的黎明寺，即**郑王寺**，以及**皇家庆典御舟博物馆**，但是这两处景点你自己也可以很容易地找到，此外还有拉康寺，虽然小但历史悠久，以及帕荣寺公墓，令人意外地有趣，也比较适合小孩子。

如何抵达及周边交通 **吞武里**

抵达 去吞武里一般就只有过河的问题。你可以选择走 Phra Pinklao 或纪念桥，然后搭乘渡船，也可以选择直接跳上一艘快船，因为在吞武里沿岸有好几个码头。以华南蓬为终点的地铁延长线在郑王庙附近新增了一个站点。

周边交通 如果你不打算乘船探索吞武里（见 p.97 框中内容），那么该地区的周边交通就比较复杂，因为在运河上方没有人行桥，也就是说要想步行到达该景点，就必须选择交通繁忙的 Arun Amarin 路。还有一种更麻烦的途径就是搭乘各种跨河渡轮，往返于吞武里沿岸及对岸的湄南河快船码头之间。

王室庆典御舟博物馆（Royal Barge Museum）

Wat Dusitaram 巷，曼谷莲运河北岸・每天 9:00~17:00・B100・Ⓦ www.thailandmuseum.com・乘湄南河快船到 Tha Phra Pinklao（N12）码头，或从邦兰铺 Pinklao 大桥下搭乘跨河渡轮到 Tha Phra Pinklao 码头，然后沿着道路往前走 100 米，左拐进入 Wat Dusitaram 巷；如果从曼谷沿岸搭乘巴士过来（#507、#509 和 #511 都可渡河），在到达吞武里沿岸后的第一个车站下车，这个车站就位于 Wat Dusitaram 巷口——然后 Wat Dusitaram 巷的路标会指引你通过杂乱的人行道及干栏屋到达博物馆（大概 10 分钟路程）

自大城时代以来，每当泰国国王走水路时都会搭乘皇家御舟。数百年来，所有重要的王室出游都会使用这些体形细长、做工精致考究、黑色与金色相间的木船，甚至到 1967 年时，现任国王每年都会在奉献伽亭（根据传统，每年雨季结束时，俗世之人都要向僧侣捐赠长袍）之际，带着一小队王室御舟沿着湄南河顺流而下去郑王寺。但是有些王室御舟已有百年历史，经不起风吹雨打，所以现在**王室御舟游行**每隔几年才会举行一次，以庆祝特殊的纪念日。但是，如果你碰巧遇到了这样一次重大事件，那就绝不可错过（详细信息请参见 Ⓦ www.tourismthailand.org）。50 多艘船在河面上一排铺开，整个船队几乎长达 1 千米，随着锣鼓的节奏以及古代划船赞美诗的旋律缓慢漂流，共有 2000 多名身着华丽锦缎的划桨者振臂高呼。

而仪式中最重要的 8 艘制作精美的船只就被收藏在**王室庆典御舟博物馆**。船身共 50 米长，结构复杂，通体镀金，船头呈锥形，装饰有神话人物。这种船舶一开始是为大城的国王设计建造的，后来拉玛一世又仿造了一些船只，但因年久失修，拉玛六世下令重新建造，有些船只至今仍在使用。其中最重要的船只要数国王和王后的御船——金天鹅号（Sri Suphanahongse）了，只见 5 米高的船头金光闪闪，代表了印度教之神梵天的修行之地——金色汉萨。而在它前面停泊着艾南塔那迦拉号（Anantanagaraj），船头矗立着气势宏伟的七头那迦雕像及一尊佛像。最新加入该船队的是那莱松苏班号（Narai Song Suban），是 1996 年泰国现任国王为庆祝即位 50 周年建造的；这艘船是按照 19 世纪中期的原样仿造的，船上装饰有黑色毗湿奴跨坐在迦楼罗上的雕像。在博物馆背后还陈列着各种微型的王室船舶，完美地再现了传统游行的盛大场面。

拉康寺（Wat Rakhang）

从 Chang 码头（大王宫）搭乘跨河渡轮到达拉康寺码头，或是在离 Wang Lang 快船码头 5 分钟步行路程的地方往南（左）拐，穿过 Phrannok 堤岸市场便可到达

迷人的**拉康寺**濒临河畔，因拉玛一世国王捐赠的五鼎大钟又被称为钟寺。更值得注意的是正殿屋檐之下的数百个小铃铛，会发出清脆的声响，而在寺院里还坐落着一鼎大钟供信徒们敲打以求鸿运高照。为了确保愿望能够实现，游客们还会到寺庙摊位买一些面包屑，喂给湄南河里的肥鱼吃。在正殿后面矗立着一座 18 世纪的木质藏经阁，格外引人注目，阁内的木质墙壁上仍保留着最原始的壁画，且百叶窗及各支柱上都刻着精美的金箔油画。从 Wang Lang 快船码头走到拉康寺的途中会经过热闹非凡的 **Phrannok 堤岸市场（Phrannok Pierside market）**，这里有物美价廉的服装以及令人垂涎三尺的家庭自制小吃，尤其是甜品。

乘船探索吞武里

探索吞武里最常见的方法就是乘船，可游览郑王寺和王室庆典御舟博物馆，然后沿着吞武里纵横交错的各条支流运河随处漂流。最简单的方式就是从湄南河曼谷沿岸的任何一处码头开始旅程，票价固定，而其中最方便的途径就是从卧佛寺附近的 Chang 码头或 River City 码头前往 Charoen Krung 路，你也可以从这些码头和邦兰铺的 Phra Arthit 街及 Sathorn 等其他码头租用长尾船，五星级河滨酒店也有出租服务，但是在协商价钱时必须牢记下面给出的参考价格，且要详细了解自己的行程。

许多旅游线路都会包括吞武里两个主要水上市场的其中一个，这两个水上市场都是旅游热点且相当繁华。**赛寺院**（Wat Sai）水上市场比较小，商业化氛围比较浓，最好不要去；**大林江**（Taling Chan）水上市场也有很浓的商业气息，但是非常有趣，但它只在周六和周日营业（大约 9:00~16:00）。大林江市场位于 Chak Phra 运河地段，就在大林江区办事处的前方，从吞武里火车站向西几千米就到了，你也可以在邦兰铺搭乘 79 路公交车到达该市场。若想更切实地体验水上市场，你可以考虑从曼谷前往沙没颂堪府（见 p.159）的安帕瓦（Amphawa 水上市场）。

水上市场的小贩真实诚恳，十分适合作为拍照对象。他们划着小船在吞武里挨家挨户地叫卖，从热食到塑料桶，应有尽有。几乎所有的长尾船旅行中，无论哪一天你都会看到一些小贩沿街叫卖的场景，尤其是在早晨。

Mitchaopaya 旅游服务公司 Tha Chang 码头 Ⓣ 02 623 6169 Ⓦ www.mitchaophraya.co.th 提供时间长短不同的旅游：1 小时（B1000/ 艘，如果你愿意和其他人一起搭乘则收取 B400/ 人），你可以沿着 Bangkok Noi 运河出去，然后再通过 Mon 运河绕回来，途经郑王寺和王室庆典御舟博物馆，中途不停留；90 分钟（B1300），你可以选择在中途逗留一下，也可以选择绕远一点儿，然后再沿着 Bangkok Yai 运河回来；2 小时（B1500），你可以去吞武里沿岸后边的运河转转，参观一下兰花农场。在周六和周日，90 分钟及 2 小时的旅程还可以去一趟大林江水上市场。

Real Asia 公司 Ⓣ 02 665 6364 Ⓦ www.realasia.net。主要运营吞武里运河全日游，有导游，包括步行及乘船之旅，费用 B2000/ 人，含午餐。

River City 码头长尾船 Ⓣ 02 237 0077 分机 180 私人长尾船之旅费用：每艘每小时 B1500，可搭载两人。

Phra Arthit 码头长尾船 码头就在 Phra Arthit 河岸休息室的前方，邦兰铺 N13 Phra Arthit 快船码头往南 200 米 你可以绕着 Bangkok Noi 运河、Chak Phra 运河及 Bangkok Yai 运河享受 90 分钟的旅程（B1200/ 艘），途经各种不同的运河沿岸住宅、寺庙，还有来来往往的水上小贩，周末还可以目睹大林江水上市场的繁华景象。也可以选择 1 小时（B800/ 艘）及 2 小时（B1500）行程。

Wan Fah River City 购物中心码头 Ⓣ 02 622 7657-61 Ⓦ www.wanfahcruise.com 沿着西岸运河享受 2 小时的巡航，还可以体验一下渡船及改造后的粮船。每天 14:30；B800/ 人。

郑王寺（Wat Arun）

每天 8:00~17:00 · B50 · Ⓦ www.watarun.org · 从湄南河快船的 Tha Thien 码头附近的渡口搭乘跨河渡轮即可到达

就在卧佛寺的河对岸耸立着有 5 个尖塔的巨大的**郑王寺**（又称黎明寺），这可能是曼谷最令人难忘的地标了，而且一直被作为泰国旅游局的标记为众人所知。从大王宫顺流而下到东方大酒店（Oriental Hotel）的途中欣赏到的郑王寺尤其让人印象深刻，雄伟华丽，值得令人驻足围观，细细欣赏。

在大城王朝统治期间，这里就只有一座寺院，直到 1768 年才以黎明寺之名闻名遐迩——据说郑信将军就是在黎明时分到达他的新首都的。当时这座寺庙主要用作王室佛堂，在玉佛像于 1785 年迁入玉佛寺之前，一直收藏在这里。尽管在迁都之后，郑王寺失去了其特殊的地位，但是人们仍然对它崇拜有加。在拉玛二世和拉玛三世期间，更是重建了寺庙的玉米穗式尖塔，并将其高度扩大到目前的 81 米。

如今大家所看到的寺庙尖塔顶是典型的大城风格，象征着须弥山，在高棉的宇宙论里代表了众神聚集之地。爬上**中央尖塔**（Center Prang）的两层方形基座，你不仅可以欣赏河流及远处的美丽景色，还可以细细观赏佛塔的独特装饰。不管是主尖塔顶还是周围四个次要的尖塔顶，都镶嵌着少量的碎瓷、陶片以及小球，就像装饰着一朵朵色彩斑斓的鲜花。除此

1

之外，其他各层也都装饰着神话里的夜叉及半人半鸟的迦楼罗的雕像。这些陶瓷可能来自中国，有可能是受损的海运货品，比起寺院周围大多数色彩斑斓的玻璃镶嵌砖，其整体效果极具装饰性，而且做工更精致。在一楼露台，每个方位的佛塔里都分别收藏着佛陀出生（北）、禅修（东）、第一次宣讲佛道（南）及进入涅槃（西）时的佛像。尖塔顶基座周围是 2 楼平台，其封闭入口处有四尊骑在三头象身上的印度教神因陀罗守护。而在较小尖塔顶的壁龛里坐落着骑在马背上的风神 Phra Pai 雕像。

帕荣寺（Wat Prayoon）

走过 Pracha thipok 街，从纪念桥向西步行 3 分钟路程；虽然位于吞武里沿岸，但是最简单的途径还是从曼谷一侧的 Saphan Phut (N6) 码头步行走过纪念桥

Khao Mor 墓地就位于吞武里西面，纪念桥方向。很令人意外的是，这里的众多小型佛殿及乌龟居民使之成为了孩子们的天堂。其玩偶屋大小的佛塔和神殿都建立在人工小山上，这些赏心悦目的小山形如滴蜡，由拉玛三世所建。在分布不均匀的石窟、洞穴和暗礁中间夹杂着各种纪念逝者的纪念馆，形成了一条风格迥异的昏暗廊道，有传统的泰式佛塔、正殿和普兰佛塔（prang），也有别具异域氛围的设计，如前门种满了仙人掌的狂野西式小屋。小山周围的池塘里养满了乌龟，你可以在附近买一些香蕉和番木瓜来喂它们。这片墓地是**帕荣寺**（全名为 Wat Prayurawongsawat）的一部分，但是却单独位于寺院东南方的庭院里。

纪念桥（Memorial Bridge）

吞武里和曼谷两岸一直没有来往，直到 1932 年，为了纪念却克里王朝以及首都曼谷成立 150 周年，建造了这座纪念桥，又称 Saphan Phut。为了表达对拉玛一世的敬意（其正式头衔为 Phra Buddha Yodfa），在大桥曼谷入口处竖立着他的青铜像。这座跨河大桥对两岸人民来说都非常重要，因此又在其附近兴建了双向的 Phra Pokklar 大桥。

律实（Dusit）

律实与拉塔那古辛之间由 Rajdamnoen Klang 和 Rajdamnoen Nok 两条林荫大道相连，在拉玛五世朱拉隆功国王执政期间（1860~1910），律实这片绿树成荫的宽敞土地就为王室所有。拉玛五世是泰国历史上第一位访问欧洲的君主，这次出访使他深受感触，并下定决心打算让他的首都实现现代化建设，而律实县就是其最显著的成果，尤其是**维曼默宫**以及又被称为“云石寺”的 **Benjamabophit 寺**。即使是现在，拉玛五世仍然拥有一批忠实的追随者，其戴着盔甲，坐在马背上的雕像就位于 U-Thong Nai 路和 Sri Ayutthaya 路的交会处，每周都会献上新的供品——这里也是朱拉隆功日（10 月 23 日）的庆典中心。12 月 2 日，律实还会举行一年一度的壮观的**王室阅兵仪式**，数百名穿着制服的王室护卫队雄赳赳气昂昂地绕着拉玛五世雕像对面的安彭花园（Suan Amporn）列队行进，以示他们对国王的忠诚。集拉达宫对面坐落着**律实动物园**，是带孩子出游的最佳景点。

如今的律实县仍然保留着欧洲风情，沿着绿树成荫的小道随处可见高高的围墙以及令人印象深刻的门面。泰国大部分决策就是在此制定的：国民议会、政府大厦都坐落于此，而国王居住的集拉达宫就位于律实县的东部边缘。律实是一个非常庄严肃穆的区域，但是在 2008 年，这里成为了泰国人民民主联盟保皇主义发起反政府游行的重要政治舞台，数千名黄衫军拥护者武力夺取政府大厦以及 Rajdamnoen Nok 的部分地区长达 3 个月，在该街区最精美的地段创建了一个有重兵把守的临时村庄。

右页图从上往下顺时针顺序依次为：僧侣在云石寺收集施舍物（见 p.101）；
郑王寺夜景（见 p.97）；行驶在河面上的长尾船（见 p.97）>

公交车 若从邦兰铺到律实县，你可以在Rajdamnoen Klang路附近搭乘70路（不上高速公路）公交，然后在U-Thong Nai路的动物园和大象博物馆门口下车，或者也可以在Phra Sumen路搭乘56路公交，然后在Ratchasima路和Rajwithi路的拐角处下车，就在维曼默宫正门口附近。如果从曼谷市中心出发，最简单的路线就是从胜利纪念碑站搭乘公交车；有多条线路到达，包括28和108路。

船舶 先乘快船到Tha Thewet码头，然后再步行。

律实公园（Dusit Park）

其正门位于Rajwithi路，另外在U-Thong Nai路律实动物园对面也有一处检票口・每天9:30~16:00，15:15停止入园・B100，如果有大王宫门票且在一周有效期内可免费入园・Ⓦwww.vimanmek.com

律实公园最有名的建筑就是拉玛五世建造的**维曼默宫**，凉风习习，美丽奢华，这座避暑胜地原建于涛岛，直到1901年才渐渐地迁至此地。门票价格也包括了律实公园内其他十几个专业收藏馆的门票，目前的律实公园酷似主题公园，有吹奏管乐表演、咖啡馆、纪念品店以及巨大的旅游巴士停车场。收藏馆中的藏品丰富多样，包括古式纺织品、国王拍摄的照片、王室礼仪用具以及古董钟表等，都收藏在金碧辉煌的前王室住宅里，而其中最有趣的就要数支援博物馆和大象博物馆了。值得注意的是这里的**服装要求**与大王宫一致（见p.72）。

维曼默宫（Vimanmek Palace）

每隔30分钟有一个免费的义务导游，15:15停止入园

这座L形的宫殿几乎都是用金丝柚木建造而成的，没有用一颗钉子，通体呈咖啡色，四周围绕着精致的格子走廊，可欣赏到屋外保存完好的草坪、花园及莲花池。毫无疑问，此处"蓬莱仙境"很快就成为拉玛五世最喜欢的宫殿，在1902～1906年，拉玛五世带着他的官员、妃嫔和孩子在这里居住了很长一段时间。维曼默宫中的81间房均禁止男性游客入内，除了八角塔里国王自己的寝宫外，可通过一处独立楼梯进入参观。

维曼默宫陈列着拉玛五世从世界各地收集来的**艺术品**，包括五彩陶瓷、欧式家具以及珠光宝气的泰式槟榔用具套装。拉玛五世将许多新奇的想法引进泰国，在他的统治下，泰国的确取得了重大进步：这里有全国第一个室内卫生间、最早的泰文字符打字机以及第一批肖像画——在此之前，肖像画在泰国被看作是可以窃取被画之人灵魂的方式。

支援博物馆（Support Museum）

就位于维曼默宫后面（东面）

支援博物馆坐落于一栋非常壮观的百年老建筑——杜喜宫（Abhisek Dusit Throne Hall）里，以前是举办会议和宴会的场所。博物馆中陈列着诗丽吉王后慈善项目——"支援"生产的精美手工艺品，该慈善项目的宗旨是将传统泰国的手工艺品发扬光大。其中优秀的展品包括用生长在泰国南部的lipao蕨类植物编织的手提包、筐和盆等、镶嵌着甲虫彩虹色翅膀的珠宝首饰、黄金白银的乌金制品，以及用泰国东北部丝绸编织的工艺品。

王室大象国立博物馆（Chang Ton Royal Elephant National Museum）

就在支援博物馆后面（东面），U-Thong Nai路去往律实公园的途中・Ⓦwww.thailandmuseum.com

这两座白色建筑曾是王室白象的象舍。由于这种神圣的动物已经搬迁至别处，因此就将象舍改建成了**王室大象国立博物馆**。在里面你会发现许多有趣的大象用品，包括庄严的绳索、象夫的护身符，还有各种曾被国王授予"王室大象"的白象的照片（见下页框中内容）。

律实动物园（Dusit Zoo）

共三个入口，分别位于Rajwithi路，U-Thong Nai路王室大象国立博物馆对面，以及拉玛五世大街，离云石寺不远・每天8:00~18:00・B100・Ⓦwww.dusitzoo.org或www.zoothailand.org

律实动物园又被称为Khao Din，曾是集拉达宫花园的一部分，不过现在改建成了公园。

王室白象

在泰国所有大象中，最受尊敬的就是**白象**——其实是茶褐色的白化变种——这些白象都是神圣的，无论是野生的还是圈养的，在法律上它们都归国王所有。白象的特殊地位来自于佛教神话，据说佛祖的母亲摩耶王后以前膝下无子，一天晚上她梦见一头白象钻进了她的肚子，不久之后就怀上了佛祖。13 世纪素可泰王朝时期的兰甘亨国王将白象视为伟大和神圣的象征，并下旨泰国国王的伟大应以其拥有白象的数量来衡量。现任国王拉玛九世拥有 11 头白象，是迄今为止拥有白象最多的国王。

在大象被正式授予“白象”称号之前，它必须通过严格的身体素质评估及行为**特征**评估。主要评判标准是指 7 个关键位置的苍白——眼睛、指甲、上腭、毛发、耳朵的外部边缘、尾巴以及睾丸，且总体形态端正，举止优雅，例如在进食之前清理食物的方法，或以趋向于跪姿的方法入睡。根据传统，每次将一头新白象进献给国王时，都需举行盛大仪式：它需从捕捉点一直游行到律实县，然后再在各达官贵人和祭司面前擦拭圣水，之后再带去王室象舍。但是近来，泰王已宣布暂停这种盛大仪式，只将一头王室白象圈养在深宫大院里，而其他的白象就饲养在农村地区，条件没这么豪华。

有关“白象”也有另外一种说法，据说以前的国王常常将这些外来生物赠送给有异心的贵族。这种动物的养护需要花费大量精力和财力，但是作为王族，如果要照看它就没时间处理国家大事了，因此那些贵族为了维持白象的生活，最后都破产了。

动物园里有各种常见的动物，包括大型猫科动物、大象、猩猩、黑猩猩，还有爬虫馆，但都是些常见种类。不过这里绿树成荫，是让孩子们娱乐一下的理想场所。动物园内有全套的英文标记，可以划船、乘坐电车、租用自行车等，还有多家美食餐馆及咖啡馆等。

云石寺（Wat Benjamabophit）

位于 Sri Ayutthaya 路和 Rama V 路的拐角处：动物园东入口往南 200 米，或离位于 U-Thong Nai 路的维曼默宫大门约 600 米・每天 8:30~18:00・B20・在邦兰铺搭乘 70 路公交车，到拉玛五世雕像前的十字路口下车，然后沿着 Sri Ayutthaya 路向东步行

云石寺（又称作钟寺）是一座迷人的建筑，完美融合了古典泰式风格以及 19 世纪的欧洲设计，因为其正殿墙壁使用的材料是意大利的卡拉拉大理岩而得名，墙壁上镶嵌着不同寻常的彩绘玻璃窗，属于新哥特式风格，但描绘的是泰国神话里的人物。拉玛五世于 1899 年下令建造此寺庙，以彰显其强大的综合国力，阻止英法两国侵略者的脚步。寺庙所用的石头就是这次和解的生动例子：这些石头通常都是正殿神圣的标志，但是在这座寺庙里几乎很难察觉，这种装饰性的石头是致歉的象征，如正殿门前白色意大利风格的栏杆上装饰着的石莲花花蕾。在这罕见的十字形正殿内坐落着彭世洛备受尊敬的成功佛的精美复制品，以保护放有拉玛五世骨灰的小房间。正殿后面有一条画廊，收藏着亚洲各地的佛像，此处画廊由拉玛五世所建，用于对佛陀做出不同的描述。

在曼谷，云石寺是见证宗教**节日**和礼仪的最好寺庙之一。其他地方的僧侣每天清晨都要出去化缘，云石寺的情况与之相反，许多香客都会亲自到寺庙里来给僧侣布施。在清晨 5:00 ~ 7:00 或 7:30 之间，僧侣们会排队去佛统路，而他们手里拿着的碗就用来接收各种捐赠物品，包括咖喱饭、莲花花苞、香烛，甚至还有卫生纸和可口可乐；一大清早爬起来看到一群穿着藏红色长袍的僧侣还是很值得的，别有一番娴静的风味。在摩诃节（2 月）与佛诞节（5 月）等佛教节日期间，晚上会举行烛光游行，是泰国最迷人的风景之一。

曼谷市中心（Downtown Bangkok）

曼谷市中心东至主要铁路线，南至 Sathorn 路以南，位于整个曼谷城市的中央，但在游客的角度看来，却像是曼谷的周边城镇。这个现代化都市高楼林立，在**暹罗广场**周围有各大购物中心，却没有一个优雅的商业广场：这里所说的“广场”实际上就是几条纵横交错的

1

小街，包含了各种新潮时尚的商店、影院以及物美价廉的餐馆。广场位于**巴吞弯十字路口**（Pathumwan intersection）的东南方，拉玛一世大街（Thanon Rama I，泰语叫“Thanon Phra Ram Neung”）和 Phrayathai 路的交会处。再往东，你就可以看见在**四面佛像**周围聚集着各种商场，热闹非凡，拉玛一世曾将其命名为 Phloen Chit 路，是著名的 **Ratchaprasong 路口**。2010 年年初，红衫军正是在这里建立了防御营，在民主党政府派遣军队之前占据此地长达几个月的时间。在这次对峙中，共有 91 人丧生。还有一条通道，就是在曼谷轻轨线下，拉玛一世大街之上的高架**人行道**，从 Siam Paragon 购物中心一直通到四面佛像。在 Ratchaprasong 路东面，你可以通过高速公路天桥下的道路进入**素可泰大街**（Thanon Sakhumvit）外国人经营的酒店、购物中心和娱乐区。

拉玛一世大街南部区域主要是泰国最负盛名的高等院校中心，朱拉隆功大学就位于此，还有被誉为城市绿肺的**鲁比尼公园**。而拉玛四世大街（Thanon Rama IV，泰语为“Thanon Phra Ram Sii”）又是另一番景象：该市中心地段周围高楼林立，美式风格的 **Silom 路**林荫大道是曼谷的金融中心，一直延伸到湄南河畔。路边的银行和办公大楼使用的都是烟色玻璃，就在其旁边，修道院路（Convent Road）的对面坐落着曼谷的加尔默罗女修道院（Carmelite nunnery），位于曼谷夜生活最纸醉金迷的地方——**帕蓬**。令人惊讶的是，在市中心一片高楼大厦中，最吸引游客的是四座历史悠久、优美典雅的博物馆：**吉姆·汤普森纪念馆**、**堪廷彦馆**、**苏安·帕凯德宫**及 **M.R. 巴莫故居**。该地区其他热门旅游景点还有**暹罗海洋世界**，这座高科技水族馆深受孩子与大人的喜欢。下述景点的游览顺序安排大致是从北往南方向。

抵达和离开　　市中心

下文所列的所有景点都离**轻轨**站不远，而且其中一些景点也可搭乘**地铁**到达。从拉塔那古辛到此可搭乘 **508**、**25 路公交车**；有关公交线路的详细信息请参阅 p.119。如果你从邦兰铺出发前往市中心，至少要搭一个小时的公交车才能到达下列目的地。另外一种比较快捷的方式就是在民主纪念碑附近的码头搭乘塞萨运河的公共**客船**。根据时间安排，你可以先从邦兰铺搭乘**快船**顺流而下，然后再改乘**轻轨**，这样可能比乘公交去市中心还要快一些。

胜利纪念碑（Victory Monument）

北闹市区有几条主要的交通要道，包括通往北部的 Phaholuothin 路，此路穿过周末市场直达距离缅甸边境 900 千米的小城湄塞——但是现在通常称之为 1 号公路（Highway 1），至少在城镇之间都是如此称呼的。胜利纪念碑（通常称为 AnuSawariChaisamoraphum，或者直接称为 AnuSawari）的方尖石塔是 Phaholuothin 路的起点，乘坐环绕纪念碑的轻轨，你能欣赏到它最壮观的景致。纪念碑建于 1940~1941 年的中印战争期间——当时法国因“二战”分身乏术，泰国趁机从老挝和柬埔寨手中收回了部分被侵占的土地。而如今，胜利纪念碑象征着泰国过去所有的军事荣誉。

苏安·帕凯德宫（Suan Pakkad Palace Museum）

Sri Ayuthaya 路 352-4 号 · 每天 9:00~16:00 · 100B · ☎ 02 246 1775-6 分机 229 · Ⓦ www.suanpakkad.com · 从 BTS 的 Phay Thai 站步行至此只需 5 分钟

苏安·帕凯德宫曾经是一片白菜地，现在已成为曼谷最美丽的花园之一。在这里的四组传统木质建筑内展览的是由私人收藏的，不同时期的精美泰式工艺品，都是从泰国各地收集而来的。

在宫殿的 8 号房以及时尚的琼波托王子艺术中心（Chumbhot-PantipIn Center of Arts）的班清画廊（Ban Chiang Gallery）里，收藏着各种优雅有螺纹的陶器及青铜珠宝，是东北部青铜时代鼎盛时期（见 p.422）苏安·帕凯德宫的 Chumbhot 公主的所有物，出土于班清的陵墓。博物馆的其余部分展示着一些精美的陶瓷以及泰国和高棉的宗教雕像、各种各样五彩斑斓的纸质孔剧戏面具、美丽的槟榔用具套装（见 p.246 框中内容）、僧侣使用的优雅的礼仪用扇，此外，还有形形色色的柚木雕刻，包括有 200 年历史的寺庙大门，上面描绘了《金螺王子》

市中心：暹罗广场及Ploenchit路附近

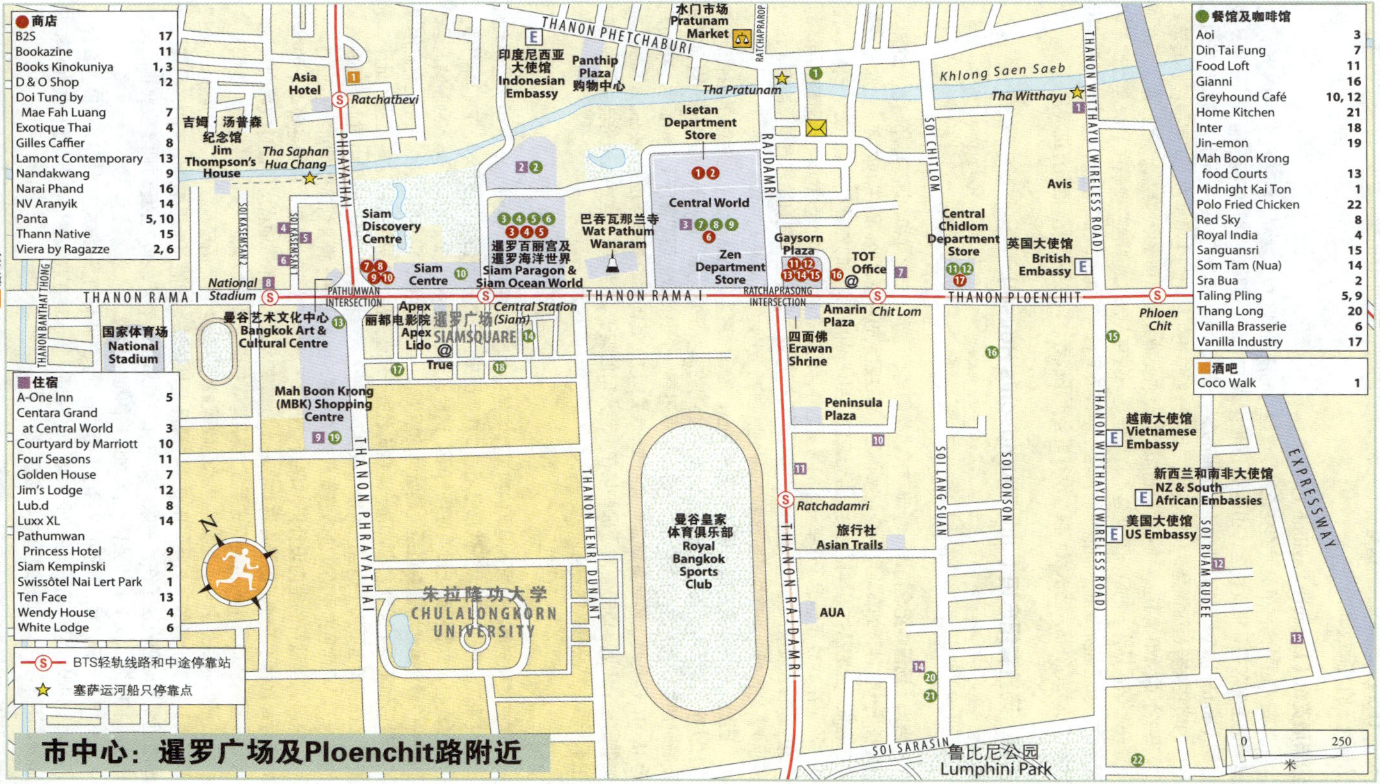

1

（Sang Thong）的情节——这是一个关于无子女的国王和王后在海螺里发现一个英俊的孩子并认他为子的民间故事。

漆器展览馆（Lacquer Pavilion）

苏安·帕凯德宫里最大的亮点就是改建过的**漆器展览馆**，就位于后院的芦苇塘对面。这座展览馆坐落在几根支柱上，由两座 18 世纪或 17 世纪后期的寺院建筑混合而成，一座是藏经阁（ho trai），另一座是书房（ho khien），一座置于另一座之内，被发现于大城和邦芭茵之间。内墙装饰着黑漆镏金，精致美丽：上层嵌板描述了佛陀的生平事迹，下层嵌板则展示了《拉玛坚》的故事情节。后墙上详细描述了大地女神大败邪神摩罗的生动场面，在其下方刻画了一些坐在马背上的欧洲花花公子，可能是一些商人，这表明这些壁画在 1767 年大城王朝没落之前就已经完成。上面描绘的日常生活细节笔触自然娴熟，生动活泼，尤其是考虑到因为涂漆技术的限制，艺术家们根本没有机会更正或者修饰这些壁画，值得仔细观赏。

吉姆·汤普森纪念馆（Jim Thompson's House）

穿过暹罗广场，位于拉玛一世大街 Samsen 路 2 巷 · 每天 9:00 开馆，游览时间通常为 30~40 分钟，并有多国语言的导游，17:00 后停止进馆 · B100 · Ⓣ 02 216 7368 · Ⓦ www.jimthompsonhouse.com · BTS 的 National Stadium 站，或穿过 Saphan Hua Chang 地区的 Saen Saeb 运河码头旁的小径即可到达

吉姆·汤普森纪念馆属于经典泰式风格的理想建筑，宁静祥和，远离城市喧嚣。这座房屋是美国一位神奇的冒险家、企业家和艺术品收藏家的居住之地，而在 1967 年，这位全能人才在马来西亚的丛林里神秘消失，再无音信，更使得他在泰国的外国人社区里成为一代传奇。

除了在 1959 年建造了这座美丽的房屋之外，汤普森最伟大的贡献就是将泰国濒临绝迹的传统丝织行业发展成为目前获得巨大成功的国际产业。如今这座建筑里还有一家**商店**（18:00 停业），是吉姆·汤普森泰国丝绸公司产业链的一部分（见 p.146）。

店铺上方坐落着**吉姆·汤普森艺术中心**，是一个迷人的画廊，会不定期举办各种传统和当代纺织品及艺术品的临时展览，例如 19 世纪的暹罗王室地图、庆祝汤普森生辰一百周年以及同时期曼谷重大改革的互动表演等。这里还有一个很精致的**酒吧餐厅**（目前最后下单时间为 18:00，但是晚上还会重新营业直到 23:00 关门），其提供的菜单与 Jim Thompson Saladaeng 咖啡馆相似（见 p.135）。对于那些堵在小巷入口的骗子不要理睬，这些人通常会骗你说博物馆不开放，然后忽悠你去购物。

房屋

这座气势宏伟、布局不规则的房屋其实是由 6 座柚木房屋组合而成的，其中一些在大城王朝时期就已存在，且大多数都已超过 200 年历史。正如所有传统房屋那样，它们都将墙壁合在了一起，木质框架上没有任何钉子，这样就很容易拆除，然后把它们堆放到船舶上运送到新的位置。虽然汤普森也经过建筑师的培训，但是让他再次将房屋组装起来还是有点困难的，最后他不得不回到大城聘请一群熟知老房子建造方法的木匠来完成这一工程。而且，汤普森又在房屋里添加了他自己的独特风格，如在休息室和卧室之间融合了中国当铺精雕细琢的前壁，并将休息室里的其他墙壁都反转了过来，因此墙壁上的雕刻都是面朝着房间的。

房屋完美独特的**室内设计**仍然保持着吉姆·汤普森生前的原貌，甚至是餐桌上的摆设的位置都丝毫不差——汤普森喜欢在晚上宴请宾客，为此还特地将房子设计成舞台布景的样子。屋内装饰所用的精美泰式手工艺品是从东南亚各处收集而来的，是世界上泰国传统绘画的最佳收藏处之一。在泰国艺术品收藏成为时尚之前，汤普森在唐人街的贼仔市场搜罗了大量物美价廉的工艺品。还有一些藏品是从内陆寺庙的遗址里挖掘出来的，尤其在大城附近犁田时曾发现了许多佛像。其中有些展品非常罕见，如 7 世纪时期精致典雅的无头堕罗钵底佛像，以及 17 世纪时期大城风格的柚木佛像。

当导游介绍完后，你还可以自己再随处看看。如果你有多余的空闲时间，可以去看看以前的粮仓以及小丛林**花园**里的花匠和女佣的房间，里面现在收藏着珍贵的泰国传统油画和素描画，还有各种小型的佛像和中国陶瓷。

吉姆·汤普森的传说

吉姆·汤普森是泰国著名的纺织高手、艺术商人和阴谋理论家，即使失踪了40多年，如今的他仍是泰国最有名的外国人。作为一名建筑师，汤普森在1940年时放弃了纽约的工作，加入了战略情报局（即如今的CIA），在这段服役期间里，他参加了北非和欧洲的秘密行动，1945年时，他在远东准备执行攻打泰国的任务。随着日本宣布投降，此项任务得以提前完成，之后他在曼谷担任了1年的战略情报局局长，为后来的各种机缘奠定了基础。

在经过东方大酒店部分股东的不满和短暂限制之后，汤普森发现如今吉姆·汤普森纪念馆附近区域的**丝绸纺织工人**处境艰苦，他们生产的传统产品在西方闻所未闻，但由于泰国人当时都喜欢成本较低的进口纺织品，几乎已打算放弃这项工艺。为此，他在社会朋友的热心帮助下，加上Vogue杂志的一篇详细报道，使他确信泰国丝绸有很好的国外市场，在1948年成立了泰国丝绸有限公司。两年后，公司获得了巨大成功，并负责百老汇舞台剧《王和我》的服装制作。汤普森对色彩组合独到的眼光，以及早期的积极推广——经常可以在东方酒店大堂里看到他将几匹丝绸挂在肩上，等待好奇的游客前来询问——很快他的名字就成为了泰国丝绸的代名词。

就像萨默塞特·毛姆小说中的人物一样，汤普森完全是一个西方流亡者的形象。虽然他不会说泰语，但是他将保护泰国传统艺术和建筑当作个人使命（而当时，大多数泰国人都热衷于效仿西方国家），于是建造了如今这座著名的泰式房屋，并在里面摆放了各种形式的东方艺术品。与此同时，他又坚守他身为外国人的本性及社会关系：如果曼谷有外国人聚会，吉姆·汤普森肯定会到场，而且从杜鲁门·卡波特到埃塞尔·默尔曼，几乎所有西方杰出人物都来到曼谷在他家的餐桌上用过餐（即使食物也是出了名地难以下咽）。

如果说汤普森的生活是一部传说，那么他的消失和被推定死亡为整个传说增加了一份神秘感。在1967年的复活节那天，汤普森和他的朋友们一起留宿在马来西亚金马伦高原的别墅里，后来他出去散步，就再也没有回来。事发后，人们聘请了当地导游、跟踪犬，甚至还有巫师，对该区域进行大面积的搜索，但都一无所获，于是出现了大批神秘却纯属猜测的推论。其中荷兰一位灵媒提出的说法被大多数人接受：汤普森遇到被罢黜的泰国前首相比里·帕侬荣的袭击，并因不知名的原因被偷偷带到了柬埔寨；还有一种版本是说汤普森一直是美国中央情报局的秘密特工，猜测他被越南共产党绑架并将他洗脑说他是共产主义的知名叛逃者。而最近，一位业余侦探声称找到了证据，认为汤普森的遭遇其实很平凡，死于一场交通事故，然后卡车司机为了逃避责任，草草将其掩埋了。

曼谷艺术文化中心（Bangkok Art and Cultural Centre）

位于拉玛一世大街和Phrayathai路的交会处·周二至周日10:00~21:00·免费·Ⓣ02 214 6630–1·Ⓦwww.bacc.or.th·搭乘BTS轻轨在Natinal Stadium站下车

久负盛名的**曼谷艺术文化中心**是一幢醒目的白色现代化建筑，其上部楼层有好几处画廊，上下楼层之间通过旋梯连接，类似纽约的古根海姆美术馆，此外还有好几个表演场所。这里还会不定期举办国内外当代艺术家作品的临时展览，涵盖所有领域，从视觉艺术到音乐，再到设计，通常都非常有趣——搭乘BTS轻轨从National Stadium站出来，你可以看到在入口处的黑板上用英文写着当日的活动及演出安排。

暹罗海洋世界（Siam Ocean World）

位于拉玛一世大街Siam Paragon购物中心地下东端·每天10:00~21:00，20:00停止入园·目前在13:00和16:00会给鲨鱼喂食·B900；B1000门票包括10分钟的玻璃底板船旅程以及10分钟的幕后之旅；鲨鱼漫步B2000，鲨鱼探潜B5300起，4D电影B250·Ⓣ02 687 2000·Ⓦwww.siamoceanworld.com·搭乘BTS轻轨在Siam站下车

暹罗海洋世界共占据两层宽阔的楼层，是一座令人印象深刻的，由澳大利亚人兴建的水族馆。尽管门票价格很高（许多曼谷酒店可提供20%的优惠券），但是在双休日及节假日期间还是挤满了大量游客，而且在周一至周五的下午，这里也会聚集着各种学校团体。这座水族馆的开发共花费了3000万美元，其中最令人惊叹的就是一个8米深的玻璃水箱——呈现了五彩多样的珊瑚礁及其重要影响、可接触海星的触摸箱，以及一个长长的地下海洋隧道——你可以看到鲨鱼和电鳐在你头顶游来游去。这个全球性的水族馆里共生活着400多种物种，其中当地品种包括湄公河巨型鲇鱼，而且在触屏终端会定时提供此种生物的英文信息。你甚至还可以与鲨鱼一起漫步15分钟（需戴上潜水头盔），也可以和它们一起潜水30分钟。你

1

也可以在 4D 影院戴上 3D 眼镜观看水下动漫卡通，这里的椅子会移动，有时还会喷水。

四面佛（Erawan Shrine）

位于 Ploenchit 路和 Rajdamri 路的拐角处 · 全天 24 小时开放 · 免费 · 搭乘 BTS 轻轨在 Chit Lom 站下车

若想了解泰国宗教的多样性和普遍性，去**四面佛**（泰语为 Saan Phra Prom）参观一圈便可知晓。这座坐落于现代曼谷最繁华嘈杂十字路口的佛殿中供奉着古印度教的创造之神梵天及他的神兽大象，和其他佛堂一样值得游客驻足观赏。此外，在 Ratchaphrasong 十字路口周围也坐落着好几处印度教神殿，其中最醒目的就是**三相神**，集梵天、毗湿奴和湿婆三位主神于一体，就坐落在 Central World Plaza 对面的角落里。现代曼谷人将三相神视为丘比特，那些来祈祷爱情的信徒们会带来红色的奉献物供奉在这里。

曼谷爱侣湾凯悦大酒店（Grand Hyatt Erawan Hotel）就耸立在四面佛附近，这也是四面佛存在且得名的原因。20 世纪 50 年代，在建造这座酒店时发生了一系列不幸的事件，于是请来了巫师，巫师告诉业主，当地的神灵受到了打扰，需重新建造一座神龛。之后酒店安全竣工，没再出任何意外。但是在 2006 年初期，厄运降临到了佛堂，一位精神错乱的穆斯林年轻男子用锤子将梵天像砸得粉碎，之后该男子被一个愤怒暴徒残忍地殴打致死。当地政府迅速重建了一尊一模一样的雕像，并融合了旧雕像的遗迹以保存梵天像的神性。

来这里游览请为感官超负荷做好准备：主要建筑上装饰着的五彩玻璃及其周围过于拥挤的围地几乎都被掩埋在香味扑鼻的花环和香火蜡烛之中。你还可能赶上一群传统舞蹈者在

曼谷的儿童乐园

下述主题公园和娱乐中心都是专门为儿童设计的，大多数乐园的主要缺点都是离市中心太远。可带儿童游玩的其他景点还包括暹罗博物馆（见 p.79）、帕荣寺（见 p.98）、律实动物园（见 p.100）、暹罗海洋世界（见 p.105）、蛇园（见 p.108）、北揽古城（见 p.114）以及鲁比尼公园的脚踏船之旅（见 p.108）。有关儿童在泰国旅游的注意事项请见 p.52。

曼谷蝴蝶园和昆虫饲养所（Bangkok Butterfly Garden and Insectarium） Suan Rotfai（铁道公园），就位于恰图恰周末市场北部 周二至周日 8:30~16:30 免费 ⓣ 02 272 4359-60 在一个巨大的景观圆顶里有 500 多只蝴蝶翩翩飞舞。这里还有一个研究中心，在邻近的公园里有面向家庭旅游开放的自行车道，游客可在此租赁自行车（和脚踏船），此外还有一个儿童游乐场。搭乘 BTS 轻轨至 Mo Chit 站或乘地铁至 Chatuchak Park 站。

梦幻世界（Dream World） 从廊曼机场往北行驶 10 分钟车程，到达 Rangsit-Ongkarak 路 7 千米石碑处；周一至周五 10:00~17:00，周六及周日 10:00~19:00；B500，身高 90 厘米以下的孩子免费，或 B1000/ 人，包括午餐和交通 ⓣ 02 533 1152 ⓦ www.dreamworld-th.com 这座主题公园包括雪乡和童话国度等不同区域，有水上游乐设施、悬挂式过山车及其他娱乐设施。从胜利纪念碑出发可搭乘 538 路空调公交车到达。

Funarium Sukhumvit 路 26 巷，去往拉玛四世大街方向 周一至周四 9:00~19:00，周五至周日 8:30~20:30 B90~300，根据游客游览规模而定 ⓣ 02 665 6555 ⓦ www.funarium.co.th 这是一座巨大的室内游乐场，里面有艺术手工艺室、烹饪教室和一个餐馆。可搭乘 BTS 轻轨到 Prom Pong 站下车，再转乘出租车。

野生动物园（Safari World） 位于东北郊区 Minbur 区 Ramindra 路 99 号；每天 9:00~17:00；B600，儿童票 B500 ⓣ 02 518 1000 ⓦ www.safariworld.com 开车驶过野生动物园可看见猴子、狮子、长颈鹿和斑马等，还有一个独立的海洋公园，里面有海豚和海狮，可欣赏到各种各样的动物表演（可用手机照相）。如果没有开车，你也可以搭乘野生动物园里的四轮大马车。可以在邦兰铺 Rajdamnoen Klang 路附近搭乘 60 路空调公交车或从胜利纪念碑附近搭乘 26 路空调公交车，然后再搭乘双条车到野生动物园。

暹罗公园（Siam Park） 位于城镇东部边缘，Sukhapiban 路 2 巷 101 号 每天 10:00~18:00 B300，身高在 100~130 厘米的儿童门票价格为 B100，100 厘米以下的儿童免票，若要玩游乐设施需额外支付费用，或 B900 包含所有设施 ⓣ 02 919 7200 ⓦ www.siamparkcity.com 这里有滑水道、漩涡泳池和人工冲浪等设施，此外还有过山车等其他娱乐项目，更有一个野生动物园区。在邦兰铺 Rajdamnoen Klang 路附近搭乘 60 路公交车可达。

这里表演，可能是一个小型古典剧团——受到虔诚的信徒们邀请以感谢神灵给他们带来了好运。为了在未来拥有更多的好运，参拜者们通常会在这里买一两只关在笼子里的鸟，而卖鸟的小贩会根据你要的数量将小鸟放到一个手持小笼子里，然后参拜者们会将它们放生从而累积功德。而不太相信这些抽象奖励的人们会从残障卖家那里购买彩票——如果你买了这些人的彩票，那么他们就是最幸运的。

堪廷彦馆（Ban Kamthieng）

Thanon Asok Montri 路 21 巷 131 号，穿过素坤逸路 · 周二至周六 9:00~17:00 · B100 · Ⓦ www.siam-society.org · 搭乘 BTS 轻轨在 Asok 站或地铁在 Sukhumvit 站下车

堪廷彦馆是另一座重新修建的传统泰式住房，在 20 世纪 60 年代，暹罗协会将其从清迈迁移到素坤逸路（Thanon Sukhumvit）附近，作为人类学博物馆。这片壮观美丽的抛光柚木建筑群可谓是大批玻璃摩天大楼之下的世外桃源。与苏安·帕凯德宫、吉姆·汤普森纪念馆和 M.R. 巴莫故居的不同之处在于：这是一个农村家庭的住宅，其内的摆设为泰国北部的富裕人群完美展现了农村生活。这座房屋建立于 19 世纪中期湄滨河沿岸，1 楼陈列着农耕和捕鱼工具——过去内陆的农民们会在淹没的稻田里捕鱼以获得生活补贴。楼上则主要展示了一个典

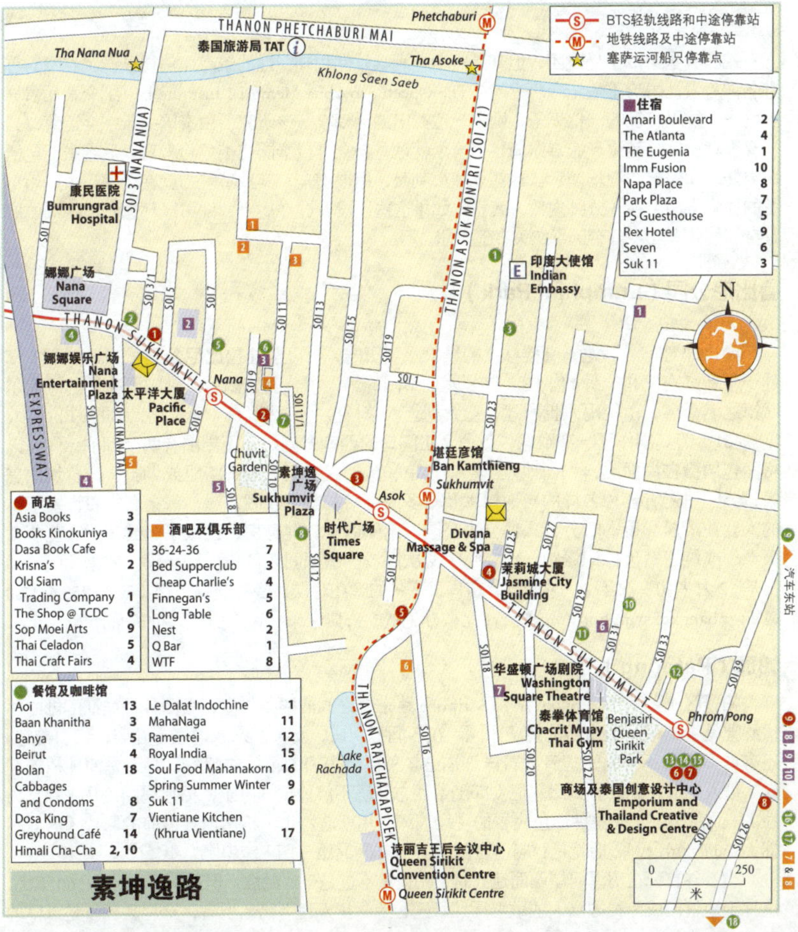

1 型兰纳王朝家庭的礼仪生活，阐释了神灵的地位，祭祀的流程以及当时的人们对护身符、魔力衬衫和男性文身的信念。位于门上方的矩形过梁叫 hum yon，上面雕刻的花卉图案代表了睾丸，有辟邪之功效。沿着开放式阳台走，你可以看到真正设备齐全的厨房，还可以观看教你如何制作辣青蛙汤的视频，而在粮仓里你会发现一个与水稻种植相关的礼仪习俗的有趣展览。此外，这里还有个小书店和 Black Canyon 咖啡馆，书店里有关于泰国暹罗协会和桑蚕的出版物。

泰国创意设计中心（Thailand Creative and Design Centre）

Emporium 购物中心 6 楼，素坤逸路 22 巷和 24 巷之间 · 周二至周日 10:30~21:00 · 免费 · Ⓦ www.tcdc.or.th · 搭乘 BTS 轻轨在 Phrom Pong 站下车

泰国创意设计中心坐落于曼谷最具时尚意识的购物广场之一——Emporium 购物中心内，主要通过在资源中心和店铺里举行展览、讲座等来促进并鼓励创意设计（见 p.146）。除了经常举行盛大的临时展览外，还有简洁却富有创意的双语永久性展览，重点关注世界各地经典设计的文化背景，展品包括 1854 年的 LV 皮箱、泰式织物及有趣的家居用品等。

蛇园（Snake Farm）

拉玛四世大街和 Henri Durant 大街的拐角处 · 现场表演时间：周一至周五 14:30，周六、周日及节假日 11:00 · B200 · Ⓣ 02 252 0161-4 · Ⓦ www.saovabha.com · 从 BTS 轻轨 Sala Daeng 轻轨站，地铁 Sam Yan 站或 Si Lom 站下车步行 10 分钟即可到达

蛇园有些类似于马戏团，但却是一个充满娱乐性和知识性的景点，值得一游。蛇园的官方名称为索瓦碧哈王后纪念研究所（The Queen Saovabha Memorial Institute）以纪念索瓦碧哈王后——拉玛五世的一位妻子，她是一位杰出的活动家。该研究所由泰国红十字会运营，具有双重功能：一是生产蛇毒血清，另一个就是对公众进行泰国蛇类危险教育。后者主要包括蛇类处理和喂养的现场演示。这些表演很刺激，但很安全，其独特魅力就在于演示中所用毒蛇的最强毒液可在 3 分钟内致人死亡。如果这些还没有让你尽兴，你可以环顾一下四周的展览空间，共有几十条泰国毒蛇关在笼子里。

鲁比尼公园（Lumphini Park）

拉玛四世大街 · 每天 4:30~21:00 · 免费 · BTS 轻轨 Sala Daeng 站，地铁 Si Lom 站或地铁 Lumphini 站下车

如果你对车水马龙、高楼林立的景象感到厌倦，可以前往**鲁比尼公园**（Suan Lum）享受一下新鲜空气和宁静的氛围。该公园是泰国的第一个公共公园，以佛陀诞生地的尼泊尔城镇之名命名，由拉玛六世所建，意大利艺术家科拉多·费罗奇（泰文名为 Silpa Bhirasri，见 p.661）为其制作了一尊雕像，就位于正门口的西南方向。公园周围有两个湖泊，你可以将面包屑撒在湖面上，和当地人一起喂乌龟和鱼，或者租一艘脚踏船或划艇，游览周围美景；公园里还有各种各样的当地树木及众多的佛塔和亭台楼阁，通常都会聚集着许多下棋的人。在清晨和黄昏时分，人们会去公园西南侧的户外健身房，或做集体健美操、芭蕾太极拳，或绕着黄色标记慢跑，但在每天两次播放国歌期间要停止一切活动。凉季期间（通常是 12 月中旬~次年 2 月中旬），在周日下午的晚些时候，曼谷交响乐团（Ⓣ 02 255 6617-8 Ⓦ www.bangkoksymphony.org）会在此举办免费的古典音乐会，吸引了大批的都市郊游者。

帕蓬（Patpong）

帕蓬区主要是指在 Silom 路和 Suriwong 路东端之间的两条弄堂，里面各种霓虹闪烁的现代酒吧是泰国最花哨庸俗的色情乐园。在各酒吧门口，女孩们麻木地搔首弄姿，勾引游客。还有许多坚持不懈的兜售者拿着详细描绘各种色情表演的菜单和照片，肆无忌惮地招徕客人。进入酒吧，你会看到比基尼女郎随着西方音乐不停地扭动身躯，招呼观众（几乎都是男性）；而在楼上，有各种活色生香的现场表演，用斯波尔丁·格雷自导自演的影片《游向高棉》中的一句台词概括就是："除了生孩子，对其阴道做一切下流卑鄙之事。"

当曼谷首都在沼泽河岸西面建立时，帕蓬只不过是一片泥海，但是到了 20 世纪 60 年代，这片土地就已成为泰国富人的歌舞厅红灯区，为一华人百万富翁所有，这片区域就是以他的

市中心：拉玛四世
大街南部区域
商店
A Song Tailor 8
Ah Song Tailor 7
Beyond the Masks 2
Boots 6
Golden Wool 11
Jewelry Trade Center (Silom Galleria) 13
Jim Thompson 5
Lambert 14
Old Maps and Prints 1
Khomapastr 4
The Legend 9
Silom Village 12
Tamnan Mingmuang 10
The Verandah and Beyond 3
住宿
Baan Saladaeng 10
La Residence 4
Lub.d 7
Luxx 8
New Road Guest House 2
Peninsula Bangkok 5
Rose 1
Sukhothai 11
Swan 6
Swiss Lodge 9
Tarntawan Place 3
餐馆及咖啡馆
Aoi 12
Baan Khanitha 20
Beirut 11
Celadon 21
Chai Karr 13
Deen 15
Dick's Café 2
Eat Me 18
Harmonique 1
Himali Cha-Cha 4, 14
Home Cuisine Islamic Restaurant 5
Jim Thompson Saladaeng Café 19
Khrua Aroy Aroy 16
Le Bouchon 9
Mei Jiang 10
Ramentei 7
Ruen Urai 3
Sara Jane's 22
Somboon Seafood 6
Taling Pling 17
Tongue Thai 8
酒吧及俱乐部
Balco 2
The Balcony 9
The Barbican 3
Disco Disco 11
DJ Station 7
GOD (Guys on Display) 6
JJ Park 10
O'Reilly's 13
Radio City 12
The Sky Bar & Distil 14
Sphinx 5
Tapas Bar 8
Tawandang German Brewery 15
Telephone Pub 4
Viva: The River 1
华南蓬火车站
暹罗广场
四面佛
Ngam Duphli巷
BTS Wongwian Yai站
22 & 15
0 250 米
N
BTS轻轨线路和中途停靠站
地铁线路及中途停靠站
快船码头
ThaKrom Kan Khonsong Thang Nam 码头 (海事处)
河畔城 River City
Tha Si Phraya 码头
Wat Muang Kae 码头
Oriental 码头
Sathorn 码头
湄南河 Chao Phraya River
暖武里 THONBURI
东方酒店 Oriental Hotel
圣母升天大教堂 Assumption Cathedral
玛里安曼神庙 Maha Uma Devi Temple
泰国航空 Thai Airways
Chong Nonsi
Nicolie
缅甸大使馆 Burmese Embassy
新加坡大使馆 Singapore Embassy
马来西亚大使馆 Malaysian Embassy
澳大利亚大使馆 Australian Embassy
法语联盟 Alliance Française
加拿大大使馆 Canadian Embassy
BNH医院 BNH Hospital
曼谷基督教医院 Bangkok Christian Hospital
泰尼亚广场 Thaniya Plaza
朱拉隆功医院 Chulalongkorn Hospital
朱拉隆功大学 CHULALONGKORN UNIVERSITY
曼谷皇家体育俱乐部 Royal Bangkok Sports Club
鲁比尼公园 Lumphini Park
蛇园 Snake Farm
STA
Ruen Nuad
Sam Yan
Silom
Sala Daeng
Surasak
Saphan Taksin
TAKSIN BRIDGE
EXPRESSWAY
THANON RAMA IV
THANON RAJDAMRI
THANON HENRI DUNANT
THANON PHRAYATHAI
THANON SI PHRAYA
THANON MAHA NAKHON
THANON SURIWONG
THANON SILOM
THANON SATHORN NUA
THANON SATHORN TAI
THANON NARATHIWAT RATCHANAKHARIN
THANON CHAROEN KRUNG (NEW ROAD)
CHAROEN KRUNG
CHAROEN PHANIT
SOICHAROEN KRUNG 24
SOICHAROEN KRUNG 45
MAHA PHUTHARAM
Khlong Krung Kasem
NARET
SAP
DECHO
SOI ANUMAN RAJDHON
MAHESAK
SUN SQUARE
PAN
TROKVAITHI
PRAMUAN
SRIVIENG
SURASAK
SOI SUKSA WITTHAYA
SOI PHIPHAT
SOI PHIPHAT 2
CONVENT
SALADAENG
SOI SALADAENG 1
SOI SALADAENG 2
SUANPHLU
SILOM 2
SILOM 4
SILOM 6
SILOM 2/1
THANIYA
PATPONG 1
PATPONG 2
SOI 53

1

名字命名的。在 1969 年，一位美国企业家将已有的茶馆改建为一个奢华的夜总会，以满足从越南过来休养的美国士兵们的欲望，因此，帕蓬开始逐渐转变为西方人的性爱场所。起初，这片区域到处都充满了粗鲁和暴力的言行，但过了几年，已渐渐摸透了外国富人的欲望，如今更是被定义为东方颓废之地。

"红灯区"就位于**帕蓬 1 巷和 2 巷**的交会处，这里聚集着各种各样的色情酒吧（go-go bar），同时也有体面的餐馆、24 小时营业的便利超市以及大量的药店。即使是最娴静的游客（无论男女）也会去帕蓬 1 巷中部地段的夜市购物，这里的小贩主要出售仿冒的名牌手表、箱包及 T 恤等。许多西方男性沉溺于在帕蓬 2 巷的酒吧里喝酒买醉，看电影光盘，让人惊讶他们在偌大的曼谷居然找不到其他的事做。在其东面是**泰尼亚巷**（Soi Thaniya），与 2 巷平行，是帕蓬的日本社区，排列着各种舞女酒吧及一些不错的餐馆，而曼谷的同性恋酒吧主要集中在 **Silom 路 2 巷**以及更加鱼龙混杂的 **Silom 路 4 巷**，就位于泰尼亚巷旁。

Silom 路西口（The west end of Thanon Silom）

从帕蓬区沿着 Silom 路再往西，在一片仍然兴旺的南印度社区里坐落着一幢五彩斑斓的标志性建筑——**玛里安曼神庙**（Maha Uma Devi Temple，又被称为 Sri Mahamariamman 或 Wat Khaek）。这座华美壮观的印度教寺庙建立于 1895 年，主要纪念湿婆神的妻子乌玛。查隆功路（Thanon Charoen Krung，又称新街）西面临河地带向人们展示了在曾经辉煌的旧时商贸季度里，曼谷与外国人之间的早期交易历史。虽然令人难以置信，但这里确实是曼谷唯一一个勉强值得步行观赏周围建筑的地方，你可以欣赏到风格迥异的教堂以及殖民地建筑——东方酒店的作家厢房（Authors'Wing）是其中的代表；午后来一杯清茶，勾起淡淡乡愁。Charoen Krung 路周围有各种各样的香料店及越来越多的穆斯林清真食堂，将这片风格独特的建筑围绕其中。

M.R. 巴莫故居（M.R. Kukrit's Heritage Home）

Phra Pinit 巷 19 号（Narathiwat Ratchanakharin 路 7 巷），从 Sathorn 路往南走 10 分钟，再往东走 · 10:00~16:00，但有社交事宜时通常不开放，因此最好提前电话确认一下 · B50 · Ⓣ02 286 8185 · Ⓦ www.kukritshousefund.com · 在冲暖诗轻轨车站下车步行 20 分钟即可到达

M.R. 巴莫故居（Baan Mom Kukrit）是 20 世纪时期泰国一位主要领军人物的住房和花园，传统典雅，美丽壮观。M.R.（Mom Rajawongse，指贵族头衔）克立 · 巴莫（Kukrit Pramoj，1911~1995）是一位了不起的全才，其父是拉玛二世的后代，而其母来自于声名显赫的 Bunnags 家族。克立亲王毕业于牛津大学的哲学、政治和经济专业，后来回到泰国在大学任教，但其最大的成就是成为了作家：他是泰国最有影响力的报纸《暹罗早报》的创始人、拥有者，并为其撰写每日专栏；此外，他还编写短篇故事、小说、戏剧和诗歌等。同时他也是一位受人尊敬的古典舞剧（孔剧）演员，并在好莱坞电影《丑陋的美国人》中出演亚洲首相，与马龙 · 白兰度演对手戏。在 1974 年，泰国政治局面尤其动荡的时刻，克立的生活发生了戏剧性的改变，被迫成为泰国首相，17 个政党联盟的首领。然而，就在他担任首相 400 天之际，泰国军方领导人因他过于反美罢免了他的职位。

该**故居**反映了他复杂的性格，至今仍保持着克立生前的原样。其中大型的开敞式大厅（sala）主要用于举行盛大的公共集会，在入口处附近陈列着各种引人注目的孔剧面具，其中一个黄金面具是克立扮演魔王图萨坎时所戴的。在旁边高棉风格的花园里及其附近，你可以留意下 mai dut，类似于盆景，其中一些克立已经照看了几十年。居住区以外的区域是由五座柚木吊脚楼组成的，结合了泰国中部地区特色并增加了一个开放阳台。而卧室、书房以及各个起居室里都摆满了美丽的艺术品，特别是以前拉玛二世使用的雕花大床以及从那空是贪玛叻正式接待室里搬运过来的精美古老的乌银器皿（黄金镶嵌）。在小小的家庭佛堂里，克立 · 巴莫的骨灰就供奉在仿制的玉佛像的基座内。

城市近郊（The city outskirts）

混乱嘈杂的大曼谷地区并没有太多的景点，但还是有几处场所可以享受半天的安逸时

光，主要有**恰图恰周末市场**、**北揽古城**文化主题公园、非常奥妙的**普拉萨博物馆**、**暖武里**上游城镇以及宁静的人工岛屿——**Kred 岛**（见 p.69 地图）。

恰图恰周末市场（Chatuchak Weekend Market）

占据了从 Phaholyothin 路和 Kamphaeng 路交会处往西北方向的大片区域・周六及周日，大致 9:00~18:00/19:00，但是许多摊位开门都比较早，关门也要晚些

巨大的**恰图恰周末市场**共有 8000 多个露天摊位，货物多种多样，有老挝的丝绸、暹罗的小动物以及名牌灯具等，由于恰图恰周末市场通常缩写为“Jatu Jak”，所以又被称为 **JJ**，是曼谷最愉快也最耗费体力的购物场所。

该市场内还有一个备受争议的**野生动物**区，同时还兼作受保护动物和濒危物种如长臂猿、棕榈凤头鹦鹉和印度冠斑犀鸟等的情报交换所，其中大部分都是从老挝和柬埔寨走私过来的，主要出售给私人动物收藏家及国外的动物园。非法交易通常都是暗箱操作，尽管偶尔政府会有强力打击行为，但是当你绕一圈回来后，你一定会看到斗鸡或是用吸管给小鼯鼠喂牛奶，还有荧光色红蓝相间的暹罗斗鱼，而且通常会加几层纸板以阻挡别人咄咄逼人的目光。

购物信息

恰图恰共分为 27 个编号**区域**以及 12 个未编号区域，每个区域或多或少都属于某一特定的种类，如家居用品、植物盆栽或二手书等，如果你可以在这里逛几个小时，那么即使随意看看也是很有趣的。该市场的主要客户群是想买个性时装（在第 5 和第 6 区）和家居用品（在 2、3、4、7、8 区）的曼谷居民，但是恰图恰也有许多适合收藏家和游客的**店铺**；最好的商品包括古老的漆器、罕见的布裙、传统的全棉衣服以及泰国北部的手工艺品，此外还有金银珠宝和陶瓷，尤其是五颜六色的 bencharong 五彩瓷器。如果你想买手工艺品和传统纺织品，可以在第 22、24、25 和 26 区看一下，这些商品全都集中在该市场的西南端（地铁 Kamphaeng Phet 站）；而位于周末市场总部和信息中心后面的 A、B、C 区也有各种各样有趣的人工制品。

吃货们可以去 Or Tor Khor 跳蚤市场，这里有各种各样新奇的水果、蔬菜及来自全国各地的其他产品，还有传统美食，既可以打包带走，也可以在店铺里吃；这条隐蔽的美食街就位于地铁 Kamphaeng Phet 地铁站旁边，Kamphaeng Phet 路的南面。除此之外，周末市场里还有其他许多可以用餐的地方（见 p.138、142）。

如何抵达及周边交通　　恰图恰周末市场

抵达　从地铁 Kamphaeng Phet 站出来后向右转，就进入周末市场最有趣的西南角；市场的东北侧有地铁 Chatuchak Park 站和 BTS 轻轨 Mochit 站。从邦兰铺出发，你可以搭乘巴士到国家体育馆 Ratchathewi 轻轨站，也可以从 Rajdamnoen Klang 搭乘 159、503 路（不走高速）或 509 路公交车到达（大约 1 小时；有关详细信息参见 p.119）；只要 MRT 延长线开通，还可以搭乘快船到达 Tien 码头，然后步行 5 分钟去地铁 Sanam Chai 站，再转乘地铁到 Chatuchak Park 站或 Kamphaeng Phet 站。

周边交通　围绕周末市场的主要内环路有几辆很小的有轨电车，可以免费搭载精疲力尽的购物者，但是这些电车通常都很拥挤。

相关信息

地图　*Nancy Chandler's Map of Bangkok* 上有一张非常详尽的地图，上面对周末市场的所有区域都做了相关注解。此外，在市场周围各主要路口都贴有地图，包括地铁站。如需特殊帮助，你可以咨询市场办事处，就位于 Kamphaeng Phet 路 2 巷过去 1 号门附近的主要内环路上，而且自动取款机及货币交换亭也在这附近。

普拉萨博物馆（Prasart Museum）

Krungthep Kreetha 路 Krungthep Kreetha 支路 4A 巷 9 号・周二至周日 10:00~15:00・1~2 人费用为 B1000・若想预订义务旅游可拨打 02 379 3601

普拉萨博物馆位于曼谷东部边缘地带，是关于传统亚洲建筑的露天展览会，非常罕见，由成功企业家及艺术爱好者 Khun Prasart 创建。很少有游客会单独参观这座博物馆，一部分

1 是因为这间博物馆开放时间短，门票价格昂贵，还有一部分是因为交通不方便，但这里的馆藏别具一格，绝对令你感觉不枉此行。

该博物馆坐落在一座美丽壮观、苍翠繁茂的热带花园里，大约由12幢**传统建筑**的精美仿造品构成，包括国家博物馆里 Tamnak Daeng 建造的金色柚木王宫、一座中国寺庙和水上花园、一座高棉风格的佛堂，在莲花池旁边还有一座素可泰时期的柚木图书馆。其中一些建筑是在原先遗址上修建起来的，其他的则是完完全全重新建造的。大多数建筑里都摆满了各种古代**艺术品**，如缅甸的木雕、班清出土的史前陶瓷以及罗斛王朝时期的小雕像等。此外，这里还收藏着精美的 bencharong 五彩瓷器。Khun Prasart 还是普拉萨收藏馆的所有人，就位于 Rajdamri 路半岛广场购物中心（Peninsula Plaza）的2楼（Ⓣ 02 253 9772），是一家出售泰国艺术品的店铺，包括他的私人收藏物的仿制品。

抵达和离开 普拉萨博物馆

公交车 93路正规空调公交站点几乎就在博物馆门口：你可以在河畔城和GPO附近的 Si Phraya 路上车，也可以在 Phetchaburi 路和 Phetchaburi Mai 路（无论是塞萨运河的船舶还是地铁都可到达 Asok Montri 路 / 素坤逸路21巷与 Phetchaburi Mai 路的交会处）上的任何一个站点上车。93路公交车的终点站在 Krungthep Kreetha 路，但是你可以在终点站前几站下车，即 Krungthep Kreetha 路的第一个公交站点，一下车就可以看见普拉萨博物馆的标记了（从 Si Phraya 出发乘公交大约需1小时15分钟）。按照标记指示进入 Krungthep Kreetha 巷，穿过高尔夫球场再走15分钟后，转向4A巷。

船舶和火车 如果想快点到达，你可以乘 Saen Saeb 运河船舶到 Bangkapi 商场码头（从 Phan Fah 码头出发大约40分钟到达，途经一个类似的商场3号码头，还要再往后4站），也可以选择都市快线（City Line），这条素万那普机场铁路线从 Phaya Thai 站一直延伸到 Hua Mar 站，无论哪种方式，出站后都离博物馆不远，搭乘出租车很快就可以到达。

暖武里（Nonthaburi）

搭乘湄南河快船可抵达暖武里，是大多数水路交通在上游的终点站（N30），从中央码头（Sathorn）搭乘橙旗船需要不到1小时路程

暖武里是曼谷北部边界外的第一个府会城市，从市中心出发交通也最方便，还是一个养精蓄锐的绝佳去处。暖武里是大多数运河船舶的上游终点站，中间旅程也十分有趣，有巨大的沙船，也有小小的独木舟，摇摇晃晃地漂荡在水面上，缓缓而行，游客可以尽情观赏沿途的美丽景色。在邦兰铺北侧，可看到新建的典雅壮观的**拉玛八世大桥**（Rama Ⅷ Bridge），再往前一段距离，有一家湄公河威士忌酿酒厂坐落于西岸地区，而途中你会依次经过东岸的 Bangkhunprom 宫及与之相邻的 Dvaves 宫，这两座若隐若现的修复建筑以前是王侯府邸，现在是泰国银行的办公大楼；Tha Wasukri 码头的王室船坞就位于国家图书馆前方，在这里你可以窥见护送王室豪华船只的仪仗小船；该城市的第一座天主教堂——圣观教堂（Holy Conception），建立于17世纪大城王朝那莱王统治时期，重建于19世纪初期；而在 Krungthon 桥较远处坐落着辛哈啤酒厂（Singha brewery）。沿途是令人眼花缭乱的佛寺和色彩单调的清真寺，以迎合曼谷不断增多的穆斯林，还有几个仍然居住在吊脚楼和船屋里的原始社区——例如在 Krungthon 大桥附近，你会看到当地人就居住在用来运送粮食、沙和木炭的巨大柚木船里。

终点站暖武里位于河东岸，属于郊外地区，其实这里没有太多景点，但有一个很有名的水果市场，出售的水果非常好，其马路对面就是省府办公厅，是一座美丽宏伟的古老建筑，装饰着木质窗格。如果你想找一处节奏缓慢、风景优美的地方喝茶或用餐，建议你去水上海鲜餐厅 Rim Fang，就位于河滨人行道尽头的右手边。

Chalerm Phra Kiat 寺（Wat Chalerm Phra Kiat）

河西岸暖武里码头以北1千米处 · 在快船码头乘坐渡轮直接横跨湄南河，然后搭乘摩的或步行即可到达

典雅庄重的 **Chalerm Phra Kiat 寺**位于湄南河西岸的空地之上，四周围绕着大片面包树，为该城市增添了一丝精美的氛围。这座错落有致的寺庙由拉玛三世为纪念他的母亲所建，他

榴梿

自然学家阿尔弗雷德·罗素·华莱士曾如此称赞榴梿的味道，将它比作“极具杏仁味的黄油软冻，但又夹杂着其他口味，不禁让人想起奶油奶酪、洋葱酱、棕色雪利酒及其他不知名的东西”。但是他没有提及榴梿果皮介于洗涤剂和狗屎之间的味道是如此让人难以忍受，以至于泰国酒店里和飞机上禁止携带榴梿。而其他不同品种的榴梿有各种奇怪的名称，让人毫无食欲：如青蛙、长臂猿等。但是还是有人非常喜欢榴梿，可能是因为其独特的味道，也可能因为它被认为是强烈的春药。狂热的榴梿爱好者们会尽情讨论其精妙之处，仿佛它们就是年份香槟一样，而且尽管榴梿价格昂贵，标价 B3000/ 个，爱好者们却将它当成是普通的水果，和周围的亲朋好友共享。同时他们还对泰国政府新开发的无味近亲品种——尖竹汶 1 号榴梿嗤之以鼻。

最著名的榴梿果园就在暖武里周围地带，据说由于这里是细泥土壤，因此生长的榴梿有着无可匹敌的坚果味道。如果你想看榴梿果园及其他种植园，如芒果、柚子和木菠萝等，最好从暖武里码头租一辆长尾船，然后沿着 Om Non 运河往西行驶就可看到。即使你一开始闻不出榴梿的味道，也可以从它们典型的外观识别出来：类似于篮球，但稍小一些，包裹在一个厚厚的外壳里，外壳上还有短而尖的硬刺（在马来语中，duri 的意思就是“刺”）。用一把好刀沿着淡淡的纹路切开，拨开白色的果皮，里面有几个皱皱的黄色泡状物，有一种松软感，这就是可以吃的部分。在榴梿摘下 3 天后气味最浓，但味道也最好。但是在榴梿树下行走时一定要小心：因为榴梿很重，而且外壳上有硬刺，如果被掉落的榴梿砸到可能会导致重伤，甚至是死亡。

母亲的家族就居于此地，且掌管了该地区的大部分果园。走进寺院高墙，仿佛置身于优美宁静的秘密花园，而其罕见的柱顶、优雅的弧形山墙以及色彩柔和的陶瓷装饰都显示出这座寺庙深受中国文化影响；修建者们更是各显神通，尤其是百叶窗上的景观，简单却不失精致。

Kred 岛（Ko Kred）

Kred 小岛位于湄南河的急转弯处，在暖武里码头北面大约 7 千米处。在其东岸有一条水路，创建于 18 世纪，主要用作从大城到泰国湾的货运航线，但只比原线路快一点。这座人工小岛是由曼谷的一日游者发现的，这片绿洲上的人们过着典型的农村生活，和下游嘈杂的都市生活完全不同。Kred 岛大约 10 平方千米大，岛上没有马路，只是绕着其边缘有一条混凝土路，还有几条通向岛屿内部的主要走道。岛上绝大多数村民都是孟族人（见 p.183 框中内容），是郑信和拉玛二世统治期间移民到此的后裔，你可以搭乘摩的穿越岛屿，但如果你想欣赏沿途景色，最好选择租一辆自行车或徒步旅行：即使绕着小岛走一圈，也用不了一个半小时。

在 Kred 岛上几乎没什么景点，但是这里草木茂盛、土地空旷，是漫步的理想之地。岛上有一个制陶厂和瓷窑，主要生产地区著名的陶器花盆及小型储水缸，其工人基本都是岛上的村民。岛上土地肥沃，非常适合果木生长，因此这里长满了香蕉树、椰子树、柚子树、番木瓜树、芒果树和榴梿树等果树，在岛屿内部有一个错综复杂的灌溉渠道网，方便浇灌。孟族人将他们的木屋建在果园中间，大多都是传统吊脚楼，离湿软的地面很高。

波罗迈日伽瓦寺（Wat Paramiyikawat）

Kred 岛上有一些非常迷人的河滨寺庙，其中最引人注目的就是**波罗迈日伽瓦寺**了（也称 Wat Poramai），位于小岛东北角的主要码头。这座寺庙看似摇摇欲坠，却精致迷人，建于 18 世纪，后来拉玛五世为了纪念他的祖母，将之重新修建，并将佛舍利放置在白色的河畔佛塔里——该佛塔是按照缅甸孟王国首都 Hanthawadid 的 Mutao Pagoda 佛塔仿建的。寺庙高大的正殿就矗立在一片露天摆放着的缅甸风格雪花石膏佛像中，里面陈列着 19 世纪的迷人壁画，描述了从底层僧侣到神圣佛陀的寺庙生活，场景细致优雅，且极富想象力。

抵达和离开　　Kred 岛

周末是拜访 Kred 岛最方便也是最繁忙的时间，你只需在曼谷中心乘船即可到达。而在其他时间段去 Kred 岛需搭乘公共交通，比较麻烦。

1

船舶 Mitchaopaya旅游服务公司（B300 ☎02 623 6169）在周六、周日及节假日期间会提供乘船旅行，9:00从拉塔那古辛的Tha Chang码头出发，大约16:00返回。途中沿着Bangkok Noi运河及Om运河巡弋，并会在王室庆典御舟博物馆（见p.96）、暖武里的Chalerm Phra Kiat寺（见p.112），以及Kred岛的波罗迈日伽瓦寺和Ban Khanom Thai餐馆停靠，在后者，你可以买到许多传统甜品，还可观看它们的制作流程。

公共交通 最好的线路是搭乘湄南河快船到达暖武里，然后转乘32路公交车（普通空调型，起点位于卧佛寺，途经邦兰铺）或出租车（B100左右）到达Pakkred，或包一辆长尾船直达Kred岛（大约B300）。返程时最好搭乘比较快捷的166路空调公交，往返于胜利纪念碑（可搭乘BTS轻轨到达）和Pakkred之间，因为32路公交回程的停靠点离暖武里码头很远。从Pakkred出发到达Kred岛最简单的方法是租一辆长尾船，但是从Sanam Neua寺出发还可以搭乘渡船穿过湄南河最窄点到达波罗迈日伽瓦寺，往北走1千米或搭乘摩的就可抵达Pakkred码头（乘坐巴士到Pakkred的Tesco Lotus超市可以减少去Sanam Neua寺的步行路程）。

北揽古城（Muang Boran Ancient City）

曼谷东南方33千米处 · 每天8:00~17:00 · B400 · Ⓦ www.ancientcity.com · 搭乘511路空调公交到北揽，位于高楼林立大曼谷的边缘地区，再搭乘36路双条车到达Muang Boran；或从邦兰铺搭乘511路公交，途经拉玛一世大街和素坤逸路，也可以搭乘轻轨和船/地铁快速穿过曼谷市中心，然后在轻轨Bearing站搭乘511路公交

北揽古城户外博物馆一日游可以让你轻松地欣赏到泰国最好的建筑遗产。这座博物馆占地面积广大，其地形几乎与泰国国土形状相同，园内风景秀丽，共坐落着116栋泰国传统建筑，古城旅游的最佳途径是租一辆**自行车**（B50），但徒步游览也是可以的。其中大部分建筑都是按照泰国的名胜古迹仿建的，且位于公园里相对应的“区域”，从曼谷的大王宫（中央区域）到位于山顶的高棉建筑柏威夏寺（东北区域）都汇集于此。也有一些与原建筑相同比例的建筑，如沙没颂堪一座罕见的藏经阁（南部区域），以及一些消失已久的珍贵遗址，都是根据当代文件重建的，大城时期的Sanphet Prasa宫（中央区域）就是一个典型的例子。如今有一大批修复者及技能熟练的工匠在此进行维护工作，有助于传统技术的传承；有时你也可以看到他们正在进行修复工作。

抵达和离开 曼谷

除非你是乘火车到曼谷的，不然你还需要经过很长一段路程才能到达市中心。素万那普机场离市中心有25千米，而且三个公交站距离都不是很近，还好在BTS轻轨站附近有个汽车东站。

飞机

素万那普是曼谷的主要机场（编号为“BKK”，其发音为“soo-wanna-poom” ☎02 132 8888 Ⓦ www.suvarnabhumiairport.com），在曼谷中心往东方向25千米处，位于7号和34号高速公路之间。这个大型机场里有24小时营业的货币兑换处、自动取款机、餐馆、药店和邮局。位于3号和10号登机口的泰国旅游局办事处可提供24小时信息咨询服务（☎02 134 0040-1），而位于2楼的抵达大厅有一个旅游警察岗亭；4楼抵达大厅和出发大厅里有24小时的行李寄存处（B100件/天）。这里的汽车租赁公司包括Avis和Budget（见p.122），但你必须去公共交通中心挑选车子。在素万那普附近有许多住宿选择（见p.130）。当你离开曼谷时，必须预留足够的时间去素万那普，因为无论是坐公交、迷你公交还是出租车，都可能遇到交通堵塞而延误登机时间。

公共交通中心 位于这个大型机场航站楼的另一侧，在5号登机口或出站口外搭乘机场快线免费穿梭巴士，大约10分钟后就可抵达公共交通中心——千万不要和普通穿梭公交混淆，这种公交很慢，主要搭载机场附近的工作人员。但为了方便起见，现在许多长途汽车都会在航站楼前停靠。

素万那普机场捷运 搭乘素万那普地下的高速铁路（SARL Ⓦ www.airportraillink.railway.co.th 每天6:00~24:00）是到达市中心的最快途径。这里只有一个高架轨道，其终点站位于Phaya Thai站（可转乘BTS轻轨，以及59路空调和无空调公交、79路空调公交到达Rajadamnoen Klang路，前往邦兰铺），但有三种类型的列车：慢车，这条通往Phaya Thai的City Line经常很拥挤（每隔12~20分钟一班；全程共需24分钟；B45），途经Makkasan、Ratchaprarop及其他4个站点；通往Phaya Thai的Express线（每隔30分钟一班；全程17分钟；目前单程票B90，往返票B150）；以及终点站为Makkasan的Express线（每隔40分钟一班；全程15分钟；单程票B150），虽然很不方便，但是离地铁Phetchaburi站很近，而且可以换乘556路空调公交到达Rajadamnoen Klang路（邦兰铺方向）及汽车南站。Makkasan也为大多数泰国航空公司的航班提供行李检查设备（出发前3~12小时）。

出租车 乘出租车去曼谷市中心很方便，有空调，价格也很合理，但是驾驶速度让人害怕。不要理睬行李大厅和抵达大厅内的出租车和豪华轿车，他们的收费都比较昂贵；也不要搭乘无牌或无计价器的车辆，因为新抵达的游客通常容易受骗，被抢劫后出租车司机就会逃之夭夭。有牌照的公共出租车读数清晰准确，一般位于1楼4号及7号入口。费用中包括B50机场接机费和B70左右的高架高速公路过路费，例如去市中心的Silom路，费用在B300~350，根据交通状况而定。去机场时司机们总是试图关掉他们的计价器然后报给你一个较高的价格，所以上车时请先说："Poet meter, dai mai khrap/kha！"让他们将计价器打开。如果你在7:00前或21:00后离开市中心，那么你可以在半小时内到达机场，但如果是在其他时间段，你必须在登机前一个半小时出发。

城市公交及迷你公交 去市中心最经济的方式就是从公共交通中心搭乘空调公交（B22~35）或稍贵一些的迷你公交，但只有下列几路公交才可到达：沿素坤逸路行驶的552路公交，途经On Nut（可转乘轻轨）；通往廊曼机场的554（可在航站楼1楼的8号入口搭乘）及555路公交。离开市区去素万那普机场时，许多游客都会选择搭乘邦兰铺及曼谷其他地区的酒店和旅行社组织的迷你公交（至少每隔2小时一班；B130~150；全程至少90分钟）。

长途汽车 在航站楼1楼的8号入口有去往芭堤雅、大城、呵叻、孔敬、乌隆和廊开的长途汽车，以及前往尖竹汶和阁昌岛的迷你巴士。而在公共交通中心，也有去罗勇、庄他武里、兰喔（可前往阁昌岛）及达叻的长途巴士。而在返程时，有些长途汽车还会前往曼谷的汽车北站（Mo Chit站）。

抵达站 武里南（每周7班，全程1小时）；清迈（每天25班，全程1小时）；清莱（每天4~5班，全程1小时15分钟）；春蓬（每天1班，全程1小时）；孔敬（每天2班，全程55分钟）；苏梅岛（每天20班，全程1小时~90分钟）；甲米（每天15班，全程80分钟）；南邦（每周5班，全程1小时）；湄索（每周5班，全程75分钟）；那空拍侬（每天1~2班，全程75分钟）；那空是贪玛叻（每天3班，全程75分钟）；难（每天1班，全程80分钟）；彭世洛（每天2班，全程55分钟）；帕（每周2~3班，全程1小时）；普吉（每天21班，全程80分钟）；素可泰（每天2班，全程40分钟）；素叻他尼（每天4班，全程75分钟）；董里（每天2班，全程90分钟）；达叻（每天3班，全程65分钟）；乌汶（每天7班，全程65分钟）；乌隆（每天7班，全程1小时）。

廊曼机场

廊曼老机场（编号为"DMK" ⓣ 02 535 1253 ⓦ www.donmuangairportonline.com）位于曼谷市区以北25千米处，目前仅用于飞鸟航空（Nok Air）的国内服务（泰国东方航空也有可能从素万那普机场搬回到这里）。如果你从廊曼机场入境，它在北线和东北线上有自己的火车站，而且到汽车北站也很方便，去往市区的最佳方式是在抵达大厅外搭乘有牌照的计程出租车（B300~350，包括B50机场接机费和高速公路费），费用根据你在市区的目的地而定。交通高峰期间，如果你在轻轨Mo Chit站或地铁Phahon Yothin站下车，可以节省一些时间。

火车

如果你从马来西亚或泰国大部分其他地区坐火车抵达曼谷，那么其终点站是华南蓬火车站。但是从北碧、佛统、华欣出发的火车及当地其他一些南线慢车会停靠在吞武里火车站，而沙没沙空的火车主要停靠在WongWian Yai站及吞武里站。

华南蓬火车站

华南蓬火车站（Hualamphong Station）位于市中心的唐人街边缘，且有地铁经过。在华南蓬火车站可转乘的最有用的城市公交车（见p.119框中内容）是159路（无空调），往西可到民主纪念碑、Rajdamnoen Klang（可达邦兰铺）及汽车南站，向东通往MBK购物中心、暹罗广场、恰图恰周末市场及汽车北站。车站设施包括一个货币兑换处、几台自动取款机及一个互联网中心，在中央大厅的前部有一个行李寄存处（营业时间：每天4:00~23:00；B30~100/天）。国营铁路（SRT）24小时信息中心在大厅内的右方，提供英文版时刻表。在8:30~16:00，可以在出发时刻显示屏下15~20号明确写着预售票的窗口提前购票；而在其他时间段，可以先去SRT信息中心查看可购买的火车票，然后在任一售票口购买（每天4:30~24:00）。大多数旅行社及一些酒店和旅馆也提供售票服务，但要收取B50的手续费。有关车票及时刻表（见p.28）的详细内容请查看"基本信息"一章。车站里有许多骗子，他们专门以新到游客为目标。如果大堂里或附近区域有人要为你提供帮助/信息/交通或车票预订服务，那么这个人十有八九是骗子，而且大多数正式工作人员都会将ID标牌挂在脖子上。华南蓬附近也有许多黑心的嘟嘟车司机——你最好搭乘计程出租车或公共交通工具。

抵达站 亚兰（每天2班，全程5~6小时）；大城（每天23班，全程90分钟~2小时）；巴特沃斯（马来西亚，每天1班，全程21小时）；七岩（每天5班，全程3小时10分钟~3小时50分钟）；清迈（每天6班，全程12~14小时）；春蓬（每天12班，全程7小时~9小时30分钟）；华欣（每天12班，全程4~5小时）；孔敬（每天5班，全程7小时30分钟~10小时30分钟）；呵叻（每天11班，全程4~5小时）；南邦（每天6班，全程10~12小时）；南奔（每天6班，全程12~14小时）；华富里（每天15班，全程2小时30分钟~3小时）；佛统（每天12班，全程90分钟）；那空是贪玛叻（每天 2 班，全程 15~16 小时）；廊开（每天 3 班，全程 10 小时 30 分钟 ~12 小时 30 分钟）；巴冲（可至考艾国家公园，每天 10 班，全程 2 小时 45 分钟 ~3 小时 30 分钟）；芭堤雅（每天 1 班，全程 3 小时 45 分钟）；碧武里（每天 11 班，全程 2 小时 45 分钟 ~3 小时 45 分钟）；彭世洛（每天 12 班，全程 5 小时 15 分钟 ~8 小时）；巴蜀（每天 11 班，全程 5~7 小时）；蓬武里（每天 1 班，全程 5 小时 30 分钟）；是拉差（每天 1 班，全程 3 小时 15 分钟）；素叻他尼（每天 10 班，全程 9~12 小时）；素林（每天 10 班，全程 7~10 小时）；Tha Naleng（老挝万象附近，每天 1 班，全程 13 小时 30 分钟）；董里（每天 2 班，全程 15~16 小时）；乌汶（每天 7 班，全程 8 小时 35 分钟 -12 小时 15 分钟）；乌隆（每天 4 班，全程 10~12 小时）。

吞武里站

在吞武里站（Thonburi Station，有时仍使用其原先的名字 Bangkok Noi Station）搭乘红色公共双条车或往东走 850 米就可抵达 N11 快船码头（仅用于周一至周五的高峰时段），与邦兰铺及拉塔那古辛隔河相望；而在其他时间段你需要在 N10 的 Tha Wang Lang 码头（N11 码头往南 500 米）搭乘快船，穿过诗里拉吉医院即可到达。

抵达站　华欣（每天 4 班，全程 4 小时 ~4 小时 30 分钟）；北碧（每天 2 班，全程 2 小时 40 分钟）；佛统（每天 6 班，全程 70 分钟）；Nam Tok（每天 2 班，全程 4 小时 35 分钟）；碧武里（每天 3 班，全程 2 小时 45 分钟 ~ 3 小时 45 分钟）；蓬武里（每天 2 班，全程 5 小时 30 分钟）。

长途巴士

曼谷三个主要长途巴士站分布在城镇郊区地带，且全部都有行李寄存设施。离开去车站时，一定要预留足够的时间，尤其是从邦兰铺出发，到达汽车东站至少需要 1 小时 30 分钟（非高峰时间段），而到汽车北站或南站则需要 1 小时左右。大多数受欢迎的长途空调车（如前往清迈、甲米、普吉和素叻他尼的长途汽车）都需提前预订座位，你可以在相关车站办理，或是用“基本信息”一章描述的任何一种方法办理（见 p.27），而旅馆可能会帮你从不规范的旅游服务机构预订。

汽车北站及东北站

北部和东北部所有交通线路的终点站都在曼谷最大的汽车站——位于 Kamphaeng Phet 路 2 巷的汽车北站及东北站（Mo Chit）；而南部和东部海岸地区的一些巴士也以 Mo Chit 站为终点。从 Mo Chit 站到市中心的最快途径是在 Phaholyothin 路的 Mo Chit 站搭乘轻轨，或在附近的 Chatuchak Park 站或 Kamphaeng Phet 站（在 Kamphaeng Phet 路 2 巷的尽头）搭乘地铁，从车站步行到这些站点大约 15 分钟路程，如果有必要还可以再转乘城市公交。直接搭乘公交车或出租车的话，需要很长时间：从汽车北站出发的城市巴士包括 159 路普通巴士，可前往暹罗广场、华南蓬火车站、邦兰铺及汽车南站；还有 3 路普通和空调巴士、509 路和 512 路空调巴士可到达邦兰铺（见 p.119）。

抵达站　亚兰（每小时一班，全程 4 小时 30 分钟）；大城（每 20 分钟 1 班，全程 2 小时）；庄他武里（每天 13 班，全程 3~4 小时）；清刊（每天 2 班，全程 9 小时）；清孔（每天 10 班，全程 13~14 小时）；清迈（每天 20 班，全程 10~11 小时）；清莱（每天 21 班，全程 11~13 小时）；孔尖（每天 1 班，全程 11 小时）；甘烹碧（每天 7 班，全程 6 小时 30 分钟）；北碧（每天 9 班，全程 2 小时 30 分钟）；孔敬（每天 29 班，全程 6~7 小时）；呵叻（每隔 30 分钟 1 班，全程 2 小时 30 分钟 ~3 小时）；Kong Chiam（每天 4 班，全程 11 小时）；南邦（每天 18 班，全程 8 小时 30 分钟）；黎（每天 20 班，全程 8 小时）；华富里（每隔 20 分钟 1 班，全程 2 小时 30 分钟 ~ 3 小时）；夜丰颂（每天 2 班，全程 18 小时）；湄塞（每天 13 班，全程 13 小时）；迈萨良（每天 2 班，全程 15 小时）；湄索（每天 11 班，全程 8 小时 30 分钟）；莫拉限（每天 13 班，全程 11 小时）；那空拍侬（每天 17 班，全程 12 小时）；难（每天 10 班，全程 12 小时）；廊开（每天 24 班，全程 11 小时）；巴冲（通往考艾国家公园，每隔 30 分钟一班，全程 3 小时）；芭堤雅（每隔 30 分钟 1 班，全程 2~3 小时）；彭世洛（每天最多 19 班，全程 5~6 小时）；帕（每天 11 班，全程 8 小时 30 分钟）；罗勇（每隔 30 分钟 1 班，全程 2 小时 30 分钟 ~3 小时 30 分钟）；是拉差（每隔 30 分钟 1 班，全程 2 小时）；素可泰（每天 17 班，全程 6~7 小时）；素林（每天最多 20 班，全程 8~9 小时）；达（每天 13 班，全程 7 小时）；塔帕农（每天 3 班，全程 12 小时）；达叻（每天 5 班，全程 4 小时 30 分钟）；乌汶（每天 19 班，全程 10~12 小时）；乌隆（每隔 30 分钟 1 班，全程 9 小时）。

汽车东站

大多数往返于东海岸芭堤雅、班佩（通往阁沙美岛）和达叻（通往阁昌岛）等目的地的公交车都会用到汽车东站（Ekamai Ⓣ 02 391 2496），位于 Sukhumvit 路 40 巷和 42 巷之间。这个汽车站就在轻轨 Ekamai 站的右面，而且可转乘多辆巴士，包括 511 路空调车，可通往邦兰铺及汽车南站。或者你也可以选择搭乘 Saen Saeb 运河船只，往西可到达邦兰铺（见 p.85）；在 Sukhumvit 路 63 巷的北路口有个 Ekamai 码头，是从汽车站出来搭乘出租车可到达的最东端。

抵达站　班佩（通往沙美岛，每天 12 班，全程 3 小时 ~3 小时 30 分钟）；庄他武里（每小时 1 班，全程 4~5 小时）；Laem Ngop（通往阁昌岛，每天 3~4 班，全程 5 小时 15 分钟）；芭堤雅（每隔 30 分钟 1 班，全程 2 小时 30 分钟 ~3 小时 30 分钟）；罗勇（每隔 40 分钟 1 班，全程 2 小时 30 分钟 ~3

小时）；是拉差（每隔 30 分钟 1 班，全程 2~3 小时）；达叻（每天 6 班，全程 5~6 小时）

汽车南站

汽车南站，又称 Sathaanii Sai Tai（Ⓣ 02 434 7192）是一个飞机场般的大型车站，往返于曼谷南部区域的公共交通都会用到此站，包括前往华欣、春蓬（通往阁昌岛）、素叻他尼（通往苏梅岛）、普吉和甲米，以及一些目的地在曼谷西面如安帕瓦、佛统和北碧等地的公交车。该汽车站位于棠林詹区 Borom Ratchonni 路和 Phutthamonthon 路 1 巷的交会处，在湄南河及邦兰铺往西 11 千米处，因此即使是搭出租车去市区酒店或旅馆也要花费很长时间。汽车南站的城市公交包括前往邦兰铺的 124 路，途经邦兰铺、华南蓬火车站、暹罗广场及汽车北站的 159 路，途经邦兰铺、素坤逸路和 Ekamai 的 511 路，以及途经 Thewet 和邦兰铺的 516 路，但需注意的是，在抵达曼谷之后，多数长途汽车进站前都会掉头开往 Phra Pinklao 桥和湄南河附近的 Borom Ratchonni 路东端方向，绝大多数乘客会在这里下车，我们也强烈推荐你在此下车，不要去车站。和许多其他交通一样，上述公交都会从这个下客区穿过湄南河，而且从这里搭出租车到城镇也更快更便宜。

抵达站　安帕瓦（每隔 40 分钟 1 班，全程 2 小时）；七岩（每隔 40 分钟 1 班，全程 2 小时 45 分钟 ~3 小时 15 分钟）；春蓬（大致每小时 1 班，全程 7~9 小时）；丹嫩沙多（每隔 40 分钟 1 班，全程 2 小时）；合艾（每天 13 班，全程 12 小时）；华欣（每隔 40 分钟 1 班，全程 3~4 小时）；北碧（每隔 15 分钟 1 班，全程 2 小时）；蔻立（每天 3 班，全程 12 小时）；帕岸岛（每天 2 班，全程 14 小时）；苏梅岛（每天 8 班，全程 13 小时）；甲米（每天 12 班，全程 12~14 小时）；佛统（每隔 10 分钟 1 班，全程 40 分钟 ~80 分钟）；那空是贪玛叻（每天 19 班，全程 12 小时）；攀牙（每天 6 班，全程 12 小时）；碧武里（每天 4~7 班，全程 2 小时 15 分钟）；普吉（每天 15 班，全程 12 小时）；巴蜀（每隔 30 分钟 1 班，全程 4~5 小时）；蓬武里（每隔 40 分钟 1 班，全程 3 小时 30 分钟）；拉廊（每天 15 班，全程 9 小时）；沙没颂堪（每隔 20 分钟 1 班，全程 90 分钟）；沙敦（每天 5 班，全程 16 小时）；素叻他尼（每天 10 班，全程 10~12 小时）；董里（每天 11 班，全程 12~14 小时）。

空调迷你巴士

还有一种到汽车站比较快捷方便的方法，就是在市中心搭乘有营业执照的空调迷你巴士（rot tuu，见 p.28）。北碧线从邦兰铺 Patchadamnoen Klang 路西口的 Royal 酒店门口出发，但其他大多数都是从胜利纪念碑附近（Sawari 大道）出发的，从轻轨 Victory Monument 站出来很容易就可到达。详细内容请参见相关抵达站信息。

旅游巴士

曼谷许多旅游经营者都会提供无证旅游巴士和迷你巴士的售票服务，价格便宜，主要去往热门的长途景点，如清迈、素叻他尼（通往苏梅岛）和甲米（通往皮皮岛），以及比较近的旅游景点，如北碧、沙美岛和阁昌岛。这些巴士唯一的优点是方便，因为大多数车辆都是从邦兰铺的考山区出发的。虽然价格有很大的差异，但是基本不会比正规巴士或有证空调小型巴士便宜。其主要缺点是设施不舒服且安全性较差，尤其是长途通宵线路。价格便宜的旅游经营商，尤其是在考山路一带的，通常都会向你保证通宵巴士是豪华的 VIP 大巴，但实际上却是一辆吱吱嘎嘎响的破旧汽车。通宵巴士的安全性是一个很严重的问题，而且这些巴士都是由无证私人公司经营的，因此不能保证不出现行李失踪或被偷的情况：即使有挂锁，也千万不要将贵重物品放在视野范围以外的行李箱里，因为有时犯罪分子会将放在宽敞行李舱里的行李划开，然后洗劫一空。此外，大多数无良司机还会让乘客在目的地城市的近郊地区下车。去往北碧（B250 左右）、沙美岛（B350 包括船舶接送）及阁昌岛（B350 包括船舶接送）地区线路使用的都是空调迷你巴士；这些车辆通常都很拥挤，行驶速度太快，但是行李比较安全。有一点一定要记住：考山路上的旅游经营者随时都会开业或倒闭，因此在你看到车票之前绝对不能支付任何钱款。有一家名为 Lomprayah 的有证旅行社比较可靠，主要提供去往涛岛、帕岸岛和苏梅岛的船舶服务以及从邦兰铺到春蓬的巴士服务。在 Ram Buttri 路 154 号设有办事处（Ⓣ 02 629 2569-70　Ⓦ www.lomprayah.com）。我们在本书中也推荐了一些旅行社列表（见 p.149）。

周边交通

如果城市居民去上班通常都要花 3 小时时间，那么该地区的周边交通无疑是一个令人头痛的问题。曼谷的主要交通工具是**公交车**，虽然比较慢，但只要你掌握了其复杂的线路图，就可以到达曼谷的任何一个地方。**出租车**价格比较昂贵，而且在白天还会遇到交通堵塞，寸步难行。**船舶**的使用范围有限，但是很常见，价格与公交车一样便宜，而且如果乘船的话，你可以节省很多时间——例如从邦兰铺到邮政总局（GPO），如果走水路需要 30 分钟左右，花费时间只要陆路公交的一半。与此类似，虽然 **BTS 轻轨**和**地铁**的覆盖范围有限，但是如果可以搭乘都应尽量选择；轻轨和地铁线路大致会在 Silom 路东路口、Asoke 巷和素坤逸路的交会处以及 Phaholyothin 路恰图恰公园（Mo Chit）地段重叠，而轻轨线路在沙吞，郑信桥（Saphan Taksin）主要交通枢纽处还可以换乘湄南河快船。在每个轻轨站和地铁站里，你都可以找到周围地区的地图。此外，新建的城北高架地铁线是SRT红色线，起于Bang Sue站，且会在廊曼机场设站点。

公交车

曼谷拥有全球最大的公交网络，主要经营三种类型的公交车。普通公交（无空调）主要是红白相间、蓝白相间，或者是小型绿车，票价在B6.5~8.5；大部分公交线路的营运时间是5:00~23:00，但也有部分线路提供24小时服务（见下页框中内容）。空调公交主要是蓝色、橙色或黄色车身（有些是铰接式的），根据路程远近，票价在B12~36不等；大多数线路在深夜就停运了，但一些大众化的线路会提供24小时服务。由于公交车的行驶速度只能和前面的汽车保持一致，平均在4千米/时左右，花费时间较长，因此建议你多花点钱搭乘空调车，而且相对而言，空调公交没那么挤。若想全面了解曼谷的公交线路，你可以买一份公交地图或登录曼谷大众交通管理局网站（Ⓦ bmta.co.th）查询，上面有所有城市公交线路的详细信息。

地图 若想经济实惠地游览曼谷，你需要购买一份公交地图。其中最实用最可靠的是Bangkok Guide出版的《公交路线及地图》(*Bus Routes & Map*)，不仅将所有主要的空调车线路和非空调车线路制成了图表，而且还对200条公交线路进行了详细的书面描述；此外，Thinknet的*Bangkok Bus Guide*也不错，更容易使用，上面也有空调车和非空调车的线路图表，还有邦兰铺及胜利纪念碑的大比例地图。

船舶

曼谷作为一个两栖城市，周围有许多运河，直到19世纪下半叶才建造了第一条街道。吞武里一侧的运河大多都保留了下来，但曼谷一侧的运河多数都被建成了道路。而湄南河仍是主要的交通干线，对于两岸人民来说，它是连接吞武里和曼谷的桥梁，而非障碍。

快船

湄南河快船公司（reua duan Ⓦ www.chaophrayaexpressboat.com）主要提供大型的水上巴士，快速穿梭在湄南河的上下游之间，且在所有曼谷地图上都会标明其固定码头（tha）。Sathorn码头附近有Saphan Taksin站，可换乘轻轨，因此被定为“中央码头”，Sathorn码头以南的码头编号为S1、S2，以此类推，以北的码头标号为N1、N2（见p.120框中内容及p.70~71的地图）。船只只会在有人上船或下船的码头停靠，但停靠时间不长，所以当你下船以后，就一定要做好准备，说不定等你卡着时间赶到码头之时，就只能看到船只远去的背影。没有旗帜的当地船舶的行驶线路从南面Krung Thep大桥上游的Rajsingkom寺一直向北到吞武里，中间每个码头都会停靠，全程共90分钟，但是只在高峰时间段运行（周一至周五，大致在6:20~8:00及15:00~17:30，20~25分钟1班；B10~14）。唯一全天运行且全年无休的是橙旗船，中间停靠较少（从暖武里到王孙寺不到1小时；大

市区旅游

自助游客游览曼谷远郊地区的最热门方式就是骑着自行车前往，从而你可以从不同的角度观察泰国人的生活，也可以获得近距离接触传统社区的独特机会。除了下文列出的旅游方式之外，你还可以选择吞武里运河之旅（见p.97）、湄南河快船旅游（见p.120）以及沿着湄南河的晚餐巡航之旅（见p.131）。

ABC Amazing Bangkok Cyclist Tours 及 Real Asia 10/5 Soi Aree，Soi 26，Thanon Sukhumvit Ⓣ 02 665 6364 Ⓦ www.realasia.net 这是最热门、路程最长的自行车之旅，从素坤逸地段出发，穿过湄南河，游览神奇的河畔农村社区（包括周末的水上市场）；晚上还会提供自行车及晚餐之旅。该旅游机构全年无休，最远路程达30千米，可根据行程而定，但需要提前预约（B1000~2000，包括自行车）。而一些同行公司如Real Asia可提供运河及步行一日游，穿过吞武里，然后乘火车到达郊外沙没沙空历史悠久的渔港（B2000，包括午餐和船舶接送）。

Bangkok Bike Rides 14/1 Soi Promsi 2 Soi 39,Thanon Sakhumvit Ⓣ 02 712 5305 Ⓦ www.bangkokbikerides.com 或 Ⓦ www.spiceroads.com 提供大曼谷地区一日游和半日游不同的旅游方案（B1000~2650/人，最少两人），包括去Kred岛、水上市场以及丹嫩沙都和大城运河河畔的近邻社区。此外还有出曼谷多日游。

Velo Thailand Soi 4,Thanon Samsen Ⓣ 02 628 8628 Ⓣ www.velothailand.com 提供多种首都自行车之旅方案，从其位于邦兰铺边缘的自行车店出发，特别是入夜旅游（18:00~22:00；B1100），可以观赏到灯光照耀下的卧佛寺、郑王庙以及芭空达拉花市的美丽夜景。

有用的公交线路

除了下列公交线路外，素万那普机场也有公交服务（见p.114）。而在邦兰铺找到正确的公交站是比较困难的（见p.86）。

3路（普通公交及空调公交）

汽车北站—恰图恰周末广场—Phaholyothin路—Samsen路—Phra Arthit路（通往邦兰铺的旅馆）—Sanam路（通往暹罗博物馆）—Triphet路—纪念大桥（通往芭空达拉集市）—郑信纪念碑（通往王威安亚）—Suwan寺。

15路（普通公交）

Ratchadaphisek路—Krung Thep大桥—Charoen Krung路—Silom路—Rajdamri路—暹罗广场—Lan Luang路—皇家田广场—Phra Arthit路（通往邦兰铺的旅馆）。

16路（普通公交及空调公交）

Srinarong路—Samsen路—Thewet（住宿）—Phitsanulok路—Phrayathai路—暹罗广场—Suriwong路。

25路（普通公交及空调公交，24小时服务）

北揽（可换乘去古城的公交车）—素坤逸路—汽车东站—暹罗广场—华南蓬火车站—Yaowarat路（通往唐人街）—拍乎叻路—卧佛寺—Chang码头（通往大王宫）；一些25路公交车（仅限普通公交）的终点站为华南蓬火车站。

53路环线（逆时针方向；普通公交）

Thewet—Krung Kasem路—华南蓬火车站—Yaowarat路（通往唐人街）—拍乎叻路—芭空达拉鲜花农产品市场—Maharat路（通往卧佛寺和大王宫）—皇家田广场（通往国家博物馆）—Phra Arthit路和Samsen路（通往邦兰铺的旅馆）—Thewet。

56路环线（顺时针方向；普通公交）

Phra Sumen路—布旺尼威寺—Pracha Thipatai路—Ratchasima路（通往维曼默宫）—Rajwithi路—Krung Thon大桥—吞武里—Phrapokklao大桥—Chakraphet路（通往唐人街）—Mahachai路—民主纪念碑—Tanao路（通往考山路的旅馆）—Phra Sumen路。

124路（普通公交）

皇家田广场—Rajinee路，信息咨询中心附近（通往邦兰铺的旅馆）—Phra Pinklao桥—汽车南站—Mahidol大学。

159路（普通公交）

汽车南站—Phra Pinklao大桥—民主纪念碑—华南蓬站—MBK购物中心—Ratchaprarop路—胜利纪念碑—恰图恰周末市场—汽车北站。

503路（空调公交）

皇家田广场—民主纪念碑（通往邦兰铺的旅馆）—Rajdamnoen Nok路（通往泰国旅游局及泰拳体育馆）—云石寺—Sri Ayutthaya路（通往Thewet的旅馆）—胜利纪念碑—恰图恰周末市场—兰实。但需要注意的是，在高峰时段，一些503路公交车会上高速，不经过恰图恰周末市场。

508路（空调公交）

Maharat路—大王宫—Charoen Krung路—暹罗广场—素坤逸路—汽车东站—北揽（可换乘去古城的公交车）。但需注意的是，在高峰时段，一些508路公交车会上高速，不经过汽车东站。

509路（空调公交）

汽车北站—恰图恰周末市场—胜利纪念碑—Rajwithi路—Sawankhalok路—Phitsanulok路—Rajdamnoen Nok路（通往泰国旅游局和泰拳体院馆）—民主纪念碑—Rajdamnoen Klang路（通往邦兰铺的旅馆）—Phra Pinklao大桥—吞武里。

511路（空调公交，24小时服务）

汽车南站—Phra Pinklao大桥（通往邦兰铺的旅馆）—民主纪念碑—Lan Luang路—Phetchaburi—素坤逸路—汽车东站—北揽（可换成去古城的公交车）。但需注意的是，在4:00~23:00之间，一些511路公交车会上高速公路，不经过汽车东站。

512路（空调公交）

汽车北站—恰图恰周末市场—Phetchaburi路—Lan Luang路—民主纪念碑（通往邦兰铺的旅馆）—皇家田广场—Chang码头（通往大王宫）—芭空达拉集市。

致从6:00~19:00，5~20分钟1班；B15）。除此之外，在高峰期间还有黄旗船只（从暖武里至Sathron码头或Rajburana，位于Krung Thep大桥下游较远处，全程大约50分钟；运营时间大致在周一至周五6:15~8:20及15:30~20:00；B20~29）或绿旗船只（从Pakkred到Sathron码头：周一至周五6:15~8:10及17:00~18:00，Sathorn码头到Pakkred：周一至周五15:30~18:05；全程约50分钟；B13~32），中间停靠较少。可先上船后买票，在下船之前要将船票保存好，因为一些码头的工作人员会查票，如果你上岸时没有船票，会被处以B1的罚金。

观光船

湄南河快船公司也提供观光船服务，这些船的旗子是浅蓝色的，主要往返于Sathorn（30分钟1班；9:30~16:00）和Phra Arthit码头（30分钟1班；10:00~16:30）之间。途中（双向），这些船舶会在Oriental、Si Phraya、Rachawongse、Thien、Maharat（在玛哈泰寺及大王宫附近）和Wang Lang码头停靠。船上的导游会给游客做解说，并出售

1

湄南河快船主要停靠点

N15 Thewet 码头（所有快船都会在此停靠）——通往 Thewet 路的旅馆。
N14 拉玛八世桥（无旗船只停靠点——通往 Samsen 路 5 巷。
N13 Phra Arthit（无旗及橙旗船只停靠点）——通往 Phra Arthit 路、考山路及邦兰铺的旅馆。
N12 Phra Pinklao 桥（所有船只）——通往王室庆典御舟博物馆。
N11 吞武里火车站（或 Bangkok Noi；无旗船只）——可换乘通往北碧府的火车。
N10 Wang Lang（又称 Siriraj 或 Prannok；所有船只）——通往拉康寺。
N9 Chang 码头（无旗及绿旗、橙旗船只）——通往大王宫、皇家田广场及国家博物馆。
N8 Thien 码头（无旗及橙旗船只）——通往卧佛寺，且可换乘通往郑王寺的跨河渡轮。
N7 Ratchini（又称 Rajinee；无旗船只）。
N6 Saphan Phut（纪念桥；无旗及橙旗船只）——通往拍乎叻路、芭空达拉集市及帕荣寺。
N5 Rachawongse（又称 Rajawong；所有船只）——通往唐人街。
N4 港务局（海事处）（无旗及橙旗船只）。
N3 Si Phraya（所有船只）——往北走经过 Sheraton Royal Orchid 酒店可通往 River City 购物中心，往南则可通往邮政总局。
N2 Muang Kae 寺（无旗船只）——通往邮政总局。
N1 东方码头（无旗及橙旗船只）——通往 Silom 路
中央码头 Sathorn（所有船只）——可换乘轻轨（Saphan Taksin 站），通往 Sathorn 路。

全日票，这样你可以在当天相同的线路内搭乘其他快船，共 B150；也有单程票，从 Si Phraya 到 Thien 码头的票价为 B30。

跨河渡轮

跨河渡轮（reua kham fak）速度比较慢，比快船要小，主要在两点之间来回穿梭。每个快船码头或其附近都有渡轮服务，此外还有许多其他码头，若想去吞武里，跨河渡轮是最好的途径。票价一般在 B3~4，在码头入口处购买。

运河船

穿梭在吞武里地区运河上的长尾船（reua hang yao）就像公交车一样，有指定的停靠点（价格和快船价格一致），你也可以租一艘长尾船四处游览（见 p.97 框中内容）。在曼谷一侧，主要沿塞萨运河（Khlong Saen Saeb）行驶，白天几乎每 15 分钟 1 班，从金山塔的 Phan Fah 码头（去往邦兰铺、拉塔那古辛及唐人街的交通很方便）出发，一直往东到达 Sribunruang 寺，途经 Phrayathai 码头（又称 Saphan Hua Chang；通往吉姆·汤普森纪念馆及轻轨 Ratchathevi 站）；Pratunam（通往四面佛像）；Witthayu 路；以及素坤逸路，可通往 Nana Nua 巷（Soi 3）、Asok Montri 路（Soi 21，通往泰国旅游局总部和地铁 Phetchaburi 站）、Thonglo 巷（Soi 55）及 Ekamai（Soi 63）。如果你能忍受运河的臭味，那么运河船是跨越曼谷东西部之间最快最有趣的交通方式。但是上岸时会比较麻烦，因为大多数码头名称都是用泰文标记的，看起来都差不多（见 p.121 地图）；所以一定要注意普通木质突堤式码头——大多数突堤式码头可提供两个方向的船只。当售票员让你买票时，一定要说出你的目的地，一般票价在 B10~24。由于正在修建矮桥，因此所有乘客都需在 Pratunam 码头换乘其他船只，跟着人流走即可。

BTS 轻轨

虽然覆盖区域有限，但相对巴士而言，BTS 轻轨（又称 rot fai faa Ⓦ www.bts.co.th）速度要快得多，而且清洁高效，空调也很凉爽。曼谷共有两条轻轨线路，在暹罗广场（Siam Square，中心站）会合。这两条线路间隔都很短，从 6:00 一直营运到 24:00，每次行程票价在 B15~55，视路程长短而定。这里只有只收硬币的自动售票机，但是你可以去人工柜台换取零钱。虽然这里有各种各样专为长途乘客准备的多程卡，但我们建议购买票价为 B120 的一日票。Sukhumvit 线的起点是曼谷北部的 Mo Chit 站（N8），途经 Phayathai 站（N2），可换乘机场铁路线，终点站是 Bearing 站（素坤逸路 105 巷；E14），全程大约 40 分钟。Silom 线从国家体育馆（W1）出发，途经 Saphan Taksin（S6），可换乘湄南河所有快船，终点站是吞武里的 Wongwain Yai 站（目前正在建造通往 Phetkasem 路 Bang Wa 站的延长线）。

地铁

曼谷的地下铁路系统——MRT 地铁（又称地下铁道，泰语叫 rot fai tai din；www.bangkokmetro.co.th）与轻轨很相似，但目前只有 1 条地铁线，且几乎没有风景名胜的站点。地铁间隔时间较短，运营时间为 6:00~24:00，从华南蓬火车站一直开往曼谷北部的 Bang Sue 站，途经斯隆路（轻轨 Sala Daeng 站附近）、素坤逸路（轻轨 Asoke 站附近）和恰图恰公园（轻轨 Mo Chit 站附近）。从华南蓬往西的地铁延长线正在建设中，新增站点会设在唐人街的龙莲寺、拍乎叻路及拉塔那古辛的 Sanam Chai 路，然后穿过吞武里，最终计划是形成一个环线再回到 Bang Sue 站。你可以在人工

服务窗口或自动售票机上买票（B15~40），然后你会拿到一张卡以进入入口闸门（不建议游客购买一日票和储值卡）。

出租车

曼谷出租车主要有三种形式，而且数量很多，因此等几分钟就会拦到一辆空车。因为嘟嘟车和摩的都不使用计程器，所以应在出发前先确定好价格，与司机讨价还价可以得到一个相对便宜的价格。

计程出租车

最好最舒适的交通工具就是曼谷的空调计程出租车，车顶上有“TAXI METER”的标记，如果乘客座椅前的挡风玻璃上显示红灯，就表示该出租车可以搭载乘客。曼谷出租车起步价为B35，应付费用在计程器上有明确显示。每次送客时，司机都会将计程器重新设置一下（你可以说“poet meter, dai mai khrap/kha?”提醒司机将计程器打开），该费用是结合路程/时间公式分段计算的；例如，从Ploenchit路到Sathorn路，路程适中，如果没有遇上交通堵塞等问题，那么价格在B50左右。因为出租车司机不会携带太多现金，所以你最好随身带一些零钱；通常会给司机10%的小费，偶尔也会遇到司机将计程器上的费用四舍五入的情况。如果司机没有使用计程器，而是直接报了一个价格，那么就听他的。但是千万不要搭乘没有计程器的出租车（车顶有“TAXI”的标记），不过目前也比较少了。在下午3点左右，出租车都要回公司换另一批司机，这个时间段想找一辆计程出租车就比较困难。如果你想预约一辆计程出租车（需额外支付B20~50），可以拨打 ☎ 1661 找Siam Taxi Co-operative 或 ☎ 1681 找 Taxi Radio。

1

嘟嘟车

虽然嘟嘟车是泰国典型的交通工具，但不太可靠，因此我们不建议游客搭乘。这种杂音很大的三轮车，两边是敞开的，搭载三个中等体形的乘客还是满宽敞的，但你要忍受曼谷糟糕的污染和天气。而且，你要和嘟嘟车司机讨价还价很久才能得到一个低于出租车起表收费的价格——B35；如果路程比较长，如从 Convent 路到暹罗广场，司机要价会高达 B200。另外需要注意的是，会讲英语的嘟嘟车司机比出租车司机要少得多——而且在深夜时分，还会出现抢劫、袭击女乘客的情况。在白天，经常会看到嘟嘟车司机拉着乘客去珠宝店、裁缝店或昂贵的纪念品店购物（见 p.55）。

摩的

摩的通常都聚集在街道比较长的入口处——根据其所穿背心上的编号及颜色，一眼就可以将摩的司机认出来——如果走小街且路程较短，则 B1 起价。如果你赶时间而且胆子比较大，可以让司机走大路（从皇家田广场到 Samsen 路大约需要 B40，路程比较短）。在曼谷所有的主要道路上行驶都一定要戴头盔（交警会当场对不戴头盔者进行罚款），但是在走小路时几乎都不戴头盔。

汽车出租

在曼谷租一辆车自驾是十分不理智的，尤其当这里的出租车费用是如此便宜的时候。但如果你想去泰国各地转转，可以去下列汽车出租公司看看。

Avis 2/12 Thonan Witthayu；素万那普机场及廊曼机场（Ⓣ 02 251 1131-2　Ⓦ www.avisthailand.com）。

Budget 19/23 Building A,Royal City Avenue, Thanon Phetchaburi Mai；素万那普机场及廊曼机场（Ⓣ 02 203 9222　Ⓦ www.budget.co.th）。

National 727 Thanon Srina Kharin；素万那普机场及廊曼机场（Ⓣ 02 722 8487　Ⓦ www.nationalcarthailand.com）。

住宿

如果你在曼谷的时间有限，应该先确定好旅游行程，然后再决定住宿地点。曼谷的交通堵塞很严重，因此最好选择轻轨、地铁或船舶出行。旅游旺季期间（11 月 ~ 次年 2 月），建议提前预订房间，但是一些旅馆只接受现金押金。如果你想住 B400 以下的双人房，可以去**邦兰铺**的考山路。最便宜的房间是没有任何设施的临时借宿处——很小，没有窗户，隔音效果差，且房客共用一个卫生间；但邦兰铺也有许多不错的中等价位的住宿设施，而且有空调和泳池。另外在破败不堪的 **Ngam Duphli 巷**有一个游客聚集区，就在拉玛四世大街的南面，房间很小，设施也不好，但是当你预算不足时，可以在这里将就几晚；而在暹罗广场附近的 **Samsen 路 1 巷**交通便利，价位中等，还提供 B500 的住房。曼谷绝大多数中等和高等价位的住房广泛分布在**市中心**各地，如从暹罗广场和 Ploenchit 路附近到拉玛四世大街的南面，**素坤逸路**以及**唐人街**的小部分地区。除了交通、购物比较方便之外，还可以透过房间的窗户欣赏到美丽的景色，尤其是湄南河沿岸的豪华酒店，周围风景如画。

邦兰铺

几乎所有背包客都会直接前往邦兰铺地区，这是曼谷地区建立时间最长的游客聚集地，就位于大王宫北面，这里有最便宜的住房，最好的设施，还有曼谷最繁华的酒吧及餐馆。考山路上越来越多的旅馆都改建为小酒店，有别致的泳池、美丽的外景。但最便宜的住房也坐落于此地，尤其是考山路的西面，Chana Songhkram 寺周围以及河畔的 Phra Arthit 路——不过这里也有高档住宿场所，从房间里可以看到湄南河最美丽的景色。从考山路往北走 10 分钟，在 Samsen 路各巷的店铺周围分布着少数旅馆，在这里你可以体验到地道的泰式生活。再往北走 15 分钟或从 Thewet 码头出发步行 7 分钟就是 Thewet 区，极具地方特色。从考山路往南走，穿过多车道的 Rajdamnoen Klang 路，就可以看到该区域的高档酒店，北面就是民主纪念碑，走进这里仿佛置身于古老的街坊，宁静典雅，以其传统的美食餐馆而闻名远近。但是邦兰铺的小偷很多，尤其是在便宜的旅馆里，因此千万不要将贵重物品落在房间里，平时最好使用挂锁和安全锁等。

考山路及其周围交通

Buddy Lodge 考山路 265 号 Ⓣ 02 629 4477 Ⓦ www.buddylodge.com 见 p.88~89 地图 考山路最时尚的酒店，客流量也最多。其殖民地风格的奶白色客房内设施齐全，有百叶窗、阳台、大理石洗手间、空调以及抛光的深色木地板，但价格比较贵。此外，还有美丽的屋顶泳池、SPA 馆、健身房和室内 Wi-Fi，而在楼下的 Buddy Village 里还有好几个酒吧。订房间时最好选高一点的楼层以确保晚上有个安静的睡眠。房价包括自助早餐费用。**B2800**

Charoendee Boutique Hostel 考山路 189 号 Ⓣ 02 629 1980 Ⓦ www.charoendee.com 见 p.88~89 地图 木质百叶窗及格子装饰是典型的殖民地风格，在高楼大厦中间还藏着一个美丽的小庭院。卧室光线明亮，环境干净整洁，浴室虽小但可提供热水淋浴。单人客房价格比较便宜，有风扇及共用洗手间。房间可上网，早餐提供免费的咖啡和烤面包。由于位于小巷尽头处，因此环境比较安静。风扇房（共用洗手间）**B450**，空调房（双人房）**B650**

Donna Guesthouse Ratchadamnoen Klang 路 75 号 ⓣ 02 281 9374 见 p.88~89 地图 位于一个小胡同里，被其他建筑包围。这座白色的隔板房光线明亮、环境干净整洁，工作人员服务热忱，就在 Ratchadamnoen 邮局西墙的对面。楼下是瓷砖地板，主要提供空调套房，独立洗手间，冷水淋浴，房间虽小但空房较多，楼上是木地板，共 7 层，所有风扇房共用 3 个洗手间，也是冷水淋浴。风扇房 **B250**，空调房 **B350**

Khao San Palace Inn 考山路 139 号 ⓣ 02 282 0578 ⓦ www.khaosanpalace.com 见 p.88~89 地图 酒店环境清洁，设备齐全，墙上挂着迷人的曼谷风情的黑白照片，屋顶有泳池。即使是最便宜的房间也有独立浴室、窗户、空调及卫星电视，而精美的瓷砖使它们看起来更像豪华房；有些房间还能看到城市全景。**B720**

Lek House 考山路 125 号 ⓣ 02 281 8441 见 p.88~89 地图 经典老式旅馆，是一栋独立多层的黄色建筑，所有 20 间客房中大多有窗户；如果你想欣赏考山路全景，可以选择带阳台的房间。卧室很小很简单，隔墙很薄但床垫很厚；卫生间是共用的，且只提供冷水淋浴。相比于其他相同价位的旅馆来说，不算寒碜，而且服务态度也比大多数旅馆要友好得多。由于就位于 Silk 酒吧旁，晚上会比较吵。**B240**

Live Good Tanao 路东面 ⓣ 02 282 5092 见 p.88~89 地图 这座现代化公寓式的旅馆位于一处简陋的巷子内，就在素食餐厅巷附近，从考山路步行过来只需 1 分钟，服务热忱，房间很小，设施也比较简单，但价格也比较便宜。若预算较少，可以选择无窗的风扇房，卫生间共用，提供冷水。有独立卫生间（热水淋浴）的风扇房比较大，还可欣赏窗外的各种风景。卫生间共享客房 **B200**，独立卫生间套房 **B350**

Shambara 考山路 138 号 ⓣ 02 282 7968 ⓦ www.shambarabankok.com 见 p.88~89 地图 这座宁静的小旅馆就坐落在考山路东口的小巷里，一共只有 9 间简单但设计独特的风扇房及空调房，大多数房间都有窗户，共享两个淋浴室和两个卫生间。单人房价较便宜，而且很受游客欢迎，尤其是单身女性，最好提前预订。风扇房 **B450**，空调房 **B560**

西部地区：查那松康寺、Phra Arthit 路及湄南河附近

Bella Bella House Ram Bhuttri 巷 ⓣ 02 629 3090 见 p.88~89 地图 该旅馆坐落在一间环境优美的咖啡馆上方，房间色彩柔和，虽然没有多余装饰，但价格合理，还可看到查那松康寺的美丽景色。最便宜的房间需共用冷水卫生间；档次比较好的房间有独立卫生间，提供热水淋浴；而最贵的是空调房。所有房间都有 Wi-Fi。共用卫生间客房 **B300**，独立卫生间套房 **B410**，空调房 **B490**

KC Guest House Phra Sumen 路拐角处，Trok Kai Chae 巷 64 号 ⓣ 02 282 0618 ⓦ www.kc64guesthouse.com 见 p.88~89 地图 这是一个热情好客的民宿，无论是独立卫浴房（提供热水）还是共用冷水卫生间的客房，都非常干净，且色彩艳丽。屋顶有露台，而且在 7-Eleven 便利店前面的小巷里还有一个双层用餐区。共用卫生间客房 **B300**，独立卫生间套房 **B420**，空调房 **B520**

Lamphu House Ram Bhuttri 巷 75 号 ⓣ 02 629 5861-1 ⓦ www.lamphuhouse.com 见 p.88~89 地图 所有房间里都有美丽的竹床、椰子木质挂衣杆和别致的藤灯。旅馆位于庭院中，氛围宁静幽雅，属于现代风格。最便宜的风扇房需共用卫生间，且没有窗户，而三人房和四张床的房间深受家庭旅游者的喜欢。所有房间都提供 Wi-Fi。共用卫生间客房 **B400**，独立卫浴套房 **B520**，空调房 **B630**

Merry V Ram Bhuttri 巷 ⓣ 02 282 9267 见 p.88~89 地图 这个高效运营的大型旅馆为游客提供邦兰铺最便宜的住宿环境。底楼房间小，设施简单，大多都需共用卫生间，有没有窗户也无所谓。此外，旅馆还有提供独立卫生间套房（热水淋浴）及空调房。对单人旅行者来说是个不错的选择。**B200**

Navalai River Resort Phra Arthit 路 45/1 号 ⓣ 02 280 9955 ⓦ www.navalai.com 见 p.88~89 地图 品位时尚的河滨酒店，提供美丽的屋顶泳池、装饰时髦的客房以及风景如画的河流风光。房间内有空调、DVD 光盘、浴缸、私人阳台以及免费 Wi-Fi，在底楼还有环境幽雅的 Aquatini 河滨餐馆（见 p.131）。房价包含自助早餐费用。**B2900**

★ **New Siam 2** Trok Rong Mai 路 50 号 ⓣ 02 282 2795 ⓦ www.newsiam.net 见 p.88~89 地图 这是一家运营良好的小酒店，其独立卫浴套房主要提供风扇和冷水淋浴服务，空调房提供热水淋浴，这些房间还精心准备了其他设备，如室内保险箱、有线电视，阳台上还有晒衣竿。酒店地理位置优越，环境幽雅宁静，而且在街边还有个小游泳池。酒店还提供三人房，深受家庭旅游者的喜爱。风扇房 **B690**，空调房 **B790**

New Siam Riverside Phra Arthit 路 21 号 ⓣ 02 629 3535 ⓦ newsiam.net 见 p.88~89 地图 酒店地处河滨最美丽的地方，提供设计精良、价格实惠的客房。即使是最便宜的房间都有空调、齐全的设施以及 Wi-Fi 服务，而从最豪华房间的窗户里可看到湄南河的秀丽景色或拥有私人阳台。酒店还有一个大型的河滨泳池以及露天餐厅。提供免费早餐。**B1390**

Peachy Guest House Phra Arthit 路 10 号 ⓣ 02 281 6471 见 p.88~89 地图这家客流量大、价格实惠、历史悠久的旅馆里有一个深夜庭院小吧。客房干净简单，铺有木地板，大多数需共用卫生间，但也有空调房。很适合单人游客。共用卫生间的风扇房 **B200**，共用卫生间的空调房 B300，独

1

立卫浴空调房 B400

★ **Praya Palazzo** Somdet Phra Pinklao 路 2 巷 757/1 号 ☎ 02 883 2998 Ⓦ www.prayapalazzo.com 见 p.88~89 地图 这家意大利风格的河畔大型酒店位于邦兰铺对面，环境幽雅宁静，是由一位建筑系教授精心修复的，就连壁纸和灯罩等细节都经过了精心设计，从而再现它 20 世纪 20 年代的氛围。当然也不乏 21 世纪的奢侈品，如 DVD、免费 Wi-Fi 等。在卫生间里，黄铜水龙头上连着大喷头淋浴器，并用彩色大理石装饰。花园里有漂亮的泳池，也有精致的餐馆（见 p.131），可提供免费早餐及下午茶。酒店有免费船只接送游客，可在 Phra Arthit 码头（旅游旺季期间，会在此设立酒店办公分部）换乘，如果有需要还可前往 Wasukri 码头（通往律实）。长期住宿可享受折扣。B7900

北部地区：Samsen 路各巷及 Thewet 地区

Lamphu Treehouse Phracha Thipatai 路 Saphan Wanchat 巷 155 号 ☎ 02 282 0991-2 Ⓦ www.lamphutreehotel.com 见 p.88~89 地图 运河两旁种满了兰铺树（八宝树），旅馆就是以此命名的，吸引了大量游客。房间设施齐全，装有空调，且都带有阳台和大量抛光柚木装饰品及其他传统泰式装饰元素。旅馆有泳池、有迷人的屋顶露台，在其大厅还提供 Wi-Fi 服务。周围环境安静舒适，但离民主纪念碑很近，步行几分钟就可到达。房价包括早餐费用。B1450

Nakorn Ping Samsen 路 6 巷 9/1 号 ☎ 02 281 6574 Ⓦ www.nakornpinghotel.com 见 p.88~89 地图 这座橙色建筑位于安静的小巷中，楼层不高，有绿色植物点缀，集合了中泰酒店的经典元素：装垃圾的痰盂、别致的木质家具，而且自然光线较少。但环境干净、运营高效且价格实惠，所有房间都有冰箱、有线电视及独立卫浴，空调房间还提供热水淋浴。风扇房 B400，空调房 B500

★ **Old Bangkok Inn** Phra Sumen 路 609 号 ☎ 02 629 1787 Ⓦ www.oldbangkokinn.com 见 p.88~89 地图 这家别致的经典旅馆坚持环保理念，只有 10 间空调房，每一间都有各自独特的风格：泰国北部的老式隔板、缅甸风格的门和床、铁质灯具以及优雅的现代浴室。所有客房都配有电脑且提供免费上网服务和 DVD 播放机。有些房间还有一个私人小花园。从考山路走到这里大概 10 分钟路程。B3200

★ **Phra Nakorn Norn Len** Thewet 路 1 巷 46 号 ☎ 02 6288188 Ⓦ www.phranakorn-nornlen.com 见 p.88~89 地图 曾经是一个破旧的汽车旅馆，如今被改造成波西米亚风格的人间天堂，坚持环保理念，注重人情风俗，价格合情合理。每间客房虽然算不上豪华，但都温馨舒适，装饰的手绘图案更显示了其别具一格的复古泰式设计。此外，每间客房都有雅致的卫生间、阳台、免费 Wi-Fi 以及空调。公共区域包括儿童游乐区、洗衣机房及烘干机房；在屋顶可看到印他叻维罕寺的巨大立佛像，以及为酒店餐馆提供的部分有机蔬菜。大多数时候包含有机素食早餐。B2400

★ **Rajata** Samsen 路 6 巷 ☎ 02 628 8084 Ⓦ www.rajatahotel.com 见 p.88~89 地图 这家酒店原先是一家坐落在安静庭院的汽车旅馆，其卧室和卫生间都很大，经过巧妙改造，添加了一些复古家具、大量盆栽以及热情的欢迎仪式。房间干净整洁，一尘不染，配有空调和卫星电视；额外支付 B200 可提供热水淋浴和迷你吧，并可在庭院咖啡馆里享受免费早餐。房间有电脑及免费 Wi-Fi。B650

Sawatdee Guest House Thewet 区 Sri Ayutthaya 路（16 巷）71 号 ☎ 02 281 0757 见 p.88~89 地图 这家年代久远的老式旅馆价格便宜，设施简单，但服务比 Thewet 区其他多数旅馆都周到，风扇房无多余装饰，只用隔墙隔开。共用卫生间的客房 B200，独立卫浴套间 B400

Sri Ayutthaya Thewet 区 Sri Ayutthaya 路（14 巷）23/11 号 ☎ 02 282 5942 见 p.88~89 地图 Thewet 地区最别致的旅馆，大多数大房间（一种是没有私人卫生间的风扇房，还有一种是有独立卫浴的空调套房）里都是典雅的木板墙以及美丽的抛光木地板；后来又新增了几间现代"高级"房（B1000），色彩明亮动人。每个房间都有热水淋浴。风扇房 B450，空调房 B650

★ **Tavee** Thewet 区 Sri Ayutthaya 路 14 巷 83 号 ☎ 02 280 1447 见 p.88~89 地图 位于 Sri Ayutthaya 旅馆的后巷里，为同一个家庭所有，但是环境更安静，服务也更热情。旅馆里有一间时尚的小咖啡馆，常常播放休闲音乐，咖啡馆后面就是客房区，提供电脑和免费 Wi-Fi，风扇房里铺有迷人的木地板，共用别致的热水浴室；而有独立卫浴的空调套房空间较大，装潢也更精致。风扇房 B450，空调房 B700

南部地区：民主纪念碑以南

Baan Dinso Dinso 路 Trok Sin 巷 113 号 ☎ 02 622 0560 Ⓦ www.baandinso.com 见 p.88~89 地图 这家品位高档的小旅馆属于 20 世纪 20 年代的泰式老房，宁静典雅，使用的是奶酪色冷色调油漆及抛光柚木地板。几乎所有豪华房都需共用底楼的热水浴室，但每个房间都有空调和 DVD 播放器，并提供免费 Wi-Fi，因此价格有点高，国际青年旅舍会员享有 10% 的折扣。房价包含早餐。非常适合单身旅游者。B2200

★ **The Bhuthorn** Phraeng Phuthon 路 96 号，就在 Kanlayana Maitri 路附近 ☎ 02 622 2270 Ⓦ www.thebhuthorn.com 见 p.88~89 地图 业主将这座百年历史的店铺巧妙地改建成一家住宿加早餐的酒店。小巧的大堂后面就是 3 间雅致的客房（其中一间是有夹层的小型套房，B5000），房内装饰有中国、泰国及西方的深色木质仿古家具、吊灯、孔剧面具及其他艺术品，也有 DVD 机等其他现代用品。提供英式早餐（包括日常的

泰式特色），下午茶及 Wi-Fi。B3600

Boonsiri Place Buranasart 路 55 号 ⓣ 02 622 2189 ⓦ www.boonsiriplace.com 见 p.88~89 地图 这家中型酒店是由一对迷人的姐妹经营的，价格实惠，坚持环保理念，位于热闹的老街区，步行去大王宫只要 10 分钟时间。酒店共有 48 间空调大房（额外支付 B200 可享受豪华房），每间都挂有泰国传统庙会后期艺术家 Chanok Chunchob 的不同作品。有 Wi-Fi 和电脑。房价包括自助早餐费用。B1400

拉塔那古辛及其周边

近几年在拉塔那古辛的西面新开了几家高档的小酒店，处于安静、传统、极具中国色彩的低楼层店铺中间，特别显眼，地理位置卓越，既可俯瞰湄南河，而且离卧佛寺和大王宫都不远。如果你喜欢时尚，可以去不远处的邦兰铺，感受下那里的美食和夜生活；若想去吞武里和唐人街，或 Saphan Taksin 轻轨站，只要搭乘公共船只即可。你也可以选择 Ibrik 度假酒店，这家迷人的小酒店就位于湄南河吞武里沿岸，与拉塔那古辛隔河相望，而其出行的主要交通方式是乘坐跨河船舶。

Arun Residence Maharat 路 Pratu Nokyung 巷 36 号 ⓣ 02 221 9158 ⓦ www.arunresidence.com 见 p.73 地图 房间温馨舒适，铺有木地板，完美融合了传统和当代泰式风格，此外还可欣赏到郑王寺的壮丽景色。这家由店铺精心改建而成的酒店（水暖系统可能是个问题）还有一个不错的休息室，可提供上网服务，酒店内有屋顶酒吧，欧式及泰式餐厅——The Deck，可提供早餐（包含在房价里）。B3500

The Asadang Atsadang 路与 Phraya Si 路的交汇处 ⓣ 085 180 7100 ⓦ www.theasadang.com 见 p.73 地图 这座 20 世纪早期新古典主义风格的大厦位于拉塔那古辛入口处，是一家高档酒店，相比于其兄弟酒店 The Bhuthorn（见上文）更具泰国特色，装饰着泰国古董家具、雕花门楣及当地独特的面料等；氛围更轻快，空间也更宽敞，而且四周都是白色木墙。如果你能爬上狭窄陡峭的旋梯（并且承受较高的价格，B4500），你可以在顶楼的王爷府套间（Ratchabopit）俯瞰同名寺庙，还可享受摇椅、落地窗以及种满盆栽的私人阳台。有 Wi-Fi。房价包括英式早餐（也有日常泰国特色食品）费用。B3600

Aurum:The River Place Maharat 路 Pansook 巷 394/27-29 号 ⓣ 02 622 2248 ⓦ aurum-bangkok.com 见 p.73 地图 这座整洁漂亮的 4 层楼酒店仿照法国的联排别墅兴建，装饰有木质百叶窗及铸铁阳台，而且离湄南河非常近，其中 4 间房只能看到城市景色，但其他 8 间多多少少都可看到美丽的河景。设备齐全的客房装饰有五彩缤纷的泰式纺织品以及高光木地板；除了顶楼的客房外，其他房间都偏小。酒店提供免费 Wi-Fi，白天还有河畔咖啡馆——Vivi The Coffee Place，可提供免费早餐。B3700

Chakrabongse Villas Maharat 路 396 号 ⓣ 02 222 1290 ⓦ www.thaivillas.com 见 p.73 地图。这家高档的河滨酒店的独特之处在于其拥有 9 间装潢精美的客房、套房及别墅，且有泰国、中国和摩洛哥三种风格，就坐落在有百年历史的 Chakrabongse 别墅的豪华花园里，可俯瞰郑王寺。所有房间都有空调、免费 Wi-Fi 和有线电视，酒店的公共设施包括美丽的小泳池及供客户休息或用餐（需提前预订）的河滨凉亭。还有独木舟及自行车租赁服务。B5850

★ **Ibrik Resort by the River** Rakang 寺小巷 256 号 ⓣ 02 848 9220 ⓦ ibrikresort.com 见 p.73 地图 该酒店总共就只有 3 间房，是最小的精品度假村。每间客房都呈精美别致的波西米亚风格，有传统的木地板、现代风格的白墙及闪闪发光的丝绸饰品，其中两间有阳台，就正对着湄南河。住在这里就像住在时髦的朋友家一样，附近几乎看不到任何其他游客。酒店位于 Supatra River House 餐厅的隔壁，步行至 Wang Lang 快船码头和 Rakhang 寺渡口（通往 Chang 码头和大王宫）都只需 5 分钟。房价包括早餐费用。B4000

Sala Arun Maharat 路 Tha Thien 巷 47 号 ⓣ 02 622 2932-3 ⓦ www.salaarun.com 见 p.73 Arun Residence 的兄弟旅馆，同样也坐落在河畔，相隔两个街区。6 间柚木地板客房（1 间套房）里摆放的艺术品都是业主环游世界带回来的。房间里有 DVD、iPod 基座及免费 Wi-Fi。色彩大胆的底楼咖啡馆里提供免费早餐，此外还有电脑及一个小阳台，阳台上的扶手椅都正对着郑王寺。所有卧室都带阳台，且价格都一样，因此最好避免选择只可看到城市景色的房间。B3500

唐人街及华南蓬地区

唐人街位于拉塔那古辛景区及市中心之间，是曼谷最热闹，烟火气味也最重的地区，而且竞争也很激烈。这里有很多好玩的景点，但几乎看不到任何西方游客，如果你有兴趣，可以四处看看。而且从这里前往华南蓬火车站很方便，搭乘地铁就可到达。

Baan Hualamphong Chalong Krung 小巷 336/20 号 ⓣ 02 639 8054 ⓦ www.baanhualamphong.com 见 p.93 地图 这家时尚的木质旅馆离华南蓬火车站只有 5 分钟路程，是小巷附近区域里最受欢迎的旅馆，服务热情周到。这里可提供光线明亮的双间 5 人大宿舍，但大多数房间都需共用卫生间。此外，还有厨房、网络、洗衣设施、休息会客区及行李寄存服务等，全都是 24 小时开放。住宿价格经济实惠。宿舍 B220，风扇双人房 B520，空调双人房 B720

FF Guest House 拉玛四世大街附近 Trok La-0 巷 338/10 号 ⓣ 02 233 4168 见 p.93 地图 这家民宿共提供 10 间便宜的木地板风扇房，虽然很小，但完全可以接受，共用冷水浴室，除此之外，没

1

有其他设备。步行至火车站及地铁站只需5分钟。价格实惠。B250

Grand China Princess Yaowarat路215号 T 02 224 9977 W www.grandchina.com 见p.93 唐人街最豪华的酒店，隶属当地可靠的Dusit集团。酒店共有25层高，拥有相当豪华的客房，靠近喧闹地区的中心地带，可一览城市所有地标建筑的壮丽景色（及最漂亮的河景）。此外，酒店还提供屋顶泳池、旋转全景餐厅，且每个房间都可上网。B2925

★ **Shanghai Mansion** Yaowarat路479号，就在银都鱼翅酒家（Scala）隔壁 T 02 221 2121 W www.shanghaimansion.com 见p.93地图 唐人街设计最独特的酒店，充满现代主义情调，看起来别具风味。它实际上并不是一个历史悠久的豪宅，只是故意建立在前北京歌剧院的遗址上而已。大多数卧室（都有窗户及私人阳台）都正对着一个别致的四层高中庭，因此与唐人街的喧嚣不同，这里的环境舒适幽雅。客房里用丝绸、上漆家具以及灯笼精心装饰，以华丽的红色和紫色为主色调，房间设施有空调、热水淋浴以及免费Wi-Fi。房价包括早餐费用。B2500

暹罗广场、Ploenchit路及市中心北部

暹罗广场及其附近的Ploenchit路基本位于曼谷市中心：下文所列住宿信息都离轻轨站或地铁站不远。邻近有曼谷最好的购物中心，尤其是沿着拉玛一世大街的各大商场，还有各种各样的泰式餐馆、国际餐馆以及美食广场。在这里没有非常便宜的住宿场所，除了昂贵酒店之外，只有一些中等价位的旅馆。这些旅馆主要集中在拉玛一世大街北部的Samsen路1巷，位于曼谷艺术文化中心和吉姆·汤普森纪念馆之间，提供了典型的旅游设施及舒适的住宿环境——空调、独立卫浴、热水供应，而且价格适中；从塞萨运河的Saphan Hua Chang码头（可通过Phrayathai路直接到达）出发，往西可到达金山寺，再往前就是拉塔那古辛。

A-One Inn 拉玛一世街Samsen路1巷25/13号 T 02 215 3029或02 216 4770 W www.aoneinn.com 见p.103地图 老牌的高档旅馆，至今仍受广大顾客喜爱，提供24小时网吧、Wi-Fi及可靠的行李寄存室。所有客房都有冰箱和卫星电视，且提供各种大小的房间，包括三人间；长期住宿可打折。B970

Centara Grand at Central World 拉玛一世街999/99号 T 02 100 1234 W centarahotelsresorts.com 见p.103地图 该酒店占据了大型中央世界广场（Center World Plaza）北端顶上的23~55层，共有50间餐厅、15个电影屏幕，这家豪华酒店就像一个茧矗立在繁华热闹的城市上空。这里有色彩鲜艳的当代风格客房及餐厅，尤其是Red Sky餐厅（见p.134）和介于室内室外的休闲Globe酒廊，还有壮观的大型泳池，这些地方都可欣赏城市全景。此外还有SPA馆、健身房及灯光网球场。B4450

Courtyard by Marriott Rajdamri路Mahadlekluang1巷155/1号 T 02 690 1888 W marriott.com 见p.103地图 酒店所处小巷虽然很安静，但交通很方便，其提供的大部分设施都是五星级酒店级别的，而价格相对比较合理。现代设计的房间，外面是干净整洁的白色，里面是糖果色彩，而且有充足的自然光线。此外酒店还有狭长的大型泳池、健身中心以及价格合理的按摩室。免费提供Wi-Fi。B4200

★ **Four Seasons** Rajdamri路155号 T 02 126 8866 W fourseasons.com 见p.103地图 曼谷老牌顶级酒店，原名为Regent酒店。气势磅礴的大堂里可提供下午茶服务，周围陈列着栩栩如生的18世纪风格壁画，描述了泰国的宇宙学；两侧分布着著名的泰式、意式及日式料理，牛排餐厅以及华丽的SPA馆。大型豪华客房使用了温暖的泰国色彩以及深色的木制品，还有优秀的礼宾服务。长期住宿可打折。B8030

Golden House Ploenchit路1025/5-9号 T 02 252 9535-7 W goldenhousebangkok.com 见p.103地图 这是一家非常整洁温馨的小酒店，地理位置绝佳，可搭乘轻轨到Chit Lom站，走过一小段小巷即可到达。客房比较简单，但很别致，铺的是镶木地板，提供空调、热水、有线电视、免费Wi-Fi和迷你吧——你可以预订一间带有凸窗的大房间，可放下两张扶手椅。包含早餐。长期住宿可打折。B1650

Jim's Lodge Ploenchit路Ruam Rudee巷125/7号 T 02 255 3100 W www.jimslodge.com 见p.103地图 位于相对平静的居民区，工作人员热情好客、乐于助人，房间设施符合国际标准，包括卫星电视、Wi-Fi和迷你吧，但规模较小，价格比较便宜。酒店里没有泳池，不过有个屋顶花园，花园里有室外按摩浴缸。B1550

Lub.d 拉玛一世街925/9号 T 02 612 4999 W www.lubd.com 见p.103地图 Sliom酒店新开的分部，因此两家的风格及设施都很相似（包括只限女性居住的宿舍）。酒店就位于拉玛一世大街，离轻轨National Stadium站很近，因此交通很方便，只是噪声比较大。宿舍B550，共用卫生间的双人房B1400，独立浴室套房B1900

Luxx XL Lang Suan巷82/8号 T 02 684 1111 W www.staywithluxx.com/xl 见p.103地图 这家时髦的精品酒店（与原来的Silom Luxx兄弟酒店相比，年头没那么长，但规模要大一些）就位于Thang Long餐馆背后，提供带有阳台的超大Studio，客房别出心裁的现代风格让人眼前一亮，大量使用了红色的木头和灰色的石。还提供13米长的无边石板泳池，以及周到的额外服务：如前往附近鲁比尼公园的自行车、一个自助吧台等，室内有DVD播放器（带有iPod和iPhone接口）及免费Wi-Fi。长期住宿可打折。B2600

Pathumwan Princess Hotel Phrayathai路444

号 ⓣ02 216 3700 ⓦwww.pprincess.com 见p.103 地图 地处市中心的豪华酒店，位于 MBK 购物中心的南端，近年翻新为明快的现代风格。酒店提供高标准服务，主要设施包括一家不错的意大利餐厅，可以俯瞰 8 楼的大型海水泳池、一个 SPA 馆，以及时尚的大型健身俱乐部，包括壁球、网球场及 400 米跑道。**B5850**

Siam Kempinski 拉玛一世街 991/9 号 ⓣ02 162 9000 ⓦwww.kempinski.com/bangkok 见p.103 地图 虽然酒店位于市区的中心位置，百丽宫（Paragon）购物中心后方，但这座提供欧洲最古老豪华酒店集团服务的新建顶级豪华酒店将自己定义为度假地风格：所有房间都面对着一个三角花园、三个泳池、一个儿童泳池，周围风景如画，树木苍翠、绿草如茵，还有迷人的喷泉及海滩风格的圆形大厅酒吧（底楼一些客房甚至可以直接通往泳池）。由于此地以前是荷塘宫（Wang Sra Pathum）的一部分，因此该酒店的室内设计师巧妙地以莲花为主体，特别邀请泰国艺术家完成 200 多个绘画及雕塑作品以作装饰用，十分引人注目。此外，酒店内还有雅致的 SPA 馆、好玩的儿童俱乐部及精致的当代泰式餐厅 Sra Bua（见p.134）。**B8775**

Sofitel Centara Grand Phaholyothin 路 1695 号 ⓣ02 541 1234 ⓦwww.centarahotelsresorts.com 见p.70~71 地图 这座豪华酒店共有 560 间房，拥有 7 间来自世界各地的餐厅、1 间不错的 SPA 馆，且近年经改头换面获得了巨大成功。酒店离恰图恰市场及轻轨 Mo Chit 站很近（乘公交便可到达），且步行到地铁 Phahon Yothin 站只需 5 分钟，前往廊曼机场也很方便。**B4000**

★ **Swissotel Nai Lert Park** Witthayu 路 2 号 ⓣ02 253 0123 ⓦswissotel.com 见p.103 地图 这家温馨的低楼层酒店的特色是：卧室阳台草木繁茂，美丽典雅；在底楼设有风景如画的泳池、网球场、壁球场、时尚 SPA 馆及健身俱乐部。还有舒适的熟食咖啡馆、酷酷的酒吧，以及精致的日本、法国和中国餐馆。**B4000**

Ten Face Ruam Rudee 巷 2 巷 81 号 ⓣ02 695 4242 ⓦwww.tenfacebangkok.com 见p.103 地图 该旅馆名称起源于《拉玛坚》神话中的十首魔王图萨坎（见p.77）；装饰巧妙融合了现代时尚及来自国家神话的设计灵感，毫不花哨。所有客房都是宽敞的套房，里面有咖啡机、免费 Wi-Fi、SIM 卡和 iPod，有些房间里甚至还有小厨房；如果你担心附近高速公路上的噪声，可以要求选择旅馆背面的房间。旅馆里有综合餐厅、健身中心及窄长的浸泡式泳池，并提供去往轻轨 Ploen Chit 站的班车服务及特殊的礼宾服务。**B3200**

Wendy House 拉玛一世街 Samsen 路 1 巷 36/2 号 ⓣ02 214 1149 ⓦwww.wendyguesthouse.com 见p.103 地图 这家旅馆温馨舒适、干净整洁且设备齐全，所有房间都提供冰箱、有线电视及免费 Wi-Fi。1 楼咖啡厅有网络终端，并提供早餐（包含在房价内）。行李寄存服务比较可靠，长期居住可打折。**B1100**

White Lodge 拉玛一世街 Samsen 路 1 巷 36/8 号 ⓣ02 216 8867/02 215 3041 传真 02 216 8228 见p.103 地图 这条巷子内最便宜的酒店，环境一般，客房主要是纯白色的小隔间，温馨轻快——最好的房间在楼上，明亮又安静。**B500**

市中心：拉玛四世街以南

拉玛四世街以南的区域有时又被称为挽叻区（Bangrak），包含了各种价位的住宿旅馆。在其东部边缘有几个值得推荐的便宜住处，就位于 Ngam Duphli 巷及其附近的 Sri Bamphen 巷和 Saphan Khu 巷里的游客聚集地。周边交通经常堵塞，有时甚至完全瘫痪，但离鲁比尼公园及地铁站很近，去素万那普机场也很方便。在拉玛四世大街与湄南河之间的弧形地带，不仅分布着中等价位的旅馆，也是顶级酒店最多的区域，聚集着全球最豪华的酒店。穿过轻轨站，Silom 路东口附近（周围有若干家适合同性恋的酒店）有许多饮食区，而且不管是同性恋还是异性恋，都能在这里找到丰富多彩的夜生活方式。而住在查隆功路附近，可以享受湄南河的独特风情，搭乘快船也很方便。

★ **Anantara Riverside** Charoennakorn 路 257 号 ⓣ02 476 0022 ⓦwww.anantara.com 见p.69 地图 这座豪华酒店远离市中心的喧嚣，位于吞武里沿岸的南面，郑信桥（可搭乘轻轨及湄南河快船）附近。搭乘酒店渡轮大约 15 分钟路程，每 20 分钟 1 班。酒店周围有一个美丽迷人的泳池，河畔幽静典雅、鸟语花香，客房里都铺着硬木地板，且带有阳台。酒店的健身中心里有网球场、儿童乐园，还有一流的 Mandara SPA 馆，以及提供各地美食的饮食餐厅，比较有名的是日式铁板烧。**B5900**

Anantara Sathorn Narathiwat Ratchanakharin 路 36 号 ⓣ02 210 9000 ⓦwww.anantara.com 见p.70~71 地图 这家新建的高层酒店拥有大型活动中心，内部设施包括 32 米长的封闭式室外泳池、儿童泳池、儿童游乐室等，还提供多种不同类型的房间，因此深受家庭旅游者的青睐。此外，酒店还提供健身房、网球场以及一流的 SPA 服务，而其宽敞的客房都带有阳台，属于现代严谨的装饰风格。在白天，酒店每隔 1 小时都有一辆前往轻轨 Chong Nonsi 站的迷你巴士，你也可以选择步行过去，大概 15 分钟路程。**B3000**

Baan Saladaeng Saladaeng 路 3 巷 69/2 号 ⓣ02 636 3038 ⓦwww.baansaladaeng.com 见p.109 地图 这家设计独特的旅馆位于市中心一个小胡同里，共提供 11 间不同风格和价位的房间，如 Pop Art Mania 房和 Moroccan 套房，一些房间带有浴缸和阳台，有间房的浴室在阳台上。所有房间都提供空调、花洒淋浴、迷你吧、有线电视、舒适大床及免费 Wi-Fi。不欢迎儿童。房价包

括早餐费用。B1000

ETZ Hostel Ngam Duphli 巷 5/3 号 ☎ 02 286 9424 ⓦ www.etzhotel.com 见 p.70~71 地图 该酒店位于推荐旅行社 ETC 的分部上方，去地铁 Lumphini 站及拉玛四世大街都很方便，因此环境比较嘈杂。酒店温馨舒适、干净整洁，融合了现代风格，以原色为主，并提供露台以及有免费电脑的大型休息室。空调宿舍共享热水淋浴，可容纳 4~12 人，或者你也可以选择明亮的双人房，拥有供应热水的独立卫浴，空间比较大。酒店提供早餐和行李寄存服务、免费 Wi-Fi。宿舍 B200，双人房 B900

La Residence Suriwong 路 173/8-9 号 ☎ 02 266 5400-1 ⓦ laresidencebangkok.com 见 p.109 地图 这家温馨舒适的小型精品酒店提供品位独特的卧室装饰，包括价格实惠的单人房，房内设施包括迷你吧、保险箱、Wi-Fi 和有线电视。房价包括欧式早餐费用。B2350

Lub.d Decho 路 4 号 ☎ 02 634 7999 ⓦ lubd.com 见 p.109 地图 这家高档豪华酒店的名字意味着"一夜好眠"（lap dii），所有房间都提供空调和热水，而其时尚明亮的装饰给人以现代科技感，包括卧室，其中宿舍房（有些只限女性）和上下铺的铁路私人客房（Railway）式私人客房需共享大型洗漱区域；而高档的独立卫浴双人套房会提供电视机，所有房间都有免费 Wi-Fi。酒店设施包括一个时尚的酒吧和咖啡馆、洗衣机、免费行李寄存设施及免费网络终端，但不提供厨房。宿舍 B350，铁路房 B1100，双人套房 B1500

Luxx Decho 路 6/11 号 ☎ 02 635 8800 ⓦ www.staywithluxx.com 见 p.109 地图 这家当代风格的精品酒店环境舒适、价格合理。房间以白色和灰色为主色调，用自然柚木作装饰，并提供 DVD 播放机、免费 Wi-Fi 以及装有花洒淋浴的木质浴室。长期住宿可打折。包括早餐费用。B2200

Malaysia Ngam Duphli 巷 54 号 ☎ 02 679 7127-36 ⓦ www.malaysiahotelbkk.com 见 p.70~71 地图 以前酒店的简明布告栏在游客中是一个传奇，但现在以其 24 小时营业的古老咖啡店和按摩院比较有名。酒店的住宿价格很实惠，客房很大，且装有空调、迷你吧及提供热水的卫生间；其中一些还装有电视机。酒店还有泳池及互联网接口。欢迎同性恋居住。B798

★ **New Road Guest House** 位于 Charoen Krung 路 1216/1 号，34 巷和 36 巷之间 ☎ 02 630 9371 ⓦ www.visitbeyond.com/Thailand 见 p.109 地图 丹麦背包客旅行运营商 Visit Beyond 的总部，提供各种住宿规格，坐落在位于查隆功路的庭院中，此外还有援助服务中心和旅行社，推荐各种有趣的泰国之旅。房间种类有风扇及空调宿舍、"背包客"风扇房，房内设施齐全，提供迷你吧和热水浴室；泰式风格的空调房里铺有上好的木地板，并提供有线电视。酒店设施包括餐厅、带有台球桌的热闹酒吧及 DVD 室；此外还提供电脑、免费 Wi-Fi 及免费行李寄存服务。宿舍 B160，风扇双人房 B450，空调双人房 B900

★ **Peninsula Bangkok** Charoennakorn 路 333 号 ☎ 02 861 2888 ⓦ www.peninsula.com 见 p.109 地图 酒店位于吞武里沿岸，有渡船去往郑信桥及轻轨 Taksin Bridge 站。这是一家精湛的顶级酒店：完美无瑕的服务、时尚豪华的装饰，并完美融合了传统西方和亚洲的设计风格，且每个房间都可看到湄南河全景。迷人的河畔花园旁建有一个三层泳池，还有一流的 ESPA 水疗中心、健身中心及网球场。B12500

Rose Suriwong 路 118 号 ☎ 02 266 8266-72 ⓦ rosehotelbkk.com 见 p.109 地图 这家有 30 年历史的酒店位于主道路背面，但出行比较方便，可便利地去享受夜生活。近年进行了翻新，所有小房间（都有浴室和 Wi-Fi）都装修成简单时尚的现代风格以跟上时代的步伐。底楼的公共区域变得更加精致，且可提供早餐（包含在房价内），在其后面还有一个美丽的泳池（里面有小健身房及桑拿浴室）。B2150

★ **Sala Thai Daily Mansion** Saphan Khu 巷 15 号 ☎ 02 287 1436 见 p.70~71 地图 这家酒店位于安静狭窄的 Saphan Khu 巷，Sri Bamphen 巷附近，是这一带最后也是最好的经济型酒店。环境干净整洁，客房明亮舒适，装有墙扇，客房共用热水卫生间，屋顶还有一个枝繁叶茂的大花园。价格实惠。风扇房 B400，空调房 B600

★ **Sukhothai** Sathorn Tai 路 13/3 号 ☎ 02 344 8888 ⓦ www.sukhothai.com 见 p.109 地图 曼谷最优雅的顶级酒店，其设计灵感来自于素可泰城寨，住宿楼房较低，此外还提供美丽的花园 SPA，所有房间都使用丝绸、柚木和花岗岩装饰，凉爽简单。酒店提供最高标准的服务，且从房间可看到周围面积广大的花园、莲花池及雕像美景。此外还有健康俱乐部、25 米的无边泳池、壁球场和网球场，以及一流的餐厅，如 Celadon 等（见 p.135）。B9180

Swan Charoen Krung 路 36 巷 31 号 ☎ 02 235 9271-3 ⓦ www.swanhotelbkk.com 见 p.109 地图 这家位于庄严肃穆的法国大使馆隔壁的中式酒店价格便宜、运营良好且温馨舒适，并会定期翻新，紧跟时代的步伐。酒店周围有个 15 米长的泳池，房间宽敞明亮，干净整洁（但标准间的浴室较小），设施包括空调、热水、有线电视、迷你吧和扶手椅；有些房间拥有带扶手椅的阳台，并提供电脑和 Wi-Fi。房价包括早餐价格。B1500

Swiss Lodge Convent 路 3 号 ☎ 02 233 5345 ⓦ swisslodge.com 见 p.109 地图 这家位于 Silom 路附近的瑞士精品酒店温暖舒适、价格实惠，提供高标准服务且交通方便，无论是商业旅行还是寻求刺激的夜生活，这里都是理想的居住地。小巧的露台泳池是泰国的经典设计形式，既美丽大方又干净整洁，而餐厅提供了各种香甜可口的美味佳肴。有免费 Wi-Fi。房价包括自助早餐价格。

B1990

Tarntawan Place Suriwong 路 119/5-10 号 Ⓣ 02 238 2620 Ⓦ www.tarntawan.com 见 p.109 地图 这家酒店位于主要道路背面，其铺满鲜花的大堂精致典雅，舒适温馨。欢迎同性恋人住。卧房宽敞明亮，设施齐全，色彩自然，提供免费 Wi-Fi。此外住客还可获得免费早餐，并以较低的价格进入 Thaniya 巷的健身房和游泳馆。长期住宿可打折。B2900

素坤逸路

素坤逸路是曼谷最长的道路，往东一直通向柬埔寨，但这条重要的交通要道却非常狭窄，完全不能承受目前的交通流量，且其上方的轻轨线使素坤逸路受到进一步限制。路边矗立着高层酒店及办公大楼、一系列令人印象深刻的特色餐馆（从黎巴嫩菜到老挝风味，应有尽有），以及一排排出售便宜纪念品和 T 恤的小摊，而这片热闹的场所更吸引了大批男性游客前往 Nana 巷和 Cowboy 巷的色情酒吧。但这地段的大部分地区一点也不破旧，是外籍人士和泰国中产阶级的居住区。虽然大多数留宿者都是商务旅客，但是素坤逸路上也有几个很不错的中等价位酒店。即使在素坤逸路的西端，许多小巷也很清新安静，而且枝繁叶茂；若小巷较长，可以搭乘小巷路口的摩的（mohtoesai）进去，背心上有编号的就是摩的司机。再往东的酒店去素万那普机场很方便，但离主要的购物中心和饮食中心比较远。奇数编号的小巷位于素坤逸路的北面，偶数编号的小巷位于南面；许多小巷都很长，途中还有多条支路，通常有其自己的路名。

Amari Boulevard 5 巷 Ⓣ 02 255 2930 Ⓦ www.amari.com 见 p.107 地图 这是一家年代久远的现代化四星级旅游酒店。推荐选择贵一点的房间，可欣赏曼谷天际线的美丽景色，空间也更大，还有 DVD 播放机。6 楼有个美丽的屋顶泳池和花园阳台，在晚上还会开放泰式餐馆 Season。淡季入住可打折。B3800

The Atlanta 2 巷最南端 Ⓣ 02 252 1650 Ⓦ www.theatlantahotelbangkok.com 见 p.107 地图 这家 5 层楼高的经典曼谷经济型酒店始建于 1952 年，拥有一个雄伟壮观的艺术风格大堂，至今仍非常注重老式的风俗礼仪。酒店提供素坤逸路最便宜的住宿：房间简单，没有太多装饰品，但所有房间都有独立卫浴，而且有些房间提供空调和热水；大多数房间都有小阳台。酒店花园里有游泳池和儿童泳池，提供 Wi-Fi 和网络接口。有一家不错的餐厅并提供免费行李寄存服务。风扇房 B700，空调房 B800

The Eugenia 31 巷 267 号 Ⓣ 02 259 9017 Ⓦ theeugenia.com 见 p.107 地图 这家温馨舒适的小酒店属于 Relais&Chateaux 集团，共提供 12 间客房。整幢建筑属于 19 世纪末的豪宅，经重修修整，营造了印度支那风格，每个房间都配有四柱床、独立的铜质浴缸以及柔美的色彩装饰，庭院里还坐落着一流的泳池。从酒店步行到轻轨 Phrom Pong 站只需 15 分钟，但酒店会提供免费班车。如果入住两夜及以上可打折。B6800

Imm Fusion 素坤逸路 1594/50 号，从轻轨 On Nut 站 2 号口出来沿着素坤逸路往西步行 30 米，就在 50 巷附近 Ⓣ 02 311 5555 Ⓦ www.immhotel.com 见 p.107 地图 进入这家迷人的主题酒店可看到朴实的色彩、精致的铁制品、漂亮的瓷砖及大量的摩尔式拱门，让人仿佛置身于摩洛哥一样。房间舒适别致，并配有空调、热水淋浴、电视及免费 Wi-Fi，并提供早餐。酒店设施包括华丽的室内泳池、SPA 馆及餐厅，且工作人员都很亲切。B1530

Napa Place 36 巷 Naphasap2 巷 11/3 号 Ⓣ 02 661 5525 Ⓦ www.napaplace.com 见 p.107 地图 这家温馨舒适的旅馆位于安静的小巷支路（36 巷第二个路口右拐），步行至轻轨 Thong Lo 站只需 10 分钟。提供宽敞的公共空间和大卧室，且都有休息区。柚木地板和家具与奶油色装饰及其他自然的色彩相互映衬，显得房间干净整洁，房内配备有空调、热水、迷你吧、有线电视及免费宽带（也有免费电脑）。居住一周以上可打折。B2825

Park Plaza 18 巷 9 号 Ⓣ 02 658 7000 Ⓦ www.parkplaza.com/bangkokth_soi18 见 p.107 地图 附近共有两家宁静优雅的新建 Park Plaza 酒店，这家小酒店吸引客户的地方在 20 米长的露天泳池、健身房及 8 楼的酒吧餐厅。房内有 DVD 播放机，融合了轻快的现代风格，色彩鲜艳；且高级客房比昂贵的豪华套房更能享受到窗外美景。B3295

★ **PS Guesthouse** 8 巷 26/1 号 Ⓣ 02 255 2309 Ⓔ psguesthouse@hotmail.com 见 p.107 地图 这家温馨舒适、宁静优雅的小酒店主要为客户提供设备齐全的通风大房，每间客房都装有空调、热水、电视、保险箱、冰箱、免费茶叶及咖啡，还带有种满花草的青翠阳台。另外支付一定金额可为你提供室内厨房设施。免费 Wi-Fi。B900

Rex Hotel 32 巷和 34 巷之间（49 巷对面），从轻轨 Thong Lo 站 2 号口出来往西走 300 米 Ⓣ 02 259 0106-15 Ⓦ rexhotelbangkok.com 见 p.107 地图 这家老式但很有吸引力的经济型酒店靠近汽车东站（轻轨站），经过翻新变得更加舒适美观，且服务周到，别有旧时风情。酒店里有屋顶泳池、餐馆，以及宽敞的空调房。B1150

Seven 31 巷 Sawasdee1 支巷 3/15 号 Ⓣ 02 662 0951 Ⓦ www.sleepatseven.com 见 p.107 地图 这家十分流行的酒店深受大家喜欢。其中 6 间客房不仅设计有大胆的类似卡通的壁画，还提供 DVD、iPod 基座、大喷头淋浴和阳台，根据房间大小，价格也有所不同。此外，酒店还提供免费的精美欧式早餐、Wi-Fi 本地电话及本地手机租赁服务。B3000

Suk 11 7-Eleven 便利超市后面，11 巷 1/33 号 Ⓣ 02 253 5927 Ⓦ www.suk11.com 见 p.107

1

地图 这家酒店是曼谷最具特色的小酒店之一，也是该地区背包客最喜爱的酒店。起先是公寓式建筑，内饰比较普通，如今被改建成村庄的传统木屋，通过一个灯光昏暗的栈道可通往客房、露台及休息区。客房虽然设施简单，但很舒适，每个房间都有空调，其中一些还有独立卫浴，且都提供热水。酒店运行良好，且考虑周到，提供免费早餐，在大堂有付费 Wi-Fi、电脑和洗衣机，以及行李寄存服务（B20/ 天）。价格实惠，还提供三人房及家庭房。共用卫生间客房 B749，独立卫浴套房 B963

素万那普广场

Novotel Suvarnabhumi ⓣ 02 131 1111 ⓦ www.novotel.com 官方机场酒店，位于机场建筑群内，从抵达大厅穿过地下人行道走 10 分钟即可到达（或搭乘 4 号口抵达大厅外的短驳公交）。酒店提供干净整洁的当代风格客房，带有大理石浴室，餐厅多种多样，如泰式餐馆、日式餐馆、粤式餐馆及国际餐馆等，还提供泳池及健身中心，酒店实行 24 小时工作制，你可以在任一时间订房并在 24 小时后退房。B6000

Queens Garden Resort 从机场往北行驶 5 分钟即可到达，7 号大道附近 ⓣ 02 171 6114 ⓦ www.queensgardenresort.net 普通客房（包括三人房及连通房）提供热水、空调、迷你吧及卫星电视。酒店设施包括餐厅、啤酒花园、台球桌、电脑和 Wi-Fi。可提供 24 小时接送服务（每间房单程 B150），但常规的计程出租车，即使加上机场税 B50，也比酒店服务便宜。B1000

餐饮

正如你所期盼的，在饮食多样性方面，泰国其他地区无法与曼谷匹敌：曼谷共拥有 5 万处用餐点，几乎每 100 个市民就“拥有”一家餐馆。相比于其他各府省，虽然这里的价格普遍较高，但要想享用到经济实惠的美食还是很容易的。泰国最美味的**泰式**菜肴主要聚集在市中心区域，精美的王室菜肴及传统的地方美食绝对值得一试。价格较低的菜式是来自全国各地的一菜餐，主要集中在购物中心和百货商场的美食广场，**夜市**和**街边小摊**也有提供，曼谷的这种地方太多了，因此我们在这里只标出了最经典的几家餐馆。对于非泰国美食，自然要数唐人街了，不仅可以品尝到正宗的**中国美食**，价格也很合理；同样地，邻近的拍乎叻路是曼谷的印度区域，可享受到最纯正的**印度佳肴**，但在 Silom 路玛里安曼神庙及查隆功路附近只有为数不多的几家印度餐馆和**穆斯林**（大多是泰国南方人）餐馆。素坤逸路 3 巷是**中东**咖啡馆的聚集地，在其室外的餐桌上还提供水烟筒；精美但相对便宜的**日式**餐馆大多位于 Silom 路东端的 Thaniya 巷；此外，在 12 巷拐角处的素坤逸广场有大片的韩国餐馆。在下文所列的高档餐馆中用餐你还需支付 10% 的**服务费**及 7% 的增值税。

邦兰铺及民主纪念碑区域

考山路上聚集了各种餐馆，为背包客提供西方类似饮食及（大多数）淡化的泰国菜肴；而在 Tanao 路东边隔开一条街道有一条与之平行的小路（就在 Burger King 后面），自第一家素食咖啡馆 May Kaidee 创立以来，大家纷纷效仿，如今已占据了大部分市场。熟食摊主要贩卖非常便宜的熟食小吃，直到凌晨时分才会收摊。而 Phra Arthit 路上的饮食氛围却大不相同，路边附庸风雅的小咖啡馆深受法政大学学生的青睐，而在 Phra Arthit 路、Samsen 路再往北以及 Thewet 等河滨地区主要聚集是一流的海鲜餐馆，并可欣赏美丽的风景。若想品尝泰国正宗的传统菜肴，你可以去 Tanao 路南端，这里的传统店铺都是世代相传的，专门出售各种甜点及零食。

考山路周边地区

Chabad House Ram Bhuttri 路 96 号 ⓦ www.chabadthailand.com 见 p.88~89 地图 以色列餐馆，价格实惠，提供美味的肉排（B160）、茄子酱（Baba ganoush）、炸鹰嘴豆泥球（Falafel）、鹰嘴豆泥、沙拉及犹太面包，餐馆内有空调，位于一处历史悠久的社区中心和宾馆的底楼；最实惠的方法是花 B60 点五样菜。周日至周四 10:00~23:00，周五 10:00~15:00，周六 20:00~23:00

★ **May Kaidee** Tanao 路东侧 ⓦ www.maykaidee.com 见 p.88~89 地图 简单温馨的泰国素食餐馆，在巷道两侧各有一个用餐点，虽然在相同巷道里出现了多家竞争对手，但这里仍然提供了邦兰铺最好吃的素食菜肴。不仅有西式早餐，还有美味可口的绿咖喱和越南蔬菜春卷，以及芒果或香蕉黑糯米布丁。大多数菜式价格在 B60~70。而在周六的自助餐排队上，你还可以欣赏泰式舞蹈（B120）。每天 9:00~22:00

Popiang 43 Ram Bhuttri 巷 见 p.88~89 地图 这家热门餐馆环境舒适，提供各种便宜的海鲜：贻贝只要 B80/ 盘，乌贼 B100，你也可以选择 B110 的海鲜面。你可以坐在低档的餐馆里吃或者在庙墙下的大街上吃。每天 7:00~ 次日 1:00

Royal India Rambuttri 度假村，Ram Bhuttri 巷 95 号 ⓣ 02 282 6688 见 p.88~89 地图 是著名的 Pahurat 餐馆的分店，景色怡人的庭院里还有一个鲤鱼池。6:00~24:00

Phra Arthit 地区

Aquatini Navalai 河畔度假村，Phar Arthit 路 45/1 号 ⓣ 02 280 9955 见 p.88~89 地图 位于快船

晚餐巡航之旅

晚上的**湄南河**别具风采，当大多数嘈杂的长尾船停止运营后，游客可以搭乘着渡轮，静静欣赏灯光照耀下的河滨寺庙及其他宏伟的名胜古迹，包括大王宫和郑王寺。选择一个沿着湄南河的**晚餐巡航之旅**，尤其是下文所列的经过改造的木质粮船，会让你终生难忘。旅行之前先打电话预订一张桌子并确定出发细节——有些游轮在雨季（5月~10月）无法运行。

Loy Nava ⓣ 02 437 4932 ⓦ www.loynava.com 这家老牌旅行社已有40年历史，至今仍从Si Phraya码头出发，每晚共有2次晚餐巡航之旅，分别在18:00及20:10，也可在Sathorn码头上船。船上提供泰式、海鲜或素食餐点，还可欣赏现场版传统音乐及舞蹈。B1300，包括去曼谷市中心的酒店接乘客。

Manohra ⓣ 02 476 0022 分机 1416 ⓦ www.manohracruises.com 由Anantara Riverside Resort度假村提供的精美船舶，度假村位于吞武里地区郑信桥的南面，供应泰式晚餐。19:30从酒店出发，22:00返回，也可在Sathorn码头上船。B1400起价。

Wan Fah ⓣ 02 222 8679 ⓦ wanfahcruise.com 这艘木质粮船于19:00从River City出发，21:00返回，船上可欣赏泰国传统舞蹈，并提供泰式及海鲜两种晚餐。B1200，包括去曼谷市中心的酒店接乘客。

码头旁的美丽木甲板上，凉风习习，还可欣赏迷人的河滨风景（尤其是日落后当船只停下来时的景色更美），而且这家酒店餐厅还提供价位中等的精致泰国食品。海鲜特产腰果菜椒炸红宝石鱼和泰式椰汁鸡汤都非常美味可口。大多数海鲜价格在B200~300。每天6:30~次日1:00

★ **Hemlock** Phra Arthit路56号 ⓣ 02 282 7507 见p.88~89地图 这家小巧时尚且有空调的餐馆深受学生及年轻泰国夫妇的喜欢。提供各种各样新奇的泰式菜肴，包括香蕉花沙拉（B95）及不同种类的Laap（一种用肉糜或鱼做成的沙拉）。传统开胃菜miang（在绿色茶叶中间塞满切碎的蔬菜、鱼、虾或肉）也非常美味，同时也是素食者的天堂。在周五和周六晚上最好先预订。周一至周六16:00~23:00

Kway Jap Yuan Khun Daeng Phra Arthit路 ⓣ 085 246 0111 见p.88~89地图 这家简单别致的食堂深受法政大学学生的喜欢，尤其是他家的kway jap yuan，一种类似于越南河粉的面汤，但更加黏稠，你还可以要求加鸡蛋（B40~50）和法式面包（B29），然后开始美好的一天。餐馆位于一座历史悠久的店屋，白绿相间，非常惹眼——店主对这华丽的颜色非常满意。周一至周六11:00~22:00

★ **Praya Palazzo** Somdet Phra Pinklao路2巷757/1号 ⓣ 02 883 2998 ⓦ www.prayapalazzo.com 见p.88~89地图 精湛的泰国王室美食，其食谱出自于拉玛五世的王宫，异常珍贵。各种配料组合在一起美味可口，有脆鲇鱼浸烤虾、虾酱麻辣牛肉汤以及用黄色辣椒酱和糖醋汁制成的嫩茄子炒猪肉（总共B350）。也可以坐船到这家历史悠久的小花园酒店来喝杯下午茶（B800），并提供美味的泰国甜食及三明治和烤饼等。打电话提前预订并安排在Phra Arthit快船码头搭乘免费渡轮。每天11:30~14:00，14:30~17:00及18:00~21:30

Roti Mataba Phra Arthit路136号 ⓣ 02 282 2119 见p.88~89地图 这间著名的餐馆已有70年历史，提供广受欢迎的烤印度面包或烤肉，以及各种甜味和咸味菜肴，包括蔬菜和肉类咖喱（B51起），里面塞着肉类和蔬菜（mataba），并搭配有香蕉和炼乳（B15起）；此外还提供印度烤米肉（khao mok）。你可以选择在人行道边的餐桌用餐，也可以在2楼设施简单的空调房里用餐。周二至周四10:00~21:00，周五至周日10:00~21:30

Samsen路及Thewet地区

Kaloang Home Kitchen 位于Sri Ayutthaya路最西端的湄南河畔 ⓣ 02 281 9228 见p.88~89地图 这里一流的服务及精美的海鲜食物几乎吸引了所有的泰国客户，这家露天木质餐馆没有多余的装饰，是一座坐落在湄南河上的吊脚楼建筑。提供各种美味佳肴，包括蘸甜酱的油炸虾卷以及多种多样的泰国沙拉；餐后还可美美享用一种传统甜品。大多数主食价格在B100~150，蟹、虾和一些鱼类要贵一些。每天11:00~22:00

Kinlom Chom Saphan Samsen3巷河畔尽头处 ⓣ 02 628 8382 ⓦ www.khinlomchomsaphan 见p.88~89地图 这家宽敞的水边餐馆可近距离观赏七弦琴状的拉玛八世桥，深受泰国年轻人的喜爱。餐馆菜单以海鲜为主（B150~300），从螃蟹到石斑鱼，应有尽有，主要是烹饪方式不同，调味料包括咖喱、大蒜或甜罗勒酱，但从不放味精。每天11:00~次日2:00

Krua Apsorn Samsen路，Uthong Nok路对面，位于律实的西南边缘 ⓣ 02 668 8788 ⓦ kruaapsorn,com 见p.88~89地图 这家有空调餐馆虽然朴实无华，但其提供的辛辣正宗的传统美食深受该地区公务员及王室的喜爱。这里的绿色咖喱鱼球（B100）或黄色咖喱河虾及莲藕（B110），都是泰国餐馆指南强烈推荐的菜肴，除此之外，还有清热降火的自制椰子冰糕。周一至

1

周六 10:30~19:30。

May Kaidee 2 Samsen 路 33 号，位于运河及 1 巷之间 Ⓦ www.maykaidee.com 见 p.88~89 地图 邦兰铺里最受欢迎的泰国素食餐馆的分店，有空调，同时开设素食烹饪班（见下面框中内容）。每天 9:00~22:00

南部地区：Tanao 路及 Mahachai 路

Chote Chitr Phraeng Phuton 路 146 号 Ⓣ 02 221 4082 见 p.88~89 地图 这家已有 80 年历史的餐馆仍保留着其原始的风格，店里只有 6 张桌子，而《纽约时报》及《金融时报》都曾对其进行了报道。这里菜式很多，都是家常泰式菜肴（大多在 B100 左右），美味可口。热情的店主还会推荐当天的特色菜，有可能是炸白鱼芒果沙拉（B200）。比较可惜的是会有宠物狗会在桌边绕来绕去。周一至周六 11:00~21:00

Kai Yang Boran Tanao 路 474-476 号，就在玄天上帝庙南面 见 p.88~89 地图 这家餐馆（有空调）提供当地著名的烤鸡肉（小鸡 B180）和青木瓜沙拉（B40），墙壁上贴着在这里用过餐的名人照片。而在其东北口味的餐单上还有烤肉 Nam tok（用猪肉或牛肉制成的沙拉）及不同品种的 Laap。每天 8:00~21:00

Kor Panit Tanao 路东侧 431-433 号，Phraeng Phuton 的正对面 见 p.88~89 地图 自 1932 年以来，这家店铺就一直出售精致的椰子糯米团（目前 B140/ 千克），都是打包带走。没有英语标记，但其外面有多个芒果商贩，你可以选择一样搭配美味的糯米饭（khao niaw）一起吃。周一至周六 7:00~18:00

Nattaporn Phraeng Phuton 路 94 号，就在 Kanlayana Maitri 路附近 见 p.88~89 地图 这家已有 60 多年历史的餐馆以其著名的自制新鲜椰子冰激凌而闻名远近，在冰激凌上面还加上了经典的泰国调味品，如甜玉米、红豆和芋头球。此外还提供巧克力、咖啡和茶口味的冰激凌。没有英语标记，但这家简单的店铺就位于 The Bhuthorn 旅馆的隔壁。周一至周六 9:00~16:00

Padthai Thipsamai Mahachai 路 313 号（无英语标记），Rajnadda 寺庙附近 Ⓣ 02 221 6280 Ⓦ www.thipsamai.com 见 p.88~89 地图 自 1966 年以来，这家店就一直由一对夫妇经营，提供曼谷最好吃的泰式炒面。这里有很多特色菜，尤其是多汁的大虾，会包裹在很薄的半透明的煎蛋里。材料都是用新鲜的椰子汁清洗的。除隔周周三外，每天都从 17:30 营业至深夜

拉塔那古辛

下文所列餐馆非常适合游客，但在 Chang 码头附近也有许多街边小摊，法政大学附近的 Maharat 路的北端有大量设施简单的学生餐馆，此外，在 Arun Residence 旅馆有间精致餐厅，且在 Arun Residence 酒店也有个白天开放的咖啡馆（见 p.125）。

Navy Club Chang 码头 Ⓣ 02 222 0081 见 p.73 地图 路过 Na Phra Lan 路和 Maharat 路交会处金碧辉煌但价格超贵的 Navy Club 77 咖啡馆，你就可以在快船码头南面的自动取款机前看到一个英语标志和一个海军警卫员（不要害怕——任何人都可以在这里用餐，包括外国人）。这里的装饰都是非常制度化的，但真正引人注目之处在于建在河面上的阴凉露台，在此你可以享用美味的干虾及柠檬草沙拉（B120）及其他精致的海鲜。周一至周五 11:00~14:00&16:00~22:00，周六及周日 11:00~22:00

曼谷的泰式菜肴烹饪班

正如下面所列场所一样，在曼谷几乎所有的豪华酒店都提供烹饪课程。

Baipai Ngam Wongwan 路 54 巷 8/91 号 Ⓣ 02 561 1404 Ⓦ www.baipai.com 在曼谷北部郊区安静的房子中提供共计 4 个小时的课程。B2200，包括从市中心到这里的交通费用。周日不开班。

Blue Elephant Sathorn Tai 路 233 号 轻轨（Surasak 站）Ⓣ 02 673 9353-4 Ⓦ www.blueelephant.com 课程在气势宏伟的百年老建筑里进行，教授范围从 B3300 的半天速成班到价值 B90000 的 5 天专业厨师私人课程，多种多样。

Helping Hands 孔堤区 Ⓦ www.cookingwithpoo.com 由基督教慈善机构赞助建立，可以到孔堤贫民窟体验生活，然后花一上午时间学习烹饪。B1200，包括市场旅游及接送至附近轻轨 Phrom Pong 站的交通费用。周日不开班。

May Kaidee Samsen 路 33 号 Ⓣ 089 137 3173 Ⓦ www.maykaidee.com 邦兰铺最著名的素食餐馆，并在其位于 Samsen 路的餐馆连锁店里传授专业烹饪知识，每半天 B1200，包括制作生食菜肴及市场旅游。此外还提供时间较短的“烹饪聚会”（B600）和特殊课程（B1500），如水果雕刻等。

Thai House 离曼谷市中心 22 千米，在邦兰铺区域 Ⓣ 02 903 9611/02 997 5161 Ⓦ www.thaihouse.co.th 位于暖武里的农村地区，提供为期 1 天（B3800）~ 3 天（B16650）的烹饪班，所有课程费用都包括从市中心到这里的交通费用，后者还包括蔬菜和水果雕刻，食宿都在传统木屋里。

Rub Ar Room 卧佛寺对面，Maharat 路 310-2 号 Ⓣ 02 622 2312 见 p.73 地图 这家温馨适意的咖啡馆位于三墙式的百年老店铺中，过去曾是诊疗所，目前仍保留着原来的柚木药柜。这里提供多种多样的泰国食物，价格也非常合理，有三明治（B75~85）、特浓咖啡、泰国草药茶和水果奶昔。每天 8:00~18:00

唐人街和拍乎叻路

在唐人街用餐的最大乐趣是浏览夜间的熟食摊位，大多都在 Yaowarat 路、Issaranuphap 巷口附近（Yaowarat 路 11 巷）及 Phadungdao 巷（Texas 巷）；而且人群多的地方肯定有美食。Pan Siam 的《美食街：唐人街地图》（*Good Eats:Chinatown map*）可在主要书店买到，上面记录了当地的各种特色菜。

Chong Kee Sukon1 巷 84 号，Traimit 寺附近 见 p.93 地图 这家简单的著名咖啡店只提供美味的猪肉沙嗲（10 支 B65）和甜面包。没有英语标记，不过可以寻找 Shell 标记（这是“Shell Chuan Chim”推荐餐馆的标志，代表了这是泰国的荣誉餐馆）。周二至周日 9:30~18:00，周一 9:30~14:00

Hua Seng Hong Yaowarat 路 371 号 Ⓣ 02 222 7053 Ⓦ www.huasenghong.co.th 见 p.93 地图 这家充满朝气、广受欢迎的餐馆几乎没有多余的装饰，门前有个开放式厨房，旁边有个全天卖甜点的小摊。主菜价格在 B100 左右，面汤比较便宜，美味佳肴比较贵，如焖鹅掌。每天 9:00~ 次日 1:00

Raan Khun Yaa Traimit 寺 见 p.93 地图 这家设施简单、非常传统的餐馆就在寺庙位于 Mittaphap 路入口的右侧，现在已传到第三代，他家的特色菜是 kaeng khiaw wan neua（绿色牛肉咖喱；B35），而且菜单每天都会改变。周一至周六 6:00~13:00。

Royal India 就在 Chakraphet 路 392/1 号 Ⓣ 02 221 6565 见 p.93 地图 这家位于曼谷的印度旁遮普人聚集地的深色小咖啡馆主要提供大木豆、印度抛饼（parathas）和非常著名的北印度咖喱（大约 B100），深受南亚游客的喜爱。每天 10:00~22:00

Shangarila Yaowarat 路 306 号（Rajawong 路拐角处）Ⓣ 02 224 5933 见 p.93 地图 宽敞的宴会厅提供精美的粤式菜肴，包括各种海鲜（多数是按重量卖的）以及午餐甜点。这家餐馆广受欢迎，尤其是家庭聚会。你可以尝一下他家非常可口的 XO 酱烤扇贝，量很大，只需 B500。每天 10:00~22:00

T&K（Toi & Kid's Seafood） Phadungdao 巷 49 号，Yaowarat 路拐角处 见 p.93 地图 这家餐馆的海鲜烧烤很有名，供应从大虾（B150/ 份）到牡蛎（B40/ 个）等各种海鲜。你可以在街边的餐桌上用餐，也可以选择待在空调餐馆里。每天 16:30~ 次日 2:00

暹罗广场、Ploenchit 路及市中心北部地区

在这些区域也有 Taling Pling 餐馆（见 p.136）的许多分店，如 Siam Paragon 购物广场底楼（Ⓣ 02 129 4353 每天 11:00~22:00）及世贸中心 3 楼（Ⓣ 02 613 1360-1 每天 11:00~21:30）；Royal India（见上文；地下 Ⓣ 02 610 7667；每天 10:00~22:00）和 Aoi（见 p.135 底楼 Ⓣ 02 129 4348-50 周一至周五 11:30~14:30 及 17:30~22:30，周六和周日 11:00~22:30）都位于暹罗百丽宫购物广场；Greyhound 咖啡馆（见 p.138）位于暹罗中心（Ⓣ 02 658 1129 每天 10:00~21:00）及 Ploenchit 路的中央麒隆百货商场（Ⓣ 02 255 6964 每天 10:00~21:00）内

Din Tai Fung 世贸中心7楼 Ⓣ 02 646 1282 Ⓦ www.dintaifung.com.sg 见 p.103 地图 这家餐馆能在世贸中心内的 50 多家餐馆中脱颖而出，不仅是因为其中国香港分店拥有米其林星级，还因为其全天出售点心，美味高效。他家的特色餐点是带有清汤的蒸猪肉水饺（B145）以及鸭肉大葱春卷（B160）。坐在大窗户旁边可以俯瞰 Ratchaprasong 地区的热闹景象，也可观赏厨师们在开放式厨房里努力工作。每天 11:00~21:00

Food Loft Ploenchit 路 Central Childlom 百货商场 7 楼 见 p.103 地图 位于曼谷的顶级百货公司内，拥有各种不同口味的高档美食馆，如泰国、越南、中国、日本、韩国、印度、希腊及意大利餐馆（Gianni 餐馆，见下文）。你可以选择自己喜欢的食材，并可以观看制作过程，煮好后拿着去时尚简约的休息区，在巨大的窗户旁用餐，如果还没饱，可以来一份泰式或西式甜点。每天 10:00~22:00

Gianni Ploenchit 路 Tonson 巷 34/1 号 Ⓣ 02 252 1619 Ⓦ www.giannibkk.com 见 p.103 地图 这家餐馆可称得上是曼谷最好的独立意式餐馆，他家的装饰和食品都完美融合了传统及现代元素，主食价格至少 B350 左右。每周从原产地运送两次食材以制作精美菜肴，如龙虾和朝鲜蓟烩饭以及拌有蛤蜊、虾和竹笋的鱿鱼墨意大利面。每天 11:30~14:00 及 18:00~22:00

★ **Home Kitchen (Khrua Nai Baan)** Lang Suan 巷 94 号 Ⓣ 02 253 1888 Ⓦ www.khruanaibaan.com 见 p.103 地图 正如市中心大多数内地餐馆一样，这家舒适惬意、朴实无华的餐馆既有空调内室，也有室外餐桌，就位于开放式大厨房后面。在他家的泰式和中式菜肴餐单上，有许多美味佳肴，且价格便宜，包括多种汤羹类，如 B150 的泰式辣汤 kaeng som，里面有虾和各种蔬菜，还有六种 Laap 及大量美味海鲜食品。由于客源较多，因此新开了一个分店，提供一样的菜单，就在隔开两户人家的迷人别墅里。每天 8:00~24:00

Inter 暹罗广场 9 巷 432/1-2 号 见 p.103 地图 正宗高效的泰式餐馆，深受学生和购物者的喜爱，这里提供不错的一菜餐（B55 起），还有咖喱、汤、沙拉和海鲜。餐馆里没有多余装饰，但宽敞明亮。10:00~22:00

Isaan Rot Det Rangnam 路 3/5-6 号 见 p.80~81 地图 这条街上的伊桑咖啡很出名，其中他家的咖啡是最好喝的。屋内装饰已破旧不堪，甚至有点邋遢，只有几张路边餐桌，但其被誉为“东北一绝”

1

素食者的天堂——黄色标志

每到秋季的农历九月初九期间（9月末~11月之间），泰国的华人会连续9天食素，以标志素食节（Ngan Kin Jeh）的开始，这个道教节日相当于佛教的四旬斋。虽然曼谷的华人不会像董里和普吉的同胞那样在身上插叉子（见p.552），但他们也会用不同的形式庆祝素食节的到来：有些人选择在节日期间只穿白色；此外，所有的寺庙都会举行各种活动，而且唐人街上几乎所有的餐馆和食物店铺都会在店外挂一面黄色旗帜以显示当前处于传统节日期间，实质上就是提供各种素食。对素食主义的旅游者来说，这个时间段的唐人街就是天堂，只要看见黄色旗帜，那么该店提供的菜肴百分之百全都是素食。许多酒店餐厅在素食节期间也会采取行动，如为期1~2周的素食促销活动等。

的众多美味却吸引了大量顾客：美味的鸭肉沙拉（B60），各种Laap和烤鸡肉（kai yaang）及其他菜式等。没有英语标记，但你可以通过百事可乐的标记找到这家餐馆，在他家的开放式厨房里挂有插大鱼篮或危险的青木瓜沙拉搅拌器。11:00~22:00

Jin-emon MBK购物中心底楼，Pathumwan Princess酒店附近 Ⓣ02 626 0151 见p.103地图 这家多元化餐馆的特色是日式意粉屋，但其味道非常不错（主食在B100~150之间）。坦白说一些酱汁比较奇怪，但都很美味，面团质量比较好，此外还有价格实惠的额外套餐（饮料、大蒜面包、沙拉等）。留点肚子吃"大面包"——将面包中间挖空并装满冰激凌，保准你吃了还想吃。10:00~22:00

Mah Boon Krong food Courts 拉玛一世街和Phrayathai路的交会处 见p.103地图 在MBK北端有两大美食广场：6楼的美食区域历史比较久，有优惠，餐单上的泰式菜肴都有英语名称，且大多数都有图片显示，各个摊位上提供泰国各地的一菜餐，价格便宜，还有新鲜果汁及各种甜品；5楼则是高档的国际风范，包括印度、意大利、越南、中国和日本餐馆，此外还有Tamarind咖啡馆的素食菜肴及Olive餐馆的美味moussaka（肉和茄子做成的希腊菜）。6层：每天10:00~20:30，5层：每天10:00~22:00

Midnight Kai Ton 位于Phetchaburi路30巷和32巷之间的不知名小巷内 见p.103地图 这家店铺很出名，经常只在晚上营业，可以帮路人醒脑提神，而且只提供一种菜：美味的khao man kai，它将鸡胸肉和肉汤、蘸酱及米饭放在鸡汤里一起煮熟。只需B30~40就可享用到这一人间美味，如果你要加肝及其他内脏（khreuang nai），价格就要贵一些。而且从这里到Phetchaburi路和Rajdamri路的交会处还有许多其他有名的店铺。每天19:00~次日4:30

Polo Fried Chicken（Kai Thawt Jay Kee Soi Polo） Witthayu路Polo巷 Ⓣ02 655 8489 见p.103地图 这家店的炸鸡是泰国农家菜的典型代表。餐馆以泰国东北菜肴为主，包括鱼、香肠和各种沙拉，唯一遗憾的是，这家设施简单且有空调的餐馆并不提供经典组合——吮指鸡（B80半只）、青木瓜沙拉及糯米。每天7:00~22:00

Red Sky 拉玛一世街999/99号Centara Grand酒店 Ⓣ02 100 1234 Ⓦwww.centarahotelsresorts.com 见p.103地图 这家位于55层高处的美丽豪华餐馆是以其室内室外的日落美景命名的。它提供了"最好的海陆空美味"——如美国缅因州龙虾、荷兰牛肉或日本神户牛排，经过复杂细致的准备工序，最后美丽地呈现在客户面前，而且每道菜肴上都有红色签名（B1000以上）。17:00~次日1:00

Sanguansri Witthayu路59/1号（没有英语标记，但该房屋号码是用阿拉伯数字标识的） Ⓣ02 251 9378 见p.103地图 这条街上除了这家餐馆，其余都是高楼大厦，这家由一群热心的中年妇女经营的食堂餐馆是经她们强烈反抗才保留下来的。而附近根本买不到这种美味可口又浓稠的穆斯林咖喱（改良自印度的一种咖喱），且只需B60。他家的特色食物还包括kung pla（美味的新鲜大虾）及柠檬草沙拉，可加料。周一至周六10:00~15:00

Som Tam (Nua) 暹罗广场5巷392/14号 Ⓣ02 251 4880 见p.103地图 这家设施简单但别有韵味的现代化餐厅位于一个小巷内，以沙拉而为人所熟知。他家的青木瓜沙拉混合脆皮猪肉和香肠，再配上可口的炸鸡（B90），绝对是人间美味，此外还有东北Laap和肉糜沙拉，及泰国中部的十几种酸辣汤。每天10:45~21:30

Sra Bua Siam Kempinski酒店（见p.127） 见p.103地图 曼谷的分子美食，获得了巨大成功。这家餐馆是由哥本哈根的泰国米其林一星级厨师Kiin Kiin运营的，赋予泰国美食以创造性和戏剧性，如冰冻红咖喱龙虾沙拉，将红咖喱（kaeng daeng）的味道完全激发了出来。餐馆装饰华丽，其中包括两个莲花池（sra bua），因此价格也较高：晚餐套餐价格为B1800~2400，午餐套餐价格为B1500。周一至周五12:00~14:00&18:00~22:00，周六及周日18:00~22:00

Thang Long Lang Suan巷82/5号 Ⓣ02 251 3504 Ⓦwww.thanglongsince1987.com 见p.103地图 这家时尚简约的热门餐馆提供精致的越南食品，如柠檬草炸全鱼（B275）。你可以在遍布黑石和盆栽的花园里用餐，也可以留在以红木和棕色皮革为主的餐厅里。每天11:00~14:00及17:00~24:00

Vanilla Brasserie 暹罗百丽宫购物中心底楼 Ⓣ02 610 9383 以及暹罗广场11巷Vanilla Industry酒店内 Ⓣ02 658 4720 Ⓦwww.vanillaindustry.

com 见 p.103 地图 这两家提供西方美味佳肴的场所提供各种菜肴、法式蛋糕、可丽饼和巧克力（在暹罗广场还提供烹饪课程）。主要提供美味的帕尔马火腿和马斯卡煎饼（B390）、沙拉及其他主食，还有精致甜点、上等好茶及咖啡。每天 10:00~22:00

市中心：拉玛四世街南部

这里有好几处值得留意的街边排档：Convent 路最北部，通往 Silom 路方向；玛里罗曼神庙对面西边附近的 Silom 路 20 巷；以及 Suriwong 路东端的面汤夜间小摊。此外，这里还有 Baan Khanitha（见 p.136）的分店，位于 Sathorn Tai 路 69 号，Suan Phlu 巷的拐角处（T 02 675 4200-1 每天 11:00~23:00）；以及 Beirut 餐馆（见 p.136），位于 Sabushi 餐馆后面，Silom 路 64 号（T 02 266 7150-1 每天 10:00~21:00）。

★ **Aoi** Silom 路 6 巷 132/10-11 号 T 02 235 2321-2 W www.aoi-bkk.com 见 p.109 地图 该区域最好的日式餐馆，深受外籍人士的喜欢。精致地道的日本美食，搭配优雅的装饰。有价格实惠的午餐便当（B350 起）和精湛的寿司吧。每天 11:30~14:30&17:30/18:00~22:30/23:00

★ **Celadon** Sukhothai 酒店，Sathorn Tai 路 13/3 号 T 02 344 8888 见 p.109 地图 一直被评为曼谷最好的酒店餐馆之一，提供各种精致的泰国传统美食和现代佳肴，深受当地人欢迎，如香蕉花沙拉及加有鸡肉卷和咸蛋的红咖喱等，而且环境优雅，四周莲花环绕，风景秀丽。每天 12:00~15:00&18:30~23:00

Chai Karr Silom 路 312/3 号，Holiday Inn 酒店对面 T 02 233 2549 见 p.109 地图 传统风格的木质民族装饰提供了优雅舒适的氛围，而各种各样价格适中的精致泰式和中式菜肴更吸引了不少客户，此外还有自制的椰子冰激凌及新鲜研磨咖啡。周一至周六 11:30~22:00

Deen Silom 路 761 号，Siam Kempinski 酒店对面 T 02 635 0441 见 p.109 地图 这家设施简单的空调穆斯林咖啡馆（特浓咖啡，但没有酒精饮料）主要提供马来西亚和泰国菜肴，包括扁平面包（roti）鸡肉绿咖喱（B100）、加有辣椒和大蒜的香脆石斑鱼以及 ikan kambung（泰语叫 nam phrik pla thu，一种鲭鱼沙拉）。除周三外每天 11:30~21:15

Eat Me Convent 路 Phiphat2 巷 1/6 号 T 02 238 0931 W eatmerestaurant.com 见 p.109 地图 这家餐馆也是一个非常时髦的艺术画廊，坐落于一幢白色的现代主义建筑里，非常醒目，餐馆墙上的展品经常更换，还有美丽温馨的阳台。餐馆提供各式菜肴，如蘸有欧芹酱的塔斯马尼亚鲑鱼（B690）以及绝不可错过的柠檬草焦糖布丁。每天 15:00~ 次日 1:00

Harmonique Charoen Krung 路 34 巷 22 号，位于 Muang Kae 寺快船码头及曼谷邮政总局之间的小巷里 T 02 237 8175 见 p.109 地图 这家温馨舒适、价格适中的餐馆非常不错：餐桌分布在几家经过整修的店屋里，周围有各种古董和小摆设做装饰，还有郁郁葱葱的庭院，主要提供各种各样精致美味的泰式菜肴，尤其是他家的海鲜特色菜——螃蟹咖喱（B180）或红虾咖喱（B85）。周一至周六 11:00~22:00

Himali Cha-Cha GPO 南面 Charoen Krung 路 47/1 巷 1229/11 号 T 02 235 1569 W www.himalichacha.com 见 p.109 地图 这家菜式精美、价格适中的北印度餐馆是由众多印度大使的主厨创建的，目前由他的儿子管理。这里环境温馨舒适，服务热忱周到，以印度咖喱鸡（B195）和各种素食菜肴闻名远近。在 Convent 路北端的小巷里还设有一处分店（T 02 238 1478 营业时间相同），就在 Molly Malone's 爱尔兰酒吧对面。每天 11:00~15:30 及 18:00~22:30

Home Cuisine Islamic Restaurant Charoen Krung 路 36 巷 186 号 T 02 234 7911 见 p.109 地图 这家餐馆提供印度和泰国南部菜肴，菜式不多，但很便宜，因其广受欢迎，所以近年重新进行了翻新，以绿色和白色为主，如今环境舒适，锅具也焕然一新，一些室外餐桌还可以俯瞰殖民风格的法国大使馆。特色菜 khao mok kai（B85）完美融合了咖喱鸡肉饭和茄子咖喱，美味可口。周一至周六 11:00~22:00，周日 18:00~22:00

Jim Thompson Saladaeng Cafe Saladaeng 路 1 巷 120/1 号 T 02 266 9167 W www.saladaengcafe.com 见 p.109 地图 这家优美典雅、价格合理的餐馆提供室内用餐和室外用餐，室内有空调，格调高雅，室外是枝繁叶茂的花园。他家有一两道特色菜，如加了大蒜和酸角酱的烤猪颈肉（B180），此外还有面食、沙拉及其他一些西餐。这里的甜点令人垂涎三尺，同时你还可以配一份浓醇的咖啡或好茶。每天 11:00~22:00

★ **Khrua Aroy Aroy** Pan 路 3/1 号 T 02 635 2365 见 p.109 地图 这家简约的餐馆称为“非常非常美味的厨房”，提供全国各地各种价格便宜、美味精致的菜肴，尤其是清迈面、湄沙文咖喱和蔬菜咖喱面。每天 7:00~20:00 左右，如果食物卖光了就会提早打烊

Le Bouchon Suriwong 路附近 Patpong2 巷 37/17 号 T 02 234 9109 见 p.109 地图 曼谷的法国外籍人士经常光顾这个温馨的小酒馆，这里主要提供家常菜，如白豆浆羊腿（B580）；强烈建议提前预订。周一至周六 12:00~15:00 及 18:30~23:00

Mali Sathorn 路 1 巷，就在 Ngam Duphli 巷上 T 02 679 8693 见 p.70~71 地图 这家餐馆宽敞明亮，舒适温馨，楼层较低，基本都装有空调，在门外面还有几张窄小的餐桌。这里的泰式菜肴以沙拉和东北地区食物为主，此外，还有大量的素食。西餐价格要高些，有美味的汉堡（B180）、土豆沙拉、全日早餐、美味的香蕉或巧克力煎饼及一些墨西哥菜肴。每天 8:30~23:00

1

Mei Jiang Peninsala 酒店，Charoennakorn 路 333 号 Ⓣ02 861 2888 Ⓦwww.peninsula.com 见 p.109 地图 这家餐馆可称得上是曼谷最好的中国餐馆，不仅可欣赏到酒店的河滨花园，而且工作人员的服务十分周到。这里的粤式特色菜包括美味的茶点、龙虾卷、茶叶熏鸭以及精美的午间点心，如水晶虾饺等，每份价格至少在 B100。每天 11:30~14:30&18:00~22:30

★ Ramentei Thaniya 巷 23/8-9 号 Ⓣ02 234 8082 见 p.109 地图 精致的日本拉面咖啡厅，环境干净整洁、明亮温馨，与 Aoi（见 p.135）属于同一集团。开放式厨房非常精美，提供大碗的味噌拉面，里面有非常美味的饺子，大多数在 B150~200。每天 11:00~ 次日 2:00

Ruen Urai Rose 酒店，Suriwong 路 118 号 Ⓣ02 266 8268-72 Ⓦwww.ruen-urai.com 见 p.109 地图 这家已有百年历史的传统餐馆宁静幽雅，就位于酒店后面，从精致的阳台可俯瞰酒店美丽的泳池，还可一览曼谷市中心令人叹为观止的美景。提供各种高质量的泰国美食（不点招牌酒也没关系）：如 tom khlong talay（B250），是一道非常美味的来自泰国东北部的酸辣汤，加上酸角汁和香草精心制作而成。每天 12:00~23:00

Sara Jane's Narathiwat Ratchanakharin 路 55/21 号，位于 4 巷和 6 巷之间 Ⓣ02 676 3338-9 见 p.109 地图 这家历史悠久的基本化的餐馆装有空调设施，深受曼谷伊桑人口的喜爱，这里主要提供美味可口的简单东北菜肴，包括各种肉糜沙拉（B95）、Laap 及青木瓜沙拉，还有意大利佳肴。每天 11:00~14:00 及 17:30~22:00

Somboon Seafood Suriwong 路 和 Narathiwat Ratchanakharin 路的交会处 Ⓣ02 233 3104 Ⓦwww.somboonseafood.com 见 p.109 地图 这家海鲜餐馆人气很高，最为有名的是他家的螃蟹咖喱（B250），餐馆装饰简单大方，颇有现代主义风格，而在外面的水池里陈列着的各种海洋生物，都逃不掉成为美食的命运。每天 18:00~23:30

★ Taling Pling Pan 路 60 号 Ⓣ02 234 4872 见 p.109 地图 除大酒店餐馆外，这是曼谷最好的泰式餐厅，尤其是泰国四个地区的经典菜肴。这里的油炸鱼沙拉（B135）美味爽口，还有广受欢迎的面包绿色咖喱牛肉（B145），曾受到泰国餐馆指南的推荐。此外，这里的氛围非常轻松愉悦。每天 11:00~22:00

★ Tongue Thai Charoen Krung 路 38 巷 18-20 号，Oriental Place 前 Ⓣ02 630 9918-9 见 p.109 地图 这家美丽典雅、朴实无华的餐馆位于百年老店屋里，用泰国和中国古董做装饰，环境整洁干净，且食物标准非常高。此外，还为素食者们提供了美味可口的斋菜，如黑豆酱油拌豆腐、油炸香蕉花和玉米饼等，喜欢吃肉的客户可以尝试美妙的牛肉咖喱（panaeng neua；B170）。每天 11:00~14:00 及 17:30~22:30

素坤逸路

此区域的 Emporiam 购物中心内也有日式餐馆 Aoi 的分店（见 p.135；4 层 Ⓣ02 664 8590 每天 11/11:30~14:30/15:00 及 17/17:30~22:30）及 Royal India 的分店（见 p.133 5 层 Ⓣ081 633 0737；每天 10:00~22:00 33/1 号巷坐落着 Ramentei 日本拉面咖啡馆 Ⓣ02 662 0050 每天 11:00~24:00）；以及位于 31 巷（Ⓣ02 259 6677）和 3/1 号巷路口（Ⓣ02 655 6223 每天 11:00~15:30 及 18:00~22:30）的北印度 Himali Cha-Cha 餐馆。想尝尝街头美食，你可以去 38 巷（Thong Lo 轻轨站）路口的夜市看看。

Baan Khanitha 23 巷 36/1 号 Ⓣ02 258 4128 Ⓦwww.baankhanitha.com 见 p.107 地图 这家历史已久的餐馆对素坤逸路外籍人士的最大吸引之处在于其传统的泰式风格。这里提供高档的泰式菜肴，价格也很高，如大量的辣味沙拉（yam），以及酸辣汤、绿咖喱及海鲜咖喱等各种美味佳肴。大多数主食价格在 B200~500。每天 11:00~23:00

Banya 7 巷 12 号 Ⓣ02 251 6486 见 p.107 地图 这家白色餐馆的装饰非常普通，但它是素坤逸地区的典型代表，因为这里宽敞明亮（在门前有室外餐桌）、安静优雅且楼层较低，此外还提供价格合理的泰国美食。尤其是辛辣的面包绿色咖喱鸡（B130）以及拌有虾、鱿鱼及猪肉糜的可口泰国蘑菇沙拉（B120）。每天 12:00~22:00

★ Beirut 2 巷路口 Ploenchit 中心地下广场 Ⓣ02 656 7377 见 p.107 地图 穿过曼谷主要的中东贫民窟（3 巷及 3/1 巷）就可抵达这家提供顶级黎巴嫩菜肴的舒适餐馆，内部装有空调。在几十种沙拉和有馅面包中，精美的茄子酱（baba ganoush）松软可口，炸鹰嘴豆泥球（falafel）内里多汁但外皮香脆。这些是价值 B280 的套餐，主要是三菜加皮塔饼。此外还提供美味的果仁蜜饼。每天 10:00~22:00

★ Bolan Pichai Rongnarong 路 26 巷 42 号 Ⓣ02 260 2962 Ⓦwww.bolan.co.th 见 p.107 地图 店家经过不懈的努力终于成功研制出各种复杂的正宗传统美食，同时坚持"慢食主义"哲学，让你学会怎样咀嚼泰国食物。时令菜单上的佳肴可能包括芭蕉丛林咖喱鸭（B580）以及菠萝蜜种子鸡肉清汤（B250），或者让厨师为你设计一份"Bolan 平衡"菜单（B1680）。这间餐馆坐落于美丽的花园别墅，尤其是其走廊里的餐桌格外引人注目，从轻轨 Phrom Pong 站出来步行大约 15 分钟即可到达，就在 Four Wings 酒店后面。周二至周日 18:00~ 深夜

Cabbages and Condoms 12 巷 6-8 号 Ⓣ02 229

右页图从上图起顺时针顺序依次为：拉玛八世大桥（见 p.112）；游客在恰图恰周末市场（见 p.111）>

ร้านสายฝนผ้าไหม
Sai Fon Silk Shop

4610 Ⓦ www.pda.or.th/restaurant 见 p.107 地图 这家舒适愉快的餐馆是由泰国人口与社区发展协会（PDA）经营的，用世界各地的避孕套做装饰，其口号是“我们的食物保证不会导致怀孕”。这里的芒果酱蓬松炸鲇鱼（B130）及海鲜鱼肉咖喱（haw mok B200）都非常有名；此外还提供各种素食菜肴。每天 11:00~22:00

Dosa King 11/1 巷，后门位于 11 巷 Ⓣ 02 651 1700 Ⓦ www.dosaking.net 见 p.107 地图 这家印度素食餐馆深受外籍印度食客的喜爱，主要提供印度北部和南北的美味佳肴，包括十几种不同的南部煎饼（dosa）及唐杜里烹饪等。这里是无酒精区，因此你只能用甜腻的优酪乳代替。大部分菜肴价格在 B100~200。每天 11:00~23:00

Greyhound Café Emporium 购物中心 2 楼 Ⓣ 02 664 8662 Ⓦ www.greyhoundcafe.co.th 见 p.107 地图 位于拥有这间咖啡馆的泰国时尚商店的隔壁，它以黑白搭配形成别致的风格，而且在其黑板上经常会告知特价菜，并提供干净整洁的桌布和餐巾。菜单上主要是一些爽心美食，如精致美味的鸡蛋培根炒饭加猪肉汤（B150），还有一些更复杂的主食，以及超好吃的西式甜点和泰式甜品。每天 11:00~22:00

Le Dalat Indochine 23 巷（Prasanmitr 巷）57 号 Ⓣ 02 259 9593 Ⓦ www.ledalatbkk.com 见 p.107 地图 这家重建的越南风格砖制豪宅洋溢着印度支那的浪漫氛围，令人愉悦，周围装饰有各种盆栽、大量照片以及稀世珍品。这里提供广泛的越南高档美食，如加有香草和生鱼片的 goi ca 沙拉（B260）及甘蔗虾棒（chao tom，B360）。此外还有价格实惠的午饭套餐。每天 11:30~14:30 及 17:30~22:00

MahaNaga 29 巷 2 号 Ⓣ 02 662 3060 Ⓦ www.mahanaga.com 见 p.107 地图 这家餐馆宁静幽雅，在此用餐别有一番风味，尤其是入夜后，在灯光照耀下的喷泉花园里的餐桌上用餐更是让人如临仙境；而室内空调房里有勃艮第天鹅绒窗帘，高雅美丽。这里提供精致的泰国美食，主要特色有美味的沙朗牛肉沙拉（B350）以及河虾酸辣汤（B200）。每天 17:30~22:45

Soul Food Mahanakorn 55 巷 56/10 号（Thong Lo 巷 轻轨 Thong Lo 站 3 号口出来，然后进入右边的小巷向前走 100 米）Ⓣ 02 714 7708 Ⓦ www.soulfoodmahanakorn.com 见 p.107 地图 如果你有最喜欢的青木瓜沙拉或 Laap 店铺，那么不推荐你去这个地方，但如果没有，这家干净整洁、温馨舒适的美泰小酒馆就是不错的去处，提供泰国全国各地的街边美食，而且食材都是最顶级的。牛肉咖喱面汤（khao soi, B180）香浓美味，青木瓜沙拉（B140）还有各种不同口味。餐馆黑板上每天都会标注着特色菜肴和各种创意鸡尾酒。每天 17:30~24:00

Spring Summer Winter Promsri 1 巷 199 号，从轻轨 Phrom Pong 站步行大约 15 分钟，沿 39 巷往北走 700 米，再沿 Promsri 1 巷向东走 350 米 Ⓣ 02 392 2747 Ⓦ www.springsummer.com 见 p.107 地图 这家坐落在居民住宅小巷的时尚餐馆运用三位一体的理念占据了两栋别致的现代主义建筑，周围铺设着草坪。Spring（每份起价 B300 左右）主要提供精致的风味美食（深受日本和印度影响的泰国菜肴），尤其是海鲜，如香味扑鼻的柚子和龙豆沙拉及三文鱼鳄梨炒饭；Summer 是巧克力迷的天堂，从冰冻的提拉米苏到干酪饼和巧克力火锅，应有尽有；而 Winter 酒吧就坐落在两者之间的草坪上，你可以边吃着 Spring 和 Summer 的食物，边享受悠闲时光。Spring：每天 11:30~14:30 及 18:00~23:00；Summer：每天 12:00~24:00；Winter：19:00~24:00，视天气而定。

Suk 11 11 巷 Ⓣ 02 253 5468 Ⓦ suk11.com 见 p.107 地图 这家餐馆属于别致独特的 Suk 11 酒店（见 p.129），它与酒店共享一条交通方便的小巷，此外，这家餐馆以其木质建筑、柔和灯光以及美丽植物重新营造了泰国旧时农村的氛围。这里提供正宗美味、价格中等的泰国菜肴（多数在 B100~200），如各种辛辣的 yam 沙拉、美味的鸡肉 Laap、可口的椰汁肉片咖喱，此外还有鸡尾酒及进口白酒等，都为其添加了特殊气氛，但是相对于其他知名度更高的竞争对手来说，这里更加朴实，价格也更合理。每天 15:30~23:00

★ **Vientiane Kitchen（Khrua Vientiane）** 36 巷 8 号，素坤逸路往南走 50 米 Ⓣ 02 258 6171 Ⓦ www.vientianekitchen.com 见 p.107 地图 从轻轨 Thong Lo 站（2 号口）出来先往西再往南走 3 分钟，你就可以看到这家洋溢着伊桑氛围的餐馆，提供各种泰国东北美味。现场乐队的演奏也更让人心情愉悦，有时会放民歌音乐，甚至还有传统舞蹈表演（每天 20:00）。这里提供老挝和伊桑地区的特色菜肴，包括蚂蚁卵蔬菜汤、油炸辛辣青蛙、菠萝蜜咖喱及黑鱼（B300 起价），此外还有各种素食，如青木瓜沙拉、酸甜食物及泰式甜点等。餐馆氛围轻松舒适、内饰朴实无华，吸引了海内外的顾客，是个很不错的用餐点。每天 12:00~24:00

恰图恰周末市场

在周末市场里到处可见用餐小摊，尤其是在南端，你可以找到许多供应泰式炒面及伊桑菜肴的小摊。

Toh Plue Ⓣ 02 272 5283 这是恰图恰最大、最有名的餐馆，其主要分店位于该区东部边缘，市场办公室附近；而另一分店就在地铁 Kamphaery Phet 站 1 号口附近。两处分店都有空调房，且提供各种美味佳肴，如腰果鸡丁（B120）等。营业时间和市场一致

酒吧及夜生活

对于曼谷的男性游客来说，夜幕降临之际就是城市色情酒吧热闹之时，其中最有名的红灯区就是 Silom

路的帕蓬区（见 p.108）。幸运的是，曼谷**夜生活**在过去十年间已发生翻天覆地的变化，远离了荒淫无度、醉生梦死的生活，如今从微醺啤酒酒馆、闪耀的屋顶鸡尾酒酒吧到别致的迪吧和舞厅，多得让人眼花缭乱，而且大都有一流 DJ 坐镇。尤其是素坤逸路的高档概念酒吧及邦兰铺热闹拥挤的夜店，都吸引了大批追求时尚的泰国年轻人以及越来越多的背包客。旅游淡季期间（11 月 ~ 次年 2 月），晚上去季节性**啤酒花园**小坐一下，即使要忍受都市大气（和交通废气），也非常惬意舒适。你可以在酒店前院或各大商场门前找到这些啤酒花园，其中最引人注目的就在中央世界广场。而在**俱乐部之夜**，你可以关注一下 Zudrangma 唱片公司（www.zudrangmarecords.com）在 Cosmic Café 酒馆（见 p.140）等场所定期举办的活动，混合了来自泰国各地甚至世界各地的舞蹈音乐，值得去享受一下。在凌晨时分回到住所应该没有什么问题：晚上有多条公交线路运行（但班次较少），此外就近还有嘟嘟车及出租车，但单身女性最好不要在深夜独自搭乘嘟嘟车。

邦兰铺及拉塔那古辛

入夜后，邦兰铺的游客聚集地别有一番风情，其中心地考山路成为了“步行街”，禁止车辆通行，但挤满了各种临时摊位，从炸香蕉到大杯高度鸡尾酒以及物美价廉的时装和一次性的手工艺品，应有尽有。泰国年轻人会先在这里四处逛逛，吃点美食，然后再挤入邦兰铺的时尚酒吧及独立的现场音乐俱乐部开始疯狂之夜，其中大部分俱乐部都是免费进入的（但有些需要你出示身份证）。

Ad Here the 13th (Blues Bar) 2 巷对面的 Samsen 路 13 号 见 p.88~89 地图 轻松温馨的现场小型音乐会，在酒吧外的人行道上提供有舒适的座椅，晚上这里会聚集许多音乐爱好者聆听泰国和异域的蓝调音乐及爵士演奏（大约 21:30 过后）。提供各种价格实惠的啤酒和鸡尾酒。每天 18:00~24:00

Bangkok Bar Ram Bhuttri 路 100 号 Ⓣ 02 281 2899 Ⓦ www.bkkbar.com 见 p.88~89 地图 该酒吧拥有这条街上最有名、最好的现场音乐表演，其独立摇滚乐队和 DJ 都深受当地年轻人的喜爱，偶尔还有大牌明星亮相。这是一家多层的酒吧餐馆，中间有个喷泉庭院，舞台位于 1 楼，但在 2 楼阳台上也能看到。B100，包含一杯饮料。每天 18:00~ 次日 3:00

Brick Bar 考山路 265 号 Buddy Village Ⓦ www.brickbarkhaosan.com 见 p.88~89 地图 这家现场音乐酒吧的拱顶是用大量红砖建筑的，其长驻的雷鬼、斯卡、灵魂和蓝调乐队以及偶尔的临时舞台都广受泰国青少年的欢迎。大气的餐桌就位于舞台右方，还可点各种食物。周五、周六晚上人最多，价格也最贵，需支付 B150 进场费，包含一杯饮料。每天 19:00~ 次日 1:30

Café Democ Rajdamnoen Klang 路 78 号 Ⓦ www.cafe-democ.com 见 p.88~89 地图 这家时尚流行、干净整洁的昏暗酒吧就位于一栋塔楼般的建筑里，其中一个半楼层都装有大窗户，可远眺民主纪念碑，非常舒适；在半圆形的夹楼里也有座位。泰国和国际 DJ 几乎每天晚上都会聚集在这里，有时还会为附近的 Club Culture 俱乐部（见下文）做热身准备，偶尔还有极具前途的泰国乐队演出。而在白天，这里就是一家舒适温馨的咖啡馆。每天 11:00/12:00~ 次日 2:00

The Club 考山路 123 号 Ⓣ 02 629 1010 Ⓦ www.theclubkhaosan.com 见 p.88~89 地图 这家俱乐部屋顶较高，DJ 站在中央升降舞台上播放电子舞曲，舞台灯光效果先进完美，吸引了年轻的国内外顾客。B100，包含一杯饮料。每天 22:00~ 次日 3:00

Club Culture Rajdamnoen Klang 路南面的不知名小巷内，在民主纪念碑东南方 Ⓣ 089 497 8422 Ⓦ www.club-culture-bkk.com 见 p.88~89 地图 这家深受泰国国内外爵士迷喜爱的俱乐部位于一家改建的 4 层楼店屋内，其中三间独立的房间用于各种国际和当地 DJ 播放各种曲调的浩室音乐，此外还有电子摇滚乐、电子舞曲、鼓打贝斯以及现场独立乐队等，不同的晚上有不同的表演。入场费需视表演内容而定，但至少要 B150，包含一杯饮料。周三至周六 22:00~ 深夜

★ Hippie de Bar 考山路 46 号 Ⓣ 02 629 3508 见 p.88~89 地图 这家温馨的庭院酒吧远离主要闹市区，墙上都是涂鸦，装饰着大量电视屏幕及其自身的品牌时尚精品。吸引了学生 / 艺术家 / 上流社会这些混合人群，以泰国人为主，他们通常都会点一杯价格便宜的啤酒，在铸铁吧台或在公园长椅上饮用。室内有塑料扶手椅、Donny Osmond 海报和古老的电视机，气氛非常世俗。周日至周四 16:00~ 次日 2:00，周五和周六 16:00~ 次日 3:00

Jazz Happens Phra Arthit 路 Ⓣ 02 282 9934 Ⓦ www.facebook.com/jazzhappens 见 p.88~89 地图 Phra Arthit 路上典型的酒吧，是学生的聚集地，只

营业时间和身份证检查

曼谷大多数酒吧和俱乐部都在 1:00 关门，但位于 Silom 路东端及 Royal City 大道上的酒吧俱乐部会营业到 2:00。在过去几年，常规的“社会秩序”被警方取缔，要求酒吧严格执行此营业时间，并对酒吧顾客进行突击尿检及身份证检查，以遏制未成年人饮酒（只有年满 20 岁才能在酒吧和俱乐部饮酒）。然而，最近警方的打击力度已小了很多，如果顾客较多，许多酒吧和俱乐部都会开放至凌晨，且除了少数地方外，大多数场所都不检查身份证。目前很难预测情况会如何发展，但当你抵达曼谷后，你很快就会了解这些地方的动向如何，而且随身携带护照复印件也没什么坏处，以防万一。

有一个小房间和一些街边餐桌，但艺术大学爵士乐学院的学生会在此爵士公社表演。在你欣赏音乐时还可以来一杯鸡尾酒或点几份配菜，潇洒惬意。每天 19:00~24:00

Phra Nakorn Damnoen Klang Tai 巷 58/2 号 ❶ 02 622 0282 见 p.88~89 地图 这家酒吧以"艺术爱好者的聚集地"自居，成功吸引了曼谷的艺术家及艺术系学生，客人们可以在屋顶露台欣赏灯光照耀下的金山寺，在 2 楼打台球，或者在底楼游览定期举办的展览。每天 18:00~ 次日 1:00

Po Maharat 路 Thien 码头 203/1 号 ❶ 02 622 3081 见 p.73 地图 当湄南河快船逐渐平静下来之时，这个木质码头就成了酒吧所在之地，而从其上的阳台可以看到湄南河对岸郑王寺的夕阳美景。这里的客人大多都是学生及上班族，因此播放的多是泰国流行音乐；在喝啤酒及泰国威士忌时最好不要点食物。每天 18:00~23:00

★ **Taksura** Tanao 路 ❶ 02 622 0708 见 p.88~89 地图 这家酒吧坐落于百年豪宅里，位于 Tanao 路的一条小胡同内，虽然外表破旧但仍别有风味，且木质百叶窗完全敞开，气氛极佳。酒吧前面有个美丽的大花园，室内很普通，有复古椅、独立音乐 CD 播放机以及价格合理的饮食，很受学生欢迎。每天 17:00~ 次日 1:00

暹罗广场、Ploenchit 路及市中心北部

入夜后，市中心暹罗广场的夜生活比 Silom 路要单调许多，而市中心南面更少。除了在东北部，拉玛九世大街南面的 Royal City 大道上，有一个官方认可的"夜生活区"，里面的夜店可营业至 2:00。其两边大多都是类似仓库的俱乐部，一般都称为"性市场"，但如果在 Cosmic 酒馆有特别节目的话，搭出租车过去还是蛮合算的。

Coco Walk Phrayathai 路 见 p.103 地图 这里坐落着好几家随性但很流行的酒吧，就在轻轨 Ratchathevi 站右边，保证你可以度过一段美好的时光，有台球、现场音乐会、DJ，还有乐队，深受当地学生的欢迎，此外，还提供价格实惠的啤酒及饮食。大致每天 18:00~ 次日 1:00

Cosmic Café Royal City 大道（RCA）C 区 ❶ 081 304 6907 见 p.121 地图 这家酒馆看似平凡无奇，只有几层酒吧及一个大的露天阳台，但这里的设施却是一流的，从诗情画意的装饰到现场独立乐队，还有 DJ，从斯卡音乐到泰国的传统音乐 mor lam，无所不能，吸引了大量顾客。大致每天 19:00~ 次日 2:00

Raintree Rangnam 路 Ruamjit 巷 116/63-4 ❶ -2 245 7230 Ⓦ www.raintreepub.com 见 p.70~71 地图 这家温馨舒适的酒吧是由两家普通店屋改造而来，位于胜利纪念碑附近，室内有许多粗糙的木质家具及全球最大的水牛头盖骨，是典型的"老顽童"酒吧。夜间大多数现场音乐都是人生赞曲，还有泰国另一种传统音乐 luk thung，开始音调低而舒缓，随着晚上气氛逐渐火辣，音乐也变得越来越喧闹，让人禁不住摇摆起来。每天 18:00~ 次日 1:00

Saxophone 胜利纪念碑（东南角）3/8 号，距离 Phrayatahi 路不远 ❶ 02 246 5472 Ⓦ www.saxophonepub.com 见 p.70~71 地图 这家气氛活跃、场地宽敞的酒吧不仅提供各种美味的泰式和西式食品，还有多元化的乐队表演，大多数时候会表演爵士（周日至周四）和蓝调（周五和周六），此外还有吉他、乡土爵士乐、摇滚及雷鬼表演，在泰国人及外国游客之间都广受欢迎。每天 18:00~ 次日 2:00

市中心南部：阿玛四世大街南侧

这里的大多数夜生活都聚集在 Silom 路东口附近，但也有一些酒吧位于西面，可欣赏到湄南河的秀丽景色或广阔的城市景观。如果在 Silom 路各种夜生活中，你最终选择观看帕蓬区的色情表演，那你必须留意酒吧超贵的菜单等，许多游客都吃过这个亏，此外还要当心满嘴谎言的骗子。

Balco River City 购物中心 5 楼 ❶ 084 928 6161 见 p.109 地图 这家位于顶层的温馨酒吧提供价格合理的啤酒及鸡尾酒，从其扶手椅及沙发的位置可看到美丽的湄南河，上至唐人街，下至沙潘塔克辛，尽收眼底。周二至周日 18:00~ 次日 2:00

The Barbican Silom 路东口 Thaniya 巷 9/4-5 号 ❶ 02 233 4141-2 Ⓦ www.greatbritishpub.com 见 p.109 地图 时尚流行的现代主义风格城堡装饰：深色的木制品、金属及天然石头。这里随时提供吉尼斯黑啤酒和各种进口啤酒，如果不是窗外小巷里不协调的日本色情酒吧，你会以为自己置身于伦敦的酒吧城。每天 16:00~19:00 可享受美好的用餐时光。每天 11:00~ 次日 1:00

O'Reilly's Silom 路和 Thaniya 路的交会处 ❶ 02 632 7515 见 p.109 地图 这家温馨舒适的爱尔兰酒吧的最独特之处在于可观看电视体育节目。主要提供 Guinness 黑啤酒、Kikenny 啤酒及五花八门的饮料，在 16:00~19:00 期间还会提供各种美味佳肴，周二、周四和周五晚上会举行现场音乐会。每天 10:00~ 次日 1:00

Radio City 帕蓬 1 巷 76/1-3 号 ❶ 02 266 4576 见 p.109 地图 这家喧闹的酒吧有令人兴奋的现场乐队表演（周一至周六 22:00），其中有著名的猫王模仿（周四至周六），但餐桌都摆放在肮脏破旧的道路边。每天 18:00~ 次日 2:00

★ **The Sky Bar & Distil** Charoen Krung 路拐角处，Silom 路 1055 号 State Tower 大厦 63 层 ❶ 02 624 9555 见 p.109 地图 寻求刺激、酷爱风景的游客绝对不可错过这家距城市路面 275 米高的露天酒吧，在 18:00 左右到这里来可欣赏到美丽的全景。在大厦边缘的圆形餐厅酒吧 The Shy Bar 几乎可看到 360 度全景，但若想欣赏日落，你最好去大厦另外一边的 Distil 露天阳台观看（可预订）。此外，这里还提供各种饮料，周到的服务及可以斜倚的巨大沙发。每天 17:00/18:00~ 次日 1:00

Tapas Bar Silom 路 4 巷 ❶ 02 234 4737 见 p.109 地图 这家摩洛哥风格装饰的高档酒吧（不

提供小吃）主要面向西班牙人，其露天餐桌是观看来往行人的最佳场所，还可看到同性恋小巷。酒吧内部有多个小包厢，3层还有个屋顶露台，主要偏向于浩室音乐。入场费用政策经常改变，但目前周五和周六的入场费为B200，包含一杯饮料，周日至周四免费。每天19:00~次日2:00

★ Tawandang German Brewery Rama Ⅲ大街462/61号 ☎02 678 1114-6 见p.109地图 搭乘出租车从轻轨Chong Nonsi站往南沿着Narathiwat Ratchanakharin路行驶即可到达，这家服务周到的大酒馆很受欢迎，最好提前预订。酒馆坐落在一个大圆顶里，可以容纳1600位到此寻欢作乐的人，不仅可以享受精美的餐点、上等的德国微酿啤酒，还能欣赏各种歌舞表演，这些表演者完美融合了泰国古典和西方流行音乐风格，此外还有魔术、芭蕾及街舞。每天17:00~次日1:00

Viva: The River River City购物中心底层 ☎02 639 6305 见p.109地图 这是著名的恰图恰市场酒吧（见p.142）新开的分店，在湄南河上方建立了一个迷人的露台，内部装饰比较粗糙，主要是老式的椅子及船舶绞车。酒吧主要提供较烈的鸡尾酒、浓醇的咖啡及冰沙，此外还有早餐及开胃食物（一直提供到子夜），如美味的热狗、比萨及沙拉；酷酷的DJ每晚都会播放音乐，偶尔还有现场演奏。每天8:00~次日1:00

素坤逸路

素坤逸路上的酒吧大多是聚集在Nana巷和Cowboy巷的色情酒吧及香艳的bar-beers（侧面敞开的巨大圆形酒吧），但这一带也分布着大量不同风格的酒吧，尤其是屋顶酒吧和时髦的俱乐部。

36-24-36 36巷Naphasap2弄23号 ☎02 661 5636 ⓦwww.362436kitchenbar.com 见p.107地图 这家温馨舒适、朴实无华的酒吧位于一条安静的小巷尽头（36巷第二个拐角处右拐），从轻轨Thong Lo站步行到这里只需15分钟，是一座现代主义风格的大型别墅，到处都是窗户。酒吧内部有复古的家具，外部有个美丽的大花园，你可以选择坐在温馨的酒吧里，也可以选择在大树底下点一杯便宜的啤酒，再来几份精致的泰国美食，享受美好的时光。每天晚上都有DJ，而在周围和周六晚上还会有现场原声音乐或独立音乐演奏。周二至周日17:00~次日1:00

★ Bed Supperclub 11巷26号 ☎02 651 3537 ⓦwww.bedsupperclub.com 见p.107地图 仅为这家酒店未来主义的视觉效果就值得到此一游，此外，这家极具诱惑力的酒吧更是这条时尚小巷里的顶级夜店。酒吧内部全白色的装饰在昏暗灯光的映衬下显得出奇的温馨和谐，而楼上画廊边缘的深色沙发可供人倚靠，并将楼下酒吧和DJ场景尽收眼底。这里的氛围一直都很热闹，但也不像你认为的那样自命不凡；有些时候有主题晚会，主要是常规的促销活动及国际DJ嘉宾表演。而其餐厅部分与酒吧有天壤之别，不仅提供全球各地的菜肴，还可欣赏DJ带来的表演，以及现代音乐、舞蹈及戏剧表演艺术的演出（周一不开放；周五和周六提供四菜套餐）。需要身份证；入场费根据当晚活动而定，但是在22:00后的入场费通常是B600，包含两杯饮料。每天20:00~次日2:00

Cheap Charlie's 11巷 见p.107地图 这家历史悠久，科技感较低的露天酒吧别有一番风味，以其便宜的啤酒及顾客名人纪念馆画廊闻名。如今这家酒吧位于一条安静的、禁止车辆通行的小胡同，并提供豪华的桌椅。周一至周六17:30~24:00

Finnegan's 4巷（Nana Tai）23/1号 ☎02 656 8160 ⓦwww.finneganthailand.com 见p.108地图 这家酒吧可称得上是曼谷众多"Oirish"酒吧中最具爱尔兰气息的，温馨的木质和皮革装饰、桶装的Guinness黑啤酒、各式各样的美食以及橄榄球和盖尔球等体育电视节目，都深受广大顾客的喜爱。优惠时间一直持续到20:00。每天9:00~次日1:00

Long Table 16巷48号Column塔 ☎02 302 2557-9 ⓦwww.longtablebangkok.com 见p.107地图 这家位于25楼的时尚餐馆是根据其25米长的公用中心餐桌命名的，可容纳70人同时用餐，提供当代泰式美食。但其真正吸引人眼球的地方在于其上海风格的开敞阳台时尚酒吧，你可以点一杯Long-tail鸡尾酒，坐在皮革沙发上，尽情享受休闲的时光，还可欣赏市中心摩天大楼的壮观全景。每天17:00~次日2:00

Nest 11巷Le Fenix酒店9层 ☎02 255 0638 ⓦwww.nestbangkok.com 见p.108地图 这家屋顶酒吧上部郁郁葱葱，被形象地比喻为鹰巢，无论你是躺在两用长椅上，还是蜷缩在柳条椅上，亦或是斜倚在贵妃榻上，都可以看到划过公寓上方天际线的壮观景色（阴雨天的时候酒吧上方会有顶棚），还可享受各种各样的鸡尾酒（大多数在B300左右）。这里每天晚上都有音乐，有可能是DJ或歌手及作曲者，也有可能是拉丁之夜，偶尔会有派对。它不像市中心其他著名的天空酒吧那样壮观，却能让人心神愉悦。周日至周四17:00~次日2:00，周五和周六17:00~次日3:00

Q Bar 11巷34号 ☎02 252 3274 ⓦqbarbangkok.com 见p.107地图 这家纽约风格的时尚酒吧俱乐部灯光昏暗，共占有两个楼层和一个露台。这里的最特别之处在于提供各种各样的冰镇伏特加，而且音乐大多都是来自当地和国际的DJ音乐，从而吸引了大量时尚人群，尤其是在周五和周六晚上。入场费价格根据当晚表演内容而定，但大致在B500，包含两杯免费饮料（目前周一至周四是免费的）；如果是男性，请不要穿短裤、汗衫或凉拖。需检查身份证。每天20:00~深夜

WTF 51巷7号 ☎02 662 6246 ⓦwww.wtfbangkok.com 见p.107地图 这家西班牙风格的时尚小酒吧集酒馆和艺术画廊为一身，偶尔会举办诗歌之夜，而左场则是DJ等表演场所。酒吧内有色彩鲜艳的泰国电影海报及好听的背景音乐，主要

1

提供餐前小吃（B70）、比萨及上等的鸡尾酒和白酒。从轻轨 Thong Lo 站出来往西走 5 分钟，再沿着 51 巷走 100 米，就在左边的小巷路口附近。周二至周日 19:00~ 次日 00:30

恰图恰周末市场

Viva 6 巷 26 区 Ⓣ 02 272 4783 这家温馨舒适的小果汁吧还提供咖啡和鸡尾酒，当你逛街累了以后可以点一杯饮料在此歇歇脚，欣赏下广播里的爵士乐，在晚上还有现场演奏（一直到 21:00）。在市场 8 区还有一个分店，晚上有 DJ 在此表演。周六及周日 8:00~21:00

曼谷同性恋

下文提及的位于 Silom 路东口周围，尤其是 2 巷和 4 巷之间狭窄胡同（见 p.109 地图）中的酒吧、俱乐部及咖啡馆餐馆是曼谷同性恋夜生活最集中的场所。更多关于泰国同性恋生活的背景以及曼谷同性恋酒吧的联系方式和信息来源可参阅“基本信息”章节（见 p.57）。有关营业时间及是否需要携带身份证的相关资讯请参阅“酒吧及夜生活”章节（见 p.138）。

The Balcony Silom 路 4 巷 Ⓣ 02 235 5891 Ⓦ www.balconypub.com 这是一个朴实无华又十分有趣的场所，拥有许多露天座位，可观察来往行人。这里的工作人员热情亲切、饮料价格实惠合理，楼上有卡拉 OK 及各种精致的泰式和西式美食。优惠时间一直持续到 20:00。每天 17:30~ 次日 2:00

Dick's Bar Suriwong 路 Pratuchai 巷 894/7-8 号 Duangthawee 广场 Ⓦ www.dickscafe.com 这家以卡萨布兰卡为主题的餐馆优美典雅，日间是咖啡馆，夜间是酒吧（自诩可媲美美国的 Rick's Café）。此吧位于 Suriwong 北侧的 go-go 吧步行街，是饮食的理想之地，享受精致的泰式和西式食物，或就进来歇歇脚也可。每天 10:30~ 次日 2:00

Disco Disco Silom 路 2 巷 这家小型酒吧迪斯科给人以简约复古的感觉，而且这里的舞曲受到许多年轻人的青睐。每天 22:30~ 次日 3:00

DJ Station Silom 路 2 巷 Ⓣ 02 266 4029 Ⓦ www.dj-station.com 这家 3 层楼高的俱乐部非常时髦，却又朴实无华，周末非常拥挤，吸引了大量国内外顾客；而在每晚 23:30 都会上演流行歌舞秀。入场费 B100，包含一杯饮料（周五和周六 B200，包含两杯饮料）。每天 22:30~ 次日 3:00

GOD (Guys on Display) Silom 路 2/1 巷 60/18-21 号，位于 Thaniya 巷和 2 巷之间的步行小巷 Ⓣ 02 632 8033 这家繁忙的大型俱乐部有色情舞表演，主要面向泰国人开放，营业时间比 DJ Station 要晚些。入场费 B150，包含一杯免费饮料。而其隔壁的 Diamond 是一家时尚的酒吧餐馆，一直营业到凌晨 2:00。大致每天 00:00~6:00

JJ Park Silom 路 2 巷 8/3 号 Ⓣ 02 235 1227 这家以泰国人为主要顾客的上等酒吧主要用作轻松社交场所，而不是疯打疯闹，而且每晚都有歌舞表演，在其隔壁是休闲的 Club 咖啡馆。每天 22:30~ 次日 3:00

Sphinx Silom 路 4 巷 98-104 路 Ⓣ 02 234 7249 Ⓦ www.sphinxpub.com 这家位于底楼的酒吧餐馆以埃及风格为主题，拥有毛绒装饰、露天座椅以及泰式和西式餐点，吸引了大批顾客；而楼上的 Pharoah's 卡拉 OK 会在周五和周六开放。每天 18:00~ 次日 1:00

Telephone Pub Silom 路 4 巷 114/11-13 Ⓣ 02 234 3279 Ⓦ www.telephonepub.com 这家酒吧创建于 1987 年，是曼谷第一家西方主义风格的同性恋酒吧，这家环境幽雅、灯光昏暗的酒馆在胡同里，有一个露台，酒馆内部的餐桌上有电话，方便顾客结交新朋友，楼上还有卡拉 OK。每天 18:00~ 次日 2:00

休闲娱乐

在文化方面，最容易接触到的曼谷表演艺术就是泰国舞蹈，尤其是在一部分旅游节目里会有安排。泰拳比赛也非常值得观看：在曼谷两大国家体育馆里观看现场比赛要比看电视直播刺激得多。

文化节目及表演艺术

因为语言上的障碍，大多数泰国影院中外国人寥寥无几，因此除了一些少数例外，体验泰国传统表演艺术的最佳方式就是观看专为游客设计的节目，尤其是暹罗梦幻剧场（Siam Niramit）的演出。但是你也可以观看原汁原味的泰国舞蹈，通常每天都会在大王宫后面的国柱神庙（见 p.82）及 Ploenchit 路角落的四面佛神龛（见 p.106）附近表演数次。有关泰国古典舞蹈和传统戏剧的背景信息，请见 p.44。此外，曼谷还有一个更加炫目但可能有点猥琐的娱乐项目，就是人妖歌舞表演。

Sala Chalermkrung 剧院 Charoen Krung 路 66 号，与拍乎叻区 Triphet 路的交会处，就在老暹罗广场旁边 Ⓣ 02 224 4499 Ⓦ www.salachalermkrung.com 或 www.thaiticketmajor. com 见 p.93 地图 主要的传统及现代剧院，定期有孔剧表演，且配有英文字幕。周四及周五 19:30；B800 起价

国家剧院 拉塔那古辛皇家田广场 Ⓣ 02 224 1342 见 p.83 地图 几乎每周都有艺术演出，如孔剧，而且每月都会为游客及其他初学者表演歌舞及洛坤（古典舞蹈戏剧；通常是该月第一个和最后一个周五的 17:00；B60~100），而且在旱季的

周末，还有户外古典音乐及舞蹈表演。但是光看英语是很难了解其信息的，你可以去附近的曼谷旅游部咨询一下。

New Calypso Cabaret 剧院 在 Charoen Krung 路 Asiatique 购物中心，轻轨 Saphan Taksin 站以南 2 千米（ⓦ www.calypsocabaret.com 或 www.thai-asiatique. com） 聚集了许多穿着光鲜衣服的妖媚易装癖者，且每天都有顶级的歌舞演出。B1200，如果提前 3 天在网上预订，只需 B900。每晚都有人妖秀，门票在 **B1000** 左右

暹罗缤纷剧场 Tiam Ruammit 路 19 号，从地铁 Thailand Cultural Centre 站步行至此只需 5 分钟（或从 1 号口出来搭乘免费班车），沿着韩国大使馆的标记即可到达 ⓣ 02 649 9222 ⓦ www.siamniramit.com 见 p.121 地图 这家专向游客开放的剧院是窥探泰国传统戏剧及剧院本身独特之处的最佳去处。长达 80 分钟的表演展现了泰国地区文化的历史，以及对梦幻般的服饰及庞大合唱团的钟爱，还有各种杂技及绚丽的特效。建筑里还包括工艺品展览及自助餐厅（晚餐加表演共 B1850）。门票（B1500 起价）可在现场、网上或通过旅行社购买。每天 20:00

Silom Village Silom 路 ⓣ 02 234 4581 ⓦ www.silomvillage.co.th 见 p.109 地图 这家旅游商城每晚在 Ruen Thep 大剧院都有长达 50 分钟的表演（20:30；B650），还提供泰式套餐菜单（19:00 起），此外，其露天餐馆在 19:50 和 20:50 都会有免费的 15 分钟表演秀。

泰国文化中心 Ratchadapisek 路 ⓣ 02 247 0028 ⓦ www.thaiticketmajor.com 地铁 Thailand Cultural Centre 站附近 见 p.69 地图 这家由泰国文化部管理的剧院是一处多功能场所，主要举办古典音乐会、传统及现代戏剧以及国际舞蹈和剧场表演。

电影院

曼谷市中心共有 40 多家电影院，其中大部分都位于购物中心顶层。而大多数电影都是美国和欧洲最新上映影片，原音对话泰文字幕，一般每天放映 4 次。有关影片详情，可以访问 ⓦ www.movieseer.com，可以搜寻到未来一周内的所有电影信息，你可以直接搜索电影，也可以按曼谷地区搜索（实际上可以搜泰国全国各地的放映影片）；电影院位置在 *Nancy Chandler's Map of Bangkok* 上都有标记。无论你在哪个影院，每场电影开始前都会播放泰王国歌，你必须起立以示尊敬。

法语联盟 Sathorn Tai 路 29 号 ⓣ 02 670 4200 ⓦ www.alliance-francaise.or.th 见 p.109 地图 在这处法国文化中心上映的电影（每周三 19:30；免费）通常都是英文字幕。

丽都电影院 拉玛一世大街，暹罗广场 ⓣ 02 252 6498 ⓦ www.apexsiam-square.com 见 p.103 地图 暹罗广场及其附近共有 6 家电影院，而这里是观看独立制作外国影片的最佳场所

歌德学院 Goethe 巷 18/1 号，位于 Sathorn Tai 路和 Ngam Duphli 路之间 ⓣ 02 287 0942 ⓦ www.goethe.de 见 p.70~71 地图 凉季期间（12 月 ~ 次年 2 月），这个德国文化中心都会在户外花园里放映德语国家最新上映的电影，通常是英文字幕；详细地图请查看网站。放映时间：周三 19:30；免费。

House Royal City 大道（RCA） ⓣ 02 641 5177-8 ⓦ houserama.com 曼谷唯一的艺术片影院，就在市中心东北方向。离此地最近的地铁站是 Phetchaburi 站，但步行需很长时间，因此最好乘坐出租车过来（目前打算在素万那普机场铁路线上新设 RCA 站点）。

Pridi Banomyong 图书馆 Thammasat 大学 ⓣ 02 613 3544 定期放映外国电影，免费。

泰拳

对于某些游客来说，暴力的泰拳（muay thai）比赛（见 p.45）可能有些倒胃口，但对寻求刺激的人而言，在曼谷两个主要体育馆里观看几小时的泰拳比赛却非常有趣，尤其是观众的热情及战斗的固定礼仪表演。外国游客坐票价值 B1000~2000（便宜的站票主要为泰国人保留），但是在拉查达慕农体育馆观看比赛时，B1000 的座位有部分被遮挡住了。比赛通常共有 10 次较量，每次又分为 5 轮，每轮 3 分钟，中间间隔 2 分钟休息，所以如果你不是疯狂的泰拳迷，最好在 1 个小时后进场，因为比赛在接近结束时才最精彩。如想学一点泰拳，曼谷周围有好几个面向外国人开放的泰拳课程，你可以去看一下。

Chacrit 泰拳学校 素坤逸路 22 巷和 24 巷之间，Washington Square 剧院旁边 ⓣ 02 260 5816 ⓦ www.chacritmuaythaischool.com 见 p.108 地图。插班学习 B800/ 小时；也有较长的课程。周日休息。

鲁比尼体育馆 拉玛四世大街，地铁 Lumphini 站旁 ⓣ 02 251 4303 ⓦ www.muaythailumpini.com 见 p.70~71 地图 上课时间：周二和周五 18:30，周六 16:00 及 20:15。

拉查达慕农体育馆 靠近 Rajdamnoen Nok 路的泰国旅游局办事处 ⓣ 022814205 见 p.88~89 地图 周一、周三、周四和周日 18:30 开放。

Sor Vorapin 体育馆 邦兰铺 Chakrabongse 路 Trok Kasap 巷 13 号 ⓣ 02 282 3551 ⓦ www.thaiboxings.com 见 p.88~89 地图 每天两节泰拳课程（每节 B500）。Sor Vorapin 在吞武里分部还提供拓展训练和寄宿服务（1 周总共 B6500）——有关详情可登录官方网站查看。

购物信息

曼谷是声名远扬的购物天堂，尤其是在古董、宝石、当代室内设计和时尚方面，此外，其购物地和质量也领先于泰国其他城市。丝绸和手工艺品也属于畅销品，但是在清迈购买这些东西会有更多优势。一

1

如往常，顾客需要特别提防**假货**：伪装成宝石的切割玻璃、冒充古董的陈旧损坏货物、假冒名牌的服装和配件、盗版 CD 和 DVD，甚至是伪造的国际驾照（但泰国旅行社和其他组织没那么容易上当）。曼谷也有全国数一数二的英文书店。市区矗立着许多高智能、多楼层的**购物广场**，如 Siam Centre、Siam Paragon、拉玛一世大街上的 Central World 以及素坤逸路上的 Emporium 百货商场，这些地方不仅聚集了曼谷绝大多数的时装商店，还有名牌生活用品店及各种书店。这些商场都装有空调，氛围轻松愉悦，偏好泰国新潮年轻人的口味，但并没有抓住游客的胃口，除非你碰巧想买一件新衣服。曼谷的购物中心、百货公司和游客商店**开门关门时间都比较晚**，每天 10 点或 11 点开放，一直营业至 21:00；查隆功路及 Silom 路上的许多高档小型精品店周日不营业，其中有一两家周六就休息了。对于曼谷来说，周一的街道特别冷清，是打扫街道的好机会，而行人也终于能看到他们想去的地方了——但还是有很多摊主公然无视规章制度。

市场

对于只看不买的游客来说，他们很容易受到曼谷附近市场的诱惑，特别是唐人街的小商品市场、赏心悦目的鲜花市场以及纪念桥西边的花蔬市场（见 p.95）。大规模的恰图恰周末市场是个例外，它既是一个旅游景点，又是一场奇妙的购物经历（见 p.111）。除了恰图恰市场外，其余大多数市场每天都从黎明开放至午后；清晨往往是逛街的最好时间，既清爽，人又少。

手工艺品、纺织品及当代设计

几乎所有地区生产的工艺品都聚集在曼谷，因此选择范围非常惊人。大多数购物广场至少有一个高级工艺品批发商店，而激烈的竞争形势使得大多数商品价格低于泰国内陆城市水平，但家居用品除外，尤其是藤器、锡碗和盆子，在曼谷价格非常昂贵。考山路及其周围的几个地方会出售价格合理的传统织物——三角斧头枕（mawn khwaan），虽是不错的纪念品，但寄回家就太重了；有一些地方可提供未填塞的斧头枕以方便游客邮寄回家，但当你返回填写邮寄单时也很痛苦。泰国北部和东北部传统纺织品最便宜的批发商店就位于恰图恰周末市场（见 p.111），此外你也可能淘到一些有趣的工艺品。大多数以厚度和光泽闻名的泰国丝绸都来自东北部和北部，如果在当地购物，可能乐趣更多。然而，在曼谷也有一个旗鼓相当的批发商城，其中包括 Jim Thompson（见 p.145）的多家分店。曼谷在当代室内设计方面的发展非常迅速，完美融合了西方极简主义理念与泰国乃至亚洲的传统工艺元素。正如下文所述，最佳采购地点是位于拉玛一世大街上的 Siam Discovery Cetre 4 楼和 Siam Paragon 购物中心 4 楼，以及 Ploenchit 路的 Gaysorn Plaza 3 楼。

邦兰铺及拉塔那古辛

Lofty Bamboo 考山路 265 号 Buddy Hotel 酒店购物商场 Ⓦ www.loftybamboo.com 见 p.88~89 地图 泰国工艺品、饰品及珠宝的公平贸易零售点，其中包括由泰国北部和西部的克伦人制造的银制品、来自攀牙海啸受灾区的再生纺织产品，以及 Sop Moei Arts 艺术店的产品（见 p.262）。每天 10:30~19:30

王后援助基金会 大王宫（在辉煌胜利门的右边）；见 p.70 地图。这家非营利性机构主要提供精致一流的 yan lipao（精致的芦苇编织做成的传统女用手提袋），以及由蕨茎制成的精美传统柳篮。

Taekee Taekon Phra Arthit 路 118 号 见 p.88~89 地图 提供各式各样雅致的礼品、工艺品和纪念品，此外还有精选的泰国艺术卡、黑白的照片问候卡及 Nancy Chandler 的贺卡。周一至周六 9:00~18:00

市中心：暹罗广场及奔集路附近

D & O Shop Gaysorn Plaza 3 楼 Ⓦ www.dandoshop.com 见 p.103 地图 十几个富有创业精神的泰国设计师创建了设计与项目联盟，在这里展示他们多样化的现代设计品：花瓶、灯具、餐具、珠宝、箱包及文具等。每天 10:00~20:00

Doi Tung by Mae Fah Luang Siam Discovery Centre

购买日常用品

曼谷有许多**百货商场**，在其中任何一家都可以买到有用的日常用品：Ploenchit 路 7 层楼高的 Central Chidlom 购物中心（每天 10:00~22:00）提供各种周到的服务，可修理手表、缝补衣服及修补鞋子等，此外，商品选择范围非常广泛（包括大尺码），称得上是曼谷最好的百货商场。而**儿童用品**可以在 Mothercare 连锁店购买，其在 Central Chidlom 购物中心、Emporium 商场和 Siam Paragon 购物中心都有分店。除此以外，英国的连锁药店——Boots the Chemist 在曼谷有多家分店，包括考山路、Siam Paragon 购物中心、Central World 及 Emporium 商场，且在帕蓬 1 路 Suriwong 路口的分店会营业至深夜。

购买与**手机**相关物品（见 p.62）的最佳场所在拉玛一世大街和 Phrayathai 路交叉路口的 Mah Boom Krong 购物中心（MBK）3 楼。而**电脑**硬件、正版及盗版软件以及数码相机等可在 Phetchaburi 路 604/3 号的 Panthip 广场购买；虽然偏离了主要购物线路，但去塞萨运河船舶的 Pratunam 码头还是很方便的，离轻轨 Ratchathevi 站稍微远点儿。“苹果粉”可在这里好好逛逛，不仅有授权经销商，还有数十家修理店和二手店铺，尤其是在购物中心背面及楼上区域。

4楼 Ⓦ www.doitung.org 见p.103地图 这是王太后晚年时期实行黎敦山开发计划的一部分，出售各种用精美的棉和亚麻制成的暖色调衣服、靠垫和地毯等，此外还出售仿古陶瓷。周一、周四11:00~20:00，周五至周日11:00~21:00

Exotique Thai Siam Paragon购物中心4楼 见p.103地图 曼谷及周边国家的各商家，包括Vila Cini（见p.262）和清迈的丝绸制造商及设计师都聚集于此，提供了一站式高档购物体验，比Narai Phand购物中心（见下文）更别致。从珠宝到青瓷再到美容产品，无所不有，尤其是当代风格改造的传统手工艺品。每天10:00~22:00

Gilles Caffier Siam Discovery Centre 4楼 Ⓦ www.gillescaffier.com 见p.103地图 主要提供皮革制成的靠垫套及其他皮革商品，甚至还有些不知名的产品。但也有引人注目的精致艺术品，出自一位现居佛统的法国艺术家之手。这位艺术家曾长期生活在日本，却影响了全世界。每天10:00~20:00

Lamont Contemporary Gaysorn Plaza 3楼 Ⓦ www.lamont-design.com 见p.103地图 主要提供美丽精致的漆器碗、花瓶和箱子，以及青铜、玻璃、水晶及陶瓷制品，全都是极富想象力的当代主义风格。此外，Lamont还提供泛亚古董并可重现对面店铺；其余分店位于Sukhothai酒店（既有当代制品也有古董）、Oriental酒店（大多是古董）及Four Seasons酒店（大多是当代制品）。10:00~20:00

Nandakwang Siam Discovery Centre 4楼 Ⓣ 02 658 0407 见p.103地图 南奔府北部Pasang地区著名棉花厂的直销店，主要出售靠背垫（包括斧头垫）及各种颜色的箱包，通常都带有图案。每天10:00~21:00

Narai Phand President Tower Arcade商场，就位于Ploenchit路Gaysorn Plaze东面 Ⓦ naraiphand.com 见p.103地图 这个纪念品中心自20世纪30年代起就是泰国工业部的合资企业，给人以正规的制度感，其主要目的是确保传统工艺的传承且保证质量标准。目前该中心提供合理的一站式服务，主要提供泰国各地各种物美价廉的商品，包括丝绸和棉花、孔剧面具、五彩制品、青瓷、木雕、银饰、yan lipao及斧头垫。每天10:00~20:00

NV Aranyik Gaysorn Plaze 3楼 Ⓦ www.nv-aranyik.com 见p.103地图 在这里可以购买到粗短典雅的泰式风格餐具，多见于曼谷的豪华餐厅，既有传统也有现代设计，均为手工制作；此外还提供做工精致的不锈钢碗。每天10:00~20:00

Panta Siam Discovery 4楼 及 Siam Paragon 4楼 Ⓦ www.pantathailand.net 见p.103地图 这家独具现代设计风格店铺里的实验家具特别吸引众人眼球，包括各种式样的靠垫及其他一些藤编织物、木制品及干水葫芦秸秆制品。Siam Discovery店：每天10:00~21:00；Siam Paragon店：每天12:00~20:00/21:00

Thann Native 姬纱广场3楼 Ⓦ www.thann.info 见p.103地图 主要出售别致的现代地毯、靠垫套及其他家具，此外还有著名的SPA馆和美容产品（隔壁是一家高档概念的现代SPA馆）。营业时间：每天10:00~20:00

市中心：拉玛四世大街南部

Jim Thompson Suriwong路9号，与拉玛四世大街交会处；在吉姆·汤普森纪念馆（见p.104）、素万那普机场及曼谷各大百货公司、购物中心和酒店都有分店 Ⓦ www.jimthompson.com 见p.109地图 这里主要提供泰国的传统纺织物，至少你可了解到这里有哪些东西。普通的丝绸、亚麻和棉布布料是按米计算的，而从衬衫到靠垫套等成品物件设计精巧、质量较高，但价格昂贵。此外还提供家具装饰及一流的制衣服务。沿着Suriwong路走几百米，在149/4-6号处有一家吉姆·汤普森工厂直销店（每天9:00~18:00），以低价出售剩余的家居装饰布及家居饰品（如果你觉得价格还是太贵，那么他们还有一个更大的工厂直销店，就在素坤逸路93巷中心往东；每天9:00~18:00）。每天9:00~21:00

Khomapastr Naret路56-58号，位于Suriwong路和Si Phraya路之间 Ⓦ www.khomapastrfabrics.com 见p.109地图 著名的华欣棉布店的分店（见p.460）。周一至周六9:00~17:30

The Legend Thaniya Plaza 3楼，Thaniya路及Silom路交会处 Ⓣ 02 231 2170 见p.109地图 拥有一小部分制作精良的泰国手工艺品，从木制品、柳条制品到漂亮的织物和青瓷，及其他陶瓷，且价格合理。每天11:00~20:00

Silom Village Silom路286/1号 Ⓦ www.silomvillage.co.th 见p.109地图 这家露天的低层商场营造了轻松舒适的泰国内陆氛围，以映衬其各种各样非常昂贵的手工艺品。大多数店铺：每天10:00~21:00/22:00

Tamnan Mingmuang Thaniya Plaza 3楼，Thaniya路及Silom路交汇处 Ⓣ 02 231 1220 见p.109地图 The Legend（见上文）的分店，销售泥人，但着重于泰国各地的篓编织品：其中最特别的手工艺品就是采用yan lipao技术（蕨类植物的复杂编织）制作的放置烟草和槟榔的托盘及包装盒，此外还有糯米竹制容器、竹篮及灯罩。每天11:00~20:00

素坤逸路

Krisna's 就位于11巷西面 Ⓦ www.krishnaasianarts.com 见p.107地图 这座5层楼的商场主要出售来自泰国及其他地区的手工艺品，虽是大规模生产，但品质一流，尤其是木质小雕像及佛像、涂漆制品和银制品，还有一些珠宝首饰。周一至周六9:00~19:30，周日15:00~19:00

The Shop @ TCDC 素坤逸路22巷和24巷之间的Emporium商场6楼的Tharland Creative and Dosign Centre Ⓦ www.tcdc.or.th 见p.107地图 这家曼谷设计中心零售店主要出售用当地素材设计的创新产品，主要是非常时髦的圣诞礼物、箱包及家居用品，几乎没有庸俗粗劣作品。周二至周日10:30~21:00

1

Sop Moei Arts 49 巷 8 号 Ⓦ www.sopmoeiarts.com 见 p.107 地图 如果你不打算去清迈，那么你可以在这家小分店仔细挑选漂亮的面料及篮筐编织品，此外这里还出售 Naenna 工作时的纺织品（见 p.262）。周日至周五 9:30~18:00，周六休息

Thai Celadon 16 巷（Ratchadapisek 路）Ⓦ thaiceladon. thailand.com 见 p.108 地图 出售产于清迈的经典青瓷炻器，没有加商业染料或黏土，而且采用由中国人发明的正宗蓝绿釉，色如美玉。此外还有陶器、花瓶和等，还有一些雕像。每天 9:00~17:00

泰国创意设计中心 素坤逸路和 23 巷交会处 Jasmine Plaza 3楼 Ⓦ www.thaicraft.org 见 p.108 地图 由独立发展组织泰国工艺品协会举办，基本每月都有工艺销售及展览，共有 70 组来自全国各地的艺术家；偶尔还有一些小展览会。

定制服装

在 Silom 路、素坤逸路及考山路上有许多廉价的裁缝店，但最好的裁剪区在查隆功路附近，位于曼谷邮政总局和 Silom 路之间（可搭乘湄南河快船至 Oriental 及 Wat Muang Kae 码头，或搭乘轻轨至 Saphan Taksin 站然后再步行 10 分钟即可到达），下文所推荐的裁缝店大多位于此地。一般不建议游客去旅游区的裁缝店如考山路、购物商场及素坤逸路的 Nana 巷和 11 巷，但如果幸运的话，你也可以在这些地方找到一个物美价廉的裁缝店。拍乎叻市场（见 p.95）主要提供非丝绸布料的衬衫及女装，价格比较合理便宜，但是衣料质量比较差，最好不要去。

A Song Tailor Trok 特许银行 8 号，就在查隆功路 Tongue Thai 餐馆拐角处，Oriental 酒店附近 Ⓣ 02 630 9708 见 p.109 地图 如果你预算有限，那么这家温馨舒适的小商店就是首选之地。提供各种男式及女式西服和衬衫；正常情况下 3 ~ 4 天可以完成两套，但如果有轮班的话 2 天左右就可完成。周一至周六 10:00~19:30，周日 8:00~10:00

Ah Song Tailor 查隆功路 1203 号，36 巷对面 Ⓣ 02 233 7574 见 p.109 地图 是上面这家店主的弟弟所开（但不要将这两者与附近的 Ah Sun 裁缝店混淆），做工一丝不苟，质量一流。无论是男士还是女士，完成一套西装及衬衫需 4 天左右时间。周一至周六 10:00~19:00

Chang Torn Tanao 路 95 号 Ⓣ 02 282 9390 见 p.88~89 地图 邦兰铺非常有名的老裁缝，制作一套西装需 10 天时间。周一至周六 10:00~17:00

Golden Wool Charoen Krung 路 1340-2 号 Ⓣ 02 233 0149 Ⓦ www.golden-wool.com 见 p.109 地图 这家裁缝店的营业规模比上述几家都要大，可以在两天内完成男士及女式服装，且做工精细，但价格要稍微高些。周一至周六 9:00~20:00

时装

考山路两旁有许多出售低价时装的小摊：有扎染背心、宽松纯棉的渔夫长裤以及绣花上衣，这些都是背包客喜欢的；同时这里也有便宜的现代时装，引领泰国城市的时尚潮流。在市中心区域，最有名的低成本、低质量休闲服贩卖场所就在迷宫般的 Pratunam 市场及其周围商场（见 p.103 地图），如 Phetchaburi 路和 Ratchaprarop 路交会处的 Platinum Fashion Mall 购物中心，但如果是泰国设

量身定做衣服

曼谷是一个定制西服、礼服、衬衫和裤子的好地方，而且价格很便宜。这里的裁缝既可以根据样品制作，也可根据你提供的照片图样制作，而且大多数都提供范围较广的选择目录。美中不足的是许多面向游客的裁缝技艺都不精湛，做工粗糙，材料也比较低劣（有时他们还会拖延交货，直到你要离开时才会把衣服给你，让你没有时间抱怨）。但是只要多努力点，多思考一下，无论是男士服装还是女士服装都可以做得非常精美。

找一个好裁缝可能比较困难，除非你对布料了如指掌，否则即使货比三家你也看不出个所以然。但是，千万不要根据报价做决定，大多数游客会选择最便宜的裁缝，但这些衣服的做工都不好，而且便宜的西服不耐穿。如果有人报价 $99 提供两套西装、两件衬衫、两条领带和一件和服，那么这家店的质量肯定不好。此外，尤其要注意那些一直要带你去某家店铺的人，一般都是骗子。

根据布料质地及裁缝技能的不同，**价格**差异很大。此处我们只提供大致指南：如果只有一个裁缝，那么完成两件套西服需支付 B5000~6000，但是有些裁缝会收取更多的价钱（确认所报价钱是否包括内衬）。中等**布料**在 B3000~5000，而高级布料价格可高达 B20000。除了丝绸外，当地材料质量通常都比较差，尤其是西服质地，你最好选择英国或意大利产布料。大多数裁缝店里都有进口及当地布料存库，但如果你能自己带布料过来价格会明显便宜很多。

时间尽量放宽一些。如要做西服，一定要坚持做两件套。大多数优秀的裁缝制作一套西装大约需 3 天时间（有的需要 10 天甚至更长时间），但是有些店铺工作人员比较多，也可以在一两天内就做出精美的西装。你给裁缝提供的**细节**越多越好。除了一些明显的特征外，如单排扣还是双排扣、纽扣数目等，还需确定翻领宽度、裤子款式、上衣背部是否需要开衩，等等。这些因素会直接影响到你对西装的满意度，因此最好是和裁缝商量一下；优秀的裁缝肯定会为你提供好建议。最后一点，在你对成品完全满意之前，有什么问题尽管说，不要害怕，毕竟，量身定做就是为了得到一件自己想要的衣服。

计师设计的最好、最流行的服装，大多数在暹罗广场及马路对面更高档的 Siam Centre。两者价格有天壤之别：毫无疑问，暹罗广场的路边衣服比较便宜（尤其是直销店，如 Emporium 商场的 Jaspal），但是真正的西方品牌通常都很有竞争力，并不比其在本国便宜多少；而且很难买到大尺码的衣服。曼谷的鞋类及皮具很有名，一般都是用高质量的皮革手工制作而成的，而且价格相当划算。

Central World Ratchaprasong 十字路口，拉玛一世大街及 Rajdamri 路的交会处 Ⓦ www.centralworld.co.th 见 p.103 地图 这家购物中心在 2010 年镇压红衫军的抗议活动时受到了损坏，后经重新整修，如今非常大，很难分类，但是在底下几层以及最南端的 Zen 百货商场，你可以找到大量泰国和国际时装。每天 10:00~21:00/22:00

Emporium 商场 素坤逸路 22 巷和 108 巷之间 Ⓦ www.emporiumthailand.com 见 p.107 地图 巨大而迷人的购物广场，有自己的百货公司及多家时装商店，从独家设计品牌到时尚的街边服饰，应有尽有。真正的名牌服饰包括 Prada、Chanel、LV，也有当地的小牌子，如 Soda 和 Jaspal。10:00~ 20:00/22:00

Gaysorn Plaza Ploenchit 路 Ⓦ www.gaysorn.com 见 p.103 地图 这是曼谷最别致的购物广场：2 楼主要是 Prada、Armani、LV 等国际大牌，中间夹杂着几个泰国品牌，尤其是 Fly Now，里面摆放着各种派对及正式的女士服装和休闲服；以及 Myth，这家商店聚集了 7 个本地顶级设计师的男女式服装。每天 10:00~20:00

Mah Boon Krong（MBK） 位于拉玛一世大街及 Phrayathai 路的交会处 Ⓦ www.mbk-center.co.th 见 p.103 地图 这家迷宫般的购物中心人气很旺，就像是大型商业街里的一个传统泰国市场。其中包含了数百个相当便宜的小型直销店，包括大量高档的街边时装店铺。10:00~20:00/21:00

Siam Centre 拉玛一世大街 Ⓦ www.siamcenter.co.th 见 p.103 地图 这里有许多时髦的当地品牌，从暹罗广场一直延伸到马路对面，主要有 Greyhound、Jaspal 和 Theatre，还有各种国际品牌，如 FCUK 和 Quiksilver。10:00~21:00

暹罗广场 见 p.103 地图 逛逛这里的小巷是非常不错的，尤其是位于 3 巷和 4 巷之间的"中心点"区域，比货摊摊位要更多些，一般都是曼谷时尚的学生及青少年们到这里来买五颜六色的街边服装。

Viera by Ragazze Central World 2 楼附属楼 Isetan 百货商店内 Ⓦ www.ragazze.co.th；见 p.103 地图。主要出售意大利风格的时尚皮具。每天 10:00~21:00/21:30

书籍

曼谷的英文书店里有与泰国密切相关的一切资料，而且还有经典小说及流行的平装书。曼谷二手书店里的书并不便宜，但通常可以用你不需要的书籍作部分交换。

Asia Books 有很多分店，如素坤逸路 15 巷和 19 巷之间（见 p.107 地图）；12 巷和 14 巷之间的 Times Square 22 巷和 24 巷之间的 Emporium 商场；Rajdamri 路 的 Peninsala Plaza 及 Central World；拉玛一世大街的 Saim Discovery 及 Siam Paragon 购物中心；以及 Silom 路 Thaniya 巷的 Thaniya Plaza Ⓦ www.asiabooks.com 特别推荐这家英文书店的有关亚洲的书籍，从旅游指南到烹饪书籍，从小说到美术书（位于素坤逸路 15-19 巷的分店里有最全、最精致的亚洲书籍）。此外书店里还提供畅销小说及茶几书籍。

B2S Ploenchit 路 Central Chidlom 百货商场 7 楼，是其几十家分店之一 Ⓦ www.b2s.co.th；见 p.103 地图 提供各种不错的英文书籍，但最值得注意的是这里有许多杂志、报纸及文具可以选择。每天 10:00~22:00

Bookazine 考山路 62 号；华南蓬火车站；Ploenchit 路 Gaysorn Plaza Ⓦ www.asiabooks.com 见 p.88~89、93 及 103 地图 这些书店不仅提供不错的亚洲书籍及小说，还有多种国外报纸和杂志可供选择。

纪伊国屋书店（Books Kinokuniya） 素坤逸路 Emporium 商场 3 楼，其分店位于 Central World Plaza Isetan6 楼及拉玛一世大街 Siam Paragon 购物中心 3 楼 Ⓦ www.kinokuniya.com/th 见 p.103 及 p.107 地图 这家日资大型英文书店的书籍种类繁多，从各大畅销书籍至旅游文学，从经典小说至科幻小说，应有尽有；但亚洲书籍不是很多。

Dasa Book Cafe 位于素坤逸路 26 巷及 28 巷之间 Ⓦ www.dasabookcafe.com 见 p.107 地图 Dasa 是曼谷最好的二手书店，书店里非常安静，且书籍都安排有序，按字母顺序分类排列，从亚洲书籍到小鸡文学，从健康卫生到男女同性恋书籍，应有尽有。既可在网上浏览，也可在书店里享受咖啡和蛋糕。每天 10:00~20:00

Shaman 邦兰铺考山路 71 号；见 p.88~89 地图 这家二手书店藏书丰富，且所有书籍被记录在电脑上。不仅有大量有关亚洲的书籍（旅游、小说、政治和历史），还有许多小说及大众感兴趣的书籍。每天 10:00~23:00

珠宝首饰

曼谷拥有泰国最好的珠宝首饰店及全世界赫赫有名的宝石雕刻师，因此在这里可以看到很多已切割和未切割的宝石，如红宝石、蓝宝石及钻石等。然而，无数买宝石的游客都遭遇过欺诈，所以要特别谨慎。

Asian Institute of Gemological Sciences Silom 路 919/539 号 Jewelry Trade Center 48 楼 Ⓣ 02 267 4325 Ⓦ www.aigsthailand. com；见 p.109 地图。其实验室提供独立专业的咨询和宝石认证。同时还开设标准课程，如为期 5 天（15 小时）的宝石及宝石学介绍（$280）

Jewelry Trade Center（Silom Galleria） Silom 路西口 Ⓦ silomgalleria.net 见 p.109 地图 数十家泰国宝石和珠宝商人协会成员在此购物中

1

珠宝诈骗

珠宝诈骗在曼谷非常普遍，因此泰国旅游局特意为此发布了一本小手册及几个网站，其中 Ⓦ www.2bangkok.com/2bangkok-scams-sapphire.html 上详细描述了典型的诈骗案例。千万不要通过兜售者买珠宝，也不要去那些由大街上偶然碰到自称是“政府官方”/“学生”/“商人”或嘟嘟车司机等的人推荐的珠宝商店买东西，而且泰国根本没有政府珠宝店，你所获得的信息也都是与事实相反的恶意信息。此外，泰国也不提供有关珠宝的官方促销或减价。

最常见的**骗局**就是珠宝商收取比克拉重量价格更昂贵的价钱，因此最好现场**验证**，并要求书面保证和收据。此外，不要想**批量购买宝石**，然后再去其他地方以高价卖出：许多轻信的游客因为供应商再三保证说在国内转售出去时至少可提取 100% 的利润甚至更多，于是就投入数千美元，只购买了一些不值钱的五彩石头。

如果你确定要买宝石，可通过登录**泰国宝石和珠宝商协会**网站（Ⓦ www.thaigemjewelry.or.th）查看成员名单，验证一下此家店铺是否属于该协会成员。为了以防万一，你还可以查看一下此家店铺是否也属于泰国宝石和珠宝商协会的**珠宝嘉年华俱乐部**（Ⓦ www.jewelfest.com），既可保证质量，还提供退款服务；相关成员信息请查看网站。

心（及其周围街道）都有直销点。周一至周六 10:30~18:00 左右

Lambert Silom 路 17 巷 807-9 号 Silom Shanghai Plaza 4 楼 Ⓣ 02 236 4343 Ⓦ www.lambertgems.com 见 p.109 地图 这家信誉良好的美商独资珠宝店已有 30 年历史，可提供全套服务：散珠和珍珠，包括收藏家珠宝、成品套件、珠宝切割、设计、重新设计及维修。周一至周五 9:00~17:00，周六 9:00~18:00

古董

曼谷是泰国、缅甸和柬埔寨最有价值古董的贸易中心，但该市场早已被控制，因此不要指望会碰巧遇上未被发现的宝贝。即使是专家，有时候也不得不承认很难辨别真假古董，因此最好的办法就是购买有吸引力的产品。River City 购物中心（www.rivercity.co.th）位于查隆功路，离 Si Phraya 及海事处快船码头不远，且从轻轨 Saphan Taksin 站出来每隔 30 分钟就有一艘往返航船，该购物中心的 3 楼、4 楼及 2 楼小部分专门出售令人眼花缭乱的昂贵珍品，且在每月第一个周六举行拍卖会（可在前一周看一下 Ⓣ 02 237 0077）。其他主要的古董出售场所位于曼谷邮政总局和 Silom 路尽头之间的查隆功路附近区域，以及从这里开始沿 Silom 路往东一直到多层楼的 Silom Galleria。这里有许多信誉良好的个人企业，专门销售从泰国各地及周边国家精选而来的木雕、陶瓷、青铜雕像及石雕等。不过一定要牢记：大多数古董都需要出口许可证（见 p.56）。

Beyond the Masks 面具之家 河城购物中心 3 楼 见 p.109 地图 店如其名，提供亚洲各部落的面具，此外还夹杂着装饰性的椰子刮刀、金银珠宝及纺织品。每天 10:30~19:30

Old Maps and Prints River City 购物中心 4 楼 Ⓣ 081 424 4425 Ⓦ www.classicmaps.com 见 p.107 地图 出售泰国及其他亚洲各国的精致古老版画以及稀有地图。周一至周六 11:00~19:00，周日 13:00~18:00，但最好提前预约

Old Siam Trading Company 素坤逸路 5 巷巷口的 Nailert 大厦内 Ⓦ www.oldsiamtrading.com 见 p.109 地图 专门出售亚洲古老的版画、书籍和地图。周一至周五 8:30~18:00，周六 11:00~18:00

The Verandah and Beyond River City 购物中心 3 楼 见 p.109 地图 主要销售漆器、金银珠宝、佛像及其他雕塑，包括来自缅甸的文物。每天 10:30~19:30

附录

快递公司 DHL 环球速递（Ⓣ 02 345 5000 Ⓦ www.dhl.co.th）在曼谷有好几个站点。

大使馆及领事馆 驻曼谷大使馆：Ratchadaphisek 路 57 号 Ⓣ 02 245 0088 Ⓦ www.chinaembassy.or.th/chn 驻清迈总领馆：Changlo 路 111 号 Ⓣ 053 276 125 驻宋卡总领馆：Sadao 路 9 号 Ⓣ 074 322 034

紧急事件 如遇任何紧急事件可拨打 24 小时免费电话 1155 致电旅游警察寻求英语帮助。旅游警察总部位于城市东部边缘的 Phetchaburi Mai 路 2107Bangkok Tower（塞萨运河船舶 Mai Chong Lom 码头东侧，以及地铁 Phetchaburi 站东侧 Ⓣ 02 308 0333），或者也可以去邦兰铺考山路西口的 Chana Songkhram 警察局，更加方便（Ⓣ 02 282 2323）。如果是晚上，你在帕蓬 1 区的 Silom 路口也可找到旅游警察。

货币兑换 素万那普机场及高档酒店的外汇交易专柜是 24 小时开放的，而其他兑换亭大多开放至 20:00 或更晚，尤其是考山路、素坤逸路和 Silom 路以及主要购物商场里的货币兑换处。你也可以从城市各地及机场的数百个 ATM 机里提取现金。

医院、诊所及牙科医生 大多数外国游客认为位于素坤逸路 3 巷 33 号的康民国际私人医院（Bumrungrad International Hospital Ⓣ 02 667 1000 急救 Ⓣ 02 667 2999 Ⓦ www.bumrungrad.com）是曼谷最高级、最舒适的医院，其次就是

BNH（Bangkok Nursing Home），位于 Convent 路 9 号（Ⓣ 02 686 2700 急救 Ⓣ 02 632 1000 Ⓦ www.bnhhospital.com）；以及曼谷医院医疗中心（Bangkok Hospital Medical），位于 Phetchaburi Mai 路 Soonvijai 7 巷 2 号（Ⓣ 02 310 3000 急救 Ⓣ 1719 Ⓦ www.bangkokhospital.com）。你也可以去泰国红十字会的 Saovabha 王后纪念研究所（QSMI）及蛇园询问有关疫苗和疟疾的建议，以及狂犬病的咨询和治疗，该机构位于拉玛四世大街及 Henri Dunant 路的交会处（周一至周五 8:30~16:30，周六 8:30~12:00 Ⓣ 02 252 0161-4 分机号 125 或 132 Ⓦ www.saovabha.com）。有关普通诊所，在邦兰铺 Rambutttri 巷的 Rambuttri 度假村有一家曼谷医院开的诊所（Ⓣ 02 629 5260 每天 10:00~20:00），且在 Silom 路 981 号 Holiday Inn 酒店底层也有一家 Global Doctor 诊所（Surasak 路拐角处 Ⓣ 02 236 8442-4 Ⓦ www.globaldoctorclinic.com），这两家诊所都不错。有关牙科问题，可拨打 Ⓣ 02 667 2300 咨询康民医院口腔科；也可去素坤逸路 49 巷 88/88 号的口腔医院（Dental Hospital Ⓣ 02 260 5000-12 Ⓦ www.dentalhospitalbangkok.com）；或暹罗广场 4 巷 292/6 号的 Siam Family Dental Clinic 诊所（Ⓣ 081 987 7700 Ⓦ www.siamfamilydental.com）。

出入境管理局 位于 Wiphawadi Rangsit 路中心偏北，Chaengwattana 路 7 巷政府大楼 B 栋 2 楼（周一至周五 8:30~12:00 及 13:00~16:30 Ⓣ 02 141 9889 Ⓦ www.bangkok.immigration.go.th 网站上提供地图）；有关签证延期问题请见 p.57。要十分警惕考山路旅行社所提供的签证延期服务：据说有些旅行社会仿制相关图章，从而给你带来麻烦。

上网服务 大部分酒店和越来越多的旅馆及一些餐馆和酒吧通常都会为顾客提供免费 Wi-Fi，有些场所需收费。有关上网热点列表请查看 Ⓦ www.jiwire.com 免费上网地址请查看 Ⓦ www.stickmanweekly.com 邦兰铺有许多可以上网的地方，尤其是考山路地区，竞争比较激烈，因此价格都比较低；若想享受空调网吧，可去考山路西口的 True 网吧（每天 9:30~23:00）。位于邦兰铺 Damnoen Klang Neua 巷的 Ratchadamnoen 邮局（每天 10:00~22:00）可提供廉价的公共上网点。在市中心区域，位于 Ploenchit 路北侧的泰国旅游局办事处（Central Childom 百货商场附近）可提供上网服务，价格比较便宜（8:00~21:00），而位于拉玛一世大街 Siam Paragon 购物中心 3 楼的 True 旗舰店可提供 Wi-Fi，价格稍贵一些。白天市中心可上网的其他地方还有很多，如 MBK 购物中心 7 楼有好几个场所，但环境比较嘈杂（D 区，靠近 Pathumwan Princess 酒店）。此外，在查隆功路公用电话办公室及素坤逸路 Emporium 商场 3 楼也都有上网中心（大致每天 8:00~20:00）。

洗衣店 几乎所有旅馆和酒店都提供当日洗衣服务（旅馆洗衣费用大致为 B35/ 千克，酒店要贵得多），也可以将衣服拿去考山路及其周围地区的几家自助服务洗衣店清洗。

行李寄存 素万那普机场（B100/ 天）；廊曼机场（B75/ 天）；华南蓬火车站（B30~100/ 天）；各大车站及大多数酒店和旅馆也都提供行李寄存服务。

邮局 曼谷邮政总局（GPO）位于 Charoen Krung 路 1160 号（邮编 10501），离 Muang Kae 快船码头及 Si Phraya 码头不远。留局候领邮件通常会保存 2 个月，可在此签收。在周一至周五 8:00~20:00，周六和周日 8:00~13:00 的工作时间里，GPO 可提供大部分服务；然而包裹包装服务的营业时间是周一至周五 8:00~17:00，周六 9:00~12:00。如果你在邦兰铺的考山路及其附近，那么最好使用当地的邮政、包裹及留存取件服务，你可以选择 Damnoen Klang Neua 巷的 Ratchadamnoen 邮局，邮编 10200（周一至周五 8:00~17:00，周六 9:00~12:00）；也可以选择 Sibsam Hang 巷的 Banglamphubon 邮局，邮编 10203（每天 8:00~17:00）。若在素坤逸路附近，你可以选择使用 4 巷和 6 巷之间的 Nana 邮局，邮编 10112（周一至周五 8:30~18:00，周六、周日及节假日 9:00~17:00）。

电话 最好买一张泰国的 SIM 卡，既可以拨打国际长途电话，也可以拨打本地电话（见 p.62），或者你也可以在曼谷各处使用磁卡电话，包括在 GPO 的 CAT 办事处（周一至周五 8:00~20:00，周六和周日 8:00~16:00），那里同时也提供传真服务及免费的对方付费电话服务。许多网吧都提供网上廉价或免费拨打国际长途电话服务。

旅行社 如果需提前购买国际机票，那你一定要当心，因为曼谷有许多骗人的临时旅行社，尤其是在考山路及其周围，黑心的运营商们假造泰国旅游局许可证，出具虚假机票，甚至连夜卷款潜逃，臭名昭著。最好的建议就是使用下列经过验证的旅行社。此外，一定要在你收到机票并确认无误后才可以付款。Asian Trails：Rajdamri 路 Mahadlek Luang 3 巷 161/1 号 SG 大厦 9 楼（Ⓣ 02 626 2000 Ⓦ www.asiantrails.net），主要提供机票、有趣的泰国之旅以及从曼谷酒店和机场到沿海地区各地的私人运送服务；Educational Travel Centre 主要提供飞机及汽车票、泰国旅游及一日游服务，在邦兰铺 Rajdamnoen Klang 路 2 号 Royal Ratanakosin 酒店（Ⓣ 02 224 0043 Ⓦ www.etc.co.th）、邦兰铺考山路 180 号（Ⓣ 02 629 1885）及拉玛四世大街 Ngam Duphli 巷 5/3 号（ETZ 青年旅舍下方 Ⓣ 02 286 9424）都有办事处；New Road Guest House（见 p.128）不仅提供火车、巴士及迷你巴士车票，还有自己独特的旅行线路，且安全可靠；Olavi Travel 旅行社：提供飞机票及泰国境内便宜的交通运输服务，位于邦兰铺 Chakrabongse 路 53 号，考山路西口对面（Ⓣ 02 629 4711-3 Ⓦ www.olavi.com）；以及国际学生青年旅游公司曼谷分部（STA Travel）：不仅提供便宜可靠的国际机票，还有当地旅行服务，位于 Suriwong 路 33 号 Wall Street 大厦 14 楼（Ⓣ 02 236 0262 Ⓦ www.statravel.co.th）。

中部平原

大城的菩斯里善佩寺

中部平原 The central plains

从大曼谷到北面及西面的中部平原，其庞大的城市人口逐渐减少，长期以来，广阔无垠、水量充沛的中部平原就一直是泰国的粮米之乡，而邻国的野心分子也一直对这片土地虎视眈眈。中部平原是泰国人口密度最大的地区，在一片片稻田、果园及甘蔗园中坐落着各大城镇，堪称是泰国农业经济的根本所在。河流是养育这片土地的关键因素，尤其是难河及滨河，在流入湄南河之前，这两条河流会先流经平原北部，然后向南缓慢蜿蜒至曼谷，最后汇入泰国海湾。为平原西部大多数商品菜园提供水源的湄隆河流入了沙没颂堪河口腹地的主要运河里，形成了泰国最正统的水上市场中心。

2

北碧位于大桂河及小桂河的交汇处，长期以来最吸引游客之处就是这里的**桂河大桥**，折射了一段“二战”时期的悲痛历史，而如今这里已发展成为游客住宿区，从漂浮在水面上的木筏小屋到位于河畔的精品酒店，一应俱全。除了那些想探索**死亡铁路**剩余地段的游客处，很少有游客会去桂河上游——使人不禁联想起战争时期最惨烈的场景，但位于山顶上的偏远小城镇**桑卡拉武里**非常美丽，即使多走几千米也是值得的。

位于曼谷北部的平原是泰国历史悠久的中心地带，主要看点是**古城废墟**，其中大部分都被改建成历史公园，展现了泰国的各种艺术品及建筑元素。在 1782 年曼谷王朝成立之前，离曼谷最近的**大城**一直作为泰国王都长达 400 年，而从其遗址就可以看出大城王朝曾经的辉煌时代。再往北不远处就是**华富里**遗迹，可追溯到更古老的时代，而当时统治这片地区的是主要信仰印度教的高棉人。

平原北部的咽喉之地以**素可泰**为中心，是 13 世纪泰国第一个王朝的诞生地。素可泰时代的建筑及雕塑是泰国艺术的巅峰之作，参观泰国首个王都的修复遗址正是见识泰国精美艺术的最佳去处，此外，**西沙差那莱**及**甘烹碧**这两座卫星城同样令人流连忘返，而**彭世洛**则是一个重要基地。位于素可泰西部缅甸边境地区的湄索镇与过去相比已发生了翻天覆地的变化，**翁庞**的河流及瀑布的源头都在此地，如今这个偏远边境地区越来越受欢迎，尤其是徒步旅行及漂流。

在探索完曼谷北部景点之后，下一站无疑就是清迈，这主要是因为这两者之间由**铁路北线**连接，很容易即可到达。或者你也可以乘坐火车或汽车前往东面的伊桑地区。而在素可泰、彭世洛及湄索地区你还可搭乘**飞机**离开。

佛统（Nakhon Pathom）

即使只是路过，你也绝不可错过**佛统**的独特魅力：这座与众不同的府会城市位于曼谷西方 56 千米处，一眼望去就可看见巨大的**佛统大佛塔**高耸向天际线，非常惹眼。佛统（这个

暹罗连体双胞胎恩和昌 见 p.159
通往沙没颂堪的缓慢旅程 见 p.160
蛤蜊泥滩的海鲜餐馆 见 p.160
安帕瓦长尾船之旅 见 p.161
死亡铁路 见 p.163
北碧周边一日游、漂流及徒步旅行 见 p.172
乘坐死亡铁路 见 p.176
南笃乘船之旅 见 p.177
妇女编织机构 见 p.182
泰国孟族人 见 p.183
桑卡拉武里的有组织旅行 见 p.184
大城之旅——遗迹及寺庙 见 p.187
大城的陆地游及水上游 见 p.190
大城的展览 见 p.195
佛足节 见 p.201
彭世洛的节庆活动 见 p.202
彭世洛之旅 见 p.203
绿色线路 见 p.206
素可泰的佛像 见 p.212
水灯节 见 p.213
骑自行车游览素可泰 见 p.216
针对湄索的缅甸难民的救援行动 见 p.227
缅甸的克伦族难民 见 p.228
湄索周边旅行 见 p.229
翁庞徒步旅行 见 p.232

北碧的伊拉旺瀑布

旅游重点

❶ **北碧及桂河** 留宿木筏小屋，沿着死亡铁路享受风景秀丽的火车旅程，还可参观一些令人感叹的二战纪念馆。见 p.163

❷ **伊拉旺瀑布** 在丛林中有 7 个美得令人窒息的水晶池。见 p.171

❸ **桑卡拉武里** 这座宁静的湖畔小镇靠近缅甸边境，可探索沉没的 Sam Phrasop 寺。见 p.181

❹ **大城** 这座泰国前王都地域辽阔，绿草如茵，坐落着各种气势宏伟的寺庙废墟、三座精致的博物馆及多家温馨舒适的民宿。见 p.186

❺ **佛足寺** 生动介绍了泰国宗教。见 p.200

❻ **彭世洛的士官长扎为民俗博物馆** 这家泰国最好的民族学博物馆就坐落于一系列木质凉亭中，为人们展现了多姿多彩的泰国乡村生活。见 p.205

❼ **素可泰** 泰国第一个首都，随处可见各种美丽优雅的 13 世纪遗址及温馨舒适的民宿。见 p.209

❽ **翁庞徒步旅行** 在这个遥远的边境地区不仅有壮观的瀑布，刺激的漂流，还可拜访克伦族部落。见 p.232

这些旅游重点在 p.154~155 的地图上都已标记

南邦&清迈 Lampang & Chiang Mai
Si Satchanalai National Park
程逸 Uttaradit
Phrae
老挝 LAOS
黎 Loei
丹塞 Dan Sai
Mae Sariang
湄滨国家公园 MAE PING NATIONAL PARK
西沙差那莱 Si Satchanalai
西沙差那莱历史公园 Si Satchanalai Historical Park
Chalieng
宋加洛 Sawankhalok
Bhumipol Dam
那空泰 Nakhon Thai
普欣隆克拉国家公园 PHU HIN RONG KLA NATIONAL PARK
难河 Nan River
素可泰历史公园 Sukhothai Historical Park
素可泰 Sukhothai
公园总部 HQ
Ban Tak
夜拉末 Mae Ramat
Ban Dan Lan Hoi
兰甘亨国家公园 RAMKHAMHAENG NATIONAL PARK
正法内观禅修中心 Dhamma Abha VMC
永河 River Yom
彭世洛 Phitsanulok
Lom Sak
莫伊河 Moei River
山地部落市场 Hill Tribe Market
达克 Tak
Mae Kasa Falls
黄山 Khao Luang (1185米)
通銮 Thung Luang
屯萨朗峦国家公园 THUNG SALAENG LUANG NATIONAL PARK
孔敬 Khon Kaen
滨河 Ping River
Rim Moei
湄索 Mae Sot
苗瓦底 Myawaddy
蓝山国家公园 LANSANG NATIONAL PARK
Pha Charoen Falls
长臂猿保护区 Gibbon Sanctuary
汶旁难民营 Umpiem Mai
甘烹碧 Kamphaeng Phet
披集 Phichit
碧差汶 Phetchabun
德藩欣 Taphan Hin
缅甸 BURMA
孔兰国家公园 KHLONG LAN NATIONAL PARK
翁庞 Umphang
Tee Lor Su Falls
华莫山 Doi Hua Mot
美翁国家公园 MAE WONG NATIONAL PARK
Palata
Tee Lor Leh Falls
叻耀 Lat Yao
那空沙旺 Nakhon Sawan
Wichianburi
猜也蓬 Chaiyaphum

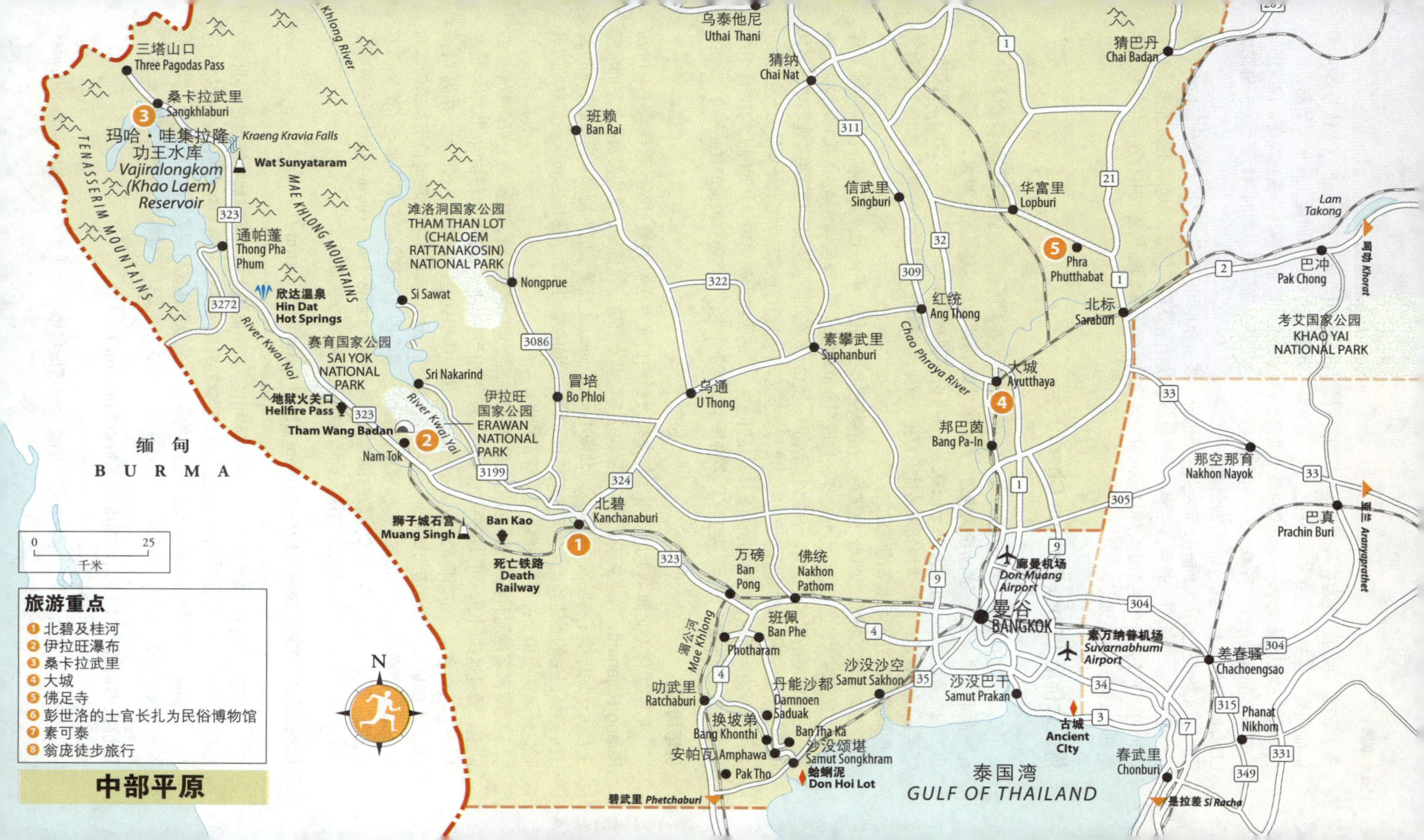
中部平原
旅游重点
1 北碧及桂河
2 伊拉旺瀑布
3 桑卡拉武里
4 大城
5 佛足寺
6 彭世洛的士官长扎为民俗博物馆
7 素可泰
8 翁庞徒步旅行
0 25
千米
缅甸
BURMA
N
三塔山口
Three Pagodas Pass
桑卡拉武里
Sangkhlaburi
玛哈·哇集拉隆
功王水库
Vajiralongkom
(Khao Laem)
Reservoir
Kraeng Kravia Falls
Wat Sunyataram
TENASSERIM MOUNTAINS
MAE KHLONG MOUNTAINS
Khlong River
通帕蓬
Thong Pha
Phum
欣达温泉
Hin Dat
Hot Springs
River Kwai Noi
赛育国家公园
SAI YOK
NATIONAL
PARK
地狱火关口
Hellfire Pass
Tham Wang Badan
Nam Tok
Si Sawat
Sri Nakarind
River Kwai Yai
滩洛洞国家公园
THAM THAN LOT
(CHALOEM
RATTANAKOSIN)
NATIONAL PARK
Nongprue
伊拉旺
国家公园
ERAWAN
NATIONAL
PARK
冒培
Bo Phloi
狮子城石宫
Muang Singh
Ban Kao
死亡铁路
Death
Railway
北碧
Kanchanaburi
班赖
Ban Rai
乌泰他尼
Uthai Thani
猜纳
Chai Nat
乌通
U Thong
素攀武里
Suphanburi
信武里
Singburi
红统
Ang Thong
Chao Phraya River
华富里
Lopburi
Phra
Phutthabat
北标
Saraburi
大城
Ayutthaya
邦巴茵
Bang Pa-In
猜巴丹
Chai Badan
Lam
Takong
呵叻 Khorat
巴冲
Pak Chong
考艾国家公园
KHAO YAI
NATIONAL PARK
那空那育
Nakhon Nayok
巴真
Prachin Buri
亚兰 Aranyaprathet
万磅
Ban
Pong
佛统
Nakhon
Pathom
廊曼机场
Don Muang
Airport
曼谷
BANGKOK
素万纳普机场
Suvarnabhumi
Airport
差春骚
Chachoengsao
班佩
Ban Phe
Photharam
湄公河
Mae Khlong
叻武里
Ratchaburi
丹能沙都
Damnoen
Saduak
沙没沙空
Samut Sakhon
沙没巴干
Samut Prakan
换坡弟
Bang Khonthi
Ban Tha Ka
沙没颂堪
Samut Songkhram
安帕瓦
Amphawa
Pak Tho
蛤蜊泥
Don Hoi Lot
碧武里 Phetchaburi
古城
Ancient
City
泰国湾
GULF OF THAILAND
春武里
Chonburi
是拉差 Si Racha
Phanat
Nikhom
1
2
3
4
9
21
32
33
34
35
305
309
311
315
322
323
324
331
349
304
3086
3199
3272

名字取自巴利语，意为“第一座城市”）堪称是泰国最古老的城市，而且多数人认为2000多年前**佛教**就是从这里传入泰国的。随后孟王国在此建立首都，当时孟王国地位显赫，于是佛教伟大的传教人之一——印度阿育王派遣了两位高僧来此宣讲佛法。直到现在，佛统仍保持着崇高的佛教地位，除泰国最神圣的佛塔外，这里还有泰国最重要的佛教圣地——**佛陀城**（Phuttamonthon），地位最高的僧侣就居于此地。

从北碧或曼谷出发的一日游大多包括佛统，或者你也可以搭乘火车，因为佛统位于多条铁路线之上，往西可达北碧，往南可至华欣、素叻他尼及马来西亚，从曼谷出发至此不过半日时间。下文所介绍的景点，除拉玛六世的莎南詹行宫及泰国当代艺术中心外，步行至大佛塔都在10分钟的距离内。

佛统大佛塔（Phra Pathom Chedi）

火车站往南400米处 · 每天黎明至黄昏 · B40

虽然佛陀在事实上并没有到过泰国，但传说佛陀在游历泰国之后就于佛统稍做休息，为纪念此事才建造了原来的**佛统大佛塔**。最初的建筑呈倒钟状，尖顶高达39米，类似于印度桑吉的阿育王大佛塔。但据地方志记载这座佛塔由弃婴Phraya Pan建于公元6世纪，当初他杀了孟王国的暴君，事后才得知那是他的亲生父亲，为赎罪他建立了这座佛塔。如今这一对父子的雕像都矗立于大佛塔的佛殿内。

无论其真正的缘由如何，原来第一座佛塔因年久失修，于8~12世纪高棉统治期间重新建造。后来又再次被遗忘。直到1853年，拉玛四世重新发现了这座佛塔，他认为佛教古迹无论多么破旧不堪都是非常神圣的，于是就新建了一个120米高的巨大柱塞形佛塔将整座旧塔包裹其中，使之成为全世界最高的佛堂之一。塔身上金光闪闪的金棕色瓷砖则是几十年后加上去的。

如今的大佛塔备受尊崇，并拥有自己长达一周的佛统大佛塔庙会，时间大约在11月中旬水灯节（见p.43）前后，吸引了许多音乐家及算命先生，当然还有大量的食品摊位。

佛塔周围

从主楼梯（北面）走进佛塔，首先映入眼帘的是8米高的素可泰风格佛像——Phra Ruang Rojanarit，就坐落于北殿门前。每个方位基点都有一座佛殿，这些佛殿内外室的墙壁上都生动地描绘了佛陀的生活场景。**北殿**（north viharn）外室上的人物形象描述的是两位公主正对新出生的悉达多王子（未来的佛祖）朝拜，而内室则显示了在长达40天的禁食期结束时，一只猴子和一头大象为佛祖提供蜂蜜和水。

绕着佛塔顺时针游览就可看见各种各样精心制作的佛教古迹，在隔墙上有许多华丽的门道，通过这些门道你可以在外长廊及内回廊之间迂回前进；长廊周围**绿树**成荫，其中很多树都有宗教意义，如菩提树（ficus religiosa），传说佛祖就是在菩提树下顿悟的。**东殿**（east viharn）的墙壁上是佛塔的横截面示意图，上面显示出被包裹着的原佛塔就位于整座佛塔的正中心。**南殿**（south viharn）楼梯旁边坐落着原佛塔的三维复制品，其中展现了高棉佛塔（东侧）及那空是贪玛叻备受尊敬的佛塔模型（西侧）。**西殿**（west viharn）里供奉着两尊卧佛：外室是一尊坚固的9米长佛像，而内室的佛像刻画比较细腻。

佛统大佛塔国家博物馆（Phra Pathom Chedi National Museum）

佛塔南面楼梯底部的东边 · 周三至周日 9:00~12:00&13:00~16:00 · B100 · www.thailandmuseum.com

在佛塔建筑群内有两家名字类似的博物馆。其中**佛统大佛塔国家博物馆**建立时间比较短，但更加正式，里面陈列着附近出土的堕罗钵底时期（6~11世纪）的文物，包括法轮（这是自然图像被允许使用之前引入小乘佛教的象征）及堕罗钵底时期典型的佛陀雕像，以U形长袍、脸部较厚为特征。总之，这些展品讲述了外族尤其是印度对当地人宗教信仰的影响。

佛统大佛塔博物馆（Phra Pathom Chedi Museum）

东侧正殿附近楼梯半层的位置 · 周三至周日 9:00~12:00&13:00~16:00 · 免费

相比于佛统大佛塔国家博物馆，**佛统大佛塔博物馆**主要搜集本土文物，向游客展示佛统更广泛、更详细的历史信息。与其说是博物馆，倒不如说是古玩店，小房间及入口处都摆满了各种佛教护身符、贝壳、金针和银针、中国陶瓷、泰国乐器及古代雕像——游览时间虽短，但足以让人尽兴而归。

莎南詹行宫（Sanam Chandra Palace）

从大佛塔出发，沿 Rajdamnoen 路往西走 10 分钟即可到达（或花 B20 搭乘摩的）· 每天 9:00~16:00（15:30 停止售票）· B50，若持有大王宫门票则免费 · Ⓦ www.palaces.thai.net/day/index_sc.htm

拉玛六世在 1910 年继承王位之前，曾多次前往佛统大佛塔朝圣，最终选择了宝塔西面作为国家避难之处，共计 135 公顷土地，建造了优雅的木质建筑群，被称为**莎南詹行宫**。其设计完美融合了东、西方风格，目前大约有 6 栋主要建筑对公众开放。其主要建筑 Chaleemongkolasana 类似于缩小版的巴伐利亚城堡，装饰有塔楼及红瓦屋顶；Mareerajaratabulung 是一座东方风格的阁楼，用柚木建造而成，且其室内外都被漆成深玫瑰色；Thub Kwan 则是一座朴实传统的泰式风格房屋，用打磨过的未上漆金丝柚木建造而成。由于每座住宅里都摆放着王室文物及纪念品，所以游客需着装得体。如果你恰好在周末到这里来游玩，还可以免费欣赏到古典舞蹈表演，通常在每周六及周日的 13:30 开始。

泰国当代艺术中心（Contemporary Thai Art Centre）

位于莎南詹行宫南部边缘外，Thub Kwan 后面的 Rajamanka Nai 路 · 周二至周日 9:00~16:00 · 免费 · Ⓦ www.su.ac.th · 如果从大佛塔出发，可花 B20 左右搭乘摩的至此

如果你对泰国现代艺术感兴趣，那么我们强烈推荐你去**泰国当代艺术中心**。这家特意建造的艺术中心位于偏远的莎南詹别墅区，主要用于曼谷首屈一指的艺术学校——泰国艺术大学（Silpakon University）的师生作品展览，其分校就在马路对面。每年 9 月和 10 月都会在此举行非常有趣的学生作品年度展示。

抵达和离开 佛统

火车

若从火车站出发到大佛塔北门，可沿 Rotfai 路往南走 200 米，横跨运河并经过室内市场。

抵达站 曼谷华南蓬（每天 13 班，全程 95 分钟）；曼谷吞武里（每天 5 班，全程 70 分钟）；巴特沃斯（马来西亚，每天 1 班，全程 19 小时）；春蓬（每天 12 班，全程 5 小时 40 分钟 ~8 小时 30 分钟）；合艾（每天 5 班，全程 12 小时 15 分钟 ~16 小时）；华欣（每天 14 班，全程 2 小时 15 分钟 ~3 小时 15 分钟）；北碧（每天 2 班，全程 85 分钟）；那空是贪玛叻（每天 2 班，全程 14~15 小时）；Nam Tok（每天 2 班，全程 3 小时 30 分钟）；碧武里（每天 14 班，全程 1 小时 20 分钟 ~2 小时 20 分钟）；素叻他尼（每天 10 班，全程 8 小时 ~11 小时 30 分钟）；董里（每天 2 班，全程 13 小时 30 分钟 ~14 小时 30 分钟）。

长途汽车

通往佛统的长途汽车线路都不错，尤其是从曼谷汽车南站、丹能沙都及北碧出发的。

抵达 到达目的地后，最好不要去镇中心往东 1 千米的汽车总站：大多数汽车会先经过大佛塔，让乘客在大佛塔南门对面的警察局门口下车，或是在运河边离北门 100 米处下车。

离开 出发前往北碧、丹能沙都及碧武里的车会在大佛塔南门 Kwaa Phra 路对面的警察局搭载乘客。开往曼谷的车会在 Phaya Pan 路，运河北岸的 Mitpaisal 酒店对面搭载乘客。

抵达站 曼谷（每 10 分钟 1 班，全程 40 分钟 ~80 分钟）；丹能沙都（每 20 分钟 1 班，全程 1 小时）；北碧（每 20 分钟 1 班，全程 1 小时 45 分钟 ~2 小时）。

住宿及餐饮

Boncafé Tongmesang Rajdamnoen 路 3 巷附近，大佛塔西门往西大约 300 米处 Ⓣ 034 217995 这家有空调咖啡沙龙提供一流的卡布奇诺及冰镇摩卡。每天 8:00~21:00

熟食排档 大佛塔南墙外，博物馆附近。白天最显眼的用餐地点 食物种类繁多，从面汤到烤鸡肉再到小炒一应俱全。清晨至黄昏

集市 车站前 供应普通的外卖美食，据说包括泰国最美味的 khao laam（将糯米和椰子塞在竹卷里）。集市在日落后会更加繁忙。营业时间不定，但通常是从上午至 20:00 左右

Mitpaisal Hotel Phaya Pan 路 120/30 号 Ⓣ 034 242422 Ⓔ mitpaisal@hotmail.com 这家中泰合资的酒店服务周到，档次较高，但价格合理，且地理位置优越，位于火车站附近，离大佛塔北门仅不到 200 米。房间较大且都有独立卫浴。风扇房 B300，空调房 B400

附录

银行、货币兑换及自动取款机 你可在运河大桥附近的 Rotfai 路的货币兑换亭兑换泰铢（仅在银行工作时间开放），就在火车站往南一个街区；附近几家银行都有自动取款机。

丹能沙都水上市场（Damnoen Saduak floating markets）

2

许多游客为了体验曼谷运河变为柏油路之前的购物方式，都会一大清早就去位于佛统以南 60 千米处的**丹能沙都水上市场**（当地人称水上市场为 talat khlong），而从曼谷出发的一日游大多都会经过此处。这里的葡萄园和果园背后与迷宫般的狭窄运河相连，且每天早上 6:00~11:00 期间，当地市场园丁都会摇摆着满载新鲜水果、蔬菜，诱人的软饮料及纪念品的桨船穿梭在这些河流上。泰国农民特别钟爱传统装束——深蓝色外套及高平顶草帽，所以远远望去就是一幅美丽的风俗画卷。但此市场如今变得越来越不像样，一些常客经常抱怨无论多早到这里，看见的游客永远比商贩要多。体验这个市场的最好方法就是留在丹能沙都过夜，然后第二天黎明时分就起床，赶在公交车及曼谷巴士旅游团到达这里之前一饱眼福。但若想体验更加真实的水上市场，我们建议你去丹能沙都往南 10 千米处的安帕瓦水上市场（见 p.161）。

市场（The markets）

每天 6:00~11:00

大多数游客的主要目标是 **Ton Kem 水上市场**，位于丹能沙都小镇中心西面 2 千米处，丹能沙都运河及通朗运河（Khlong Thong Lang）的交汇处。这里的许多木屋都已改建成仓库式的纪念品商店及旅游餐馆，而货主也从运河商贩转变为大型商业企业。但至少到目前为止，这片区域仍然维持着传统水上贸易的表象，而且连接 Ton Kem 与 **Hia Kui 水上市场**（沿通朗运河往南）的两座桥梁为人们提供了最大的便利条件。

游客们会不约而同地聚集在 Ton Kem 码头，体验运河**划船之旅**（每小时票价约为 B300 / 人）；而嘈杂的机动船会以最快的速度穿梭在市场之间，简直就是走马观花，且包船的价格要贵得多，因此相比之下，前者要远远优于后者。若时间充裕，你也可以沿着运河旁的人行道探索这些水上市场，感触会更加深刻。

抵达和离开 丹能沙都

巴士

来自 / 前往曼谷 丹能沙都离曼谷有 109 千米，所以若想在合适的时间抵达市场，就必须赶上曼谷汽车南站最早一班的空调巴士（78 路；两方向都是 6:00 出发，每 40 分钟一班；全程 2 小时）。或者你也可以参加从曼谷出发的一日游，一般会让你在水上市场自由活动 2 个小时，然后会去一个手工艺村，最后再返回曼谷。

来自北碧 乘坐开往叻武里方向的巴士，最远可以到达 Ban Phe（461 路；5:10 首发，每 15 分钟一班；全程 1 小时 15 分钟），然后换乘 78 路巴士或 1733 路迷你巴士，大概 30 分钟即可到达丹能沙都。

来自碧武里或更远 若从碧武里或更南方的站点出发，你可以搭乘任何一辆开往曼谷方向的巴士，然后在沙没颂堪或波它榄县（Photharam）交叉点换乘去往丹能沙都的汽车。

进入小镇 丹能沙都汽车站位于 Thanarat 大桥及丹能沙都运河的北面，佛统—沙没颂堪的主道 325 公路上。通常可搭乘黄色双条车前往 2 千米外的 Ton Kem 镇。但如果你时间充足，也可以步行至此：沿着运河有一条人行道，你可以从 Thanarat 大桥过来，或者过桥右转（西面）进入 Sukhaphiban1 路，穿过果园即可抵达。从曼谷方向过来的最早班长途巴士有时不去汽车站，在过 Thanarat 大桥后，司机会让游客在靠近市场的一个码头下车，沿 Sukhaphiban1 路步行几百米即可。

住宿

Nok Noi Hotel（又称 **Little Bird**）8 村 1 号 ⓣ 032 254382 ⓦ www.noknoihotel.com 在主要道路及 Thanarat 大桥上就可清楚看见 "hotel" 的标志。这里的客房拥有巨大的独立卫浴，且价格合理，也可提供空调房。工作人员可为你安排船只游览水上市场。空调房 B220，空调房 B380

沙没颂堪府（Samut Songkhram）

沙没颂堪府位于河口附近，规模较小；虽离曼谷很近，但鲜有国外游客拜访。由此汇入海湾的湄隆河（Mae Khlong River）滋养了这片土地。渔业是沙没颂堪的重要行业，在河口附近的码头仍然建有大木船；而在内陆地区，水果种植是主要的收入来源，尤其是柚子、荔枝、番石榴及椰子。湄隆河附近的300多条错综复杂的**运河**网络及沿袭至今的水上传统生活方式强烈吸引着游客在此多逗留几天。此外，这里还有泰国最有趣的**水上市场**，尤其是在**安帕瓦**及Tha Ka地区，你不仅会见识到传统的家庭手工业，如棕榈糖的生产及五彩陶瓷的绘制，还可欣赏百余座历史悠久的寺庙，其中大部分可追溯到出生于此地的拉玛二世统治期间。该区域另外一对非常有名的人物是恩和昌，他们是世上"最初的"连体婴儿，从小在这里长大（见下文框中内容）。

2

沙没颂堪城（Samut Songkhram town）

这座府会城市的官方名称为**沙没颂堪**，但当地人通常用穿过城市的河流名字**湄隆**称呼其。该城镇是前往安帕瓦及Tha Ka水上市场的最佳出发点。这是一座令人着迷的小城，尽管离曼谷很近，但它至今仍然保留着传统元素，并没有受到西方文化的太大影响。但也没有什么让人流连忘返的理由，因为当地所有景点都不在城中，大多位于上游几千米外的**安帕瓦**地区（见p.164地图）。

暹罗连体双胞胎恩和昌

恩（Eng）和昌（Chang）是"最初的"连体婴儿，1811年出生于暹罗（今泰国）的沙没颂堪。这对男孩的身体从胸骨至肚脐部分因肉质韧带连在一起无法分开，但他们各自拥有单独的重要器官。后来他们成功掌控了如何伸展他们相连组织的方法，因此最后他们几乎可以并排而立而不用永远只面对着对方。

1824年，这对连体男孩被苏格兰创业商人罗伯特·亨特发现，5年后他带着一位美国海上商人亚伯·考芬船长重返此地，并说服这对双胞胎的母亲让他们跟着自己和船长周游世界。亨特和考芬想做异国**怪胎秀**的制片经理从而大捞一笔，而事实也没让他们失望。他们让这对双胞胎在波士顿出道，将他们宣传成"怪物"，然后收取公众50美分让他们观看这对双胞胎是如何行走及跑步的。虽然生活寒酸、收入微薄，但这对双胞胎很快就开发出了更夸张的表演，以他们精湛的表演及实力吸引了众多观众，并获得了"世界第八大奇迹"的称号。但他们的经理贪婪无度，于是在21岁的时候，两兄弟与公司解除了合约，选择与其他公司合作在世界各地巡回演出。无论走到哪里，当地的**医务人员**总会对他们进行彻底的检查，一部分是为了反击造假的指责，但也正因如此才使得世人及医生开始重视连体婴儿这种疾病。由此这对双胞胎成为了国际名人，而"暹罗双胞胎"也一直沿用至今，成为了连体婴儿的代名词。昌和恩也咨询过医生有关分离手术的意见，这个问题纠缠了他们一生，但他们从没有采取行动。

1840年的时候，这对双胞胎已变得非常富裕，因此决定安家生根。后来他们成为美国公民，改姓为邦克，在北卡罗来纳州置产，买了黑奴，成为了**种植园农场主**。3年后他们与当地的一对姐妹——艾迪和莎丽·叶慈结婚，共生育了21个孩子。两个家庭分居不同的房屋，而这两兄弟就在这两家轮流居住，按照在每个老婆家住3天的时间表严格执行；有关这种离奇生活方式的描述，可参见戴伦·斯特劳斯的小说《昌和恩》。昌和恩的个性截然不同，后来两对夫妇之间的关系恶化，导致了资产的划分，昌获得大部分土地，而大部分奴隶归恩所有。为了维持家庭生计，这对双胞胎不得不重操旧业，在街上表演了几次，偶尔会和声名狼藉的马戏团老板P.T.巴纳姆合作。由于1861~1865年的独立战争断送了双胞胎的大部分财富，而他们的奴隶也获得了自由，经济窘迫，于是他们开始了最后一次巡演。

1874年，昌因支气管炎去世；而恩如果立即进行手术原本可幸存下来，但他拒绝了，并在几小时后也离开人世。两人都活到了62岁。这对双胞胎被埋葬在北卡罗来纳州的白原市，但在沙没颂堪他们的出生地附近有一个**纪念馆**，里面矗立着这对双胞胎的雕像以及小型且临时的In-Chan博物馆（周一至周五8:00~16:30；免费），就位于这座府会城市中心以北4千米处的Ekachai路（3092号公路）。

通往沙没颂堪的缓慢旅程

前往沙没颂堪最愉快的方式就是从曼谷乘坐**火车**，虽然旅途颠簸，但风景秀丽，中途共有3站，其中一站是沙没沙空，全程估计长达3小时。这是一条极不寻常的单轨道线路，事实上这条线路的大部分都挤在房屋、棕榈树及红树林之间，最让人惊讶的是位于市场摊位之间的一段线路，因此在沙没沙空及沙没颂堪站点时，你可能会在享受海鲜食物时听到火车嘎嚓嘎嚓的进站声。

从曼谷吞武里南部的 Worywian Yai 车站（轻轨 Worywian Yai 站附近，步行即可到达）出发前往沙没沙空的火车大约每小时1班，但速度最快的班次为5:30、8:35、12:15及15:25(全程1小时)。火车最终就停靠在**沙没沙空**的传统市场**玛哈猜**（Mahachai），在这里你需搭乘渡船横穿 Maenan Tha Chin 河到对岸再换乘发自**班兰**的火车。当你下火车后，穿过轨道继续沿着火车的方向前行，途经服装市场一直往前直到看见购物街。穿过街道你就可以看到河口右边耸立着一座5层楼高的蓝色 Tarua 餐馆，毗邻繁忙的渔港，在这里你会发现两个码头。这两个码头的船只都可载你过河：从餐馆右边码头出发的船只较多，但直接就把你放在河对岸，离班兰站有20分钟的步行路程（右拐向上游走，经过一座泰式寺庙就可到达），而另外一个码头的船只较少，但会配合班兰火车的时间。每天总共有4辆火车往返于班兰和终点站沙没颂堪之间（全程1小时），这段旅程会经过沼泽、礁湖、虾养殖场、盐沼、红树林及棕榈树园。而**沙没颂堪**城的火车站同样位于城镇中心的集市地段，贸易商们就将他们的货物及遮阳篷聚集在轨道旁，为游客在抵达及离开此地时提供各种需要品。

抵达和离开

沙没颂堪城

火车

沙没颂堪火车站位于城市中间，湄隆河东岸，每天共有4辆火车往返于班兰（Ban Laem）和沙没颂堪之间，全程1小时，而在班兰你可换乘来自/去往曼谷的火车（见上文框中内容）。

巴士或迷你巴士

从曼谷汽车南站到沙没颂堪的旅程（双方向都是每20分钟1班，全程1小时30分钟）要比火车快，但沿途风景大多都是城市化的建筑工程。沙没颂堪汽车站位于市场南面 Ratchayadruksa 路 Siam Commercial 银行的对面。返回曼谷时，沙没颂堪还提供通往 Mo Chit 汽车北站的迷你巴士服务，从 Si Jumpa 路 Maeklong 酒店东边100米处出发。

前往安帕瓦及丹能沙都的交通信息

双条车或公交车 乘坐双条车可抵达安帕瓦（大约每30分钟1班，全程15分钟），在中央市场东部边缘及汽车站乘坐当地公交车，通过325号公路即可抵达安帕瓦及丹能沙都。

水上巴士 水上巴士一般从湄隆河码头出发，位于城镇中心火车站及市场以西50米处。到达上游的安帕瓦共需20~30分钟。

摩的 在湄隆河码头，渡船（B2）可将乘客运送至河对岸，然后再搭载摩的，很快就可到达安帕瓦（B20）。

住宿

很少有游客会留宿在这个城镇里（但是我们也在下文列出了几个选项）。就在码头不远处就有一个全府最好的住宿之地。

★ **Baan Tai Had Resort** 湄隆河畔，城镇西北方向几千米处 ☎034 767220 www.baantaihad.com 虽然要穿过大半个城镇，但这家豪华度假村设施齐全且价格合理，从沙没颂堪码头搭乘水上巴士15分钟即可抵达（或者可以先搭乘渡船过河，然后再搭乘10分钟摩的）。度假村提供漂亮舒适的平房及客房，四周有巴厘岛风格的花园、泳池及餐馆。这家酒店如此受欢迎不仅是因为可以提供当地的旅游项目及英文导游（提前预订），还提供自行车、皮船及喷气式滑艇出租服务。房价包

蛤蜊泥滩的海鲜餐馆

海鲜是这片区域的地方特色，其中最有名的当地菜肴是 **hoi lot pat cha**，这是一种以管状软体动物为主料的煸炒菜式，味道有点辣，当地人称其为 hoi lot（蠕虫壳）。这种生物可以在湄隆河口的一处名为蛤蜊泥滩（Don Hoi Lot）的湿地河滩上找到，每当退潮后人们会在此挖到许多 hoi lot，收获颇丰。这里可以说是全府最有名的吃海鲜场所了，此外，在附近码头周围还遍布着十几家餐馆，大多数餐馆都可欣赏到海湾及其广阔沙洲的美丽景色。从沙没颂堪市场到蛤蜊泥滩有很多双条车（全程大概15~20分钟）；餐馆通常在白天营业。

括早餐。B1600

The Legend Maeklong Pathummalai 路 1285 号 ☎ 034 701121 🌐 www.thelegendmaeklong.com 这家全城最顶级的酒店位于湄隆河西岸渡船停靠点以北100米处，客房位于三座美丽的木房里，包括河畔一栋装有百叶窗的殖民式建筑，其历史可追溯至20世纪初。所有房间都提供免费Wi-Fi及优质木质家具，而在其滨临河畔的餐厅里可欣赏到美丽至极的河景。房价包括早餐。B1840

Maeklong Hotel Si Jumpa 路 526/10~13 号 ☎ 034 711150 这家温馨舒适的酒店位于城镇中心（市场边界外火车站正北150米处），价格非常便宜，房间也很大。风扇房 B250，空调房 B350

餐饮

码头附近及城市中心的**大排档**可提供便宜的海鲜午餐，而甜点等可以在火车站附近的**市场**里找到，此外还有新鲜香蕉、红毛丹果及西瓜片。

附录

银行及自动取款机 在沙没颂堪市场边缘附近的所有泰国主要银行的支行都提供外币兑换服务，并设有自动取款机。

安帕瓦（Amphawa）

相比于沙没颂堪城，**安帕瓦**虽然小，但显得更大气，在实现现代化发展的同时又保留了原有的魅力。其古老的居民区位于湄隆河及安帕瓦河（Khlong Amphawa）的支流两岸，所有木屋及店铺都面朝河流，你可以选择乘船，或沿着河滨人行道以步行的方式访问这些店铺。近年，为了发展旅游重新恢复了在安帕瓦寺庙附近的运河上举行**水上市场**的传统，每逢周五、周六及周日，商贩们都会在此聚集，从中午时分一直营业至日落之后。

拉玛二世纪念公园（King Rama II Memorial Park）

从安帕瓦市场沿运河向西步行5分钟・公园：每天9:00~18:00・免费・博物馆：周三至周日9:00~16:00・B20・水路、陆路都可抵达

1767年，拉玛二世国王出生在安帕瓦地区（他母亲的家乡），为了纪念他的诞生，就在其出生地附近建造了一座纪念公园和寺院，位于安帕瓦西部边缘的湄隆河旁。拉玛二世的泰文名为 Phra Buddhalertla Naphalai，他既是一位明君，又是一位备受尊敬的诗人和剧作家，在**拉玛二世纪念公园**中心位置的**博物馆**展现了许多有关拉玛二世的重要物品，包括19世纪各种乐器及传统孔剧的面具展示。

在公园边缘坐落着**安帕瓦寺**（Wat Amphawa），里面有拉玛二世的雕像及描述他生活场景的壁画。在神龛背后还装饰着曼谷19世纪时期的全景，即使是在现代人的眼里，拉塔那古辛岛的大王宫、卧佛寺以及皇家田广场也都是经典之作。

朱拉玛妮寺（Wat Chulamani）

安帕瓦运河旁，安帕瓦市场向西步行20分钟，乘船只需5分钟

朱拉玛妮寺位于运河旁，直到20世纪80年代末方丈 Luang Pho Nuang 的出现才使得这家寺庙广为人知。人们都认为他有特殊的法力，他的遗体被保存在主佛殿里的玻璃棺材中，至今仍有许多信徒前来瞻仰。佛殿内部美轮美奂的装饰显示了他做出的各种贡献：所有表面

安帕瓦长尾船之旅

在市集日及工作日期间，当河流非常平静的时候，你可以乘坐长尾船四处游览安帕瓦（大约B500/艘/小时），船只就停留在纪念公园小桥附近的运河之上。如果有机会，可以在日落之后进行运河探险，**观看萤火虫**在它们最喜爱的兰普树上一闪一闪，就像美丽的仙子光晕，充满浪漫的气息；任何一个船夫都可以将你带至准确的目的地，费用在B60/人左右，但如果你愿意和其他人合乘一艘船，就可以得到一个更优惠的价格。若想去更宁静偏远的地方乘船游览，你可以与 Baan Tai Had 度假村（见下页）或附近的寄宿家庭联系。

都覆盖着错综复杂的黑金相间漆器艺术品，共花费了数年时间，消耗了数百万泰铢才得以完成。而在佛寺另一边的佛殿里装饰着色彩柔和的现代主义风格壁画，讲述了佛陀的一生，从门内右手边开始，描写了佛陀的出生且可立马在睡莲上行走的场面。而神龛后面的墙上则描写了佛陀圆寂，进入涅槃的场景。

Ban Pinsuwan 五彩陶瓷工厂（Ban Pinsuwan bencharong workshop）

沿着朱拉玛妮寺的道路下行数百米 · 每天 8:00~17:00 · 免费 · 步行、公交、运河船都可到达

2

Ban Pinsuwan 五彩陶瓷工厂专门生产著名的五彩陶瓷古董的仿制品，过去泰国贵族就喜欢用五色陶瓷作为餐具，如今已成为一个珍贵的收藏项目。在这里你不仅可以参观整个制作流程，甚至还能订购自己喜欢的五彩陶碗，而且厂家会帮你运送回国。

抵达和离开 安帕瓦

来自 / 前往曼谷 从安帕瓦至曼谷汽车南站可搭乘直达巴士（每 20 分钟 1 班，全程 2 小时）。返回曼谷汽车南站的巴士大约每小时 1 班，且还有好几班通往 Mo Chit 北站的巴士。

来自 / 前往沙没颂堪 每天有多辆双条车及当地公交（两者都是每 30 分钟左右一班，全程 15 分钟）往返于运河旁河流汇合处的安帕瓦市场与沙没颂堪市场之间。

周边交通

船 探索该地区最有趣的方式是乘船，有关详情请见上页框中内容。

自行车 Baan Tai Had Resort（见 p.160）提供自行车租赁服务。或者你也可以报名参加 Bangkok Bike Rides（见 p.118）组织的自行车一日游，从曼谷出发，费用为 B2650 / 人。

住宿及餐饮

Baan Amphawa Resort & Spa Bangkapom Kaewfah 路 22 号 ⓣ 034 752222 ⓦ www.baanamphawa.com 这家大型商务度假村酒店坐落于一系列传统风格的木质建筑中，提供温暖舒适的客房。酒店里有泳池、水疗中心及餐厅（见下文），但房价很高。B2700

Plai Phong Pang collective 可通过 3093 号支路前往，位于安帕瓦西南方 7 千米处 ⓣ 034 717510 ⓦ www.thaitambon.com/ss/ampawa1a.htm 这个住宿地是一些寄宿家庭集合在一起形成的一个特殊的"旅游村"，可让游客亲身体验运河旁的生活方式。住宿价格 B700

Saban-Nga Baan Baan Amphawa Resort Spa, Bangkapom Kaewfah 路 22 号 ⓣ 034 752222 ⓦ www.baanamphawa.com 这家位于度假村酒店内的高档餐厅提供非常美味的新鲜鱼类佳肴，在晚上还可以去河滨露台喝一杯，潇洒惬意。但有时客人比较多，服务员会人手不够。每天 7:00~22:00

Tha Ka 水上市场（Tha Ka floating market）

位于 Ban Tha Ka 的 Phanla 运河 · 周末 7:00~12:00 左右，及为期 15 天的月运周期的第 2、第 7 和第 12 天的上午（精确日期可咨询泰国旅游局任一办事处）· 乘船，从安帕瓦的寄宿家庭出发需 10~40 分钟，从 Baan Tai Had Resort（见 p.160）出发需 30 分钟，而从丹能沙都出发需 1 小时

如前文所述，附近的丹能沙都水上市场人山人海，大多都是游客，但 Tha Ka 村的水上市场却与此大不相同，主顾以当地居民为主。一般只有规模较大的一日游才会安排到此一游，不过你也可以选择单独前来观赏一番。其中最有趣的项目就是从你的住宿场所乘船前往该市场，但你也可以走陆路，从沙没颂堪出发沿着 325 号公路行驶 10 千米，然后再转入小马路行驶 5 千米就可抵达 Ban Tha Ka 村。市场菜园经营者们或划着木质小船，或开着嘈杂的电动长尾船，来到上游沿途叫卖，船上堆得高高的，有各种当季水果，可能是柚子或槟榔，也有可能是红毛丹果或秋葵，也许还会有常年流行的小吃，如热面汤及刚出锅的沙嗲等。他们的主要客户是运河旁的居民及其他商贩，因此现场自然传统的氛围轻松愉悦，毫不做作。在过去，Tha Ka 市场根据月亮的阴晴圆缺每月举行 6 次，但如今，每当泰国旅游团在周末来浏览参观时也会开放。

北碧（Kanchanaburi）

北碧位于小桂河及大桂河的交汇处，是从曼谷出发的最佳旅游目的地，乘车只需2~3小时即可抵达。这里不仅有丰富的战争历史、充足的住宿设施，还有通往周围农村的各条路径，一切都让人流连忘返，因此大多数游客在这里待的时间比计划要长。这里的河流分外引人注目，尤其是可以欣赏到著名的桂河风格。而且从旅馆的房间向外望，可看到更美丽的河景及远处蜿蜒起伏的山峰。

北碧的旅游中心位于 **Maenam Kwai**（也可拼为 Kwae）**路**南口的火车站附近，但离真正的城镇中心有一段距离，需从北面车站沿着城镇的主要通道——**Saeng Chuto 路**一直往前。在这条道路及河流之间，你会看到该城镇大多数的战争景点，而臭名昭著的桂河大桥则标志着城镇的北部边界。这座大桥是日本暴行的象征，每天都有无数旅行团及一日游游客在此默哀，但实际上，城镇主要的**战争博物馆**及**墓地**比大桥更加触动人心。许多退伍军人都会回到这里探望他们的战友，而对其他人在某些情况下麻木不仁地利用战俘事迹的行为感到愤慨也是可以理解的——大桥周围浓重的商业氛围就是个最典型的例子。此外，泰缅铁路中心还提供了一段令人震撼的教育性内容，但只让本地区的居民观看，不对外开放。

市中心西面主要提供令人轻松愉悦的旅行，有钟嘉**盟军**公墓以及几座有趣但低调的寺庙，包括石窟寺庙**洞窟寺**和**龙天寺**，山顶的双子寺庙**虎次寺**和**龙山寺**，以及非常神奇的**水上尼姑庵**。

值得注意的是，在**桂河大桥节**期间，这里会举行声光秀，到处都是人山人海，节日通常会在11月底开始，共持续10个晚上，以纪念1944年11月28日盟军第一次轰炸大桥。因此如果你打算在这段时间到此游玩，必须提前预订好住宿场所。

2

泰缅铁路中心（Thailand–Burma Railway Centre）

火车站对面，Jaokannun 路北碧战争墓地旁・每天 9:00~17:00・B100・Ⓦ www.tbrconline.com

现代泰缅铁路中心是游览北碧所有二战博物馆的最佳出发点。每周都有数千人前来参观战俘公墓，而此中心主要提供相关背景事实及研究结果介绍。研究结果显示整个泰缅铁路线揭

死亡铁路

1941年12月，“二战”爆发后不久，日本因担心盟军封锁孟加拉湾，于是开始寻找从新加坡至缅印边界的替代给养供应线路，以获取新的疆土。虽然这里的地形几乎坚不可摧，但日军还是将桂河流域作为了新的**泰缅铁路**线路，其目的是将已存在的泰国农朴拉度克火车站（位于北碧东南方51千米处）及缅甸的 Thanbuyazat 火车站也加入到该线路中，全程共计415千米长。

大约共有6万盟军战俘被从东南亚失守领土运送至此修建铁路，后又征召了20万亚洲劳工。修建工程于1942年6月从铁路两端同时开始进行。这些战俘和劳工仅凭铁镐和铁锹、炸药和滑轮，共搬移了300万立方米的岩石并建立了14千米长的桥梁。15个月后，这条铁路竣工之时，其**死亡铁路**之名也早已传开：在铁路修筑期间，估计共有1.6万战俘及10万亚洲劳工命丧于此。

正是日本人的**武士道精神**导致了这出惨绝人寰的悲剧及他们的残暴不仁：日本士兵极度痛恨监禁并深以为耻，对于他们来说，唯有切腹自尽才是囚犯最光荣的选择，因此他们认为那些盟军战俘已丧失了做人的权利。这些人每天被迫工作18个小时，但所给食物微薄，而随后晚上往往需要长途跋涉至下一营地。许多战俘和劳工都患有脚气，更多的人死于痢疾引起的饥饿，但最大的死亡杀手是霍乱和疟疾，尤其是在雨季期间。据说在轨道上每铺设一个枕木都会有一个人死亡。

两条线路最终于 Konkuita 会合，就在如今的北碧南面。但可能是这段铁路的历史太过悲痛血腥，因此不到两年就很少使用这条铁路了：1945年8月15日，日本投降后，这条铁路转而受英国管辖，英国人认为缅甸的克伦独立分子可能会利用这条铁路，于是就将三塔山口4千米长的轨道摧毁，从而永久切断了这条泰缅铁路。在泰国终于取回剩余铁路的管辖权后，由于到南笃的轨道不经济，泰国政府下令将其全部摧毁。但最近，由澳大利亚及泰国人民组成的志愿小组及以前的战俘们资助抢修了一段位于恐怖关口的轨道，那就是**地狱之火**，他们在关口附近清理出一条纪念步道，并在现场建造了一座精致的博物馆（见p.178）。目前也有很多关于死亡铁路的书籍，其中一些是由以前的战俘回忆所写；泰缅铁路中心以及城镇书店都收藏了其中一部分。

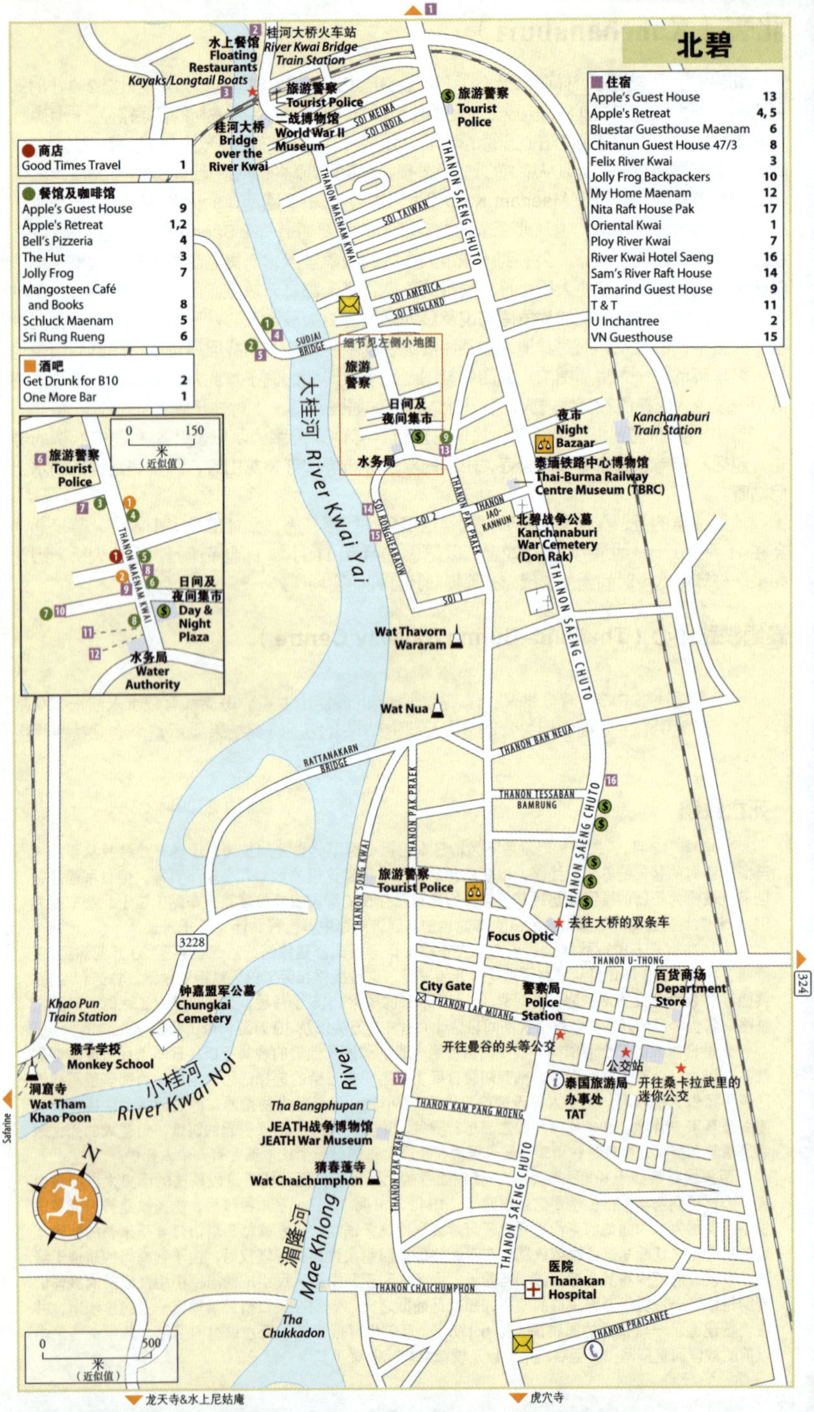
北碧
住宿
Apple's Guest House 13
Apple's Retreat 4, 5
Bluestar Guesthouse Maenam 6
Chitanun Guest House 47/3 8
Felix River Kwai 3
Jolly Frog Backpackers 10
My Home Maenam 12
Nita Raft House Pak 17
Oriental Kwai 1
Ploy River Kwai 7
River Kwai Hotel Saeng 16
Sam's River Raft House 14
Tamarind Guest House 9
T & T 11
U Inchantree 2
VN Guesthouse 15
商店
Good Times Travel 1
餐馆及咖啡馆
Apple's Guest House 9
Apple's Retreat 1,2
Bell's Pizzeria 4
The Hut 3
Jolly Frog 7
Mangosteen Café and Books 8
Schluck Maenam 5
Sri Rung Rueng 6
酒吧
Get Drunk for B10 2
One More Bar 1
桂河大桥火车站
River Kwai Bridge Train Station
水上餐馆
Floating Restaurants
Kayaks/Longtail Boats
旅游警察
Tourist Police
二战博物馆
World War II Museum
桂河大桥
Bridge over the River Kwai
SOI MEIMA
SOI INDIA
THANON MAENAM KWAI
THANON SAENG CHUTO
SOI TAIWAN
SOI AMERICA
SOI ENGLAND
SUDJAI BRIDGE
细节见左侧小地图
旅游警察
日间及夜间集市
水务局
夜市
Night Bazaar
Kanchanaburi Train Station
泰缅铁路中心博物馆
Thai-Burma Railway Centre Museum (TBRC)
北碧战争公墓
Kanchanaburi War Cemetery (Don Rak)
THANON JAO-KANNUN
THANON PAK PRAEK
SOI RONGHEABROW
SOI 2
SOI 1
大桂河
River Kwai Yai
0 150
米
（近似值）
旅游警察
Tourist Police
THANON MAENAM KWAI
日间及夜间集市
Day & Night Plaza
水务局
Water Authority
Wat Thavorn Wararam
Wat Nua
RATTANAKARN BRIDGE
THANON BAN NEUA
THANON TESSABAN BAMRUNG
THANON SONG KWAI
THANON PAK PRAEK
旅游警察
Tourist Police
去往大桥的双条车
Focus Optic
3228
THANON U-THONG
324
百货商场
Department Store
City Gate
THANON LAK MUANG
警察局
Police Station
开往曼谷的头等公交
公交站
泰国旅游局办事处
TAT
开往桑卡拉武里的迷你公交
钟嘉盟军公墓
Chungkai Cemetery
Khao Pun Train Station
猴子学校
Monkey School
洞窟寺
Wat Tham Khao Poon
小桂河
River Kwai Noi
River
Tha Bangphupan
JEATH战争博物馆
JEATH War Museum
THANON KAM PANG MOENG
猜春蓬寺
Wat Chaichumphon
湄隆河
Mae Khlong
THANON CHAICHUMPHON
THANON SAENG CHUTO
医院
Thanakan Hospital
THANON PRAISANEE
Tha Chukkadon
Safarine
N
0 500
米
（近似值）
龙天寺&水上尼姑庵
虎穴寺

示了一段全面而复杂的历史，提供了大量的原始文物、插图及比例模型，而铁路规划和建设，及其后续操作、摧毁及退役等情况尤其复杂。相比于更感人的地狱火关口纪念博物馆（Hellfire Pass Memorial Museum），泰缅铁路中心更注重铁路本身，但通过一些不寻常的原始照片及日本工程师拍摄的相关视频，还有对铁路幸存劳工的独特采访等形式，记录了许多人物事迹。

入口处的商店里面收藏着一些关于泰缅铁路的有趣书籍，也出售桑卡拉武里地区妇女编织项目的各种产品。入场费中包括楼上咖啡厅的免费茶水或咖啡。

北碧战争公墓（Kan Chanaburi War Cemetery）

Saeng Chuto 路火车站对面·每天 8:00~16:00·免费

每铺设 1 千米泰缅铁路，就有 38 个盟军战俘死亡，其中大部分都埋葬在北碧的两个战争墓地里，分别为**北碧战争公墓**（又称为 Don Rak）及**钟嘉盟军公墓**（见 p.166）。在该地区所有战争景点中，墓地是唯一一个没有受商业企业染指的地方。在这两个墓地里，北碧战争公墓更大一些，共有 6982 位战俘埋葬在这片布满鲜花灌木、完美无瑕的草坪下，整齐地排成一条条直线。这座墓地是在战后建立的，就位于城镇华人公墓附近，是那些匆匆埋葬在临时搭建的战俘营墓地亡灵的最后安息之处，像这样的临时墓地整条铁路共有几十处之多。北碧战争公墓里的许多石碑上都简单刻着相同的一句话，"为国捐躯之人"；而其他一些刻有名字、日期及部队名称的石碑则表明死者不满 25 岁。每年 4 月 25 日的澳新军团日，在这里及地狱火关口（见 p.178）都会举行纪念活动。

桂河大桥（The Bridge over the River Kwai）

位于桂河大桥火车站西面·从 Maenam Kwai 路的主要民宿区往北步行 15~20 分钟；此外，你也可以骑自行车或搭乘嘟嘟车到达此地

大多数人都对桂河大桥普通的不锈钢拱门感到失望：作为战争纪念碑，它既没有博物馆的感情冲击，也没有景点可进一步吸引游客。而作为一座桥梁，它与普通桥梁毫无区别——并不是一项工艺复杂的工程，因为在大卫·利恩于 1957 年执导的著名影片《桂河大桥》中就出现了这座大桥（实际上是在斯里兰卡拍摄的）。但它毕竟与获得多项奥斯卡奖的电影相关，因此吸引了大量旅游团，也使引桥两旁聚满了各种卖饰品的商贩。虽然这里弥漫着浓重的商业气息，但你既然来到了桂河，又不能不来看看。

被称为 Tha Makkham 的大桂河渡口就位于北碧北面，是泰缅铁路建造过程中需克服的首要障碍之一。钢桥部分是从爪哇岛带过来的，而盟军战俘仅靠滑轮和井架再将它们重新组建起来。当时在大桥旁边还搭建了一座临时**木桥**，于 1943 年 2 月开通了第一辆火车；直至 3 个月后钢桥竣工。这两座桥梁在 1944 年和 1945 年都遭到盟军轰炸机的严重损坏（并非像电影中那样是由突击队员炸毁的），但这座钢桥在战后已修复完整且沿用至今。参观这座大桥的最佳方式是小心谨慎地横穿轨道或就乘坐该轨道上的列车：每天每个方向都有 3 辆往返于北碧和 Nam Tok 的火车会经过此地，且会在河流东岸的桂河大桥火车站做短暂停留。

二战博物馆及艺术画廊（World War II Museum and Art Gallery）

桂河大桥南面几米远处·8:00~18:30·B40

二战博物馆设计不美观，有些地方索然无味，因此我们建议大家不要去此地游玩，其实你只要走过桂河大桥，就可以看到非常不错的战争纪念馆，即泰缅铁路中心和地狱火关口纪念博物馆。二战博物馆里陈列着各种稀奇古怪的私人收藏，从钱币、邮票和不协调的泰国小姐展览到战俘将死之时的绝情场面，无奇不有。需注意的是，此建筑周围有标志显示这里是 JEATH 战争博物馆（见下文），而事实上该博物馆位于城市反方向的一端。

JEATH 战争博物馆（The JEATH War Museum）

位于城镇南端 Pak Praek 路湄隆河旁，距离泰国旅游局办事处（TAT）700 米左右，距离桂河大桥 5 千米左右·每天 8:30~16:30·B30·从 Maenam Kwai 路主要民宿搭乘嘟嘟车至此需 5~10 分钟

这座摇摇欲坠的 **JEATH 战争博物馆**由 Chaichumpon 寺的方丈大师建立于 1977 年，位于

寺内重新建造的盟军战俘临时军营中，只用茅草稍微遮盖了一下，技术含量很低，但这是全市第一个展示有修建死亡铁路战俘照片及回忆录的公共博物馆。JEATH 这个名字是 6 个参与铁路建造国家的首字母缩写：日本、英国、澳大利亚、美国、泰国及荷兰。但此后，这家博物馆被泰缅铁路中心及地狱火关口纪念博物馆更翔实精致的展览所超越，目前其最有纪念意义的物品就是一小部分战时照片，以及那些重回桂河的前战俘们的新闻报道及书信档案。

钟嘉盟军公墓（Chungkai Cemetery）

小桂河西岸，离 Rattanakarn 大桥 2 千米远，3228 沿路 · 从 Maenam Kwai 路主要民宿区搭乘嘟嘟车至此 5~10 分钟

庄严肃穆的**钟嘉盟军公墓**位于小桂河西岸的路边，环境相当静谧，以前是战俘军营。共有 1750 名战俘埋葬于此地；大部分墓碑铭文上都刻有名字及部队徽章，但也有一部分没有名字——在内陆军营里，所有的尸体都放在柴木堆上实行集体火葬，因此无法识别身份。从 Rattanakarn 大桥开始，游客们可享受一段愉快的自行车之旅，这片土地的大部分都种有甘蔗，这就是北碧“泰国糖都”之名的由来。

洞窟寺（Wat Tham Khao Poon）

小桂河西岸，沿 3228 号公路位于钟嘉盟军公墓西面 2 千米处，离 Rattanakarn 大桥 4 千米 · 每天 8:00~18:00 · B20 · 从城中心乘船到这里需 15 分钟左右

洞窟寺位于 3228 号公路沿线唯一一座山峰的顶端。其迷人之处在于 9 个迷宫般的洞窟，中间由潮湿的钟乳石通道相连。这里的每个岩架及突出物上面都标有宗教图案，其中最引人注目的就是位于主要洞窟的卧佛像了。出了洞穴后，随着轨道穿过寺庙往前走 150 米即可观赏小桂河的绝妙风景；而在火车轨道上方，坐落着一尊大腹便便的超大尺寸金佛像。如果你乘船抵达，那么可通过悬崖边的梯级进入佛寺。

水上尼姑庵（Wat Tham Mangkon Thong）

城镇往西大约 5 千米处 · 每天 8:00~18:00 · “演出”次数及票价视游客人数而定 · 自行车或摩托车：乘坐渡船跨过湄隆河到达 Chukkadon 码头，然后沿着道路的另一边驾驶 4 千米；汽车：沿着 Saeng Chuto 路（323 号公路）行驶，在泰国旅游局办事处南面 3 千米处西拐进入 3429 号公路，跨过河流向北再向西即可到达寺庙；或者可从北碧车站乘坐 8191 路公交车，最后一班返程车会在 16:15 左右经过寺庙

小桂河东部风景秀丽，可享受美好的自行车之旅，但同在一侧的**水上尼姑庵**却相当俗气。这里的最独特之处就是一个身穿白色长袍的泰国尼姑，她会进入寺庙池塘且漂浮在水面上冥想——但只有得到足够的金钱她才会这么做。对于如此明目张胆的商业手段，游客大多会嗤之以鼻，但据说台湾游客对此分外热衷，印象特别深刻。这个水上庵堂位于一座巨大龙形楼梯脚下，一直通往后面山坡的寺庙。寺庙内还有一处普通的石灰岩溶洞，经常有蝙蝠出没，穿梭于佛像之间。

从小桂河西岸到东岸没有直接的访问线路，所以若从钟嘉盟军公墓及洞窟寺出发去水上尼姑庵就必须先回到城镇，再重新出发。

龙天寺（Wat Ban Tham）

城镇以南 12 千米处 · 通过 Mae Khlong 路跨过湄隆河，然后左转沿着一条没有修筑完成的小路行驶 6 千米，如果想前往水上尼姑庵，你可以先参照上述方向，然后再往南行；或者你也可以从城镇中心乘船，大约 30 分钟后就可到达

由于北碧是石灰岩地貌，在其周围发现了许多洞穴，其中多数都被建造成了神殿供人朝拜。**龙天寺**就是其中之一，虽然离镇中心有 12 千米远，但这里的景色及文化都十分迷人，值得到此一游。乘坐长尾船或皮艇沿着湄隆河往南漂流是一段令人愉快的旅程，不过你也可以选择陆路抵达这座寺庙。

龙天寺建立于600年前，但直到17世纪，一个凄美的爱情故事在此上演才使其广为人知。曾经有位名叫 Nang Bua Klee 的年轻女子，她父亲是个罪人，但有养育之恩，心爱之人是当地英雄，且自己已怀有身孕，而她夹在两者中间，左右为难；最终她答应父亲在心爱之人的食物中下毒，但被那位勇士发现，一怒之下杀了 Nang Bua Klee 及他们未出世的孩子，据说他们的灵魂一直都被困在龙天寺的山洞里。游客可通过华丽的中式龙形楼梯前往该山洞，楼梯上

部的右侧墙壁上刻有与上述传说有关的现代壁画，色彩鲜艳明亮。山洞里坐落着一尊女性形状的石头，刻画的是那位死去母亲的形象，如今许多想要怀孕的女性都会到此来参拜：满怀希望的信徒会带来漂亮的衣服和鞋子，全都挂在神龛侧面的衣柜里，此外还会为她的儿子带来各种玩具，以求心想事成。

虎穴寺和龙山寺（Wat Tham Sua & Wat Tham Khao Noi）

龙天寺以南5千米・驾车：沿着323号公路一直往南，然后通过标有"Mae Khlong Dam"标志的湄隆大坝跨过湄隆河即可；此外，也可以选择搭乘任何一辆前往Muang码头的当地公交，沿323号公路往南行驶12千米然后再换乘摩的到达寺庙（B40左右）

如果你想观赏更多的寺庙，我们推荐离城镇中心以南16千米处的虎穴寺及龙山寺，这两座现代风格的寺庙位于山顶，不仅可以一览湄隆河流域的美丽风光，还可将远处绵延起伏的山脉尽收眼底。**虎穴寺**由一位泰国建筑师设计，建立于20世纪末，中间有座巨大的佛塔，气势宏伟，所用瓷砖与佛统的寺庙相似。走进佛塔内部，首先映入眼帘的就是位于中心位置的坐佛像，神情平静，而他举起的巨大掌心里刻着法轮，庄严肃穆；此外还有传输带可以将信徒的供奉物送至他膝上的巨大钵盂里。而与其相邻的**龙山寺**是由中国人设计的，建立于同一时期，是一座惊人雄伟的七层中国式宝塔，其内坐落着一尊笑面佛，在众多做着各种手势、面目狰狞的雕像及画像中特别引人注目。

抵达和离开 北碧

火车

北碧的主要火车站（☎034 511285）并不是指桂河大桥旁的车站，火车站位于城镇中心以北2千米处，但离Maenam Kwai路上的一些住宿场所很近。从火车站搭乘三轮嘟嘟车到Maenam Kwai路的旅馆区需花费B50左右。

前往北碧 乘坐火车前往北碧，沿途可看到最美丽的风景，但从曼谷吞武里出发每天只有两班火车到这里，途经佛统（7:50及13:55）。若从华欣、春蓬及更往南的地方出发，可以先乘火车到万磅，然后再转乘前往北碧方向的火车（或汽车——汽车站位于离万磅火车站1千米远的钟塔处）。

离开 前往泰国北部最方便的方式就是搭乘迷你公交车至大城（见下文），然后在此转乘铁路北线。若前往泰国南部，可乘坐火车（或包一辆迷你公交或搭乘81路公交车）前往万磅，然后再换乘前往春蓬、素叻他尼或更远地方的夜班列车。

车票预订 任何火车票都可在北碧火车站预订或通过Good Times旅行社（见p.172）预订，但需额外支付B50。前往曼谷或沿着死亡铁路前往南笃（见p.177）的火车票不需要提前预订。

抵达站 曼谷吞武里（每天2班，全程3小时）；佛统（每天2班，全程1小时40分钟2小时）；Nam Tok（每天3班，全程2小时20分钟）。

巴士

北碧汽车站（☎034 511182）位于城镇中心的南部边缘，离主要民宿区只有2千米远。有许多嘟嘟车及三轮出租车等候在这里，可以将你送到Maenam Kwai路主要的民宿区，费用在B50左右。

前往北碧 在曼谷汽车南站及Mo Chit北站搭乘巴士要比火车快。从华富里、大城（可从清迈搭乘火车抵达）或更往北的地方出发，你必须先回到曼谷，然后在北碧以北90千米处的素攀武里搭乘迷你巴士（见下文）或换乘巴士（411路）。从碧武里和华欣出发，则需在叻武里换乘巴士（411路）。

离开 政府运行的长途巴士主要从汽车站通向曼谷的Mo Chit北站、汽车南站及所有下列抵达站。最好的售票处及出发点位于汽车站边缘的主道路旁，而位于汽车站中央的售票窗口提供所有线路的车票。

抵达站 曼谷（Mo Chit北站，每天8班，全程3小时）；曼谷（汽车南站，每10~15分钟1班，全程2小时）；四面佛（每天9班，全程90分钟）；Nam Tok（每30分钟1班，全程90分钟）；叻武里（每15分钟1班，全程2小时）；赛育（每30分钟1班，全程2小时30分钟）；桑卡拉武里（每天14班，全程3~4小时）；素攀武里（每20分钟1班，全程2小时）；通帕蓬（每20~30分钟1班，全程3小时）；三塔山口（每天6班，全程4小时）。

迷你巴士

来自/前往曼谷 从考山路搭乘空调迷你巴士前往北碧的旅途时间较短，只需2小时不到，但司机通常会让乘客在Maenam Kwai路的Jolly Frog Backpackers（见p.169）下车，而不是一开始所说的地点。有营业执照的空调迷你巴士会从曼谷邦兰铺Ratchadamnoen Klang路上的Royal Ratanakosin酒店外出发，从考山路步行至此只需5分钟，无论你想去哪里，司机都会让你在目的地下车。

车票 你可在北碧的旅行社及旅馆里购买到空调迷你巴士的车票。

抵达站 大城（每天1班，全程3小时，与前往清迈的夜班列车时间相配）；曼谷、考山或附近的 Royal Ratanakosin 酒店（每小时 1 班，全程 2 小时）；曼谷胜利纪念碑（每小时 1 班，全程 2 小时）；桑卡拉武里（每天 10 班，全程 3 小时，车票可从汽车站后面的售票亭里买到）；素万那普机场（每天 6 班，全程 2 小时 30 分 ~3 小时）。

周边交通

既可搭乘嘟嘟车往返于汽车站与桂河大桥之间，还可选择水路搭乘渡船，因此北碧主要景点与车站之间的交通非常方便。

2

嘟嘟车 例如从旅馆到桂河大桥，很容易就可包到一辆嘟嘟车，费用在 B30~40。

双条车 橙色公共双条车的线路是从汽车站以北三个街区的 Focus Optic 眼镜厂出发，然后向北行驶经过北碧战争公墓、泰缅铁路中心、火车站及前往桂河大桥的通道路口（2 路；每 15 分钟 1 班，运营至 18:00；穿过桂河大桥共需 15 分钟；B10）。

小汽车、吉普车或摩托车 周围有许多提供摩托车租赁服务的店铺，大约 B200 / 天。Maenam Kwai 路上位于 Jolly Frog 店铺旁边的 Mek and Mee 租赁店（☎ 081 757119）是为数不多的几个提供一流（全面）汽车租赁保险的店铺之一。

长尾船 船只会等候在桂河大桥旁，可前往 JEATH 战争博物馆及小桂河沿岸的景点。而自己步行至西岸再乘船可节省好几百铢——船家大约收费 B600 / 小时。

自行车 旅馆及旅行社提供自行车出租服务，B50 / 天——是探索城镇主要景点及宁静的乡村小路的理想方式。

皮艇 皮艇是探索该地区的一种既新鲜又稳重的方式；你可在桂河大桥北部或上游的农磨（Nong Bua) 租到皮艇（Maenam Kwai 地区的几家旅行社可提供租赁服务，费用为 B300 / 人）。或者也可以找专业机构 Safarine，费用为 B350 /90 分钟（见 p.172 框中内容）。

附录

旅游信息 泰国旅游局办事处（每天 8:30~16:30 ☎ 034 511200 Ⓔ tatkan@tat.or.th）可提供各种有用的信息，就位于 Saeng Chuto 路汽车站的南面且有最新的汽车及火车时刻表。

住宿

为了可以看到最精致的河流美景，大多数游客都会选择居住在河流上的**木筏房屋**（通常都只是圆木筏上的一座藤制小屋）里或河畔**旅馆**里。其中最热门的住宿区位于 **Maenam Kwai 路**附近，覆盖区域从 Rongheabaow 巷一直延伸到桂河大桥，这里聚集了许多背包客，还遍布着各种各样的酒吧、餐馆及旅行社；而大多数旅馆位于这条道路上各条小巷的河滨路口。桂河河畔的住宿场所虽然可欣赏到宁静的河流美景，但在白天却要忍受长尾船引擎的嘈杂声，因此可以先只预订一个晚上，直到你已经习惯了这种分贝水平的噪声。此外，由于大部分小屋都漂浮在莲花沼泽上，所以一定要带好驱蚊剂。

有关**上游**木筏房屋的详细住宿信息可参见后文相关内容：p.178 的拉瓦洞，及 p.179 的赛育。

北碧

Apple's Guest House 跨过 Sudjai 大桥，沿 Maenam Kwai 路往东 ☎ 034 512017 Ⓦ www.applenoi- kanchanaburi.com 这间旅馆位于火车站及 Maenam Kwai 路之间，是由两位当地女性 Apple 和 Noi 所开的两家名字相似的中档价位旅馆中比较重要的一家。旅馆设施包括宁静的花园及装有空调的餐厅，餐厅后方是住房区，主要提供美丽的现代化客房，包括风扇房及空调房，且有 Wi-Fi。风扇房 **B490**，空调房 **B590**

Apple's Retreat 河对岸距离 Maenam Kwai 路 600 米处 ☎ 034 512017 Ⓦ www.applenoi kanchanaburi.com 这座度假村环境优美宁静，周围郁郁葱葱，并带有温馨舒适的河滨餐馆及露台。客房位于马路对面一栋两层高的建筑里，可看到农田远处连绵不绝的山丘，此外还有一座美丽的小花园。提供 Wi-Fi 及往返 Apple 旅馆的免费交通。风扇房 **B490**，空调房 **B590**

Bluestar Guesthouse Maenam Kwai 路 241 号 ☎ 034 512161 Ⓦ bluestar-guesthouse.com 这家干净整洁的旅馆提供各种价格便宜的住房，包括联排房屋里非常便宜、设施非常简单的空调房；价格合理、设施精致且可看到莲花池的空调平房；以及吊脚小屋，楼下有浴室，楼上有卧房或私人阳台。虽然该旅馆一直延伸到河滨地区，但是远处的景色都被前面杂草丛生的小岛给遮住了。旅馆还提供免费接送服务。风扇房 **B150**，空调房 **B350**，平房 **B650**

Chitanun Guest House 47/3 Maenam Kwai 路，位于河畔道路的另一边 ☎ 034 624785 这家位于私人住宅群内的旅馆提供多种独立卫浴套房，从简单的白墙、床垫到配备有空调电视的豪华房，一应俱全，且旅馆周围种满了热带植物。环境温馨舒适，唯一美中不足的地方就是欣赏不到河景。

风扇房 B250，空调房 B600

Felix River Kwai 位于大桂河西岸 T 034 551000 W www.felixriverkwaihotel.com 该酒店位于河畔，风景秀丽，离桂河大桥不远，步行即可到达（如果乘火车过来可在桂河大桥火车站下车；或者从 Maenam Kwai 搭车过来，2 千米，酒店可安排接驳车），是该区域的顶级酒店之一，但看上去稍显过时，且有些地方已经出现褪色，尤其是公共区域。酒店拥有 200 多间大型空调房，还有两个泳池。根据你是否需要河景房间，房价也有所不同，有时在工作日期间会有打折活动。房价包含早餐。B5300

Jolly Frog Backpackers Maenam Kwai 路 China 巷 28 号 T 034 514579 这家占据了大片河滨土地的美丽旅馆是许多背包客的首选之地，这里的餐厅非常有名，可为游客提供便宜的精致美食。可惜的是，这里有些工作人员不热情，但眼下正努力奋斗以挽回它的名誉。除了一些非常便宜的单人房及少数双人房是共用卫生间外，其他客房都是舒适的独立卫浴套房，中央有个美丽的小花园，四周是竹墙。你可以去码头游泳，但需注意水流。免费提供 Wi-Fi，每天 19:30 时还会播放电影。风扇房 B150，空调房 B290

★ **My Home Maenam** Kwai 路 18/1 号，水务局北面的一条不知名小巷里 T 034 625555 W www.myhomekan.com 这家近年新开的酒店干净整洁，位于 Maenam Kwai 路与河流之间的一条安静小巷内，远离各种吵闹的酒吧，可保证一夜好眠，但离城镇中心又比较近。这座单层楼的现代建筑背靠庭院，墙壁图案鲜艳明亮，提供各种价格合理的独立卫浴套间。房内配有电视机及免费 Wi-Fi。风扇房 B350，空调房 B550

Nita Raft House Pak Praek 路 271/1 号 T 034 514521 W www.nitarafthouse.com 这家传统的旧时风格旅馆远离 Song Kwai 路的主要嘈杂区，位于 JEATH 纪念馆附近，洋溢着轻松悠闲的氛围。漂浮在水面上的 14 间客房（一些是独立卫浴套间）是当地最便宜的住宿场所，且或多或少都可看到一些河景。旅馆休息室里可以观看 DVD，还可享受美味佳肴。价格合理。风扇房 B250，空调房 B650

Ploy River Kwai Maenam Kwai 路 Jolly Frog Backpackers 旅馆北面 T 034 515804 W www.ploygh.com 这家躲在道路内的美丽小旅馆与这条路上其他旅馆的风格大不相同，特别引人注目，但只有从餐厅里才可望见远处的河景。这里时尚别致、现代主义风格的客房里提供有平台床和空调，带有花园式浴室或电视的房间需额外支付费用。如果你从网上预订可享受很大的优惠。B900

River Kwai Hotel Saeng Chuto 路 284/3~16 号 T 034 510111 W www.riverkwai.co.th 这家位于城镇中心的顶级酒店远离河畔，虽然缺少河滨酒店的氛围，但也有自己的独特之处。所有房间都符合高标准要求，装有空调及有线电视。酒店设施包括泳池、SPA 馆、夜总会并提供免费 Wi-Fi。B1800

Sam's River Raft House Rongheabaow 巷 48 号 T 034 624231 W www.samsguesthouse.com 设施简单的空调房位于河流边缘的破旧浮桥上，走上去还会发出咯吱咯吱的响声，而用石头建造的平房比较便宜，提供有风扇及冷水淋浴。相比起旁边的 VN 旅馆（见下文），它毫不起眼，但也是个不错的后备选项。风扇房 B250，空套房 B600

Tamarind Guest House Maenam Kwai 路 29/1 号 T 034 518790 W tamarind_guesthouse@yahoo.co.th。这家旅馆的房间比其他河滨旅馆要小，但整体环境非常干净，管理周到，工作人员也很热情。你可以选择睡在两层楼的房子里，也可以住在下面临河而建的木筏客房里，且带有一个公共露台，凉风习习。旅馆提供 Wi-Fi 和免费上网服务。风扇房 B350，空调房 B550

T & T Kwai 路 1/14 号，My Home 旅馆北面，一条通往河流的小巷里 T 034 514846 W www.tandt-kanchanaburiguesthouse.com 这家温馨舒适的旅馆价格便宜，氛围轻松愉快，还有一个小型的迷人露台，可将大桂河的美景一览眼底。客房选项包括：空间较小的风扇单人房，共用卫生间，环境干净整洁；漂浮在水面上的木筏双人房，地板上铺有床垫（也是共用卫生间）；以及带有私人卫浴的豪华空调房。有电视机的房间需额外支付 B50 / 间。风扇房 B250，空调房 B500

★ **U Inchantree** Maenam Kwai 路 443 号 T 034 521584 W www.ukanchanaburi.com 这家宏伟壮观的豪华度假村位于大桂河的转弯处，从桂河大桥出发往北步行 5 分钟即可到达（若乘火车则在桂河大桥火车站下车）。共拥有 26 间客房，服务人员都很迷人，房间设计独特，堪称是北碧最具风格意识的客房。房间虽然不大，但却提供较大的淋浴水量、暖和的白色羽绒被以及室内 iPod 基座，服务周到。室外设施包括河畔泳池、氛围宁静的玻璃幕墙图书馆及一个餐馆，可提供精致的自助早餐。最棒的是无论你何时办理入住手续，酒店都会为你保留客房 24 小时。B2500

VN Guesthouse Rongheabaow 巷 44 号 T 034 514082 W vnguesthouse.net 该旅馆位于 Maenam Kwai 中心以南的河流流域（Sam's River Rafthouse 旅馆附近），环境幽雅，提供美丽的木筏客房：空间大、独立卫浴且都装有风扇或空调；最豪华的房间外观非常美丽，有阳台及 Wi-Fi。陆地上的房间比较普通。风扇房 B250，空调房 B400

城镇外的住宿场所

Oriental Kwai Ladya，3199 号公路沿途 T 034 588168 W orientalkwai.com；见 p.173 地图 这家荷兰一泰国合资经营的小酒店位于城镇以北 15 千米处的大桂河旁，氛围宁静优雅，只提供 12 间精心设计的小屋，周围是花园。酒店内还有泳池、滚球、排球及一个小型练习场。亚洲现代主义风格的房间品位高雅，都装有空调、Wi-Fi和DVD播放机；一些房间设有轮椅通道。酒店周围没有什么景点，但可提供汽车、摩托车、皮艇和自行车租赁服务，或者你也可以直接报团从而参观北碧府的所有景点。B2400

★ **Xanadu 2008** Tambon Nong Bua 地区 1 村 19/5 号 T 080 021 3346 W www.xanaduresort 2008.com；见 p.173 地图 这家温馨舒适的小酒店只提供 10 间带有独立卫浴的平房，坐落于一个倾斜的热带花园中，下面是一片未开发的河流地段，周围优雅宁静，是家庭出行的理想居住地。虽然不是每个人都喜欢其华丽的装饰，但这里有一个维护良好的泳池，而且这家泰英合资酒店的业主Dennis和Nee会尽可能告知房客当地发生的故事。Nee是一位优秀的厨师，所做的春卷广受好评，可在泳池旁的餐厅享用。这里离桂河大桥有 9 千米远，位于大桂河北岸；沿着 3199 号公路往北出城镇，然后左拐前往农磨。B1000

2

餐饮

几乎所有北碧的旅馆及木筏房屋旅馆都有**餐厅**，且在桂河大桥边聚集着许多水上餐馆，提供美味但相当昂贵的海鲜，还可欣赏河流美景。另外一处可享受正宗当地美食的地方就是**夜市**，位于汽车站旁边的Saeng Chuto路。此外在火车站前面的夜间集市上也有一些食物排档（周四至次周二 18:00~22:00）。

Apple's Guest House Maenam Kwai 路往东 T 034 512017 W www.applenoi-kanchanaburi.com 这里及Sudjai大桥对面的Apple度假村（营业时间相同；见 p.168）都提供可靠的美味佳肴，其传统泰式菜肴都是根据北碧最有名的烹饪学校所提供的食谱研制的。菜式丰富（价格在B65~180），包括椰子及腰果穆斯林咖喱，都有肉食及素食两种品种，以及美味的黄咖喱和多菜式套餐等。每道菜肴都是根据要求烧制的，因此上菜会比较慢。此外还提供烹饪班服务（见 p.171）。每天 7:00~21:00

Bell's Pizzeria Maenam Kwai 路 T 081 010 6614 W www.bellspizzeria.com 这家深受大家欢迎的意大利餐馆在室内外都有餐桌，而其菜式从奶油培根到椰汁肉片咖喱，多种多样。如果你实在不愿意待在餐厅，还可以通过网上预订。比萨B160起。每天 16:00~23:00

Jolly Frog 位于Maenam Kwai路Jolly Frog Back Packers旅馆 T 034 514579 这家宽敞的敞开式餐馆是是背包客的聚集之地，提供多种便宜的菜肴，包括汉堡包、三明治等，但上菜速度有点慢。每天 7:00~22:30

★ **Mangosteen Café and Books** Maenam Kwai 路 13 号 T 081 793 5814 W www.mangosteencafe.net 这家光鲜亮丽的咖啡馆在入口处遍布着各种植物，而且书架上堆满了各种可以免费阅读的平装书。这里的食物（多数菜肴价格在B60~100）也让人垂涎三尺，你可以来一份汤、沙拉及几盘泰国菜，搭配一下更加美味。每天 8:00~21:00；每月第一和第三个周一不营业

Schluck Maenam Kwai 路 T 034 624 599 这家温馨舒适的空调餐馆主要提供比萨、沙拉及牛排（B150起价），吸引了一大批外籍人士，此外还有各种地道的麻辣鱼类菜肴及泰式沙拉。室外也有几张餐桌。每天 16:00~次日 2:00

Sri Rung Rueng Maenam Kwai 路。这家广受欢迎的竹屋顶餐馆价位适中，菜式丰富，有椰汁汤、冬荫功汤及各种咖喱（黄咖喱、红咖喱、绿咖喱、椰汁肉片咖喱及穆斯林咖喱），其中大部分都分为素食及非素食两种（B60起价），此外还有牛排、海鲜及鸡尾酒。每天营业至深夜

The Hut Maenam Kwai 路 这家餐馆面对着北碧最繁忙的旅游街道，提供价格适中的美味牛排及沙拉，吸引了大批旅游团队、独行旅客及情侣前来。门前有个花园，别致的茅草屋顶可遮挡部分雨水，在这里来一杯啤酒（B60），更有意境。每天 7:00~23:00

夜生活

北碧的夜生活相对而言不怎么丰富，但最近几年涌现出了好几家外国人经营的**酒吧**，与Maenam Kwai路南部的酒吧形成了竞争趋势。大多数新开的酒吧除了提供类似的饮食、吵闹的音乐及便宜的啤酒外，还新添了酒吧女郎及体育电视节目等，以吸引更多的顾客。

Get Drunk for B10 Maenam Kwai 路，Sri Rung Rueng 路对面 这家街边小吧从日落时分起开始营业，吸引了一群非常有趣的年轻背包客。桶在这里似乎是不可缺少的（既是椅子，又装啤酒），但为了省钱最好喝烈酒：只需B10就可让你精神振奋。通常从黄昏一直营业至深夜

One More Bar Maenam Kwai 路 T 084 801 3933 天黑后可前往这家生机勃勃的社交酒吧，不仅是因为这里氛围正派，实行无酒吧女郎政策，而且还经常举行免费烧烤聚会，偶尔有狂欢派对。在其后房的休息室里提供游戏平台及DVD服务。每天 8:00~次日 2:00

附录

机票 无论是泰国国内机票还是国际机票都可通过 Good Times 旅游机构购买，位于 Maenam Kwai 路 63/1 号 ☎ 034 624441 🌐 www.good-times-travel.com

银行及自动取款机 在 Saeng Chuto 路上有好几家银行，可提供外币兑换服务且设有自动取款机，就位于与 U Thong 路交会处的北面及桂河大桥附近。

书籍 Maenam Kwai 路上有若干家二手书店。

烹饪课程 最著名的是 Apple 旅馆提供的烹饪课程：体验早市购物并学习制作基本的泰国菜肴（9:30~15:00，B1250）。

医院 Thanakan 私立医院（☎ 034 622366-75）位于城镇南端 Saeng Chuto 路 20/20 号，与 Chukkadon 路交会处附近；Phahon Phonphayulasena 公立医院（☎ 034 511507/034 622999）还要往南，位于 Saeng Chuto 路 572/1 号，与湄隆路交会处附近。

出入境管理局 湄隆路 100/22 号 ☎ 034 564279。

上网服务 北碧几乎所有的旅馆和酒店都提供免费电脑或 Wi-Fi 或两者兼有。如果你想使用 Skype 软件或打印文档等，可以找 Maenam Kwai 路上的网吧。

按摩 英国独资的 Suan Nanachat（☎ 081 908 0201 🌐 www.suan-nanachaat.com）是一家迷人精致的按摩中心及日间 SPA 馆，位于城镇以北 10 千米处农磨地区前往 Nam Tok 的途中（也可打电话让该按摩店免费来接你）。这里有一流的按摩师，提供多种（相当昂贵）治疗服务（90 分钟 B500），此外还提供全麦三明治、沙拉及草药茶。需提前预约，因为一次按摩的人数限制为 6 人。

邮局 邮政总局位于 Saeng Chuto 路泰国旅游局办事处以南 1 千米处，但在 Maenam Kwai 路上有好几家邮政代理，相比而言离城镇中心较近。

游泳池 Felix River Kwai 酒店的两个超大泳池可供非客人使用（☎ 034 551000 🌐 www.felixriver-kwaihotel.com），费用为 B300/ 天，包括毛巾（6:00~20:00）。

旅游警察 有任何紧急事件，均可拨打旅游警察 24 小时免费 ☎ 热线（1155），或是他们位于城镇中的任何一个办事处（每天 9:00~18:00）：桂河大桥旁（☎ 034 512795）、Song Kwai 路，及 Saeng Chuto 路（☎ 034 513668）。

2

北碧周边

北碧西北方向的小桂河及大桂河平行河谷间遍布着多处名胜古迹，从美得令人窒息的**伊拉旺瀑布**到乘坐**死亡铁路**的戏剧性体验以及**地狱火关口**二战博物馆的悲怆场面，都让人印象深刻。此外还有**万高村博物馆**石器时代的手工制品、**狮子城石宫**地区 20 世纪的高棉寺庙遗址，你还可以近距离接触**老虎保护庙**里的老虎（有争议）以及几处很有趣的洞穴，包括**滩洛洞国家公园**及河畔的**拉瓦洞**。

许多景点都可搭乘公共交通到达，沿小桂河河谷搭乘火车可达**南笃**终点站，此外两条河谷都可搭乘公交。但是列车时刻表很不可靠，而公交又太费时间，因此许多游客都宁愿选择北碧的旅游机构提供的混合旅行线路，或租车一日游。这两条河谷之间的距离并不是很远，且中间有一条便利通道，就位于南笃的南边。

伊拉旺瀑布（Erawan Waterfall）

每天 8:00~16:00，1 层及 2 层瀑布会开放至 17:00 · 国家公园门票 B200 · ☎ 034 574222 · 🌐 www.dnp.go.th

伊拉旺瀑布是泰国最美丽的瀑布，也是**伊拉旺国家公园**的魅力所在。这里的瀑布优雅迷人，非常适合拍照留念，此后还有死亡铁路之旅，这两处景点可让游客度过美好的一天。

伊拉旺瀑布美得让人如痴如醉：清澈的冰蓝色水流蜿蜒流淌，穿过郁郁葱葱的森林，途中共有七重瀑布，总路程共计 2 千米左右。在每层瀑布下都有一个水池，周围的竹子、藤蔓倒映在水中，宛如人间仙境。你可以沿着河边小径步行而上，越往上，道路就越难走。相邻两层瀑布间的距离及每一段上坡路程在公园的指示牌上都有明确标示。从游客中心到第一层瀑布只有 720 米，路径比较好走，直到第五次瀑布时（1800 米）突然变得十分棘手。第六和第七层瀑布地势比较陡峭、路面也比较滑，并设有一些破旧的桥梁及梯子。因此你一定要穿合适的鞋子，如果可以的话，最好不要独自落在最后；从瀑布底层爬到顶层总共需要 90 分钟。其中最适合游泳的池子位于第二层（人爆满）及第七层，到第七层的路途虽然有些艰难，但这里人少又清闲，还可欣赏丛林的壮丽景色。顶层第七层上是三重瀑布，其名字伊拉旺（Erawan）就来源于此：在印度教神话里，伊拉旺是指三头象神。

菩泰洞（Tham Phrathat）

离伊拉旺瀑布 12 千米・每天 8:00~16:00（15:00 后禁止入洞）

如果你自己开车前来，那么绝不可错过该国家公园的另一个重要景点——**菩泰洞**，一个 200 米长的钟乳石洞穴，从瀑布出发沿着道路行驶 12 千米，然后再步行 500 米即可到达。地质学家对此处地形特别感兴趣，因为这里不仅有清晰可见的脱节地层，还存在 Sri Sawat 断层线，就位于大桂河下方。

抵达和离开

伊拉旺瀑布

伊拉旺瀑布位于北碧西北方向 70 千米处，离南笃地区 40 千米，可通过大桂河流域的 3199 号公路到达。绝大多数外国游客会选择在北碧搭乘前往伊拉旺瀑布的**返程车**，但你也可以选择搭乘公交车。该瀑布通常都和死亡铁路的旅游行程结合在一起。

巴士 从北碧出发，搭乘 8170 路巴士抵达国家公园游客中心（大致每小时 1 班，全程 90 分钟，单程票价 B50）；返回北碧的末班车于 16:00 出发。

包车 北碧的旅馆可为游客安排前往瀑布的私家车（费用大约为 B1300/ 辆，视油价而定）。

住宿及餐饮

国家公园住宿 ☎034 574222 Ⓦwww.dnp.go.th 公园内有一些设施简单的平房、联排房屋及帐篷（若加床需额外支付 B50）。可在网上或通过曼谷的国家公园办事处（☎02 562 0760）预订。你也可以将自己的帐篷驻扎在公园里，收取 B30/ 人的费用。平房 B800，帐篷 B150

食物排档及餐馆 在小路起点及第一、第二层瀑布附近有许多食物排档、餐馆、淋浴室及商店。几乎每天都会营业至 20:00。

诗纳卡琳国家公园（Srinakarind National Park）

北碧西北方向 105 千米处，通过 3199 号支路到达・B200・☎034 516667・Ⓦwww.dnp.go.th

景色秀丽的斯纳卡琳水库位于伊拉旺转弯口以北几千米处，湄隆河及 Kha Khaeng 河在此

北碧周边一日游、漂流及徒步旅行

下列推荐场所适合于北碧及桑卡拉武里周边一日游及夜间旅行，包括漂流、骑大象、游览伊拉旺瀑布、地狱火关口及死亡铁路，有时还有短暂的徒步旅行。所列标价是每人价格，通常至少需 4 人才可组团。通常会提供导游前往战争景点（乘船或漂流）及丹能沙都水上市场，此外还将提供廉价的运输服务——车和司机，但没有导游，前往交通更方便的景区。如果你的旅游行程中包含北碧的"猴子学校"，那么我们强烈建议你推掉这个项目。据说这里的猴子都是被从残暴的主人手中解救出来的，但如今它们的脖子上都拴有链条，强迫它们练习，直到会表演一些马戏技巧，如钻圈、骑儿童自行车等。

A.S. Mixed Travel Maenam Kwai 路东路段的 Apple 旅馆 ☎034 512017 Ⓦwww.applenoi-kanchanaburi.com 除了北碧及其周围地区的标准旅游及徒步旅行外，这里的特色项目是骑自行车穿过稻田到 Apple 度假村附近的传统农村腹地并跨过 Sudjai 大桥。

Good Times Maenam Kwai 路 63/1 号 ☎034 624441 Ⓦwww.good-times-travel.com 该旅行社主要运行极具竞争价格的一日游（B900~1550/ 人）及较长的徒步旅行，广受好评。尤其是欣达温泉附近的克伦两日游，其中每天要徒步跋涉 4 小时的路程（总共 B3450/ 人）。此外还提供通帕蓬及桑卡拉武里附近的自行车之旅，且可安排大城自行车组团旅行。

KTC 旅行社 Maenam Kwai 路 99~101 号 ☎086 396 7349/087 153 4147 Ⓦwww.tourkanchanaburi.com 形成包括每日两次在河里帮大象洗澡（B650）以及短暂的竹筏漂流（B350）。也提供时间稍长一些的全日旅行（B750~1090），费用中包含午餐、水果、饮用水及一位英语导游。

Safarine 位于城西 Nongbua 路 4 村 120/5 号 ☎086 049 1662 Ⓦwww.safarine.come 这家法国经营的皮划艇专业机构提供北碧地区短时间、全日及夜间皮划艇之旅，价格在 B300~2850。

形成了一个堰塞湖水域，由此产生了大桂河。这里是一个广受欢迎的休闲场所，且有好几家度假村，都位于当地的**诗纳卡琳国家公园**里。从水坝出发你可以租一艘船（大约 B1800）往西北方向行驶2小时就可以穿过水库到**Huay Khamin瀑布**，堪称是该地区最雄伟壮观的瀑布，因其赭色的石灰岩岩面而获得“黄姜纹”的称号。但如果从北碧出发，既可节省时间，又可少些麻烦。

滩洛洞国家公园（Tham Than Lot National Park）

B200 · ☎ 034 519606 · 🌐 www.dnp.go.th

滩洛洞国家公园（又称为 Chaloem Rattanakosin）面积较小，只有 59 平方千米，却拥有两个钟乳石**山洞**（需带手电筒进洞）及一个美丽的**瀑布**，相互之间由一条引人入胜的徒步小径连接。

从游客中心出发，按照小道上的标记前行 10 分钟左右即可到达第一个钟乳洞——**小滩洛洞**（Tham Than Lot Noi），深 400 米，如果人很多，洞内就比较明亮（如周末）。在小滩洛洞的另一边有一条2.5千米长、走完全程需2小时的山间**小径**，周围风景如画，鸟语花香，沿着潺潺溪流跨过一个溪谷，即可到达第一层**瀑布**，其间路途比较平坦，大约走90分钟即可到达，沿途有挺拔的龙脑香科树、赏心悦目的丛林美景以及许多翩翩起舞的舞蝶。在第一层瀑布后，路途就变得比较难走，尤其是雨季，道路湿滑，非常危险，途中会先经过另外两重瀑布，然后再抵达较大的滩洛涯洞，这是一个非常深的落水洞，里面坐落着一个小佛堂，令人拍掌称奇。沿着小径再走10分钟即可到达一座很小的森林寺庙，然后再从这里原路返回游客中心。

抵达和离开

滩洛洞国家公园

公园入口处位于北碧以北97千米处，3086号支路沿途。如果你不愿意开车，也可以选择私人游，从北碧出发。

自驾车 从北碧出发沿着3199号支路行驶直到Ladya地区，然后转入3086号支路。在Amphoe Nongprue处左转，然后往前行驶18千米左右即可抵达该公园。

住宿及餐饮

在公园内有一些设施简单，由政府运营的**平房**（B1200），提供床和风扇。在公园总部还有家简单的餐馆可用餐。

万高村博物馆（Ban Kao Museum）

北碧往西35千米，离狮子城石宫8千米・周三至周日9:00~16:00・B50・☎034 654058・没有公共交通可抵达此处；出了北碧后沿着323号公路往北行驶直至与3229号支路的交会处，然后沿此路向西南方向行驶16千米，再转入3445号支路行驶2千米即可到达

万高村博物馆主要陈列着小桂河两岸先进的史前文明遗迹（公元前8000~前1000年）。其中包括可追溯至公元前1770年的设计独特奇异的盆罐——是和50具骨架的头及脚埋葬在一起的、公元前8000年左右的磨制石器，还有从附近青铜文化遗址转移过来的有落款的青铜盆及手镯，可追溯至公元前1000年左右——比东北部班清地区出土的青铜器（见p.422）要晚一些。而博物馆前面的三棵空心树干也非同寻常：它们曾经可能被用作船只或棺材，也有可能是两者的结合。

狮子城石宫（Prasat Muang Singh）

每天8:30~16:30・B100，此外汽车需B50/辆，摩托车需B30/辆，自行车需B10/辆・☎034 591122

800年前，高棉帝国曾将疆土向西扩张至狮城（Muang Singh），是小桂河沿岸处于战略地位的边区村落，即现今北碧以西43千米处。一般认为，**狮子城石宫**寺庙建立于12世纪末，严格遵守高棉宗教戒律及建筑规则，但其具体建造日期已无从查证，直至19世纪才有关于狮城的一些正史记载。狮子城石宫占地1/3平方千米，周围有护城河及城墙防护，可能还有宇宙意义，而在其中心位置坐落着一幢封闭式的**佛殿建筑**。从如今的修复工作可大致看出原来建筑的雄伟气势、富丽堂皇，整栋建筑全都是用粗糙不平的黄褐色红土建造而成。

正如所有高棉神庙一样，狮城寺院最关键的建筑就是主佛塔，四周有围墙及一座有屋顶的画廊，而其大门则标志着方位基点。佛像朝东而坐，正对吴哥方向，由一座精致的**千手观音**砂岩雕像坐镇守护，千手观音是五位伟大的大乘佛教菩萨之一，他为了帮助别人达到证悟，推迟了自己涅槃成佛的时间。这尊观音像风格独特，他的八只手臂及躯干上刻着小型佛像浮雕，而他的头发扎成了一个顶髻。在大乘佛教中，观世音菩萨代表了慈悲，而在神庙里发现的**般若佛母**雕像则是智慧的象征——当人同时兼备智慧和慈悲之时，证悟随之而来。在神庙周围的北墙里可看见独一无二的灰泥雕像，曾用作每个门面的装饰，至今仍保存完好。在此地及其附近地区发现的文物碎片及雕像都陈列在北门旁边；尤其是一个用好几个大石块雕凿而成的巨大的脸，分外引人注目。

右页图顺时针顺序依次为：桑卡拉武里的旺威玉伽蓝寺（见p.183）；桑卡拉武里沉没的神庙（见p.182）；旺威玉伽蓝寺 >

抵达和离开

狮子城石宫

狮子城石宫位于万高村博物馆西北方向8千米处，3445号支路上。

自驾车 从北碧出发，你可以沿着对面通往万高村博物馆的方向标行驶，或继续沿着323号公路行驶至15千米标志处转入3445号支路，接着往西南方向行驶至狮城。

火车 你可以搭乘死亡铁路火车前往狮城：在Tha Kilen下车（从北碧出发共需75分钟），出站后直走500米，在十字路口处右拐，然后再继续走1千米即可到达该遗址。

餐饮

在该遗址北端附近有少量**食品摊**及纪念品摊位。

老虎寺（Wat Luang Ta Bua Yannasampanno）

距离北碧37千米，在323号公路的21千米标志处下公路・中午~16:45（15:15停止入寺）；此外在7:30~11:00时可接受私人拜访・B600（下午），私人拜访需B5000・Ⓣ 085 561 9555・Ⓦ www.tigertemple.org・禁止穿背心、短裤及红颜色服饰（对老虎有刺激作用）・北碧旅行机构可安排交通运输，往返价格为B130/人

该地区最奇特、最有争议的景点就是和所谓的“老虎寺”里的老虎合照留念。很久之前老虎寺就成为被遗弃及非法捕获动物的避难所，但与老虎的情缘始于1999年，当时的方丈收留了一只可怜的虎崽。从那时起，这座寺庙的老虎数量就不断增加，直至如今的96只，每天都吸引着成百上千的国内外游客。但是许多游客都对此次体验失望而归，不仅是因为这些动物们被关在无遮掩的小笼子里，而且只有在下午时分才会让它们带着游客游行。此外，大多数舆论都指责这家寺庙将动物当作赚钱的工具。英国动物福利慈善机构国际野生动物关怀组织（Ⓦ www.careforthewild.org）派遣的卧底调查发现这座寺庙存在一系列**福利问题**及其他一些不当行为，包括与老挝老虎繁育中心的非法交易。

不管争议如何，我们的建议就是不要去叨扰老虎寺。游客支付B600参加下午的定期拜访活动，结果却是被工作人员安排和一群人一起入庙，工作人员还会急切地向你兜售各种各样的“体验”，如哺喂虎崽（B1000）等。同时，那些精神不济的老虎会被用链条拴着带到阴暗的砾石区，几乎没有活动的空间，从而让周围的游客依次与它们合影。

乘坐死亡铁路

从北碧到南笃的泰缅**死亡铁路**全程共计2小时，是泰国最美丽、最热门的火车旅行之一。虽然道路两旁风景如画，但其历史才是此次旅游不寻常之原因所在，因此在搭乘死亡铁路之前，最好先去拜访北碧的泰缅铁路中心，因为这里陈列着这条铁路建成背后鲜血淋漓的背景信息以及非凡的工程壮举（见p.163）。此外，你也可以乘坐大巴直接去往**地狱火关口纪念博物馆**（见p.178），就位于铁路如今的终点站南笃的北部，该博物馆同样清晰明了地介绍了铁路历史，参观完后可以搭乘火车返回北碧。在返回北碧的途中，若想欣赏到最美丽的风景，建议你坐在（或站在）火车的右侧，若前往南笃，则选择左侧。

火车离开北碧时会经过桂河大桥，嘎吱嘎吱地穿过小桂河河谷，经常会在乡下小站停顿，且站台上装饰有赤素馨花及茉莉花。第一个需注意的车站是Tha Kilen（1小时15分钟），在这里下车可以前往狮子城石宫（见p.174）。大约20分钟后就是泰缅铁路最惊心动魄的一段路程：Wang Sing，又称为箭山，火车勉强挤过这座30米深的悬崖峭壁，而这段铁路是以无数战俘的鲜血和生命换来的；再往前6千米，火车会缓慢接近**王蒲（Wang Po）间道**，此处有一座300米长的栈桥，紧贴崖壁以顺应小桂河的曲线地形——在这段铁路工作的战俘及劳工几乎都命丧于此。栈桥北端有一个**喀熙洞**（Tham Krasae）车站，位于栈桥旁一个挖空岩壁的山洞后方；而在火车里，你可以看到洞穴居民及佛像。喀熙洞站往北有一个**王蒲站**，过了这个站点就可以看到小桂河河谷的美丽景色，两岸都是茂密的丛林，放眼望去看不到一间木筏房屋，而整个场景都以远处树木茂密的山峰为背景。30分钟后，火车会到达**南笃**，这座小城镇是死亡铁路的终点站，并因此得到了蓬勃发展（见上文）。

死亡铁路每个方向每天都有三列火车，但运行时通常都会晚点。在本书著作过程中，火车运营时刻表为：在6:07、10:35及16:26从北碧出发，在5:20、12:55及15:30从南笃返回；泰国旅游局北碧办事处会不断更新时间表。如果你在桂河大桥上，那么列车出发后5分钟即可到达。

南笃乘船之旅

南笃地区的**帕盛码头**（Pak Saeng Pier）旁的餐馆可提供长尾**船**（外加司机）租赁服务，乘船前往上游的**拉瓦洞**及其附近的河滨住宿区（见下文）只需40分钟。从323号公路的丁字路口前往码头的线路是：穿过马路，朝东南北碧方向行驶，然后在第一个路口右转；此地距河流2千米远。返回山洞的路程大致需2小时，包括在拉瓦洞及其附近停留的半小时，费用为B1000的船只共有8个座位；支付B2000可前往**大赛育瀑布**（见p.179），回程需6小时。

南笃（Nam Tok）

大多数游客对小镇**南笃**的印象仅止于死亡铁路终点站。在雨季的周末期间，大多泰国当地人会聚集在路边的**小赛育瀑布**（Sai Yok Noi Falls），但如果时间充裕，你可以步行一小段路程前往附近的Wang Badan洞，也可以乘船前往拉瓦洞（Tham Lawa）或大赛育瀑布。而且搭车前往地狱火关口也比较简单。

Wang Badan洞

南笃火车站以北1.5千米处・每天8:30~16:30・国家公园门票B200

令人印象深刻的钟乳石、深不可测的洞穴及难以忍受的热度都使得Wang Badan**洞**（属于伊拉旺国家公园）的地下之旅格外有趣。此钟乳石洞位于车站丁字路口西北方向600米处，离车站本身1.5千米，沿着设有路标的323号公路**小径**往东走即可到达。小径1千米处是公园护理员的办公室，你可以在此租借**手电筒**，不过灯光很微弱；我们建议你携带自己的手电筒，或者象征性地支付点费用，让管理员陪你去山洞并打开山洞灯光。从办公室到洞穴只有2千米距离，路途比较平坦。由于绝大部分游客都会绕过Wang Badan洞直接前往位于公园其他地区的伊拉旺瀑布（见p.171），因此这里通常都很安静。

抵达和离开　　南笃

火车　火车站位于城镇高处，323号公路以北900米，距离小桂河2千米。从火车站到公路：沿着车站引道走，穿过轨道，在神灵屋环形道左转，然后在第一个路口右转穿过小镇，而在你左手边会经过一个水塔和市场。目前回到北碧的返程列车时刻表为5:20、12:55及15:30。

巴士　所有北碧—地狱火关口—通帕蓬的巴士都会途经南笃，通常会在公路及车站路的丁字路口附近停留（8203路，每20~30分钟1班；返回北碧的最后一班巴士时间为17:00）；从南笃行驶至地狱火关口大约需要30分钟。

住宿及餐饮

车站里有几家面向游客开放的餐馆，而在车站路中途的夜市上也有便宜的熟食排档。

Good View Resort & Camping　赛育Thasao路3村199/1号 ☎089 516 7614 Ⓦwww.goodview-river.com　很少有游客留宿在南笃地区，但如果你一定要在这里留宿，那么这家服务周到、环境优美的河滨酒店是一个不错的选择，位于车站西南方向2千米处。其木质平台上已建好的“帐篷”可供游客露营（价格很贵），此外还提供更奢华的A字形河滨别墅（有空调及私人卫浴）。双人帐篷 B1000，空调别墅 B2000

附录

自动取款机　在丁字路口附近的车站路上有一个自动取款机。

小桂河上游（Upriver on the Kwai Noi）

南笃以北约10千米，323号公路的54千米标志处有一条支路，可通往美丽的小桂河段，这里的Resotel**码头**及其他好几个地方都是不错的停留点。河流两岸除了一些木筏房屋及河滨小酒店外，几乎没有任何发展。

拉瓦洞（Tham Lawa）

北碧西北方向 60 千米，323 号支路南面 · B200 · 在 Resotel 码头搭乘长尾船，10 分钟后即可到达（往返费用 B700）

在此附近最著名的景点是**拉瓦洞**，它是该区域最大的钟乳洞，洞中生活着 3 种不同种类的蝙蝠，而且交通很方便，只要从码头搭乘长尾船即可到达。河流在此处约有 50 米宽，周围是几乎垂直的石灰岩峭壁，红白相间的条纹显得美丽迷人，而茂密的藤蔓植物及竹林一直延伸到了水边——这里的水流十分湍急，因此游泳时一定要小心谨慎（酒店可提供救生衣）。山洞入口处前方的洞室很大，里面有许多奇形怪状的钟乳石和石笋，如融化的蜡烛般，令人印象深刻。

2

孟人村（The Mon village）

孟人村就坐落于 River Kwai Jungle Rafts 度假村后，在这里你可以浏览当地村民制作布裙及其他手工艺品的过程，也可以向他们购买这些手工艺品，此外，还可以骑大象并参观大象学校等。这些孟族村民都是在 20 世纪 50 年代末期从缅甸逃亡过来的，但至今还不是泰国公民，因此这里的儿童不能去泰国中小学上学，而成人也很难找到工作。村庄与度假村关系密切，因此许多村民都在该酒店工作。有关孟族部落的详细信息请参见本节后文的框中内容（见 p.183）。

抵达和离开　　小桂河上游

巴士 任何一辆北碧至通帕蓬的巴士都会让相关乘客在通往 Resotel 码头的路口处下车。但在返回北碧时，你需要去主要道路拦车。

船舶 在 Resotel 码头有船舶出租（最多可搭载 8 人，所报价格是每条船往返行程的价格），可前往拉瓦洞（全程 10 分钟，B700），地狱火关口（B900 到达离关口最近的码头，然后再步行 4 千米即可到达）以及小赛育瀑布（全程 90 分钟，B1800）。

住宿

River Kwai Jungle Rafts 位于 River Kwai Resotel 度假村（见下文）上游不远处，搭乘船舶很快即可到达 Ⓣ 02 642 5479 Ⓦ www.riverkwaijunglerafts.com 见 p.173 地图 这家酒店与下面的度假村为同一人所有，但风格更淳朴一些，其水上客房沿着河湾蜿蜒，设施虽简单却很有品位，至今仍广受欢迎。除了专有吊床外，酒店还有游泳区和酒吧，并提供独木舟租赁服务。房间里不通电因此没有风扇或空调，晚上就只有一盏油灯。房价包含早餐、晚餐及船舶接送。**B4300**

River Kwai Resotel 位于河流西岸（在 Resotel 码头乘船即可到达）Ⓣ 081 734 5238 Ⓦ www.riverkwairesotel.net 见 p.173 地图 这家优雅高档的酒店有一个露天餐厅、一些迷人的河滨茅草屋（部分房间有独立的热水浴缸）及一个美丽干净的游泳池。**B2500**

Sam's Jungle Guest House 离公路 54 千米标志 1 千米远 Ⓣ 081 948 3448 Ⓦ www.samsguesthouse.com 见 p.173 地图 这家温馨舒适的旅馆位于林荫蔽日的陡峭河岸上，占地面积较大，提供大量风扇房及空调房，且价格合理，旅馆整体建筑风格奇怪而庸俗，但可以享受非常宁静的氛围；此外，旅馆还提供泳池及皮划艇租赁服务。当河流降低时，工作人员就会关门，因此最好提前打电话确认。风扇房 **B400**，空调房 **B500**

地狱火关口（Hellfire Pass）

虽然南笃北面的铁路线在“二战”结束后不久就被摧毁了，却为这条沿着小桂河流域一直通向缅甸的铁路蒙上了一层可怕的阴影。其中最让人印象深刻的遗迹就是**地狱火关口**，该地区的许多村庄都是以前的战俘营地遗址——当地人经常会在不经意中发现墓葬遗址——现在已被茂密的丛林覆盖。为了让死亡铁路水平穿过不平坦的桂河流域，战俘必须在很短的时间内建立一系列河堤栈桥并挖凿坚硬的岩石。其中挖凿最多的区域位于南笃以外 18 千米处的 **Konyu 地区**，在总长 3.5 千米的铁路段上共有 7 个独立凿洞。其中最长、最血腥的就是地狱火关口，其名字起源于战俘夜间工作时使用火炬的阴影，犹如地狱的火光。此项工程是靠劳工们用最原始的工具、夜以继日不停工作 3 个月完成的。

地狱火关口纪念博物馆（Hellfire Pass Memorial Museum）

每天 9:00~16:00 · 要求捐款

命丧于地狱火关口的战俘的事迹都存放在精心设计的**地狱火关口纪念博物馆**里，这是北碧地区最好、最翔实的二战博物馆。博物馆里的战时文物、战俘纪念品、照片及各种第一手资料都向世人展示了泰缅铁路建设背后一段发人深省的历史背景。这座博物馆是由澳大利亚—泰国的志愿者团体所建，目前是澳大利亚战俘的亲朋好友前来祭拜之地。

地狱火关口纪念步道（Hellfire Pass Memorial Walk）

这批澳大利亚—泰国志愿者团体不仅成立了地狱火关口纪念博物馆，同时还清理出了一条4千米长的圆形纪念步道，走完全程需90分钟。这条步道以博物馆为起点，沿着旧铁路线穿过18米深的凿洞到达Hin Tok小溪，然后是一段与原轨道同样窄的重新铺设的小径。原来这条小溪上有一座"扑克牌桥"之称的栈桥，非常不安全，如今早已土崩瓦解了。这条小径要按原路折回，中途经过的竹林不禁让人感慨当初那些战俘到底挖凿了多少岩石，这凿洞的深度简直令人难以置信。

2

抵达和离开 地狱火关口

地狱火关口在南笃以北18千米处，323号公路的西侧，经过64千米标志不远就可到达。北碧大多数旅行社提供的一日游行程中都会包含地狱火关口。自己前往也比较方便，最好和死亡铁路的旅游行程结合在一起。

巴士 从北碧或南笃出发，分别搭乘任何一辆前往通帕蓬或北碧的巴士，要求司机在地狱火关口停车，就在323号公路的西侧，64千米标志过去一点点路程；此地离北碧75分钟车程，离南笃20分钟车程。前往北碧的末班车会在16:45左右经过地狱火关口；如果你想去桑卡拉武里，那么最后一班车会在13:15左右经过此地。

赛育国家公园（Sai Yok National Park）

B200 · ☎ 034 686024 · 🌐 www.dnp.go.th

从桂诺伊流域至地狱火关口北面是一大片无法跨越的高山荒野，属于**赛育国家公园**茂密季风雨林的典型景观，一直延伸至缅甸边境。往返于南笃和桑卡拉武里之间，尤其是自己驾车之时，在此稍作停留，可让人神清气爽。公园里的柚木林因**大赛育瀑布**（Sai Yok Yai Falls）而出名，虽然平凡无奇却很适合拍照，此外还有美丽的**Daowadung岩洞**，共有8个钟乳石室。在这里你可以发现世界上最小的哺乳动物——反应灵敏的猪鼻子蝙蝠，又称大黄蜂蝙蝠，重1.75克，翼展长仅1.6厘米。这些景点就在公园的游客中心附近，步行一小段路程即可到达。

抵达和离开 赛育国家公园

该公园位于北碧以北104千米处，在80和81千米标志之间下323号公路。

巴士 任何一辆北碧至通帕蓬的巴士都会在前往赛育国家公园的入口处停车，从这里步行至游客中心、小道起点及河流共3千米路程（有时在道路入口处会有摩的）。两个方向的末班车大约会在16:30经过此公园。

船舶 从南笃乘坐长尾船前往赛育国家公园可享受小桂河上游两岸的美丽景色，往返行程共6小时（见p.177）。

住宿及餐饮

公园里有政府运营的平房住宿，而在瀑布附近有更豪华（价格也更高）的木筏房屋。游客中心附近有大量熟食摊位（每天6:00~20:00）。

国家公园住宿 ☎ 034 686024 🌐 www.dnp.go.th 国家公园提供有设施简单的风扇平房，通常每个房间4~7人，最好提前在网上预订。**B800**起价

Sai Yok View Raft 瀑布附近 ☎ 081 857 2284 🌐 www.saiyokviewraft.com 见p.173地图 赛育景点木筏房的水上木质客房比政府运营的平房更有吸引力，深受旅游团的喜爱，从其客房阳台可欣赏到美丽的瀑布及水流景色。**B2800**

Pha Tad 瀑布&欣达温泉（Pha Tad Falls & Hin Dat Springs）

在赛育国家公园往北，沿着323号公路行驶，可抵达狭长微倾的**Pha Tad 瀑布**及**欣达温泉**，在支付B40门票后，你就可以舒适地浸泡在大温泉池子里，驱散一天的疲劳。附近有一条非常凉爽的溪流，泡好温泉后可以在此享受一番，而且旁边还有淋浴室及食物排档，服务全面周到。

2

抵达和离开 **Pha Tad 瀑布 & 欣达温泉**

Pha Tad瀑布及欣达温泉都在323号公路沿途。

前往/来自 Pha Tad 瀑布 该瀑布位于323号公路103千米标志往东12千米处，只能自驾前往或报旅游团。

前往/来自欣达 该温泉位于323号公路105千米标志往东1千米处；任何一辆从北碧出发前往通帕蓬的巴士都会在欣达的路口停车，然后走一小段路即可到达温泉。下午回城时，可能需要拦截一辆从通帕蓬或桑卡拉武里出发返回北碧的巴士。

通帕蓬及其周边（Thong Pha Phum）

赛育西北地区最重要的城镇是**通帕蓬**（离北碧147千米），坐落在哇集拉隆功水库的南部边缘，附近有多家温馨舒适的河滨住宿场所。这是一个中等规模的集镇，镇上有许多食品店，且有通往桑卡拉武里及北碧的公交车。

哇集拉隆功水库（Vajiralongkorn Reservoir）

通帕蓬市场以西12千米

如果你自己驾车过来，可以尝试在夜间前往通帕蓬市场以西12千米处哇集拉隆功**水库**（以前称为Khao Laem水库）的东南边缘，风景秀丽。这条宽阔的水域创建于20世纪80年代初，一直绵延至桑卡拉武里以北73千米，途经附近的每个村庄。在酒店里几乎可以看到桑卡拉武里的全景及郁郁葱葱的山丘，令人心旷神怡，而那清澈宁静的湖水非常适合游泳。

住宿 **通帕蓬**

通帕蓬城镇

Som Jainuk 1村29/9号，位于警察局及主要市场之间 ☎034 599067 这家位于通帕蓬主要街道停车场附近的旅馆共有40间左右的汽车旅馆式风扇及空调房。可先寻找木牌"hotel"标志（无英文名）。风扇房B200，空调房B350

哇集拉隆功水库

Ban Suan Thaveechaiphaphum Thakanun区1村401/8号，距离通帕蓬城镇10千米左右 ☎034 599841 Ⓦwww.thaveechaiphaphum.com Ban Suan是当地最美丽的河滨英语酒店，提供装饰时尚的风扇房及空调房，可俯瞰附近的花园或湖泊。最豪华的房间都设有建立在水上的私人凉亭，休闲舒适。酒店地理位置优越，还会为客人安排乘船游湖。自驾前来时可先按照哇集拉隆功水库的指示路牌行驶，但在显示右转时，应左转进入支路，再继续行驶6千米即可到达。在通帕蓬市场偶尔会有黄色双条车途经此地。风扇房B1200，空调房B1600

通帕蓬国家公园（Thong Pha Phum National Park）

从通帕蓬出发沿3272号支路行驶70千米即可到达 · B200 · ☎081 382 0359 · Ⓦdnp.go.th

通往**通帕蓬国家公园**的最后30千米路蜿蜒曲折，犹如过山车一般，虽然缓慢，但你会发现公园渐渐浮现在眼前。如果你自己驾车前来，那么到此一游还是非常不错的；这是一个美丽的世外桃源，聚集了许多山羊、水牛和麂子，但来这里的国外游客寥寥无几。如果你在这里过夜（此地没有旅馆酒店，所以你必须扎营露宿），最大的乐趣就是漫步在薄雾蒙蒙的丛林之中。在白天，你可以循着几条通往公园瀑布的**小径**，看看那里的美丽景色。

住宿及餐饮 **通帕蓬国家公园**

露营 在本书著作过程中，网上不可预订帐篷。但是你可以在到达目的地后立即租一顶帐篷（B150），或者自己带一顶帐篷，只需支付一小笔费用。

餐饮 虽然公园里有一家餐馆但选择有限，所以最好自带一些食物。

桑卡拉武里及其周边（Sangkhlaburi）

沿着 323 号公路经过通帕蓬，缓缓攀向余下大片的山地雨林时，四周的景色会变得越来越壮观，途经风景秀丽的哇集拉隆功水库东岸，行驶千米后到达（通常简称为**桑卡**）。在 20 世纪 80 年代初，新建的 Khao Laem 水库（今哇集拉隆功）水位急剧上升，淹没了原来的城镇。于是当地居民就搬迁到湖泊的东北端，Songkalia 河旁，而在如今的桑卡可欣赏到树木及木屋半淹没在水中的美丽奇景。这座小镇没有什么特别吸引人的景点，但氛围轻松愉快。最好的住宿场所都位于风景秀丽的湖畔，所以游客可以在此都逗留一些时光，放松心情。

在桑卡拉武里居住着孟族、克伦族及泰族人，他们的村庄、市场及寺庙都有极丰富的文化价值，包括河对岸的 Waeng Ka 村。此外，这里还有各种不同瀑布的自然美景、激流

2

妇女编织机构

桑卡拉武里地区值得赞助的一个社区项目就是由一群克伦族难民于1989年建立的**妇女编织机构**。他们的山地部落手工艺品**商店**（从邮局下山450米，或从缅甸酒店路口上山150米 ⓦwww.weavingforwomen.org）提供各种各样的手工编织品，其中大多数都是mut mee风格式样，而且所有手工艺品都是用清迈一流的棉布制作的，包括桌布、围裙、衬衫及包包。有关克伦族的更多详情，请参见本节后文的框中内容（见p.228）。

2

冒险以及偏远的大原野野生动物保护区（Thung Yai Naresuan Wildlife Fanctuary）。虽然很少会有国外游客到这里，却是泰国人周末度假的热门目的地（工作日期间住宿价格较低），而当地的非政府组织志愿者更为此地添加了一丝积极的氛围。缅甸边境就在22千米外的**三塔山口**处。

Sam Phrasop寺（Wat Sam Phrasop）

游客可通过一座有名木桥到达Waeng Ka村（见下文）的孟族人村落，除此以外，桑卡拉武里的主要消遣就是在水库上寻找**Sam Phrasop寺**的**划船**之旅，这座**沉没的神庙**在山谷被淹没时几乎完全消失；在旱季结束时，寺庙的高层通常会再次显现。P Guest House旅馆提供双人**独木舟**租赁服务以供游客自主探索（B150/小时，或半天B300），或者你也可以加入城镇上的两家旅馆提供的长尾船之旅。

Baan Unrak

Nonglu 1村99-1号 · ⓣ034 595428 · ⓦwww.baanunrak.org

桑卡拉武里的地理位置离缅甸边境很近，由于新建水库引起的大变动，整个城镇到处都是流离失所的人，过着水深火热的生活。于是该地区成立了一些难民组织，包括Baan Unrak，这是一家由新人道主义基金会创办的孤儿院，自1991年以来，一直都由外国人在管理。此外还为贫苦妇女成立了织造项目，并为儿童建立了一所学校。为了支持这一项目，你可以在P Guest House旅馆隔壁的Baan Unrak商店购买手工艺品，或者将书籍、衣服和金钱捐助给Bakery咖啡馆（见p.185），也可以访问孤儿院，每周三18:00孤儿院都会表演瑜伽以欢迎各位访客。此外，你可以报名志愿者实习。

Waeng Ka村

在20世纪40年代末，缅甸国内爆发了内战，使得许多难民逃离到泰国边境（见下页框中内容），于是成立了这座Waeng Ka孟族村庄，与桑卡拉武里之间只隔一个水库。**孟族**人的家乡孟邦就位于丹那沙林山脉的西面，因此数千名孟族人非法移民至桑卡拉武里，虽然已经过泰国允许但还没有正式成为泰国公民。现在大多数孟族人都已获得桑卡汶里的居住权，但享有的权利仍受限制，如果他们想出桑卡拉武里旅行，必须申请7天许可证，且费用昂贵——也因此导致了政府内部的腐败。

木桥（The wooden bridge）

在Songkalia河附近有一片湖泊，只需通过其北部狭窄的瓶颈就可到达Waeng Ka村。行人可通过桑卡拉武里的非官方镇标——**木桥**到达孟族村落。木桥总长将近400米，据说是世界上纯手工打造的最长木桥，从邮局出发，然后沿着前往Samprasop度假村（可俯瞰整座建筑）的路标即可到达，或者你也可以使用缅甸酒店附近新建的人行桥，这座混凝土公路桥位于木桥以北几百米处。跨过木桥左转就可进入孟族村落——陡峭的轨道两旁排列着许多传统木房，而在其中心位置有一个很小但很热闹的干货市场。

泰国孟族人

孟族人（Mon）一般又被称为“亚洲的巴基斯坦人”，目前在缅甸有200万~400万孟族人，在泰国有5万~20万（都在曼谷北部，主要集中于北碧府和叻武里府的西部城市、沙没颂堪府和暖武里府的海湾城市以及巴吞他尼府）——百年来一直忍受迫害，流离失所，被迫同化。

民族学家推测孟族人起源于印度或蒙古，一路向南流浪，最后在公元前1世纪定居在湄南河流域西岸。他们在这里创建了**堕罗钵底王国**（6~11世纪），前后在乌通、华富里及佛统建立了王朝中心，后来又在哈瑞彭恰（今南奔）合并了一个北部王国。据说就是孟族人将小乘佛教引入泰国的，并产生了最早一批的佛教古迹，尤其是法轮及佛足圣迹。

过缅甸边境一侧，孟族人在勃固区南部城市建立了自己的王国，之后**缅甸人**在9世纪才融入这片土地。但是到18世纪中叶时，他们的家园又被剥夺了，不得不再次搬迁到泰国。泰国人民非常欢迎他们，将他们作为有用的劳动力来源，1814年时，年轻的拉玛四世带着四艘王室战船及一列仪仗队来到北碧府边界以伴护这些流亡者。他将大片未开发的丛林交给了这些孟族人，至今大部分都仍由孟族人控制。

目前大部分孟族人都已安定在泰缅边境的三个**安置营**，这里属于孟族人的管辖范围，其中最大的一个安置营就是桑卡拉武里附近的Halockhani营。欲了解更多信息请查看孟邦人权基金会网站（HURFOM Ⓦ www.rehmonnya.org）。

和泰国人一样，孟族人崇尚佛教，以种植水稻为生，但他们对万物有灵论也有强大的信仰。所有孟族家庭里都刻有图腾以**供奉神灵**，如龟、蛇、鸡或猪等都带有一定禁忌；例如，如果你家信仰鸡神，那么你烧的每只鸡的肺和头都必须进献给神灵，虽然你可以养鸡杀鸡，但是你绝不可以卖鸡。如果客人和主人家所信仰的神灵不同，是不可以在主人家过夜的。孟族人的**节日**与泰国也略有不同——在宋干节（泰国新年），孟族人会加点香料泼水，还会举行特殊的求婚仪式，男女分成两队打保龄球，边打边眉目传情。

旺威玉伽蓝寺（Wat Wang Wiwekaram）

桥头堡以西2千米处

旺威玉伽蓝寺（又称为Luang Pho Uttama寺）是Waeng Ka村地区最壮观的景点，即使在桑卡拉武里也可清晰地看见其巨大的金色**佛塔**。这座壮观的方形佛塔融合了泰国、印度及缅甸三种风格，按照佛陀开悟的神圣遗址——印度菩提伽耶的核心建筑所建，且里面藏有一颗非常珍贵的佛舍利（据说是佛陀的一块骨骼），是从斯里兰卡运送到Waeng Ka村的。这座寺庙对泰缅两侧边境的孟族人来说都是至关重要的，尤其是在四月孟族新年期间。在佛塔建筑的有顶回廊里有一个非常不错的**旅游市场**，提供有各种各样价格合理的缅甸木雕、格子花纹腰布及珠宝。

整座寺庙大约占据两个大院（从桥头堡到这里可搭乘摩的），在右手边岔路口的尽头处新建了雄伟壮观的正殿、**佛殿**及和尚禅房，离原来的佛塔1千米远。佛殿内部装饰有壁画，描绘了佛陀的500个生活场面，需按逆时针的方向查看。

三塔山口 & 缅甸边境（Three Pagodas Pass & the Buimese border）

桑卡拉武里以北22千米处·每天6:00都有双条车从桑卡车站出发，每隔40分钟1班，末班车在17:00左右，全程共40分钟；回桑卡的末班车时间是18:00

边境数百千米范围内的南北贸易都必须在**三塔山口**（又称为Jadee Sam Ong）进行。

目前只有在泰国这边的Chedi Sam Ong村有一个小市场，以及18世纪缅甸和泰国国王建立的三座象征着和平的小**佛塔**，除此之外再无其他景点，因此如果你不是要购买沉重的柚木家具或是名贵的泰国兰花，最好不要到此游玩。外国人可有限访问缅甸边境的Payathonzu村，其主要景点是孟邦寺院**Sao Roi Ton寺**，缅甸称之为Tai Ta Ya寺，意为百根柚木桩寺。

抵达和离开

巴士或迷你巴士

巴士 从曼谷Mo Chit北站出发的空调巴士会途经北碧，最后到达桑卡拉武里西部边缘的火车站（每天4班，全程7小时）。

迷你巴士 从北碧到桑卡拉武里最快的交通方式是搭乘迷你巴士（7:30~16:30，每天10班，全程3小时；请提前几小时预订，若有行李需另外买票）；也可以在通帕蓬地区上车。迷你巴士的终点站位于桑卡北部边缘，同时也是反方向的出发点（11:30~16:00，每天8班，全程3小时；最好请预订）。

自驾车或摩托车

从北碧自驾车至桑卡拉武里可能比较辛苦，因为通帕蓬之后的道路蜿蜒曲折，不易驾驶；尤其最后25千米的路程，许多转弯处都有沙砾，让驾驶员们伤透了脑筋。然而，沿途的景色却美丽无比，特别是35千米石标北边一点的湖光美景（桑卡拉武里以南40千米处）。注意在整个路途中可能会遇到众多警察检查站——那些警察会很快地查看一下你的护照，然后示意放行。

2

周边交通

桑卡拉武里本身很小，1个小时就可走遍全镇各地，但如果太阳非常毒辣，你就需要找一个代步工具。

摩的或双条车 坐摩的从汽车站到旅馆通常花费B20左右，从旅馆到河对岸的旺威玉伽蓝寺需B50左右。如果是组团旅游，你们可以包一辆双条车从汽车站到任意一家旅馆，费用在B50左右。

自行车或摩托车 P旅馆提供自行车（B20/小时；B70/天）及摩托车（B50/小时；B200/天）租赁服务。

皮划艇 P旅馆可提供皮划艇，费用主要按小时（B150）及半天（B300）算。

客货两用车 缅甸的酒店会为客人安排客货两用车及司机；费用根据时间及距离而定。

住宿

下述的两家旅馆均可安排团队旅游，所有最好提前预订；而在周末及法定节假日期间一定要**预订**。

Burmese Inn 1巷 ☎086 168 1801 ⓦwww.sangkhlaburi.com 这家休闲舒适的旅馆可俯瞰新桥后面湖泊东北角的美丽景色，且拜访孟村很方便，但部分湖泊美景被遮挡住了。大部分客房及平房可能给人破旧的感觉，但它们看上去就像矗立在河水上方，且几乎所有房间都设有独立卫浴设施；一些房间还有空调及电视。风扇房B400，空调房B800

★ **J Family Bed and Breakfast（Kumsai Soonploy）** 2巷17/1号 ☎034 595511 这是一个真正的民宿，提供四间风扇大房，共用卫生间，是Baan Unrak商店的运营者——Kumsai Soonploy的家。这位孟邦女士会说一口流利的英语，非常热情，而且如果幸运的话，她还会在早上为你泡一杯咖啡。B150

P Guest House 3巷西面 ☎034 595061 ⓦwww.p-guesthouse.com 这家温馨舒适、运营良好的河滨旅馆位于孟族范围内，环境优美，引得大多数游客慕名前来。住房宽敞坚固，阳台上镶满了石头，共用卫生间，此外还提供装有空调的独立卫浴套房——但价格似乎偏高一点。餐厅里有Wi-Fi。强烈建议提前预订。共用卫生间的风扇房B250，空调房B950

Pornpailin Riverside 从车站往下走2千米左右，位于河畔 ☎034 595355 ⓦwww.ppailin.com 这家度假村风格的酒店位于城镇底端，几乎所有的空调房都有大玻璃窗及私人阳台，可看到神话般的湖泊美景。虽然这里的房间很大，但平常疏于管理，而且你必须先通过一个又黑又脏的走廊，才能到达房间。房价包含早餐。B1000

桑卡拉武里的有组织旅行

桑卡拉武里的两家旅馆都会为客人提供该区域的**计划旅行**。P Guest House提供物超所值的住宿套餐，包括骑大象、竹筏漂流及乘船游湖等项目（B950/人起价）。Burmese Inn会提供Songkalia河的漂流一日游（B500）、Ban Sane Pong克伦部落附近大原野野生动物园的两日或三日徒步旅行（B1800~3200），以及为期两天的烹饪课程（B500）。此外他们都会提供该区域摩托车线路的信息书籍，包括会经过三塔山口的Takianthong瀑布及Sawan Badan洞，以及去往伊拉旺瀑布的回城线路。

餐饮

无论是白天还是黑夜，最便宜的用餐点都位于镇中心**集市**及其附近。但如果你想享受拿铁，就必须绕过大半个城镇去新开的一家空调咖啡店。

Bakery 3巷对面 这家温馨的面包店主要提供黑面包三明治、热食素菜、比萨及香蕉蛋糕，店中的工作人员都是附近Baan Unrak孤儿院的志愿者；这里也提供上网服务。每天7:00~20:00

Blend Tessaban 1号，汽车站对面 这家小咖啡馆比Graph更靠近镇中心，等车也比较方便，主要提供美味的自制蛋糕及香浓的阿拉比卡咖啡（B35）。周一至周五8:00~20:00，周六及周日7:00~20:00

Graph Café P Guest House对面 Ⓦwww.facebook.com/graphcafe 这家凉爽的现代咖啡馆门前有一片修剪整齐的草坪，主要提供各种茶水、混合饮料及特色咖啡（B35~40）。有免费Wi-Fi。每天8:30~14:00

P Guest House 在P Guese House餐厅的露台上可欣赏到美丽的湖景，提供各种价格合理的泰国、缅甸及欧洲食物，此外还有北碧当地制造的菠萝酒。在早餐、午餐及晚餐时分开放

2

附录

银行及自动取款机 游客可在银行兑换支票及货币，银行位于镇中心集市的边缘，自动取款机也位于此地。

上网 P Guest House、Baan Unrak的Bakery及Blendor Graph咖啡馆都提供上网服务。

邦巴茵（Bang Pa-In）

邦巴茵村庄位于曼谷以北60千米处，规模比路边市场稍大一些，在其金碧辉煌、梦幻般的**王宫**里面挂有旅游地图，但大多数建筑只能在外面欣赏，不能进入内部参观。17世纪中叶，大城王国的巴萨通国王在此建立了第一座宫殿，就位于其王都下游20千米处，后来成为大城王朝历代君王钟爱的乡村行宫。一个世纪后，当首都迁移至曼谷之时，这座宫殿就成为了无人踏足之地，直到19世纪中叶，蒸汽船的出现大大缩短了行程时间，才重新使这里变得繁华起来。后来拉玛四世又在此建立了一些宫殿，但其儿子朱拉隆功国王（拉玛五世）为了推广西方文化，将这些宫殿全部摧毁，重新建立了如今的建筑，融合了欧洲、泰国及中国的建筑风格。

王宫宫殿（The Palace）

每天8:00~16:00，15:30停止售票 · B100 · Ⓦwww.palaces.thai.net · 游客需衣着得体，不能穿背心、短裤及拖鞋

这些小巧的公寓式宫殿建筑群坐落于修剪整齐的湄南河小岛上，四周有人工湖围绕。沿着湖泊上纵横交错的步行道慢慢前行是探索这些宫殿的最佳办法。

湖畔及廊桥（The lakeside & covered bridge）

在湖泊北面坐落着一栋两层楼高的殖民主义风格建筑，主要供王室亲属居住，以及意大利风格的Varobhas Bimarn行宫（又称为Warophat Phiman，“美丽无比的人间天堂”），不仅有朱拉隆功的王座大厅，还有王室成员偶尔会居住的私人公寓。王宫外层与Pratu Thewarat Khanlai（“众神之王所经之门”）之间由廊桥连接，Pratu Thewarat Khanlai是通往内宫的正门，只供国王及其直系亲属使用。高高的城墙挡住了大半部分的廊桥，可以保证不让男性朝臣看见后宫女眷。

水上王亭（Aisawan Thiphya-are）

在这里绝对不可错过的景点是位于湖中央的**水上王亭**（“个人自由的神圣之地”）：以巴萨通国王原来宫殿的名字命名，是邦巴茵地区唯一一座纯泰式建筑。优雅的凉亭式展馆的屋顶层层迭起，美丽优雅，馆内收藏着朱拉隆功的青铜雕像。

内宫（The inner palace）

在内宫建筑中，Uthayan Phumisathian（“安全的花园土地”）是朱拉隆功最心仪之地，

最近诗丽吉王后将其改建成气势宏伟的新殖民主义风格。Ho Withun Thasana（“圣人瞭望塔”）装饰着白底条纹状图案，用于供国王方便地查看周围的乡村情况，经过此建筑，就可以看见邦巴茵的主要景点——Phra Thinang Wehart Chamrun（“天堂之光宫殿”）。这是一栋中式风格的豪华宫殿，其内部的装饰品都来自于中国，是曼谷中国商会在 1889 年进献给朱拉隆功的礼物。华丽的殿内装饰有极其复杂的涂漆镀金木质屏风、手绘瓷砖及镶嵌有珍珠母的乌木家具。

2

方尖石塔（The obelisk）

Uthayan Phumisathian 后面的简单大理石**方尖石塔**是由朱拉隆功所建，以存放他最爱的妻子——Sunandakumariratana 王后的骨灰。1881 年时，21 岁的 Sunanda 怀着孩子出去游湖，却遇上了翻船事故。本来她可以轻易获救，但神圣王室的相关法律却让她失去了生命：“如果王室船只沉没了，那么船夫必须游走；如果他们逗留在王室船舶附近（或）为了救他而抓住他（王室成员），那么就是死罪。”就因为这个悲剧，朱拉隆功国王开始积极改革泰国的风俗习惯，努力使朝臣及民众接受君主政体。

抵达和离开　　邦巴茵

曼谷或大城一日游都会包含邦巴茵之旅。而从曼谷到大城的多日游行程也会在邦巴茵有所停留（见 p.190 框中内容）。

火车

从曼谷到邦巴茵最好的交通就是火车，从华南蓬火车站出发，只要 1 个多小时就可以到达邦巴茵了（在抵达时，请注意由朱拉隆功所建的独立车站大厅，主要供王室使用）。所有火车都会继续开往大城，其中有一半会前往华富里。需要注意的是从大城出发的火车通常比英文时刻表的班次要多一些（大城的大多数旅馆使用的是全泰文火车时刻表）。

前往/来自王宫　从邦巴茵火车站到王宫需爬 2 千米的山路，或者你也可以花 B30 左右搭乘摩的。回火车站时，你可以在宫殿入口处西南方向 300 米处的集市搭乘电动三轮出租车。

抵达站　大城（每天 7 班，全程 15 分钟）；曼谷华南蓬（每天 8 班，全程 90 分钟）。

巴士

缓慢的长途巴士从曼谷 Mo Chit 北站出发（大约每 30 分钟 1 班，全程 2 小时），并会在宫殿入口西南方向 300 米处的邦巴茵市场停留。此外，这里也是拦截返回曼谷车辆最方便的地方。

双条车

大型双条车会从大城的 Naresuan 路出发，大约每 30 分钟 1 班，40 分钟后到达邦巴茵市场，且会从相同地点返回。

餐饮　　邦巴茵

在宫殿门口外，停车场后方及邦巴茵市场都有**食物摊位**。

大城（Ayutthaya）

大城位于曼谷以北 80 千米，作为泰国王朝鼎盛时期的首都，发展迅速，寺庙兴盛，据说在 5 千米外都可以看到寺院镏金装饰在阳光下反射的耀眼光芒。如今这些雄伟的遗址大多都被宽阔的草坪替代，类似于寺庙墓地；而草坪上耸立着的红砖废墟气势宏伟壮观，在与现代浮华寺院建筑形成鲜明对比的同时，又不禁使人联想起这座城市昔日的辉煌。此外，从几座保存完好的建筑中可以看出古老首都的大致原貌，而三家精品博物馆则将其以照片的形式呈现出来。

这座古都的核心是位于华富里河、帕萨克河及湄南河交汇处的一个 4 千米长的**岛屿**，其外围曾有 12 千米长的城墙，在东南角落里的 Phom Phet 堡垒还可看到部分摇摇欲坠的残垣断壁。这座**蒙岛**（Ko Muang）上如今遍布了多条宽阔的马路：现代小镇的中心就位于岛屿的东北角地段，即 U Thong 路和 Naresuan 路交会处附近，但其他道路也比较通畅，非常适合自行车探索。

大城是个十分迷人的旅游景点，还有吸引游客的环形**河流**及其两岸的水上生活，既可以乘船游湖，又可以在河畔餐馆享用美食。这条水路非常繁忙，有许多运送水泥、大米及其他沉重货物的船只穿梭其上，往返于曼谷或海湾与大城之间，而且河流上方没有桥梁，取而代之的是跨河渡船服务。

在每年12月中旬，大城都会热闹一周，以庆祝1991年12月13日联合国教科文组织将这个城镇列为**世界遗产**。其中最精彩的就是每天晚上遗址周围的声光秀，此外还有美丽的烟火以及骑在大象背上的搏斗战。

2

简史

大城（Ayutthaya）的名字来源于印度城市阿约提亚（Ayodhya，梵语意思为“无敌”），传说这里是《拉玛坚》神话中的英雄拉玛的出生地。当华富里经受天花肆虐之后，乌通王，即后来的**拉玛铁菩提一世**于1351年建立了大城，因不断扩大与印度和中国之间的贸易商路得到了飞速的发展。15世纪中叶时期，大城王朝掌控了整个帝国，涵盖了如今泰国的大部分地区，包括高棉帝国衰败时留下的政治中心吴哥，以及泰国第一个王朝素可泰王朝。起初大城完全建立在运河之上，是一座巨大的两栖城市，但只有一小部分留存至今，到1685年时，大城就拥有100万人口，大约是同时期伦敦人口的两倍，大部分都居住在140千米长水域的船屋上。

大城王朝鼎盛时期

大城的繁荣昌盛吸引了大量外国商人，特别是在17世纪。这个时间段共有40多个国家的商人来此定居，包括中国、波斯、葡萄牙、荷兰、英国及法国，其中大部分都居住在自己国家的聚居区，也有各自的码头出口大米、香料、木材及皮革。而大城王朝的历代国王在吸收其他国家先进文明的同时，又用高明的政治技巧维持了其王权的独立性，不容外强侵犯：他们聘用外国建筑师及航海家，让日本武士做王室保镖，甚至还让外籍人士担任国家总理，以防外贸事件卷入宫廷纷争。

衰败时期

1767年，这个400年来长期稳定而繁荣的黄金时代却突然毁于旦夕之间。在维持了长达2个世纪的禁止局势后，缅甸帝国最终通过武力侵占了大城，并将成千上万名俘虏带回了缅甸。由于连佛寺都变成了废墟，大城便成了一片荒芜之地，但其辉煌的历史却永远留在人们心中：新首都——曼谷拉塔那古辛岛的建筑师尽可能真实地模仿了大城的设计布局。

玛哈泰寺（Wat Phra Mahathat）

新城镇中心以西1千米的Naresuan路・每天8:00~17:00・B50，B220的六合一通票包含此佛寺

出了新城镇中心往西走就可以看到第一批遗址——两座面对面的路边寺院。位于左手边的**玛哈泰寺**杂草丛生，洋溢着浓厚的怀旧气息，是大城王权衰败的缩影。“玛哈泰”（大舍利佛塔）这个名字意味着这座寺院是用来供奉佛陀遗体的：根据王室编年史（其历史准

大城之旅——遗迹及寺庙

绝大多数大城的古老遗迹都遍布在岛屿西半部分修剪整齐的绿地上：**玛哈泰佛寺**及**复兴寺**坐落于现代化的中心地带附近，但大部分都位于绿地中间区域，包括**王宫**及寺院、**维罕普孟可波瑟寺**里最受尊敬的佛像，以及两家最主要的**博物馆**。在岛屿北面你会发现保存完好的**纳菩梅汝寺**以及“金山寺”——**普考同寺**；西面坐落着高棉风格的**柴瓦塔那兰寺**，而在东南方则是**大胜利寺**的巨大佛塔以及**帕南春寺**，至今仍有许多信徒会来参拜。如果你购买了特殊的六合一**通票**，那么就可以以较低的价格参观这座城市的主要寺庙（B220，有效期30天；参与此活动的寺庙都已在下面做了标记），此通票可以在大多数寺庙的售票处购买。

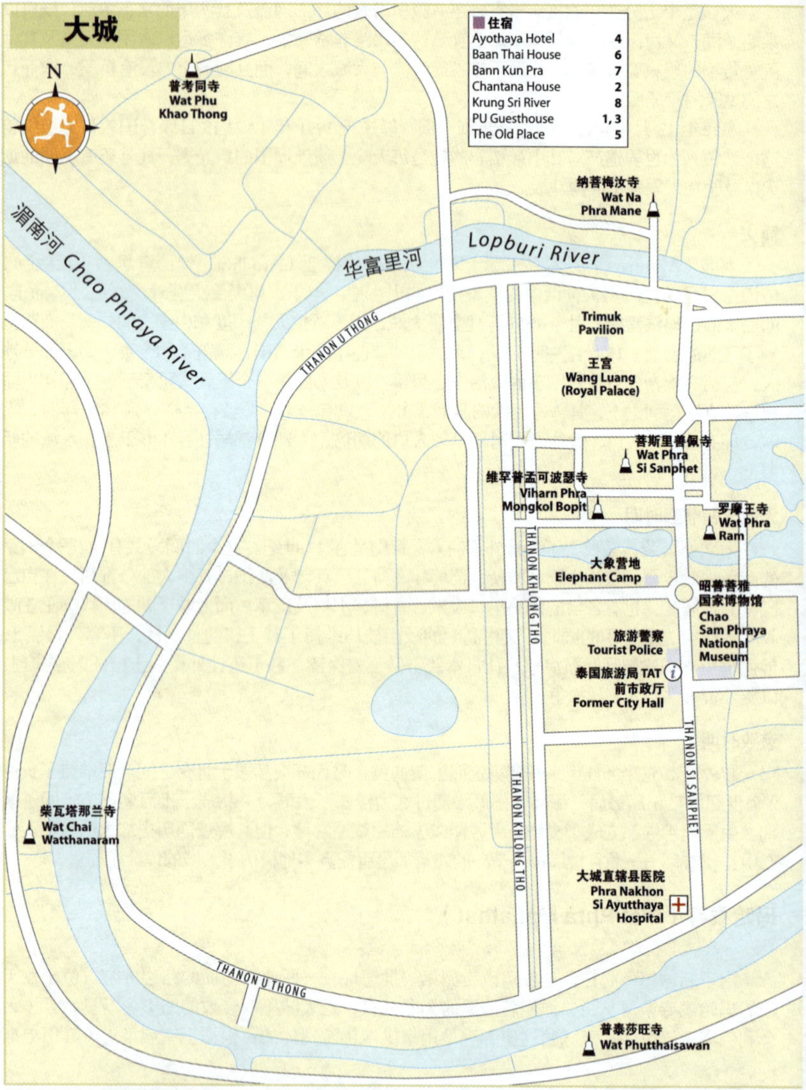

确性不高），拉玛素国王（1388~1395）向宫殿外看时，突然看见了佛陀遗体在此地若隐若现。因此就用金质棺材将佛陀遗体正式供奉在38米高的尖顶塔内。虽然这座尖顶塔后来倒塌了，但20世纪50年代时期在此地出土了舍利以及其他一些奇珍异宝，包括一条华丽的大理石鱼，里面藏着黄金、琥珀、水晶和瓷质饰品，如今全都收藏在昭善菩雅国家博物馆（见p.191）。

你可以爬上尖顶塔废墟，一览雄伟壮观的建筑美景，绿草如茵，还可看见几十个砖制尖顶以匪夷所思的角度倾斜着，以及四处散落着的无头佛像，就像废料厂里的零件设施；而一个石雕佛像神态安详的（照片上看尤其如此）佛头就依偎在菩提树根的怀抱里。

复兴寺（Wat Ratburana）

玛哈泰寺马路对面 · 每天 8:00~17:00 · B50，B220 的六合一通票包含此寺

这座巍峨壮观的**复兴寺**是由 Boromraja 二世国王于 1424 年建立的，以纪念他两个因争夺王位而在象背上决斗的兄弟 Ay 和 Yi，这两位王子都在那场决斗中身亡，因此只能由 Boromraja 继承王位。寺院中四座精美的斯里兰卡佛塔向外倾斜，仿若是对主尖顶佛塔表示尊重，其中一些佛塔仍可看见原来的灰泥装饰，包括迦楼罗俯冲到那迦身上的精美雕像。尖顶佛塔里非常陡峭的楼梯一直可通到地下，在其中两层你可以看到一些大城王朝早期时代的零星壁画。

罗摩王寺（Wat Phra Ram）

玛哈泰寺西面・每天 8:00~18:00・B50，B220 的六合一通票包含此寺

在玛哈泰寺西面有一片湖泊，目前在其周围建立了一座有名的公园，以及雄伟壮观的**罗摩王寺**，这座寺院由拉玛铁菩提的儿子及王位继承人拉玛素国王建立于 14 世纪末，拉玛铁菩提就火葬于此。可惜的是，这座尖顶寺院几乎没有留下什么灰泥遗迹，但是你仍然可以想象得到在鼎盛时期这里是如何地富丽堂皇。

菩斯里善佩寺及王宫（Wat Phra Si Sanphet & Wang Luang）

Si Sanphet 路，罗摩王寺对面・每天 8:00~18:30・B50，B220 的六合一通票包含此寺

Boromatrailokanat 国王于 1448 年建立了这座私人佛寺——**菩斯里善佩寺**，曾是大城最雄伟壮观的寺院。即使在现在，它仍是保存最完好的寺院之一。

这座寺院的名字来源于最大的金属立佛像之一——1503 年在此建造的**菩斯里善佩佛**。佛像高 16 米，镀金 173 千克，虽然它没有在缅甸的劫掠中幸存下来，但拉玛一世搜集了佛像的残片并将它们供奉在曼谷卧佛寺的佛塔里。寺院里剩下三座大城时代风格独特的佛塔，其中供奉着三位国王的骨灰，如今已成为大城最为人熟知的建筑了。

这个王室寺院遗址原是拉玛铁菩提一世的木质宫殿，后来 Boromatrailokanat 将其改建为

大城的陆地游及水上游

大城地域辽阔，所以如果你时间有限并想游览该地区大部分的历史遗迹及繁忙的水域，可以考虑从曼谷出发的多条**一日游**线路。如果时间充裕，则可以乘坐嘟嘟车、自行车、船只或骑着大象慢慢探索。

从曼谷出发

从曼谷到大城最流行的**一日游**行程就是匆匆游览一下这座古老城市里的三座主要寺院，而中途会在邦巴茵王宫（见 p.185）稍作停留，然后再从曼谷北部的暖武里郊区乘坐游轮回到湄南河下游；Grand Pearl Cruise 就是最主要的经营者之一（Ⓦ www.grandpearlcruise.com，B1900）。你也可以尝试更多风格的游轮旅游，如搭乘 Mekhala（Ⓦ www.asian-oasis.com）改造的豪华柚木粮船或 Anantara Riverside 酒店（Ⓣ 02 477 070 Ⓦ www.bangkok-cruises.anantara.com）提供的两艘游轮，享受 1 ~ 2 夜的旅行。

嘟嘟车、自行车、船只或大象

如果时间比较紧张，你可以从火车站或赵波隆市场搭乘**嘟嘟车**前往这座古老城市的禁鸣区，每小时费用在 B200 左右（或 4 小时 B600）。此外旅馆组织的嘟嘟车日落之旅（大约 2 小时，B300/辆）也广受欢迎，途中景点包括灯光装饰的遗迹（每晚 19:00~21:00，这座城市的五大主要遗迹都会点亮灯光），并以夜市为终点，而大城的 Boat & Travel 旅行社（Ⓣ 081 733 5687 Ⓦ www.ayutthaya-boat.com）会提供有导游的**自行车旅行**，其行程包括日游或夜游古城遗址、自行车与船舶混合旅行以及晚餐巡游。若想找个专业的古城遗址**导游**，强烈推荐 Classic Tour 旅行社（Ⓣ 081 832 4849，B1600/ 天）的当地专家 Monton 教授。

环绕大城的乘船之旅是游览偏远寺院的最佳方式，而且很少有游客会到此拜访；大多数佛寺都被设计成四周环水的形式，此外在 21 世纪的沿河住宅里同样也可以悠闲地欣赏到寺庙的美丽景色。所有旅馆及旅行社都会提供**游船旅行**，最典型的就是 B300/ 人的 2 小时之旅；也可以从恰她拉卡撒宫博物馆外的码头乘船出发。

除以上交通方式外，你也可以从 Pathon 路的大象营地**骑大象**走一小段路程（B400/ 人 /20 分钟，B500 人 /30 分钟），途中会经过两三处重要遗址。大象及象夫为了拍照效果都身着传统服装，当它们在等待游客光顾时，你可以买一些大象香蕉，或者干脆在 18:00 过后看它们回巢，它们会成群结队地迈着大步走向城镇东北端的小河洗澡并睡在修复过的 16 世纪象栏里。你可以花 B40 与小象合影。过去，人们会将野象驱赶到象栏里以捕获并驯服它们，但如今，Elephantstay（Ⓦ www.elephantstay.com）总部会为游客提供为期3~14天的居民套餐服务，共有90头大象可供游客骑乘、喂养，你还可以帮它们洗澡。

王宫（开放时间及票价与菩斯里善佩寺相同），更大更雄伟，一直延伸至华富里河的北岸。后来的国王又将王宫改建成了一个庞大的宫殿群，到处都是亭台楼阁及雄伟大殿，而精心设计的围墙则为国王和后妃建立了一座深宫大院，与外臣隔离。1767年缅甸攻占大城时，整座宫殿毁于旦夕之间，后来拉玛一世就用这里的砖块建立了曼谷新首都。如今你只能根据草地上的几处断壁残垣以及一个毫不起眼的木质楼亭仿建物联想当初宫殿的大致轮廓，但是在历史研究中心（见下文）有整座宫殿的模型。

维罕普孟可波瑟寺（Viharn Phra Mongkol Bopit）

菩斯里善佩寺南面 · 周一至周五 8:30~16:30，周六及周日 8:30~17:30 · 免费

维罕普孟可波瑟寺的人群一半是游客，一半是泰国信徒。古时风格的佛殿建立于1956年，是按照典型的大城时代佛寺仿建的，其特点是外面有又短又粗、刻有莲花图案的圆柱围绕。其实这座佛寺是由缅甸为200年前的侵略赎罪而建，以供奉泰国备受尊敬的**孟可波瑟佛像**——泰国最大的青铜佛像之一，共12.45米高（不包含底座）。这尊庄严肃穆的佛像建造于15世纪，而其闪耀的双眼是用珍珠母装饰的。自从缅甸入侵以后，这座佛像就一直露宿在外，直至新的寺院建造完成。在修复过程中，人们发现佛像里面还包含了数百尊小佛像，后来将其中一些埋葬在佛堂周围以保护它们不受损坏。

火葬场（cremation ground）

正殿前面的停车场原是大城国王及王室高级成员的**火葬场**。占星家会选一个吉日在这里举行火化仪式，将经过防腐处理的遗体放置在高耸的 meru（火葬柴堆）上，代表了印度佛教的中心地——须弥山。这些堆得像山墙及尖塔一样的木质柴堆看起来像永久的宫殿，堪称是建筑技术的奇迹：例如1704年为 Phetracha 国王搭建的 meru 共有103米高，费时11个月才完工，共需要数千根树干及上万根竹竿。柴堆如此之高的搭建任务一般都交给 yuan-hok 部落完成，特殊节日期间，该部落成员会表演踩高跷等杂技节目。整个建筑并不是用来火化的：火化点只在中央尖塔的正下方，所以不会损伤主要结构，仪式完毕后就会拆除这些柴堆，而其木材会被用于建筑寺庙。如今这片火葬场已变成了一个野餐区，还有一些纪念品及茶点摊位。

昭善菩雅国家博物馆（Chao Sam Phraya National Museum）

维罕普孟可波瑟寺往南走10分钟即可到达 · 周三至周日 9:00~16:00，15:30 停止入馆 · B150 · Ⓦ www.thailandmuseum.com

大城共有三家博物馆，其中规模最大的就是昭善菩雅国家博物馆，其内陈列的大多是大城时期可移动的珍贵遗迹，那些没有被盗墓者抢走或收藏在曼谷国家博物馆的文物都在这里。除了众多佛像和一些精美木雕外，博物馆里还收藏着各种各样的黄金珍品，包括玛哈泰寺的原始灵柩、槟榔套以及佛塔模型，此外还有在复兴寺的地穴里发现的15世纪象雕，姿势蜷缩且全身镶满宝石。

历史研究中心（Historical Study Centre）

Rotchana 路，离昭善菩雅国家博物馆只有5分钟步行路程 · 每天 9:00~16:30 · B100

历史研究中心里有王宫的比例模型，所以在出发之前先来此了解一下是非常不错的。楼上的展览馆介绍了大城遗址的背景信息，通过视频、声音效果以及寺庙壁画的重建生动形象地展现了这座古老城市悠久的社会历史。其他展品还包括船只模型及农民木屋。

恰她拉卡撒宫博物馆（Chantharakasem Palace Museum）

位于小岛的东北角 · 周三至周日 9:00~16:00 · B100 · Ⓦ www.thailandmuseum.com

恰她拉卡撒宫过去是大城王储的寝宫。黑王子纳黎萱在1577年左右建立了第一个 wang na（前殿），以加强最易受到敌人进攻的城墙的防范。拉玛四世（1851~1868）重建了这座宫殿，如今这座宫殿**博物馆**内收藏着许多属于他的文物，包括王座平台，上面悬着白色 chat，

这是王室礼仪用的华盖，共有 9 层，是很重要的国王标志。此外，馆内还陈列着美丽精致的陶瓷和佛像，以及一个装满大炮和步枪的小军火库。

纳菩梅汝寺（Wat Na Phra Mane）

华富里河的北岸，王宫对面・每天 8:00~18:00・B20

纳菩梅汝寺是大城最有价值的寺庙，因为这是在缅甸人侵时唯一幸存下来的寺庙。

其中**正殿**建于 1503 年，显示了大城时代建筑的鲜明特色：屋外圆柱顶上装饰有莲花杯状物，墙上有狭缝以保证通风，没有窗户。**正殿**内部红色和金色相间的格子天花板如众星拱月一般，中间坐落着的佛像有 6 米高，神态傲慢；过度的装饰则显示了大城时代末王室奢华的风格特点。

2

而右后方小佛殿里供奉着的暗绿色 Phra Khan Thavaraj 佛像则与此形成了鲜明的对比。佛像佛座是欧式风格，长袍有精致的褶皱痕迹，佛足搭在巨大的荷叶上，给人以温柔安详之感，让人平心静气。据说这尊佛像是从泰国佛教起源地——斯里兰卡传入的，但许多人认为它更像佛统府 Phra Mane 寺里 7~9 世纪的孟邦风格佛像。

普考同寺（Wat Phu Khao Thong）

纳菩梅汝寺西北方 2 千米处

在纳菩梅汝寺西北方不远处有一片开阔的田野，而**普考同寺** 50 米高的佛塔就坐落于此，拔地而起。1569 年，在攻占大城不久后，缅甸国王就在这里建立一座孟邦风格的佛塔以纪念他们的胜利。由于佛教法律禁止推掉纪念物，因此泰国人民不得不忍受这个时刻提醒敌人胜利的耻辱，直到 200 年后这座佛塔倒塌，Borommakot 国王立即在原先缅甸佛塔的基础上建造了一座真正的大城佛塔——恰好又碰上 1767 年缅甸人卷土重来，夷平了整座城镇。最近泰国政府复原了这座“黄金山”，并涂成了牙膏白色，此外还塑造了打败缅甸的纳黎萱国王的巨大骑马雕像。你可以爬上佛塔侧面 25 米高的台阶一览乡村和城镇的全貌，还可将远处的菩斯里善佩寺及维罕普孟可波瑟寺尽收眼底。

柴瓦塔那兰寺（Chai Watthanaram）

河对岸，小岛的西南角・每天 8:00~18:30・B50，B220 六合一通票包含此寺

柴瓦塔那兰寺里高棉风格的格子佛塔高雅美丽，用砖和灰泥建造而成，值得一游。过去的乘船旅行都会在这里停靠，让游客欣赏这片风韵犹存的废墟，但因为经常性的洪水泛滥，不得不建造一堵城墙以保护它们不受河水影响，所以现在只能由陆路抵达。下午晚些时候是到此旅游的最佳时间段，因为此时太阳正好会下落到主要塔楼后面，使整个场景完美如画。

1630 年时，巴萨通王建立了这座柴瓦塔那兰寺，以纪念与柬埔寨之间战争的胜利，整座寺庙设计为：中间是一座高耸的锥形高棉**尖塔**，四周围绕着四座小支塔以及八座分层的尖细佛塔，以表示对吴哥王朝的尊敬。其中大部分灰泥饰面都已风化，露出了里面的红砖，相互映衬得更加美丽，但是在佛塔表面剩余灰泥上还有一些零零碎碎的诱人画面，描绘了佛陀的生活片段。在相互连接的走廊周围庄严地坐落着 120 尊无头坐佛像，每尊佛像都有自己的红砖坐台，却已不能辨别出它们原来的材质了，有可能是黑色漆，也有可能是金箔。在东面有一座老佛堂，其基座上坐落着两尊稍大一点的坐佛像，正远眺河对岸的景色。如果是在几年前，你还可以攀爬中央尖塔后面的陡峭楼梯，但为了保护建筑结构，如今已禁止游客攀登了。

Ayothaya 水上市场（Ayothaya Flouting Market）

火车站以东・每天 10:00~21:00

和大城北边的 Sa Bua 运河水上市场不同，Ayothaya 是一个为特定目的新建的**水上市场**，共包括了 200 家店铺和餐馆。这里绝大部分贸易商都有传统风格的固定商店，而不是在船上

右页图从左上起顺时针顺序依次为：大城的普考同寺（见上文）；大城的大胜利寺（见 p.194）；邦巴茵的水上王亭（见 p.185）>

直接交易，但在参观完寺庙之后，这里不失为一个愉快的休息场所。相对而言，这里的外国人很少，随便逛逛T恤、草帽及其他一些饰品店铺，不知不觉几个小时就过去了。这里也有很多美食，包括可口的黑豆、橙汁及巧克力味的冰棒棒糖（B5），都深受当地人的喜爱。其他一些休闲活动场所还包括戏剧表演、鱼疗和按摩，在附近的Ayothaya大象营地里还可以骑大象（B100/10分钟）。

大胜利寺（Wat Yai Chai Mongkol）

2

小岛东南角，离车站约2千米・每天8:00~17:00・B20・如果骑自行车来这里，最好避免多车道的Pridi Damrong/Naresuan桥和曼谷道路，搭乘跨河渡船前往河对岸的火车站，然后朝南走1.5千米，再向东转就可以抵达寺庙了

穿过岛屿东南方的帕萨克河，途经大城的新商业区及一些乡村郊区，即可到达古老且繁华的**大胜利寺**。该寺院是由拉玛铁菩提一世于1357年所建，四周围绕着美丽的草坪、花坛以及披着藏红袍的佛像，是那些从斯里兰卡学习回来的僧侣的冥想场所。而纳黎萱国王又在此建造了一座美丽高雅的**佛塔**，以纪念1593年在素攀武里大败缅甸，取得决定性的胜利，而他亲自与缅甸的皇太子进行了象背上的决斗，最终在敌军士兵面前斩杀了他们的皇太子，大伤敌军士气。这座佛塔规模巨大，使得大城对面缅甸风格的普考同寺相形见绌，以象征纳黎萱的英勇及贡献，也暗示了对他的后裔包括现任国王的尊敬。入口处坐落着一尊**卧佛**，也是由纳黎萱建造的，经重新修复，刷成了白色。在佛寺后院则是一个现代化风格的巨大佛殿，装饰着玻璃墙，供奉着这位伟大的君主。

帕南春寺（Wat Phanan Choeng）

湄南河与帕萨克河汇流处附近，大胜利寺的西面・每天8:00~17:00・B20

在大城最繁荣的时期，码头及主要贸易区域从湄南河与帕萨克河的汇流处附近一直延伸至大胜利寺的西面。在这里你会发现全镇最古老、最繁荣的寺院——**帕南春寺**。这是一座中式寺庙，正殿人声鼎沸、香火旺盛，并会经常举办各种法会，令人印象深刻，许多信徒都会点燃巨大的中国式粉红色香烛、供奉食物并敲打木鱼以祈祷好运连连。你甚至还可以购买小型的金色佛像，然后放在墙上排列着的佛龛里，这是这座寺庙独有的一种形式贡品。如果你能在节日期间，尤其是中国春节拜访此地，那将是一次终生难忘的体验。

19米高的佛像几乎占据了整个正殿，自1324年，王都建立前不久就已存在，据说当年大城被缅甸侵占时，这尊佛像的眼角流出了眼泪。然而，这座寺庙之所以受广大华人欢迎，是因为码头旁建于18世纪初期的神殿里供奉着一位美丽的中国公主画像，由于国王的不忠，这位远嫁而来的中国公主在此投河自尽，这位国王悔恨不已，就在她去世的地方建立了这座神殿。

抵达和离开 大城

火车

从曼谷到大城最好的交通方式就是乘坐火车（大多数火车车次都是在大清早或晚上出发）；此外，火车还会继续前往东北部的廊开和乌汶，以及北部地区和清迈。车站里还有行李寄存服务，非常周到（24小时，B20/件/天）

进入城镇 火车站位于帕萨克河的东岸；若要前往城镇中心，可在车站往西100米处的突堤式码头搭乘渡船（最后一班渡船在20:00左右，B3）逆流而上到达赵波隆码头；然后步行5分钟到达U Thong路及Naresuan路的交会处，这一地带聚集了许多旅馆（但如果你想留宿在Bann Kun Pra，那么在附近的突堤式码头搭乘渡船，就可过河或踏上回程之路）。

抵达站 曼谷华南蓬（每天38班左右，全程90分钟~2小时）；清迈（每天6班，全程10小时45分钟~13小时10分钟）；华富里（每天20班，全程45~90分钟）；廊开（每天3班，全程9小时30分钟）；彭世洛（每天11班，全程3小时30分钟~6小时20分钟）；乌汶（每天7班，全程7小时20分钟~10小时30分钟）。

巴士或迷你巴士

来自/前往曼谷 前往大城的巴士一般都从曼谷Mo Chit北站出发。大多数会停靠在Naresuan路汽车站，附近有许多住宿场所，但是一些长途汽车一直会开到大城的汽车总站，城镇中心往东5千米的1号公路上，从这里出发你需要搭乘嘟嘟车（B100~150）。私人空调迷你巴士一般从曼谷的胜利博物馆或汽车南站出发，终点站位于Naresuan路汽车站的对面（两者都是每20分钟左右1班，白天运行）。返回曼谷时，出发点就是以上提及的

大城的展览

如果去**旅游信息中心**老市政厅（见下文）分部，可以去楼上看一下巧妙呈现大城的多媒体**展览**（每天8:30~16:30，周三休息；免费），这里综合介绍了大城的历史，概述了所有景点，包括重建的菩斯里善佩寺的比例模型以及当地人的传统生活方式。而在楼梯的另一侧则是**大城国家艺术博物馆**（每天8:30~16:30，周三休息；免费），陈列着泰国艺术家创作的动物、人物和风景作品，包括由泰国前总理川·立派绘制的炭黑墨水画。

所有下车点。此外大城与素万那普机场和考山路之间也有迷你巴士服务。

来自/前往北碧 从北碧出发前往大城，可避开曼谷的交通堵塞，你可以搭乘北碧旅馆安排的空调迷你巴士（每天1班，全程3小时），或者自己搭乘前往素攀武里的公交车（每20分钟1班，全程90分钟），然后再换乘前往大城的汽车，司机一般会让乘客在Naresuan路下车。若从大城出发前往北碧，最简单的办法就是搭乘旅馆安排的迷你巴士。

其他线路 素可泰可提供速度较快但很拥挤的旅游迷你巴士，此外，在大城与苏梅岛和阁昌岛之间也有迷你巴士服务；与清迈之间有通宵汽车路线路；还有一班通宵汽车可前往柬埔寨的暹粒。

抵达站 曼谷（每20分钟1班，全程90分钟~2小时）；清迈（每天9班，全程9小时）；清莱（每天12班，全程12小时）；甘烹碧（每天9班，全程5小时）；南邦（每天11班，全程8小时）；南奔（每天7班，全程9小时）；华富里（每20分钟1班，全程2小时）；彭世洛（每天9班，全程5小时）；素可泰（每天12班，全程4小时30分钟~6小时）；素攀武里（每30分钟1班，全程1小时）；达克（每小时1班，全程6小时）。

周边交通

白天的时候，有很多公交乘客都会在大城景点处下车，这座古老的城市虽然大，但还不至于让人晕头转向。此外，这里的距离标示都是骗人的，所以最好不要到处乱走。

自行车或摩托车 在火车站周围的旅馆以及旅游警察那里都可以租到自行车。但是一定要小心，因为有些地方会收取B100/天，这是正常收费标准的两倍。而有些旅馆及火车站前的一些便宜租赁点会出租小型摩托车。

嘟嘟车 在大街上很容易就能拦到嘟嘟车。虽然嘟嘟车的固定线路大多都是针对本地人而非游客的，但是只要花费B50你就可以享受到最经典的旅游行程。如果你想乘坐嘟嘟车一日游，那么最好去渡口或Naresuan路2巷（见下文）的附近区域。

摩的 中等长度旅程的摩的价格为B40左右。

附录

旅游信息 泰国旅游局大城旅游信息中心（每天8:30~16:3 Ⓣ035 322730 Ⓔtatyutya@tat.ot.th）位于前市政大厅（Si Sanphet路的西侧，昭善菩雅国家博物馆对面）底楼的一个隔间里；在同一路段再向北只有几步之遥的华丽木质建筑里也有一个信息中心。

住宿

大城有很多住宿选择，包括从北面赵波隆市场到Pamaphrao路所有小巷及其周围的**经济型旅馆**；有时人们会称之为Farang巷，但实际上在南端标记的是Naresuan路2巷，北端标记的是Pamaphrao路5巷。

Ayothaya Hotel Naresuan路 Ⓣ035 232855 Ⓦwww.ayothayahotel.com 这座位于城镇中心的酒店价格实惠，其中在停车场后的"Standard"侧翼主要提供平凡无奇的空调汽车旅馆房，而酒店建筑内全部是非常清爽的高档房。所有住客都可以使用室外泳池。员工乐于助人，酒店位置优越，此外还提供自行车租赁服务。经济房 **B650**，高档房 **B1500**

Bann Kun Pra U Thong路，Pridi Damrong大桥北面 Ⓣ035 241978 Ⓦwww.bannkunpra.com 这家酒店氛围轻松闲适，是一栋有百年历史的柚木建筑，其中最好的房间需共用卫生间，但有一个华丽阳台，可欣赏美丽的河景。附近还有两个新建的稍微有些嘈杂的街区，在这里有便宜的单性别宿舍（B250），带有可上锁的锡质大衣箱，还有新装修的独立卫浴双人套房，有空调、迷人的木地板和私人阳台，可俯瞰河流。酒店提供上网、自行车租赁、乘船旅行服务，还有热情的欢迎仪式。风扇房 **B500**，空调房 **B1100**

★ **Baan Thai House** Ban Bat巷，火车站往东600

米 ☎035 245555 🌐www.baanthaihouse.com 这家酒店共提供12间完美无瑕的空调别墅，屋顶稍有倾斜，四周围绕着修剪整齐的热带花园，还有一个带有木水车轮及划艇的巨大人工池塘（住客可免费使用）。客房内设有平面电视、木地板及精雕细刻的家具，还有优雅的室外淋浴。而花园景观房稍微便宜一些，房间与卫生间之间用一块薄薄的帘布隔开，所以如果你不能适应，最好要一间高档客房。其他服务还包括私人服务、SPA馆、室外泳池及精美的餐厅（见下文）。**B2400**

2

Chantana House Naresuan 路2巷 ☎035 323200 📧chantanahouse@yahoo.com 这家不起眼的旅馆位于这条旅行者小巷比较安静的一头，旅馆客房设施简单、四四方方，但很干净，一尘不染，且有独立卫生间，分风扇房和空调房两种类型，但并不是所有房间的窗户都是朝外的。旅馆服务人员亲切热情，但大多数都不会讲英文。风扇房**B400**，空调房**B500**

Krung Sri River Rojana 路27/2号 ☎035 244333 🌐www.krungsririver.com 这家大城最高档的酒店共有9层，位于热闹繁华的Pridi Damrong大桥旁的黄金地段，提供标准房，且所有套房都可享受到美丽的河景。虽然家具比较普通，但所有房间都有空调和电视，且3楼有一个迷人的泳池，还提供停车场。标准房非常实惠。免费Wi-Fi。**B1700**

The Old Place Guest House U Thong 路，赵波隆码头南面 ☎035 211161 旅馆提供普通的风扇房与空调房，房内装饰有鲜明的白色墙壁，且有独立卫生间，此外，旅馆还提供广受欢迎的河畔餐厅。免费Wi-Fi。风扇房**B350**，空调房**B500**

PU Guesthouse Naresuan 路2巷的一个小胡同里，4村20/1号 🌐www.puguesthouse.com 相比于Naresuan路2巷里的其他旅馆而言，这家旅馆环境比较安静，但位置仍靠近城镇中心，是背包客最喜爱的住宿场所，旅馆提供各种各样便宜的单人房（B180起）、双人房及三人房，大多数客房都有空调及独立卫浴。相对于其他同等价位的客房来说，这里的房间并不时尚，但这里的休闲区很舒适，还提供便宜的炒饭及水果奶昔。旅馆主人Pu非常热情友好，知识渊博、信息灵通，可以为你提供地图、火车时刻表及大量观光小提示。在街道对面还有新建的一栋建筑，带有室外泳池。风扇房**B250**，空调房**B500**

餐饮

除了以下列出的餐馆外，白天在Si Sanphet路南口的医院附近有许多roti（穆斯林煎饼）摊，而在入夜后，还有几个热闹的**夜市**：河畔的Hua Raw，位于Naresuan路2巷北面，步行只需10分钟即可到达；Bang Laen路的西口，位于玛哈泰寺南面150米处。在许多**酒吧餐厅**里都有歌手驻唱，竞争激烈，一过21:00，这条小巷就弥漫着乐队之间互相竞争的氛围，但很有趣很热闹，而且啤酒都是免费供应的。

Baan Thai House Ban Bat 巷，火车站以东600米处 ☎035 245555 🌐www.baanthaihouse.com 这家酒店提供美丽精致的泰国佳肴，且环境幽雅，就位于酒店的莲花池旁。你可以尝试一下这里的辣椒腰果鸡，配上一碗香喷喷的米饭，绝对美味。每天早、中、晚用餐时间营业

Bann Kun Pra U Thong 路，Pridi Damrong 大桥的北面 ☎035 241978 这家餐馆位于河畔的露台上，其环境氛围和楼上精致的旅馆一样温馨舒适，而且还可以欣赏美丽的河景。餐馆主要出售价格合理的鱼类和海鲜食品，特别是大虾，此外，猪肉及南瓜咖喱也不错。每天7:00~22:30

Chang House Naresuan 路2巷 ☎089 414 1448 这家临街餐馆虽然小但深受游客的喜爱，提供的美味汉堡、泰国标准美食及大量印度素食（大多数主菜价格都是B80）完全配得上餐馆“好酒好菜好评价”的口号。酒类包括进口白酒和鸡尾酒，还有背景音乐，大多都是独立音乐或垃圾摇滚，但都不难听。每天从午饭时间一直营业至深夜

Kankitti U Thong 路，城镇的南部 ☎035 241971 这家餐馆的环境舒适惬意，既可在河畔露台上用餐，也可在停泊的船只上用餐，边吃边欣赏普泰莎旺寺的白色尖塔，这里的特色菜是大城最有名、最美味的河虾（B500），或者你可以选择一些便宜点的菜肴，但也非常美味，如绿咖喱鱼丸（B120）。每天9:00~21:30

★ **The Old Place** U Thong 路 ☎035 211161 这家位于赵波隆码头南边的河滨餐馆主要提供泰国美食，且凉爽舒畅、环境优美，赢得了当地人和游客的一致好评。而水上木制甲板上的餐桌就安放在百年老木棉树下，非常凉快。提供顶级的海鲜以及美味的辛辣香肠沙拉；还有便宜的鸡尾酒。主食B80~200。每天早、中、晚用餐时间营业

Street Lamp Bar Naresuan 路2巷。这家酒吧是这条街上最拥挤的地方，提供现场音乐（通常都是用吉他弹奏的老歌）以及便宜的冰啤酒。还有像炒饭等简单菜肴，B40起价。每天从7:00营业至深夜

Tony's Place Naresuan 路2巷 ☎035 252578 🌐www.tonyplace-ayutthaya.com 这家旅馆底楼的巨大木质餐厅有舒适的休息区，劲爆的音乐以及免费上网服务，因此吸引了许多游客；这里的食物和啤酒都非常便宜，但没有什么特色。每天早、中、晚用餐时间营业，周五及周六的19:00~23:00有现场音乐表演

附录

银行及自动取款机 在 Naresuan 路与 Naresuan 路 2 巷交叉点附近有许多银行，提供货币兑换服务，还设有自动取款机。

医院 Phar Nakhon Si Ayutthaya 公立医院位于 Si Sanphet 路南口（☎ 035 241888）。

上网服务 Naresuan 路 2 巷有几家网吧。而 Tony's Place 旅馆的餐厅里有免费 Wi-Fi 提供。

旅游警察 旅游警察局就位于 Si Sanphet 路泰国旅游局办事处北边（☎ 035 242352 或 1155）。

2

华富里及其周边（Lopburi）

一提及**华富里**，泰国人都会津津乐道地和你谈论有关猴子的事——在曼谷正北 150 千米处，这座府会城市的古老城镇中心聚集着一群**猕猴**。这些动物为这个城镇的旅游贸易带来了巨大发展，每年 11 月，当地一位酒店老板都会邀请 600 只猴子去三峰塔寺，让它们坐在餐桌上吃饭，还包括菜单、服务员及餐巾等，以表示对它们的感谢。实际上，虽然这些猴子也会给人们带来困扰，但至少为城镇中心的**高棉建筑**添加了不同的生活色彩，这些建筑虽然极具历史意义，却非常不起眼。其中比较引人注目的景点有**那莱国家博物馆**，坐落于部分重新修建过的 17 世纪宫殿建筑群，以及偏远的**佛足寺**，足以让非佛教徒大开眼界。华富里地区的主要节日是 2 月的**那莱国王执政博览会**，历时 5 天，以纪念 17 世纪这位伟大君王的生日，节日期间有盛装游行、文艺表演和传统集市等，在那莱王宫还会举行声光秀。

华富里府的老城区中心坐落在运河之间的鸡蛋形岛屿上，而在华富里河上方横跨着一条南北走向的铁路轨道。Vichayen 路与该轨道交会在城镇最繁忙的路口（目前称为 Narai Maharat 路），然后继续往东穿过开发新区一直通往 1 号公路，途经 Sakeo 环岛及公交车站。下列所有景点都在火车站附近，步行即可到达；从西面的那莱王宫地段到东面的 Na Phra Karn 路属于居民住宅中心，环境安静舒适，而最好的酒店及大多数餐馆也都坐落于此。

简史

华富里原名罗斛，是泰国历史最悠久的居住城镇之一，且在 6 世纪左右，这里是孟邦（堕罗钵底王国）文明的主要发源地。在高棉人进驻之时，这里仍是一片散沙之地，直至 11 世纪初，该地区被纳入帝国并成为泰国中部的府会。随着越来越多的泰国人从北部迁移到此地，打破了与高棉人之间的平衡，因此在 13 世纪初华富里再次独立，直至 14 世纪中叶大城王朝成立才重被纳入泰国版图。由于华富里远离海岸，不容易受到欧洲列强的侵略，因此曾先后两次作为王朝陪都，第一次是在 17 世纪大城王朝的那莱国王执政时期，第二次就是 19 世纪曼谷王朝的拉玛四世时期。后来拉玛五世降低了该城镇的级别，将当地的王宫改建成府政府办公楼及博物馆；目前的华富里是泰国几个大军队的驻扎之地。

帕西雷达纳玛哈泰寺（Wat Phra Si Ratana Mahathat）

就在 Na Phra That 路南面 · 每天 7:00~17:00 · B50

一出车站，首先映入眼帘的就是**帕西雷达纳玛哈泰寺**遗址，其中令人印象最深刻的就是位于中央的 12 世纪高棉风格的红土尖塔，装饰有精致的灰泥，被破败的回廊环绕。以此尖塔为中心，四周散布着一些如火箭般的高棉尖塔及大城风格的雄伟佛塔，其中一座带有球根状的塔尖并刻画有褪色的佛教圣人浮雕。在主要尖塔的东面是那莱国王建造的“哥特式”佛殿，如今屋顶早已不见，殿内收藏了许多身披藏红长袍的无头石刻佛像。

那莱王宫（Phra Narai Ratchanivet）

夹在 Ratchadamnern 路和 Phetracha 路中间；正门位于 Sorasak 路 · 每天 7:00~17:30

对有些游客来说，可能**那莱王宫**雄伟的大门和有雉堞的高墙要比建筑内的遗迹有看头得多，但是位于中央庭院的博物馆还是值得一看的，而且四周绿草如茵，非常悠闲舒适。在法国建筑师的帮助下，那莱国王在 1666 年建立了这座戒备森严的宫殿，以防范西方列强的入侵。建成后，一年中有 8 个月的时间他都会待在此地，招待外国使节并沉迷于打猎。那莱王死后，华富里就像被众人遗忘了一般无人问津，直到 1856 年，拉玛四世担心英法的殖民扩张，决定将此定为陪都，并大肆修复了那莱王宫的中央建筑。

帕雅卡哈门（Phayakkha Gate）

通往那莱王宫的正门是位于 Sorasak 路的**帕雅卡哈门**。这座不寻常的拱门呈柳叶刀形状，而这些 17 世纪华富里风格的门窗美得让人无法移开视线，体现了西方文化对那莱影响的一个方面。行宫东半部分是**外院**，坐落着各种被毁坏建筑的断壁残垣——12 间收藏着那莱珍宝的宝库、王室狩猎大象的香舍以及接待外国使节的大厅，周围有护城河守护。这里不仅有美丽的百合花池塘和修剪整齐的草坪，且绿树成荫，是野餐或午睡的理想之地。

查打拉希晨阁（Chanthara Phisan Pavilion）

从帕雅卡哈门一直往前走会看见另一道拱门，走过这道拱门就是**中央庭院**，是典型的大城风格建筑——**查打拉希晨阁**，里面陈列着那莱王统治时期的物品，尤其是那个时代贵族男性所戴的白色尖帽，可以让他们的身高起码增加 50 厘米。

宋得帕那莱国家博物馆（Somdet Phra Narai National Museum）

周三至周日 8:30~16:00 · B150（可在帕雅卡哈门购票）· Ⓦ www.thailandmuseum.com

殖民风格的披文蒙吉大厅（Phiman Mongkut Hall）里坐落着**宋得帕那莱国家博物馆**，其展品大多是 11 世纪高棉亡国后华富里的文物。这里同样也有各种各样的佛像，其中多数属于高棉风格或独特的**华富里风格**，华富里佛像出现在 13、14 世纪，混合了传统的高棉元素，如锥形顶髻及佛像头顶冠冕上的火焰等，而其独特之处在于佛像的脸形偏椭圆，而其身材也更加修长。建筑顶层是蒙吉**国王的寝宫**，里面摆放着其执政期间所用的家具和各种纪念物，包括很短看上去不怎么舒服的床以及与其同时代的伟人——拿破仑和维多利亚女王的怪诞彩色雕像。

律实沙旺大厅（Dusit Sawan Hall）

在博物馆的南侧坐落着**律实沙旺大厅**，那莱王就是在此接见国外政要并接受他们国书的。至今仍可以看到 3.5 米高基台上的王座，庄严肃穆；基台下是一块现代风格的饰板，上面刻画了那莱王接见法国特使——肖蒙爵士的场景，1685 年这块饰板被尊为王的象征，时刻都用金箔、香火及花环供奉着。整栋建筑在王座附近一分为二：前半部分是国外式尖拱形门窗，后半部分建有国王通行的泰式入口。过去大厅里装饰有法国镜子，就像凡尔赛宫一样，此外还有波斯地毯、金字塔形的金黄色琉璃瓦屋顶，是整座宫殿里最宏伟的建筑。

私人庭院（The private courtyards）

在王宫西南角坐落着**那莱国王的私人庭院**，四周都是坚固的高墙，只有几个深得那莱王信任的大臣才准进入。在那莱统治期间，每天晚上都要在这个庭院的壁龛里添加数百盏夜灯，将整个宫殿映照得犹如童话仙境一般。在其寝宫的左边除了**苏打沙旺大厅**（Sutha Swan Hall）、洗澡池和人工洞穴外就再无其他。

拉玛四世的私人庭院位于王宫西北角，如今的博物馆的后方，主要用来安置后宫嫔妃。以前的厨房如今已成为一座小型的民俗博物馆，展现了泰国中部地区的生活，包括织布机以及各种耕作和捕鱼工具。在其前方你可以看到那莱王统治时期这个王宫的大致模型。

邵通寺（Wat Sao Thong Thong）

Rue de France

在 Rue de France 路中途的左后方，你会看见一座奇怪的地中海风格建筑——朴素的赤土色屋瓦、涂着白漆的外墙。那就是那莱王时代的典型建筑——**邵通寺**的佛殿，完美结合了泰国风格的分层屋顶以及“哥特式”尖窗。这座佛寺起先可能是基督教教堂，抑或是为居住在泰国的波斯大使所建的清真寺，如今经过修复，添加了黄铜门环和毛绒红地毯，已变得更加美丽高雅。佛塔里供奉着大城时期的佛像，庄严肃穆，在放置灯火的壁龛里也有一些华富里风格的精美佛像。

魏查扬官邸（Ban Vichayen）

Vichayen 路 · 每天 8:30~16:00 · B50

魏查扬官邸建筑群原先是由那莱王所建，主要是国王使臣的居住场所，其内包含一座基督教教堂，却装饰着佛教火焰与荷叶图案，显得十分不协调。虽然如今里面什么都没有，但仍然会使人想起那莱王执政末期改朝换代之时宫廷里的钩心斗角、尔虞我诈，尤其是有关著名使臣康斯坦丁·华尔康的彩色画像，这位希腊冒险家于 1687 年代表英国东印度公司来到了大城。他作为王室的翻译和财务总管，深得那莱王宠幸，迅速升至总理的位置。正是因为他的影响才使得那莱王与法国的路易十四建立了紧密联系，此举不仅对泰国商业有重要意义，而且还是华尔康秘密计划的一部分——借助法国的帮助，让那莱王及其子民改信基督教（也就是在这段时间，泰国语言中出现了 Westerner、farang 等单词，就如 français 的衍生一样，在泰文中将其改为 farangset）。1688 年爆发了王位争夺战，最终，主要大臣劝服奄奄一息的那莱王将王位传给他的一母同胞佩拉恰，而他是华尔康最大的对手。佩拉恰立即以叛国的罪名将华尔康处决，并在那莱王死后继承了王位。在佩拉恰的统治下，那莱王门户开放的政策遭到了遏制，泰国王朝重新走回了锁国政策，只与外界进行传统的小规模交易。

凯克佛塔（Prang Khaek）

在 Vichayen 路与 Sorasak 路的交界处坐落着一座特殊的岛屿，岛上的**凯克佛塔**神殿里有三座粗短的红砖塔，这座保存完好的印度神殿建立于 8 世纪，主要供奉湿婆神。三座佛塔面朝东方排成一排，已经过了多次修复——尤其是在 17 世纪那莱王统治期间。

三峰塔寺和桑菩凯寺（Phra Prang Sam Yod & San Phra Karn）

位于 Prang Sam Yod 路和 Vichayen 路的交界处 · 每天 6:00~18:00 · B50

正如附近的 Prang Khaek 一样，位于 Na Phra Karn 路上端的**三峰塔寺**也是一座印度寺庙，后来在高棉人统治期间被改建为佛教寺院。三座矮矮胖胖的尖塔是用深色红泥制成的，上面有灰泥修复的痕迹，是华富里的标志建筑，虽然很快就可以参观完，但至少要留意一下门柱底座上雕刻着的隐士盘坐图案。

佛殿周围绿草如茵的小丘是**观察猴子**的最佳场所——这些猴子会在整片区域横冲直撞，跑来跑去，甚至还有一个“猴区，请小心”（Beware Monkey Zone）的警示牌，因此一定要照看好自己的包和口袋。铁路对面是红色和金色相间的现代寺院——**桑菩凯寺**，里面甚至还为游客提供了猴子冒险区域，在其旁边是一座巨大的高棉尖塔。

佛足寺（Wat Phra Phutthabat）

位于华富里东南方 17 千米的 1 号公路上 · 从华富里的 Sakeo 环岛附近出发前往沙拉武里或曼谷的任何一辆公交车都可在 30 分钟内到达此寺院

佛足寺是泰国中部最重要的朝圣地，里面收藏着佛陀的足迹。有关佛足的**传说**可追溯至 17 世纪初，大城王朝的 Song Tham 国王派遣一些僧侣前往斯里兰卡朝拜著名的 Sumankut 佛足圣地。令这些僧侣们惊讶的是，斯里兰卡的信徒问他们为什么要千里迢迢地跑到这里来朝拜，根据古老的巴利文经典著作，佛陀曾经过泰国，并在其后庭留下了足迹。Song Tham 国王听到这个消息后，立即下令全国人民搜寻佛足，最终于 1623 年佛足被一位名叫 Pram Bun 的猎人发现，当时他正追赶一只受伤的鹿，可是这只鹿突然消失了，当它再次出现时，身上的伤奇迹般地痊愈了。于是猎人拨开灌木丛，发现了一个脚印形状的沟渠，里面的水瞬间治好了他可怕的皮肤疾病。国王下令就在此地建立了一座寺院。但寺院建筑在 1765 年被缅甸人摧毁了，如今看到的这座建筑是曼谷王朝时代重建的。

楼梯两侧装饰有那迦图案，一直通往大理石平台，在平台上就坐落着收藏**佛足**的华丽蒙多普（mondop，泰国传统建筑），雄伟的大门上镶嵌着美丽的珍珠母，高贵典雅，但其内部就没什么吸引人的看点了。石刻佛足印将近 2 米长，上面用装有镜子的天棚遮盖，但由于朝圣者们供奉的金箔太多，挡住了佛足，因此看不太清楚；也有些人会将钱扔进佛足脚印里，而其中一些又会被拿出来作为符咒或以表功绩。佛殿后有一座山，你可以爬上山顶一览寺院建筑群的镀金屋顶以及远处的景色，美丽至极。寺院周围的纪念品村庄里也有许多**小吃摊位**，为游客提供各种美食。

抵达和离开　　华富里

火车

由于华富里位于前往北部清莱的铁路线上，因此最好的交通方式就是乘火车从曼谷华南蓬火车站出发（大多数都是在大清早或夜间出发），途经大城。通常游客都喜欢在早晨到达华富里，将行李寄放在便利站，然后开始参观这座古老的城镇，晚上再搭乘火车前往泰国北部。

抵达站　大城（每天 19 班，全程 45~90 分钟）；曼谷华南蓬火车站（每天 14 班，全程 2 小时 30 分钟~3 小时）；清迈（每天 6 班，全程 10~12 小时）；彭世洛（每天 12 班，全程 3 小时~5 小时 15 分钟）。

巴士或迷你巴士

长途汽车终点站位于城镇以东 2 千米处的 Sakeo 大型环岛西南方：任何一辆沿着 Narai Maharat 路向西前往那莱王宫的蓝色城市公交或红色双条车都可搭乘（B10）。

来自 / 前往曼谷　除了从 Mo Chit 北站定时出发的巴士外，一些公司还提供快速空调迷你巴士服务，往返于曼谷胜利纪念碑（西侧，Ratchawithi 医院附近）与华富里之间，只要客满就发车（曼谷出发：5:00~20:00；华富里出发：3:30~20:00），其终点站位于华富里火车站以北 200 米，Na Phra Karn 路的公司办公楼外。

佛足节

在1～3月的旱季期间，来自泰国各地的上百万朝圣者都会聚集到佛足寺以庆祝**佛足节**（Ngan Phrabat），而其他朝圣者还会前往素贴山、那空是贪玛叻及塔帕农等地的主要宗教场所朝拜。节日展会会在两次为期一周的太阴周期中达到高潮，一次通常在2月初，还有一次是在3月初，展会入口处挤满了出售各种纪念品及传统药材的小摊，此外还有传统娱乐节目、魔术表演以及摩天轮。此类集会仍偏向于宗教活动，但在工业化开始之前，这里是所有年龄阶段及不同社会层次民众的社会文化中心；例如，对于过去自由受到限制的女性来说，这里是一个非常重要的求爱场所。此外还有一个吸引女性前来参加集会的原因，就是朝拜过三次佛足死后可以荣登极乐世界——对于大多数女性来说，在佛足节逛集会已成为她们的生活焦点，因为除了佛教教义之外，没有其他东西可以救赎她们。在拉玛五世统治期间（1868~1910），甚至连国王都会亲自前来，坐在象背上表演舞枪以求国运昌盛。

来自/前往北碧 从北碧出发，可以搭乘前往素攀武里的公交车（每20分钟1班，全程90分钟）绕过曼谷，然后再换乘前往华富里的巴士；同样也有反方向的线路。

抵达站 大城（每20分钟1班，全程2小时）；曼谷（每20分钟1班，全程2~3小时），途经佛足寺（30分钟）；清迈（每天5班，全程9小时）；呵叻府（每天15班，全程3小时30分钟）；彭世洛（每天3班，全程4小时）；素攀武里（每小时1班，全程3小时）。

周边交通

摩托车 华富里很小，步行就可以参观完所有景点，但如果你想去远一点的地方，Noom Guest Ⅰ旅馆（见下文）可提供摩托车租赁服务，B300/天。

旅游信息和旅游线路

旅游信息 在311号公路（Narai Maharat路）桑菩凯寺东面市政厅附近坐落着泰国旅游局新办事处（每天8:30~16:30 ⓣ036 422768-9 ⓔtatlobri@tat.or.th），但离城市的主要景点太远，没有多大用处。

旅游线路 Nooml Guest Ⅰ旅馆（见下文）可提供攀岩旅游，就在城镇东边20千米处Chin Lae岛上的悬崖边，Pa Suwannahong寺后方（B1000起，不包括设备）；此外还会组织去附近湖泊游泳，参观一个满是蝙蝠的山洞，B600，最多5人。

住宿

Lopburi Inn Resort 老城镇以东9千米左右，Phahonyothin路144号 ⓣ036 420777 ⓦwww.lopburiinnresort.com 这家酒店提供城镇最豪华的空调房，但离镇中心较远，如果你想看遗址，住在这里很不方便。但是酒店里有餐厅以及美丽的室外泳池，很受欢迎。**B1800**

Nett Hotel Ratchadamnern路2巷 ⓣ036 411738 如果不去Noom Guest Ⅰ旅馆，那么最好的住宿场所就是这家干净温馨的酒店了，装饰有五彩缤纷的龙凤图案。酒店主要提供带有独立卫浴的风扇房及空调房，房间装修简单，空调房提供热水、电视机以及冰箱，但看不到什么美丽的景色。风扇房**B200**，空调房**B350**

Noom Guesthouse Ⅰ Praya Kumjud路 ⓣ036 427693 ⓦwww.noomguesthouse.com 这家旅馆地处镇中心，是一座古老的木质房屋，旅馆前面有街边餐馆和酒吧，用餐、享受夜生活都比较方便，因此游客都喜欢预订这家旅馆。主屋里有各种柚木地板的客房，但卫生间共用，或者你也可以选择主屋后面带有独立卫浴的平房。客房设施齐全，提供免费Wi-Fi，平房里还有电视机。风扇房**B350**，空调房**B450**

Noom Guesthouse Ⅱ Ratchadamnern路2巷 ⓣ036 427693 ⓦwww.noomguesthouse.com 相比于1号，Noom 2的房间更加时尚，且提供精致的西式早餐，是个不错的住宿选择。免费Wi-Fi。风扇房**B350**，空调房**B450**

餐饮

华富里的用餐地点很有限，但是沿着火车轨道西侧的街道会有**夜市**，有许多好吃又便宜的美食。无论是白天还是晚上，最受欢迎的喝**啤酒**场所是Sahai Pan Ta以及Noom Guest Ⅰ的室外餐桌。

Coffee House Ratchadamnern 路 ⓣ 081 5877606 这家舒适的小咖啡馆位于1巷北端，提供香浓咖啡、拿铁和卡布奇诺（B30左右）等。此外还有面条及西式早餐。8:00~20:00

★ **Keang Ba Café & Art** Na Phra That 路 ⓔ clayman_lm@hotmail.com 这家艺术餐馆位于帕西雷达纳玛哈泰寺对面，雪白的墙壁上悬挂着奇妙精致的长画布。餐桌旁的墙壁上涂画着黑色的鸟、猫以及蝙蝠。这里的蓝莓冰沙（B30）味道很不错，但没有什么其他美食——这里的菜单就跟室内装饰一样简单。免费Wi-Fi。每天从上午晚些时候一直营业到晚上

Noom Guesthouse I & II Praya Kumjud 路 及 Ratchadamnern 路2巷 ⓣ 036 427693 ⓦ www.noomguesthouse.com 位于Praya Kumjud路的Noom Ⅰ在白天会为游客提供餐饮，晚上还有鸡尾酒，而Noom Ⅱ提供美味的西式早餐。Noom 2：8:00~11:00，Noom Ⅰ：午餐及晚餐时分（酒吧会在凌晨1点歇业）

Sahai Pan Ta 玛哈泰寺西北角附近 ⓣ 036 783432 这是一家豪放狂野的西方风格水上酒吧，里面闪烁着霓虹灯，提供食物和现场音乐表演。酒吧外面没有英语标记，但你可以留意巨大的Ben More广告牌。每天19:00营业至深夜

Thai Sawang Sorasak 路 ⓣ 036 411881 这家空调咖啡馆提供简单便宜的西式早餐，但这里的越南特色菜非常有名，尤其是手工卷制的新鲜春卷，里面包有药草、蔬菜叶和猪肉或越南香肠。大多数菜肴价格在B40~B80。每天6:00~20:00

购物

华富里最繁忙的**集市**位于Praya Kumjud路，每周三晚上这里都会聚集着许多小贩，出售的商场从太阳镜到泰国流行CD，再到新鲜出炉的甜甜圈，应有尽有。

附录

自动取款机 在Sorasak路东面的Ratchadamnern路上有好几个自动取款机。

上网服务 在Praya Kumjud路Noom Ⅰ附近的Connect终端可上网，而且在全镇的几十个游戏室也提供上网服务。

彭世洛（Phitsanulok）

这座**彭世洛府**的美丽府会城市位于曼谷和清迈之间的铁路线的中间位置，是一处便捷且令人愉悦的中转站，地理位置优越，交通发达，且有许多实惠的酒店，尤其是可方便地前往素可泰和甘烹碧这两处历史文化中心。该城镇的主要景点包括供奉于**玛哈泰寺**的泰国第二大佛像，吸引了泰国各地的朝圣者前来参拜；此外，在**士官长扎为民俗博物馆**还有泰国最好的民族学展览。沿着所谓的**"绿色线路"**——12号公路行驶1~2小时，就可以到达几个很不错的国家公园。

彭世洛是一座典型的河滨城镇，地势狭长，人们通常称其为"Phit'lok"。市中心位于难河东岸，非常适合步行，这里的店铺、传统餐馆及小吃摊位都弥漫着古老的氛围，尤其是Boromtrailoknat路上警察局和Pailyn酒店之间的路段。但是这里最主要的两大景点位于完全相反的方向：玛哈泰寺位于北边，民俗博物馆则位于2.5千米外的南边。

简史

彭世洛的大片建筑都毁于1957年的大火中，但是城市历史可追溯至14世纪末~15世纪初的全盛时期，后来由于素可泰王朝的衰落，此地成为了最后几代统治者的青睐之地。

彭世洛的节庆活动

彭世洛每年都会举行两次美食节，场面热闹非凡，一次是西方新年期间（12月15日~次年1月1日），还有一次是在泰国新年宋干节期间（4月9~15日）。城镇里的几乎所有餐馆都会参加此次活动，在难河东岸安置特殊小摊出售他们的招牌菜，此外还有传统泰国舞蹈及其他娱乐活动。在2月，彭世洛会举行**为期一周的节日**以纪念**成功佛**，此外还有likay民俗戏剧和舞蹈表演（见p.44）。而在下半年，10月的第三个周末，会在玛哈泰寺前面的难河上举行传统的**划船比赛**。

彭世洛之旅

若想花较少的钱游览彭世洛的一些主要景点，最好的方式就是搭乘 30 分钟的**电车之旅**，从玛哈泰寺停车场的旅游信息亭前出发（9:00~15:00；人满出发，繁忙的时候大约每 30 分钟 1 班；B30）。虽然评论都是泰文，但是有一个英文摘要，其线路包括河对岸三处部分出土的遗址——纳黎萱国王的神殿、其出生地 Chandra 行宫以及建于素可泰时代的 Wihanthong 寺，但没有一个是修复完全的，即使不去也没什么遗憾。

晚上，你可以搭乘装饰着美丽灯光的泰国三轮出租汽车享受 1 小时的彭世洛**夜间旅行**，也可逛夜市；任何一家酒店都可为住客安排此行程（B250）。

当1438年大城王朝取得王权之后，彭世洛就成为了府会城市，随后在大城与缅甸开战期间，这里成为了一个战略性的军队基地，也是大城的王侯贵族的第二故乡。其中最著名的是**纳黎萱**，这位勇士在 1590 年成为大城国王以前一直是彭世洛的管理者。Chandra 行宫遗址是纳黎萱及其弟弟爱卡苏撒拉的出生之地，在以其名字命名的大桥西北方原有一座学校，现已拆除。

玛哈泰寺（Wat Mahathat）

难河东岸小镇的最北端；**玛哈泰寺**：每天 6:30~18:00 · B50 · **佛像展览馆**：周三至周日 9:00~16:00 · 免费 · 可通过 1、5、8、12 和 13 路公交车到达 · 不可穿短裤或透视的服装

这座建于 14 世纪的寺庙的官方名称为 Phra Si Ratana Mahathat 寺（吉祥乐达纳大胜利寺，当地人称之为玛哈泰寺或 Yai 寺），是从 1957 年彭世洛大火中幸存下来的为数不多的几座建筑之一。每天都会有络绎不绝的信徒前来朝拜这尊备受尊崇的佛像。由于佛像非常神圣，因此有很严格的**服装要求**，绝对不能穿短裤和薄透的衣服。参观完寺院后，你还可以逛逛河边摊位，可以购买**鳗鱼**、其他**鱼类**及**小乌龟**（保存在塑料袋里）等，然后将它们放生到难河里以积公德。

成功佛（Phra Buddha Chinnarat）

佛殿大门上镶嵌着精致的珍珠母，建筑内部天花板较低，颜色以深红与黑色为主，上面刻画着金箔图案，上墙的狭缝里还透露出昏暗的灯光。而在远处的围墙中央就坐落着备受珍视的**成功佛**：这座耀眼的青铜佛像可能雕刻于 14 世纪，属于素可泰晚期时代的风格，是同时期最雄伟的佛像之一，对于泰国人来说，它的重要地位仅次于曼谷的玉佛。这尊佛像的神奇力量在朝圣者之间代代相传——传说在大城的王侯到达彭世洛，推翻最后的素可泰统治者时，这尊佛像滴下了血泪。成功佛能在众多佛像中脱颖而出，还因为它的火焰般的光环（mandorla），象征着最强的光辉，其上半身和头部仿佛靠在椅背上一样，扶手上的那迦像则渐渐变小。1901 年，拉玛五世按照彭世洛的成功佛仿建了一尊佛像供奉于曼谷的云石寺，几乎与原来的佛像一模一样。

普兰佛塔（The prang）

在佛殿后方坐落着一座镀金**普兰佛塔**，上面镶嵌有图案，佛塔内收藏着神圣遗物，这也是寺庙名字的由来（Mahathat 有“伟大文物佛塔”之意），但是否真的遗迹就埋葬在这里就不得而知了。两栋建筑四周围绕着的回廊里陈列着各种不同风格的佛像。

东岸（The east bank）

难河**东岸**，玛哈泰寺和纳黎萱大桥（Naresuan Bridge）的南面坐落着景色宜人的河滨公园，一直延伸至爱卡苏撒拉大桥（Ekathosarot Bridge）。沿途并没有什么特殊的景点，但你可以去拉嘉布拉那寺参观一番。跨过爱卡苏撒拉大桥就是**夜市**的永久摊位，当地人及游客均可在这里购买到十分便宜的时装和小吃。

拉嘉布拉那寺（Wat Rajburana）

玛哈泰寺西南方向 150 米左右

拉嘉布拉那寺就坐落在纳黎萱大桥的南面，如玛哈泰寺一样，这座寺庙也是从 1957 年大火中幸存下来的建筑之一。寺院中矗立着的砖制佛塔虽已破旧不堪，但至今仍然引人注目。其中最让人印象深刻的是正殿内墙上的《拉玛坚》壁画（见 p.77）。这些绘制于 19 世纪中叶的壁画至今仍保存完好。此外，在位于寺院建筑群中心位置的侧敞式大厅还可享受传统的泰式按摩。

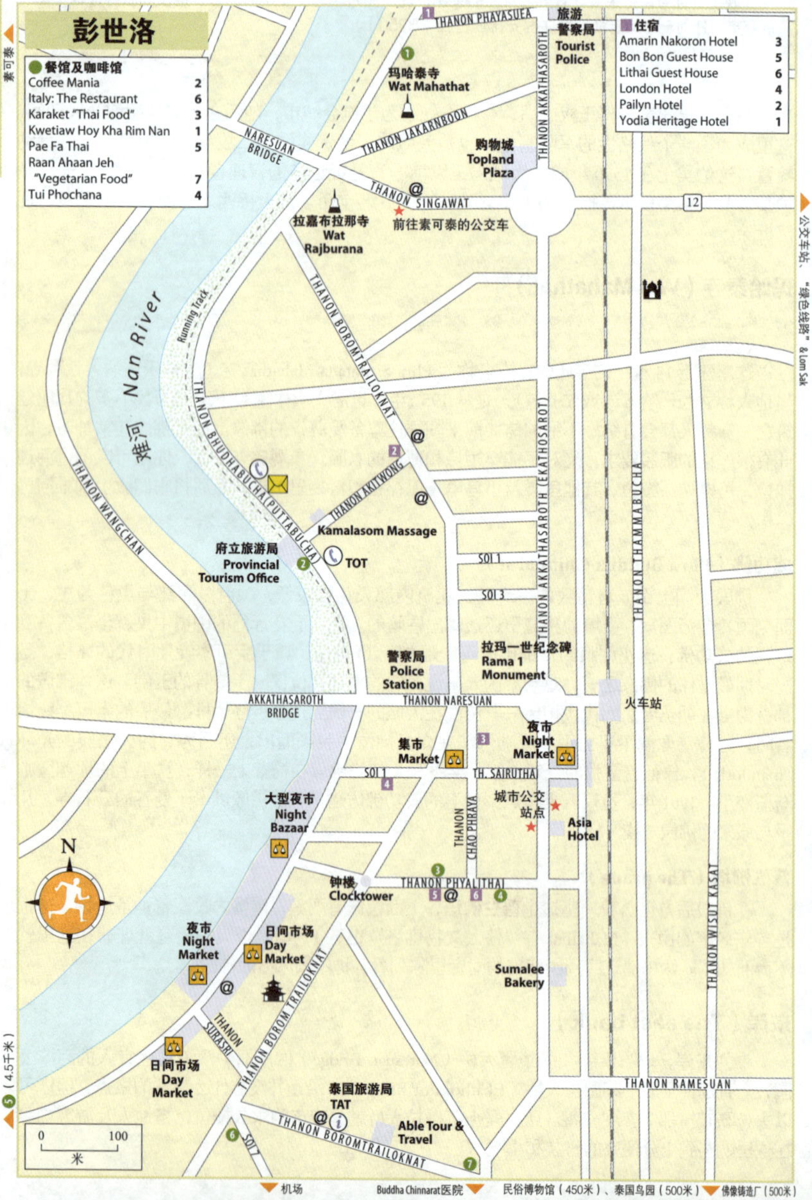

士官长扎为民俗博物馆

Wisut Kasat 路，火车站东南方向 1.3 千米处 · 周二至周日 8:30~16:30 · B100 · 搭乘当地的 8 路公交车可抵达博物馆附近

士官长扎为民俗博物馆（又称为 Jatawee Buranaket）从不同的角度向游客展示了当地文化。其展现的传统农村生活令人着迷，因此成为了泰国最好的民族学博物馆之一。这些木质展示馆里收藏的所有展览品都属于士官长扎为，他一生都致力于努力保存并记录下泰国正渐渐消失的传统生活方式。博物馆中最主要的场景包括重建的厨房、阳台以及产房，都是典型的村庄建筑，当地人一般称之为"捆绑房"，因为其竹墙都是直接用藤蔓捆绑在一起的；还有一个非常全面的陷阱展示馆：共有几十种特殊设计的玩意儿，以诱捕各种动物，从蟑螂到栖息在水牛背上的鸟类。此外，这里还有编织和天然染料展示、各种各样的传统玩具以及看起来非常可怕的木质工具，可用来自我按摩。

佛像铸造厂（Buddha Foundry）

Wisut Kasat路26/43号，火车站东南方向1.35千米处，民俗博物馆以南50米左右 · 工作时间开放（通常是每天8:00~17:00），但建议提前预约 · 免费 · ☎ 055 258715 · 搭乘当地 8 路公交车可抵达铸造厂附近

在**佛像铸造厂**可了解到佛像的制作流程，这是一个非常难得的机会。任何人都可以来此厂观赏制作佛像的漫长过程，工厂里还有图示解释，可帮助游客理解消化。这里会制作各种大小的佛像，有供奉在家里面的 30 厘米高的，也有特意为富有人士量身定制的巨大佛像。佛像制作行业非常赚钱：信徒为积大公德会给当地寺院捐赠佛像，越珍贵，公德越高，因此佛像在这里是供不应求。在铸造厂里也有个礼品店可供游客挑选。

泰国鸟园（Garden Birds of Thailand）

Wisut Kasat 路，佛像铸造厂附近 · 每天 8:30~17:00 · B50 · 可从铸造厂直接过去或穿过 17 巷抵达

泰国鸟园（又称为 Suan Nok）是扎为最新的心血：动物园里生活着数百种美丽的泰国鸟类，每种不同的鸟类都会分隔开并有详细的介绍。这个令人震惊的收藏馆给了游客一次独一无二的机会，让他们可以近距离观赏美丽的白鹇、亚洲蓝知更鸟和马来犀鸟，以及各种高濒危鸟类，如粉头果鸠和盔角犀鸟等。但由于这里的鸟笼都很小，因此大多数鸟都是独自关在笼子里的。

抵达和离开　　彭世洛

彭世洛地理位置优越，是曼谷、泰国北方偏远地区及伊桑之间的重要交通中转站。几乎每一辆往返于曼谷和清迈之间的火车都会在此停留，且有各类公交车可往东抵达伊桑的黎和孔敬。

飞机

从彭世洛机场（☎ 055 301010）出发的泰航航班可飞往曼谷（每天 2 班，全程 50 分钟），飞鸟航空航班可前往清迈（每周 3 班，全程 1 小时），机场位于城镇以南 7 千米处，从市中心坐出租车前往需 B150 左右。

火车

彭世洛火车站（☎ 055 258005）位于市中心；火车站外贴有从这里前往酒店和景点的嘟嘟车价格（大多都是 B60）。

素可泰　如果你到达火车站后想要直接前往素可泰，可以搭乘三轮出租车或公交车到达东面 2 千米处的当地车站，这里是前往素可泰的公交车的出发站，或者你也可以在 Singawat 路的 Topland 广场购物中心对面上车（三轮出租车 B60，也可搭乘 5 路空调公交前往广场，然后穿过马路就是上车点，注：5 路无空调公交不经过此处）。

抵达站　大城（每天 11 班，全程 4 小时 30 分钟 ~ 5 小时 30 分钟）；曼谷华南蓬（每天 11 班，全程 5 小时 30 分钟 ~8 小时）；清迈（每天 6 班，全程 5 小时 50 分钟 ~8 小时 15 分钟）；南奔（每天 6 班，全程 5 小时 40 分钟 ~7 小时 20 分钟）；华富里（每天 12 班，全程 3 小时 ~5 小时 15 分钟）。

巴士

当地汽车站（☎ 055 242430）位于 12 号公路、城镇以东 2 千米处，搭乘嘟嘟车前往镇中心需 B60，或者也可以乘坐 1 路或 6 路公交车（见下文）。如果汽车从素可泰或北部出发，司机会让乘客在更靠近镇中心的 Topland 广场附近下车，然后再继续前往终点站。

抵达站　曼谷（每天最多 40 班，全程 5~6 小时）；清迈（每天最多 18 班，全程 5~6 小时）；清莱（每天 17 班，全程 6~7 小时）；甘烹碧（每小时 1 班，全程 3 小时）；孔敬（每天 10 班，全程 5~6 小时）；呵叻（每天 21 班，全程 6~7 小时）；黎（每天 15 班，全程 5 小时）；Lom sak（每小时 1 班，全程 2

绿色线路

彭世洛东面的 12 号公路被泰国旅游局誉为 **"绿色线路"**，因为这条公路通往好几个国家公园及漂流之地，也是城镇一日游或两日游的好去处。泰国旅游局已经发布了标有汽车及摩托车驾驶线路的示意图。

第一个旅游亮点就是去 Khek 河上**急流泛舟**，水流速度为 1~5 级；12 号公路 53 千米标记处坐落着 Sappraiwan 度假村（Ⓣ 055 293293 Ⓦ www.resort.co.th 房价 B2000），提供通宵旅行服务（6~10 月；B1699/ 人，包括三餐及一晚住宿）。

2

下一个景点是**普欣隆克拉国家公园**（Phu Hin Rong Kla National Park，B200 Ⓣ 055 233527 Ⓦ www.dnp.go.th），位于彭世洛东北方向 100 千米处；在 12 号公路 68 千米石头标志处往北转进入 2013 号支路，然后再往东转进入 2331 号支路到达游客中心。在 1967 ~ 1982 年间，这里曾是泰国共产党军队的据点，如今虽然仍保留着那个时期的一些文物，但最主要的景点是山地森林小径以及天然岩石花园。如果你想在此过夜，公园可提供住宿服务（宿舍床位 B100，独立卫浴套间 B800）。

绿色线路还会经过**屯萨朗峦国家公园**（Thurg Salaeng Luarg National Park，B200~400 不等，视游览区域而定 Ⓣ 055 268019 Ⓦ www.dnp.go.th），位于彭世洛以东 82 千米处（在 12 号公路 79 千米石头标记处往南转）。屯萨朗峦国家公园绿草如茵，雨季结束时，地毯般的草坪上会开出朵朵鲜花（只在 10 月 23 日 ~12 月期间开放），此外，还有两条指定的山地自行车道以及水上漂流项目。公园提供平房住宿，B1000 起价。

正法内观禅修中心（Ⓣ 081 646 4695 Ⓦ www.dhamma.org/schthaia.htm）也位于该区域的 Ban Huayplu 境内，每月提供 2 次为期 10 天的**禅修**课程；在 12 号公路 49 千米石头标记处往北转即可到达。

小时）；湄索（每天 7 班，全程 3 小时 15 分钟 ~ 5 小时）；帕（每天 7 班，全程 2~3 小时）；素可泰（至少每 40 分钟 1 班，全程 90 分钟）；达克（每 30 分钟 1 班，全程 3 小时）；乌汶（每天 7 班，全程 12 小时）；乌隆（每天 5 班，全程 7 小时）。

周边交通

公交车

城镇遍布着好几条公交线路（大约每 30 分钟 1 班，从 5:00 运营至 21:00），其中大多数都会经过城市中心 Akkathasaroth 路的汽车站，位于火车站以南 150 米处，南行公交车上车点会在 Asia 酒店外，而北上巴士上车点在 Asia 酒店对面马路。

可用线路 1 路，从当地公交车站出发前往玛哈泰寺和火车站；5 路和 11 路，从火车站出发前往 Topland 广场（可换乘前往素可泰的巴士）及玛哈泰寺；6 路，从当地公交车站出发前往 Pailyn 酒店；以及 8 路，从当地公交车站出发前往民俗博物馆、火车站、Topland 广场及玛哈泰寺。

自驾车或摩托车

Avis（Ⓣ 089 9698672）和 Budget（Ⓣ 055 301020）汽车租赁公司在机场都有分部。PN 摩托（Ⓣ 055 303222）可提供摩托车租赁服务，费用大约为 B200/ 天，该公司位于 Mittraphap 路的汽车总站建筑里，还有一分部位于西部的一个街区。

信息

旅游信息 泰国旅游局办事处（每天 8:30~16:30 Ⓣ 055 252742 Ⓔ tatphlok@tat.or.th）位于 Boromtrailoknat 路狭长通道东端（当地出租车司机称之为 Surasi 贸易中心）。河畔 Coffee Mania 店铺旁边还有一处府会旅游局（每天 8:30~16:30）。

住宿

Amarin Nakorn Hotel 湄南河路 3/1 号 Ⓣ 055 219069 这家酒店位于城市中心，价格实惠但年代比较久远，客房空间比较小，装有空调、Wi-Fi 及漂亮的瓷砖浴室。酒店共有 11 层，其中最上层的客房可将整座城市的美景尽收眼底。此外，酒店还提供按摩服务及餐馆。房价包括简单的早餐。B600

Bon Bon Guest House Phayalithai 路 77 号 Ⓣ 055 219058 这家旅馆是全城唯一一家真正的民宿，离马路有一段距离，共 3 层，四周是一个小院。旅馆共有 20 间客房，全都是独立卫浴且干净整洁；

右页图：华富里附近的佛足寺里的佛陀足迹（见 p.200）>

部分房间装有空调。价格虽比隔壁的Lithai贵一些，但服务更加热忱友善。风扇房 B350，空调房 B450

Lithai Guest House Phayalithai 路 73/1-5 号 ☎055 219629 ✉lithaiphs@yahoo.com 这家低中档旅馆位于城市中心的Lithai大楼里，整幢大楼里还有一个旅行社及两三家餐馆。这里的客户主要是销售人员，因此客房不是特别舒适，与其说是旅馆倒不如说是一家客栈。明亮整洁的大客房都装有风扇或空调，最便宜的客房要共用卫生间；此外这里也提供Wi-Fi。房价包含早餐。风扇房 B250，空调房 B460

2

London Hotel Buddhabucha（Puttabucha）1 巷 21-22 号 ☎055 225145 这家家庭客栈提供全城最便宜最简单的住宿，1楼摆满了车友纪念品和其他古玩，楼上总共只有8间风扇房，房间很小，设施也非常简单，所有房间都装饰有时髦的薄荷绿与黄色相间的图案，且需共用卫生间。B150

Pailyn Hotel Boromtrailoknat 路 38 号 ☎055 252411 这家位于城中心的三星级酒店历史悠久，装饰比较落伍，但提供较大的空调房及舒适的床铺。塔楼上第13层的客房阳台可欣赏到远处的美丽河景。酒店设施包括按摩中心、餐厅及夜总会，还提供素可泰旅游服务。房价包含早餐。B765

Yodia Heritage Hotel Buddhabucha（Puttabucha）路 ☎055 214677 Ⓦyodiaheritage.com 这是彭世洛唯一一家不错的精品酒店，位于玛哈泰寺以北250米处的河畔，总共只有25间高档的现代风格客房，但所有房间都有空调、木地板、优雅内敛的装饰、浴缸、免费Wi-Fi以及一个可以俯瞰小花园的阳台。酒店里的Amore餐厅可欣赏到美丽的河景，此外，酒店还提供图书馆及免费接机服务。B2300

餐饮

晚上在爱卡苏撒拉大桥南面的河东岸地段有**夜市**摊位，鱼类和贻贝是这里的特色，但最有名的菜肴是"飞菜"，先将有浓厚味道的牵牛花（phak bung）爆炒一番，然后直接抛向空中，而服务员或顾客会挥舞着菜碟接住它。

Coffee Mania Buddhabucha 路，府立旅游局南面 彭世洛新最好的咖啡店，不仅可欣赏河景，还能品尝到美味的牛奶卡布奇诺。每天11:00开始营业，周一至周三至20:00，周四至24:00，周五至周日至21:00

Italy: The Restaurant Boromtrailoknat 路 7 巷 ☎055 219177 这家餐馆提供各种各样的比萨、比萨饭和意大利面，此外还提供白酒及泰式菜肴（B110~290不等），环境安静，远离喧嚣。每天11:00~22:00

Karaket "Thai Food" Phyalithai 路 这是一家美味的泰国咖喱店，你可以从放在外面的人行栈桥上的金属托盘中选择菜肴，然后再进到有空调的店铺里用餐，温馨舒适。这里的家庭外卖深受欢迎，且价格很便宜：大多数开胃菜只要B30/盘。每天从午餐时分营业至20:30左右

Kwetiaw Hoy Kha Rim Nan 大胜利寺以北100米处 ☎081 379 3172 这里的面食非常有名，已经有三个当地的电视频道对其进行过报道，特色菜包括phat thai（这是一种红烧猪肉辣椒热汤的素可泰面条）、冬荫功汤配面条或猪肉黄面条；也可提供素食面条（B25~40）。店铺没有英文标记，但有一个棕色遮阳篷，下面有座位（可看到一些河景），店中经常高朋满座。每天9:00~16:00

Pae Fa Thai 河畔 Buddhabucha（Puttabucha）路夜市以南5千米处；就在Supanganlaya大桥的上游 许多当地人都认为这里是几家最好的水上餐馆之一，以彭世洛河为背景，微风习习，浪漫唯美，但是大桥附近却没什么美景。菜式（大多在B100~200）主要以鱼类和海鲜为主，还有咖喱——用豆腐做的椰汁肉片尤其好吃。每天11:00~23:00

Raan Ahaan Jeh "Vegetarian Food" Sithamtraipidok 路 这家超便宜的小素食餐馆位于泰国旅游局办事处附近，在选择一份素食炒饭和咖喱后加B10可点一份糙米。每天6:00~15:00

Tui Phochana Phayalithai 路 90 号 这家泰式咖喱店价格便宜，氛围轻松愉快，其中最著名的是菠萝蜜咖喱（B20~40）。每天从午餐时分营业至19:00左右

附录

自动取款机 城中各地都有自动取款机，包括Boromtrailokanat路和7巷的交会处。

医院 Rattanavej私立医院（☎055 210819-28）位于Phra Ong Dam路；Buddha Chinnarat公立医院（☎055 219844-52）位于Sithamtraipidok路。

上网服务 Phyalithai路上有多家网吧。此外，大多数酒店和旅馆都有Wi-Fi提供。

行李寄存 火车站（24小时开放，B20/件）。

按摩 许多酒店都有按摩服务，此外强烈推荐Akitwong路的Kamalasom按摩店（周一至周六8:30~16:30，B200/90分钟）。

旅游警察 遇到任何紧急情况请拨打24小时免费热线☎1155寻求旅游警察帮助，或直接去Akkathasaroth路玛哈泰寺北面的旅游警察局（☎055 245358）找他们帮忙。

旅行社 Able Tour旅行社（周一至周五8:00~18:00，

周六 8:00~16:00 ☎055 242206 ✉ablegroup@hotmail.com）位于 Boromtrailoknat 路泰国旅游局办事处附近，出售飞机票，且提供前往素可泰及甘烹碧的迷你巴士服务（B1800，若需导游再加 B1200）。

素可泰（Sukhothai）

素可泰古都曾是泰国王都，经历了一个短暂但非常辉煌的时期（1238~1376），创建了一个统一的泰王朝并留下了惊人的艺术遗产。泰国一些最精致的建筑和雕塑都出自于此，但在 16 世纪时，整座城市几乎成为了一片废墟。如今这片位于彭世洛西北方向 58 千米处的老城区废墟已作为**素可泰历史公园**保存了下来，是泰国最有名的古代遗址。

历史公园附近有几个住宿场所可以选择，但若想享受舒适的城市客房，可前往**新素可泰**区，这座现代化城镇位于老城区以东 12 千米处，两者之间交通便利，还提供更好的餐馆及长途汽车服务。小城镇很温馨，位于永河对岸，但很少有游客会到此游玩。此外，从新素可泰出发前往兰甘亨国家公园、西沙差那莱及甘烹碧遗址的交通都很方便，虽然这些景点并没有完全修复，但还是值得前往一游的——至少这些景点的景色相对狂野，且游客不多。素可泰大多数边缘地区都可搭乘公共交通工具很容易地到达，但如要前往他维特寺及兰甘亨国家公园，那么你就需要通过住宿的旅馆租借交通工具或安排一位驾驶员。

素可泰历史公园（Sukhothai Historical Park）

新素可泰区以西 12 千米・每天 6:00~18:00，每周五至周日 19:00~20:00 都会打开照明灯・每个区域 B100，或 B350 包括所有区域，此外交通工具需 B10~50/ 辆

在老城区全盛时期，共有 40 座左右独立的庙宇建造，覆盖面积约 70 平方千米，从永河一直延伸至西部丘陵的小部分区域。**素可泰历史公园**又称为 Muang Kao Sukhothai，覆盖了所有这些区域，并分为五大**区**：所有最重要的寺院都位于中央区域内，除了兰甘亨博物馆外；城墙外的废墟占地面积广大，因此被分为东、南、西、北四大区域。

2

在联合国教科文组织的帮助下，泰国政府艺术部修复了最重要的一批废墟，其结果展现出了原来这座城市的规划者敏锐的审美意识，尤其是他们巧妙地用水来抵消和衬托石庙的单一轮廓的设计。中央区域坐落着包装完美的主题公园（但在一些批评家眼中，这对于 13 世纪设计格局的解释太过草率），氛围宁静悠远，有许多地方让你禁不住想做进一步的调查。但是它确实需要一些想象力才能将这座古都的原貌形象化，至少需要遐想一下寺院之间建满了各种房屋和宫殿。素可泰的祖先高棉人都是用易腐烂的材料如木材等建造世俗房屋的，而神圣的建筑使用的都是昂贵的耐久性高的石头。**中央区域**占地面积为 3 平方千米，建议骑自行车游览，也可步行。这里共有 11 个遗址，其中玛哈泰寺是绝不可错过的景点之一。

四个**外区**废墟的重要程度就没中央区域那么高，你甚至可以在这些地区看见牛践踏过的痕迹。若想参观外区遗址，你最好租一辆自行车或汽车，但所有清晰的标志都贴在中央区域周围的大门上。**北区**是离中央区域最近的，也是最值得观赏的区域，接下来就是**东区**，其道路可通往新素可泰。如果你精力充沛，可以去**西区**游玩，自行车车程较长，而且还需爬山。**南区**遗址没什么好看的景点，但是如果你选择了 1272 支路的住宿区和玛哈泰寺之间的乡下回程线路，你会经过南区的一些遗迹，包括涅槃寺（Wat Chetuphon）。

简史

13 世纪前，如今这片属于泰国的土地被分成了众多小规模的侯国，其中大部分都效忠于高棉帝国，而其行政中心位于吴哥（今柬埔寨境内）。随着高棉王朝的衰落，两名泰国将领于 1238 年率领部队将高棉人赶出了北部平原，而其中一位将军印拉第建立了**素可泰**王朝（巴利语，意为“幸福的黎明”）。在很短的时间内，他们就将版图扩张至如今泰国的大部分地区，以及缅甸和老挝的部分区域。

兰甘亨国王（King Ramkhamhaeng）

素可泰王朝共有八任国王，其中最重要的是第三任国王——印拉第王的幼子**兰甘亨**（1278~1299 年左右），他率先引入了小乘佛教并将其定为泰国人民的共同宗教信仰，还引进了现代泰文字母的前身；在与他相关的几个碑铭中，最重要的就是兰甘亨石碑，如今被收藏在曼谷国家博物馆里（素可泰兰甘亨博物馆中收藏有一副本），讲述了在仁慈君主的统治下出现了乌托邦式的鱼米之乡的故事。

在兰甘亨的统治下，素可泰成为了一个热闹繁荣的精神文明中心和商业中心，邀请那空是贪玛叻和斯里兰卡的小乘佛教僧侣来此教导他的子民，这些子民曾经信仰的是高棉印度教和大乘佛教。此外，在中国陶工的帮助下，他大力提倡陶瓷，推动了该行业的蓬勃发展。据史料记载，兰甘亨后继历任的国王都缺乏他的王道素质，因此在 14 世纪下半叶时期，素可泰已成为新兴大城王朝的属国；最终于 1438 年灭亡。

兰甘亨国家博物馆（Ramkhamhaeng National Museum）

就在中央区域正门口外・每天 9:00~16:00・B150・Ⓦ www.thailandmuseum.com

这家雄伟壮观的**兰甘亨国家博物馆**里的几个展览品着实令人大开眼界，包括在素可泰老城区及附近西沙差那莱的寺院里发现的一些泰国最精致的**雕像**和浮雕。主建筑底楼的展览馆里陈列着各种优秀文物，包括 14 世纪的青铜佛行像，以及在素可泰历史公园北区帕裴銮寺发现的巨大佛头像。这里还收藏着素可泰时期每座佛寺装饰用的不同**灰泥图案**，以及当地最精致的灰泥浮雕的仿制品，描述了佛陀受到那迦庇护的场景，而其原版仍旧位于原位——西沙

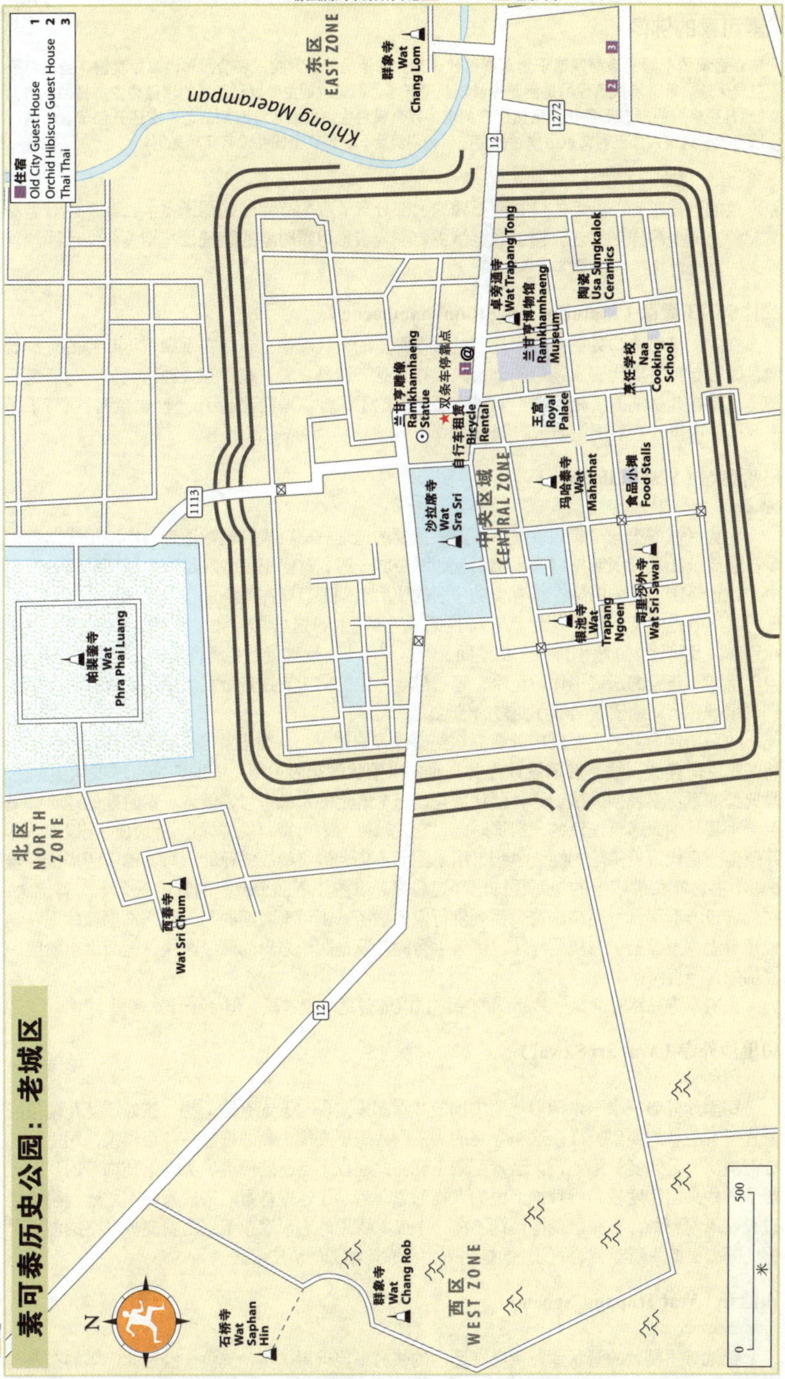
素可泰历史公园：老城区
住宿
Old City Guest House 1
Orchid Hibiscus Guest House 2
Thai Thai 3
前往新素可泰的自行车道
新素可泰
南区&涅槃寺
达
东区 EAST ZONE
北区 NORTH ZONE
西区 WEST ZONE
中央区域 CENTRAL ZONE
Khlong Maerampan
群象寺 Wat Chang Lom
帕骈銮寺 Wat Phra Phai Luang
西春寺 Wat Sri Chum
石桥寺 Wat Saphan Hin
群象寺 Wat Chang Rob
沙拉席寺 Wat Sra Sri
兰甘亨雕像 Ramkhamhaeng Statue
双条车停靠点
自行车租赁 Bicycle Rental
卓旁通寺 Wat Trapang Tong
兰甘亨博物馆 Ramkhamhaeng Museum
陶瓷 Usa Sungkalok Ceramics
烹饪学校 Naa Cooking School
王宫 Royal Palace
玛哈泰寺 Wat Mahathat
食品小摊 Food Stalls
银池寺 Wat Trapang Ngoen
司里沙外寺 Wat Sri Sawai
1113
12
1272
0
500
米
N

素可泰的佛像

经典的泰国佛像都制造于素可泰时代末期。佛像呈卵圆形脸，表情圆润，雌雄难辨，给人以空灵之感。寻常佛像表现的是佛陀禅修以获得开悟，而这时期主要以已开悟的佛像为主：将抽象的“超凡脱俗”的形态形象化。虽然生产的佛像以坐佛为主，但素可泰时期的艺术家还开创了著名的佛行像，这是古代巴利文献中描述的佛陀四种姿势之一，但在泰国并没有实际先例。

2

差那莱的七排塔寺。著名的兰甘亨**石碑**的大部分章节都配有完整的翻译文字，此外还有老泰文起源及演变的详细描述。楼上展览馆主要陈列着**素可泰时期的陶瓷**，其相关介绍比西沙差那莱的官窑博物馆更加翔实。

兰甘亨国王雕像（Statue of King Ramkhamhaeng）

在中央区域入口处的右边坐落着兰甘亨国王的现代**雕像**：一尊右手拿着贝叶经的青铜雕像，以彰显他是现代泰文字母的创始人。在其身旁边矗立着一座青铜**大钟**仿制品，与著名石碑（也是在此仿造的）相关，上面描述了这位国王在他宫殿前建造了一座钟，可让所有子民来此击鼓申冤，然后国王会亲自调查案情。

玛哈泰寺（Wat Mahathat）

中央区域

中央区域的第一个景点就是素可泰最重要的遗址——巨大的**玛哈泰寺**。寺院里坐落着许多古迹遗址，且周围有护城河围绕，就如城中城一般。这座王室寺院是整个城镇的精神文明中心，也是国王权力的象征；有丰功伟绩的统治者们都喜欢在此添加上自己独有的标记，因此对其不断地修复、扩建以至于在 16 世纪被遗弃之时，这里共有 10 座佛殿、1 座正殿、8 座藏经阁以及将近 200 座小佛塔。从地面上看这座佛寺，很难将主要建筑及次要建筑区分开来。当年佛殿和正殿的遗迹仍保留至今，笔直排成一排的勇士支柱曾是木质屋顶的支撑物，勇士们的眼神齐刷刷地望着坐落在西方的佛像。

收藏着佛舍利的主要佛塔就矗立在整座佛寺的正中心，雄伟肃穆，而其东西向轴线几乎将 2 座佛殿连成一线。**佛塔**设计优美高雅，以**蕾状莲花**为主题（塔顶装饰有球根状尖顶），是典型的素可泰晚期风格。这种蕾状莲花是一个既定的宗教符号，但素可泰时期的建筑师是第一个将其纳入建筑设计的，自那时起，它就被视为素可泰时代的标志，而几世纪以来，莲花蓓蕾一直代表着佛陀的纯洁思想，出淤泥而不染，最终绽放成花的形态。佛塔四周围绕着 8 座小塔，有些佛塔上的灰泥装饰已经过修复，有些小塔四个壁龛的其中一个坐落着佛像，在佛塔正方形平台上还装饰着一系列佛行像的僧俗。素可泰时期的另一种艺术创新体现在学校建筑上，上面刻画着灰泥浮雕。佛塔平台的侧翼是两个方形的藏经阁楼，里面供奉着巨大立佛像，一直保存至今。

玛哈泰寺马路对面是一片碧绿的草坪，以前曾是一座宫殿，但如今什么都没剩下。

司里沙外寺（Wat Sri Sawai）

中央区域，玛哈泰寺西南方向 300 米处

司里沙外寺三个玉米穗形状的尖顶使其看起来比玛哈泰寺有趣一些。正如莲花花蕾象征着素可泰王朝的渴望一样，这座寺院的尖塔则代表了高棉王朝的理想：几百年来，司里沙外寺都被认为是印度教圣地，直至素可泰王朝在此建立了自己的佛寺。尖塔上装饰着的灰泥浮雕是一些来自印度教和佛教神话里的人物形象，暗示了这座神殿后来成为佛门之地，可惜经过长期风雨剥蚀，有些已变得模糊不清；中央尖塔里的方形底座上坐落着高棉风格的湿婆灵根（即湿婆的生殖器），而门外面是后来由佛教徒添加的一座佛殿。

银池寺（Wat Trapang Ngoen）

中央区域，玛哈泰寺西面

银池寺里精致的蕾状莲花佛塔在远山的映衬下显得更加美轮美奂。经过此佛塔的东西向

水灯节

每年泰历十二月十五日（通常在公历 11 月）的晚上，所有泰国人都会庆祝**水灯节**以纪念雨季的结束。水灯节是泰国最迷人的节日之一，在洪水泛滥、运河水位上涨淹没两岸之时，人们都会举行水灯节以示对水神的尊敬并安抚水神的愤怒。据说 700 年前，素可泰国王的妃嫔 Nang Noppamas 为答谢水神的大恩大德，以最古老的婆罗门仪式供奉水神，这就是水灯节的起源。

如今，节日期间几乎每个泰国人都会制作或购买一个水灯，并将它放入最近的河流中，以驱散过去一年积累的坏运气。水灯是用香蕉叶精心制作而成的，呈折纸风格的微型篮船样，里面装有花、三炷香和点燃的蜡烛；传统的船底是一片香蕉树干，但现在大家都喜欢从市场上直接购买已经做好的水灯，有的船底是用聚苯乙烯制作而成的，对环境污染很大。有些人会将剪下来的头发和指甲放在鲜花中间，随着水灯漂向远方从而减轻自己的罪恶；其他人会在鲜花里添加一两枚硬币以让神灵将他们身上的坏运气都带走（有些小男孩投机取巧，为了找一些零钱，就把水灯里的钱取走）。将水灯放入水中并看着它渐渐消失也是传统的一种许愿或祈祷方式：如果蜡烛燃烧得很旺，那么愿望就一定能实现且会长命百岁。

清迈是水灯节的起源之地（见 p.249），但全泰国庆祝水灯节最有名的场所却是**素可泰历史公园**，在满月前后的几个晚上，这片废墟之上都会举行壮观的节日活动。玛哈泰寺中心有精彩的声光秀，会燃放烟火，老城区遗址的灯饰会全部点亮，而在波光粼粼的莲花池上会漂浮着数千盏蜡烛，此外，还有美丽的水灯小姐（Nang Noppamas）游行活动以及各种各样的音乐会及街头戏剧表演。在节日期间，所有酒店、旅馆都会爆满，因此最好提前预订。

轴线上有一座破旧不堪的佛殿，而在东边岛屿的“银池”中央是一座正殿的废墟，这座寺院的名字就取自于“银池”。走过通往正殿的栈桥，可欣赏美丽的湖光景色。而在佛塔北面可观赏砖墙里镶嵌着的一系列线条流畅的佛行像，这些都是典型的素可泰时期雕塑。

沙拉席寺（Wat Sra Sri）

中央区域，银池寺北面

沙拉席寺的水位比银池寺深，地势优越，可通往银池寺北面的两座岛屿。这座钟形佛塔上有一个锥形尖顶，其方形底座显示了浓厚的斯里兰卡风格，而寺院里坐落着的独立佛行像金属仿制品则属于典型的素可泰风格。

帕裴銮寺（Wat Phra Phai Luang）

北区，老城墙以北 500 米；中央区域沙拉席寺北部出口

在老城墙土楼以北 500 米处有一座人行桥（自行车与摩托车也可通过），可通往古城最古老的建筑之一——**帕裴銮寺**。3 座普兰佛塔（Prarg）是在泰国创立自己的王国之前由高棉人所建，其中只有一个至今仍保存完好，且正如司里沙外寺一样，该佛塔上所刻浮雕有印度教和佛教两种宗教神话里的人物。其他历史遗迹则展示在兰甘亨国家博物馆里。帕裴銮寺一直被认为是老高棉城镇的中心，其地位的重要性相当于泰国人的玛哈泰寺。当神殿被改建成佛教寺庙时，在兰朗佛塔东面重新建立了佛殿和钟形柴迪佛塔（Chedi）：如今佛塔底座周围仍可看见坐佛像浮雕（大多都缺头缺胳膊）。在这片废墟中还有一尊巨大卧佛的部分雕像，藏经阁里收藏着四尊不同姿势的巨大立佛像。

西春寺（Wat Sri Chum）

北区，帕裴銮寺院西南方向 750 米

西春寺里坐落着素可泰时期幸存下来的最大佛像。修复这座巨大坐佛像消耗了大量砖块和灰泥。经测量，佛像两膝盖之间的距离超过 11 米，佛像将近有 15 米高，坐落于为其量身打造的阁楼中，游客可从缝隙中窥见一二。佛像的手指细长优雅，且指甲上涂有金箔。阁楼墙壁里有一条通道（遗憾的是，这条通道几乎不对外开放），可从左手边的地面上一直通往佛像眼睛水平线上，再往上就是屋顶，可鸟瞰整座建筑。传说这尊佛像有时会和虔诚的朝拜者沟通，实际上是一些僧侣爬上这个楼梯躲在佛像背后然后和朝拜者们对话；据说素可泰时期有一位国王曾带着军队来这里聆听佛陀的激励之言以振士气。

群象寺（Wat Chang Lom）

东区，正门口以东 1.5 千米左右

东区唯一一座有趣的寺庙就是运河边的**群象寺**，位于前往新素可泰的自行车道旁，沿着这条路就可前往新城区。寺院 Chang Lom 之名有“群象围绕”的意思，且这里的主要特征就是一座大型的斯里兰卡风格的钟形佛塔，四周围绕着一群大象。

石桥寺（Wat Saphan Hin）

2

西区，兰甘亨国家博物馆以西约 5 千米处

前往**西区**的路途比较漫长，是一条一直通往达的山林主道，旁边是茂密的树林。**石桥寺**就坐落在老城区的西部边缘的山顶上，通过超清晰的伸缩望远镜，可看到梦幻般的老城区布局全景，但如果只用肉眼观看，只能隐约看见远处树木和石头的轮廓。如果你来到了这里，那么唯一的景点就是顶部的巨大立佛像。通过一条陡峭的 300 米长的石板路可到达寺庙（因此这座寺庙的名字 Saphan Hin 即有“石桥”之意），起点处的小径往南可通往达。如果你骑自行车，那么这是一条最容易走的道路，因为这条路非常平坦；而另一条线路道路较窄，更往南一直通向老城区，中间要翻越几座小山还会经过石桥寺以南 3 千米处的**昌罗寺**（Chang Rob）。

宋加洛博物馆（Sangkhalok Museum）

新素可泰以东 2 千米的 101 号公路上，位于与通往彭世洛的 12 号公路交会处附近・周一至周五 8:00~18:00，周六及周日 10:00~20:00・B100・从新素可泰中心搭乘三轮出租车至此地的价格不超过 40~B50

如果你对陶瓷很感兴趣，那么在**宋加洛博物馆**你可以欣赏到素可泰时期的展览品。博物馆售票处提供内容翔实的小册子，可帮助你更好地了解这些陶瓷。博物馆底楼陈列着 12 ~ 16 世纪素可泰时期的陶瓷工艺品，包括城市完美灌溉系统所用的**水管**以及优雅的蕾状莲花**灯**，不仅可以保证火焰不被吹灭，还能使灯光扩散，至今在泰国仍然很流行。其中一些最精致的作品包括扇形边缘的蓝绿色**陶碗**，上面刻有惟妙惟肖的小**雕像**；有别于普通陶瓷，许多作品都有陶工的签名。这种风格的陶器被称为宋加洛（Sangkhalok），是以西沙差那莱（见 p.218）附近繁华的宋加洛（Sawankhalok）城镇之名命名的，而当时这座城镇就隶属于素可泰王朝。同时展出的还有 12 世纪来自缅甸、中国和越南的陶瓷，所有这些展品都是在该地区发现的，由当时素可泰人民与外商的交易获得；此外还有泰国北部兰纳王朝（13~16 世纪）生产的一些最精美的陶瓷。楼上的展览侧重于一些文物及一些经常出现的图案的文化意义。

他维特寺（Wat Thawet）

新素可泰以北 8 千米处，永河沿岸・需捐赠钱物・到达此地最好的交通方式是骑自行车（若要搭乘嘟嘟车就必须走主要道路，交通比较拥挤）

他维特寺最著名的是上百种不同的、色彩光鲜的混凝土雕像，描述了各种道德故事和佛教预言，深受泰国游客的欢迎，外国游客却大多觉得它有些俗气。这座寺庙雕塑公园建立于 20 世纪 70 年代，是由当地一位僧侣构思设计的，其目的是创建一个“学习园地”，从而让游客了解佛教中的轮回和因果报应思想。例如，这里描写了那些以宰杀动物为生的人们死后会变成牛头、猪头、鸡头或象头等，那些贪婪及唯利是图的人死后全身赤裸，瘦骨嶙峋，而酒鬼在死后会被迫灌下沸腾的液体，让他的内脏全都暴露在地上。

他维特寺的另外一个魅力之处在于从素可泰到这里的**自行车之旅**，这段来回共 16 千米的旅程是一条美丽的河畔小径，令人愉快。从新素可泰出发，沿着河畔的 Ratchathani 路一直往北，越过莲花村（Lotus Village），直到遇见支路。穿过支路转入大桥西端的水泥路，沿着这条风景秀丽的宁静小路行驶 8 千米，途中会经过一些典型的木质房屋、几个香蕉种植园和一座木质吊桥，再穿越主要天桥下后继续行驶 1 千米，即可到达寺庙；他维特寺位于第二座木质吊桥旁。素可泰自行车之旅也会经过此地（见 p.216）。

兰甘亨国家公园（Ramkhamhaeng National Park）

素可泰西南方向约 30 千米 · B100 · ⓣ 055 619200 · ⓦ www.dnp.go.th · 从新素可泰出发，沿着 101 号公路朝甘烹碧方向行驶 19 千米，然后转入 1319 号支路（标明前往 Khao Luang）行驶 16 千米即可到达公园总部正门；前往甘烹碧方向的巴士会让你在交叉点下车，但是从这里很难搭到前往公园的顺风车，因此建议租一辆交通工具

为保护素可泰西南方向的森林区域，泰国政府建立了**兰甘亨国家公园**，而到此地的摩托车一日游会让游客非常愉快。该公园不仅有瀑布，还有草药花园，如果你感觉精力充沛，还可以去爬山。

公园总部位于最高峰**王山**（Khao Luang，1185 米）东侧的山脚下，爬上山顶需 4 小时左右，但是只能在 11 月～次年 2 月这段时间攀登。从总部到山顶有好几条非常陡峭的小径，但并没有明确标明；起先几千米的路况非常糟糕，渐渐地坡度会平缓一些。站在山顶，你可以一览素可泰平原的精美景色。如果想在山顶露营，你只需简单告知公园总部管理员一声，然后他们会安排山顶上的同事租给你一顶帐篷；但你必须自带水和食物。公园总部附近有风扇**平房**，价格为 B1200。

2

松銮陶艺村（Thung Luang Pottery Village）

新素可泰以南 16 千米，101 号公路

在前往兰甘亨国家公园或返回的途中，你可顺便绕道去逛逛**松銮陶艺村**（设有路标），这里的每家每户几乎都参与陶罐、花瓶和雕像的生产。起初这里的人们只制造一些简单的陶罐以储存大米和水（当时的社会以种植为生），但近年来，这里的工匠实行了多元化贸易。泰国的度假村酒店通常都会购买这里生产的灯具和桌饰，为其室外餐厅增添色彩。转入主道后，你会经过一系列路边小摊，但当你进入陶艺街道中心之后，需继续行驶 1 千米左右，途中会经过一所学校和两座寺院。

抵达和离开　　素可泰

飞机

曼谷航空公司提供往返于曼谷和素可泰之间的航班，每天每个方向共有两班（全程 80 分钟）。

来自 / 前往机场　素可泰小机场位于城镇以北约 25 千米处（前往西沙差那莱的中途）。机场往返巴士可将乘客送至新素可泰的酒店，票价为 B180/ 人；送至老城区票价为 B300；返回机场的班车会从新素可泰的 Sukhothai Travel Service 旅行社（见 p.218）以及老城区的酒店出发，但新素可泰的大多数旅馆都有他们自己前往机场的交通工具，价格为 B250~300/ 人。

机票预订　当地曼谷航空办事处（ⓣ 055 647224）就位于机场，但是你也可以在市中心的 Sukhothai Travel Service 旅行社购买机票（见 p.218）。

巴士

新素可泰和许多主要府会城市都有汽车线路，且是清迈和曼谷之间很不错的中转站，彭世洛一日游也会经过此地。所有汽车都以素可泰汽车站为终点，车站位于新素可泰城镇中心以西 3 千米左右的支路上（注：从湄索和达克出发的巴士途中会经过老城区）。

抵达站　大城（每天 14 班，全程 6 小时）；曼谷（每天最多 23 班，全程 6~7 小时）；清迈（每天最多 19 班，全程 5~6 小时）；清莱（每天 4 班，全程 8~9 小时）；甘烹碧（每天 14 班，全程 1 小时~1 小时 30 分钟）；孔敬（每天 5 班，全程 6~7 小时）；南邦（每天 16 班，全程 4 小时）；湄索（每天 8 班，全程 2 小时 30 分钟～3 小时）；难（每天 2 班，全程 7 小时）；彭世洛（每 30 分钟 1 班，全程 1 小时）；帕（每天 2 班，全程 4 小时）；西沙差那莱（每 30 分钟 1 班，全程 1 小时～1 小时 45 分钟）；达（每 30 分钟 1 班，全程 90 分钟）。

火车转巴士

如果从曼谷、清迈或两者之间的任何地方出发，你可以选择搭乘火车前往彭世洛，然后再换乘每 30 分钟 1 班的巴士前往新素可泰（全程 1 小时）。有关从火车站前往巴士停靠点的详细信息，请查看彭世洛“抵达和离开”章节（见 p.205）。

周边交通

从汽车站前往新素可泰的旅馆

从汽车站前往下列新素可泰的旅馆，你可搭乘公共双条车（B10）在河边下车，再走 10 分钟不到的路程就可到达大多数旅馆所在区域，或者你也可以包一辆摩的、嘟嘟车、三轮出租车或双条车（B50~60/ 辆）前往；价格会标贴在汽车站。其实，许多旅馆都提供免费接机服务——只要提前打电话即可。

前往老城区及其附近

汽车　从汽车站出发的公交车会经过老城区（大

约每小时1班，6:30~18:20）。

双条车 从新素可泰出发的双条车（每15分钟1班，全程15分钟；B30；具体位置见p.209地图）的终点站位于中央区域入口处东北方向约500米，附近有两三个自行车租赁点。

嘟嘟车 新素可泰的旅馆可为游客安排嘟嘟车前往老素可泰，价格为B150。新素可泰汽车站及城镇里的嘟嘟车可提供4小时的遗址旅行，外加返程，总共需B600左右。

自行车 骑自行车游览素可泰及其周边景点是一次开心愉快的旅程——更多详情可见下文框中内容。

无轨电车 在交通繁忙时段，无轨电车可带游客们游览中央区域，价格为B20/人，起点在博物馆附近，途经许多主要景点。

摩托车

若想去较远的地方旅行，可以在Pravetnakorn路的一些场所及其附近的Poo餐馆租一辆摩托车。或者也可以去J&J旅馆租借（B250）。

2

信息

旅游信息 泰国旅游局办事处位于Charodvithitong路139号（每天8:30~16:30 ⓣ055 616228 ⓔtatsukho@tat.or.th）提供历史公园地图及相关信息。此外，热情友好的导游Naa也会免费提供旅游信息和建议，你可以打电话给她，也可私下去她的烹饪学校拜访。

住宿

素可泰地区有许多美丽的住宿场所；但要当心有些想拿佣金的嘟嘟车司机会故意骗你说你想前往的酒店已客满、服务较差或已倒闭等。

新素可泰

At Home Wichien Chamnong路184/1号 ⓣ055 610172 ⓦwww.athomesukhothai.com 这家温馨舒适的旅馆给人以轻松愉快的感觉，将一个有50年历史的家庭住宅改建成了11间美丽迷人的大客房，且都有独立卫浴。其中最大气的是位于一栋柚木墙、柚木地板房屋楼上的客房，该房屋距离马路有段距离，院内有花园和一个大池塘。免费提供网络及Wi-Fi。B850

Ban Thai Guest House Pravetnakorn路38号 ⓣ055 610163 ⓔbanthai_guesthouse@yahoo.com 这家舒适的经济型旅馆位于永河西岸，其单层房屋里设有木地板客房，共用卫生间，外面有一个迷人的露台，而在后花园里有一些带有独立卫浴的木质平房。早餐提供美味的自制酸乳酪及泰式穆斯林咖喱。旅馆提供Wi-Fi、上网接口及汽车站免费接车服务。共用卫生间客房B200，风扇平房B350，空调平房B500

EZ House Charodvithitong路240/4号，Shell汽车修理厂对面 ⓣ055 611711 ⓦwww.ezhouse.multiply.com 这家旅馆位于手机店上面3楼，提供6间酒店风格的客房，虽然位置不是很好，但每个房间都装有电视机、空调、冰箱及独立卫浴，且价格实惠。只不过从城镇步行到这里需很长时间，周围也没什么餐馆或酒吧。B350

J&J Guest House Kuhasuwan巷15号，大桥北面100米左右 ⓣ055 620095 J&J位于永河河畔，共有8间舒适的平房，里面配备有独立卫浴、电视机及鲜花怒放状的洗手盆。房子周围是修剪整齐的草坪，旅馆餐厅面朝河流，提供美味的自制面包。这家泰国比利时餐馆是由Jacqui和Jim合开的，两人都非常热情好客，会为你安排旅行且提供摩托车租赁（B250/天）。风扇房B600，空调房B700

Lotus Village Ratchathani路170号，也可从Rajuthit路到达 ⓣ055 621484 ⓦwww.lotus-village.com

骑自行车游览素可泰

从新素可泰到历史公园的**自行车**道是一条安静的河畔小径。从位于新素可泰的大桥出发，沿着这条通往历史公园的主道向西行驶3千米左右（经过Sukhothai医院，就在Big C大超市前面）直到看见一座寺院，而右手边是一扇令人印象深刻的金白相间的大门。寺院和相邻的小加油站之间有一条狭窄小道，跨过一座小桥后有一条小径，可一直通往Maerampan运河北岸，直到老城区。只要骑14千米即可到达。在接近小径尽头时，穿过主道，就是最后一段路程了；当你到达群象寺（见p.214）遗址的大象雕塑时，跨过左手边的大桥，沿着主道行驶1.5千米就可抵达历史公园。新素可泰的一些旅馆可提供**自行车租赁**服务，而在历史公园的双条车站附近也有许多租赁点，价格为B30。

此外，你也可以加入比利时和泰国合营的Cycling Sukhothai旅游公司（ⓣ085 083 1864 ⓦwww.cycling-sukhothai.com）组织的有带队**导游**的历史公园参观行程（B750）。此外，在16:00过后，他们还推荐**自行车夕阳旅行**（B300）前往当地村庄和农村参观，以及半日游旅行（B600）。所有旅游行程费用中都包括山地车及转乘服务，且可通过大多数旅馆预订。

这家美丽简单的传统泰式柚木房旅馆提供中等价位的住房，茂盛的热带花园四周围绕着莲花池。除了高级客房外，所有房间都铺有抛光柚木地板：有些是独立平房，其他的就是风扇房或空调房，此外还有一间可睡 6 人的家庭房。旅馆提供 Wi-Fi、上网服务，还有一间美丽的 SPA 馆（见下文）。每天 21:00 过后停止入住。风扇房 **B950**，空调房 **B1250**

Ruean Thai Hotel Charodvithitong 路 Praharuammit 巷 181/20 号 Ⓣ 055 612444 Ⓦ www.rueanthaihotel.com 这家别致的酒店共有 30 间客房，是用素可泰区域有 1000 年历史的柚木房精心组合而成。两层楼高的主建筑中间有一个泳池，年代久远的柚木墙壁及门窗上涂有迷人时尚的装饰，屋顶呈陡峭的三角状；房间内部全部是现代化的单独装饰，还有高级的当代浴室。其中最有特色的 3 间客房是位于一栋独立建筑的餐厅上方的双人大房。所有房间都有空调、冰箱和 Wi-Fi；价格视房间大小而定。酒店共有两个餐厅，还提供自行车免费租赁及从汽车站到城镇各地的免费接送服务。**B1200**

★ **TR Guest House** Pravetnakorn 路 27/5 号 Ⓣ 055 611663 Ⓦ www.sukhothaibudgetguesthouse.com 这家干净整洁的旅馆提供双人空调大房，以及装饰稍微简单的风扇房，其余同空调房完全一样，可便宜 B150。而在酒店后方穿过一个停车场会有一些独立卫浴平房；有蚊帐，但装饰方面没什么差别。这家酒店由 Toh 和 Long 两人经营，他们乐于助人且知识渊博，可为你提供该区域的详细地图，而且如果你在白天到达汽车站的话，还会亲自开车去接你。此外，旅馆还提供摩托车租赁服务（B150~250/ 天）。风扇房 **B250**，空调房 **B400**，平房 **B400**

老城区

Old City Guest House Charodvithitong 路，在其不远处有条马路可通往博物馆及中央区域 Ⓣ 055 697515 见 p.211 地图 这家两层楼高的旅馆提供各种价格实惠的客房，建筑中间有庭院（带停车场），离马路有段距离。这里既有很小很昏暗的共用卫生间客房，也有舒适实惠的独立卫浴风扇房，还有带有电视的双人豪华大间。拥有观赏主要遗址的最佳位置。风扇房 **B300**，空调房 **B500**

Orchid Hibiscus Guest House 1272 号支路，历史公园正门东南方向 1.5 千米左右 Ⓣ 081 962 7698 Ⓦ orchidhibiscus-guesthouse.com 见 p.211 地图 这家人间天堂般的意大利—泰国花园旅馆非常宁静，骑自行车很快就能到达老城区。砖砌平房里装饰有四柱床、空调和蚊帐，建筑中间还有一个漂亮的热带花园及泳池。此外还有两三间更私人的柚木平房，而在马路对面的建筑里可提供三床及四床家庭房。发送电子邮件订房可获得最低价。普通客房 **B1000**，平房 **B1850**，家庭房 **B2000**

Thai Thai 1272 号支路附近，Orchid Hibiscus 旅馆东面 Ⓣ 084 932 1006 Ⓦ www.thaithaisukhothai.com 见 p.211 地图 这家酒店共提供 10 间豪华平房，每间都带有迷人的阳台；房间内的四柱床上装有蚊帐，并有假花装饰，独立卫生间内铺有迷人的翡翠色瓷砖摆放着折成天鹅状的毛巾。每个房间都有 Wi-Fi，电视和冰箱。此外，酒店还提供自行车租赁服务（B50），房价包括早餐。**B1200**

素可泰机场

Sukhothai Heritage Resort 位于机场外 Ⓣ 055 647564 Ⓦ www.sukhothaiheritage.com 这家由曼谷航空公司经营的四星级酒店设计简洁高雅，周围环绕着农村有机稻田、兰花种植园及莲花池。酒店精美的花园里种植着灌木和树篱，如机场一般，酒店设施还包括两个泳池、一家餐厅和一个图书馆。现代化风格客房中装有平板电视、DVD 播放机及可俯瞰泳池的阳台；此外酒店各处都有 Wi-Fi，并提供自行车旅行。但临近没什么其他建筑。**B2900**

餐饮

当地的特色菜是辛辣的**素可泰面食**：一碗黑乎乎的微甜肉汤，添加了酱油、香菜和辣椒，里面有细米线，以及大块的脆皮猪肉、绿豆和花生。在新素可泰你可以找到这些面食及许多其他便宜的美味佳肴，如 Charodvithitong 路叻差他尼寺前面及西面 Poo 餐馆附近的夜间**热食排档**和街边餐桌。在 Ramkhamhaeng 路和 Nikhon Kasem 路之间的小巷里还有许多夜市风格的**餐馆**。在老城区境内，玛哈泰寺附近有许多供应热食和新鲜咖啡的餐馆，大多数位于中央区域主要入口的南段。

Chopper Bar Pravetnakorn 路 这家以外国客人为主的酒吧位于楼上露台，偶尔会有现场音乐表演及车手主题派对。主要供应牛排和海鲜。鸡尾酒价格 B70 起。每天 17:00~ 次日 00:30

★ **Dream Café** Singhawat 路 88/1 号 这家相当凉爽的素可泰咖啡馆年代比较久，灯光昏暗，环境温馨舒适，墙上和窗台上都装饰着各种古董，提供非常美味的菜肴（两个菜式价格在 B300 左右），非常受欢迎。特色餐点包括加入了猪肉肋骨和生酸角的泰式酸辣汤、新鲜的越南春卷以及香蕉花炸油条。此外还有 20 种不同的冰激凌圣代及各种后劲较强的药酒（B35），以及杜松子酒和滋补品。每天 10:00~23:00

J&J Guest House Kuhasuwan 巷 15 号，大桥以北 100 米左右 Ⓣ 055 620095 在 J&J 河滨餐馆有新鲜的自制法式面包，售完即止。其他特色菜肴还

包括意大利面肉酱。在早、中、晚三餐时间营业

Khun Tanode Charodvithitong 路 这家舒适悠闲、价格实惠的河畔小餐厅深受当地人的喜爱，晚上还有美丽的灯饰，非常浪漫。你可以点一份当地特色菜——蘸有素可泰酱的脆皮炸鸡腿，或香草酱贻贝。大多数主菜价格在B60~100之间。每天 10:00~24:00

Kru Iew Wichien Chamnong 路，Mahasaranon1 巷拐角处，Home 旅馆以北 75 米左右 餐馆外贴有"OTOP"("一村一品")的标记，标志着这家午餐餐馆提供传统的农村产品，且有浓厚的民间风味。Kru Iew 在当地非常有名，尤其是香味扑鼻的包裹在薄煎蛋里的泰式炒粉(B20起)、新鲜的越南 naem nueng 香草猪肉春卷(B70)，以及素可泰面食。你可以看到带着白帽子的厨师在开放式厨房里忙碌的情景。每天 10:00~15:00

Poo Restaurant Charodvithitong 路 这家街边酒吧餐馆有许多游客光顾，提供标准的泰式菜肴以及便宜的 Chang 牌啤酒、比利时啤酒(B120)和鸡尾酒(B80起)。此外还提供摩托车租赁及泰式按摩服务。每天 8:00 营业至深夜

Rom Poa Ramkhamhaeng 路和 Nikhon Kasem 路之间的夜市边缘 这家受人欢迎的店铺提供辛辣的果冻粉丝沙拉(yam wun sen)、咖喱及各种海鲜、水果奶昔和素食。大多数菜肴价格在B50~70，但仍比其他夜市摊位贵。只在晚上营业

购物

在老城区公园入口外，有几家出售仿古家具和陶瓷的店铺。

Usa Sungkalok Sukhothai 中央区域外，博物馆和卓旁通寺之间的狭窄通道上 ⓣ055 633058 这家热情好客的陶瓷厂提供各种各样的传统陶瓷，尤其是宋加洛和素可泰时代设计和釉料陶瓷的仿制品。

附录

银行、货币兑换处及自动取款机 老城区博物馆旁边有一个货币兑换亭(每天8:30~次日00:30)，而在前往博物馆途中会有一些自动取款机。新素可泰区有许多银行和自动取款机。

烹饪课程 导游 Naa 在老城区新开了一个烹饪学校(博物馆以南300米，3村423/6号 ⓣ089 858 9864 B750/人/天)，提供为期1~2天的烹饪课程。若学习时间较长，会提供住宿。

医院 由政府运营的 Sukhothai Hospital(ⓣ055 611782)位于新素可泰西面前往素可泰历史公园的途中；在更市中心的 Singhawat 路上有个24小时开放的诊所。

上网服务 新素可泰的许多旅馆和一些互联网中心都提供上网服务，例如位于 Prasertpong 路的 Okane Online II，还有一些聚集在老城区外的马路上。

按摩和水疗护理 Lotus Village(见 p.216)的 Baan SPA 是最豪华的水疗中心，全都是美丽的柚木房，提供姜黄身体磨砂、药草桑拿、擦蜡和泰式按摩(B500/小时)。而在新城的许多旅馆都提供较便宜的按摩。

邮局 Nikhon Kasem路，大桥以南1千米左右(周一至周五 8:30~16:30)。

旅游警察 遇上任何紧急事件，都可拨打旅游警察 ⓣ1155，或直接前往 Singhawat 路上的旅游警察局。

旅行社 在 Singhawat 路 10~12 号的 Sukhothai Travel Service 可购买国内和国际机票(周一至周五 8:00~17:00，周六 8:00~12:00 ⓣ055 613075 ⓔsukhothai_travel@hotmail.com)

签证办理 J&J 旅馆会帮游客办理湄索缅甸边境附近的一日游签证(B1600/人，不包括进入缅甸境内；至少2人)。

西沙差那莱(Si Satchanalai)

在13世纪中叶，素可泰为巩固其权力建立了几个附属城镇，其中最重要的就是**西沙差那莱**，位于素可泰上游57千米处的永河两岸。现在已部分修复的**西沙差那莱古城**已被联合国教科文组织列为**历史公园**，相比于素可泰历史公园宏伟的气势，这里的氛围更显安静，其他景点还包括**查良区**附近的河滨寺院、Ko Noi 村的**宋加洛瓷窑**以及新西沙差那莱地区的**沙吞纺织博物馆**，都值得游玩。

西沙差那莱历史公园(Si Satchanalai Historical Park)

每天 6:00~18:00 · B100，也可购买 B240 的门票，包括查良区的(吉祥乐达纳大舍利塔寺)及瓷窑参观；交通费用为 B10~50

沿着跨越永河的101号支路可前往**西沙差那莱历史公园**，又称**西沙差那莱古城**(Muang Kao Si Satchanalai)，大多数主要古迹都位于此。在公园东门附近有许多食物排档及一辆无轨电

车（只在交通繁忙时间运行）。

西沙差那莱历史公园信息中心（Muang Kao Si Satchanalai Information Centre）

那法雅寺以南，位于环绕遗址中心区域的道路上・每天 8:00~17:00

进入公园一定得去这个热情友好的信息中心，四周花园围绕，非常美丽。信息中心主要提供了该区域的历史背景，展现了其得天独厚的地理位置——位于永河及 Khao Phra Sri 山脉之间的平原，是适合人类居住的理想之地。展览品包括从冲村寺（Wat Chom Chuen）附近挖掘出来的陶瓷碎片以及 Tha Chai 区域出土的磨制石器。此外还有整个被联合国教科文组织认定的世界遗产地的大比例模型，展示了河湾处分布的众多寺庙。

群象寺（Wat Chang Lom）

偏向公园中心，正门的西南方

这座引人注目的**群象寺**遗址是大多数旅行的起点，寺院中心是一座斯里兰卡风格的钟形大佛塔，而其方形底座上镶嵌着 39 个原物大小的大象扶壁（那些位于素可泰和甘烹碧的大象雕塑要小一些）。有时象夫会牵着一头大象在此证明象雕尺寸。许多大象浮雕都已修复完整，其中大部分的灰泥雕像至今仍保存完好；也有一些浮雕露出了大块红土砖块。

七排塔寺（Wat Chedi Jet Taew）

就位于群象寺对面

七排塔寺共有 7 排小佛塔以供奉西沙差那莱的王室统治者的遗骸，因此是这座古城最重要的寺庙。34 座佛塔中有一座是仿照素可泰玛哈泰寺的蕾状莲花标记佛塔建造的，只不过将比例缩小了一些；而剩余一些佛塔也是附近其他重要寺庙的仿制品。

其中一些佛塔的壁龛中坐落着由灰泥覆盖的精致佛像，包括非常著名的那迦庇护下的佛像之一（目前头部已修复），其仿制品也收藏于兰甘亨国家博物馆。

那法雅寺（Wat Nang Phya）

七排塔寺以南几百米

那法雅寺以其佛殿墙上的原始灰泥浮雕而闻名，至今仍保存完好；灰泥是一种很耐用的建材，经过雨淋之后会变得更加牢固，因此它才能暴露在空气中 700 年。装有栏杆的墙壁上安装着条状小窗，刻满了复杂的花卉图案。

考巴农普龙寺和考宣绮丽寺（Wat Khao Phanom Pleung & Wat Khao Suan Khiri）

在群象寺以北 600 米的山顶上坐落着考巴农普龙寺遗址，其附近还矗立着考宣绮丽寺，在此可鸟瞰古城不同区域的景色，雄伟壮观。**考巴农普龙寺**里唯一一座保存完好的佛塔位于较低的小山山顶，两侧都建有小佛塔以供奉西沙差那莱重要人物的骨灰，这些人都有特殊的纪念意义，但还没有重要到可以进入七排塔寺的地步。该寺庙的名字意为“圣火山”，因在山顶会举行火化仪式而得名。

考宣绮丽寺的巨大佛塔位于西北方向 200 米的山顶上，如今辉煌早已不再，但在其基座平台上欣赏到的风景是非常不错的，可将南面的主要寺庙遗址以及北面的城墙和入口大门尽收眼底。

吉祥乐达纳大舍利塔寺（Wat Phra Si Ratana Mahathat）

历史公园东南方向约 2 千米处・B100 可前往查良区，再加 B20 寺院门票，或者购买 B240 的门票包括查良、历史公园及瓷窑；交通费用 B10~50

在素可泰获得该地区控制权并建立西沙差那莱之前，这片区域属于高棉人的管辖范畴，且被称为**查良**（Chalieng），处于永河河湾内。所有查良遗迹如今只剩下**吉祥乐达纳大舍利塔寺**，整座建筑呈东西走向，如今四周只是一些破败的红土城墙，其中有些寺院建筑的历史可追溯至高棉时代，但后来素可泰和大城王朝时期的建设者们又为之添加了一些元素。如果你从木质吊桥出发前往这里，那么途中会经过半掩埋的东大门及一个沉重的高棉雕花门楣，该门楣是用一整块石头凿成的。寺院建筑内矗立着一座高耸的玉米穗形普兰佛塔，可能在大城期间已经过整修，最近又用灰泥对整个寺院建筑进行了翻新。普兰佛塔前破旧的佛殿里供奉

西沙差那莱历史公园及查良
Ko Noi 村的瓷窑
新西沙差那莱&沙吞纺织博物馆
宋加洛&素可泰
N
考巴农普龙寺
Wat Khao
Phanom Pleung
考宣绮丽寺
Wat Khao
Suan Khiri
群象寺
Wat
Chang Lom
那法雅寺
Wat
Nang Phya
管理处
Office
Luang
Rapids
七排塔寺
Wat Chedi
Jet Taew
西沙差那莱历史城区
SI SATCHANALAI
HISTORICAL PARK
西沙差那莱
历史公园中心
Muang Kao
Si Satchanalai
Information Centre
101
Khok
Singakaram寺
永河 Yom River
吊桥
Suspension
Bridge
查良
CHALIENG
Chao Chan寺
冲村寺发掘现场
Wat Chom Chuen
excavation pit
吉祥乐达纳大舍利塔寺
Wat Phra
Si Ratana Mahathat
永河 Yom River
0
500
米

着一尊素可泰时代的巨大坐佛像，其手势透露着一股可战胜一切诱惑的气势。左边的高大佛行像浮雕也属于素可泰经典风格，堪称是该流派最精致的作品之一。佛塔西面则是八角红土平台遗迹，上面坐落着的钟形柴迪佛塔被认为建于不同的时代，可能还要更早一些。在其一侧有一座阁楼，里面供奉着巨大立佛像，眼睛眺望着永河；另一侧是次殿，供奉着两尊佛像。

Ko Noi 村的瓷窑 Ban Ko Noi Kilns

西沙差那莱历史公园上游 7 千米处・每天 8:00~16:30・B100，或购买 B240 的门票，包括游览查良区和历史公园

西沙差那莱附近地区的土壤富含高质量的黏土，在大城王朝期间被称为宋加洛（Sawankhalok 或 Sangkhalok），从 14 世纪中叶到 15 世纪末拥有陶瓷中心的国际声誉，生产的陶瓷至今仍堪称是世界之最。迄今为止，在西沙差那莱及其附近共发掘出土了 200 多处**瓷窑**，据估计，有可能总数达到 1000 处。其中最主要的瓷窑厂之一就位于 **Ko Noi 村**，在公园入口处上游 7 千米左右，你可以骑自行车沿着一条几乎没有车辆通行，令人愉悦的河畔小径（不是通往公园的那一条）到达该瓷窑厂，途中会经过花丛灌木和果园聚集地带。

宋加洛瓷窑保护中心（Sangkhalok Kiln Preservation Centre）

每天 9:00~16:00・B30

在 Ko Noi 村，泰国政府已经为 4 个出土的瓷窑加盖了顶棚，并将其改建为**宋加洛瓷窑保护中心**，但不幸的是，这些展览品几乎都没有英文介绍（如果在素可泰历史公园的兰甘亨国家博物馆，你可以很清楚地了解展品的信息）。

其中两个是升焰窑，两个是横焰窑，后者会产生更强更持续的热量，可生产出釉面产品。大多数宋加洛陶瓷都会上釉，这种灰绿色青瓷可能是由移民过来的中国陶工引进的，非常受欢迎，通常还用鱼或菊花图案做装饰。从**宋加洛陶瓷**小展览中可以看出这里烧制的陶瓷有：盆罐、装饰板和有盖盒子等家用器具，小雕像、寺庙雕塑和寺院屋顶瓦片等装饰用品，此外还有出口陶瓷，尤其是销往印度尼西亚和菲律宾，这两个地方会用巨大的宋加洛储存罐作为骨灰瓮。

在旅游旺季，保护中心马路对面会摆满了出售各种陶瓷和“古董”仿制品的小摊。泰国一些主要博物馆会展示来自西沙差那莱和素可泰的宋加洛陶瓷，在新素可泰外还有一个宋加洛器具专业收藏店（见 p.214）。

沙吞纺织博物馆（The Sathorn Textile Museum）

历史公园以北 11 千米，西沙差那莱现代小镇北端，101 号公路东侧・9:00~17:00・免费・素可泰任何一家旅馆提供的西沙差那莱一日游都会包括该博物馆，或者你也可以从新素可泰搭乘汽车，在新西沙差那莱下车

沙吞纺织博物馆里陈列着坤・沙吞（Khun Sathorn）的私人收藏品，且博物馆隔壁的纺织品店铺也是由他经营的，如果碰到感兴趣的游客，他或他的工作人员都会开放一个展览室让游客欣赏。

其中展示的大多数**纺织品**都来自附近的 Hat Siew 村，村中的纺织工人长年来都专门从事下摆刺绣艺术工作，即在纱笼底边用纬纱装饰，通常绣有精美复杂的图案。一些纺织品几乎都有百年历史，且下摆刺绣上的**图案**都具有象征意义，会暗示这些服装用于什么场合，如结婚典礼上所用的纱笼上都是成双成对的图案，像面对面的比翼鸟等。在 Hat Siew 村的纺织艺术中经常会出现大象图案，这可能与村里的风俗有关——即将成为僧侣的年轻男子会骑着大象前往受戒典礼现场。这个传统一直延续至今，如今每年的 4 月 7 日和 8 日都会举行大众受戒典礼和大象游行。在邻近的沙吞**店铺**及沿着这条主干道更往南的其他零售点都可买到 Hat Siew 的现代纺织品。

抵达和离开 **西沙差那莱**

西沙差那莱是素可泰（两地相距 60 千米）一日游的最佳去处。最简单的方法就是从新素可泰自驾汽车或摩托车前往，或者你也可以在新素可泰参加大多数旅馆安排的组织旅游。

巴士

若搭乘公共交通，从素可泰到达西沙差那莱的最快方式就是乘坐前往清莱方向的空调巴士；这些车从新素可泰车站出发的时间为6:40、9:00、10:30和11:30，全程仅需1小时。当地公交大概每30分钟1班（也从车站出发），但全程需2小时左右，而且有时还要在宋加洛换车。所有汽车都会在101号公路前往吉祥乐达纳大舍利塔寺的路标处让乘客下车，旁边有个粉红色拱门。穿过拱门，沿着狭窄小道一直走跨过通往寺院的吊桥，再走2千米即可到达西沙差那莱历史公园。返程时，最后一般返回新素可泰的定时空调巴士会在16:30经过老西沙差那莱。

火车

每天都会有一辆火车从曼谷出发前往西沙差那莱以南20千米处的宋加洛现代城镇，途中会经过大城、华富里及彭世洛。抵达车站后，你可以包一辆双条车或摩的前往遗址景点。

周边交通

自行车 租借自行车（B30）的最佳地点位于吊桥尽头处的一栋小屋里，靠近吉祥乐达纳大舍利塔寺；不然要再走2千米才会到达下一个租赁点——吉祥乐达纳大舍利塔寺的入口处。

甘烹碧（Kamphaeng Phet）

甘烹碧位于素可泰以南77千米处，据说是在14世纪由素可泰国王创建的，以作为首都素可泰和日益强大的大城城邦之间的缓冲城市。这座已被荒废的老城区距离滨河东岸100米，处于有利的战略位置，正如前面的素可泰和西沙差那莱城区一样，该遗址已被部分修复，且作为**历史公园**对公众开放，而且同样被联合国教科文组织列为世界遗产地。在这三座历史公园中，这里的游客人数最少，它可与西沙差那莱媲美的主要景点在于其主要寺庙的野性设计及典雅的风情雕像。如今在老城区东南边界处建立了一座新的城市，虽然商业化氛围浓厚，但也坐落着河畔公园，且主干道沿路鲜花怒放，还有许多历史悠久的木质房屋，为这座现代化都市增添了几分文化气息。你甚至可以在一座岛屿的河流里游泳，通过21巷附近的人行桥即可到达，就位于夜市以南几百米处。若你在该区域停留的时间较长，还可以去附近的国家公园观鸟或漂流。

甘烹碧历史公园（Kamphaeng Phet Historical Park）

每天6:00~18:00 · 两个主要区域门票为B150，参观1个区域只需B100，交通费用为B10~50

甘烹碧现代城镇四周都有遗址环绕，但**历史公园**，又称**甘烹碧古城**（Muang Kao Kamphaeng Phet）占据了两大最有趣的区域：老城墙范围内的椭圆形地区，及其北边的森林（arunyik）地区。这两个地区往返有5千米路程，因此需要搭乘交通工具。滨河对面的Tesa环岛西面的遗址废墟属于更古老的那空春城（Nakhon Chum），但残破不堪。

甘烹碧之名得自于其部分**城墙**，至今仍保存完好，但如今通往素可泰的101号公路穿过了这个封闭区域，且道路两旁还出现了一些店铺，因此很难看见古城的整体面貌。从Tesa环岛出发，你可以前往Pin Damri路，以**舍利塔寺**和**府立博物馆**出发作为旅游起点，或者你也可以从西门进入寺院到达**玉佛寺**后方。

在城墙北部的森林地区有十几处遗迹——从玉佛寺后面沿101号公路往东100米，穿过护城河并向左转，这些全部都是甘烹碧**森林**寺庙的遗址所在，由素可泰时代的僧侣在茂密的树林中建造，以方便禅修。如果你有自己的交通工具，可以尽情探索这片宁静宏伟的区域，而从道路两旁稀疏的种植园可瞥见破败不堪的建筑；道路一开始蜿蜒曲折，直到走上通往城墙北部的素可泰—甘烹碧公路才平坦些。

玉佛寺（Wat Phra Kaeo）

城墙内

玉佛寺几乎全部用砖红土壤建成，还有红土佛像点缀，是市中心最重要的建筑。寺院取名玉佛寺是因为收藏过泰国最神圣的佛像——玉佛，如今位于曼谷玉佛寺内，据说当时迁移过程中曾在此稍作停留。700年后，这些佛像经过风吹雨淋，形成了一种迷人的抽象阴影，可与著名的瑞士雕塑家贾科梅蒂代表性的细长雕塑相媲美，而其略显凌乱的感觉令景点更加

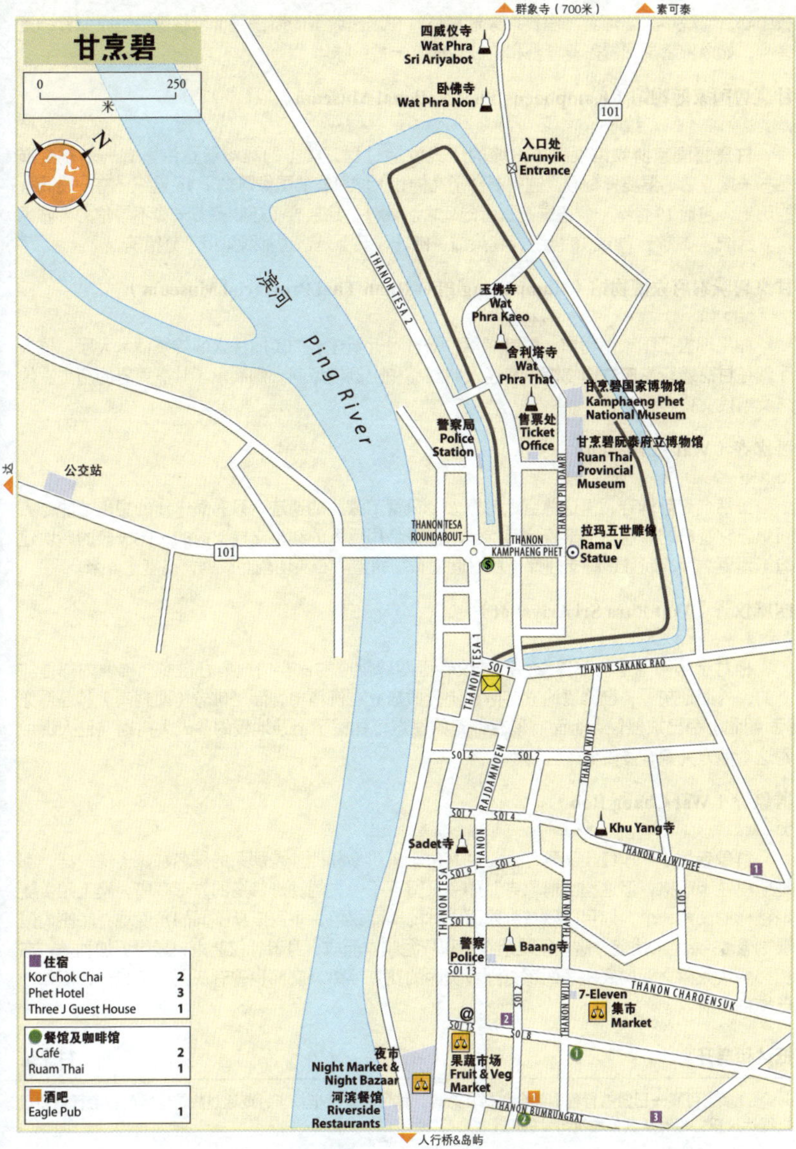

完美。人们在甘烹碧遗址几乎没发现任何工具，证明了雕塑家会在新挖的类似黏土的红土变硬之前完成雕塑形象。如今杂草丛生的小红土坑在老城区内随处可见。原本雕像外层涂有灰泥，而修复者们已将中央的一尊卧佛和两尊坐佛修补完成。主佛塔四周的壁龛有些是空的，曾经装有珠光宝气的狮子雕像。

舍利塔寺（Wat Phra That）

城墙内，毗邻玉佛寺

玉佛寺东边坐落着甘烹碧的第二大寺院——**舍利塔寺**。而这两大寺院正是这座古城的宗教中心。寺院中央坐落着一座钟形柴迪佛塔，在这座典型的斯里兰卡风格佛塔里收藏着神圣舍利，如今佛塔周围覆盖着青苔和植被，别有一番风味。

甘烹碧国家博物馆（Kamphaeng Phet National Museum）

城墙内，舍利塔寺东面・周三至周日 9:00~16:00・B100・www.thailandmuseum.com

甘烹碧国家博物馆展现了古城的历史发展过程。楼上的雕塑展览馆里有一个获奖展品——站立着的**湿婆**青铜像，这座混合了高棉和大城风格的雕像雕刻于16世纪，有一段曲折的历史，包括19世纪一位德国赞赏者的死亡。此外，这层楼上还收藏着一尊不寻常的大城风格立佛像，雕刻于17或18世纪，其头饰、佛珠，甚至是褶边都雕刻得十分精美。

甘烹碧阮泰府立博物馆（Kamphaeng Phet Ruan Thai Provincial Museum）

城墙内，甘烹碧国家博物馆隔壁・每天 9:00~16:30・B10

如果你去了国家博物馆，那就绝不可错过附近新建成的美丽诱人的传统柚木大厅。该大厅就是**甘烹碧阮泰府立博物馆**，其迷人的展品和比例模型向人们展示了甘烹碧府的历史、传统及当代文化。

卧佛寺（Wat Phra Non）

森林区域：进入入口，左手边的第一座寺院

虽然名为**卧佛寺**，但这尊巨大佛像如今只留下朦胧的遗迹，只有靠丰富的想象才能令人回想起它昔日的辉煌。供奉着这尊佛像的佛殿是用巨大的红土支柱支撑的，比一般的砖块建造工程更浩大，而且这些支柱都是从附近采石场的整块石头切割而成的，高度达8米。

四威仪寺（Wat Phra Sri Ariyabot）

森林区域：就在卧佛寺北面

相对于卧佛寺里的卧佛像，**四威仪寺**里四尊佛像的保存情况要好得多。佛像内部是红土的，外面是灰泥，已修复的立佛像和佛行像矗立在佛塔中，而坐佛像（面朝南）和卧佛像（面朝北）都已被侵蚀，上面有似有似无的斑点。扎根于上升地板的参天大树则向世人诉说着这个地方究竟有多古老。

群象寺（Wat Chang Rob）

森林区域：距离入口1千米处・沿着 Phra Sri Ariyabot 寺周围的弯道走即可到达

群象寺位于一座红土山顶部。正如其位于素可泰和西沙差那莱的同名姊妹寺院一样，都是斯里兰卡风格，但这座“群象寺”如今只留下了中央的钟形佛塔的方形底座。爬上四个陡峭楼梯的任意一个，你可以欣赏到西面山林的美丽景色，也可以从不同的角度观看底座周围雕刻着68头大象扶壁。这些象雕用红土和灰泥制作而成，身着礼仪装束，显得更加神圣；在相邻两头大象之间的底座表面还刻画着美丽的花卉浮雕，底部也曾有灰泥飞鸟装饰，但如今已模糊不清。

抵达和离开　　甘烹碧

许多素可泰**一日游**的行程中都会包括甘烹碧，你可直接乘坐汽车，或通过旅馆安排的旅游行程和司机抵达这里，也有从其他城镇出发的巴士。

巴士 从素可泰或彭世洛乘巴士前往，会从东面进入甘烹碧，一般司机会让游客在老城墙内或 Tesa 环岛下车，而不是位于河流对面、城镇以西2千米1号公路的汽车终站。从汽车终站出发，你需要搭乘红色的城镇双条车到达河流东面的 Tesa 环岛（前往遗址最方便的下车点），或者前往有许多酒店和餐馆的镇中心。

抵达站 曼谷（每天7班，全程6小时30分钟）；清迈（每天9班，全程6小时）；彭世洛（每小时1班，全程3小时）；素可泰（每小时1班，全程60~90分钟）；达（每小时1班，全程1小时）。

右页图从左上起顺时针顺序依次为：素可泰玛哈泰寺（见 p.212）；北碧的战争公墓（见 p.165）；提洛苏瀑布（见 p.232）>

2

周边交通及旅行安排

双条车 从 Tesa 环岛出发，双条车通常会按顺时针方向绕新城镇行驶，从南面的 Rajdamnoen 路（在与通往 Three J 旅馆的 Rajdamnoen 路 4 巷的交叉口处下车），到西面的 Bumrungrat 路，北至 Tesa1 路，然后到达西面的汽车站。

自行车或摩托车 城镇里唯一一个可以租到自行车和摩托车的地方是 Three J 旅馆，但对于一日游游客来说，不是很方便。

旅行 如果你决定在此多待几天，Three J 旅馆不仅可以提供舒适的住宿，还可为你安排去附近的国家公园漂流和观鸟等旅游行程。

住宿

Kor Chok Chai Rajdamnoen 路 8 巷 19/43 号，水果蔬菜市场东面 T 055 711247 这家经济型酒店是除 Three J 旅馆以外最实惠的住宿场所，提供舒适的风扇房和空调房，酒店门前有两头中国石狮守护，很好辨认。酒店客户大多是销售人员，工作完毕可能会找一些应召女郎。但酒店环境干净整洁，房间温馨舒适，工作人员热情亲切，除了老式的棕色毛毯，一切都很合人心意。风扇房 B260，空调房 B320

Phet Hotel 城镇东南边缘 Bumrungrat 路 189 号 T 055 712810 W www.phethotel.com 这家镇中心最好的酒店是旅行团的首选之地。虽然年代比较久远，显得有点破旧，但其空调房很精致，且所有房间都有电视机，并可尽情观赏城镇的天际线风光；大堂里有 Wi-Fi 和上网服务，工作人员也都会说英语，此外，酒店还设有餐厅、酒吧和夜总会等。房价包括早餐。B700

Three J Guest House 主街道以东 600 米，Rajwithee 路 79 号 T 081 887 4189 W www.threejguesthouse.com 这家安静舒适的民宿是甘烹碧最受游客欢迎的住宿场所，共提供 12 间用粗原木建成的舒适平房，坐落在家庭后面的中国式岩石花园里。所有房间都有舒适的阳台；最便宜的房间需共用卫生间，最贵的房间里有空调，此外还有四人家庭房。民宿提供自行车和摩托车租赁、上网服务，周末还会组织去国家公园旅行。风扇房 B320，空调房 B450，家庭房 B800

餐饮

从下午晚些时候开始，**夜市**就慢慢热闹起来了，在这里可以享用许多美食。夜市占据了新城镇南部河流与 Tesa1 路之间的区域，提供各种甜咸不同口味的美食，令人垂涎三尺；其中值得一试的有当地特色面食——用豇豆和猪肉制成的 kway tiaw cha kang rao。

Eagle Pub 南部街区 Bumrungrat 路，Kor Chok Chai 酒店东面 这家非常热闹的酒吧主要提供啤酒、威士忌和现场音乐（21:00 过后）。每天营业至深夜

J Café Bumrungrat 路 2 巷 68/3 这家深受欢迎的街边咖啡馆主要提供便宜的泰国素食——米饭加炖肉、咖喱或小炒等，只需 B20~30。每天 7:00~次日 2:00

Ruam Thai Charoensuk 十字路口南面 Wijit 路 这家毫不显眼的餐馆提供各种便宜面食、小炒和米饭，深受欢迎。每天从午餐时间营业至 22:00

湄索及边境地区（Mae Sot & the border）

湄索距离缅甸只有 6 千米，位于达克以西 100 千米，是一个非常偏远的边陲小镇，镇上生活着缅甸人、克伦族人、赫蒙族人及泰族人（以及非政府组织的外籍外派人员），是个多民族小镇。之所以会出现这种现象，是因为这里的缅甸珠宝和柚木贸易非常繁荣，而且据了解这里还存在庞大的跨境黑市，各种毒品、奴隶和性工作者都会在此交易。但对于休闲的游客来说，这里也是个放松心情的好去处，虽然没什么真正意义上的景点，却可以享受到各种美食。前往边境市场的短途旅程也可带给你一些小小的乐趣，此外一日游行程内还可去观赏山洞和瀑布。

但湄索最吸引之处在于这里是通往**翁庞**的中途停留点，从湄索到翁庞还需往南行驶 164 千米，这个偏远的小村庄因有刺激的漂流及徒步旅行冒险而为游客熟知。前往翁庞的路程十分颠簸，至少需要 4 小时，因此需要在湄索停留一夜稍加休息；或者你也可以通过湄索的旅行社组织其他游客一起步行前往翁庞。如果你需兑换货币，就在湄索兑换，因为在翁庞没有任何兑换设施。

在过去 20 年里，湄索及其周围的**缅甸人口**急剧膨胀（见 p.227 框中内容），因此从饮食到服装，湄索都多多少少受到了缅甸的影响；湄索的许多旅馆的工作人员都是缅甸人员，能说一口流利的英语，而城镇里唯一的景点就是一些雄伟华丽的缅甸寺庙。

针对湄索的缅甸难民的救援行动

目前从边境地区到湄索北部和南部共有 5 个缅甸**难民**营，而湄索本身就是许多相关国际**救援**项目的总部；大多数组织都非常欢迎游客捐助，其中一些还会接受游客参观及短期志愿者；有关详情可咨询 Ban Thai 旅馆、边城商店、Krua Canadian 和 Bai Fern 餐馆。**梅道诊所**（Mae Tao Clinic）是湄索地区最有名的救援组织之一，每年会为约 15 万人的缅甸移民和难民提供免费医疗，重点照顾那些没有进入难民营也不能享受泰国卫生系统的人。该诊所是由克伦族难民 Cynthia 医生于 1989 年建立的，她也因此获得多项国际奖项；她的诊所也会对移动医疗人员进行培训，他们会花数月时间穿越缅甸丛林为缅甸境内流离失所的人民提供医疗保健。若想帮助该诊所解决缺血和资金短缺问题，你可以前往 Indharakiri 路的诊所办公室（最好上午过去，但办公室工作时间为周一至周六 9:00~16:00 ⓣ055 563644 ⓦwww.maetaoclinic.org）；该办公室位于 Ban Thai 旅馆以西 1 千米，汽车站以东 350 米处。梅道诊所还建立了一所中小学，非常欢迎卫生工作者和教师前来任职几个月。

林梅市场（Rim Moei market）

每天都有多辆双条车（B15）将泰国商人和少数游客从湄索的政府长途汽车站（地图上的“E”代表了车站）运送至 6 千米外的**林梅**边境，这里的主要街道和湄伊河岸旁的街道上聚集着缅甸商品市场。该市场不如湄索市场有趣，有点俗气，但可以买到许多缅甸**手工艺品**，尤其是盒子和相框等木质艺术品，此外还有克伦族的编织肩包和格子花纹的缅甸腰布。这里最好的商品是厚实的柚木桌椅，其中大多数都泛着金棕色的光泽，非常美丽；而且购买后摊主会负责运送货物。

湄索附近的瀑布、温泉和洞穴

在湄索附近有几个小洞穴和瀑布，如果你自驾过去很容易就可到达，但是这里的瀑布不能和翁庞宏伟的提洛苏瀑布相提并论。Borderline Tea Garden（见 p.230）可提供性能良好的山地车（B70，外加 B1000 押金），而且工作人员会为你提供线路图及相关信息。

若想去三重的**美伽萨瀑布**（Mae Kasa Falls，只在雨季开放）和温泉（离城镇 10 千米左

2

缅甸的克伦族难民

克伦族人口有 500 万 ~700 万，是缅甸人数最多的少数民族，虽然人数众多，却仍然逃脱不开被缅甸政府迫害的命运。这种虐待已持续了几百年，而自从缅甸于 1948 年脱离英国取得独立之后又进入了一个新的阶段。不同于缅甸境内的其他种族，在“二战”期间，克伦族一直效忠于英国，英国军队在撤离之时本应让克伦族获得自主权，但英国对其不闻不问，结果演变成了内斗的局面。在英国撤军 14 年后，**缅甸军队**进驻该地取得控制权，建立了孤立主义这种奇怪的意识形态。1988 年，克伦族人反对这种军政府的情绪达到高潮，举行了一系列亲民主示威活动，结果缅甸政府实行了暴力镇压，残杀了数千克伦族人。

在随后的选举中，**昂山素季**领导的**全国民主联盟**（NLD）以压倒性的优势获胜，成为了 1991 年诺贝尔和平奖得主。作为回应，军队将昂山素季软禁（直到 2010 年才被释放），并宣布所有反对党派都是非法的。而被剥夺公民权利的议员们也和成千上万的普通市民一样，为逃离这种虐待，他们一直向东逃至泰国边境的丛林营地，甚至直接逃入泰国境内。

尽管在全国范围内积极开展了和平运动，到 2011 年年末为止也已签署了多项停火协议，但政府军与一些少数民族武装部队之间仍冲突不断。克伦族就是其中之一，克伦族的故土 Kawthulay 地区与泰国西北接壤，从迈萨良一直延伸至三塔山口地区。虽然签署了停火协议，但克伦民族联盟（KNU）的一个武装部队与缅甸政府军于 2012 年 3 月发生了小规模冲突（克伦族与克伦尼——又称克耶族——不同，克伦尼族的故土位于 Kawthulay 北面，与泰国夜丰颂府接壤）。

由于这些冲突，每月逃入泰国境内的缅甸人多达万人，其中绝大多数都是克伦人。长年以来，**泰国政府政策**都只接受逃离战乱的难民，并不接受人权受到侵犯的外族人。而且泰国并未签署 1951 年《关于难民地位的公约》，因此不能为寻求庇护的人们提供法律保护。由于政治引起的经济困难，如强迫劳动、窃取土地和牲畜及其他因素等，上万人民离开了他们的家园，因此他们不是非法逃入难民营，就是做**外侨工人**以维持生活。目前在泰国共计有 200 万 ~300 万缅甸移民，即使不是难民，这些流亡者也更容易受到腐败官员和贪婪雇主的虐待。例如，在湄索，缅甸移民是当地经济的支柱，据说他们中的很多人每天的收入都只有 B70（不到当地最低工资标准的一半），但却从事着最累的工作，或在宝石厂、成衣厂工作，或沦落为性工作者。

泰国媒体对缅甸难民的态度比较复杂，既有人道关怀，又怕增加泰国的经济负担，而且大多数缅甸非法工人都涉及暴力犯罪和毒品走私（如今缅甸是世界兴奋剂药品——又称 ya baa，或病毒的主要生产地和走私地，其中大多数都会走私到泰国）。

有关缅甸及边境地区局势的**新闻**和存档报告，请查看 Ⓔ www.bnionline.net。有关如何为缅甸难民提供**支持**的相关信息，请查看泰缅边境联合会网站（TBBC Ⓦ www.tbbc.org），更详细的内容请见 p.57。

右）游玩，从湄索向北出发，出镇后沿着通往夜拉末的 105 号公路行驶，然后在 13 千米石头标记附近转入小道行驶 7 千米即可到达。再往北，就在经过 105 号公路的 95 千米石头标记不久就可看到一个路标，沿着该路标行驶 2 千米就可抵达 800 米深的巨大蝙蝠洞——**美乌苏洞**（Tham Mae Usu，7~10 月会被水淹没，因此不能游玩）。

出了城镇往南，沿着前往翁庞的 1090 号支路可抵达距离湄索 41 千米远的**扎轮岩瀑布**（Pha Charoen Falls）；在湄索南部边缘的车站搭乘任何一辆前往 48 千米石头标记的双条车都可到达。该瀑布共有 97 层，从丛林中飞泻而下，雄伟壮观，是一日游泰国游客最喜欢的拍照留念点。

高地农场长臂猿保护区（Highland Farm Gibbon Sanctuary）

湄索以南 43 千米，通往翁庞的 1090 号支路上的 42.8 千米石头标记附近 · Ⓣ 089 958 0821 · Ⓦ www.highland-farm.org · 在湄索南部边缘的车站搭乘任何一辆前往 48 千米石头标记的双条车即可到达

高地农场长臂猿保护区（当地人称之为 Baan Farang）离扎轮岩瀑布只有几千米远，收养了 40 多只或受伤或被遗弃的长臂猿，其中大多数都是从阴狠的主人手中解救出来的，且缺乏野外生产能力。该保护区非常欢迎一日游游客及寄宿访客（至少要待 3 个晚上，提供全膳宿服务，$25/ 人 / 天）的到来，还会提供为期一个月的体验活动（总计 $750）。

抵达和离开

飞机

飞鸟航空提供从曼谷（廊曼机场，每周5班，全程75分钟）飞往湄索机场的航班，机场位于城镇以西3千米。搭乘摩的前往镇中心也很方便。无论是国内机票还是国际机票都可在SE东南快运网络中心及运货代理商处购买。位于Indharakiri路522号 ☎055 547048 ✉se.southeastexpress@gmail.com。

巴士、迷你巴士或双条车

湄索镇的巴士、迷你巴士和双条车的终点站各不相同（见p.227地图），而政府运营的车站位于城镇西面Indharakiri路和105号公路的交叉路口。若从曼谷以外的遥远城镇出发（或前往该地），通常到达汽车站会更方便一些，因为这里的长途车班次较多。

抵达站 曼谷（每天13班，全程8小时30分钟）；清迈（每天2班，全程6小时30分钟~7小时30分钟）；清莱（每天2班，全程11小时）；夜拉末（双条车每30分钟1班，全程45分钟）；湄塞（每天2班，全程12小时）；迈萨良（双条车每小时1班，从6:00营运至中午；全程5小时）；彭世洛（每天9班，全程4~5小时）；素可泰（每天9班，全程2小时30分钟~3小时）；达克（迷你巴士每30分钟1班，全程2小时）；翁庞（双条车每小时1班，从7:30~15:00；全程4~5小时）。

2

周边交通

自行车或摩托车 大多数旅馆都会为住客提供自行车租赁服务。Bai Fern餐馆可提供摩托车（B150/天）和自行车（B50/天）服务，而店铺Borderline（见下页）可提供则有性能良好的山地自行车。

汽车 湄索旅游中心可为游客安排往返翁庞的汽车和司机（B5000/3天）。

信息

旅游信息 湄索镇没有泰国旅游局办事处，但是Bai Fern和Krua Canadian餐馆及旅馆都会提供翔实的当地信息。

徒步旅行运营商

Khum Om 详情请咨询Indharakiri路736号的4号旅馆 ☎081 785 2095 ✉no4guesthouse@yahoo. com Khum Om虽不太爱说话，但徒步旅行的沿途景色非常美丽。此外还有提洛苏瀑布行程（见p.232），该行程共5天4夜，包括攀登Doi Phuwatoo（B6000/人，一般是4人旅行），让人畅快淋漓；以及他的主打项目——7天探险行程，一直可抵达桑卡拉武里，费用为$400/人。

Mae Sot Conservation Tour Tang Kim Chang路415/17号 ☎055 532818（周一至周六9:00~17:00），087 842 8031（周日） ✉maesotco@hotmail.com 提供提洛苏瀑布的标准旅游行程。

Max One Tour Indharakiri路296/1号DK Hotel广场 ☎055 542942 🌐www.maxonetour. com 翁庞山地徒步旅行运营商在湄索的分部，以翁庞的徒步旅行为主（见p.232）。

住宿

因为城镇里有许多志愿者，所有大多数旅馆都提供周折扣和月折扣。

Bai Fern Indharakiri路660号 ☎055 531349 🌐www.baifern.com 这家经营良好的酒店附属于一个大餐馆。客房设施简单，共用卫生间，有些房间有空调，极少数有受潮迹象——因此在入住之间仔细检查一下。价格实惠，提供Wi-Fi（B50/天）。风扇房 **B250**，空调房 **B300**

Ban Pruk Sa Indharakiri路，就在Ban Thai路对面 ☎055 532656 🌐www.banpruksa.com 如

湄索周边旅行

Mae Sot Conservation Tour（见上文）提供Mae Lamao附近的山地丛林环保旅行，位于湄索以东25千米，沿105号公路即可到达，克伦族和赫蒙族山地部落都居于此地。该丛林一日游包括2小时的徒步旅行及激流漂流（B2100，最少需4人）；通宵旅行则还包括夜宿克伦村庄且会顺访长臂猿保护区（B3900）。另外一种一日游行程包括拜访Mae Salao克伦族村庄、2小时的徒步旅行以及美伽萨温泉（B2100）。Max One Tour（见上文）会提供较便宜的一日游行程，包括拜访克伦族村庄、漂流以及林梅市场购物（B1500）。

果 Ban Thai（见下文）客满，可退而求次选择这家宽敞的现代化酒店，且客房温馨舒适（有些需共用卫生间）。提供免费 Wi-Fi，还可在美丽的花园里品尝咖啡。B500

★ **Ban Thai** Indharakiri 路 740/1 号 ☎055 531590 ✉banthai_mth@hotmail.com 这家湄索最有魅力的旅馆坐落于城镇西端安静的花园内（提供 Wi-Fi），是几座传统风格的房屋，铺有木地板。所有房间都布置得高雅舒适；主屋里的房间需共用卫生间，而那些有独立卫浴和有线电视的房间价格要贵些。许多非政府组织志愿者会长期在这里居住，因此你会在公共花园里遇见许多热情有趣的人，但这也表示入住前要提前打电话预约。风扇房 B400，空调房 B700

2

Centara Mae Sot Hill Resort 100 号亚洲公路/105 号公路 ☎055 532601 🌐www.centarahotelsresorts.com 当地的顶级商务酒店，有网球场、泳池，但房间比较普通，且离镇中心有 10 分钟车程。B850

Duang Kamol（D.K.）Hotel Indharakiri 路 298 号 ☎055 531699 这家镇中心最豪华的酒店提供干净整洁的大房，大多数都带有小阳台，还有一部分有空调和电视。入口在 1 楼，但楼下是一系列商店。风扇房 B250，空调房 B350

Green Guest House 跨过从达顺流而下的小溪 / Indharakiri 路 460/8 号迈萨良车站 ☎055 533207 这家温馨舒适的小旅馆共提供 16 间干净整洁的客房，全都带有独立卫浴。楼上的房间非常豪华：宽敞明亮、木地板、热水和电视；楼下的房间比较便宜，提供冷水、没有电视、水泥地板。非政府组织志愿者都喜欢常住于此。风扇房 B270，空调房 B350

餐饮和夜生活

Prasat Vithi 路上有许多面食店和**夜市摊位**，有各种各样的穆斯林和缅甸食物，而非政府组织的存在又使当地增加了许多西式**餐馆**，以迎合西方人的口味。非政府组织经营的**酒吧**的名字和业主更换相当频繁，但通常都有花园休息场所，有些甚至还有大屏幕播的体育赛事、Wi-Fi、定期现场音乐或益智问答之夜等：沿着 Indharakiri 路西面的 Arunyaket 寺一直到 Don Kaew 路地段，你可以找到多家酒吧。

★ **Aiya** Indharakiri 路，Bai Fern 对面 这里的泰国和缅甸食物非常有名，包括特别美味的缅甸咖喱，香气逼人（B80 起），以及切碎的豆瓣和炒洋葱沙拉。有时晚上还有现场音乐会。每天 16:00~22:00

Bai Fern Indharakiri 路 660/2 号 ☎055 531349 这家餐馆还有一个同名旅馆，提供当地最有名的食物。菜单上的菜肴（大多数菜肴价格在 B60~80）包括配有各种酱料的胡椒牛排、鲑鱼沙拉、正宗的意大利奶油培根（B100）、传统泰式咖喱及各种素食，此外还有巧克力饼、苹果派、巧克力蛋糕和混合麦面包等。每天 7:00~22:00

Borderline Tea Garden Indharakiri 路 这家休闲舒适的咖啡馆坐落于互惠贸易手工艺品店后面的花园里，提供便宜的缅甸小吃（B30~40），包括青柠汁蔬菜和土豆咖喱扁平面包等，所有食材都是用缅甸茶水、柠檬草及其他果汁冲洗的。此外还出售二手书籍，并提供烹饪课程（见下文）。每天 9:00~18:00

Casa Mia Don Kaew 路，经过 Ban Thai 旅馆再走 5 分钟即可到达 这家深受非政府组织志愿者喜爱的餐馆提供 20 种不同口味的自制面食，包括特别香、特别美味的意式番茄饺子，还有 20 种比萨。此外还有大量泰式菜肴、沙拉和素食，且每天都提供不同的蛋糕和甜点，如青柠芝士蛋糕和香蕉太妃派等。可送至旅馆，价格为 B20/ 份。大多数主食价格在 B30~90 之间。每天 8:00~22:00

Khao-Mao Khao-Fang 城镇外，沿通往夜拉末的 105 号公路北上 2 千米即可到达 这座花园餐馆景色非凡，有迷人的园景瀑布、溪流、岩石及茂密的树木等，仿佛进入原始森林一般，尤其是晚上，在海绿色灯光的照耀下更加美丽。这里是约会和宴请贵宾的流行场所，价格昂贵但没什么特色，不过店中的鸡尾酒是湄索最有名的，值得一试。白天该餐馆会提供前往夜拉末 / 夜沙良的双条车，但在晚上你只能自己驾车前往。每天 11:00~22:00

Krua Canadian Restaurant Indharakiri 路的警察局附近 这家餐馆深受非政府组织志愿者的喜爱，提供各种美味佳肴（大多数价格在 B90~120），包括当地的特色菜如炒青蛙和炒鸟咖喱、芒果鲇鱼沙拉和穆斯林咖喱等，还有豆腐牛排、进口牛排和墨西哥玉米卷饼等。此外还有一些山地部落咖啡和各种素食菜肴。晚上可看 DVD。每天 7:00~21:00

Peace Cafe Sawanwithi 路和 Indharakiri 路交叉口北面 这家街边小咖啡馆是由两位缅甸僧侣开设的，以提高众人对泰缅边境地带缅甸移民问题的关注。食物虽简单但很新鲜，还提供香醇的缅甸茶水和大量美味的斋菜。在周五晚上，19:00 过后有时会提供克伦自助餐（B99）。每天 9:00~21:00

购物

在 Ruamchit 路以南有一个日间市场，可以买到许多时装、缅甸纱笼和日常用品等。但湄索最著名的还是珠宝：相比于林梅边境市场，Prasat Vithi 路中间段的宝石玉器店铺的选择范围更广，价格也更便宜，即使你不打算买，看别人讨价还价也是一种乐趣。

Borderline 位于 Indharakiri 路 Arunyaket 寺旁，后面有个茶园 🌐www.borderlinecollective.org

出售各种克伦工艺品，包括纱笼、瑜伽垫和电脑包等。大多数商品都是由边境难民营里的克伦族妇女编织的。每天 14:00~18:00

Weaves Indharakiri 路 Bai Fern 对面 Ⓦ www.weave-women.org 与边界经营项目类似，其名字是“妇女进步与赋权教育”的简称。传统图案、染料和颜色的组合创造了各种各样的编织品，既保护了克伦族文化，又给当地难民妇女带来了收入，一举两得。周一至周六 9:00~18:00

附录

烹饪课程 Borderline Tea Garden 提供泰族、克伦族和缅甸菜肴的烹饪课程（8:00~12:00；B450~1000，视开班人数而定）。

医院 Mae Sot Hospital 位于城镇东南端（Ⓣ 055 531970），Pha Wawa Hospital 位于西南端（Ⓣ 055 533912）。

出入境管理局 位于林梅边境的十字路口。

上网服务 旅馆或 Duang Kamol 酒店大堂（B15/小时）都提供有上网服务。

语言培训课程 Krua Canadian 餐馆提供泰语课程。大多数旅馆和部分餐馆都可提供缅甸语课程。

按摩 Indharakiri 路的摩尼寺（Wat Mani）提供草药桑拿（15:00~19:00）。

旅游警察 遇到任何紧急情况都可拨打旅游警察 24 小时免费 Ⓣ 热线 1155，或直接去 Indharakiri 路的旅游警察局与他们取得联系（Ⓣ 055 533523）。

2

翁庞（Umphang）

即使你不喜欢徒步旅行，也可以考虑去这个位于湄索镇以南 164 千米处的**翁庞**，不仅是因为沿途壮观的山川风光，还有在泰国的这片孤立区域中流传的各种传闻。翁庞四面环山，且位于湄隆河与翁庞河的交汇处，这个小镇非常安静，只由 1000 多座木质房屋和 1 座寺庙构成。遍布在县城里的窄窄小道不用花多久就可探索完，但是单身的游客在这里仍不太常见，因此沟通会比较麻烦。建议带一些保暖的衣服，因为翁庞的夜间和清晨是非常冷的，而且乘坐从湄索镇出发沿着空中公路行驶的双条车旅行途中风很大。

空中公路（Riding the Sky Highway）

从湄索到翁庞的路程通常需要 4 小时，前 1 小时的路程还算平坦，会经过 Moei 村（Ban

2

翁庞徒步旅行

与清迈地区的徒步旅行不同，**翁庞的徒步旅行**所到之处大多都是荒野之地而非山地部落村庄，且游客以泰国人为主，外国游客较少。翁庞最大的亮点是200米高的三重的**提洛苏瀑布**（Tee Lor Su Waterfall，当地人称之为Nam Tok Thilawsu），是翁庞野生动物保护区（Umphang Wildlife Sanctuary 门票B200）的主要招牌，一年四季都有许多泰国人蜂拥而来。11月雨季刚过时，这里的瀑布最为壮观，可延伸至400米。在此期间，你可以在湛蓝的下潭里游泳，但道路泥泞，比较难走；徒步旅行队长会建议穿雨鞋（因为翁庞很难找到雨鞋，所以最好在湄索购买）。在雨季刚结束不久，有一小段路程非常泥泞，完全走不过去，因此需要骑大象，颠簸3~4个小时才会通过。徒步旅行的最佳**季节**是11月~次年2月，虽然晚上寒意料峭。在12月~次年4月（干季），道路比较好走，可以前往瀑布上层游玩。瀑布周围是一片山地森林，生长着众多不同品种的兰花，在山间行走通常会遇到许多猴子、犀鸟及成群结队的野象。

通往瀑布的**路径**由国家公园护林员严格控制，绝对不允许游客将食物和塑料水瓶带出瀑布1.5千米以外的护理站和营地。平时这里的游客很少，只有在法定假日、学校放假期间和一些周末才会聚满游客。游客可通过漂流和步行抵达提洛苏瀑布，或者也可以沿着通往护林站的**道路乘车**（四轮驱动车）前往，但在6~11月期间此路可能不通。如果你走这条线路，从护林站出发只需步行1.5千米即可到达瀑布。一些旅行社还提供汽车加徒步旅行一日游，以翁庞为起点，通常还会包括漂流项目。

前往提洛苏瀑布的**经典徒步旅行**标准行程通常为期三天。第一天：体验湄隆河提洛苏瀑布漂流及一些引人注目的蜂巢状悬崖；然后徒步行走9千米（3小时）抵达提洛苏瀑布附近。第二天：早上欣赏瀑布，然后步行2小时到达克伦族的Khotha村庄的寄宿家庭。第三天：骑3小时大象（或徒步行走）前往Mae Lamoong丛林；最后乘车返回翁庞。一些徒步旅行者认为三天游行程过于宽松，在每天结束时都会剩余许多空余时间（可带本书去看），因此有能力的游客可以尝试说服徒步旅行机构将相同行程压缩成2天，这样更具挑战性。提洛苏徒步旅行两日游（至少两人）最低**价格**为B2700/人（若骑大象需B3200），三日游价格为B3000/3500。湄索徒步旅行需再加B1000左右/人（见p.229）。不同旅游运营商提供的价格也不尽相同：小公司的价格要比大公司高一些，若成本低了，薪水就少，那么导游就没什么激情。在翁庞，联系小公司**徒步旅行队长**的最佳时间通常是在16:00过后，这时他们都已完成行程回来了。导游会提供帐篷、铺盖、蚊帐和睡袋，以及食物和饮用水；行程中可能会让游客负担一部分行李。

虽然提洛苏是翁庞地区最热门的景点，但是也有其他一些旅游行程。在6~10月期间，你可以去克伦族的Umphang Khi村享受翁庞河**激流漂流**，水流湍急。此外还包括路程很长的徒步旅行以及村庄夜宿。而前往Thi Lor Leh瀑布漂流一日游和两日游会包括4~8小时的湄隆河漂流（视水位而定），途中会经过一系列大瀑布，第二天还有长达7小时的徒步旅行。有关赏鸟信息，可询问前往Thung Yai Naresuan的旅游行程。

Moei）的玉米、卷心菜和香蕉种植园。当你进入山区小道时（通常称为**"空中公路"**），才会体会到真正的刺激感，环绕着陡峭的山谷边缘行驶，车辆颠簸不定，就像过山车一般（据说全程共有1219个弯道）。沿途风景美丽壮观，但如果你晕车的话，最好提前服用一些晕车药片，不然路途非常难熬：双条车（见下文）里挤满了乘客，根本不可能靠欣赏窗外风景来分散自己的注意力。

沿途坐落着克伦族、阿卡族、傈僳族和赫蒙族的几个部落村庄，而在政府的奖励政策下（全国运动的一部分，引导高地棉农远离鸦片贸易），较低山坡上种植着许多卷心菜。赫蒙族人穿着他们独特的刺绣外套，下摆处装饰着鲜艳的粉色、红色和蓝色镶边，很容易识别。2000年，由于林梅地区的三个难民营搬迁至特别建造的汶旁难民营——位于湄索和翁庞中间地段的空中公路沿途（见p.228框中内容），因此当地**克伦**族人口急剧膨胀。如今汶旁营里共收留了15000名克伦族难民。

实际上，在20世纪初泰国人在此定居之前，翁庞一直都居住着克伦族山地部落；后来泰国人与缅甸人正式在缅甸边境地带进行商业贸易时，来自缅甸的克伦族贸易商会将他们的身份证明文件放在一个被称作"umpha"的竹容器里进入泰国境内，该地区因此得名Umphang。

抵达和离开 翁庞

翁庞没什么公共交通设施，因此从这里开始旅行的唯一途径就是先回到**湄索**。

双条车 前往翁庞唯一的公共交通工具就是双条车，从湄索出发（每小时1班，7:30~15:30；全程

4~5 小时；B140，如果足够幸运可获得前排座位，价格为 B170），沿着空中公路行驶即可到达。返回湄索时，双条车会从城镇前部出发，至少要隔 1 小时才会出发，你也可以让旅馆提前打电话安排双条车来接。但中午过后你可能需要包一整辆双条车才能回湄索。

周边交通

汽车或摩托车 Tu Ka Su 旅馆可为游客安排四驱车和司机探索该地区（价格视目的地而定）。在翁庞并没有正规的摩托车租赁点，不过旅馆业主可能会提供摩托车租赁服务。

徒步旅行运营商

下面列出了翁庞徒步旅行提供英语队长的运营商，你也可以通过 Suan Boonyaporn Garden Huts（可拨打 ☎ 089 568 5273 与 Dac 联系（英语），更多信息可查看 🌐 www.boonyapornresort.com）和 Phu Doi Campsite 的工作人员安排徒步旅游行程。

BL Tour Umphang-Palata 路 1/438 号 ☎ 055 561021 🌐 www.boonlumtour.com 可让 Oi 或 Johnny 这两位英文导游带队。提供价格实惠的提洛苏两日游和三日游，包括食物和睡袋等所有用品；两日游很不错，省略了在 Khotha 寄宿一夜。

Mr Boonchuay Pravitpaiwan 路 360 号 ☎ 055 561020 🌐 www.boonchuaytour.com Boonchuay 是个土生土长的本地人，对翁庞了如指掌，且信誉良好；他的英语不是很好，但他聘请了英语导游。提供提洛苏标准旅游行程。徒步旅游者们可住宿在 Boonchuay 工作室后面设施简单的水泥房里（B200/双人房）或下游漂亮的平房里（B250/双人房）。

Paddle & Trek Umphang-Palata 路 ☎ 089 958 9374 ✉ tom_trek@hotmail.com 完美安排的行程，除了提洛苏经典项目外，还包括在克伦族的 Khotha 村庄留宿两晚，以及在 Thipoji 附近两个湖泊的徒步旅行。而在湄索北面的 Bhumipol 水库还有皮划艇项目，甚至还可要求量身定制旅游行程。

Umphang Hill Umphang-Palata 路 99 号，Umphang 山庄度假村 ☎ 055 561063 🌐 www.umphanghill.com 该地区规模最大的旅游经营商，提供 11 个旅游行程及量身定制旅行。值得一提的是从 12 月 ~ 次年 5 月，他们甚至还会安排前往桑卡拉武里的徒步 7 日游（B15000/人）。

住宿

由于翁庞的大部分住宿都是作为徒步旅行者的中途休息站，因此费用通常是按每人而非每间来算的；下列价格是双人价格，因此如果你独自前往的话，只需付一半价格。许多徒步旅游公司都有他们自己的住宿场所（见上文）。

Phu Doi Campsite Pravitpaiwan 路 4 巷 ☎ 055 561049 🌐 www.phudoi.com 在两座木屋里提供了多间温馨舒适的独立卫浴风扇房，且带有阳台，可看到池塘及办公室上面的一些房间。**B600**

Suan Boonyaporn Garden Huts Umphang-Palata 路 106 号 ☎ 055 561093 🌐 www.boonyapornresort.com 这家旅馆位于美丽的河畔花园里，提供各种类型的房间，从共用设施的简单小木屋到非常迷人的木质平房，一应俱全，平房里的卫浴设施虽然极其简陋，但前面有阳台，可看到部分河景。共用卫生间房 **B300**，独立卫浴平房 **B400**

Tu Ka Su Guest House Umphang-Palata 路 129 号 ☎ 055 561295 🌐 www.tukasu.net 这家非常时尚的旅馆位于河畔小山上的花园里，是翁庞最美丽的住宿场所，且提供设计精美的独立卫浴小木屋，装有电视；有些房间还有美丽的半花园式卫生间。**B600**

餐饮

翁庞最好的用餐场所在 Umphang-Palata 路沿线，黄昏时分在寺庙附近也有许多便宜的**食物小摊**。

Ban Krusun Sourenir Shop Sukomwattana 路 这家纪念品店不仅出售 CD 和当地手工艺艺术品，还有香浓的卡布奇诺和拿铁（B30）。每天 6:30~20:30

Krua Klang Doi Tu Ka Su 旅馆东面 这家深受当地人和游客青睐的简单餐馆提供价格便宜的泰国标准美食（B30 起），包括香味扑鼻的新鲜沙拉。每天从上午晚些时候一直营业至 20:00 后

Phu Doi Restaurant 毗邻 Phu Doi 野营地 这家餐馆深受当地人的喜爱，提供英文菜单，包括咖喱和肉米饭菜肴（B60 左右）等。仅在旅游旺季的早、中、晚餐时分营业

Riverside Restaurant Suan Boonyaporn Garden Huts 对面 这家和 Krua Klang Doi 类似的河滨餐馆位于蜿蜒曲折的华翁庞河旁，晚上这里是喝啤酒的热门场所。每天上午晚些时候一直营业至深夜

北部地区

清迈附近的手绘伞

北部地区 The north

乘坐火车穿过中部平原，就进入了泰国北部地区：火车行驶在位于程逸和登猜之间的区域时速度非常慢，几乎有停下来的趋势，就像进入边防哨所一般，沿途连绵起伏的山脉拔地而起，一直通往缅甸和老挝边界。过了这一段，气氛就变得比较轻松了（12 月 ~ 次年 2 月的夜间寒冷刺骨），肥沃的土地使得这片北方的古老王国被称为兰纳（Lanna），意为“百万稻田之地”。虽然只有 1/10 的土地可用于种植水稻，但该流域水稻的产量是东北地区的 3 倍，而高地地区主要生产各种水果以及豆类、花生和烟草等。

3

直到 20 世纪初，兰纳仍是一个独立区域。在其农业繁荣的背后，还保持着自己独特的艺术和建筑风格，至今仍可从其繁荣的寺庙和独特的手工艺传统中看出一二。泰国北部与其他地区不同之处在于它有自己的庆祝节日、深受缅甸影响的饮食习惯以及与中部截然不同的方言。泰国的北方人骄傲地自称为 khon muang，意为“公国子民”，而他们温柔成熟的性格深受曼谷人的喜爱，富裕的曼谷市民通常会在北方山区的清新环境下修建度假屋。

北方地区的首府和交通运输中心——**清迈**，因邓丽君的代表歌曲《小城故事》而被中国人知悉，是散心或准备山地旅行的好去处。对于许多游客来说，这里是徒步旅行（见 p.51）的天堂，可以拜访一个或多个**山地部落**，山地部落的人口占北方总人口的 1/10，且不同部落的生活方式相互之间各不相同，与周围的泰国人也有所区别。而对于那些对开发民族学旅游持有疑虑的游客来说，还有许多其他独立的旅游线路。

我们强烈推荐从清迈往东前往南邦、帕和难的旅游行程，不仅可以体验不寻常的旅游交通路程，还可感受该地区山地的自然之美，尤其是**坤丹山国家公园**的标记小径；此外还能欣赏当地多样化的泰国、缅甸及老挝艺术和建筑。**南邦**地区的寺庙可与清迈相媲美，例如南邦的銮舍利塔寺，它是幸存至今的最完美的泰国北方传统建筑，而东南方的**帕**很少有游客会拜访，若赶时间可以不去该地。**难**虽路途遥远但景点众多，有融合了泰国—老挝风格的艺术建筑及风景如画的陡峭山峦，令人如痴如醉。

在前往清迈西面的**夜丰颂**的途中，你会看到当地最美丽的山间景色，一直绵延至缅甸边境，返程时可选择经过**拜县**，这处休闲别致的山间避暑地也是徒步旅行和户外活动中心。清迈作为探索乡村生活的基地，唯一可与其相提并论的就是南边的**清莱**；清莱上方就是泰国的最北端——位处泰缅交界地带的**湄塞**。泰国、老挝和缅甸三国交会处位于**苏鲁克**，有“金三

夜丰颂环线

旅游重点

❶ **山地部落徒步旅行**　可访问泰国北部多个山地部落，并沿途探索充满魅力的乡村地带。见 p.244

❷ **清迈**　这个复杂的北方首府拥有古老寺院、最精致的泰国工艺品、有趣的烹饪课程及舒适的餐馆，是旅游散心的好地方。见 p.241

❸ **节日**　热闹的宋干节、闪耀的水灯节及丰富多彩的波伊善隆节只是众多节目的一部分。见 p.249

❹ **清迈面**　香气扑鼻的美味奶油面汤是泰国北部的招牌菜。见 p.256

❺ **素贴寺**　这座经典雄伟的寺庙建筑就位于清迈外侧，可欣赏到顶级美景。见 p.265

❻ **难**　这座迷人的河边小镇向人们展示了精致的寺院壁画、美丽的手工艺品及壮丽的山景。见 p.281

❼ **夜丰颂环线**　这条如云霄飞车般的线路穿梭于泰国最壮观的山间，风景如画，可在幽静的拜河边稍作休息。见 p.286

❽ **拜河白水漂流**　可在激流、峡谷和美丽的瀑布间尽情享受漂流的刺激感。见 p.304

这些旅游重点在 p.238~239 的地图上都已标记

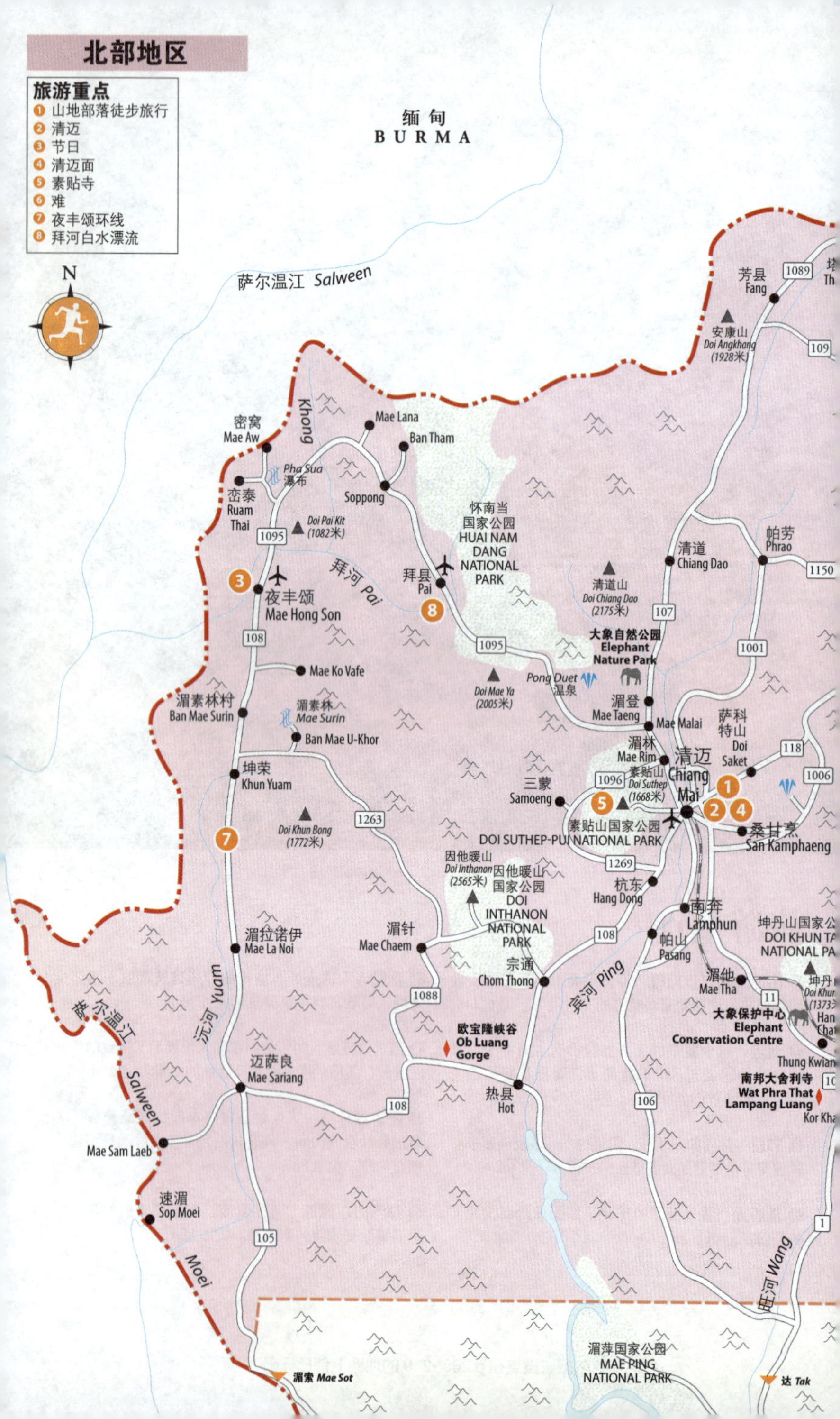

北部地区
旅游重点
1 山地部落徒步旅行
2 清迈
3 节日
4 清迈面
5 素贴寺
6 难
7 夜丰颂环线
8 拜河白水漂流
N
缅甸
BURMA
萨尔温江 Salween
芳县
Fang
1089
安康山
Doi Angkhang
(1928米)
109
Khong
密窝
Mae Aw
Mae Lana
Ban Tham
Pha Sua
瀑布
峦泰
Ruam
Thai
Soppong
Doi Pai Kit
(1082米)
1095
怀南当
国家公园
HUAI NAM
DANG
NATIONAL
PARK
帕劳
Phrao
清道
Chiang Dao
1150
拜河 Pai
拜县
Pai
夜丰颂
Mae Hong Son
清道山
Doi Chiang Dao
(2175米)
107
108
1095
大象自然公园
Elephant
Nature Park
1001
Mae Ko Vafe
Doi Mae Ya
(2005米)
Pong Duet
温泉
湄素林村
Ban Mae Surin
湄素林
Mae Surin
湄登
Mae Taeng
萨科
特山
Doi
Saket
Mae Malai
Ban Mae U-Khor
湄林
Mae Rim
清迈
Chiang
Mai
118
坤荣
Khun Yuam
1096
素贴山
Doi Suthep
(1668米)
1006
三蒙
Samoeng
1263
素贴山国家公园
DOI SUTHEP-PUI NATIONAL PARK
桑甘烹
San Kamphaeng
Doi Khun Bong
(1772米)
因他暖山
Doi Inthanon
(2565米)
因他暖山
国家公园
DOI
INTHANON
NATIONAL
PARK
1269
杭东
Hang Dong
南奔
Lamphun
坤丹山国家公
DOI KHUN TA
NATIONAL PA
湄拉诺伊
Mae La Noi
湄针
Mae Chaem
108
帕山
Pasang
宗通
Chom Thong
湄他
Mae Tha
坤丹
Doi Khun
(1373
11
萨尔温江
Salween
沅河 Yuam
宾河 Ping
1088
大象保护中心
Elephant
Conservation Centre
欧宝隆峡谷
Ob Luang
Gorge
迈萨良
Mae Sariang
Thung Kwian
热县
Hot
南邦大舍利寺
Wat Phra That
Lampang Luang
108
106
Kor Kha
Mae Sam Laeb
速湄
Sop Moei
105
Moei
1
旺河 Wang
湄萍国家公园
MAE PING
NATIONAL PARK
湄索 Mae Sot
达 Tak

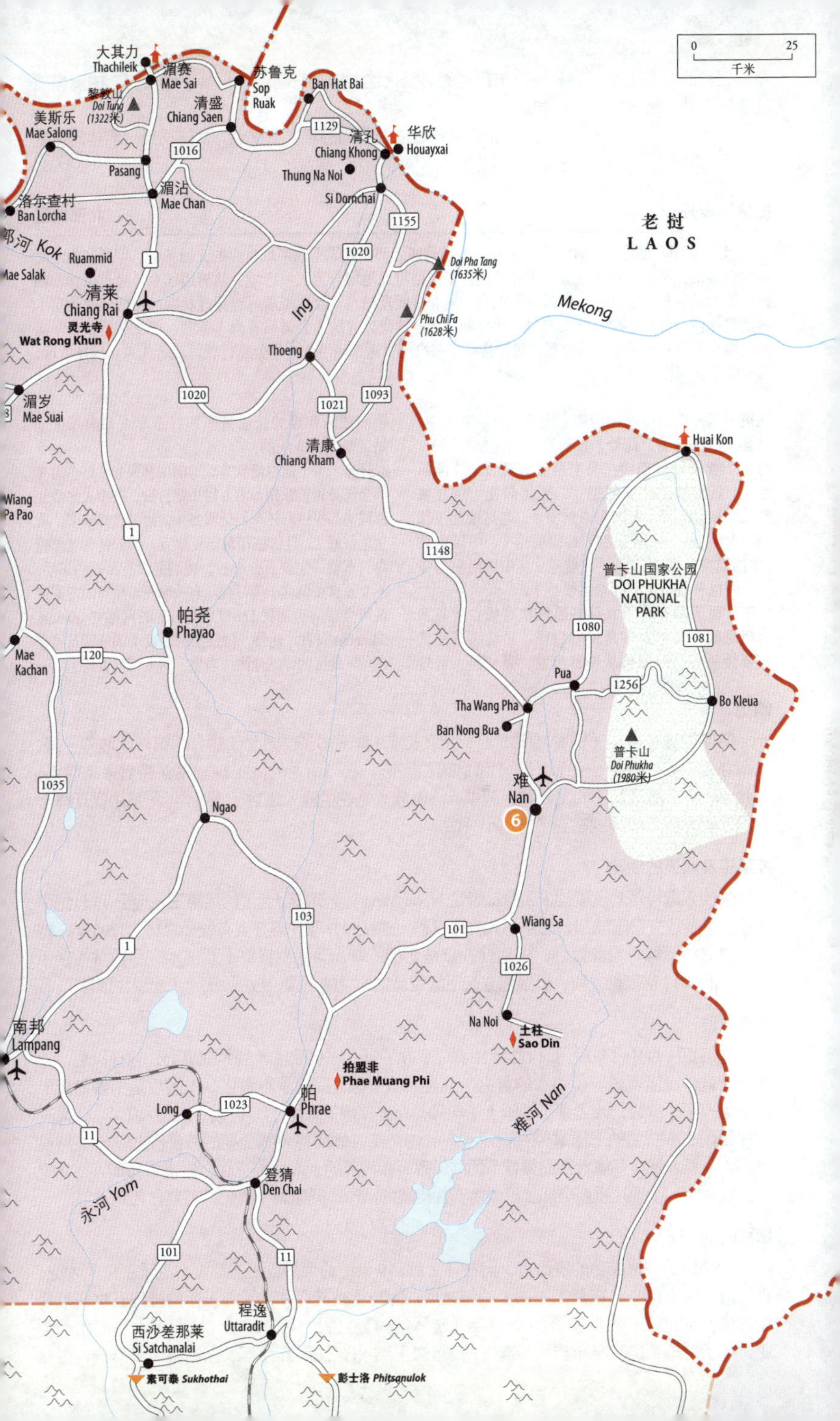
0 25
千米
老挝
LAOS
Mekong
大其力
Thachileik
湄赛
Mae Sai
苏鲁克
Sop Ruak
Ban Hat Bai
黎敦山
Doi Tung
(1322米)
清盛
Chiang Saen
美斯乐
Mae Salong
1129
清孔
Chiang Khong
华欣
Houayxai
1016
Thung Na Noi
Pasang
湄沾
Mae Chan
Si Dornchai
洛尔查村
Ban Lorcha
1155
郭河 Kok
Ruammid
1020
Doi Pha Tang
(1635米)
Mae Salak
1
清莱
Chiang Rai
Ing
Phu Chi Fa
(1628米)
灵光寺
Wat Rong Khun
Thoeng
1020
1093
1021
湄岁
Mae Suai
清康
Chiang Kham
Huai Kon
Wiang Pa Pao
1148
1
普卡山国家公园
DOI PHUKHA NATIONAL PARK
帕尧
Phayao
1080
1081
Mae Kachan
120
Pua
1256
Tha Wang Pha
Bo Kleua
Ban Nong Bua
普卡山
Doi Phukha
(1980米)
1035
难
Nan
Ngao
6
103
101
Wiang Sa
1
1026
Na Noi
土柱
Sao Din
南邦
Lampang
抬盟非
Phae Muang Phi
帕
Phrae
Long
1023
难河 Nan
11
登猜
Den Chai
永河 Yom
101
11
程逸
Uttaradit
西沙差那莱
Si Satchanalai
素可泰 Sukhothai
彭士洛 Phitsanulok

角”之称的苏鲁克是每辆长途汽车行程的必经之地，但在其附近，坐落于湄公河畔的**清盛**遗址落叶满地，给人以宁静祥和之感。

位于清盛东边，湄公河沿岸的**清孔**是通往老挝会晒的重要交叉点，从这里经过新建的昆曼大桥可入境老挝（需办理签证），享受琅勃拉邦两日游。

抵达和离开

正如泰国其他地区一样，迄今为止汽车是前往北部及其周围地带最重要的交通工具。但是，由于北部地形多山，必须要绕道行驶，因此长途汽车线路将此地划分为三大区域：从清迈往东，经过南邦和帕抵达难，最后是一条死路（但是每天都有一辆非常缓慢的汽车会蜿蜒前行，穿过壮丽的山峦到达清莱）；从清迈往西沿着夜丰颂环线可经过迈萨良和拜县；清莱以北的主要道路有汽车运营，而支路是双条车运营线路。清迈和清莱之间的路程你可以选择搭乘快速直达车辆沿 118 号公路行驶，或者先乘车前往塔通，再乘船沿郭河抵达清莱。

飞机 国内航班可前往清迈、南邦、难、夜丰颂、拜县及清莱机场。此外，清迈还有国际航线服务，与几个亚洲城市连接：马来西亚吉隆坡（亚洲航空）、新加坡（胜安航空）、缅甸仰光（蒲甘航空）、中国昆明（中国东方航空）、老挝琅勃拉邦（老挝航空）、韩国首尔（韩国航空）、中国台北（中国航空）及澳门（亚洲航空）。中国昆明与清莱之间也有航班（中国东方航空）。

火车 每天都有若干北部铁路班次穿梭在曼谷和清迈之间，其中大多是夜间旅程。虽然火车比汽车要慢一些，但如果从曼谷出发，登猜县（可转乘前往帕和难的长途汽车和双条车）和南邦火车站还是非常有用的。

摩托车 为了能尽情欣赏北部的山林风光，许多游客都会选择租赁摩托车沿乡村小路行驶，其中大多数北部城镇都提供摩托车租赁服务（清迈的选择最多，质量也最好），且价格相对比较便宜。但若是在北部骑自行车就一定要万分小心，特别是没有经验的车手，不要独自在偏远小道行驶。有关摩托车旅行的专家建议可登录清迈居民 David Unkovich 的网站 Ⓦ www.gt-rider.com 查看，此外，他还绘制了夜丰颂环线及“金三角”地区的详细地图（当地、网上都可查询）。

简史

哈黎朋猜是孟族（堕罗钵底）于 8 世纪末或 9 世纪初在泰国北部建立的第一座城邦王国，以南邦为中心，在历史上留下了不可磨灭的印记。它与南方的孟王国一直保持着紧密联系，因此 400 年来都是北部的文化和宗教中心。泰族人是在孟族人之后于 7~11 世纪从中国迁移至此的，同时在北部周围建立了一些小公国。

孟莱王及清迈的创建

泰族人取得蓬勃发展的主要推动者是 Ngon Yang（今清盛附近）的**孟莱王**，他于 13 世纪中叶在素可泰建立泰国城邦，之后不久就可以和北部城邦并驾齐驱甚至有统一之势。1296 年，他开始建立清迈城，自此以后，该地就一直是北部首府，而他也将整个北部地区尽数掌握在手中。在他 1317 年离世之时，已经建立起了繁荣昌盛的兰纳王国，放眼 200 年后无人可比。

缅甸入侵

迪洛克（1441~1487）于 1477 年在清迈举办了第八届小乘佛教世界理事会，自他以后，兰纳王国就再没出现过一位伟大的君主，且与大城王国之间的矛盾激化。但最后是由**缅甸人**于 1558 年占领了清迈，为孟莱王朝画上了句号，而且在接下来的 200 年内，他们扶植了一代又一代傀儡国王，将兰纳王国掌控在自己手中。1767 年，缅甸将大城王朝的首都洗劫一空，但没过多久，泰人就在郑信大帝的领导下团结一致，和南邦的卡维拉国王联合慢慢将缅甸人往北驱逐。1774 年，卡维拉重新夺回了已成为一片废墟的清迈，开始着手重建并将其作为新首都。

殖民时期

卡维拉是一位成功的统治者，但在其之后，19 世纪的大多数王子都没有继承王位的才能，直至殖民主义抬头。在英国占领上缅甸之后，为防止被其吞并，曼谷王朝的**拉玛五世**开始关注泰国北部地区——在签署了 1855 年《鲍林条约》之后，英国人在此建立了大量的伐木企业。为了对抗英国对泰雅族（泰族）的领土主权要求，拉玛五世不仅强制将大量泰族人往北迁移，还填补了上缅甸的大量人口。1877年，拉玛五世任命一位行政长官管理清迈、南奔和南邦，以使这些地区与泰国中心更好地融合在一起；随着1921年曼谷到这里的铁路开通，双方关系得到了进一步加强。

北部现状

自12世纪初起，北部的农业蓬勃发展，一跃成为相对繁荣的地区，而正如其他地区一样，过去30年经济的飞速增长很大程度上归功于旅游业的发展。兰纳有80%的人口居住在农村地区，其中绝大多数都是农民，但如今由于人口的迅速增长以及旅游业和农产品加工业的土地投机，靠种植业已很难维持生计。

清迈（Chiang Mai）

虽然近年来经济的快速增长带来了许多问题，诸如环境污染和交通拥堵等，但**清迈**仍然在其繁华的现代都市中保存了一些古老村落的氛围。作为泰国第二大城市，拥有年轻人口约40万（其中学生人口超过6万），与混乱的曼谷相比，差异非常明显：这里的人们都非常平易近人，就连说话速度也比曼谷同胞要慢得多，当地称这种欢快的方言为kham muang。在清迈古老的护城河附近，新建筑限高4层，保留了许多传统的木质房屋及幽静美丽、绿树成荫的花园，此外还坐落着该城市最负盛名的**寺院**——帕辛寺、王家塔寺和清曼寺，三者离得很近。这些优美典雅的寺院可能是清迈的主要景点，但它们不是预先包装过的博物馆展品，而是位于社区居住中心，走在路上很可能会碰到热衷于聊天以锻炼英语的僧侣。此外这里还有引人心动的手工艺品**店铺**、两三座引人入胜的博物馆、实惠舒适的住宿环境、丰富的美食及河畔酒吧……都为清迈增添了魅力，让人流连忘返。如今，越来越多的游客会在这个休闲舒适的城市提高自我修养，参加**烹饪**和**按摩**等课程（见p.247框中内容）。

这里丰富多彩的**节庆**活动（见p.249框中内容）也吸引了大量成群结队的游客：清迈是泰国新年——4月中旬的宋干节期间最热闹的地方之一，而且会在11月满月之夜庆祝水灯节，彼时宾河上将漂浮着成千上万点燃着蜡烛的荷叶船。此外城镇西部的**素贴山**朝圣之旅绝不可错过，不仅可欣赏神圣的寺院，在天气允许的情况下，还可登高俯瞰宾河的山谷美景。在市区范围外（见p.264）还有许多其他一日游行程，如前往南奔的古老寺院；而清迈作为山地部落**徒步旅行**的重要中心，当然还有其他各种各样的户外活动（见p.244框中内容）。清迈市中心的**方位**很好辨认，大致划分为两个主要区域：由保存良好的护城河及残存城墙遗迹包围着的**老城镇**，大多数寺院都位于此地；以及护城河与东部宾河之间的**新城镇中心**，涵盖主要市场及购物中心。绝大多数旅馆和餐馆都坐落在这两者之间，以东部护城河中间的标志性建筑**塔佩门**（Pratu Tha Pae）为中心。在郊区，城镇东部、南部和北部皆与高速公路接壤，西部还有一条运河路（Thanon Chon Prathan）绕过。

简史

1296年，兰纳王国将清迈——有鹿和白鼠等神奇动物存在的城市定为首都，自此以后这座“新城”就一直是北方最重要的居住中心。孟莱王时代是兰纳王朝的鼎盛期，城镇里绝大多数有名的寺院都建于此时期，最后缅甸于1558年占领清迈，宣告了该王朝的灭亡。直至200年后，泰国人才将缅甸人从清迈驱逐到如今地带，而该地至今也深受**缅甸影响**——不仅体现在艺术和建筑上，还体现在各式咖喱和汤羹上。从夺回该城市之后直到1939年，清迈的王亲贵族一直都是北方名义上的统治者。随着20世纪初通信的快速发展，清迈成为泰国地方行政服务中心的坚强后盾及中流砥柱。

帕辛寺（Wat Phra Singh）

位于老城区 Ratchdamnoen 路偏远的西端

如果你在清迈只看一个寺庙，那就非**帕辛寺**莫属，该寺院堪称清迈最独特的建筑群。位于门内右侧的藏经阁是泰国北方最经典的建筑物，镶嵌着玻璃细工，底座上刻画着灰泥天使雕像。寺院内最大的建筑是一座富有特色的现代风格佛殿，前面矗立着那迦像栏杆，后面是一座简朴的木质正殿，中间有一个典型的北方八角形底座，上面坐落着佛塔，该佛塔建立于1345年，用来收藏卡福王的骨灰，而整个建筑群中最美丽的要数Lai Kam佛殿。这座珍贵的木质佛寺具有多层次的蹲式屋顶，镀金山形墙上刻有精美雕像，堪称是兰纳时期的建筑经典：

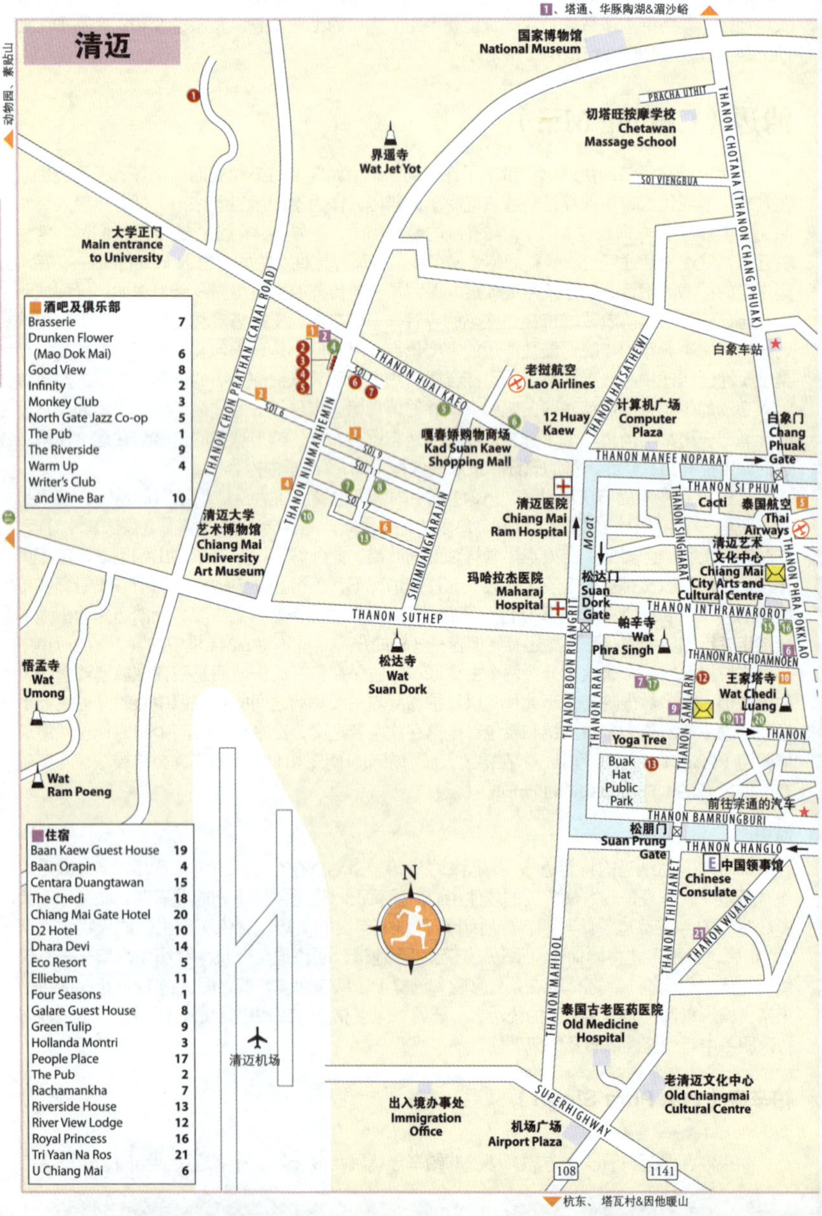

门廊中央圆柱之间弯曲的双拱门代表了佛陀的眉毛，因此当你走近之时会有被人注视的感觉。

佛寺里坐落着泰国三大**帕辛**（Sihing）佛像之一（见 p.87），是一尊大腹便便、光芒四射且备受尊敬的 15 世纪兰纳风格青铜佛像。四周镶嵌着生动形象的**壁画**，描述了 100 多年前的北方生活场景，虽已部分受损仍精致华丽。壁画主要介绍了两个不同的故事：右边墙壁上是一个名叫《金螺》（*Sang Thong*）的古老民间故事，据说从前有对国王和王后膝下无子，却

清迈的徒步旅行及其他户外活动

清迈的**徒步旅行**组织机构提供各种独特的行程线路，200 多家旅行机构几乎覆盖了北部所有徒步旅行区域，有关如何选择旅行社请见“基本信息”（见 p.51）。大多数徒步旅游行程都会包括骑大象和竹筏漂流，但实际行走的路程变化很大。有几个运营商会提供一些独特的线路。Eagle House（见 p.252）经营徒步旅行标准线路，包括大象和竹筏，但精心选择了比较安静的区域以及有教育意义的场所，而且会将一定比例的收入捐助给山地部落村庄资助项目。Trekking Collective（Loi Khro 路 1 巷 3/5 号 ☎ 053 208340 🌐 www.trekkingcollective.com）主要专注高端市场，可为游客量身定制昂贵但高质量的 5 日游线路，还包括如观鸟等特殊项目；它也参与了社区计划以帮助部落村民。

Chiang mai Green Alternative Tours 是一家生态友好、高文化敏感度的旅行社，位于 Chiang mai-Lamphun 路 31 号，泰国旅游局以北 100 米处（☎ 053 247374/084 611 1711 🌐 www.chiangmaigreen.com），提供多样化的**自然实地考察**，非常有意义。该旅行社一般会为游客安排知识渊博的本地导游，以素贴山、因他暖及清佬一日游或多日游为主，包括观鸟，这是该旅行社的特色项目。

对于各种**探险之旅**，如拜河白水漂流、徒步旅行、自行车旅行及皮划艇等，可咨询城市东边 Tasala 地区已经营多年的 Contact Travel（☎ 053 850160 🌐 www.activethailand.com）。

3

如果你只喜欢在市中心的拜河悠闲地划船，那么可以去 Fa Ham 路的 Faham 寺租**皮划艇**游玩（B100）。而喜欢高空刺激感的游客可去 Flight of the Gibbon（☎ 089 970 5511 🌐 www.treetopasia.com），这家旅行社提供全日的**雨林之旅**，可在城镇东部的山上体验飞索和天堑大桥。

自行车

Chiang Mai Mountain Biking Samlam 路 1 号，帕辛寺对面 ☎ 081 024 7046 🌐 www.mountainbikingchiangmai.com 这家旅行社提供的山地自行车之旅包括素贴山单向下坡行程及越野休闲或徒步和自行车之旅。

Chiang Mai Sunday Bicycle Club 🌐 www.cmcycling.org 每周日上午都会组织从塔佩门出发的有趣行程（当地自行车活动的一部分），任何人都可免费加入。

Click&Travel Chiang Mai-Hod 路 158/40 号 ☎ 053 281553 🌐 www.clickandtravelonline.com 这家比利时—泰国合资公司提供清迈及泰国北部的自行车旅行，持续时间少则几小时，多则 4 日，此外网站 🌐 www.chiangmaicycling.org 上有各种各样对骑车者有用的信息。

攀岩

Chiang Mai Rock Climbing Adventures Ratchaphakinai 路 55/3 号 ☎ 053 207102 或 086 911 1470 🌐 www.thailandclimbing.com 提供疯马壁的攀岩旅行和课程，该石灰岩露头位于城镇以东 50 千米处的桑甘烹地区，攀爬路线超过 70 条。此外还提供洞穴探险和抱石课程，以及设备租赁和出售、私人导游及寻找旅伴服务。

The Peak Chiang Mai-Lamphun 路 302/4 号 ☎ 053 800567-8 🌐 www.thepeakadventrue.com 提供疯马壁的攀岩旅行和课程，南邦附近的 Kiew Lom 水坝的攀登、野营和皮划艇旅游以及 Soppong 地区的攀登和洞穴探险项目，此外还有白水漂流、徒步旅行及丛林生存烹饪等。

奇迹般地在海螺里捡到了一个美丽的儿子——金王子。左边壁画描述的是美丽的金天鹅——Suwannahong 栖息在曼谷主要王室船只的船头，非常壮观。在此顺便提一下，男性身上看起来像百慕大式短裤的东西其实是**文身**：在 19 世纪时，所有泰国北部男孩的肚脐到膝盖部分都有文身，这种痛苦的考验代表了他们的勇气，也更吸引女性的注意。寺院旁边有一所高中，在白天，那些系有浅黄色腰带的新生以及穿着蓝色短裤的男孩会闹哄哄地穿过寺院。在尽情嬉戏过后，就会拉着游客帮他们完成英语作业。

王家塔寺（Wat Chedi Luang）

正门位于 Phra Pokklao 路，从帕辛寺出发沿 Ratchdamnoen 路往东步行 10 分钟即可到达；在 Ratchamanka 路、Jhaban 路和 Ratchdamnoen 路都有侧门・辩经时间：每天 9:00~18:00，佛教会谈时间：周六 13:00

王家塔寺内坐落着一座建于 1421 年的巨大佛塔，是该寺庙的标志性建筑，里面收藏着库纳王的骨灰，但由于 1545 年的地震，这座佛塔从 90 米倒塌成现今的 60 米。你需要丰富的想象力才能将如今这座摇摇欲坠的粉红色砖佛塔还原成其 15 世纪时的雄伟壮观，当年塔身装饰着青铜与金箔，并曾收藏玉佛像（见 p.72）长达 80 年。泰国当局曾重建整个佛塔以恢复其昔日的辉煌，但如今已放弃这一计划，反而将底座的大象、漫长楼梯上的那迦像以及四个佛龛里的佛像全都替换成了现代物品，包括一个超大尺寸的玉佛仿制品，是由现任国王为庆祝清迈成立 700 周年而出资建造的，就位于东侧的旧遗址上。

在一栋其貌不扬的现代建筑（禁止女性入内）的入口处矗立着清迈市柱，当地人称之为 Sao Inthakin（因陀罗柱），这个砖石结构的建筑外表覆盖着五彩缤纷的玻璃，且顶部坐落着一尊佛像。这根市柱是由孟莱王在建立清迈后建造于 Sadeu Muang 寺内的（今艺术文化中心），在 1800 年大败缅甸之后，卡维拉国王重建此城，并将市柱迁移至此——清迈的地理中心。这根因陀罗柱处于一棵雄伟高大的橡胶树的庇护之下，据说该树与城市的繁荣密切相关，是清迈的命脉所在。在佛塔东北一侧还有**辩经**活动，你可与僧侣见面且用英文交流。

潘道寺（Wat Pan Tao）

Phra Pokklao 路，王家塔寺北侧

如果你在此附近，可顺道拜访**潘道寺**，欣赏一下这里经过修复的 14 世纪全柚木佛殿，未磨光的嵌板由巨大的支柱支撑，窗户上有木质窗闩保护，且坐落着美丽经典的兰纳王朝建筑。

3

清迈艺术文化中心（Chiang Mai City Arts and Cultural Centre）

Phra Pokklao 路 · 周二至周日 8:30~17:00 · B90 · Ⓣ 053 217793 · Ⓦ www.cmocity.org

在三王纪念碑（Three Kings Monument）后面坐落着优雅的前府委办公厅，建立于 20 世纪 20 年代，如今已被改建为**清迈艺术文化中心**，实际上就是一座博物馆，其目的是向世人展示该城市和地区的历史、习俗与文化。为此，精心部署了比例模型及大量高品质的英语视听内容，还有一些不错的体验，如清迈老居民生动回忆 20 世纪初的城市样貌。楼上的展品虽没楼下有趣，但是陈列着引人入胜的山地部落音像资料和展示。建筑的后半部分提供各种文化活动，如编织示范、临时展览和纪念品店等，还有一间小咖啡店。如今在艺术文化中心后侧正在建设一个新的兰纳历史博物馆，而三王纪念碑对面殖民地风格的前法院则渐渐改建成了一个以兰纳艺术为重点的博物馆。

清曼寺（Wat Chiang Man）

Ratchaphakinai 路（从艺术文化中心出发沿 Phra Pokklao 路往前走，然后右拐沿 Wiang Kaeo 路前行）

清曼寺是清迈最古老的寺院，由孟莱王建立于其第一处扎营地，其中最值得注意的是入口处右侧佛殿里坐落着的两尊精致神圣的佛像：印度北部雕刻风格的优美大理石浮雕 **Sila 佛像**，据说建造于公元前 6 世纪，呈经典的三屈式（tribunga）；而另外一尊 **Setangamani 佛像**（水晶佛）比 Sila 佛像晚了 400 年，可能建造于罗斛（今华富里），因其布云施雨的能力深受清迈居民的尊敬，而在宋干节期间，该佛像会被人们抬着游街，以祈求雨季期间风调雨顺。这两尊佛像都不是特别漂亮，且前面矗立着两组铁条，气场强大，让人很难看清这两尊佛像。

乘船游清迈

体验清迈城市氛围及其格局的最愉快方式就是宾河上的**游船**之旅。Mae Ping River Cruises（Ⓣ 053 274822/081 884 4621 Ⓦ www.maepingrivercruise.com）会提供 2 小时的巡游旅程，从 Charoen Prathet 路的柴孟昆寺（Wat Chaimongkol）出发，向上游行驶 8 千米，穿过郁郁葱葱的乡村地区抵达河畔农家乐，可观赏周围的果园、草药种植园及花卉园林，外加品尝点心和水果（B450/ 人，或 B550 包括清迈面午餐；最少两人，包括住宿和接车服务）。Mae Ping River Cruises 还会提供魏功甘古城旅游线路（见 p.266）及晚餐巡航（见 p.257）。另一种方法就是搭乘蝎尾船（目前出发时间为 9:00、11:00、13:00、15:00 和 17:00；全程 90 分钟；B500/ 人，至少 2 人 Ⓣ 081 960 9398 Ⓦ www.scorpiontailed.com），这是按照 100 年前使用的船舶重建的。此巡航会前往下游位于 Nakhon Ping 大桥以北 Charoenrat 路的码头，而且河畔的名胜古迹都有英文介绍。

清迈国家博物馆（Chiang Mai National Museum）

西北郊区的高速公路上・周三至周日 9:00~16:00・B100・🅦 www.thailandmuseum.com

在描述兰纳的艺术文化历史方面，**清迈国家博物馆**没有清迈艺术文化中心那些花里胡哨的表现形式，但其中陈列文物的质量却是遥遥领先的。博物馆里通风效果很好，非常凉爽，可以长时间浏览，而且这些收藏品都有非常详尽的英文介绍。就在博物馆东面、高速公路的北侧，坐落着Lamduon Faharm Khao Soi餐馆（见p.258）的分店，是一处非常舒适的午餐场所。

历史区（The history sections）

一进入博物馆，首先映入眼帘的就是左手边真人大小的青铜笑佛像，按照指示往右拐，历史区共分为 6 个区域：第一个区域展现了当地考古挖掘出土的文物和化石，以及该地区洞穴壁画的照片；第二个区域的展览品着重于兰纳王国 14~16 世纪的黄金时代，包括美丽的礼仪用槟榔套装（见下文框中内容）及桑甘烹地区的精致陶瓷，而第三、第四（位于楼上）和第五区域则展现了泰国北部至今为止的所有历史。

3

宗教艺术区（The religious art section）

这是博物馆中最大的区域，展现了**泰国的宗教艺术**，尤其是**兰纳艺术**。该区域陈列着数以百计的佛像，从哈黎朋猜（南奔）时代温暖慈祥、面带微笑的沙岩头像——代表了最早的北方风格，到拉塔那古辛（曼谷）风格的华丽雕像，一应俱全。在兰纳的黄金时代，雕像可分为两种截然不同的风格：一种与印度北部风格相似，被称为**狮式风格**，以佛陀开悟点——菩提伽耶地区雄伟佛教寺庙里的释迦牟尼原型（释迦狮子）命名。有人猜测迪洛克国王在 15 世纪 50 年代曾派遣使者前往菩提伽耶，并带回了该雕像的仿制品，就此成为兰纳几百尊佛像的模板。这些肩膀宽大、大腹便便的佛像总以右手触地的坐姿展现在世人面前，而其圆圆的脸上双唇紧抿，透露出一股王者风范，庄严肃穆。另外一种就是**苏玛那尊者风格**，是以高僧苏玛那泰拉之名命名的，这位高僧在 1369 年受邀从素可泰来到此地，并在兰纳建立了斯里兰卡教派。该博物馆里收藏着多尊此类风格的雕像，椭圆形脸，火焰般的顶髻，都显示出其深受素可泰的影响。

界遥寺（Wat Jet Yot）

高速公路附近，从国家博物馆往西步行 5 分钟即可到达

界遥寺是一座宁静的花园寺庙，其名字取自于寺院标志性佛塔的“7 个尖顶”。1455 年，迪洛克国王下令按照印度菩提伽耶的伟大寺院格局仿建了界遥寺，7 个尖顶则代表了佛陀在开悟之后于 7 周内所拜访的菩提伽耶周围的 7 个地方；且佛塔内收藏着迪洛克国王的骨灰。佛塔底座周围装饰有精美的灰泥浮雕，描绘着众多神灵盘着腿，安详地飘浮在空中的场景，是所有瑜伽的源泉；据说这些神灵的脸是按照迪洛克的亲戚刻画的。

槟榔

如今只有年老的泰国人，尤其是农村妇女才会喜欢嚼槟榔，但它曾是泰国非常广泛的社会习俗，而私人的槟榔托盘套装更是泰国人最珍视的财富，是社会地位的象征：王室成员使用的是金质槟榔套，贵族的是银或乌银器具，而平民百姓的槟榔套一般是用藤蔓或木头制成的。一套装备至少要包括三个密闭小容器，有时还有托盘用来装这些盒子，以及切槟榔的刀或胡桃钳。

享受嚼槟榔的三要素是：槟榔叶、石灰岩灰及槟榔棕榈果。首先咀嚼这种有催眠效果水果的红色粗瓤部分（最好挑绿色果皮的小槟榔），然后再加入一片大的心形槟榔叶，涂上糊状的石灰岩灰，再折成适当大小即可；若想感受更强烈的味道，你还可以在此步骤中添加一些烟草和/或大麻。槟榔的苦味渐渐使嘴麻木，然后耳朵周围会有温热的感觉。但令人讨厌的是，咀嚼后需要不断吐痰，这也是为什么泰国的老式酒店有大量痰盂的原因所在，如今重新换为了垃圾箱。此外，它对容貌也会有一些影响：喜欢咀嚼槟榔的人通常会有蛀牙，且嘴唇大多呈猩红色。

清迈的各种课程

清迈最流行的课程是泰国**烹饪**（尤其是在 Ratchdamnoen 路 5 巷及其周边聚集了许多规模较小的烹饪学校），其次就是**泰式按摩**学习。清迈还是禅修的理想之地（见 p.250），而除了攀岩（见 p.244）外还会教授许多其他技能，例如 Doi Saket Kao 路的 Naisuan House（T 085 714 5537 W www.taichithailand.com）会提供为期 8 天的**太极拳**入门课程；Arak 路 65/1 号的 Yoga Tree 会提供**瑜伽**课程（W www.theyogatree.org）；Huai Kaeo 路 Changkhian 巷 161 号的 Lanna Muay Thai（T 053 892102/081 951 3164 W www.lannamuaythai.com）提供**泰拳**课程；Kohklong 路 53 号的 Thai Dance Institute（T 053 801375-6 W www.thaidanceinstitut.com）提供**泰国舞蹈**课程；Tha Pae 路 179 号的 Nova 的工作车间里会提供 1~5 天的**首饰制作**课程（T 053 273058 W www.nova-collection.com）；而在 Origin Asia（见 p.25）里展现着**兰纳王朝艺术与文化**。

烹饪课程

Baan Thai Ratchdamnoen 路 5 巷 11 号 T 053 357339 W www.cookinthai.com 提供全天（B900）及短时间的晚间课程（B700）；两者都包括市场旅行，且有素食者课程。

Chiang Mai Thai Cookery School Moonmuang 路 47/2 号 T 053 206388 W www.thaicookeryschool.com 这家年代最久也最好的烹饪学校提供 1~5 天的课程，在晚上还有更高级的大师课程。每天的第一件事就是介绍泰餐配料、市场购物、制作咖喱酱或蔬菜雕刻。上课地点位于创办者的房子里，驾车需 30 分钟（可提供交通服务）。B1450~6700，包括一本食谱。

Thai Farm Cooking School Moonmuang 路 9 巷 38 号 T 081 288 5989 W www.thaifarmcooking.com 这里的独特之处在于你可以自己挑选他们农场里烹饪用的有机蔬菜、药材和水果，驾车需 30 分钟（可提供交通服务）。B1000/ 天；可为素食主义者及严格素食主义者提供为期 3 天的课程。

泰式按摩课程

我们会在后面章节（见 p.253）详述清迈地区的按摩信息。

Baan Hom Samunprai 城镇以南 9 千米，魏功甘古城外 T 053 817362 W www.homprang.com 这个位于乡村地区的按摩课程价格为 B1200/ 天，包括传统乡村风格的住宿，带有独立卫浴，及全膳，还可使用瀑布池及自行车；若不住在这里，价格则为 B1100/ 天。

Chetawan Massage School Pracha Uthit 路 Samud Lanna 巷 7/1-2 号，Chotana 路附近 T 053 410360 W www.watpomassage.com 曼谷卧佛寺按摩学校（见 p.80）的分部，是泰国学习泰式按摩的最佳场所。提供传统泰式按摩（B9500）及足底按摩（B7500）课程，共计 30 个课时（6 小时 / 天，共 5 天）。

泰国古老医药医院 Wualai 路附近，清迈老文化中心对面 T 053 201663/053 275085 W www.thaimassageschool.ac.th 清迈历史最悠久的按摩中心，又称 Shivagakomarpaj，以一位印度隐士的名字命名，据说就是他在 2000 年前创建了该学科。其中备受推崇的是为期一周的课程（B5000），可提供住宿；此外还提供足底按摩、精油按摩及草药热敷按摩课程。

Sunshine Network T 089 835 5312 W www.thaiyogamassage.infothai.com 这家拥有一流医师和老师的国际组织是由德国导师 Harald Brust 创建的，他又称 Asokananda，于 2005 年 6 月去世。Brust 强调精神层次，即所谓的泰国瑜伽按摩或阿育吠陀式按摩。而其追随者会在清迈和清莱之间的 Lahu Village 提供为期 12 天的初学者课程（B12800，包括设施简单的住宿、简单的素食饭菜及交通），此外还有瑜伽、太极和内观禅修等课程。

清迈泰式按摩学校 城镇东北部的 Mae Jo 路，高速公路 2 千米外 T 053 854330 W www.tmcschool.com 获得教育部认可且得到过去学员的强烈推荐。既有 5 天课程（B7500），也有更长时间的专业课程。所有课程价格中都包括交通服务。

清迈动物园和水族馆（Chiang Mai Zoo and Aquarium）

Huai Kaeo 路

在界遥寺 1 千米外，高速公路与 Huai Kaeo 路的交会处附近，有一条聚集了众多豪华住宅和酒店的宽广大道，从护城河的西北角开始一直延伸至素贴山山脚。从 Huai Kaeo 路出发，经过清迈大学（CMU 或称“Mor Jor”）的广阔校园，就可到达位于山脚下迷人公园里的**清迈动物园和水族馆**。

动物园（The Zoo）

每天 8:00~17:00 · B100，儿童 B50 · ⓦ www.chiangmaizoo.com

这座现代化**动物园**原先是一个传教士家庭的宠物园，如今里面约生活有 8000 种动物，环境相对比较舒适。包含一个儿童动物园和一个步行通过的鸟舍，而较大型的哺乳动物包括大象、长颈鹿、洪氏环企鹅、考拉、犀牛及两只深受欢迎的**大熊猫**和一只 2009 年在此出生的大熊猫幼崽（需额外支付 B100，儿童 B50）。虽然动物园的布局容易让人迷失方向，但对孩子来说却是一次非常有趣的旅行。动物的喂养时间有清楚标示，游客点心摊位也随处可见。

由于下午往往天气炎热，因此最好在上午游玩。动物园占地面积较大，但园内有**"服务车"**（两边敞开的小型汽车；B20，儿童 B10）以及**单轨铁路**（B150，儿童 B50），可带你四处参观。

水族馆（The aquarium）

周一至周五 10:00~17:00，周六和周日 9:00~17:00 · B520，儿童 B390（包括动物园门票）· ⓦ www.chiangmaiaquarium.com

3

在动物园的西侧坐落着新建的全东南亚最大的**水族馆**，总长 130 米，是世界上最长的水下观光隧道。为了展现清迈内地非常稀有的水生物种，这个巨大的建筑被严格划分为两部分：在淡水区，你不仅可以看到湄公河里的巨型鲇鱼（见 p.327），还可看到湄南河里的巨型鲇鱼 thae pha；而咸水区则展现了罕见的白鳍礁鲨、双头尖唇鱼及大型犁头鳐，犁头鳐介于鳐形目鱼与鲨鱼之间，且鲨鱼就是由其进化而来的。水族馆内还有一个海水触摸池，并提供喂养时刻表，详细信息请查看网站；此外，游客还可以体验浮潜（**B1000**）及水肺潜水（**B4290**），与鱼群嬉戏。

松达寺（Wat Suan Dork）

Suthep 路 · 辩经时间：周一、周三及周五 17:00~19:00 · ⓦ www.monkchat.net

有"花园寺庙"之称的**松达寺**四周有城墙围绕，是清迈防御工程的一部分。传言说在 1369 年，高僧苏玛那泰拉受邀前来创立斯里兰卡教派之时，带来了一颗会闪闪发光的神奇舍利。于是清迈的库纳王下令在他的花园里建造了如今这座巨大佛塔。但是当这颗豌豆大小的舍利被放入佛塔之时，却分为了两半：一半就埋葬于此，而在经过进一步冒险之后，于素贴寺发现了另一半的踪迹（见 p.265）。

如今在这座精美的白色佛塔旁边还坐落着一座花园，里面的佛塔虽小但同样令人眼花缭乱，主要用于供奉清迈王室成员的骨灰；佛塔西面是素贴山，风景如画，尤其是日落时分的景色，让人如痴如醉。在这座积满灰尘的寺院后面有一座正殿，殿内刻画着栩栩如生的本生故事壁画并供奉着已有 500 年历史的青铜佛像，在灯光照耀下显得分外美丽耀眼。附近有通

孟莱王狂热

虽然兰纳王国（见 p.641）的伟大创始人——**孟莱王**至今已去世 800 年，但在清迈和泰国北部地区仍有几十座佛殿供奉着他的英灵，其中最著名的有三座。位于帕辛寺和王家塔寺中间的 Kawt Kala 寺，是孟莱王在清迈建立的第二座寺庙（仅次于清曼寺），而在 20 世纪 50 年代时期，该寺的名字一度被改为 Phra Chao Mengrai 寺（或就叫 Mengrai 寺——孟莱寺）。而在其主佛殿右边的僧侣大厅里坐落着一尊立佛像，据说和孟莱王的身形完全一样——而这尊雕像足有 4 米高，难怪他会有如此多的英雄事迹。后院美丽庄严的菩提树旁矗立着一尊孟莱王手持大象钩的现代雕像，更接近其真人大小，人们会留下各种各样的进贡物品，包括刀剑。

在王家塔寺和清迈艺术文化中心之间则坐落着另外两座纪念这位伟大国王的神殿。而他也就是在这里遭雷击身亡的，享年 80 岁，于是人们就在 Ratchdamnoen 路和 Phra Pokklao 路交叉口的小广场上建立了一座闪耀的**神殿**，备受尊敬。沿着 Phra Pokklao 路再走几分钟，你会发现在艺术文化中心前面的**三王纪念碑**处坐落着一尊孟莱王青铜像，将清迈这座"新城"的吉祥格局展现在他及其盟友——素可泰的兰甘亨王及帕尧的南盟王前。这三位国王曾在华富里一位宗教老师的指导下共同学习，但是当他们再次见面时，事实却与纪念碑上所描绘的和谐画面大不相同：在兰甘亨王拜访帕尧时，和南盟王的妻子发生了暧昧关系，而孟莱王不得不从中调停。

清迈的节日

在每年4月12~15日的泰历新年**宋干节**期间，清迈是全泰国最美丽繁荣的城市。该节日主要是在一年最干燥的时节里举行“求雨仪式”，人们聚在一起尽情打水仗。这个复杂的节日中还有其他一些不为人熟知但同样重要的元素存在。在寺院里，居民们会聚集在一起堆建佛塔状的沙堡，并覆盖上彩旗，从而为身处地狱的祖先积公德，最终让他们从痛苦折磨中解脱，同时也意味着人们会在来年资助寺庙重新修建。此外还会对房屋进行彻底的大扫除以辞旧迎新，而且会对城市主要寺庙里的佛像进行清洗、磨光，并洒圣水驱邪，然后在泼水仪式上将它们摆放在中间，让每个人都有机会向佛像泼水并接受新的祝福。最后，年轻的家庭成员在节日期间要正式问候长辈，将带香味的水倒在他们手上以求得祝福。

水灯节在11月满月之夜前后，其间最热闹的地方是素可泰（见p.213框中内容），但清迈的气氛也与其不相上下，当地人也称之为**Yipeng节**。当河流两岸燃放起壮观的烟花盛宴时，成千上万只燃着蜡烛的美丽荷叶船就静静地漂浮在宾河之上。除了漂浮着的水灯外，人们还会燃放**孔明灯**（khom loy），众多的灯慢慢飘向天空，非常壮观，有时还会在孔明灯下面挂一串鞭炮。正如水灯一样，孔明灯也寓意着将罪行和厄运带走，由于佛陀在开始苦行修道时剪掉了顶髻，因此人们燃放孔明灯同时也表达了对佛陀顶髻的尊敬（根据传说，佛陀的顶髻一直由其天上的母亲在照看）。

通常在2月的第一个周末，在清迈老城镇西南角的Buak Hat公园里还会举行五彩缤纷的**花卉节**，同样也吸引了大量游客。该节日的亮点是花车游行，有各种用鲜花堆成的动物、佛塔甚至是《拉玛坚》的场景。4月初，在老城镇东北角的帕宝寺（Wat Pa Pao）附近会举行**波伊善隆节**，这是泰族男孩的成年仪式，男孩们会坐在亲戚的肩膀上绕着城镇游行。他们会身着色彩艳丽的华丽服饰，头戴巨大的花卉饰品，在节日结束时还会象征性地脱下自己的衣服并穿上藏红长袍；在泰国，该节日仪式最复杂的地方是夜丰颂（见p.296框中内容）。而在5月末或6月初的时候会举行**国柱节**，当地人会用清佬王家山的圣水清洗王家塔寺的市柱周围，成群结队地前来献上祭品，以祈祷清迈世代永存。

3

往**辩经**场所的路标，辩经活动是由朱拉隆功佛教大学组织的，让佛教学生和外国人面对面交流从而提高他们的英语水平，而你可以和他们从佛经到天气无话不谈，或者向他们询问该大学佛教文化与禅修晚间课程的信息（见p.250框中内容）。

清迈大学艺术博物馆（Chiang Mai University Art Museum）

Nimmanhemin路与Suthep路交会处附近・周二至周日9:00~17:00・免费・☎053 944833/053 218280・🌐www.cmuartcenter.org/www.cmumuseum.org

现代化的**清迈大学艺术博物馆**不仅肯定了该城市日益增长的重要性，也为当地的大型艺术团带来了福音。这个为特定目的精心设计的大型展览馆通常每月更换一次展览品，让游客见识到现代泰国艺术、日本漆器雕像和伊朗地毯艺术等多样化的艺术信息。博物馆内设有咖啡厅及商店，此外还会定期放映电影或举办音乐会。

悟孟寺（Wat Umong）

Suthep路；在经过Wang Nam Gan（泰国王室的一个农产品项目）向左（南）转，然后随着前往寺院的路标沿着蜿蜒车道行驶1千米即可到达

与其说**悟孟寺**是一座寺院，倒不如说它是一个公园，坐落于城市的西郊，景色迷人，非常适合散步。这座寺院是由孟莱王建立的，但在14世纪80年代时库纳王对其进行了重新修建：传说以前有一个很有名但有点疯癫的和尚，法号Jan，非常喜欢在这座森林里禅修打坐，而库纳王因为想在有问题时能够随时请教Jan的意见，就重建了这个寺庙，并在佛塔下方的**地道**（umong）里装饰着花草树木以及鸟的图案以模仿Jan偏爱的居住环境。其中一些老地道还能参观，可看见一些模糊的绘画片段以及一两座现代小神龛。在地道上方是各种各样的那迦像，守护着通往**佛塔**的楼梯。绿草如茵的平台上坐落着一尊正在禁食中的佛像，通体黑色，瘦骨嶙峋，非常怪异：这尊佛像描绘的是佛陀在6年自我禁欲期中的形象，之后他才意识到需找一条通往开悟的中道，避免极端。佛塔后方的地面倾斜，通往一个**湖泊**，里面生活着许多鲤鱼，当地人来散步的时候会给它们喂食。走过一座水泥桥可抵达一座小岛，岛上坐落着佛使比丘的雕像，这位著名的泰国南部僧侣于20世纪70年代在此重建了修道区。

在清迈禅修

北方都城充满祥和宁静的气氛，是适合禅修集会、短期课程及长期隐退的理想之地，其中多数课程是用英文授课的。有关冥想禅修的大致信息与建议可参见本书“基本信息”部分（见p.47），在该部分你还可了解清迈以南60千米处的宗通舍利塔寺著名禅修中心的详细信息。

Green Papaya Sangha Ⓦ www.greenpapayasangha.org 每周四晚上19:30都会在Yoga Tree提供越南禅宗法师Thich Nhat Hanh的传统禅修课程，此外也提供其他佛教传统大师的佛法讲座。需要捐赠。

International Buddhist Meditation Centre 素贴山素贴寺 Ⓣ053 295012 Ⓦwww.fivethousandyears. org 为初学者及经验丰富的学生提供各种各样的内观禅修课程，为期4~21天不等。必须提前登记（上课人数经常爆满）。需要捐赠。

International Meditation Centre 悟孟寺 Ⓣ053 810965 Ⓦ www.watumong.org 提供“畅所欲言”的禅修课程，最少需在此待三天。要求静修者8:00准时到达。禅修导师Phra Uttara是一个在缅甸学习的缅甸僧侣，精通英语。需要捐赠。

Mahachulalongkorn Buddhist University 松达寺 Ⓦ www.monkchat.net 提供禅修及泰国佛教文化的入门课程，课上必须穿白色服装，可花B300购买。包括瑜伽、诵经和救济，通常从周二的14:00左右开始，然后出发前往素贴山的培训中心，再于隔天的14:00返回松达寺（B500）；若是每月的第四周，课程通常持续三个晚上于周五返回（B1000）。有些时候课程会取消，因此请提前上网查看课表信息。

Northern Insight Meditation Centre Ram Poeng寺（又称Tapotaram寺），Chon Prathan路悟孟寺附近 Ⓣ053 278620 Ⓦwww.palikanon.com/vipassana/tapotaram/tapotaram.htm 提供严格的内观课程（必须保持安静，午饭后不可进食等），由泰国僧侣授课，配有翻译。至少需在此待10天，基本课程需26天，通过捐赠付款。

3

寺院周围树木环绕，非常宁静，且将多样化的教育理念体现得淋漓尽致：当你进入寺院会看到一片阴凉的树林，而几乎每棵树上都有一个标牌，上面用英文和泰文写着各种简单的佛教名言以及该植物的物种名称。在寺院中心坐落着一个图书馆，里面有一些英文书籍，旁边还有一个书店；户外有书桌和座椅，上面有遮盖物，许多当地人都会在此阅读、学习并讨论问题。此外，悟孟寺还提供禅修闭关项目（见上面框中内容）。

抵达和离开

清迈

在抵达火车站或其中一个汽车站后，你可以搭乘红色双条车或者直接包一辆嘟嘟车或双条车（见p.251）前往市中心。预订离开的车票有好几种途径，若不想出门去火车站或拱廊汽车站（见p.28、29及下文内容），你可以直接询问你入住的旅馆或酒店。位于Moonmuang路5号的Queen Bee（Ⓣ053 275525 Ⓦ www.queenbeetours.com）旅行社信誉很好，可预订火车票、各种迷你巴士和汽车票，并可提供大量旅游线路。而位于瓦洛洛市场附近Chang Moi路35号的Global Union Express（Ⓣ053 234400 Ⓦ www.guetravel.com）可购买国内和国际机票。

飞机

清迈机场（Ⓣ053 270222-33）位于市中心西南方向3千米处。最繁忙的线路是曼谷，泰国五大航空运营商都有航班，曼谷航空还可前往苏梅岛，泰航可前往普吉岛，亚航可前往普吉、合艾与乌汶，飞鸟航空可前往夜丰颂、彭世洛与乌隆。此外这里还有6条国际航空线路，而新增的Kan航空（Ⓦ www.kanairlines.com）主要经营从清迈出发的小型螺旋桨飞机国内航线，时刻表会不断变化。

机场设施 在底楼国内抵达处附近有货币兑换亭、自动取款机、邮局（每天8:30~20:00）以及Silkworm书店，而在国内候机室设有Bookazine、咖啡馆、行李寄存柜（B140/天）以及Avis(Ⓣ053 201574 Ⓦ www.avisthailand.com）等汽车租赁点。

市中心往返 在行李大厅有许多持有执照的出租车，分计程和非计程两种，但两者差别不大；前者前往市中心即使加上B50的接机费都可能还要更便宜一些，到达塔佩门的费用在B110左右。嘟嘟车和红色双条车可将乘客带至机场（从市中心出发的费用在B100左右），但不允许在机场搭载乘客。

抵达站 曼谷（每天25班，全程1小时）；合艾（每天1班，全程2小时）；苏梅岛（每天2班，全程100分钟）；夜丰颂（每天2班，全程35分钟）；彭世洛（每周2班，全程1小时）；普吉

（每天3班，全程2小时）；乌汶（每周2班，全程75分钟）；乌隆（每天2班，全程80分钟）。

火车

许多人会选择搭乘火车前往清迈，但通常要晚点一两个小时，火车站（有行李寄存处）位于城市东边的Charoen Muang路，离塔佩门只有2千米（☎1690/053 244795/053 245364）。通常会有旅馆工作人员在此迎候，推销他们的住宿场所并提供免费接车服务。

抵达站　曼谷（每天6班，全程12小时~14小时30分钟）；登猜（可通往帕和难，每天7班，全程4~5小时）；坤丹山（每天5班，全程90分钟）；南邦（每天7班，全程2小时~2小时30分钟）。

巴士

拱廊汽车站　清迈最主要的车站，位于Kaeo Nawarat路南侧（☎053 243669/053 247020），塔佩门东北方向3千米处。

Chang Phuak 汽车站　这个小车站位于Chotana路东侧，主要提供开往清迈府其余地方的车辆；此外还是南奔出发汽车的终点站。

汽车公司　Green Bus（☎053 266480 ⓦwww.greenbusthailand.com）是清迈最主要的长途汽车公司，在市中心Singharat路帕辛寺北面有一个售票处（见p.122）。如果你无视我们的警告，坚持选择曼谷考山路上比较便宜的汽车公司的车辆前往清迈，那么在订票之前一定要弄清楚在清迈的下车点：据说这些公司的汽车司机会让游客在偏远的高速公路下车，并将他们“推销”给各种旅馆。

抵达站　曼谷（每天20班，全程10~11小时）；清孔（每天3班，全程6小时）；清莱（每30分钟1班，全程3~4小时）；清盛（每天2班，全程5小时）；宗通（每天11班，全程1小时）；芳县（每30分钟1班，全程3小时30分钟）；孔敬（每天10班，全程12小时）；呵叻（每天12班，全程12小时）；南邦（每30分钟1班，全程90分钟）；南奔（每10分钟1班，全程1小时）；夜丰颂（途经迈萨良线路每天5班，全程8~9小时；途经拜县每天3班，全程8小时）；湄塞（每天6班，全程4~5小时）；湄索（每天2班，全程6小时）；难（每天8班，全程6小时）；拜县（每天5班，全程4小时）；彭世洛（每天最多18班，全程5~6小时）；帕（每小时1班，全程4小时）；罗勇（每天8班，全程17小时）；素可泰（每天最多19班，全程5~6小时）；塔通（每天4班，全程4小时）；乌汶（每天6班，全程17小时）；乌隆（每天4班，全程12小时）。

3

周边交通

自行车

虽然大多数位于市中心的寺院都可步行前往，但若想参观整个老城区还是骑自行车比较方便，还可以前往护城河外的景点游览一番。东面护城河沿岸的马路上有许多折叠式自行车及山地车租赁点，费用在B30~50/天，但位于Singharat路94/1号、Si Phum路拐角处附近的Cacti（☎053 212979/089 757 9150）提供质量高、维护好的陆地和山地自行车租赁（B80~350/天）和出售服务。

双条车

有关在清迈建立综合公交系统的问题已讨论多年，但如今这里仍只有红色双条车的存在，相当于市内公共出租车，司机会让方向大致相同的乘客上车并让每个乘客在确切目的地下车。例如在市中心从塔佩门前往帕辛寺需花费B20，但若目的地不在常规线路上，或者司机认为你需要包（mao）整辆车时，所花费用自然就比较多。

出租车、嘟嘟车或三轮出租车

清迈的出租车只有在离开机场时才会打开计程器；其他时候都直接报价，一般是2千米B150。在街上不能拦截出租车，拨打053 922128或053 218271让总部为你安排车。更为普遍的是嘟嘟车，通常可与司机砍价，短程只需B50左右，例如从夜市前往塔佩门。城里还有一些三轮出租车，将当地人从市场送回家的费用比较便宜，但如果是高档旅游团从酒店前往观光点的价格就比较贵了。

摩托车

探索清迈周边景点的最好交通工具是摩托车，在塔佩门附近可租到各种类型和尺寸的摩托车，80cc的摩托车价格为B130~150/天。在各可靠的租赁点中，Moonmuang路5号的Queen Bee（☎053 275525 ⓦwww.queen-bee.com）以及位于Moonmuang路和Ratchawithi路交叉点附近的Mr Mechanic（☎053 214708 ⓦwww.mr-mechanic1994.com）会提供各种型号的自行车租赁以及自行车旅行服务，还提供保险。

小汽车

塔佩门附近有许多小汽车及四驱车的租赁点，最低价格为B800/天：提供保险及故障恢复服务的可靠公司包括清迈机场（☎053 201798-9）和Royal Princess酒店（见p.256）的Avis（ⓦwww.avisthailand.com）；塔佩路283号的Journey（☎053 208787 ⓦwww.journeycnx.com）；Chaiyapoom路70/4-8的North Wheels（☎053 874478 ⓦwww.northwheels.com）；以及Moonmuang路5号的Queen Bee（☎053 275525 ⓦwww.queenbeetours.com）。

信息

旅游信息 泰国旅游局办事处位于Chiang Mai-Lamphun路105/1号，Nawarat桥南面河东岸（每天8:30~16:30 Ⓣ053 248604/053 302500 Ⓔtatchmai@tat.or.th），可提供城市宣传手册及一份简单的免费地图。Ratchaphakinai路上的T&T是指旅行和旅游公司，看似是政府信息办公室，实际是一家私人旅行社。

地图 在城市许多地方都可买到*Nancy Chandler's Map of Chiang Mai*（B250），非常方便有用：正如其出品的五颜六色的曼谷地图一样，清迈地图上也标出了一些热门景点、商店、餐馆和各种奇异的地方供游客选择。在Ⓦwww.nancychandler.net网站上还会定期发布最新信息。

Listings 在当地出版的免费月刊中，销量最好的是*Guidelines*和*City life*，介绍了城市即将举行的活动信息以及有关当地文化的文章；通常都分布在游客多的地方，包括货币兑换亭及酒店大堂等。《City Life》还有网站Ⓦwww.chiangmainews.com 并提供未来两周活动列表示意图*City Now*。

住宿

3

清迈提供各种不同的住宿类型，以满足所有预算的游客。老城区里面的狭窄小巷里聚集着许多**设施简单的旅馆**，但环境温馨安静，还有属于自己的室外咖啡馆。在护城河与塔佩门东面、Moonmuang路9巷以及Ratchaphakinai路南端几乎全部是游客聚居区（当然规模绝对比不上曼谷的考山路），但在护城河区域内有许多更安静的住宿场所，可让人尽情感受老城镇的魅力。在中等价格范围中，最佳选择是**高档旅馆和旅舍**，不仅有良好的设施，而且相对于同等价位的酒店来讲，这里的装饰和氛围更有吸引力。而价格比较高的就是清迈近年来越来越多的豪华酒店，从规模较小的精品酒店到类似于文华东方Dhara Devi等大型酒店，应有尽有，其中大多数都是传统的兰纳建筑风格，别有一番风味。

须知

空房预订 这里有许多旅馆和床位，通常不需要预订，但是大多数地方在12月~次年2月期间以及节庆日尤其是宋干节（4月）和水灯节（11月）前后都会爆满。在这些时候，若想住宿高档酒店需提前预订，如果是旅馆最好提前打电话询问一下，即使订不到房间，你也摆脱了人山人海的旅程。

骗子 一定要当心汽车站和火车站的嘟嘟车司机及双条车司机，他们会告诉你如果去哪个地方可免费送你过去，有时还会骗你说你预订的酒店客满或停业，但当你到达他们指定的住宿场所时，他们突然会要你支付昂贵的费用。为了解决这个问题，一些旅馆会自己派员工前往车站，并提供真正的免费接车服务；而且大多数地方在你预订时就会提示有免费接车服务。

徒步旅行的麻烦 清迈最便宜的住宿场所通常会从徒步旅行和旅游中赚取暴利，虽然可避免大量事先组织事宜，但如果在清迈出现其他原因或该徒步行程有压力同样也很恼人；我们在下文中所列举的大部分旅馆都可安排徒步旅行，但其他旅馆可能会让你卷入不必要的麻烦。

塔佩门区域

旅馆

Awana House Ratchdamnoen路1巷7号 Ⓣ053 419005 Ⓦwww.awanahouse.com 这家泰国人与荷兰人合资经营的旅馆里有一个小游泳池，并提供布置精美的大客房（一些带有阳台），装饰着丰富多彩的错视画以及空调、热水、有线电视、冰箱和保险柜等设施。此外，屋顶还有两间风扇房，价格便宜，共用一个提供热水的卫生间。提供上网接口和免费Wi-Fi。风扇房B350，空调房B500

Chiang Mai Thai House Tha Pae路5巷5/1号 Ⓣ053 904110 Ⓦwww.chiangmaithaihouse.com 提供精心布置的风扇小客房，以及空调大房，位于市中心，且有一个小游泳池。提供Wi-Fi和上网服务。风扇房B400，空调房B950

★ **Eagle House 1** Chang Moi Kao路3巷16号 Ⓣ053 235387/Eagle House 2 Ratchawithi路2巷26号 Ⓣ053 418494 Ⓦwww.eaglehouse.com 这两家旅馆是一位爱尔兰妇女和她的泰国丈夫为了促进生态文明合开的，提供宽敞的花园露台及美味的咖啡馆，还有组织良好的徒步旅行，EH2还开设泰国烹饪课程。两者相比较而言，EH1的环境更温馨。EH1提供各种大小的独立卫浴客房，一些有热水，一些有空调；EH2的客房里有热水淋浴，有空调房和风扇房两种，还提供宿舍（B100）。可打电话让旅馆免费接车。冷水淋浴风扇房B170，热水淋浴风扇房B200，空调房B320

Gap's House Ratchdamnoen路4巷3号 Ⓣ053 278140 Ⓦwww.gaps-house.com 这家休闲旅馆四周草木茂盛，装饰有各种古董，提供各种带有热水淋浴的豪华空调房。房价包括简单的熟食早餐。旅馆提供免费上网服务和Wi-Fi，晚上还有素食自助餐（周日除外）；提供1~2日的烹饪课程。不需要预订，但你可以打电话询问一下抵达日期的空房量。价格实惠。B470

Giant Guesthouse Moonmuang路6巷 Ⓣ053 227338 Ⓦwww.giantguesthouse.com 这家深受欢迎的旅馆就位于集市旁，有自己的厨房；如果你想练习泰国烹饪，这是个理想之地。这里的

清迈的按摩及 SPA 中心

现在许多清迈的顶级酒店都有提供全套服务的 SPA 中心，还有几家高档的独立机构。但是全城最好的传统按摩中心在按摩学校（见 p.247）中，虽然没有过多的装饰，但技巧高超，价格实惠：泰国古老医药医院一如既往地提供优秀的泰式按摩（B250/90 分钟）、草药按摩及足底按摩；而在城镇的另一边坐落着卧佛寺 Chetawan 按摩分院，传统按摩每小时费用为 B360（每天 16:00~18:00；每月第一和第三个周日不营业）；而在乡村地带的 Baan Hom Samunprai，2 个小时按摩只需 B600（足底按摩 B300）。

Chiangmai Oasis SPA Samlan 路 4 号，帕辛寺南面及 Sirimuangkarajan 路 103 号 Ⓣ053 920111 Ⓦwww.chiangmaioasis.com 这是一家声誉良好的高档 SPA 馆（2 小时传统按摩价格为 B2000）。

Let's Relax Chang Klan 路夜市馆 Ⓣ053 818498 Ⓦwww.letsrelaxspa.com 这是一家全国连锁分店，相比于基本按摩中心，这里的装饰更多、按摩时间更长、服务内容更广，且价格实惠（每小时泰式按摩价格为 B400）。

The Peak SPA & Beauty Salon Chang Klan 路 187/13 号 Twin Peaks Condo Ⓣ053 818869 Ⓦwww.peak-spa.com 提供各种各样中等价位的按摩，但服务与设施可媲美豪华酒店（90 分钟泰式按摩最低价格为 B800）。包括免费接送服务。

Thai Massage Conservation Club Ratchamankha 路 99 号，王家塔寺附近 Ⓣ053 904452 设施比较简单，但有技术精湛的盲人按摩师（B150/小时），更注重于穴位按摩而非拉伸。

3

工作人员都乐于助人，且提供免费自行车租赁和上网服务，在旅馆舒适的休息大厅里还会放映电影。客房里有 Wi-Fi，有风扇房（共用卫生间或独立卫浴都有）和空调房两种。在 Ratchaphakinai 路尽头坐落着另一家分店，提供宿舍床位（B120）。风扇房 B180，空调房 B400

Jonadda Guest House Ratchawithi 路 2 巷 23/1 号 Ⓣ053 227281 Ⓦwww.jonadda.com 这是一家由泰国人和澳大利亚人合资的旅馆，环境温馨舒适，提供各种明亮整洁的风扇房（包括三人房），热水淋浴充足，坐落于一栋现代化的多层建筑中。价格实惠。B300

Kavil Guest House Ratchdamnoen 路 5 巷 10/1 号 Ⓣ053 224740/089 852 1875 这家旅馆位于一条安静小巷内的现代化 4 层楼建筑里，提供免费 Wi-Fi。总共有 12 间房，全都有独立卫浴及热水；风扇房比较小，装饰简洁，而空调房装饰华丽，空间也比较大（将空调房里的空调关闭就可转变成风扇房）。楼下咖啡馆位于前面，因此没有嘈杂的庭院。风扇房 B200，空调房 B350

Libra House Moonmuang 路 9 巷 28 号 Ⓣ053 210687 Ⓦwww.librahousechiangmai.com 这家精美的民宿深受徒步旅行者的喜爱，提供热忱周到的服务，可 24 小时入住。共有 40 间大客房，装饰虽简单，但干净整洁，遍布在 5 栋建筑里，还有一些安静的休息区，全都有独立卫浴及 Wi-Fi，有些房间可提供热水。可上网，提供免费接车服务。冷水淋浴风扇房 B250，热水淋浴风扇房 B350，热水淋浴空调房 B500

Mini Cost Ratchdamnoen 路 1 巷 19-19/4 号 Ⓣ053 418787-8 Ⓦwww.minicostcm.com 这栋漂亮的赭色建筑提供温馨舒适的客房、五彩斑斓的现代泰式装潢，房间设施包括空调、热水、冰箱、Wi-Fi 及有线电视。工作人员服务热情周到，还设有网络接口。B600

Pha Thai House Ratchaphakinai 路 48/1 号 Ⓣ053 278013/081 998 6933 Ⓦwww.phathaihouse.com 提供各种类型的客房，所有房间都带热水淋浴独立卫生间及 Wi-Fi，且有一个草木茂盛的花园：其中一些房间有阳台、五颜六色的装饰物、冰箱及古典家具，而建筑前面马路旁的房间就比较简单，价格也更便宜。提供家庭房。风扇房 B400，空调房 B500

Sabai Garden Ratchaphakinai 路 36 号 Ⓣ053 208921 Ⓔsabaigarden_vicky@yahoo.com 这家休闲舒适的寄宿家庭式旅馆位于传统的吊脚楼里，周围有一个美丽的大花园，可在里面享用泰国美食。客房铺有美丽的柚木地板、旧木家具和有线电视（有些有 DVD）；共用卫生间，提供热水。开设有按摩和烹饪课程，提供免费的自行车租赁服务和 Wi-Fi。房价包括早餐。B600

SK House Moonmuang 路 9 巷 30 号 Ⓣ053 210690 Ⓦwww.theskhouse.com 这家旅馆坐落于用砖块砌就的美丽高楼里，底楼有咖啡馆及网络接口，还有一个小游泳池，但有些单调。风扇房带有热水卫浴，空调房装饰精美且有有线电视。可去火车站免费接车。风扇房 B250，空调房 B600

Supreme Guest House Moonmuang 路 9 巷 44/1 号 Ⓣ053 222480 这家苏格兰人经营的旅馆位于一栋现代化的混凝土建筑里，客房温馨舒适，都有迷人的屋顶露台。有风扇及太阳能热水淋浴。B250

Three Sis Phra Pokklao 路 8 巷 Ⓣ053 273243 Ⓦwww.3sisbedandbreakfast.com 这家优雅的高档旅馆位于王家塔寺对面，提供早餐加住宿，

有许多迷人的开放式公共区域可供人观赏。新建筑里的客房铺有木地板，摆设着大量雅致的深色木质家具，而老建筑里的房间同样宽敞但不够时尚；所有房间都有空调、热水、有线电视和冰箱。提供免费上网及 Wi-Fi。房价包括早餐。B1800

★ **Your House** Ratchawithi 路 2 巷 8 号 Ⓣ 053 217492 Ⓦ www.yourhouseguesthouse.com 这家温馨的旅馆洋溢这老城镇的气氛（但有些房间会听到附近酒吧的嘈杂声），提供各种类型的住房：在迷人古老的柚木房屋里有 6 间舒适的客房，共用 3 个卫生间且有热水提供；马路对面有两栋现代化的扩建建筑，都有热水独立卫浴，崭新美丽的大房里铺设着抛光的柚木地板，还有小阳台、设备齐全的浴室及上网接口。大多数房间都有空调。旅馆餐厅提供美味的泰式及法式美食，水牛牛排薯条是这里的特色菜。提前打电话可提供免

费接车服务。单人房有折扣。风扇房 B250，空调房 B450

酒店

Karinthip Village Chang Moi Kao 路 50/2 号 Ⓣ 053 235414-8 Ⓦ www.karinthipvillage.com 这个宁静的度假村位于老城镇东面，共有 62 间兰纳风格的美丽客房，其中一些房间提供四柱床，度假村中央还有个大泳池。房价包括早餐。网上预订可享受折扣。B4000

Portico 21 Kotchasarn 路 1 巷 7 号 Ⓣ 053 278378 Ⓦ www.portico21.com 这家酒店位于 Aroon Rai 餐馆后面，提供时尚现代化的客房，装有空调、热水淋浴、电视机和冰箱，虽位于市中心，但离繁华的道路还有些距离。提供免费 Wi-Fi 和欧式早餐。B1600

Raming Lodge Loi Kroh 路 17-19 号 Ⓣ 053 271777 Ⓦ www.raminglodge.com 这家 6 层楼的红砖建筑位于市区正中央位置，提供品位高雅、设施齐全的空调房，装备有书桌、有线电视、热水淋浴、冰箱和 Wi-Fi（需额外支付费用）。酒店设施包括一个小型的按摩 SPA 馆和泳池。B1800

Tamarind Village Ratchdamnoen 路 50/1 号 Ⓣ 053 418896-9 Ⓦ www.tamarindvillage.com 该精品独家小酒店是以其院子里一株已有 200 年历史的巨大酸角树命名的，位于清迈老城镇中心，以兰纳设计风格为主，周围宁静优雅，但房间属于现代风格，非常舒适，且都可享受美丽的花园景色。酒店设施还包括大泳池、美丽的 SPA 馆及精致的餐厅。B4900

清迈其余地区

旅馆

Baan Kaew Guest House Charoen Prathet 路 142 号 Ⓣ 053 271606 Ⓦ www.baankaew-guesthouse.com 这家迷人的现代建筑位于宁静美丽的花园中，离道路有段距离，共提供 20 间装饰简单但设备齐全的干净大房，且有热水、免费 Wi-Fi 和空调。B800

★ **Baan Orapin** Charoenrat 路 150 号 Ⓣ 053 243677 Ⓦ www.baanorapin.com 这家悠闲美丽的旅馆位于高大的龙眼树下，提供舒适的特色大房，房间里装饰着柚木和藤蔓家具，并铺有木地板。一些房间还提供四柱床和阳台。房价包括早餐；至少需住宿 2 夜。B2100

Eco Resort Bamrungrat 路 109 号 Ⓣ 053 247 111 Ⓦ ecoresortchiangmai.com 该度假村旅馆位于安静茂密的大花园内，以前是学校，如今已改建成雅致的现代化旅馆，所有房间都装有空调并提供热水。不仅有设施齐全的宿舍房（有些仅有两张床），白色的床上用品干净整洁；还有当代风格的迷人客房，带有一个大卫生间。25 米长的泳池旁围绕着悬挂植物，分外美丽，而所有时尚的普通房都提供上网接口及免费 Wi-Fi 服务。房价包括简单早餐。宿舍房 B400，双人房 B1200

★ **Elliebum** Ratchamanka 路 114/3-4 号 Ⓣ 053 814723/085 018 7400 Ⓦ www.elliebum.com 这家温馨舒适的旅馆提供美丽的现代化大客房（可供一家人居住），让你感觉宾至如归，房间里有空调、热水、电视机和 DVD，楼底下有个咖啡厅（见 p.258）；且在 100 米以外的地方有家附属旅馆（Ⓦwww.rachamankhaflorahouse.com），提供干净整洁的舒适客房。免费上网和 Wi-Fi 服务，如果你留宿 7 天，还可享受免费烹饪课程。旅馆还提供美味的菜单点餐式早餐及各种户外活动，包括烹饪徒步旅行及购物旅行。B1400

Galare Guest House Charoen Prathet 路 2 巷 7 号 Ⓣ 053 818887/053 821011 Ⓦ www.galare.com 这家由来已久、经营良好的高档旅馆位于 Narawat 大桥旁，非常受欢迎。所有普通空调房里都有热水卫生间、电视机和冰箱，而在河滨露台餐厅还可俯瞰美丽的草坪。提供 Wi-Fi。B1150

Green Tulip Samlarn 路 18 号 Ⓣ 053 278367 Ⓦ www.greentuliphouse.com 该旅馆位于帕辛寺附近，邮政局对面，地理位置优越。楼上有提供各种美食的酒吧餐厅和美丽的屋顶花园。共有 11 间干净明亮的基础客房，风扇房共用卫生间，而空调房有独立卫浴，提供热水淋浴，装饰物以绿色为主。提供上网服务。宿舍房 B150，双人房 B400

★ **Hollanda Montri** Charoenrat 路 365 号 Ⓣ 053 242450 Ⓦ www.hollandamontri.com 这家由荷兰人与泰国人合资的现代化河滨建筑位于市中心北面繁华的 Rama XI 桥旁，提供舒适迷人的风扇房和空调房，空间很大，有电视机和热水淋浴，工作人员亲切热情。旅馆还有一个美丽的河畔露台酒吧餐厅，提供多种泰式和欧洲菜肴。提供免费上网服务和 Wi-Fi，白天还可免费租借自行车。风扇房 B450，空调房 B550

The Pub Huai Kaeo 路 189 号 Ⓣ 053 211550 Ⓦ www.thepubchiangmai.com 在这家历史悠久的酒吧花园里坐落着一些价格实惠的隔板房及带有小阳台的用砖砌成的平房。房间布局稍显紧凑但房间很宽敞且非常舒适，有空调、冰箱、有线电视、免费 Wi-Fi 和设备齐全的大卫生间，提供热水。B800

Riverside House Chiang Mai-Lamphun 路 101 号 Ⓣ 053 241860 Ⓦ www.riversidehousechiangmai.com 这家深受欢迎的旅馆位于河流东岸一个郁郁葱葱的花园内，离夜市有段距离，房间虽然简单，但干净舒适，且装有空调、有线电视、热水淋浴，提供免费 Wi-Fi，酒店还提供一个小泳池。B500

River View Lodge Charoen Prathet 路 4 巷 25 号 Ⓣ 053 271109-10 Ⓦ www.riverviewlodgch.com 这家旅馆品位高雅、运营良好且价格实惠，可媲美国际酒店，旅馆设施包括美丽的河畔花园、小泳池，客房装饰风格干净简洁；最贵的客房拥有阳台，可俯瞰河流。房价包括早餐。B1800

3

酒店

Centara Duangtawan Loi Khro 路 132 号 ⓣ 053 905000 ⓦ www.centarahotelsresorts.com。这家国际标准酒店位于夜市旁，共有500间客房，价格实惠且设施齐全：宽大的泳池、设施齐全的健身房、Spa馆以及位于24层、备受欢迎的中国餐馆，可看到风景秀丽的素贴山。B1900

The Chedi Charoen Prathet 路 123 号 ⓣ 053 253333 ⓦ www.ghmhotels.com 这家豪华酒店占据了优越的河畔位置，但附近的 Charoen Prathet 路很嘈杂。酒店提供设计简约的宽敞客房，带有可欣赏河景的阳台与免费 Wi-Fi。此外，酒店设施还包括美丽的 SPA 馆、泳池以及改建而成的柚木酒吧餐馆——以前曾是英国领事馆，建造于1905年，菜单包括精致的印度、泰国和西方美食。房价包括早餐。B7400

3

Chiang Mai Gate Hotel Suriyawong 路 11/10 号 ⓣ 053 203895-9 ⓦ www.chiangmaigatehotel.com 这家酒店位于老城镇南部，共有120间设施齐全的兰纳风格客房，房间里提供空调和热水。此外，酒店还拥有一个泳池，工作人员真诚热情、乐于助人。房价包括早餐。B1750

D2 Hotel Chang Klan 路 100 号 ⓣ 053 999999 ⓦ www.dusit.com 这家由 Dusit 集团经营的酒店以柔和的橙色为主要色调，位于夜市中心，工作人员热情亲切，客房装饰时尚简约，是全城最时髦的酒店之一。酒店设施包括啤酒花园、SPA 馆、健身中心及屋顶泳池。B4600

Dhara Devi Chiang mai-Sankamphaeng 路 51/4 号 ⓣ 053 888888 ⓦ www.mandarinoriental.com 酒店离市中心只有几千米远，占据了大片土地，传统的兰纳风格建筑仿佛让宾客进入了兰纳王国的鼎盛时期，但房间里面是现代化风格装饰，有空调、调光开关和有线电视等。别墅、套房及住宅都非常舒适，可看到广阔无垠的稻田及菜园。酒店里还提供各种令人惊叹的设施，包括 SPA 馆（按照缅甸曼德勒的王宫仿建）、烹饪学校、工艺村、购物中心、图书室及 DVD 馆、两个游泳池、网球场和4间餐厅，让宾客流连忘返。B24900

★ **Four Seasons** 清迈以北15千米的湄林一三蒙区的古老街道上，湄沙山谷路口 ⓣ 053 298 181 ⓦ www.fourseasons.com 这个兰纳风格的豪华酒店提供华丽的客房和公寓、泳池和美丽的 Spa 馆，周围有如诗如画的湖泊和稻田（在这里你可以学习如何种植水稻），以美丽的素贴山为背景。此外，酒店还提供各种户外活动，且开设了顶级的烹饪学校。B18700

People Place Charoen Prathet 路 8 巷 9 号 ⓣ 053 274652/053 282487 ⓦ www.people-place.com 这两栋紧凑的现代化建筑离夜市只有几步之遥，其宽敞舒适的客房里有独立卫浴、热水、空调房、有线电视和迷你吧。B800

★ **Rachamankha** Ratchamanka 路 9 巷 6 号 ⓣ 053 904111 ⓦ www.rachamankha.com 这栋宽敞的建筑位于老城市安静的后巷，与其说是一家酒店，倒不如说是一座寺庙，只提供24间美丽典雅的客房。酒店设施包括迷人的大泳池、SPA 馆、精致的餐厅（见 p.258）、藏书丰富的图书馆，且会为浏览图书的人提供雪利酒，甚至还有一间小型的漆器白银饰物博物馆。免费提供 Wi-Fi 和上网服务；房价包括早餐。B8000

Royal Princess Chang Klan 路 111 号 ⓣ 053 253 900 ⓦ www.dusit.com 这家干净整洁的酒店位于市中心夜市附近，提供200间典雅客房、一个迷人的泳池及健身中心，还有美丽的餐馆及热情周到的服务。B2800

Tri Yaan Na Ros Wualai 路 156 号 ⓣ 053 273 174 ⓦ www.triyaannaros.com 这家雄伟大气的殖民地风格建筑位于老城市中心以南，提供四柱床，墙上还挂有古老兰纳的图片。酒店设施包括一个小图书馆、泳池和上网服务，此外宾客还可免费使用自行车。房价包括早餐。B4075

U Chiang Mai Ratchdamnoen 路 70 号 ⓣ 053 327000 ⓦ www.uhotelsresorts.com 这家新开的酒店提供许多创新服务：24小时房间使用（无论何时入住）、文物讲座和参观、早餐（包含在房价内）可在房间享用、免费自行车及 Wi-Fi。酒店阅读室和 SPA 馆位于有百年历史的前管理者官邸内，而一些房间是当代泰国装饰风格，阳台上有躺椅，且提供花洒淋浴和 iPod，面朝一个很小的黑色泳池。B4400

餐饮

在清迈，**饮食**的主要困难是停不下口。全城有各种廉价诱人的餐馆，提供典型的泰国北部食物，深受缅甸菜肴的影响，尤其是咖喱，如 kaeng hang lay（通常翻译为“泰国北部咖喱”），是用猪肉、姜、蒜和酸角制作而成。**午餐时分**唯一需要做的事情就是跟着当地工人去一家简单便宜的咖啡馆，只注重制作一两道特色菜，而这个时段的传统菜肴是 khao soi，这是一道用咖喱和椰子冰激凌制成的香浓肉汤，可加鸡蛋面，还可把猪肉换成其他肉类。清迈的主要**夜市**位于清迈大学 Suthep 路和 Huai Kaeo 路校门口附近；清迈门附近 Bamrungburi 沿路；昌卜克门（Chang Puak Gate）附近 Manee Noparat 沿路；且在 Moonmuang 路松撇市场前面还会有一些小摊。晚上，餐馆在提供帝王餐（Khan toke）晚餐时还有旅游**文化表演**，帝王餐是北方传统菜肴——人坐在地上，而菜肴放在短腿漆器托盘上。其中位于 Wualai 路185/3号的老清迈文化中心（B650 ⓣ 053 275097 ⓦ www.oldchiangmai.com）名气最大，会表演泰国北部山地部落的舞蹈。“酒吧及夜生活”（见 p.260）中列出的许多**酒吧**都提供非常有名的食物，尤其是 The Riverside 和 UN Irish Pub。

塔佩门区域

泰国餐馆

Aroon Rai Kotchasarn 路 ☎053 276947 所有经典的兰纳菜肴这里都提供，如美味的 kaeng hang lay muu（B50）及 khao soi，这家设施简单、经营多年的餐馆就位于塔佩门附近，你还可购买咖喱酱带回家。每天 11:00~21:00

★ **Ratana's Kitchen** 塔佩路 320~322 号 ☎053 874173 这家餐馆价格实惠，深受当地人与游客的喜爱，既有北方特色菜（B50~100），如 kaeng hang lay、khao soi 及混合什锦小吃等，也有美味的西式早餐，如三明治、农家馅饼和牛排。此外还有丰富的素食菜单、葡萄酒和鸡尾酒等。每天 7:30~23:30

Ruen Tamarind Ratchdamnoen 路 50/1 号 ☎053 418896-9 这家典雅的餐馆可俯瞰 Tamarind Village 酒店（见 p.255）的泳池，提供精致的泰国美食，如 tom kha thaleh（海鲜椰子汤）及 kaeng phet linchee（红色咖喱酱荔枝烤鸭），价格在 B200~300/份。此外还提供各种素食菜单及一些西式菜肴。每天 7:00~23:00

国际餐馆

Blue Diamoond Moonmuang 路 9 巷 这家深受欢迎的素食餐馆氛围安静，周围有许多旅馆，提供非常美味的泰式菜肴、西式早餐（最少 B65）、自制面包、奶昔、药茶和山地咖啡。周一至周六 7:00~20:30

Jerusalem Falafel Moonmuang 路 35/3 号 ☎053 270208 这家温馨舒适的小咖啡馆提供各种中东菜肴，包括美味的鹰嘴豆泥（B100）、自制奶酪和酸乳酪以及果仁蜜饼；如果不知道点什么，你可以选择 meze 套餐（两人餐 B500）。每天 9:00~22:00，周五除外

★ **La Fontana** Ratchamanka 路 39/7-8 号 ☎053 207091 清迈最好的意大利餐馆，提供美味的自制面食（B150~200）、意大利调味饭、比萨、肉类和鱼类菜肴，以及诱人的开胃菜和意式奶酪、冰激凌等甜点，所有食材都是用相当昂贵的特选葡萄酒清洗的。每天 11:30~23:30；周二及淡季的午餐时分不营业

Miguel's Chaiyapoom 路 ☎053 874148 Ⓦwww.miguels-cafe.com 这家温馨舒适的咖啡馆有一个悠闲的露台，提供美味的墨西哥食物；招牌菜是 B150 的墨西哥玉米饼，可能会配有鳄梨沙拉酱（季节性食物）。在 Nimmanhaemin 路 43 号还有一家小分店，每天营业至深夜。每天 9:00~23:00。

Mit Mai Ratchamanka 路 42/2 号 ☎053 275033 这家餐馆看似是街头泰式餐厅，实际上提供美味可口的中国云南菜肴，包括香味扑鼻的鸡肉沙拉（B55）、加生姜和辣椒爆炒的云南火腿，以及许多异国情调的菜式，如 fong nom thawt（油煎干酪）及白色竹蛴螬等。每天 10:00~22:00

Pho Vieng Chane Ratchdamnoen 路与 Ratchaphakinai 路交汇处附近的 Kad Klang Wieng 这家餐馆专门制作 pho（发音同 "fur"，B30 起），这是一种美味的越南面汤，但还提供其他各种精美便宜的越南菜肴。绿草如茵的草坪还有一些共用的户外餐桌，你可以从附近餐馆购买美味的意式菜肴后在此享用。每天 10:00~21:00

3

清迈其余地区

泰国餐馆

Café de Nimman Nimmanhemin 路 61 号 Rooms 购物中心（17 巷南面）☎053 218405 这家装饰时尚、价格合理的酒吧露天餐馆提供各种精美食物，如绿咖喱猪肉鱿鱼。每天 11:00~22:00。

Hong Tauw Inn Nimmanhemin 路 Nantawan 拱廊商场 95/17-18 号 ☎053 400039 这家舒适的"乡村旅馆"风格餐馆装饰有古董、绿植及古老时钟，环境轻松闲适，有空调。这里的创意菜肴包括粉面饭，如 khanom jiin（蔬菜咖喱面），以及各种美味的泰国中部和北部主食，如椰汁肉片咖喱（B90），此外还有各种开胃菜及泰国甜点。每天 11:00~22:00

★ **Huan Soontaree** Patan 路 208 号，高速公路以北 3 千米 ☎053 872707-8 这家洋溢着欢乐氛围的海滨餐馆是由泰国北部一位著名民间歌手 Soontaree Vechanont 经营的，而她则会在阳台上为食客们表演（周一至周六都会表演，且每晚都会有当地其他音乐家加盟）。餐馆提供美味廉价的北方特色菜肴，如蒜蓉炒清迈香肠。餐馆有多个区域，可选择不同座位，包括挂着灯笼的河边露台，绿树成荫，好不凉快，或者也可以坐在舞台周边的阳台上。每天 16:00~24:00

Huen Phen Ratchamanka 路 112 号。堪称是清迈最正宗的北部餐馆。提供各种当地特色菜肴，如

徒步美食之旅及晚餐巡航

在早上，Elliebum 旅馆（见 p.255）会组织老城镇周围迷人的**美食巡游活动**（4 小时；B750/人），由导游带领。途中会经过清迈门市场、城市最好的街头餐馆及各种甜品摊位，可大致领略到泰国北部的美食与文化。每天晚上都会安排此行程。

The Riverside（见 p.260）经营**晚餐巡航**，费用为 B110/人，可享受他们菜单上的任意美食；19:15 到达餐馆提前下单（船会在 20:00 出发）。Mae Ping River Cruises（见 p.245 框）也提供晚餐巡航服务，19:30 出发，B550/人，提供泰国菜套餐。

sai oua（香肠）、kaeng hang lay（猪肉咖喱）及 khao soi（咖喱面条，B40）。其后面还有一家同名餐馆，主要在晚上营业，但价格昂贵，也没什么特色菜。每天 8:00~16:00，或至食物售罄

Khao Soi Samoe Jai Faham 路 提供香浓美味且十分便宜的 khao soi（非常受欢迎需提前预订）及其他北方特色菜肴，还有美味可口的沙嗲和青木瓜沙拉。餐馆没有英文标记——是一家木质房屋，带有一个红、白、蓝相间的遮阳篷。每天 8:00~17:00，周三除外

Khun Churn Nimmanhemin 路 17 巷 4 号 ☎053 224124 这是一家美丽精致的素食餐馆，坐落于一个凉爽的花园里，该餐馆最著名的是价值 B129 的自助午餐（11:00~14:30）；还提供早餐与严格素食。每天 8:00~22:00

3

Kiat Ocha Inthrawarorot 路 41-43 号，Phra Pokklao 路附近（无英文标记） 提供美味且深受欢迎的沙嗲和 khao man kai（水煮鸡胸肉，并配有蘸酱、肉汤与米饭），每盘菜价格约 B30。在老城区，前往这家餐馆及其附近的咖啡店都非常方便。每天 5:00~14:30，或至食物售罄为止

Lamduon Faharm Khao Soi Charoenrat 路 352/22 号 该餐馆提供美味便宜的秘制 khao soi，可根据自己的口味添加香料；还有可口的粗皮猪肉。此外还提供沙嗲、khanom jiin、青木瓜沙拉及各种果汁。每天 8:00~16:00

Palaad Tawanron 清迈动物园上方 ☎053 216039 沿着 Suthep 路走到尽头，然后向右转，随着路标即可到达这家清迈最迷人的餐馆之一，旁边有小瀑布，可看到城镇全景。而这里的冬荫功汤（B280）和鱼酱黑鲈鱼使得顾客络绎不绝、晚上通常还有现场音乐会。每天 11:30~24:00

Rachamankha Ratchamanka 路 9 巷 6 号 ☎053 904111 这家餐馆位于同名精品酒店的庭院里（见 p.256），是清迈最漂亮的餐厅之一，晚上还有现场传统音乐表演。这里的菜式包括泰国、掸族、缅甸及混合菜肴（大多数价格在 B300~400），如缅甸牛排咖喱及芒果浇青木瓜酒。每天 7:00~23:00

★ **Samsen Villa** Charoenrat 路 201 号 Rimping 公寓 ☎053 306588 Ⓦwww.samsenvilla.com 滨河东岸最好的餐馆之一，坐落在 Nakhon Ping 大桥旁 Rimping 公寓的迷人河滨公园里，提供精美新奇的泰国食物。这里的特色菜是大蒜烤牛排（B100），但尽量不要去点"果冻啤酒"（Jelly beer），因为它的味道有点像思乐冰，很淡。每天 11:00~23:00

Wan Lamun Inthrawarorot 路（无英文标记，但在其泰文标记上有粉红色的花） 这家美丽的餐馆提供许多精美便宜的午餐，如 khanom jiin，以及美味的泰国和西方甜点。餐馆只有一两张餐桌，大多数都是外卖，可外送到城市艺术文化中心。如果你想在餐馆里用餐，还可前往 Chang Moi 路 2 巷的咖啡餐馆（☎053 232328 Ⓦwww.wanlamun.com 周二至周日 11:30~22:00）。每天 7:00~17:00

国际餐馆

Amazing Sandwich Huai Kaeo 路 20/2 号 Ⓦwww.amazingsandwich.com 这家餐馆可定制三明治、面包圈或法国面包；此外还提供早餐和自制酸乳酪、果汁和拉西。周一至周六 8:00~20:00，周日 8:30~16:00

Arcobaleno Wat Ket 路 60 号 ☎053 306254 Ⓦwww.arcobaleno-cm.com 这家宽敞的餐馆提供美味的意大利食物（主食价格在 B200 左右），且在 Nakhon Ping 大桥附近的安静小道上也会摆有许多餐桌。这里的特色菜有 arcobaleno 意大利面（配料有熏腊肉、蘑菇和番茄酱）与美味的意式奶酪甜点。每天 11:00~14:00 & 17:30~22:00

The Duke's Chiang Mai-Lamphun 路 49/4-5 号 ☎053 249231 这家餐馆是泰国北部一家非常体面的牛排馆，主要提供进口牛排、排骨、海鲜、比萨和美国甜点等。汉堡牛肉饼价格为 B95，但其他大多数菜肴最低价格为 B200。这里从配菜到椅子的一切东西都很大。在 Chang Klan 路夜市馆有个分店（价格更贵）。每天 11:00~22:30

Elliebum Ratchamanka 路 114/3-4 号 ☎053 814723 这家店堪称是全城最好的咖啡馆，提供美味的水果冰沙和一流的早餐，如加有枫糖浆和新鲜水果的蓝莓煎饼，及美味的三明治和泰国风味午餐。免费 Wi-Fi。周一至周六 7:30~18:00，周日 7:30~13:00

Hinlay Na Wat Ket 路 8/1 号 ☎053 242621 这家美丽的花园餐馆提供非常美味的印度、缅甸和泰国咖喱（kaeng matsaman，B68），配有烤肉面包和沙拉。由于营业时间不定，最好提前打电话。通常周一至周六 10:00~21:00

Iberry Nimmanhemin 路 17 巷南侧。这家清迈最好、最有名的冰激凌店是由著名喜剧演员 Udom 经营的，他通常会在古怪的花园里扮演很大的黄狗雕像。此外还提供自制的果汁冰糕、蛋糕和香浓咖啡。每天 10:30~22:00

Love at First Bite Chiang Mai-Lam phun 路 1 巷 28 号 ☎053 242731 Ⓦwww.loveatfirstbite-cm.com 沿着 Nawarat 桥东侧往南走，然后转入左边第一条车道，就会发现这个休闲舒适的餐馆，提供自制蛋糕和馅饼，在其小咖啡馆还提供香浓的咖啡，你可在铺满花床的整齐草坪上享用。周二至周日 10:30~18:00

★ **Su Casa** Nimmanhemin 路 11 巷 ☎080 033 2825 Ⓦwww.micasachiangmai.com 这家美丽的餐馆由西班牙厨师掌厨，提供各种顶尖的传统和当代小吃（6 个菜 B450 左右），你既可选择室

右页图：清迈素贴山的素贴寺（p.265）>

内（空调），也可在户外天台享用。此外，餐馆还提供比萨和甜点，而其 Next Door 烧烤吧会提供肉食和比萨。周一至周六 11:00~22:00

★ **Tengoku de Cuisine** San Kamphaeng 路以南，Dhara Devi 酒店对面 ☎053 851133 这家位于城镇东边的时尚小餐馆提供精湛的日本料理。这里的寿司（B400 起价）和新西兰香葱鞑靼牛肉（tataki，B350）都非常美味，味噌茄子（B120）也是绝不可错过的食物之一。每天 10:30~14:00&17:00~22:00

West Huai Kaeo 路 Fahtani 广场 ☎080 122 7136 🌐www.west-restaurant.com 这家前开式小酒馆风格的现代餐馆位于 Sirimuangkarajan 路附近的大广场，带有一个停车场，周围有许多酒吧，提供各种精致美食，番茄奶油酱肉丸意大利面（B180）、炸鱼和炸薯条都很受欢迎，所有食材都是用上好的澳大利亚葡萄酒清洗的。此外还提供三菜套餐，包括精美甜点，价格为 B220（午餐为 B190）。每天 11:30~14:30&17:30~22:30

酒吧及夜生活

3

在东护城河及 Loi Khro 沿途有不少舞女酒吧，一些同性恋酒吧也提供色情表演，虽然清迈的**夜生活**不像曼谷那样放纵，也十分丰富多彩。**酒吧**主要集中在滨河东岸、塔佩门附近以及城镇西部的 Nimmanhemin 路沿线，吸引了附近清迈大学的大批学生。此外，在城市北部 Assadatorn 路的 **JJ 市场**酒吧也可度过一个美好的夜晚，而其名字都戏谑地用了曼谷地名，例如 Chang 码头和华南蓬，每周末这里都挤满了清迈的年轻人，饮酒作乐，观赏现场乐队表演。Ratchawithi 路和 Ratchaphakinai 路交会处的东北角落里有许多临时搭建的非法酒吧区，偷窃成风，因此最好不要去这一带。

塔佩门区域

Jack Van Bar Chaiyapoom 路 这家营业至深夜的酒吧深受欢迎，在其广阔的前庭里放置着户外餐桌（在凉季会提供火盆），而 Jack Daniels 赞助的野营车会提供美味的鸡尾酒。营业时间不定，通常从 22:00 左右营业至深夜

Second Floor Gallery & Bar Ratchawithi 路与 Ratchaphakinai 路交会处 一进这家时髦热门的酒吧，就能让人感觉耳目一新，大多数晚上都会提供优美的音乐，周六晚上会有现场乐队演奏，还会定期举行萨尔萨音乐舞蹈之夜。周二至周日 18:00~24:00

THC（The Hemp Collective） 塔佩门对面 Kotchasarn 路 19/4-5 号 这家悠闲热闹的酒吧有灯笼装饰，屋顶酒吧上还铺有地板垫，DJ 们会在此播放各种风格的音乐。每天 18:00 左右营业至深夜

★ **UN Irish Pub** Ratchawithi 路 24/1 号 这家俱乐部深受欢迎，虽然老板已不再是爱尔兰人，但仍旧提供正宗的 Guinness 啤酒与实惠的葡萄酒，以及精致美食，如精美早餐的自制面包和三明治、馅饼与比萨。每周四晚上都会举行活动，在电视上观看各种体育项目。每天 8:00~ 次日 1:00

清迈其他区域

啤酒店 Charoenrat 路 37 号 ☎053 241665 这家精致的餐馆带有美丽的河滨露台，以提供该城市最好的现场蓝调与摇滚乐而出名。在 22/23:00 左右达到最高潮。每天 16:00~ 次日 1:00

★ **Drunken Flower（Mao Dok Mai）** Nimmanhemin 路 17 巷 ☎053 894210 🌐www.thedrunkenflower.com 这家融洽奇特的酒吧深受大学生和 20 多岁国内外年轻人的喜爱。酒类价格合理，还有多种不同风格的背景音乐。周二至周日 18:00~24:00

Good View Charoenrat 路 13 号 ☎053 241866 🌐www.goodview.co.th 这家规模较大的高档酒吧位于河滨地段，不仅有热情亲切的工作人员，还提供各种泰国、中国和西方菜肴，以及免费 Wi-Fi 和优秀的音乐家，他们会在路中间表演，无论是乡村音乐还是爵士音乐都会弹奏。每天 10:00~ 次日 1:00

Infinity Nimmanhemin 路 6 巷 ☎053 400085 🌐www.facebook.com/infinity.chiangmai 这家时尚的酒吧位于 6 巷尽头处 Prasertland 或 Kad Charng Doi（大型停车场及娱乐区），提供现场乐队、DJ 及许多户外餐桌，是清迈红极一时的俱乐部。每天 18:00~ 次日 1:00

Monkey Club Nimmanhemin 路 9 巷 ☎053 226997-8 🌐www.monkeyclub2000.com 相比清迈普通的酒吧餐厅，这家酒吧更精致，在小池塘周围摆放着美丽时尚的白色户外座椅。但在深夜时分，许多 20 多岁的泰国年轻人会随着泰国的流行乐队和 DJ 音乐绕着餐桌跳舞，不太用到这些椅子。每天 18:00~ 次日 2:00

North Gate Jazz Co-op Si Phum 路 这家时尚的前开式酒吧提供路边餐桌，可看到白象门，夜间还有高品质的现场爵士乐；周二主要提供即兴表演。几乎每天从 21:00~24:00

The Pub Huai Kaeo 路 189 号 🌐www.thepubcngmai.com 这家温馨的休闲酒吧已有 40 多年历史，深受外籍人士的喜欢，是清迈最具英国俱乐部氛围的酒吧。提供进口啤酒，周日有烧烤，投标游戏及观看电视体育节目等。每天 7:00~24:00

★ **The Riverside** Charoenrat 路 ☎053 243239 🌐www.theriversidechiangmai.com 这家酒吧位于河畔的烛光露台之上（如果你想占到桌位需提前预订），经常会有热闹的酒吧演出，而在马路另一边则坐落着客房、露台和舞台。在这两个舞台上每晚都会有各种独奏家及乐队进行表演，随着夜

越来越深，节奏也会越来越快。此外还提供各种高档的西方和泰国菜肴酒类，还会组织晚餐巡游（见p.257）。每天 10:00~ 次日 1:00

Warm Up Nimmanhemin 路 40 号 Ⓣ 053 400677 Ⓦ www.warmupcafe1999.com 这家酒吧深受学生及当地年轻人的喜爱，提供现场乐队表演，而当地及国际 DJ 会在室内外区域播放最新音乐。每天 18:00~ 次日 2:00

Writer's Club and Wine Bar Ratchdamnoen 路 141/3 号 Ⓣ 053 814187 这家深受欢迎的酒吧位于老城镇中心，是由一位英国作家经营的，在外国定居者和游客之间都有很大的吸引力，提供各种啤酒和葡萄酒，此外还有美味的泰国和西方食物。每天 12:00~24:00，周六除外

娱乐活动

电影 通过 Ⓦ www.movieseer.com 可查看各大影院放映的英文配音或有英文字幕电影。每周五 20:00 会在 Charoen Prathet 路 138 号的法语联盟放映带有英文字幕的法语电影（Ⓣ 053 275277），而每周六 19:00 在清迈大学艺术博物馆后面的媒体艺术与设计学院都会放映流行的最新艺术电影（见p.249 Ⓣ 053 944846）；免费杂志 *Guidelines* 上刊载有这两处地方一个月之内的电影时间安排表。

购物

在清迈，购物几乎是不可避免的消遣，无论是传统的银手镯还是时尚的当代漆器，甚至是二手书都可在此购买。购物狂们一定要备一份 *Nancy Chandler's Map of Chiang Mai*（见 p.252），以及兰纳艺术与文化（Ⓦ www.artandcultureasia.com）提供的免费季度手册，上面标明了小城中最好的精品店与美术馆，且附有地图。

市集与桑甘烹之路

清迈共有两大购物中心，即桑甘烹之路与夜市，两者的营业时间不同，因此非常方便购物。而在市集、购物商场及周末步行街上（见下文框中内容）都会出售当地的各种手工艺品。

桑甘烹之路

前往桑甘烹之路的范围从 Charoen Muang 路尽头处往正东延伸 13 千米，是白天主要的集市带，道路两边罗列着各种手工艺品店和工厂，通常可以在此观看手艺人工作。其中，最大聚集点位于城镇 9 千米外桑甘烹县的博桑——“伞庄”，曾是重要的瓷窑地，但如今主要致力于丝绸制造。

交通方式 通常前往桑甘烹的白色双条车会从清迈中心的龙眼花市出发，但如果你不知道该区域就不晓得什么时候下车。你可以花几百铢加入一个旅行团或聘请一个嘟嘟车司机前往，但需当心陷阱，有些嘟嘟车司机会想法设法带你去特定商店以便获得佣金。因此前往该地的最佳方式是骑自行车或摩托车，这样你就可以随时随地停车了——但在狭窄道路上一定要注意安全，避让行驶飞快的交通工具。

夜市

清迈的另外一处购物天堂就是 Loi Khro 路和 Chang Klan 路交会处附近的夜市（一直延伸至其临近、比较安静的 Anusarn 市场）。这些紧挨着的街边路摊和一些室内区域（包括以前在 Chang Klan 路西侧的清迈夜市购物中心）仅出售在清迈当地生产的产品以及仿造的名牌产品；每天 17:00 左右开始营业，有许多物美价廉的商品。

瓦洛洛市场

白天，位于 Chang Moi 路繁华的瓦洛洛市场（Warorot Market）楼上有许多物美价廉的棉布、亚麻布和陶瓷制品。而在集市中心，你可看到当地人在喜欢的摊位购买辣椒酱、香肠和糯米，你也可以尝试一下。就在其东面 Praisani 路河畔坐落着五颜六色的龙眼花市（Lamyai Market），香味扑鼻。市场南部和西部拥挤的狭窄小巷也值得一览，从丝绸和山地部落工艺品到文具和塑胶制品，一应俱全。

北村

机场广场购物中心里的北村（The Northern Village，周一至周五 11:00~21:00，周六及周日

清迈的步行街

如果你在周末前往清迈，那么周六 17:00~23:00 老城市南面的 Wualai 路，或者周日相同时间老城市的 Ratchdamnoen 路及 Phra Pokklao 路的部分地段都是非常不错的购物点。在此期间，这些“步行街”禁止交通工具运行，因此会挤满各种出售泰国北部经典商品的摊点，如服饰、乐器和小吃等，音乐家们则会在人群中间即兴演出。由于步行街上有许多纪念品，且挤满了国内外游客，因此其受欢迎程度不亚于夜市。

10:00~21:00）位于高速公路和108号公路交会处，是一个坐落在空调大厦里的市场摊位。提供各种手工艺品和当代装饰品，包括出售帕达棉布纺织博物馆（见p.290）产品的商铺以及Classic Model（见下文）的分店。每小时都有一班免费双条车会将购物者从市中心的8家酒店带至此地，非常准点，包括D2。

布料、服装与当代室内设计

大多数游客在清迈不买衣服誓不罢休，尤其是高档丝绸和纯棉衣服，以及大胆的现代室内设计。

丝绸 清迈东面的桑甘烹生产的丝绸颜色丰富，结实耐用，且带有各种美丽的图案。一卷丝绸的价格通常比曼谷便宜，例如在Kritiya（见下文），顶级的四股丝绸（适合做衬衫及西装）布料只需B300/米。而现成的丝绸服装，虽然价格低廉，但样式比较古板，更适合正式场所。

3

棉布 在清迈，你还会看到大量传统的素色棉布，很适合做装饰用品，其中大多都是由南奔西南部的Pa Sang村庄生产的。Chang Klan路的清迈夜市购物中心地下商城有许多零售点，提供各种物美价廉的棉布，价格仅在B200~300/米，此外还有手绘和蜡染布匹以及现成的桌布等。

室内设计 清迈的当代室内设计令人惊叹，完美融合了当地手工艺品及现代简约元素。此类产品的商铺主要位于城市西侧的Nimmanhemin路，精明的当地人多为外籍人士服务，因此有清迈的素坤逸之称。在Huai Kaeo路北端，尤其是1巷及其附近，聚集了许多有趣时尚的装饰精品店。在河东岸Charoenrat路的Nawarat桥和Nakhon Ping大桥之间也有各种服饰和室内设计相关的时尚店铺。

Classic Model Nimmanhemin路95/22号，1巷对面 Ⓣ053 279031 Ⓦwww.cmdfashion.com 这家店出售的是用当地布料制造而成的美丽优雅的女士服装，使用的是北部传统纺织方法。每天9:00~19:30

Doi Tung Lifestyle Nimmanhemin路1巷对面 Ⓣ053 217981 Ⓦwww.doitung.org 这家店铺是已故王太后黎敦开发计划的一部分，出售用美丽的棉布和亚麻布制成的衣服、靠垫套和地毯等，以暖色调为主。每天8:00~20:00

Ginger 199 Moonmuang路 Ⓣ053 419014；Nimmanhemin路6/21号 Ⓦwww.thehousethailand.com 这家看起来十分时髦的精品店主要出售引人注目的传统男女式服装、配饰及当代家具装饰，尤其是靠垫套。Moonmuang路店：每天10:00~22:30；Nimmanhemin路店：每天9:00~21:00

Gong Dee Nimmanhemin路1巷 Ⓣ053 225032 Ⓦgongdeegallery.com 提供惊艳的现代木质和漆器花瓶、盒子、灯具和碗，其中大部分都有金箔和银箔以及珠宝等装饰。每天8:00~20:00

Kritiya Khwang Men路46号，从瓦洛洛市场西侧往南 Ⓣ053 234478 这家精美的小商店是购买当地高档丝绸的最好地方，价格实惠。周一至周六9:00/10:00~16:30/17:00

Nandakwang Nimmanhemin路6/1-5号 Ⓣ053 222261 这里的棉布都出自于南奔府Pa Sang区最有名的棉花公司，其主打产品是各种颜色的靠背垫（包括斧头垫）及箱包，经常带有特别的花卉图案。每天9:00~17:00

Neramit Chang Moi路附近Ratchawong路9/12号 Ⓣ053 234353 Ⓦwww.neramit-customtailoring.com 这是一家非常不错的男士服装裁缝店。周一至周六9:00~19:00，周日16:00~19:00

Pa Ker Yaw Loi Khro路180号，Downtown酒店附近 Ⓣ053 275491 这家饱经风霜的木建筑店铺提供各种泰国、老挝和缅甸布料，以及山地部落首饰、篮筐和其他工艺品等。营业时间不定，但周日一般不营业

Shinawatra 桑甘烹之路7千米处 Ⓣ053 338053 Ⓦwww.thaisilk.co.th（其分店位于Huai Kaeo路18/1号 Ⓣ053 221096）。这家已有百年历史的丝绸工厂和经销商归泰国首相家族所有，是观看从蚕茧开始的丝绸制作流程的最佳之地。每天9:00~18:00

Sop Moei Arts Charoenrat路150/10号 Ⓣ053 306123 Ⓦwww.sopmoeiarts.com 这家店铺提供由华丽的面料制成的围巾、墙上挂饰、箱包和靠垫套，以及时尚的篮筐，而其部分收益会分给制作这些产品的克伦村庄及周围难民营，位于迈萨良附近。周一至周五&周日10:00~18:00，周六12:00~16:00

Studio Naenna Huai Kaeo路Changkhian巷138/8号& **Adorn by Studio Naenna** Nimmanhemin路1巷22号 Ⓣ053 895136 Ⓦwww.studio-naenna.com 如果你对传统织品的整个生产过程，尤其是天然染料的使用感兴趣，那么你可以在这个地方窥见一二。如果你电话预约，可以看到染色过程演示，包括从植物里提取染料，此外还可观看Changkhian巷主要工作室里织工的工作过程。Adorn是他们产品的主要经销商，提供高档丝绸及棉布成衣和配饰。Studio Naenna：4~9月周一至周五8:30~17:00，10~3月周一至周六8:30~17:00；Adorn：每天10:00~18:00

Vila Cini Charoenrat路30~34号 Ⓣ053 246246 & Chang Klan路与Loi Khro路交汇处附近Le Meridien酒店OP Place Ⓦwww.vilacini.com 出售漆器及各种颜色的真丝围巾和靠垫套。Charoenrat路主要店铺隔壁是一家东方风格的店铺，为同一老板所有，出售棉布及篮筐编织品。Charoenrat路店：每天8:30~22:30；OP Place店：每天11:00~23:00

山地部落工艺品

Thai Tribal Crafts Bamrungrat路208号 Ⓣ053 241043 & Moonmuang路25/9号，Ratchamanka路（互惠贸易店）附近机场广场北村 Ⓦwww.ttcrafts.co.th 这些由来已久的互惠贸易非营利性

清迈的传统工艺

清迈是全泰国购买手工艺品的最佳之地，作为传统家庭手工业的温床，主要提供价格低廉的高标准做工商品。

木雕

清迈的传统**木雕**历史悠久，无论是沙拉碗具还是半大的象雕，都可让人见识到木雕的精湛技艺。在过去，木雕主要是用泰国珍贵的柚木雕刻的，但如今生产商已使用其他进口硬木替代，不禁令人惋惜其质量低劣。

木雕产品会销往泰国各地城市，其中最著名的雕刻地为**Tawai 村**（Ban Tawai），这是一个商店与工厂相结合的大村庄，不仅价格低廉，而且还可以观看木工制作过程。Tawai 村是泰国最重要的木雕中心之一，直到 30 年前村民都依靠水稻种植为生，但如今几乎每户人家都从事雕刻行业销往外地，且每家后院都是家庭手工业基地。若想到达此地，你需要自驾前来：沿着清迈南面的 108 号公路行驶 13 千米抵达 Hong Dong，然后再往东行驶 2 千米即可。在清迈各地都可找到 Tawai 村各销售点的最新免费**地图**，此外各种精品店与室内装饰店铺也都有标注（或可登录 Ⓦ www.ban-tawai.com 查看）。

漆器

在泰国，几乎每间博物馆都可看到**漆器**，其中大多数都是**槟榔套**，以前显贵们会礼节性地让奴隶携带这种槟榔套以彰显其社会地位与财富（见 p.246 框中内容）。至今，清迈仍会根据传统技术生产槟榔套，在竹编框架上涂上厚厚的中国红漆，而细节处会用黑色装饰。此外还会生产其他漆器物品，如托盘和首饰盒等，一些闪耀着黑色光泽的物品上还会用金箔装饰。由于漆器携带轻便，又是典型的泰国特产，且在城里到处都可购买，已成为礼物的不二选择。

青瓷

青瓷，有时又称为生陶器，这种精美的瓷器是从中国传入泰国的，其中最著名的青瓷产地是素可泰及宋加洛。

孟莱瓷窑（Mengrai Kilns）位于 Samlarn 路 6 巷 79/2 号（Ⓣ 053 272063 Ⓦ www.mengraikilns.com 每天 8:00~17:00），是清迈最好的几座瓷窑之一，以恢复青瓷艺术为目标。该瓷窑坚持以传统的方法生产物美价廉的花瓶、餐具及其他较大瓷器，在优雅的造型表面涂着透明绿、蓝色和紫色釉。

伞业及纸业

博桑村以其生产的纪念**伞**而著名，该伞是用丝绸、棉布或桑皮纸（sa）制成，装饰有大胆的彩色手绘；每年 1 月都会举行五彩缤纷的**伞节**。这里的艺术家们还会在 2 分钟内在你的包或相机上画一个小图案。

桑皮纸纹理精细，可用作美丽的书法或素描垫，而在博桑的大多数店铺出售的都是成品。购买桑皮纸的最佳场所是 **HQ**，位于 Samlarn 路 3/31 号，帕辛寺对面（Ⓣ 053 814717 Ⓦ www.hqpapermaker.com 每天 8:30~17:30），不仅出售精美的彩色桑皮纸，还有各种其他专业纸张。

银器及珠宝

清迈的传统**银器**区位于老城镇南侧的 **Wualai 路**，但实际上目前的锻造区在别处。不过如果你真的想购买银器，仍然可以前往此地，Wualai 路有几十家小店铺，而在 3 巷可买到凸纹盘、碗和杯具，以及各种货真价实的迷人珠宝。一般纯银产品会在其标签上显示有 92.5% 银；而一些促销物品只有 80% 银，售价非常便宜。

在 Tha Pae 路 179 号有一家非常不错的**珠宝**店——**Nova Collection**（Ⓣ 053 273058 Ⓦ www.nova-collection.com 周一至周六 9:00~20:00，周日 12:30~20:30），出售精美的戒指和项链，在独特的原创设计中混入了金、银和宝石等元素。

商店是由基督教慈善机构资助的，销售该区域 7 个山地部落生产的商品，包括箱包、丝巾、家居用品、银器、乐器和竹编，应有尽有。Bamrungrat 路店：周一至周六 9:00~17:00；Moonmuang 路店：周一至周六 10:00~19:00；北村店：每天 10:00~20:00

书籍

Backstreet Books Chang Moi Kao 路 2/8 号 Ⓣ 053 874143 Ⓦ www.backstreetsiam.com 在这家位于塔佩门附近的大型精致二手书店，你可以买书，也可以以书易书，在 Ratchamanka 路 34/3 号还有一家分店 Lost 书店（Ⓣ 053 206656）。每天 9:00~21:00

Gecko Books Chang Moi Kao 路 2/6 号 Ⓣ 053 874066 Ⓦ www.geckobooks.net 与 Backstreet 书店很相似，两者紧邻在一起，长期以来一直都是竞争对手，但方便了消费者。Gecko 在城镇各处

也有几家分店。每天 8:00~21:00

Suriwong Sri Dornchai 路 54/1 号 Ⓣ 053 281052 这家书店提供最新出版的英文读物，以及各种有关泰国的小说和书籍，还有许多实用地图；此外这里还出售报纸及文具。周一至周六 9:00~19:00，周日 9:00~24:30

电脑

在 Chang Klan 路与 Sri Dornchai 路交会处的 Panthip 广场以及护城河北侧 Manee Nopparat 路的计算机广场（Computer Plaza）都可购买或维修电脑。

附录

银行、自动取款机及货币兑换亭 在 Tha Pae 路和 Chang Klan 路附近有几十个带有自动取款机的银行，且这里的多数货币兑换亭在晚上也会开放。

中国领事馆 Chang Lo 路 111 号 Ⓣ 053 280380

医院 高速公路 103 号的兰纳医院（Ⓣ 053 999777 Ⓦ www.lanna-hospital.com）位于 Chotana 路东面，提供 24 小时紧急救护及牙科门诊；麦考密克医院（Ⓣ 053 921777）位于 Kaeo Nawarat 路，比较便宜，以外国病人为主；Boonruangrit 路 8 号的清迈 Ram 医院（Ⓣ 053 920300）也非常不错。

3

出入境管理局 高速公路南部，机场前 300 米左侧（周一至周五 8:30~16:30 Ⓣ 053 201755-6）。

上网及 Wi-Fi 大多数旅馆和酒店都提供上网服务，且城中的二楼店铺大都是网吧。位于清迈大学附近的网吧费用低至 B20/ 小时，而市中心需 B120。清迈的几乎所有住宿场所都有 Wi-Fi 连接，且有越来越多的咖啡馆和餐馆都提供有免费 Wi-Fi。

药房 Boots 有许多分店，包括 Tha Pae 路，塔佩门对面及 Chang Klan 路的 Chiang Inn 广场前面。

邮局 邮政总局位于市中心火车站附近的 Charoen Muang 路，但在 Samlarn 路 43 号有个更方便的邮局（Phra Singh Po），位于帕辛寺附近（周一至周五 8:30~16:00，周六 9:00~12:00），提供包裹服务且出售便宜的电话卡及护身符等。此外在 Phra Pokklao 路与 Ratchawithi 路的交会处也有一个邮局（Sri Phum Po）；在塔佩门附近的 Ratchdamnoen 路上还有一小分局，两者都位于老城镇；而在 Nawarat 桥附近 Wichayanon 路（Mae Ping Po）及机场也有邮局。

泰语培训班 Ratchdamnoen 路 24 号经由教育部认证的 AUA（American University Alumni Ⓣ 053 277991/053 278407 Ⓦ www.learnthaiinchiangmai.com）是学习泰语最好的地方，历史也最悠久。提供不同等级的泰语课程，包括初学者泰语口语课程（6 周左右共 60 小时，B4200），班级人数限制在 5~12 人。此外还可安排私人或小团体培训班。

旅游警察 Charoenrat 路 Rimping 广场，高速公路附近 Ⓣ 053 247318/155。

清迈周边

在清迈你永远不会觉得无聊，因为在其四面八方都有各种乡村一日游线路。在西边是不可忽略的**素贴山**及寺院，而在南边可以探索**魏功甘**（Wiang Kum Kam）田园遗址，给人以新鲜感。再往南就是安静的南奔，坐落着具有重要历史和宗教意义的寺庙及博物馆。北方的**湄沙山谷**总是挤满了各种旅游大巴，其旅游重点是**诗丽吉王后植物园**，附近有**华豚淘**（Huay Tung Tao）人工湖及 Darapirom **宫**，值得游览。但最引人注目的是城市西南方向素贴山国家公园里新建的清迈**夜间野生动物园**，相比清迈动物园（见 p.248），此野生动物园更有趣。这里所有提及的景点都可在半日内游览完；其中不是所有景点都可乘公共**交通工具**抵达，但是许多清迈的旅馆都可为你安排当地半日游，费用为 B600，包括小汽车和司机。此外还有一些较长的短途旅行，尤其是因他暖国家公园（见 p.287）、南邦及泰国大象保护中心（见 p.275）和大象自然公园（见 p.307）。

素贴山（Doi Suthep）

拔地而起的**素贴山**位于城镇西部边缘，是清迈周边最令人满意的短途旅行目的地，尤其是山上美丽的**素贴寺**，可一览城市全景。这里之所以成为北方圣地，是因为其佛塔里收藏着神奇的舍利，而其建造历史也是一大传奇。原先的佛塔是由库纳国王于 14 世纪末建造的，就在将闪闪发光的舍利供奉在松达寺时，又自动出现了好几个舍利。由于其他舍利也需要找个安置之地，因此库纳王将舍利绑在白象背上的佛龛里，让它选择——最终这头白象爬上了素贴山，大声呼叫三次并原地旋转三次之后就跪倒在地死去了，因此这里就被选为供奉舍利的神圣场所。自此以后，素贴山成为泰国北部最重要的朝圣之地，尤其是为纪念信徒讲道而举行的**万佛节**烛光游行，以及纪念佛陀生日、开悟和涅槃的**佛诞节**，届时会有成千上万的信徒从清迈连夜赶来，徒步爬到素贴山朝拜。

素贴山—木棉山国家公园（Doi Suthep-Pui National Park）

公园总部位于寺庙外 1 千米处 · B200 · 053 210244 · www.dnp.go.th

半山腰通往寺庙的指示牌是确定前往**素贴山—木棉山国家公园**的唯一标志，其范围包括1685 米的山峰，一直到素贴山西北部；但如果你仅拜访寺院、蒲屏宫及木棉山村（Ban Doi Pui）则不需要门票，木棉山村是蒲屏宫附近极为商业化的赫蒙族部落，没什么吸引游客的地方。虽然离城市很近，但这里的混合林资源丰富，共栖息着 330 种鸟类，是自然研究的不错场地，仅次于更大、更宁静的因他暖国家公园。在公园总部你可获得公园小径的所有信息，包括前往木棉山峰蒲屏宫的山间小道。

在离山路基底大约 5 千米处的右手边有条道路，沿此路行走 3 千米即可到达美丽的 **Mon Tha Than 瀑布**，有些人认为此地是邪灵聚集地。上层瀑布有 5 米高，倾泻而下流进一个小池塘，抬头仰望，入眼之处尽是浓密的丛林。

素贴寺（Wat Phra That Doi Suthep）

B30，B50 包括缆车 · www.doisuthep.com · 禅修课程信息请参阅 p.250

在一停车场及纪念品村对面有一段阶梯，两旁装饰有 300 个那迦雕像，正是通往**素贴寺**的最后路程。在寺庙**较低露台**处可欣赏到下方 300 米壮丽的清迈及其周围平原景色，尤其是在凉季的清晨或傍晚时分，风光无限，但这份宁静总会被露台附近沉重刺耳的钟声打扰——游客们会敲打此钟以期好运。而在西北方坐落着一尊 2 米高的大象雕像，以纪念传说中的那头白象。

在前往**高层露台**之前必须脱鞋，而且只要露出一点点膝盖或肩膀，寺院都会提供外套等以遮盖你不敬的行为。该露台可能是泰国所有寺院建筑中装饰最和谐的地方了，有红、绿、金相间的纹理雕木，金银丝饰物及闪闪发光的金属制品，让人眼花缭乱；甚至是小钟清脆的声响及求签的咯咯声都似乎有着一定的旋律。紧紧包围在露台旁装饰有华丽的壁画，而里面只有两座很小的正殿、祭坛及礼仪用的金伞，围绕在中央**佛塔**四周。这座闪耀的镀金佛塔是16 世纪在原来库纳王建造的基础上扩建的，仿造了南奔哈黎朋猜舍利塔寺中的佛塔——以前曾是该地区最重要的佛堂，如今已成为泰国北部崇敬的象征。

古巴室利佛逝

古巴（泰国北部对僧人的称呼）室利佛逝被认为是泰国北部的“守护神”，于 1878 年出生于清迈以南 100 千米的小村庄里。他出生时恰逢古怪的雷雨和地震，因此得名 Faa Rawng（雷神），以取吉祥之意，直至其出家为僧。他在 24 岁时就被任命为当地寺院的住持，虽然很多人认为他是叛教者，但在兰纳人心中备受尊崇。尽管当地和曼谷僧伽都对其有所怀疑，他仍成为了南奔 Chama Thevi 寺的住持，并开始着手整修，拉开了宗教变革的序幕。而这场不屈不挠的斗争将佛教融入了北方人民的生命中：室利佛逝的整修影响了 100 多家寺院，包括清迈的帕辛寺、南奔的哈黎朋猜舍利塔寺以及湄塞附近的黎敦舍利塔寺，此外还有桥梁、学校及政府建筑。而其最伟大的贡献在于1935 年，他铺设了前往素贴寺的道路，而以前至少要爬 5 小时山路才能到达该寺。这条道路是由北部各地劳动人民自发修建而成的，使用的是最原始的工具。后来该项目被众人所知，获得了 B2000 万资助，而且每天都有多达 4000 人在此工作。为了不妨碍彼此的工作，古巴室利佛逝宣布每个村庄都需铺设 15 米的道路，但随着越来越多的志愿者蜂拥而至，每村庄只需铺设 3 米。这条道路仅用 6 个月就修建完成，而古巴室利佛逝则是第一个乘坐一辆捐赠汽车达到寺庙的人。

1938 年，古巴室利佛逝于他的家乡去世，拉玛八世被其行为感动，在 1946 年为其举办了王室火葬仪式（漫长的等待只为选择一个火化吉日，以对死者表示崇高的敬意）。后来他的舍利被分成好几份，如今分别供奉在清迈的松达寺、南奔的隆道玉佛寺以及北部其他许多神圣之地。在通往素贴山素贴寺的道路起点，即 Huai Kaeo 路尽头，有一尊他的雕像，且北部各地寺院、商店及餐馆都可看到他的照片。如今他虽已去世 70 多年，但古巴室利佛逝护身符仍然非常受欢迎。

在延伸至山峰的钢丝线上有一尊很小的天鹅（hong）像，用于重要佛教日期间的佛塔祈祷：天鹅嘴里面的杯子会装满水，而滑轮会将该天鹅雕像运送至塔尖，然后里面的水就会倾倒在佛塔两侧。在佛塔东北角对面有一张老图片，描述了只要有游客穿着鞋子进入此地，公鸡就会啄他们脚的画面。

蒲屏宫（Phuping Palace）

从寺庙出发沿着铺设的道路向上走4千米即抵·每天8:30~16:30,8:30~11:00&13:00~16:30价格有优惠；通常在1月~3月初有王室成员居于此地，届时不对外开放·B50·Ⓦwww.bhubingpalace.org·衣着得体，不能穿短裤或露肩服装（提供衣服租赁）

当王室成员来北部勘察村庄开发项目时都会居住在蒲屏宫。在此可看到从山地到南面的壮观景色，不仅有玫瑰和蕨类植物花园，还有一些迷人小径穿插在庭院之间。但建筑内部是禁止进入的。

抵达和离开

前往素贴山的最佳交通方式是租借交通工具，随时可在沿途停下欣赏美丽风景。虽然此山地形较陡，但铺设有道路，非常适合摩托车骑行。

公共双条车 双条车会从动物园前的Huai Kaeo路或清迈大学出发，行驶16千米即可抵达素贴寺（前往寺院B40，往返B80；往返包括蒲屏宫及木棉山村需B180），但只有在达到6名乘客时才会出发。

包车 若你包下整辆双条车需B500，而通过旅馆安排小汽车及司机也差不多是这个价格。

住宿

在较高山坡的国家公园总部附近有一些国家公园**平房**，带有热水浴室（两人最低B400）；此外还有**露营地**，可提供帐篷租赁服务（两人最低B150）。在Mon Tha Than瀑布旁也有露营地及带有热水浴室的平房（六人B1500）。

魏功甘古城（Wiang Kum Kam）

清迈市中心以南5千米，高速公路旁，宾河东岸

这座保存完好的**魏功甘古城**鲜有人至，一直被认为是清迈的原型，隐藏在风景如画的城郊地带。据民间传说，这座魏功甘古城是由孟莱王所建，以作为其在北部的新首都，但因宾河泛滥，不久就被抛弃了。但经最新挖掘发现：魏功甘古城的建立时间要比传统还早许多，是孟王国南奔周围加强国防的附属城镇之一。1281年，孟莱王在占领南奔后，在此居住了一段时间，并建立了一座佛塔、一间正殿及一些佛像，之后才前往清迈。在1750年之前，由于缅甸入侵，魏功甘古城一度成为弃城。

魏功甘古城内共有22座寺庙，其中近有一半已被发现，还有一块刻有独特的前泰文字符的石板（如今收藏在清迈国家博物馆里）。古城中有一家**博物馆**（每天8:30~17:00，B10）对这些寺庙进行了简单的基本介绍，但博物馆位于魏功甘古城最南端，交通不方便。如果你沿着清迈的二环路往东行驶，在经过河桥后第一个路口左转，不久就可在左侧看到该古城。

Si Liam佛塔

高速公路以南1千米，河流东岸

首先可前往**Si Liam佛塔**，这是一个非常有用的路标：这座孟王国时期的佛塔呈高大金字塔状，底座为方形，是孟莱王为了纪念他的妻子所建。Si Liam佛塔是仿照南奔的古库特寺所建，1908年时，清迈一位富有的孟族居民聘请缅甸工匠对其进行了整修，但至今仍未完全修复成功。

堪通寺（Wat Kan Thom）

距Si Liam佛塔2千米左右：沿着从清迈出发的道路原路返回，在第一个路口右拐，然后再右拐，一直靠左行驶穿过分散的农业聚落即可抵达

堪通寺（又称昌康寺，Wat Chang Kham）位于老城镇的中心，至今仍是重要的朝圣地之

一。当考古学家发现该遗址时，这个场所已差不多都被推土机夷为平地，成了附近学校的操场，但他们成功勘察到了孟莱王修建的佛殿的砖头地基。据说孟莱王的英灵就安息在其隔壁的现代佛堂内。此外，该地还有一座白色佛塔及一座小巧的佛殿，这两者的大部分都已修复完成，新建的佛殿更是金碧辉煌。

如果你有自己的交通工具，那么从这里出发沿着小路穿过浓密的龙眼种植园即可到达堪通寺的西北方，往回走即是 Si Liam 佛塔。在此线路上，你会看到魏功甘寺庙保存完好的佛塔及红砖瓦墙，就坐落于农村住宅之间的阴凉之地。

抵达和离开

魏功甘古城

船舶与马车 游览魏功甘古城最好的方式是搭乘湄宾河运船（每天 2~4 班，全程 2 小时；B700/人，包括免费接车），沿着河流顺流而下，20 分钟后抵达河岸，然后再乘坐马车前往博物馆及 6 座寺庙。

摩托车或自行车 这座古城的面积共计约 3 平方千米，骑摩托车或自行车即可轻松探索，但遗址之间迷宫般的小巷很容易让人迷路。如果你喜欢自己骑车四处游览，那么抵达魏功甘古城的最佳途径是沿着 Chiang Mai-Lamphun 路行驶，然后在 Nong Hai 市场交叉处右转（离 Holiday Inn 酒店不远）进入 Koh Klang 路，沿着该高速公路行驶即可到达 Si Liam 佛塔。

3

南奔（Lamphun）

虽然南奔是南奔府的府会城市，但旅游人数及经济发展都不如其北面 26 千米处的清迈。然而若你对历史感兴趣，那这座前王室城市是必游之地，如果自驾前来，还可顺便前往魏功甘古城。南奔的大多数普通建筑周围都有独特的水路设施，穿过此地即可到达郁郁葱葱的稻田和龙眼种植园；每年 8 月初的**龙眼节**（Ngan Lamyai）期间，整个城市热闹非凡，有水果花车游行、击鼓比赛及龙眼小姐（Miss Lamyai）选美大赛。在宋干节和水灯节期间，相比于清迈的疯狂，南奔则比较平静，而漂浮在扩河（Khuang River）的水灯也比清迈宾河上少。虽然城市街道通常都很安静，但哈黎朋猜舍利塔及古库特等古**寺**却热闹非常，是从清迈出发的半日游的最佳目的地。

南奔堪称是泰国最古老的居住城镇，其历史可追溯至 8 世纪末或 9 世纪初，当时堕罗钵底华富里的主要统治者将其女儿查玛德维（Chama Thevi）派送至此，建立了**哈黎朋猜**这座小佛教城邦。在查玛德维女王的统治之下，哈黎朋猜蓬勃发展，成为了前往中国西南云南地区贸易线路的纽带，且成功抵御了吴哥高棉人的入侵——吴哥高棉人曾在 11 世纪侵占了华富里及泰国中部其他一些堕罗钵底城市。1281 年，孟莱王密谋十年才占据了南奔且将其纳入清迈的控制之下。

据说查玛德维女王将整座城市**格局**规划为吉祥的海螺形状。大致呈矩形，北端比南端窄，扩河流经其东侧，长 1 千米，城市的南、西、北三侧则有护城河环绕。南北走向的主街 Intahyongyot 路将整座城市平分为两部分，而前往古库特寺的道路（Chama Thevi 路）则起源于西护城河的中间位置。

哈黎朋猜舍利塔寺（Wat Phra That Haripunjaya）

前往该寺最简单的方法是通过 Inthayongyot 路的后门

哈黎朋猜舍利塔寺是泰国北部最宏伟、最重要的寺庙之一，其正殿及宏伟的正门都正对着扩河（Khuang River）。纪念佛陀生日、开悟及涅槃的佛诞节是这里最主要的节日，据说与此寺庙的落成之日正好相同。但其实际的建造时期却不得而知：最早猜测是在 897 年，据说哈黎朋猜的国王建立了一座佛塔以供奉佛陀的头发。该寺庙的重建时间就比较确定了，是 1443 年由清迈的迪洛克国王重建的，如今所看见的环形佛塔使用了当时流行的斯里兰卡风格（后来的素贴寺及南邦佛寺均是按照此寺庙仿建而成的）。外面安装有亮丽的铜板，而其高度也升至 50 米，且上面遮有金伞。

佛塔四周普通的开放式庭院里坐落着各种风格和颜色相混合的宗教建筑。北侧是哈黎朋猜分层风格的**素旺纳佛塔**（Chedi Suwanna），呈金字塔状，建立于 1418 年，是附近的古库特寺佛塔的仿造品。素旺纳佛塔前面的空地上坐落着泰国南部室利佛逝风格的 Chiang Yan

佛塔，看起来就像一堆扁平的南瓜。佛殿另一侧（一直到主佛塔东面）则坐落着暗红色**钟塔**，里面供奉着世界上最大的铜锣，而其升高的基座上则有一个饱经风霜的**经库**。为了增加寺院的神秘感，佛塔西南角的开放式展馆里安置着一块有四个重叠**脚印**的石头，根据古老的传说，佛陀曾在此经过，而虔诚的信徒们对此深信不疑。展馆旁边是一间小**博物馆**，里面收藏着许多珍贵的文化遗产，包括兰纳风格的精致佛像。最后，在后门口旁坐落着雄伟的**帕昭陶财**（Phra Chao Tan Jai）立佛像，周围是美丽的壁画，描述了地狱的可怕场景。

哈黎朋猜国家博物馆（Hariphunchai National Museum）

Inthayongyot 路，寺院后门马路对面・周三至周日 9:00~16:00・B100

哈黎朋猜国家博物馆中收藏着一系列规划得十分有条理但不太引人注目的宗教发现，偶尔还有非常有趣的临时展览。这里展览的赤土陶瓷和青铜佛像是哈黎朋猜风格的最好实例，其特色是大卷发、宽阔平坦的额头、鼓鼓的眼睛、嵌入的胡须及神秘的微笑。

古库特寺（Wat Kukut）

Chama Thevi 路

3

古库特寺（又称查玛德维寺）是艺术历史爱好者的天堂，这里有用砖块建成的主佛塔——素旺昌廓佛塔（Suwan Chang Kot），建于 1150 年，修复于 1218 年，是唯一一座完整的哈黎朋猜建筑。当初，查玛德维女王下令弓箭手从城市西门射击，射到哪里哪里就是城市选址地。要追溯这史诗般的一篇，可沿着国家博物馆的南墙前往护城河西门，然后再沿着 Chama Thevi 路行驶 1 千米左右即可到达。素旺昌廓佛塔是一座方形佛塔，共有 5 层，镶嵌的壁龛里供奉着典型哈黎朋猜风格的浓眉灰泥佛像，十分美丽。众人认为这座一度失去塔尖的佛塔内供奉着查玛德维的骨灰，于是将之命名为古库特寺，意为“无尖顶”佛塔寺院。从古库特寺返回市中心之时，可顺便拜访**玛哈湾寺**（Wat Mahawan），这里出售的佛像护身符非常有名。

抵达和离开　　南奔

从清迈前往南奔的火车时刻表不稳定，且火车站又远离市中心，位于东北方向，因此不建议搭乘火车前往。

双条车或巴士　蓝色双条车从清迈的 Chiang Mai-Lamphun 路，Nawarat 桥南边、泰国旅游局办事处对面出发，也可从昌卜克车站搭乘巴士出发，途经 Praisani 路的龙眼花市，即可抵达哈黎朋猜寺后门入口外。

摩托车　从清迈前往南奔的捷径（且沿途风景优美）是 Chiang Mai-Lamphun 路，又称 106 号公路，而这条宽阔大道两旁生长着 30 米高的杨树，非常适合摩托车之旅。

住宿

Lamphun Will Hotel Chama Thevi 路古库特寺对面 ⓣ 053 534865-6 ⓦ www.lamphunwillhotel.com 虽然很少游客会选择在南奔留宿，但这家时尚的当代酒店确是一个不错的住宿之地。酒店设施包括泳池、餐厅及网络中心。所有客房都是有热水的独立卫浴，还提供空调和 Wi-Fi。B1200

餐饮

Lamphun Ice Chaimongkol 路 6 号 ⓣ 053 511 452 这是南奔为数不多的几家提供英文菜单的餐馆之一，提供物美价廉的泰国食物；地理位置优越，就位于哈黎朋猜寺南墙外。每天 10:00~24:00

华豚陶湖（Huay Tung Tao）

清迈以北 10 千米处 107 号公路（Chotana 路交叉口），然后往西行驶 2 千米即可抵达前往该人工湖的柏油路

华豚陶湖是位于素贴山脚下的一座大型人工湖，在热季期间是一处不错的避暑之地，自

驾前往非常方便；由于此地可租借独木舟和内胎，因此游泳也比较安全；此外也深受垂钓者和风帆冲浪爱好者的喜爱。水域边缘长有许多竹子，可为游客遮挡阳光。在附近还可以购买到一些简单的食物，如糯米、烤鸡和青木瓜沙拉等。

嗒拉皮降宫（Darapirom Palace）

清迈以北 16 千米处的湄林地区；在 107 号公路左手边湄林警察局前面有一个路标・周二至周日 9:00~17:00・B50・Ⓣ 053 299175

在湄林（Mae Rim）地区有一个小集镇，如今几乎成为清迈的郊区，而坐落于此的**嗒拉皮降宫**则是 20 世纪初建立的一座殖民地式建筑，富丽堂皇。这座宫殿曾是 Chao Inthanon 国王的女儿、清迈领主 Dara Rasamee（1873~1933）公主的寝宫，而在清迈完全并入暹罗城邦之前，她就成为了朱拉隆功国王（拉玛五世）最宠爱的妃子。这位公主为北部地区留下了一笔丰富的财富，而对兰纳文化爱好者来说，她更是一位巾帼英雄：1914 年，她建立了该居民区。在朱拉隆功国王去世几年后，她从曼谷回到故乡安享晚年。如今，曼谷的朱拉隆功大学将该宫殿作为博物馆对外开放，向世人展现了该朝代独特的家具以及曾属于这位公主的私人物品。宫殿里还挂有她梳着及膝长发的照片，与同时代暹罗妇女清爽的短发形成强烈对比。而博物馆各房间展现了她的衣柜和个人财产，包括乐器等。

3

湄沙山谷（Mae Sa valley）

湄林中心以北 1 千米左右，107 号公路上，而 1096 号支路是一条前往山谷的平坦柏油公路

湄沙山谷的范围包括湄林以西地带，格局类似于主题公园，其内有养蛇场、猴子表演、大象营地、"冒险运动"场地及兰花和蝴蝶农场等，但最吸引游客的是这里美丽的植物园。穿过该山谷的 1096 号支路还会经过**湄沙瀑布**（属于素贴山—木棉山国家公园，B200），在此有一条幽静小道，沿途可看见许多小瀑布。如果游览完山谷全景，你可以继续往西欣赏沿途的美丽景色：在到达三蒙区（Samoeng）之前左拐进入素贴山边缘蜿蜒起伏的 1269 号支路，沿着这条路行驶进入清迈以南 8 千米处的 108 号公路即可，全程共 2 小时。

诗丽吉王后植物园（Queen Sirikit Botanic Gardens）

湄林岔路口出发沿 1096 号支路行驶 12 千米・每天 8:30~17:00；自然科学博物馆：每天 9:30~15:45・B100，外加交通费用 B100/ 辆・班车 B3（无限次乘坐）・Ⓦ www.qsbg.org

宏伟的**诗丽吉王后植物园**拥有美丽的山谷风景，是湄沙的主要景点。如果对植物学非常感兴趣，那么不知不觉间你就可以在这里待上半天，沿着 4 条自然小道尽情探索植物园、观赏台、假山、兰花苗圃、登山及药用植物领域，此外还有 12 个玻璃房建筑。植物园里还有一个有趣迷人的自然科学博物馆，其中的展览品都有英文标签介绍。若感觉劳累，可去咖啡厅休息。如果天气炎热，可搭乘观光巴士穿梭于这片陡峭广阔的土地；小汽车也可以在此行驶，但摩托车就必须停在入口处。

住宿及餐饮 湄沙山谷

Pong Yang Angdoi Resort 距植物园只有约 2 千米，位于马路南侧 Ⓣ 053 879151-3 Ⓦ www.pongyangangdoi.com 该度假村位于陡峭且树木茂盛的山谷里，可欣赏美丽的瀑布风光，让人忍不住在此留宿。此外，度假村拥有温馨舒适、设备齐全的平房及一个精致美丽的餐厅，所有房间都提供空调、热水和阳台。B2500

坤丹山国家公园（Doi Khun Tan National Park）

清迈东南方向约 50 千米・B100・Ⓣ 053 546335・Ⓦ www.dnp.go.th

坤丹山国家公园与素贴山、因他暖国家公园是清迈附近的三大国家公园，从清迈搭乘火车很容易即可到达：这条长达 1352 米的铁路隧道是泰国最长的铁路线，由德国工程师与泰国工人于 1907~1918 年建造而成（其中有 1000 多人因意外事故、疟疾和老虎袭击死亡），横穿整个坤丹山。虽然如此，且实际上此地是著名的度假胜地，公园环境也仍未受到破坏，

有足够的基础设施可供游客在此留宿。公园最繁忙的时间是周末泰国学生组织旅游及冷季期间。

公园占地面积达255平方千米，植被类型从海拔350米处的竹林到600~1000米时的热带常绿阔叶林渐渐改变；坤丹山1373米高的山顶则以生长着各种野花而著名，包括兰花、姜花及百合等。栖息在公园中的大多数小型哺乳动物是松鼠科动物，但平时更常见的是鸟类，至今在此地共发现了182种鸟类。

公园小径（Trails through the park）

公园里的各条小径都有明确标记，公园总部（可提供地图）附近有几条很短的小道，一直可通往三条主要小径，最终抵达**坤丹山**山顶，不但将周围乡村的壮丽景色尽收眼底，且可清楚感受到"二战"期间此地作为军事警戒处是何等重要。从火车站抵达坤丹山顶峰的主道共长8.3千米，虽然陡峭，但道路平坦，很容易即可通过。此条道路主要分为四段，每段大约长2千米，且尽头处都有一个休息场所。在一天之内到达山峰并返回不是什么难事，但两日游徒步旅行会更加好玩，可在公园平房或小径沿途的露营地里住宿一晚。此外，你还可以采取环形线路先抵达山顶，返回时放弃主道，而是选择线路两边任意一侧的支路，可通往两个**瀑布**。

3

抵达和离开 坤丹山国家公园

火车 目前从清迈到坤丹火车站的火车每天上午有两班，下午有三班，终点站为南邦或更远，但晚上没有火车返回（最后一班的返回时间是13:35），因此可排除火车一日游（但你可以再查一下最新时刻表，以防晚上已通车）。从火车站出发沿着登顶步道步行1300米即可到达公园总部。

目的地 曼谷（每天4班，全程11~13小时）；清迈（每天5班，全程90分钟）；南邦（每天5班，全程50分钟）。

小汽车或摩托车 搭乘小汽车或摩托车最多可抵达公园总部；从清迈出发沿着11号公路转入Mae Tha岔路，然后再往东北方向行驶18千米，沿着路标即可抵达公园。

住宿及餐馆

如果你想留宿在公园里，可通过国家公园部门网站（Ⓦ www.dnp.go.th）提前预订。在公园总部平房旁有一个简单的餐馆。

平房 公园平房就位于从总部出发的主道沿路，大多数小木屋都很宽敞，设备齐全且带有热水浴室，最多可睡6人。其中一些平房还拥有户外休息区，可欣赏连绵起伏的山丘。B1500

野营地 在公园总部有一个设备齐全（但通常都很拥挤）的野营地；如果你没带自己的帐篷，也可以在这里租借一顶。B150

南邦及其周边（Lampang）

在清迈和南邦之间狭窄陡峭的山带上坐落着一个公路关口及一条火车隧道，南邦是泰国北方的第二大城镇，位于清迈东南方约100千米处。南邦是一个重要的交通枢纽——11号公路、1号公路及北方铁路线都汇集于此，但由于此地景点实在不引人注目，几乎所有游客都会略过它前往更北方的旅游地。与其他大多数府会城市不同的是，南邦还留有历史外观遗迹——传统风格的房屋、店铺及寺院，但大多数都不对外开放。城镇外有座美丽的**南邦銮舍利塔寺**，是该地区的主要景点，但从清迈出发更方便，经过此地附近时还可停下来游览一下**大象保护中心**。

现代南邦的中心位于旺河南岸，而其最繁华的商业街是位于拉差达大桥（Ratchada Bridge）附近的Boonyawat路和Robwiang路，主要出售当地有名的**陶器**，有白色、蓝色和棕色等，五彩斑斓，用当地含量丰富且耐用的高岭土制成。城市里的所有街道都设有路牌，且在主要十字路口矗立着比真实大小还大的**白鸡**雕像。白鸡是南邦的象征，据说在守夏节结束时，佛陀派遣了神灵下凡，化身为鸡，准时叫醒当地居民以给僧侣布施。可能正因为这个传说，整个城市才给人以闲散慵懒之感。

简史

南邦原本被称为 Kelang Nakhon，由哈黎朋猜的查玛德维女王于 9 世纪所建，当她两个儿子中的其中一个在她死后继承王位后，南邦的地位大幅提升。1281 年，孟莱王占领了哈黎朋猜，南邦和兰纳其他地方一样遭遇了起起落落，而在 19 世纪末因其盛产**木材**繁荣一时，城镇人口达到 2 万，且有 4000 头工作大象。南邦的许多寺院都是由定居在此的外来人口——清盛难民（19 世纪初拉玛一世国王将他们强行安置在此）、缅甸柚木采伐工人捐助建造的。由于这座城镇安静迷人，最近还涌入了许多泰国退休人员。

隆道玉佛寺（Wat Phra Kaew Don Tao）

Phra Kaeo 路，拉差达大桥东北方向 1 千米处・每天 7:00~18:00・B40

南邦的几个景点比较分散；其中最好的出发点在河流北侧（原是哈黎朋猜定居之地），如今在其树木繁茂的郊区坐落着该城最重要、最有趣的寺庙——**隆道玉佛寺**。这座气势宏

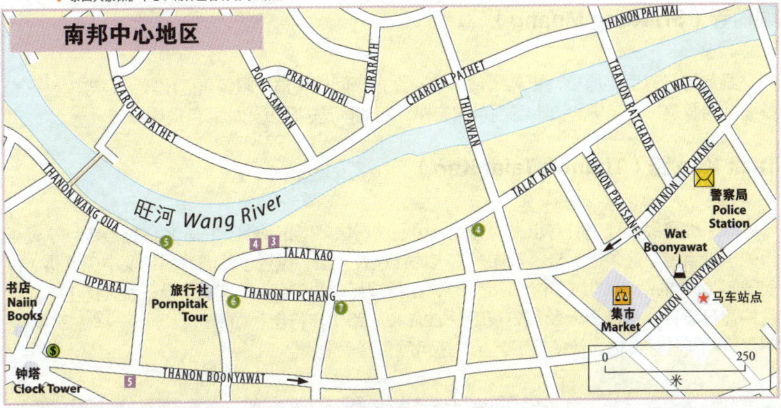

伟、令人生畏的寺院建造于15世纪，用于供奉隆道玉佛，如今该佛像被收藏在南邦銮舍利塔寺（见p.274）。该寺也曾收藏过玉佛像（当地传言这是隆道玉佛像的仿造物）：令人惊奇的是，1436年在事先毫无计划的情况下，一头大象将这座神圣的佛像从清莱带到了清迈，因此就供奉于此以示兴盛。在佛寺后院的小**博物馆**里陈列着一些精美的陶瓷，但其重点是缅甸工匠擅长的木雕。

佛塔及阁楼（chedi & mondop）

寺院里坐落着干净简洁且顶部呈金色的白色**佛塔**，据说收藏有佛陀的头发而远近闻名，其华丽的背景使之成为整座寺院中最令人关注的建筑，此外还有一座阁楼，每层都雕刻有精致华丽的图案；该建筑是由泰国王子下令当地缅甸居民于1909年建造的（在其天花板上可看见英国风格的盾徽）。整个建筑采用的是华丽的镀金彩色玻璃，而其内饰融合了东方和欧洲元素，如在天花板上雕刻着不适宜的可爱小天使图案，令人叹为观止。阁楼中心坐落着一尊孩子气的典型曼德勒佛青铜雕像，其头饰带上镶有宝石，双目黑白分明，还有夸张的悬挂着的耳垂，以示佛陀可听到宇宙一切声音的神力。在佛像前面是泰国北部最受尊敬的僧侣——古巴室利佛逝（见p.265框中内容）的雕像。

3

百年高脚屋（Ban Sao Nak）

Ratwattana路6号・每天10:00~17:00・B50

离隆道玉佛寺不远就是**百年高脚屋**（"百柱之屋"），这是一家私人博物馆，收藏着各种精致的陶瓷、漆器和柚木家具。这栋庞大的木质建筑融合了缅甸和兰纳风格，建立于1895年，共用116根柚木支柱支撑；建筑里还陈列着前任居住者——当地贵族的有趣照片，不过因年代久远，有些褪色。建筑内外都经过了精心美化，可感受到20世纪初泰国北部富人的生活场景。

西春寺（Wat Sri Chum）

西春路，Robwiang路以南，5分钟步行路程

那些从事隆道玉佛寺建造工作的缅甸工人是在19世纪末英国占领上缅甸后才被带到南邦的，当时一些英国木材公司已将其业务拓展至泰国北部。因担心倒下树木里的灵魂无家可归会寻求报复，那些缅甸采伐工人经常捐资修建寺庙以安抚那些树上居住的灵魂并积累公德，其中大部分寺院被保存至今。虽然这些灵魂等待了近100年，但它们似乎已经报了仇：由于一些布线问题导致了短路，使得这座泰国最大的缅甸佛殿兼该城镇最重要、最美丽的**西春寺**被1992年的一场大火烧毁。如今这座寺院是由缅甸工匠新建的，其中各种生动的雕刻及壁画显示着它已恢复昔日的辉煌，周围还种植着许多菩提树。

缅甸寺（Sri Rong Muang）

Takrao Noi路西路口

缅甸寺已有百年历史，更具缅甸风味：红黄相间的屋顶，倾斜角度比较大，寺内坐落着曼德勒佛像及一些奢华的镀金雕刻布道宝座，四周则是闪闪发光的彩色玻璃墙砖。

Talat Kao路（Thanon Talat Kao）

河流南岸后面・周六及周日17:00~22:00是步行街

如果你已经参观完所有想去的寺院，可在清晨去"老市场街"Talat Kao **路**漫步，享受难得的宁静氛围。这条路上坐落着许多古老的店屋及大厦，融合了欧洲、缅甸及中国风格（以前曾叫Talat Jiin，有"中国市场"之意），如错综复杂的阳台、雕花山墙及一些大门上不同寻常的旭日设计。每逢周六及周日夜晚，Talat Kao路"**步行街**"如清迈步行街一样热闹非凡，不仅可购买各种食物、丝绸及工艺品，还可欣赏音乐演奏。

右页图从上往下依次为：清迈面（见p.256）；农磨寺壁画，难（见p.285）>

南邦药用植物保护协会（Lampang Medicinal Plants Conservation Assembly）

市中心西北方向 3 千米处的 Kunmuang 路・每天 8:00~21:00・☎ 054 350787・🌐 www.herblpg.com・传统按摩 B200/ 小时起价・从南邦市中心搭乘双条车至此需 B60 左右；自驾线路：沿着前往 Haeng Chat 的 Chammathewi 路行驶 2 千米，先右转再左转，按照前往南邦药材保护中心的路标行驶即可

虽然**南邦药用植物保护协会**（又称 Rak Samoonprai）听起来像植物学家举行研讨会的地方，实际上这是一个坐落于阴凉大院的传统健康中心。这里服务周到，有强大的传统按摩、草药桑拿、面部磨砂、泥浆面膜，甚至还可赤脚行走在圆润的鹅卵石小道上，有自然足底按摩之效。这里的设施一尘不染，院子里遍地是标有标记的药材，还出售各种药用植物产品。

南邦銮舍利塔寺（Wat Phra That Lampung Luang）

南邦西南方向 18 千米处・从 Robwiang 路搭乘蓝色双条车至此需 B40 左右・自驾线路：从南邦出发沿着 1 号公路往南行驶，然后跨过 Kor Kha 地区旺河上的大桥右转，沿着 1034 号支路向北行驶 3 千米左右即可抵达；如果你从清迈或大象中心出发，在经过 Hang Chat（抵达南邦之前）不远处右转，从 11 号公路转入 1034 号支路

3

雄伟的南邦銮舍利塔寺是兰纳艺术设计的结晶，也是泰国北部的重要建筑之一，至今仍保存完好。该寺院建立于哈黎朋猜早期时代，起初是南邦周围附属城邦的一个 wiang（城堡）——而在寺院附近的养殖村里仍然可见三重城墙的遗迹。在寺院外的街市小摊上可买到简单小吃、手工艺品和古董等。

主佛殿（main viharn）

在正门口有一个有那迦雕像的楼梯，通往奢华的警卫处，且在其原来的砖块围墙上装饰有华丽的灰泥图案。里面坐落着一个超大的 15 世纪经典兰纳风格的**主佛殿**，四面都可进入，而其中心则是一个壮观建筑：当地人们称之为 ku，仅可在泰国北部寺庙佛殿中才可见到，而此镀金砖塔看起来像一堆篝火，守护着帕昭蓝通的主要佛像。个子高的游客要小心脑袋，因为建筑屋檐比较低。屋檐上面的嵌板上装饰有 18 世纪初期图像，虽已褪色，依旧非常迷人，用传统缅甸绘画手法描述了战争、宫殿及贵族生活场景。

主庭院的其余部分（The rest of the main compound）

该寺庙的主庭院四周围有围墙，里面至少还坐落着四座佛殿。在阴凉且装饰精美的佛殿左前方有一个木质 tung chai 建筑，上面雕刻有盘绕着的那迦像，色彩鲜明，是北方诸侯的纹章标志。右后方第二个建筑是破旧但舒适的 Nam Tame **佛殿**，可追溯至 16 世纪初期。其下垂式的屋顶结构至今仍保持原样：共分为三大层，且每大层又分为两小层，整个屋顶末端几乎可碰到地面。屋檐下嵌板上的绘画和整座佛殿一样久远，如今只可看到一些破碎的画面，描述了印度因陀罗神的一个功勋世纪。

寺院中央的巨大**佛塔**里收藏着佛陀的头发及其额头到脖子右边部分的骨灰。佛塔西北角落里有一标志直指寺院围墙上的排水孔，而此地曾发生过令人难以置信的英勇事迹：1736 年，当地英雄 Thip Chang 扭动着身子穿过了这个小洞口，从缅甸人手中拯救了这个城堡，进而解放了整个南邦。

在佛塔的西南角是 Haw Phra Phuttabhat（女性禁止入内），这个小房间是一个暗箱，如果把门关上，门上的小孔可将佛塔影像投影在从天花板悬挂而下的帆布上。

隆道玉佛（Phra Kaew Don Tao）

在佛寺主庭院南侧围墙上有一道门，穿过此门即可看见一棵独特的**菩提树**：信徒为了积公德捐赠了成百上千的支撑物以支撑其下垂的枝条。菩提树下有一座小佛龛，大家都认为里面居住着神灵，有时候人们会带着病患到此祈求平安康复。

走过菩提树有一条小径，可通往主庭院西面一座不起眼的小型佛殿，里面坐落着**隆道玉佛**，这尊备受尊崇的佛像是该佛寺最主要的朝圣点，地位不亚于曼谷玉佛像。据说一名当地妇女将一个西瓜敬献给一位德高望重的高僧，而就在这个西瓜里出现了一尊翡翠小雕像。于是妇女和高僧试图雕刻出一尊玉佛像，但是一直没有成功，直到因陀罗神现身，塑造了这尊

奇妙的雕像。但就在这个时候，不明就里的乡亲指责这两个人有染并将那个妇女处死，最终给城镇带来了一系列的灾难，自此人们相信这尊佛像拥有可怕的力量。据推测，该佛像多半建造于15世纪初，且于同一时期建立了这座同名寺院。从保护门条的缝隙中可瞥见佛殿内部的这尊小佛像，实际上这尊佛像是用碧玉而非玉石制成的。正如曼谷的玉佛一样，隆道玉佛也有三套服装，每个季节各换一套（见 p.75）。

顿江市场（Thung Kwian market）

离南邦 21 千米，11 号公路，途经泰国大象保护中心

如果你自驾前往**顿江市场**（每天都会开放），不仅可在大象保护中心附近休息一下，用点便餐，还有机会看到出售的各种产品，如兔子和鸟、蜂巢、昆虫及形形色色的爬行动物。很多泰国城市居民最喜欢到此选择一些异国情调的小玩意儿带回家。

泰国大象保护中心（The Thai Elephant Conservation Centre）

南邦以西 34 千米 11 号公路・每天 10:00、11:00&13:30 都会有表演，而 9:40&13:10 还可观赏大象洗澡・B170・054 247875/08 9755 4917・www.thailandelephant.org・从清迈到南邦的巴士线路会经过此中心；在中心大门口有定时的短驳车可将游客送至 2 千米外的大象展览场地

3

泰国大象保护中心（又称国家大象机构）是在泰国观看大象技能的最佳场所。大象娱乐**表演**包括侧对步，并会对观众发出一阵阵响亮的吼叫声。在经过洗澡之后，它们会列队行进，例行推动或拖动原木，然后作画并演奏定制的乐器。演出结束后，你可以喂它们香蕉和甘蔗，甚至还能**骑**大象（每天 8:00~15:30 都可），一般 B200 可骑 10 分钟，1 小时费用 B1000；还可前往附近的树林（此外还提供夜间徒步旅行及象夫训练计划——详情请查看网站）。游客也可在医院周围随处参观，但王室象厩是不能进入的，拉玛九世的 11 头白象中有 6 头都圈养在此处。

该保护中心是由泰国政府于 1969 年成立的，一开始位于附近地带，原名为年轻大象训练中心，在泰国同类型机构中年代最久远。但后来因为禁止伐木，于 1992 年重新成立了一个新的大象中心，旨在保护泰国的大象（见 p.276 框中内容）。通过促进生态旅游，该中心为大象提供了职业机会，并维持了泰国人与这些动物之间历来已久的美好关系。机构利用入场费及捐助资金在此建立了**大象医院**，主要照看生病、受虐、年老及被遗弃的大象。保护中心里有三间设施简单的**餐馆**，且提供家庭**寄宿**服务（B1000 包括用餐费用；更多详情请查看网站）。

抵达和离开　　南邦

飞机　曼谷航空每周提供两个航班从素可泰出发至此（全程 30 分钟），而从曼谷出发（全程 1 小时）的航班每周至少有 5 班。机场位于城市南面，搭乘双条车也十分方便，很快即可抵达市中心。

火车　火车站位于市中心西南方向 1 千米不到的地方。从此地搭乘双条车前往旅馆的费用为 B20。

抵达站　曼谷（每天 6 班，全程 10~12 小时）；清迈（每天 7 班，全程 2 小时 ~2 小时 30 分钟）。

巴士　汽车站位于市中心西南方向的支路附近。大多数巴士都停靠在此地（清迈巴士在 Phaholyothin 路中间地段还有一个停车点）。有许多黄绿相间的双条车会等候在终点站边缘，人满即可出发（B20 可前往城市里的旅馆和酒店）。

抵达站　曼谷（每小时至少 1 班，全程 8 小时）；清迈途经南奔（每 30 分钟 1 班，全程 90 分钟）；清莱（每 30 分钟 1 班，全程 4~5 小时）；湄塞（每天 3 班，全程 5 小时）；湄索（每天 2 班，全程 4~5 小时）；难（每天 8 班，全程 4 小时）；帕（每小时 1 班，全程 2 小时 ~2 小时 30 分钟）；达（每天 2 班，全程 3~4 小时）。

周边交通

城市大部分地方都可步行抵达，但也有代步工具，包括马车（见 p.277 框中内容）。

双条车　在大街上有许多黄绿相间的双条车四处游荡，搭载乘客（城市范围内价格为 B20/ 人）。

自行车或摩托车　Akhamsiri Home 及 Riverside Guest House 旅馆均可提供自行车租赁服务（B50~60/ 天）；

3

泰国的大象

由于泰国人受到印度教与佛教神话的影响，对他们而言**大象**具有深刻的**宗教意义**。泰国各地所有古老寺庙都有印度教象头神**迦内什**雕像，他是知识之神，是排除一切障碍之神，而如今迦内什已成为泰国艺术部门的象征，因此在所有历史景点门票上都描绘有大象图案。印度教因陀罗神通常和其坐骑——三头象神**伊拉旺**坐骑一起出现，且在主要的婆罗门圣地都会出售各种神圣的大象小雕像，如曼谷的三头象神神殿。在佛教传说中，**佛陀的母亲**是在梦到白象进入她子宫后才怀孕的；也正因为如此，素可泰许多佛教寺庙四周会有大象栏杆；罕见的白象拥有王室地位（见 p.100），且在 1917 年成为泰国国旗图案。

泰国大象**实际**作用的重要性和其象征性一样重要。大城国王依靠大象和缅甸战斗，其中一位国王曾组建一个训练有素的 300 头大象军队；在 19 世纪期间，拉玛四世将一头公象和一头母象进献给了时任美国总统林肯，让它们“在美国的森林中繁殖”，并在美国南北战争中发挥了作用。在和平时期，大象惊人的力量使其成为无价的负重动物：泰国东北部庞大的高棉寺庙建筑群里的石头都是靠大象运载的，且几百年来，它们一直从事着清除森林、搬运木材的工作。

泰国国内圈养出生的大象传统周期为：前三年与它们的母亲待在一起（母象的怀孕时间为 18~22 个月，且有 5 年产假），然后分开并与其他小象一起在培训机构接受饲养。自此每头大象都有专门的**象夫**（kwan chang）负责照顾，象夫集驯兽师、饲养人和骑乘员为一体。传统上，大象的余生都会和这个象夫联系在一起，但由于象夫社会地位较低，因此目前这种情况很少持续。

一开始的训练很轻松，象夫会先花费几个月的时间取得大象的信任；然后在接下来的 13 年里会从简单的“停”和“出发”命令开始教授，最后到用象鼻钩住并传递物品的复杂指令，总共有约 40 种不同的行为指令。到 16 岁时，大象就可以开始工作直至它们 50 或 60 岁，之后大象就不再工作，可能还会存活 20 年左右。

讽刺的是，**木材产业**给大象的生存带来了毁灭性灾害。机械化采伐毁坏了野生大象赖以生存的河流流域草原及森林栖息地，迫使它们进入孤立的高地小块地区。如今泰国的野象数量总共不到 2000 头，但圈养大象却有 2500 头，与 1900 年大象总数量为 10 万相比急剧下降（目前亚洲象也被正式列为濒危物种）。1988 年，素叻他尼由于森林被过度砍伐，发生了泥石流灾害，共有 100 多人遇难且村庄全毁，因此在 1989 年颁发了**泰国境内禁止商业性采伐**的命令，进一步导致了大象及其象夫**失业**的问题。虽然如今在泰缅边境地带仍有少数大象继续从事非法柚木贸易活动，但大多数象夫仍不停奋斗为他们的大象找到大量食物以维持它们的生活，平均每天每头大象需进食 125 千克食物。

随着**旅游业**的发展，大多数大象都用于表演和旅行，虽然不能说非常完美，至少喜忧参半，因为大象往往得不到很好的待遇，饱受过度劳累或虐待之苦。在城镇街道和海滩上，你经常会看到象夫让游客亲手给大象喂香蕉或甘蔗，或者让泰国人民屈身在象鼻之下以求好运，而象夫都会收取一定费用。在曼谷，每时每刻都有多达 200 头大象在用这种方式乞讨，但这环境完全不适合它们，比如，虽然许多大象尾巴上都装有红色反光物，但它们仍然经常遇到交通事故；因此，这并不是饲养城市大象的最佳方式。如今旅游业对大象的需求是供不应求，由于圈养大象的出生率低于野生大象，因此在未来的十几年里可能会消失，同时也就意味着野生大象会再次受到威胁（见 p.668）。根据最新报道，婴儿大象的注册数量远远超过了出生数量，这表示其中许多大象都是从野象那里捕捉而来。

其中 Riverside Guest House 还提供摩托车租赁服务（B200/ 天，或 B150/4 小时），也可前往 Tipchang 路 363/1 号的 Pornpitak Tour 旅行社租借（T 081 950 1543 W www.pornpitaktour.com B250/ 天）。

信息和旅游线路

旅游信息 南邦市旅游信息中心（周一至周五 8:30~12:00 & 13:00~16:30，周六 & 周日 9:00~ 12:00 & 13:00~17:00 左右 T 054 237229 W www.lampangcity.go.th）位于钟楼西侧，Takrao Noi 路消防局旁边，可提供城市地图，上面标注有马车线路。

旅游线路 旅游信息中心的工作人员可为你预订当地游览项目。其中最流行的一日游线路为：早上前往泰国大象保护中心，下午前往南邦銮舍利塔寺，然后在 15:00 返回南邦（两人价格为 B700）。此外，位于 Tipchang 路 363/1 号的 Pornpitak Tour 旅行社（T 081 950 1543 W www.pornpitaktour.com）可组织当地观光旅游。

南邦的马车

如果你想去隆道玉佛寺游玩，可以乘坐马车沿着白鸡雕像（见 p.270）前往，这是南邦的流行符号（实际上，泰国人通常称这座城市为 muang rot mah，意为“马车城市”）。这些马车上点缀着五彩缤纷的装饰物，车夫都带着牛仔帽，主要集中在 Boonyawat 路东路口及旅游局对面。城市周围共有两条“标准线路”：较短线路（3 千米）需 B150，较长线路（4 千米）需 B200。或者也可以选择 B300 的城市旅游线路，中途会在隆道玉佛寺稍作停留，且会经过其他一些城市景点。

住宿

9 Mituna Hotel Boonyawat 路 285 号 ☎054 222261 见 p.271 地图 这座大型混凝土建筑位于城市中央，提供简朴的风扇房和空调房。虽然房间墙角有些发霉，但床单干净清新，且价格相当便宜。风扇房 B143，空调房 B286

Akhamsiri Home Pamaiket 路 54/1 号 ☎054 228791 www.akhamsirihome.com 见 p.271 地图 这家酒店地处城市的安静地带，提供美丽且略带妖艳的现代泰式客房，楼上房间有阳台，而楼下房间有花园；所有客房都提供空调、热水和冰箱。此外，该酒店还提供可上网的咖啡馆。B450

★ **Riverside Guest House** Talat Kao 路 286 号 ☎054 227005 www.theriverside-lampang.com 见 p.271 地图 这家宁静的传统风格旅馆由两个柚木房构成，还带有一座迷人的小花园，提供品位高雅的热水独立卫浴客房，其中一些客房有空调。主屋里的客房比较优雅，次屋里的则比较简单；其中一些带有阳台，可俯瞰美丽的河景。河畔休闲舒适的咖啡馆供应丰盛的早餐（Riverside 餐馆还要往西，与此餐馆不同）。此外该旅馆还组织旅游，包括前往当地陶瓷市场及菠萝种植园（最低价格 B900/人）。可上网。风扇房 B400，空调房 B600

R Lampang Talat Kao 路，在 Riverside Guest House 东面 ☎054 225278 www.r-lanpang.com 见 p.271 地图 这家半是旅馆半是玩具屋的 R Lampang 位于河畔黄金地带，其柔和的绿色与粉红色色调为走廊里神奇的古董提供了美丽的背景——从白色手绘的三轮出租车到老旧的电视机，令人大开眼见。风扇房 B350，空调房 B650

Wienglakor Phaholyothin 路 138/35 号 ☎054 316430-5 www.wienglakor.com 见 p.271 地图 在城市几家昂贵的大酒店中，这家酒店提供最舒适的客房，格子式天花板、镶木地板，格调高雅，还有传统泰式风格的观赏性池塘。房价包含早餐。B1400

餐饮

天黑后，位于钟楼和 Wienglakon 路之间的 Takrao Noi 路沿河地带是城市中最繁华的地方，在其小巷和南面街道上坐落着许多设施简单的餐馆及 Atsawin 夜市，还有一些酒馆和卡拉 OK 厅。

★ **Aroy One Baht** Tipchang 路 ☎089 700 9444 见 p.271 地图 这家温馨的路边餐馆提供便宜的饮食，其工作人员都是充满活力的泰国年轻人。餐馆特色菜是辣黑鱼汤椰奶，售价 B40。我们强烈推荐此餐馆。每天 16:00~24:00

Escape Bistro & Café Duangrat 路 357/37 号 ☎054 322622 见 p.271 地图 这家凉爽的空调咖啡馆位于广阔繁忙的 Duangrat 街，是该区域最精致的小吃店，共有两层，且有一个户外露台，可享受明媚的阳光。这里的蓝莓冰沙（B70）非常好吃，还可翻阅各种杂志。每天 9:00~19:00

Grandma's Café Tipchang 路 ☎054 322792 见 p.271 地图 这家咖啡馆交通便利，聚集着许多对艺术略有兴趣的年轻南邦居民，在傍晚时分尤其繁忙。主要供应香醇的浓咖啡及各种面食和米饭菜肴。每天 10:00~18:00

Papong Tipchang 路 见 p.271 地图 这家凉爽的小餐馆提供“已消失的家庭菜肴”，洋溢着混乱而地道的氛围。该餐馆美味的北方佳肴在当地非常有名，最低价格为 B35/份。每天 10:00~24:00，周六及周日菜式有限

Riverside Tipchang 路 328 号 ☎054 221861 见 p.271 地图 这家休闲舒适的餐馆位于质朴的木质露台上，可俯瞰河流景色，且提供各种精美的泰式菜肴，包括北方特色菜及西方食物，晚上还可欣赏现场音乐（风格多变）。每周二、周四、周六及周日都会提供用木炭烤箱烘烤的比萨（仅在晚上供应，B120）；而在白天，餐馆会提供西式面包咖啡。每天 11:00~24:00

Wienglakor Phaholyothin 路 138/35 号 ☎054 316430~5 见 p.271 地图 这家该城市里最好的酒店餐馆提供各种精心配置的现代菜肴，氛围温馨舒适，可俯瞰美丽的园景花园。每周五及周六晚上都提供现场泰国音乐（18:00~20:00）。每天 10:00~24:00

Zimple 位于 Wienglakon 路与 Takrao Noi 路交会处 见 p.271 地图 其巨大的室内外场地可供人饮酒作乐。在繁忙的晚上，门前的大露台上挤满了人。周一至周五 17:30~24:00；周六 & 周日 17:30~次日 1:00

附录

自动取款机 钟楼附近的Naiin Books书店对面有一个自动取款机。

电影院 在车站西面的大厦里有一个Big C大超市，其内会上映各泰语和英语电影（B70）。

帕（Phrae）

在走出南邦前往小城市**帕**的途中会经过遍植烟草的永谷，点缀着独特的砖砌烤烟房。帕以木雕及高质量的seua maw hawn（泰国随处可见的深蓝色无领衬衫）而著名（主要生产于帕以北4千米的101号公路附近的Thung Hong村）。但这里最引人注目的是帕的古老城镇，在其安静的小巷里坐落着各种寺院和传统柚木房——由于早前南邦的伐木业吸引了大量缅甸工人，他们对此地产生了深远的影响，此外，游逛于帕，你还可享受这里古老温馨的环境——至今仍未受旅游影响。

3

帕位于永河的东南沿岸，清楚地分为新老城镇两部分；老城镇大致呈椭圆状，周围有土城环绕，东南侧有护城河守护，再过去就是新城中心了。**老城镇**中心的主要定向点是一个大型环形交叉路口；而呈西北—东南走向的Charoen Muang路会穿过该环形路及Pratuchai（老城镇东南侧正门），最后进入**新城镇**，沿途有几家出售品牌深靛蓝衬衫的店铺。新城镇的主要街道Yantarakitkoson路与Charoen Muang路相交于老城镇东南方向300米处。

温布利大宅（Vongburi House）

Khamlue路·每天9:00~17:00·B30

白色和粉色相间的温布利大宅（当地人称Baan Wongburi）是探索老城镇的最佳出发点。这栋泰国和欧洲混合风格的柚木房建造于1897~1907年，为帕王国最后一位领主的妻子而建，

所有屋檐、山墙和阳台上，以及大门和窗户周围都雕刻着精美的花边状木雕。屋内收藏着各种展览品，包括精致的银器、古董家具、写有符咒以抵挡厄运的汗衫及各种文件，如大象的身份证明文件以及揭示该家族历史的文物等，如今这个家族仍居住在这栋建筑里。

銮寺（Wat Luang）

Rob Muang 路南边，距温布利大宅约 100 米

銮寺是帕最古老的寺院建筑，可追溯至 12 世纪左右该城建立时期；其中包括通往城市的唯一一个保存完好的砖砌大门，但很不幸的是，如今这座大门已被封闭且改建成为兰纳早期统治者 Chao Pu 的丑陋神社。除了这个大门外，整座寺庙里最古老的建筑就是四头大象后面一个名为 Chang Kham 的早期兰纳风格**佛塔**，坐落在八角平台上，而大象雕像也已残破不堪；佛塔四面均供奉着佛像的壁龛，还有一些随意倾斜且镀金的青铜伞状建筑。如今虽已召集了一些曼谷建筑专家至此计划该佛塔和整个寺庙建筑的修复工作，但不幸的是，銮寺多年来在俗丽的现代化进程中已遭到严重破坏。最近甚至有个沽名钓誉的僧侣打算将崩塌的寺院建筑出售。

除了入口大门外，毁坏程度最明显的要数大门对面的**佛殿**了，只见原来 16 世纪兰纳风格的入口前面坐落着一片丑陋且极不协调的红土砖门面。在庭院北侧的**佛塔**对面则是一个两层楼高的博物馆（仅在周末开放；免费），陈列着奇珍异宝，其中最重要的是 16 世纪的各种青铜佛像及楼上的一些玻璃展柜，里面收藏有旧手稿，其镀金封面非常精美。

3

帕朗寺（Wat Phra Non）

Rob Muang 路，位于銮寺西面，相隔一个街区

在老城区偏远的西北角落里坐落着**帕朗寺**，建立于 300 年前，其名字取自其小型佛殿里供奉着的 9 米长卧佛像；而兰纳风格正殿的木质山墙上刻有精美图案，展现了《拉玛坚》中的史诗场景。

班巴图猜柚木房（Ban Prathup Jai）

老城镇西大门外 · 8:00~17:00 · B40

通往老城镇西大门外的安静小巷都设有路标，其中一条可抵达 2 层高的**班巴图猜**柚木房群，共有 9 栋老房，建立于 20 世纪 80 年代中期。在这里你可以体会到木材的美丽与力量，而其整体效果更是妙不可言。楼房底层内部共有 130 根坚固的柚木支柱，上面刻画有各种丛林场景；大型木质大象就漫步在各圆柱之间，华丽的雕刻家具都是以实心柚木墙为背景的。这里还有一间纪念品店，提供各种木质商品。楼上给人一种传统木屋的感觉，摆放的家具用品都可在富裕的泰国家庭里找到：华丽的雕花橱柜里塞满了各种碗具及其他普通家庭物品等，桌上放着家庭照片，墙上刻有美丽的图案，甚至这里还有一间柚木酒吧。

冲沙旺寺（Wat Chom Sawan）

Yantarakitkoson 路汽车站以北约 200 米

拉玛五世在 1894 年下令建造了这座**冲沙旺寺**，是典型的缅甸风格建筑。近年经过重修，主要的柚木房（其多层式屋顶令人印象深刻）已被改建成为戒堂和僧侣禅房。入内，天花板和圆柱上雕刻着精美的图案，还点缀着闪闪发光的彩色玻璃；此外还陈列着各式珍宝，包括缅甸风格的象牙佛像，经文砖以及竹编而成的 Luang Pho San 坐佛像。

自由泰人运动博物馆（Free Thai Movement Museum）

隐藏于 Phrae Paradorn 酒店后面 · 每天黎明开放至黄昏 · 免费 · 从酒店接待处进入（询问下门是否开着）

这间迷人的小博物馆讲述了泰国如何经过斗争维持了其长期的独立性——在“二战”期间，泰国的领土也遭到侵犯，一侧被日军占领，压力巨大，另一侧又有英、美两国虎视眈眈。其中一些展览品包括“二战”期间的照片及报纸文章，还陈列着 Seri Thai（自由泰人运动）在秘密抵抗日本军队期间所用的武器。

帕达措希寺（Wat Phra That Cho Hae）

城市以东 9 千米（离 Padang 村 1 千米）· 如果不自驾前往，可以在汽车站包一辆双条车（B300）

这座位于小山上的**帕达措希寺**是城中重要的朝圣中心，可通过两条装饰有那迦雕像的楼梯抵达，途经一片柚木树林。其中一条楼梯通往 Chao Tan Chai 佛殿，据说许多女性都会到此求子，并因此备受推崇。此外这片小小的庭院里还坐落着一座 33 米高的镀金**佛塔**——根据传统，每年 3 月或 4 月都会在其外围裹上一层如丝缎的黄布 cho hae（这就是寺庙名字的由来），以及一座外表闪亮，呈特殊的十字形格局的佛殿。在主建筑北面新建了一座佛殿，里面供奉着一尊雄伟佛像，而精美的壁画及窗雕更是令人叹为观止。

拍盟非（Phae Muang Phi）

帕东北方向 18 千米，101 号公路附近

在城镇外的**拍盟非**森林公园中矗立着所谓的鬼魂支柱，其实是由土壤侵蚀和风蚀形成的，地质比较怪异而已。虽然许多报告将此地描述为泰国大峡谷，但这两者之间没有可比性——不过此地可能是自驾前往难的路途中唯一一个值得参观的景点了。一些当地人认为这里经常闹鬼，这也许就是该地区至今仍未开发的原因所在。

抵达和离开

飞机 飞鸟航空每周都会安排 2~3 班航班从曼谷飞往帕的机场，位于城市东南方向 3 千米处。抵达后，你可以搭乘摩的前往市中心。

巴士或迷你巴士 其终点站位于城市东北方向 Yantarakitkoson 路的主要车站，而从南邦出发的快速空调迷你巴士也会停靠在此车站。抵达后，你可搭乘三轮出租车或摩的前往旅馆。

抵达站 曼谷（每天 11 班，全程 8 小时）；清迈（每小时 1 班，全程 4 小时）；清莱（每小时 1 班，全程 4 小时）；登猜（每小时 1 班，全程 30 分钟）；南邦（每小时 1 班，全程 2 小时 ~2 小时 30 分钟）；难（每小时 1 班，全程 2 小时）；彭世洛（每小时 1 班，全程 4 小时）。

火车 登猜火车站是曼谷—清迈主要铁路线的中间站，位于城市西南方向 20 千米处。每年都有多辆双条车从登猜出发（全程 30~40 分钟）前往正南方向的帕老城镇，返回时上下车站点相同。

自驾车 如果你从南邦出发，那么沿着 11 号公路行驶，从 Mae Khaem 左转进入 1023 号支路，前往市的旅途中会经过 Long，及一些风景秀丽的地点。

周边交通

摩的或三轮出租车 搭乘三轮出租车或摩的前往城市附近的单向短途行程价格为 B20~40。

自行车、摩托车或小汽车 Mae Yom Palace 酒店（见下文）可提供自行车（B100/ 天）和四轮驱动车（B1200/ 天）租赁服务。而 Yantarakitkoson 路大城银行（Bank of Ayudhaya）旁边的 Saeng Fa（无英文标记 ☎054 521598）可提供摩托车租赁服务，价格为 B200/ 天。

信息与旅游线路

旅游信息 有关城镇信息及地图可前往 Muang Hit 路 34/130 号，商会旁边新建的泰国旅游局办事处（每天 8:30–16:30 ☎054 521118 ✉tatphrae@tat.or.th）查询，这里的工作人员都乐于助人且很热情。或者你也可以前往 Wichairacha 路的 Nok Bin 咖啡店（见下文），这里的老板 Khun Apinya 可提供大量有关老城镇及其周边地区的信息。

三轮出租车旅游 泰国旅游局办事处会安排三轮出租车城镇旅行，且有导游（全程 2 小时，B250/ 人）。

住宿

Mae Yom Palace Hotel Yantarakitkoson 路 181/6 号 ☎054 521028-35 ✉wccphrae@hotmail.com 这家全城最好的酒店位于市中心汽车站附近。酒店设施包括美丽迷人的大泳池、带有户外露台的餐馆，并提供自行车租赁及上网服务（B50/ 小时）。所有房间都铺有地毯并装有空调。B1400

Nakornphrae Tower Hotel Muang Hit 路 3 号 ☎054 521321 ✉nakornphrae@yahoo.com 酒店客房较大，带有私人阳台，且提供大型双人床及干净的浴缸淋浴。地理位置较好（老城镇及泰国旅游局办事处附近），但从火车站拖着行李步行至此会有点远。B550

Phrae Paradorn Yantarakitkoson 路 177 号 ☎054 511177 虽然不像其宣传的那么“一尘不

染”，但仍不失为一个不错的经济型旅馆，提供简单的早餐，有咖啡和面汤，房间有空调房和风扇房两种，所有房间都提供热水。大堂里有 Wi-Fi。风扇房 B480，空调房 B800

Tongsri Phaibool Yantarakitkoson 路 84 号，与 Charoen Muang 交叉口附近 T 054 511011 这家坐落于公园庭院里的经济型旅馆价格很便宜，但房间比较脏，设施也很简单，附带浴室（冷水）。每间房外加 B30 可提供电视。风扇房 B130，空调房 B310

餐饮

市中心用餐的最佳场所是位于 Pratuchai 大门附近的 Charoen Muang 路的繁华夜市。

Ban Fai 城镇外几千米，位于通往难及登猜的道路的交会处。这家四周敞开的像车棚一样的地方是附近最好的餐馆，提供非常好吃的泰国美食，包括北方特色菜 nem（五香猪肉香肠）及典型的兰纳猪肉咖喱和 kaeng hang lay 等。搭乘摩的至此需 B30 左右。每天 8:00~17:00

Look Kaew Yantarakitkoson 路 Phrae Paradorn 对面。晚上，这家温馨的餐馆非常繁忙（它是该地为数不多的几家营业至深夜的餐馆之一），提供各种便宜美食，包括大份的蚝油新鲜蔬菜（B80）。有英文菜单。每天 17:00 营业至深夜

Nok Bin Wichairacha 路 24 号 T 089 433 3285 这家美丽的花园咖啡馆是由两个记者经营的，他们非常愿意和游客分享关于帕的各种信息。香浓的咖啡 B30/ 杯。每天 10:00~ 18:00

3

附录

自动取款机 在城市东面 Charoen Muang 路上有若干自动取款机。

上网 在 Mae Yom Palace 酒店提供上网服务（B50/ 小时），而 Phrae Paradorn 酒店大堂有 Wi-Fi（见 p.280）。

难（Nan）

101 号公路在经过永河之后，缓缓爬上连绵起伏的山丘，直至山顶，旁边是石灰石悬崖。沿途会经过成片的棉花田地与柚木种植园，最终到达泰国最长的高地孤立流域——**难河**（740 千米），湄南河支流之一。**这座难府的府会**四面环山，面积虽小，却非常繁华，坐落于南邦东北方向 225 千米的难河西岸，周围绿草如茵。虽然很少有游客会来如此偏远的地方，但这里有蓬勃发展的传统手工艺品及雄伟的博物馆，且**蒲棉寺**以及远在乡村地带的农磨寺（见 p.285）拥有精致的寺庙壁画。难的市中心街道弯弯曲曲，纵横交错，很容易使人失去方向感，而 Mahawong 路和 Anantaworarichides 路与 Sumondhevaraj 路的交会处是这座小城的商业中心，坐落着许多商店。

每当 10 月末或 11 初的时候，城镇都会举行**兰纳龙舟比赛**，热闹非凡，全府各地的村庄都会派出多达 50 名的划舟手参加比赛，且在狭长的龙头独木舟上会有五颜六色的装饰品。周围流域郁郁葱葱，这里的棉织布、甜橙及用当地 sa（桑树）树皮制作而成的木纹纸张都非常有名。

简史

虽然难府曾在缅甸、老挝和泰国之间颠来荡去，但长久以来这片地区一直处于边缘地带，四周又有山脉屏障，呈与世隔绝之态。在 20 世纪初期，拉玛五世曾将难纳入其中央集权管理计划，却依旧执行统治家族传统政策，使其成为泰国最后一个实行地方管理的府（直到 1931 年）。如今，发展是难府的首要目标，随着一些道路的建立，这片地区已和外界慢慢取得了联系。

国家博物馆（The National Museum）

城市西南方向 Phakong 路 · 每天 9:00~16:00 · B100

探索难的最佳出发点是**国家博物馆**，坐落于一座干净整洁且有百年历史的宫殿建筑内，地上铺有精致的柚木地板，曾是难府统治者的行宫。博物馆中内容翔实的展品可让人对难府

的历史及其人民有个大致了解。展品中有个珍贵的辟邪象牙，其实是一颗棕色蛀牙，但当地人称之为有魔力的黑象牙。这颗象牙是在 300 年前发现的，如今被安置在一只五彩缤纷的木质 khut（神话中的鹰）上。此外，该博物馆还收藏有精美的陶瓷和木雕、华丽的银器及一些非常罕见的老挝式佛像。

蒲棉寺（Wat Phumin）

Phakong 路

蒲棉寺吸引了绝大多数喜爱参观寺庙的游客。其中央是一座独特的十字形建筑，已有 500 年历史，集正殿与佛殿于一身，虽然有些地方比较古怪，但结合在一起却非常完美。经过此建筑平台时，可看到两尊巨大的那迦雕像，尾巴直达南入口的栏杆，头部却在北入口处，代表了宇宙中央山脉山脚处神圣的海洋。四个入口处的门上都雕刻着精美复杂的动物及花卉图案，直接通往建筑中央高大祭坛周围供奉着的四尊佛像，而佛像那仿佛可洞穿一切的玛瑙眼睛与尖尖的耳朵都说明其形象受到了 50 千米以外的老挝的影响。正殿真正的独特之处在于**壁画**，明亮简洁的色彩使得壁画上的人物仿佛活了一般。这些壁画绘制于 19 世纪末，后来也经历了几次修复，上面的图案描绘了佛教中的天堂、地狱、佛陀早前的化身、当地传说及难府发生的历史事件，大多数图像都栩栩如生，也有不雅之处，但非常注重细节，是那个时代宝贵的图像记录。

昌康寺（Wat Chang Kham）

Phakong 路

和蒲棉寺一样，**昌康寺**也有 500 多年历史，但其并排而立的两座佛殿却比较普通。该寺最引人注目的地方是一座华丽的金顶佛塔，周围用象雕支撑；而且四角的大象都装饰着黄金头盔和肩带。这座寺庙是一所学校的附属建筑，以表明寺院曾经是全国教育的唯一场所。

帕达彻杏寺（Phra That Chae Haeng）

城市东南方向 2 千米，1168 号公路附近

帕达彻杏寺是来到难的必游之地，坐落于丘陵之上，俯瞰整个难河流域。寺院建立于1300年，根据当地传说，佛陀路过此地时，曾亲自将这里指定为寺院地址。这里的那迦雕像相比于蒲棉寺有过而无不及：首先映入眼帘的就是一条宽阔的车道穿过田野，从庙宇倾斜而下，而两侧装饰有巨大的蛇像。正门口有棵粗壮的菩提树守护，枝繁叶茂，树大根深，四周有高墙围绕。院墙里最引人注目的是一座高达 55 米的修长金佛塔，周围有四座小佛塔及四把雕刻镀金伞，还有一些小钟塔及灰泥狮像。此外，佛殿层层迭起的老挝风格屋顶至少有 15 层，就像一座用纸牌堆积而成的房子，屋檐下则是雕刻精美的 kan tuei（木质支柱），支撑着整栋建筑，令人叹为观止。

抵达和离开 难

飞机

飞鸟航空有航班往返于曼谷和难之间（每天至少 1 班，全程 100 分钟）。难机场位于城市西北方向 2 千米处，机场与 Dhevaraj 酒店（见下文）之间有空调迷你巴士运送。

长途汽车

汽车站位于城镇西南角，通往帕的主道上；从车站搭乘双条车前往市中心需 B20。

前往/来自清迈 从清迈到难的汽车旅程需花费 6 小时左右，因此最好选择一等空调巴士或 VIP 巴士，可节省 1 小时。

前往/来自清莱 每天都有一班汽车会从清莱出发翻山越岭至难，道路蜿蜒曲折，途经清康；如果你容易晕车，想要选择一条平坦点的道路，可以在帕换车。

抵达站 曼谷（每天 10 班，全程 12 小时）；清迈（每天 8 班，全程 6 小时）；清莱（每天 1 班，全程 6~7 小时）；登猜（每小时 1 班，全程 2 小时 30 分钟）；彭世洛（每天 6 班，全程 8 小时）；帕（每小时 1 班，全程 2 小时）。

信息、旅游线路及周边交通

旅游信息 有关该城市及该府的旅游信息及当地旅游景点介绍等，可访问 Sumondhevaraj 路 453/4 号的 Fhu Travel 旅行社（☎054 710636/081 287 7209 ⓦwww.fhutravel.com）。

国家公园信息 在蒲棉寺对面坐落着一个国家公园信息亭（周一至周六 8:30~16:30 ☎054 710216）。

自行车及摩托车租赁 如果你想用两轮交通工具探索该地，可去 SP Guest House（见下文）租借自行车（B50/天）和摩托车（B200~250/天）。

住宿

难这座城市虽小，游客也不多，但有不少不错的住宿场所，从家庭经营旅馆到干净且价格合理的酒店，一应俱全。一年中只有在兰纳龙舟比赛期间（10 月末或 11 月初），住房才会有些紧张。

Dhevaraj Hotel Sumondhevaraj 路 466 号 ☎054 751577 ⓦwww.dhevarajhotel.com 这家位于城市中央的大型酒店深受旅游团的喜爱，虽然给人森严的感觉，却是难的社交中心。酒店设施包括有泳池、健身房及各种维护良好的客房，所有房间都提供热水和精美舒适的大床。可上网。**B800**

Fah Place Sumondhevaraj 路 237/8 号 Kha Luang 1 巷 ☎054 710222 ⓦwww.fahplace.com 这家精美的奶白色现代建筑（没有英文标记）位于主路的一个小巷里，提供宽敞且价格合理的空调房，铺有迷人的瓷砖，装饰有高雅的木质家具，带有提供热水的大卫生间。有 Wi-Fi。**B400**

Nan Boutique Hotel 市中心以北，Kha Luang 路 1/11 号 ☎054 775 532 ⓦwww.nanboutiquehotel.com 这家酒店位于停车场附近，客房精美且设施齐全，价格合理，此外还提供许多额外用品，如浴衣、拖鞋及放松身体的草药洗浴用品。酒店设施包括餐厅和小礼品店，住客还可免费租用自行车。此外酒店还提供老城镇免费自行车一日游（详情请询问接待处）。**B1600**

Pukha Nanfa Hotel Sumondhevaraj 路 369 号 ☎054 771111 ⓦwww.pukhananfahotel.com 这栋非常显眼的木质建筑位于城市的主要街道上，气势宏伟且装饰着各种小彩灯。酒店里面华丽的雕刻与壁挂一直通往一个巨大的木质楼梯，随其盘旋而上就是优雅的客房。从 1 楼精致的阳台上可看到街道景色，底楼还有一间餐厅。**B2500**

★ **SP Guest House** Sumondhevaraj 路 233 号 ☎054 774897 这家精致温馨的旅馆实际位于 Trok Hua Wiangtai，主路旁的一条狭窄小巷里，提

供宽敞的客房，且所有房间都带有提供热水的卫生间。旅馆老板非常好客，还提供大型家庭房。可上网并有 Wi-Fi。风扇房 B450，空调房 B500

餐饮

在 Anantaworarichides 路周围有许多餐馆，且在 Phakong 路拐角处附近还有一个**夜市**。

★ **Kafé** Mahayot 路　这家独特的餐馆既有室内赤褐色调的用餐区，室外还有街边露台。提供意大利面和泰式主食，真正的物美价廉，可在此享用晚餐。即使你不用餐，也可以点一份冰啤酒，和这里的年轻老板谈天论地。每天 10:00~22:00

★ **Poom Sam（Poom 3）** Anantaworarichides 路，Sukkasem 酒店隔壁　☎ 054 772 100　Poom Sam 虽然看起来和其他街边餐馆没有什么不同，但其提供精心制作的泰国和中国美食，服务周到，且价格非常便宜，此外还提供舒适的空调房。可尝试一下这里的冬荫功汤（B120）及美味的绿色茄子猪肉糜和甜罗勒。每天从 17:00 营业至深夜

Tanaya Kitchen Anantaworarichides 路　☎ 054 710930　这家家常小咖啡馆就位于 Poom Sam 隔壁，提供美味的素斋，深受当地人的喜爱，在旅游旺季也有许多游客蜂拥至此。周一至周六 10:00~15:30 & 17:00~20:00

3

购物

难市的居民对当地传统产品非常热衷，因此一些不错的手工艺品商店才得以保存至今，其中大多数都位于 Sumondhevaraj 路，与 Anantaworarichides 路交会处的北面。

Chom Phu Phuka 蒲棉寺以西 2 千米，通往 Phayao 的途中（1091 号支路），位于加油站对面右侧　这家大型银器展览室和工作间（无英文标志）销售大量手镯、项链、碗具和托盘，其价格视设计和重量而定。里面的工作人员非常热情，会带领游客参观后面的工作间。此外这里还出售一些当地的手工织布。每天 8:30~17:00。

Pha Nan Sumondhevaraj 路 21/2 号，位于 Hua Wiangtai 寺和中国寺庙之间　☎ 054 774439/086 923 2046　出售当地村民纺织的传统精致棉布（大多数都是 pha sin，用作裹身式长裙）；由于这里的老板是一位老师，因此营业时间比较不固定，最好在晚上前来。

附录

自动取款机　分部在城市各地，其中最靠近市中心的取款机位于 Sumondhevaraj 路。

上网　网吧开张和停业都很频繁，但在 Dhevaraj Hotel（见上页）可安全上网。

按摩　Dhevaraj Hotel 可提供技术不错的 1 小时按摩（B250；见上文）。

旅游警察　蒲棉寺对面有一个旅游警察亭（☎ 054 710216/1155）。

难周边

难周边偏远的山区乡村风景如画，其风情仅次于夜丰颂的陡峭奇景，但也意味着这里的交通非常糟糕，甚至地图绘制也更加困难。当然对该地区的探索也随之令人更加兴奋，而且你也可能会遇到这里的少数民族：泰族（见 p.285）、Htin **族**、居住在高地的孟高棉族——其中大多数都是在 1975 年老挝共产党执政后迁移至此的、**卡姆族**——这些熟练的金属制造工人是在过去的 150 年间从中国西南部和老挝迁移至此的，以及鲜为人知的姆拉布里族（见 p.285 框中内容），其中 Fhu Travel 旅行社会组织到此地旅游（见 p.286 框中内容）。此外，这里受欢迎的景点还包括有精致壁画的**农磨寺**，及美丽的**普卡山国家公园**。

难河河畔艺术画廊（Nan Riverside Art Gallery）

1080 号支路难以北 20 千米 · 每天 9:00~17:00，周三除外 · B20 · ☎ 054 798046 · 从难汽车站出发前往 Tha Wang Pha 的途中（大约每小时 1 班）

令人印象深刻的**难河河畔艺术画廊**是由当地艺术家 Winai Prabripu 开设的，位于风景秀丽的难河沿岸。他的作品大多都是当地风景画，注重应时植物的绘画细节，还有一些作品是受蒲棉寺壁画启发而作，都陈列在二层，底层与工作室画廊主要收藏着泰国其他当代艺术家的

黄叶之灵

在难西面偏远的小山村里居住着 300 人左右的**姆拉布里族**人（Mrabri），这是泰国最后一个游牧狩猎民族，但他们的生活方式却发展很快。姆拉布里族人认为如果部落定居在一个地方种植作物或饲养家畜，一定会触怒当地神灵，所以他们根据传统，用树枝和野生香蕉叶搭建一个临时住宿，只要叶子一变黄，他们就立刻在丛林中移动到另一个居住点；他们也因此获得了一个很有诗意的泰国名字——Phi Tong Luang，即“黄叶之灵”。姆拉布里族人在森林中竭力维持着艰苦的生活，他们用长矛狩猎，诱捕鸟类和小型哺乳动物，挖掘树根，采集坚果、种子和蜂蜜。

然而近几十年来，由于大量砍伐森林及刀耕火种的种植方式太落后，该部落的领土逐渐减少，导致姆拉布里族人不得不给赫蒙族及瑶族农民当苦力，过着奴隶一般的生活。但就在最近几年，编织**吊床**的工作拯救了许多姆拉布里族人：外国游客非常欣赏他们用丛林藤蔓制作网兜的技能，就帮助他们成立了一个小规模的吊床行业。如今这些吊床已远销世界各地，而姆拉布里编织工人也享受到了教育、免费医疗及失业基金等保障。欲了解更多信息，请登录 Ⓦ www.jumbohammock.com 查看。

循环展览。此画廊可与农磨村（见下文）一起参观。

3

农磨村（Ban Nong Bua）

1080 号支路西侧，难以北 40 千米左右 · 每小时都有一班车从难前往 Tha Wang Pha，在其南部边缘有一个英文指示牌指引你左转穿过难河，行驶 3 千米即可抵达农磨村（抵达汽车站后，或在 Tha Wang Pha 中心搭乘摩的，或步行最后 3 千米）

农磨村里一个同名**寺院**的壁画非常有名，从难出发到此一日游是个不错的选择。此村庄及其周边地区是**泰族**人的主要聚居区，他们是在过去 150 年里从中国迁移至此的，算是泰国人的远方表亲。他们可以制作出漂亮的棉质服装，且上面有色彩缤纷的几何图案；绕到寺院背后，步行 200 米前往村庄西侧，你会发现**织工**在 Khun Chansom Prompanya 的房子里工作，而他们则将这些华丽的面料放在网店里出售。这里的织物无论设计还是做工质量都非常高，因此价格虽不便宜，但绝对合理。

农磨寺（Wat Nong Bua）

农磨寺建于 1862 年，是典型的兰纳风格，其佛殿下垂的多层式屋顶非常精美，装饰有一个灰泥尖顶，上面矗立着独角那迦像和尖牙魔羯（印度神话中长鼻、利齿、鱼身的怪物）雕像，而泰国中部的寺院里一般屋顶都装饰着迦楼罗像。佛殿里供奉着耳朵尖尖的老挝风格佛像，但最引人注目的却是四周墙壁上的精美**壁画**。这些壁画大概是由蒲棉寺的画家于 1867~1888 年完成的，描绘了《Chanthakhat 本生经》（佛陀其中一个早先化身的故事，当时他是一位名叫 Chanthakhat 的英雄）里一些幽默生动的细节场景。这是一本非常冗长且复杂的本生经（但也有简短的英文概要宣传单，作为寺庙基金捐款的回报），讲述了我们这位英雄经历的各种考验，包括其几个妻子及其他杂七杂八的感情线，一些极其讨厌的敌人以及因陀罗神转化为蛇，等等。该故事的高潮绘于东墙（佛像对面）：左下角描述了 Chanthakhat 与他的至爱 Thewathisangka 遭遇海难，被迫分离；而发狂的 Thewathisangka 则漫步在丛林中（故事内容一直延伸到墙对角），最后来到了一个偏远的庵堂，里面的师太帮她剃度，自此削发为尼；墙壁下方描绘了 Chanthakhat 穿越荒地的场景，途中治愈了受伤的那迦族国王，出于感激，国王给了 Chanthakhat 一个魔法水晶球，而这又给我们的英雄带来了另一波危险，主要集中在南墙部分，最后描写了 Chanthakhat 与 Thewathisangka 在庵堂前重逢并拥抱在一起，体现在东墙右上方。

普卡山国家公园（Doi Phukha National Park）

难东北方向约 80 千米处，1256 号支路 · B200 · Ⓣ 054 701000 · Ⓦ www.dnp.go.th

Tha Wang Pha 东面的 1080 号支路蜿蜒通向 Pua 镇，而在其南部边缘的 1256 号支路是通往**普卡山国家公园**的壮观大道，由此开始往东向上之旅；位于难的市中心的国家公园总部（见 p.286）提供带有地图的小册子（见 p.286）。通往 Dong Ya Wai 山（1939 米）的柏油路非

难周边之旅

难是一日游或两日游的不错选择，但如果你精力充沛，可以前往乡村地区。无论你有没有自己的交通工具，相关旅游线路都可以咨询位于 Sumondhevaraj 路 453/4 号的★ Fhu Travel 旅行社（ⓣ 054 710636/081 287 7209 ⓦ www.fhutravel.com）。Fhu 和他的妻子 Ung 不仅会提供区域信息，还会组织非常受欢迎且愉快的导游**旅行**和**徒步旅行**。前往农磨寺的一日游行程包括访问当地织工，两人游价格为 B3200，或 5 人游，B900/ 人，包括午餐。徒步旅行 2~3 日游（大约 B3700/ 人，最少需 2 人）主要往西跋涉，穿过茂密丛林，翻山越岭，沿途拜访姆拉布里、Htin、赫蒙族及瑶族部落。此外还提供城市周边的**自行车旅行**，时长 1~3 日，行程包括城市东边湄差林（Mae Charim）附近的瓦河（Wa River）上的**急流漂流**及附近城镇的难河**皮划艇**运动，无论是夜间游行还是划桨半日游都可以安排，此外，Fhu Travel 还可组织前往老挝的琅勃拉邦，途经难府最北端边境的 Huai Kon 地区。

常陡峭，途中偶尔会经过象草草场和竹林，领略到泰国最令人赞叹的风景。跨过山谷，在其北部和南部则是连绵起伏的山脉（包括南部 1980 米高的普卡山），树林茂密，郁郁葱葱，且人迹罕至。

3

公园总部位于 Pua 县以外 24 千米处，有一条 4 千米长的自动导向小径，但如果你想爬上公园任一座山峰，就必须从总部聘请一位导游（大约 B200/ 天）。

抵达和离开

乘坐公共交通很难进入公园，而且你通常需要在此过夜。因此最好的办法就是骑摩托车（但一定要注意弯道处的地面凹陷）。

巴士及双条车 从难主要车站出发，每小时都会有一班车前往 Pua 县（全程 2 小时），而且这里不定时会有一些村庄提供的双条车（早上数量最多，但在傍晚时分，你可以看到一些学校双条车）沿着 1256 号支路前往 Bo Kleua 县。

住宿及餐饮

公园里有一个简单餐馆，可提供食物，此外还有一些小食物摊，提供各种简单小吃。下列场所是按离公园总部远近程度排序的。

国家公园平房 公园总部，离 Pua 县 24 千米 ⓣ 054 701000 ⓦ www.dnp.go.th 从可入住 6 或 7 人的大平房到可入住 4 人的客房，再到可入住两人的基础小平房，一应俱全。小平房 B300，客房 B800，大平房 B2000

国家公园野营地 在公园总部附近有一个很大的露天营地。

Bo Klua View 离公园总部约 20 千米，通往 Bo Kleua 县的途中 ⓣ 054 778140/081 809 6392 ⓦ www.bokluaview.com 这家中等价位的度假村总共有 12 间时尚的空调平房，带有大阳台，周围是梯形稻田。B1650

土柱（Sao Din）

难以南 60 千米；沿 101 号公路往南抵达 Wiang Sa，然后左拐，沿着 1026 号支路前往 Na No，经过此地不久右拐即可到达目的地

土柱是从难出发的几个短途自驾游目的地之一，此地的土壤侵蚀比帕附近赫赫有名的拍盟非鬼神支柱还要令人惊奇。这里的土柱占地面积比较大，且经过几百年风吹雨打，形状也千奇百怪。周围地区土柱较少，漫步在此阵列中让人有心平气和之感。如果你来到此地，一定要穿长裤和靴子，尤其是在冷季，因为生长在该地区的一种植物比较扎人，可能会令人感到不适。

夜丰颂环线（Mae Hong Son Loop）

从清迈到西面山区共有两条相向而行的主要道路，交会于泰国最偏远省府的中心——夜丰颂，形成了一条 600 千米长的**环线**。沿途可领略缅甸风味，但整个路程蜿蜒曲折，极其陡峭，横穿茂密的树林及被紧密包围的农业山谷，令人印象深刻。

路程**南**段是 108 **号公路**，首先会蜿蜒穿过**因他暖国家公园**，可欣赏到泰国北部一半以上的美丽景色及各种各样的瀑布；自驾从这里出发，你可以沿着弯弯曲曲的 1088 号支路及湄针和坤戎之间的 1263 号支路快速到达环线最南端。但如果沿着主环线行驶，你会抵达**迈萨良**地区，这里是与缅甸边境进行贸易的重要城镇，还是萨尔温江沿岸徒步旅行的基地。府会**夜丰颂**大致位于环线中点，是探索该地区山脉、河流与瀑布的重要枢纽，但在冷季特别是 11 月和 12 月周末期间，漫山遍野都是向日葵，也会吸引众多旅行团，热闹非凡。

路程**北**段是 1095 **号支路**，其中大部分都是日本军队在“二战”期间侵略泰国之后建造的，以便将部队和物资运送至缅甸。出了夜丰颂后，沿着这条路往东北方向前行会抵达**素蓬**镇，四周坐落着许多美丽的洞穴，尤其是**穿心洞**（Tham Lot），拥有温馨的住宿设施及迷人的景色，游客们可徒步、骑自行车抑或乘皮划艇游览。从夜丰颂返回清迈的途中会经过**拜县**，这个舒适的国际化城镇提供各种活动项目及探索附近流域的徒步小径，深受广大游客的喜爱。

如何抵达及周边交通 夜丰颂环线

该环线呈**顺时针**方向，一部分原因是这样从清迈出发抵达因他暖会更加方便，不过你也可以选择其他线路。虽然这条山区环路有许多转弯点，且路途颠簸，但还是比较容易驾驶的。每个险弯的**铺设**工作需要许多劳动力，直至 20 世纪 90 年代才得以完成，但如果你骑摩托车行驶在这条线路上，正在进行的维修工作仍会成为你“糟糕的惊喜”。

飞机 飞鸟航空有航班从清迈出发前往夜丰颂，而 Kan 航空主要从清迈出发前往拜县。

长途汽车 从清迈乘坐空调或普通巴士出发，沿着行程较短但更加蜿蜒曲折的北部线路前往夜丰颂大致需要 8 小时。如今已提供每小时 1 班的空调迷你巴士服务，速度更快，且途经拜县，只需 6 个小时左右即可到达。

摩托车或吉普车 这条环线主要是为摩托车和吉普车建造的：道路比较安静（但要注意避开快速行驶的大卡车），且每隔5分钟路程都可停下来欣赏一下美丽的山间景色。由Golden Triangle Rider（Ⓦ www.gt-rider.com）出版的比例为1：375000的夜丰颂环线地图是探索环线的重要工具，上面还附带有拜县和夜丰颂周边地区的地图，可在书店里购买，也可上网查看，费用为$7.50。

因他暖国家公园（Doi Inthanon National Park）

1009 号支路会横穿此公园，而其范围会延伸至宗通西面和 108 号公路地区 · Mae Klang 瀑布门票为 B200，外加 B20/ 辆摩托车及 B30/ 辆汽车的额外费用 · ❶ 053 286728 · Ⓦ www.dnp.go.th

因他暖国家公园占地面积较大，一直延伸至清迈西南地区，其景点包括克伦族和赫蒙族

山地部落的村庄、壮观的瀑布及一排排绵延至西面的壮丽绿色山峰全景，全然一幅泰国北方乡村景象，令人赏心悦目。在国家公园部门的管理之下，这里的名胜古迹和水泥通道都维持着良好的状态，井井有条。此公园是以泰国最高山脉的名字命名的，因此又有“泰国之巅”之称，公园建立的主要目的是保护野生动物，并开展山地部落农业项目，如种植草莓、苹果和鲜花等以供销售。因他暖山的温带森林经常薄雾笼罩，拥有种类繁多的动植物群，是整个东南亚博物学家的主要目的地之一。公园里大约有380种**鸟类**，是泰国鸟类数量最多的地方，其中，灰色的白喉莺及绿尾太阳鸟的一个物种是因他暖山独有的，此外，山顶附近还遍布着红色杜鹃花（泰国唯一生长有红色杜鹃花的地方）及大片附生兰。在冷季，瀑布倾泻而下，鲜花怒放，百鸟齐鸣，是旅游的最佳时节，但夜间温度有时会降至冰点以下，因此一定要带上保暖衣服。

宗通舍利塔寺（Wat Phra That Si Chom Thong）

宗通，清迈西南方向58千米，108号公路

3

公园入口位于**宗通**，这个小镇的景点只有这座雄伟的缅甸式**宗通舍利塔寺**，其中最引人注目的就是一座可追溯至15世纪时期的镀黄铜佛塔。其附近的菩提树则是另一个值得一提的建筑特色：由虔诚的信徒赞助的几十根达利风格支柱支撑着下垂的树枝以积公德。

在其重新修复的16世纪佛殿里坐落着一个几乎与天花板同高的名为ku的镀金建筑，里面收藏着佛陀舍利（据说是右半边的头骨），天花板上悬挂着一把华丽的红绿色相间大伞。在寺院内可看到各种各样刻有精美佛像的兵刃、铜锣、伞、宝座及象牙弓，还可提供著名的禅修课程（见p.47）。

主要瀑布和Mae Klang Luang村

从宗通到公园总部的1009号支路沿途共有4条主要瀑布：8千米处颇负盛名的**Mae Klang瀑布**，有野餐营地和食物摊贩，每逢周末这里就会变得人山人海；公园最引人注目的**Vachiratharn瀑布**，随着11千米长的花岗岩悬崖倾泻而下，云雾缭绕；再往山上走几千米就可抵达**Sirithan瀑布**，看起来像是缩小版的Vachiratharn瀑布；最后是**Siriphum双重瀑布**，位于公园总部后面9千米。如果你自驾前来，还可看到更加美丽的第五条大瀑布——**Mae Ya瀑布**，堪称是泰国的最高瀑布，在108号公路北面2千米处有一条14千米长的小径可通往此瀑布，沿着此路往西则可抵达1009号支路。总部以东5千米1009号支路的南侧坐落着克伦族的Mae Klang Luang村，你可聘请一位英文**导游**带你去欣赏**Pha Dok Siew瀑布**（往返2小时；B300）或攀登**Huea Sua山**（海拔1881米；6小时；B500）。

佛塔

距离总部11千米

沿着美丽的山间小路步行至离总部11千米处可看到公园中最壮观的景色——两座佛塔在薄雾笼罩着的碧绿山坡上若隐若现，若天气晴朗，还可在此远眺西面的缅甸山景。这两座佛塔是由泰国王室空军所建，以纪念泰国国王和王后的60岁生日；褐色的Napamaytanidol**佛塔**（1987年）代表了国王，而淡紫色的Napapolphumsiri**佛塔**（1992年）代表了王后，更具女性魅力。

Kew Mae Pan小径

小径起点就位于佛塔附近・2小时；开放时间为11月次年~5月・B200，有义务导游

这条需2小时才能走完的环形Kew Mae Pan**小径**起于佛塔不远处，紧挨着因他暖山陡峭的西部边缘，穿过阳光斑驳的森林及开放的热带稀树大草原，而鲜红的附生杜鹃花（12月~次年2月开放）在潘河（Pan River）源头空旷峡谷的映衬下，更显娇艳欲滴（在天气许可的情况下才能看到）。若想到达此处，你必须在小径起点处聘请一位当地的克伦族人或赫蒙族人做导游。

山顶及其周边地区

因他暖山（海拔2565米）距离佛塔6千米，**山顶**平凡无奇，站在停车场环顾四周，除了雷达装置外便再无其他。山顶很冷，让人直打哆嗦，许多游客在写着泰国最高峰的标牌前

拍照留念后就会立马上车，返回山下的温暖地带。在标牌后面还有一座至今仍受尊敬的小佛塔，里面收藏着清迈王朝因他暖国王的骨灰（该山峰就是以其名字命名的）：19世纪末，他是首个意识到这片分水岭地区对宾河、湄南河有重要影响的人，而其最终会流入泰国最重要的河流——湄南河。返回时，沿着小径走100米即可看到一条高架走道，可轻松通往一个名叫乌鸦池塘（Ang Ka）的沼泽地，这里不仅是大多水路的最高源泉，还是公园里最好的鸟类栖息地。脚下遍布着的奶白色和棕色苔藓，树上满挂的茂密蕨类植物以及杜鹃花的旋转枝条都给此地增添了一丝阴森而原始的气息。

湄针之路（Mae Chaem road）

铺面的湄针之路位于转入主要山间道路后7千米左右，且两边也有一些瀑布：右边道路陡峭，可抵达公园管理站，再往东即是壮观的**Huai Sai Luaeng瀑布**。从管理站出发有一条2.5千米长的环形步道，可通往**Mae Pan瀑布**，这是一系列小瀑布，周围非常宁静，且绿树成荫。

抵达和离开

1009号支路是横穿公园的主干线，在宗通入口城镇以北1千米处往西转进入108号公路，大致朝着西北方向蜿蜒前行48千米即可抵达因他暖山顶，途中30千米左右是公园总部所在。在抵达山顶前10千米处，左边还有一条岔路，沿途风景美丽至极，往下行驶20千米则可到达公园西南方向位于河畔的湄针纺织村庄，氛围安静祥和。

巴士 从清迈Chang Puak车站出发每天都有多辆蓝色巴士可前往宗通地区，也可在Phra Pokklao路南路口（清迈出入口）上车。在清迈出入口也可搭乘黄色双条车（速度较慢，价格稍微便宜一点）前往宗通。到达宗通后，你可包一辆双条车或空调迷你巴士探索公园，一天价格为B1000~1500。

摩托车或吉普车 早点从清迈出发，你可在一天内将公园游览完，或者你也可以将其当作夜丰颂长途旅行的第一站：从湄针出发，沿着1088号支路往南行驶再次转入108号公路，可通往热县以西25千米的迈萨良；或沿着1088号支路往北行驶转入1263号支路，再往西行驶穿过偏远的农村地区，于坤戎北边转入108号公路。

旅行团 清迈的大多数旅行社（见p.250）会提供国家公园一日游（价格在B1500~3000/人，视旅行团规模而定），如果你没有自己的交通工具，这是访问该地区最简单的方法。

信息

公园信息 有关此公园的详细信息，可前往距离Mae Klang关口1千米处的游客中心或22千米开外的公园总部询问。

观鸟信息 距离公园总部200米左右有一个观鸟游客中心（Mr Daeng's Birds Visitor Center）（Ⓣ 053 286731-2/081 884 8108 Ⓦ www.mrdeang.com），位于1009号支路的左侧，为观鸟游客提供有用的日志信息，以及观鸟地点的简单影印地图；或者你也可以组队聘请一位导游，价格为B1000~3000/天，最多5人。

住宿及餐饮

白天，在Mae Klang、Vachiratharn及Mae Ya瀑布附近有一些小食物摊，且在双佛塔附近有一个非常受欢迎的食堂，提供各种便宜的美食。公园总部及观鸟游客中心附近的餐馆白天晚上都会营业。下列场所是按照离公园总部的远近距离排列的。

国家公园平房 在公园拨打053 286730，在曼谷拨打Ⓣ 02 561 0077 预订房间Ⓦ www.dnp.go.th 公园里的住宿房间是标准的小木屋或水泥房，有电，提供床垫或床及被褥。这里的平房共有3~23个铺位，位于总部附近密集的松树林里，有热水浴室，而Huai Sai Luaeng瀑布附近的平房可睡15人，设施简单，价格为B1500/晚。周末及国家节假日期间，住房通常都爆满，但其他时间段无须预订。总部平房 B800~8000

观鸟游客中心 总部以西200米1009号公路附近 Ⓣ 053 286731-2/081 884 8108 Ⓦ www.mrdeang.com Daeng大叔在其观鸟游客中心（见上文）提供温馨舒适的瓷砖地板客房，色彩艳丽，且有热水和电视。B500

国家公园露营地 露营地距离公园总部约500米，晚上通常都比较寒冷；另一处则位于Huai Sai Luaeng瀑布附近。总部可提供2~3人的帐篷租赁服务，价格为B225/晚（床铺需额外添加费用）。

家庭寄宿 Mae Klang Luang ☎081 960 8856/087 178 0231 🌐www.cbtnetwork.org 这个克伦族咖啡种植山村位于公园总部以东5千米的主干道南侧，可提供家庭住宿。费用中包括早晚餐。B400

Little Home Guest House & Restaurant 距宗通7千米，公园主干道沿途 ☎053 267382 🌐www.littlehomeinthanonresort.com 这个美丽的场所提供干净整洁的风扇房和空调房，房间里有热水卫生间。风扇房B700，空调房B1000

向西前往迈萨良（Mae Sariang）

宗通往南的道路比较平坦，沿途尘土飞扬，由于编织村庄位于宾河下游，鲜有人至。刚过热县（Hot）不久，道路往西急转，再次呈上坡趋势通向欧宝隆峡谷**国家公园**，公园中的景点包括沾河上的急流漂流。

帕达棉布纺织博物馆（Pa-Da Cotton Textile Museum）

108号公路68与69千米石头标记之间的路段东侧，位于Rai Pai Ngarm村・每天8:30~16:00，周四休息・免费・往返于清迈和热县或迈萨良之间的所有巴士都会经过Rai Pai Ngarm村

3

宗通城南部坐落着好几个编织村庄，其中最值得一游的是Rai Pai Ngarm村的**帕达棉布纺织博物馆**，沿着一条美丽的竹林大道即可到达。博物馆主要收藏Saeng-da Bansiddhi的作品，这位当地妇女只使用天然产品，开创了传统染织相结合的技术。Saeng-da于20世纪80年代去世，这座博物馆陈列着一些受她影响的作品，还有织布机、面料及用于染色的植物，以纪念她将这些即将消失的技能传承下来。博物馆坐落在一个大型木质建筑的楼上，底楼是织工工作的地方，非常忙碌。此外，这里还出售价格合理的美丽布匹及少量朴实且色彩柔和的衣服和围巾。

欧宝隆峡谷国家公园（Ob Luang Gorge National Park）

热县地区以西17千米，108号公路附近・B200・☎053 315302・🌐www.dnp.go.th

从热县地区出发沿着针河（Chaem River）流域迂回前行17千米可抵达**欧宝隆峡谷国家公园**，四周是树木茂密的美丽小山，由于这里野生动植物较多，因此当地人又称之为"泰国大峡谷"。在简短狭窄的峡谷上方横跨着一座木桥，可看到下方50米的针河在峭壁之间奔腾前进。由于在这个公园发现了青铜时代的墓地，里面不仅有贝壳手镯等首饰，还有大象和人物等岩画，因此公园又有"史前人类居住地"之称。木桥上游的公园总部附近有一些路边食物小摊，你可在此稍作休息，如果水流不急，还可下水游泳。此外，总部还会安排河流速度II-III级的险滩**急流漂流**之旅，全程5千米，共计1小时（4人价格B1400，最多8人，价格为B1800，包括导游、交通、救生衣及头盔等）。

在欧宝隆的西面，公路随着地形缓缓上升，横穿松林。路面高地不平，比较颠簸，到乡村地区时，道路越来越陡，周围也越来越荒凉。

抵达和离开　　欧宝隆峡谷国家公园

往返于清迈和迈萨良之间以及曼谷和夜丰颂之间的长途巴士都会经过公园总部附近。

住宿

国家公园平房 ☎053 315302 🌐www.dnp.go.th 这里提供有三间卧室的大平房，带有两个卫生间，提供热水，可供10人入住，通常可以租一间双人房。平房B2100，房间B700

露营地 露营地位于河岸，周围绿树成荫；你可花B225租一顶可供2~3人入睡的帐篷。

迈萨良及其周边地区（Mae Sariang）

在108号公路渐渐下降至广阔且烟雾弥漫的沅河（Yuan River）流域后，向西行驶便会抵达迈萨良尽头处，距清迈191千米。这个宁静勤劳的小城深受缅甸影响，尤其体现在寺院和一排排低矮的木质店屋建筑上。在清迈和夜丰颂之间的南部线路的半途中有一个明显的歇脚

右页图从上往下顺时针顺序依次为：清迈波伊善隆节（见p.249）；丝绸编织；夜丰颂环线（见p.286）>

处。从这里出发的一日游行程可包括泰缅边境的贸易站 Mae Sam Laem 和萨尔温江。

在这个边境地区的主要活动就是尽情享受此地独特的氛围，当地的山地部落居民和狡猾的缅甸商人经常聚集于此。或者你也可以参观一下主街道北侧的几座寺庙，独特的缅甸风格与大多数泰国寺庙形成了鲜明对比。第一座是 Si Boonruang **寺**，正殿雄伟壮观，高耸的分层屋顶精致复杂，让人大开眼界。屋顶顶端是一个莲花蓓蕾，这个独特的界石（Sema）石雕是正殿神圣的象征，远看就像老式的街道护柱。该寺院及其旁边 Utthayarom **寺**（又称 Jong Sung 寺）的开放式佛殿坐落于桩柱之上，且铺有柚木地板，让人想赤脚走在上面感受一番。这两座寺院里都供奉着缅甸风格佛像，相貌冷酷苍白。

Mae Sam Laeb

迈萨良西南方向 46 千米，每天早上都会有双条车从集市出发前往此地，每小时 1 班，全程 90 分钟

Mae Sam Laeb 位于汹涌澎湃的萨尔温江（Salween/Salawin River）流域，从西藏地区倾流而下，穿过缅甸，在此形成 120 千米长的泰缅边界，最后流入安达曼海。这里的村庄不过就是一排竹屋商店和餐馆，但由于泰国人、中国人、克伦族人和缅甸人都聚集于此，洋溢着浓厚的边境氛围。若想感受 Mae Sam Laeb 地区休闲自在的气氛，我们强烈推荐由 Tuk Ta 在迈萨良的 Northwest Guest House 旅馆组织的**游船之旅**（B1000/ 人，至少 4 人）。船只沿着萨尔温江顺流而下，途经悠闲的乡村地带，一小时后即可抵达湄伊河与萨尔温江交汇处克伦族人未受破坏的小村庄 Sop Moei 村，可以先在此享用午餐，再返航回到 Mae Sam Laeb。

抵达和离开 迈萨良

巴士 清迈至夜丰颂的巴士线路会途经迈萨良。空调巴士和非空调巴士都会从清迈的拱廊车站出发，此外每天还有一班空调迷你巴士会从清迈塔佩路的 Ubokut 寺（在 Chang Klan 路拐角处）出发。从曼谷 Mo Chit 北站出发前往夜丰颂的长途车也会经过此地。

抵达站 曼谷（每天 3 班，全程 12 小时）；清迈（每天 8 班，全程 4 小时）；夜丰颂（每天 8 班，全程 4 小时）。

双条车 湄索（见 p.226）出发乘坐双条车（每天 5~7 班，全程 6 小时）沿着风景如画的 105 号公路可抵达迈萨良，但路程太长，且座椅也很不舒服。

周边交通

自行车或摩托车 骑自行车（B50~100/ 天）和摩托车（B150~200/ 天）可方便地探索沅河流域沿线的寺院和克伦族编织村庄，这两者都可在 Northwest Guest House 旅馆租借到。

迈萨良的徒步及旅游线路

由于迈萨良地处泰缅边境地带，是探索人迹罕至区域的最佳基地。位于城市中央的 Northwest Guest House 旅馆会组织各种当地旅游，如萨尔温江游船旅行（见上页）及泰缅边境 Mae Sam Laeb 地区周围荒野乡村徒步旅行 3 日游，包括萨尔温江乘船旅行（大约 B2500/ 人，至少 2 人；团队人数多的话价格会比较便宜）。这家旅馆的老板 Tuk Ta 热情好客，可根据你的需要安排行程，还会提供折扣。

住宿

虽然只是一个小城市，迈萨良提供了有许多住宿场所。此外，在城市北边 Mae La Noi 地区附近的拉瓦部落村庄还会提供家庭住宿，在此你可学习制作珠宝、山地部落美食及编织技巧，而泰国山地假日游（T 085 548 0884 W www.thailandhilltribeholidays.com）还可安排许多其他活动项目。

Mae Sariang Guest House 位于 Laeng Phanit 路与一条向东通往车站的道路的交会处，River House 度假村对面 T 053 681203 这家旅馆提供全市最便宜的住房，你可选择主屋里简陋的独立浴室风扇房，带有色彩明亮的木质百叶窗；也可选择后巷破旧建筑里比较安静的储藏间（也提供独立卫浴和风扇）。**B200**

Northwest Guest House Laeng Phanit 路 81 号 T 089 700 9928 W www.northwestgh.blogspot.com 这家温馨舒适、干净整洁的旅馆提供大量本地信息及抛光木质客房，一些房间带有电脑，可上网；卫生间有独立式及共用式，供应热水。单人房价格较低。风扇房 **B200**，空调房 **B350**

River Bank Guest House Laeng Phanit 路 T 053 682787 这家新开的河畔旅馆提供舒适的木质客房，装有有线电视、一尘不染的卫生间、水量较大的淋浴及洁白床单。店家不会说英语，但这里的风扇房非常不错。风扇房 **B450**，空调房 **B800**

River House Hotel Laeng Phanit 路 T 053 621201 W www.riverhousehotels.com 这间传统开放式风格的现代木建筑酒店提供设计简洁的客房、高雅的家具、美丽的河景、阳台、空调及供应热水的独立卫浴。有 Wi-Fi。**B1000**

River House Resort Laeng Phanit 路 T 053 683066 W www.riverhousehotels.com 这家酒店和 River House 酒店归同一个老板所有，是迈萨良最奢华的住宿场所。所有房间都有空调、热水、柚木家具；一些房间带有河景阳台，带有浴缸的房间要贵一些。还有一个可看到河流的迷人小花园。有 Wi-Fi。房价包括早餐。**B1800**

餐饮

Mae Sariang Bar Laeng Phanit 路 这家不协调的现代运动酒吧 / 饮酒室就位于河畔后面，前面有大片木材。入夜后，许多当地居民和游客都会到此畅饮冰啤酒。每天 8:00~24:00

Sawatdee Laeng Phanit 路 这就酒吧餐厅深受当地非政府组织工人喜爱，主要提供泰国食物，还有香浓的咖啡和早餐，餐厅外有个露台，可俯瞰河流，此外还有一些低矮的餐桌、吊床及御寒用的靠垫。周围景色美丽至极。我们推荐这里的炒饭（B40），美味又便宜。每天 8:00~23:00

附录

自动取款机 在 Mae Sariang 路 Utthayarom 寺西侧有一个自动取款机。

上网 除了上面提及的旅馆和酒店外，Laeng Phanit 路 River House 酒店的南面有一家名为 Computer House 的网吧，也可上网。

坤戎（Khun Yuam）

迈萨良北面，郁郁葱葱的宽广溪谷与狭窄陡峭的幽谷相互交替，有些地方异常狭窄，甚至都不能种下一亩稻田，因此经过此地的 108 号公路完全曲折，仿佛过山车一般。**坤戎**距离迈萨良 95 千米远，是一个备受欢迎的休假之地，尤其是那些从湄针地区直接翻山越岭而来的游客（1263 号支路）。

二战博物馆

每天 8:00~17:00 · B50

泰日友好纪念馆位于城镇北端 Rajaburana 主要街道的左侧，其中**二战博物馆**里面收藏着二战期间，日本侵略泰国后遗存下来的锈迹斑斑的纪念物，如旧卡车、步枪、水罐及制服等。

博物馆墙壁上张贴着该时期数以百计的黑白照片，1944 年，当日本从缅甸撤军之时，病患和伤员在此休整了两年甚至更长的时间。

住宿及餐饮 **坤戎**

Ban Farang 博物馆北面 Rajaburana 路附近，有路标指示 Ⓣ053 622086 Ⓦwww.banfarang-guesthouse.com 这家酒店提供温馨舒适且干净整洁的客房，所有房间都有羽绒被和供应热水的卫生间；此外还提供非常便宜的宿舍床位（B150）。酒店餐馆提供美味的泰国食物和西餐，价格实惠。风扇房 B500，空调房 B600

Buatong 地区

在坤戎北部，1263 号支路的一条东部岔道翻越了山丘，直通湄针地区；沿着此路行驶 20 千米左右，有条朝北的旁路，可前往 Mae U-Khor 村及坐落于 Mae U-khor 山坡上的 Buatong **地区**。每逢 11 月和 12 月初，漫山遍野都开满了奶黄色的墨西哥太阳花。每年的相同时间，你也可在路边看到相同的花朵，但 Mae U-Khor 山上的太阳花开得更加娇艳，再加上无穷无尽的山脊蜿蜒消失在西边天际，令人陶醉，因此每年都有好几十个旅行团搭乘空调迷你巴士来此，只为一览这里的美丽风光。

3

湄苏林瀑布（Mae Surin Waterfall）

位于 1263 号支路一条朝向北方的岔路上，离 Mae U-Khor 村大约 15 千米 · B200 · Ⓣ053 061073 · Ⓦwww.dnp.go.th

湄苏林瀑布位于南笃（Nam Tok）的湄苏林国家公园（Mae Surin National Park），随着 100 米高的悬崖飞泻而下，之后与巨石撞击，在陡峭的峡谷里开出阵阵浪花，堪称是泰国最壮观的瀑布。该地区地形独特，可让游客直接从正前方欣赏瀑布的壮丽景色，但在瀑布下方欣赏到的景色最美丽，不过需要沿着陡峭危险的山路往下步行 3 小时，然后再从公园设备齐全的营地返回。

Mae Ko Vafe 地区及 Pha Bong 村

沿着 108 号公路返回途中，在坤戎以北 35 千米处右转可前往 Mae Ko Vafe **地区**，这是 "microwave"（微波）的泰语译文，是指那些使山顶更加优美的传送机；沿着这条柏油路上行 10 千米即是赫蒙族村寨 Pha Bong 村，这里风景如画，一直往西延伸至缅甸境内。在距离此岔路约 15 千米处，108 号公路会抵达路边的**观赏区**，可尽情欣赏美丽的狭长景色，而从此地往东是一大片树木茂盛的山坡，Pha Bong 水坝位于下方偏远的山谷中。之后的道路比较平坦，很容易即可到达夜丰颂，途经 Pha Bong **村**温泉，位于观赏区域以北 7 千米处（再行驶 11 千米就可抵达夜丰颂）。如今这片地区已改建成为 SPA 中心，拥有温泉浴、传统按摩、私人诊疗室及餐馆等设施。

夜丰颂及其周边地区（Mae Hong Son）

夜丰颂是泰国最西北端省府夜丰颂府的府会，除了"万人小镇"这个别称外还有许多其他称号。其泰语名为 Muang Sam Mok，意为"三迷雾城市"：夜丰颂地处山沟深处，经常薄雾笼罩，而其烟雾质量则会根据三个季节的不同而不同（在热季，这些雾主要是因纵火燎原所产生的呛人烟雾形成的）。在 1968 年修建柏油路以前，这个城镇一直处于与世隔绝的状态，因此又被称为"流放之地"，任何犯事的政客或政府官员都会被从曼谷流放至此。如今由于其四面环山，越来越多的人称其为"泰国的瑞士"：夜丰颂府 80% 的地形倾斜度都超过了 45°。

正因为这些戏谑之名，夜丰颂如今已发展成为消遣娱乐的热门场所，还为广大国内外游客提供了几十家背包客旅馆以及一些高档的酒店和度假村。许多游客到此地是为了**徒步跋涉**在美丽的乡村区域（见 p.297 框中内容），更多游客则是因为喜爱这里凉爽的气候及慵懒的内陆气氛。城市很小很宁静，让人心甘情愿待在此地享受安静的一周。但在旺季期间（11 月～

次年 2 月），成群结队的迷你巴士带来了一批又一批的旅行团，这时的纪念品店及餐馆总是人山人海，热闹非凡。

夜丰颂的南北走向要道——Khunlumprapas **路**与 Singhanat Bamrung 路交会在市中心的红绿灯处。除了市中心典型的高楼大厦外，夜丰颂的大部分区域都位于山谷谷底，穿过坡度较小、较低的 Kong Mu 山往西可看见树林及杂乱的植被，时刻提醒着游客开阔的田野仅离你一箭之遥。

简史

夜丰颂建于 1831 年，当时清迈的王侯贵族喜爱在周边丛林里捕捉野象，于是就将此地用作了大象训练营（如今位于城镇东南部的 Jong Kham 湖曾是大象浴场）。而狩猎并饲养王室大象的艰巨任务则落在了占据省府一半人口的**泰雅族**人（又称泰族）肩上，且为夜丰颂的寺院及节日带来了浓厚的缅甸风味。省府的另一半人口则由各山地部落组成（大多数是克伦族人，也有傈僳族、赫蒙族及拉瓦族等），还有少量的泰人聚集于夜丰颂市。夜丰颂府的最新移民为**缅甸难民**（见 p.227 框中内容），居住于夜丰颂与边界之间的营帐里，但由于他们自己的问题很棘手，因此不太欢迎游客的探访。

波伊善隆节

夜丰颂最有名、最热闹的节日就是波伊善隆节，通常在4月的第一个周末举行，主要庆祝泰雅族7~14岁的男孩在学校长假期间成为佛教僧侣，进行修行磨炼。虽然在相同时期泰国北部其他城镇也会举行类似的仪式，但夜丰颂的波伊善隆节因有泰雅族元素的存在而变得独一无二。节日第一天，男孩会将头发剃光并抹上姜黄，身着高贵的泰雅族服装，且佩戴各种传统饰物：长长的白袜子、大量珠宝、有鲜花装饰的包头巾、金色伞以及浓重的妆容。接着他们被带去参拜城镇的守护神灵并参观寺院。第二天一般是举行欢庆活动及壮观游行，为首是一个鼓手和一匹装饰华丽且无人驾驭的马，当地人都认为此马背上驮扶着城市的守护神灵。男孩们仍然穿戴着第一天的服饰，一个个坐在大人的肩膀上，还有音乐家及携带着传统供奉物的挑夫陪伴。晚上，这些新僧侣会在父母和亲戚的服侍下享用一顿丰盛的晚餐，然后第三天就会去寺院接受受戒仪式。

琼堪寺（Chong Kham）

位于城市中心东南方向，湖泊南面

3

夜丰颂最经典的明信片风景就是这里的两座19世纪缅甸风格姊妹佛寺——琼堪寺及位于琼堪湖（Nong Jong Kham）北岸的琼克兰寺，两者相对而立，闪闪发光的白色和金色佛塔、多层式屋顶及佛殿尖塔都倒映在水中，交相辉映。**琼堪寺**的佛殿里坐落着一张巨大且精雕细刻的讲道宝座，在其金光闪闪的表面还装饰有雕刻着法之轮（dharmachakra）的彩色玻璃；而左边建筑附近有一尊该寺院最受尊敬的佛像——神态慈祥而又高深莫测的Luang Pho To佛。

琼克兰寺（Wat Chong Klang）

琼堪寺旁边，湖泊南面

身为两座湖畔寺院之一的**琼克兰寺**以其玻璃上的绘画而闻名，据说这是100多年前来自缅甸的曼德勒的艺术家所作；主要集中在佛殿左手侧的三面墙上。前两堵墙位于僧人布道台的后方（布道台上禁止女性站立），下半部分描绘了《本生经》里佛陀转世前的故事，上半部分描述了佛陀自身的生活场景，第三堵墙则全部都是佛陀的生平事迹。左边的一间房间内收藏着各种令人印象深刻的**柚木雕像**，都是在19世纪中叶从缅甸传入泰国的。这些表情生动幽默的人物形象都是《维善塔拉本身经》（*Vessantara Jataka*）中的主要人物，但木雕家们将他们的模样设定为缅甸传统社会的各阶层人士，包括无权无势、瘦弱憔悴的农民，高大威猛的勇士以及优雅的贵族淑女等。

早市（morning market）

位于Nivetpisarn路和Panishwattana路之间・每天从黎明营业至9:00左右

夜丰颂的**早市**热闹非凡，值得你一大清早爬起来到此领略一番。而且当地的山地部落村民通常会下山来做买卖，他们提供的都是一些特别稀奇古怪的时令商品，如豪猪肉等，上面还带有刚毛，以显示它的真实性。

华翁寺（Hua Wiang）

Panishwattana路

华翁寺的佛殿拥有众多山墙，而在其装饰有花边的华盖之下坐落着泰国北部最美丽的佛像之一——Chao Palakeng。这尊巨大的青铜佛像表情安宁，是仿照曼德勒一尊著名雕像而建的，拥有华丽的服饰及缅甸佛像典型的大耳垂。

康穆山寺（Wat Doi Kong Mu）

位于城市西部的小山上

位于城市西部陡峭山峰上的**康穆山寺**是该地区的神圣象征。寺院的两座佛塔内供奉着19世纪时期备受尊崇的泰雅族僧侣骨灰，站在佛塔上你既可俯瞰城市全景，还可远眺北部和南部宁静的农业种植山谷。佛塔后面有一个佛殿，里面收藏着独特的汉白玉雕像，四周环绕着金色火焰，备受尊敬。如果你精力充沛，还可继续攀登至山顶的正殿，往西眺望，可欣赏到缅甸境内的壮丽山峦。

帕苏阿瀑布、密窝及峦泰村

夜丰颂北部：如果自驾前往，可沿着城市北部的1095号支路行驶10千米左转，然后随着前往帕苏阿的指示路牌行驶即可

前往夜丰颂北部的**帕苏阿瀑布**以及**密窝**和**峦泰**边境村庄的旅行线路会包括一些壮丽多姿的乡村地带。最好的旅行方式是租车自驾前往或参加旅行团（一日游价格为B900~1200/人，包括游览评价非常高的鱼洞）。如果自驾前往，你可在1095号支路拐角以北不远处的Phu Klon乡村俱乐部稍作休息（Ⓣ053 282579 Ⓦwww.phuklon.co.th），此俱乐部提供面膜、身体膜及温泉浴场等，因此通常又被称为**泥沼SPA中心**。

帕苏阿瀑布（Pha Sua Falls）

帕苏阿瀑布坐落在离1095号支路拐角处约20千米处，波涛汹涌，与石灰岩壁上的突出物撞击形成了多重瀑布。此地全年雨量充沛，特别在10月雨季过后，该瀑布犹如奔腾咆哮的野马，势不可当。游泳时一定要小心，已经有好多人在此丢失了性命。

密窝（Mae Aw）

在瀑布上方有一条陡峭的铺面道路，沿途可看到泰国和缅甸广阔壮观的山区景色，行驶11千米后即可抵达半是赫蒙族半是泰雅族的Naphapak村庄，十分普通。这里有一条非常平坦的柏油路（由泰国军队所建以打击鸦片贸易），一路向北直至7千米外缅甸边境的密窝（又称Rak Thai村），是中国国民党后裔聚集地（见p.317）。乡村四周环山，紧密相连，仿佛置身于另外的国度：山坡上是一排排精致的鲜绿色茶树，大街上是一间间小巧的竹屋，中国矮种马在此也随处可见。村庄水库北侧是一个中央市场，主要出售袋装的乌龙茶、Chian Chian茶及干蘑菇等。

3

夜丰颂周边之旅及徒步旅行线路

一旦你游览完城里的几个著名景点，首先就要决定你是否想去夜丰颂周边三个“长颈”妇女村（见p.299框中内容）的其中一个参观。我们建议不要去：这些村庄实质就是人类动物园，纯粹是供游客享乐，丝毫没有克耶族文化的痕迹。而拜河**游船和漂流之旅**非常有趣（见p.298框中内容），比较受欢迎，此外奔腾呼啸的**帕苏阿瀑布**以及城市北部的**密窝村**和**峦泰村**则是非常不错的一日游景点。其他值得拜访的目的地还包括Pha Bong村的温泉（见p.294）以及更偏远的**湄苏林瀑布**（见p.294）和**穿心洞**地区（见p.301）。位于Khunlumprapas路86/4号的Rose Garden Tours旅行社提供可靠的导游旅行（Ⓣ053 611577 Ⓦwww.rosegarden-tours.com），最低一日游价格为B900。此外夜丰颂的Discovery Tours旅行社（位于Sunflower酒吧—餐馆 Ⓣ080 124 4056）也非常不错，主要经营社区一日游，包括访问白色克伦族部落、瀑布及农场（B1250/人，至少2人）；此外还可定制观鸟之旅。如果这些都不喜欢的话，你还可以尝试**徒步旅行**，夜丰颂可是泰国第三大徒步旅游中心。

虽然徒步跋涉夜丰颂的陡峭山峰会比较艰难，但周边景色却是美丽至极的。这里的山地部落村庄大多都是克伦族村庄，而山谷里聚集了一些泰雅族（泰族）土著居民。夜丰颂东部的许多村庄至今仍非常原始，鲜与外界有联系，而西部村落人口稠密，传统元素不明显，因此大家都喜欢前往东部旅行；若朝东南方向前行，你可能会经过赫蒙族与克伦族部落，往东北方则还会遇见傈僳族。如果你能够吃苦耐劳，可以考虑5~6日游，前往东北方向的素蓬县或拜县，那里拥有该地区最美丽的风景。

夜丰颂的十几家旅馆和旅行社会提供**徒步旅行多日游**，在森林里过夜的时候，导游通常会用自然材料搭建一个营帐。其中特别值得一提的是Chakaphan（Chan）Prowinchaikul（Ⓣ053 611040/081 951 5880 Ⓔnatural_walks@yahoo.com），他目前是独立导游，会说一口流利的英语，对花卉昆虫等有专业研究（徒步旅行一日游价格为B1500/人）。在各种各样的旅游线路中，位于Khunlumprapas路89号的Tour Merng Tai旅行社（Ⓣ053 611979 Ⓦwww.tourmerngtai.com）会提供一些以社区为基础的旅游项目，会聘请村庄导游和厨师，并将部分盈利捐赠给当地社区。其中大部分行程都为期一天，其中包括步行前往拉祜族、泰雅族及克伦族村庄，全程需4或5小时（B1100~2400/人，包括必要的四轮交通工具、英语导游及午餐），但也有较长时间的徒步旅行以及家庭住宿项目。

从夜丰颂出发的拜河之旅

拜河风景优美的游船之旅的起点之处位于城市西南方向7千米处的 Huai Deua，夜丰颂度假村附近。虽然任何一家旅行社都会组织前往此处的旅游，但最便宜的方式是租一辆摩托车并亲自与 Huai Deua 船只停靠点的船夫交涉。从 Huai Deua 出发沿着河流顺流而下，20分钟后（B200）即可抵达“长颈”村 Nam Phiang Din 村，但最美丽的景色还是河流本身，可看见河流夹在峭壁和森林之间，缓缓流向附近的缅甸边境。

位于夜丰颂西北方向的一小段拜河清澈见底，没有暗礁，可享受安全的**竹筏漂流**。此项目全程需1小时~90分钟，竹筏会随着平缓的河水顺流而下，时而还可欣赏周围陡峭的山林；此外还可骑1小时大象，穿过丛林，然后再在相对平缓的地带徒步旅行3~4小时。Rose Garden Tours 旅行社（见 p.297 框中内容）可为你安排将这些行程全部包含在内的旅游线路，共 B1450/人，包括所有交通费用（如果组团人数较多，价格更便宜一些）。

峦泰村（Ban Ruam Thai）

3

从 Naphapak 村出发，沿着一条坑坑洼洼的铺面道路往西前进6千米即可到达泰雅族居住的峦泰村庄，此地曾经大量种植鸦片，后来实行王室项目，将鸦片替换为咖啡，并获得了巨大成功。村庄西端有一个巨大的蓄水池——Pang Oung，四周的斜坡上种满了松树，深受泰国游客喜爱，因此有“夜丰颂的瑞士之地”之称，当地居民甚至还会给奶牛系上铃铛。

抵达和离开

夜丰颂

飞机 夜丰颂机场位于城市东北部，靠近市中心地区。飞鸟航空每天都有两班航班往返于清迈和夜丰颂之间（全程35分钟）。抵达机场后，可以搭乘摩的（B30~40）或嘟嘟车（B50）前往市中心。

巴士 清迈的拱廊车站可提供前往夜丰颂的长途巴士（其中大约一半车有空调），中途会经过迈萨良或拜县。此外每天都有汽车会从迈萨良出发至此地，且为了满足游客需求，还提供空调迷你巴士往返于拜县和夜丰颂之间。前往夜丰颂的迷你巴士途中会经过 Crossroads 酒吧，因此如果你想在城里过夜，可在此地下车。夜丰颂新车站位于市中心南面，可乘坐摩的（B30~40）或嘟嘟车（B50）抵达市中心。

抵达站 曼谷（每天2班，全程16小时）；清迈（每天8班，全程8~9小时）；迈萨良（每天8班，全程4小时）；拜县（每天10班；全程3小时）。

周边交通

早市北侧的双条车分布较散且不太可靠，因此最好的当地旅游方式是租车或者通过旅馆或旅行社参加有组织旅游。

摩托车或四驱车 原位于 Pradit Jongkham 路 Friend House 旅馆（见下页）对面的 Pa Motor 公司提供摩托车（B150~200/天）和四驱车（B1500）租赁服务。

自行车 位于 Khunlumprapas 路的 Titan Internet 自行车店提供性能良好的山地自行车，费用为 B80/天。

信息

旅游信息 原位于 Khunlumprapas 路的泰国旅游局办事处已搬迁至市中心东北方向的 Ratchathumpitak 路（每天 8:30~16:30 ⓣ 053 612982-3 ⓦ www.travelmaehongson.org）。

住宿

夜丰颂有许多不错的**旅馆**，其中大部分都是用竹子或木材建造而成，且都带有自己宁静的花园，价格实惠；多数旅馆都坐落于 Jong Kham 湖周围或位于城市西北边缘康穆山的北侧斜坡之上，风景怡人。如果你预算不够，可前往乡村地区几个自给自足的**度假村**，但这里并非是完全的荒野之地，实际上，这些地方是专门为周末自驾游的泰国游客准备的。此外，在该区域的飞速发展之地还坐落着一些豪华**酒店**，提供所有符合国际标准的常规酒店设施。

Baiyoke Chalet Khunlunprapas 路邮局对面 ⓣ 053 613132-9 这家酒店提供小而简单的标准房，带有普通的白色墙壁、床头灯、一张办公桌和电视机。高档房间的面积要大一些，并带有可俯瞰美

丽庭院的阳台、迷你吧以及折成天鹅形状的蓬松毛巾。餐馆会在早餐（包含在房价里）和午餐时分营业。有 Wi-Fi。B1280

★ **Fern Resort** 先到城市以南 6 千米的 108 号公路处，然后沿着一条有路牌的岔道向东行驶 2 千米 Ⓣ053 686110-1 Ⓦwww.fernresort.info 这家夜丰颂附近最好的环保型度假村酒店坐落于宁静的山谷中，绿树成荫，还有一条小溪潺潺流过。该度假村尽可能聘用当地村民，提供美丽时尚的小别墅，带有热水、空调和阳台（没有 Ⓣ及电视）。在附近的湄素林国家公园里有一个迷人的泳池和自然小道；还有免费班车可前往城中的 Fern 餐馆。房价包括早餐。B2500

Friend House Pradit Jongkham 路 20 号 Ⓣ053 620119 这栋美丽时尚、干净整洁的现代柚木混凝土建筑楼上有阳台，可欣赏美丽的湖景。较大的客房提供热水卫生间，而较小的客房是共用热水卫生间。免费 Wi-Fi。B200

Imperial Mae Hong Son Resort Tambon Pang Moo 地区 8 村 149 号 Ⓣ053 684444-5 Ⓦwww.imperialhotels.com 这栋雄伟建筑位于城市南侧前往 Huai Deua 的支路上，四周是美丽的园景花园。明亮宽敞的客房里有卫星电视和迷你吧，还可俯瞰花园景色；其余酒店设施还包括泳池、桑拿及健身中心等。网上预订可享受折扣。B1300

Johnnie House U-domchaonitesh 路 Ⓣ053 611667 这家温馨舒适、干净整洁的旅馆坐落于湖泊附近的小庭院里，提供通风的客房，精致古老的木质房屋是共用热水淋浴室，此外还提供明亮的水泥客房，带有供应热水的独立卫生间。B200

Mae Hong Son Guest House Makkasandi 路 295 号 Ⓣ053 612510 Ⓦwww.maehongsonguesthouse.com 这家休闲舒适的古老木质旅馆位于城市西郊的一个茂密的大花园里，拥有一间餐馆以及热情友好的工作人员。旅馆不仅提供带有独立卫浴的美丽大平房，还有一些小客房，或有独立卫浴，或共用卫生间，全都有热水供应。客房 B350，平房 B500

Mountain Inn Khunlumprapas 路 112 号 Ⓣ053 611802-3 Ⓦwww.mhsmountaininn.com 酒店提供整洁高雅的大客房，有空调、热水卫生间、地毯、迷你吧和电视，此外还有一个美丽的花园和泳池。大堂里的喷刷墙饰及面带微笑的古怪佛像十分引人注意。B1400

Pana Huts 沿着设有路标的 Makkasandi 路向南行驶 300 米 Ⓣ053 614331/086 772 8502 Ⓦwww.panahuts.com 这家舒适的旅馆坐落于康穆山附近宁静茂密的山谷中，虽然看起来远离城市，但实际上距离并不是很远。旅馆共提供 6 间客房，全部是用竹子编织而成，带有设备齐全的浴室、蚊帐及盆栽和床头灯等高雅的装饰品。B600

Pen Porn House Padungmuaytaw 路 16/1 号 Ⓣ053 611577/089 635 9588 这家类似汽车旅馆的旅馆提供干净整洁、温馨舒适的客房，且带有热水淋浴，周围有一个茂密的小花园。风扇房 B300，空调房 B400

★ **Piya Guest House** Khunlumprapas 路 3 巷 1/1

3

“长颈”妇女

在夜丰颂地区的众多奇观中，最有名也最具争议的就是**“长颈”妇女**，她们是缅甸少数民族 Kayan Lahwi 部落的族人（又称 Padaung 族），为躲避缅甸军队的镇压偶然进入了泰国境内。虽然这些妇女的脖子有 30 厘米长，且戴有一圈圈铜环，但从技术角度来说，“长颈”这个标签似乎名不符实：曾有一个国家地理团队对其中一位妇女进行了 X 线扫描，结果发现相对于拉伸脖子而言，11 磅重的黄铜压力对她锁骨和肋骨的挤压作用更明显。部落里的女孩会从 6 岁开始佩戴铜环，随着年龄的增加每年增添 1~2 个铜环，直至 16 岁左右。铜环一旦紧固，一辈子都拿不下来，因为如果将其完全移除可能会导致颈部骨折，令人窒息而亡——在过去，如果有妇女犯了通奸之罪，就会受此刑罚。

虽然有一些似是而非的解释，但佩戴铜环的**起源**至今仍不清楚。根据 Kayan Lahwi 部落的传说，该部落之母是一条龙，拥有很长很美丽的颈部，因此为了模仿她就开创了这个独特的习俗。而导游会告诉你这种做法是为了让女性显得更加美丽。如今在缅甸，由于这种习俗太过残酷，被列为非法活动，而当地人声称佩戴这种铜环是因为要保护妇女免受老虎袭击，或使佩戴者变得畸形从而摆脱成为缅甸国王妃子的命运。

虽然平时生活有些困难（例如在喝水时必须使用吸管），但她们也可以享受普通的生活：长颈妇女可以结婚生子，可以编织缝纫，但目前只有一半的 Kayan Lahwi 族妇女还会遵循这种传统习俗，如今她们却像马戏团里的畸形人一样，靠摆造型拍照为生。如果就这样任其发展，该习俗可能会就此消失，同时由于受到**旅游业**的影响，它可能又会持续一段时间。在夜丰颂、清迈和清莱等城市，长颈妇女所在的村庄已成为泰国企业家的赚钱工具（游客若想进入这些村庄，需支付 B500）。和许多报道相反，这些“长颈”妇女至少没有被像奴隶一样对待，她们每人每月可获得 B1500 的生活工资，不过身为难民，她们的处境非常危险，生活也比较贫穷。自 2005 年以来，联合国难民署在第三国为 20 个左右的 Kayan Lahwi 部落提供了永久居住地。但由于“长颈”妇女每年会带来大量旅游收入，泰国当局拒绝签署该项目的必要文件。这就是我们不建议游客访问这些村庄的原因所在。

号 ☎053 611260 ✉piyaguesthouse@hotmail.com 这家温馨舒适、可与酒店媲美的旅馆位于湖畔郁郁葱葱的花园里，提供带有热水卫生间的宽敞空调房，色彩明亮。B600

The Residence Nivetpisarn 路 41/4 号 ☎053 614100 🌐www.theresidence-mhs.com 这家品位高雅的三层楼旅馆全都用金丝柚装饰。空调房提供干净的热水卫浴，床上铺有清爽的白色床单和羽绒被，书桌上甚至还有阅读灯。为住客提供 Wi-Fi 和自行车租赁服务。B1300

Romtai House Chamnansathit 路 22 号 ☎053 612437 🌐www.maehongson-romtai.com 这家宁静的旅馆提供各种宽敞客房和平房，供应热水，此外还有闲适美丽的花园和莲花池塘。B600

Sang Tong Huts 位于 Makkasandi 路 Mae Hong Son Guest House 对面的一条小巷 ☎053 620680 🌐www.sangtonghuts.com 这家德国人运营的高档酒店位于城市边缘陡峭的斜坡之上，四周是丛林，拥有一个迷人的泳池，提供别致的山间景色。屋顶上覆盖着传统的 tong teung 树叶，且装饰有毛皮地毯和织锦，这里的“茅舍”带有阳台，床上挂有蚊帐，还有供应热水的精美瓷砖大浴室。在简单敞开式休息区有一个开放式厨房，早餐供应自制面包和蛋糕，晚饭提供泰国美食。B900

餐饮

3

虽然该城市里涌现了一些面向游客开放的不错餐馆，但选择有限。此外在 Panishwattana 路除有白天集市外，还有一个很受欢迎且只提供外卖的小型**夜市**，在 20:00 左右停业。

Baan Tua Lek Jong Kham 湖泊南侧，琼克兰寺对面 ☎053 620688 这家时尚的面包店有一个小花园庭院，提供美味的咖啡、蛋糕、羊角面包、百吉饼和馅饼等。此外还有各种口感极好的加味茶，售价 B25。每天 9:00~19:00

Ban Pleng Khunlumprapas 路 108/5 号 ☎053 612522 这家餐馆被主要街道一分为二，是传统的 tong teung 叶屋顶，专门供应泰国北部食物及当地泰雅族菜肴，其中大多数价格为 B30/ 份；其中加有芝麻和油的香脆蕨类沙拉与非常美味的 pla lung（加有西红柿、大蒜和生姜的碎鱼丸）都值得一试。每天 10:30~22:00

Crossroads Singhanat Bamrung 路 16 号 这家温馨舒适且名副其实的酒吧位于城市两条主要街道的交会处，提供各种泰国和西方美食，包括美式早餐（B120）、美味小吃、香浓咖啡及原汁原味的胜狮啤酒，是晚上放松心情的好去处。每天 8:00~24:00

Fern Khunlumprapas 路 87 号 ☎053 611374 这家广受欢迎的大餐馆拥有美丽的阳台，且提供远近闻名的泰国美食，如香辣椰子沙拉（B85）与河鱼辛辣芒果沙拉（B180）等。此外还有泰雅族、泰国北部及西方菜肴，在其咖啡厅前面有一台可以上网的电脑（10 分钟以内免费使用）。每天 10:30~22:00

Hern Yay Kaew Singhanat Bamrung 路 ☎084 614 9428 这家凉爽的当代饮食餐馆坐落于一座美丽的木质建筑内，临街而立。只提供一些西方菜肴，如面食和 T 骨牛排（独特的泰国式牛排）等，但如今也有混合套餐。每天 8:00~22:00

La Tasca Khunlumprapas 路 88/4 号 ☎053 611344 这家正宗的意大利餐馆位于城市中央，提供自制比萨及各种面食，包括自制汤团、千层面和意大利宽面条（B170）。每天 10:00~22:00

The Meeting Pradit Jongkham 路 3/2 号，Sunflower 咖啡馆隔壁 ☎053 620726 这家餐馆集略显混乱的珠宝店、酒吧及咖啡馆为一体。这里的食物，包括蔬菜和罗勒叶炒饭等标准套餐都非常美味，且价格合理。每天早、中、晚餐时间营业

★ **Salween River** Pradit Jongkham 路 23 号 ☎053 613421 🌐www.salweenriver.com 这家由英国人和泰国人合资的酒吧餐馆提供 Wi-Fi 及图书交流。餐馆主要提供多种西方美食（B70 及以上），以及泰国北部、泰雅族及缅甸菜肴（大多数价格都是 B50~80），包括美味的绿茶沙拉。此外还出售有关夜丰颂府的各种地图。每天 8:00~22:00

Sunflower Pradit Jongkham 路 这里提供不错的早、中、晚餐，也可仅点一杯饮料，在露台上俯瞰湖泊和后面寺院的美丽景色；在旅游旺季期间，晚上会有乐队现场演奏西方和泰国的流行音乐及民俗音乐。餐馆主要提供自制面包、蛋糕、比萨及面食、意式特浓咖啡等，还有一些美味的泰国菜肴，包括兰纳和泰雅族特色菜。有 Wi-Fi。每天 7:30~23:00

Tsunami Singhanat Bamrung 路和 Pradit Jongkham 路的交会处 这家干净整洁的餐馆主要用风扇制冷，提供各种新鲜寿司和天妇罗等日本美食。寿司套餐最低价格为 B79。每天午餐和晚餐时营业

购物

在白天，游客会外出游玩，因此城市中通常比较安静。但入夜之后，各主要街道就变得热闹非凡，熙熙攘攘的手工艺品摊位会提供五颜六色的布匹、漆器、缅甸木偶、陶瓷和珠宝首饰等。

政府赞助店铺 位于 Khunlumprapas 路邮局对面泰国旅游局老建筑里。出售各种漂亮的纺织品（包括箱包和衣服）、当地茶叶及其他食品等。每天 8:00~16:00

附录

自动取款机和货币兑换处 在市中心 Baiyoke Chale 对面有一个取款机，而 Khunlumprapas 沿路有一些银行和货币兑换亭。机场也有一个银行货币兑换处。
医院 Sri Sangwarn，位于 Singhanat Bamrung 路 ☎ 053 611378 或 053 611907。
入境办事处 Khunlumprapas 路，市中心以北（周一至周五：8:30~16:30，但高级职员通常会在 9:00 左右抵达 ☎ 053 612106）。
上网 Khunlumprapas 路的 Titan Internet 提供良好可靠的上网服务（B30/ 小时）。
邮局 位于 Khunlumprapas 路。
药房 Singhanat Bamrung 路 Paaset。
旅游警察 位于 Singhanat Bamrung 路（☎ 053 611812/1155）。

素蓬及穿心洞（Soppong & Tham Lot）

小集镇**素蓬**位于距夜丰颂 68 千米的邦玛帕区（Pang Ma Pha，有时会出现在路标上），沿着 1095 号公路可抵达该区域 200 多个知名山洞中最有名的**穿心洞**，位于素蓬以北 9 千米处的 Tham 村（Ban Tham）。由于素蓬离拜县较近，因此是一日游的最佳目的地，如今在其最西端的警察局前面有一个自动取款机，以方便游客取钱。

3

穿心洞（Tham Lot）

素蓬以北 9 千米的 Tham 村；带着灯笼的泰雅族导游，B150/ 组，竹筏漂流往返共需 B400，最多 3 人

到达 Tham 村后右转找到**穿心洞自然教育站**（Tham Lot Nature Education Station）入口，此教育站的建立目的是保护此洞。步行一小段路程穿过森林即可抵抗穿心洞入口，而郎河（Lang River）会在此开始 600 米长的地下行程，穿过此洞。至于能够到达洞穴的哪些地段，主要取决于到访时间及雨量多少，此外，你也可以部分或全程使用竹筏：其中从木偶洞到灵柩洞，一年之中有绝大部分时间是需要竹筏的，但在最干燥的时节可涉水通过，而在水位最高时候，你必须从木偶洞步行至出口并抵达洞穴的最后部分——灵柩洞。穿过整个宽阔且通风的隧道共需 2 个小时，最主要的景色位于顶部溶洞——注意不要碰触任何洞穴建造部分。

第一个景点是位于右侧的**圆柱溶洞**（Column Cavern），离入口 100 米，里面坐落着一个 20 米高的洞穴石笋，蜿蜒向上直冲顶部。再往前走 50 米，左手边有一个竹梯，通往**木偶洞**（Doll Cave），洞中不仅有闪闪发光的纯白色墙壁，还有一个稀奇古怪且红白相间的岩石构造，呈 Wurlitzer 风琴状；再往里则是一些形如木偶的钟乳石。而离出口不远处的左手边有一个木质楼梯，可通往**灵柩洞**（Coffin Cave），此洞名字起源于在此地发现的十几个天然原木灵柩，其中一个至今仍保存完好，长达 5 米。在该地区许多其他洞穴中也发现了类似的灵柩，是在 1700 年前将柚木树干挖空而成。其中一些有木桩支撑，离地面有 2 米距离，还有一些出土的灵柩里仍然包含着遗骨、陶器及个人财产等。日落时分，成群结队的黑色小雨燕会叽叽喳喳地飞入洞穴过夜，场面之壮观令人啧啧称奇。

抵达和离开 **素蓬及穿心洞**

巴士 往返于夜丰颂和拜县、清迈之间的所有巴士都会经过素蓬地区。在素蓬中心的汽车站附近，可搭乘摩的（B70）或客货两用车（B300）沿着铺设的森林道路缓缓前往 Tham 村。

洞屋旅游项目

洞屋的老板可提供大量有关穿心洞及该地区其他**洞穴**的实用信息，且可安排既可靠又有趣的**导游旅行**（最低价格为 B600/ 人，包括设备及午餐）。由其组织的**皮划艇**旅行，主要包括穿心洞之旅，外加 6 千米长的急速漂流（只有在雨季和冷季期间开放；B650）。此外还提供从木屋前往当地泰雅族、克伦族、拉祜族和傈僳族村庄的自助旅游步行地图，以及徒步旅行的当地英文导游（一般 3 日游价格为 B2500）。其他活动项目还包括编织或烹饪学习、山地单车及观鸟。

住宿及餐饮

素蓬

Little Eden Guest House 从素蓬车站往东步行一小段旅程即可到达 ☎053 617054 ⓦwww.littleeden-guesthouse.com 这家宁静舒适的旅馆提供各种整洁美丽的平房和豪华房，所有房间都带有私人卫生间，且供应热水。美丽的花园里有一个迷人的泳池，蔓延至郎河地带，河畔还坐落着一个休闲舒适的凉亭。旅馆提供摩托车租赁、免费上网服务，还有各种各样的旅行及徒步旅游线路。平房 B450，双人房 B700

Soppong River Inn 位于城市西端 ☎053 617107 ⓦwww.soppong.com 这家酒店拥有各种各样的叶形装饰，提供一些精心设计的村舍风格客房，装饰高雅，其中多数房间带有室外浴室且提供热水淋浴。有免费 Wi-Fi，在拜河上方有一个美丽的甲板，其中一部分有茅草覆盖，通过一条崎岖的丛林隧道可快速抵达此地。B700

3

Tham 村

★ **Cave Lodge** 位于 Tham 村洞穴的另一侧 ☎053 617203 ⓦwww.cavelodge.com 这家历史悠久的旅馆是探索该地区的最佳基地。旅馆老板可安排各种当地观光旅行及活动项目（见上页框中内容），且有多种住宿类型，从宿舍（B120）到木质客房平房，选择余地较大，一些房间需共用热水淋浴，其余则有独立卫浴。此外在开放式厨房周围有一个休闲舒适的公共区域，提供泰国、泰雅族及西方美食，包括自制面包。客房 B300，平房 B500

Nong Tong 村

Lisu Homestay 位于 Nong Tong 村，骑摩托车从素蓬出发 10 分钟后即可抵达此地 ☎089 998 4886 ⓦwww.lisuhilltribe.com 提供地道的傈僳族家庭寄宿，你可徒步旅行至此，并在此学习山地部落的手工艺、音乐、舞蹈和烹饪（课程需额外收费，大约 B1000/ 天）。B300

拜县（Pai）

拜县坐落于一片广阔宁静的山谷之中，距素蓬地区 43 千米，前往夜丰颂，旅途劳累的游客都会在此稍作停留，因此本来只是一个中途停留的小镇，但近年来在拜县右边区域已建立了属于拜县自己的旅游目的地。其实这里并没有什么特殊景点，但你可以在此参加各种各样的户外活动、课程及整体医疗，甚至还可尝试艺术工作室、书店及珠宝店的“购物疗法”，那些旅馆、城镇外的度假村及餐馆会为大批游客定制从清迈出发的旅游行程。西方人习惯于该城镇强烈的游客文化和休闲氛围，因为此地让他们感受到了新纪元的气息。而当地旅游地图还会列出文身工作室及无味精餐馆的相关信息。如今，拜县已成为泰国游客的钟爱之地，所以在旺季期间尤其是周末，当夜丰颂附近的太阳花全部盛开之时（见 p.297 框中内容），狭窄的街道上挤满了迷你巴士。晚上漫步在 Chaisongkhram 路的“步行街”是一次很奇特的体验，西路口是一些泰式风格的传统建筑，里面有画廊和礼品店，而东路口大多都是面向游客开放的店铺，再加上当地山地部落族人和包裹严实的泰国穆斯林教徒的存在，让人大开眼界。

温泉、SPA 和传统按摩

虽然这里离最近的海滩有数百千米远，但这并不表示你不能享受泡澡。拜县拥有一些天然温泉及高档 SPA 馆，且都提供按摩服务。

从美茵寺（Wat Mae Yen）出发，沿着一条支路往南走至离 Joy 大象营地约 2 千米处（或者在经过拜河上的大桥之后左转进入清迈主道，直走即可抵达），坐落着一些**温泉**（B200），属于汇南当国家公园（Huai Nam Dang National Park），其中一两个泳池很热很粗糙，实在是不能令人满意。但附近的 SPA 要比温泉池好很多，通过管道将温泉里的热水通到此地，使之更有效果。Pai Hotsprings Spa Resort（☎053 065748-9 ⓦwww.paihotspringsspareresort.com）位于温泉以北约 1 千米的支路上，提供两个阴凉的矿物池（B50）及各种**按摩**（B300/ 小时），客房里还带有温泉水浴室。

城里有几个地方也可提供按摩，包括 Mr Jan's 旅馆（见 p.305），提供非常有名的泰式（B150/ 小时）、缅甸式 / 掸族按摩（B200/ 小时）以及桑拿（B60）。在 Tessaban1 路有个拜县传统泰式按摩店（PTTM ☎053 699121 ⓦwww.pttm1989.com），里面的工作人员全都在清迈古老医药医院经过专业培训，提供颇具盛名的传统按摩（B180/ 小时），以及足底按摩、草药按摩和精油按摩等（B250~300/ 小时），以及桑拿（B100），此外还提供通过政府审核的为期 3 天的**按摩课程**（B2500）。

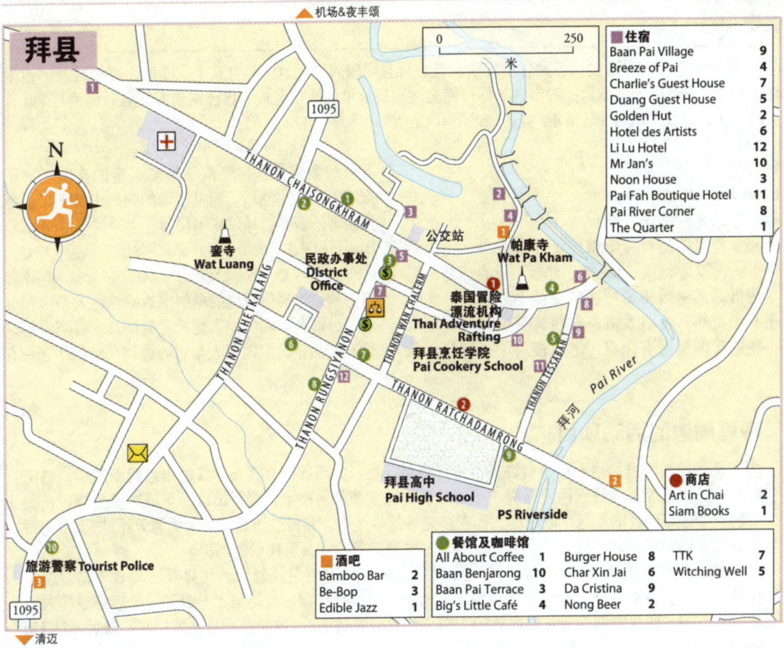

抵达和离开

位于 Chaisongkhram 路的 Aya Service 旅行社（☎053 699940/053 699888 Ⓦwww.ayaservice.com）可出售飞机票、汽车票、船票和火车票，且提供直达清孔的通宵迷你巴士（B750；途经塔通），抵达时正好可以赶上前往琅勃拉邦的早班航船，包括住宿以作短暂停留。

飞机 泰国国内的 Kan Air 航空（Ⓦwww.kanairlines.com）每周提供 4 班从清迈前往拜县的航班（全程 25 分钟），着陆于城镇北侧的飞机跑道。

巴士 从清迈或夜丰颂出发不仅提供前往拜县的巴士，还有更快、更舒服的空调迷你巴士，每小时 1 班：Prempracha（☎053 064307）通过使用相关车站，这两条线路都可提供，而 Aya Service（拜县 ☎053 699940/053 064307 清迈 ☎053 247663）只提供从清迈出发的汽车线路，但可去住宿场所接游客。

抵达站 清迈（每小时 1 班，全程 3~4 小时）；夜丰颂（每小时 1 班，全程 3~4 小时）；Mae Malai（每天 4 班，全程 2 小时 30 分钟）；素蓬（每天 4 班，全程 90 分钟）。

周边交通

如果你自驾前往，一定要注意 Chaisongkhram 路东半段、Rungsiyanon 北路口及 Tessaban1 路是行人专用区，至少在旅游旺季时是如此。

摩的 有时在 Chaisongkhram 路的车站对面会看见摩的，但如果你留宿在城镇中心的旅馆里，可步行游览。

租摩托车 位于 Chaisongkhram 路的 Aya Service 旅行社是提供摩托车租赁服务的最佳场所，费用为 B80/天，保险费用需另加 B40~80。

山地车 城镇里有还几个山地车租赁场所，包括车站后面 Rungsiyanon 路延长段的 Noon House（B50/天）。

信息

活动列表及地图 许多餐馆和旅馆都会提供英文版免费双月刊 *Pai Events Planner*，上面有拜县的相关活动安排信息。位于 Chaisongkhram 路的 Aya Service 旅行社还会为你提供该地区的精致地图。

住宿

城镇中心各街道可提供各种住宿场所，且在拜县周围的乡村地区共有几十家酒店、度假村及“树屋休闲寓所”，远离日益喧嚣的闹市区。你可能会注意到这里的旅馆老板为自己的店面起名时偏爱与Pai有关的双关语：如“think Pai in the Sky”和“Pai Chart”，等等。

拜县中心

Baan Pai Village Chaisongkhram 路南面，位于河畔 ☎053 698152 🌐www.baanpaivillage.com 这家乡村风格的竹屋旅馆位于拜县中央，设施简单——屋顶是tong teung叶，地板上设有床垫，但一些舒适的家居用品使客房变得十分别致，此外还有供应热水淋浴大浴室和西式卫生间。而稍贵一些的房间里配有床位、木地板及法式窗户。所有客房紧密相连，坐落于郁郁葱葱的花园里，还点缀着一些小池塘。而其附带的湖光山景满足了更多游客的需要。风扇房 B1000，空调房 B1700

Breeze of Pai Chaisongkhram 路帕康寺附近 ☎081 998 4597 🌐www.breezeofpai.com 这家温馨舒适的旅馆提供设施简单但别致的赭色大平房和单层房，铺有美丽的镶木地板且提供热水淋浴。建筑虽有些拥挤，但因有大量树叶遮挡，确保了客户有

3

拜县周边的活动项目

远离喧闹的拜县中心地带有许多不错的旅游行程。如可在拜县宽阔平缓的山谷周围**漫步**，悠闲自在。其中最简单的行程往返只需1小时，跨过城镇东侧的桥梁，登上山峰即可抵达**美茵寺**，在此可将整个区域的壮丽景色尽收眼底。而在前往寺院的途中，会经过该城镇最大的露天**泳池** Fluid（每天9:00~18:30;B60），还可提供食物、饮料、健身设备、湿蒸房和瑜伽课程。

楠胡寺（Wat Nam Hu）位于城镇西部Chaisongkhram路延长段，距拜县医院3千米，该寺院佛像的奇特之处在于其较链式的顶髻里装有圣水。继续往前，道路呈上升趋势，沿途经过相对发达的泰雅族、国民党部落（可在此处的中国文化中心里品茶）、傈僳族和拉祜族村庄，最后抵达 Mo Pang **瀑布**，此处有一处泳池，位于拜县以西约10千米处。

从美茵前往温泉的支路上有好几处**大象营地**，其中距离城镇5千米的Joy大象营地（☎081 881 3923）提供大象骑乘项目，费用为每人每小时B300（至少2人），包括骑乘大象进入河流，并给它喂食；此外还可享受免费温泉。

拜县烹饪学院（Pai Cookery School）位于Wan Chalerm路，提供为期1~3日的泰式烹饪课程（☎081 706 3799 B750/天），包括前往集市了解配料、制作6道菜肴并享用及一本免费食谱；此外也非常欢迎素食者。

城镇里还会为初学者及经验丰富的练习者提供各种**瑜伽课程**。Xhale Yoga（总部位于PS Riverside，Da Cristina的正南方 ☎089 758 3635 🌐www.xhaleyogapai.com）的认证导师Bhud会在每天10:00教授混入式课程（B200）。或者你也可以参加她为期5晚的瑜伽静修课程（旺季会从每周一开始开班；共B10500，包括用餐、住宿及学费）。

拜县是**徒步旅行**的良好基地，各旅馆或徒步旅行机构都提供各种徒步旅行线路，其中Duang Guest House旅馆、Thai Adventure Rafting（见下文）及位于Chaisongkhram路17号的Back Trax（☎053 699739 Ⓔbacktraxinpai@yahoo.com）是最可靠的。

Thai Adventure Rafting会提供前往边界附近素蓬地区北面的克伦族、傈僳族和拉祜族村庄的休闲之旅，其中包括穿心洞（见p.301），雨季期间还可欣赏一些美丽壮观的瀑布；两日游价格为B1600/人（至少4人），三日游B2300，后者行程包括：在与导游一起搭建的帐篷里住宿一宿、丛林烹饪及野外生存训练。而且徒步旅行一日游主要前往拜县北部（B800/人，至少3人）。Duang Guest House旅馆提供的行程价格为：一日游B750~800（2~3人），如果是两日游或三日游，价格为B750/天（至少4人）。这两者都可提供竹筏漂流，且可以安排前往夜丰颂的单程徒步旅程（5~7日），但Duang Guest House旅馆还会提供观光旅行。

如果你只喜欢**竹筏漂流**不喜欢徒步跋涉，那么Duang Guest House旅馆和大多数旅行机构都可为你安排交通工具及2个小时的拜河游，价格大约为B500/人。

此外，法国人经营的Thai Adventure Rafting诚信可靠，经验丰富，可提供**橡胶筏之旅**，但价格会稍贵一些（☎053 699111 🌐www.thairafting.com 主要分部位于Chaisongkhram路39号，次要分部位于Rungsiyanon路；请不要与Pai Adventure Rafting混淆）。沿着拜河前往夜丰颂的途中，会穿过各峡谷和60处险滩（危险指数达四级），此外行程还包括观赏瀑布和泡温泉等。整个行程价格为B2700/人，为期2天，其中会在舒适的河畔丛林营地住宿一晚，不过也提供一日游线路（B1500）；漂流运营时间为6月中旬~11月中旬，其中8月~9月初水位最高，但要注意的是参加者必须会游泳。

足够的私密空间。提供图书交流和免费 Wi-Fi 服务。风扇房 B500，风扇平房 B800，空调平房 B1000

Charlie's Guest House Rungsiyanon 路 9 号 ☎053 699039 这家坐落于茂密花园中的旅馆提供各种干净整洁的客房，带有独立卫浴或共用浴室，供应热水；价格实惠。风扇房 B200，空调房 B600

Duang Guest House Rungsiyanon 路 5 号 ☎053 699101 🌐www.duangguesthousepai.com 这家坐落在车站对面的旅馆干净整洁、诚实可信，无论是共用浴室还是独立卫浴都是热水淋浴，旅馆还提供一个不错的餐馆，但稍显拥挤；最豪华的房间内有冰箱和电视。价格实惠。B200

Golden Hut 位于 Breeze of Pai 旅馆北面，3 村 107 号 ☎053 699949 该木质建筑和平房位于河畔（或宁静的后花园），提供便宜的风扇房，虽没什么特别之处，但物有所值。B250

Hotel des Artists（Rose of Pai） Chaisongkhram 路，Pai River Corner 旅馆对面 ☎053 699539 🌐www.hotelartists.com 这家时尚的河畔酒店位于拐角处，中央是一个有玻璃边装饰的客厅，仅提供 14 间客房，其中最好的客房拥有迷人的临水阳台。在宽敞的房间里，床边装饰有钟形灯笼（坐落于用当地木材制成的平台之上），而房间设施包括空调、电视、DVD 播放器及铺有瓷砖的精致独立浴室。B3600

Li Lu Hotel Rungsiyanon 路，与 Ratchadamrong 路交会处附近 ☎053 064351 🌐www.liluhotel.com 酒店提供工业时期风格的普通空调房，用灰暗的水泥及白色涂料装饰，但提供竹编拖鞋等优雅装饰，独立浴室也干净整洁、一尘不染。此外，酒店还提供图书馆和上网服务。B1900

Mr Jan's Sukhaphibun 3（Tessaban）路 ☎053 699554 这家旅馆位于混乱的小街道之一，Charlie's 旅馆东面，提供宁静舒适的水泥房，供应热水淋浴，四周是茂密芬芳的药草花园。此外还提供桑拿浴和按摩服务（见 p.302）。B200

Noon House 位于车站后 Rungsiyanon 路的延长段 ☎053 699383 这家整洁宁静的小旅馆色彩明亮，以黄色和绿色为主。每间客房都有一个阳台，可俯瞰林荫小道，旅馆中陈列着旅馆老板的大量山地车，可租赁（见 p.303）。风扇房 B600，空调房 B700

Pai Fah Boutique House Tessaban1 路 ☎088 409 1151 🌐www.paifahhotel.com 赤土色的围墙上藤蔓覆盖，使这座优雅的酒店在马路上脱颖而出，仿佛一方净土。提供的空调房虽小，但布置高雅，且有宽敞的私人浴室，在炎炎午后，可找一片阴凉之处稍作休息。B900

Pai River Corner Chaisongkhram 路东路口，临河而立 ☎053 699049 🌐www.pairivercorner.com 这家美丽优雅的地中海风格度假村提供装饰精美且带阳台的客房，其中一些还提供按摩浴缸，酒店设施包括迷人的花园和泳池。但其知名度比附近新开的 Hotel des Artists 酒店稍逊一筹。提供 Wi-Fi 和早餐。B3270

★ **The Quarter** Chaisongkhram 路拜县医院西侧 ☎053 699423 🌐www.thequarterhotel.com 这家温馨别致的豪华酒店虽地处城镇中心，但四周比较安静，还有迷人的 SPA 馆。酒店共有两层，坐落于一个非常美丽的现代泰式花园中，不仅有泳池，还有按摩浴缸。而现代简约的混凝土客房里配备有深色木质家具及黑丝装饰品。免费提供上网、Wi-Fi 及山地自行车。房价包括早餐。B4800

城镇外

Belle Villa 城镇以北 1 千米左右，沿着路标在前往夜丰颂的道路上右转 ☎053 698226-7 🌐www.bellevillaresort.com 提供雅致奢华的客房及吊脚小屋，所有房间里都有阳台、迷你吧和保险柜。周围有溪流和稻田，还有一个时尚的泳池。有 Wi-Fi，提供山地自行车租赁服务，及免费前往城镇的交通。房价包括早餐。B3850

Mountain View 城镇南端旅游警察局向前 500 米 ☎086 180 5998 🌐www.themountainviewpai.com 这家休闲古老的度假村提供木质及竹编平房，其中一些房间带有私人浴室，还有一些需共用设备。度假村共占地 10 英亩，四周是茂盛的小植物园。可免费前往 Fluid 游泳池。B200

★ **Spicypai** Ratchadamrong 路大桥以东 700 米左右；所有十字路口处都右拐，然后沿着指示牌即可抵达酒店 ☎085 715 9627 www.spicyhostels.com 提供超级便宜、超级友善的宿舍房，主要是一系列茅草屋，四周是美丽的绿色稻田。主要的混合型宿舍（又可成为华丽大厅）可供 12 人入住，而最好、最理想的床位位于椽条之上。此外，还提供同性别宿舍。设施包括蚊帐、共用卫浴、自炊式厨房及贵重物品柜等。提供早餐和 Wi-Fi。宿舍房 B150

餐饮

正如住宿情形一样，这里几乎每周都会有新的咖啡店和餐馆开张，已变得越来越国际化。若想节省现金或减少塑料污染，可前往 Ratchadamrong 路拜县高中对面的 Art In Chai 用餐，你可在此添加新鲜饮用水，B3/ 升。

All About Coffee Chaisongkhram 路 ☎053 699429 这家大气的木质店屋咖啡馆提供各种一流的咖啡。此外还有精致的早餐，包括自制面包、每天精选自制蛋糕、三明治和茶水、热巧克力、奶昔和果汁等。每天 8:30~17:30

3

Baan Benjarong 城镇南端 Be-Bop 酒吧附近 ☎053 698010 从寿司到油炸鹰嘴豆饼，这家餐馆都有提供，此外还有各种正宗美味的泰国菜肴，椰奶咸蟹是店里的特色菜。餐馆比较小，忙碌的时候通常挤满了人（不可预订）。大致每天 11:00~14:00&17:00~22:00

Baan Pai Terrace Rungsiyanon 路，Pai Country House 对面 这栋传统拜县风格的街边木质老房已有 90 多年历史，可在其露台上享用新鲜的西方美食。欧式早餐最低价格 B80，比萨最低价格 B180。每天 8:00~23:00

Big's Little Café Chaisongkhram 路 这家街边夹饼小酒馆是由英国厨师 Big 经营的，以其美味且实惠的西式早餐闻名远近。客人坐在酒吧椅子上，所有食物会当着你的面制作。这是一个结识其他游客的不错场所。仅在早餐和午餐时分营业

Burger House Rungsiyanon 路 ☎053 699093 这家位于城镇中心的餐馆提供各种各样非常美味的进口牛排（大多数价格为 B80~135），还有早餐、法式面包等其他西式餐点。此外，这里的鳄梨鸡肉汉堡非常独特，值得一试（B95）。每天 8:30~21:00，周一休息

Char Xin Jai Ratchadamrong 路 这家中国人经营的素食主义花园餐馆提供美味的自助餐，如糙米加豆腐及绿咖喱（B25）和稍贵一些的定制食物，如天妇罗等。每天 8:00~20:00

Da Cristina Ratchadamrong 路，大桥西侧 目前是拜县为数不多的几家意大利餐馆中最好的一家，提供最正宗的意大利美食，包括香脆大比萨（B110~370）、美味沙拉、自制面食及意大利葡萄酒。每天 12:00~22:00

Nong Beer Chaisongkhram 路和 Khetkalang 路的交会处 ☎053 699103 这家拜县成立时间最长且最流行的餐馆提供各种便宜的美食，如今虽是自助式服务，但有许多餐桌，提供美味的清迈面、猪肉沙嗲及各种自助炒菜和咖喱。每天 8:00~21:00

TTK Ratchadamrong 路，TTK 旅馆隔壁 ☎053 698093 这家大型室内外餐馆提供非常有名的油炸鹰嘴豆饼，此外不仅有大多中东菜肴，还有各种国际菜式。早、中、晚餐时分营业

★ **Witching Well** Tessaban1 路，就在 Pai River Corner 附近 www.witchingwellpai.com 这家温馨宁静、美丽别致的小咖啡馆非常受欢迎，吸引了来自世界各地的自由背包客。餐馆主题非常怪异，从饮用药剂（健康茶水，B50）到神奇的自制蛋糕，无奇不有。每天 9:00~19:00，周二休息

酒吧及夜生活

拜县有多家酒吧，提供现场音乐，除了下列酒吧外，还可留意城镇各处张贴的海报，有许多一次性派对。

Bamboo Bar 位于 Ratchadamrong 路东面的大桥附近。这家位于河畔的热闹酒吧每天会营业至深夜，酒吧建筑是用原木和竹子制造而成。酒吧在城镇各地推广力度很大，因此可时刻注意该酒吧免费畅饮的广告宣传单。每天 18:00~ 次日 5:00

Be-Bop 城镇南端，Khetkalang 路和 Rungsiyanon 路交会处附近。在众多夜生活聚点中，这家精心设计的酒吧每晚都会举行现场音乐会，也是游客聚集的热门场所。每天 20:00~ 次日 1:00

★ **Edible Jazz** Chaisongkhram 路，帕康寺附近 ☎087 177 7455 这家花园酒馆位于一条安静的林荫大道上，提供各种便宜的酒类，目前每晚 8:30~22:00 都会播放音乐。酒馆老板 Tom 还会热情地将游客介绍给彼此。每天 9:00~24:00

购物

你可在拜县 Chaisongkhram 路购买到傈僳族手工艺品及各种手工制作的珠宝首饰，该“步行街”在 18:00 左右结束。

Art in Chai Ratchadamrong 路，拜县高中对面 Ⓔ artinchai@hotmail.se 这家位于城镇南部，充满艺术气息的咖啡馆还出售有效的天然驱蚊剂。每天 10:00~22:00

Siam Books Chaisongkhram 路 Ⓣ 053 699075 这家位于主要步行街的书店提供许多不错的二手平装书。每天 9:30~21:00

附录

自动取款机 你可在城镇中心的 Chaisongkhram 路和 Rungsiyanon 路找到一些自动取款机。

医院 Chaisongkhram 路 Ⓣ 053 699211。

上网 在 Rungsiyanon 路和 Ratchadamrong 路交会处附近有一些不错的网吧。

洗衣店 在 Chaisongkhram 路沿线有若干洗衣店，费用为 B20/ 千克（2 小时快速洗衣价格为 B50）。

旅游警察局 位于城镇南端通往清迈的路上 Ⓣ 053 611812-3/1155。

从拜县前往清迈

一旦出了拜县，沿着风景秀丽的 1095 号公路往北行驶 35 千米，途经多处险弯，即可抵达 2175 米高的清佬山山顶附近。冷季时期，如果你在破晓之前 1 小时从拜县自驾出发，抵达时你可欣赏到泰国最美丽壮观的景色之一——薄雾蒙蒙的**汇南当国家公园**（B200）日出之景。出了拜县，沿着左边设有路标的道路行驶 30 千米即可抵达观景点；经过此转弯处继续往前 6 千米就是公园总部。再次回到 1095 号公路，行驶 1300 米后，湄亚山（Doi Mae Ya，海拔 2005 米）附近的道路随着朝南的斜坡急剧下降，随后会抵达狭窄且人口稠密的较低山谷。沿此路行驶 55 千米（42 千米石头标记处）后左转继续前行 6.5 千米，穿过一些险峻的山丘，即可抵达 **Pong Duet 温泉**（这也是汇南当国家公园的一部分），其滚烫的泉水可溅到 4 米高，在凉爽的季节里会形成大量的蒸汽。在温泉下游几百米有一系列浴池，你可选择自己喜欢的温度浸泡。这条迂回线路的最后一个景点就是 **Mokfa 瀑布**（属于素贴山—木棉山国家公园；B100）。滚滚翻腾的瀑布从 30 米高空直泻而下，涌入一个铺满沙子的泳池，非常适合**游泳**，周围景色秀丽，令人心旷神怡——它位于主道路以南 2 千米，距拜县 76 千米。在 Mae Malai 地区右转进入繁忙的 107 号公路，越过广阔平原，即可到达 34 千米外的清迈。

途经塔通前往清莱

从清迈到清莱最快捷也最好走的**线路**就是 118 号公路，这条 185 千米长的快速通道一举穿过了连绵起伏的丘陵地带。但如果想要欣赏沿途美景，则可选择 107 号公路及 1089 号公路；这条线路共需 2 天，你可尽情享受**郭河**长尾船之旅且能在**塔通**留宿一晚，这里不仅有美丽的河滨度假村，还有丰富精彩的户外活动项目。中途还可前往其他景点，如绝妙的**大象自然公园**等，其中还有几家不错的旅馆可安排**清佬**附近的徒步旅行线路。

大象自然公园（The Elephant Nature Park）

距湄登地区 12 千米 · 全天游价格 B2500/ 人 · 可在线预订，或通过清迈 Sridornchai 路 209/2 号及其他办事处预订 · Ⓣ 053 818754 · Ⓦ www.elephantnaturepark.org

从清迈出发，沿着 107 号公路往北可前往塔通，然后沿夜丰颂环线折返直至 Mae Malai。经过湄登（Mae Taeng）地区 3 千米后，按照路标左转行驶 9 千米即可抵达**大象自然公园**，公园实质上是一个大象援救中心和医院，以照顾那些患病、孤单或被忽视的大象，但该公园也鼓励公众亲自体验这个兼备教育意义和娱乐意义的旅行项目。白天的一日游行程包括给大象喂食、洗澡，并学习如何接近大象；你也可以选择在此留宿一晚，游玩两天，或签约成为付费志愿者，可工作一周或更长时间。该公园经营者 Sangduan（“Lek”）Chailert 如今已成为一位名人，BBC 和 *Time* 杂志都对她所做的努力作了相关报道。参观访问必须提前预订。

清佬县（Chiang Dao）

沿着一条漫无止境的古老干道行驶，在其 72 千米石头标记处坐落着**清佬县**——一个超大

清佬山徒步旅行

Malee's 和清佬鸟巢（见下文）宾馆皆可安排有导游带领的清佬山徒步旅行，以其各种罕见的高山植物和鸟类而闻名，运营时间大致是 11 月 ~ 次年 3 月的冷季。往返行程共需 2~3 日，若团队人数较多，价格在 B3400/ 人左右。

型的市集村庄。其左边笼罩着泰国第三高峰清佬王家山（Doi Luang，"伟大山脉"之意；海拔 2240 米）壮丽的石灰岩峭壁和森林。在其西部新建了一条支路，直通塔通。

清佬洞（Tham Chiang Dao）

清佬县西北方向 5 千米，穿过支路・每天 8:00~16:00・前往山洞的门票费用为 B20，导游旅程需 B100，每队最多 5 人，全程 30 分钟・从清佬县搭乘黄色双条车或摩的可抵达此地

清佬洞地形复杂，内部的溶洞相互交错，还拥有一个附加寺院（该洞穴具有宗教意义，当地有传言说曾有位隐士在洞中居住了 1000 年）。其中一些溶洞是可以访问的；除了两个装有电灯外，其他洞穴都必须靠导游提灯照亮；导游会指出独特的岩石形成，并带领你走正确的路径——据说该洞穴最深处位于地下 12 千米处，且只有少数一部分溶洞才能安全游览。

3

抵达及周边交通

巴士 从清迈 Chang Phuak 车站搭乘前往芳县或塔通的巴士即可。但需告诉司机或售票员你将在清佬下车，不然他们会直接开过。

摩的或双条车 许多巴士司机都喜欢让乘客在城镇南端的十字路口处下车，在此地你可搭乘摩的（B50）或双条车（B120）前往旅馆。

住宿及餐饮

Chiang Dao Nest 顺着道路前行，洞穴以北 1500 米处 Ⓣ 053 456242 Ⓦ www.chiangdao.com 这家深受外国人喜爱的旅馆共有两个分部，位于 Malee's 两侧，总共有 20 间左右的平房，且都带有热水卫生间和阳台。靠近洞穴的分支提供泰国美食，而较远的那一家有一个很小的泳池且提供美味的西方菜肴（主食价格在 B325 左右）。B895

Malee's Nature Lovers Bungalows 顺着道路前行，洞穴以北 1500 米处 Ⓣ 053 456426/081 961 8387 Ⓦ www.maleenature.com 这家舒适温馨的旅馆位于山脉附近，提供各种大小不等的舒适客房和平房，其中一些共用热水淋浴，其他的则有独立卫浴。此外旅馆还提供野营设备（B80/人），出租双人帐篷（B200）及美味的食物。旅馆可为游客安排徒步旅行、大象行程及观鸟之旅，或为猎鸟者提供方向；游客也可在此租到自行车和摩托车。客房 B350，平房 B850

马康山（Doi Angkhang）

沿 107 号公路返回时会经过延绵起伏的岩石山脊，这是湄南河以南集水区与湄公河前部之间的分水岭标志，然后再下降至芳县和郭河附近的平原地带。距清佬 60 千米的道路左侧有一条蜿蜒陡峭的支路——1249 号支路，长 25 千米，通往**马康山**（海拔 1928 米；此山地图可在清迈泰国旅游局办事处获得）。这里有一个王室农业项目——在冷季生产桃子、山竹果和猕猴桃，此外还坐落着一个豪华度假村（见下文），你可在此享用美食，并花一两个小时欣赏美丽的山景。

抵达和离开

马康山

前往此地的最佳方式是自驾。不然你需要在清迈的 Chang Puak 车站搭乘前往芳县或塔通的汽车，然后在 107 号公路的 137 千米石头标记处下车，而最后 20 千米的路程你需要拦截一辆摩的，但不能保证你一定会拦截到。

住宿

★ **Angkhang Nature Resort** Baan Khum5 村 1/1 号 Ⓣ 053 450110 Ⓦ www.oamhotels.com/angkhang 这家位于山坡上的华丽度假村提供豪华柚木凉亭，在其阳台上可将壮丽景色尽收眼底，而餐厅会使

用王室项目生产的有机食物，此外，观鸟、徒步旅行、骡子骑乘和附近山地部落村庄自行车旅行则是此地主要的活动项目。B1900

塔通及其周边地区（Tha Ton）

塔通是一个干净整洁且绿意盎然的居住地，位于清迈以北将近180千米处，主要聚集在郭河大桥两侧，郭河（Kok River）的源头位于4千米外的缅甸，然后流向泰国北部上游。塔通的日常生活主要围绕在桥梁周围展开：所有汽车和船舶都会停靠于此，且大多数住宿场所也位于附近地带。该地主要的旅游项目就是乘坐长尾船和竹筏顺流而下前往清莱地区。

塔通寺（Wat Tha Ton）

大桥西侧 · Ⓦ www.wat-thaton.org

在**塔通寺**美丽的观赏花园里坐落着巨大的金色和白色佛像，及同样大小的观音雕像，值得游客到此一游。从任何一尊雕像处都可远眺绵延至缅甸的绿色峡谷及穿过辽阔平原的下游美景，令人如痴如醉。

3

抵达和离开

塔通

长途汽车或双条车 每天都有固定班次汽车往返于清迈的Chang Phuak车站及塔通之间（4小时）。或者你也可以乘坐汽车前往距清迈153千米的芳县边防前哨，每90分钟1班，然后再换乘半小时1班的双条车前往塔通。离开塔通搭乘双条车可前往美斯乐，搭乘汽车可抵达湄塞（每天1班，全程100分钟）。

小汽车或摩托车 如果你自驾沿107号公路行驶，可在一条通往湄艾的设有路标的支路上向西转入岔道，从而绕过芳县。

郭河游船及漂流

沿着**郭河**顺流而下即可抵达100千米外的清莱地区，沿途还会欣赏到丰富多样的典型泰国北方景色，而若乘坐快速汽车是不可能欣赏到如此美景的。郭河流出塔通后，会穿过种满稻田和果园的平坦山谷，两侧是高高的芦苇，栖息着许多轻巧的飞燕。大约半小时后，会经过已有900年历史的**速芳舍利塔寺**（Wat Phra That Sop Fang），里面坐落着一个较小的山顶佛塔及装饰有那迦像的楼梯，直通河岸。在河流经过距塔通20千米处的Mae Salak大村庄时，两岸景色变成了森林茂密的斜坡。而在众多香蕉树及巨大的束状蕨类植物间，依稀可见玩耍的孩童、游泳或洗衣服的大人以及尽情享受河流的水牛。行驶大约2小时后，周边的山峦变得越来越陡峭，河岸岩石也越来越多——通过这个水流湍急地段共需半小时，且衣服可能会湿透。过了这段急流，成群结队的船只会突然涌入你的视线，它们主要将旅游团从清莱运送至上游20千米处的Ruammid克伦族村庄，享受骑象旅程。由于清莱附近的山谷大多都已开辟，岩石裸露，因此自此往后的景观急剧恶化。

该旅程的最佳实践时间是冷季（大致在11月~次年2月），不仅可看到茂密的植被，还可体验惊险刺激的急流。有顶棚的**长尾船**（B450/人）每天会在12:30从塔通大桥的南侧出发前往清莱，需忍受4小时左右相当嘈杂的噪声。旅程上游地段比较和缓，河面也比较空闲，可尽情欣赏四周美景；长尾船离开清莱的时间是10:30。如果你能够组到6人一起出发（雨季河水较深时期，最多可搭载12人），那么我们建议你在塔通的船只停靠点包一艘长尾船（B2200左右 Ⓣ 053 459427），中途可在山地部落村庄和温泉停靠。清莱往返旅游价格为B3800/艘。

如果你时间较充裕，可乘坐**竹筏**漂往清莱，费时3天，几乎可看到沿途每一寸的景色。每个竹筏上共有两个舵手，抵达清莱后他们会将竹筏拆除，然后带回塔通再利用。Garden Home Nature Resort（见p.310）可提供相关行程，若乘客为2~6人，每条船的费用是B8000~12000，包括软饮料和食物，沿途还会在拉祜族留宿一晚且可享受温泉。此外，度假村还提供从塔通东部的Pa Tai村出发（2人B6000）的两日游线路，以及从塔通出发的一天半旅游行程，去时乘坐竹筏或皮划艇，坐车返回。

从塔通的船只停靠点出发的游客需在附近**旅游警察**亭里的记录簿上签名。在Mae Salak和Ruammid之间有一个提供徒步旅行（导游或自助游）的**旅馆**，你可在此结束水上旅程。Akha Hill House（Ⓣ 089 997 5505/081 460 7450 Ⓦ www.akhahill.com 风扇房B250，空调房B1000），位于郭河南岸，离Huai Kaeo瀑布附近的河畔温泉3千米，提供美丽的风景、舒适的客房和平房，其中一些是带有热水淋浴的独立卫浴（价格实惠），且每天都有免费交通往返于酒店和清莱之间。

住宿及餐饮

在船只停靠点对面有一些简单的餐馆；此外，下列所有度假村的精致餐厅都对非住客开放。

Garden Home Nature Resort 大桥以北300米，河流东岸 ☎053 373015 ⓦwww.thatonaccommodation.com 这家美丽精致的河畔度假村提供上网服务及美丽的独立卫浴客房和平房（都是热水淋浴），四周是大片的荔枝果园。工作人员都非常热情友好、礼让谦逊。度假村餐厅提供西式早餐、咖啡及各种泰国美食，如果你喜欢，还可在美丽的吊脚茅草屋大厅用餐。此外，度假村还提供摩托车租赁、越野摩托车一日游及徒步旅行服务（最低价格为B950/人），也有各种郭河旅行路线（甚至可安排前往清莱的12:30航船到度假村来接你上船）。客房B400，风扇平房B500，空调平房B1200

3

★ **Mae Kok River Village Resort** 大桥以东1千米，1089号公路右手侧 ☎053 459328 ⓦwww.maekok-river -village-resort.com 这家豪华的高档酒店拥有美丽的大花园，提供精心设计的时尚空调房，中央有一个泳池（包括儿童池）。该度假村可安排各种活动项目，如泰式烹饪及岩石攀岩等，且这里的泰国导游能够说流利的英语。房价包括早餐。B3250

River View Resort 距Garden Home 200米左右 ☎053 373173-5 ⓦwww.thaton-riverview-resort.chiangmai-chiangrai.com 相比于Garden Home，此度假村的地理位置更加优越，坐落于河流弯道，四周是森林茂密的山坡。提供设备齐全的空调房和平房，以及精致的泰式露天餐厅，且都可欣赏到美丽的湖光山色。房价包括早餐。B1400

附录

自动取款机 距大桥200米，位于Fang路的Alilak酒店内。

上网 船只停泊区域对面的Coffee Mug咖啡馆提供上网服务。

洛尔查村（Ban Lorcha）

出塔通后，沿着1089号支路朝东面的湄沾行驶抵达1号公路；在距塔通20千米处有一个Kew Satai村，在此往北转进入一条美丽的支路，行驶16千米即可抵达美斯乐（见p.317）。途中可以顺便拜访一下**洛尔查村**（Kew Satai村以西1千米，可从塔通或美斯乐搭乘双条车沿1089号支路抵达）。作为社区旅游业发展项目的一部分，这个阿卡族居民地归村民所有，且由村民管理，而清迈的PDA机构（见p.312）会提供技术支持，游客只需支付B100（用作村庄发展基金）即可进入村庄参观。导游会带你领略村庄文化及景色，全程1千米，沿途点缀着许多有趣的英文布告牌。此外你还可以前往阿卡秋千（非仪式用品）、欣赏欢迎舞蹈表演、观看当地人编织和制造工具等。

清莱（Chiang Rai）

清莱位于郭河南岸，布局杂乱，其知名度远不及该府的府会城市清迈，但最近几年也开发了一些真正的名胜景点，特别是王太后花园，堪称是美丽的兰纳艺术殿堂。而且此地如今也有许多不错的旅馆和高档的河滨酒店，可提供各种徒步旅行、一日游线路及周边地区其他户外活动项目等。白天的清莱非常安静，许多背包客都在外游玩，但一到晚上，到处闪烁着霓虹灯，各纪念品小摊及西方餐馆门前简直是人山人海。此外，清莱还是泰国人的幽会之地，不过只有一些带有车位的汽车旅馆才会提供这种环境：将车开进车库并付钱后，后面就会拉起一个不显眼的屏障。

简史

清莱最有名的是其曾经拥有如今却已不复存在的事物。该城镇是由孟莱王于1263年建立的，当时他在通山山脚下捕获了一头他已四处追逐许久的珍贵的大象，就将此视为建立新城的吉兆。根据传统说法，自此之后的30年，清莱一直是泰国北部的首府，但如今历史学家认为在13世纪90年代，孟莱王直接将他的王庭从Ngon Yang迁至清迈地区。泰国最神圣的两

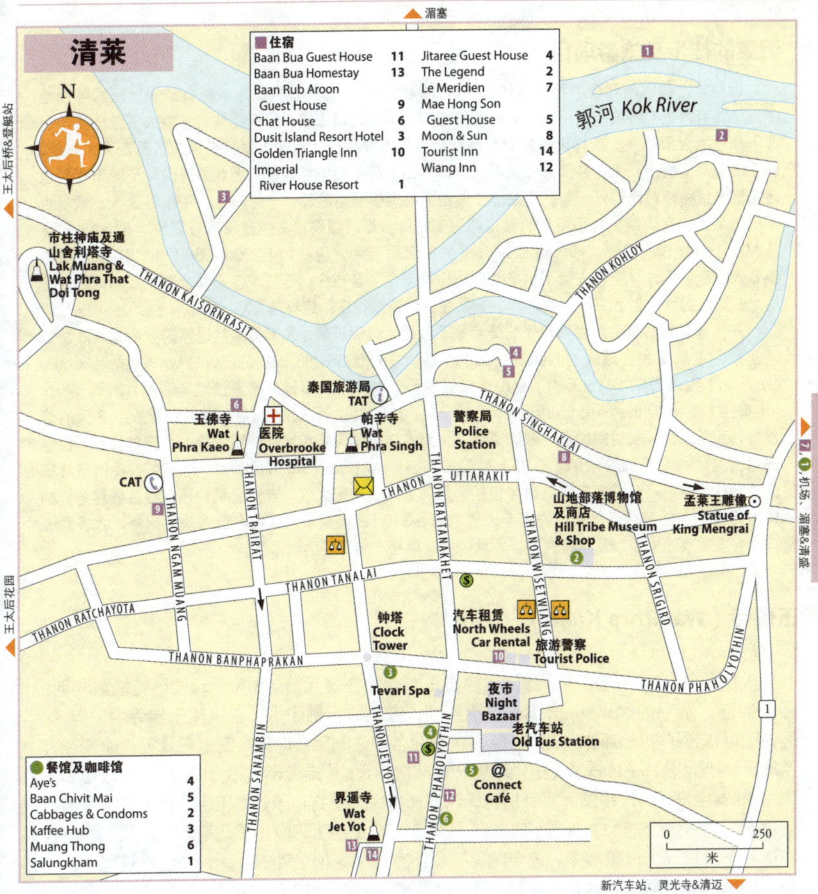

尊佛像——玉佛像（如今位于曼谷）和帕辛佛像（位于曼谷国家博物馆、清迈或那空是贪玛叻，视你相信哪个故事版本而定），在搬迁之前都一直位于此地，至少目前可在玉佛寺和帕辛寺看到这两尊佛像的仿制品。

通山（Doi Tong）

位于市中心西北方向

通山是市中心西北方向的一座小丘，可观赏到清莱最美丽的景色，尤其是在日落时分，当太阳从山峦之上慢慢西下之时，郭河上的景色极其美丽，让人如痴如醉。山顶坐落着灵根巨石阵，中心是该城市新建的**市柱**（lak muang），代表了佛教中的宇宙布局。根据历史，市柱的建立象征着泰国城市的正式成立，而清莱市柱的起源可追溯至1263年1月26日；在725年之后，重新建造了市柱和周围的精致石头模型，以庆祝普密蓬国王的60岁生日。市柱本身代表着宇宙轴心须弥山，而其他一系列的同心露台、护城河及支柱则代表了天地、海洋湖泊及宇宙的主要特征。人们先把水洒在装饰有花环的市柱上，当水流入下方容器中后，再将该水涂抹在头上，以求好运。先前的木质市柱如今坐落在通山东侧，清莱的第一座寺院——**通山舍利塔寺**的佛殿中。

清莱的徒步及旅游项目

近些年，各山地部落的社区团体纷纷在**清莱**附近安家落户，且该地区拥有**徒步旅行**的各种地形，从郭河附近平缓的步行小道到通往北部缅甸边境的陡峭山坡，应有尽有；其中大多数徒步游行程中都包括大象骑乘。这种天然的有利条件吸引了无数旅行社和徒步旅行机构，然而正因为如此，许多山地部落村庄，尤其是清莱和美斯乐之间的山地部落已不堪其扰；因此郭河南岸至城市西部地区的旅游线路相对比较好一些。清莱徒步旅游团的规模要比清迈小一些，一般只有2~3人，最多也不超过7人。在清莱，几乎所有的旅馆都可安排徒步旅行线路，其中最诚信可靠的是Chat House及Mae Hong Son Guest House旅馆，提供三天两夜游，价格为B2500~3500/人，团队人数为2~6人。我们不建议游客去清莱机场北面的山地部落联合村庄，这些来自不同少数民族的人们，包括"长颈"妇女（见p.299框中内容）聚集在这个人造村庄，纯粹是为旅行团准备的。

一些非营利性基金会提供较贵的徒步旅行线路，以促进清莱及其周边**社区旅游业**的发展。由山区及社区发展基金会成立的Nature Focus（Ⓣ 053 758658/085 888 6869 Ⓦ www.naturalfocus-cbt.com）提供为期1~15天的了解山地生活徒步旅游，以及年轻志愿者技能培训项目。而Mirror Art集团（Ⓦ www.themirrorfoundation.org）成立的Hilltribe Tour提供各种旅游线路、1~3天的徒步旅行线路以及较长时间的乡村**家庭寄宿**，你可在这里学习编织或乐器演奏等山地部落技能。山地部落博物馆的发展机构PDA（Ⓣ 053 719167 Ⓦ www.pda.or.th/chiangrai 见下文）提供丛林非旅游区徒步旅行一日或多日游，通常包括大象骑乘及长尾船之旅。当然各机构还会提供各种各样的**导游旅行**，主要包括洛尔查村的阿卡计划（见p.310）、美斯乐及其他名胜古迹。此外，大多数旅馆也会安排观光旅游以及乘船游览、大象骑乘及摩托车越野等活动项目。

3

玉佛寺（Wat Phra Kaeo）

Trairat路 · 寺院：每天7:00~18:00；Sangkaew大殿：每天9:00~17:00 · 免费 · Ⓦ www.watphrakaew-chiangrai.com

根据传说，泰国最重要的佛像玉佛像是由众神在公元前234年于印度巴特纳雕刻而成，在1390年，清莱的Mahaprom国王统治期间，曾将该玉佛像供奉在这座**玉佛寺**中。但44年后，雷电摧毁了整座佛殿，使得佛像在东南亚各地之间辗转，最终安定在曼谷。如今在寺中兰纳风格小阁楼Hor Phra Yok里供奉着一尊非常精致的仿制雕像。在1990年，为庆祝泰国王太后90岁生日，一位中国大富豪用奶绿色的加拿大翡翠打造了这尊玉佛，且由普密蓬国王亲自供奉。这尊佛像宽47.9厘米、高65.9厘米，比真正的玉佛像小了几毫米，因此宗教协议宣布这并不算精确仿造原佛像。该寺院建筑里还有许多其他名胜古迹，大多已修复完善，尤其是**Sangkaew大殿**——这是一间博物馆，收藏有各种各样的佛教用具，包括清迈著名僧侣的物品，标签上还用英文翔实地描述了泰国的宗教习俗。

山地部落博物馆及工艺品店（The Hill Tribe Museum & Handicrafts Shop）

Tanalai路620/25号 · 周一至周五9:00~18:00，周六&周日10:00~18:00 · 博物馆门票B50

山地部落博物馆及工艺品店收藏有大量正宗的山地部落精致**手工艺品**。这家位于二楼的店铺是由泰国主要的开发活动家Meechai Viravaidya经营的，由PDA（人口和社区发展协会）经营，且所有收益都会被用于乡村项目。在开始徒步旅行之前，你可到此博物馆了解山地部落的相关信息，其中包括生动翔实的幻灯片播放（20分钟）。你可捐赠一些旧衣服，也可花钱买一些套装和毛毯，以表示对该项目的支持。此外这里还组织徒步旅行和旅游线路（见上面框中内容）。

王太后花园（Rai Mae Fah Luang）

市中心以西5千米的Pa Ngio村地区 · 周二至周日8:30~17:30 · B200 · Ⓦ www.maefahluang.org · 可包租双条车抵达此处，B100单程，B200往返；自驾线路：从Trairat路出发，沿Tanalai路向西行驶1.7千米，在红绿灯处右转进入Hong Lee路，然后沿此路行驶2~3千米即可看见位于左手边的入口

到目前为止，清莱最受人瞩目的景点就是**王太后花园**，展现了美丽的兰纳艺术和建筑，深受缅甸、老挝和中国的影响。此外，该博物馆特别陈列了当地一流的柚木艺术品——在泰

右页图从上往下依次为：夜丰颂的琼克兰寺和琼堪寺（见p.296）；水灯节的灯笼（见p.249）>

国，柚木是高贵身份的象征。周围风景秀丽，包括一个新建的柚木花园，里面收藏有泰国北部 43 种不同的柚木品种。

来到该景点的主要目的是观赏坐落在众多木桩上的多层式建筑 Haw Khum。这栋建筑是为纪念王太后而建，建立于20世纪80年代，共费时5年，而其材料来自于清莱的32座古老房屋。Haw Khum 的独特之处在于鱼鳞状的柚木屋顶瓦片。室内主要靠蜡烛照明，在其中心位置坐落着一个巨大的木质神柱，代表了宇宙中心须弥山，而下面的白色沙坑不仅是乳海的象征，还能吸收水分以保护柚木。神柱周围有许多非常精致的木质艺术品，包括表情宁静的缅甸佛像，其身着的长袍上有许多褶皱，看上去仿佛佛像在移动一般。在其附近的柚木**玉佛**神殿里，陈列着许多艺术品，其中最引人注目的是华丽的钵盂，或仪式用具，以及床头板和放脚台，上面雕刻着可怕的 Rahoo：这个怪物正在吞食月亮，不仅象征着月蚀，也暗示一夜好眠。

灵光寺（Wat Rong Khun）

清莱以南 13 千米，1 号公路西侧・每天 8:00~17:30・从老车站搭乘前往帕尧的汽车

3

灵光寺是一个几乎无法用语言描述的地方。从 1997 年开始，这里就成为当地当代艺术家 Chalermchai Kositpipat 生活工作之地，自他于 1992 年成为僧侣以后，便开始大规模地重新翻修寺院；此外他还培养了几十位“弟子”，以便在他死后可以继续完成寺院的建设。Chalermchai 大师在设计过程中，融入了传统佛教元素，如那迦和莲花，以及兰纳建筑特征，如细长的 tung kradan 标志，不仅将这些元素夸大且详细地呈现出来，还添加了各种各样的褶边、厚度和层数。在这座通体白色的寺院（佛祖纯洁的象征）周边坐落着池塘、喷泉和桥梁，镶嵌着明亮的玻璃瓷砖（佛祖智慧的象征），因此整体看起来就像一个洁白的婚礼蛋糕。目前在收藏有前任住持蜡像的正殿里，你可以看见 Chalermchai 的弟子正在完成金色壁画，你的耳边回响着泰国的流行音乐。在正殿附近坐落着杰作大厅，里面陈列着 Chalermchai 的原创画作，此外，你也可以在纪念品店购买他的模仿作品（为寺院筹建资金）以及价值 B50 的有关该寺院信息的英文小册子，其中详细阐述了此建筑的设计意义。

如果你非常钟爱 Chalermchai 的作品，你可以回到清莱仔细观赏位于 Banphaprakan 路和 Jet Yot路十字路口处的新钟楼，每天19:00、20:00和21:00都会在此举行一次声光表演，共长10分钟。

抵达和离开　清莱

飞机　泰国航空（☎ 053 798200）和亚洲航空（☎ 02 515 9999）会提供往返于曼谷和清莱之间的航班（每天 3~5 班，全程 75 分钟）。清莱机场位于城镇以北 8 千米，出租车费用在 B300 左右。

巴士　清莱新车站位于市中心以南 6 千米处的 1 号公路上。提供跨府班次（包括往返于此地和南邦之间的空调及少数非空调巴士），而位于 Phaholyothin 路的老车站主要提供清莱（湄塞、清盛、清孔）及难的巴士线路，以及前往南邦的非空调巴士；但有些巴士会在这两个车站都停留一下，而工作分工也可能会有所改变。两车站之间的公共交通价格比较便宜：双条车 B10、嘟嘟车 B20。

抵达站　曼谷（每天 22 班，全程 11~12 小时）；清孔（每 20 分钟 1 班，全程 2~3 小时）；清迈（每 30 分钟 1 班，全程 3~4 小时）；清盛（每 20 分钟 1 班，全程 90 分钟）；孔敬（每天 6 班，全程 12 小时 30 分钟）；呵叻（每天 6 班，全程 13 小时）；南邦（每 30 分钟 1 班，全程 4 小时 ~5 小时 30 分钟）；湄塞（每 20 分钟 1 班，全程 90 分钟）；湄索（每天 2 班，全程 10 小时）；佛统（每天 3 班，全程 19 小时）；难（每天 1 班，全程 6~7 小时）；彭世洛（每天 1 班，全程 7 小时）；帕（每小时 1 班，全程 4 小时）；罗永（每天 4 班，全程 19 小时）；素可泰（每天 4 班，全程 7 小时 30 分钟）；乌隆（每天 3 班，全程 13 小时）。

船只　往返于此地和塔通之间的长尾船会停靠在市中心西北方向的码头，王太后桥南侧。

周边交通

双条车或嘟嘟车　蓝色双条车没有固定线路，短程价格为 B15；而嘟嘟车起步价为 B50 左右。

自行车　Tourist 酒店提供山地车租赁服务（B100/天），Mae Hong Son Guest House 则提供普通自行车（B70/天，住客 B50）。

小汽车或摩托车　North Wheels 提供汽车租赁及带有保险的摩托车租赁服务，位于 Phaholyothin 路 591 号旅游警察局隔壁（☎ 053 740585 Ⓦ www.northwheels.com），机场的 Avis 也是个不错的选择（☎ 053 793827 Ⓦ www.avisthailand.com）。此外，Tourist 酒店也提供摩托车租赁服务。

信息及地图

旅游信息 泰国旅游局在Singhaklai路448/16号设有办事处（每天8:30~16:30 ☎053 717433/053 744674-5 Ⓔtatchrai@tat.or.th），提供一些免费地图和宣传手册。

《清莱寻宝图》这是一个免费传单，一般每隔几年会出版一次，提供大量的当地信息。在机场及城市各处的餐馆和酒店都可领取。

住宿

清莱市中心附近有许多不错的旅馆，而一些比较高档的酒店则位于城市边缘郭河两岸的宁静地带。

Baan Bua Guest House Jet Yot路879/2号 ☎053 718880 这家宁静惬意的旅馆坐落于一个绿树成荫的超大花园之中，离马路有一段距离。提供非常干净整洁的单层楼水泥房，且都带有热水淋浴。免费Wi-Fi。风扇房**B250**，空调房**B400**

Baan Bua Homestay Jet Yot路1047/2号 ☎053 717952 Ⓦwww.baanbuahomestay.com 虽然这栋木质建筑外观涂成了鲜艳的粉红色和绿色，但仍然很难找寻，因为它窝在Tourist酒店背后的一条安静小巷里。提供安静舒适的空调房；一些房间的私人卫生间位于房外，剩下的则是独立卫浴。底楼还有风扇宿舍（每个床位B180），可供3人入住。**B600**

★ **Baan Rub Aroon Guest House** Ngam Muang路65号 ☎053 711827 Ⓦwww.baanrubaroon.net 这栋20世纪初期的古老大厦坐落于安静美丽的花园里，拥有精致的柚木地板，大量的盆栽植物和完美无瑕的酒店式客房，房间设施包括空调、Wi-Fi及干净的白色床单。不足之处在于需共用热水浴室，但旅馆还提供设备齐全的厨房及可享用早餐的美丽露台（房价包括早餐）。此外还提供6人宿舍（每个床位B300）。**B550**

Chat House Trairat路Sangkaew巷3/2号 ☎053 711481 Ⓦwww.chatguesthouse.com 这家清莱地区经营时间最长的旅馆坐落于一条安静的小巷之中，前面是该旅馆的花园咖啡馆，氛围温馨舒适。木质古老房子里的客房（包括一间宿舍及三间单人房，B100）价格较低，需共用热水淋浴，而位于花园里的水泥房则有热水独立卫浴，其中一些还装有空调。在花园里你可以免费使用Wi-Fi，并享用可口的美食，如自制的香蕉蛋糕（B30）等。风扇房**B180**，空调房**B350**

Dusit Island Resort Hotel Kaisornrasit路1129号 ☎053 607999 Ⓦwww.dusit.com 这家位于郭河广阔岛屿上的酒店拥有无与伦比的溪谷美景，是城中最时尚的住宿场所之一，提供高标准服务。大客房装饰华丽，有精美的浴室、迷你吧和大电视机等。酒店设施包括屋顶餐馆和酒吧、健身中心、网球场和泳池。网上预订可提供折扣。**B2700**

Golden Triangle Inn Phaholyothin路590号 ☎053 713918/053 740478 这家酒店位于城市中央的花园庭院里，提供舒适高雅且装饰精美的空调大客房，供应热水。**B500**

Imperial River House Resort Mae Kok路4巷482号 ☎053 750830-4 Ⓦwww.imperialriverhouse.com 这家四层楼高的精品度假村酒店位于郭河北岸的The Legend酒店对面，提供精心设计且装饰豪华的客房，地上铺有木地板，所有房间都可看到酒店里的大型泳池及景色秀丽的河滨花园。气氛悠闲且服务一流。**B2700**

Jitaree Guest House Santirat Singhaklai小巷246/3号 ☎053 719348 Ⓦwww.jitaree.house.tripod.com 相比于隔壁的Mae Hong Son Guest House，这里的氛围更加宁静，但相同的价钱你可在此享受到位于大庭院中更新的瓷砖房。**B200**

The Legend Kohloy路124/15号 ☎053 910400 Ⓦwww.thelegend-chiangrai.com 这家自称为"精品河滨度假村酒店"的住宿场所提供带有阳台和室外浴室的当代兰纳风格豪华大客房。酒店建筑坐落于郭河南岸，酒店设施还有巨大的无边际泳池及顶级的SPA中心。**B3900**

★ **Le Meridien** 郭河南岸，1号公路大桥以东1千米 ☎053 603333 Ⓦwww.lemeridien.com 这家位于无边际湖畔的豪华酒店拥有一个美丽的无边际泳池，提供带有阳台的清新现代风格大客房，服务周到。从美丽的SPA中心、精致的意大利餐厅及凉爽的酒吧（冷季期间会提供篝火）都可看到美丽的河景，此外还提供郭河旅游船只停靠点。有免费班车可前往城市及王太后花园。**B4400**

Mae Hong Son Guest House Singhaklai路126号，Jitaree旅馆隔壁 ☎053 715367 Ⓦwww.maehongsonguesthouse.com 这家家庭经营的木建筑旅馆坐落于安静的街道上，阴凉庭院四周围绕着非常温馨的客房（虽然墙壁上安装有风扇，但仍然很热），还拥有干净整洁的酒吧和咖啡厅。无论是共用浴室（价格实惠）还是独立卫浴全部供应热水，且可上网。**B200**

Moon & Sun Singhaklai路632号 ☎053 719279 Ⓦwww.moonandsun-hotel.com 这家物有所值的小酒店提供合适大小的空调房，房间设施包括冰箱、热水淋浴、奶白色和浅棕色的精致家具和装饰品。多付B300可享受带有独立休息室的套房。前台可提供网络和Wi-Fi。房价包含早餐。**B500**

Tourist Inn Jet Yot路1004/4-6号 ☎053 752094 Ⓔtouristinn1@hotmail.com 这家干净整洁的旅馆位于一栋4层楼高的现代建筑里，由日本人和泰国人合伙经营。楼下前台有一个欧式面包店，提供美味的早餐。所有客房光线明亮，带有供应热水的卫生间。主建筑后面的附加建筑里拥有便宜但老式的客房，有共用热水淋浴，也有独立卫浴。酒店大堂里有一个书柜，楼梯平台上有一个公共冰箱，主建

3

筑里会提供免费 Wi-Fi。风扇房 B150，空调房 B350

Wiang Inn Phaholyothin 路 893 号 Ⓣ053 711533 Ⓦwww.wianginn.com 这家拥有 260 间客房的酒店距离主要道路有一些距离，拥有宽敞明亮的大厅及迷人的泳池，提供舒适的客房，房间设施齐全且装饰有泰国壁画。房价包括早餐。B1600

餐饮及酒吧

清莱的**餐馆**，包括越来越多的西式餐馆大多聚集在夜市附近的 Phaholyothin 路沿线。夜市本身就是一个巨大的**美食中心**，提供美味可口的泰国小吃以及分量充足的菜肴和日本美食，在这里还可以免费欣赏人妖、当地民俗歌手或传统舞者的歌舞表演。既然来了，你一定要品尝一下清莱的美味**咖啡**：在 Rattanakhet- Phahoyothin 十字路口处附近有一些咖啡馆，主要提供 Wawee 山、象山及美斯乐山生产的咖啡。

Aye's Phaholyothin 路 Ⓣ053 752534 这家休闲宽敞的餐馆提供许多国际和泰国菜肴，特别是这里的 kaeng hang lay（B225，非常美味的北方猪肉和生姜咖喱）。有 Wi-Fi。周一至周六 8:00~23:00

Baan Chivit Mai Prasobsul 路 172 号，老车站对面 Ⓣ053 712357 这家斯堪的纳维亚面包房是一位瑞典慈善家为帮助清莱儿童和曼谷贫民而建立的（查看 Ⓦwww.baanchivitmai.com）。里面干净整洁，有空调，可上网，提供精致美味的三明治、蛋糕和咖啡，外加面食及简单的泰国美食。周一至周六 8:00~21:00

3

Cabbages and Condoms 位于山地部落博物馆（见 p.312）。这家餐馆以其职责而自豪"提供最好的泰式饭菜，宣传最必要的性保护措施"，墙上装饰着有关计划生育内容及艾滋病预防用具。这里的泰国食物包括一些北方传统菜肴及素斋，品质时好时坏，但它确实是一家不错的餐馆。每晚都会提供现场乐队演奏。每天 11:00~22:00

Kaffee Hub Banphaprakan 路钟楼附近 Ⓣ089 544 4599 Ⓦwww.kaffeehub.com 这家三层楼高的时尚咖啡酒吧获得了大多数泰国年轻人的喜爱，而其现煮咖啡的香味让游客不禁驻足品尝。此外酒店还提供各种茶和泰国主食，以及葡萄酒（贵一点的价格在 B700/ 瓶左右）。每天 8:00~24:00

Muang Thong Phaholyothin 路 2 号，Wiang 酒店南面。这家朴素无华且价格实惠的餐馆提供大量泰国和中国美食，且其户外侧边敞开的用餐区陈列着各种各样的配料。深受国内外游客的喜欢。24 小时营业

★ **Salungkham** Phaholyothin 路，孟莱王雕像及河流之间 Ⓣ053 717192 Ⓦwww.salungkham.com 根据当地居民公正投票结果显示，该餐馆提供全城最好的泰国美食（主食价格 B80 起），还有晚餐花园；这里的香蕉花新鲜虾沙拉味道一流，可以尝一下。餐馆没有英文标记，但你可以寻找马路另一侧的 Cosmo 加油站。每天 10:30~22:00

购物

夜市 Phaholyothin 路老车站隔壁。这里出售各种便宜的 DVD 及手工艺品，其中许多商品都物美价廉，但通常挤满了各种旅行团。每天 16:00~24:00

步行街 Tanalai 路，Wisetwiang 路拐角处附近。清莱的"步行街"和清迈的没什么差别，有音乐家表演及各种各样的小摊，非常热闹，出售商品包括食物、当地工艺品及咖啡和澳洲坚果等产品。每周六下午晚些时候营业至 22:30 左右

湿货市场 Wisetwiang 路。每天下午在 Wisetwiang 路都会有湿货市场出售鲜花、水果和蔬菜等。每天 13:00~16:00 左右

附录

自动取款机及货币兑换 自动取款机及货币兑换亭主要集中在老车站附近。

烹饪课程 Chat House 旅馆提供为期 1 天的烹饪课程，费用包括交通及当地市场旅行（B950/ 人）。

上网 在 Prasobsuk 路车站南面的 Connect 咖啡厅享用咖啡和点心，即可享受上网服务（周一至周五 9:00~21:00；周六 & 周日 8:00~21:00）。

按摩 位于 Phaholyothin 路 869/21-22 号的 Tevari Spa & Beauty Salon（Ⓣ053 717814 Ⓦwww.chiangrai-spa.com）提供各种按摩治疗，最低价格为 B400/30 分钟。

旅游警察 在 Phaholyothin 路 Golden Triangle Inn 酒店旁就有旅游警察（1155）。

清莱北部地区

泰国最北端区域范围是从郭河和清莱到边界地带，被泰国的南北向主道——1 号公路一分为二。其西半部分是一重重连绵起伏的山脉，仿佛鲨鱼牙齿一般，最后进入缅甸境内；东半部分则是低洼河流，流经泰国最肥沃的稻田，最终汇入湄公河，形成了泰国一老挝边界。

此章节描述的任何一个地方都可安排一日游行程，从清莱出发；但若要拜访泰缅边界地

区的**湄塞**镇，必须办理签证一日游。如果你想游玩2~3日，那么最佳目的地是**美斯乐**或**清盛**，美斯乐山山顶居住着许多中国人，而清盛地区湄公河两岸的宏伟遗址与附近**苏鲁克**地区浓重的商业化气息形成了鲜明对比。如果有足够的时间和耐心，你还可以游览**黎敦山**的宫殿、寺院及植物园，尽情欣赏泰国、老挝和缅甸三国的风光，然后穿过清盛抵达湄公河沿岸的**清孔**地区，如今是过境站，许多前往老挝的游客都会聚集在此地。

往返于各主要城市的**公共交通工具**大多都是直达线路：前往湄塞的公共汽车很频繁，会沿着1号公路朝正北方向行驶；前往清盛的汽车先走1号公路，然后右转进入1016号公路；若想前往其他城镇，你需要在这些线路途中换乘双条车。

山地部落文化中心及 Therd Thai 村（Hill Tribe Culture Center & Ban Therd Thai）

从清莱出发沿着1号公路往北行驶32千米抵达**巴桑村**（Ban Pasang），在此地转向过山车般蜿蜒曲折的1130号支路，向西行驶36千米即可抵达美斯乐。如果你有自己的交通工具，中途的一些名胜古迹会让你驻足停留，细细观赏一番，其中最引人注目的景点就是距离巴桑村12千米的**山地部落文化中心**，这里不仅有一个手工艺品店，还坐落着瑶族及阿卡族纪念村。在距巴桑村24千米处的Sam Yaek，有一条柏油支路，沿此路向北行驶13千米即可抵达 **Therd Thai 村**地区。此混居村庄的原名为星叠村（Ban Hin Taek），是著名毒枭坤沙（见下页框中内容）的据点：1983年经过一次激战后，泰国军队将坤沙驱逐出境，并将村庄名字改为Therd Thai村，并实行“绥靖”政策，建立市场、学校和医院等来安抚民心。

3

美斯乐（Mae Salong）

在海拔1300米的山峰上坐落着华人聚居村落**美斯乐**（当地人又称之为Santikhiri），生活在这里的华人是**国民党**原九十三师的后裔，他们大多祖籍云南昆明、保山一带。随着岁月的流逝，历史已经沉淀为一份遥远的记忆，如今这里风景如画，可一览绵延起伏的山岳美景。虽然这里有寺院、教堂和清真寺，但该村庄真正吸引游客的地方在于后巷的中国人生活细节：低矮的竹屋、乒乓球台甚至云南方言交谈的声音，都让人印象深刻。

美斯乐有一条数千米长的道路，大致呈东西走向，在其中央十字路口附近坐落着早市，及通往王太后宝塔的阶梯。这里浓重的中国气息吸引了大量泰国游客，尤其是周末时间，他们会前往主要街道的纪念品店购买高粱威士忌（用人参、鹿茸和蜈蚣浸泡而成）等昂贵的商品以及当地种植的中国茶叶、咖啡、蘑菇和草药等。城镇各处都有免费茶水提供，此外，还可参观**美斯乐度假村**（Mae Salong Villa）所有的房地产和工厂，其大致方向及茶叶加工时间等信息可询问美斯乐度假村。这里的**早市**值得让游客忍受大清早刺骨的寒冷到此游玩一番，位于城镇中央，Shin Sane Guest旅馆附近，营业时间大致为5:00~7:00，吸引了大批来自周围阿卡族、傈僳族和瑶族的村民。

王太后宝塔（The Princess Mother Pagoda）

王太后宝塔高耸在小山顶峰，是一座顶部呈金色的巨大佛塔，非常独特，竣工后不久就一跃成为美斯乐地区引以为傲的特色建筑象征。从早市附近到此塔，共需攀爬718级台阶，路途漫长且陡峭。你也可以租一辆交通工具沿着道路抵达村庄的西端，然后在夜市对面右转，沿途的壮丽景色让人仿佛置身于天堂一般。

泰北义民文史馆（Chinese Martyrs Memorial Museum）

村庄西部边缘・每天8:00~17:00・B30

泰北义民文史馆是为纪念在于缅甸政府军的战斗中阵亡的中国国民党军人而建的纪念馆。详细介绍了当时一些著名的战役。纪念馆正面中间的灵庙中供奉着阵亡者的牌位，两侧建筑物为资料馆。

毒品问题及金三角地区

人们通常将**鸦片**与远东联系在一起，但实际上罂粟花起源于中东地区。大约1200年前，罂粟花传入东方。自1959年起，泰国就已经宣布种植罂粟是非法行为，但在20世纪60~70年代，泰国、缅甸和老挝三国的边境地区十分混乱，大肆生产并提炼罂粟，因此被冠以**金三角**之名。在此区域，大部分的毒品交易都掌握在两个主要“军队”手中。一方是有1万兵力的**掸族联盟军**（SUA），为了能让掸族（泰国称泰族）人民独立，与缅甸政府展开了不折不挠的斗争，但其资金主要来自于海洛因（从鸦片中提炼出来的较纯毒品）贸易。另一方就是臭名昭著的军阀坤沙。

泰国政府准备集中精力消除罂粟。1983年，掸族联盟军位于星叠村地区（今Therd Thai村）附近的大本营被捣毁，被逼进缅甸境内。1996年，坤沙与腐败的缅甸军政府暗中勾结。美国曾悬赏200万美元索取这位被称为“死神之子”男人的人头，但由于缅甸军队的保护，他一直惬意地生活在仰光一栋别墅里，直至2007年死亡。

虽然泰国政府成功减小了边境地带罂粟花的种植规模，剩余数量甚至可以忽略不计，但泰国仍是海洛因贸易的重要交易场所；大部分鸦片的生产和提炼只是转移到了缅甸和老挝境内。在过去的几年里，泰国北部的鸦片种植虽然仍旧处于较低的水平，但呈现出上涨趋势，主要位于偏远山区的小块土地，种植缅甸毒枭提供的高产量、耐候性罂粟种子。

3

大面积罂粟田地的摧毁对**山地部落**而言具有深远影响。大多数情况下，如果没有原产品提供，那些鸦片成瘾者会共用针筒注射海洛因，从而导致艾滋病大范围的爆发。虽然泰国政府引进了一些合法经济作物来改善山地部落的生计，但经常需要大量使用农药，后来由于下游地区的水源受到污染，引起了泰国农民的不满。

近年来，海洛因贸易已渐渐被**甲基苯丙胺**所取代，一般是yaa baa（字面意思为“疯药”）或冰毒，如今已渗透到了泰国社会的各个领域，其中最令人担忧的就是学校。就在缅甸边境地区有大量毒品加工厂，其中大多数都属于前叛乱分子佤邦联合军，yaa baa和冰毒是边境车辆搜查的主要目标，每年走私到泰国的毒品可能高达10亿片。据估计，大约有300万泰国人在服用甲基苯丙胺，促使了他信政府在2003年上半年采取强烈的镇压，但结果却令人大吃一惊，共有2000多人死亡，被捕人数达51000人。此后毒品事件已渐渐平息，但不停有甲基苯丙胺经销商被逮捕，这意味着问题仍然没有解决。

抵达和离开

美斯乐

离开美斯乐时，你可通过中央十字路口处东边的7-Eleven便利店找到当地前往塔通和巴桑村的双条车。

来自/前往清莱 从清莱老车站出发的巴士（每20分钟1班，全程45分钟）沿1号公路往北行驶32千米即可抵达巴桑村地区。然后你需换乘一辆蓝色双条车，大概90分钟后即可抵达美斯乐，因此早点出发会比较好。

来自/前往塔通 每天有4辆黄色双条车直接往返于塔通和美斯乐之间，途经有趣的洛尔查卡族村。此外，塔通的住宿场所也可安排私家交通将你直接送至美斯乐地区，且速度较快。例如，Mae Kok River Village Resort会提供私人双条车（B600）或空调迷你巴士（B1500）的单程车票。

周边交通

摩托车 Shin Sane旅馆提供摩托车出租服务，B200/天。

住宿

美斯乐的夜晚非常美丽，完全不像白天那样，到处都挤满了游客。而且这里有许多住宿场所，如在中央十字路口周围有六家经济型旅馆。旅游淡季期间，小城非常和平宁静，住宿价格也很便宜。

★ **Little Home Guest House** 中央十字路口 ⓣ053 765389 ⓦwww.maesalonglittlehome.com 这家温馨舒适的旅馆位于山腹地带，主要木质房屋里提供普通客房（风格素雅且共用热水淋浴），美丽的花园里还坐落着漂亮的独立卫浴平房，且在其阳台上可欣赏到美丽的风景。这里的工作人员服务周到，给人以宾至如归的感觉。此外还提供详细的当地地图、免费的中国茶和免费Wi-Fi。客房B300，平房B800

Mae Salong Villa 位于通往村庄东段的主道上 ⓣ053 765114-9 ⓦwww.maesalong-villa.com 该旅馆的两层楼建筑里提供舒适的大客房，以及中国式洋房，里面带有冰箱，窗外风景也比客房要好一些，所有房间都提供热水淋浴。其有一个美丽的花园，就正对着王太后宝塔和缅甸山脉。住宿时间较长的话，

在美斯乐骑马及徒步旅行

泰国人曾称国民党为 jiin haw，意思为“飞奔的中国人”，十分形象的描述，如今美斯乐地区可提供**骑马旅程**，是泰国非常罕见的旅游体验。Shin Sane 旅馆提供有前往阿卡族、拉祜族及其他华人村庄的旅行，B500 起，全程 4 小时，但在付款之前一定要和导游碰面，并确认旅游行程和马匹。

如果从其中一家旅馆取得了示意图，你也可以独自步行至一些相同的村庄，或者最好还是从 Little Home 旅馆聘请一位导游，价格为 B200/ 天。

价格可协商。客房 B800，洋房 B2000

Saeng Aroon 中央十字路口，Little Home 旅馆对面 ☎053 765029 这家旅馆是由一对恩爱的老夫妇经营的，提供宽敞明亮且地上铺有瓷砖的客房，有热水淋浴，旅馆底楼是他们经营的一家茶叶店。有 Wi-Fi。B500

Shin Sane Guest House 中央十字路口 ☎053 765026 Ⓦwww.maesalong-shinsane.blogspot. com 这家温馨舒适的酒店拥有大量本地信息，在一栋美丽的木质建筑里提供有较小的客房，且共用热水浴室，此外在后花园里还有一些干净整洁的平房（带有热水淋浴）。可免费使用洗衣机，房间内按摩服务价格为 B120/ 小时。单人房价格相当便宜。双人房 B200，平房 B300

3

餐饮

美斯乐的餐馆并不像旅馆那么多，选择有限，但在一些精致餐馆可品尝到云南菜。

Little Home 位于同名旅馆内 ☎053 765389 Ⓦwww.maesalonglittlehome.com 这家深受欢迎的云南风味露天餐馆提供各种各样的热食和辛辣菜肴，还有非常美味的炖猪腿。每天 7:00~10:00&17:00~22:00

Mae Salong Villa 位于通往村庄东段的主道上 ☎053 765114-9 环境优美，提供城镇中最美味的食物，包括昂贵的中国特色菜肴，如叉烧肉、野生蘑菇（het hawm）及乌骨鸡（kai dam），通常都是放在草药汤中煮的（B200~250）。早、中、晚餐时分营业

★美斯乐甜品店 1 村 41/3 号，位于中央十字路口和 Mae Salong Villa 之间 ☎083 096 7777 该甜品店提供美味的自制香蕉蛋糕、精致的咖啡、优美的背景音乐，可上网，在其屋后的阳台上还可欣赏周边的美丽景色；如果你饥肠辘辘，推荐点上一份绿色咖喱烤肉。每天 8:00~20:00

附录

自动取款机 在城镇西端前往塔通的路上有一个自动取款机。

上网 所有旅馆都可提供上网服务。

黎敦山（Doi Tung）

随着 1 号公路慢慢靠近缅甸边境，其地形从公路西面的平原陡然变成陡峭且树木繁茂的丘陵。其中，在海拔为 1322 米的黎敦山上不仅坐落着有千年历史的寺院，还是王太后（现任国王已故的母亲）安享晚年的行宫，因此吸引了许多游客。在清莱以北 43 千米，1 号公路通向**满堂村**（Ban Huai Khrai）中心的支路前面，新建了一条通往山腰的宽阔道路——1149 号支路。

家庭手工业中心及营销点（Cottage Industry Centre and Outlet）

距满堂村约 1 千米 · 每天 7:00~18:00

从满堂村中心出发沿着通往山上的老路行驶 1 千米左右即可抵达由王太后成立的**家庭手工业中心及营销点**，在这里你不仅可以观看用桑树树皮制造纸张等工艺过程，还可在其店铺里购买成品（每天 8:00~17:00）。

王室别墅及王太后花园（The Royal Villa & Mae Fah Luang Garden）

沿着通往山峰的主道攀爬 12 千米，然后左转进入支路 · 每天 7:00~17:00/18:00；如果有王室成员入住，王室别墅不对外开放 · 别墅门票 B90、启示大厅 B50、花园 B90，三个景点（包括参观植物园；见 p.320）合在一起的门票价格为 B220

黎敦山上华丽的瑞士风格**王室别墅**是为王太后（当今国王的母亲，她从没有被封为王后，但人们亲切地称她为 Mae Fah Luang，意为“高贵的国母”）建造的。在她 1995 年去世之

前，曾多次到此地居住，经常一住就是几个月，为该地区的发展项目而努力工作。

英文传单上有该地区的详细解说，能够帮助游客自助性地四处参观。雄伟的接待大厅里装饰有美丽的墙板，上面的花卉图案是用绣花丝绸制成的，大厅天花板上则雕刻着王太后1900年出生时的恒星及行星位置。此外，你也可以参观她的客厅、卧室和书房，所有摆设都维持着原样。

启示大厅及花园（Hall of inspiration & gardens）

在前往王室别墅的通道上，沿着山路返回，几百米后即可看见雄伟的**启示大厅**，里面收藏着有关王太后及其家族的大量信息，由王室观察员严格记录。其隔壁是完美无瑕的**王太后花园**，每逢周末，成群结队的一日游游客都会到此参观。王太后的山地部落工程项目通过引进农业新方法帮助当地农村取得了较大发展：以前一直使用的是刀耕火种的农业种植方式，导致大片山坡遭到熊熊大火的破坏，且作物一般都以罂粟为主，如今这片土地主要种植柚木、松树，以及草莓、澳洲坚果和咖啡等作物，连同陶器、桑树造纸、地毯和衣服等一起在花园入口附近的商店小摊里出售。此外，这里还有一个信息亭，提供此山地区域的简单地图。

黎敦山舍利塔寺（Wat Phra That Doi Tung）

在通往王室别墅的旁路附近，有一条东北方向的柏油路沿着危险的鞍状山脊蜿蜒起伏，途经一些小寺院建筑及茂密的树林，最后抵达山顶的**黎敦山舍利塔寺**。到此寺院朝拜的信徒们会撞击寺院里的钟并向井里扔硬币以求好运，而这些硬币则会用作寺院的资金。对于非佛教徒来说，这里最引人注目的就是斜坡上大片的耕种土地及泰国北部特色的壮丽景色。911年，为了供奉佛陀的锁骨遗骸，建造了这座寺院最重要的建筑——双佛塔。当佛塔建造完成时，Ngon Yang的Achutaraj国王下令建造了一面巨大的旗帜（tung），据说有两千米长，飘扬在山峰顶端，而这座山就以此为名。

王太后植物园（Doi Chang Moob Arboretum）

每天8:00~17:00 · B50

沿着从缅甸到湄塞（22千米）的边界地带有一条非常陡峭的**偏僻小径**，某些路段还高低不平，途经两个军队关卡和阿卡族村庄Pha Mee村，其起点位于黎敦山脚下的山口附近。大约行驶4千米你即可到达Chang Moob山（海拔1509米）山顶的**植物园**，里面种满了杜鹃花、兰花和蕨类植物等，还装饰有美丽的阳台，可将东边的清盛、湄公河及远处老挝的山脉，西边的美斯乐周边山脉都一览无遗。但若想欣赏最壮观的景色，可沿着通往湄塞的道路继续走一小段路程，抵达泰国军方关卡，你可细细观察这个反缅甸政府军队，也可眺望无穷无尽的缅甸山脉，一直绵延至泰国北部。

抵达和离开　　黎敦山

前往黎敦山最简单、最可靠的方法是自驾前往或组团从清莱出发。

巴士和双条车　任何一辆往返于清莱和湄塞的汽车都会在巴桑村停留，然后去1号和1149号公路十字路口处西面搭乘罕见的丁香色双条车（B70）前往黎敦山。

住宿及餐饮

在前往王室别墅的途中，有一家黎敦山咖啡店、一个精致的餐馆和一个自助咖啡馆，都坐落于王太后植物园附近的商店建筑群里。

Doi Tung Lodge 位于王室别墅下面的树林里 Ⓣ053 767015-7 Ⓦwww.doitung.org 这家高档的旅游酒店提供宽敞明亮且装饰简单的客房，既单调又昂贵，但所有房间都提供空调、热水、阳台、电视和冰箱。B2500

湄塞（Mae Sai）

作为泰缅边境的繁华城镇，**湄塞**拥有许多纪念品店，有几千米长，是不错的旅游目的地，但大多数国外游客只能通过快速签证到此匆匆一游。这座泰国最北端的小镇位于距清莱61千米的1号公路尽头，1号公路也是湄塞唯一一条南北向街道。这条名为Phaholyothin路的林荫大道与1号公路在曼谷郊区北部的起点街道名字相同，非常宽阔，可供一个装甲营通过。道路尽头是泰缅分界线——湄塞河。

若想在高处观赏过往景色，可穿过市场摊位爬上**帕拉塔多瓦寺**（Wat Phra That Doi Wao）的佛塔，该市场位于Top North酒店后面，距Phaholyothin路西面的大桥只有5分钟步行路程。登上陡峭的山谷后即可尽情欣赏南面黎敦山和东边老挝境内山丘以及河流对面大其力地区的壮丽景色。

抵达和离开

巴士 从清莱搭乘绿色汽车沿着1号公路朝正北方向行驶即可抵达湄塞。汽车会停在汽车站前沿4千米不到的地方，然后换乘红色双条车进入城镇。返回车站时，你需要招手拦截双条车。

抵达站 曼谷（每天13班，全程13小时）；清迈（每天6班，全程4~5小时）；清莱（每20分钟1班，全程90分钟）；芳县（每天1班，全程2小时30分钟）；呵叻（每天6班，全程14小时）；南邦（每天3班，全程5小时）；湄索（每天2班，全程12小时）；彭世洛（每天1班，全程10小时）；素可泰（每天1班，全程8小时）；塔通（每天1班，全程100分钟）。

周边交通

摩托车 Phaholyothin路西侧有一个Piyaporn Place酒店（见下文“住宿信息”），就在其南边相隔几家的Pornchai酒店有摩托车租赁服务，费用为B150/天。

住宿及餐饮

在大桥西侧聚集了少许河畔旅馆。

Mae Sai Guest House 位于大桥西侧，沿河岸步行15分钟即可到达 Ⓣ053 732021 Ⓔneng_xfour@hotmail.com 这家休闲舒适的河畔旅馆拥有美丽的草坪，提供干净整洁的小客房，共用热水淋浴；而其美丽的A型小木屋带有河滨阳台及提供热水的独立卫浴。客房**B200**，平房**B500**

Piyaporn Place 主道西侧，大桥以南500米左右 Ⓣ053 734511-3 这栋7层楼高的建筑是湄塞最好的酒店，提供当代风格的一流客房，设施齐全，带有空调、热水浴缸和冰箱。房价包括早餐。**B1000**

Rim Nam（**Riverside**）就位于大桥西侧，边界检查站左边的支路上。这家深受欢迎的餐馆价格实惠，拥有一个河畔阳台，可看到边境地带的一举一动，在白天时分这里满是游客。餐馆主要提供便宜的菜肴，招牌菜是缅甸咖喱蟹末。每天早、中、晚餐时营业。

Yeesun 大桥西侧，Sailomjai路816/13号 Ⓣ053 733455 这家中档酒店提供干净整洁且铺有地毯的空调客房，此外还有冰箱和热水。**B600**

附录

银行及自动取款机 在Phahonyothin路边境检查点南面有一个Thanachart银行的支行，设有自动取款机。

上网 Empower是一个帮助泰国性工作者的慈善机构（Ⓦwww.empowerfoundation.org），可提供上网服务，该机构位于河畔Sailomjai路，大桥以西150米处。

旅游警察 在边境大桥附近有一个旅游警察亭（Ⓣ1155）。

穿过缅甸边境前往大其力地区

Phaholyothin路终点位于湄塞河上一座很短的步行桥，而该步行桥就是泰缅边界线。白天你可跨境前往缅甸城镇对面的**大其力地区**（Thachileik），享受更刺激的购物乐趣。在大桥入口处，**泰国出入境管理局**会先帮你盖章，然后在大桥的另一端支付$10或B500给缅甸出入境管理局，你就可以在此地游玩1天。返回时，泰国出入境管理局会重新给你一个15天的入境印章，除非你是多次入境签证或拥有再进入许可证。

苏鲁克（Sop Ruak）

"金三角"是一个专有名词，指代缅甸、老挝和泰国三国边境生产罂粟花的大片区域（见 p.318 框中内容），如今大多数游客都会不自然地聚集在清莱东北方向 70 千米处的边境地带。在湄塞河与湄公河交汇处坐落着**苏鲁克**村，但我们不建议前往本地区，因为这里并没有你想象中的险恶毒品运营商及罂粟田地，取而代之的是纪念品店、收费厕所、一个非常华丽的金色大佛殿、两座鸦片博物馆以及大量写着"金三角"的标语——而这些标语几乎一夜之间突然出现在世界各地上百万相册中。

鸦片大厅（Hall of Opium）

湄塞尽头处・周二至周日 8:30~17:30，16:00 停止售票・B200・www.maefahluang.org

在王太后基金会（总部位于黎敦山，见 p.319）的赞助下，共花费 4 亿泰铢、历时 9 年才建成了这座雄伟的**鸦片大厅**，且获得了中国技术上的支持。该大厅用泰语和英语详细介绍了鸦片的使用和滥用，且大多都带有均衡图片。此外还展现了鸦片的 5000 年历史，包括从欧洲扩散到亚洲的历史进程，其中重点描述了 19 世纪时期中英之间的**鸦片战争**。为了丰富游客的想象力，这里还提供有立体模型、游戏和视听媒介，尤其是 19 世纪暹罗鸦片窟的重建，让游客体验了互动式的"找寻隐藏毒品"游戏。而最感人的是观看曾沉溺于毒品的人及其家庭的声明。

3

鸦片之屋（House of Opium）

苏鲁克北面考山舍利塔寺附近・每天 7:00~20:00・B50・www.houseofopium.com

鸦片之屋与鸦片大厅的名字类似，是模仿鸦片大厅而建，但规模较小，门票价格也比较便宜，且更倾向于赞同鸦片的使用。有关鸦片种植和吸食的所有用具都收藏在一些展览区域内，包括雕刻精美的柚木收藏盒、青铜砝码以及动物形状的黄铜鸦片烟枪。

水流之汇（The meeting of the waters）

苏鲁克是鲁克河（Ruak River，即湄塞河）与湄公河的汇合处，景色美丽壮观，因此人们诗意地称其为"**水流之汇**"，但若想将这里的景色尽收眼底，你需要登上**考山舍利塔寺**（Phra That Phu Khao），这座已有 1200 年历史的寺院就坐落在村庄附近的一座小山之上。北边，在平缓的鲁克河不远处，可看到缅甸境内无穷无尽的山脉，而东边，穿过汹涌澎湃的河流就是老挝境内的山脉和村庄。不过如今这里的田园风光早已被破坏，就在水流交汇上游无人居住的缅甸境内坐落着一座豪华泰式酒店。其附属赌场也打破了泰国禁止赌博的法律规定，而且来自泰国的游客还能省去平时严格的边检手续。

抵达和离开　　苏鲁克

湄塞双条车 每天都有定量的蓝色双条车会从湄塞大桥以南 300 米左右、Phaholyothin 路东侧的 Kasikorn 银行出发，前往苏鲁克的主要河间大道（人满出发），全程 45 分钟。

清盛双条车或自行车 你可在清盛的 Rim Khong 路搭乘定时的蓝色双条车（返程下车点也位于此处，大概每 20 分钟 1 班，全程 15 分钟），或租一辆自行车前往苏鲁克（沿着一条铺面道路骑行 10 千米即可抵达，但大部分路段都不在河流沿岸）。

住宿

苏鲁克地区没有经济型住房，但对于预算充裕的人来说，有许多不错的选择。

闪游老挝

苏鲁克与老挝非常接近，即使你不能仔细探索这个国家，仍然可以体验踏上老挝土地的快感。例如在 Sriwan 餐馆附近可搭乘**长尾船**，带你体验"金三角"亲密快速游（B400），包括前往老挝境内的 Done Xao 岛（B20 小岛）纪念品市场（入境费 B20）。

Anantara 湄塞村头主道路口处 Ⓣ053 784084 Ⓦwww.goldentriangle.anantara.com 这家富丽堂皇的豪华酒店融合了传统和当代风格，设计优雅，占地面积巨大，是泰国北部最好的酒店之一。从所有房间的阳台及酒店泳池处都可看到湄公河流域、缅甸和老挝乡村地区的壮丽景色。此外，酒店还为客户提供了宏伟的SPA馆、泰国北部菜肴烹饪课程、瑜伽课程及救助街头大象的象营（Ⓦwww.helpingelephants.org）。房价包括往返于酒店和清莱机场之间的交通费用、全膳食服务及各种活动项目。B38000

Greater Mekong Lodge 金三角公园鸦片大厅旁 Ⓣ053 784450 房间略显单调，但价格比较合理，所有房间都有阳台、冰箱、热水和空调。你可选择主要酒店建筑客房，也可选择吊脚小屋客房（景色更加美丽）。房价包括早餐。B1200

Serene at Chiang Rai 鸦片之屋以南500米左右的河畔 Ⓣ053 784500 Ⓦwww.sereneatchiangrai.com 这家酒店服务周到，交通便利，且拥有河流附近优雅的池畔露台，因此价格比较高。当代风格的空调客房宽敞明亮、干净整洁，附带的浴室里还配有独立浴缸。此外，酒店咖啡馆会提供早、中、晚三餐，客人可以免费使用自行车。B4000

餐饮

除了下列地方外，在滨水地区还有一排破旧的餐馆，提供简单的泰国食物及一些美味的水果奶昔。

Baan Dahlia 位于Anantara酒店 Ⓣ053 784084 Ⓦwww.goldentriangle.anantara.com 这家精致但昂贵的意大利餐馆提供搭配帕尔马干酪的意大利面及配有松子和香蒜的大虾。且有各种各样的葡萄酒。每天只在晚上营业。

Sriwan 主要河间大道的金三角帝国饭店前面。Sriwan堪称是最好的河畔餐馆，主要提供酸辣巨鲇鱼汤（tom yam pla buk），此外还有比较便宜的菜肴，如鸡肉炒饭（B40）等，从餐馆内可欣赏到湄公河的美景。每天午餐和晚餐时分营业。

3

清盛（Chiang Saen）

清盛位于清莱东北方向60千米处，拥有几十座破败不堪的寺庙遗址以及湄公河壮丽美景，是湄塞东部边境地区淳朴的避风港和优秀的基地营。城市中心位于通往清莱的道路Phaholyothin路和Rim Khong路（湄公河沿岸的主道）的交叉处，挤满了各种巴士、双条车和长尾船，非常繁忙。在此丁字路口左转不久便可抵达苏鲁克，这条路上还会有许多旅游巴士，你不得不忍受雷鸣般的噪声（但大部分巴士会沿着西侧的旁路绕过此地）。在清盛右转是一条通往清孔的道路，途中会经过老挝和中国的货船港口，虽然此路是欣赏湄公河流域平缓魅力的最佳场所，但鲜少会有游客到达此地。

这座废弃古城的格局是根据湄公河东侧的地形而定的；后来在其他三侧建造了古城墙，形成了大矩形状，从南至北共2.5千米长，如今簇叶丛生，别有一番魅力。现代城镇主要坐落在沿河街道附近及Phahalyothin路中间路段，因此城墙内的林荫街道格局对它来说太大了些。

简史

清盛最初名为Yonok，在公元7世纪，其周边地区就已成为泰国重要的贸易中心。清迈曾有一位非常有名的孟莱国王——Saen Phu，他放弃了王位到此地隐居，于是他的继承人就在1328年建立了清盛。清盛地处战略性位置，是湄公河的守卫城镇，许多城邦都效忠于它，例如清迈、缅甸的景栋及老挝的琅勃拉邦，直至1804年拉玛一世国王将此城镇夷为平地。如今的村庄是在1881年建立的，当时拉玛五世下令北部一位王亲贵族解决此地老城镇居民后代的安顿问题，这些居民大多都来自于南奔、清迈和南邦。

国家博物馆（National Museum）

老城墙区域内的Phaholyothin路・周三至周日8:30~16:30・B100・Ⓦwww.thailandmuseum.com

在参观各景点之前，可先到这个**国家博物馆**了解一些信息，馆内收藏着周边废墟遗址残留的一些令人印象深刻的特色建筑，且附带有英文标签，此外还陈列着各种各样的佛像：其中两尊典型的泰国北部风格佛像有时会被称为“清盛风格”，但大多数学者认为它们更偏向于“兰纳风格”。正如泰国的许多博物馆一样，其后半部分是民俗文化展品，其中最引人注目的是美丽的木质门楣上雕刻着的hum yon花纹（此图案是睾丸的象征），主要放置在房屋前面上方，起辟邪通风之效。

銮柴迪寺（Wat Phra That Chedi Luang）

Phaholyothin 路，博物馆旁

銮柴迪寺曾是该城市的主要寺院，以其雄伟的八角形佛塔而闻名，据说佛塔中收藏着佛祖的胸骨遗骸。如今该佛塔周边杂草丛生，且装饰有巨大的黄色缎带。此外，寺院里的手工艺品摊位主要出售泰雅族自己生产的布匹织物等。2011 年 3 月，缅甸发生了 6.8 级地震，其余震（清盛震感强烈）震断了此佛塔的顶部塔尖。佛塔周围的其他建筑，包括帕萨克寺（见下文）在内都遭到了不同程度的损坏。

帕萨克寺（Wat Pa Sak）

西部城墙外・每天 8:30~16:30・B30

泰国艺术部门挖掘并修复了**帕萨克寺**的砖砌建筑及红土支柱，如今堪称是清盛众多庙宇中最易接近且令人印象最深刻的寺院。这座寺院的名字出自于一个典故：1340 年，Saen Phu 王下令建造该佛塔以收藏从印度运送过来的佛陀右脚遗骸，同时他还在寺院里种植了上百棵柚树。佛塔的方形底座上嵌有壁龛，里面供奉着佛像或身着飘逸长裙的天神（deva），而在高耸的佛陀舍利塔顶部装饰有圆形尖顶。该建筑上还有精美的灰泥雕刻，主要呈现了错综复杂的缠枝花卉和风格化的莲花图案，以及各种各样的神兽。

琼基舍利塔寺（Wat Phra That Chom Kitti）

城墙西北角外侧・每天 8:30~17:00

现代清盛城镇周围区域点缀着许多树木及 140 处杂草丛生的废墟遗址（城墙内外的所有遗址），非常适合漫步，气氛悠闲，令人心旷神怡。其中**琼基舍利塔寺**弯曲的黄金佛塔是最值得一游之地，在此可一览清盛全景，还能看到城墙外小山上的潺潺溪流。

庞高舍利塔寺（Wat Phra That Pha Ngao）

沿着河畔街道向东南方向步行 3 千米，注意右侧的高大砖砌大门

庞高舍利塔寺最初建造于 6 世纪，离镇中心不远。该寺院有一座神奇的佛塔，就坐落在一块大圆石顶部，但真正吸引游客的是山坡上**新建的佛塔**：沿着寺院后方的小道步行 1 千米就可看见闪亮的白色瓷砖佛塔——Phra Borom That Nimit，该建筑是由一位美国人设计的，装饰有迷人的现代壁画，位于破损的砖砌佛塔附近。虽然有树林遮挡，但你仍可将清盛全景、广阔的平原及蜿蜒流淌的河流一览无遗。东边的郭河在清莱地区水流湍湍，令人印象非常深刻，但在此地就如一条小溪，最后汇入气势汹涌的湄公河。从佛塔返回时，你可顺便拜访一下 1999 年由诗琳通公主举行落成仪式的一座老挝式正殿，从上到下都刻满了精美的木雕图案。

抵达和离开

清盛

巴士或双条车 前往清盛的交通工具有：清莱出发的巴士（每 20 分钟 1 班，全程 90 分钟），以及

从苏鲁克（全程15分钟）和湄塞（全程1小时）出发的蓝色双条车，终点站位于Phaholyothin路市场，而从清孔（全程2小时，通常需要在Hat Bai村换车）出发的绿色双条车终点站位于丁字路口南面的河畔道路；城镇各地都有机动三轮出租车等待搭载乘客。

周边交通

长尾船 长尾船主要聚集在中央丁字路口河岸附近，提供几小时长的"金三角"本地旅游（单程B500/艘，往返B600），包括前往老挝Done Xao岛纪念品市场（B20入境费）及清孔（大约需要90分钟；单程B2000，往返B2500）。

自行车或摩托车 Gin's旅馆提供自行车（B80/天）和摩托车（B250/天）租赁服务，游客可骑自行车或摩托车餐馆城市各处遗址及周围的乡村地区。此外，Phaholyothin路的Siripom摩托车可以租赁，费用为B200。

信息

旅游信息 在Phaholyothin路国家博物馆对面有一个旅游局办公室（每天8:30~16:30 ☎053 777084），里面陈列着城市建筑和保护的相关展品。

3

住宿

Gin's Guest House 城墙外，丁字路口以北2千米 ☎053 650847 这家美丽的旅馆也提供精致的食物，你可以选择荔枝园里的基本A型平房，也可以选择主房屋里高价但宽敞且精心布置的木地板客房，所有房间都有独立卫浴，大多数都是热水淋浴。旅馆老板会安排当地徒步旅行和旅游，可上网。风扇房B300，空调房B900

JS Guest House 位于一条起点在邮局的朝北车道上 ☎053 777060 ⓔsureegreutmann@bluewin.ch 这家价格实惠且干净整洁的旅馆提供设备简单的箱式水泥房，位于后花园，其中一些是热水淋浴的独立卫浴。房价包括早餐。B250

River Hill Hotel 丁字路口以南500米左右，与河畔道路隔开一条街 ☎053 650826-7 ⓦwww.chiang saenriverhillhotel.com 这栋高标准的四层楼高现代化建筑带有传统风格的装饰品，位于宁静的街道上；所有房间装饰精美，有空调、冰箱及热水浴室，地上是斧垫座椅。房价包括早餐。B900

Siam Triangle 丁字路口以南1千米，Rim Khong路（1129号支路）的延长线上 ☎053 651115~7 ⓦwww.siamtriangle.com 这家时髦豪华的高端酒店提供精致的空调房，其中一些拥有私人阳台，可看到老挝的美丽景色，此外，酒店内还有泳池、桑拿及体育馆。豪华套间及尊贵豪华房提供iPod基座和按摩浴缸。B3000

餐饮

清盛没什么特别的食物；其中最好的用餐地点是丁字路口北面，河滨长廊沿途的**街边小摊**，晚上当你在对面热闹的小酒吧里畅饮之后，可趴在此地的矮桌旁的地席上休息一下。

Samying Phaholyothin路 这家价格便宜且干净整洁的河畔餐馆深受当地人喜爱，提供各种精心制作的河鱼及美味的冬荫功汤。每天8:00~19:00

Siam Triangle 丁字路口以南1千米，Rim Khong路（1129号支路）的延长线上 ☎053 651115~7 ⓦwww.siamtriangle.com 这家餐馆提供各种泰国及国际美食，还可欣赏河对岸的美丽景色。消费较高。每天6:00~24:00

附录

自动取款机 位于Phaholyothin路南侧，邮局对面。

上网 在Phaholyothin路Siripom西面有一个网吧，中间隔开两户人家。

清孔及其周边地区（Chiang Khong）

清孔是泰国为数不多的几个可以让外国游客进入老挝境内的地方之一，因此来到这里的游客都想跨过河流进入老挝境内的会晒（Houayxai），踏上前往琅勃拉邦（Luang Prabang）的湄公河游船之旅（但如今泰国政府已将清孔与会晒之间的口岸关闭，游客需从清孔往南到Bokeo，再往北到会晒，比较麻烦）。清孔位于河水上方的陡峭沿岸，地势较高，南北走向的

Sai Klang大街夹在Hua Wiang过河码头及Hat Khrai村垂钓港口之间。除了俯瞰湄公河上的来往行船、游览会晒境内法国人建造的卡诺城堡（Fort Carnot）的红砖塔楼废墟外，这一带就没有什么其他景点了，但当地集市可能会让你在此多逗留一段时间。周五，在清孔中央区域有一个繁华的**集市**，而周六晚上的主街道上有夜市，大多都是食物摊位。

村庄游览

如果你不想仔细探索清孔周边地区，那么最好的选择就是前往Baan Tam-Mi-La旅馆（见p.327），Khun Wat会为你提供简单的当地地图及大量信息。位于城镇西面8千米处的赫蒙族村庄**Thung Na Nai**每周五都会举办集市，是非常不错的自行车旅行目的地；返回城镇时，可选择比较迂回的线路，长12千米，中途会穿过森林。村庄里有一家旅馆，在距其3千米处坐落着壮观的Huai Tong瀑布。傣族村庄**Si Dornchai**位于清孔以南14千米处，沿1020号支路行驶即可抵达，村庄桥梁附近有三间店铺，你可在此观看织工工作——该村庄也是不错的自行车旅游目的地，而返回时可沿着河畔的乡村小道行驶，顺便观赏四周美景。如果你自驾车或骑摩托车前来，可从Si Dornchai村出发继续向前行驶50千米，抵达有趣的**法堂村**（Ban Pha Tang），再过去25千米就是**指天山**（Phu Chi Fa）地区，可观赏到陡峭的山峦景色。

抵达和离开

巴士 在清孔与清莱之间共有3条不同的巴士线路，分别需2小时、2小时30分钟和3小时（每小时1班，从清莱老车站的厕所左侧出发）；确保你所搭乘的汽车是时间最短的（sawng chua mohng）。所有巴士最终都会抵达清孔南端的主要道路。由于大多数游客都会选择在此过境，因此如今在清莱和清迈、拜县之间有空调迷你巴士服务；你可通过入住的旅馆或旅行社订购车票。

抵达站 曼谷（每天10班，全程13~14小时）；清迈（每天3班，全程5~6小时）；清莱（每20分钟1班，全程2~3小时）。

来自/前往清盛的双条车 往返于清盛和清孔之间的交通工具是双条车；全程共需2小时，最好大清早出发，然后在Hat Bai村换车。双条车在清孔的上下车地点为銮寺旁。

自驾往返于清盛和清莱之间 如果你想自驾往返于清盛和清孔之间，最好先沿着1129号支路行驶，然后向北转入一条蜿蜒曲折且风景优美的铺面道路，位于湄公河畔。

周边交通

嘟嘟车 如果你想从车站到渡口（或城市的任何地方），可以搭乘当地的嘟嘟车，是用摩托车改造而成的，费用在B30~40。

山地车 Baan Tam-Mi-La旅馆的Khum Wat可提供性能优良的山地车（B150/天）租赁服务，此外还组织清孔周边下午自行车之旅。

摩托车 Baan Fai及其他旅馆提供摩托车租赁服务，费用大约为B200/天。

巨型鲇鱼

湄公河**巨型鲇鱼**(pla buk)是世界上最大的无鳞淡水鱼，长度可达3米，最重有300千克左右。长久以来，清孔一直是北部的鲇鱼之都，吸引了许多来自清莱、清迈和曼谷的渔业商人和餐馆老板，由于鲇鱼肉质细腻柔软、美味可口，因此价格也比较昂贵，一条鲇鱼的价格可达到B60000~80000。每年4月18日都会在Hat Khrai村港口举办盛大的**鲇鱼节**，包括巨鲇鱼之神Chao Por Pla Buk的隆重安抚仪式。过去鲇鱼节上总共会抓到30~60条鲇鱼，但近年来巨型鲇鱼数量越来越少(2008年一共只抓到2条)，因此泰国渔业部决定实施人工产卵项目。

住宿

Baan Fai Sai Klang路27号 ☎053 791394 这家旅馆位于Nam Khong Riverside酒店前，占地面积较小，是一栋时髦的木质建筑，提供各种各样的普通房，其中一些需共用热水淋浴，其他的则带有独立浴室，单人房价格非常便宜，只需B100。可上网。B200

★ **Baan Tam-Mi-La** Sai Klang路1巷(位于城市中央的一条小道上，设有路标，周围是商店建筑群) ☎053 791234 这家河畔旅馆环境优美，交通便利，服务员乐于助人、礼让谦逊，提供品位高雅且设计精美的客房及位于斜坡之上的木质平房，带有独立的热水淋浴卫生间。且出售非常不错的吊床。风扇房B350，空调平房B650

Chiang Khong Hotel Sai Klang路68/1号 ☎053 791182 ⓦwww.chiangkhong-hotel.com 这家酒店离街道有段距离，类似于汽车旅馆，提供价格便宜、略显昏暗的客房，有热水淋浴。最里面的客房最贵但物有所值。风扇房B200，空调房B300

Nam Khong Riverside Hotel Sai Klang路 ☎053 791796 ⓦwww.namkhongriverside.com 这家楼层不高的豪华大酒店坐落于美丽的河畔花园之中，提供装饰精美的客房，且都有空调、热水、冰箱、阳台，还可看到湄公河美景。相应地，底楼房间价格会便宜一些。房价包括早餐。B1000

Ruanthai Sopaphan Resort 就在Ban Tam-Mi-La旅馆旁边 ☎053 791023 ⓔsukatungka@gmail.com 这栋面积较大的柚木房屋提供精美的客房，装饰有纺织挂饰且铺有美丽的磨光地板，独立卫浴里提供热水淋浴，还可观赏到美丽河景。可上网。B450

Sopaphan Guest House Sai Klang路 ☎053 792022 ⓔsukatungka@gmail.com 该旅馆与Ruanthai Sopaphan度假村归同一老板所有，虽然这里的客房设施比较简单，但拥有高度抛光的柚木。房屋比较拥挤，提供各种各样的客房(包括三间非常便宜的单人房)，有热水淋浴，或共用或有独立卫浴。可上网。B200

餐饮

Baan Tam-Mi-La Sai Klang路113号 ☎053 791234 从这家精致的旅馆露台餐厅可欣赏到美丽的河流景色，是消磨时间的理想之地。提供非常美味的泰国食物、多种素斋及一些西式餐点，此外还有香浓咖啡、自制蛋糕和面包及丰盛的早餐。每天从早餐时分营业至18:30

Bamboo Sai Klang路 ☎053 791621 这家集面包房、果汁吧和餐馆为一体的用餐场所提供非常美味的自制馅饼、香浓咖啡、丰盛的早餐及小部分泰国和墨西哥食物。每天7:00~21:00

Fai Nguan Sai Klang路Nam Khong Riverside酒店 ☎053 791796 这家设备齐全且可俯瞰河流的餐馆提供各种泰国美食，尤其是沙拉(B80~100)、汉堡(B70)和一些比萨。每天7:00~24:00

Lomtawan Sai Klang路354号 ☎053 655740 从这家深受欢迎的烛光露台酒吧/餐馆可俯瞰河流景色，提供香料沙拉(B80)等泰国食物及西式快餐，室内的酒吧还提供多种饮料，且每天晚上都有现场音乐演奏。每天都从午后营业至深夜

Naka Sai Klang路 这家热闹的酒吧餐馆仅在晚上营业，音乐优美，且提供实惠的兰纳菜肴，如猪肉咖喱kaeng hang lay，还提供牛排及意大利面。通常会从17:00左右营业至深夜

附录

上网 Bamboo餐馆对面及城市的许多旅馆都会提供上网服务。

湄公河游船之旅

如果你想在此地享受水上旅行，可以让旅馆为你安排1小时的湄公河游船之旅(B400)或往返于清盛和清孔的全日航行(B2400)。当你离开清孔途经桑迪露头(Sandy Outcrop)时，你可能会看见正在钓鱼或在河里嬉戏玩耍的村民(通常脸上都带着灿烂的笑容并会向你热情挥手)。

3

东海岸

阁昌岛的寂寞沙滩

东海岸 The east coast

东海岸距离曼谷只有几小时车程，这里的海滩美景吸引了周末来度假的曼谷市民及奢侈享乐的游客。东海岸交通便利，如果走陆路的话，附近有好几个前往柬埔寨的边境口岸。这里不仅有美丽的海滩，而且作为泰国关键的工业经济中心，200 千米的海岸线上大规模发展了天然气田及深海港口，而人们就称这片区域为东海岸（Eastern Seaboard）。虽然炼油厂和货船码头的初始景观让人有些失望，但近海景色与其有着天壤之别，不仅有各种美丽的海滩及一流的南部度假胜地，还有宁静的避风港，游客就躺在吊床上，享受热带阳光。

东海岸旅游的第一站，非曼谷以东 100 千米处的**是拉差**莫属，从此处可前往**阁西昌岛**，该小岛海岸线蜿蜒崎岖，氛围低调，能让游客享受到难得的平静。附近的**芭堤雅**却拥有截然不同的气质，它是背包客来泰国旅游的首要目的地，由于该旅游胜地的性市场非常有名，虽然没有美丽的海滩，仍然吸引了许多欧洲中年男子。不过景色很快又发生了变化，随着海岸向东面的班佩急转，首先映入眼帘的就是**沙美岛**，从曼谷搭乘巴士即可抵达这个泰国最美丽的海滩胜地，且路途较舒适。

庄他武里位于班佩东面，周边山峦迭起、苍翠繁茂，而其本身不仅是泰国的珠宝贸易中心，而且还是泰国仅有的两个值得一游的东部府会城市之一。另一个城市则是**达叻**，与庄他武里相距 68 千米，是重要的交通枢纽，达叻地区共有两个主要边境检查站，其中一个是哈特列克，通过此关口可进入**柬埔寨**境内，另外一个则是亚兰（见 p.333 框中内容），可前往阁昌岛群岛的 40 座岛屿。其中最受欢迎的是面积较大且树林茂密的是**阁昌岛**本身，凭借其漫长的精致海滩一跃成为泰国新兴的度假胜地。在阁昌岛和柬埔寨海岸之间坐落着许多较落后的小岛屿，其中最诱人多变的就是**阁麦岛**和**阁骨岛**。

4

起点位于曼谷素坤逸路的 3 号公路几乎占据了整个东海岸，途中会穿过各大城镇，而上百条**长途汽车**线路则将所有主要的内陆景点都包含其中。此外，在东海岸与泰国东北部和北部之间也有一些直达线路，不需要再沿原路折回到曼谷：其中从芭堤雅、罗勇和庄他武里前往**伊桑**的线路是最短的。曼谷素万那普机场距离是拉差不到 50 千米，东海岸本身也有两座国内**机场**：一个位于芭堤雅东南部的乌塔保军港，另一个则位于达叻西部。虽然在曼谷和是拉差、芭堤雅之间有铁路连接，但每天两个方向都只提供一班慢车；而其旁路每天都会有两班火车前往泰国柬埔寨边界附近的亚兰地区。

是拉差（Si Racha）

从曼谷出发向东，并非一路都是秀丽景色，尤其是旅途一开始看到的交通拥挤的城郊地区以及后面泰国东海岸石化业和航运业的工业景观，让人有些失望。这一带最重要的人口中心是府会城市**春武里**，唯一引人注目的活动就是每年 10 月份的水牛赛跑。再前行 20 千米就可以抵达蓬勃发展的城镇——**是拉差**，东海岸繁荣的居民中心及产业行政中心，聚集了大量外籍家庭。作为泰国每个餐桌上必备辣椒番茄酱——nam phrik Si Racha 的生产地，该城镇颇有盛名，此外，还是前往**阁西昌岛**（见 p.333）的出发地。是拉差的唯一景点是中泰“岛寺”**洛伊岛寺**（Wat Ko Loy），这座华丽的六角形佛塔里供奉着中国佛教里大慈大悲的观音菩萨像，位于小岛上一条 1500 米长的堤道尽头处，毗邻前往阁西昌岛的船只码头。

通过亚兰进入柬埔寨境内 p.333
阁西昌岛的节庆日 p.335
芭堤雅的活动项目 p.338
沙美岛的水上活动和游船旅行 p.345
通过庄他武里进入柬埔寨境内 p.353
黄油 p.354
通过哈特列克前往柬埔寨 p.356
阁昌岛的活动项目 p.362
阁昌岛群岛的潜水和浮潜项目 p.364
阁麦岛的活动项目 p.373
阁骨岛附近的潜水和浮潜项目 p.376

沙美岛

旅游重点

❶ **沙美岛** 这座美丽的小岛边缘共有十几处闪耀夺目的精美白色沙滩，交通便利且提供广泛的住宿选择，但近年来游客人数过多，已让其有些招架不住。见 p.344

❷ **达叻** 该地区提供温馨舒适的旅馆和餐馆，还保存着气势宏伟的旧城区。游客可在此稍作休息，然后再前往其他岛屿或柬埔寨境内。见 p.354

❸ **阁昌岛** 如果你想参加派对，可前往寂寞沙滩；若想享受宁静的氛围，可前往库隆普拉奥海滩、邦堡湾或库隆基洛伊海滩。见 p.357

❹ **阁麦岛** 这个休闲舒适且种满棕榈树的美丽岛屿拥有宁静的白色沙滩，且提供温馨舒适的时尚旅馆。见 p.371

❺ **阁骨岛** 这座位于东海岸的美丽岛屿拥有许多漂亮的海滩，是泰国第四大岛。由于岛屿的大部分还未开发，因此别有一种野性美。见 p.374

这些旅游重点在 p.332 的地图上都已标记

抵达和离开

巴士

往返于曼谷汽车东站（Ekamai）和北站（Mo Chit）与芭堤雅和达叻东部地区的汽车会经过是拉差。乘客上下车的位置位于是拉差镇中心 Sukhumvit 路的 Robinsons/Pacific Park 大型购物中心附近。

一等巴士终点站 往返于是拉差和曼谷之间的一等快速巴士拥有其自己的小终点站，位于 Robinsons 以南几百米，Sukhumvit 路东侧，与道路稍有些距离，旁边是 Tops 超市；此外，这里还提供前往素万那普机场的空调迷你巴士。

抵达站 曼谷（汽车东/北站，每 30 分钟 1 班，全程 1 小时 30 分钟~2 小时 30 分钟）；庄他武里（每天 6 班，全程 3 小时 30 分钟）；芭堤雅（每 20 分钟 1 班，全程 30 分钟）；达叻（每天 6 班，全程 5 小时）。

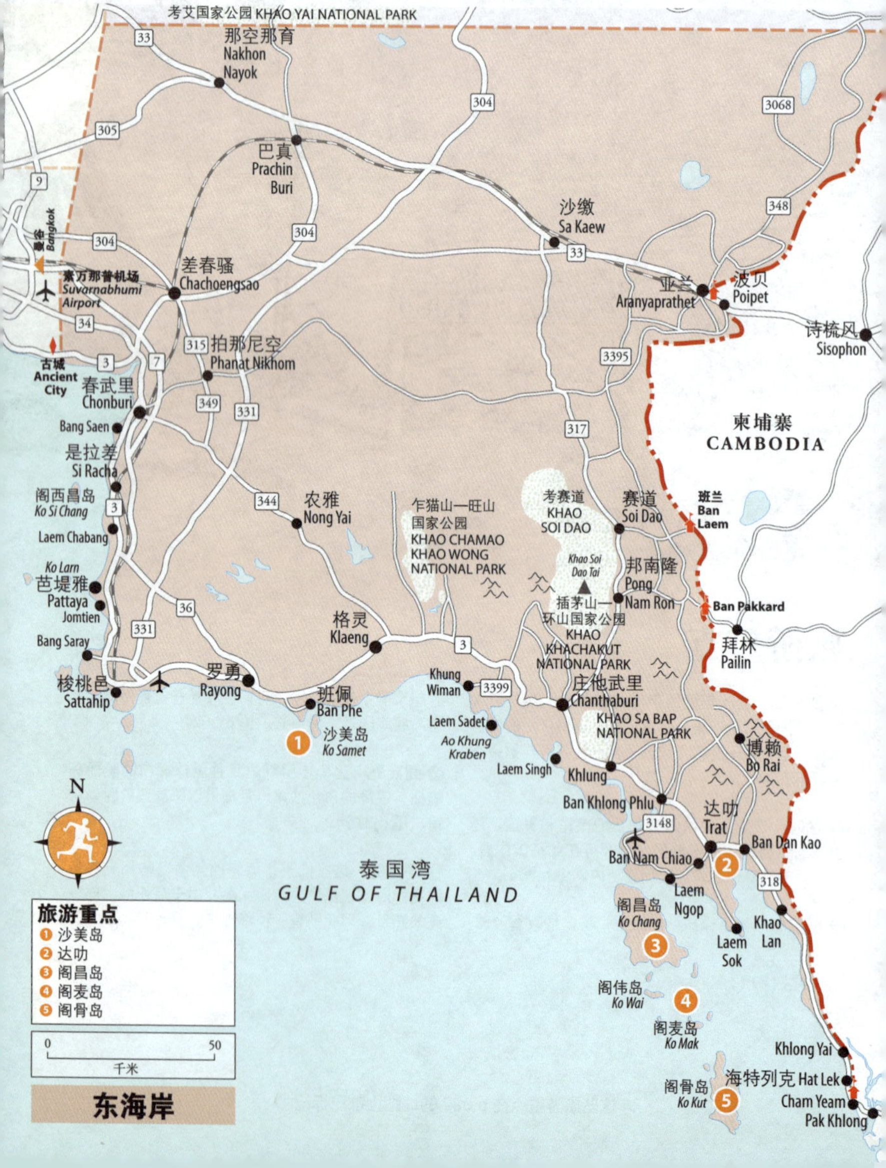

通过亚兰进入柬埔寨境内

从泰国出发前往**柬埔寨**最常见的陆路线路是通过边境小城**亚兰**抵达柬埔寨境内的**波贝**地区，位于曼谷正北方向 210 千米处。建议游客提前办好前往柬埔寨的电子签证，并搭乘正规的公共交通工具，或者你也可以选择包价旅游前往暹粒，然后在抵达边境后即刻办理为期 30 天的签证，但后两种方法有可能会**上当受骗**，例如，在亚兰镇有一个假冒的“柬埔寨领事馆”，还可能碰上货币兑换敲诈行为（虽然有些兜售者会告诉你在进入柬埔寨之前一定要购买瑞尔（柬埔寨货币），但其实这并不是强制的）。有关详细信息，可登录 Ⓦ www.thaivisa.com 查看签证办理论坛 Ⓦ www.talesofasia.com/cambodia-overland.htm 上则有该边境地区的详细描述及前往柬埔寨的相关建议。一旦你跨过边界线进入柬埔寨境内，就可搭乘出租车或长途汽车前往 150 千米外的暹粒，全程 2 小时左右。如果你非常不幸地滞留在尘土飞扬且肮脏不堪的亚兰镇，那么你可以乘坐镇内唯一的交通工具——嘟嘟车前往 Chatasingh 路 108/7 号的 Inter 酒店，选择舒适的风扇房或空调房休息一晚（Ⓣ 037 231291 Ⓦ www.ourweb.info/interhotel 风扇房 B300，空调房 B550）。

你可在**曼谷搭乘火车**（每天 2 班，全程 6 千米）前往距边境哨所 4 千米处的亚兰站；如果想在当天跨越边界线，则需要搭乘 5:55 的火车。从亚兰返回曼谷时，火车出发时间是 6:35 和 13:35，共两班（全程 5 小时 25 分钟 ~6 小时）。此外，你也可以从曼谷汽车北站（Mo Chit）乘坐**汽车**（至少每隔 1 小时 1 班，全程 4 小时 30 分钟），或从胜利纪念碑搭乘快捷昂贵的空调迷你巴士前往亚兰。如果从东海岸城镇出发前往亚兰，最简单的线路是：在**庄他武里**搭乘汽车前往东北方向 130 千米处的**沙缴**，然后换乘频繁的巴士向东行驶 55 千米抵达亚兰。

你也可以购买从达叻和阁昌岛或曼谷考山路出发**前往暹粒的通票**（B200~600），但骗局较多（如签证“服务费”，登录 Ⓦ www.talesofasia.com/cambodia-overland-bkksr-package.htm 及 www.thaivisa.com 论坛可查看详细信息），且所花时间较长，尽管当初承诺的是“豪华大巴”，但实际上几乎都是些破旧的汽车，甚至还会在柬埔寨境内继续搭载乘客。

4

火车

虽然在曼谷与芭堤雅、梭桃邑之间有铁路连接，且中途会经过是拉差，但每天每个方向只有一班三等慢车，还经常会晚点。火车站位于城镇最东面的边缘地带，可在前往阁西昌岛的码头附近搭乘嘟嘟车。

抵达站　曼谷（每天 1 班，全程 3 小时 30 分钟）；芭堤雅（每天 1 班，全程 30 分钟）。

船舶

阁西昌岛码头又称为洛伊岛寺码头（Tha Wat Ko Loy），距离 Robinsons 购物中心 2.5 千米；你可搭乘摩的或嘟嘟车前往码头，费用在 B30~50 之间；或者也可以步行前往：沿着任何一条通往海岸的街道向西行，直至 Chermchompon 路（也可拼写为 Jermjompol），然后沿着此路朝北行，即可抵达阁西昌岛码头与洛伊岛寺的交汇处。前往阁西昌岛船只的运营时间为 7:00~20:00。

抵达站　阁西昌岛（每小时 1 班；全程 40~50 分钟）。

住宿及餐饮

Si Racha Nakhon 3 路是条不错的美食街，两旁有许多餐馆和夜间排档，此外在日间市场及 Chermchompon 路南面钟塔附近还有一个规模较大的夜市。

City Hotel Sukhumvit 路 6/26 号 Ⓣ 038 322700 Ⓦ www.citysriracha.com 这家高楼层酒店拥有 200 间客房，位于 Pacific 广场以南 300 米处，提供美丽精致的空调客房，有 Wi-Fi，酒店设施包括健身房、SPA 馆、网球场、日式和国际餐厅、泳池。**B2825**

Sri Wattana 从 Si Racha Nakhon 3 路穿过 Chermchompon 路抵达 Sri Wattana 巷，该旅馆就位于码头路口以南 500 米处 Ⓣ 038 311037 这家旅馆建立于风格大气但有时有些异味的河畔突码头处，提供非常简单的独立卫浴风扇房，以及一个可欣赏美丽海景的露台。**B200**

阁西昌岛（Ko Si Chang）

阁西昌岛面积较小，气候干燥且多岩石，生活节奏不紧不慢，且没有消费压力，游客可在此享受一两天难得的宁静，远离俗世，放松心情。与东海岸其他大多数岛屿不同，阁西昌岛并不为你提供真正的海滩生活——岛上人口众多，工作充实且拥有深海港口，绝非一处热带田园。而且这里除了乘坐皮划艇探索崎岖的海岸线、徒步或骑摩托车穿过树木丛生的陡峭山脉外，便再没有什么活动项目了。不过这座岛上坐落着拉玛五世时期著名的夏日王宫（其中一部分已修复完成），以及一些深受中国人喜爱的寺院，此外在树木繁茂的岛屿深处还生活着非常罕见的白色松鼠。

拉玛五世宫殿（Rama V's Palace）

Tha Wang 海滩・周二至周日 9:00~17:00・免费

阁西昌岛上最有名的景点就是**拉玛五世宫殿**，占据了东海岸中段的大片平缓土地，在其前方则是多卵石的 **Tha Wang 海滩**（Hat Tha Wang）。从 Tiew Pai 公园度假村步行至此只需半小时左右，非常值得游客探索。而在宫殿遗址前不远处坐落着 **Cholatassathan 博物馆**，这座很小且不引人注目的博物馆是由居民水资源研究所投资建造的，主要介绍了阁西昌岛周围的珊瑚和海洋生物信息。

这座宫殿（又称为 Phra Judhadhut Ratchathan）建立于 19 世纪 90 年代，曾是王室成员们的疗养胜地，处于整个建筑群的中心位置，这里不仅有王室顾问的官邸、康复疗养院，还有后宫妃嫔的行宫和行政建筑等，占地面积广阔且结构复杂。但在 19 世纪末 20 世纪初时，拉玛五世（朱拉隆功国王）对建设这座岛屿失去了兴趣，因此在 1901 年，他将他的金色柚木宫殿一点一点地迁移到了曼谷，并在该地重建了维曼默宫；如今在宫殿的 Saphan Asadang 码头南面仍可看见房基的存在。最近经过重新修复之后，这座设计精美的宫殿再次呈现在世人面前。周围 50 个精美的池塘呈扇状分布，彼此相连如同迷宫一般，而狭窄的山坡上至今仍遍布着许许多多的石级和栏杆。此外，海岸附近按照原来的西式**别墅**重建了 4 栋房屋用来收藏各种各样的展览品以彰显朱拉隆功国王和阁西昌岛之间的渊源；其中一栋还兼作周末咖啡店。在岛屿内陆，会有路牌指引你前往山坡上独特的白色佛寺——**阿萨当寺**（Wat Asadang），其四周的围墙上装饰有哥特式风格的彩色玻璃窗且矗立着一个尖顶佛塔。

洞崩海滩及 Khang Khao 岛（Hat Tham Pang & Ko Khang Khao）

洞崩海滩位于阁西昌岛西海岸，是该岛最受欢迎的旅游景点。附近有一些设施简单的沙滩餐馆，在沙滩上放置着一些遮阳伞和躺椅；此外，这里还提供潜游装置和皮划艇租赁服务。最好的潜游点位于阁西昌岛南端一些小岛屿附近，尤其是 Khang Khao 岛北岸流域，从洞崩海滩乘坐皮划艇前往需 40 分钟左右。

阁西昌岛的节庆日

阁西昌岛共有三个特别有趣的节日。在4月17~19日的宋干节期间，岛民们会搭建沙堡、比赛爬杆，如果上一年有岛民意外惨死，还会举行驱魔仪式。每年5月的满月日是佛诞节，为纪念佛陀的出生、涅槃和开悟，岛民们会提着手工制作的中式灯笼列队前往古老的宫殿。而在9月20日，阁西昌岛岛民为庆祝朱拉隆功这位伟大国王的生日，会在宫殿空地上举行声光秀和选美大赛，且会身着朱拉隆功时代的服饰。

Tham Yai Prik 寺（Wat Tham Yai Prik）

穿过 Tiew Pai 对面的 Asadang 路的岔路即可到达（步行10分钟）

Tham Yai Prik 寺及禅修中心非常欢迎对此感兴趣的游客及冥想者。与众不同的是，这里的尼姑和僧侣一律身着棕色服饰（而非白色），且每个人都需参与寺院的维修建设：在路边广阔的果园里有他们自己种植的水果。而在寺院西面则是非常美丽的岩石海湾——洞滩（Hat Tham，或赛称滩——Hat Sai），只有在低潮期才可游泳。

断山海滩（Khao Khat）

在阁西昌岛环形线路的西北路段坐落着一尊巨大的黄色佛像，再往西北方向几百米，即可抵达多岩石的断山海滩。在此可尽情欣赏经典的日落景观，完全没有任何遮挡物，此外在悬崖边还有一条步行小道。

山神庙（Saan Chao Paw Khao Yai）

雄伟的多层次中国寺院——山神庙坐落于一陡峭阶梯的顶部，在此可将港口及沿海地区的壮观景色尽收眼底。在拉玛五世登陆此岛之前，中国海员发现现今寺院后面的一个山洞里有奇怪的亮光，于是就在此建立了该寺院。如今这个洞穴里摆满了各种宗教雕像及相关用具，吸引了大批中国朝圣者，尤其是在中国新年期间，简直是人山人海。沿着悬崖边的小径继续向上即可看到为拉玛五世建立的小佛塔，里面收藏着一个佛足印。这里有两段很长很陡峭的楼梯可通向此圣足印：东面楼梯的起点位于海滨主要入口处，途中会经过一些僧侣的禅修洞；西面的楼梯会沿着环路继续往西，提供该地区最美丽的风景。

抵达和离开 阁西昌岛

船舶 每天7:00~20:00，游客可在是拉差的洛伊岛寺（见p.330）码头出发前往阁西昌岛（B40），途中会和停泊在内陆与阁西昌岛之间保护渠道的国际货船和泰国供应驳船擦肩而过。抵达后，船只会先停靠在西昌岛主要居民区附近的 Lang 码头（也标记为 Tateawavong 大桥），此后多数船只还会沿东海岸再往前行驶一小段距离，最后抵达 Bon 码头。下船后可搭乘电动三轮出租车前往住宿区域，价格约 B40，或者支付 B80 前往洞崩海滩；这些司机往往收了某些酒店和餐馆的小费，因此对他们的言论一定要小心判断。从 Lang 码头出发前往内陆的船只出发时间为 6:00~19:00；而从 Bon 码头出发的相同船只会提前 15 分钟。

抵达站 是拉差（每小时1班，全程40~50分钟）。

信息

旅游信息 Pan and David Restaurant（见p.336）的老板 David 编辑了一个非常有用的网站 Ⓦ www.ko-sichang.com 提供整个岛屿的详细信息。

周边交通

两个码头之间由 Asadang 路相连，这条水泥环路会经过集市、银行及一些店铺。城镇很小，任何地方都可步行到达，但如果想欣赏阁西昌岛真正的美景，需要租一辆摩托车或包一辆三轮出租车。

摩托车 码头和 Tiew Pai Park 度假村提供摩托车租赁服务，费用为 B250。

三轮出租车 岛上有标记的三轮出租车采用的是性能优良且车身较长的1200cc摩托车，可以说垄断了所有道路，因为岛上几乎没有任何私家车；环岛旅游价格为 B250 左右。

住宿

由于小岛上的水都是从一家私人海水淡化公司购买的，价格是内陆地区的6倍，因此阁西昌岛上的住宿价格都很贵，但设施和服务都令人很失望。在周末和法定节假日期间建议提前预订房间。

Charlie's Bungalows Asadang路，Tiew Pai Park度假村以南，2分钟步行路程 ⓣ085 191 3863 ⓦwww.kohsichang.net 这家位于小花园里的旅馆共提供12间左右的美丽洋房，以海洋为主题背景；所有房间都有空调、热水、卫星电视和冰箱，且大多数房间都有免费Wi-Fi。周末房价会高一些。**B900**

Si Chang Palace Asadang路，Bon码头对面 ⓣ038 216276-9 ⓦwww.sichangpalace.com 这家岛上最豪华的酒店提供带有阳台的精美空调房，其中最好的房间可欣赏到东面的美丽海景；所有房间都提供热水、电视和冰箱。此外还有一个泳池。房价包括早餐。**B1200**

Tham Pang Beach 位于洞崩海滩 ⓣ038 216179 ⓦwww.tampangbeachresort.com 该旅馆是岛屿西海岸最繁忙的住宿场所，共有20间设施简单的水泥平房，所有房间都有卫生间、风扇和电视，其中一些还可欣赏到海景，位于阁西昌岛唯一一个海滩后面的悬崖边上。此外，该旅馆还提供餐馆及沙滩设备租赁服务。周末需要提前预订。**B550**

Tiew Pai Park Resort Asadang路，Lang码头附近 ⓣ038 216084 ⓦwww.tiewpai.net 这间位于城镇中央的度假村酒店相对于其竞争者来说，价格比较便宜，是背包客的首选之地。提供平房和普通客房，位于餐馆马路对面的破旧花园里，需要提前预订。大多数房间的设施都非常简单；其中最合算的是带有独立卫浴的风扇平房，有些还提供电视、冰箱等，此外，还有非常便宜的单人房，需共用卫生间。风扇房**B400**，空调房**B700**

餐饮

4

★ **Pan and David Restaurant** Asadang路，旧宫殿入口处前200米 ⓣ038 216075 ⓦwww.ko-sichang.com 这是岛上唯一一家值得关注的餐馆，是由一个善于社交且消息灵通的美国人和他的泰国妻子合力经营的。提供各种各样的美味菜肴，包括正宗的泰式辛辣沙拉、精致的自制意大利宽面条（B235带有番茄肉酱）、里脊肉牛排、泰国咖喱（B160左右）及自制的新鲜草莓冰激凌。每天10:00~21:30，周三休息，周六及周日营业较早。

附录

按摩 美丽迷人的西昌治疗中心（ⓣ038 216467每天9:00~18:00，周三休息），沿着Asadang路向西前往古老宫殿的途中，提供泰式按摩（B500/90分钟）及草药治疗，还开设为期5天的按摩课程（B6000），地点在其美丽的小花园度假区。此外，在洞崩海滩也有一个分店。

芭堤雅（Pattaya）

芭堤雅的街道上耸立着许多高层酒店，角落里聚集着形形色色的性工作者，是过度开发旅游资源的缩影，几乎达到了疯狂的地步。大批西方男性游客对该地区烟雾笼罩下的太阳海岸毫不关心，因为他们只是为性而来。当地的色情啤酒酒吧、俱乐部或者按摩店使之成为了臭名昭著的“海上帕蓬区”——满大街的“伟哥出售”标牌就说明了一切。此外，芭堤雅也是泰国**同性恋**最常见的地方，不但有专门的同性恋酒店，还有全部是同性恋酒吧的区域。

越南战争是芭堤雅堕落成罪恶之城的开端，当时当地人主要靠给美国士兵卖淫为生。当这些士兵和海员在20世纪70年代中期离开此地后，西方游客取而代之，后来退伍军人重返此地成立了相关行业以牟取暴利。如今，芭堤雅至少有一半的酒吧和餐馆都是西方人经营的。

近些年来，当地的旅游主管部门正在努力改善芭堤雅的**形象**，且获得了惊人成效，如今，针对越来越多的家庭和老年夫妇游客群体举办了多种更健康的娱乐项目，如主题公园、高尔夫球场、购物商城及常年潜水等。俄罗斯度假者似乎特别偏爱此地，从各景点常见的斯拉夫语即可证明此点。此外，随着越来越多的时尚精品酒店和餐馆入驻芭堤雅，吸引了大量泰国年轻人前往此地，为整座城市注入了新的生机。但事实上，这里的海滩生活离质朴仍是遥不可及，与沙美岛沿岸风情更是有着天壤之别。

芭堤雅海滩（Pattaya Beach）

这个不断扩大的成人游乐场中心位于 4 千米长的**芭堤雅海滩**，是整个岛屿最嘈杂、最肮脏不堪的区域，挤满了各种游艇和游船，边上则是银色沙滩及一条铺面的海滨走道。城市酒店、餐馆、酒吧、快餐店、纪念品商店及旅行社大多都集中在 Pattaya Beach 大道（也称作 Pattaya Saineung）6 巷和 13 巷之间的**芭堤雅中心区**（Central Pattaya，又称为 Pattaya Klang），

芭堤雅的活动项目

潜水和浮潜

虽然芭堤雅的珊瑚礁远没有安达曼海岸的那样壮观，但是这里常年可以潜水，且水下能见度始终如一。大多数**潜水旅游**都集中在离海岸 25 千米左右的"外岛"，包括 Rin 岛、Man Wichai 岛和 Klung Badaan 岛，在这些地方经常会看到梭鱼、海鳗及蓝色斑点的黄貂鱼。此外，在沙迈珊（Samae San）/梭桃邑地区还有三个非常不错的沉船潜水点。在选择潜水运营商时一定要小心谨慎，不要上当受骗。所有旅行社都会提供附近岛屿的**浮潜之旅**，其中绝大多数都前往**阁兰岛**（Ko Larn），欣赏这里的珊瑚礁及海滩。你也可以在步行街最南端的 Bali Hai 码头搭乘公共船只自行前往阁兰岛（大约每小时 1 班，全程 45 分钟；B30）。

Mermaid's Dive Centre 中天 Tabphaya 路，周围共有 3 处海滩 Ⓣ038 303333 Ⓦwww.mermaiddive.com 这家隶属于专业潜水教练协会的五星级职能发展中心是芭堤雅最有名的潜水中心之一。其收费标准为：B3000 两次潜水，随行浮潜人员费用为 B1000，还提供 B14000 的开放水域潜水课程，为期 4 天。

水上运动

芭堤雅及中天地区的海滨店铺可提供**滑水**、**帆伞**和**飞艇冲浪**等运动，但我们不建议游客玩飞艇冲浪项目：该项目的工作人员在检查使用过的设备时非常吹毛求疵，以诈取高昂的赔偿金。

Amara Watersports Blue Lagon Watersports Club，中天海滩最南端 Naa Jomtien 路 14 巷 Ⓣ038 233276 Ⓦwww.amarawatersports.com 提供风帆课程、风帆出租和出售，此外还有桨式冲浪板、双体船及皮划艇等。

Kiteboarding Asia Blue Lagon Watersports Club，中天海滩最南端 Naa Jomtien 路 14 巷 Ⓣ085 134 9588 Ⓦwww.kiteboardingasia.com 提供风筝滑浪课程、设备租赁及出售等。

按摩

Thai MassageDevelopment School 芭堤雅中心区 Yodsak 巷 Ⓣ038 414115-6 Ⓦwww.tmdmassage.com 在这家提供全身及"全套服务"的传统按摩中心，你可享受实惠的泰式按摩（B300/小时）、草药按摩、精油或足底按摩等；此外还提供为期 2 周的按摩培训课程。

烹饪课程

Happy Home 芭堤雅中央大街 14 巷，前往芭堤雅 3 路的途中 Ⓣ084 417 5258 Ⓦwww.happyhome-thaicookingschool.com 提供上午（包括市场之行）和下午课程，非常欢迎素食者前往；每周还有一节甜品课。B1000，包括一本食谱。

但入夜后，最活跃的是位于 13/2 巷南部霓虹灯区域的**芭堤雅南区**（South Pattaya），尤其是在超低俗的**步行街**沿路坐落着几百家色情酒吧、舞厅、按摩院及敞开式啤酒酒吧，全都提供色情服务。此外，同性恋区域也位于此地，主要集中在**芭堤雅区**（Pattaya Lard，或称 Boyz Town）1 巷、2 巷和 3 巷，但实际路标为 13/3、13/4 和 13/5 巷。

中天海滩及大佛山（Jomtien Beach & Buddha Hill）

中天海滩（Jomtien，也可拼为 Chom Tian）位于芭堤雅南区以南的海角附近，前面高楼林立，其中大多数都是公寓建筑。虽然这里的氛围不似芭堤雅海滩那样疯狂，但也遍布着各式各样的酒吧和商店，出售低俗的纪念品。而且和芭堤雅海滩一样，永远都处于建设状态。该沙滩最美丽的地段是坐落在 Jomtien Beach 大道北路口附近阴凉的**东滩海滩**（Dongtan Beach），虽然是芭堤雅著名的同性恋聚集地，但所有人都可来此参观。东滩海滩后面，将中天海滩与芭堤雅南区分隔开的高地为 Khao Phra Tamnak，一般被称为**大佛山**或**芭堤雅山**，一些豪华酒店以及芭堤雅公园水上乐园和游乐场都坐落于此。

海底世界（Underwater Word）

Sukhumvit 路和 Thep Prasit 十字路口以南，Tesco Lotus 超市附近，前面是中天海滩 · 9:00~18:00 · B500 · Ⓦ www.underwaterworldpattaya.com

如果你已经看腻了当地的珊瑚礁，可以前往**海底世界**感受下不同的体验，这里的水族馆虽然小而且价格较高，但非常美丽，绝对物有所值。一次可容纳 3 人的纤维玻璃隧道会穿过深度较浅的岩石池，最后到达海底。不仅可以欣赏且触摸大量岩礁鱼类，还可给它们喂食，详细信息请登录网站查看。

真理寺（Sanctuary of Truth）

Naklua 路 12 巷西口，芭堤雅海滩北段，Garden Sea View 酒店附近 · 每天 8:00~18:00 · B500 · Ⓦ www.sanctuaryoftruth.com · 在芭堤雅中心区搭乘前往 Naklua 方向的双条车直至 12 巷，然后再换乘摩的

这座气势宏伟的**真理寺**（又被称为 Wang Boran）矗立于美丽的海滨，前方是壮观的锯齿形围墙。据说 105 米高的寺院宫殿是由沙没巴干府古城的老板出资建造的，全都是木质建筑，旨在重现吴哥古老的高棉圣殿。虽然这座寺院从 1981 年开始建造，但至今仍未竣工，整个外墙上覆盖着美丽且具有象征意义的木雕，里面的场景图案全都来自于柬埔寨、中国、泰国和印度的神话故事。

中天海滩及大佛山

抵达和离开

飞机

芭堤雅的**乌塔堡机场**（U-Tapao Airpo-rt ☎038 245599）位于梭桃邑附近的军港，芭堤雅以南约25千米，搭乘出租车的费用为B800，所以推荐使用曼谷的素万那普机场（见p.114）。曼谷航空办事处位于North Pattaya路的Fairtex Arcade内（☎038 412382）。

抵达站 沙美岛（每天1~2班，全程1小时），普吉岛（每天1班，全程95分钟）。

巴士

所有一等和VIP级别的曼谷巴士及一些机场大巴的起终点站都位于芭堤雅北大街（North Pattaya Road）上的车站。而稍慢一些的二等巴士及一些机场大巴会使用中天Chaiyapruk路上的车站，此外在中天Tabphaya路上还有一个机场公交总站。也可直接从伊桑和泰国北部出发：Nakorn Chai客运公司提供往返于此地与清迈、清莱、呵叻及乌汶的线路，其使用的车站位于芭堤雅中央大街十字路口附近的Sukhumvit路（☎038 424871）；此外还有两个总站可供其他往返于伊桑和芭堤雅之间的巴士使用：一处位于Sukhumvit路的另一侧，还有一个则是芭堤雅北大街的一等巴士车站。如果在是拉差、罗勇或达叻搭车，那么下车点在芭堤雅最东端的Sukhumvit路上，然后乘坐双条车前往市中心。如果你是从此地出发前往这些城镇，那么可以在Sukhumvit路任何一个停车点搭车（其中最方便的站点位于芭堤雅北大街、中央大街和南大街的交会处）。

4

抵达站 曼谷（汽车东/北站；每30分钟1班，全程2小时30分钟~4小时）；曼谷（汽车南站；大约每小时1班，全程3小时30分钟）；曼谷（素万那普机场，航站楼一层；每天7班，全程2小时）；庄他武里（每天6班，全程3小时）；清迈（每天8班，全程12~14小时）；清莱（每天2班，全程15~17小时）；呵叻（每天4班，全程5小时）；罗勇（每30分钟1班，全程90分钟）；是拉差（每20分钟1班，全程30分钟）；达叻（每天6班，全程4小时30分钟）；乌汶（每天6班，全程10~12小时）。

空调迷你巴士

芭堤雅有好几处可搭乘空调迷你巴士前往曼谷胜利纪念碑的站点，包括芭堤雅中央大街东路口Foodland附近以及芭堤雅南大街Family Mart便利店前面Krung Thai银行附近，费用为B100。岛上所有酒店都可提供前往素万那普机场的公共空调巴士车票，费用大约为B250/人（或安排计程出租车，价格约为B800/辆）。此外还有旅游小巴服务，主要前往沙美岛和阁昌岛（大多数旅行社都会提供票务预订服务）：Yamato巷的Samet Island Tour（☎038 427277 Ⓦwww.malibu-samet.com）会提供到班佩码头（可前往沙美岛；B250）的小巴；而芭堤雅南大街Big C超市对面的Pattaya 35 Group（☎038 423447）会提供前往阁昌岛的旅游（B400，包括渡船），途经班佩和庄他武里。

火车

芭堤雅位于东部铁路线的一个分路线上，且每天每个方向都会有一班慢车往返于芭堤雅和曼谷之间。芭堤雅共有两个火车站，全都位于Sukhumvit路东侧：主要车站位于芭堤雅中央大街十字路口处以北500米处，而Pattaya Tai火车站则位于芭堤雅南区Thep Prasit十字路口附近。

抵达站 曼谷（每天1班，全程4小时）；是拉差（每天1班，全程30分钟）。

信息

旅游信息 芭堤雅地区的市旅游服务局（每天8:30~16:00左右）分别位于步行街路口的海滩、芭堤雅北大街的市政厅、Jomtien Beach路北路口及中天海滩Chaiyapruk路对面。泰国旅游局办事处交通不便，位于芭堤雅南和中天之间的Pratamnak路609号（每天8:30~16:30 ☎038 428750 Ⓔtatchon@tat.or.th）。

报纸 当地周报*Pattaya Mail*（Ⓦwww.pattayamail.com）经常报道各种耸人听闻的新闻。

周边交通

双条车 公共双条车（当地称之为泰铢巴士，也可以包租）每天都会从黎明开始一直绕着芭堤雅转悠，直至23:00过后。其中大多数都遵循逆时针方向的标准线路：沿着芭堤雅2路行驶至芭堤雅北大街，然后沿芭堤雅海滩大道返回，价格定为B10/人；其余一些双条车会沿芭堤雅北大街、中央大街和南大街的东西向主道行驶。前往中天海滩的双条车出发点为芭堤雅2路及芭堤雅南大街十字路口南侧的学校附近，票价为B10~20。前往芭堤雅以北Naklua地区的双条车出发点为相同十字路口的北侧，芭堤雅2路上（B10~20）。

摩托车 摩托车租赁点遍布于芭堤雅各地，价格为B200/天，但对故障车辆及相关诈骗手段一定要小心谨慎，有些机构会将租借出去的摩托车“偷走”，以侵占客户押金，因此最好使用自带车锁。

小汽车 Dusit Resort度假村有Avis汽车租赁公司的办事处（☎038 361627）；许多摩托车租赁点也提供吉普车租赁服务，价格在B1200/天左右。

住宿

该城镇最安静的住宿区域位于芭堤雅中央大街及北大街（芭堤雅努尔大街）之间的芭堤雅北区，远离肮脏的世俗喧嚣。芭堤雅没有什么景点，除了淡季以外，酒店双人房费用几乎都在B450以上；最便宜的住宿点位于6巷、13/2、13/3和13/4巷的酒吧之上。

芭堤雅海滩

Areca Lodge 芭堤雅中心区Saisong 13巷（又称Diana Inn）198/21号 Ⓣ038 410123 Ⓦwww.arecalodge.com 见p.337地图 这家芭堤雅独特的时尚住所提供装饰精美的空调房，建造在环绕两个泳池的三个侧翼上，其中大多数房间都有阳台，且所有房间都提供热水淋浴、迷你吧、电视和Wi-Fi。房价包括自助早餐。B1850

Centara Nova Hotel 芭堤雅中央大街12巷（又称A.R.巷或Sukrudee巷） Ⓣ038 725999 Ⓦwww.centarahotelsresorts.com 见p.337地图 这家位于城市中心的精品豪华现代酒店环境安静舒适，有许多黄金装饰品。酒店设施包括人工瀑布形成的美丽大泳池、使用死海沼泥和盐的SPA馆、健身中心以及免费电脑和Wi-Fi。房价包括早餐。B4500

The Cottage 芭堤雅北区的芭堤雅2路 Ⓣ038 425650 Ⓦwww.thecottagepattaya.com 见p.337 这是一栋装饰简单的半独立式砖砌平房，位于Central Center对面美丽的热带花园中，离主道路有一段距离，价格实惠，且所有房间都提供空调、热水、电视和冰箱。酒店设施包括两个小泳池，且大多数房间都有Wi-Fi。B1000

Diana Dragon Apartment 芭堤雅中心区Saisong13巷（又称Diana Inn巷）198/16号 Ⓣ038 423928 Ⓦwww.danapattaya.co.th 见p.337地图 这家成立已久的芭堤雅住宿机构提供了一些全城最便宜的双人房，而且由于竞争较激烈，价格也比较实惠：房间宽敞明亮，且有Wi-Fi，此外还能使用100米外Diana Inn里的泳池。风扇房B450，空调房B750

Dusit Thani Pattaya 芭堤雅北区Pattaya Beach大道240/2号 Ⓣ038 425611 Ⓦwww.dusit.com 见p.337地图 这家豪华的泰国连锁酒店远离城镇的喧嚣，是海滩路上为数不多的几家真正位于海滨的酒店之一（其他都位于南路口）。海景房较贵，但可以欣赏到整个海湾的壮丽景观。酒店设施包括两个泳池、一个SPA馆、网球场以及往返于此地和曼谷Silom路连锁酒店之间的交通服务，价格实惠。B5300

Ice Inn 芭堤雅中心区Saisong 12巷与芭堤雅2路的交会处 Ⓣ038 720671 Ⓦwww.iceinnpattaya.com 见p.337地图 这家位于手工艺品店后面的小酒店提供便宜的风扇单人房和实惠的空调双人房，共30间，距繁忙的酒吧小巷只有几百米。房间设施比较简单，但都是独立卫浴。B790

Pattaya Marriott 芭堤雅中心区Pattaya Beach大道218号 Ⓣ038 412120 Ⓦwww.marriottothe ls.com 见p.337地图 这家国际连锁酒店虽然位于海滩对面的市中心地区（附属于Royal Garden Plaza购物中心），但却非常宁静，主要是因为其周围有一个非常大的泳池及种满了棕榈树的热带花园。提供Wi-Fi（需额外支付费用），是到芭堤雅商务旅行人士的首选之地。房间宽敞舒适，可看到泳池或海景。酒店设施包括两家餐馆、一个健身中心及儿童瑜伽。B6900

Sandalay Resort 芭堤雅北区的Pattaya Beach大道1巷和2巷之间 Ⓣ038 422660 Ⓦwww.sandalayresort.com 见p.337地图 这家拥有百间客房的酒店位于城市北部的安静地带，从海滩穿过马路即可抵达，有泳池。提供设计精美但较迷你的当代风格标准空调房，也有宽敞的豪华房。无论是哪种房间都可看到海景，但若要阳台，需额外支付费用，所有房间都有免费Wi-Fi。通常会有折扣。房价包括早餐。B2900

Woodlands Hotel and Resort 芭堤雅北区的Pattaya-Naklua路164号 Ⓣ038 421707 Ⓦwww.woodland-resort.com 见p.337地图 这家安静舒适的花园度假村位于Dolphin Circle环路以北100米处，深受家庭游客的喜爱，而距离酒店400米外的海滩虽然比较邋遢，但非常安静。这栋两层楼高的酒店建筑位于泳池和花园中间，提供美丽精致的空调房；最贵的房间可直接从底楼阳台通往泳池。所有房间都提供宽带上网。B21000

4

中天海滩及大佛山

★ **Rabbit Resort** 中天海滩东滩海滨 Ⓣ038 303 303 Ⓦwww.rabbitresort.com 见p.339地图 这家度假村酒店是中天最美丽的住宿地点，坐落在最美丽的海滩地带——主要但不完全是同性恋前往的东滩海滩。大多数房间位于柚木别墅里，装饰有精致的泰国纺织品和古董，且有花园式的浴室；此外在一栋两层楼高的建筑里还提供“森林客房”。所有建筑都坐落在一座热带花园里，还有一个泳池，距离海滩只有几百米远。房价包括早餐。客房B4900，别墅B5900

Sheraton Pattaya Resort 芭堤雅南区Pratamnak路（Cliff路）437号 Ⓣ038 259888 Ⓦwww.starwoodhotels.com 见p.339地图 这家芭堤雅最好的酒店与其他大多数同等星级的酒店相比空间有小一些，但很舒适，提供五星级客房和私人阁楼，房间设施包括阳台、淋浴、DVD播放器和Wi-Fi（需额外支付费用）。由于这里只有一个很小的私人海滩，酒店在此建立了一座茂密的花园，里面有各种泳池，以及SPA馆，但该酒店位于山上，需要

爬一段楼梯。离芭堤雅市中心的商店和餐馆较远。B6800

Sugar Hut 位于芭堤雅南区与中天中间地段的Tabphaya路391/18号 ☎038 251686 Ⓦwww.sugar-hut.com 见p.339地图 这家芭堤雅地区最独特的住所提供各种大城风格的传统木质平房，就坐落在美丽的花园中，且有三个泳池。房间里提供矮床、屋顶开放式淋浴房、蚊帐及私人阳台，是典型的热带风格。由于酒店附近没有任何餐馆、店铺，且离海岸较远，因此你需要有自己的交通工具。B4000

餐饮

芭堤雅地区的**餐馆**以西式咖啡店为主，而在数不尽的低星级咖啡馆中，只有少数精致的餐馆才会提供美味复杂且非常昂贵的菜肴。在芭堤雅各建筑工地附近有许多街边小摊，提供最便宜、最正宗的泰国美食，深受建筑工人的喜爱。

芭堤雅海滩

Ali Baba 芭堤雅中央大街1/13~14号 ☎038 361620 见p.337地图 这家餐馆的名字、奇怪华丽的装饰以及服务员的制服都非常令人惊奇，提供极为美味的意大利食物，使芭堤雅许多来自次大陆的游客非常满意。此外这里还有各种各样的正宗素斋，特色食物包括各种干酪、一些配有秋葵的开胃菜及招牌菜黄油鸡（B215）。每天11:00~24:00

Italia 芭堤雅南区步行街 见p.337地图 这家意大利风情浓重的咖啡馆提供户外餐桌，方便游客观看步行街上的低俗歌舞表演。菜单包括美味的自制冰激凌（2勺B95）、特浓咖啡和桑布卡茴香酒等。每天9:00~次日4:00

4

Khao Suay 芭堤雅北区芭堤雅2号路Central Center底层 见p.337地图 这家位于购物中心内的小咖啡馆提供各种美味的现代泰式菜肴（大多数主食价格为B110左右），深受泰国家庭的喜爱。招牌菜包括kaeng tai pla（泰国南部的鱼肚咖喱）及nam prik pla thuu（辛辣风味的鲭鱼）。每天11:00~21:45

★ **Ko Khun Pon Yang Kham** 芭堤雅北大街6巷 ☎038 420571 Ⓦwww.ko-khun.com 见p.337地图 这家花园式餐馆提供泰国牛肉，这些饮食奢侈的Pon Yang Kham牛（来自于法国、瑞士和泰国的品种）主要在伊桑饲养。此外，这里还提供泰国东北部菜肴，虽然没有炸土豆条和芥菜，但有非常美味的青木瓜沙拉，以及香醇的红葡萄酒（B90/杯）。B135的牛腩铁板烧分量较少但非常好吃。每天17:30~24:00

★ **Mantra** 芭堤雅北区，Beach路，Amari Orchid酒店 ☎038 429591 Ⓦwww.mantra-pattaya.com 见p.337地图 这家设计精美的大型酒吧餐馆提供超高标准服务，营造了一种介于上海酒店和印度王宫之间的独特氛围。楼下共有7个截然不同但都非常不错的开放式厨房，主要提供日本、中国、意大利、地中海及西方国家的食物、烤肉和海鲜。你可以先点一份鳄梨寿司（B410），再点一份一口大小的北京烤鸭（B240），接着可以品尝下酒闷仔鸡（B380），最后再来个柠檬草和露兜奶油布丁。在其步入式酒窖里共收藏着160多种进口葡萄酒。每天17:00~次日1:00，周日11:00~15:00

PIC Kitchen 芭堤雅北区5巷 ☎038 428374 Ⓦwww.pic-kitchen.com 见p.337地图 这家芭堤雅顶级传统泰式餐馆坐落于一系列美丽时尚的柚木建筑中，提供泰式风格的坐垫席位。特色菜式包括精美咖喱，各种不同口味的海鲜，辣沙拉及一些素食。主食最低价格为B160。每天11:00~14:00&17:00~22:30

中天海滩

Bruno's 中天海滩Tabphaya路Chateau Dale广场306/63号 ☎038 364600-1 Ⓦwww.brunos-pattaya.com 见p.339地图 这家当地机构是外籍人士庆祝特殊事件的首选之地。提供高档昂贵的欧洲食物，包括普罗旺斯烤羊肉、牛腩牛排、黑巧克力慕斯等，地窖藏有150种左右的葡萄酒。主食最低价格为B250。每天12:00~14:30&18:00至深夜

Sugar Hut 中天海滩Tabphaya路391/18号 见p.339地图 这家热带花园式餐馆附属于同名的精致酒店（见上文），不需要支付房费（但这里的食物也不便宜）。用餐点主要位于侧敞式大厅，以经典的泰式菜肴为主；推荐红咖喱烤鸭。每天19:00~24:0

酒吧及夜生活

以前，芭堤雅的**夜生活**主要以性为主，但随着越来越多的正当酒吧出现在芭堤雅地区，你也可以选择下列**酒吧**，远离那些情色纠缠，其中一些酒吧甚至还有令人非常惊叹的风格意识。不过无论如何，你都一定要当心各种异装癖扒手，他们的主要目标就是凌晨返回酒店的醉汉：其中一个在前面“分散”受害者的注意力，另一个从后面偷走皮夹。

The Blues Factory 芭堤雅南区步行街 Lucky Star 巷 Ⓦ www.thebluesfactorypattaya.com 见 p.337 地图 这家酒吧堪称是芭堤雅最好的现场音乐表演场地，大多数晚上（周二至周六），著名的魅力摇滚吉他手 Lam Morrison 和他的乐队都会到此表演，还有蓝调乐队的表演（周二及周三除外）。每天从 20:30 营业至深夜

Heineken Beer Garden 芭堤雅北区芭堤雅 2 路 Central Center 见 p.337 地图 这家酒吧提供户外餐桌及喜力生啤，每天晚上还有泰国歌手和乐队到此举行现场音乐表演（20:00 左右开始），其中大多数都是泰国流行歌曲或乡村音乐。餐馆还提供许多泰国美食（B120 起价），如伊桑和海鲜特色菜式。每天 17:00~ 次日 2:00

Hopf Brew House 芭堤雅中心区 13/1 巷（Yamato）和 13/2 巷（邮局）之间的 Pattaya Beach 大道 见 p.337 地图 这家非常流行的洞穴一般的酒馆提供自己酿造的 Pilsener 啤酒和小麦啤酒，还有各种现烤比萨及其他意大利菜肴等，且每天晚上都会有现场音乐表演。深受年轻人包括度假情侣的喜爱。每天 14:00~ 次日 1:00/2:00

Jazz Pit 芭堤雅北区 5 巷 Ⓦ www.jazzpitpub.com 见 p.337 地图 这家邻近 PIC Kitchen 餐馆的舒适酒廊酒吧每晚都有现场爵士演奏（20:00 开始），偶尔还有备受瞩目的名人来访。每天 19:00~24:00

Minus Five Ice Bar 芭堤雅中央大街 12 巷（Sukrudee 巷），Amari Nova Suites Ⓣ 038 426768 Ⓦ www.minus5pattaya.com 见 p.337 地图 正如其名字一样，这家冰雕的酒吧寒意料峭，且这里的扎啤全都放置在冰冷的柜台上。你可花 B500 租借一件冬衣和手套，还会给你 20 分钟免费喝伏特加的时间，然后你就可以出去前往隔壁火热时髦的曼谷风格酒吧。每天从 18:00 营业至深夜

娱乐活动

电影

在多映厅影院每天都会提供好几场英语电影。

Major Cineplex 芭堤雅中心区芭堤雅 2 路 Avenue 购物中心 Ⓦ www.majorcineplex.com。

SF Cinema City 芭堤雅中心区 Pattaya Beach 大道 Central Festival 购物中心 Ⓦ www.sfcinemacity.com

人妖表演

旅游团及家庭旅游游客是芭堤雅人妖表演的主要观众。泰国人妖非常美艳且高度专业，每个剧院都有一个至少有 60 个人妖的剧团，随着 20 多种不同音乐风格的变化，她们或身着渔网装和衬裙，或身着舞会礼服和皮革，在奢华的舞台布景映衬下，更显娇艳美丽。所有旅行社都可提供门票。

Alcazar 芭堤雅北区芭堤雅 2 路 4 巷对面 Ⓦ www.alcazarpattaya.com 演出时间为每天 18:30、20:00 & 21:30。B600

Tiffany's 芭堤雅北区芭堤雅 2 路 1 巷北面 Ⓦ www.tiffany-show.co.th 演出时间为每天 18:00、19:30 & 21:00。B500。此外每年还会在 11 月初举行为期 5 天甚至更久的人妖选美大赛——国际皇后小姐（Ⓦ www.missinternationalqueen.com）。

购物

Asia Books 位于 Pattaya Beach 大道与芭堤雅 2 号路之间的 Central Festival 购物中心 3 层 提供大量英文读物。每天 11:00~23:00

Thais4Life 芭堤雅南区 17 巷（VC 巷）附近 Yensabai Condotel 巷 504 号 Ⓦ www.thais4life.com 这是芭堤雅最好的二手书店之一，所有书籍价格都是 B80，并会将所得款项捐赠给医疗及其他需要帮助的工程项目，包括 Baan Jing Jai 孤儿院。周一至周六 12:00~18:00

附录

紧急事件 遇到任何紧急事件都可拨打 1155（24 小时免费电话）联系旅游警察，或直接前往他们的办事处寻求帮助，位于芭堤雅南区和中天海滩之间大佛山上的泰国旅游局旁；晚上，他们还会在步行街北路口设立一个岗位。

医院及牙医 芭堤雅地区设备最好的医院是 Bangkok-Pattaya Hospital（Ⓣ 1719 或 038 259999 Ⓦ www.bangkokpattayahospital.com），位于 Sukhumvit 路，芭堤雅北大街十字路口以北 400 米，也提供牙科服务。

出入境管理局 中天海滩大道 5 巷（周一至周五 8:30~16:30 Ⓣ 038 252750）。

班佩（Ban Phe）

班佩是一个沿海小镇，位于府会城市罗勇以东 17 千米处，距离曼谷约 200 千米，是前往沙美岛的重要港口。城镇里有好几个前往沙美岛的码头，特别值得注意的是，此外还可在一

些迷你市场、互联网中心及旅行社办事处购买汽车票和私人交通车票。班佩的主要街道呈东西走向，位于滨海区后面，依次会经过 Chok Krisda 码头及其附近的 Taruaphe 码头，然后再步行几百米后，即可抵达市政运营的 Reua Tessaban 码头。

抵达和离开 班佩

在离开沙美岛时，你可通过岛上的旅行社预订下列任何一辆来自班佩的巴士或迷你巴士车票。

巴士

Cherdchai 客运公司会提供往返于曼谷汽车东站和班佩之间的空调巴士；班佩的出发点为市政码头，很容易即可找到。如果从庄他武里或达叻地区搭乘巴士来班佩，司机会让乘客在 3 号公路的丁字路口处下车，然后换乘双条车或摩的前往 5 千米外的班佩码头。罗勇和班佩之间的汽车线路较多，包括前往清迈和伊桑的巴士；此外，罗勇车站还提供多辆双条车前往班佩码头（全程约 30 分钟）。

抵达站　曼谷（每天 14 班，全程 3 小时）；庄他武里（从 3 号公路出发；每天 6 班，全程 90 分钟）；达叻（从 3 号公路出发；每天 6 班，全程 3 小时）。

空调迷你巴士

在曼谷和班佩之间有多条空调迷你巴士线路，包括考山路（全程约 4 小时，B250）、胜利纪念碑（全程约 3 小时 30 分钟，B200）和素万那普机场（全程约 3 小时，B500）。此外，芭堤雅（见 p.336）和阁昌岛（见 p.357）也有相关服务线路。在班佩有大量空调迷你巴士公司，其中一些聚集在市政码头和 Taruaphe 码头对面的两条小巷里（包括芭堤雅和阁昌岛的迷你巴士服务）；而前往或来自胜利纪念碑的迷你巴士上下车站点位于市政码头以西 200 米；位于 Chok Krisda 码头前面的 RMT 公司（T 086 344 4026）提供前往曼谷三个总车站以及胜利纪念碑的巴士线路。

船舶

每天都有一定量的船只会从班佩各码头出发前往沙美岛，其中多数游客选择的是 Reua Tessaban 码头。详细信息请参见沙美岛章节（见下文）。

4

住宿

Christie's Taruaphe 码头对面显眼的绿色大厦内 T 089 834 9103 W www.christiesbanphe.com 如果你一定要在班佩留宿，那么这家旅馆是一个不错的选择，提供温馨舒适的精致客房，其中一些位于主道支路上。所有房间都有空调、热水、电视、冰箱和免费 Wi-Fi。楼下有餐厅和爱尔兰酒吧，还可安排柬埔寨签证办理及前往暹粒的旅游行程，其隔壁则是一家二手书店。B600

附录

旅游警察　位于市政码头　T 038 651669/1155。

沙美岛（Ko Samet）

国家公园门票 B200

距离曼谷不远处的**沙美岛**很小，海岸线总长只有 6 千米，但拥有最柔软的沙滩，是许多泰国人、外籍人士及旅游者的理想度假胜地，远离尘世俗事。岛上共有 14 片面积虽小但非常炫目的白色沙滩，在浅蓝色海水的映衬下，美得令人如痴如醉。海滩上还矗立着茂密的棕榈树，偶尔还有几棵开着白花的玉树（沙美树），这就是该岛名字的由来，这些树大多用于建造船只。虽然平日游客稀少，气氛悠闲，但一到周末就非常拥挤，有超过 50 处低层平房满负荷运载，而且其中很多人缺乏环保意识。考虑到其严重性，自 1981 年起，该岛屿的大部分海岸线都被纳为联亚山—沙美群岛**国家公园**（Khao Laem Ya-Mu Ko Samet national park）的保护对象；所有前往沙美岛的游客抵达后都必须支付国家公园标准费用，且大多数酒店经营者都需要支付租金给公园管理部门——但据调查，这些资金甚少用于改善岛上的基础设施建设。

沙美岛最美丽的**海滩**位于**东部海岸**，几乎所有的平房度假村都位于此地；西边海岸也有一个颇为独特的海滩，不然很可能会人迹罕至；而北海岸线至今仍保留着令人愉悦的田园氛围。大多数岛民和度假村的工作人员都住在沙美岛东北地区主要码头附近破败不堪且摇摇欲坠的**纳丹**村，村中坐落着许多小商店和便宜的食物排档，此外还有沙美岛唯一的学校、医疗中心及寺院。纳丹村的主要街道从码头一直通往赛考海滩，该区域的其他小路也都已铺设完成，如沿着被海岸线通往诺伊纳湾的道路。但从赛考海滩南部出发，仅有一条坑坑洼洼的泥泞小道可通往纳丹村（途中有条岔道可前往西面的普拉奥湾），途经树木丛生的中央山脉，在其**深处**大部分都是茂密的丛林，是犀鸟、长臂猿和各种美丽蝴蝶的栖息地。虽然这里的植物四季常青，但事实上这个异常干燥的岛屿上没有一条河流，且年平均降雨量也很少。不下雨对游客来说是到此旅游的另一加分点，但同时这也意味着岛上的水是稀有昂贵的商品，通常都是从内陆运送至此的。

背包客最喜爱的海滩有：东海岸的**欣角湾**、**帕依湾**和**图布提姆湾**，其中欣角湾和帕依湾每天晚上都热闹非常；此外，其附近的**奴昂湾**、**桑它依安湾**及**诺依纳湾**也是不错的景点。**赛考海滩**及**翁多安湾**是东部海岸的两大中心地带，为家庭游客、背包客及曼谷的新潮人士提供了高档的住宿条件。但沙美岛最豪华的住宿酒店位于西部海岸的**普拉奥湾**及南面美丽的**基乌湾**地带。位于纳丹村和主要海滩的商店小摊（包括一家药店）都会提供基本的游客必需品，且许多平房度假村都提供**安全寄存**服务，非常有帮助：在沙美岛，小偷非常猖獗，偶尔还有新闻报道一些酒吧女郎及妓女会在客人的饮料中下药，等第二天醒来才发现所有的贵重物品都被洗劫一空的情况。

赛考海滩及纳丹（Hat Sai Kaew & Na Dan）

从纳丹码头出发沿着主要的柏油街道向南步行 10 分钟则可抵达赛考海滩，又称钻石海滩，因其既长又格外美丽的沙滩而得名，由于其硅含量非常高，赤脚踩在这些柔软干净的沙子上，会发出嘎吱嘎吱的声音，非常好听。毫无疑问，这肯定是沙美岛最繁忙的沙滩，海滨坐落着各种平房、餐馆、沙滩服装摊位、躺椅和遮阳伞等，但在其北面尽头处却非常宁静，令人感觉心旷神怡。

4

欣角湾（Ao Hin Kok）

欣角湾与赛考海滩之间隔了一个较小的海角，上面坐落着一尊美人鱼雕像（其灵感主要来自于当地一位著名诗人顺通铺于 19 世纪初所作的一首名为《Phra Abhai Mani》的诗歌），与其相邻海湾相比，欣角湾比较小，但旅游氛围更加浓重。整个海湾总共只有三套坐落在远处土路斜坡上的平房可欣赏到这片美丽的白色沙滩，且距离纳丹只有 15 分钟的步行路程。

帕依湾（Ao Phai）

在欣角湾附近的海角周围坐落着狭长但闪闪发光的**帕依湾**，是沙美岛的聚会胜地，而岸边的 Silver Sand 酒吧和迪吧以其深夜酷炫的舞蹈音乐而著名（周末会有很多同性恋出没于此）。但为了保证住客良好的夜间睡眠，大多数平房都位于偏远的海湾边缘，远离喧嚣，需步行很长一段路才能抵达。海滩上有一个迷你集市及旅行社，且距纳丹码头只有 20 分钟的步行路程。

沙美岛的水上活动和游船旅行

沙美岛本身并没有什么特别美丽的珊瑚礁，因此你需要乘船前往东北沿海的阁姑迪岛（Ko Kudi）和阁沙鲁岛（Ko Thalu）附近进行浮潜（从大多数海滩出发前往的价格在 B700 左右）或潜水。岛上的一些主要海滩还会提供沙美岛游船旅行（约 B500）、皮划艇和摩托艇租赁服务，且可安排香蕉船滑翔伞运动。

Samed Resorts Diving Centre 普拉奥湾 Ⓣ 038 644100-3 Ⓦ www.samedresorts.com B3500 潜水两次，而为期 4 天的 PADI 开放水域潜水课程价格为 B17000。

图布提姆湾（Ao Tub Tim）

图布提姆湾（又被称为 Ao Pudsa），是另一个美丽的白色沙滩海湾，夹在岩石点之间，其部分区域矗立着茂密的棕榈树，后面有一个绿树成荫的斜坡。该区域总共只有两栋洋房，但距离帕依湾及北部其他海滩非常近，从纳丹码头步行至此约需半小时。

奴昂湾（Ao Nuan）

从图布提姆湾翻过海角（可欣赏到赛考海滩的美丽全貌）即可抵达沙美岛最小、最休闲

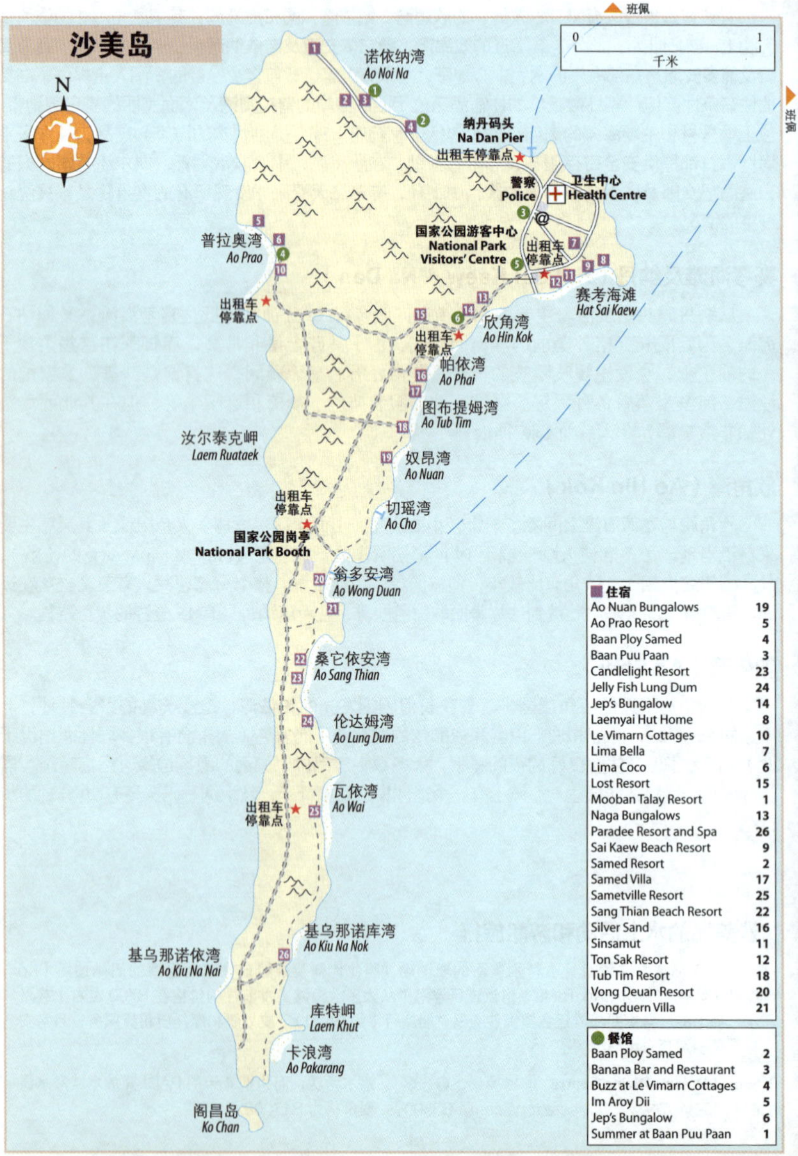

舒适的海滩——僻静的**奴昂湾**，属于 Ao Nuan Bungalows（见 p.349）老板的私人领域。由于海滩离主要道路比较远，几乎没什么交通工具会通过此地，因此非常宁静隐秘。虽然此地不适合游泳，但当退潮后，这片岩石海岸会出现非常美丽的沙滩；朝北步行 5 分钟坐落着图布提姆湾更美丽的沙滩，沿着小径向南步行 5 分钟则是拥有一些珊瑚的**切瑶湾**（Ao Cho）。

翁多安湾（Ao Wong Duan）

从奴昂湾出发步行 10 分钟，途经切瑶湾即可到达**翁多安湾**，这个马蹄形海湾是沙美岛上仅次于赛考海滩的第二大旅游胜地。它虽然不漂亮，甚至遭到了大量一日游游客的破坏，却拥有一些不错的高档住宿场所；大多数房客都是背包客、前往芭堤雅的游客或来此地度假的曼谷市民，几乎涵盖了所有游客的类型。虽然该海滩很长且很宽阔，但大量酒吧（其中多数都提供非常舒适的扶手椅）和旅游商店几乎淹没了整个海滨中心；在涨潮时，整个海滩的主要地段都会消失在海水中。海滩上的主要设施包括迷你市场、自动取款机及上网服务。

桑它依安湾和伦达姆湾（Ao Sang Thian & Ao Lung Dum）

桑它依安湾（又被称为烛光海滩）独特的野性美深受泰国学生的喜爱，而与其相邻的伦达姆湾（翻过小山步行几分钟即可到达）完全没有翁多恩湾的商业化气息，在风景如画的海滨沿岸坐落着一片连绵不绝的洋房。这条狭长的白色沙滩海岸线上点缀着波浪状的光滑岩石，分布着一些较大的露头，从而形成了几个独特的海湾；海岸线蜿蜒曲折，直通南部，沿途尽是沙美岛东部海岸的美丽景色。**伦达姆湾**位于桑它依安湾的南端，其海岸边矗立着各式各样的小平房，与桑它依安湾非常相似。

4

瓦依湾（Ao Wai）

从伦达姆沿着海岸小径步行 15 分钟即可抵达**瓦依湾**，这是一片非常美丽的白色沙滩海湾。岛上的部分面积被树荫遮蔽，可探索范围面积适中。这一带只有一家平房度假村——Sametville Resort，一直延伸到与瓦依湾相邻的小巧的欣刚湾（Ao Hin Kleang）。

基乌湾（Ao Kiu）

从桑它依安湾往南步行 1 个多小时可抵达**基乌湾**美丽的双海湾——东海岸的基乌那诺库湾（Ao Kiu Na Nok）及与其相距仅有几百米的西海岸的基乌那诺依湾，途经 Vong Deuan Resort 度假村后面的小道，直至桑它依安湾南端。这两片海滩都属于沙美岛最豪华的酒店 Paradee Resort and Spa（见 p.350）。

普拉奥湾（Ao Prao）

整个上西海岸全部都是蜿蜒崎岖的坚硬岩石地质，只有西北地段的**普拉奥湾**沙滩的沙质比较柔软，世人也因此称之为天堂海湾，位于基乌那诺依湾以北 4 千米处。这是沙美岛最好的海滩，坐落着两家昂贵高雅的度假村，以及一家稍微便宜一些的住宿场所且除此之外，没有任何其他会降低该地区格调的设施。如果你仅在此待一天，那么从东海岸沙滩出发至此的最便捷线路是穿过帕依湾的 See Breeze 酒店后面的内陆小道，步行只需约 20 分钟。如果你在普拉奥湾留宿，那么酒店会为你安排船只接送服务。

诺依纳湾（Ao Noi Na）

纳丹村西面的沙美岛的北部沿海地区通常被称为**诺依纳湾**，但实际上这里不仅仅只有一处海湾，和沙美岛其余地方相比，这个海湾令人感觉耳目一新。如今在此地狭长的沿海公路沿途出现了越来越多的住宿场所，可欣赏到对岸班佩后面的内陆山景以及最西端的白色沙滩，非常宁静。虽然这片海滩已被奢华的 Mooban Talay Resort 度假村霸占，但这里并不是私人区域，你可以从纳丹码头步行至此，大约需25分钟，途中会经过几家非常不错的餐馆（见p.351）。

抵达和离开

从**班佩**出发可前往沙美岛（见p.344）。如果你想在沙美岛继续其他行程，那么位于赛考海滩上的国家公园办事处附近的海滩拱廊商城里的CP Travel旅行社（Ⓣ 038 644136）会提供**长途汽车**车票，以及国内和国际**机票**等；此外还提供一些新书及二手书。

船舶

度假村船只

如果你入住沙美岛任何一家中档或高档酒店，那么在预订房间时可要求度假村船舶接送：许多酒店都拥有他们自己的船或快艇，可直接去班佩接住客，价格合理（通常有固定时间）。有些酒店会提供免费服务，但少数度假村也会强制住客使用这种收费服务。你也可以调查一下多数度假村提供的成套服务，大多数泰国人是这样前往沙美岛的：除船只和住宿外，还可能会包括晚餐及按摩等。

公共船只

班佩共有6个相互竞争的码头，提供各种各样的快艇以及很大很慢但很便宜的木船；后者前往沙美岛的主要码头Na Dan，价格固定（单程B50，全程40分钟）。在班佩一定要小心诈骗，许多兜售者都会高价出售船票或骗游客说前往沙美岛一定要购买回程票。从沙美岛返回班佩的第一班船会在7:00从Na Dan码头出发，理论上是每小时1班，末班船是18:00，但如果你要赶飞机，你必须确保船只不会延误。

Reua Tessaban码头 位于班佩东端的市政码头拥有一个非常混乱的市场大厅，里面共有12个左右的私人售票亭，提供各种快艇及木船（旺季期间才会运行，纳丹方向每小时1班；翁多安湾方向每天3班，B80）。

Chok Krisda码头 该码头位于Reua Tessaban码头以西500米左右（Ⓣ 081 862 4067 Ⓦ www.wck-pier.com），提供快艇（B1300/艘，前往纳丹）及前往纳丹（每小时1班；8:00~18:00）、诺依纳湾（每天2班，全程40分钟；B60）和翁多安湾（每天2班，反方向每天3班；全程75分钟；B70）的木船。

4

周边交通

参观整个岛屿的最佳方式是沿着东部沿海海滩步行，其中各海滩之间的道路都有明确路标。沙美岛的主要内陆公路是一条坑坑洼洼的南北向土路，有深深的车辙，有时尘土飞扬，有时泥泞不堪，可通往所有主要海滩。

双条车 在Na Dan码头和岛屿各地的其他6个港口都有一长条绿色双条车等待搭载乘客，在地图上已作标记；如果你让酒店员工打电话通知司机，那么他们还会到酒店来接你。价格固定且较高。通常你都需要支付包租整个车的价钱（从Na Dan码头到桑它依安湾的费用可能高达B350）。通常只有碰到旅游团时，如在纳丹，你才会得到"共享"价（B20~40/人）。

摩托车或沙滩车 如果你搭摩托车走泥泞且坑坑洼洼的道路，可以和司机大胆讨价还价（B300/天），也正因为道路原因，越来越多的游客会选择笨重的四轮沙滩车（B1200/天）；这两者都可在Na Dan码头及大多数海滩租借到。

住宿

岛上的住宿场所都非常高档，在旅游旺季，你很难找到一家价格低于B800的独立卫浴平房，除了少数价格为B300的毫无装饰的小茅屋。每当周末和泰国的法定节假日时，海滩上就会挤满了游客，因此最好提前预订，但没有预约的客人价格会便宜一些，这在泰国非常罕见。许多平房经营者在高峰期间甚至周末时候都会将房价提高60%：下列价格是平日旺季时的价格。

赛考海滩及纳丹

赛考海滩地区的大部分住宿场所全都挤在一起，让人很不舒服，且价格也很高。通常便宜的房屋会位于Na Dan路的店铺和餐馆上面。

Laemyai Hut Home 赛考海滩北端 Ⓣ 038 644282 Ⓦ www.laemyai.com 这里的风扇平房是该海滩上最便宜住房中最好的，位于沙滩宁静的北端雅依岬下房，其附近的沙滩花园里绿树成荫，非常繁茂，是当地最美丽的景点之一，风扇平房虽然设施简单但有独立卫浴且装饰鲜艳；一些空调平房会提供热水淋浴。风扇房 B800，空调房 B1200

Lima Bella 纳丹 Ⓣ 038 644222 Ⓦ www.limasa

med.com 这个美丽的花园旅馆位于纳丹大街东面半圆形道路上，附近种满了蝎尾蕉植物，非常宁静，且拥有自己的泳池。旅馆共有26间设计独特的空调房，且全都提供热水、冰箱、电视及坐卧两用长椅；其中一些有单独的夹层卧室或休息区，大多数都带有浴缸。与沙美岛其他酒店相比，这里提供更私密的空间，深受家庭游客的喜爱。大堂有免费 Wi-Fi；房价包括早餐。B3730

Sai Kaew Beach Resort 赛考海滩 ☎038 644197 🌐www.samedresorts.com 这家深受欢迎且高效运转的度假村酒店共提供150多间带有热水、电视及冰箱的空调房，其中大多数都是精心设计的平房，色彩明亮。稍便宜一些的"豪华"别墅有自己的草坪及单独的泳池，坐落于非常美丽但很小巧的沙质海岸线；提供花园浴室，且别墅里有私人露天平台。贵宾房更具城市酒店气息。B6200

Sinsamut 赛考海滩 ☎038 644134 🌐www.sinsamut-kohsamed.com 这座已看不出最初原貌的旅馆位于前往沙滩中途餐馆后面的小建筑里，提供各种各样的客房，非常拥挤，但里面装饰还不错，色彩鲜艳明亮，摆放着当代装饰品，其中一些还拥有户外空间。此外在屋顶的小花园里还坐落着古怪的风扇"katom"平房，可享受周边美丽的景色。免费 Wi-Fi。风扇房 B800，空调房 B1500

Ton Sak Resort 赛考滩 ☎038 644314 🌐www.tonsak.com 这里的木质小屋都紧挨彼此，但四周的灌木边界为住客增加了私密空间，且几乎所有房屋距离大海都不超过100米。房间内部除了装饰有些老式外，可以说非常舒适，有空调和现代热水卫生间。房价包括早餐。B3300

Hin Kok 湾

Jep's Bungalow 欣角湾 ☎038 644112-3 这家旅馆位于树木繁茂且带有阳台的沙土花园，提供普通的小木屋和水泥平房：共用或设有独立卫生间风扇房、供应热水的空调房，房价包括电视和早餐。此外旅馆还提供网络接口（电脑和 Wi-Fi 都需额外付钱）、旅游咨询和精致的餐厅。风扇及共用浴室房 B300，风扇独立卫浴房 B500，空调房 B1200

Naga Bungalows 欣角湾 ☎087 958 6206 这家旅馆年代已久，有些地方比较破旧，但设施齐全，包括海滨酒吧、泰国拳击场、二手书店、面包房、货币兑换、上网以及岛上最便宜的客房：层层堆积在斜坡上的简单竹屋和木屋，提供露天平台、蚊帐及共享浴室，还有稍贵一些的水泥空调房，其附近有冷水浴室。虽然格局有些杂乱，但所有客房都干净整洁。风扇房 B40，空调房 B600

帕依湾

Lost Resort 帕依湾，位于前往翁多安和普拉奥湾的主道上 ☎038 644041-2 🌐www.thelostresort.net 这栋两层楼高的酒店建筑离内陆的 Sea Breeze 酒店不远，坐落在茂密的小树林中，与犀鸟和果蝠为伴，非常宁静。共提供10间客房，有风扇房也有空调房，条件比较好且价格实惠。风扇房 B600，空调房 B800

Samed Villa 帕依湾南端 ☎038 644094 🌐www.samedvilla.com 这家提供巨大房间的别墅式平房度假村是由瑞士人经营的，位于海湾南端的岩石附近，一个餐馆后面的斜坡上，面积很小（前排建筑可看到美丽的风景）。内饰豪华温馨，特别适合家庭游客；所有房间都有空调、热水、电视、免费 Wi-Fi 和冰箱。房价包括自助早餐。B1600

Silver Sand 帕依湾中间地带 ☎038 644300-1 🌐www.silversandresort.samt.i8.com 这家社交聚会场所提供各种豪华客房，包括漂亮花园周围的白色空调小屋；所有房间都提供保险箱、阳台和精致的现代浴室，供应热水，部分房间铺有木地板。风扇房 B800，空调房 B1200

图布提姆湾

★ **Tub Tim Resort** 图布提姆湾 ☎038 644025-9 🌐www.tubtimresort.com 这个气势宏伟、运营良好的度假胜地是该区域最流行的住处，共提供百余间不同大小和设计风格的精美木质平房，拥有优美的现代装饰和户外空间，此外，还提供一个精致餐馆。风扇房 B600，带有热水淋浴的风扇房 B1000，空调房（包括早餐）B1500

奴昂湾

Ao Nuan Bungalows 奴昂湾 ☎087 142 7512 这里的八角餐厅和简洁别致的小屋让人不禁想起淳朴老派的岛屿氛围，和其他商业化的海滩截然不同（但房价绝对是现代价格）。这9个坚固木质小屋的设计风格都略有不同，坐落在树木繁茂的斜坡上，一直通往海湾，还有一些坐落在海滩上。最便宜的房间需共用浴室，房间虽然大但非常简朴，只有一个平台式床和一个蚊帐；最贵的房间拥有空调和热水浴室。风扇房 B800，空调房 B1500

翁多安湾

Vong Deuan Resort 翁多安湾中间区域 ☎038 651777 🌐www.vongdeuan.com 这家位于沙滩中间地区的度假村酒店拥有得天独厚的地理条件，坐落在美丽的热带花园中，提供各种设计风格的精致空调平房，包括漂亮的茅草屋顶白色小屋、当代风格的内饰及花园浴室（供应热水淋浴）。服务周到高效，可与酒店媲美，因此深受年长者的喜爱。房价包括早餐。B2000

Vongduern Villa 翁多安湾南部 ☎038 652300 🌐www.vongdeuanvilla.com 该度假村别墅酒店坐落在海湾南端的阴凉区域内，占地面积大，提供50多间各种不同风格和标准的客房，所有房间设计精美且装有空调。"标准"房是建造在木桩上的白色木质小屋，拥有大型落地窗、阳台和现代装饰品；而"豪华"房则是现代简约风格，里面

4

有深色木地板、日式风格的平台床及DVD播放机。此外在海滨甲板上还有一个精致的餐馆和咖啡吧，且提供皮划艇和浮潜设备租赁服务。标准房 B1200，豪华房 B1800

桑它依安湾

Candlelight Resort 桑它依安湾 ☎089 247 9597 该度假村提供排成一长排的木质平房，非常漂亮，光线充足且通风，全都面向大海。大多数是风扇房，有热水淋浴和电视；空调房在木质平房中或在餐馆后面非常干净整洁的水泥房中，比较宽敞，且带有小卫生间。风扇房 B800，空调房 B1200

Sang Thian Beach Resort 桑它依安湾北端 ☎038 644255 Ⓦwww.sangthianbeachresort.com 该度假村建筑里拥有一个迷你商业中心、自动取款机、按摩中心及宽敞的海滨餐厅（有免费Wi-Fi），比较单一，且服务人员也缺乏人情味。但度假村在悬崖边的一系列木板和阶梯上建造了高雅的空调小木屋，以海军和白色的海洋装饰为主题。每个房间有热水、电视和冰箱，且大多数房间可看到美丽的海景。在东面的斜坡上还建造了一些比较平凡紧凑的砖砌平房和水泥客房。B2000

4

伦达姆湾

Jelly Fish Lung Dum 伦达姆湾 ☎081 458 8430/081 652 8056 这家温馨舒适的酒店周围遍布九重葛植物，风景秀丽，还有一家精致的河畔餐厅。酒店的20间平房就坐落在岩岸上，甚至可以说是悬在水面上，其中大多数都有热水淋浴；此外在其后方还提供少数便宜的客房和平房。风扇房 B800，空调房 B1000

瓦依湾

Sametville Resort 瓦依湾 ☎038 651681-2 Ⓦwww.sametvilleresort.com 这家规模较大的度假村拥有一个很大的泳池，提供各种不同质量的平房以及一些可爱的船屋，平时有很多房间可以选择，但在周末，成群结队的泰国人会来此游玩，住房紧张。此外，酒店还提供摩托车、浮潜设备租赁及泰式按摩服务。风扇房 B1100，空调房 B1700

基乌湾

Paradee Resort and Spa 基乌湾 ☎038 644104-7 Ⓦwww.samedresorts.com 这家非常豪华的五星级度假村酒店是沙美岛的顶级酒店，共40栋别墅，每栋面积都超过100平方米，且大多都带有私人泳池。此外，酒店设施还包括一座边泳池、Spa馆和健身中心，外加DVD播放机、免费Wi-Fi、免费皮划艇和浮潜设备租赁等额外服务。B17000

普拉奥湾（天堂海湾）

Ao Prao Resort 普拉奥湾 ☎038 644101 Ⓦwww.samedresorts.com 这家美丽的度假村坐落于通往海滩斜坡上的茂密热带花园中，共有50间豪华的木质小别墅及客房，装有空调、电视和迷你吧。酒店设施包括无边泳池、潜水中心、风帆冲浪及皮划艇活动等各种水上运动中，而在旺季，酒店餐馆在大多数晚上都会有现场乐队到此演奏。每天酒店会提供三班从班佩到此的船舶（B250）。B7700

Le Vimarn Cottages 普拉奥湾 ☎038 644104 Ⓦwww.samedresorts.com 这是此海滩上最豪华的度假村酒店，提供装饰精美的豪华别墅、休闲舒适的SPA馆及无边泳池。其内的Buzz餐厅（见下页）评价很高。B10700

Lima Coco 普拉奥湾 ☎038 644068 Ⓦwww.limasamed.com 这家这片海滩上最有活力、最时髦且最便宜的曼谷当代风格度假村酒店，提供白色墙壁、色彩明亮的靠垫、沙发床及阳台。紧挨着彼此的客房坐落在山腰，层层向上，因此大多数都可看到美丽的海景。此外，酒店还提供免费Wi-Fi，以及皮划艇、潜水通气管和日光浴床的租赁服务。房价包括早餐。B4400

诺依纳湾

Baan Ploy Samed(Ploy Sea) 诺依纳湾 ☎02 438 9771-2 Ⓦwww.samedresorts.com 这栋令人惊奇的棕色当代建筑提供一个橙色的无边泳池，而卧室以黑木和橙色为主色调，提供空调、花洒、电视及冰箱。较贵的客房提供有海景阳台，而最贵的房间是吊脚木房，高出海面50米。房价包括早餐及船只运送服务。B5500

★ **Baan Puu Paan** 诺依纳湾 ☎081 172 4486 Ⓔlizziecj@hotmail.com 或 Ⓔbaanpuupaan@hotmail.com 这家休闲舒适的精品酒店距离纳丹村不到15分钟步行路程，提供3套非常美丽的独立卫浴洋房，就坐落在海面的木桩上。所有房间都装饰有靠垫和灯具，且全年保持价格不变；风扇大房的装饰以海洋为主题，非常美丽，且其阳台上可看到独一无二的海景。客人可在码头或海滩边游泳，此外还提供台球桌和免费Wi-Fi。风扇房 B1200，空调房 B1500

Mooban Talay Resort 诺依纳湾西北部 ☎081 838 8682 Ⓦwww.moobantalay.com 这家位于海滩最西北端的度假村酒店是沙美岛最豪华的酒店之一，是坐落在道路尽头的幽静避风港，周围是华丽且宁静的白色沙滩，绿树环绕。宽敞迷人的空调大平房提供平台式床、花园浴室、Wi-Fi和户外座位：最贵的海滨洋房拥有巨大的阳台，此外，酒店内还设有海滨泳池及SPA馆。房价包括船只运送及早餐。B6800

Samed Resort 诺依纳湾 ☎038 644334/081 427 9571 Ⓦwww.samed-resort.net 这家英国人经营的度假村酒店提供12套洋房，坐落在广阔的沙滩树林中，穿过一条马路即是一片很小的海滩，几乎都是私人领地；虽然海滩上有些杂乱，但这里有树荫、吊床以及不错的游泳场所。别墅范围从带有独立卫浴和吊床的小水泥房到提供精美阁楼床、空调、电视和热水淋浴的大别墅多种多样；所有房间都是现代化装饰，令人非常愉快。在旺季期间，这里还提供帐篷出租（B300两人式，包括寝具）服务。在其海滨餐馆的酒吧里，有台球桌和桌球。提供Wi-Fi。如果住宿时间较长有优惠。风扇房**B500**，空调房**B1000**

餐饮

大多数前往沙美岛的游客都只会在各自的度假村酒店用餐，实际上，岛上也确实没什么特别出色的餐馆。

赛考海滩及纳丹

Banana Bar and Restaurant 纳丹主要街道，警察局附近。这家小餐馆提供美味正宗的黄色、绿色和红色咖喱（B80），以及泰式酸辣汤和辣沙拉。9:00~23:30

Im Aroy Dii 纳丹主要街道，离赛考海滩国家公园办事处只有10米，位于道路左侧（没有英文标记）。这家简单但干净明亮的餐馆没有太多装饰，但其名字有"分量足、味道美、服务好"之意，这就是该店的招牌：物美价廉的饭菜（B50起），还有许多其他不错的选择，如鱿鱼鸡蛋和腰果炒鸡肉等（两者都是B120）。此外还有水果奶昔，老板兼厨师友好热情。每天从清早营业至21:00

Hin Kok 湾

★ **Jep's Bungalow** Hin Kok 湾 ☎038 644112，Ⓦ jepbungalow.com 这家热门餐馆提供各种各样正宗的泰国美食（包括流行的青木瓜沙拉套餐，B150）、海鲜以及印度（咖喱鸡B120，及许多素食）、日本、意大利和墨西哥菜肴，餐桌都位于沙滩上的绿荫底下，树上装有美丽的灯饰，且在音乐背景中别有一种风情。此外还提供卡布奇诺和蛋糕。每天7:00~次日00:30

普拉奥湾（天堂海湾）

Buzz at Le Vimarn Cottages 普拉奥湾 ☎038 644104 Ⓦ www.samedresorts.com 这个非常精致的餐馆提供高评价高价位的泰国食物，包括各种沙拉、蘸酱和咖喱（B260起），你可在室内别致的现代风格餐馆用餐，也可在楼上露台用餐。而其附属的意大利餐厅价格过高。

诺依纳湾

Baan Ploy Samed 诺依纳湾 ☎038 644・88~9 这家海鲜餐馆坐落于吊脚木屋里，离海面有50米，有船夫会过来接客人过去。龙虾是这里的特色菜（B1500/千克），但也有许多其他便宜的菜肴，如青咖喱虾（B200）等。每天10:00~22:00

Summer at Baan Puu Paan 诺依纳湾 ☎081 172 4486 该餐馆就坐落在码头尽头处，非常神奇，且提供世界各地美食，从串烧鱼肉（B320）到面食和烩饭，多种多样。此外，还有一个摩洛哥风格的路边酒吧餐厅。每天8:00~22:00或更晚

4

附录

银行 岛上的自动取款机坐落在赛考海滩国家公园办事处附近的纳丹码头、翁多安湾和桑它依安湾；较大的平房度假村也会提供货币兑换服务。

紧急情况 沙美岛的卫生院和警察局（☎038 644111）位于纳丹主要街道，但如果病情严重，你需要去罗勇的Bangkok Rayong（☎038 921999 Ⓦ www.rayonghospital.com）。

网络 在纳丹主要街道的国家公园办事处附近有一些网络中心，其中有几家还提供Wi-Fi，此外几乎每个海滩上都会有网络中心。

邮局 位于欣角湾的Naga Bangalows旅馆。

庄他武里（Chanthaburi）

500年来，泰国东部山脉岩层里丰富的红宝石和蓝宝石矿藏吸引了全球各地的探矿者和贸易商，就聚集在班佩以东80千米处的**庄他武里**府同名府会城市（旧称尖竹汶）。其中许多人都选择在整个城镇安家立业，尤其是缅甸的掸族人及中国人和柬埔寨人。虽然如今贵重宝石的矿脉已消耗殆尽，但庄他武里宝石中心的名声有增无减，至今仍是泰国珠宝最有名的贸易点之一（其中大多数宝石都是从斯里兰卡及其他地区进口的），这不仅是因为庄他武里和曼谷一样，是非常有名的宝石切割中心，而且泰国宝石雕刻师被公认为是世界上技能最熟练且价格最实惠的雕刻师。此外，庄他武里还是个土地特别肥沃的城市，以其丰富的果园闻名，尤其是榴梿、红毛丹和山竹，每年5月或6月时，城镇都会用这些水果欢庆**水果节**。

庄他武里比较低调，并不特别引人注目。而且庄他武里的海岸线几乎都没有用作旅游开

发，但正是这里的宁静吸引了大批泰国游客。不过即使你不打算到此游玩，在经过几小时**汽车**旅程后，你也会发现自己可能就身处此地，因为这里是泰国东海岸交通线路的主要中转站（包括大多数往返于罗勇和达叻的长途汽车），也是往返于此地和泰国东北部汽车的总车站。

Rim Nam 路（Thanon Rim Nam）

庄他武里最有趣的街区都位于**河畔**，尤其是 **Rim Nam 路**，将色彩柔和的彩绘、殖民风格外观和传统的木质店屋完美融合在一起，而其中大多数都雕刻着精美的格子图案。这一片区域是信奉天主教的越南人社区聚集地，从 18 世纪至 20 世纪 70 年代后期，这些人因受到宗教迫害的波及而到此避难。而如今坐落在 Rim Nam 路南口人行桥对面的**圣母无原罪大教堂**（Church of the Immaculate Conception）是泰国最大的天主教堂，由第一批逃难至此的难民所建，现已翻修多次。

珠宝贸易区（The gem dealers' quarter）

珠宝贸易区的起点位置位于大桥西侧，以 Trok Kachang 和 Sri Chan 这两条街道（后者英文标记为“Gem Street”，宝石之街）为中心，共坐落着几十家珠宝商。一周的大部分时间都比较空荡，但在周五、周六和周日早上，这里就开始变得非常热闹，当地的宝石交易商们会早早到达此地，对微小的有色宝石堆进行筛选和分类，然后再将它们转售给从曼谷前来的购买商。

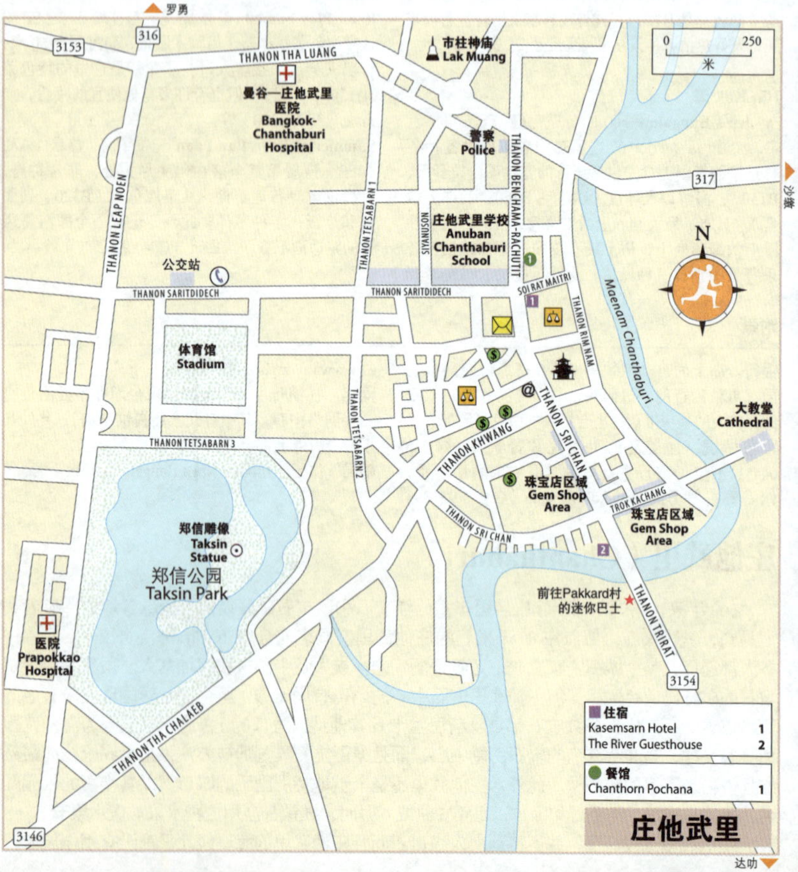

通过庄他武里进入柬埔寨境内

许多国外游客都会搭乘长途汽车选择亚兰—波贝线途经庄他武里进入**柬埔寨**境内（见 p.333 框中内容）。除此以外，庄他武里府还有两个不太常用的入口可前往边界东面的柬埔寨拜林镇。泰国 Ban Lem 的 Daung Lem 过境处位于庄他武里东北方向 88 千米（无公共交通经过），**Pakkard 村**（Ban Pakkard，又称 Chong Phakkat）的 Phsa Prom 过境处位于庄他武里东北方向 72 千米。每天早上都会有迷你巴士从庄他武里（就在 The River Guest House 旅馆南侧，过桥即可）出发前往 Pakkard 村（全程 1 小时；B150）。我们建议提前办好前往柬埔寨的电子签证，不过也可以在抵达边境后立刻办理为期 30 天的签证；如果通过这条线路进入泰国境内，你必须要出示接下来在泰国旅游的证明。

郑信公园（Taksin Park）

风景如画的**郑信公园**坐落在宝石贸易区与集市的西侧，既是城市的休闲娱乐区域，也是吞武里郑信国王的纪念馆，1767~1782 年，缅甸侵占了大城王朝，正是这位伟大的将军重新统一了泰国。庄他武里是缅甸在泰国东海岸的最后一个阵营，当郑信占领此城后，就正式取回了整个国家的控制权。在面值为 B20 的纸币后面印有郑信坐落在该公园的青铜雕像。

抵达和离开　　庄他武里

巴士 庄他武里汽车站（☎039 311299）位于 Saritdidech 路，市中心及市集西北方向 750 米。每天都会有 7 班巴士往返于景色秀丽的庄他武里和呵叻之间，途经沙缴，可换乘前往亚兰和柬埔寨的巴士（见 p.333 框中内容）。

抵达站 曼谷（汽车东站，至少每小时 1 班，全程 4~5 小时）；曼谷（全程北站；每天 13 班，全程 3~4 小时）；曼谷（素万那普机场；每天 5 班，全程 3 小时）；呵叻（每天 7 班，全程 6 小时）；兰喔（可通往阁昌岛；每天 3 班，全程 1 小时）；彭世洛（每天 1 班，全程 11 小时）；罗勇（每天 8 班，全程 2 小时）；沙缴（可通往亚兰；每天 10 班，全程 3 小时）；达叻（每小时 1 班，全程 90 分钟）。

4

住宿

Kasemsarn Hotel Benchama-Rachutit 路 98/1 号 ☎039 312340 ⓦwww.kasemsarnhotel.net 这家令人惊奇的当代酒店坐落于中庭中央，白色墙壁，深色木头，提供舒适的空调客房，配备热水淋浴、冰箱和电视；有免费 Wi-Fi，底楼还有免费电脑和精致的咖啡厅。**B800**

The River Guesthouse Sri Chan 路 3/5-8 号 ☎039 328211 这家深受游客喜爱的旅馆坐落于珠宝贸易区边缘，在路桥隔壁有一个河滨露台，可供应早餐。这里最便宜的客房很小且没有窗户，需共用冷水浴室；稍好一些的风扇或空调独立卫浴客房拥有电视机，但床比较窄，还有一些房间拥有河景阳台及热水淋浴。所有房间都有电脑和免费 Wi-Fi。风扇房 **B150**，独立卫浴风扇房 **B250**，空调房 **B400**

餐饮

集市上的食物小摊及河滨小巷会出售越南甜面酱春卷（cha gio）。而当地制作的庄他武里米粉（sen Chan）通常都用作泰国各地的泰式炒面，但在庄他武里，它们也是当地牛肉面汤 kway tiaw neua liang 的重要食材，黑乎乎的肉汤里带有刺鼻的草药味和辛辣味，还包括庄他武里山上种植的有名的小豆蔻。

Chanthorn Phochana Benchama-rachutit 路 102/5-8 号 目前为止，这是该城最好的餐馆，距离 Kasemsarn 酒店只有几百米，是泰国美食家们的直奔之地。除了出售庄他武里的精美纪念品外，此地还提供当地特色菜肴，如 lon puu（一种蘸有蟹酱的沙拉，B100）及当地牛肉面汤，还有各种口味的山药泥沙拉、泰国咖喱和小炒，其中多数食材取自当地草药和蔬菜。每天 8:30~21:00

庄他武里沿海地带（Coastal Chanthaburi）

庄他武里西部尚未开发的**沿海**地带非常美丽，空旷的沙滩及高大繁茂的木麻黄树深受泰国游客的喜爱，如果你有自己的交通工具，此地绝对值得一游。

孔维曼海滩及孔克莱比海湾（Hat Khung Wiman and Ao Khung Kraben）

孔维曼海滩（Hat Khung Wiman）位于庄他武里西南方向 30 千米 3399 号支路附近，

班佩以东 80 千米处，是一个宁静凉爽的红褐色沙滩，且拥有两个不错的住宿场所。从此地沿东南方向步行几千米，即可抵达**孔克莱比海湾**（Ao Khung Kraben）边缘，这是一个类似于礁湖的勺状深水海湾，偶尔会看到儒艮，而其边缘则是一片茂密的红树林。这一大片红树林沼泽属于一项泰国王室保护项目，中间有一条 1 千米长的木板路横穿此地；在凉季，你也可以租一艘皮划艇沿着设有路标的沿河小道划行。途中会经过海湾南部曲线的莱姆西恩（Leam Sadet）海岬。

孔克莱比海湾水族馆（Khung Kraben Bay Aquarium）

莱姆西恩海岬沙滩道路上的红树林项目对面 · 周二至周五 8:30~16:30，周六 & 周日 8:30~17:30 · 免费 · Ⓦ www.aquariumthailand.com

馆藏种类丰富的**孔克莱比海湾水族馆**（简称 KKB 水族馆）由泰国王室创办，展示了各式各样、五颜六色的珊瑚鱼，海马及少数较大的海洋生物，全都带有翔实的英文描述。

住宿　　孔维曼海滩

Al Medina Beach House 孔维曼海滩 Ⓣ 039 417105 Ⓦ www.almedinabeach.com 该别墅酒店总共提供 9 间十分别致的摩洛哥风格客房，所有房间都有空调、热水和 DVD 播放机，其中一些还带有花洒和浴缸。此外，酒店还提供自行车、皮划艇和 Wi-Fi 服务。房价包括早餐。B4550

★ **Faasai Resort** 孔维曼海滩 Ⓣ 039 417404 Ⓦ www.faasai.com 这家由新西兰—泰国人合力经营的度假村以环保意识为主题，是探索海岸的理想基地。其舒适温馨的空调平房坐落于美丽的热带花园内，可看到柬埔寨边境地带种满豆蔻的山脉，此外，酒店还提供泳池、Wi-Fi 及经过曼谷卧佛寺培训的按摩治疗师。特别值得一提的是，该度假村还有自己的私人湿地保护区，你可在里面观鸟，在天然温泉里游泳，或沿着溪流乘坐皮划艇。此度假村距孔维曼海滩仅有十分钟步行路程，且还会提供自行车、摩托车和小汽车租赁服务，并安排有趣的当地旅行。B1700

4

达叻（Trat）

这座悠闲舒适的**达叻**府的府会城市位于庄他武里东南方向 68 千米，是购买生活必需品、延长签证的最佳之地，或者你也可以在此稍作休息，然后再继续旅程。大多数游客会在此通过附近**兰喔**（Laem Ngop）地区的港口前往阁昌岛，或通过城镇东南方向 91 千米处的**哈特列克**（Hat Lek）边境地带前往其他外部群岛或柬埔寨。不过千万不要低估了达叻，它也有自己的独特之处，不仅可以带你领略古老泰国的魅力，还有许多温馨的酒店，让人流连忘返。

虽然在达叻并没有什么真正的景点，但在达叻运河下游坐落着历史悠久的街区，绝大多数旅馆及餐馆都聚集于此，且全都是古老的木质店屋以及狭窄小巷，洋溢着独特的氛围。而位于城市中央的室内市场也是不错的旅游场所。自行车休闲旅行的旅游重点大多都在城镇外部（详细方位及其他建议线路可询问 Cool Corner 餐馆），包括东南方向丹卡奥（Dan Khao）附近的红树林，以及达叻百货商场以西 2 千米建造于 17 世纪的**布帕壤寺**（Wat Buppharam），临水而立，十分壮观。

红树林（Mangrove forest）

在稍远一些丹卡奥附近，坐落着一片红树林，位于城市东南方向 5.5 千米，中间有一条设

黄油

达叻的**黄色草药油**混合物 yaa luang 闻名泰国各地，是由当地一位居民 Mae Ang Ki 发明的，泰国人用它治疗多种疾病：晕车或鼻窦阻塞之时可以闻一闻，在蚊子和白蛉叮咬部位涂一下可以止痒，也可减轻胃痉挛或为伤口消毒等。其成分包括樟脑和芦荟。在前往白蛉猖獗的岛屿前，可随身携带一支唇彩大小的这种药物；此药价值 B70 左右，而在达叻集市及其附近的 Tratosphere 书店的价格会高一些。虽然如今出现了一些仿冒品，但 Mae Ang Ki 发明的正牌产品（Ⓦ www.somthawinyellowoil.com）商标为一棵树，以暗示此产品经过王室认证。

有详细英文标志的木板路会带你穿过这片沼泽地；入夜后，这里还可以看到飞舞着的萤火虫，一闪一闪，非常浪漫。目前通往这条木板路的小道并没有英文标记，但沿着通往丹卡奥地区的道路往前，在 5.4 千米处的左手边可看见海豚雕像；再往前约 100 米右转即是通往红树林的木板路（如果你到了道路尽头处的河口，那么只需往回走 500 米左右即可）。

抵达和离开 达叻

飞机

达叻小型机场（☎ 039 535767-8）距离兰喔的阁昌岛码头约 16 千米，提供曼谷航空航班。机场提供直接前往阁昌岛的酒店的穿梭小巴，价格为 B470 / 人，包括船票（快艇 B700）。但是曼谷航空提供的前往达叻的公共空调小巴价格高达 B500 / 人，全程不到 30 分钟（不过至少他们会送你到入住的酒店）。

抵达站 曼谷（每天 3 班，全程 50 分钟）；苏梅岛（每周 4 班，全程 75 分钟）；普吉岛（每周 4 班，全程 3 小时）。

巴士

所有巴士最终都会停靠在 318 号公路达叻市中央东北方向 1.5 千米处，然后换乘双条车前往城市中央（B20，包车价格 B60）或抵达前往其他岛屿的港口（见下文）。前往曼谷胜利纪念碑的空调迷你巴士会从城镇北部 Vivatthana 路上的 7-Eleven 便利店出发；此外车站也提供一些迷你巴士前往哈特列克边境（见下文框中内容）。

抵达站 曼谷（汽车东站；每天 6 班，全程 4 小时 30 分钟 ~6 小时）；曼谷（汽车北站；每天 6 班，全程 4 小时 30 分钟）；曼谷（素万那普机场；每天 6 班，全程 4 小时 10 分钟）；庄他武里（每天

1班，全程90分钟）；芭堤雅（每天6班，全程4小时30分钟）；罗勇（每天6班，全程3小时30分钟）；是拉差（每天6班，全程5小时）。

乘船

有关前往阁昌岛、阁麦岛和阁骨岛的详细船运信息可参见相关章节内容。如果通过达叻旅馆预订船票，那么你可以要求接车服务（通常免费）。

途经兰喔

所有前往阁昌岛或部分前往阁麦岛的航船都会从兰喔这个小港口城镇的三个码头之一出发，位于达叻西南方向17千米（见p.360地图）：Thammachat码头和Centrepoint码头提供前往阁昌岛的汽车轮渡，而Kromaluang码头（Naval Monument码头）主要通往阁麦岛。从达叻车站搭乘公共双条车或从市中心的Sukhumvit路搭乘公共双条车出租车或空调迷你巴士即可抵达这些码头，价格为B50 / 人，包车价格为B250~300；如果不包车，那么车辆需等待60~90分钟，待满员后才出发前往码头。此外，这里还有许多直接前往兰喔的长途交通，途经达叻：从曼谷出发的空调汽车（全程5小时15分钟~6小时），或从汽车东站（Ekamai）出发，中途会经过素万那普机场和庄他武里（每天3~4班），或从考山路和华南蓬火车站出发（每天2班）；而从曼谷胜利纪念碑、汽车北站和汽车东站、素万那普机场及考山路出发的空调迷你巴士也会经过此地。

往返于达叻和Salak Pet的双条车

如果你想前往阁昌岛的东部海岸，可在达叻的KFC后面的寺院以及达叻百货商场直接搭乘双条车前往Salak Pet（B150，包括汽车轮渡）。

途经莱姆索库（Laem Sok）

部分前往阁麦岛以及几乎所有前往阁骨岛的航船都会从达叻以南30千米处的莱姆索库码头出发；若在达叻购买船票，可免费提供前往莱姆索库码头的运送服务，此外，莱姆索库双条车服务（全程30~60分钟）会从市中心出发（见p.355地图）。

途经丹卡奥村

少数前往外岛的航船会从丹卡奥村出发，位于达叻东北方向6千米的河口处；你购买的船票同样也应该包括前往丹卡奥码头的免费交通服务，不然你必须从达叻集市包租一辆双条车前往。

4

信息

旅游信息 达叻和阁昌岛的泰国旅游局办事处（每天8:30~16:30 Ⓣ 039 597259 Ⓔ tattrat@tat.or.th）位于兰喔地区，但任何一家旅馆都会为你提供有关前往岛屿或柬埔寨的相关交通信息。或者，你可以前往Kluarimklong巷23号的Tratosphere书店（Ⓣ 039 523200）询问这里博学多识的法国老板有关达叻和其他岛屿的旅游建议，详细信息可浏览他的网站 Ⓦ www.tratmap.com 此外你也可以访问Cool Corner餐馆浏览游客们的评价。

住宿

达叻地区的大多数旅馆都小而温馨，且会耐心解答游客有关其他岛屿及前往柬埔寨的相关问题。下列旅馆距离室内市场都不超过10分钟步行路程。

★ **Ban Jaidee** Chaimongkon路67号 Ⓣ 039 520678/083 589 0839 Ⓔ maneesita@hotmail.com 这家温馨宁静且相当时尚的旅馆仅提供9间简单客房，楼下有个精美的休息区。其中最美

通过哈特列克前往柬埔寨

许多游客都会通过**哈特列克—戈公边界**陆路进入柬埔寨境内。我们建议最好提前办好前往柬埔寨的**电子签证**（见p.26），然后搭乘公共交通工具前往，不过你也可以选择包价旅游前往西哈努克城及金边（B750~1000，可询问达叻的旅行社），然后在抵达边境后立刻办理一份为期30天的签证，但后者**上当受骗**的概率比较大（见p.333）。有关跨境的详细指南及两国边境的各种交通选项，包括诈骗手段等可查看 Ⓦ www.talesofasia.com/cambodia-overland.htm 网站和 Ⓦ www.thaivisa.com 论坛。

自助前往**哈特列克**的唯一方式是从西北方向91千米处的达叻车站乘坐迷你巴士前往（大致每45分钟1班，全程60~90分钟；B120）。哈特列克（泰国）及戈公（柬埔寨）位于Dong Tong河口两侧，但两岸之间有桥梁连接。一旦通过出入境管理局，可搭乘出租车抵达**戈公**（Koh Kong），然后再换车前往西哈努克及金边，如果没有赶上末班车（15:00左右），你可以先到达住宿旅馆。前往金边和西哈努克可搭乘**货车**、**长途汽车**及**公共出租车**，全程4~5小时。

丽的房间坐落于原建筑中，拥有抛光的木地板；而那些坐落在现代扩建建筑中的客房远离交通噪声。所有房间都共用热水浴室。免费 Wi-Fi。B200

Basar Garden Thoncharoen 路 87 号 Ⓣ 039 523247/087 402 4620 这家坐落于城镇尽头处茂密花园里的古老雄伟木质旅馆房屋提供宽敞美丽的独立卫浴客房。用褪色印染纱笼制作的窗帘又为之增添了一丝波西米亚氛围，且所有房间都有风扇及蚊帐。免费 Wi-Fi 及免费自行车出租。B250

Residang House Thoncharoen 路 87/1-2 号 Ⓣ 039 530103 Ⓦ www.trat-guesthouse.com 这家休闲舒适、装饰精美的三层楼旅馆建筑是由德国和泰国人合力经营的，性价比较高。客房宽敞明亮、干净整洁，且所有房间都装有窗户，有厚实的床垫、热水卫浴及 Wi-Fi；也提供家庭房。楼下可上网。风扇房 B300，空调房 B500

★ **Rimklong Boutique Hotel** Lak Muang 路 194 号 Ⓣ 039 523388 Ⓔ soirimklong@hotmail.co.th 这家舒适流行的酒店是简约当代风格，共提供四间底层客房（外加一公寓），设备齐全：空调、热水、有线电视、冰箱和免费 Wi-Fi。位于边上的房间比中间两个正对 Lak Muang 路的房屋隐密性要好一些。接待处的咖啡厅有一个蒸馏咖啡机器，但你必须自己从外面买早餐。B800

餐饮

达叻最好、最便宜的两处**用餐场所**位于 Sukhumvit 路的白日室内市场及 Sukhumvit 路东面 Vichidanya 巷和 Kasemsan 巷之间的夜市（17:00~22:00 左右）。

★ **Cool Corner** Thoncharoen 路 49-51 号。这家餐馆是由当地异味作家/艺术家单独经营的，非常有个性，装饰有美丽的手绘图案，主要提供独特的纯咖啡、印度茶、特色素食、丰盛早餐及精美泰食（包括鸡肉腰果，B90）。听听优美的音乐，细读游客的评论内容，是消磨时光的好地方。每天 7:00~22:00 左右，有时中午不营业

Kluarimklong Kluarimklong 巷。这个环境优雅的用餐点无论是从设计还是从菜单上都更倾向于曼谷风格，与其附近的 Rimklong 精品酒店归同一老板所有，既有室内餐区也有庭院用餐点。提供美味高档的泰国食物，包括蒸煮的 haw mok thalay 椰子海鲜咖喱（B80）及各种辣沙拉和冬荫功汤。每天 11:00~22:00

Raan Ahaan Mangsawirat 没有英文标记，就位于 Chaimongkon 路 Ban Jaidee 旅馆附近的小巷里。这家非常便宜的泰国素食餐馆没有多余的装饰，你可以从橱柜里选择两份蔬菜咖喱、小炒或汤炖菜肴，价格在 B30 左右包括米饭。每天从清晨营业至 13:00/14:00 左右

4

购物

Tratosphere Kluarimklong 巷 23 号 Ⓣ 039 523200 这家由法国人和泰国人合力经营的场所楼下是大多数二手书店，提供大量翔实的当地信息；你也可在此买到泰国各地古玩，以及 Mae Ang Ki 发明的黄油。每天都会营业，时间不定

附录

紧急事件 可拨打 24 小时免费电话 Ⓣ 1155 寻求旅游警察的帮助，其在兰喔有一个办事处。

医院 该地区最好的医院是曼谷—达叻私人医院（Ⓣ 039 532735 或免费的 Ⓣ 1719 Ⓦ www.bangkoktrathospital.com），隶属于曼谷医院集团，提供急救设施；位于达叻百货商场以北 1 千米处的 Sukhumvit 高速公路。

出入境管理局 坐落于泰国旅游局办事处以西 100 米的兰喔地区（周一至周五 8:30~16:30 Ⓣ 039 597261）。

旅行社 Sukhumvit 路的 Koh Chang Travel 旅行社可预订国际和国内机票（Ⓣ 039 531420 周日不营业）；此外他们还会安排岛上住宿，安排前往达叻机场的出租车以及前往柬埔寨的交通运输，且会提供当地信息。

阁昌岛（Ko Chang）

阁昌岛边缘是一系列狭长的海滩，以白色沙滩为主，而岛屿中央丛林密布的山丘拔地而起，高达 700 多米，虽然阁昌岛发展很快，但至今仍保持生态完好。阁昌岛是泰国的第二大岛屿，仅次于普吉岛，但与之不同的是，阁昌岛陡峭且茂密的树林**深处**并没有村庄和旅游设施，只有一些河流、瀑布以及由阁昌岛国家公园赞助建造的山间小径。随着国家公园的范围

扩大至阁昌岛群岛的其他 40 多座岛屿，其海洋环境得到了保护。但阁昌岛本身的海岸在过去十年中发生了翻天覆地的变化，已成为旅游的主要目的地，挤满了背包客以及从芭堤雅分流过来的游客，同样也不可避免地出现了价格过高及体系结构不当的现象。即便如此，你还是会找到各种经济型旅馆；虽然海滩上比较拥挤，但不可否认的是，沙滩真的很美，可游泳海中，可漫步沙滩，也可在棕榈树下小憩一番。

阁昌岛南北走向共长 30 千米，有许多海岸值得探索。阁昌岛最漂亮、最拥挤的**海滩**位于西部海岸，这里的**白色沙滩**（赛考海滩）吸引了大多数游客前来这里的高档酒店以及日益昂贵的中档旅馆入住；稍小一些的**卡贝海滩**也非常拥挤。大多数背包客会选择**孤独海滩**（官方名称为 Tha Nam 海滩），不仅有便宜的路边游客住宿村庄，还可欣赏到非常有名的海滨聚会场景；而那些喜欢追求宁静氛围的游客会前往悠闲舒适的**库隆普拉奥海滩**，这条漫长且美丽的沙滩可通往大多数木屋住宿地，以及**邦堡湾**，在其突码头处坐落着一个小村庄，拥有美丽的景色，而其附近则是宁静的**库隆格洛伊海滩**。每个海滩都有**货币兑换**场所，且大多数海滩还有**自动取款机**，以及迷你集市、旅行社、潜水店铺、上网机构、服装店及纪念品店铺等。大多数设施项目都集中在白色沙滩及卡贝海滩。

在旅游**旺季**期间，每个海滩住宿场所的房间都非常紧张，因此最好提前预订。而在 6~10 月，阁昌岛相对就要宁静得多（消费也便宜），这段期间经常狂风暴雨，让人心惊胆战，不过大晴天也是很常见的；季风季节期间，一定要对各海滩的急流特别小心。

南部海滩上**白蛉**肆虐，令游客不胜其扰；在 4 月和 5 月，还要当心西部海岸的**水母**以及**蛇类**，例如在通往岛屿深处杂草丛生的小径上沐浴阳光的眼镜蛇。其他危险还包括入室**抢劫**：一定要在行李上使用自己的挂锁（如果可以，在门上也使用挂锁），当然最好的方法是使用酒店的保险箱。在经过当地的根除计划后，英国和美国的卫生部门一致认为阁昌岛已远离疟疾。

抵达和离开 阁昌岛

从内地前往阁昌岛可选择在达叻西南方向 17 千米处的兰喔海岸乘船；有关兰喔的交通详情请参阅 p.356。通常情况下，前往阁昌岛的旅游巴士和迷你巴士车票价格中包括渡船及抵达后将你运送至酒店的免费交通服务。旅游旺季期间，阁麦岛和阁骨岛也会提供前往阁昌岛的船只。抵达阁昌岛后，双条车公共出租车会在 Dan Khao 码头及 Ao Saparot 渡口码头等待游客，并将游客运送至西部海岸沙滩（B50 抵达白色沙滩，25 分钟；B100 抵达孤独沙滩，1 小时；B150 抵达邦堡湾，75 分钟）。离开时，你可在主要道路等待双条车，也可让旅馆帮你预订一辆双条车（需额外支付一小笔费用，通常是 B20）。如果你想前往阁昌岛东部海岸，可使用达叻中心的双条车服务（见 p.356）。

船舶和飞机

曼谷航空会提供穿梭车从阁昌岛的海滩出发经渡口搭乘船舶前往达叻机场（B470 / 人，快艇 B700；见 p.355）；其办事处位于赛考海滩中央位置 ⓣ 039 551654。

搭乘船舶途经兰喔

兰喔—阁昌岛之间的主要航线是由两家不同的汽车渡轮公司从两个不同的码头运营的。船票价格比较低，且经常会变动：单程价格在 B80~120 / 人左右，或者整艘船 B200 左右，但后者最后定价变动很大。Centrepoint Ferry 公司（ⓣ 039 538196）提供从兰喔以西 3 千米的 Centrepoint 码头出发前往 Dan Khao 码头的渡船；Ferry ko Chang 公司（ⓣ 039 518588/039 555188）更加流行，提供从兰喔以西 9 千米的 Thammachat 码头出发前往 Ao Saparot 码头的渡船。

抵达站 Thammachat 码头—Ao Saparot 码头（25 分钟）；Centrepoint 码头—Dan Khao 码头（45 分钟）。营运时间为 6:00/6:30~18:00/19:00，高峰期间每小时 1 班，其他时间 2 小时 1 班。

从阁昌岛搭乘船舶和巴士

阁昌岛上的每个旅行社都会提供各种各样从阁昌岛出发前往其他旅游目的地的巴士和空调迷你巴士包价行程（包括渡轮）——我们列出了最主要的线路。其中大多数（最好查证一下）都会包括双条车前往酒店的接车服务，如果你选择从主要港口搭乘大巴前往，那么会有迷你巴士去酒店接你，然后搭乘渡轮就可以抵达目的地。

右页图从上往下顺时针顺序依次为：阁麦岛（见 p.371）；阁西昌岛的山神庙顶塔（见 p.335）；阁西昌岛的阿萨当寺（见 p.334）>

福如東海
壽比南山

抵达站 曼谷（前往考山路的大巴车，B300，不包括前往渡口的双条车费用；前往考山路的迷你巴士，B650；前往Sukhumvit路的酒店的迷你巴士，B800；全程5小时左右）；曼谷素万那普机场（大巴B450；迷你巴士B800；全程5小时左右）；班佩（通往沙美岛，迷你巴士B600；全程3小时30分钟）；芭堤雅（迷你巴士B600；全程4小时30分钟左右）；柬埔寨（搭乘迷你巴士前往暹粒，在边境处换车，B600；全程10小时左右）。

搭乘船舶途经阁麦岛和阁骨岛

旺季期间，Bang Bao Boat公司（☎087 054 4300 ⓦwww.bangbaoboat.com）提供从阁昌岛邦堡湾前往玛岛Suan Yai湾Koh Mak Rosoit的木船，以及前往Koh Mak Rosoit和阁骨岛西部海岸的快艇。船票包括阁昌岛西部海湾及邦堡湾之间的交通费用。还有其他几家公司在旺季期间也有提供类似的往返于岛屿之间的快艇（价格相同），包括Kai Bae公司和Leelawadee公司，提供船只从阁昌岛的卡贝海滩出发，途经阁麦岛

Kao 湾 Makathanee Rosoit 酒店，最后抵达阁骨岛西部海岸。最新详细信息可咨询阁昌岛的旅行社以及阁麦岛和阁骨岛旅馆。

邦堡船运公司抵达站 阁昌岛—阁麦岛木船（9月~次年6月，约每天1班；全程90分钟~2小时；B400）；阁昌岛—阁麦岛快艇（9月~次年6月，每天2班左右；全程1小时；B550）；阁麦岛—阁骨岛快艇（约1小时；B400，阁昌岛直接前往阁骨岛B900）。

周边交通

双条车 岛上有一条铺面道路几乎覆盖了岛屿各地，可通往所有海滩，沿途有许多白色公共双条车可搭载乘客。票价根据乘客数量及目的地的距离而定（通常在B50~150/人），但有时，特别是前往偏远海滩时，你必须耐心等待满员后才能出发，或者你可以包下整辆车。

摩托车或小汽车 每个海滩都提供摩托车（B250起）和小汽车（B1000起）租赁服务，但道路险峻陡峭且有各种急转弯，非常危险，此外这里的司机经常酒后驾车，开车鲁莽，几乎每天都会发生交通事故且经常致人死亡，因此如果你经验不足请不要自驾前往。

山地自行车 可在差雅彻海岬的VJ Plazn广场上的Ko charg Gym体育馆对面租借到山地自行车。

信息

旅游信息 Whitesands出版社（Ⓦ www.koh-chang-guide.com）提供大量详细免费地图以及阁昌岛季度旅游指南，是不错的信息来源，此外该出版社网站上还提供住宿预订服务，但如果想知道更多独特的见解及建议，可查看一位阁昌岛居民编制的Ⓦ www.iamkohchang.com。

附录

诊所 24小时工作的阁昌岛国际诊所（Ko Chang International Clinic Ⓣ 1719/039 532735 Ⓦ www.bangkoktrathospital.com）坐落于白色沙滩南端，Plaloma Resort以南1千米处；提供救护车及牙科部门，且会将病情严重的病人送往其位于达叻的总部曼谷—达叻医院。

邮局 位于白色沙滩南端前面的主要道路上（周一至周五10:00~12:00&13:00~18:00，周六10:00~13:00）。

旅游警察 库隆普拉奥海滩北端（Ⓣ 1155）。

旅行社 位于赛考海滩曼谷航空及Kert Manee巷之间的Ko Chang Ailverture Trarel旅游公司（Ⓣ 039 551389/089 247 6834）服务齐全，提供机票、酒店预订、一日游行程、离开交通、汽车和自行车租赁以及海外电话和上网等。

4

白色沙滩（White Sand Beach）

赛考海滩（Hat Sai Khao）在低潮时可看到精美的白沙带，因此通常又称为**白色沙滩**，而其四周围绕着木麻黄和棕榈树，在茂密山林的映衬下更显美丽脱俗。白色沙滩共有2.5千米长，是阁昌岛最长的海滩，且商业氛围浓重，坐落着许多中档和高档酒店及平房，全都聚集在海滨沿岸，此外在道路内侧还排列着几十家店铺、旅行社、酒吧和餐馆。海滩偏远的北端氛围更加休闲宁静，深得游客喜爱，但在KG Grands酒店附近，聚集着大量经济型住宿，风格独特，且几乎所有房间都可欣赏到美丽的海景。此地的另一好处就是远离道路，因此听不到来往的交通噪声。除此以外，该沙滩还坐落着一些低调的酒吧，中央海滨地带的酒吧较多，这些酒吧与赛考海滩南部Plaloma Cliff Resort酒店的巴蒂亚风格酒吧截然不同，没有丝毫的色情元素，令人感觉舒适。赛考海滩的水流速度很急，且没有救生员服务，因此游泳时一定要注意安全。

住宿

白色沙滩

Arunee Resort 从白色沙滩穿过马路即可抵达 Ⓣ 039 551075 Ⓔ aruneeresorttour@hotmail.com 见p.363地图 该度假村共提供16间设施简单且带有阳台的小客房，坐落于赛考海滩中间地区分隔开的连排式木质房屋里，且所有房间都有床垫、风扇及小独立卫生间，价格实惠。度假村老板非常亲切，可提供旅游咨询服务，门前还设有网店。B500

Cookies Hotel 白色沙滩 Ⓣ 081 861 4227 Ⓦ www.cookieskohchang.com 见p.363地图 这家酒店提供物美价廉的酒店式住宿，就位于海滩正中间。总共有两处住房，马路对面的房间比较单调，从落地

阁昌岛的活动项目

每个海滩上的旅行社或旅馆都会提供下述大多数活动。白兰湾（见 p.369）和萨拉柯（见 p.370）有许多水疗中心；你也可以在群岛（见 p.364）之间浮潜或潜水。

象营

该岛屿又被称为象岛，因为这里的山峦轮廓很像大象，同时岛上也坐落着几个象营，生活着一些以砍伐森林为生的居民，可让游客体验骑大象并为它们洗澡。

Ban Kwan Chang（Khlong Son）象营 位于库隆颂村（Khlong Son）东侧 ☎081 919 3995（与库隆普拉奥海滩的 Baan Chang Thai 是不同的两个地方） 这个象营坐落在岛屿北部的树林地带，氛围宁静，是阁昌岛最好的象营。象营是由亚洲大象基金会的创办人所建，这里的工作人员都是 Suay 地区的象夫，大象也都来自泰国东北部的塔卡侬村，几百年来一直都是大象中心（见 p.401）。上午，游客可以骑乘 40 分钟的大象，穿过临近的大农场（B500）或延长至 1 小时，包括给大象喂食及洗澡（B900）；下午，可以花费 B450 骑乘 35 分钟大象。往返于酒店和象营之间的交通费用包含在内。在此行程基础上，你还可以步行 300 米抵达距离象营 500 米的 Nang Yom 小瀑布，但相比之下，库隆普拉奥海滩的库隆普瀑布（见 p.365）更加壮观美丽。

皮划艇

Kayak Chang 位于库隆普拉奥海滩的 Aman'Emerald Cove Resort 酒店内 ☎087 673 1923 Ⓦwww.kayakchang.com 这家由英国人经营的皮划艇公司组织良好且有安全保障，提供当地半日游（B1500）和一日游（B2100）旅行，而群岛周围探险项目可长达 7 天，此外还提供皮划艇课程及租赁服务。往返于酒店和海湾之间的交通费用包含在价格内。

瑜伽

Baan Zen 库隆普拉奥海滩 ☎086 530 9354 Ⓦwww.baanzen.com 提供时长 90 分钟的私人瑜伽课程（B900）及短期课程（3 天 B5500 起），此外还提供灵气课程。

烹饪课程

KaTi Culinary 烹饪学校 库隆普拉奥海滩 ☎039 557252 Ⓦwww.kati-culinary.com 我们推荐的 KaTi 餐馆的厨师会教授备受推崇的烹饪课程（周一至周六；B1200，包括食谱及前往白色沙滩及卡贝沙滩的交通运输）。

4

窗往外看只能看到一些店铺及来往交通车辆。多支付 B500 可得到底楼能看到海景的高级客房，附近有海滨泳池。房间宽敞舒适，且都配有空调、热水、电视、冰箱及阳台。B2000

KC Grande Resort 白色沙滩 ☎039 551199 Ⓦwww.kckohchang.com 见 p.363 地图 这家阁昌岛上最大、最贵的酒店占据了北部海滨的大部分区域。住宿房间从坐落在美丽海滨花园里的空调联排平房至三层楼高酒店建筑里昂贵的客房，其中一些可看到海景，多种多样。酒店设施高档齐全，包括泳池、SPA、免费 Wi-Fi 及酒吧，晚上还有现场乐队表演。价格包括早餐。B4500

Maylamean Bungalows 白色沙滩 ☎082 257 6271 见 p.363 地图 在北部海滩悬崖边聚集着的众多简陋平房中，这家平房酒店不仅拥有亮丽多彩的图案，还带有独立浴室以各种木屋，就建立在陡峭的悬崖边，相比其周围的住宿场所，这里的房间更宽敞，隐蔽性也更好。B450，热水淋浴 B800

Penny's Bungalows 白色沙滩南端，邮局后面的小巷里 ☎039 551122 Ⓦwww.penny-thailand.com 见 p.360 地图 这家温馨舒适的酒店由德国人经营，就坐落于珍珠海滩（Hat Khai Mook）上，这片海滩只是赛考海滩的一个延伸地带，地质多岩石。酒店格局紧凑，装饰华丽，设施齐全，包括美丽的儿童泳池及按摩池，酒店提供干净整洁的平房和酒店风格客房，所有房间都带有空调、热水、电视、冰箱及一些装饰用品；位于海边的客房面积较小，价格较便宜。餐厅里有免费 Wi-Fi，可延伸至个别房间。B1200

★ **Saffron on the Sea** 白色沙滩南端，位于 Penny's Bangalows 酒店（见上文）北面，中间相隔 3 家 ☎039 551253 Ⓔkochangsaffromonthesea@yahoo.com 见 p.360 地图 这家酒店坐落于美丽奢华的花园，前面是一家精致的餐馆（见 p.364），共提供 7 间温馨舒适且带有空调、热水、电视和冰箱的客房；较便宜的房间看不到海景。服务人员亲

切友好，餐厅里还提供免费 Wi-Fi，此外还可享受免费皮划艇及浮潜活动。B1600

Star Beach 白色沙滩 ☎087 558 4085 见右侧地图 该设备简单且装饰华丽的夹板小屋紧靠岩壁，就坐落在海滩北面安静的沙滩之上。客房设施虽然简单，但都带有独立卫浴（其中一些提供热水淋浴），且可享受高层海景及阵阵微风。B500

White Sand Beach Resort 白色沙滩 ☎081 863 7737 www.whitesandbeachresort.net 见右侧地图 这座度假村坐落着一条长而美丽的海滩上，至今还没经过商业开发，提供许多美丽的客房，其中大多数都拥有壮观的海景。客房内饰简单，但有空调、木地板、热水淋浴、电视、冰箱，是典型的当代风格。度假村中不仅弥漫着平静的海滩氛围，而且舒适温馨且价格实惠，距离酒店设施也不远，步行10分钟即可抵达，是性价比最好的酒店。如果搭乘双条车前往此地，可在 KC Grande 旁边的 7-Eleven 便利店下车，然后再打电话让酒店来接。B1500

餐饮

15 Palms 白色沙滩 ☎039 551095 www.15palms.com 见右侧地图 这家餐馆是这一带最流行的餐馆之一，餐桌都位于沙滩上，旅游旺季期间，每天晚上都会有火舞表演，周二和周六则有异装癖表演。每天晚上都有新鲜海鲜烧烤（B350），此外还提供泰国、意大利及墨西哥餐点服务，所有食材都是用进口啤酒和各种鸡尾酒清洗的。免费 Wi-Fi。每天 8:00~次日 1:00

Hungry Elephant 海滩南端，邮局以北，跨过马路即可 见 p.360 地图 这家低调的路边餐馆提供精致的法式和泰式菜肴，在当地外籍人士中深受欢迎。这里的泰国厨师曾在曼谷的法国领事馆接受过培训，且提供可口的牛排，配料有花椒、烤大牛排及奶油白兰地，其中大多数价格在 B300 左右。每天 10:00/11:00~22:00 左右

Norng Bua Seafood 白色沙滩主要道路 见右侧地图 这家设施简单的流行餐馆提供各种海鲜面汤、炒面及炒饭等（B45）；其他海鲜食物 B100 起价。每天 7:00~22:00

Oodie's Place 白色沙滩主要道路 见 p.363 地图 这家餐馆提供阁昌岛最有名的现场音乐，大多数晚上都会演奏蓝调、摇滚、雷鬼及布鲁斯音乐，外加泰国食物（B80 起价）、比萨（B200 起价）及法国食物（B300 起价）。每天 16:00~次日 1:00

Pen's 白色沙滩 见右侧地图 这家坐落于北部平房聚集地的海滨小餐馆提供非常美味实惠的自制泰国食物（咖喱 B80~100），及西式早餐。每天 8:30~21:30

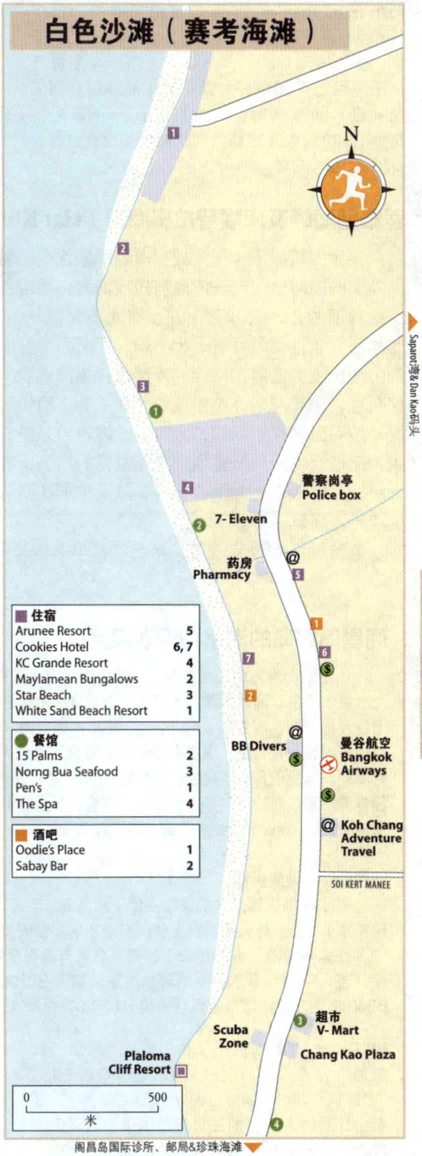

Sabay Bar 白色沙滩 www.sabaybarkohchang.com 见上侧地图 这是阁昌岛经营时间最久的酒吧之一，你可选择坐在凉爽的空调室内，观看每天晚上都会表演的现场音乐，也可以选择坐在沙滩上的座椅或靠垫上，通过室外扬声器聆听音乐。但是，这里的收费非常高。此外，酒吧还会在沙滩上举行火技杂耍表演和满月派对。每天 18:00~次日 2:00

Saffron on the Sea 海滩南端邮局背后，位于Pen's酒店（见p.363）北边，中间隔开三户人家 ☎039 551253 见p.360地图 这家餐厅位于美丽的海滨甲板，以其美味的泰国食物深受欢迎，如绿咖喱（B180）和nam tok猪肉沙拉（B150）；此外还提供法式面包及面食。每天7:30~21:30左右

The Spa 白色沙滩主要道路 见p.363地图 这家水疗中心度假村（见p.371）附属的精致餐厅环境温馨舒适。大多食物都是素食以及有机食物，其中包括美味的生姜坚果小炒（B140）、煎蛋、海鲜、早餐及墨西哥菜肴。此外，这里还提供许多健康饮料和特浓咖啡。每天10:00~22:00

差雅彻海岬及库隆普拉奥海滩（Hat Khlong Phrao & Laem Chaichet）

赛考海滩以南4千米处坐落着风景优美的**差雅彻**岩石海角，蜿蜒曲折，一直延伸至阁昌岛最美的海滩之一——**库隆普拉奥海滩**，周边种满了木麻黄树，至今仍保持得有条不紊。至少到目前为止，该沙滩上并没有太多餐馆、酒吧和商店，只要在路边海滨地带有一些别致的酒店。差雅彻海岬有一小港口，在南面穿过海湾即是一大片美丽景色，内陆则是树林茂密的山地丘陵。坐落在南面的库隆普拉奥海滩有一条长1千米的美丽海滩，中间被一条运河横穿而过，在其河口处则坐落着一些吊脚楼房和海鲜餐馆。你可在沙滩上任一店铺租借到皮划艇，然后自助探索河口，入夜后，你也可以逆流而上，欣赏两岸兰普树丛中一闪一闪的萤火虫。穿过河口即可抵达南部一条常常的海滩，有木麻黄树覆盖，以一大片椰子林为背景，与大海相互辉映，宛如画作一般；从此地前往路边商店和餐馆，至少需要走1千米，且道路坑坑洼洼，高低不平。

差雅彻海岬及库隆普拉奥海滩都坐落着一些带有**自动取款机**的路边度假村、迷你市场、

阁昌岛群岛的潜水和浮潜项目

由于泰国海湾内部每天仅有一次主潮，因此阁昌岛群岛的珊瑚礁不像安达曼海岸那样丰富多彩，潜水点也不多，而且经常挤满了人，但确实非常适合一日游。阁昌岛群岛最主要的潜水和浮潜地点位于阁麦岛西侧、阁兰岛（Ko Rang）附近的国家海洋公园及其附属小岛。一般初学者所在地带的景观以硬珊瑚和海葵为主，深度在4~6米，经常可看到大量珊瑚鱼，还有成千上万的鲱鱼群，偶尔还可看到海鳗，当然还有适合有经验者的更具挑战性的25米潜水，布满剑锋石林。此外，群岛地带的水底还静静停泊着“二战”时期的一些日本沉船，甚至还有一些有几百年历史的中国商船。在阁昌岛的卡贝海滩附近的Yuak岛周围的大部分珊瑚都是死的，但一些旅行社仍然会为游客安排到此地的旅行线路。

阁昌岛潜水设施店铺

潜水设施店铺最大的集中点位于阁昌岛，但阁麦岛和阁骨岛上也有类似店铺（详细信息请查看相关章节）。此外，阁昌岛上的所有潜水店都会安排交通工具前往任一海滩接客户。

在大海波浪不大的情况下，阁昌岛运营商可全年提供旅游，但是在季风期间（6~9月），能见度较差，不适合潜水。当地潜水旅游价格为B2700~2900两罐气瓶，或可跟随前往浮潜，价格为B850起。开放水域潜水课程价格B14500，为期4天，支付B4500则可享受为期1天的体验介绍。

BB Divers 办事处位于孤独海滩、库隆普拉奥海滩及白色沙滩，总部位于邦堡 ☎086 155 6212/ 039 558040-1 🌐www.bbdivers.com 这家由比利时人经营的五星级潜水中心以环保为理念，是国际专业潜水教练协会成员，且提供获得认证的暗礁检查设施，使用的是渔船（带有阳光甲板）而非快艇。在孤独海滩的Barrio Bonito还提供有住宿服务（见p.368）。

Scuba Zone 其办事处位于白色沙滩、卡贝海滩及孤独海滩 ☎039 619035 🌐www.scuba-kohchang.com 这家由英国人经营的五星级潜水中心持有国际专业潜水教练协会证书，提供技术潜水和沉船潜水两种课程。

浮潜

从11月~次年5月期间，有好几家公司提供前往阁昌岛、阁外岛（Ko Wai）和阁兰岛附近岛屿的珊瑚礁浮潜旅游。每个海滩上的旅行社都会提供浮潜行程，票价在B600~1500，根据船只大小（在旺季有些船只甚至可搭载百人）及访问岛屿数量而定。通常，所过岛屿越多，浮潜时间就越少，不过几乎所有人都会去阁兰岛附近浮潜。

旅行社、潜水中心、上网中心、店铺及餐馆。**旅游警察**在此有办事处，就位于库隆普拉奥海滩的南端，距离卡贝海滩旅游休闲度假村以南只有几百米。

库隆普瀑布（Khlong Phlu Falls）

主要道路以东 2 千米 · B200

河流自库隆普拉奥海滩上游开始，将海滩划分为两大落差，形成阁昌岛最有名的**库隆普瀑布**（Nam Tok Khlong Phlu）。按照路牌标记你可以抵达内陆停车场及一些熟食小摊，然后购买国家公园门票，步行 5 分钟即可抵达 25 米高的库隆普瀑布（雨季期间更加美丽），湍湍的流水最后涌入了一个清澈见底的水池，四周有平滑的岩石围绕。

住宿

差雅彻海角及喀仆瀑布

Amari Emerald Cove Resort 库隆普拉奥海滩 ☎039 552000 🌐www.amari.com 见 p.366 地图 这家泰国顶级的连锁酒店位于海滩南部，景色秀丽，且非常宁静，酒店设施包括种满棕榈树的沙滩露台、SPA 馆及巨大的海边泳池，带有奢华的按摩浴缸。酒店客房位于 3 层楼高的建筑中，周围是水池、热带花园及礁湖，富丽堂皇，铺有木地板并带有阳台。**B4980**

Baan Rim Nam 库隆普拉奥海滩 ☎087 005 8575 🌐www.iamkohchang.com 见 p.366 地图 这家宁静舒适，景色秀丽的独特旅馆是由渔家房屋改建而成，位于红树林步行道尽头处。该旅馆是由一位英国作家经营的，创办了阁昌岛最好的网站，仅提供 5 间舒适的空调客房，不仅有热水浴室和免费 Wi-Fi，还可享受运河边的乡村美景，但没有餐馆。这里离沙滩只不过几分钟步行路程，离库隆普拉奥海滩主要设施场所 20 分钟步行路程，此外还提供皮划艇租赁服务。**B800**

Barali Beach Resort 库隆普拉奥海滩 ☎039 557238 🌐www.baralikohchang.com 见 p.366 地图 这家非常豪华的度假村酒店位于海滩南部，提供设计精美的巴厘岛风格客房（其中一些带有私人泳池），房间设施包括四柱床、下沉式浴缸及大量抛光木质装饰家具，酒店设施包括海滨无边泳池及 SPA 馆。**B4330**

Koh Chang Paradise Resort 差雅彻海岬 ☎039 551100-1 🌐www.kohchangparadise.com 见 p.366 地图 这家差雅彻海岬最大、最流行的住宿酒店位于道路和海岸之间，占地面积广，因此无论是前往海滩还是商店及餐馆，交通都很方便。度假村水泥酒店式客房设计简约大方，温馨舒适，装有落地窗和空调。一些房间还带有私人泳池，此外酒店设施还包括中央泳池及 SPA 馆。**B4425**

KP Huts 库隆普拉奥海滩 ☎084 077 5995 Ⓔkp_huts2599@hotmail.com 见 p.366 地图 该旅馆共提供 50 间小木屋，虽然设施简单，但坐落于美丽的海滨椰子林，四周绿草如茵（距道路约 1.5 千米），可看到大片海景。即使一些最便宜的房间（需共用浴室）也位于海边，还有一些客房坐落在吊脚楼上，可将全部海景尽收眼底；所有独立卫浴小屋都提供热水淋浴，其中包括家庭房。提供上网服务。共用浴室房 **B400**，独立卫浴房 **B700**

Tiger Hut 库隆普拉奥海滩 ☎084 109 9660 见 p.366 地图 该旅馆是阁昌岛上为数不多的几家老式经济型旅馆之一，就坐落于运河南部的沙滩花园里，沿着主要道路的岔道步行 2 千米左右即可抵达。这里的隔板竹屋内饰简单，提供蚊帐、床及浴室，而酒店餐馆和酒吧的餐桌则位于泳池旁。共用浴室房 **B300**，独立卫浴房 **B600**

4

餐饮

KaTi 库隆普拉奥海滩主道 ☎039 557252 见 p.366 地图 这家兼任烹饪学校的餐馆（见 p.362）提供非常美味的泰式菜肴，还有少许西方美食，包括各种海鲜，matsaman 鸡肉咖喱（B150）及 laap 牛肉沙拉（B120），外加各种美味的自制冰激凌和泰国甜点。周一至周六 11:00~15:00& 18:00~22:00，周日 18:00~22:00

Tonsai 库隆普拉奥海滩主道 见 p.366 地图 这家温馨舒适、服务周到的餐馆氛围轻松闲适，提供菜肴包括 matsaman 咖喱（B150），一些美味的泰国开胃菜、面食、各种素食及至少 50 种鸡尾酒。周一 17:00~22:00，周二至周日 11:30~22:00

卡贝海滩（Hat Kai Bae）

这片狭长美丽的**卡贝**白色沙滩风景如画，在浅蓝色海水及大片棕榈树映衬下仿佛人间仙境，但海岸边挤满了平房旅馆，显得异常拥挤，且每当涨潮时，整个海滩就会被海水淹没。该海滩被运河及岩石点一分为二，而绝大多数住宿场所坐落在南半部。海滩最南端可看到 Man Nai 岛的美丽海景，从 Porn's Bungalows 酒店沿岸乘坐皮划艇不到半个小时即可抵达其沙

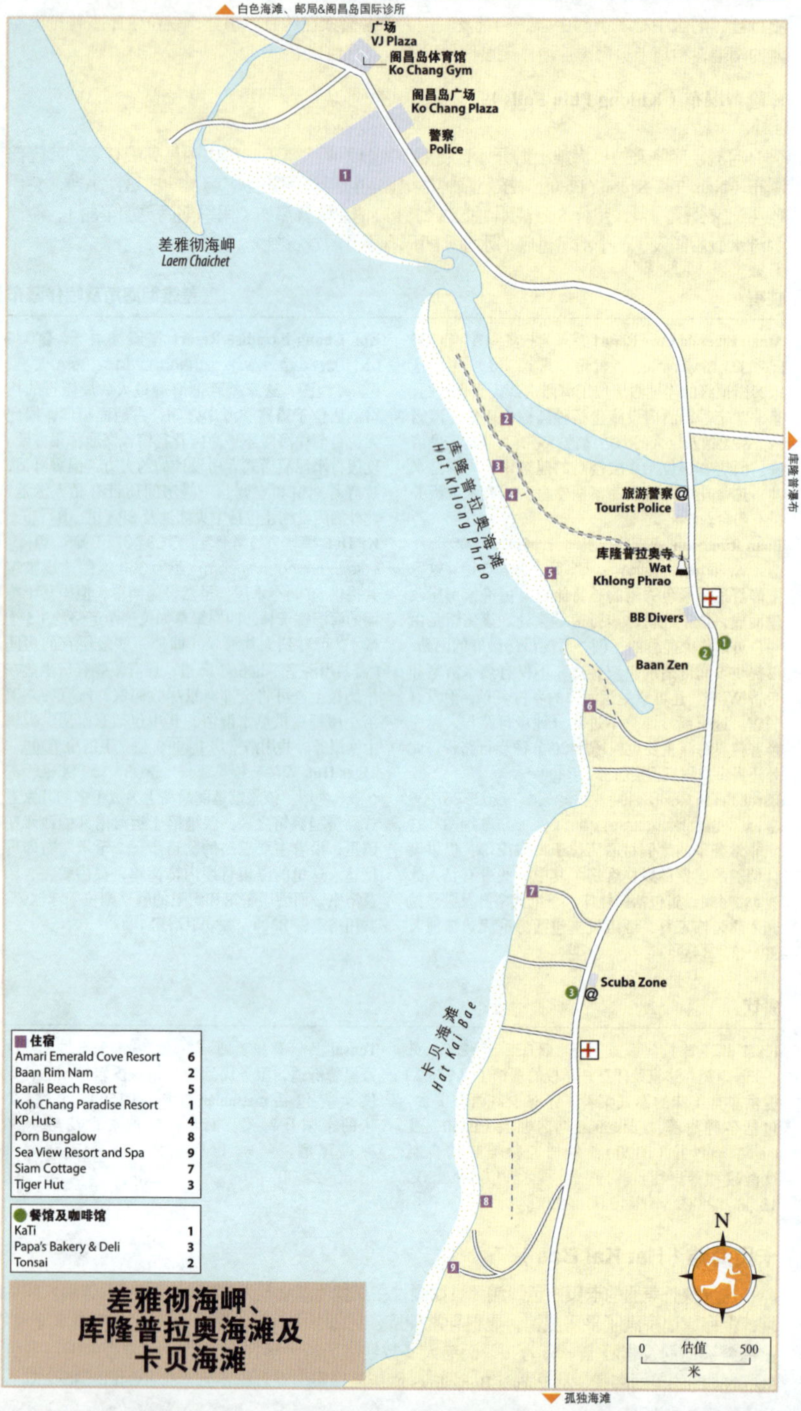
白色海滩、邮局&阁昌岛国际诊所
广场
VJ Plaza
阁昌岛体育馆
Ko Chang Gym
阁昌岛广场
Ko Chang Plaza
警察
Police
差雅彻海岬
Laem Chaichet
库隆普拉奥海滩
Hat Khlong Phrao
库隆普瀑布
旅游警察
Tourist Police
库隆普拉奥寺
Wat Khlong Phrao
BB Divers
Baan Zen
Scuba Zone
卡贝海滩
Hat Kai Bae
住宿
Amari Emerald Cove Resort 6
Baan Rim Nam 2
Barali Beach Resort 5
Koh Chang Paradise Resort 1
KP Huts 4
Porn Bungalow 8
Sea View Resort and Spa 9
Siam Cottage 7
Tiger Hut 3
餐馆及咖啡馆
KaTi 1
Papa's Bakery & Deli 3
Tonsai 2
差雅彻海岬、库隆普拉奥海滩及卡贝海滩
N
0 估值 500
米
孤独海滩

4

滩。卡贝路边的旅游度假村非常繁忙，且有好几千米长。沿途有各种店铺、酒吧和餐馆，以及自动取款机、货币兑换亭、潜水店铺及上网中心等设施。

住宿 卡贝海滩

Porn Bungalow 位于卡贝海滩通往 Sea View 酒店的途中 ☎080 613 9266/089 099 8757 🌐www.pornsbungalows-kohchang.com 见 p.366 地图 这家卡贝海滩上最有名的经济型住宿场所提供各种不同风格的风扇平房，占地面积广阔，周围布满了高大树木。最便宜的水泥小屋位于海滩南端后排；最豪华的木屋宽敞明亮，带有热水淋浴及阳台。酒店共有两个接待处，分别位于南北两端，酒店设施包括一个两层楼的中央餐厅，附有酒吧、Wi-Fi 及池边餐桌。此外，酒店也提供前往 Man Nai 岛沿岸的皮划艇租赁服务。提供冷水淋浴的风扇房 B600，热水淋浴的风扇房 B800

Sea View Resort and Spa 卡贝海滩 ☎081 830 7529 🌐www.seaviewkohchang.com 见 p.366 地图 这家美丽豪华的海滨酒店坐落于绿草如茵的热带花园中，一直延伸至海滩南端陡峭的海岬，且可通过主道抵达灯塔，下面坐落着属于该酒店的灯塔餐厅，风景优美。度假村设施包括两泳池、美丽的 SPA 馆，以及宽敞明亮且通风的空调客房及小屋，中间有索道车辆连接。B3000

Siam Cottage 卡贝海滩 ☎089 153 6664 见下文地图 该住宿场所坐落于狭窄但鲜花怒放的海滨地带，共提供 36 间木质平房，面面相对，内饰色彩鲜艳，提供风扇，部分房间还带有室外浴室及阳台。旅馆设施包括精致的餐馆及上网中心，且提供皮划艇租赁服务。风扇房 B500，空调房 B800

餐饮

Papa's Bakery & Deli 卡贝海滩主道 见 p.366 地图 这家温馨舒适的德国面包房提供热饼干、比萨、牛角面包、长条形法国面包及蛋糕，还有一些美味的三明治（B100 左右）。如果你在店内用餐，还可享受美味的面食及香醇的浓咖啡；此外还可打包进口干酪及意大利腊肠。可上网。每天 8:00~19:00

孤独海滩（Hat Tha Nam）

Tha Nam 海滩在成为阁昌岛最有名的聚会场所之前一直被称为**孤独海滩**，虽小但非常繁忙，海岸上聚集着越来越昂贵的住宿旅馆，且有一座内陆村庄距其 10 分钟步行路程，是阁昌岛上最受游客喜爱之地。从该村庄可将海滩正南方向的岩石景色尽收眼底。从主道到岛屿腹地有若干沙质小道，可通往一些让游客觉得宾至如归的平房和旅馆，周围是茂密的树林，且每隔一个店屋就有文身或上网之地。虽然这里还有许多设计独特的用木头和竹子制造而成的酒吧餐馆，但其中一些氛围宁静低调，远离各种嘈杂的舞蹈音乐、整夜疯狂的派对及整桶整桶的红牛伏特加。

无论何时（尤其是在晚上），在孤独海滩沿岸游泳一定要小心谨慎，尤其是北端的暹罗海滩（Siam Beach）附近，不仅

有暗礁，水流速度也十分湍急，每年特别是在季风期间都会有好几起溺亡事故；我们建议最好是在南部海岸游泳，当波浪较大时更不要出门。此外还有注意随身物品，许多游客晚上喝醉后，相机、电话和钱包都会遭窃。

你可在路边店铺间找到**自动取款机**，以及一些潜水中心、旅行社和摩托车租赁修理店。

住宿

Barrio Bonito 位于通往孤独海滩南端的主要道路旁 ☎080 092 8208 🌐www.barriobonitokohchang.com 见 p.367 地图 在这家精致的酒吧餐厅（见下文）后面有一座花园，里面坐落着美丽的单层客房，色彩鲜艳，所有房间都带有浴室及扶手椅，但空间较小，格局紧凑。旅馆餐厅里提供 Wi-Fi 以及美味丰盛的早餐，前方还坐落着一个小泳池。冷水淋浴风扇房 B350，热水淋浴风扇房 B500

Easy House 孤独海滩内陆 Kachapara Resort 对面 ☎089 116 8191 ✉hippeehappy@yahoo.com 见 p.367 地图 这家休闲舒适的住宿场所建立于抛光深色木质平台上，免费 Wi-Fi。提供装饰有壁画的老式平房，且提供蚊帐、风扇及独立浴室，虽然格局紧凑，但氛围宁静、价格便宜。B500

Nature Beach 孤独海滩中央 ☎039 558027/081 803 8933 见 p.367 地图 这处孤独海滩上著名的聚会场所，无论是客房、酒吧餐馆（内置 DJ 舞台）还是门前海滩都非常受欢迎。酒店坐落于海滨的中央地带，是重要的活动中心（因此如果你想晚上享受安静的睡眠，最好选择其他地方入住）。共提供 65 间阴凉、紧凑的小平房，近年已全部升级，房间类型从马路后面建筑里提供各种美丽且带有阳台的混凝土独立卫浴套间，到前方的风雨木房，其中一些有热水淋浴，再到前排宽敞的空调平房，提供热水且设计独特。酒店设施包括旅游咨询台、上网服务及 Wi-Fi（都需额外支付费用）。风扇房 B500，热水淋浴风扇房 B700，空调房 B1500

Siam Hut 孤独海滩中央 ☎086 609 7772 🌐www.siamhutkohchang.com 见 p.367 地图 这家岛上最便宜的旅馆提供夜晚烧烤及电影、潜水课程、雅座、回收箱、皮划艇租赁及 24 小时餐厅（提供 Wi-Fi）服务。客房包括一排排简单的竹屋，总共 80 间，全都有独立卫浴（其中一些带有热水淋浴），除木地板、床垫及蚊帐外，再无其他设施。风扇房 B380，空调房 B520

The Sunflower 孤独海滩，内陆 Sunset 巷 ☎084 017 9960 🌐www.the-sunflower.com 见 p.367 地图 这家由一个德国人及其家人合开的旅社共提供 20 几间客房，而在距其 200 米左右处坐落着棕榈树和香蕉树，以及 Sunset Hut 的岩石沙滩，从沙滩往南走 5 分钟即可抵达。客房包括竹质或木质空调平房，提供蚊帐及屋顶敞开式浴室，还有带有空调及热水淋浴的水泥平房；所有房间都有上等的厚实床垫，且干净整洁。餐馆精致，提供 Wi-Fi。风扇房 B300，空调房 B700

Sunset Hut 孤独海滩，从 Siam Hut 社往南走 5 分钟即可到达，周围到处是岩石 ☎089 245 4626 见 p.367 地图 这里的独立浴室水泥平房提供热水淋浴、床及大窗口；其中一些带有私人阳台，可看到美丽的海景。此外，旅馆还提供一些宽敞的空调平房，但全都排成一排拥挤在海岸。海滨餐厅及酒吧偶尔会举办派对。虽然这里只有在涨潮期间才可游泳，但离沙滩很近且距内陆路边店铺和餐馆只有 400 米。风扇房 B300，空调房 B500

Warapura Resort 孤独海滩，Sunset Hut 往南步行 2 分钟，位于岩石之上 ☎083 987 4777 🌐www.warapuraresort.com 见 p.367 地图 这家温馨舒适的度假村酒店提供 20 间具有曼谷独特风格的客房，所有客房和别墅都是白墙，且带有阳台，其中一部分位于海滨；此外，所有房间都有宽敞的独立卫浴，提供热水淋浴、空调、迷你吧、电视及 DVD 播放机。“Cozy Seaview”房美丽别致，有深色木家具及宽敞的室内会客室（B2200，包括早餐）。酒店设施包括大型泳池及免费 Wi-Fi。B1400

餐饮

此海滩举行聚会最频繁的场所是 Nature Beach 酒店，旅游旺季期间，大多数晚上都会提供海鲜烧烤、现场音乐及火技杂耍表演；此外每周五晚上在 Siam Hut 都会举行盛大的海滩派对。

★ **Barrio Bonito** 位于通往孤独海滩南端的主道旁 ☎080 092 8208 🌐www.barriobonitokohchang.com 见 p.367 地图 这家由墨西哥人经营的酒吧餐厅提供精致正宗的美食，如玉米炒牛肉碎片（B200）及其他一些特色菜肴，所有食材都是用科罗娜及各种龙舌兰鸡尾酒清洗的。这处舒适的饮食天堂就坐落于阴凉美丽的花园，提供免费 Wi-Fi 及优美的拉丁音乐。每天 8:00~22:00

Krua Sai Ngam（标牌为 Ngam Kitchen） 位于孤独海滩中间地带的主道上 见 p.367 地图 这家设备简单但非常受欢迎的正宗伊桑餐馆提供加有蟹酱和 pla ra（发酵鱼酱）的青木瓜沙拉，味道很怪，但是正宗的东北美食（菜名为“Som Tam e-sarn”；B40）。此外还提供各种鲇鱼和黑鱼汤、咖喱及沙拉（如 yam plaa duk foo，B120）、烤鸡及简单的米饭菜肴（B40）。没有英文标记，但其屋顶是波浪状的铁质屋顶，门前有冰冻的海鲜展示，就在 Sunset 巷对面。每天 12:00~23:30

The Sunflower 孤独海滩，内陆 Sunset 巷 ☎084 017 9960 🌐www.the-sunflower.com 见 p.367 地图 这家温馨闲适的旅馆餐厅提供非常丰盛的早餐套餐（B150），正宗的辛辣泰式咖喱（B50），以及各种昂贵的西式菜肴和德国啤酒。餐厅内有斧头状垫子，可欣赏悠扬的背景音乐或观赏电影。提供免费 Wi-Fi。每天 8:00~15:00&17:00~22:00

白兰湾（Bai Lan）

从孤独海滩南端出发沿着主道步行 15 分钟，翻过小山即可抵达**白兰湾**，虽然这里没有什么出名的海滩，但阁昌岛最有名的两处景点都坐落于此，分别是**树冠冒险公园**和**白兰草药桑拿**。

树冠冒险公园（Treetop Adventure Park）

白兰湾南端・每天 9:00~17:00・B950 / 半日，包括从西海岸至此的交通费用・☎084 310 7600・🌐www.treetopadventurepark.com

如果你喜欢体验高空刺激及体能挑战，可前往**树冠冒险公园**，在这个有趣且有专业管理的丛林活动中心，你可通过各种高空秋千、飞狐、空中滑板、绳梯及网状物跳跃在各树木之间。公园内安全设施完善，每个人都会有一根安全带和一副手套，在开始训练课程之前要先体会两节冒险课程（或儿童特别课程），总共需 2 小时，不过可重复听课，没有限制。

白兰草药桑拿（Bailan Herbal Sauna）

白兰湾主道・每天 15:00~21:00・桑拿 B200、治疗 B50 起、按摩 B300 / 小时・☎039 558077・🌐www.bailan-kohchang.com

白兰草药桑拿中心可帮你解决任何肌肉酸痛问题。这家由美国人和泰国人合资经营的草药蒸汽桑拿设计独特，是由一座土坯寺院建筑改建而成，窗户如玻璃瓶一般，就坐落于僻静的路边森林中。这里不仅提供公共桑拿浴，还提供自制 DIY 草本治疗，且所用草药都是花园里自己栽种的（头发用青柠、脸部用白泥、身上皮肤用姜黄），此外还有按摩以及新鲜果汁和药茶。

4

邦堡（Bang Bao）

在西海岸道路尽头处坐落着**邦堡**南部海港村，其中大部分都建立在 1 千米长的中央码头沿岸的木桩上，是船舶旅游的出发点以及前往阁外岛的中转站，如今还是越来越受欢迎的住宿场所。虽然该地区本身没有任何沙滩，但在其东边 2 千米处坐落着尚未开发的库隆格洛伊海滩，而在上游海岸 5 千米处就是孤独海滩。码头本身就有住宿场所及一些有名的餐馆，但这里聚集着大量一日游旅客，围绕在码头沿岸狭窄小巷的各饰品店、衣服小摊及潜水店铺里，要挤过去真不容易。

住宿 邦堡

Cliff Cottage 邦堡湾西侧，Nirvana 酒店隔壁 ☎085 904 6706 🌐www.cliff-cottage.com 见 p.360 地图 这家由英国人经营的度假村酒店内设精致的海滨餐厅，面朝西面的大海，且提供皮划艇及水下换气装置租赁服务。客房设施简单，屋顶用茅草覆盖，由裸木建造而成，内部设施包括床垫、蚊帐，在其积满灰尘的阴暗小高台上还可欣赏到美丽的日落景色；此外该酒店还提供联排别墅，有许多风扇房及空调房，所有房间都提供热水淋浴且面朝邦堡湾。如今正在筹建美丽的家庭木质平房。风扇木屋 **B400**，风扇客房 **B700**，空调房 **B900**

Good View 邦堡码头 ☎087 927 1357/089 108 0429 🌐www.goodviewbangbao.wordpress.com 见 p.360 地图 正如其名字一样，这家坐落在码头东侧且一半立于水面之上的酒店风景秀丽，虽然不是很壮观，但可将对面海岸美景尽收眼底。提供美丽整洁、宽敞明亮的木地板客房，带有大型热水浴室、大阳台及空调，多支付 B200 可入住楼上房间。在酒店底楼有个附带图书角的非常美丽的大露台，所有房间都提供免费 Wi-Fi。**B800**

★ **Nirvana Koh Chang** 邦堡湾西侧 ☎039 558061-4 🌐www.nirvanakohchang.com 见 p.360 地图 这家精品度假村酒店位于僻静的细长地带，横跨海湾直至村庄西侧，氛围休闲舒适，美丽豪华，共有两个泳池，其后面海湾则是不错的浮潜地点（提供免费设备租赁服务）；这里虽没有什么真正的海滩，但酒店提供前往库隆格洛伊海滩的免费船只，每天 2 班。此外酒店还提供烹饪课程、免费皮划艇旅行及免费 Wi-Fi。住房则是各种巴厘岛风格的别致客房及别墅，其中一些正对海景，且酒店还有一精致的餐馆（见 p.370）。房价包括丰盛的点餐式早餐。**B2000**

餐饮

Arabica Café 邦堡码头 7-Eleven 便利店对面 见 p.360 地图 这家阴凉的小咖啡店提供香醇的浓咖啡（B40）、薄烤饼、三明治及西式早餐，带有美丽的温泉。每天 8:00~21:00

Nirvana Koh Chang 邦堡西侧 Ⓣ039 558061-4 Ⓦwww.nirvanakohchang.com 见 p.360 地图 即使你不入住此酒店，也可以前来品尝一些坐落在海湾木桩上的 Tantra 餐馆中的食物，或沿着一条悬崖边的木板路抵达可欣赏到全景且面朝日落方向的 Sun Deck，在此饮酒品茶，大多数时候还有现场音乐表演。餐馆四周装饰着印度尼西亚群岛的独特木雕，主要提供当代泰国和法国美食，以及由法国厨师独创的混合菜肴，如辣酱里脊肉牛排（B350），和各种上等的葡萄美酒。此外还提供阁昌岛西海岸任何一处至餐馆的免费交通服务。Sun Deck：每天 17:00~19:00；Tantra 餐馆：每天 18:00~22:00

Ruan Thai 邦堡码头 Ⓣ089 833 5117 见 p.360 地图 这家该地区最好的甲板餐馆坐落于码头西侧的木桩上，提供新鲜的海鲜食物，都取自前面鱼缸里的活鱼。这里的虾肉炒饭（B50）很美味，或者你也可以尝试下更高级的沙拉、咖喱及鱿鱼菜肴（B100）；其他大多数海鲜菜肴价格为 B200。每天 9:00~22:00

库隆格洛伊海滩（Khlong Gloi）

离邦堡最近的可游泳的海滩是位于村庄以东 2 千米处长且多沙的**库隆格洛伊海滩**，与柏油路尽头有段距离。其背后是礁湖及长长的海滩，但从海滨咖啡馆及躺椅上可欣赏到美丽壮观的海景。如果你骑摩托车前往此处，可将车停在海滩西面尽头处改换步行，因为这里的铺面通道非常陡峭且蜿蜒曲折，最后再绕回海滩。

住宿 库隆格洛伊海滩

4

KK Cottage 距库隆格洛伊海滩西边尽头 100 米 Ⓣ039 558169 Ⓦwww.facebook.com/klongkloicottage 见 p.360 地图 这家温馨舒适的酒店位于海滩的美丽地段，提供躺椅、遮阳伞，可欣赏到海湾及岛屿沿岸的美丽景色。酒店建筑非常破旧，后面是狭小、铺有茅草屋顶的风扇独立卫浴平房，前面是水泥房。**B500**

东部海岸（The east coast）

东部海岸红树林旁的沙滩人迹罕至，但相比于阁昌岛西部海岸，这里的大多数地区都尚未开放，是非常有趣的一日游目的地；此地范围北起库隆颂海滩，南至萨拉佩特海滩，共长 35 千米。

滩玛咏（Than Mayom）

在 Ao Saparot 码头及 Dan Khao 码头以南，有条贯穿大片橡胶园和棕榈种植园的东部沿海道路，其西路口是丛林密布的丘陵，东路口是古铜色海滩，途经国家公园管理处及**滩玛咏**平房地带，而根据路标向上攀登 45 分钟左右，即可抵达内陆的滩玛咏瀑布。

萨拉柯（Salak Kok）

在萨拉柯西侧坐落着一家健康排毒的水疗中心 The Spa（见 p.371），日常游客可到此用餐或治疗。十字路口左侧，即水疗中心以南的岔道可通往海湾的南部边缘及小型渔港**萨拉柯**，是阁昌岛探险俱乐部（Ko Chang Discovery Club）创办的萨拉柯皮划艇港口一流码头，而该社区旅游企业主要提供沿着标记线路横穿红树林的**皮划艇之旅**（B100/ 小时）。从萨拉柯码头继续向下，经过海角东南端即可抵达**塞瑶海滩**（Hat Sai Yao），又称**长滩**，是该海岸最美丽的白色沙滩，既可游泳，又可欣赏靠近海岸的美丽珊瑚。

萨拉佩特（Salak Pet）

大多数一日游旅游在经过水疗中心后会选择右转而非左转，前往南部海岸的**萨拉佩特**小渔港，且每天都有达叻的双条车会到达此地（见 p.356）。萨拉佩特港口非常宁静，因这里的精致**海鲜餐馆**——Salakphet Resort 而远近闻名。

住宿及餐饮 **东部海岸**

★ **Salakphet Resort** 萨拉佩特港口 Ⓣ081 429 9983 Ⓦwww.kohchangsalakphet.com 见 p.360 地图 这家位于海湾附近的餐馆提供的美景佳肴甚至吸引了大多数游客不顾旅途劳累从达叻远道而来。螃蟹是这里的特色菜，尤其是黑胡椒或咖喱粉炒螃蟹，且所有螃蟹都是现抓的，因此不用担心吃不到。每天 8:00~20:00

The Spa 萨拉柯 Ⓣ039 553091 Ⓦwww.thespakohchang.com 见 p.360 地图 这家设计精美的健康排毒水疗中心档次较高，但价格合理；且在阁苏梅岛和清迈都有分部。其客房坐落于美丽茂密的热带花园中，一直延伸至萨拉柯西海湾的红树林边缘地带，还设有一家精致的餐馆。价格包括早餐。游客可在此享受按摩（B500 / 小时，B700 /90 分钟）、草药桑拿及面部护理，还可在餐馆用餐。B1800

阁麦岛（Ko Mak）

阁麦岛（Mak 有时也拼成 Maak）较小，节奏缓慢，非常宁静，位于阁昌岛西北方向 20 千米，是不错的休闲度假胜地。阁麦岛仅有 16 平方千米，共居住了 400 多位岛民，主要分成 5 大部落，岛民同心协力使岛屿远离色情酒吧、摩托艇、香蕉船等娱乐活动，提倡山地车等环保项目。整个岛屿共有两条狭窄的水泥路，从椰子林和橡胶园之间横穿而过；其他地方则是穿梭在树林之间的红土小道。阁麦岛呈星状，其西北部的**苏安雅海湾**地区及西南部**卡奥海湾**沿海地带拥有美丽的白色沙滩，岛上的大多数住宿场所（尤其是中高档酒店）都聚集于此地；东南沿海地带坐落着阁麦岛最主要的村庄**尼得湾村**（Ban Ao Nid），**松角村**（Ban Laem Son）则位于东部海岸。主要海滩之间相隔不远，都位于步行路程范围内，且岛屿上的其他地方也很容易抵达，或步行，或山地车和摩托车，抑或皮划艇皆可，其中皮划艇是探索隐藏在北部和东部沿海地带完全未开发海滩的最佳方式。搭乘船只前往阁兰岛**珊瑚礁**区域只有 1 小时不到的路程，因此此地的浮潜和潜水项目都非常流行。岛上还没有发生重大的商业化发展，虽然**没有银行及自动取款机**，但海滩上的平房旅馆里可提供货币兑换服务。尼得湾马路旁有一处小诊所，但如果病情严重立马会有快艇带你回大陆治疗。

4

在**雨季**期间（6 月初 ~9 月），大海波涛汹涌，因此前往阁麦岛的航船会大大减少。不过阁麦岛上大部分住宿设施都会继续营业，且会大打折扣，而小旅馆和餐馆大多都不营业。岛民称雨季为“绿色季节”，非常舒适惬意，但如果运气不好，一连几天都会是阴雨绵绵。

卡奥湾（Ao Kao）

阁麦岛上最长、最美丽的海滩位于西南海岸的**卡奥湾**，这个美丽的弧形沙滩周边种满了棕榈树，且背后坐落着一大片红树林。而在南端尽头处，该海滩被一座低矮的岩石露头一分为二，Ao Kao White Sand Beach Resort 酒店就跨于其上，其前面则是 Lazy Day Resort 酒店，而漫长的西部海滩上坐落着其他十几套平房，其中大多数都围绕在 Makathanee Resort 酒店的码头附近。此外，大部分餐馆和酒吧都聚集在内陆主要住宿设施的路边地区：如果你从南端步行至此，在浪潮允许的情况下，最快捷的通道是穿过海滩。

苏安雅湾及其周边（Ao Suan Yai）

长而曲折的**苏安雅湾**并不如卡奥湾沙滩那样美丽，仅有几家度假村酒店，但这里沙子精细，景色秀丽，在阁康岛（Ko Kham）及其他岛屿之间可看到阁昌岛山峦迭起的轮廓。由此你需要自行车或摩托车前往卡奥湾的路边餐馆。

抵达和离开 **阁麦岛**

随着该岛屿变得越来越流行，从泰国内地及其他岛屿前往至此的航船班次逐渐变多：目前相关线路及航船时刻表可查看 Ⓦwww.kohmak.com 所有航船最终都会抵达阁麦岛三大码头之一：苏安雅湾的 Koh Mak Resort 码头、卡奥湾的 Makathanee Resort 码头及 Ao Nid 码头，而各码头通常都会有各旅馆或酒店的工作人员等候在此欢迎游客的到来，并提供免费交通服务；类似的，如果你提前预订了房间，可要求度假村酒店前来免费接车。当离开此岛屿时，可在各酒店查看当前航船时刻表，且提供船票出售服务。

途经兰索库

如今，在位于达叻以南30千米处兰索库（Laem Sok）码头新增了前往阁麦岛Ao Nid码头的双体船服务（☎086 972 4918 ⓦwww.koh-makcata maran.com 每天1班，全程90分钟；B350，包括往返于达叻车站或市中心集市与此码头之间的交通运输）；在淡季期间，该线路仍会运行。旺季期间如果有足够多的乘客，那么一些往返于兰索库及阁骨岛之间的快艇也会在Ao Nid码头停留。

途经兰喔

常年都会提供从达叻西南方向20千米处的兰喔（Laem Ngop）的Kromaluang（Naval Monumentl）码头出发至此岛的慢船航线（每周3班，全程3小时；B300）。大致在10月～次年5月期间，此码头还会提供前往苏安雅湾Koh Mak Resort码头的Panan快艇服务（每天2班，全程45~60分钟；B450）；此航船第二班次会在16:00出发，从曼谷至此时间正好。例如，从曼谷前往兰喔的空调迷你巴士，有时只能够抵达阁昌岛的Thammachat码头，或Centrepoint码头，购买迷你巴士车票时一定要仔细核对抵达码头，或者你也可以额外支付司机一些钱让他送你至Kromaluang码头。

途经阁昌岛或阁骨岛

旺季期间会提供往返于阁昌岛、阁麦岛与阁骨岛之间的航船（见p.360）。

信息

旅游信息 有关阁麦岛信息、住宿及各种交通预订的最佳一站式服务点是位于苏安雅湾Koh Mak Resort附近由外国人经营的信息站点（10月～次年5月每天8:30~20:00 ☎085 665 3794 ⓔkohmakinfopoint@yahoo.com）。除了出售船票和车票外，该机构还提供货币兑换、签证现金垫款、上网服务，摩托车、山地自行车和皮划艇租赁服务，以及活动预订和邮政服务等。此外在Ao Kao码头附近的Makathanee Resort还有一家旅行社（☎081 870 6287），提供上网服务。而有关阁麦岛的详细信息可查看ⓦwww.kohmak.com网站。

周边交通

阁麦岛上几乎没有任何交通工具，大多数游客都会选择租一辆山地自行车或摩托车。而通过步行、浅滩跋涉及游泳绕整个岛屿一圈，所需时间都不超过10小时。

阁麦岛活动项目

属于阁昌岛国家海洋公园的阁兰岛（见 p.364 框中内容）珊瑚比较普通，从阁麦岛乘船向西行驶不到 1 小时即可抵达，是该岛屿**潜水和浮潜**的主要场所；此外，这里也是阁昌岛潜水和浮潜船只的主要目的地，因此可以组团前往。此外，这里还提供烹饪课程。

Ko Mak Divers Island Hut 旅馆东面卡奥海湾道路沿途 ☎083 297 7724 www.kohmakdivers.com 这家由英国人创办的持有国际专业潜水教练协会证书的潜水中心提供价格为 B2400 的两次潜水、适合初学者的 B3500 水肺潜水一日体验课程及 B750 的浮潜项目；价格包括从酒店至此的交通费用。

Smile Koh Mak 位于尼得湾村 Koh Mak Seafood 餐馆旁 ☎081 901 9972 www.smilekohmak.com 提供 4 小时的烹饪课程（B1200，包括一本食谱），也有素斋烹饪课程。此外还提供为期 2 天（6 小时）的水果和蔬菜雕刻课程。价格包括从酒店至此的交通费用。

Totti 卡奥海湾道路，Makathanee Resort 对面 ☎081 916 6536 或可通过酒店提前预订 主要提供前往国家海洋公园的木船浮潜一日游。B750，包括从酒店至此的交通费用及午餐。

出租车 ☎089 752 5292 或 089 833 4474。B50 / 人，每辆车最低收费为 B100；22:00 后价格为 B100 / 人。

山地自行车或摩托车 各住宿场所或 Koh Mak Resort 的信息站点都会提供山地自行车和摩托车租赁服务（两者价格分别为 B150 / 天和 B300~350 / 天）；而卡奥湾的 Food Art Hut（见 p.374）会提供各种类型的自行车，包括儿童车。阁麦岛上有好几条比较长而有趣的山地自行车线路，且都设有路标，而每条线路的关键位置都刻有 AI-C7 的神秘数字，但如今这些线路的导航说明地图还未出版；如果你只是简单探索的话可根据这些数字行驶。

4

住宿

卡奥湾

Ao Kao White Sand Beach Resort 卡奥湾 ☎039 501005 www.aokaoresort.com 这家温馨舒适且有效经营的高档平房酒店坐落于该海滩最美丽地段的茂密花园中。共提供 20 间宽敞舒适的精致木质平房，且所有房间都有空调、热水淋浴和 DVD 播放机，大多数房间都可看到美丽的海景。此外酒店还提供各种活动项目，包括每周六晚上的现场乐队演奏、酒吧里的巨型国际象棋比赛、儿童蹦床、按摩、免费上网和 Wi-Fi 以及皮划艇和摩托车租赁活动。房价包括早餐。**B2500**

★ **Baan Koh Mak** 卡奥湾码头附近 ☎089 895 7592 www.baan-koh-mak.com 这座美丽的度假村酒店周围草坪修剪整齐，共提供 18 间宽敞明亮、舒适美丽的现代抛光水泥客房，以白色和绿色为主要色调，配有空调、热水、小卫生间和适当大小的卧室；阳台上设有秋千及竹质吊床。此外，酒店还有非常精致的餐厅（带有电脑和免费 Wi-Fi）。**B1400**

Goodtime 卡奥湾 ☎039 501000 www.goodtime-resort.com 酒店提供豪华高雅的泰国风格客房及别墅，所有房间都有空调、热水、电视、冰箱、DVD 播放机及 Wi-Fi，酒店还提供泳池。这座度假村酒店位于岛屿内陆地区，地形相对 Makathanee Resort 来说要高一些，步行至海滩大约需 15 分钟。客房 **B2600**，别墅 **B4400**

Holiday Beach Resort 卡奥湾 ☎086 751 7668 www.holidaykohmak.com 这家温馨舒适，维护良好的酒店周围种满了鲜花，正面的海滨草坪上摆放着躺椅和桌子。白色隔板是该酒店的建筑风格，第二排的美丽小屋主要提供冷水淋浴及蚊帐，前排则是宽敞精致的平房，供应热水。酒店餐厅里提供电脑和免费 Wi-Fi，以及皮划艇、山地自行车和摩托车租赁服务。房价包括早餐。风扇房 **B800**，空调房 **B1300**

Island Hut 卡奥湾 ☎087 139 5537 这家由家庭经营的小型旅社是该海滩上性价比最高且最理想的居住之地，但服务并不是非常周到。旅馆共提供 20 几间带有独立卫浴的粗糙木质小屋，但设计巧妙：大多数房间都是亮丽的条纹门且装饰有别致的浮木艺术品；所有房间都提供风扇、挂衣空间，阳台或私人沙滩门廊上摆放有躺椅。房价视距离狭窄却美丽的海岸的路程而定：最贵的房间就位于海边。**B250**

Lazy Day 卡奥湾 ☎081 882 4002 www.kohmaklazyday.com 这家服务周到的酒店位于巨大的海滨草坪中央，遍植鲜花和绿树。宽敞明亮的平房里主要提供空调、热水淋浴及迷你吧（没有电视，非常安静），大多数都位于海边，且装饰有水泥地板、白色墙壁及落地窗和阳台。酒店提供免费 Wi-Fi 和皮划艇，还有自行车和摩托车租赁服务。房价包括早餐。**B2250**

★ **Monkey Island** 卡奥湾 ☎081 447 8448 www.monkeyislandkohmak.com 该酒店提供各种不同质量的当代风格平房，所有平房都是用木头和茅草建成，洋溢着田园嬉皮士的氛围。顶级的“大猩猩”（Gorilla）海滨别墅非常宽敞，且带有空调、热水及别墅之间的通道；宽敞的“黑猩猩”（Chimpanzee）空调平房也非常不错，但“猿猴”

（Ape）和“狒狒”（Baboon）房间较小，需共用浴室。酒店提供儿童泳池、免费 Wi-Fi 及上网服务。共用浴室风扇房 B350，独立卫浴风扇房 B600，空调房（包括早餐）B1300

苏安雅湾及其周边

Bamboo Hideaway Resort 位于苏安雅湾东南方向几千米处，沿着小径穿过橡胶园即可 ☎039 501085 🌐www.bamboohideaway.com 这家非常特别的世外桃源几乎全部都是用一根根抛光的竹子建造而成。所有空调房温馨舒适，提供蚊帐、吊床和热水淋浴，各楼房之间都有腾空的竹子通道连接。虽然南部海岸就在山下，步行只需几分钟，但苏安雅湾附近有一个非常美丽的海滩。酒店设施包括泳池及精致餐厅。房价包括早餐。B2200

★ **Koh Mak Resort** 苏安雅湾 ☎039 501013 🌐www.kohmakresort.com 该度假村酒店拥有不少于 1 千米的海岸线可供住客玩耍，而其提供的所有平房几乎都位于海滨（包括供应热水淋浴的“标准”风扇房）。在各种住宿选项中，最受欢迎的是现代风格客房及别墅，设计独特——水泥房，堆叠而成的石板墙、巨大的观景窗及莲蓬头，其中一些提供带有围墙的私人小花园，还有一些在屋顶露台摆放着按摩浴缸。酒店设施包括无边泳池及同样别致的泳池酒吧，两个餐厅及服务全面的信息站点（见反面）。所有房间都有 Wi-Fi。房价包括早餐。风扇房 B1500，空调房 B1800

Suchanaree Resort 苏安雅湾 ☎081 983 2629 ✉suchanaree_tour@hotmail.com 这家温馨的小度假村酒店就位于 Koh Mak Resort 旁的茂密花园中，附近有河流，且在海滨绿草如茵的草坪上摆放着桌子和躺椅。提供毛茸茸的茅草木屋，空间虽小，设施简单，但质量好，所有房间都有风扇、蚊帐及浴室。B550

餐饮

卡奥湾

★ **Beach Café** 卡奥湾 Baan Ko Mak。该餐馆装饰得色彩绚丽，以黑、白、橙三色为主要色调，拥有一些舒适的沙发，提供非常美味的泰国食物，包括椰汁鸡汤和椰汁肉片咖喱（两者都是 B90）。每天 8:00~22:00

Food Art Hut 卡奥湾 Monkey Island 对面。这家别致的全能型餐馆提供冰激凌、甜品、蛋糕和特浓咖啡，以及泰式菜肴、差强人意的简单西餐，如肉酱意大利面（B99）、早餐、比萨和三明治等，所有食材都是用德国小麦啤酒清洗的。每天 8:00~15:00 & 17:00~21:00

Food Garden 卡奥湾 Monkey Island 对面。这家非常流行舒适的花园餐馆提供美丽的泰式炒面、辣沙拉及 matsaman 咖喱（B80）和早餐，晚上还有海鲜烧烤，价格实惠。每天 8:00~22:00

Monkey Bar 卡奥湾 Monkey Island。这家海滨酒吧每晚都会提供现场音乐，包括即兴演奏会，四周绿树环绕。每天 20:00~24:00

Talay Bar 位于卡奥湾 Baan Ko Mak 的 Beach Café 前面的沙滩上 这家酒吧的餐桌就摆放在沙滩上，每天 20:00 会有火技杂耍，提供美味的玛格丽特酒及许多其他鸡尾酒。不仅有悠扬的背景音乐，晚上还有烧烤。每晚营业至深夜

尼得湾村

Ko Mak Seafood Ao Nid 码头南面 ☎089 833 4474 从这家建立在海上的吊脚餐馆可看到海湾的美丽景色，若天气晴朗，还可望见柬埔寨风光，正如其名字一样，该餐馆提供各种新鲜大虾炒面（B90）及许多复杂的菜肴，如美味的鱿鱼咸蛋（B200）。（对于隔壁宣传力度较大的阁麦岛博物馆不要抱太大希望，只不过是一间老房子里陈列着的一些古物而已）。提供免费接送和 Wi-Fi。每天 10:00~21:30

阁骨岛（Ko Kood）

从林密布的**阁骨岛**（也被写为 Ko Kut 或 Ko Kud）是泰国的第四大岛屿，至今仍是一座野生岛屿，未受商业化影响。该岛以闪闪发光的白色沙滩和异常清澈碧绿的海水而闻名远近，尤其是其西部海岸。除了海滨迷外，阁骨岛还深受自然爱好者的喜爱——这里的海岸线的大部分边缘地带都不是海滩，取而代之的是茂密的矮树丛及红树林，而起先是原始热带雨林的岛屿内部如今也成为了棕榈园和橡胶种植园。阁骨岛共有 25 千米长，其中大部分区域都只有铺满沙子的小道，有些地方可通过航运抵达。因此，阁骨岛是一个步行（或皮划艇）探索的最佳之地，尤其是在冷季期间，大多数时候你都会感受到清凉的海风扑面而来。岛屿内陆也有一些壮观的瀑布，其中最有名的是 Khlong Chao 瀑布，位于 Khlong Chao 海湾内陆，是从阁昌岛和阁麦岛出发到此一日游的主要目的地。

由于阁骨岛上没有道路，因此迄今为止到此旅游的几乎都是团队游客，不过如今从大陆以及阁昌岛和阁麦岛都新增了到阁骨岛的船只航班，岛上也出现了一些经济型住宿地，因此阁骨岛自助游也变得越来越方便了。但由于大海波涛汹涌，几乎所有船只只能在 11 月 ~ 次年 5 月这一

阁骨岛
住宿
Ao Phrao Beach 13
The Beach Natural Resort 10
Cozy House 4
Dusita 7
Hindard Resort 9
Khlong Chao Garden View 5
Koh Kood Beach Resort 1
Koh Kood Happy Days 8
The Mangrove 3
Neverland Resort 12
Shantaa 2
Siam Beach 11
Tinkerbell 6
餐馆
Pizza & Pasta 1
酒吧
Tawan Bar 1
Laem Touey
Ao Sapparot
Ao Phak Waeng
Ao Bonn
Ao Khlong Khwaen
Ao Pee
Laem Sala
Ko Maisi Lek
萨拉湾
Ao Salat
Ban Ao Salat
Laem Ao Salat
Ao Lak Uan
Laem Ao Koet
Nam Tok Khlong Yai Kee
Ko Raet
Ao Yai Kee
春蓬村
Ban Chum Phon
Ao Kluai
Ao Khlong Mat
Paradise Divers
Ban Khlong Mat
Maka Tree
Ao Hin Yai
欣丹姆村
Laem Hin Dam
库隆欣丹姆村
Ban Khlong Hin Dam
南累克码头
Nam Leuk (Hin Dam) Pier
警察
Police
Ao Taphao
库隆骄瀑布
Nam Tok Khlong Chao
BB Divers
Khao Phaenthi (315米)
Ao Sai
库隆骄村
Ban Khlong Chao
Ao Khlong Chao
Ao Ngamkho
Ao Chuk
Ao Sai Dang
Laem Toum
邦堡湾
Ao Bang Bao
邦堡村
Ban Bang Bao
雅依湾村
Ban Ao Yai
雅依湾
Ao Yai
雅依岬
Laem Ao Yai
邦堡海岬
Laem Bang Bao
Koh Kood Divers
Ao Takhian
库隆普拉奥村
Ban Khlong Phrao
Ao Khlong Hin
Ao Jark
普拉奥湾
Ao Phrao
Ao Kralang
Khao Chom (232米)
N
Laem Khlong Prom
Ao Khathing
Laem Thian
0 2
千米

个季节才能通往此岛。但是，如今岛上有越来越多的场所保持全年开放，并会对那些愿意在雨季和淡季冒险前来享受宁静氛围的游客提供诱人的折扣。阁骨岛上时而会有**疟疾**发生，因此如果你没有打预防针，就一定要带上驱蚊剂和蚊帐；在库隆欣丹姆村地区设有疟疾监测站。

阁骨岛上共有1500多名居民，其中绝大部分都以捕鱼、种植椰子树和香蕉树为生。由于许多岛民是在19世纪末20世纪初为躲避法国侵略而逃难至此的泰国人和柬埔寨人，原先都居住在柬埔寨边境附近，因此大多都带有高棉血统。

岛上的主要居住地位于南累克（Nam Leak，当地又称为Hin Dam）码头附近的内陆**库隆欣丹姆村**地区、沿着海岸再往北几千米的天然海港入口**库隆麦特村**地区、跨国东北海岸坐落在木桩上的**萨拉湾**（Ao Salat）渔村以及位于东南海岸**雅依湾**（Ao Yai）的渔业社区。在西南海岸的主要海滩上也分布着一些小村庄。其中，最经济便宜的住所位于**库隆骄湾**及**Ngamkho湾**，不仅提供多种住宿及用餐选择，而且两者相距不远，步行即可抵达；邦堡湾也有一些价格稍低的平房，且拥有更长更美丽的海滩，但这里没有任何村庄，鲜有人至。但西部海岸其他海滩可以说是与世隔绝，其中大部分都只有1~2家高档度假村。

库隆骄湾（Ao Khlong Chao）

库隆骄湾位于西部海岸南累克主要码头以南5千米左右，是不错的旅游胜地，拥有一片小沙滩，虽然不像其他海滩那样壮观美丽，但别有一种“乡村”风情；此外Khlong Chao河沿岸还有一条2千米长的红树林美丽风景线，起源于著名的库隆骄瀑布。河流上游区域横跨着一座路桥，而在其附近距棕榈树海滩边缘300米处聚集着许多小旅馆，其中部分区域坐落在河流木桩上的一些旅馆会提供该岛最便宜的住宿。

4

库隆骄瀑布（Nam Tok Khlong Chao）

从库隆骄湾步行至此需30分钟，或乘坐皮划艇从库隆骄大桥向上游行驶20分钟抵达瀑布附近的突码头，然后再步行10分钟；或者你也可以从库隆骄大桥南面的Khlong Chao Garden View Resort附近出发沿着路标自驾前往距离瀑布500米处

库隆骄瀑布是一个三层瀑布，倾泻而下形成一个清澈见底且风景如画的大水池；清晨，在旅游团尚未抵达之前是此地最宁静的时候。沿着小径继续往前步行几千米，穿过丛林，即可抵达橡胶种植园；如果全程步行，这段宁静而美丽的旅途往返共需4小时，但一定要注意提防蛇，尤其是眼镜蛇的袭击。

Ngamkho湾（Ao Ngamkho）

翻过库隆骄湾最南端的海岬，然后沿着小径一路向下，即可抵达**Ngamkho湾**的小村庄及海滩，其实就是位于河流两侧及岩石海角之间的一系列美丽的小型海湾，在其南端是非常不错的浮潜地点，且可欣赏到各种各样的鱼类。

邦堡湾（Ao Bang Bao）

从Ngamkho湾出发，沿着通往海滩度假村的路标往南步行20分钟左右即可抵达**邦堡湾**（主要道路以西15分钟步行路程处）。这是阁骨岛最美丽的海滩之一，前面是一条长长的白

阁骨岛附近的潜水和浮潜项目

阁骨岛上共有3家潜水经营商，两次潜水价格在B3000左右，随同浮潜价格为B1000，而为期4天的开放水域潜水训练课程价格为B14500。我们建议游客最好就在阁骨岛附近潜水，因为阁兰岛附近的潜水区（见p.364框中内容）通常都挤满了从阁昌岛和阁麦岛前来的潜水船只。

BB Divers 库隆骄湾北端Away Resort对面 ⓣ082 220 6002 ⓦwww.bbdivers.com

Koh Kood Divers 邦堡湾Siam Beach Resort旁边 ⓣ085 698 4122 ⓦwww.kohkooddivers.com

Paradise Divers 总部位于Khlong Mat湾的Ko Kood Beach Resort，有一分部设立于Ngamkho湾的Happy Days ⓣ087 144 5945 ⓦwww.kohkood-paradisedivers.com

色沙滩，碧绿的海水清澈如镜，边缘是热带海滩必备的椰子树，周边有两个海岬保护。

Jark 湾（Ao Jark）

沿着主要道路往南，拐入邦堡湾岔道，步行35分钟，穿过椰子林和橡胶种植园即可抵达**库隆欣湾**（Ao Khlong Hin），这个荒凉的小海湾上坐落着一个小型的椰子加工中心，并不适合游泳。沿着道路再走10分钟就是海岸，每当涨潮时就会被海水淹没。在宽阔宁静的河流河口处坐落着小小的 **Jark 湾**，虽地处偏僻，但美丽至极，给人以万籁俱寂之感。

普拉奥湾（Ao Phrao）

从 Jark 湾出发沿着美丽的海滨小道继续前进2千米（步行20分钟左右）即可抵达岛屿最南端的**普拉奥湾**，这条既长又漂亮的白色沙滩背靠茂密的棕榈园及 Khao Chom 山脉，宛如人间仙境。普拉奥湾后面坐落着**库隆普拉奥小渔村**，而普拉奥河（继续向内陆延伸1千米）两岸则是茂密的红树林。此海湾上的设施包括一个小诊所及少许小商店和熟食摊位。

雅依湾（Ao Yai）

在库隆普拉奥村及**雅依湾村**之间有一条5千米长的小道，其中某些地段非常陡峭且高低不平，雅依湾村尽管有些死气沉沉，却是岛屿东南海岸最主要的渔村，全部都建造在天然港湾附近海岸线的木桩及突码头上。而这里的游客大多都是前来喝酒、补给用品、唱歌娱乐及稍作休息的泰国和柬埔寨渔船船员。

库隆欣丹姆村及其周边（Ban Khlong Hin Dam）

库隆骄湾过去的阁骨岛北部各海湾居住人口相比西南海岸来说要稀少得多，仅有少数几个度假村。内陆是岛屿的行政中心所在地，而位于库隆骄湾以北3.5千米的**库隆欣丹姆村**聚集着一些店铺、医院、警察局、学校及重要的岛屿寺院。阁骨岛西海岸的主要码头就位于此村庄以西几千米的**南累克**处。

在库隆欣丹姆村以北5千米处坐落着 Khlong Yai Kee 瀑布，共三层，虽小但非常美丽，可说是著名的库隆骄瀑布缩小版，倾泻而下形成一个适当大小的水池，是游泳的理想之地。沿着一条小径步行5分钟即可抵达此地，虽然有些地方非常陡峭，但在关键点都有绳索保护，以防万一。

4

萨拉湾村及其周边（Ban Ao Salat）

从库隆欣丹姆村出发沿着一条小道向东北方向前行9千米即是**萨拉湾**渔村港口，全都建立在木桩之上。而码头滨海大道沿途有一排小木屋可提供食物，是尝试新鲜海鲜的最佳用餐场所，尤其是蟹，堪称一绝。

沿着小道往东则是**春蓬村**（Ban Chum Phon），其附近茂密的热带雨林里有一棵当地非常有名的**禾串树**（maka），已有500多年历史，岛民称其为 ton maai yai，共有35米高，无论是树干还是树枝上都缠绕着各种藤本植物和附生植物。沿着林间小径步行1千米，穿过橡胶园和热带雨林即可抵达此树，但只有跟着当地导游才能找到正确的道路。

抵达和离开　　阁骨岛

乘船

从大陆出发前往阁骨岛的所有船票都应该包括从达叻到码头的交通费用，但最好还是确认一下。大陆和阁昌岛的快艇大多都会停靠在西部海岸的住宿区域地带。而所有阁骨岛的酒店都会提供最新的航船时刻表及船票出售服务。

从大陆出发

除恶劣天气外，Ninmungkorn 公司（☎086 126 7860）会全年提供从达叻大陆出发前往阁骨岛的航船服务，起点位于达叻以南30千米处的莱姆索库，中途偶尔会在阁麦岛尼得湾稍作停留，终点站是阁骨岛东北海岸的萨拉湾（每天1~2班；全程90分钟左右；B350，包括抵达阁骨岛后的交通费用）。如今在旺季期间，新成立的 Ko Kood Express 公司会提供从莱姆索库出发前往阁骨岛西海岸 Nam Leuk 码头的船次（☎039 501150　每天 1 班，但有可能会增加到 2 班；全程 1 小时 30 分钟 ~2 小时；B350）。

从大陆出发的快艇

旅游旺季期间，还有其他一些公司会提供往返于达叻大陆与阁骨岛西部码头和海滩之间的快艇服务；这些船只速度快，价格高（每天最多 4 班；全程 1 小时左右；B600），如果不是风平浪静，那么衣服肯定会被海浪打湿，很不舒服。航船时刻表及大陆出发点不固定，经常使用的码头是位于达叻镇中心东北方向 6 千米处的 Laem Sok 和 Dan Kao 码头，不过最好与达叻的旅馆或旅行社、泰国旅游局驻兰喔办事处抑或阁骨岛的旅馆确认一番。

从阁昌岛或阁麦岛出发

旅游旺季期间，会提供往返于阁昌岛和阁麦岛与阁骨岛之间的航船（见 p.360）。如果乘客足够多，那么从内陆出发前往阁骨岛的快艇中途会在阁麦岛尼得湾停靠（无论是从莱姆索库出发还是从阁骨岛出发，价格都为 B350）。

信息

旅游信息　在库隆骄湾上有一个市旅游信息局，就在大桥以北的道路西侧（每天 8:30~18:00）。

周边交通

步行探索该岛屿是一次很有趣的体验，而库隆骄湾南部的大部分路线都是林荫小道。从库隆骄湾步行前往邦堡湾需 40 分钟；从邦堡湾到 Jark 湾需 1 小时左右，然后再用 20 分钟即可抵达普拉奥湾。

双条车　其包车价格大约为 B1000 / 天。

摩托车　岛上大多数旅馆和度假村都会提供摩托车租赁服务（B250 / 天起），但西部海岸大部分水泥路既窄又陡，有些地方还坑坑洼洼，所以驾驶时一定要小心谨慎。

山地车　Ngamkho 湾的 Happy Days（B150 / 天）及其他一些度假村会提供山地车租赁服务，但阁骨岛上的小山数量没有骑山地车的必要。

4

住宿

如今阁骨岛提供有各种类型价位的住宿，从便宜的临时住处到豪华的别墅一应俱全，但几乎所有的经济型度假村都位于内陆，离海滩较远。

库隆骄湾

Cozy House 库隆骄湾的河流南岸　☎089 094 3650　🌐www.kohkoodcozy.com　该旅馆是一栋扩建的干栏房屋，提供库隆骄湾最便宜的客房（共用浴室），中央则是一个公共露天平台，位于河畔，凉风习习。稍贵一些的客房和平房虽然不划算但提供的自制菜肴却非常不错，尤其是鱼。旅馆提供多种设施，包括电脑、皮划艇和摩托车租赁以及地掷球和排球运动等。B250

Khlong Chao Garden View 库隆骄湾　☎087 908 3593　这家温馨的度假村酒店坐落于离河流较远的草坪上，四周有观赏乔木点缀，位于大桥以南 50 米的路边，离大海约 100 米。有设施简单且带有小卫生间的风扇小屋，也有提供电视的宽敞空调平房，两者选一。酒店花园餐厅还提供精致美食，特别是椰汁肉片咖喱，非常美味。风扇房 B400，空调房 B1000

★ **The Mangrove** 库隆骄湾的河流南岸　☎085 279 0278　🌐www.kohkood-mangrove.com　这家位于河畔最好的酒店提供美丽的河景及坚固的木制平房，四周是精心打理的草坪，点缀着美丽的盆栽和树木。现代风格的客房布置精美，提供电视和热水。此外酒店还提供免费皮划艇和摩托车租赁服务。风扇房 B800，空调房 B1500

Tinkerbell 库隆骄湾　☎081 813 0058　🌐www.tinkerbellresort.com　这家设计豪华的园景度假村位于海滩南端，提供各种精美的客房，令人难以选择。以同样的价格（包括早餐），你既可选择明亮且色彩柔和的别墅，里面带有空调、热水淋浴、冰箱、电视、DVD 播放机及坐落在沙滩上的大阳台，也可以选择第二排同样精美的两层楼房屋，里面有泳池、独立的大客厅，楼上有盥洗室。此外，酒店还提供人工瀑布打造的小泳池，所有房间都有 Wi-Fi。B6900

Ngamkho 湾

Dusita Ngamkho 湾　☎081 420 4861　🌐www.dusitakohkood.com　这家位于河流南岸的河畔小酒店温馨舒适，装饰简约，提供风扇和空调木房，其中一些带有美丽的室外灰泥卵石涂层卫生间，所有房间都可欣赏美丽的海景，而一些稀疏的椰林树荫之间悬挂着吊床。风扇房 B900，空调房 B1400

Hindard Resort Ngamkho 湾　☎081 762 9519　✉rungdech@hotmail.com　该度假村酒店坐落在海湾南端鲜花遍地的岩石海岬斜坡上，提供宽敞舒适的小木屋，供应热水，其中一些带有室外卫浴，可看到壮观的海景，而海岬附近的珊瑚丛非常适合游泳及浮潜。酒店提供按摩、免费 Wi-Fi、换气装置及皮划艇服务。风扇房 B1200，空调房 B1500

Koh Kood Happy Days Ngamkho 海湾 ⓣ087 144 5945/086 018 6012 ⓦwww.kohkood-happydays.com 这家深受背包客喜爱的度假村位于距离海滩南部地带200米的路边，一栋小小的旅馆建筑里共提供10间带有独立卫浴的风扇或空调房，所有房间都铺有木地板、装饰精美且有一个公共阳台。度假村还提供摩托车和山地车租赁服务、上网等，酒店设施包括潜水店铺、酒吧和餐馆，而其旁边则是一个杂货店。风扇房 B450，空调房 B800

邦堡湾

The Beach Natural Resort 邦堡湾 ⓣ086 009 9420 ⓦwww.thebeachkohkood.com 虽然该度假村并没有坐落在该海滩最美丽的地段，但其前面有一片岩石区，一直通往海滩南端，而其多样化的巴厘岛风格平房有茅草覆盖，装饰精美高雅且有花园浴室；由于各平房紧挨彼此，因此只能看到海景的一角。所有房间都提供有热水淋浴，其中一些带有空调（仅可在18:00~次日7:30使用）。酒店设施包括电脑和免费Wi-Fi、皮划艇、自行车及摩托车。房价包括早餐。风扇房 B1400，空调房 B2200

Siam Beach 邦堡湾 ⓣ081 899 6200 ⓦwww.siambeachkohkood.net 该度假村酒店几乎占据了整个海滩的最佳地段，地域广阔，深受经济型游客的喜爱，但相对于Ngamkho湾及库隆骄湾相同价位的酒店来说，该酒店四周要冷清一些。其位于海滨的宽敞小屋和平房装饰简单，可将整个海湾美景一览无余。新建的一些空调房靠近河流，离海岸要远一些，但比海滨空调房要便宜一些且拥有热水淋浴。酒店餐馆提供寻常的海鲜烧烤，此外还提供上网、摩托车和皮划艇租赁服务。房价包括早餐。风扇房 B1200，空调热水淋浴 B1500，空调冷水淋浴 B1800

Jark 湾

Neverland Resort Jark 湾 ⓣ081 762 6254 ⓦwww.neverlandresort.com 这家该海滩上唯一的住宿场所位于棕榈树林中，两边分别是蓝色的清澈大海及绿色的平静河流。提供舒适且带有阳台的空调木房，其中一些提供热水淋浴，四周是美丽的花园，此外还提供设备齐全的两人帐篷（B500）、皮划艇及换气装备等。房价包括早餐。B1600

普拉奥湾

Ao Phrao Beach 普拉奥湾 ⓣ081 429 7145 ⓦwww.kokut.com 度假村提供以背包客为主的茅草屋及稍贵一些的水泥空调平房，所有房间都有热水淋浴和电视；酒店设施包括网络、免费Wi-Fi、免费皮划艇及一间卡拉OK房。房价包括早餐。B3600

库隆欣丹姆村周边

★ **Koh Kood Beach Resort** 位于库隆欣丹姆村西北方向2千米处的Khlong Mat湾 ⓣ081 908 8966 ⓦwww.visitbeyond.com 这家由丹麦人经营的精美度假村坐落于广阔的斜坡上，绿草如茵，山下有美丽的水池和沙滩。所有房间都有空调、室外热水淋浴、迷你吧、电视、DVD播放机，而在宽敞的阳台上还可看到美丽的海景，共分为两种类型：加有茅草的高屋顶巴厘岛风格平房及稍贵一些的“泰式双房”，非常适合家庭居住，且这两个房间会共用一个按摩浴缸。酒店服务还包括摩托车、山地自行车、换气装置及皮划艇租赁，餐馆里还提供电脑和Wi-Fi。房价包括早餐。B3500

Shantaa 位于库隆欣丹姆村以西2千米左右的Taphao湾北端 ⓣ081 817 9648 ⓦwww.shantaakohkood.com 这些装饰精美的空调别墅坐落于风景优美的高地上，绿草如茵，所有房间都有提供热水淋浴的室内外浴室。虽然沙滩非常普通，但在酒店露天平台上有许多太阳躺椅。酒店餐馆提供电脑和Wi-Fi。房价包括早餐。B4500

4

餐饮

除了度假村周边外，岛上几乎没有什么饮食和酒吧场所，但有两处场所值得游客绕道前往。

Pizza & Pasta 库隆欣丹姆村南面 ⓣ083 297 2860 ⓦwww.pizzanpasta.info 这家环境舒适的路边餐馆是由意大利和泰国人共同经营的，供应意大利肉酱面及自制意式干面（B250）、比萨（B220），一些沙拉、蒸馏咖啡及糕点等早餐。此外还提供外卖服务。每天8:30~21:00

Tawan Bar 库隆骄湾。这家小型路边酒吧是由一位音乐家经营的，每晚都会提供现场音乐演奏。每天15:00~次日2:00

附录

货币兑换 阁骨岛上没有银行，但较大的度假村酒店会提供货币兑换服务。

医院 位于库隆欣丹姆村（ⓣ039 521852）。

上网 位于库隆骄湾的旅游信息中心及大多数度假村都会提供上网服务。

药房 库隆欣丹姆村医院对面的店铺里有一个很小的医药区，在阁骨岛有许多白蛉，若被其叮咬，可在此购买抗组胺药。

警察局 位于库隆欣丹姆村（ⓣ039 521745）。

邮政代理 位于Ngamkho湾Happy Days度假村旁边的店铺里。

东北部：伊桑

帕侬蓝寺的主要佛塔

5 东北部：伊桑 The northeast:Isaan

泰国东北部高地酷暑难耐，共有三处与老挝或柬埔寨接壤。这片地区又被称为伊桑，以印度教掌管东北方位的死神名字命名，共占据了泰国土地面积的 1/3，且泰国将近 1/3 的人口都居于此地。伊桑是泰国旅游人数最少，也是最贫穷的地方：几乎 3/4 的伊桑居民都有负债情况，且绝大多数居民的收入都低于地区最低工资标准——B164~183/ 天。农业是当地人的传统谋生手段，但土地贫瘠（土壤以脆性砂岩为主，养分不多且储水效果差），长期干旱，时而还会受到暴雨及间歇性洪水的袭击，收成十分不理想。正如你猜测的，此地景色平平，但有一些非常热闹的庆典节日以及古老的寺庙值得到此一游。

20 世纪 60 年代时期，政府计划引进生命力较强的作物以调动债务周期，迫使农民将单一作物抵换成现金以偿还他们购买肥料、种子和机械的贷款。对于许多家庭来说，只有一种方法可以帮助他们摆脱这单调而繁重的工作：伊桑共有 2100 万居民，平均每年都会有 200 万经济难民离开此地，其中大多数都会前往曼谷——如今来自东北部的人们已成为曼谷首都最廉价劳动力的生力军。一般老人和小孩都会留守在村子里，每个月都会收到从大都市寄回来的钱，这渐渐地变成全家的开销来源，虽互相挂念，但只能默默等待 5 月的到来，每当这时节，在外打工的家人都会回家帮忙种植水稻。

伊桑地区不似城市那般嘈杂且令人疲惫，除住宿和交通外就没什么其他景点，游客们的主要目的地包括**高棉遗址**及**考艾国家公园**。此外，东北部地区的五大**节日**也吸引了大量游客：5 月益梭通绚烂的火箭节；6 月末 7 月初，黎附近小镇丹赛的鬼脸节求雨仪式；7 月乌汶美丽奢华的蜡烛节；10 月廊开附近的湄公河上会浮现奇怪的粉色火球；而 11 月素林会举办华丽的大象节。

伊桑地区向你展示了纯粹的乡村生活，若留宿在该地区南部的家庭旅馆或寄宿家庭中，可了解到许多当地的风俗习惯。到了伊桑南部，一定要游览下这里的高棉遗址：其中大部分游客都会选择前往披迈，但帕侬蓝遗址也非常不错，坐落在山顶，气势雄伟。此外，年代更久远的史前岩画也吸引了不少游客向东前往小镇空尖，坐落在湄公河及蒙河之间，景色秀丽。

伊桑唯一一座重要山脉将平凡的小城黎与中部平原分隔开，而那些将此山包括在内的国家公园提供了艰难的山路跋涉、美丽壮观的风景以及各种珍贵稀少的鸟类和花草。湄公河源头就位于黎正北方向的清刊，潺潺水流平静地经过伊桑，两岸郁郁葱葱，零零散散地坐落着一些正对河流的乡村旅馆，可供游客居住。这条壮观的河流还是泰国和老挝之间的天然边界，曾经是两国之间无法跨越的障碍；但如今，随着老挝对游客进一步开放了边境口岸，该河流已成为越来越重要的交通要道。

考艾国家公园的苏瓦谷瀑布

旅游重点

❶ **考艾国家公园** 简单小径，几处瀑布，各种鸟类、长臂猿和大象，且可夜间旅行。见 p.385

❷ **高棉遗址** 在披迈、帕侬蓝有精致的吴哥窟风格寺庙。见 p.394、397

❸ **丝绸** 泰国东北部特产，可在东北部各地买到，尤其是孔敬。见 p.404

❹ **益梭通火箭节** 用自制火箭举行人工求雨仪式。见 p.412

❺ **普加东山** 丛林密布的平顶山，是该地区最引人注目的国家公园。见 p.424

❻ **湄公河** 在泰国探索壮观河景的最佳地段位于清刊和廊开之间。见 p.429

❼ **甫托寺** 这座精致独特的禅定寺坐落在陡峭的露头上。见 p.438

❽ **巴侬舍利塔寺** 伊桑最迷人的圣地，尤其在 2 月，朝圣者络绎不绝。见 p.441

这些旅游重点在 p.384 的地图上都已标记

5

在河流上游地段的最东端是泰国的边境城镇廊开，周围遍布着华丽别致的寺院，但如今其中一些已被用作大量中国和越南移民的居住场所。东北部最雄伟、最重要的宗教场所是下游那空拍侬附近的帕拉塔帕农寺，而且这座城镇拥有伊桑最美丽的景色。

如何抵达及周边交通 伊桑

伊桑境内所有市镇之间全都有公共交通服务，且大多数较大型村庄之间也是如此，但和泰国许多其他地区相比，东北地区的道路非常空闲，因此你也可以选择租车自驾前往。

巴士 许多前往伊桑地区的游客都会选择从泰国北部出发，或者从清迈直达黎，或者途经中部平原北边的彭世洛，然后再前往孔敬；但你也可以在东海岸的芭堤雅、罗勇和庄他武里乘坐巴士直达呵叻。此外东北地区所有主要中心城镇和曼谷之间都有长途汽车服务。

火车 伊桑境内共有两条轨道线路，分别通往曼谷和大城。

飞机 曼谷和若干东北城市之间都有航班。

简史

泰国东北居民的方言偏向于老挝语，且长期以来，伊桑人民对老挝和柬埔寨的亲密度比泰国更深。在11~13世纪期间，强大的**高棉人**占据了该区域并在此建造了大量雄伟的石庙建筑，如今这些遗址是泰国东北部最吸引游客的旅游景点。而在随后的几百年里，湄公河沿岸的土地经历了无数次政权更替，直至“二战”结束时才确定了如今的格局，成为泰国一老挝的边界线。20世纪50~60年代，**越南战争**爆发，美国的主要空军基地就建立在呵

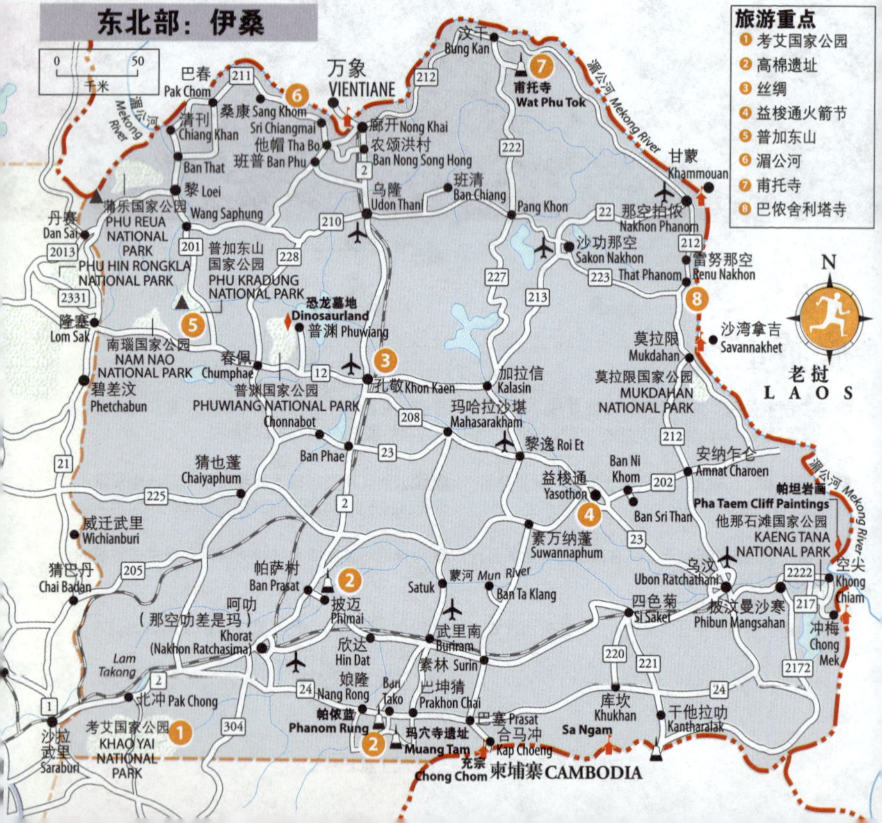

叻、乌汶及乌隆三地，助长了这些地区的色情行业，一直困扰至今。美国撤军后，这些东北部女性又将目光对准了面向游客开放的曼谷色情服务业，如今首都曼谷的绝大多数妓女都来自伊桑。

考艾国家公园（Khao Yai National Park）

B400（交通需额外支付 B50/ 辆）

在曼谷东北方向约 120 千米处，穿过苍翠繁茂的中部平原即可抵达树林密布的帕侬扁担山脉（Phanom Dangkrek mountains）。这些奇形怪状的石灰岩山脉共计 2166 平方千米，如今全部归入泰国第一座国家公园——**考艾国家公园**（建立于 1962 年）范围内，是最流行的旅游景点之一。该公园共跨越 5 个不同的森林类型，最高峰达 1341 米，物种丰富，据估计公园内共栖息着 300 多种鸟类以及 20 多种大型陆地哺乳动物，被联合国教科文组织列为世界遗产保护区，不仅如此，公园里还遍布着各种各样的瀑布及一些可行走的山间小道。

国家公园管理员禁止游客进入没有路标导向的偏远地带，这不仅是考虑到环境因素，同时也是为了保护**檀香树**，以防被**偷伐**。将一棵成熟的檀香树切开并收集大块含油量丰富的木材（每千克价格可达 B20000~40000），几个月后即可提取到珍贵的檀香油。檀香树是考艾国家公园独有的树木，虽然收集精油通常不会使树木死亡，但会使其变得十分脆弱。沿途导游会给游客指出那些被切割的檀香树。

然而对于许多泰国人，尤其是曼谷市民来说，考艾不仅是一座野生动物园，更是周末远离尘世喧嚣的最佳去处。有些富人在此地区设有别居，还有一些人会来此打高尔夫或体验软冒险活动，特别是多岛“观光牧场”度假村酒店提供的骑马以及全地形车越野跑等。此外，考艾地区天气凉爽，也是泰国最大的葡萄园及奶牛养殖场之一。

公园内部提供营帐及基本住宿设施等，而在其周边及**北冲**附近还坐落着许多舒适旅馆。沿着公园小径可以自己四处闲逛，但其中一些最美丽壮观的瀑布、洞穴及其他景点都位于 20 千米以外，因此最好找一个导游。周末及节假日期间，考艾国家公园非常拥挤，最好避开此时间段，且每当旅游旺季期间，考艾一点都不像是个野生动物园。到此游玩时，可带上望远镜。在海拔较高地带，尤其是在夜间，温度很低，因此最好带上一些保暖衣物。

公园（The park）

游客中心工作时间：每天 7:00~18:00

在 37 千米石头标记处的游客中心及公园总部四周遍布着若干条年久失修的小径，其中还有多条岔路横穿公园；少许路径设有路标，还有一些则用颜色标记。**游客中心**提供的小册子上标注着公园的主要道路，非常实用。出发时一定要穿性能较好的靴子以备有些河流地段需涉水而过，此外务必要戴好帽子及准备大量饮用水。

途中除非你了解观察地点，不然是很难看到野生动物的，这也是需要聘请公园导游（见p.386）的原因之一，因为只有他们才了解哪些树上栖息着犀鸟，哪里可以给长臂猿喂食，等等。但如果你坚持独自前往的话，我们推荐下列景点线路。

伊桑的边境口岸

伊桑共有四个**通往老挝的边境口岸**（见 p.26），都可办理老挝签证。其中最受欢迎的口岸位于廊开，有一条比较平坦的道路直通老挝首都万象；其他三处边境口岸则分别位于那空拍侬、莫拉限及冲梅。如果不想在边境地区排队等候，你可提前在孔敬中央城镇的领事馆办理好老挝签证。此外，这里还有一处越南领事馆可签发越南签证。

从**伊桑走陆路进入柬埔寨**（见 p.26）共有两个边境口岸：一条线路是通过泰国素林地区的鸽冲（Kap Choeng）前往柬埔寨的奥斯玛（O'Smach），乘坐交通抵达安隆汶（Anlong Veng）后再换车前往暹粒；另一条线路是通过四色菊府的 Sa Ngam 口岸进入安隆汶的 Choam。

5

Kong Kaew 天然小道

公园里最短、最平坦的路径是 1 千米长的 **Kong Kaew 天然小道**，其起点就位于游客中心的后面。这条小径全程都铺得非常平坦，全程只需 30 分钟；如果人不多的话，沿途你还可以看到长臂猿、啄木鸟和翠鸟等动物。

Nong Pak Chee 瞭望塔

在公园总部附近的多条线路中，大多数游客都会选择从游客中心餐馆向上攀登前往公园西部的 **Nong Pak Chee 瞭望塔**。沿着此路可轻而易举地穿过大片树林和草地，最后抵达建于湖畔的瞭望塔。一路上，你可听到白头长臂猿在高树上的吼叫声，也可目睹稀树大草原上的麂子。如果你在塔上停留的时间足够长，还可看见天上翱翔的雄鹰或俯冲向湖泊的雨燕；有时大象和印度野牛也会到此饮水。从公园总部步行至此大概需要 2 小时 30 分钟（全程 4.5 千米），然后沿着一条土路往下走 900 米即可抵达位于 35 千米和 36 千米石头标记之间的主要道路。这条道路既可通往总部（2 千米），沿途向下还可抵达检查站（12 千米），然后可换车前往北冲。如果你只想在瞭望塔上待几个小时，又忘记了主要线路，那么你可在 35 千米和 36 千米石头标记之间的主道旁稍作休息（不到公园总部），然后再沿着通往瞭望塔的小径步行 1 千米，即可到达目的地。

苏瓦谷瀑布（Haew Suwat Falls）

徒步旅行的另外一个不错的景点位于游客中心东面的**苏瓦谷瀑布**附近。该瀑布高达 25 米，你可尽情享受被淋的快感，且 1999 年的电影《海滩》也是在此取景的。从公园总部出发前往该瀑布，你可选择沿着 8 千米的小道步行至此（全程 3~4 小时），或者沿着总部附近一条 6 千米长的马路或步行，或自驾抑或搭便车前往苏瓦谷，该地区是个热门景点，会有多班汽车前往此地。从游客中心后面的天然小道出发，沿着设有红色闪烁标记的**路径**前行即可抵达苏瓦谷，中途有条岔路可通往 Pha Kluai/ 兰花野营地和瀑布，距公园总部 6.1 千米。由于曾发生多起死亡事故，只有在干燥季节，瀑布水流比较平缓的时候方可在此游泳。但即便如此，游客也一定要万分谨慎。

前往 Pha Kluai/ 兰花野营地（Pha Kluai/Orchid campsite）

一日游游客通常会从苏瓦谷步行前往其附近的 **Pha Kluai/ 兰花野营地**，其中大部分路段都铺设平整，且全程最多只需 2 小时（3.1 千米）。沿途不仅可看到长臂猿及猕猴，还有翠鸟和犀鸟等多种野生动物。而 Pha Kluai 瀑布附近则以各种美丽的兰花闻名远近。

考艾地区的野生动物

白天，虽然你不一定会看到，但一定会听到一些野生动物的吼叫声。其中最嘈杂的声音发自于**白掌长臂猿**，它们通常会待在高大树木的顶端高声叫唤，中间夹杂着**黑冠长臂猿**络绎不绝的颤音。长臂猿通常都喜欢待在高处，**猪尾猕猴**却与其截然不同，大多数喜欢聚集在公园各地景色秀丽的小道上。**犀鸟**也会拍打着它们巨大的翅膀，飞鸣而上，发出一阵阵喧嚷声；考艾共生活着四种不同品种的犀鸟，是东南亚地区最好的观测点之一。双角犀鸟腹部以亮黄色和黑色为主，翼展长 2 米，非常漂亮；黑白色的冠斑犀鸟虽然没有双角犀鸟那样引人注目，但通常可近距离接触到，因为它们会俯冲捕捉鱼、鼠和爬虫等。除此之外，你也有可能看见红头咬鹃、橙胸咬鹃、啄木鸟及和平鸟等，若你足够幸运，说不定还能一睹泰国和柬埔寨西部特有的白鹇。每年 11 月 ~ 次年 3 月，都有多种**候鸟**在此过冬，包括绚丽多彩的西伯利亚画眉及橙头画眉等。

此外，考艾国家公园里还聚集着一个亚洲**象**群，数量在 200~250 头，通常可在晚上看到，这里是泰国唯一一处有较大机会看到野象之地。这里还有少量**老虎**，不过亲眼目睹的机会甚少。**果子狸**经常在此出没，偶尔还会看到**懒猴**，入夜后还可听到麂子的吠叫声。日落时分，可看到大群**皱唇犬吻蝠**，尤其是在公园北门（正门）外 Tham Silathong 寺旁的洞穴入口，入夜后只见数以百万计的蝙蝠蜂拥飞出觅食，景象尤为壮观。

水蛭

如果在雨季或雨季刚过的时间段到此登山游玩，沿途十有八九都会遇到**水蛭**；随身携带驱蚊剂或穿好水蛭袜（帆布靴）即能有效避免被叮咬，这些物品都可在游客中心对面的自助餐厅建筑或附近的住房管理处买到（B70/双，除非你想将其当作纪念品保管，不然我们建议你向导游借一双即可）。若想摆脱水蛭，可用香烟或打火机攻击它们，或者用盐浸泡；油性防晒霜或驱蚊剂可使它们虚软从而掉落。

抵达和离开

前往公园共有两条通道，一条来自南部，一条来自北部，且都设有检查站。游客若想搭乘公共交通工具到达此公园，需从位于公园北门以北约25千米的北冲（见p.389）出发。

公共双条车 从北冲前往考艾最便宜的方式是搭乘公共双条车，出发点位于21巷附近主道北侧人行桥以西200米处的7-Eleven便利店门口（6:30~16:00，每30分钟1班，周日班次较少；全程30分钟；B35）。由于公共双条车不准进入公园，因此司机会让乘客在检查站下车，距考艾游客中心、公园总部及多数主要道路约14千米。抵达检查站（在此支付国家公园门票）后，公园管理员会帮你拦截小汽车让他们带你至游客中心；这是此地很常见的做法。从北冲到游客中心大概需1小时。

包一辆双条车 从北冲到此地的另一种更快捷但价格更高的方法就是包一辆双条车：这些双条车被视为私家车辆，可进入公园。一般可在北冲19巷的拐角处租到双条车，从北冲到苏瓦谷瀑布价格为B1000，或往返B1500，包括在公园里几小时的费用。

回程 从公园返回的路程一般会更容易一些，通常可以让一日游游客搭载回到北冲。或者也可以在检查站搭便车，或从游客中心步行至此，这条相当凉快的路程共需3~4小时，沿途可看见各种各样的鸟类及猕猴、长臂猿和鹿等动物，不禁令人心情愉悦。抵达检查站后，你可搭乘双条车前往北冲：最后一班通常在17:00左右离开。若从通往公园沿途的度假村返回北冲，只需让老板打电话给公共双条车司机即可。不过你可能要等一段时间，且需额外支付一些现金作为他们过来接你的报酬，但最多不会超过B50/人。

周边交通

山地自行车 如果游客中心外有空闲车辆，你也可选择租一辆山地自行车（B50/小时）。

信息

游客中心位于公园管理处和主要步道起点附近，提供公园地图及相关手册。考艾国家公园**旅游**价格适中，且主要针对的是独立游客而非规模较大的旅游团。但需注意的是：近年来，公园深受不法经营者的困扰，不仅收取高昂的前期费用，后来还要求游客再单独支付公园门票（包括汽车、司机和/或导游的费用）。因此，我们在此仅推荐声誉较好的旅游公司，都可提供定制旅游以及各自独特的**1日半旅游行程**（B1500/人左右，包括B400公园门票），其旅游项目通常包括公园外的蝙蝠洞，沿着1~2条小径的徒步旅程，苏瓦谷瀑布游泳（仅限干燥季节）以及天黑后的野生动物观察；通常旅行社会安排游客在他们自己的**住宿**场所过夜，但不强制。我们建议提前预订，尤其是夜间旅游更受欢迎。所报价格为最少两名游客时的费用。而且你也可以聘请**公园管理员**做你的私人导游，带你前往更偏远的区域，不过他们的英语不是很好，交流不方便；通常需在旅游的前一天晚上让公园总部安排此事，但这样一来你就必须自己解决交通问题。其价格不定，一般是B500几小时，或全天B1000左右。

旅游经营者

Green Leaf Guest House and Tour ☎044 365 073/089 424 8809 ⓦwww.greenleaftour.com 这家家庭经营的徒步旅行线路大多都是由老板Nine制定的，非常受欢迎，尤其是观鸟者，找他绝对没错。位于公园道路7.5千米石头标记处（从北冲乘坐双条车至此费用为B20）。而其家庭旅馆还提供住宿服务（见p.389）。

Khao Yai Nature Life & Tours ☎081 827 8391 ⓦwww.khaoyainaturelifetours.com 曾是考艾花园酒店，后迁移至2090号支路（通往公园的主道），北冲火车站以南10千米的新度假村区域。不仅提供宽敞的客房及池畔别墅，还有各种旅游项目，包括半日游（B500）、摄影一日游（B2000~3500，视组团规模大小而定），以及定制的徒步旅游行程。这里的导游见多识广，可带你寻找精彩的野生动物踪迹。有关其住宿的详细信息请参考p.389。

Spice Roads ☎ 02 712 5305 ⓦ www.spiceroads.com/thailand/khao_yai 提供高档的考艾国家公园及其酿酒厂自行车之旅，从曼谷出发（2日1夜游，所有费用包括在内总计B7750/人）。

Wildlife Safari ☎ 044 312922/089 628 8224 ⓔ jayjungletrek@gmail.com 提供各种各样的定制旅游，包括行程紧凑的半日游（B300）。位于Nong Kaja的Pak Chong Subsanun路39号，北冲火车站以北2千米处（可致电让他们安排北冲免费接车服务）；提供舒适的客房（风扇房B200，空调房B500），坐落在家庭私人花园里。老板非常热情亲切。

住宿

考艾地区的住宿场所较多，不仅公园里会提供住宿，通往公园的道路沿途也坐落着许多旅馆。或者你也可以留宿在距离公园中心37千米的北冲（见p.389）。如果你是跟团旅游，那么通常会住宿在导游自己经营的旅馆里。但要对下列未列出的旅行社多加警惕；至今已有许多游客被不法经营者敲诈，甚至有些度假村会提供车站接车服务，然后在离开的时候要求你支付昂贵的交通费用。北冲地区有许多用餐场所，其中大多数都是城镇外的旅馆和酒店餐厅，但价格昂贵，因此在点餐前一定要注意查看。

公园内

如果你打算多花几天独自探索该公园，那么最好的住宿场所是位于考艾中心地区的国家公园小屋、宿舍及帐篷等。在旅游旺季期间，小屋住宿需通过曼谷的王室林业部管理处（☎ 02 562 0760）或网上（见p.35）提前预订。但是，你也可以直接联系考艾住宿办公室（每天8:00~21:00 ☎ 08 1877 3127），在周日至周四期间可直接到此入住。如果是帐篷住宿，只有在周末时需预订，其他时间可随时入住。

宿舍 位于游客中心后面。在这些简单的木质宿舍里共提供35~50个床位，如果没有旅游团预订，那么仅对个人开放。**B50**

小屋 分布在公园各处，可供2~30人入住。如果提前预订，你需将收据带至住宿办公室。**B800**

帐篷 距总部5千米左右的Lam Takong露营地以及位于通往苏瓦谷瀑布沿途，公园总部以东4千米左右的Pha Kluai Mai露营地（又称兰花营地，是观鸟的好场所）都可提供两人式帐篷。此外还提供睡袋（B50）和枕头（B20）等设备。你也可以自带帐篷驻扎在这二者之一，价格为B30/人。**B150**

通往公园的主道沿途

从北冲到公园检查站之间长达23千米的主道上坐落着多家豪华酒店和度假村；其中大多数游客都是自驾前来，但也可搭乘北冲双条车到达此区域。而位于Thanarat路的酒店地址是以离其最近的千米石头标记标注的。

Green Leaf Guest House and Tour 距北冲县12.5千米，位于7.5千米石头标记处 ☎ 044 365073 ⓦ www.greenleaftour.com 这家温馨的家庭旅馆是通往公园沿途最便宜的旅馆之一，共提供21间独立卫浴风扇房，前面是精致而便宜的餐馆；同时还提供有导游的国家公园徒步旅行（见p.385）。**B200**

Khao Yai Nature Life & Tours 距北冲10千米，就在5千米石头标记前面 ☎ 081 827 8391 ⓦ www.khaoyainaturelifetours.com 这家新成立的家庭度假村提供多种空调客房及别墅，且拥有两个精美的户外泳池。最好的客房铺有木地板以及由上好泰国丝绸制作而成的床单。房价包括早餐。**B2500**

Juldis Khao Yai Resort 17千米石头标记处 ☎ 044 297272 ⓦ www.juldiskhaoyai.com 提供物有所值的高档住宿，客房宽敞且装有空调，酒店设施包括泳池、网球场、山地自行车租赁、餐厅及俱乐部。房价包括早餐。周末有折扣。**B1900**

夜间旅行

此公园最受欢迎的项目是1小时长的**夜间旅行**，或"夜间照明"，而大批游客都会等候在考艾主要道路附近以期在特别安装的探照灯光下观赏到一些有趣的野生动物。

夜间出没的**动物**通常包括鹿和麝猫，如果你足够幸运，还会看到大象。而对于该项目的评论褒贬不一：有些游客觉得动物从黑暗的丛林里蹿出来十分刺激，其他游客则觉得这是一种非常粗鲁的野生动物观察方式，尤其是在周末，整个公园感觉就像是市中心一样，四五辆卡车一辆接着一辆的呼啸而过，绕着主道一圈又一圈，非常嘈杂。

所有的夜间照明都是由**公园管理员**掌控的，因此旅行社有时会联合起来，为每辆卡车配备一位护林员及一些探照灯。如果你独自一人的话，可以随便加入一个旅游团。

夜间旅行队会在**每晚**7:00和8:00从公园总部出发（也可要求前往营地接你）；卡车租赁价格为B500，最多可搭乘10人；可通过游客中心隔壁的国家公园住宿办公室预订位置。

北冲（Pak Chong）

无论你是决定自己独自前往考艾国家公园还是加入旅游团一起前往，都需要在北冲城镇停留，该城位于考艾游客中心及主要步道起点以北37千米处，拥有火车和汽车车站。上面推荐的三家考艾旅行社中的其中一家就位于北冲，此外，该城还有几处住宿场所。住在此地最大的缺点是离考艾步道起点较远，有1小时的车程，但如果早点出发，你可以乘坐便宜的公共双条车前往。

Tesaban路横穿北冲中心，且有多条支路：朝北的小巷都是奇数，从西向东数字依次变大（13~25巷），而南面小巷都是偶数，也是从西向东数字依次变大（8~18巷）。北冲市中心位于北侧15巷的火车站与往东几百米的21巷的人行桥之间。

抵达和离开 北冲

火车 北冲火车站（☎044 311534）位于Tesaban路北侧的15巷中。

抵达站 大城（每天12班，全程1小时45分钟~2小时45分钟）；曼谷（每天12班，全程3小时30分钟~4小时45分钟）；呵叻（每天13班，全程75~90分钟）；四色菊（每天8班，全程4小时20分钟~7小时30分钟）；素林（每天10班，全程3小时10分钟~5小时30分钟）；乌汶（每天7班，全程6小时50分钟~8小时40分钟）；乌隆（每天2班，全程6小时30分钟~7小时15分钟）。

巴士和迷你巴士 北冲汽车站位于城镇西端，主道南侧8巷和10巷之间的街道上。一些巴士也会停靠在城镇中心人行桥附近，而前往曼谷和呵叻的空调迷你巴士的出发点位于Tesaban路上Beautiful眼镜店附近的对面道路，18巷的西侧。

抵达站 曼谷（每小时1班，全程2~3小时）；呵叻（每20分钟1班，全程1小时）。

住宿

Pak Chong Hotel 火车站东南方向600米左右，Mittraphap路650/1号 ☎044 279082 Ⓦwww.hotelpakchong.com 这栋高大的白色建筑位于主要道路附近，虽然环境比较嘈杂，但房间干净整洁，且价格合理。房价包括早餐及Wi-Fi。风扇房**B460**，空调房**B520**

Phubade Hotel Tesaban路15巷，火车站以南50米 ☎044 314964 这家北冲最便宜的酒店提供干净简洁的客房。靠近城市中央地区，若是深夜抵达也可入住。且酒店还提供洗衣服务。风扇房**B250**，空调房**B400**

Rim Tarn Inn Mittraphap路430号，汽车站以西300米 ☎044 313364 Ⓦwww.rimtarninn.com 这栋色彩绚丽的高层建造比Phubade酒店要美丽得多，提供宽敞而舒适的空调房，此外，酒店设施还包括泳池、餐馆及啤酒花园。**B1500**

餐饮

在城市中央15巷的火车站及往东几百米21巷的人行桥之间有一个白日市场，主要出售各种新鲜水果和蔬菜。在该区域附近的主道南侧有一家超市。

★ Ban Mai Chay Nam Mittraphap路21号 ☎081 660 2826 Ⓦwww.banmaichaynam.com 这家精致的老式泰国餐馆装饰着各种复古珍玩，从巨大的蜘蛛侠图像到20世纪50年代时期的美国鼓风机，令人大开眼界。比起国外游客，这里的泰国人更多，且食物都很新鲜很正宗，包括鲇鱼沙拉。大多数菜肴价格在B80~150。每天10:00~22:00

夜市 夜市是日落后最便宜最流行的饮食区，主要位于Tesaban路17巷和19巷之间的地段。每天18:00~22:00/23:00

附录

自动取款机 火车站附近设有若干自动取款机。

医院 有一曼谷医院分部（☎044 316611）位于Mittraphap路51号。

上网 火车站附近有一些网吧。

邮局 位于Tesaban路和25巷的交会处。

呵叻（Khorat）

经过北冲，2号公路及铁路线从风景如画的兰达空水坝（Lam Takong Reservoir）两侧岔开，

5

地形起伏，可欣赏到通往呵叻大片贫瘠高原之地的最后一片森林。然后两者又在泰国东北部入口——**呵叻**（官方称为**那空叻差是玛 Nakhon Ratchasima**，有“边疆城镇”之意）汇聚。

如果这是你在伊桑旅游的第一站，那眼前所见的景致会让你有些失望：呵叻是泰国人口最多的城市之一，街道上交通拥挤，甚至没有一处真正意义上的旅游景点。但从好的方面来说，呵叻是一个重要的交通枢纽，且距离披迈、帕侬蓝及玛穴寺等**高棉遗址**以及**帕萨村**的考古遗址和**丹奎安**陶艺山庄都不是很远。除了提供与曼谷及伊桑各主要城镇中心的交通线路外，呵叻的公交系统还可沿着 304 号公路前往东海岸，可直接抵达芭堤雅、罗勇、庄他武里而无须再去曼谷绕道。

素拉娜丽女英雄纪念像（Thao Suranari Monument）

呵叻境内的景点很少，但如果你打算在此城市多待一段时间，就一定不可以错过老城墙西门口的重要雕像。这座备受尊敬的**素拉娜丽女英雄纪念像**是为呵叻府副府长的妻子建造的，在 1826 年时，呵叻受到万象（今老挝首都）王朝的袭击，正是这位女英雄的一系列英勇事迹拯救了城市，并广为流传。据一些编年史记载，当时她为老挝军队举办了盛宴，并使用美人计诱惑他们，最后使老挝军队全部死于泰国人刀下；还有一种说法是她及其他呵叻女性作为囚犯在被送往万象的途中，攻击了护卫队，异常凶猛，而老挝军队因恐惧泰国所有军队都已到达，匆匆撤军。无论如何，素拉娜丽化险为夷，保住了这片土地，且至今仍受呵叻市民的尊敬，经常会有人在她脚边供奉鲜花，在神殿前插满了香火，甚至还会围绕着雕像跳舞。从 3 月 23 日 ~4 月 3 日，整个城镇为了纪念这位女英雄，会举办为期一周的**庆典节日**，不仅有街道游行，人们还会穿上欢庆活动时的隆重服装，好不热闹。

玛哈维拉翁博物馆（Maha Veeravong Museum）

位于 Ratchadamnoen 路，苏塔清达寺院内・周三至周日 9:00~16:00・B100・🌐 www.thailandmuseum.com

玛哈维拉翁博物馆里面收藏着若干以堕罗钵底风格和华富里风格为主的佛像，这些精致的佛像都归一位僧侣所有，曾任苏塔清达寺（Wat Suthachinda）的主持。这座单层博物馆是由泰国艺术部于 1954 年建造的，为整个杂乱的城市增添了一丝愉快的艺术气息。

丹奎安（Dan Kwian）

呵叻以南 15 千米，224 号支路・从汽车总站 2 或呵叻南门乘坐当地的 1307 路公交车（目的地为 Chok Chai；每 30 分钟 1 班，全程 30 分钟）；当看见路边有陶艺店铺时即可下车

泰国最流行的一些家用陶器就是由**丹奎安**村的陶艺工人制作的，这座小村庄位于呵叻以南 15 千米。当地黏土大多产自蒙河（Mun River）两岸，铁含量丰富，当放在木材焚烧的瓷窑烧制时与灰结合就可产生无釉的金属质感，这是**丹奎安陶瓷**的一大特色。其另一典型之处在于陶瓷的几何格子图案，从香炉和烟灰缸到花瓶和存储罐，丰富多样。丹奎安的陶艺工人还会生产瓷砖及大型的宗教或世俗内容壁画，深受现代寺院及城市家庭的喜爱。

抵达和离开　　呵叻

火车

呵叻火车站位于 Mukkhamontri 路（☎ 044 242044），可乘坐 2、3 路城市公交抵达。

抵达站　大城（每天 12 班，全程 3 小时 30 分钟）；曼谷（每天 12 班，全程 4 小时 ~6 小时 40 分钟）；孔敬（每天 5 班，全程 3 小时 20 分钟）；北冲（每天 13 班，全程 1~2 小时）；四色菊（每天 11 班，全程 4 小时 ~5 小时 30 分钟）；素林（每天 13 班，全程 2 小时 ~3 小时 20 分钟）；乌汶（每天 10 班，全程 4 小时 ~6 小时 10 分钟）；乌隆（每天 4 班，全程 5 小时 ~5 小时 40 分钟）。

巴士

汽车总站 2（☎ 044 256006-9），这个主要车站位于城市最北端的 2 号公路上。是多个区域城镇空调班车的出发站和抵达站，如北冲（可前往考艾）和披迈，此外还是曼谷、Ban Tako（可前往帕侬蓝）、清迈、孔敬、廊开、芭堤雅、罗勇（可前往阁沙美岛）及素林等地巴士的抵达站。城市交通混乱，因此最后不要搭乘嘟嘟车，可选择较便宜的空调出租车（B35 可前往火车站或附近酒店）。

汽车总站 1（☎ 044 268899）更靠近市中心，位于 Suranari 路附近，且提供前往曼谷的风扇车和空调车，

呵叻
0
250
米
N
玛哈拉特医院
Maharat Hospital
Lam Takong
北门
North Gate
THANON PRACHAK
THANON MANAT
THANON YOMMARAT
THANON ASSADANG
THANON WATCHARASRI
THANON CHUMPHON
THANON RATCHADAMNOEN
披迈公交车停靠点
IT Plaza
THANON MITTRAPHAP
汽车总站1
旅游警察
Tourist Police
孔敬
汽车总站2
中央呵叻（1.6千米）
迈安帕瓦寺
Wat Mai Amphawan
THANON SUEBSIRI
THANON MUKKHAMONTRI
THANON MITTRAPHAP
警察
Police
泰国旅游局
TAT
曼谷
商场
The Mall
Bulé Saloon
纳来寺
Wat Narai
DK书店
市柱
City Pillar
Klang Plaza I
素拉娜丽女英雄纪念像
Thao Suranari Monument
旅游警察
Tourist Police
现金兑换
Currency Exchange
集市
Market
Klang Plaza II
THANON BUARONG
THANON SURANARI
THANON YOTA
夜市
Night Market
THANON PHO KLANG
SOI KASETR
SOI JANT
呵叻纪念医院
Khorat Memorial Hospital
THANON SURANARI
TROK SAMORAI
THANON MUKKHAMONTRI
火车站
THANON JOMSURANGYAT
苏塔清达寺及玛哈维拉翁博物馆
Wat Suthachinda & Maha Veeravong Museum
Iyara Hotel
夜市
Night Market
东门
East Gate
THANON CHUMPHON
THANON CHAINARONG
THANON MAHATHAI
THANON SANPASIT
警察局
Police Station
南门
South Gate
THANON KAMIENG SONGKHRAN
THANON RATCHANIKUN
前往丹奎安的汽车
机场、素林&丹奎安
往公园广场、Budget租车公司
凡通瓦古迹（1.6千米）
餐馆及咖啡馆
C&C (Cabbages & Condoms) 1
Chez Andy 3
De Bus Café 2
Suan Sin 4
酒吧
Mum Bar 1
购物
Basket shops 3
Big C Hypermarket Mall 1
Jirani Silk 2
Night bazaar 4, 5
住宿
Sima Thani 1
Siri Hotel 3
Tokyo Hotel 2

5

途经巴通猜和北冲。但总站 2 提供的车次有多一些。抵达站 曼谷（每 20 分钟 1 班，全程 4~5 小时）；Ban Tako（可前往帕侬蓝，每 30 分钟 1 班，全程 2 小时）；武里南（每 30 分钟 1 班，全程 3 小时）；庄他武里（每天至少 20 班，全程 6~8 小时）；清迈（每天 9 班，全程 12~14 小时）；清莱（每天 5 班，全程 14~16 小时）；丹奎安（每 30 分钟 1 班，全程 30 分钟）；孔敬（至少每小时 1 班，全程 2 小时 30 分钟 ~3 小时）；华富里（每天 12 班，全程 3 小时 30 分钟）；那空拍侬（每天 3 班，全程 8 小时）；廊开（每天 11 班，全程 6~8 小时）；芭堤雅（每天 8 班，全程 6~8 小时）；披迈（每 30 分钟 1 班，全程 60~90 分钟）；彭世洛（每天 9 班，全程 7~9 小时）；罗勇（可前往沙美岛；每天至少 8 班，全程 6~8 小时）；是拉差（每天 7 班，全程 5 小时）；素林（每 30 分钟 1 班，全程 4~5 小时）；乌汶（每 30 分钟 1 班，全程 5~7 小时）；乌隆（至少每小时 1 班，全程 3 小时 30 分钟 ~5 小时）。

周边交通

双条车及城市公交 平价双条车（B8）和城市公交（B8）大多都在城市内运营。若要前往城市边缘地区则需 B15。双条车和巴士最有用的线路有 2 路，从西面的泰国旅游局办事处出发，沿着 Suranari 路和 Assadang 路，途经火车站抵达东边的市柱（lak muang），3 路同样横穿整个城市，沿着 Mahathai 路和 Jomsurangyat 路，途经火车站，抵达西边的泰国旅游局办事处。

嘟嘟车 在城市各地的主要道路上很容易即可拦截到嘟嘟车。1~2 千米行程价格为 B50（如从素拉娜丽女英雄纪念像到 Big C 超市）。

出租车 计程出租车会在各条街道出现，但还不如嘟嘟车那样普遍。最低费用为 B30。

汽车租赁 位于 Mittraphap 路 719/5 号，Tesco 超市外的 Budget 提供汽车租赁服务，且有保险（每天 8:00~18:00 Ⓣ 0662 2030250 Ⓦ www.budget.co.th）。

信息

旅游信息 泰国旅游局办事处（每天 8:30~16:30 Ⓣ 044 213666 Ⓔ tatsima@tat.or.th）位于 Mittraphap 路火车站以西 1.6 千米。提供非常有用的城市免费地图。若从市中心出发，可乘坐 2 和 3 路城市公交前往（见上文）。

住宿

呵叻另外一个不足之处是这里的经济型酒店都非常嘈杂且价格不便宜（可选择在披迈留宿）。不过也有一些比较实惠的空调住房。

Sima Thani Mittraphap 路 2112/2 号，泰国旅游局办事处附近 Ⓣ 044 213100 Ⓦ www.simathani.com 这家该城市最好的酒店之一提供精致的空调客房、泳池、三个餐厅及儿童看护服务。虽然酒店深受商务人士的喜爱，但氛围轻松闲适，客房性价比也不错。酒店位于 2 号公路旁（曼谷—廊开路），因此从曼谷或考艾前往公交总站 2 的巴士可在此酒店门口停车，但从酒店步行至市中心的路程比较长。B1400

Siri Hotel Pho Klang 路 688-690 号 Ⓣ 044 242831 Ⓦ www.sirihotelkorat.com 从火车站步行至此酒店只要不到 10 分钟，所有房间都有空调，是非常不错的经济型酒店。此外房间非常安静且很宽敞（但没有窗户）。B520

Tokyo Hotel Suranari 路 256-258 号 Ⓣ 044 242788 Ⓔ tokyo-hotel@windowslive.com 从汽车总站 1 步行至此只需 5 分钟，或从火车站乘坐 15 路公交车也可抵达此酒店。交通方便，客房宽敞干净。风扇房 B350，空调房 B500

餐饮

在 Manat 路及其周围有夜市，提供一些热食摊位，但在 Chumphon 路 Iyara 酒店附近有更多的夜市风格食物摊位，街边还有餐桌。而在 Sri 酒店以东 400 米左右，Yota 路的拐角处还有一些较小但很舒适的用餐场所。由于这里的（退休）外籍人士较多，因此呵叻还有专门为他们提供的外国食物。而在 Big C 超市所在的大型购物中心里也有几家国际品牌的大餐馆。

★ **C&C(Cabbages & Condoms)** Sue-bsiri 路 86/1 号 这家舒适的中等价位餐馆提供精致的泰国美食（大部分价格在 B60~100），和其位于曼谷的姐妹餐馆操作类似，所有收益都会提供给泰国人口与社区发展协会（PDA）。每天 10:00~22:00

Chez Andy Manat 路 5-7 号 Ⓦ www.chezandy.com 这家由瑞士人经营的餐馆提供非常有名的澳大利亚牛排（B250 左右），但也有一些瑞士和泰国菜肴。每周五晚上还有地中海自助餐（B250），提供烈酒（每天 15:00~19:00；B80/ 杯）。周一至

周六 11:00~24:00

De Bus Café Suranari 路，与 Mukkhamontri 路交会处附近 ⓣ044 277464 这家明亮舒适的空调咖啡馆位于呵叻最大、最繁忙的街道之一。拿铁、摩卡和卡布奇诺的价格为 B35，还有一些早餐食品，包括热狗和涂油蛋黄酱和肉松的吐司等。有外卖服务。周一至周五 7:00~22:00，周六及周日 8:00~22:00

★ **Mum Bar** Yommarat 路，Bule Saloon 东面 ⓣ085 779890 这家温馨的酒吧位于一座棚屋底楼的角落里，有各种老百事可乐饮料。酒吧深受该城市热爱摇滚的年轻人的喜爱，他们经常会开着重新改造过的老爷车前来。每天营业至凌晨 2:00

Suan Sin Watcharasrit 路 163 号。这家价格便宜的餐馆提供美味的伊桑美食，获得了当地人的高度评价，尤其是青木瓜沙拉和泰式烤鸭（B50 起）。每天 10:00~22:00

购物

篮筐编织品店铺 Chumphon 路 位于 DK 书店马路对面，聚集着各种各样正宗的篮筐编织品店铺，其中糯米篮、捕鱼器及扬谷器都是不错的纪念品。

Big C 超市商场 位于 Mittraphap 路 提供便宜的音乐、DVD 和跑鞋。

Jiranai Silk 位于 Buarong 路和 Pho Klang 路交会处 如果你不愿前往东面的素林，那么可在呵叻买到不错的丝绸，其中大多数都是在巴通猜生产的，这个无趣且过度开发的城市位于呵叻以南 32 千米，304 号公路上。该店铺位于市中心，提供最好且独一无二的丝绸，而 Chumphon 路两边的专业店铺则可买到较便宜的丝绸布匹。

夜市 Manat 路和 Mahathai 路 每天晚上都会开放夜市，主要出售价格低廉的时装。

附录

医院 外籍人士喜欢前往 Mittraphap 路（2 号公路）1308/9 号 Tesco 超市附近的私立曼谷医院（ⓣ044 429999）；而 Mahara 公立医院（ⓣ044 235000）位于城市东北边缘。

上网 城市各地都有网吧存在，而 Jomsurangyat 路的邮局和 Klang Plazn Ⅱ附近的网吧比较多。价格大多在 B15/ 小时左右。

旅游警察 若遇到任何紧急事件，请速与旅游警察联系（ⓣ1155；24 小时免费热线），或直接前往他们位于城市的办事处：主要办公室（ⓣ044 341777-9）位于 2 号公路汽车总站 2 对面，此外在 Chumphon 路的素拉娜丽女英雄纪念像旁也有一个办事处。

旅行社 呵叻旅行社位于 Mittraphap 路 1936/9 号（ⓣ044 262158 ⓦwww.korat-travelservice.com），提供帕侬蓝和披迈一日游，有导游。

披迈（Phimal）

位于呵叻东北方向 60 千米处的现代小城**披迈**四周有老城桥和蒙河支流环绕，其中最有名的就是修复过的**披迈遗址**高棉寺庙建筑。至于这些建筑何时所建，又是为谁而建至今无从知晓，但其作为宗教遗址的历史可追溯至高棉国王苏利耶跋摩一世（1002~1049）时期，其中有些寺庙甚至比柬埔寨的吴哥窟还要古老。在此建筑和吴哥之间有一条通道，面朝东南方向的高棉首都。在接下来的几百年里，高棉统治者实行了重大变革，直到 1220 年阇耶跋摩七世执政末期，披迈才被正式确立为信仰大乘佛教。披迈另一声名鹊起的景点是**赛昂**（美丽的榕树），据说是泰国最大的榕树。而整个城镇洋溢着宁静和平的氛围。大多数游客都会安排此地的一日游行程，但此地有一家精致的旅馆，且可提供自行车清晨之旅，也可在此留宿一晚。

披迈遗址（Prasat Hin Phimai）

遗址：每天 7:30~18:00 • B100 • 游客中心：8:30~16:30 • 免费

披迈遗址建筑以昏暗的粉红色和灰白色砂岩为主，远望而去宛如人间仙境；近距离观赏则可发现大量精致的雕刻图像。从东南方向的正门进入此建筑群，经过售票处即可看见右手边坐落着的游客中心，里面陈列着一些简单的壁挂式展品，表明了该遗址的历史。

外围区域（Outer areas）

从东南大门进入此建筑群，首先映入眼帘的是以装饰着经典那迦像的楼梯，一直通往**外围**

5

区域的华饰庙门，且每侧都安装有虚假的勾栏槛窗，而上面的雕刻极有技巧，使坚固的石雕活灵活现，防御指数也较高。在这些城墙和内部长廊之间有一条架高的路径连接，以保护**内殿**的普兰佛塔。位于右侧的较小普兰佛塔是在 12 世纪由信仰佛教的阇耶跋摩七世国王下令用红土建造的，他在执政期间大规模修建了多座佛教寺庙。如今该遗址里供奉着他的雕像；不过这只是一个仿造品，原来的雄伟雕像被收藏在披迈国家博物馆中。雕像左边是粉红色砂岩佛塔，与婆罗门神殿相连，里面坐落着 7 根石质灵根（阳具），大约都是在同一时间段建成的。

主普兰佛塔（The main prang）

经过 20 多年的考古勘查及谨慎修复，这座高耸的白色砂岩**主普兰佛塔**已重现其原来的十字形底座及圆锥形佛塔建筑，且几乎所有的门楣、山形墙及装饰屋瓦上都刻有精美的雕花图案，而塔顶是石质莲花花蕊装饰。佛塔周身详细的**浮雕**描述了主要的印度教神话。从正门至东南方向的前堂上方雕刻着毁灭之神湿婆的舞姿：他的死亡之舞预示着旧世界的毁灭及新秩序的创造，这个图像意义非凡，因此通常都会出现在最重要的入口处。而外部大多数其他精美雕像情节内容都取自于《拉玛坚》(见 p.77 框中内容），主要描述了英雄拉玛、他的兄弟拉什曼及一群忠心耿耿的猴子与魔王图萨坎展开一系列力量、智慧和神奇魔力的对决。佛塔内部是各种庄严肃穆的佛教场景，展现了当地人民是如何从印度教转信佛教的，而此地最重要的佛像由一座七头那迦像庇护，坐落于曾支撑着印度教湿婆灵根的底座上。

披迈国家博物馆（Phimal National Museum）

披迈遗址的东北方，位于一座古老的高棉水库与蒙河之间 · 每天 9:00~16:00 · B100 · Ⓦ www.thailandmuseum.com · 从披迈遗址可步行至此，而呵叻—披迈的汽车会在博物馆门口停留

大多数古代石雕都是在披迈出土的，而修复过后的物品大多收藏在**披迈国家博物馆**，不仅可以近距离观赏，而且还有详细标记及背景信息介绍。博物馆里最重要的展品是阇耶跋摩七世的精美砂岩雕像，曾收藏于披迈的红土佛塔中；这尊雕像呈坐姿，上身微向前倾，虽然他的手臂和部分鼻子已不见，但无损于他的优雅和宁静。而其他展示品会带你领略披迈地区的宗教和文化历史，尤其是帕萨村（Ban Prasat）的史前文物以及近代一些精致的佛像。

赛昂（Sai Ngam）

博物馆东北方向 2 千米 · 可步行或从各旅馆租一辆自行车（B80/ 天）前往，如果你不清楚线路可询问当地居民，他们会给你指正确的道路

赛昂是一棵巨大的榕树，其覆盖面积差不多有半个足球场大小（大约 2300 平方米）。虽然看起来像一片小榕树林，但事实上它只是一棵印度榕树，其分枝垂到地面，然后生根又产生其他分枝，因此离主干越来越远，范围也越来越大。榕树一直被奉为万灵的栖息地，你可以将鱼或龟放生到赛昂周围的人工湖里以积公德（B15~30，视放生动物而定）。此树是一个热门的休闲场所，附近还坐落着几家雅致的餐馆。

抵达和离开

披迈

火车 虽然有些费劲，但也是前往披迈的可行方法，铁路呈东西向，中间无须通过呵叻。你可乘火车抵达欣达（Hin Dat，素林以西 100 分钟左右，呵叻往东 55 分钟左右）。欣达位于披迈以南 25 千米处，因此你可以在此等待前往披迈的双条车，但比较少，或搭乘昂贵的摩的，或者还可以尝试一些搭别人的便车。无论选择哪种方式，都注定要早点出发。从披迈返回欣达的双条车通常

披迈的划船比赛

披迈一年之中最盛大的节日就是划船比赛，在 11 月初的周末于蒙河支流上举行，这个传统已延续了 100 多年。和许多其他河边城镇一样，每年在雨季结束时，披迈都会举办竞争激烈的龙舟比赛并效仿曼谷王室船只举行奢华的船舶游行活动。在节日期间，连续五晚会在寺院遗址进行声光秀；有关详细信息可咨询呵叻的泰国旅游局办事处（Ⓣ 044 213666 Ⓔ tatsima@tat.or.th）。

1、呵叻、帕萨村&208号支路

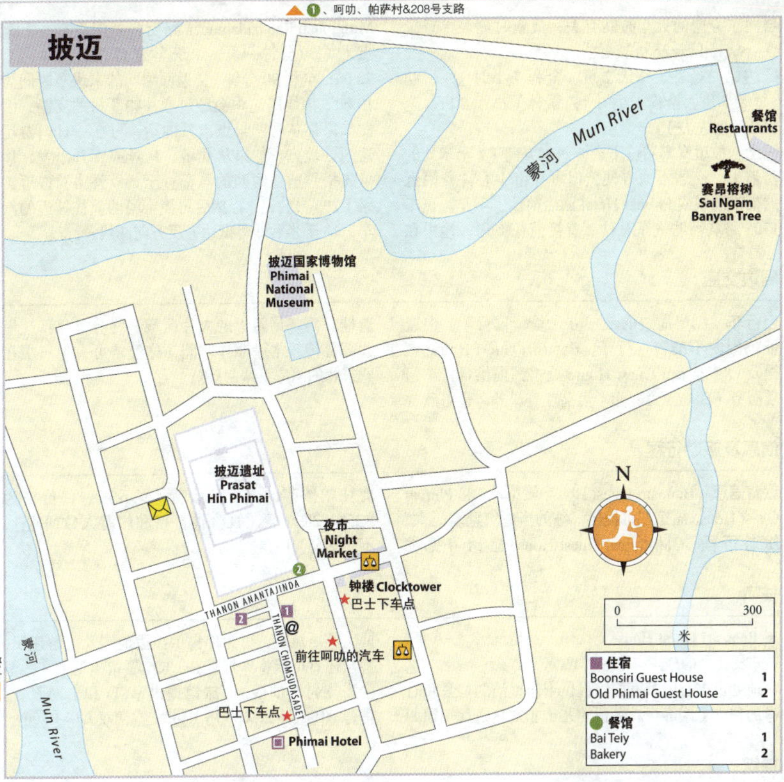

披迈遗址

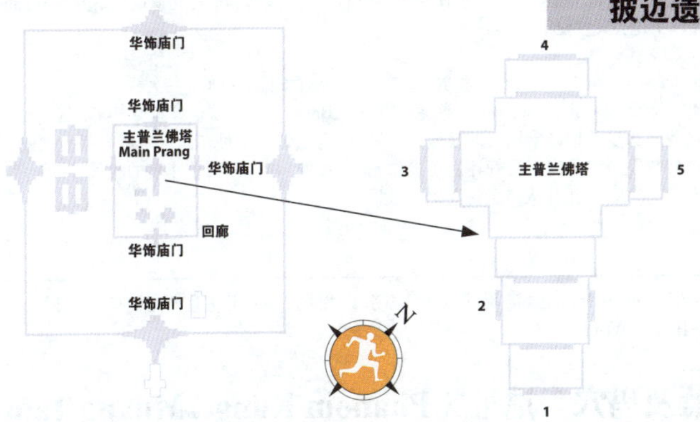

披迈雕刻

1 外部：湿婆神之舞
内部：那迦庇护之下的佛陀
2 外部：克利须那神举起Govadhana神山。拉玛及其兄弟拉什曼被绳子捆绑在一起。
3 外部：《拉玛坚》中的斗争场面；拉玛和他的猴子军队用山填海，从而建造了一座桥梁。
内部：盘坐在树下的佛陀；周边载歌载舞，美化了佛陀的传教
4 外部：《拉玛坚》中的斗争场面；手持螺贝、铁饼、棍棒及莲花的毗湿奴神
内部：五个Vajarasatvas雕像，每个都有6只手和三张脸
5 外部：正义之神对拉玛与图萨坎的纠纷作出宣告；拉玛杀死了巨人维罗陀
内部：Trailokayavicha菩萨将他的左脚悬在无知之上

5

与向东方向的火车时间有关；最新时刻表可登录 Ⓦ www.railway.co.th 查看。

抵达站　曼谷（每天2班，全程7小时）；呵叻（每天5班，全程1小时）；素林（每天5班，全程2小时左右）。

巴士　披迈汽车站位于废墟西南方向1.5千米处的岔道上，交通不太方便，但可在市中心钟楼附近的夜市区域或 Phimai Hotel 酒店前面上下车。班车1305路从呵叻汽车总站2直接前往披迈，途中在 Mittraphap/Ratchadamnoen 路交会处附近有一上车点（每30分钟一班，末班车为17:30，偶尔会至22:00；全程90分钟）；返回呵叻的末班车时间为19:00。该线路途中会经过通往帕萨村的支路，因此如果你从呵叻早点出发的话，可在一日内游玩这两处地方。如果从孔敬、乌隆或廊开出发，你可先搭乘前往呵叻的汽车直至2号公路的披迈支路（206号公路），然后再换乘呵叻前往披迈的汽车，10千米后即可抵达；反方向亦然。

周边交通

自行车　浏览周边的最佳方式是骑自行车，但遗址范围内不准骑自行车。Boonsiri Guest House 旅馆及 Old Phimai Guest House 旅馆都提供自行车租赁服务（B80/天）。除了可前往赛昂外，还可欣赏遗址以西邮局附近的大片区域，气势雄伟：这里大部分传统木屋兼作车间，你经常可看见户主在建筑物的阴凉下编制藤椅。

信息及旅游行程

旅游信息　Boonsiri Guest House 旅馆及 Old Phimai Guest House 旅馆都可提供详细的当地信息。

旅游行程　Old Phimai Guest House 旅馆可提供前往帕侬蓝的一日游旅行（见p.398），价格为B2500~2800/辆（视汽油价格和旅游人数而定），不包括公园门票。

住宿

★ Boonsiri Guest House Chomsudasadet 路一家烤鸭店楼上 ⓣ 044 471159 Ⓦ www.boonsiri.net 这家地处市中心的家庭旅馆提供干净整洁的宿舍和时尚的独立卫浴客房。老板的儿子非常热情且知识渊博，英语流利，可为你提供披迈地图及旅游建议，甚至还有可能将你带至 Bai Teiy 餐馆（见下文；至少需支付汽油钱）。旅馆提供 Wi-Fi 和上网服务。宿舍 B150，风扇双人房 B400，空调双人房 B500

餐饮

如果你想边用餐边享受美景，可前往赛昂对面的一些基本餐馆。而在遗址东南方，Anantajinda 路东面的延长路段上还会开放夜市。

★ Bai Teiy 市中心以北4千米左右的主道上 ⓣ 044 481191 Ⓦ www.baiteiy.com 这家规模较大的室内餐馆深受该地区泰国人的喜爱，尤其是鸭肉、辣沙拉及新鲜鱼肉广受好评。还提供精致美味的春卷（B70）。工作人员会说英语，且可帮你安排出租车。每天 9:00~22:00

Bakery 位于遗址最南端　该店铺地处阴凉，游览完遗址后，可在此点一份香蕉圣代或冰咖啡凉快凉快，但没有什么丰盛的晚餐。每天 8:00~20:00

附录

上网　Boonsiri Guest House 旅馆提供上网服务（B170 可使用2天 Wi-Fi）。

邮局　在披迈遗址西侧就有一处邮局。

帕侬蓝及玛穴寺遗址（Phanom Rung&Muang Tam）

呵叻东面是一大片光秃秃的平原，放眼望去只偶尔有一座小城镇，如果沿着24号公路行驶，即可瞥见远处矗立在南方地平线之上云雾缭绕的帕侬扁担山脉。乘坐素林方向的汽车在此下车，除欣赏这片美丽的风光，还可绕道前往**帕侬蓝寺**及**玛穴寺**等雄伟的高棉遗址游玩一番。这些寺庙与披迈境内的遗址建立于同一时间段，且拥有相同的建造目的，至少形成了两条线路将高棉首都吴哥和帝国边界连接在一起。帕侬蓝寺位于一座死火山山顶，经修复后雄伟壮观，而坐落于下面平原上的玛穴寺遗址则是近年才修复完成。大多数游客都会在上午拜访此地，因此如果你留宿在附近的**武里南**（Buriram）或**娘隆县**（Nang Rong），可考虑下午游客不多的时候前来参观。

帕侬蓝寺遗址（Prasat Hin Khao Phanom Rung）

主寺院：每天 6:00~18:00・B100，与玛穴寺遗址联票价格为 B150・旅游信息中心：每天 9:00~16:30

帕侬蓝寺是泰国境内最精美的高棉建筑，装饰有各种精美的雕刻图案，而其砂岩和红土建筑会与全年特定时间段的太阳排成一线（见下文框中内容）。正如大多数高棉遗址一样，这里的建筑亦经历了多个王朝，大致从 10 世纪初直至 13 世纪上半叶。寺院中心的吴哥早期风格建筑是在 12 世纪中期由地方统治者 Narendraditya 及其儿子 Hiranya 所建。Narendraditya 信奉湿婆神教，需练习瑜伽且以火为尊，宗教仪式以酒和性为主；所有这些活动的详细场景都雕刻在这座寺院里。在 1 号入口处门外及其停车场区域有一些便宜的小吃排档，其中还有类似于博物馆的旅游信息中心，会为游客提供寺庙建设、图解及修复的精彩介绍。

通道（The approach）

通往寺院的**通道**也是该寺院最引人注目的地方。这条直达寺院内部的上坡路象征着从尘世到诸神所在天宫的历程，处处都蕴含着深层的含义：在经过 200 米长的林荫道后紧接着就是用红土和砂岩铺成的道路，两侧装饰着莲花花蕊状的支柱，这条路则代表了尘世的尽头。再往前就是该寺院的主佛塔，象征着诸神之家须弥山，在高楼围墙中若隐若现，只能通过三座**那迦桥**中的第一座桥楼抵达，而这座架高的十字形建筑共有 16 根装饰着五头那迦像的栏杆。一旦走过这座桥就代表你已跨越了横在尘世与天堂之间的深渊。之后会出现多级楼梯，抵达天堂东门后，首先映入眼帘的就是用于净化的四个小池。

第二座那迦桥主要通往**东庙门**直至内殿，在其门楣上刻着坐在狮子宝座上的因陀罗神（执掌东方方位之神）。该华饰庙门是通往内部**回廊**的主入口，而长廊则往右围绕着整个内院，其中一部分已修复完成，可看见拱形屋顶、内部小石室和盲窗；真窗户的坚固程度不足以支撑如此沉重的石头屋顶，因此使用了假窗，上面仍保存着精致的壁柱，但后面有石块支撑，整体效果非常完美，令人叹为观止。

主佛塔（The main prang）

帕侬蓝建筑结构非常紧凑，穿过东庙门即是**主佛塔**，中间只用最后一座那迦桥隔开。从东门口至主佛塔坐落着一尊手舞足蹈的湿婆像，他的十只手臂中有九只仍保存完好，此外还有刻着**呈斜倚姿态的毗湿奴**浮雕门楣，主要描述了一个为众人所熟知的印度教创世神话“斜倚在永恒之海上沉睡的毗湿奴”：毗湿奴做梦梦见了一个全新的世界，而梵天（这位四面神就盘坐在毗湿奴肚脐上突然出现的盛开的莲花之上）则将他的梦变成了现实。

而在此著名浮雕之上的山形墙上雕刻着栩栩如生的**舞王湿婆像**，又称湿婆的毁灭之舞，描绘了他于冈仁波齐山在众神面前的舞蹈，包括象鼻神迦内什、梵天和毗湿奴，此舞毕，旧世界毁灭，取而代之的是一个全新的时代。在装饰着佛塔的其他雕像中，Kala 狮头像是最有名的雕塑品之一，又称为 Kirtimukha，是日蚀和月蚀的象征，由于他能够“吞没”太阳，因此其地位远远凌驾于其他神灵之上。佛塔内部跪坐着湿婆真人大小的坐骑——神牛难迪，后面则是拥有强大法力的**湿婆灵根**，而这座佛塔最初就是为此而建的；灵根下有一条石沟一直通往佛塔北侧，主要用于收集洗过这个神石的圣水。

精神准线

帕侬蓝寺的建造非常完美，每年佛历五月十五上弦月的早晨，站在最西端的寺院山门处，穿过 15 扇门仍可看到徐徐升起的太阳。而在这一天（通常是 4 月，具体日期可登录 www.thailandgrandfestival.com 查看或拨打 044 613315 联系武里南市政局询问）会举行盛大的游行仪式，从山上到遗址整个路段人山人海，而该传统可追溯至 800 年前。

5

主佛塔旁边坐落着两栋粗糙的红土藏经阁，分别位于东北角和东南角，而在主佛塔的东北方向还保留着两个10世纪初砖砌佛塔的断壁残垣。西南方向有一个尚未完成的**小佛塔**，里面收藏着一个石质的佛陀脚印，如今已成为举行每年4月相关节庆布施法会的重要场所，完美融合了古代和现代的宗教习俗。

玛穴寺遗址（Prasat Muang Tam）

主寺院：每天6:00~18:00・B100，与帕侬蓝遗址联票价格为B150・旅游信息中心及影院：每天9:00~16:30・免费

距离帕侬蓝遗址8千米、坐落于东南山麓平原上的**玛穴寺遗址**是一座小巧精致的寺院建筑，可沿着一条穿过广袤稻田的支路抵达，沿途风景秀丽。在其前方是1千米长的大型baray（高棉水库），可能与寺院的主要建筑一样，都建造于11世纪初期。与帕侬蓝遗址类似，玛穴寺遗址也是在10~13世纪分期完成的，中央佛塔是典型的高棉建筑，两侧矗立着较小的佛塔，四周有回廊围绕且有四扇华饰庙门。设在寺院停车场的旅游信息中心提供了玛穴寺遗址历史的简要介绍。

遗址（The ruins）

通往玛穴寺遗址的路径并不如帕侬蓝遗址那样雄伟壮丽，但一旦穿过东面外墙的主要华饰庙门，就可看见非常漂亮的风景，只见中央楼座四周围绕着四个**L形池塘**，具有“此圣域有圣水保护”的重要宗教意义。四个池塘的形状则象征着该佛塔位于护城河内，东、南、西、北四个方向的入口通道都被其切断。每个池塘都安置着红色砖砌台阶，以方便祭祀索取圣水也方便信徒在进入中央圣域之前先为自己净身。此外，由砂岩块构成的池塘轮廓状如那迦，是水神的象征。

中央**最高楼座**呈矩形状，其屋顶可能是由木材建造而成（如今早已腐烂），因此装饰有真窗户，而非帕侬蓝遗址使用的更加牢固的假窗。其内的红土平台上坐落着5个**用红砖砌成的神圣佛塔**，其中三个位于前（东面）排，两个位于后排。位于中央的主佛塔早已倒塌，如今只留下一个底座，但其他四座佛塔损坏并不严重，其中一些雕刻门楣至今仍保存完好。右前方佛塔门口上方的**门楣**雕刻栩栩如生，描绘了Ume Mahesvara（乌玛及其丈夫湿婆共骑神牛南迪）的场景。寺院里还有许多有趣的细节，包括重复出现的叶饰图案及狮头Kala像，在东面外墙华饰庙门门柱的基底上还刻有修道者雕像。

抵达和离开

帕侬蓝及玛穴寺遗址

大多数游客都会选择从呵叻或素林出发到此**一日游**，不过也可以选择留宿在**娘隆**（Nang Rong）或**武里南**（Buriram），离帕侬蓝及玛穴寺遗址较近。从呵叻、素林、娘隆及武里南有公共交通可前往小城镇Ban Tako，然后在此搭乘摩的行驶最后几千米即可抵达遗址区域。或者你可以从娘隆租一辆摩托车，抑或在披迈或呵叻加入一日游旅行团。帕侬蓝遗址公园有三个停车场和三个入口：如果自驾前来，那么不要去2号和3号（西）入口，沿着设有路标的道路抵达正门1号（东）入口及停车场，从后往前探索很容易迷路，一般摩的都会将你送至正门口。

前往Ban Tako

巴士 有班车会从呵叻（途经娘隆）和素林出发前往Ban Tako，Ban Tako位于24号公路沿途，呵叻东南方向115千米，素林西南方向83千米。274路公交车会往返于这两座府会城市之间，大致每30分钟1班。此外武里南和Ban Tako之间也有公交车线路（全程约1小时）。

Ban Tako前往遗址区域

搭出租车或便车 从Ban Tako出发往南行驶12千米即可抵达帕侬蓝，再沿着一条支路向东南方向前行8千米即是玛穴寺遗址。此地至遗址区域没有公共交通，因此大多数游客都会搭乘摩的（B300~400/人，包括前往帕侬蓝、玛穴寺遗址且返回Ban Tako）。或者你也可以选择搭便车，不过这在平日简直就是浪费时间（因此你最好搭乘呵叻或素林出发的早班车），但在周末期间或许会容易一些。搭乘便车的最好地点是位于Ban Tako南部一处名叫Don Nong Nae的村庄，你可乘坐523路公交车，大约10分钟即可到达。

武里南

火车 所有往返于曼谷和乌汶的火车都会经过此地。

抵达站 大城（每天10班，全程4小时30分钟~7小时45分钟）；曼谷（每天10班，全程6小时~9小时30分钟）；呵叻（每天13班，全程1

右页图从上往下依次为：披迈遗址（见p.393）；呵叻夜市（见p.392）>

วุ้นเส้น หมูยอ หมูกรอบ ปลาหมึก
สาหร่าย สุกี้น้ำ สุกี้แห้ง ข้าวผัด
หมูกรอบ หมู ไก่ กุ้ง รวมมิตร
หมูกรอบ หมู ไก่ รวมมิตร
ราดหน้า หมูหมัก กุ้ง ไก่ ปลาหมึก
ไข่เจียว ไข่ยัดไส้
ผัดคะน้าหมูกรอบ เต้าหู้ทอด ผัดไทย
รายการอาหารตามสั่ง

5

小时15分钟~2小时15分钟）；北冲（每天10班，全程2小时30分钟~4小时）；四色菊（每天11班，全程1小时50分钟~3小时10分钟）；素林（每天13班，全程35~55分钟）；乌汶（每天10班，全程2小时40分钟~4小时15分钟）。

飞机 Nok Air航空（Ⓦ www.nokair.com 周一及周四）和Thai Regional Airlines航空（Ⓦ www.thairegionalairlines.com 每周5班）都会提供从曼谷廊曼机场前往武里南的航班。机场位于城市东北方向35千米，219号公路附近，提供前往城镇（B600）或素林（B1500）的出租车。

汽车 可前往Ban Tako（全程1小时）。

娘隆

汽车 娘隆位于Ban Tako以西14千米，24号公路，可乘坐274路公交和523路公交车。若要前往帕依蓝和玛穴寺遗址，可以先搭乘274路公交车前往Ban Tako，然后再乘摩的（见反面）；也可从娘隆直接乘摩的出发（价格比Ban Tako要贵一些），或从Honey酒店或P. Inter California Hostel酒店租借一辆汽车或摩托车。而Honey Inn酒店还提供司机带你游览两处遗址（B600，6小时）。

住宿

离帕依蓝最近的住宿区域位于Ban Tako以西14千米24号公路附近的娘隆。虽然没什么景点，但这里游客较少，旅馆古色古香，是探索寺院的最佳基地。而位于Ban Tako以北40千米的武里南府的府会武里南而要大很多，提供更高档的住宿，但几乎没什么值得推荐的场所。

武里南

Buriram Siri Resort 武里南火车站西南方向7千米，218公路附近，Baan Huay地区7村555号 Ⓣ 044 690055 Ⓦ www.siriresort.com 该度假村比Thai Hotel酒店更高档，提供适当大小的木屋风格客房（所有房间都有空调、私人浴室及露台）。度假村还提供Wi-Fi及室外泳池，但此地离市中心较远，如果没有自己的交通工具很不方便。B550

Thai Hotel 武里南火车站以南200米，位于Romburi路主道上 Ⓣ 044 611112 这家价格合理的经济型酒店位于市中心，提供普通的空调房。B200

娘隆

Honey Inn Sri Koon巷8/1号 Ⓣ 044 622825 Ⓦ www.honeyinn.com 这家温馨舒适的旅馆是由两位学校老师经营的。提供摩托车租赁（B250/天）、家庭用餐（B30起）及免费上网服务。从娘隆车站前往该酒店可花B30乘坐三轮出租车或往北步行100米左右进入24号公路，穿过此路右转向东步行300米，在200米左右有一个PTT加油站。然后在Honey Inn酒店标记处左转，再走100米即可。B200

P.Inter California Hostel 汽车站东面，Sangkhakrit路59/11号（乘三轮出租车至此需B40） Ⓣ 044 622214 这家家庭经营的旅馆提供舒适的客房，四周是美丽的乡村景色。摩托车租赁价格为B250/天。风扇房B200，空调房B350

素林及其周边（Surin）

素林府的府会**素林**以其一年一度的大象节而闻名，位于呵叻以东150千米左右，是一个别样典型的东北城市，悠闲舒适，可享受伊桑宁静的生活步调。市中心有许多高档且价格中等的酒店，附近还有一些气势雄伟的高棉遗址。大多数游客通常会穿过此城市前往7千米外的沓沙旺村，是泰国顶级丝绸的生产之地。

素林大象的训练人通常都是当地的素艾人，他们训练厚皮类动物的超凡技术非常有名，有时间可去附近的**塔卡侬村**亲眼见证。素林府的其他人口来自泰国、老挝和高棉；高棉人已在此生活工作了1000多年，而他们的建筑遗产仍可从沓曼石庙（Ta Muean）及班菩朗寺遗址（Ban Pluang）窥探一二。如今，游客可从**泰国**通过素林府鸽冲县附近的充宗关卡由**陆路进入柬埔寨**。

沓沙旺丝绸村（Ban Tha Sawang）

素林以西7千米 · 可在素林铁轨北面Thung Po路的拐弯处拦下任何一辆汽车，在"Wat Sameka 300m"标记处下车，然后沿着寺院标记马路对面的支路步行1千米即可到达

泰国一些最上等的丝绸就是在**沓沙旺村**生产的。虽然你可以自行前往，但这里没有任何英文信息，如果带导游前往可了解到一些幕后信息（见p.404框中内容）；Pirom & Aree's House旅馆及Saren Travel旅行社都会提供导游服务。访问此村庄的最佳时节是在11月~次年6月期间，这个时候妇女们比较空闲，不需要整日在农田里劳作。

沓沙旺布料以金色真丝织锦为主，传统设计非常复杂，共需要四个织工同时在一台织机上工作，一整天只能织出 6 厘米。标准的日常 mut mee（扎染棉布或丝绸）布裙可能需要五综线（决定图案的丝线垂直框架），而沓沙旺生产的一条布裙共需要 800 多综线；因此沓沙旺纱笼布价格昂贵，高达 B30000，且必须提前数月预订。沓沙旺纺织中心约有 20 台织机，游客们可近距离观看织工是如何织布的。马路对面沿着柏油小道往下有一个展示区，可看到一些非常精美的织锦布。村庄里有几家出售当地丝绸的店铺，但并非沓沙旺织锦。

塔卡依村（Ban Ta Klang）

素林以北 58 千米・素林有巴士可前往此地（每小时 1 班；全程 2 小时）；如果自驾前往，先沿着 214 号公路往北行驶 36 千米，在 Nong Tad 村左转继续行驶 22 千米即可抵达

破败的"象村"**塔卡依**非常宁静，既是素艾人的主要居住地，也是大象的训练中心。在塔卡依村内，几乎每两户人家就拥有一头大象，有时这些大象被用作西部农民的拖拉机，但大多数时候它们都是备受宠爱的宠物（见下文框中内容）。

班塔卡依最繁忙的季节是 11 月，在此期间，这些聪明的大象会和象夫一起帮助收割水稻，还要准备一年一度的素林大象表演。此外，每年 11 月的第一个周末，大象都要参加**游泳比赛**，举办地点位于村庄以西 30 千米沙土克（Satuk）的蒙河河流。更具当地特色的另一奇观是每年的**僧侣受戒仪式**，通常在 5 月举行，而塔卡依村则需为佛教大斋期的开始做好重要准备工作，以让那些年轻男子骑着身着礼仪服饰的大象前往寺院。

抵达和离开　素林

火车　每天都有好几班火车往返于曼谷和素林之间，停靠在城市北部边缘的火车站（Ⓣ 044 511295）。

抵达站　大城（每天 10 班，全程 5 小时 ~7 小时 30 分钟）；曼谷（每天 10 班，全程 6 小时 30 分钟 ~9 小时 30 分钟）；武里南（每天 13 班，全程 40~50 分钟）；呵叻（每天13班，全程1小时50分钟~3小时10分钟）；北冲（每天 10 班，全程 3 小时 10 分钟 ~5 小时）；四色菊（每天12班，全程1小时15分钟~1小时50分钟）；乌汶（每天11班，全程2小时15分钟~3小时20分钟）。

巴士　汽车站（Ⓣ 044 511756）位于 Jitbumrung 路，提供往返于素林和曼谷及东北主要城市之间的班车，以及前往芭堤雅、罗勇和清迈的班车。此外，素林还提供前往柬埔寨的巴士和面包车

抵达站　曼谷（至少每小时 1 班，全程 8~11 小时）；塔卡依（每小时 1 班，全程 2 小时）；武里南（每天 13 班，全程 35~55 分钟）；清迈（每天 5 班，全程 15~18 小时）；呵叻（至少每小时 1 班，全程 4~5 小时）；孔敬（每天 11 班，全程 4 小时 ~5 小时 30 分钟）；芭堤雅（每天 9 班，全程 8~10 小时）；罗勇（每天9班，全程 10~12 小时）；黎逸（每天 13 班，全程 2~3 小时）；四色菊（每小时 1 班，全程 3 小时 ~3 小时 30 分钟）。

信息、旅游线路及周边交通　素林

旅游信息　在市中心东面 Thetsabarn 路 355/3-6 号坐落着泰国旅游局办事处（每天8:30~16:30 Ⓣ 044 514447-8 Ⓔ tatsurin@tat.or.th），府政府还提供一个非常有用的信息平台 Ⓦ（www.surin.go.th），但没有更新过，上面有大象节的预订表格。

Farang Connection　这家位于 Jitbumrung 路 257/11 号，由外国人经营的温馨餐馆（Ⓣ 044 511509 Ⓦ www.farangconnection.com）提供小汽车、吉普车

素林大象节

素林大象节在每年 11 月的第三个周末举行，每次都会吸引约 4 万人次的游客前来观看 400 头大象踢足球、拔河以及正装游行。这些节目会持续 3 小时左右，充分展现了训练人及大象的技巧，如果你抵达时间较早（7:30 左右），那么还可以观赏到最开始的街道游行，当地群众会在长长的高架桥上搭建桌子，上面摆满了菠萝、香蕉和甘蔗，以便大象能够沿着食物进入城镇。但值得注意的是，无论大象被控制得有多好，接近它们时一定要小心谨慎，因为在过去曾发生过受到惊吓而发怒的大象踩死游客的事件。门票价格为 B500~800，可通过泰国旅游局、府政府网站（Ⓦ www.surin.go.th）或 Saren Travel 旅行社（见 p.402）预订，如果你提前三个月和 Saren Travel 旅行社联系，他们还会为你安排住宿和交通问题；或者，你也可以加入由曼谷旅行社组织的过夜包价游。

和摩托车租赁服务（最新价格和模型请登录网址查看）。

Saren Travel Thetsabarn2 路 202/1-4 号（周一至周六 8:00~18:00 ☎ 044 713828 ✉ sarentour@yahoo.com 工作时间以外 ☎ 089 949 1185），出售飞机票和火车票，提供汽车租赁服务，可带司机（B1600/天起，不包括汽油价格）。此外还可提供帕侬蓝、玛穴寺遗址及塔卡侬村一日游（B2800，四人共乘一辆车，不包括门票）。还有通过充宗和 Sa Ngam（B4500，最多 6 人）前往暹粒（柬埔寨）的交通服务，以及大象节门票。塔卡侬村大象骑乘价格为 B200~400/人。

素林乡村旅行机构 位于 Thung Po 路 Arunee 巷尽头处的 Pirom&Aree's House 旅馆 ☎ 089 355 4140 在一位非常热情且知识渊博的导游带领下探索素林周围的乡村地区（见 p.403 框中内容）。

素林乡村旅游

除了 11 月的大象节（见 p.401 框中内容）外，前来素林的另一大原因就是 Pirom&Aree's House 旅馆提供的精彩本地旅游（B1400/ 人起，视旅游团规模而定）。Pirom 是一位知名度很高的前社工成员，他会以独特的方式让游客领略泰国东北乡村的真实生活。其提供的乡村旅游特色行程包括拜访当地的丝绸织工及篮筐制品编制者，并前往塔卡侬村大象训练营，此外，还有乡村多日游，包括空尖及点岩公园。

住宿

除了在大象节期间，素林的房价飞涨且需提前 1 个礼拜预订住房外，其他时候可随时入住。

Hotel Petchkasem Grand Jitbumrung 路 104 号 Ⓣ044 511274 Ⓔpkhotel@yahoo.com 这家实惠的中档酒店（靠近汽车站）提供宽敞且有有线电视的空调客房。酒店设施包括泳池、夜总会及卡拉 OK 酒吧。房价包括早餐，但味道一般。B850

★ **Pirom & Aree's House** Thung Po 路 Arunee 巷尽头 Ⓣ089 355 4140 这家素林非常有名且年代较久远的旅馆地处安静，位于火车站西北方向 1.5 千米，周围是大片稻田。这个传统建筑提供干净整洁且装饰简约的现代大客房，有风扇，共用浴室，花园里还有公共休息区。老板亲切热情，能够告知你各种当地信息。单人房价格实惠。B200

Sangthong Hotel Tannasarn 路 279-281 号 Ⓣ044 512099 这家最好的经济型酒店温馨舒适，性价比高且经营良好。所有房间都非常宽敞且有独立卫浴，有些房间还装有空调和电视。风扇房 B250，空调房 B400

Surin Majestic Hotel 汽车站后面，Jitbumrung 路 99 号 Ⓣ044 713980 Ⓦwww.surinmajestic hotel.com 这家城中最好的酒店提供装饰精美的客房。所有房间都装有空调、电视和阳台，可俯瞰底楼迷人的泳池。B900

餐饮

除了一些实惠的当地餐馆外，素林还有一座大型夜市，坐落在 Krungsrinai 路东口，提供各种精致的当地美食（包括应时的烤蟋蟀和烤蝗虫），以及出售服装和玩具的小摊。素林市还有丰富的夜生活，包括泰国年轻人喜爱的酒吧和迪斯科舞厅，而 Thong Tharin 酒店以北市中心东面的 Sirirath 路东口及 Kola 小巷沿街是“脱衣舞”红灯区，聚集着许多迷恋色情的西方游客。

素艾及素林的工程项目

素艾部落（Suay 又称桂族）长久以来一直被视为泰国最专业的大象狩猎者和训练人，他们是在 9 世纪高棉王朝统治此地区前从中亚地区迁移至此的。而正是这些素艾人想出了用大象帮助建造高棉雄伟寺庙的办法，且在 1760 年，一位素艾酋长帮助大城国王捕获了一头逃跑的白象，因此获得了“素林领主”的世袭爵位。之后素林地区就一直由素艾部落成员管理，直至拉玛五世于 1907 年进行行政改革。

由于如今大象在农业和伐木业的地位几乎完全被现代机械所取代，因此素艾象夫捕获且训练野象的技能已不再被需要，而他们传统的狩猎前仪式包括神圣的绳索、服装以及饲养禁忌都渐渐被遗忘。但此传统及其他与大象相关的信息都被记录在塔卡侬村南部散漫的**大象研究中心**（Centre for Elephant Studies, 每天 8:30~16:30；免费）。为了满足游客的好奇心，该中心还会配合到来的旅行团举行大象表演（B100）。

目前大约共有 200 头注册大象生活在塔卡侬村，而象夫也会获得饲养它们的补贴。因此他们没有把大象带到曼谷——虽然在曼谷有许多好奇的市民会花钱体验给大象喂食的乐趣，或者走到它们的象鼻或肚子底下以求好运（如果是孕妇则可保证顺利生产）。但其不足之处是大象待在研究中心里无事可做，大部分时间都是在禁锢中度过的。

为了让素林大象过上更好的生活，非营利性组织大象自然基金会成立了**素林工程项目**（Ⓦwww.surinproject.org），为大象提供了更广阔的空间并教授象夫有关生态旅游的好处。你可在象营里做志愿者，如果你每周支付 B12000，还可以帮助这些大象挖掘水渠、搭建棚舍且种植食物。该费用包括三餐和住宿，以及从武里南、曼谷或清迈至此的交通费用（每周一研究中心会去这些地方接志愿者）。

5

通过充宗进入柬埔寨

提供前往素林以南70千米的**边境口岸充宗**（Chong Chom）的空调面包车（每30分钟1班，5:00~17:30；全程90分钟；B80）及非空调公交车（每30分钟1班，8:00~15:00；B60；全程2小时），途经巴塞；或者通过坐落于素林车站后面的外国人聚会酒吧（☎044 511509 Ⓦwww.farangconnection.com）安排出租车前往。当抵达充宗—奥斯马奇关卡后办理柬埔寨签证（每天7:00~20:00；$20，或B1000），然后先出发前往安隆汶再换车抵达距边境口岸150千米的暹粒（和前往暹粒的出租车司机商讨价格时以B350/车报价，但实际要稍微贵一些）。有相关报道说办理签证时柬埔寨官员会索取更多费用，尤其是那些想在当天返回泰国的游客签证。柬埔寨境内有赌场，泰国赌徒经常会前往此地。

从**柬埔寨**返回泰国时，游客可在边境口岸搭乘双条车和摩的前往车站，以换车抵达巴塞或素林。有关其他进入柬埔寨境内的陆路线路详细信息请查看p.26。

Chantong 汽车站后面，Sirirat路（没有英文标记，但其隔壁是Oasis Café） 这家舒适的空调餐馆虽然位置不是很好，但提供美味的泰国食物，包括青木瓜沙拉及各种口味的鲈鱼，B80起。每天10:00~24:00

Coca Thetsabarn1路128号（没有英文标记，但其对面是Phetkasem百货商场） 这家舒适干净的餐馆提供各种美味的中国和泰国菜肴，如香脆的芒果鲇鱼沙拉及鸭掌面（两者都为B80）。每天11:00~21:00

Farang Connection Jitbumrung路257/11号，火车站后面，Sirirat路拐角处 这家餐馆提供进口啤酒、体育电视节目、上网服务，还可遇见当地的外国人。不仅有美味的西式早餐和烧烤晚餐，还有各种泰国美食，价格在B80~350之间。每天9:00营业至深夜。

Kidteung Bakery & Café Sanitnikhomrut路，靠近与Tannasarn路的交会处 餐桌摆放在树荫下，凉风习习，且装饰有精美的大象雕像。提供美味的蛋糕和香草冰拿铁（B50）。深受当地警察的喜爱。每天8:30~20:30

购物

素林生产的丝绸非常有名：仅在素林府就有700多种设计图案，其中大部分都起源于柬埔寨，包括当地非常流行的菱形图案。旅游旺季期间，有些妇女会在Tannasarn-Krungsrinai十字路口附近兜售她们的布料，此外你还可以参观当地的丝绸纺织村。

丝绸生产

泰国大多数手织**丝绸**都是由伊桑村庄的妇女生产的，其中一些妇女要负责养蚕工作的各个方面，从蚕的养殖到布料染色，面面俱到。伊桑能生产出如此卓越的丝绸，一部分原因是这里的土壤非常适合桑树种植，而其桑叶则是**桑蚕**的最爱。丝绸生产周期从养殖雌蚕蛾开始，蚕蛾虽然只能存活几天，但在那段时间每天都会产卵300~500枚。9天后这些卵会慢慢孵化成小蚕，然后将它们饲养在有盖的藤制托盘里，每天喂3~4次桑叶。由于这些蚕宝宝吃得很好，因此只需3~4周即可长到6厘米长（比其原先大小大了约1万倍），马上即可进入**茧蛹**期。

蚕**茧**是由单一的白色或黄色纤维制成的，蚕从口中分泌丝的速度为12厘米/分钟，并用一种名为丝胶的黏性物质将这些长丝密封起来。经过2~7天，蛹就会蜕变成蛾，这个时候蚕农一定要谨慎小心，以防新蛾破坏珍贵的纤维，此阶段的茧大概有900米长。到关键时刻，要把茧放入沸水中，将蛹杀死（往往用作小吃食用），并使丝胶软化，然后蚕丝就可以被完整地解开。一些蚕茧的纤维会被"卷"成一个线卷，接下来将两个或三个线卷缠绕在一起或将其"搓"成纱线，这就是**生丝**（而损坏茧上的丝线会被制成二流纱线，这就是"绢丝"）。大多数情况下，下一阶段是"脱胶过程"，在此过程中需浸泡生丝以溶解丝胶，直至其呈柔软半透明状。绞丝拥有极强的吸收性且触感精致，是完美的**染色**材料；如今虽然大多数丝绸生产商都使用化学染料，但传统的植物染料最近也渐渐变得流行了。

如今，由于市场上可以轻松买到日本现成的编织丝绸，因此生活在城市附近的妇女已不再亲自饲养蚕宝宝或自己旋转丝线了。**日本丝绸**比泰国丝绸更光滑，但织成纱笼后只能维持7年；手工制造的泰国生丝虽然更粗糙一些，但其耐久度可维持40年左右，因此仍受偏远乡村妇女的青睐。

丝绸一旦染色（或直接购买）后即可开始**纺织**了。通常这道工序会在农闲期间完成，例如水稻种植或收割过后。通常织机会放置在室内木桩之间的隐蔽处，其中大多数生产出的纱笼规格为1米×2米左右。伊桑织工有很多不同的纺织技巧，可创造出各种不同的图案，从用于工作服制作的最简单单色平纹到极其精致复杂、需耗时6周的婚礼服装，应有尽有。其中最独特、最复杂的设计要数沓沙旺村编织的丝绸了（见p.400），一匹就价值上万泰铢。

Nong Ying Jitbumrung 路 52 号 提供各种一流的丝绸以及现成的丝绸外套、箱包和配饰，还有银首饰及斧状坐垫。

附录

医院 Ruam Phet 医院位于 Thetsabarn1 路东段 ☎044 513638/044 513192 而政府运营的素林医院位于 Lak Muang 路 ☎044 511006/044 511757。

上网 汽车站后面的 Farang Connection 以及 Thetsabarn3 路北口附近 Surin Plaza 旁边的 Focus Comnet 都可提供上网服务。

四色菊（Si Saket）

这座四色菊府的同名府会城市非常安静，这里的环境十分舒适，拥有很多酒店选择、热闹的夜市以及便利的交通方式。此外，如果从 Sa Ngam 前往柬埔寨，这里也是不错的休息场所。

抵达和离开

四色菊

火车 四色菊火车站（☎045 611525）位于市中心。
抵达站 曼谷（每天 8 班，全程 8~11 小时）；呵叻（每天 10 班，全程 3~4 小时 30 分钟）；素林（每天 12 班，全程 70 分钟 ~2 小时）；乌汶（每天 11 班，全程 50~70 分钟）。

巴士 四色菊汽车站（☎045 612500）位于城市南部，提供往返于此地和乌汶、素林及曼谷的巴士。你可以从此地出发前往 Sa Ngam，通过柬埔寨边境口岸抵达 Choam（可前往安隆汶和暹粒）。但巴士并不直达该地，因此你需要在 24 号公路下车，然后拦截一辆双条车前往边境（路途非常颠簸）。
抵达站 曼谷（每天 3 班，全程 7 小时）；干他拉叻（每小时 1 班，全程 2 小时）；素林（每小时 1 班，全程 3 小时 ~3 小时 30 分钟）；乌汶（每 45 分钟 1 班，全程 45~60 分钟）。

住宿

Kessiri Hotel Khukan 路 1102-5 号 ☎045 614007 ⓦwww.kessiri.com 该酒店比 Prompiman 豪华，提供空调房及类似设施，还有咖啡店和泳池。Khukan 路的起点位于火车站以东 150 米的铁路线。B500

Prompiman Hotel Lak Muang 路 849/1 号 ☎045 612677 ⓦwww.prompimanhotel.com 地处火车站附近，交通方便（位于火车站以西约 200 米处，铁路线以南与其平行的主道上），提供普通的空调客房，但很宽敞且干净明亮。B400

餐饮

该城最佳的用餐场所是夜市，提供各种各样令人垂涎三尺的美食，位于铁路线南端的小广场附近。此外在 Kessiri 酒店和铁路线之间的 Khukan 路上有好几家中泰合营的小餐馆。

购物

在 Kessiri 酒店和铁路线之间的 Khukan 路上坐落着好几家手工艺品店，主要出售当地生产的丝绸布匹及三角形的斧头垫。

乌汶（Ubon Ratchathani）

乌汶（全称为乌汶叻差他尼）的同名府会城市位于四色菊东面，除了几座寺院和一家宏伟的博物馆外并没什么其他景点。尽管如此，该城市要比许多其他泰国东北城市安静得多，因此可尽情领略伊桑地区的当地文化。特别是在乌汶节庆日期间（见下页框中内容），此外，乌汶还是前往东面湄公河旁的城镇空尖以及老挝边境冲梅市场的最佳基地。

5

通希曼公园（Thung Si Muang Park）

Phalorangrit 路南面

乌汶最重要的景点是**通希曼公园**及其中22米高的**蜡烛雕像**，在每年蜡烛节期间，都会用到此蜡像的巨大黄色仿造物。而这个特殊雕像的设计灵感来源于一个国王的故事，据说这个国王乘着装饰有迦楼罗雕像的船只穿过了各种各样的角色，最后丧生于海怪腹中。

在公园的东北角坐落着不太起眼的方尖石塔纪念碑，高3米。这座被称为**功德纪念碑**（Monument of Merit）的建筑由盟军战俘所建，以表达对乌汶人民在"二战"期间雪中送炭行为的感激之情。1941~1943年期间，无论日本侵略军如何对乌汶市民凶狠残暴，他们仍偷偷地给囚禁在附近营地里的战俘送食物和衣服。

乌汶叻差他尼国家博物馆（Ubon Ratchathani National Museum）

通希曼以南 Sir Narong 路对面，也可沿着 Khuenthani 路抵达・周三至周日 9:00~16:00・B100・Ⓦ www.thailandmuseum.com/thaimuseum_eng/ubon/main.html

乌汶叻差他尼国家博物馆设计雄伟大气，坐落于庭院中央，从岩石形成到民俗手工艺品等所有展览品的标签上都有详细说明。此外还陈列着一些精美的高棉雕塑以及绣着星星图案的乌汶特色纺布，让游客充分感受到伊桑南部的历史、地质和文化。

通希曼寺（Wat Thung Si Muang）

通希曼公园以东200米，Sri Narong 路

在该城市的八大寺院中，通希曼寺是最引人注目的，主要是因为其独特别致且保存完好的柚木藏经阁（ho trai），就坐落在池塘里的木桩上，以防止藏书被海湾昆虫啃咬。藏经阁左侧正殿里的壁画同样完美无瑕。上面栩栩如生地描绘了19世纪泰国东北部的日常生活场景，包括当地布施法会的舞蹈、演奏泰国传统乐器竹笙（khaen）的音乐家，以及曼谷城市活动等。

农磨寺（Wat Nong Bua）

城市北部边缘 Chayangkun 路汽车总站附近・可在 Khuenthani 路乘坐城市双条车2、3路前往

这座农磨寺现代建筑是根据佛陀开悟地——印度的菩提伽耶寺佛塔建造的；白色仿建物上雕刻着《本生经》中的故事场景，寺中还收藏着该寺院缩小版黄金佛塔。更有趣的是，如果你不在蜡烛节期间前往此地，还可在佛塔后面的小建筑里看到蜡制浮舟。

抵达和离开　　乌汶

飞机

泰国航空（thaiairways.com）及经济型的亚洲航空公司（Ⓦ www.airasia.com）每天至少有两班航班往返于乌汶和曼谷之间（全程65分钟）。而飞鸟航空（Ⓦ www.nokair.com）还会增开另外三个航班，也很实惠。此外亚洲航空每周会提供两班前往清迈的航班。乌汶机场（Ⓣ 045 263916）就位于市中心北门；搭乘出租前往市中心的酒店需B50~60（Ⓣ 045 256111　叫车服务电话）。

乌汶的节日

如果7月你在乌汶附近的话，一定要考虑前往该城参加**阿萨拉日节**（Asanha Puja），这是一个盛大的佛教节日，泰国全国各地都会举行欢庆活动，标志着每年为期3个月的佛教斋戒守夏节的开始。该节日在乌汶是最壮观的，特别是每个寺院都会建造雄伟的橙色蜂蜡雕塑，然后将其安置在花车上，四周围绕着许多蜡烛，环绕城市游行，因此游客又将该节日称为乌汶蜡烛节。在巡游过后，这些雕塑会被重新送回寺庙，而在整个受戒期间，蜡烛要保证一直燃烧不能熄灭。斋戒结束时的**消夏节**（Awk Pansa，通常在10月初~10月中旬）还会在苏帕达寺（Wat Suphat）和夜市之间的蒙河上举行盛大的灯船游行，每一艘船代表了城市的一个寺院，此外城市各地还会举行选美比赛、游行及烟花盛宴等，在通希曼公园里还有泰国传统戏剧表演。节日过后几天还会在蒙河上举行传统的龙舟比赛。

农磨寺&汽车总站

哇邻参腊&火车站

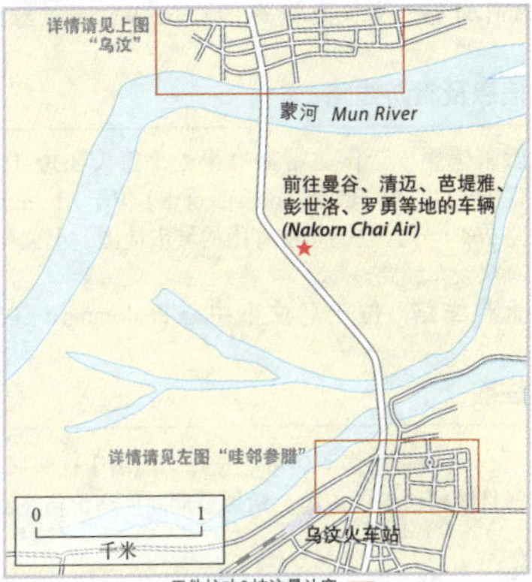

干他拉叻&披汶曼沙寨

住宿	
Bua	2
Phadaeng Mansion & Gallery	1
Ratchathani	4
Sri Isan	5
Toh Sang Ubon Ratchathani	3

餐馆	
Boon Ni Yom Uthayaan Vegetarian Restaurant and Centre	5
Chiokee	6
Pornthip Kai Yang	1
Pratheung Thong	4
Restaurant at The Ratchathani	7
Sakhon	3
Sincere Restaurant	2

火车

乌汶火车站（☎ 045 321001）位于哇邻参腊城郊，从市中心跨过蒙河向南2千米即可抵达。白色城市双条车2路可在哇邻参腊换车，并将乘客载入乌汶中心（B12），途经Khuenthani路，许多酒店及泰国旅游局办事处都坐落于此。

抵达站 大城（每天7班，全程7小时~10小时40分钟）；曼谷（每天7班，全程8小时30分钟~12小时15分钟）；武里南（每天9班，全程2小时30分钟~3小时30分钟）；呵叻（每天9班，全程3小时45分钟~6小时）；四色菊（每天11班，全程40~60分钟）；素林（每天11班，全程1小时50分钟~2小时40分钟）。

5

巴士

在乌汶，有好几家不同的巴士公司运营长途客运服务，都有其各自不同的上下车点。不过如果搭乘往返于乌汶和孔尖之间的车辆，需在乌汶以东 45 千米的披汶曼沙寨县（Phibun Mangsahan，当地人称之为披汶）换车。不同公司车站见上页地图。

汽车总站 几乎所有巴士线路都会经过城市西北边缘 Chayangkun 路的汽车总站，可在哇邻参腊乘坐 2、3 路城市双条车抵达，途经市中央的 Khuenthani 路。政府经营的 Baw Khaw Saw 巴士公司（T 045 312773）就位于此，提供前往巴色（老挝）、曼谷、武里南、清迈、呵叻、四色菊、素林及益梭通的空调巴士。

Nakhon Chai Air 这家全国大型私人企业（T 045 269777 W www.nca.co.th）提供蒙河南面车站前往哇邻参腊县的 1、2、3、6 路城市空调巴士和前往曼谷的直达车以及往返于此地和武里南、清迈、呵叻、芭堤雅、彭世洛、罗勇、四色菊及素林的线路。

Sahamit 提供前往乌隆的空调巴士（T 045 241319）。坐落于城镇西北部的 Ratchathani 路。

Talat Warinchamrab 提供前往披汶和四色菊的当地班车和双条车，其车站位于蒙河东南方哇邻参腊市场附近，有 1 路（灰色）、3 路（粉色）和 6 路（粉色）城市双条车。前往披汶的巴士每小时有好几班，最后一班时间为 16:30，终点站位于披汶市中心市场后面，可换乘前往冲梅的双条车（如果你不打算直接前往此地的话）。前往空尖的双条车会从披汶的 Kaeng Saphue 大桥出发，离披汶车站只有一小段嘟嘟车路程或步行 10 分钟左右：通过市场走出汽车站抵达主要道路，右转步行几百米抵达主要高速公路（途经货币兑换处及上网中心），然后左转即是河流及双条车车站。

抵达站 曼谷（每小时 1 班，全程 10~12 小时）；武里南（每小时 8 班，全程 6~8 小时）；清迈（每小时 6 班，全程 17~18 小时）；冲梅（每天 17 班，全程 1 小时）；干他拉呖（每 15 分钟 1 班，全程 90 分钟）；孔敬（每天 19 班，全程 4~6 小时）；呵叻（每小时 1 班，全程 5~7 小时）；莫拉限（每 30 分钟 1 班，全程 2~3 小时）；巴色（老挝）（每天 2 班，全程 2~3 小时）；芭堤雅（每天 10 班，全程 12 小时 ~13 小时 30 分钟）；披汶（每 25 分钟 1 班，全程 1 小时）；罗勇（每天 11 班，全程 14 小时）；四色菊（每 45 分钟 1 班，全程 45~60 分钟）；素林（每天至少 7 班，全程 2 小时 30 分钟 ~3 小时）；乌隆（每天 19 班，全程 5~7 小时）；益梭通（每天 19 班，全程 1 小时 30 分钟 ~2 小时）。

周边交通

自行车 邮局东面 Sri Narong 路 115 号有一 Ubon Cycle Rental 自行车租赁中心（T 045 242 813 B100/24 小时）。

摩托车或小汽车 Nikko Massage 按摩院对面 Suriyat 路 269 号及机场的 Chow Wattana（T 045 242202）提供摩托车（B200~500/ 天）和小汽车（B1200/ 天）租赁服务。在机场还有 Avis（T 090 197 2262-3 W www.avisthailand.com）和 Budget（T 045 240507 W www.budget.co.th）租车机构。

信息及旅游线路

旅游信息 泰国旅游局办事处（每天 8:30~16:30 T 045 243770 E tatubon@tat.or.th）位于 Khuenthani 路 264/1 号，提供非常有用的城市地图，上面标记有双条车线路。

旅游线路 位于乌汶市中心 Phalorangrit 路 234 号的 Sakda Travel World 旅行社（T 045 254333 W www.sakdatour.com）会提供有导游的伊桑周边旅游及老挝之旅，还出售机票，提供汽车租赁外加司机等服务，最低价为 B1500/ 天。

住宿

乌汶有很多酒店可供选择，但由于这座城市没有太多的旅游景点，因此并没有泰国其他地区那样温馨且物超所值的旅馆。蜡烛节期间住宿价格飞涨，且需要尽早预订。

Bua Upparat 路 179 号 T 045 261748 这家类似于“精品酒店”的美丽时尚的住所位于博物馆以北，步行 5 分钟即可抵达。酒店提供卡拉 OK 酒吧和按摩房，一些区域还有 Wi-Fi。这里有便宜的双人房，也可选择 B650/ 晚的舒适客房。B500

Phadaeng Mansion & Gallery Pha Daeng 路 126 号，Punchard 手工艺品店附近 T 045 254600 W www.thephadaeng.blogspot.com 这家酒店氛围安静，提供干净整洁的宽敞空调房，且都带有电视。其中一些拥有私人阳台，但没什么好风景。酒店底楼有一个非常奇特的“美术画廊”，陈列着达·芬奇和米开朗琪罗等大师的作品，为该酒店增添了几分色彩。免费 Wi-Fi。B500

★ **Ratchathani** Khuenthani 路 297 号 T 045 244388 这家近年重新翻修过且让人眼前一亮的酒店坐落于市中心，提供明亮且装饰精美的空调客房；位于后排的客房要更安静一些。房间并不宽敞，但

性价比高。免费 Wi-Fi，房价包括早餐。B650

Sir Isan Ratchabut 路 62 号 ☎045 261011 🌐www.sriisanhotel.com 这家小而温馨的酒店位于乌汶老城区，位置优越，就在市场和夜市对面，离蒙河仅有 100 米。酒店共有 33 间客房，就坐落于开放式屋顶中庭，所有房间都有空调和有线电视。房价包括早餐。B500

Toh Sang Ubon Ratchathani Phalochai 路 251 号 ☎045 245531 🌐www.tohsang.com 这家城中最高档的酒店提供舒适的空调客房及华丽的套房，地处安静，但交通不便利，坐落于 Chayangkun 路以西 1 千米，距泰国旅游局办事处 2 千米。此外，酒店中还包括该城市最精致的餐馆 Pratheung Thong（见反面）。4、8 路城市双条车会经过该酒店。房价包括早餐。网上预订可享受优惠价格。B1000

餐饮

无论是在下列舒适的空调餐馆，还是该城市的夜间市场，都能够享受到美味的伊桑当地菜肴：尤其是白日市场后面蒙河北岸或 Ratchabut 路（Khuenthani 路以北）沿途的夜市。

Boon Ni Yom Uthayaan Vegetarian Restaurant and Centre Sri Narong 路；没有英文标记，但这座类似于谷仓的侧面敞开式木建筑非常显眼 这家著名的食堂风格素食餐馆是由一位佛教组织成员经营的，所有食材全都是他自己种植的。提供各种各样的肉类替代品及美味的蔬菜和豆腐菜肴，价格便宜（B20~30/盘）。周二至周日 6:00~14:00

Chiokee Khuenthani 路 307-317 号 这家咖啡馆风格的餐馆提供各种泰式和西方菜肴（B30~100）。尤其是早餐，许多西方人都会在此购买汉堡包和鸡蛋，当地上班族会来此喝米粥。每天 6:00~20:00

Pornthip Kai Yang Sumpasit 路 136 号，静寺东面 这家简单的路边餐馆有一间空调房，以烤鸡（kai yang）和木瓜沙拉（som tam）而闻名，价格在 B20~60 之间。每天 8:00~18:00

Pratheung Thong Phalochai 路 251 号 Toh Sang 酒店 这家餐馆提供整洁的桌布和大量泰国和中国式菜肴（B80~220），非常精美，晚上还有钢琴家在此演奏小夜曲。每天 6:00~24:00

★ **Restaurant at The Ratchathani** Khuenthani 路 297 号 ☎045 244388 这家位于酒店旁的温馨高档餐馆提供新鲜实惠的菜肴，菜单上有泰文和英文描述。和 Pratheung Thong 一样，这里也有钢琴演奏，但食客似乎喜欢跟着节奏轻声吟唱。这里的酸辣鸡汤（tom kha kai；B100）非常美味。每天营业至深夜。

Sakhon Pha Daeng 路 66-70 号 这家乌汶顶级的东北菜肴餐馆提供独特的应时佳肴，如鱼籽和红蚂蚁卵酸辣汤。大多数菜肴价格在 B60 左右。每天 10:00~22:00

Sincere Restaurant Sumpasit 路 126/1 号 ☎045 245061 这家位于主要道路附近的隐秘空调小餐馆提供美味的美国牛排（B365）和海瓜子（B175）。周一至周六 11:00~22:00

购物

丝绸、棉布和银器都是乌汶的特色产品。下面所列店铺提供精美的地方产品，如三角形斧头垫（mawn khwaan）和丝绸布匹等，此外还提供传统农业及家居用品。

Maybe 位于 Sri Narong 路东路口 这家店铺出售最多种类乌汶特有的条纹麻棉服饰。每天 9:00~19:00

Punchard Ratchabut 路 128-130 号，博物馆以东 50 米，以及 Pha Daeng 路 这两处 Punchard 分店会提供当地风格的棉制餐用饰品和服装，以及乌汶地区最好的东北部手工艺品。每天 8:00~20:00

附录

医院 Sappasit Prasong 医院（☎045 244973）位于市中心东北房，提供 24 小时急诊服务。

出入境管理局 位于乌汶以东 45 千米的披汶曼沙寒县（周一至周五 8:30~16:30 ☎045 441108）。可乘坐公交车抵达（见 p.410）。

旅游警察 遇到任何紧急情况请拨打 1155（免费）与旅游警察联系，或直接前往 Suriyat 路的办事处 ☎045 244941。

乌汶周边

乌汶周边地区比该市中心更加有趣，尤其是东边迷人的蒙河河畔城镇空尖及点岩史前岩画。此外还有通往老挝和边境市场的口岸**冲梅**，位于乌汶东南方。

5

空尖（Khong Chiam）

河畔小村**空尖**是泰国游客一日游的热门景点，他们横跨伊桑到此只为欣赏该镇全国闻名的“双色河”，令人俯首称叹。水流混合了土褐色的蒙河及“泰国最东端”土褐色的湄公河，勉强可以算作一个景点（4月份河流有颜色对差，分外迷人），不过村庄本身魅力无限，有很多可去之处。如果你有自己的交通工具，可前往冲梅（距空尖27千米）和他那石滩国家公园。

由于空尖拥有较多的木屋和度假村，且南面是蒙河，北面是湄公河，给人一种岛屿的感觉。沿着湄公河河岸有一条几百米长的混凝土走道，如今已出现裂痕，两边是一些纪念品摊位，最后通往河流汇合处上方的高大楼座，景色优美秀丽。坐落在此建筑后面的**空尖寺**（Wat Khony Chiam）是典型的泰国农村寺庙，非常迷人，寺院里还坐落着一座古老的木质钟塔。空尖的另一座寺院**天洞寺**（Wat Tham Khu Ha Sawan）位于2222号支路转入空尖处附近的悬崖边，通体白色，十分醒目，而美丽的兰花丛中还装饰有天然木雕，此后还有一座巨大的佛像俯视着山下的村民。

抵达和离开　　空尖

空尖位于披汶曼沙寨东北方向30千米，2222号支路沿途，距离乌汶75千米。所有双条车和公交车的终点站位于空尖主要道路Kaewpradit路西路口的空尖车站。

乌汶出发途经披汶曼沙寨　乌汶Talat Warinchamrab车站提供前往披汶的巴士和双条车（每25分钟1班，末班车16:30；全程1小时）。空尖双条车上车点位于Kaeng Saphue大桥，从披汶车站乘坐嘟嘟车或步行10分钟即可抵达此地：穿过市场出站抵达主要道路，右转步行几百米即是主要高速公路（途经货币兑换处和上网中心），然后左转到达河畔双条车车站。前往空尖方向的双条车会从Kaeng Saphue大桥出发，上午每30分钟1班，下午每小时1班，末班车为16:30（全程90分钟）。返回披汶时比较麻烦；每天只有一辆双条车会从汽车站附近的市场出发（班车时间定为11:00；但以后如果游客足够多的话，会增加更过班次）。如果错过这班车你需要找私人司机回去，大部分都集中在汽车站附近。

曼谷出发　每天每个方向都有4辆公交车往返于空尖和曼谷之间，末班车时间为16:30（途经益梭通）。

住宿

空尖的**住宿**相对较少，除了极少数外，相对于东北部其他地区，这里的大多数旅馆性价比都比较差。

Apple Guest House Kaewpradit路邮局对面，也可从Phukamchai抵达，离车站和湄公河仅5分钟步行路程 ☎045 351160　这家空尖最受游客欢迎的旅馆与一家老电器店相连，其优雅的独立卫浴客房就设在院子里。风扇房B150，空调房B300

Ban Kiang Nam Kaewpradit路 ☎045 351374/045 351375　这家温馨舒适高品质的平房酒店远离马路，位于宁静的私人车道旁。所有房间都提供电视机和空调，但员工基本不会说英语。B600

Ban Rim Khong Resort Kaewpradit路37号 ☎045 351101　其另一入口位于北面一个街区的湄公河河滨大道上，坐落于街道办事处和寺院之间。这家漂亮的小度假村坐落于草坪之上，共有6间木质小屋，四周环绕着九重葛，此外还有一些美丽的河滨客房（#1和#2栋，值得打电话提前预订），从宽敞的阳台上可俯瞰美丽的湄公河景。房间装饰并无特色，但宽敞且有空调、电视和冰箱，如果入住天数超过一天还可享受优惠。B800

Sibae Guest House 出入境检查站北面，距离河流一条街，靠近汇合处 ☎045 351068 Ⓔwatasinsibae@hotmail.com　这家美丽的木屋提供非常干净（但很简洁）的客房，其中最豪华的房间提供有空调、电视和冰箱。老板很热情。风扇房B200，空调房B350

Toh Sang Khongjiam Resort 蒙河南岸 ☎045 351 174 Ⓦwww.tohsang.com　这家环境美丽的高档度假村提供温馨舒适的客房，所有房间都带有阳台，可一览河流美景，就是装饰有些低俗。度假村设施包括泳池、网球场、SPA馆和几个餐厅，并提供上网、自行车和皮划艇租赁、点岩和其他湖畔景色游船之旅等服务。有关SPA/度假村包价详细信息请登录网址查看。该度假村距离空尖约3千米；若自驾前往，可沿2134号支路往南行驶，经过空尖车站，跨过河流，然后在第一个入口处左转沿着路标行驶即可。B2500

空尖之旅

空尖并没有许多景点，但你可以从 Apple Guest House 旅馆租借一辆摩托车（B200/ 天）或自行车（B100/ 天）游览河畔宁静的街道，或包一辆**长尾船**前往湄公河上游一览点岩岩画（B1500/ 艘；可让酒店安排）。或者你也可以从空尖乘坐双条车前往**点岩**（往返路程 B500 左右）；相关信息可咨询汽车站。

虽然**老挝**距离空尖只有几百米，位于湄公河对岸，但外国人不能从这里过境，不过你可以说服船家载你过去，在班迈（Ban Mai）的河滨村庄稍作停留后即刻返回，价格为 B350/ 艘；两国的官方边境口岸位于下游的冲梅。

餐饮

空尖入夜后并没有什么活动，下列餐馆只营业至 20:00 或 21:00，视最后一批外国人何时离开。Kaewpradit 路上有一个小型夜间市场，可享受深夜小吃。

Araya 湄公河畔，街道办事处前面 Araya 及其附近的 Chonlada 这两家水上餐馆是当地最有名的午餐和晚餐用餐点。两家都没有英文标记，且区别较小；都提供相当昂贵的中泰佳肴（最基本的在 B60 左右），以及大量鱼类菜式。

Rim Khong Ban Rim Khong 度假村河滨平房旁边 相对于其他河畔餐馆，这里价格便宜，风格朴实（炒饭 B40 起），且氛围宁静舒适。日落时分此地是喝啤酒的最佳去处。

Tuk Tik Tham Mua Kaewpradit 路汽车站以东 10 米（没有英文标记） 提供物美价廉的当地菜肴：辣木瓜沙拉、绿豆沙拉（yam thua fak yao）、烤鱼（ping plaa）和鸡肉（ping kai），所有菜肴都免费搭配糯米。B35 起。

附录

银行 位于 Kaewpradit 路，提供货币兑换服务及自动取款机。

药房 Kaewpradit 路有一家小药房，出售各种基本用品。

点岩岩画（Pha Team cliff-paintings）

湄公河上游距空尖 18 千米（有路牌清楚标记）・每天 5:00~18:00・B200

点岩岩画隶属于多峭壁的，可看到老挝境内的点岩国家公园（Pha Taem National Park），绘于悬崖面上，长达 170 米，坐落在湄公河上游，距离空尖 18 千米。这些大胆而稚气的绘画已有 3000~4000 年历史，是由种植水稻的木屋居民而非山洞古人所绘，充分证明了湄公河流域丰富的古代文明。由于受到突出岩石的保护，这些红色手绘图像（该涂料混合了土壤、树胶和脂肪）至今仍清晰可辨，包括类似于外星人的形象、手印、几何图案以及大量动物和巨大鱼类——可能是当时人们偶然从湄公河里抓到的巨大鲇鱼。周末时段这里人山人海，最好避开。这里还是泰国第一个看到日出的场所，比泰国最西端的普吉岛整整早了 18 分钟。

过检查站不远是一群呈蘑菇形状的怪异砂岩岩层，人称**韶差梁**（Sao Chaliang），再过去即可抵达位于悬崖顶部的点岩公园停车场，坐落着一家餐馆和游客中心。从停车场出发，沿着游客中心左边的小径攀登上岩石架就可前往岩画区域。经过岩画继续往前，最终会返回悬崖顶部，途经帕蒙（Pha Mon）**瞭望点**，不仅可将湄公河流域的精致景色尽收眼底，还可一览西部老挝层峦叠翠的山脉。从帕蒙回到停车站只有 2 千米不到的路程，沿着设有路标的小径穿过岩石灌木丛即可。

抵达和离开

点岩

双条车 除自驾前往外，抵达该地最常用的方式是在 18 千米外的空尖包一辆双条车前往。

住宿

国家公园平房 韶差梁，可通过点岩管理处提前预订（Ⓣ 045 246332 Ⓔ phataem_3@hotmail.com）或登录 Ⓦ www.dnp.go.th 预订 如果你想在此住宿以便早上起来看日出，可在国家公园停车场

5

前2千米处的留差梁检查站附近租一间平房或加大的两人帐篷（B150）。风扇房 B1200，空调房 B2000

冲梅及老挝边境（Chong Mek & Lao border）

冲梅位于披汶曼沙寨以东44千米的泰国老挝边界地区，拥有一个繁忙的边境集市，是外国人进入老挝境内的合法边境口岸之一，提供前往巴色的交通运输。

即使你不打算进入老挝境内，这里的**边境集市**也是不错的旅游目的地，尤其是在周末期间，非常热闹。泰国这一侧的集市里出售各种曼谷时装、牛仔裤和纱笼布裙，还可看见一些传统草药医生在研磨少量干蔬菜和动物组织以做药用，此外还有许多篮筐编织品小贩，以及大量提供泰国和老挝菜肴的餐馆小摊。

抵达和离开

冲梅

汽车 这里每天都有一班往返于冲梅和曼谷的公交车，16:00从冲梅集市出发，大约11小时后抵达Mo Chit北站。而从乌汶主要车站每天都有两班公交车（9:30&15:30；B200）前往老挝境内的巴色，是该旅游行程最快捷的方式。

双条车 大型浅蓝色双条车会从披汶曼沙寨车站出发前往冲梅（大约每小时1班，7:00~15:30；全程90分钟）。而在披汶还可换乘另一类双条车前往空尖。

益梭通及其周边（Yasothon）

自5月初起，伊桑就开始进入旱季，日日盼望降雨；但甚至有可能连续6个月不会有较大的降雨量，还要种植水稻。东北民间有这样一个传说，雨水是由众神性接触产生的，所以每当这个时候，伊桑各地的村民都会举行比较淫秽的**布恩邦法火箭节**（Bun Bang Fai rocket Festival）以求众神降雨。其中庆祝活动最盛大的地区位于乌汶西北方向98千米的**益梭通**同名府会城市，通常在5月中旬的一个周末举行。不仅会燃放壮观的烟火，而且建造的发射火箭本身也是一件精致的艺术品，装饰奢华美丽并会在升空之前举行浩浩荡荡的游街仪式。在这些9米长的火箭上最多会放置25千克的火药，这些都与丰收的主题相关，对于益梭通人民来说，成效即是一切。性暗示、调情和黄色笑话是火箭节的三大要素；火箭制造者们会相互竞争看谁的火箭射程最高，如果有人的火箭没有离开地面，那么就要受到全身涂满泥土的惩罚。

在其余时间段里，益梭通除了一些普通的寺院以及Srisonthoon路西口的**辛格他寺**（Wat Singh Tha）附近令人回味无穷的旧殖民地风格店面外，便再没有其他什么可取之处了。

通过冲梅进入老挝

游客可在冲梅**边境口岸**办理老挝**签证**；价格在$30~42，视国籍而定，然后会得到一份为期30天的签证；此外你还需要2张护照照片（如果没带，需另外付费拍摄照片）。如果你从孔敬或其他地区提前办理了签证，那么上面的出入境点必须指定为冲梅（见p.26）。

无论你选择哪种方法，抵达冲梅后的第一件事都是去泰国境内市场后面的办事处盖出境章（每天8:30~16:30 ☎045 485107）；当进入老挝境内时，你会经过老挝出入境管理局（官方工作时间：周一至周五8:00~16:00；“加班”时间：周一至周五16:00~18:00，周六、周日及节假日8:30~18:00），如果你在“加班”时间段抵达，需多支付$1，并敲入境章及B20费用（“加班”时间B50）。游客可在万涛（Vangtao）搭乘双条车前往40千米外的巴色市（末班车17:00），或者也可以搭乘较贵的面包车。返回时，你只需支付老挝处境费用（B20/50），抵达泰国境内即可免费得到泰国签证（但需注意泰国这边的工作时间要短一些）。

喜丹村（Ban Sri Than）

益梭通以东 21 千米，沿着 202 号支路向东北方向的安纳乍能（Amnat Charoen）前进直至 18.5 千米石头标记，往南（右）转进入高速公路行驶 3 千米即可；或者搭乘双条车（每 30 分钟 1 班，末班车为 12:00）或公交车（每小时 1 班）前往 202 号支路的 Ni Khom 村，最后再乘坐摩的行驶最后 3 千米即可抵达

益梭通周边最引人注目的景点是**喜丹村**，这里几乎每一户人家都从事生产著名的三角形**斧头垫**（mawn khwaan）的工作。但包围在一堆布料中的缝纫机场景委实没什么观赏性，因此到这里来的唯一目的就是购物。这些枕垫（mawn）的名字起源于它们类似于斧头（khwaan）的形状，至今已有几百年历史，传统泰国家庭通常将其用作地板坐垫，而比较厚实的斧头垫则可用来倚靠。你可以购买平整的坐垫，这样就不会占行李空间。其价格视枕垫使用的三角个数而定：在喜丹村，用 10 个单一三角制成的枕垫售价 B120，或 B370 带有三个附加垫——其价格大约是曼谷或清迈的一半。

抵达和离开

益梭通

飞机 离益梭通最近的机场位于黎（西北方 85 千米）和乌汶（见 p.405）。而 JP Emerald 酒店里的旅行社提供国内和国际机票出售服务。

巴士 往返于乌汶和孔敬之间的巴士会在 Rattanakhet 路车站稍作停留（每天 19 班；从孔敬出发至此需 3 小时~3 小时 30 分钟，从乌汶至此需 90 分钟~2 小时）。

住宿

如果在节日期间住宿此地，那么最好提前预订**酒店**，且价格比下述房价高出 1 倍。

Orchid Garden Hotel Prachasamphan 路 219 号，市中心东面 ☎045 721000 Ⓦwww.orchid-garden-hotel.com 这家美丽但简洁的酒店提供宽敞干净的空调房，且这里的员工都热情友好，乐于助人。B400

JP Emerald Pha Pa 路 36 号 ☎045 724848 这家城中最豪华的酒店提供宽敞美丽的空调房，位于市政厅附近。B820

餐饮

该城最热闹的**用餐**场地是位于 Chaeng Sanit 路中央地段的室内夜市；其中一些小摊白天也会开放，包括一家提供美味沙拉的素食餐馆（每天 6:00~14:00）。

附录

银行 所有主要银行都位于 Chaeng Sanit 路，提供自动取款机和货币兑换服务。

邮局 Chaeng Sanit 路，夜市西面，相隔两个街道。

孔敬（Khon Kaen）

位于伊桑中央的孔敬府府会**孔敬**是东北地区最富裕、最繁华的城市，不仅坐落着名牌大学，还是泰国第 5 频道和 11 频道电视演播室的所在地。该地区洋溢着轻松愉悦的氛围，尤其是这里的传统伊桑文化（大型集市以及成群的摊贩）与繁华的购物广场及世界级酒店的完美融合。孔敬位于呵叻东北方向 188 千米，曼谷—廊开之间的铁路线和 2 号公路都会经过此地，因此交通便捷，是非常不错的休憩点，但整个城镇真正的旅游景点仅有一座令人惊奇的现代寺院和府立博物馆。不过整个府会范围内有一些令人印象深刻的史前文物，如普渊的**恐龙墓地**，可纳入该城的一日游线路内。当地丝绸也是一大特色；孔敬各地一年四季都有丝绸出售，而在一年一度的丝绸及友谊节期间尤为壮观（通常在 11 月 29 日~12 月 10 日；具体日期请与泰国旅游局查证），来自全府各地的织工都会聚集在 Na Soon Rachakarn 路的市政府大楼展示并出售他们的织品；此外还可亲眼目睹动人的 phuk siao 仪式，在这个传统的友谊深化仪式上，朋友之间会相互交换有象征意义的手腕环。而在其他时间段里，这里出现的外国

5

人大多是当地妇女的外籍丈夫、商人或高校教师，但由于孔敬市内坐落着老挝和越南的领事馆，因此近年来也有越来越多的游客会到此来办理老挝和越南签证。

Nongwang Muang Kao 寺（Wat Nongwang Muang Kao）

Klang 路最南端

孔敬最引人注目的景点是 **Nongwang Muang Kao 寺**的巨大九层宝塔。这座美得令人窒息的建筑以红、白、金三色为主色，是该寺院著名方丈 Phra Wisuttikittisan 的创作，这位住持不仅拥有卓越的领导魅力，还见多识广。据说这九层宝塔的设计灵感来源于缅甸最神圣的仰光大金塔，但每一层周围的回廊则更具老挝风格，塔顶则是典型的泰国风格建筑。在泰国，九是一个吉祥的数字，而当遇到现任拉玛九世国王及自 1789 年建立以来的第九任方丈时，更是贵不可言。宝塔内，第一层围墙上绘有现代壁画，描述了孔敬的成立历史。每一层都有其不同的用途，如第一层是集会场所，第二层是僧侣居所，第三层是藏经阁等。如果你在 16:00 前到达此地，你可以沿着楼梯直登第九层，欣赏城市北部至东部本凯恩那空湖的美丽景色。

本凯恩那空湖（Beung Kaen Nakhon）

城市东南部，距离 Fairy Plaza 500 米 · 自行车租赁价格 B20/ 小时，脚踏船租赁价格 B40/ 小时

绕着碧波荡漾的**本凯恩那空湖**及其公园边缘漫步或骑自行车共需要几小时的时间，是一段非常快乐的旅程。你可在三处地方租到自行车，全都靠近湖畔寺院，在 Klang Muang Kao 寺入口处附近有乒乓球台，此外还有儿童的娱乐场地、食物小摊及餐馆等。脚踏船可在湖北岸租借。

Hong Moon Mung 孔敬城市博物馆（Hong Moon Mung Khon Kaen City Museum）

本凯恩那空湖东岸，华丽的中国寺院对面，圆形露天剧场下方的实用性建筑内 · 周一至周六 9:00~17:000 · B90

Hong Moon Mung 孔敬城市博物馆又被称为“珍宝大厅”，博物馆内一系列生动的场景完美展现了孔敬府的历史背景。从第一次有人定居直至今日的展览品充分体现了该区域丰富的文化遗产。馆内按年代顺序共分为 5 个区域，因此很容易区分，此外还有相当翔实的英文说明。

孔敬国家博物馆（Khon Kaen National Museum）

市中心以北 Lung Soon Rachakarn 路 · 周三至周日 9:00~16:00 · B100 · Ⓦ www.thailandmuseum.com/thaimuseum_eng/khonkaen/main.htm

孔敬国家博物馆通过各式各样当地出土的文物更详细地介绍了这座城市的文化历史，其中一些文物的历史可追溯至青铜时代。博物馆一楼收藏最贵重的**展览品**是一块 9 世纪堕罗钵底时代的界石（sema），上面刻画了 Bhimba 公主用头发擦拭佛足的唯美场景。此外该楼层还展示有孔敬特有的木琴 pong lang，其周围则展示着当地其他一些合奏乐器，非常有趣。博物馆楼上的经典展品包括一些受高棉影响的华富里风格青铜小佛像，非常精致。

抵达和离开

孔敬

飞机 孔敬机场（Ⓣ 043 227708）位于市中心西北方向 10 千米，有泰国航空往返于此地和曼谷之间。酒店提供迷你巴士接机服务，其中一些酒店是免费服务，其他的则要收取 B70~90 接机费用。或者搭乘出租车前往（抵达市中心酒店需 B60 左右）。泰国航空办事处（Ⓣ 043 227701，周一至周五 8:00~17:00）位于 Prachasamran 路的 Pullman 酒店内。

抵达站 曼谷（每天 3 班，全程 55 分钟）。

火车 火车站（Ⓣ 043 221112）位于城市西南边缘，离市中心的酒店和酒吧不远。如果你想留宿在泰国旅游局办事处附近，可从车站步行 15 分钟查看一下，但若有行李，最好乘坐嘟嘟车（B50~60）。

抵达站 大城（每天 4 班，全程 7 小时 ~7 小时 30 分钟）；曼谷（每天 4 班，全程 8 小时 30 分钟 ~9 小时 45 分钟）；呵叻（每天 5 班，全程 3 小时 ~3 小时 30 分钟）；廊开（每天 3 班，全程 2 小时 25 分钟 ~3 小时 30 分钟）；乌隆（每天 6 班，全程 1 小时 50 分钟 ~2 小时 30 分钟）。

巴士 孔敬拥有两个汽车站：一处以普通的风扇

5

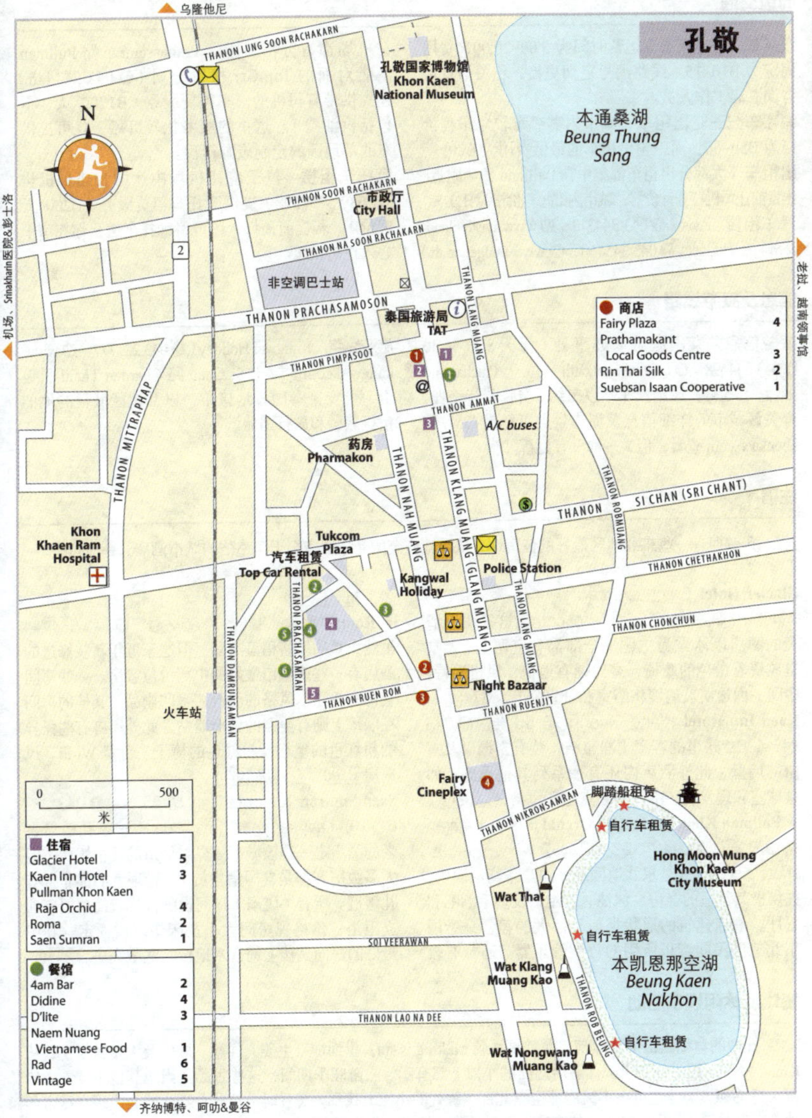

巴士为主（☎043 237472 Klang Muang路酒店西北方，步行至此5分钟左右），另一处则主要运营空调车（☎043 239910 位于市中心）。

抵达站 曼谷（每30分钟1班，全程6~7小时）；清迈（每天12班，全程10~12小时）；呵叻（每30分钟1班，全程3小时）；黎（每30分钟1班，全程4小时）；廊开（每天5班，全程3小时30分钟）；芭堤雅（每天1班，全程11小时）；彭世洛（每天12班，全程6~7小时）；罗勇（每天6班，全程10~12小时）；素可泰（每天2班，全程7小时）；素林（每30分钟1班，全程5小时30分钟）；乌汶（每天19班，全程4小时~4小时30分钟）；乌隆（每30分钟1班，全程2小时~2小时30分钟）。

周边交通

双条车 当地双条车运营时间为5:00~20:00，费用固定为B10~15。线路编号定期更换，相关信息可咨询酒店工作人员。

嘟嘟车或三轮出租车 城市内嘟嘟车较短车程价格为B50~60，而三轮出租车的最低费用为B20。

出租车 大部分出租车都集中在Pullman酒店附近。出发前让司机打开计价器；城市内部短程价格为B30~50。

汽车租赁 Avis（Ⓣ043 344313 Ⓦwww.avisthailand.com）及Budget（Ⓣ043 345460 Ⓦwww.budget.co.th）在机场都有分部。位于Prachasamran路Pullman酒店对面的Top Car租赁公司（Ⓣ043 227448）还提供带有司机的汽车租赁服务（B1700/天，不包括汽油费）。这里的服务比较可靠，且可提供东北部地区的定制旅游行程。

摩托车租赁 位于前往机场中途的Malida机构（Ⓣ089 5757398）提供摩托车租赁服务（B200/天起价），若提前预订，还可将摩托车送至你在市中心入住的旅馆。

信息及旅游线路

旅游信息 泰国旅游局办事处（每天8:30~16:30 Ⓣ043 244498 Ⓔtatkhkn@tat.or.th）位于Prachasamoson路15/5号，风扇汽车站以东约5分钟步行路程。有关该城市的详细信息及周边景点可登录Ⓦwww.khonkaen.com查看，但大多都没有更新。

旅游线路 Kangwal Holiday（Ⓣ043 227777 Ⓦwww.kangwal.com）位于Si Chan路Charoen Thani引道上，可安排泰国各地旅游，以及该区域目的地的搭机旅游和旅行团旅游。

住宿

孔敬拥有一些东北地区最好的**住宿**地，从设施齐全的豪华酒店至干净整洁的城市酒店，一应俱全。

Glacier Hotel Prachasamran路141号 Ⓣ043 334999 Ⓦwww.glacier-hotel.com 这家阴凉清爽的酒店以冰雪为主题（全部都有空调）。大堂里放置着白色的藤椅，客房铺有地毯，风格独特，中间一面透明玻璃墙将浴室和卧室隔开。**B2450**

Kaen Inn Hotel Klang Muang路56号 Ⓣ043 245 420 这里的客房干净整洁，装有空调以及雪白的墙壁，此外酒店内还有一系列其他设施，如桌球室和理发店。唯一的缺点是环境嘈杂。**B500**

★ **Pullman Khon Kaen Raja Orchid** Prachasamran路9/9号 Ⓣ043 322 155 Ⓦwww.pullmanhotels.com 这是东北地区最好的豪华高层酒店，提供极其舒适的客房、泳池、SPA馆及多家酒吧和餐厅。酒店建筑的形状类似于巨大的笙，是泰国东北地区民间音乐所用的竹制管乐器。通常有较多折扣。**B2000**

★ **Roma** Klang Muang路50/2号 Ⓣ043 334444 虽然大堂的风格稍显冷酷，但这家近年新装修过的酒店有一些该城市最好的中档价位客房。一些房间装饰有沃霍尔风格的流行艺术印刷品，其他的房间在墙壁上则有美丽的鸟形墙贴。此外还有有些怪异的粉红色的地板及粉红色的椅子。免费Wi-Fi。风扇房**B500**，空调房**B600**

Saen Sumran Klang Muang路55号 Ⓣ043 239 611 Ⓔsaensamran@gmail.com 这家孔敬最古老的酒店之一是该城市最温馨舒适的住宿场所（但大多数房客都是泰国销售员），管理者们都非常有礼谦逊。所有（风扇）房间设施都比较简单但有独立卫浴：价格视房间大小及床垫厚度而定。其中最好的房间是楼上铺有木地板的宽敞大房。**B250**

餐饮及休闲娱乐活动

孔敬的**食物**是出了名地辣，尤其是香肠sai krog isaan，里面加有生姜、洋葱、酸橙及大量辣椒酱，从Klang Muang路沿线到Roma酒店北面的小摊上都有卖。旅游旺季期间，这些香肠及当地其他美食，如猪蹄、烤鸭和贝类等也可在本凯恩那空湖北部边缘处的小摊上找到。黄昏时分这些食物小摊会出现在城市各地，尤其是Ruen Rom路东口的**夜市**。孔敬的**夜生活**主要集中于Prachasamran路，Pullman酒店的后面。

4am Bar Pullman酒店车道对面，Prachasamran路 这家热闹的路边小酒吧提供各种烈酒，直至深夜；是该地区位数不多的几家酒吧之一。一大杯进口朗姆酒和可乐需B70。每天18:00~次日4:00

Cinema Fairy Cineplex影城位于Nah Muang南路和Klang Muang路之间的Fairy Plaza上 票价B80~120。

Didine Prachasamran路 这家温馨的餐馆是由一对法国—泰国夫妇经营的，共提供150种欧洲菜肴、70种泰国菜肴、实惠的饮料及免费台球桌，吸引了大量客流。每天16:00营业至深夜

★ **D'lite** 位于Pullman酒店东面的车道上 这家精致的餐馆提供各种伊桑美食，如香脆猪肉长豆沙拉（B95）。你可坐在户外灯光昏暗的花园里，欣赏美丽的喷泉及一部古老的英国公用电话，或者也可以在室内小空调房里用餐，那里装饰着摇晃的相框及有花卉图案的墙纸。周三所有东西

（酒类除外）都打 9 折。每天 18:00 营业至深夜

Naem Nuang Vietnamese Food Saen Sumran 酒店隔壁的隔壁，Klang Muang 路 87/14-15 号 这家非常流行的空调餐馆以越南菜肴为主，还有一些标准的泰国东北部菜肴。这里的特色菜为越南春卷 naem nuang，由经过发酵的烤猪肉香肠制成，然后你可以根据自己的喜好加料，包括大量的新鲜香菜、薄荷、生姜、柠檬皮、细面条和豆芽等。自制春卷 B10/个，包饱自助餐 B129 起。每天 6:00~21:30

Rad Prachasamran 路 这家一站式娱乐场所拥有餐馆和咖啡店，疯狂摇滚乐及优美的现场音乐表演场地，酒吧内还有舞女。每天 18:00 营业至深夜

Vintage Prachasamran 路 Ⓦ www.vintagepub-khonkaen.com 这家凉爽的露天餐厅位于一栋雄伟大气的建筑之前，经常会举办俱乐部之夜。非常受富有的年轻泰国人（尤其是夫妇）喜爱。这里的冬荫功汤（B140）非常美味，但有些昂贵。每天 22:00~ 次日 4:00

购物

孔敬的店铺里经常出售各种各样的当地艺术品和手工艺品，尤其是不同设计和编织手法的顶级伊桑丝绸。而摊主们通常会背着塞满丝绸和棉质布匹的篮筐在主要大街上吆喝，价格很便宜。通常这些摊贩都会聚集在 Roma 酒店附近及酒店北面的 Klang Muang 路上。

Fairy Plaza 位于 Nah Muang 路和 Klang Muang 路之间 这个巨大的现代商场提供各种衣服、配饰及移动优惠终端机，还有 Pizza Co、麦当劳、Swensen's 咖啡厅和电影院。周一至周五 10:30~21:30，周六和周日 10:00~21:30

Prathamakant Local Goods Centre 81 路 Ruen Rom 这里是孔敬最好的销售点之一，提供华丽的 mut mee 棉布和丝绸织品，以及服装、室内陈设品、三角形斧头垫（未塞东西的三座式斧头垫价格为 B400）、筐及银饰珠宝。这里的产品质量要比政府批准的一村一品店铺要好得多，位于 Kosa 小巷的 Kosa 酒店旁，虽然这里感觉像旅游观光地带，但当地人也会在此购买家居饰品和服装布料等。周一至周六 9:00~20:00

Rin Thai Silk Nah Muang 路 410~412 号 在此可以买到伊桑丝绸以及量身定制服装。周一至周六 8:00~18:30

Suebsan Isaan Cooperation Klang Muang 路 16 号 这是当地手工艺工人的另一处公平交易场所，主要出售用竹纤维和水葫芦编织而成的纺织品，当然更多的是常见的 mut mee 丝绸、棉布、篮筐编织品、中草药化妆品及其他传统产品。每天 8:00~18:30

附录

领事馆 老挝领事馆（周一至周五 8:00~12:00& 13:00~16:00 Ⓣ 043 242856-8）位于泰国旅游局东面 Prachasamoson 路 171/102-3 号。在此可办理为期 30 天的签证（见 p.426）；费用视申请者的国籍有所不同。而越南领事馆（周一至周五 8:00~11:30& 13:30~16:30 Ⓣ 043 242190/043 241586 Ⓦ www.vietnamconsulate-khonkaen.org）在老挝领事馆南面，距泰国旅游局办事处 1.5 千米，Prachasamoson 路附近，位于 Chataphadung 路 65/6 号。

医院 Khon Kaen Ram 医院（Ⓣ 043 333 800 Ⓦ www.khonkaenram.com）位于 Si Chan 路西路口，是该地区主要的私立医院。政府经营的 Srinakarin 医院（Ⓣ 043 242331）位于城市北部 2 号公路，孔敬大学旁。

上网 在 Klang Muang 路的 Roma 酒店附近聚集着许多网吧 / 电脑游戏厅。

药房 Pharmakon 药房（每天 8:00~18:30）位于 Nah Muang 路，Kaen Inn 酒店西面，中间隔开一个街区。

旅游警察 遇到任何紧急情况都可拨打 24 小时免费 Ⓣ 1155 寻求旅游警察帮助，或者拨打 043 236937 与他们位于 Prachasamoson 路的泰国旅游局办事处联系。

孔敬周边

孔敬府的外部区域也有两三处值得游览的景点。如果你想游玩其他景点，千万不要被泰国旅游局发放的手册上所说的位于齐纳博特以西 5 千米的“龟村”Kok 村误导，那里不仅枯燥乏味，更郁闷的是这只不过是旅游文学暗示。但齐纳博特是一个不错的游玩场所，可观看丝绸织工织布的过程。此外普渊国家公园里还有非常著名的恐龙墓地，共有 9 个墓坑及其一座博物馆，可让游客领略古生物魅力。

齐纳博特（Chonnabot）

孔敬西南方向 54 千米 · 搭乘任何一辆前往呵叻的普通汽车抵达班佩（每 30 分钟 1 班），然后再换乘双条车行驶最后 10 千米即可抵达

孔敬是探索当地丝绸纺织中心**齐纳博特**的最佳基地。这个小城镇的**丝绸纺织**（见 p.404

5

框中内容）起先只是一种传统的家庭手工业，但经过过去几年的发展，已成为集中型产业，如今织工们都集中在城镇的小工作间里，每个人只负责整个流程中的一道工序。在此你可四处参观，观看妇女们（纺织目前仍然是女人们的工作）在纺轮、织机和染缸处工作，还可在街道出口处的摊贩处购买织品。

普渊国家公园的恐龙墓地（Dinosaurland at Phuwiang National Park）

085 852 1771・www.dnp.go.th. 公园：每天 8:30~18:00・B200・博物馆：每天 9:00~17:00，周三休息・免费

1996 年，孔敬因在其西北方向 90 千米处的普渊出土了有史以来最古老的**暴龙化石**而轰动全球，之后便发展成为国家公园。据估计，该化石已有 1.2 亿年历史，从鼻子到尾巴总长仅 6 米，由于当时泰国处于暹罗时期且东北地区归于泰国政权后又称伊桑，因此该化石被命名为 Siamotyrannus isanensis。在普渊恐龙化石出土之前，世界上最古老的恐龙化石是来自中国、蒙古和北美地区的霸王龙化石标本，距今 8000 万 ~6500 万年。这些更近代的恐龙化石尺寸是泰国暹罗暴龙化石的两倍；因此根据后者的年龄和尺寸推测出暹罗暴龙是霸王龙的始祖，并证实了亚洲是暴龙属的起源地，后来才演变成其他不同的品种。

这个非同寻常的恐龙化石连同其他 8 个有趣的古生物发现如今都陈列在**普渊国家公园**的恐龙墓地，向公众开放。该公园的主要景点除了瀑布和天然小径外，还有 9 个墓坑及 1 座**博物馆**，就坐落在公园入口前面不远处。

Siamotyrannus isanensis 暹罗暴龙化石收藏在 **9 号墓坑**中，可沿着游客中心对面 1.5 千米长的小径前往；这条小径尽头处是停车场，从此地向上攀登 500 米即可抵达。对于古生物学家来说，暹罗暴龙化石令他们印象深刻，激动不已，因为其大片肋骨几乎都完好无损，但许多游客则认为该化石并没有什么大惊小怪的地方。从 9 号墓坑出来后，沿着一条小道往南步行 900 米即可抵达 **1 号墓坑**，里面收藏着其他许多价值连城的出土文化，包括两个前所未见的物种。兽脚类肉食恐龙 Siamosaurus suteethorni（暹罗龙属，以古生物学家 Warawut Suteethorn 的名字命名）的牙齿有别于其他食肉兽脚类恐龙，看上去似乎不能够撕裂肉身；而另外一条长 15~20 米的 Phuwiangosaurus sirindhornae（布万龙属，以泰国长公主的名字命名）则被认为是新发现的蜥脚类恐龙物种。

抵达和离开

恐龙墓地

巴士 从孔敬到普渊镇有非空调巴士服务（每 30 分钟 1 班，全程 1 小时），然后再换乘摩的抵达恐龙墓地并返回（往返路程费用为 B150）。

小汽车 可在孔敬租一辆汽车（见 p.416）。抵达该公园的线路是：从 12 号公路向西行驶出孔敬，然后沿着前往昌派（Chumpae）的路标行驶直至 48 千米恐龙雕像标记处。在此处右转沿着 2038 号公路继续行驶 38 千米，穿过普渊镇，然后沿着前往国家公园的路标行驶即可。在普渊和国家公园中途左侧有一座公园，里面有许多真实大小的不同种类恐龙雕像。

住宿及餐饮

除了下列场所外，还可选择租用两间卧室式帐篷（B250）。3 号采石场前面的停车场区域有一家餐饮小摊，位于游客中心以北约 1 千米。

平房 web3.dnp.go.th/parkreserve/reservations.asp?lg=2 在公园总部附近区域共有三座简单平房，每一栋都可以入住 6 人（包括风扇和床铺）。**B1200**

旅馆 web3.dnp.go.th/parkreserve/reservations.asp?lg=2 靠近 Tat Fa 瀑布，提供旅馆式客房，共可入住 30 人（共用卫生间），但不可在网上预订个人床位。整个房间价格 **B3000**

右页图从上往下顺时针顺序依次为：呵叻仪式椅子的制作（见 p.389）；湄公河上的船屋（见 p.429）；孔敬的丝绸（见上文）>

5

乌隆（Udon Thani）

乌隆府的府城市**乌隆**市位于孔敬以北137千米处，土地贫瘠，主要以种植甘蔗和水稻为生。越南战争期间，由于大批美军在此地附近扎营，因此经济得到大幅发展，尽管美军于1976年撤出此地，但该城市仍然保持着较快的工业和商业发展。多年来，乌隆一直被视为毫无魅力的重要经济中心，但如今已渐渐吸引了越来越多的休闲游客到此游玩，如城市的新娱乐广场及令人心情舒畅的农菩拉杰克公园，是该城市主要的休闲之地。入夜后，这里摇身一变成为UD城镇（UD Town），热闹非凡，大批的游客和当地居民蜂拥而至，在步行街上大吃大喝，互相调侃并观看舞蹈表演。乌隆他尼除了这些地方及其东面50千米处出土了许多青铜时代文物的**班清**城（见p.422）外，便没有什么其他旅游景点了。

农菩拉杰克公园（Nong Prajak Park）

泰国旅游局办事处西侧・自行车租赁费用B20/小时

农菩拉杰克公园远离乌隆嘈杂喧嚣的繁忙街道，非常宁静，周围坐落着鱼池，湖面平静无波。湖泊东岸是Thesa路，沿着此路跨过一座桥梁即可抵达中央岛屿，遍布着被修剪成兔子形状的灌木丛，非常精美。在此地不仅可以给鱼喂食（当地妇女会在这里出售鱼粮），还可以绕着湖畔骑自行车，享受自然，令人心旷神怡；自行车可在东北边缘租借。

抵达和离开　　乌隆

飞机　泰国航空和亚洲航空每天都会提供从曼谷飞往乌隆的航班，而飞鸟航空目前运营从清迈至此的航班，每天2班，亚洲航空还提供普吉岛至此的航班，每天1班；空调迷你巴士会在机场接机，位于市中心西南方向3千米（B80/人），可在城中任何地方下车。此外还提供从机场前往北部友谊大桥和廊开市中心的直达空调迷你巴士（B150~200）。

抵达站　曼谷（每天7班，全程1小时）；清迈（每天2班，全程1小时）；普吉岛（每天1班，全程1小时50分钟）。

火车　乌隆火车站位于市中心东侧，靠近夜市地带。

抵达站　大城（每天4班，全程7小时30分钟~9小时30分钟）；曼谷（每天4班，全程10~12小时）；孔敬（每天6班，全程1小时35分钟~2小时15分钟）；呵叻（每天3班，全程4小时30分钟~5小时30分钟）；廊开（每天4班，全程40~60分钟）。

巴士　乌隆的汽车站较多，根据出发地点决定停车区域：黎、彭世洛和清迈出发的巴士终点站位于城市西部支路；廊开出发的巴士终点站位于城市北部的Rungsina市集（Talat Rungsina Ban Phu出发的汽车会停靠在此）；而曼谷、呵叻、孔敬、那空拍侬及乌汶出发的巴士终点站位于Sai Uthit路，此站还提供前往老挝万象的直达车（B100），但需提前办理好签证。

抵达站　曼谷（每30分钟1班，全程9小时）；清迈（每天4班，全程11~13小时）；清莱（每天4班，全程12~14小时）；孔敬（每30分钟1班，全程90分钟~2小时）；呵叻（每小时1班，全程3小时30分钟~5小时）；黎（每30分钟1班，全程3~4小时）；莫拉限（每天5班，全程4小时~4小时30分钟）；那空拍侬（每天14班，全程5小时）；廊开（每30分钟1班，全程1~2小时）；彭世洛（每天5班，全程7小时）；罗勇（每天7班，全程12小时）；沙功那空（每20分钟1班，全程3小时）；塔帕农（每天4班，全程4~5小时）；乌汶（每天9班，全程6小时）；万象（老挝；每天8班，全程90分钟）。

周边交通

双条车　编号双条车有固定的运营线路，价格为B10/人（可在泰国旅游局取一份粗略地图）；而在其他线路中，7路双条车会往返于Sai Uthit路汽车站和西部支路汽车站之间，6路双条车，辅以一辆白色汽车，会从Udon-Dussadi路前往Talat Rungsina路，（然后6路双条车会继续前往清迈汽车终点站西部支路）。

嘟嘟车　这里有许多乌汶特有的嘟嘟车（中程价格为B50左右）。不过三轮出租车仍然会便宜一些。

小汽车租赁　机场有Avis（Ⓣ 042 244770　Ⓦ www.avisthailand.com）。

信息

旅游信息　乌隆泰国旅游局办事处（每天8:30~16:30　Ⓣ 042 325406-7　Ⓔ tatudon@tat.or.th）位于城市西北部农菩拉杰克南侧Mukmontri路16/5号。

5

住宿

大多数经济型游客都会选择班清的旅馆而非乌隆的酒店，但该城市里还有一些不错的中等价位酒店，价格稍微高一点。

★ **Atikarn Princess** 大学南面 Rakmit 巷 297 号，当抵达 Thahan 路和 Jintakarm 巷十字路口处时，按照酒红色“Hotel”标记即可抵达 ☎042 340888 这家近年新建的酒店离市中心较远（乘嘟嘟车 B50），但性价比较高。宽敞的空调房里铺有瓷砖地板，且拥有阳台、有线电视和免费 Wi-Fi；价格却是市中心商务酒店的一半。多付 B100 可享受更宽敞的“贵宾”房，拥有时髦的椅子和大床，房间色调以黄白为主。B450

Charoen Hotel Phosri 路 549 号 ☎042 248155 Ⓔcharoenhotel@hotmail.com 这家美丽且运营良好的酒店共提供 250 间空调房，每间客房都带有热水淋浴、冰箱、平板电视、干净的棉布床单及迷你吧。花园里还有一个迷人的小泳池，提供 Wi-Fi（B100/小时）。B890

Jan Condotel Sansuk 巷 102/17 号，这条狭窄安静的小巷位于乌隆他尼博物馆对面 Phosri 路 ☎042 329223-7 Ⓦwww.janhotelthailand.com 这家设备齐全的高级公寓提供超值客房，每间房间都有空调、热水淋浴、有线电视、冰箱及羽绒被；其中一些房间还带有宽带，楼下也有上网中心。B500

餐饮及休闲娱乐活动

乌隆的主要夜间市场位于火车站西侧，有许多美食和低价服装。此地南面就是 UD 城，这个大型新娱乐场所是现代乌隆的商业中心。入夜后街上有许多街头艺人、舞蹈表演者及各种小摊贩，从香水到水果奶昔和腊香肠，应有尽有。餐馆里面则聚集了许多泰国居民和外国游客，从西方快餐连锁店到高端拉面馆无一例外，是真正的热闹场所。便宜点的饮食可前往 Thesa 路，这里坐落着许多简单的酒吧餐厅，晚上会在户外摆放一些低矮的餐桌，此外街道两旁还有自制陶器馆和按摩店。

Mojo's Prajak 路 254/24 号 ☎042 343409 这里提供各种比萨（B150 起）、鸡尾酒、免费泳池、免费 Wi-Fi 及各种西式早餐，不同食物的质量也有所不同，但通常都很精致。还为乌隆友谊基金会举办自助餐筹款活动（B110/人，所有款项都会用于帮助当地的残疾儿童）。每天 8:00~次日 00:30

★ **Suan Ahaan Khun Nid** Udon-Dussadi 路 9 巷（Nonniwate 巷）☎042 246128 这家位于北部郊区的餐馆干净整洁，环境舒适，提供正宗的饮食疗养套餐，精心制作的伊桑食品深受泰国美食家的赞誉，如香辣咸烤黑鱼、油炸陆蟹、油炸干牛肉及各种东北沙拉等。你可乘坐乌隆嘟嘟车或

6路双条车或白色汽车沿着Udon-Dussadi路行驶至9巷，再沿着该巷往西步行10分钟即抵，途经一座寺院。该餐馆位于小巷尽头处的左侧。每天10:00~22:00

附录

医院 Wattana医院位于Supakitjunya路70/7-8号（Ⓣ 042 325999 Ⓦ www.wattanahospital.net），农菩拉杰克公园北岸，靠近城市北部，拥有国际标准医疗器材。

上网 在Prajak路Charoensi Complex商场中心及其附近聚集着许多上网场所。

班清（Ban Chiang）

出土了大量青铜时代文物的**班清**遗址位于乌隆以东50千米寂静的农业村庄里，1992年被联合国教科文组织列为世界遗产地。1966年，在此地偶然发现了丰富的考古遗迹：古人陵墓旁出土的陶壶及其他复杂的**青铜器**，都可追溯至公元前2000年左右的青铜时代时期，从而轰动一时。班清被誉为东南亚青铜时代的先锋，比美索不达米亚发现的金属制品晚了300年。

如今的班清虽然并不起眼，但其历史背景吸引了大量游客，且这里的居民至今仍然在制作（且出售）非常丰富复杂的丝绸布匹和棉布mut mee纺织品，并且对待外国游客非常热情。此地的博物馆里陈列着各种青铜时代文物，是最吸引游客的场所之一。离村庄6千米处还有一个鸟类动物保护区，附近还有两个非常有趣的森林寺院。

一些游客会从乌隆出发（见p.420），但其他游客会从廊开（见p.431）出发前往班清游玩。

国家博物馆（National Museum）

村庄南面・周二至周日8:30~16:00・B150

班清精致的**国家博物馆**里收藏着一些最上等的青铜时期文物，生动详细地反映了班清村庄的文化背景，包括农业、疾病和葬礼的相关信息。此外这里还陈列着青铜时代末期最独特别致的班清陶壶，以暗黄色为背景颜色，上面描绘着红色旋涡图案，通常用于殡葬贡品，虽然没有至关重要的历史意义，但已成为班清吸引游客的标志，且当地纪念品生产商可自由改制这些物品。

挖掘遗址（Excavation Site）

位于村庄东侧的菩诗耐寺内・每天8:30~18:00・与博物馆门票相同

村庄东侧的**菩诗耐寺**（Wat Pho Si Nai）早期挖掘的部分遗址如今已被覆盖并对公众开放。其中有一座大型墓葬坑向公众展示了这些文物被发现的过程及地点，可让游客亲自体验一回考古学家的工作流程。

抵达和离开

班清

从乌隆出发，你可搭乘双条车（此地的双条车是色彩丰富的大型货车）直达此地，或先乘汽车再换乘三轮出租车抵达。想在当天乘坐双条车返回乌隆是不大可能的，因为返程末班车时间为上午9:00左右，因此你必须先乘三轮出租车然后再换乘汽车。

双条车 双条车（周一至周五，末班车为12:00左右，有时周六和周日也会运行；大约每小时1班）出发点为乌隆早市——Isaan Talat Thai。

巴士和三轮出租车 在Sai Uthit路汽车站搭乘前往沙功那空的巴士，在Palu村下车（1小时），然后再换乘机动三轮出租车（B50/人）沿着主要道路行驶约5千米，即可抵达该村庄。

周边交通

自行车或摩托车 游客可在Lakeside Sunrise旅馆租借自行车（该旅馆还提供摩托车租赁服务），然后探索周边乡村地带——离村庄约6千米处有一个鸟类动物保护区，附近还有两座有趣的森林寺院，这些场所都在当地的手绘地图上有标记。

住宿

Lakeside Sunrise 距离博物馆仅几分钟步行路程 ☎087 220 7769/042 208167 这家精致旅馆的客房位于底楼，干净整洁，提供风扇、蚊帐和共用热水淋浴等，此外还可在大阳台上乘凉。旅馆设施包括一间小图书馆并提供上网服务；旅馆老板Tong非常友好，如果你提前预订的话他会为你煮泰国美食（此外，村庄里也有一些简单餐馆）。面朝博物馆左转然后在第一个十字路口处右转，即可看到这家很大的两层楼西式木房，站在上面可俯瞰人工湖美景。B300

黎（Loei）

大多数游客会从乌隆他尼出发继续往北前往廊开，但中途会绕去位于乌隆以西147千米的**黎**，这里不仅有包括高山峻岭的国家公园，还可享受慵懒的湄公河之旅。这座黎府的府会城市以其独特鲜明且蜿蜒崎岖的山脉形状远近闻名，且处于泰国最荒野边境区域之一的十字路口处，所有来自老挝的非法货物都由此流入泰国。自2008年黎西北方向80千米处的跨越Heuang河的大桥对泰、挝两国人民开放以来，这种非法贸易就得到了一定控制——或者也可能刺激了该贸易。该大桥共有3千米长，最后抵达老挝的沙耶武里省（该边境口岸对外国游客开放，但两边都没有公共交通设施）。尽管洋溢着浓浓的边境气息，但这座位于黎河（Loei River）西岸的小城非常温馨且有其独特的产品，如酸角甜饼和猪肉香肠等，可在黎的主要街道Charoenrat路找到，毗邻Oua Aree路。但黎的确是个不错的交通枢纽，可以很方便地前往附近的几个国家公园。其中最受欢迎的是拥有美丽步行小径的普加东山国家公园、栖息着100余种不同哺乳动物的南瑙国家公园以及可欣赏老挝壮丽景色的蒲乐国家公园。

抵达和离开

巴士 黎的汽车站位于市中心以南2.5千米处的Maliwan路，是该城南北向的主要道路（201号公路）。

抵达站 曼谷（每天20班，全程10小时）；清刊（每小时1班，外加双条车班车；全程1小时）；清迈（每天6班，全程9~11小时）；清莱（每天4班，全程9~12小时）；孔敬（每30分钟1班，全程4小时）；隆塞（每天3班，全程3小时）；廊开（每天2~3班，途经巴春；全程6~7小时）；彭世洛（每天3班，全程4小时）；桑康（每天2~3班，全程3小时）；乌隆（每30分钟1班，全程3~4小时）。

信息

旅游信息 泰国旅游局办事处（每天8:30~16:30 ☎042 812812 ⓔtatloei@tat.or.th）位于Charoenrat路的老行政区，提供该区域大多数国家公园的相关信息，包括西部王家山野生动物保护区。

住宿

除非是在节日期间，不然很容易找到入住的地方。

Loei Palace Hotel Charoenrat路167/4号 ☎042 815668-74 ⓦwww.oamhotels.com 这栋耀眼的标志性白色建筑坐落于市中心东南方向美丽的城市公园内，是黎最好的酒店。其豪华的国家标准客房位于雄伟的中庭区域。从所有房间都可欣赏美丽的景色且有Wi-Fi，酒店设施包括泳池、热水浴缸、健身中心及上网服务。B1200

★ **Sugar Guest House** Wisuttitep路2巷4/1号 ☎042 812982 这家坐落于安静居民区内的旅馆距离市中心北侧Charoenrat路口有5分钟步行路程，提供宽敞明亮且五颜六色的客房，有共用热水卫生间的风扇房，也有带有有线电视和独立热水卫浴的空调房。旅馆提供自行车（B50）和摩托车（B250）租赁服务，且可安排带有司机的汽车一日游，如蒲乐公园（B1600）或Krating水库休闲之旅（B500），可在此水库流域享受竹筏漂流，并享用长尾船送来的食物。单人房价格实惠（B180）。风扇房B250，空调房B380

Sun Palace Hotel Charoenrat路191/5号 ☎042 815714 这家位于市中心以南的酒店提供空调客房，且所有房间都有热水、电视和冰箱，从高层楼的一些房间还可欣赏到美丽的山景。B350

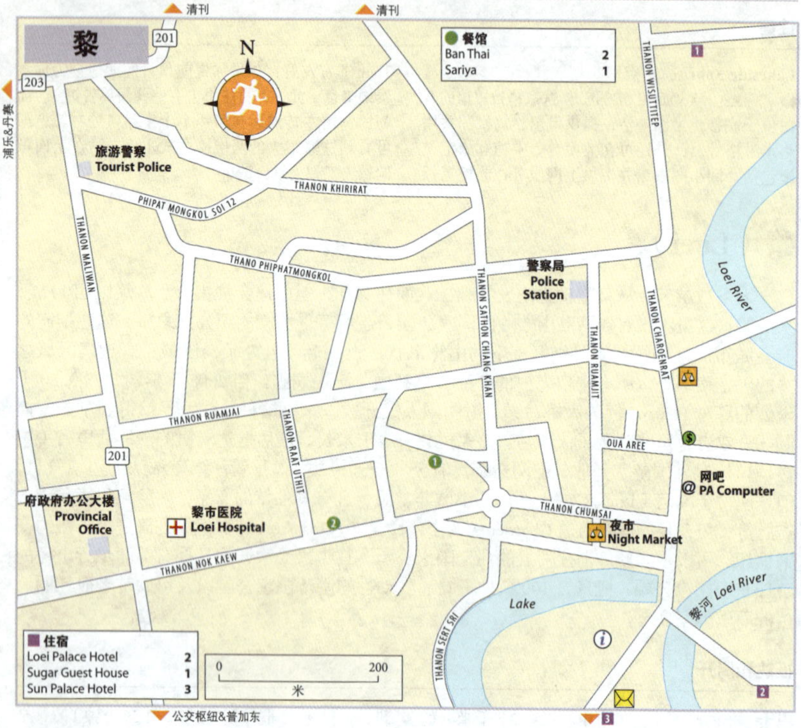

餐饮

入夜后，Chumsai 路一条宽阔的商业步行街上有**夜市**，提供各种美味的伊桑和泰国食物，在其路标上还清楚标记着“干净食材，美味可口”的口号。

Ban Thai Nok Kaew 路 ☎042 833472 这里的食物包括比萨和美味的德国式早餐，以及多种泰国菜肴（B60 起），而香浓的咖啡和正宗的德国啤酒更是吸引了大批黎的外籍人士。每天 10:00~23:00

Sariya Sathon Chiang Khan 路 1/14 号 ☎042 861888 这家精致的小餐馆位于黎酒店前面，提供美味的泰国菜肴（包括自制特色菜泰国牛排）。屋里屋外都有餐桌。每天 18:00~23:00

附录

上网 位于市中心附近 Charoenrat 路 139 号的 PA Computer 可提供上网服务。

旅游警察 在 Maliwan 路有一个旅游警察局（☎042 861164/1155）。

普加东山国家公园（Phu Kradung National Park）

雨季期间（6 月 ~9 月）不对外开放 · B400 · ☎042 871333/042 871458 · www.dnp.go.th

从黎最容易抵达且最受欢迎的国家公园是普加东山国家公园，位于黎市以南 80 千米处海拔 1300 米的苍翠高原上，温和的气候使这里拥有一些此地独有的树木花草及鸟类种类。60 平方千米的普加东山（又称钟山）上步行小径纵横交错，若要走遍每一寸土地，共需要 3 天时间——至少要在此地待一个晚上，因为从黎到高原顶峰再返回黎在一日之内是不可能实现。每年 12 月和 1 月的周末是该公园最繁忙的时期，只见高原上主要总部四周围绕着大量帐

泰国鬼脸节

前往黎的另一特殊原因是参加该地区独特的求雨节——**鬼脸节**（Phi Ta Kon，又称 Bun Phra Wet），通常在 6 月底或 7 月初举行，为期 3 天，地点位于府会城市西南方向 80 千米处的**丹赛**（Dan Sai）。为了求雨，市民们都穿上五颜六色的拼缝破布且会戴着色彩明亮的凶狠面具（用椰树叶及用于蒸糯米饭的篮筐制成），然后浩浩荡荡地随着城中最神圣的佛像一起游街，同时或与旁观者嬉打笑闹，或挥舞着木质阳具，气氛愉快。鬼节期间，伊桑各地的顶级民间和国家艺术家晚上都会聚集在此表演节目；节日第二天下午会发射几十个火箭，而第三天会在菩才寺（Wat Phon Chai）举行佛教布道和净化仪式，气氛庄严肃穆。在此狂欢节期间，可从黎至此一日游（交通详情可咨询黎的泰国旅游局办事处），但一般没什么空房。该城镇另一处永久景点是位于城市主要街道 Kaew Asa 路的**丹赛民俗博物馆**（Dan Sai Folk Museum，每天 9:00~17:00；免费），介绍了有关鬼节的传统信息并收藏着各种令人印象深刻的服装和面具。

信息及住宿 丹赛

旅游信息 你可在城市主要街道 Kaew Asa 路"市政府"（City Hall）大楼里的信息中心找到有关此节日的更多信息及当地其他节庆活动（Ⓣ 042 891231 Ⓦ www.tessabandansai.com）。

家庭寄宿 如果你喜欢寄宿在当地家庭，那么可以与丹赛图书馆（hawng samut Ⓣ 042 891094）联系，从横跨街道（2013 号支路）出发沿着 Kaew Asa 路前进 1 千米即可。

篷，一望无垠。

山脉景色会随着季节的变化而变化。10 月雨季刚过，山间小道泥泞不堪，但高原西北边缘的瀑布却气势汹涌，奔腾而下，主道两旁的树木郁郁葱葱，非常凉爽。12 月的时候满山都是枫叶；而到 2 月底，瀑布及海拔较低的植被都会逐渐消失。4 月漫山遍野都开满了杜鹃花和野生玫瑰，全泰国仅可在此地才能欣赏到如此美丽的花海。

在该公园的野生动物中，如大象、麂子和长臂猿等哺乳动物很难会看到，它们通常都只在高原北部的常绿森林里活动，游客禁止进入。而高原其余地带生长着温带松树、橡树和山毛榉，如果你在清晨或夜间漫步在此山林里，很容易看到一些栖息在此的鸟类，如松鸦、苏丹山雀和白眉鹟等。

路径（The trails）

该公园具有挑战性的主要路径起始于山脚下的 Sri Taan 游客中心，沿着普加东山东侧向上攀爬 5.5 千米会看见一些不定期更新的围栏，而到达最后 1 千米的时候，路径变得越来越陡且越来越坎坷，最危险的地方铺的都是木质台阶；走完这条路径通常需要 3 小时，包括中间休息时间。由于这条主要路径有时需要维修，因此偶尔会封闭，取而代之的是一条与其平行的长 4.5 千米的路径。当攀登上最顶峰时，放眼远望，周边景色尽收眼底，美得令人如痴如醉：广阔的高原分外平坦，就如竞技场地一般，而由于阶段性的雷击火灾，高原上的松树大多形状怪异，给人以郊野公园之感。

此地附近散布着一些支线路径，包括南部边缘 9.5 千米长的陡峭小径，可将隆拍耶然山（Dong Phaya Yen）的壮丽景色一览无余，而这座直通泰国西南部的山峦则形成了东北部和中部平原地区的非官方边界。另外一条沿着东部边缘的小径长 2.5 千米，可通往 Pha Nok An 地区，或者也可以通过主要游客中心东面 2 千米长的路径抵达。站在此地可俯瞰下方山谷中整齐的稻田及火柴盒般大小的房屋，尤其是日出的时候，更是美得令人窒息。

抵达和离开 普加东山国家公园

到达此公园可以搭乘从黎前往孔敬的任一巴士（每 30 分钟 1 班，全程 90 分钟），或从孔敬前往黎的车辆（每 30 分钟 1 班，全程 2 小时 30 分钟），在普加东山村下车，然后换乘**双条车**，5 千米后抵达 Sri Taan 游客中心。

5

信息

旅游信息 井井有条的 Sri Taan 游客中心（10 月～次年 5 月，每天 8:30~16:30）位于山脚下，提供公园路径地图。你可以将你的装备寄存在游客中心，或者也可以聘请一位搬运工帮你送至顶部。主要游客中心也会提供地图，位于 Wang Kwang 山顶，距 Sri Taan 游客中心 8 千米。

住宿及餐饮

我们建议不要在一天之内上下山，如果可以最好在山上留宿一宿。Wang Kwang 山上的简单餐厅将有限的食材做成了美味的食物，价格便宜，因此不需要自带粮食。

Sri Taan 该地区共有四间国家公园平房，提供热水。每间可入住 4 人。当山上住宿满员时可选择此处的平房。B1200

Wang Kwang 位于高地主要游客中心附近，距 Sri Taan 游客中心 8 千米。这里共有 20 多间平房和客房，每间可入住 4~12 人，其中大多数都带有热水卫生间；在繁忙时段，最好通过网站 www.dnp.go.th 提前预订。此外这里还提供设备齐全的帐篷租赁服务（B270），每顶可睡 2 人。客房 B900，供应热水的风扇平房 B2400

南瑙国家公园（Nam Nao National Park）

B200 • 056 810724/081 9626236 • www.dnp.go.th

南瑙国家公园最高峰海拔 1271 米，在碧差汶境内山峦起伏的砂岩山丘中赫然独立。但是这里的游客人数不多，至少目前为止是如此，公园拥有大量野生动物及一些具有挑战性的良好山道。

南瑙占地面积不足 1000 平方千米，位于黎以南 160 千米，栖息着大量野生动物种群：100 种左右的哺乳动物，包括森林大象和爪哇野牛等大型动物、少许老虎以及比较常见的麂子、长臂猿和叶猴等，此外还有 200 多种鸟类。这些生物的栖息地从热带竹林和香蕉园，再到大片的干燥常绿森林、草原、疏林和松林，多种多样，几乎和欧洲一模一样。

虽然该公园建立于 1972 年，但至今这里的游客都要比普加东山国家公园少一些，给人一种真正的寂寥之感。正因为有这样的隔离，此地的野生动物种类才会如此之多，直到1975 年，12 号公路从整个公园横穿而过，方便了偷猎者行动。幸运的是公园靠近卿山野生动物保护区（Phu Khieo Wildlife Sanctuary），所以处于两个区域之间的一些动物都会受到相应的保护措施。

路径（The trails）

森林里面的步道网络都有明确标记，起点处位于公园总部附近，范围从 1 千米长，充满蝴蝶的天然小径到偶尔可看到大象的 6 千米长山道，多种多样；另有一条 3.5 千米长的小径途经落叶混交林，最后抵达 Phu Kor 山，可将此地至 Phu Phajit 山的所有景色一览无遗。

其他路径可以直接通过 **12 号公路**抵达，其中大多数都设有路标清楚指明：在 39 千米石头标记处，一条大致有 260 级凿成的陡峭台阶最后通往 Tham Pha Hong 瞭望台，站在这块岩石露头上可欣赏美丽至极的公园全景；在 49 千米标记处，有一条通往 Suan Son Dang Bak 瞭望台的 4 千米长天然小径；67 千米标记处，沿着一条 700 米长的小径最后可抵达美丽的 Haew Sai 瀑布，尤其是在雨季和雨季刚过期间，波涛汹涌，气势宏伟。有经验的登山者还可以沿着 69 千米石头标记处的一条崎岖小径抵达 Phu Phajit 山顶；爬上该陡峭的山峰共需 6 小时，在游客中心聘请一位导游（最好提前预订）。

抵达和离开　　南瑙国家公园

巴士 从孔敬、彭世洛和黎的汽车站出发的巴士每天都有好几辆会经过此地，但时间不定，全程大致 2~3 小时。

自驾车 通往公园总部的岔道位于 12 号公路；可先找到位于孔敬以西 147 千米、距黎 160 千米的 50 千米石头标记。公园入口离主要道路 2 千米，在此地支付门票。

信息

旅游信息 当你购买门票后，可步行或搭便车沿着坑坑洼洼的道路前行 2 千米，途经公园总部抵达游客中心，在此地你可选择一本英文册子，里面包含了公园地区的粗略草图。

住宿及餐饮

游客中心 游客中心附近共有十几间平房及一个野营地（B30/ 人）。而总部附近的小摊会出售一些简单食物。四人套间 B1000

蒲乐国家公园（Phu Reua National Park）

B200 · ☎ 042 801716/042 807625 · 🌐 www.dnp.go.th

蒲乐国家公园占地 120 平方千米，位于黎以西 50 千米，由于其形状类似于上翘的小船，因此又得名“舟山”。公园内东南到西北走向的山脉严峻陡峭，其中最高峰是蒲乐山（Yod Phu Reua，海拔 1365 米），可看到泰国最壮观的全景：只见老挝一侧的道路陡然下降，可看到玩具城村庄的美丽景色以及 Heuang 河和湄公河流经无穷无尽的苍翠山脉，直往琅勃拉邦而去。西北方向的老挝西部边境矗立着高耸入云的 Phu Soai Dao 山（海拔 2102 米）；南面则是连绵不断的 Phetchabun 山脉。

公园里散布着若干条标记清晰的小道，横穿山脉草地、松林及常绿阔叶林，到此一日游还可欣赏到奇形怪状的岩层，且兰花遍地，终年不败。Loan Noi 则是看日出的最佳地点，在雨季及雨季刚过之时还有若干瀑布的存在。公园里最雄伟的景点蒲乐峰可通过 1 千米长的山顶道路抵达。近年来，公园里的麂子、野猪和野鸡数量呈下降趋势，但如果你运气好的话，可以目睹该公园 26 种鸟类中的至少一种，包括大冠鹫、绿嘴地鹃、褐翅鸦鹃、亚洲知更鸟、暗冕鹪莺及白腰文鸟等，还有几个不同种类的画眉、巨嘴鸟、白头翁和燕卷尾。

冷季的晚上保暖衣物必不可少，据记载，泰国有史以来的最低温度就是发生在此地（-4℃），即是是在白天，山上通常也寒意料峭。

抵达和离开

在 203 号公路蒲乐村北面有一条 9 千米长的铺面道路直达山顶，因此每逢周末，此公园就非常拥挤，但平时人比较少。经过这条道路的检查站时，你必须支付 B200 门票，4 千米后会抵达总部和游客中心 1。

巴士和双条车 这条通往山顶的陡峭道路并没有系统的公共交通服务，但从黎出发前往隆塞和彭世洛的巴士（每天 3 班，全程 90 分钟）会让你在 203 号公路通往公园的支路口下车，然后你需要步行 / 搭便车或包一辆双条车前往（B400~700，视目的地而定）。

摩托车 通往蒲乐最简单的方式是在黎的 Sugar Guest House 租一辆摩托车（见 p.423）。

信息

旅游信息 游客中心 1 距入口检查站 4 千米，提供路径地图及一家简单餐馆。沿着山脉步行 3 千米或行驶 5.5 千米即可抵达游客中心 2（Phuson），位于 Hin Sam Chan 瀑布附近，拥有若干餐馆，而且是众多山路的中心。

住宿

公园里有政府经营的平房，可以比较方便地前往各小径。此外，在 203 号公路蒲乐村附近及通往山顶道路两旁拥有许多私人住宿机构。

Chatchada Grand Resort 蒲乐村最东面，距离黎通往国家公园的支路 1 千米 ☎ 042 899399/081 841 4111 该酒店坐落于宽阔的草坪上，提供美丽宽敞的木屋。所有房间都有热水提供。风扇房 B500，空调房 B2000

Phupet Hill Resort 7 村 369 号，沿着通往山顶的

5

黎的葡萄园城堡

如果你自己开车从西面的203号公路抵达此地，那么可在距蒲乐国家公园10千米的支路处绕道前往黎府葡萄园城堡，是一次非常新奇的旅程：你可绕着这片广阔但不协调的葡萄藤领地行驶6千米，品尝各种葡萄酒和白兰地，或者也可以在简单餐馆里用餐，而其附属店铺里则陈列着各种各样的本地食品，让人眼花缭乱。

道路步行800米即可抵达 Ⓣ042 899157/081 320 2874 这家温馨舒适的小度假村提供美丽宽敞的客房和小木屋，且全都带有热水、空调和电视机。B500

游客中心1 这里共有6间4~6个床位的国家公园平房，全都有热水淋浴供应。平房 B2000~3000

清刊（Ching Khan）

在迅速发展的边境城市莫拉限和清刊之间有一条与湄公河平行的道路，长630千米，清刊这座友好的城镇位于黎以北55千米，至今仍保留着一些乡村气息。一排排百叶窗木质店屋坐落在两岸，共长2千米，呈带状，与河流平行，而全年大部分时间段这条河流都是红色的，当地人称之为“树林之血”，实际上这是老挝境内大肆砍伐林木导致大量铁锈色的表土流入河流形成的。该城只有两条街道：一条是主要的横跨线路（211公路），又称为**诗清刊路**（Thanon Sri Chiang Khan），另一条是宁静的**猜孔路**（Thanon Chai Khong），位于河畔，两者之间有多条小巷连接，从西往东依次编号。该城氛围恬静，许多泰国年轻创业家都会在此成立新奇古怪的礼品店及旅馆，远离所有媚俗喧嚣。城中还有几处不错的旅游景点，其中最开心的事莫过于和其他游客一起**泛舟**河上。

沓客寺（Wat Tha Khaek）

沿着主要公路向东步行2千米，然后向河流方向左转

沓客寺原来是一座破败的森林寺院，后经泰国游客捐助数百万泰铢，设计了一个雄心勃勃但进展缓慢的建设方案，奇异地融合了传统和现代两种风格。如今这座寺院只完成了一半，但如果你厌倦了主要酒店街道上的复古纪念品店，那此处会令你耳目一新。

库窟石滩（Kaeng Kut Khu）

城市东面，沿着沓客寺旁的一条支路步行1千米即可・乘船旅游 B400/30分钟

在距沓客寺旁1千米处，河流在一个宽阔的拐弯处经过岩石地带，形成了较平缓的**库窟石滩**激流。该石滩以郁郁葱葱、树木繁茂的 Phu Yai（大山）为背景，美丽至极，而河岸边树荫底下还坐落着一些小餐馆及纪念品店。如果你比较勇敢，可尝试下当地的特色菜肴 kung ten，又称“舞虾”，即将新鲜的活虾蘸着柠檬汁和辣椒酱吃。你可在此租一艘游船绕着石滩急流游玩，休闲自在，或者也可从清刊乘船至此。

甫托山（Phu Thok）

211号公路旁，通往沓客寺和库窟石滩的支路东面，按照路标沿崎岖的铺面道路向下3千米，然后在岔道处右转，沿着陡峭山路攀爬2千米左右即可抵达山顶

如果你自驾前来，可继续前行探索**甫托山**，这座孤立的山峰顶部坐落着一根通信桅杆，覆盖此地南面大部分区域。站在此地，你可将清刊、湄公河的壮丽美景以及广阔山谷至南部错落有致的大片稻田尽收眼底，一览无遗，尤其是在日落时分，更是美得令人迷醉。

抵达和离开

清刊

巴士与双条车 从黎出发的大型缓慢双条车（大约每30分钟1班）和巴士（约每小时1班）都会在201号公路（起点位于黎）和211号公路交会处附近的城镇最西端稍作停留。

5

波澜壮阔的湄公河

湄公河是世界上最伟大的河流之一，亚洲第三大河，仅次于长江和黄河。其源头位于东边海拔4920米的青藏高原之上，流经中国的云南省，此中国境内人们称之为澜沧江，意为“波涛汹涌之河”，然后一路蜿蜒流淌，平静地流经缅甸和老挝，接着抵达泰国老挝边界“金三角”地带。此河流在经过琅勃拉邦短暂进入老挝农村境内后又很快出现在伊桑地区，形成了泰国和老挝之间长达750千米的天然边界。湄公河从老挝穿过柬埔寨一路往南进入越南，分散成湄公河三角洲的诸多支流，最后汇入中国南海，全长4184千米。

抵达站 曼谷（每天2班，全程9~11小时）；呵叻（每小时1班，全程7小时）；黎（每小时1班，外加双条车班车；全程45~60分钟）。

周边交通

自行车和摩托车 多数旅馆都会提供自行车（B50~100/天）和摩托车（B200~250/天）租赁服务。

住宿

由于到清刊游玩的泰国游客大多比较富有，因此住宿价格较高，并没有什么真正的经济型酒店。大多数旅馆和酒店都会提供草药蒸汽浴和传统按摩服务。

Chiang Khan Guesthouse Chai Khong路19巷附近 ⓣ042 821691 ⓦwww.thailandunplugged.com 这家温馨且维护良好的老木房提供风扇客房，且楼上有河滨阳台。旅馆提供蚊帐，共用热水浴室，旅馆老板Pim对该区域相当了解。单人游客有优惠。B350

★ **Loogmai Guesthouse** Chai Khong路112号5巷附近 ⓣ042 822334/086 234 0011 这栋宽敞殖民地风格的白色大厦装饰有绿色百叶窗和现代艺术品。大多数美丽的风扇房空气流通，共用热水淋浴（其中一间大房是独立卫浴），且有一座美丽的花园露台可俯瞰河流。B400

Rimkong Guesthouse Chai Khong路294号，8巷对面 ⓣ042 821125 ⓦwww.rimkhong.free.fr 这里提供各种最近重新翻修过的木质客房（其中一些位于河畔），带有蚊帐、热水浴室，早餐包括法国面包及过滤咖啡。这里的老板是泰国和法国夫妇，已在清刊生活了很多年，对当地信息非常了解。B200

The Royal Chiang Khan 195 Chai Khong路15巷和16巷之间 ⓣ089 900 9788 ⓦwww.royalchiangkhan.9f.com 该酒店非常奢华，造型奇特，到处都是裸露的砖块及耀眼的塑料板。空调客房都很有特色，而最贵的房间通常都位于最顶层；我们推荐“Sunshine 2”和“Sunshine 4”号私人套间。屋顶露台景色壮丽。有Wi-Fi。B1800

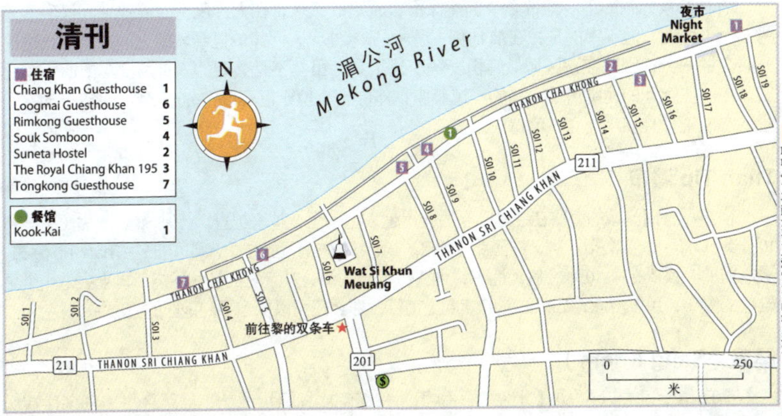

5

清刊游船之旅

大多数旅馆都可安排该旅程或其他相关旅游行程，费用按每艘船收取。

下游 提供前往巴春的旅行，返回时会经过泰国湄公河最美丽的几个景点：河流两岸奇形怪状的山峰和悬崖，除雨季外，这里急流涌进，却无危险（最佳游玩时间为 12 月 ~ 次年 4 月），而河岸及岛屿上还整齐地遍布着商品菜园。B3000/ 艘，全程约 6 小时。

库窟石滩 见 p.428。B1000/ 艘

湄公河日落之景 湄公河游船之旅大多都会包括阳光最美之时的清刊美景。B750/ 艘，约持续 1 小时。

上游 上游之旅包括西面泰国境内的联山（Khao Laem）和蛇山（Khao Ngu）以及老挝境内的 Phu Lane 和 Phu Hat Song 等崇山峻岭，缓缓经过湄公河一处长长的弯道，抵达距清刊 20 千米处的 Heuang 河支流河口。可在此稍作停留欣赏帕雅寺（Wat Phra Yai）的精致美景，只见一尊 20 米高的金色佛像矗立在汇合处的山顶，而在赛考海滩可享受游泳、钓鱼和野餐。最好在下午前往，日落时分返回。B1500/ 艘，全程约 3 小时。

Souk Somboon Chai Khong 路 9 巷附近 Ⓣ 042 822334 Ⓦ www.souksomboon.com 这家较大的酒店提供铺有木地板的空调客房，从餐馆可将湄公河的壮丽景色一览无遗。深受法国旅游团的喜爱。有 Wi-Fi 且提供接车服务。B800

Suneta Hostel 15 巷对面，Chai Khong 路河畔 187/1 号 Ⓣ 086 999 9218 Ⓦ www.suneta.net 这是一家有趣的青年木屋空调旅舍，墙上张贴着各种海报，酒店式客房干净整洁，共用卫生间。假日期间很多泰国文艺青年都会聚集在此地。B1200

Tonkong Guesthouse Chai Khong 路 62/1 号，3 巷和 4 巷之间 Ⓣ 042 821879 Ⓔ ben_jama@hotmail.com 该旅馆提供各种宽敞明亮且干净整洁的客房，包括可入住 6 人的独立卫浴家庭房，有三间简单房间，里面有风扇及 1 个共用卫生间。旅馆老板 Ben（女）还提供烹饪课程（2~3 小时；B500），包括访问当地市场。有 Wi-Fi。风扇房 B450，空调房 B650，家庭房 B1200

餐饮

大多数游客都会在旅馆或夜市用餐，夜市地点位于 17 和 18 巷之间的 Chiang Khan，每天晚上都有，从鸡肉串到新鲜煎饼等甜点，应有尽有。

Kook-Kai 9 巷和 10 巷之间，Chai Khong 路河岸一侧 这家位于河畔的露天餐馆正如其名字一样古怪，装饰有小彩灯且灯笼高挂。没有英文标记，但店家会说法语，提供各种各样新鲜的面条和素食，价格实惠（B40 起）。每天 16:00~22:00

桑康及其周边（Sang Khom）

清刊风景如画的下游地带至今仍然保留着原始的气息，在大片茂密的植被之间仅坐落着两三个小城镇。但不幸的是，在清刊和下游 41 千米处乏人问津的巴春城镇之间并没有直达的公共交通服务，因此在该区域最好租一辆交通工具，虽然不是必要的。有了汽车或摩托车之后，在前往廊开的途中可于宁静的小镇桑康稍作停留，位于巴春以东 60 千米，小镇上拥有一些基本设施，且临水而立，值得一游。

Than Tip 瀑布

横穿湄公河流域的道路在经过巴春后变得越来越平坦，越来越直。行驶 50 千米后（距桑康 10 千米）有一个英文指示牌，按照路标沿着一条支路往南行驶 3 千米即可抵达 **Than Tip 瀑布**，景色秀丽。该瀑布高 10 米，倾泻而下，涌入一个岩石潭，其余三面丛林环绕；再上去是一个更雄伟的瀑布，可以游泳，如果你能继续向上前行，那么还可以探索更高地区的三层瀑布。

桑康（Sang Khom）

桑康位于巴春以东 60 千米左右，位于湄公河南岸，绿树成荫，沿路聚集着许多住宿场

所。而在最茂密的街道中心，沿着乡村小道，即可抵达一些村庄和寺院，这里的一家精致的旅馆还会提供自行车租赁服务及游船行程（见下文）。

殷穆柄寺（Wat Hin Maak Peng）

沿着211号支路继续向东行驶19千米就能抵达**殷穆柄寺**，可俯看一段狭窄的湄公河。这座非常著名的禅定寺深受泰国朝圣者和富裕捐赠者的喜爱。寺院长长的白色围墙、高大的现代建筑及完美无瑕的河畔花园都说明了该寺的繁华，但实际上寺院是以法宗派（Thammayut）的苦行主义为宗旨的，这里的僧侣必须严持戒律，每天只能吃一顿饭，其他时间都用于修行。然而，越来越多的布施者使得如今的寺院与其创始人Luang Phu Thet的初衷背道而驰——这位僧侣为坚持苦行主义，在1994年逝世之前离开了沙功那空附近宁静祥和的龛洞寺。沿着他帽（Tha Bo）和农颂洪村（Ban Nong Song Hong）之间的主要路线继续往东可前往廊开，途经邦潘舍利塔寺（见p.437）。

周边交通　　桑康及其周边

巴士　在桑康和曼谷（每天2班，全程10小时）、黎（每天2~3班，途经巴春；全程3小时）和廊开（每天2~3班，全程3~4小时）之间有巴士服务。每天都有2~3辆小型绿色汽车会从黎出发前往巴春、桑康和廊开（只要有足够的乘客，有时可在下午抵达巴春）。从清刊继续往东，你需要搭乘巴士或双条车沿着201号公路往南行驶20千米抵达邦塔村（Ban That），可换乘前往廊开的巴士。

乘船　桑康Bouy旅馆可提供湄公河上游之旅（B200/人，团队规模为2~4人）。

摩托车或自行车　桑康Bouy旅馆可提供摩托车（B200/天）和自行车（B50/天）租赁服务。

住宿

★ **Bouy Guest House** Ming Mueng路87/4号河畔 ⓣ 042 441065 ⓔ toy_bgh@hotmail.com 这家桑康最好的住宿地点地处优越：美丽的竹质客房坐落于开满鲜花的宽敞庭院里，可欣赏壮观的河流景色，门前有座木桥，横跨在支流上方。旅馆员工还可安排蒲村一日游（见p.437），如果不喜欢，也可在旅馆里享受按摩服务（B250）或在每间木屋阳台的吊床上休息。旅馆餐厅提供精致的泰国和西方美食，且可俯瞰河流美景（其中大多数都是素食）。**B200**

Bungalow Cake Resort 位于城镇靠近巴春一侧，大桥西面 ⓣ 042 441440/087 219 9184 这里整洁干净的水泥平房坐落于繁茂的小花园内，拥有美丽的河滨大露台；其中一些客房内有空调、热水和电视机，但最好的房间是提供冷水浴室的风扇房，可看到美丽的湄公河。风扇房**B250**，空调房**B500**

附录

银行　桑康有一家银行和两台自动取款机。

上网　Bouy旅馆可提供上网服务（B30/小时）。

廊开（Nong Khai）

这个位于伊桑角落里的主要边境城镇——**廊开**是一个民族多元化的城镇，自1994年在其西侧湄公河上方建立**泰澳友谊大桥**（Thai-Australian Friendshp Bridge）以来，取得了蓬勃发展。城镇地处2号公路及铁路北线尽头的战略性位置，距老挝的首都万象仅24千米，是老挝和泰国之间的重要贸易中心，而两国人民可在当天自由出入两个边境城市。因此，在位于主要码头**莎莉码头**（Tha Sadet）东侧的室内纪念品市场可买到老挝银器、木制品及藤条编织品，甚至还有中国、韩国和俄罗斯商品以及当地竹筐编织品和丝绸等。

正如湄公河此流域的大多数城镇一样，在廊开唯一需要做的事情就是放松心情，尽情游玩，如享受**河畔**宁静的**氛围**、旅馆舒适的环境，心旷神怡，好不惬意。但在你沉醉在这安宁慵懒的气氛中前，推荐尝试一些夜间**河流之旅**，或附近乡村**一日游**，看看令人印象深刻的雕塑及岩层。

米猜路（Thanon Meechai）

廊开位于湄公河南岸，全长 4 千米。东西走向的**米猜路**是城中的主要街道；大多数店铺和企业都聚集在中间地段邮局附近及莎莉码头周围。虽然这里的大多数古老建筑都已被高楼大厦所代替，但依然保留着一些饱经风霜的木质房屋，其迷人的阳台、门廊和百叶窗都显示出这是 1954 年法国被迫从老挝撤军之前深受其影响的殖民建筑。

河畔（The riverside）

该城最惬意的散步地点是河畔区域。从市中心到莎莉码头东侧有一条人行道，其边缘地带更加淳朴且枝繁叶茂，通常会有许多居民在此游泳、洗衣、钓鱼等，尤其是在清晨和入夜之后。

廊开舍利塔（Phra That Nong Khai）

城市最东端

如果你运气好，还可看见城市最东端没入水中的佛塔——**廊开舍利塔**，1847 年时，佛塔被洪水淹没，自此之后，只能在干燥季节才能窥见一二（但在其附近河岸上已重新仿建了一座寺院）；此地还可看到那迦火球（见 p.434），据说是由保护佛塔中佛陀右脚舍利的蛇神产生的。

Jommani 海滩（Hat Jommani）

市中心以西 2 千米，友谊大桥旁

如果你在三伏天的炎热季节游玩廊开，可以前往有“伊桑地区的芭堤雅”之称的**Jommani 海滩**凉爽一番：这个阳光明媚的河流沙滩在 4 月水位最低时期可延伸至 200 米。

菩才寺（Wat Po Chai）

Prajak 路东口附近

廊开最重要的寺院是**菩才寺**。寺中十字形的老挝风格佛殿设计精美，里面坐落着备受尊崇的金色 Phra Sai 佛像，每当宋干节期间，人们都会带着这尊佛像绕着城市举行游街仪式，并泼水以求祝福。据说该佛像是由却克里王子（即后来的拉玛一世）同玉佛像一起从万象抢夺过来的，但将这尊 Phra Sai 佛像运回来时遭遇了翻船事故，佛像随船沉入湄公河中。后来，佛像奇迹般地浮出水面，因此廊开虔诚的信徒们就建造了这座雄伟的佛殿来供奉它，四周墙壁上还绘有有关其神奇背景的壁画；现任国王，却克里王子的后代至今每年都会到此上香敬

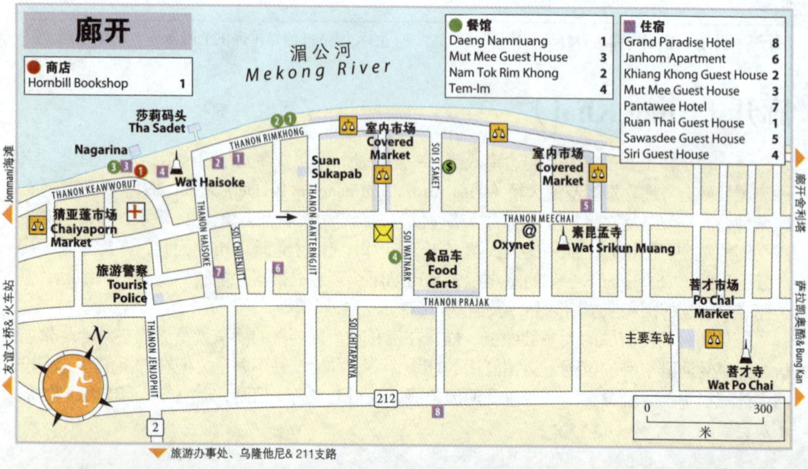

神。整个佛殿装饰气势雄伟，前面坐落着燃烧着熊熊火焰的高大祭坛，可从上下两面点燃，发出耀眼的光芒。坚固的金制佛头经过高度抛光，必须仔细凝视才能判断出该佛像受素可泰影响，呈现出高傲的表情和鹰钩状鼻子。

抵达和离开

廊开

飞机 空调迷你巴士（B150~200）会从乌隆机场（见 p.420）搭载来自曼谷航班的乘客，然后会让乘客在友谊大桥或市中心的酒店下车。

火车 从曼谷到廊开的火车大都是夜班车，大约会在黎明时分抵达火车站，位于市中心西南方向 3 千米友谊大桥附近。

抵达站 大城（每天 3 班，全程 9 小时 30 分钟 ~11 小时）；曼谷（每天 3 班，全程 11~13 小时）；孔敬（每天 4 班，全程 2 小时 45 分钟）；呵叻（每天 1 班，全程 6 小时）；塔那楞（老挝；每天 2 班，全程 15 分钟）；乌隆（每天 4 班，全程 1 小时）。

长途汽车 白天从伊桑各城镇出发的汽车及晚上从更远地方出发的汽车的终点站都位于城市东侧的 Prajak 路附近；乌隆出发的汽车还会在 2 号公路与 212 号公路交会处稍作停留。

抵达站 曼谷（每天 20 班，全程 11 小时）；汶甘（每小时 1 班，全程 2 小时）；孔敬（每天 20 班，全程 3 小时 30 分钟）；呵叻（每天 20 班，全程 6 小时 30 分钟）；黎（每天 2~3 班，途经巴春；全程 7 小时）；那空拍侬（每天 7 班，全程 6 小时）；罗勇（每天 19 班，全程 12 小时）；桑康（每天 2~3 班，全程 3~4 小时）；乌隆（每 30 分钟 1 班，全程 1 小时）；万象（老挝；每天 6 班，全程 1 小时）。

周边交通

由于廊开地域广阔，因此四处游览时最好搭乘嘟嘟车，或者租一辆自行车或摩托车。

嘟嘟车 短程价格在 B30~40，如从汽车站至莎莉码头，最多 B60，如从汽车站至火车站。汽车站张贴着嘟嘟车相关价位表。

自行车和摩托车 Mut Mee 旅馆前的 Keawworut 路上有自行车（B30/ 天）和摩托车（B200/ 天左右）租赁点；此外 Mut Mee（B69/ 天）、Ruan Thai、Khiang Khong 和 Sawasdee 旅馆都提供自行车租赁服务。

信息

旅游局 泰国旅游局办事处位于市中心以南 1.5 千米处的 2 号公路西侧（每天 8:30~16:30 Ⓣ 042 421326 Ⓔ tat_nongkhai@yahoo.com），可提供当地寄宿家庭的相关信息。

住宿

Grand Paradise Hotel Nongkhai-Phonpisai 路 5 村 589 号 Ⓣ 042 420033 Ⓦ www.nongkhaigrand.com 这家中档酒店虽然位于南部支路上，但前往市中心非常方便，提供高标准服务且有泳池，但其蓝色和粉红色相间的内饰有点让人受不了。屋顶有个露天餐厅，可欣赏廊开和老挝全景。房价包括早餐。B1000

Janhom Apartment Prajak 路 Srichumchuen 巷 479 号 这栋柠檬绿外观的现代建筑位于安静的小巷中，以 Sri Chum Chuen 寺的墙壁为背景，前面有一个阴凉舒适的休息区。虽然不是真正的公寓，根据月份有相应折扣，但客房宽敞整洁，有空调、扶手椅、冰箱、电视和热水浴室等。可上网。B350

Khiang Khong Guest House Rimkhong 路 541 号 Ⓣ 042 422870/081 832 3925 这栋整洁漂亮的奶白色现代建筑位于 Ruan Thai 旅馆隔壁，提供带有电视的宽敞客房，偏房是铺有瓷砖的热水浴室。此外还有洗衣设备，从 1 楼精致的露台上可俯瞰美丽河景。风扇房 B300，空调房 B400

廊开游船之旅

若想体验湄公河上最美丽的生活场景，可选择加入 Nagarina 提供的**游船之旅**，每天 17:00 左右会从 Mut Mee 旅馆出发（B100），沿着廊开范围内在属于泰国这一侧行驶，往返时间 90 分钟左右。船上有饮料提供，且在开船前可提前预订食物。虽然没有迷人的风景，但可看到太阳斜挂在友谊大桥之时两岸人民丰富有趣的日常活动。

5

那迦火球

出于爱好，廊开人通常会庆祝泰国和伊桑地区比较普遍的节日，但近年来，湄公河流域的一个奇特现象吸引了成千上万来自曼谷或更远地区的人到此参加庆典仪式。每年 10 月的月圆之夜，平静无波的河面上会出现许多蒸汽状的"那迦火球"，这些小小的粉红色球体垂直升向 300 米高空，然后消失不见；其中一些年份甚至出现了数千颗之多的那迦火球，但大多数时候只有一小部分。根据目前的科学理论，暂时认为这些球状物体是由河底分解物产生的甲烷和氮气混合而成，在每年这个时间段达到一定温度之后释放，在破水而出时与氧气相互作用从而燃烧；而浪漫主义者则相信当地的传说，这是隐藏在水里的蛇神那迦吐出火球以呼唤佛祖在守夏节结束时返回尘世。

这种奇怪的现象如今已发展成为期两日的那迦火球节（Bang Fai Phaya Nak），恰逢出夏节（Awk Phansa）及湄公河划船比赛季结束。这些火球远在桑康和汶甘都可看见，但火球最多的区域集中在廊开以东 40 千米处的蓬披赛（Phon Phisai）；如果你到此观看火球，那么返程路上一定要小心谨慎，这段时间会有许多醉酒的司机在马路上横冲直撞。

Mut Mee Guest House Keawworut 路 1111 号 Ⓣ 042 460717 Ⓦ www.mutmee.com 旅馆提供大量干净整洁的客房及一个精美的河畔餐厅，深受游客喜爱。客房类型包括非常简单的单人房（B150）、干净整洁的标准双人间（都是共用卫生间），及顶级的双人带阳台套房。这里的员工乐于助人且服务周到，此外旅馆还提供瑜伽、冥想和按摩课程（仅限旺季），以及当地自行车和摩托车旅游线路和寄宿家庭信息等。来自英国的老板 Julian 在旅馆网站上添加了许多该地区的有用信息。风扇房 **B200**，空调房 **B600**

Pantawee Hotel Haisoke 路 1049 号 Ⓣ 042 411 568 Ⓦ www.pantawee.com 这家舒适但整体感觉比较粗糙的中档酒店挂满了霓虹灯，且播放的背景音乐经常以圣诞音乐为主。干净整洁的空调房带有热水浴室、电视、DVD 播放机、冰箱、电脑和免费 Wi-Fi。酒店设施还包括按摩池、啤酒花园和 24 小时餐厅。房价包括早餐，且有巨大套房。**B700**

Ruan Thai Guest House Rimkhong 路 1126 号 Ⓣ 042 412519 这家重修装修过的木屋旅馆坐落于安静的庭院中，提供精致整洁的客房，客房类型包括共用热水浴室的便宜单人房、带有热水独立卫浴的标准间及家庭房三种。可上网。风扇房 **B300**，空调房 **B400**

★ **Sawasdee Guest House** Meechai 路 402 号 Ⓣ 042 412502 Ⓔ sawasdee_gh@hotmail.com 这家坐落于美丽庭院里的古老木房旅馆服务周到：免费行李寄存，且为那些赶夜间火车或汽车的乘客提供淋浴服务。房间类型包括共用浴室和热水淋浴的风扇房（尽量不要选择那些位于嘈杂街道上方的客房）以及带有独立热水卫浴的空调房。此外还提供按摩、上网和 Wi-Fi。风扇房 **B220**，空调房 **B400**

Siri Guest House Hai Sok 路 187/1-3 号，Mut Mee 旅馆东侧，靠近河畔，没有电话 这家温馨舒适的旅馆是由两位老师经营的，共有两种不同风格，但每间房都非常干净整洁，拥有强力的空调。新建筑里的客房价格要贵一些，带有电视机。**B500**

餐饮

廊开是享受伊桑美食的好地方，当然还可在城中最有名的**餐馆** Daeng Namnuang 享受越南菜。如果想省钱，可前往 Prajak 路的夜间**小摊**，靠近 Watnark 巷拐角处，道路北侧提供泰式炒面，南侧则是美味的水果和蔬菜冰沙。

★ **Daeng Namnuang** Rimkong 路 Ⓦ www.daengnamnuang.net 这家一尘不染的空调餐馆非常流行，提供美味便宜的越南食物，外加一个美丽的河畔露台。这里的特色菜包括 nam nuang（越南香肠）、新鲜春卷及甘蔗串炸大虾。套餐价格 B160/ 人起。周一至周三 12:00~20:00，周四 8:00~23:00，周五至周日 10:00~21:00

★ **Mut Mee Guest House** Keawworut 路 1111 号 该宾馆餐厅可让游客一饱口福。Nagarina 水上餐厅的特色菜是海鲜和伊桑美食，如皮蛋鱿鱼和中国香脆培根青木瓜沙拉；而温馨的 Gaia 附属酒吧每周日晚上都有歌手驻唱。主要旅馆餐厅坐落在陆地的竹屋里，氛围轻松，价格便宜，包括美味的泰国和伊桑食物，尤其是素食，及一些可口的西方菜肴如自制苹果派等。小杯啤酒 B60。每天 10:00~21:00

Nam Tok Rim Khong Rimkhong 路（无英文标志）。这家简单但很受欢迎且便宜的餐馆坐落于老木屋内，可俯瞰河流美景，特色菜有香辣牛肉沙拉（B50）以及其他伊桑美食如木瓜沙拉、牛肉干和香肠等。每天午餐时间营业至 20:30

Tem-Im Meechai 路 Watnark 巷 Ⓦ www.tem-im.com 提供便宜美味的素食自助餐，还有泰式炒面、木瓜沙拉、新鲜果汁及大量西方食物。每天 8:00~18:00 左右

右页图：廊开的萨拉凯奥酷 >

5

通过廊开进入老挝

大多数想去老挝的游客都会选择廊开口岸，相对而言，此地过境比较容易一些。泰国和老挝人可以在莎莉码头搭乘渡船跨越边境，但其他国籍游客必须通过廊开的泰澳友谊大桥过境（每天6:00~22:00，但跨过此桥的末班车时间为21:00，且有相关报道说有时18:00就停止运营了）。

抵达边境后的签证办理

在边境办理签证，先乘坐嘟嘟车前往桥墩（从火车站至此B30~40），盖泰国出境章。然后乘坐汽车（B20）跨过桥梁前往老挝出入境管理局，支付$30~42（视国籍而定；如果18:00后抵达此地需额外支付$1）并上交一张照片即可得到为期30天的旅游签证（见p.26）。你也可以选择在桥上用泰铢支付，但价格高达B1500甚至更高；玛米宾馆提供较高汇率的美元兑换服务，或也可以前往室内市场的Porntip珠宝店（☎081 6619988）兑换货币。从老挝出入境管理局出来后，你可搭乘公共空调迷你巴士（B100~150/人）、嘟嘟车（约B300/辆）或不定时汽车（B20）前往24千米外的万象。

提前办好签证

如果你提前在老挝大使馆或领事馆办好了签证，那么可以从廊开直接前往老挝。从廊开汽车站每天都有6班公共汽车出发前往万象（B55，另还需支付泰国出入境管理局B5）。此外廊开还提供前往老挝塔那棱的火车（每天2班；B20~50），但下车后（离万象市中心20千米左右），你需要搭乘嘟嘟车、小汽车或迷你巴士前往市中心。此外，乌隆他尼和孔敬也会提供前往万象的直达车服务。

购物

这里的特色产品为编织工艺品。东北部特有的mut mee（直译为“绑串”）需在手工编织之前先扎染棉线，从而在有色布料上产生几何图案。莎莉码头市场通常可买到成衣、壁挂、箱包和斧头垫等。

Hombill书店 位于前往Mut Mee旅馆的狭窄小道上。有各种各样的英语新书和二手书。周一至周六10:00~19:00

附录

上网 许多地方都提供上网服务，包括Meechai路569/2号的Oxynet。

按摩 Banterngjit路623号的Suan Sukapab提供非常不错的身体按摩和足底按摩（☎042 423323）。

警察 旅游警察局位于Prajak路（☎042 460186/1155）。

廊开周边

如果你不打算跨桥进入老挝境内，那么可以前往**萨拉凯奥酷**，可看到几十个奇形怪状的石雕。廊开西南方坐落着**邦潘舍利塔寺**，拥有一些经典的寺院景点，而游玩**蒲村**的天然岩层及**甫托寺**的雄伟寺院需一天时间。前往上游清刊风景如画的河滨线路（见p.430）同样也在一日游范围内，而且还可以完成**班清**往返一日游（见p.422），在乌隆换车。

萨拉凯奥酷（Sala Kaeo Kou）

廊开以东5千米・每天6:00~18:00・B20・乘坐嘟嘟车往返价格B150

这座位于廊开东边不远处的**萨拉凯奥酷**寺院（Sala Kaeo Kou）目前是从廊开出发最容易抵达且最流行的一日游目的地。寺院中著名的怪异雕塑花园犹如敏锐大师巨作。萨拉凯奥酷又被称为凯酷寺（Wat Kheat），是由已故的Luang Phu Boonlua Surirat建造的，这位非传统的泰国圣僧是越南一位印度教大师的弟子，一直在老挝布道，直至20世纪70年代流亡到泰国。相传那些喝过他的水的人都会放弃他们原有的寺院，这就是他的人格魅力，其崇高的品德则吸引了众多廊开农民追随者。但在他因侮辱普密蓬国王而入狱11个月后，他的人气受损，但该项罪名只是其妒忌成性的邻居陷害的，根本是子虚乌有的事；就在出狱后一年，1996年8月，Luang Phu与世长辞，享年72岁。

如果你前往老挝境内，一定不要错过萨拉凯奥酷的前身——经典的**川圹**（Xiang Khouan）雕塑园，位于湄公河畔，距万象市中心25千米；该雕塑园凝聚了Luang Phu 20年的心血。

雕塑园（sculpture garden）

雕塑园里鲜花遍地，植物繁茂，坐落着许多佛教、印度教和世俗的雕像，是那些不熟练的追随者们在Luang Phu的指导下将原本放弃的想象画面雕刻成的一个个具体塑像。尤其是宗教雕像，完全呈现出了现代风格。雕像的一些特征将佛陀表现为一种超自然的存在，如一般称为ushnisha的浓密卷发及其头冠上的隆起物在这里变成了蜂窝，而头顶上的rashmis（象征佛陀无上智慧的火焰）被雕刻成又长又尖的钉状图形。花园里最大的雕像呈现了一个为人熟知的神话故事，即热情的那迦族国王Muchalinda保护禅修中的佛陀免受暴雨洪水的影响：雕像中的佛陀很小，七头蛇却有25米高，血盆大口，獠牙尖利并露出长长的舌头，显得凶神恶煞。

其中许多雕像都暗示了**泰国谚语**。如入口处，被一群狗围绕着的大象象征着诚信，“大象不会在意吠叫的狗”。其附近有一个嘴含月亮的蛇尾怪Rahoo，被认为是月食的始作俑者，象征着克服一切障碍的勇气，就如伊桑和老挝人民过去曾通过击鼓和射击试图抵挡月食。在离入口最远的角落，坐落着生命之环的雕像，其巨大的嘴巴代表了子宫，里面有隐士、警察、僧侣、富人和乞丐等形象，代表着不同的生活方式（有关生命之环雕像的详细地图请登录 Ⓦ www.mutmee.com 查看）。还有一名拥有两个妻子的男子正在殴打一位老汉，而这位老汉是被年轻人陷害的，以及一对老夫妻由于犯错终生没有子嗣，结果最后只能相互偎依等内容。

花园里的佛像空灵而略带微笑的表情和**寺院建筑**里装饰着的Luang Phu照片中神情极其相似，而这座寺院的建筑类似于清真寺圆顶建筑，通体白色，雄伟壮观。如今Luang Phu的遗体仍保存在二楼的圆顶轿里，四周装饰有彩灯和虚拟的鱼缸。

邦潘舍利塔寺（Wat Phra That Bang Phuan）

邦潘村部落位于廊开西南方向22千米211公路附近・从廊开前往巴春和黎的汽车会经过此地；或者你也可以搭乘前往乌隆方向的汽车沿2号公路行驶12千米抵达农颂洪村，然后再换乘乌隆—西清迈的汽车即可抵达，根据出发时间，后者可能要稍快一些

位于农村地区的**邦潘舍利塔寺**因此地隐藏着有2000年历史的印度佛塔而闻名，至今仍是一处受到高度尊敬的朝圣地。

据说这座古老**佛塔**是由佛祖众弟子所建，用以收藏从印度带至此地的佛祖的29块胸骨舍利。16世纪时，一位万象国王为积公德，在前佛塔的基础上建造了一座高大雄伟的老挝风格佛塔；虽然在1970年时佛塔建筑因受到暴雨侵袭而损坏，但于1977年已将其修复成如今这座精致耀眼的白色宏伟建筑。杂乱的庭院里还坐落着一家小博物馆、几座摇摇欲坠的砖砌佛塔及一些露天的巨大佛像。

蒲村（Ban Phu）

廊开西南方向61千米・**佛足山历史公园**：每天黎明~黄昏・B30・**信息中心**：每天8:30~16:30

位于乡村深处的**蒲村**四周围绕着树木繁茂的山坡，拥有奇形怪状的侵蚀砂岩地层，长期以来周边区域的人们都将其视为神秘的事物。大约自9世纪起，当地人凝聚了无数心血将大多数露出表面的岩层改建为小寺院——这些岩层有可能是陨星，因为其表面有烧焦的迹象；也有可能是冰川侵蚀造成的。此外，这里的一座佛塔内还供奉着圣足迹，因此是非常重要的朝圣地，尤其是在每年3月的节庆日期间，分外热闹。而这些岩层已被规划为占地50平方千米的**佛足山历史公园**（Phu Phra Bat Historical Park）。

公园的**信息中心**位于入口附近，里面收藏着非常有趣的红色史前绘画，如动物、人像、手印和几何图案等，或可在岩层找到，或出自于乌萨和巴洛特的传说。信息中心附近分布着多条设有明确路标的**小径**，穿过稀疏的森林，将25个露出表面的岩层连接在一起，且每个岩

5

层的信息栏上都有翔实的英文介绍。探索完整个公园共需 5 个小时，但最流行的悠闲线路只需 2 个小时，且涵盖了下列所有景点。

露头岩层（The outcrops）

在这些露头岩层中，最有趣的是**牛洞**（Tham Wua）和**孔洞**（Tham Khon），这两处天然庇护所里有牛和人类的简易图像，暗示了在 2000~3000 年前，此地曾是猎人的聚集地。附近有个名为**巴洛特王子的马厩**（Kok Ma Thao Barot）的巨大砂岩平台，该名字源于当地和老挝一个妇孺皆知的传说：从前有位乌萨（Ussa）公主被她的父亲流放到此地，并在此得到了一位隐士的教导。一天，当她发出求救信号的时候遇到了英俊的王子殿下巴洛特（Barrot）。两人一见钟情，不顾乌萨父亲的反对结为夫妻，迫使国王和巴洛特用独特的东方挑战方式决斗：两人各建一座寺庙，竣工较晚的那个人要被斩首。后来国王输了，此地作为巴洛特遇见乌萨时的拴马之所而成为了纪念地。

沿着该线路继续往前即可抵达 Pha Sadej 景点，此地的悬崖陡然下垂，可将整个湄公河流域的绿色稻田和苍翠森林及远处的山脉尽收眼底。而更壮观的是**乌萨塔**（Hor Nang Ussa），这座平地而起的建筑是用 5 米高的岩柱和平板建造而成。其屋顶呈蘑菇状，有雕刻装饰的内间两侧有围墙围护。建筑周围界石散落，界石的方孔内也嵌入着其他物体，暗示着此地可能是 9~11 世纪堕罗钵底时代的圣域。附近有一块巨大岩石依靠**岳父寺**（Wat Por Ta）里的一棵树凭借脆弱的支点奇迹般地获得了平衡；四周墙壁和地板雕刻匀称，隐约形成了一个矩形神社，四周供奉着堕罗钵底时代的佛像。

积雪草佛足寺（Wat Phra Bat Bua Bok）

在公园入口前方不远处左侧有一条岔道可通往**积雪草佛足寺**（Wat Phra Bat Bua Bok）：这座仿照巴侬舍利塔寺（见 p.441）而建的天然寺院装饰着神灵和独眼怪物的朴实浮雕，具有一种简单而又朴实的虔诚之感。在塔楼底层的昏暗屋子里，唯一可见的标记是象征着法轮的砂岩**佛足**迹。相传佛陀游历此地时，一条蛇曾想让佛陀帮它出家为僧，但因其不是人类而被佛陀拒绝。沿着山坡向上有一座较小的寺院，就坐落在悬荡的巨岩上，似乎在与地心引力做抵抗。

抵达和离开 **蒲村**

巴士 从廊开出发，搭乘 7:15 前往蒲村的巴士；如果再晚些，就没有足够的时间游玩此公园，因为游玩全程需要两三个小时，而返回的末班车出发时间约为 3:15，时间较紧。抵达蒲村后，还需向西前行 14 千米才能到历史公园；可先乘坐双条车，10 千米后在 Ban Tiu 十字路口下车；然后换乘摩的行驶最后 4 千米即可抵达公园正门。如果你从乌隆出发，可在 Talat Rungsina 路搭乘前往南颂（Nam Som）或那荣支（Na Yung）的巴士，途经 Ban Tiu。

甫托寺（Wat Phu Tok）

廊开以东地区最引人注目的景点是山顶别具一格的甫托寺。这里共有两个砂岩露头，其中一个位于汶甘（Bung Kan）东南方向 35 千米拔地而起的甫托露头被改建成为一座修行寺院，寺内共有约 50 名僧侣，他们的厢房就高坐在令人惊叹的悬崖之上。在抵达之前，远远就可看见其雄伟的景象，只见整栋红色的建筑被夹在较低山坡上的绿色植被和上方树木林立的狭窄高地之间。当你沿着油漆过的木质走道缓缓接近时，横跨悬崖的白色地平线会渐渐出现在你眼前，而寺院前的七层台阶则代表了开悟的七个阶段。

观赏园（ornamental garden）

山脚有个美丽的观赏园，倒映在平静的小湖泊里。园内坐落着纪念 Phra Ajaan Juen 的现代风格雄伟大理石佛塔。1968 年，这位著名的禅修大师建立了该寺院，十年后他在飞往曼谷庆祝王后生日时遇难身亡。佛塔内收藏着众多他的经书和其他物品，其钻石般的遗骨舍利则保存在一个小神龛里。

上坡路（The ascent）

通往露头上坡路的第一段路程是漫长的木质阶梯，有些地方比较湿滑，直达第三层，而登山首要必备物品就是脚上穿的鞋子一定要比平底人字拖鞋牢固。接下来有两条岔路，左边那条比较有趣，可抵达最重要的第五层，通风且光线昏暗的萨拉雅（Sala Yai）洞窟里收藏着该寺的主要佛像。要想跨过东北面的人工暗礁需要一定勇气，不过这是通往第五层西北端非常有趣的途径：这个深渊的另一侧横跨着一座木桥，僧侣们在巨大的砧石下建造了一个侧面开放式佛殿（但通往佛殿的入口一般都是锁着的）。站在此地可尽情观赏广阔乡村和另一个无人居住的露头的壮丽景色。这座山平坦的山顶构成了第七层，可沿着杂草丛生的路径漫步穿过茂密的森林。

抵达和离开　　　　甫托寺

由于该寺选址比较孤立，因此要想抵达甫托寺并不容易，却能让人切身体会到泰国偏远乡村的宁静生活。在其附属村庄里坐落着一些简单餐馆和小食品摊。

摩托车或嘟嘟车　抵达此地最好的方法是在廊开租一辆摩托车或者包一辆小汽车或大型嘟嘟车（B1500~2000），尽早出发以便在当天返回，且有2小时探索寺院的时间。

长途汽车　乘坐公共交通前往是一项巨大工程。首先在廊开搭乘前往汶甘的汽车（每小时1班，全程2小时）；抵达后，如果你运气好可立即搭到偶尔前往甫托山的双条车，途经其南面25千米处222号支路附近的Siwilai村；或者你也可以搭乘每小时1班前往Siwilai村的汽车，然后再乘机动三轮出租车（B200~250）往东行驶最后20千米抵达甫托山。

那空拍侬（Nakhon Phanom）

经过汶甘，沿着河滨道路绕过泰国东北端的丘陵地带，然后往南行驶，穿过偏远的乡村，即可发现这里的水牛与交通工具一样多。直至抵达距廊开313千米的**那空拍侬**（“山城”）才会偶尔瞥见湄公河。这座干净、繁荣的城市拥有伊桑北部最壮观的湄公河美景，对面则是老挝巨大的蚁丘山脉。

该城市是不错的旅游场所，安静宽阔的街道两旁坐落着古老又宏伟的公共建筑、殖民风格房屋及破败的木质店屋。但其中最重要的是2011年11月大张旗鼓通车的泰国老挝第三友谊大桥，可以欣赏到老挝的风景。

在城市四处闲逛，到处都有一些灯火通明的船形建筑，这是那空拍侬最有名的节日——灯船游行的标志，通常于每年雨季结束时的10月末左右在湄公河上举行。节日期间，河面上会排列着50艘左右最长达10米的船只，不仅装饰有精美的彩灯，还会满载食品和鲜花等祭

东北地区家庭寄宿

在廊开下游的莫拉限附近区域坐落着一些舒适悠闲的村庄，在游览完伊桑尘土飞扬的城市后，可到此呼吸下新鲜空气。这里有许多温馨的寄宿家庭，可让人放松心情并享受伊桑农村地区缓慢的生活节奏，且许多人家还会提供自行车和摩托车租赁服务，让游客探索当地风光。

Homestay Ban Khan Pia 位于汶甘和那空拍侬之间，212号公路附近，Bung Khla西南方向3千米，通往Phu Wua野生动物保护区的路上 ☎081 3059343 Ⓦwww.homestaybkp.moonfruit.com 这家由德国和泰国老板合开的家庭寄宿位于野生动物保护区附近，提供带有空调和电视的简单木质平房。不仅有室外泳池，还提供摩托车租赁服务（B200/天）。可上网。可安排廊开接车服务。B500

Thai House Isaan 莫拉限西南方向约60千米，2042号公路附近 ☎087 0654635 Ⓦwww.thai-house-isaan.com 这栋迷人的东北风格建筑坐落于和平的富泰村（Ban Phu Thai），提供少许空调平房和一间公寓，里面有其自己的客厅和卡拉ok设备。可安排当地旅行，包括普淵国家公园的恐龙墓地（B900/人，包括午餐）。且有孔敬接车服务。B700

5

品，浩浩荡荡举行游湖仪式。庆典为期1周，标志着每年为期3个月的佛教夏安居的结束，此外还会在湄公河上举行泰国和老挝团队之间激烈的龙舟比赛。

胡志明故居（Ho Chi Minh's House）

位于距那空拍侬西南边缘5千米的Na Joke村（具体方位咨询泰国旅游局）；每天8:00~17:00

20世纪20年代末，越南民族英雄胡志明曾居于此地，当时他为取得越南独立和法国斗争，被迫转入地下工作。这座拥有赤土色屋顶瓦片且没有支柱的越南风格木屋最近已重新整修，但只对他的追随者才意义重大；若在Na Joke村寄宿，可通过泰国旅游局安排。

抵达和离开

那空拍侬

飞机 亚洲航空提供从曼谷飞往那空拍侬的航班（每天1班，全程75分钟）；机场位于城市以西15千米，可乘坐出租车抵达城镇。价格B100/人。

巴士 主要汽车站位于市中心以西约1千米，22号公路北侧。

抵达站 曼谷（每天17班，全程12小时）；孔敬（每天5班，全程5小时30分钟）；莫拉限（每小时1班，全程2小时）；廊开（每天7班，全程6小时）；塔帕农（每小时1班，全程1小时）；乌汶（约每小时1班，全程5小时）；乌隆（每天14班，全程5小时）。

信息

旅游信息 泰国旅游局办事处坐落于Suntorn Vichit路184/1号，Salaklang路拐角处附近的一栋古老大厦里（每天8:30~16:30 T 042 513490-1 E tatphnom@tat.or,th），前往老挝的码头以北500米；还涵盖了莫拉限府的信息。

住宿

Grand Hotel Sri Thep路210号，距河流一个街区，客轮码头以南 T 042 511526 这栋四层楼建筑提供价格合理的明亮客房，所有房间都有热水卫浴。风扇房B200，空调房B350

Nakhonphanom River View 城市南部边缘212号公路附近 T 042 522333-40 W www.nakhonphanomriverviewhotel.com 这家城中最好的酒店提供户外泳池、上网、时尚高雅的河滨客房，有Wi-Fi和浴缸。B1050

Sri Thep Hotel Grand酒店以南150米，马路对面 T 042 512395 这家中国风格的酒店是目前该城最温馨舒适的经济型酒店，比Grand酒店有过之而无不及，其干净通风的客房里提供红地毯及实木家具。风扇房B300，空调房B400

餐饮

码头北部的钟塔西面有一条Fueng Nakhon路，两旁有许多简单的用餐点，且晚上非常热闹。

Satang Nakhonphanom River View酒店以北几百米处 在若干河畔餐馆中，这家舒适的Satang餐馆脱颖而出，但不提供英文菜单。你可选择在门前户外用餐，也可在露天阳台上用餐，这里的特色菜包括炸虾糕（thawt man kung）、海鲜咖喱酥（hor mok）和海鲜铁板烧（gataa rawn）。每天从11:00营业至深夜

附录

上网 位于Sri Thep路Grand酒店对面的Crab Technology提供上网服务。每天8:00~22:00

警察 旅游警察局坐落在河畔，Nakhonphanom River View酒店北侧（T 1155）。

那空拍侬游船之旅

即使不穿越边境，只要加入每天17:00的游船之旅从主要码头以南出发一样可欣赏到美丽的河流风光（B50；可提供饮料）。自太阳西沉时出发，沿着美丽的河岸缓慢行驶，在天黑之前返回。

塔帕农（That Phanom）

塔帕农位于那空拍侬以南 50 千米处，这座河畔村庄里的木质建筑饱经风霜，且保护着伊桑最重要的佛寺——**巴侬舍利塔寺**。虽说这个泰国最神圣的佛教圣地坐落于偏远的东北角落似乎有些奇怪，但这座寺庙是为泰国和老挝两国人民服务的，村庄外停靠的大量船只即可证明此点。每周一和周四的早上，许多老挝人会跨过河流前往该地的河畔**市场**摆摊做交易，货物包括野生动物皮、黑猪肉、中草药以及普通水果和蔬菜等。

巴侬舍利塔寺（Wat Phra That Phanom）

212 号公路附近，湄公河西侧，中间间隔 5 个街区

作为众所周知的泰国宗教四大神圣支柱之一（其他三个分别是清迈的素贴山素贴寺，洛坤的玛哈泰寺及华富里附近的佛足寺），**巴侬舍利塔寺**是一个非常迷人的朝圣之地，尤其是 2 月为期 10 日的巴侬舍利塔节，届时，成千上万的信徒会来参拜，并尽情享受这个位于收获和播种之间的传统节日；朝圣者则认为，在他们去世之前，一定要在满月期间抵达这里 7 次。

据说该寺院的历史可追溯至 8 世纪佛陀离世之后，当时本地的五位诸侯简单地建造了一个砖砌佛塔以收藏佛陀的舍利。至今这座寺院前前后后或修复或重建共计七次，最近一次是在 1975 年遇到暴风雨倒塌重新修建；如今这座 57 米高的寺院是模仿老挝万象的永珍泰浪佛塔建造的。在河滨码头处有一条简短的神圣小径直通老挝建造的迪士尼式**凯旋门**，途经原佛塔仿建物，而这座粗短且用砖块砌成的佛塔坐落于一片池塘中的小岛上，接着穿过寺院大门即可抵达如今的佛塔，根据习俗，该佛塔临水而立且面朝太阳升起的方向。

佛塔（The Chedi）

这栋用砖块和灰泥砌成的**佛塔**建筑表面涂有白色油漆及金色的花卉装饰，看上去就像是个倒置过来的巨大且华丽的桌腿。其四个方位每一侧都标有传统的火焰图案，类似于一只眼睛凝视着尘世，整个建筑笼罩在用 16 千克黄金制成的伞之下，且每层都嵌有珍贵的珠宝和金戒指。佛塔坐落于耀眼的白色大理石平台上，朝圣者们会在此平台上祷告并留下各种各样的祭品。留意基底三道门上方四叶草形状的砖块浮雕：北侧是坐落在金翅鸟迦楼罗身上的毗湿奴雕像；西侧刻画着四个大地守护神将供奉物放在佛陀的钵盂里；南门上方则描绘了佛陀涅槃的场景。佛塔角落里刻有 10 世纪时的**砖匾**，前两年已经过大肆修复，讲述了该寺院王侯创始人的故事。

抵达和离开

塔帕农

巴士 塔帕农汽车站位于西边的支路上，但所有从那空拍侬和莫拉限出发前往此地的巴士都会在寺院前停车；而那空拍侬线路还有双条车班车提供，全都集中在寺院北侧。

抵达站 曼谷（每天 4 班，全程 12 小时）；莫拉限（每小时 1 班，全程 80 分钟）；那空拍侬（每小时 1 班，全程 1 小时）；乌汶（每小时 1 班，全程 3~4 小时）；乌隆（每天 4 班，全程 4~5 小时）。

住宿

Kritsada Rimkhong Hotel & Resort Rim Khong 路 2 村 90 号，巴侬舍利塔寺东北方向 800 米 ☎042 540038 这家相对不错的酒店提供明亮整洁且供应热水的空调房，其中一些房间还有冰箱和小厨房。免费 Wi-Fi。B400

Saeng Thong Rim Khong Rim Khong 路 1 村 57 号，寺院东南方向 ☎042 555614 可能是该城最好的便宜旅馆，但客房实在不怎么样。B250

餐饮

That Phanom Pochana 位于凯旋门北面 这家简单干净且通风的餐馆提供美味的炒面及一些伊桑、泰国和中国菜肴。此外码头北面也有好几家河畔餐馆，寺院以北还有个夜市。

附录

银行 Chayangkun路的寺院附近有好几家银行，且都设有自动取款机。

上网 城中各地都有上网中心，包括凯旋门附近也有一家。

莫拉限（Mukdahan）

莫拉限位于塔帕农下游50千米处，是湄公河火车线路的最后一站，沿着212号公路可前往内地的乌汶，位于其南方170千米。也许你感觉曼谷与这里相隔遥远，但此地却是泰国发展最迅速的府之一，而这些都需归功于老挝和泰国之间日益增进的友谊，莫拉限与老挝第二大城市**沙湾拿吉**仅一水之隔。虽然很少会有游客到这么远的地方来，但莫拉限—沙湾拿吉却是进入老挝的官方口岸，通过城市以北7千米处的新建大桥即可抵达，如今此地到处都有起重机工作，酒店也变得越来越多。

中南半岛市场（Indochina Market）

可望见沙湾拿吉的人行慢步道每天都会被**中南半岛市场**占据，周末尤其繁忙。这里的货物商品包括许多从老挝运来的家居用品及物美价廉的饰品，如越南珍珠母和中国陶瓷等；市场还提供许多不错的当地布料，如色彩柔和的粗糙织锦布匹及昂贵但非常舒服的丝绸等。

莫拉限塔（Mukdahan Tower）

每天8:00~18:00 · B20

城市南部边缘矗立着一座65米高的庞大白色现代建筑物——**莫拉限塔**（Ho Kaeo Mukdahan），看起来似乎与郊区较低的楼房格格不入。该建筑建立于1996年，为纪念现任国王登基50周年，里面收藏着许多莫拉限时代的新奇历史文物，包括传统的伊桑服饰、陶器、铸币、护身符、凶恶的武器和化石等。然而最引人注目的还是第六层的雄伟景观——其高度为50米，象征着拉玛九世已登基50年；站在此处，可将莫拉限及老挝境内的湄公河全景一览无遗。楼上较小的地板上坐落着备受尊敬的素可泰风格银制Phuttha Nawaming Mongkhon Mukdahan佛像，其前方的玻璃容器里收藏着著名僧侣的舍利。

抵达和离开 莫拉限

巴士 从塔帕农和乌汶出发的每小时1班的巴士会停靠在市中心西北方向2千米的212号公路上的汽车站。

抵达站 曼谷（每天20班，全程11小时）；孔敬（每30分钟1班，全程4小时）；呵叻（每天20班，全程6小时）；那空拍侬（每小时1班，全程2小时）；塔帕侬（每小时1班，全程80分钟）；乌汶（约每小时1班，全程2~3小时）；乌隆（每天5班，全程4小时~4小时30分钟）。

周边交通

自行车和摩托车 Huanum酒店提供山地车（B100/天）和摩托车（B250/天）租赁服务。

双条车 在车站和莫拉限塔之间有双条车服务，途经主要的东西向道路Pitakpanomkhet路与主要的南北向道路Samut Sakdarak路的交会处（B10~15/人）。

住宿

Huanum Samut Sakdarak路36号，Song Nang Sathit路拐角处，与码头相隔一条街道 ☎042 611137 ✉pueeainbkk@hotmail.com 这家酒店提供新奇且物有所值的客房，简单客房共用冷水浴室；更漂亮更安静的客房可俯瞰内部庭院，且带有空调、独立热水淋浴及电视。棕色地毯并不十分雅观，但就这个价钱而言已经很不错了。此外大堂里还有一个现代咖啡馆，提供西式早餐和香浓的咖啡。风扇房B150，空调房B300

Ploy Palace Hotel 市中心以西Pitakpanomkhet路

通过莫拉限进入老挝

莫拉限—沙湾拿吉是进入老挝的正式边境口岸，通过城市以北 7 千米处的泰国老挝第二友谊大桥即可。游客可乘坐汽车跨过大桥前往沙湾拿吉（每日 12 班，8:30~19:00；B45~50），且可抵达老挝后再办理签证（$30~42；详细信息请参考 p.26）。出境盖章时，还需要付给官员 B20 的酬劳。

40 号 ☎042 631111 ⓦwww.ploypalace.com 这栋雄伟的粉色大楼拥有一个大理石大堂并提供品位高雅的卧室，堪称莫拉限大型商务酒店之最，服务周到，屋顶餐厅可看到美丽的风景，三层还有一个室外泳池。B1250

Riverfront Somranchaikhong 路 22 号，Indochina 市场对面 ☎042 633348 ⓦwww.riverfront mukdahan.com 酒店前面的木质大厅就坐落于主要河滨道路旁。最好的客房拥有面朝老挝的阳台，房间设施包括电视、空调和微波炉。所有房间都有独立卫浴，楼下大堂边还有一间雅致的咖啡店。B750

餐饮

该城有一个热闹且流行的**夜市**，提供各种油炸昆虫食品及其他伊桑特色菜肴，与码头相隔4个街道，位于 Song Nang Sathit 路沿线。

Kingdom Country Club 莫拉限塔对面 这家结合了乡村和西方风格的酒吧非常热闹，提供现场泰国流行音乐和民俗音乐。每天营业至深夜

Riverside 码头以南 1 千米，Somranchaikhong 路在河滨长廊的几家餐馆中，最好最昂贵的就是这家，提供精美的食物，其建立于湄公河之上的阳台上遍布着九重葛。每天从正午营业至深夜

莫拉限国家公园（Mukdahan National Park）

城市西南方向 15 千米・B100・☎042 601753・ⓦwww.dnp.go.th・从莫拉限车站搭乘双条车班车沿着湄公河河畔的 2034 号支路前往廊丹（Don Tan），出了城 14 千米后在公园岔道下车，然后向上步行 1 千米即可抵达公园总部

如果你厌倦了伊桑城镇的水泥高楼，可以前往**莫拉限国家公园**（Phu Pha Terp）探索奇特的岩层和美丽的瀑布。公园总部上方即是奇石山腹，经过常年侵蚀，形成伞菌、骆驼和鳄鱼等形状，是不错的旅游景点。山坡上还坐落着两处该地区的史前遗迹：据估计，一处砂岩板下的红色手绘已有 4000 年历史，地面上的另一个小笼子里则保护着 7500 万年前的化石。再往上，裸露的砂岩山脊就如一大片森林中间被割草机割掉了一般，但在 10~12 月期间，这里会遍布着绿草和野花，显示出勃勃生机。公园里有一系列阶梯通往悬崖最高点——最西端的山脊（从总部步行至此共 2 千米），可将公园内所有岩石至老挝境内的森林和稻田一览无余。其附近坐落着该公园最壮观的瀑布，起码 7~11 月是如此，只见该瀑布流经茂密的树林，从 30 米高空奔流直下，村民还在其周围的一个山洞里收藏着众多佛像。

住宿及餐饮 莫拉限国家公园

公园总部附近有些简单的小食品摊，可提供一些炒饭和面食。

平房 公园总部附近。该公园仅有 1 间提供标准设施的平房，可入住 6 人。此地还可以野营，但必须携带自己的设备。B1800

南部：海湾海岸

帕岸岛日出时分的满月派对

南部：海湾海岸

Southern Thailand: the Gulf coast

6

泰国南部平缓起伏的海湾海岸以苏梅群岛著名，三座田园风格的小岛就坐落于海岸线最显著的突出位置。该海岸是自助游客最喜爱的海滨场地，悠闲舒适的海滩别墅也十分有诱惑力，甚至使大多数游客忽略了内陆的旅游景点，而这里凉爽的沙滩和温暖清澈的海水可与大多数国家的顶级景点媲美。除此之外，沿海地带背后矗立着一座座苍翠茂密的山脉及许多迷人的历史景点，宛如人间仙境。

出了曼谷往南，首先进入视线的历史景点就是**碧武里**摇摇欲坠的古老寺院，也可作为旅途休息的中间站。继续往前即可抵达**差安**和**华欣**附近的沿海地带，每逢周末就有许多泰国人选择远离城市的世俗喧嚣，到此放松心情，此地高楼林立，挤满了各种公寓、酒店和酒吧，也吸引了大批外国游客。更南方的沙滩则要安静美丽得多：**帕南邦**精美的小度假村；**普诺伊海滩**拥有迷人的金色沙滩，不仅可尽情探索喀斯特地貌，还可游览**三百峰国家公园**的洞穴；温馨的小城**巴蜀**，前面有美丽的海湾，两侧是同样极富魅力的海滩；还有悠闲且保留原始气息的**咕噜村**。

在泰国南部的众多岛屿中，**苏梅岛**是最美丽的天然岛屿，不仅拥有长长的白色沙滩，其拱形边缘处还种植着茂密的棕榈树。当然，如此迷人的岛屿不会逃过旅游开放商的利眼，如今这里各种各样的住宿旅馆吸引了大量旅行团和以此作为第二住所的泰国市民，人数与背包客不相上下。近年来，其附近的**帕岸岛**吸引了越来越多的自助游客，甚至有赶超之势：相对于苏梅岛而言，这里的住宿条件较简单，价格也便宜，迷人的海滩上洋溢着更加悠闲舒适的氛围。帕岸岛东南部的**哈林海滩**海角至少有三个白色沙滩供游客选择，提供了要求苛刻的背包客想要的一切设施，更不用说这里还有众人皆知的满月派对。该群岛最偏远的居住岛屿——**涛岛**则是著名的**潜水**中心，即使有越来越多的酒吧夜生活和餐馆出现在此地，仍给人以粗犷的孤岛之感。

坐落于这些岛屿下方的**那空是贪玛叻**是泰国南部的文化中心，值得游客从横穿此半岛中心的主要线路绕道前往。这座繁华的城市聚集着雄伟的古老寺院、丰富的美食佳肴及独特的手工艺品。这里数量虽少到占据重要地位的穆斯林人口以及机关枪式的方言，说明从洛坤起，我们已逐渐深入到泰国南方腹地地区。

海湾海岸的**气候**与安达曼海岸及泰国其他许多地区的气候都稍有不同，受东北季风降雨影响较大，尤其是 11 月，最好不要前往此地。其余大多数时候天气都比较晴朗多变，在 5 月 ~10 月之间，时而还会受到西南季风的影响。12 月下旬 ~ 次年 4 月是海湾海岸最干燥的时期，也是旅游旺季，包括 7 月和 8 月。

抵达与周边交通

穿过此区域的主要线路是 4 号公路——也称为碧甲盛高速公路（Phetkasem Highway），途经城市时被称为碧甲盛路（Thanon Phetkasem）和 41 号公路，车流量较大。

碧武里的甜点小吃 p.452
华欣附近的短途旅行及活动项目 p.456
位于 67 巷的旅馆 p.457
解脱自在园的禅修课程 p.470
解夏节 p.471
苏梅岛的活动项目 p.474
帕岸岛的活动项目 p.491
洞山寺的禅修课程 p.492
满月派对：注意事项 p.495
哈林海滩的活动项目 p.496
涛岛游船之旅及浮潜 p.501
生态涛岛 p.503
涛岛附近的潜水项目 p.504~505
沙里海滩的活动项目 p.507
那空是贪玛叻节庆日 p.510
皮影戏 p.514

红统国家海洋公园的长尾猴幼崽

旅游重点

❶ **碧武里** 这座迷人的历史小城拥有精致的古老寺院及美味的传统甜点。见 p.449

❷ **帕南邦** 这条长长的沙滩上坐落着设计别致独特的精品酒店，是时尚的曼谷市民们周末放松心情的热门去处。见 p.460

❸ **红统国家海洋公园** 这座未受污染的雄伟公园里共坐落着 40 多座偏远岛屿，可通过苏梅岛或帕岸岛的游船旅行抵达此处。见 p.488

❹ **帕岸岛哈林海滩满月派对** 无止境的派对。见 p.495

❺ **帕岸岛通奈潘湾** 这片美丽宁静的海湾上有一些不错的住宿地。见 p.498

❻ **涛岛游船环岛之旅** 可为你提供令人满意的探险之旅及迷人的潜伏项目，尤其是在南园岛独特的长堤海滩附近。见 p.501

❼ **那空是贪玛叻** 这里有具有历史意义的神圣遗址、有趣的皮影戏、超值的住宿和一流的美食。见 p.509

❽ **孔清瀑布** 穿过大片蕨类植物即可抵达这片壮观瀑布，不时可听见猴子的尖叫声。见 p.515

这些旅游重点在 p.448 的地图上都已标记

南部：海湾海岸
叻武里
Ratchaburi
曼谷
BANGKOK
35
3
沙没颂堪
Samut Songkhram
4
碧武里
Phetchaburi
1
差安
Cha-am
康卡沾
国家公园
KAENG KRACHAN
NATIONAL PARK
芭堤雅
Pattaya
37
华欣
Hua Hin
Pala-u Falls
2
攀武里
Pranburi
帕南邦 Pak Nam Pran
普诺伊海滩 Hat Phu Noi
三百峰国家公园
KHAO SAM ROI YOT
NATIONAL PARK
班布里
Kuiburi
巴蜀
Prachuap Khiri Khan
缅甸
BURMA
Wang Duan
咕噜村
Ban Krud
泰国湾
GULF OF THAILAND
Bang Saphan Yai
Suan Luang
旅游重点
1 碧武里
2 帕南邦
3 红统国家海洋公园
4 帕岸岛哈林海滩满月派对
5 帕岸岛通奈潘湾
6 涛岛游船环岛之旅
7 那空是贪玛叻
8 孔清瀑布
Thung Wua Laen
春蓬
Chumphon
41
Hat Sai Ri
Ao Thung Makham
6
涛岛
Ko Tao
拉廊
Ranong
朗萱
Lang Suan
红统国家
海洋公园
ANG THONG
NATIONAL
MARINE PARK
4006
安达曼海
ANDAMAN
SEA
5
帕岸岛
Ko Pha Ngan
4
苏梅岛
Ko Samui
3
解脱自在园
Wat Suan
Mokkh
猜亚
Chaiya
敦萨克
Don Sak
卡农
Khanom
素叻他尼
Surat Thani
考索国家公园
KHAO SOK
NATIONAL
PARK
喷平
Phunphin
锡春
Sichon
401
44
8
Krung Ching
攀牙
Phang Nga
7
那空是贪玛叻
Nakhon Si Thammarat
銮山
Khao Luang
(1835米)
403
童颂
Thung Song
Ron Phibun
甲米
Krabi
408
普吉
Phuket
0
50
千米
董里
Trang
博他仑
Phatthalung
N

飞机 该区域的主要机场分别位于苏梅岛、素叻他尼及洛坤，后两者还提供汽车和船舶服务，前往岛屿比较便宜，但速度较慢。

火车 曼谷铁路线连接了所有内陆城镇，包括通往洛坤府的支路；几乎所有火车都是从华南蓬火车站出发的，但有一些慢车会使用吞武里火车站。此外还可在北碧搭乘火车往南，然后在万磅或那空拍侬换车。

乘船 以下两处每天都有船舶出发前往三个主要岛屿：距曼谷650千米的素叻他尼靠近苏梅岛，前往帕岸岛也很方便，但如果你想从曼谷前往帕岸岛就必须先抵达春蓬，其主要港口还可前往涛岛。

碧武里（Phetchaburi）

碧武里（也称佛丕）是碧武里府的府会城市，位于曼谷以南120千米，横跨碧河（Phet River）两岸，自11世纪高棉人统治该区域起就一直有人居住于此，但直至600年后作为安达曼海岸港口和大城之间的贸易中心才得以蓬勃发展。尽管缅甸经常会侵略此地，但从该城镇古老寺院的装饰上可以看出，这里仍是此地带的文化中心。在曼谷成为首都之后，这里便成了拉玛四世最喜爱的别院，他在19世纪50年代在山顶建立了**帕那空奇里宫**。如今的碧武里以酸橙和玫瑰果出名，但更为世人熟知的是其泰国最美味的甜点制作中心之一的身份，而且该府遍地都是棕榈树，各种甜点小吃必备的糖分就取自于此树的甜蜜汁液。这是非常传统的家庭工业，但如今的碧武里市中心已失去了拉玛四世时期的独特气息：中央河滨区域坐落着的多家历史寺院以及大量传统的木质店屋都或多或少地遭受了不同程度的损伤。从Chomrut桥出发，围绕城市悠闲漫步，两小时内即可观赏完下面描述的该城最好的三家寺院，而碧武里另一重要景点——坐落于帕那空奇里宫的博物馆则位于大桥西面1千米的山丘上。

虽然碧武里老城区内有许多迷人的景点，但来此夜间旅行的游客远不如白天从曼谷、华欣或差安到此一日游的多。而大清早从曼谷出发的碧武里一日游线路还可包括前往北面40千米处的丹能沙都水上市场；曼谷考山路的经济型旅行社提供该行程的B600/人包价一日游。每逢2月至少为期5天的**山中之城庆典**期间，该城会聚集大量过夜游客，活动期间不仅会有传统服饰游行、烹饪示范，还有likay和lakhon等传统娱乐项目表演。

大苏旺纳蓝寺（Wat Yai Suwannaram）

Phongsuriya路，Chomrut桥以东700米

在碧武里众多寺院中，最引人注目的是建造于17世纪的**大苏旺纳蓝寺**，至今仍然香火不断。寺院精美而古老的柚木**大厅**装饰有精心雕刻的大门，而上面一道很深的裂缝据说是1760年时，缅甸侵略大城时所造成的。穿过大厅，即可看到白色高墙后面坐落着无窗的大城风格正殿。这座正殿建筑高耸于池塘之上，池塘中间矗立着虽小但保存完好的**藏经阁**（ho trai），藏经阁坐落于池塘的木桩之上以防止蚂蚁和其他昆虫损坏里面珍贵的经书文档。从南门进入这座四周围有墙壁的寺院并沿着回廊顺时针游览两旁佛像，然后通过东门进入正殿（如果此门上锁可让僧侣给你钥匙开门）。**正殿**由红色和金色相间且绘有复杂图案的支柱支撑，里面收藏着非常壮观的壁画，但因年代久远褪色有点严重，描绘了从因陀罗、梵天至其他排名较低的神灵画像，按照重要性递减的顺序共分成5排。参观完内殿后可走至正殿背后，穿过中间众多佛像即可看到另一尊背靠后墙的坐佛像：请登上此雕像前面的台阶近距离观察佛像左脚，不知出于何原因竟有六个脚趾。

甘烹銮寺（Wat Kamphaeng Laeng）

Phra Song路，向东步行15千米，位于大苏旺纳蓝寺南侧

甘烹銮寺的5座破败佛塔暗示着碧武里可能是高棉帝国最南端的边村部落。该寺院建立于13世纪，用以供奉印度教湿婆神，整栋建筑呈十字形，朝东而立，而其周围玉米状的红土佛塔是后来改建成佛教寺院时建造的，从收藏有佛像的两座佛殿中可看到这些佛塔。虽然试图恢复一些雕刻图案及虚假的勾栏槛窗，但近年来信徒们大多聚集在这些佛殿后面的现代白

色寺院中，而这些雄伟大气且迷人古雅的普兰佛塔和修剪过的木麻黄树却沦为孩子和流浪狗的地盘，偶尔才会有游客到此参观。

玛哈泰寺（Wat Mahathat）

Damnoen Kasem 路

从甘烹銮寺出发沿着 Phra Song 路向西前行，跨过河流即可远远看见碧武里修复最完善最重要的寺院——**玛哈泰寺**中的佛塔。“玛哈泰”这个名字是自 1954 年才开始使用的，因当时的泰国国王向寺院捐赠了必要的佛祖舍利而得名。该寺院可能建造于 14 世纪，但经过缅甸的摧残变得狼狈不堪。寺院中心位置的五座标志性佛塔装饰有神话故事中的人物浮雕，但比起主佛殿和正殿屋顶的雕刻来根本不值一提。山形墙上装饰的并不是逐渐变细的普通蛇状雕刻，而是小型的天使像和神像（thep&deva），从而俏皮地为该建筑增添了一丝活力。与之类似的还有在正殿入口上方镀金的咆哮鳄鱼浮雕，及附近单独阁楼里收藏的金佛像底座周边描绘的戴眼镜男人为神话中的巨人揉肩膀的漫画浮雕。

王宫山（Khao Wang）

碧武里的西部边缘地区坐落着引人注目的拉玛四世宫殿，这些融合了 19 世纪中期泰国和欧洲风格建筑就散落在**王宫山**山顶。拉玛四世时期，王室随从们需通过陡峭的砖块小道才能费力地抵达山顶，如今可在 4 号公路附近的山丘西侧搭乘**缆车**前往（每天 8:30~16:30，往返 B40）；山丘东侧也有一条小路，起点位于 Rajwithi 路附近。如果你想步行上山，一定要小心山脚及山路上成百上千只极具攻击性的猴子。

到达山顶后，只见茂密的山林间遍布着寺院、普兰佛塔、柴迪佛塔、凉亭等许多建筑，融合了众多不太搭配的建筑风格，尤其是深褐色尖顶主堂非常不雅。国王无论何时前来此地小住都会留宿在通风的避暑别墅——**帕那空奇里宫**（Phra Nakhon Khiri）中（每天 9:00~16:00，B150），拥有地中海风格的百叶窗和阳台。如今成为一个博物馆，里面收藏着外国使者进贡

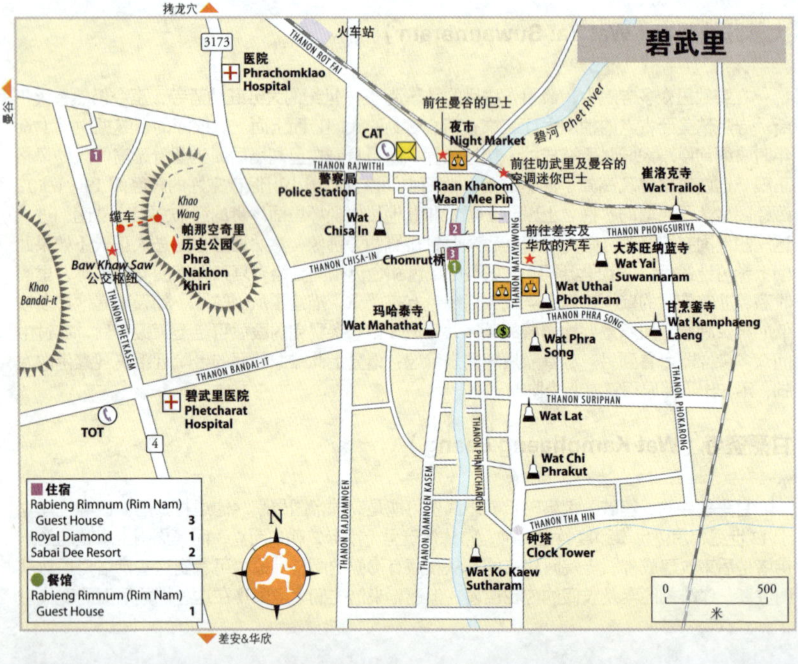

给王室的各种有趣陶瓷、家具和其他文物等。王家山除了天气凉爽、微风和煦外，还是看星星的绝佳场所，因此身为热忱天文学家的拉玛四世（见 p.464）在其寝宫旁建造了一个侧面敞开式玻璃圆顶天文台。

抵达和离开

火车

碧武里火车位于市中心北侧。

抵达站 曼谷（华南蓬火车站每天10班，吞武里火车站每天3班；全程2小时45分钟~3小时45分钟）；春蓬（每天10班，全程4小时~6小时30分钟）；合艾（每天4班，全程11小时30分钟~13小时30分钟）；华欣（每天12班，全程1小时）；那空拍侬（每天13班，全程90分钟~2小时）；那空是贪玛叻（每天2班，全程12~13小时）；巴蜀（每天11班，全程2~3小时）；叻丕（每天13班，全程40~60分钟）；素叻他尼（每天8班，全程6小时45分钟~9小时）；董里（每天2班，全程13小时）。

巴士

经过碧武里的巴士大多数都是前往或来自曼谷的——所有往返于曼谷和泰国南部的巴士都必须沿着4号公路经过此城。

途经此地的巴士 4号公路（碧甲盛路）东侧有个小型的Baw Khaw Saw政府公交枢纽，是前往南部的巴士的上下车点。而经过此地前往北面曼谷的巴士会停靠在此公路的对面：告诉司机在“Sii Yaek Phetcharat”即4号公路和Bandai-It路十字路口碧武里医院附近下车，不然就得在城市以南5千米处的Big C百货商场下车。在4号公路与市中心之间有双条车和摩的运营。

来自/前往差安和华欣 往返于此地和差安及华欣之间的非空调车迷你巴士车站位于市中心，离Chomrut桥步行10分钟不到的距离。

来自/前往曼谷 往返于碧武里和曼谷之间的直达车车站距Chomrut桥有10分钟左右的步行路程，就在Rajwithi路附近。如果从北碧前往此地，可绕过曼谷抵达叻武里，然后再换乘前往碧武里的巴士、迷你巴士或火车。

抵达站 曼谷（每天4~7班，全程2小时15分钟）；差安（每30分钟1班，全程80分钟）；华欣（每30分钟1班，全程1小时50分钟）。

迷你巴士

此地有若干家私人企业会提供前往曼谷胜利纪念碑的有执照空调迷你巴士，其中一家就位于夜市和河流的东面（地图上有标记），且提供前往叻武里的迷你巴士。

周边交通

三轮出租车或双条车 公共双条车会绕城市运行，但如果想在一日内看遍主要寺院且保留足够精力前往王家山，那么你需要租一辆三轮出租车或双条车行驶几小时，价格约为B100/小时。

自行车或摩托车 Rabieng Rimnuml旅馆提供自行车（B120/天）和摩托车（B250~350/天）租赁服务。

信息及旅游线路

Rabieng Rimnum旅馆 该城没有泰国旅游局办事处，但Rabieng Rimnum旅馆（见下文）可了解详细的当地信息。此外还提供上网服务，并在11月~次年7月会组织前往康卡沾国家公园的一日游和夜间旅游，行程包括观鸟及爬山。

住宿

Rabieng Rimnum (Rim Nam) Guest House Chisa-in路1号，Chomrut桥西南角 ☎032 425707/089 919 7446 🌐www.rabiengrimnum.com 旅馆坐落于碧河旁的一栋百年老房子里，更令人烦恼的是，其面前就是嘈杂的主要道路。共提供9间简单客房，共用冷水浴室，还有当地的各种信息及城中最好的餐馆。单人房价格实惠。**B240**

Royal Diamond 碧甲盛高速公路附近众多小街道的Sam Chao Phet巷 ☎032 411061-70 🌐www.royaldiamondhotel.com 这家位于王家山西北侧的温馨酒店是碧武里最好的高档酒店。宽敞舒适的空调房里供应热水、电视、冰箱和免费Wi-Fi，且有非常不错的噪声绝缘设备（但不能隔绝酒店啤酒花园里现场乐队的声音）。提供丰盛的早餐。**B800**

Sabai Dee Resort Khong Kacheng路 ☎086 344 4418 如果街道对面的Rabieng Rimnum旅馆没有客房的话，该度假村是个不错的经济型选择。所有房间共用冷水浴室，客房包括河畔小花园里的简单竹屋，提供蚊帐，以及主建筑里稍贵一些的宽敞白色客房，铺有抛光木地板。**B250**

碧武里的甜点小吃

碧武里几乎有一半的店铺都会提供该城著名的 khanom（甜点小吃），包括王家山山脚下的许多纪念品店铺及 Matayawong 路白日市场内的小摊。当地最有名的特色菜是绿豆蛋奶（maw kaeng，其中最好的蛋奶出自 Phongsuriya 路北面 Matayawong 路西侧的 Raan Khanom Waan Mee Pin 餐馆），是用绿豆和椰子做成，有时还会添加莲子、榴梿或芋头。其他碧武里经典菜肴还包括 khanom taan，这种较小的橘黄色蒸蛋糕是用当地棕榈糖、椰子和米粉混合后包裹在香蕉叶中制成；以及 thong yot，这是一种用棕榈糖和烤蛋黄制成的橙色球状甜点。

餐饮

碧武里不仅是著名的甜品中心，还有非常美味的开胃小菜 khao jae：该菜起初只在炎热季节作降暑用，是将米放在冷冻过的有花香的水中制成并配以细腻的炒菜，如白萝卜丝、虾酱球、鱼干和棕榈糖等。Khao jae 在白日市场有售，大约 15:00 售罄。

Rabieng Rimnum（Rim Nam）Guest House Chisa-in 路 1 号，Chomrut 桥西南角 ⓣ032 425707/089 919 7446 ⓦwww.rabiengrimnum.com 这家城中最好的餐馆坐落于一栋通风的木屋内，提供河畔餐桌，附属于其同名旅馆。这里有许多便宜但有趣的泰式菜肴，从香蕉花沙拉（B70）到美味的碧武里特色菜肴——大虾棕榈果甜咖喱（B75），多种多样，在当地食客中非常流行。每天 7:30~次日 00:00

差安及其周边（Cha-am）

差安度假胜地永远隐藏在其南面 25 千米处的华欣市的光辉之下，但在泰国游客之间还是非常受欢迎的，可以暂时远离城市的喧嚣，享受难得的宁静。此外，这里还有专门为欧洲游客建造的高楼大厦及西式餐馆，提供食住行全包的旅游服务。然而，大多数游客都是从曼谷来此度周末的家庭及学生旅行团，或在沙滩上一排排太阳伞底下的餐桌和躺椅上吃吃喝喝，或乘坐香蕉船或橡胶轮胎体验刺激的海上运动，女性身着得体的 T 恤和短裤而非比基尼。这里的沙滩又长又直，绿树成荫，十分凉爽，但在涨潮时有许多沙砾且变得非常狭窄，清澈的海水非常适合游泳。在工作日期间，差安的生活节奏非常缓慢，很容易就可在茂密的木麻黄树下找到安静的场所，尤其是海滩北端，但在周末，沙滩上热闹非凡，几乎不可能找到清静之地，且价格上涨，交通也变得有些拥挤。

差安较发达的地区位于碧甲盛路（4 号公路）地段，与东面 1 千米处通往海滩的主要道路 Narathip 路的交会处附近。然而大多数酒店、餐馆和一个小警局（Narathip 路拐角处）、若干网吧及其他一些旅游公司都坐落于 3 千米长的海滨大道——Ruamchit 路上；Ruamchit 路上的小巷根据其位于 Narathip 路北侧抑或南侧而编号。

爱与希望之宫（Phra Ratchaniwet Marukhathaiyawan）

差安以南 10 千米，位于通往华欣的 4 号路附近 · 每天 8:30~16:30，周三休息 · 庭院门票 B30，宫殿门票 B30；英语导游书 B80 · 最好自驾前往，不过往返于差安和华欣之间的长途汽车（约每 30 分钟 1 班）会停靠在距宫殿 2 千米范围内的拉玛六世营帐指示牌处，然后沿此路穿过部队营帐即可抵达

拉玛六世奢华的海滨宫殿——**爱与希望之宫**（又称 Mrigadayavan Palace）坐落于美丽的庭院内，很少会有外国游客拜访此地，但却吸引了大批泰国游客。这座西方化的泰式风格宫殿是由意大利建筑师 Ercole Manfredi 设计的，于 1924 年竣工，整个建筑群长达 400 米，共包含 16 座黄金柚木楼阁；连接各楼阁之间的离地人行道共由 1000 多根混凝土柱支撑，且每根支柱底部都有一个放置水的壁龛以防止蚂蚁进入。这里之所以被称作“爱与希望之宫”，是因为拉玛六世第一次前往此地时是陪同怀孕的王后（后因流产被降为王妃）一起来的，但自 1925 年拉玛六世去世后，此地就被遗弃，任其遭受海洋空气的腐蚀，直至 20 世纪 70 年代才重新着手修复工作。如今，整个建筑群和当年看起来别无二致，美丽的格子图案走廊以奶白色和浅蓝色调为主，突出简单凉爽的主旨。北侧宽敞的开放式大厅里悬挂着精美的吊

灯，底楼有走廊围绕，曾是会议室及剧院，专门表演国王自己创作的剧作。国王寝宫位于众建筑群的中心位置，拥有最美的海景，通过一条50米长的高架走道即可抵达他的私人浴池。南侧则是后宫嫔妃们的寝殿，与国王独立的浴池之间有步道连接。

抵达和离开

火车 差安火车站位于碧甲盛路和Narathip路交会处西侧，中间相隔几个街区，每天都要一些从曼谷华南蓬或吞武里火车站出发的火车抵达此地。

抵达站 曼谷（每天5班，全程3小时30分钟~4小时30分钟）；春蓬（每天3班，全程5~7小时）；合艾（每天1班，全程13小时30分钟）；华欣（每天5班，全程30分钟）；巴蜀（每天4班，全程2小时）。

巴士 来自或前往华欣或碧武里途经此地的巴士及当地巴士都会停靠在4号公路与Narathip路的交会处，而这条朝东的主要道路最后会通往海滩。而往返于曼谷和差安之间的空调巴士终点站位于Ruamchit路海滨小广场，就在Narathip路南侧。

抵达站 曼谷（约每小时1班，全程2小时45分钟~3小时15分钟）；华欣（约30分钟1班，全程35分钟）；碧武里（20~30分钟1班，全程50~80分钟）。

迷你巴士 如果你想前往曼谷，可搭乘几家公司提供的从华欣前往胜利纪念碑的空调迷你巴士。也可以直接前往这些公司位于碧甲盛和Narathip路十字路口的办事处，或打电话提前预订（见p.456）。

周边交通

自行车或摩托车 海边许多店铺都会提供摩托车和自行车租赁服务，甚至有双人、三人和四人自行车。

信息

旅游信息 当地泰国旅游局办事处（每天8:30~16:30 Ⓣ032 471005-6 Ⓔtatphet@tat.or.th） 位于4号公路（西侧），Narathip路以南约1千米处，提供整个碧武里府的所有信息。

住宿

差安并没有专门提供给背包客的住宿场所；但你会在Ruamchit路及其小巷上发现许多中档小型酒店和旅馆，而高档酒店和城市外的度假村大多设在前往华欣的路上（见p.457）。许多差安的酒店在周六、银行假日及学校放假期间（3月中旬~4月中旬及10月）都会提高价格。

Golden Beach Cha-am Hotel 差安北路8巷南侧，Ruamchit路208/14号 Ⓣ032 433833 Ⓦwww.golden beachchaam.com 这家性价比较高的20层酒店提供等高中庭、泳池、健身房、上网服务等，与步行大道有一段距离。装饰精美的客房中有空调、热水、迷你吧、电视及阳台，大多拥有海景。B2000

Hotel de la Paix 差安中心以北6千米 Ⓣ032 709555 Ⓦwww.hoteldelapaixhh.com 这个设计时尚的世外桃源有一条精美的白色大理石楼梯通往酒店大堂，中心位置坐落着巨大的水池。住宿建筑非常醒目，客房也非常舒适，而其凉爽的餐馆Clouds Loft里提供精致的创意食品。酒店拥有两个泳池（7栋别墅里有私人泳池）、SPA馆及活动中心，提供烹饪课程、皮划艇和山地自行车租赁服务等。B9700

Nana House 差安北路10巷以北靠近河流 Ⓣ032 433632 Ⓦwww.nanahouse.net 提供大量干净整洁的客房，设备包括空调、热水和Wi-Fi，还提供两间卧室的住房（B4000）。紫色建筑里明亮美丽且铺有瓷砖的客房位于较安静的一侧，前面主建筑里的高档商务房要更合算。B900

Nirandorn 3 就位于Ruamchit路与Narathip路交汇处南侧 Ⓣ032 470300 这家酒店提供干净整洁的酒店客房及一些紧凑的汽车旅馆式平房，色调以明快的白色和棕色为主，提供沙发、保险柜、空调、电视、冰箱和热水；所有酒店里的客房都面朝大海，拥有阳台和躺椅。此外还有一个迷人的小泳池。客房B700，平房B800

餐饮

差安的餐馆虽然没有华欣多，但这里有独特的泰式海鲜，包你满意，包括沙滩上几十个躺椅太阳伞场所。

Krua Medsai 海滩北端，河流后面 Ⓣ032 430196 这家侧边敞开式的茅草阁楼建筑洋溢着浓厚的泰国氛围，坐落于海滩之上，每天都会播放泰国音乐luk thung，且可欣赏美丽的华欣景色，享受海风。人们通常会来此享用美味的海鲜，或简单烧烤，或制成精美菜肴，如hoy jor，这是一种将蟹肉、猪肉糜和荸荠包裹在豆腐皮里的菜肴（B80）。每天10:00~22:00

O-Zone Ruamchit路，Cha-am North7巷 以北 Ⓣ032 470897 这家流行的酒吧餐厅在晚间

会现场演奏优美的民谣（19:00~20:15），然后会有乐队演奏泰国和西方的流行音乐（21:15~凌晨00:30），菜式包括一些西方菜肴，如比萨和牛排等，还有泰式一盘菜肴及更精致的香脆鲇鱼沙拉（B150）等。每天 17:00/18:00~ 次日 00:30/1:00

Poom 差安北路 6 巷以北，Ruamchit 路 274/1 号 ⓣ 032 471036 这家温馨、没有多余装饰的餐馆提供多种海鲜菜肴，用露台用餐点可欣赏美丽的海景，特色菜有大蒜炒虾（B250）和黑胡椒大海蟹（B300~400，视重量而定）。每天 10:00~ 次日 00:00

华欣（Hua Hin）

6

泰国最古老的海滩度假胜地**华欣**曾经只是一个荒凉的渔村，仅有一家气势宏伟的酒店，但随着旅游业的发展，如今此地高楼林立，各大酒店及外国老板经营的色情酒吧严重影响了其曾经的独特魅力。由于此地离苏梅岛、甲米岛和沙美岛美丽的海滩很近，很少有追随阳光的度假者会在此停留。该城市最引人注目之处是位于 Naretdamri 路上的鱿鱼码头的多家餐馆和旅馆，不仅景色秀丽，可享受精美的海鲜食物；在此路另一端坐落着曾经的 Railway 酒店（今 Centara Grand 大酒店），提供各种不同风格和价位的客房。除此之外，该城还是前往南边三百峰国家公园和西边的康卡沾国家公园的巴拉吴瀑布的重要交通枢纽。如果你对这些都不感兴趣，那么还可在 4 月期间前来参加华欣备受尊崇的**爵士音乐节**（ⓦ www.huahinjazz.com），或观看每年 9 月举行的更独特的**大象马球比赛**（ⓦ www.anantaraelephantpolo.com）。

简史

在 20 世纪初，华欣是**王室**的主要度假景点，但在 20 世纪 20 年代，随着曼谷—马来西亚铁路线的开通，前往该海滩的交通线路更加方便，游客也变得越来越多。维多利亚风格

的 Railway 酒店成立于 1922 年，起初作为前往马来西亚三日行程中必要的过夜中转站。同时，拉玛六世还下令在火车站西侧建造了 Royal Hua Hin Golf Course 高尔夫球场（如今 18 洞 ☎ 032 512475），1926 年，拉玛七世在海滩北端建立了夏日王宫 Klai Klangwon（“远离忧愁”之意）。然而讽刺的是，1932 年曼谷发生政变反对君主专制统治时，拉玛七世正于此地度假。泰国现任国王也曾多次拜访此地，这意味着该度假胜地有海军日夜把守，且是治安最好的地方；因此无论是泰国人还是外籍人士都认为华欣是非常安全的居住场所和贸易之地，于是此地也出现了大量以外国人为目标的房产商。

6

海滨中央地区（The central shorefront）

华欣 5 千米长的海滩最美丽的地段坐落于 Centara Grand 酒店前面及南面区域，白茫茫的沙子极其柔软。其北面的海滩上聚集着一系列小餐馆摊位摆放的桌椅，远处海滩终点是一座坐落于高处的中国寺院，从 Naretdamri 路攀登多级台阶即可抵达此地。佛塔北部的海岸上坐落着鱿鱼码头（Sguid-pier) 旅馆和餐馆的露台，而这个原是渔村中心的区域可追溯至 19 世纪初。

筷子山以南（South to Khao Takiab）

市中心以南 6 千米 · 每 20 分钟左右就有一辆绿色双条车会从 Sa Song 路中间地区出发前往筷子山

自 Centara Grand 酒店南面起直至筷子山海岬的海滩几乎被各种度假酒店和高楼公寓淹没，但在平时工作时间，这里相当安静，仅在宽阔柔软的沙滩上坐落着几个较大的食物小摊。**筷子山**是一座树木繁茂的露头山丘，是许多猴子的栖息地，此外山里还有一家寺院；通往山顶的道路有一尊高大的金色立佛像守护，可欣赏到美丽的海岸风景。

抵达和离开　　华欣

目前还不提供前往华欣机场的定时航班。

火车

所有往返于泰国南部和曼谷（主要是华南蓬火车站，一些慢车会前往吞武里火车站）都会在华欣建立于 20 世纪 20 年代的独特车站停留，位于海滨西侧，步行 10 分钟左右。

抵达站　曼谷（每天 14 班，全程 3 小时 30 分钟 ~5 小时）；巴特沃斯（马来西亚；每天 1 班，全程 17 小时 30 分钟）；春蓬（每天 13 班，全程 3 小时 30 分钟 ~5 小时 20 分钟）；合艾（每天 5 班，全程 10 小时 30 分钟 ~12 小时 30 分钟）；那空是贪玛叻（每天 2 班；全程 12 小时）；巴蜀（每天 11 班，全程 90 分钟）；素叻他尼（每天 11 班，全程 5 小时 40 分钟 ~8 小时）；董里（每天 2 班，全程 12 小时）。

巴士

Baw Khaw Saw 政府巴士站　大多数政府和私家车都会使用此车站，位于市中心南面，碧甲盛路 96 巷和 98 巷之间，但其中一些车辆会让乘客在中央钟塔（华欣寺）下车。而从车站出发前往差安和碧武里的非空调车在碧甲盛路和 Chomsin 路交会处以北有个上车点。

抵达站　曼谷（每小时至少 1 班，全程 4 小时）；差安（约 30 分钟 1 班，全程 35 分钟）；清迈（每天 3 班，全程 12 小时）；春蓬（上午每小时 1 班，下午较少；全程 3 小时 30 分钟 ~4 小时 30 分钟）；合艾（每天 4 班，全程 10 分钟）；甲米（每天 3 班，全程 9 小时）；碧武里（20~30 分钟 1 班，全程 75~110 分钟）；普吉（每天 3 班，全程 9 小时）；巴蜀（约每小时 1 班，全程 90~120 分钟）；班布里（每小时 1 班，全程 30 分钟）；素叻他尼（每天 2 班，全程 7 小时）。

来自 / 前往曼谷　前往曼谷汽车南站的一等空调巴士（40 分钟 1 班，全程 3 小时）会在碧武里停留，然后再从 Sa Song 路的 Sri Phetkasem 酒店旁出发，这比从 Ban Khaw Saw 车站或钟塔出发的二等空调巴士快得多。

前往岛屿　Lomprayah（☎ 032 533739 🌐 www.lomprayah.com　可在其位于 Kanjanomai 巷的办事处预订）提供每天两班的汽车和双体船服务，从曼谷出发，可在华欣钟塔处上车（每天 8:30 和 23:30）前往涛岛（B1000）、帕岸岛（B1300）和苏梅岛（B1400），途经春蓬。

迷你巴士

有若干家私人企业提供往返于此地和曼谷胜利纪念碑之间的空调迷你巴士（人满离开，通常约 30 分钟 1 班；全程 2 小时 30 分钟），包括 Chomsin 路南侧 Naebkehat 路上的 Piya666 Tour 旅行社（☎ 081 571 0071；差安 ☎ 082 249 2882；曼谷 ☎ 084 464 6586），在曼谷纪念碑南侧 Phrayathai 路和 Rangnam 路交叉处的 Century 广场有办事处。

华欣附近的短途旅行及活动项目

从华欣出发最流行的一日游景点是其西面63千米处的15层**巴拉吴瀑布**（Pala-a Waterfall），靠近泰缅边界地带，坐落于**康卡沾国家公园**境内（B200 ⓦwww.dnp.go.th）。虽然瀑布大体都差不多，但通往瀑布的路径会带你领略郁郁葱葱的丘陵景观，并会穿过许多菠萝种植园。虽然不提供前往瀑布的公共交通，但每个旅行社都有自己的交通工具。自驾前往该瀑布，在Chomsin路西路口沿着3218号公路按照路牌行驶即可。一进入公园，你就会看到成百上千只翩翩起舞的蝴蝶，也许还会看到巨蜥及6种犀鸟。河畔湿滑的小径（部分地段比较陡峭）会穿过相当茂密的丛林，最后抵达瀑布，途经层层瀑布最后登上偏远的第15层——但大多数游客都会选择停留在第3层，因为这里拥有各种深度的第一池（虽然有许多鱼，但水流并不太清澈）且离停车场只有半个小时路程。

华欣还提供前往三百峰国家公园、碧武里和安帕瓦水上市场的短途旅行，当然还有其北部爱与希望之宫（见p.452）的行程。此外，华欣也有许多如自行车和冲浪风筝等**活动**项目。

6

旅行社

ZHua Hin Adventure Tour Naebkehat路69/8号 Ⓣ032 530314 ⓦwww.huahinadventuretour.com 提供各种旅游线路，包括巴拉吴瀑布（B1800/人起），康卡沾国家公园游船之旅（B2200起）及三百峰国家公园（B1700起，若要在红山河上划皮划艇需另加B400），此外还提供泰式烹饪课程。

Hua Hin Bike Tour 碧甲盛路96/1巷4/34号 Ⓣ081 173 4469 ⓦwww.huahinbiketours.com 提供各种有导游带领的半日游（B1500）和一日游（B2500起，包括午餐）摩托车之旅，包括交通费用，且提供摩托车租赁服务，B375/天。

Kiteboarding Asia Ⓣ081 591 4593 ⓦwww.kiteboardingasia.com 共有三家店铺提供冲浪风筝课程及设备租赁，包括Sofitel以南2.5千米左右，75/1巷尽头处的店铺（一日课程4000铢，三日课程B11000；冲浪风筝的最佳季节是2月～5月中）。

Mermaid Cruises Ⓣ032 632223/084 8007400 ⓦwww.huahincruises.com 华欣南部生态友好的普兰河旅游行程（B1950/人，包括午餐和交通费用），使用安静的电动长尾船带你近距离观察野生动物，包括3米长的巨蜥、白鹭、鱼鹰、野生孔雀和6种翠鸟等。还提供此河上的皮划艇一日游（B1150，包括外带午餐）。在几个海上游轮机构中，Mermaid Cruises还提供前往三百峰的大船全日游（B1950，包括午餐；公园门票B200需另付）。

Western Tours Damnern Kasem路11号 Ⓣ032 533304 ⓦwww.westerntourshuahin.com 每周都会提供前往三百峰国家公园的一日游（B1700/人，若要在红山河上划皮划艇则需额外支付B500）、巴拉吴瀑布（B1700，大象骑乘B500需另付）、碧武里（B1500）、安帕瓦水上市场（B2400）和浮潜旅行（B2700）。

周边交通

出租车 华欣出租车服务包括摩的、三轮出租车和昂贵的嘟嘟车。

双条车 绿色双条车有固定线路，从城市以北6千米的机场出发途经Sa Song路抵达南面的筷子山。

小汽车或摩托车 小汽车租赁点包括位于城市北侧碧甲盛路15/112号29巷附近的Avis（Ⓣ032 547523 ⓦwww.avisthailand.com）。而在Damnern Kasem路众多提供B200/天（两天以上价格为B150/天）机动脚踏两用车的租赁公司中，可选择Khun Dennapa租赁点（Ⓣ081 942 5615 ⓦwww.dencarrental.com），位于Sirin酒店门前道路上，7-Eleven便利店附近。

信息

旅游信息 泰国旅游局办事处位于碧甲盛路，Chomsin路北面（每天8:30~16:30 Ⓣ032 513885）。还有一个市旅游信息中心（周一至周五8:30~16:30 Ⓣ032 511047分号100）位于Damnern Kasem路和碧甲盛路交会处的当地政府大楼中，而碧甲盛路钟塔附近还有一个分部（周一至周五8:30~16:30，周六及周日9:00~17:00）。

出版物和网址 在华欣众多英语出版物和地图中，免费的*Hua Hin Pocket Guide*很有用，每月出版1次，而ⓦwww.huahinafterdark.com上提供许多当地信息。

住宿

在前 Railway 酒店（今 Centara Grand 酒店）入住一两夜本身就是前往华欣的原因之一，但此地也有许多其他住处。最独特的旅馆都坐落于佛塔北面 Naretdamri 路鱿鱼码头附近，其客房大多都在木质码头上，因此即使你不能享受真正的海景房，一样可以聆听感受下面的大海，尤其在退潮时，还能闻到气味。大多数酒店周一至周四的价格都会下降很多，因此可以放心大胆地讨价还价。

All Nations Dechanuchit 路 10 号 ⓣ 032 512747 ⓦ www.allnationshuahin.com 提供各种不同大小的舒适客房，包括免费 Wi-Fi 和阳台，其中一些还能看到远处的海景。空调房提供热水淋浴、电视及冰箱，价格根据房间大小而定；每两间风扇房会共用一间热水卫生间。此外，还有一个屋顶阳台。风扇房 B350，空调房 B600

Anantara 华欣市中心以北 5 千米碧甲盛路 ⓣ 032 520250 ⓦ www.anantara.com 这家位于城市外美丽的度假村田园风格酒店坐落于枝繁叶茂、设计精美的热带花园中（提供班车服务）。住宿客房位于 8 间泰式风格的阁楼中，使用了大量红木装饰。酒店设施包括精致的意大利、泰国和烧烤餐馆、两个泳池、一个豪华的 SPA 馆、儿童俱乐部、两个网球场及其私人海滩，而提供皮划艇。B8200

Baan Somboon Damnern Kasem 路 13/4 号 ⓣ 032 511538/032 533638 ⓔ baansomboon@gmail.com 这家位于市中心安静小巷中的旅馆提供铺有柚木地板的美丽古老风格房屋，装饰着泰国古董、木雕及西方"早期绘画大师"作品，还有一些小附属房。客房整洁干净、温馨舒适，房间设施包括热水小浴室、冰箱、电视及风扇或空调，旅馆小花园里鸟语花香，且有个鱼池。提供欧式早餐。B950

★ **Centara Grand** Damnern Kasem 路 1 号 ⓣ 032 512021-38 ⓦ www.centarahotelsresorts.com 原泰国的"目的地酒店"，其主要大楼是经典殖民地风格建筑，拥有高高的天花板、抛光木嵌板、仿古家具、宽敞的海景阳台及巨大的美丽花园，遍布着动物行踪的灌木丛。马路对面郁郁葱葱的花园里隐藏着雪白的隔板别墅，大多数都有大理石小池，其中一些还提供大型户外按摩浴缸。酒店设施总计有 4 个泳池、1 个 SPA 馆、网球场、儿童俱乐部、桌球室和大棋盘，如果你不出去游玩，还可在博物馆里享受下午茶，原先是大堂，如今陈列着酒店纪念品。客房 B7600，别墅 B11700

Chomsin Hotel Chomsin 路 130/4 号 ⓣ 032 515348-9 ⓦ www.chomsinhuahin.com 这家别致的奶白色小酒店温馨舒适，提供美丽明亮、格局紧凑的中性色调客房，装饰独特且设备齐全：空调、热水淋浴、有线电视、迷你吧、保险柜及免费 Wi-Fi（大堂还提供电脑）。B1000

Dusit Resort Hua Hin 华欣以北 9 千米碧甲盛路 ⓣ 032 520009 ⓦ www.dusit.com 这家海岸上最豪华的度假村酒店之一坐落于热带花园中，提供宽敞典雅的客房，且附近有个种满莲花的礁湖。酒店设施包括 4 个餐厅，1 个带有儿童泳池的大泳池及独立的海水池、SPA 馆、健身中心、水上娱乐、骑马、网球及壁球场和 Avis 汽车租赁分部。B7000

Fu-Lay Guest House and Hotel Naretdamri 路 110/1 号旅馆 ⓣ 032 513145 ⓦ www.fulayhuahin.net 酒店 ⓣ 032 513670 ⓦ www.fulayhuahin.com Fu-Lay 共分为两部分，旅馆客房位于突码头沿岸，带有阳台的空调酒店客房则位于马路对面的低层建筑里。码头旅馆是华欣相同旅馆中最美丽的，提供带有热水浴室的舒适空调客房及一些便宜的独立卫浴风扇房（其中一些有热水提供），且有一个凉爽的休息区就坐落于海水之上。风扇房 B430，空调房 B980

Hilton Hua Hin Naretdamri 路 33 号 ⓣ 032 538999 ⓦ www.huahin.hilton.com 酒店大楼坐落于华欣海滨中心位置，其外观有损于当地天际线景观，但设施齐全，风景优美。酒店在海边拥有一个礁湖状的大型泳池，设施包括 SPA 馆、儿童俱乐部、拥有全景的屋顶中国餐厅及大堂室内外迷人的水上花园。共有 300 间宽敞舒适的客房，所有房间都提供海景阳台。B7300

Jinning Beach Hotel 碧甲盛路 67 巷东路口 ⓣ 032 532597 ⓦ www.jinningbeachhotel.com 这座位于 67 巷的典型旅馆是由丹麦和泰国人合营的，共有 17 间空调客房，7 种不同大小，其中一些带有阳台，所有房间都提供热水、电视和冰箱。B800

Mod Naretdamri 路 116 号 ⓣ 032 512296 这家友好的码头小旅馆最近刚刚翻修。客房清一色是白色，带有一个迷人的小浴室，或是冷水风扇房，或是热水空调房；所有房间都有有线电视和免费 Wi-Fi。在其尽头处还有一个别致凉爽的海景阳台。风扇房 B600，空调房 B800

位于 67 巷的旅馆

从 Centara Grand 酒店沿着海滩往南步行约 15 分钟，或者沿着碧甲盛路步行 2 千米即可抵达坐落着多家旅馆的 67 巷。这条狭窄简短的小巷距离海滩 100 米，共有十几家相对而立的小旅馆，其中大多数都是斯堪的纳维亚人和泰国人合伙经营的，共用一个泳池；这里的旅馆最多不超过 20 间客房，最贵房间价格在 B900 左右。这些房间深受年老的欧洲夫妇喜爱，且大多数每年冬天都会到此度假几个月，因此提前预订客房是很有必要的。

Pattana Guest House Naretdamri 路 52 号 ☎ 032 513393 ✉ huahinpattana@hotmail.com 这家安静地坐落于小巷尽头处的旅馆曾是渔夫的传统柚木屋，非常迷人，庭院里种满鲜花，提供舒适的小客房。其中有的房间拥有冷水私人浴室，有的房间带有阳台。共享浴室房 B300，独立卫浴房 B400

Tong Mee House Naebkehat 路 Raumpown 巷 1 号 ☎ 032 530725 ✉ tongmeehuahin@hotmail.com 这家友好的旅馆坐落于安静小巷里的一栋 5 层楼现代建筑里，性价比高：小而整洁的客房里带有空调、热水、Wi-Fi、冰箱、电视和小阳台，大堂里还提供电脑和图书租赁服务。B550

Veranda Lodge 碧甲盛路 67 巷 ☎ 032 533678 🌐 www.verandalodge.com 这家别致的精品酒店拥有其自己的海滨花园。提供带有小阳台的现代风格豪华客房（柠檬绿、粉色或丹青墙壁）；大多数套房和平房都有独立的客厅和小厨房，且所有房间都有阳台。房间设施包括空调、Wi-Fi、有线电视、DVD 播放机和迷你吧，而酒店设施包括瀑布小泳池和海边露台餐馆。房价包括早餐。B2900

餐饮

华欣的海鲜非常著名，而享受当地最好美食的地方则是海滨和 Naretdamri 路沿线的鱿鱼码头餐馆。各种鱼类菜肴还可在晚间大而热闹的夜市上找到，位于 72 巷沿路（Dechanuchit 路西口）。大多数酒吧都集中在 Hilton 酒店和华欣寺之间的小巷里，尤其是 Bintabat 巷、Kanjanomai 巷及 Poonsuk 路；这些地方大多都是所谓的“色情酒吧”，酒吧周围有许多椅子，整晚都有酒吧女郎会为客户提供啤酒，且谈情说爱。

★ **Baan Itsara** Naebkehat 路 7 号，51 巷以北 ☎ 032 530574 这家坐落于柠檬绿传统木屋的餐馆提供精美的海鲜，餐桌就位于海边露台上。特色菜包括甜罗勒酱，一种类似香蒜的配料，配鱿鱼（B180）或大虾（B420），用荷叶包着的烤鲭鱼和海鲜沙拉都不错。每天 10:30~22:00

Chao Lay Naretdamri 路 15 号。这家华欣最有名的码头餐馆非常流行，提供一流的海鲜食物，包括龙虾、青蟹、扇贝、棉花鱼、海鲜热杂烩及鲭鱼咖喱酥（haw mok）等特色菜。大多数主菜价格 B150~200。每天 10:00~22:00

Cool Breeze Naretdamri 路 62 号 ☎ 032 531062 无论在其美丽的小后花园还是新奇的绿叶装饰餐厅内部，你可在这家酒吧咖啡厅享用到一些非常美味的小吃（包括各种素食），其中许多配料都是从西班牙进口的。每周特价可能包括西班牙火腿龙虾（B225），或者来一份 B425 的套餐，共 12 盘小吃。此外还提供面包、海鲜拌饭及其他海鲜和主食等。价格优惠直至 19:00，包括小吃买 2 送 1，桑格利酒买 1 送 1 等。每天 11:00~23:00

Hagi Damnern Kasem 路和 Naretdamri 路交叉口的 Centara Grand 酒店 ☎ 032 512021-38 这家优雅舒适的日本餐馆提供美味正宗的寿司（套餐 B480 起），包括用香脆的鲑鱼皮和黄瓜、天妇罗制成的可口寿司卷及铁板烧。用餐场所位于禅式花园，四周装饰着黑色板岩、竹子及岩石池塘，或者在寿司吧台的角落里用餐。每天 17:00~23:00

Pa Jeua Naretdamri 路，Hilton Hun Hin 酒店对面。这家有名的路边餐馆提供泰国著名甜点，如美味的 khao niaw mamuang（新鲜芒果糯米和椰奶），价格 B60。每天 9:00~15:00

Som Moo Joo（**Jek Pia**）Dechanuchit 路 51/6 号（Naebkehat 路交汇处附近）；无英文标记。这家极简单的餐馆提供非常便宜的精美海鲜，深受泰国度假者的喜欢。这里的招牌菜 moo joom 是自制的猪肉清汤（或者用虾 / 乌贼），此外还提供各种标准海鲜食品。从 6:00~13:00，该地区会被几家流行的小摊占据，提供咖啡、海鲜、沙嗲及海鲜面汤等。每天 17:00~20:00

Youyen（**Hua Hin Balcony**）Naebkehat 路 51 巷附近 ☎ 032 531191-2 这家坐落于海边的美丽露台餐馆提供各种精致正宗的泰国食物，如美味的炒虾，搭配绿色酱汁、绿胡椒、蒜末和甜罗勒（B280）。每天从 11:00 营业至 21:00 左右

娱乐活动

Sasi Dinner Theatre Hyatt Regency 酒店附近，Cernara Grard 酒店以南约 4 千米 ☎ 032 512488/081 8804004 🌐 www.sasi-restaurant.com 近年经过了重新装修。每天晚上通常会有泰国古典舞蹈表演及传统格斗和当代芭蕾（B750 左右，包括晚餐和交通费用）。

Thai Boxing Garden Poonsuk 路 ☎ 032 515269 此地每周四和周六晚上都会有泰拳比赛，21:00 开始，共有 5 场格斗（B400~600）；此地是由当地泰拳冠军 Khun Chop 经营的，此外通过预约还可以让他教授泰拳课程（B400/ 小时）。

购物

Bookazine 书店 Damnern Kasem 路和 Naretdamri 路交叉处附近 ☎ 032 516512 这家位于超市的小营业点提供各种英文书籍、杂志及报纸。每天 8:00~23:00

右页图从上往下依次为：碧武里的王宫山（见 p.450）；红统国家海洋公园沃达勒岛上的美景（见 p.488）>

Cicada Market 市场 Takiab 路 Suan Sri（Hyatt Regency 酒店附近，Centara Grand 酒店以南 4 千米）Ⓦ www.cicadamarket.net 此周末市场是按照清迈步行街仿建的，提供珠宝、可爱的配饰、各种 T 恤和其他服装、艺术品及大量食物等，这里的露天剧场还会定期有各种类型的表演。周五和周六 16:00~23:00，周日 16:00~22:00

Hua Hin Internatioral 碧甲盛路和 Damnern Kasem 路交会处的 Colonnade Mall 商场内提供大量二手书籍。每天 10:00~21:00

Khomapastr 碧甲盛路 218 号 Ⓣ 032 511250，Ⓦ www.khomapastrfabrics.com 这家店铺提供著名的 forpha kiaw（或 pha khomapastr），这是一种色彩明亮的手工印花布，上面有美丽的旋涡状图案，通常用金色表现。布料的同名创始人是一位王子，在 20 世纪 40 年代时看到曼谷国家博物馆里陈列着的 19 世纪王室服装后开始从事此行业。你可以购买布片或按米购买，也可购买制成衬衫、裙子、靠垫套和包等。周一至周六 9:00~19:00。周日 9:00~17:00

Plearn Wan 碧甲盛路 38 巷和 40 巷之间 Ⓦ www.plearnwan.com 这家融合了怀旧之情和商业氛围的奇特店铺名字意为"怀念过去"，暗示了其深受全国各地泰国人民的喜爱。在该老式木质建筑里出售各种复古产品：生活音乐光盘、老式玩具、传统咖啡、甜点及夏威夷四弦琴等。周一至周四 10:00~22:00，周五 10:00~ 次日 00:00，周六 9:00~ 次日 00:00，周日 9:00~22:00

附录

银行及货币兑换 所有度假村都有货币兑换服务，尤其是 Damnern Kasem 路和 Naretdamri 路；而碧甲盛路上的大多数主要银行分部都提供自动取款机服务。

医院 曼谷医院（Barykok Aospital）位于碧甲盛路 888 号，市中心以南 94 巷附近（Ⓣ 032 616800）。

出入境管理局 位于碧甲盛路 10 巷左侧的运河大道，市中心西部方向 5 千米（周一至周五 8:30~16:30 Ⓣ 032 526556）。

上网 全程共有几十处上网点，包括 Naretdamri 路 Hiton 酒店运营的 World News 网吧，虽然贵但环境舒适（每天 8:00~22:30），提供香浓的咖啡、果汁和小吃，但需额外支付。

禅修 位于碧甲盛路 91 巷的 Khao Santi 寺提供坐禅和步行禅修的英文授课，包括辩论佛法（周三 8:30~11:30；免费，欢迎捐赠 Ⓦ www.meditationin huahin.org）。

药房 度假村里有一些药房，包括 Naretdamri 路 Hilton 酒店对面药品较多的 Medihouse（每天 9:30~23:00）。

泰语 位于碧甲盛路 Wongchomsin 大厦 83/14 号的 TLC 机构提供泰语学习课程和私人授课服务（63/1 巷附近 Ⓣ 032 533428 Ⓦ www.thailanguage center.org）。

旅游警察 遇到任何紧急情况请拨打旅游警察 24 小时免费 Ⓣ 1155，其在 Damnern Kasem 路海滨尽头 Centara Grand 酒店对面有一个办事处（Ⓣ 032 516219）。

旅行社 Western Tours（见 p.456）比较可靠，出售国际和国内机票以及前往泰国南部的汽车票等。

帕南邦（Pak Nam Pran）

位于华欣和春蓬之间的海岸线少见外国游客，却受到许多富有的曼谷市民喜爱，其中最漂亮的是精致的**帕南邦**。帕南邦位于华欣以南约 30 千米，以前来此地的大多是在此拥有海滨别墅的家庭游客，但在过去几年里，这里出现了许多诱人但价格昂贵的精品酒店，且有迹象显示还会继续增加。到目前为止，海滩上的设施就只有一些迷你市场、汽车租赁点及独立的酒吧和餐馆等，大多都聚集在海滩东端 Evason 酒店附近，且酒店员工会安排前往附近三百峰国家公园的一日游行程；而 Evason 酒店以南约 1 千米的亚洲风筝冲浪机构（Kiteboarding Asia）还会提供风筝冲浪活动项目（Ⓣ 089 743 5564 Ⓦ www.kiteboarding asia.com）。

正如海湾海岸大部分地区一样，这个又被称为 Hat Naresuan 的**沙滩**也没有什么不同（几乎没有任何树荫，且部分区域遭受了海水侵蚀），但其长长的精细沙滩如今仍是空荡荡的一片，可以近距离观察到海滩。位于普兰河（Pran River）河口帕南邦城镇以南的沙滩上拥有丰富多彩的钓鱼船，尤其是钓鱿鱼，非常有名，且距离 Khao Kalok 海岬和 Thao Kosa 森林公园只有约 7 千米路程。

抵达和离开

帕南邦

最简单的线路是途经华欣以南 23 千米横跨 4 号公路的**班布里**（Pranburi）。从班布里至帕南邦约有 10 千米，没有公共交通服务，但酒店可安排接车服务，或者乘坐班布里的双条车前往。班布里主要十字路口（4 号公路与 Ratbamrung 路交会处）位于 Talat Chaikaew 的 Tesco Lotus 超市以南 2 千米，如果你自驾前来，最简单的线路是沿着 4 号公路行驶在此地往东转，进入 3168 号支路前往海边，然后找到入住酒店的相关路标即可。

来自 / 抵达班布里

火车 班布里古色古香的火车站位于 4 号公路十字路口（Talat Chaikaew）以东 4 千米，海滩附近，3168 号支路的北侧。

抵达站 曼谷（华南蓬火车站每天 1 班，吞武里火车站每天 2 班；全程 5 小时~5 小时 30 分钟）；春蓬（每天 2 班，全程 4 小时 30 分钟）；合艾（每天 1 班，全程 12 小时 30 分钟）；巴蜀（每天 3 班，全程 1 小时）。

巴士 许多从曼谷汽车南站出发前往泰国南部的巴士都会停靠在班布里 4 号公路十字路口 Talat Chaikaew 附近。

抵达站 曼谷（一等车：每小时 1 班，全程 3 小时；二等车，停靠在华欣：30 分钟 1 班，全程 4 小时）；华欣（30 分钟 1 班，全程 30 分钟）。

迷你巴士 从曼谷胜利纪念碑出发的空调迷你巴士（T 085 403 6113）通常会停靠在 4 号公路班布里市政厅对面的 Tesco Lotus 超市门口，你也可以多花点钱让司机送你至入住的海滩酒店。

6

住宿

帕南邦独特的住宿场所是其最吸引游客之处："精品"是最合适的形容词，因为这里的大多数酒店最多只提供十几间客房。住宿风格从希腊到南非，从摩洛哥到斯堪的纳维亚，多种多样，比起五星级酒店有过之而无不及，而且非常舒适。由于一些酒店楼层较多且楼梯没有护栏，不适合儿童居住。早餐通常包含在房价中。在旺季（11 月 ~ 次年 5 月）周末期间，酒店价格会上涨，且需提前预订。下列酒店分布在 2 千米长的海滨大道上，起点位于帕南邦城镇以南 4 千米处。

★ **Aleenta** 帕南邦中央区 T 032 618333 W www.aleenta.com 这家设计精美的酒店分为主建筑和鸡蛋花（Frangipani）建筑两部分，离海滩 500 米，提供华丽的圆形茅草平房及雅致的别墅式客房，其中大多数都可欣赏到美丽的海景，还有阳台和跳水池。优雅保守的本地装饰和巨大的落地窗，给人以现代简约洒脱之感，提供 iPod 和 Wi-Fi，没有电视。酒店设施包括屋顶泳池和 SPA；还可提供瑜伽、太极和烹饪课程。**B7100**

Baan Panali 帕南邦南部，Auaplee 酒店以南 200 米 T 086 051 2333/081 844 2484 W baan-panali.com 这家酒店虽不像其他酒店那样惊艳，但价格较便宜，装饰也很美丽：奶白色土砖风格建筑，提供宽敞艳丽且铺有瓷砖的客房，其海滨露台上还有一个迷人的小泳池。除了一间客房外其他所有房间都面朝大海，带有露台或阳台，且所有客房都带有空调、热水淋浴、电视和冰箱。**B2000**

Evason 帕南邦北面 T 032 632111 W www.sixsenses.com/evason 这是帕南邦区域最大、最有名的酒店，隐藏在美丽的花园中，给人以私密精巧之感。客房非常迷人，极具现代化气息，带有大阳台和 DVD 播放器；若想有更大的私密空间，可入住超豪华私人泳池别墅，是泰国影视明星的最爱。酒店设施包括大泳池、SPA 馆、两间餐厅、网球场和带有泳池的儿童俱乐部。**B5700**

★ **Huaplee Lazy Beach** 帕南邦中央区 T 032 630 554-5 W www.huapleelazybeach.com 这家非常美丽的酒店共有 7 间别致的白色海滨客房及 1 间坐落于美丽草坪上的套房，是身为建筑师和室内设计师的老板亲自设计的。这里的房间风格独特，以海洋为装饰主题，铺有白色的木地板，色调以蓝色和白色为主，装饰有美丽的贝壳和浮木。房间通风明亮，且都带有空调、冰箱和电视（没有热水）；其中一些还有美丽的海景阳台。**B3300**

Jamsawang Resort 帕南邦北部 T 032 570 050 W www.jamsawang.com 该区域最便宜的酒店之一，是由家庭经营的。酒店坐落于海滩马路对面修剪整齐的花园中，所有平房都有空调、热水、冰箱和电视；其中一些泰式风格比较简单的淡蓝色水泥客房非常舒适，但其他大多数比较贵（B2000 起）且装饰更精美的黄色巴厘岛式风格平房拥有花园浴室。**B1400**

饮食

Krua Jaew 帕南邦城镇边缘地带，Evason 酒店以北约 2 千米 T 032 631302 这家该区域最好的海滨餐馆提供 120 种中等价位的菜肴，其中大多数是鱼类和海鲜食物，包括精致的蟹咖喱（B300）、海鲜咖喱酥（haw mok thalay，菜单上名称为 steamed seafood with spicy and coconut milk：香料椰奶蒸海鲜，B120）和当地特色菜炒鱿鱼干（pla meuk det diaw，B150）。没有英文标记，却是前往帕南邦海滨道路上遇到的第一家餐馆，厨房和大多数餐桌都位于道路左侧，右边沙滩上也有一些餐桌。每天 9:00~21:00

Krua Sawatdikan Khao Kalok 帕南邦最南端，Khao Kalok 岩石露台南侧，离 Baan Panali 酒店约 1 千米 T 086 701 8597（无英文标记） 这家简单的海滨餐馆提供许多美味的海鲜菜肴（大多在 B80~150 之间），在木麻黄树下的海滩餐桌上用餐还可看到三百峰的壮丽景色；但这里有许多蚊子，要带好驱蚊剂。每天 10:00~20:00

三百峰国家公园（Khao Sam Roi Yot National Park）

国家公园门票 B200 · ☎ 032 821568 · 🌐 www.dnp.go.th

三百峰国家公园北门位于帕南邦以南 28 千米，距离哈利海滩 63 千米，是一座仅 98 平方千米的沿海公园，面积虽小，但生物种类多样且有很多蚊子。公园里的主要景点是同名的石灰岩峭壁，高出水平面 600 米，在海湾与公园茂密的丛林之间若隐若现，但更引人注目的是吸引了成千上万只候鸟栖息于此的泥泞浅滩和淡水沼泽。三百峰沼泽地是主要的**观鸟**景点，但大多数一日游的重点行程则是美丽至极的帕雅那空奇里（Phraya Nakhon Khiri）洞穴，此外这里的一些美丽小径和两片僻静海滩都为该公园增添了魅力。

6

公园里的**方位定向**还是相当简单的。其中一条主要的南北向道路会从 3168 号支路（该支路从班布里的主要十字路口处一直延伸至帕南邦）横穿整个公园，中途依次会经过：通往**普诺伊**海滩的 2 千米长岔道，这个宁静的金色沙滩上有几家度假村酒店，凉季期间还可能看见海豚；再往前 4 千米是公园北部检查站；通往邦浦村（前往帕雅那空洞的中转站）、坤塔瑙村（可前往赛洞）和三帕雅海滩（可前往东部）的支路；然后跨过红山河流，蜿蜒向西抵达主要山丘附近，途经**公园总部**（提供公园信息手册和地图）及南部检查站（距北部检查站 14 千米），最后到达 4 号公路 286.5 千米石头标记处。

帕雅那空洞（Tham Phraya Nakhon）

从邦浦寺附近乘船出发，往返价格为 B300/ 艘

三百峰国家公园最著名的景点是**帕雅那空**岩洞系统，隐藏在陡峭的悬崖边上，山下即是**联萨拉海滩**（Hat Laem Sala），国家公园游客中心就坐落在这个不起眼的沙滩海湾上，车辆无法进入。通常游客会在**邦浦渔村**（Ban Bang Pu 距北部检查站 6 千米）边缘的邦浦寺后面众多食物小摊附近搭乘船只，大约 5 分钟后即可抵达该海滩。或者你也可以沿着邦浦寺后面设有路标、长 500 米的小径翻过海岬，步行前往联萨拉海滩，但部分路段比较陡峭。抵达该海滩后，沿着另一条艰难但风景秀丽的小路步行 30 分钟左右即可抵达山腹的帕雅那空洞。

这两个巨大的**洞穴**里充满了钟乳石和石笋，被藤本植物和多瘤树木环绕，然而最吸引人的还是部分坍塌的岩石顶部，小缕阳光得以洒进洞内，照亮了整个空间——尤其是 1890 年为纪念拉玛五世在第二个洞穴里建造的著名王室亭阁 Phra Thi Nang Khua Kharunhad。

赛洞（Tham Sai）

从帕雅那空洞往南步行 3 小时即可抵达**赛洞**，这是一个黑暗阴湿的石灰岩溶洞，遍布着钟乳石、石笋和石化瀑布，没有丝毫光亮；照明灯和火炬的租赁价格为 B60。整条小径拥有一些精美的海岸风景，但从**坤塔瑙村**（Ban Khung Tanot）前往只需 20 分钟，路程要短得多（可通过距邦浦村支路 8 千米的小道到达此地）。

红山及其周边（Khao Daeng）

运河游船 B400，最多 6 人，皮划艇 B500 · ☎ 089 903 1619

主路上的下一个岔道口可通往宁静的 1 千米长海滩——**三帕雅滩**，国家公园游客中心就坐落于此，沿着道路再往前，即可看到两岸遍布着红树林的**红山运河**（Khao Daeng Canal）。在主要道路西侧，红山寺（Wat Khao Daeng）旁有船舶租赁点，你可在清晨或黄昏时分到此巡游 1 小时，欣赏绝妙的大自然美景；此外此地还提供皮划艇租赁服务。

再往前几千米即是 157 米高的**红山**露头岩层，从公园总部附近沿着一条小道向上攀爬 30 分钟左右即可抵达山顶，俯瞰整个海岸线，享受如诗如画的美丽景色。公园里的两条官方**自然小径**也在总部附近：时长 30 分钟的“马蹄径”（Horseshoe Trail）穿过猴子、松鼠和鸣禽的主要森林栖息地，时长 45 分钟的“红树林步道”（Mangrove Trail）则会通过巨蜥和白鹭居住的沼泽，偶尔还会看到长尾猕猴。

6

三百峰（Thung Khao Sam Roi Yot）

不能通过公园的主要道路抵达，但可在4号公路276千米石头标记以北200米处往东转，然后继续行驶9千米即抵·平底船B150/人·T 081 486 1842

该公园共栖息着300多种**鸟类**，在9～11月期间，泥泞的沼泽地遍布着从西伯利亚、中国和北欧飞往此地的候鸟。三百峰西侧的Rong Jai村（Rong Che）附近有泰国最大的淡水沼泽——**三百峰沼泽**（Thung Khao Roi Yot, 又称Beung Bua）。这里不仅是观察涉禽和鸣禽的好地方，还是泰国仅有的两个**紫鹭**繁殖地之一；可乘坐平底船到此观鸟一两个小时。

抵达和离开 三百峰国家公园

正如泰国大多数国家公园一样，如果没有自己的交通工具很难抵达三百峰国家公园，而且园内景点之间相隔甚远，步行游览有点困难。

摩托车或小汽车 在华欣（也提供汽车租赁服务）、Dolphin Bay度假村和巴蜀都可租借到摩托车。

跟团旅游 可从华欣、帕南邦或Dolphin Bay度假村出发到此一日游，包括华欣自行车之旅（见p.456）提供的自行车旅游。

住宿及餐饮

由于公园提供的住宿床位有限，许多游客都喜欢留宿在公园以北几千米处长长的，绿树成荫的普诺伊海滩（Hat Phu Noi）上。

公园内部

国家公园住宿 T 032 821568 W www.dnp.go.th 公园总部、红山河及坤塔瑙村之间的三帕雅海滩、联萨拉海滩及三百峰沼泽地都可提供住宿服务；且这四个地方都有餐馆。在联萨拉海滩可选择露营住宿，B150~225/顶，或选择提供热水淋浴的国家公园平房（可入住6~9人）；三帕雅和三百峰沼泽只提供露营；总部仅有平房（入住5~6人）。平房必须通过曼谷的国家公园总部提前预订（见p.34）。联萨拉海滩 B1600，总部 B1200

普诺伊湾

Brassiere Beach 普诺伊湾底部 T 032 630555 W www.brassierebeach.com 这家酒店也是由帕南邦的Huaplee Lazy Beach酒店（见p.461）的设计师老板开设的，其名字来源于海岸上两座类似于胸形的岛屿——渔夫们会把奶罩供奉在岛屿内陆的主要神祠里以求好运。酒店提供的客房也都有许多俏皮的绰号，如“La Perla”(内衣)等。对某些人来说这可能极不雅致，但酒店本身还是非常别致独特的，通风且光线充足，色调以蓝白为主。一些客房拥有小按摩浴缸和泳池或户外浴室，此外酒店还提供皮划艇和自行车租赁服务。房价包括早餐。B3800

Dolphin Bay 海滩北端 T 032 559333 W www.dolphinbayresort.com 这家有生态意识且深受家庭喜爱的酒店提供舒适的空调房、平房、公寓和别墅，所有房间里都有冰箱、热水和电视，酒店草坪中央还有一个儿童泳池和成人泳池，周边种植着棕榈树，此外还提供儿童游乐场、上网服务和Wi-Fi。酒店可安排班布里接车服务（B250）且提供有许多旅游线路：公园半日游（B700一辆车，包括司机），当地岛屿游船之旅以及皮划艇、摩托车和自行车租赁服务。B1590

巴蜀及其周边（Prachuap Khiri Khan）

虽然没有什么重要景点，但这个位于班布里以南67千米，人迹罕至的**巴蜀府**府会小城却是前往或离开海岸中途不错的休息场所。此地最引人注目之处在于其设施：一个巨大的、周围种植着棕榈树的半月湾，点缀着五颜六色的渔船，北端矗立着岩石露头，南面则是一小片丛林，在市中心的海滨大道享受海鲜午餐时，还可欣赏这美丽的景色。其南边的海湾里坐落着一个美丽的**海滩**——柠檬湾，洋溢着巴蜀独特泰国小城镇的气息。

该城从东往西仅有250米长，坐落于大海和火车站之间，拥有多条街道，铁路轨道前面是4号公路，而从北端的镜子山到南面Wing 5空军基地总长1千米左右。**城市布局**非常简单：主要道路Kongkiat路从火车站直通码头，而南北方向共有4条主道，分别是火车站附近的Phitak Chat路、Salacheep路、Susuek路及海滨大道Chai Thalay路。

镜子山（Khao Chong Krajok）

镜子山经常有猴子出没，是巴蜀的主要景点：从 Salacheep 路攀登 417 级台阶抵达山顶的金色尖顶佛塔，可将山下蜿蜒的海岸线直至西边 12 千米外缅甸边境地带的山脉壮观之景尽收眼底。

柠檬湾（Ao Manao）

6

位于 Wing 5 空军基地（通常需在基地检查站签名后方可进入）・沿着 Salacheep 路往南（或沿着海滨长廊前行然后右转）即可抵达检查站，然后继续前行 2 千米穿过基地到达海滩・乘坐嘟嘟车到海滩需 B60 左右

在城市偏远的南端坐落着**柠檬湾**长长的沙滩，是该地区游泳和享受日光浴的最佳场所。工作日期间此地比较空闲，但每逢周末，许多泰国家庭都会到此旅游，海边食物中心小摊生意火爆，提供当地著名的新鲜螃蟹木瓜沙拉（som tom puu），你可在海滩树荫下的躺椅和餐桌上享用。海湾北端是 Lommuak 山，山脚下坐落着纪念碑，显示了在“二战”期间，泰国人和日本军队曾在此地发生争斗。

蒙库国王科技纪念公园（King Mongkut Memorial Park of Science and Technology）

城市以南 12 千米的 Waghor 海滩上・每天 9:00~16:00，给鱼喂食时间为 11:00&14:00（随时有变更）・水族馆 B20・☎ 032 661104・沿着 4 号公路至 335 千米石头标记处往东转即可，或穿过柠檬湾的空军基地，沿着海岸左侧一直行驶

蒙库国王科技纪念公园（也被称为拉玛四世科学园）以其物种丰富的大型**瓦柯水族馆**（**Waghor Aquarium**）而著名。其亮点包括水下隧道、触摸池和给鱼喂食等，大多数鱼类的展示板和标签上都有英文注释。该水族馆虽不像曼谷暹罗海洋世界那么美丽壮观，但门票价格也不到其 1/10。沿着海滩道路往南走 500 米左右即可看到该公园的天文博物馆，虽然技术含量较低，但大多数标签上都有英文注释，值得一看。

据说该公园是为纪念泰国科学之父**拉玛四世**在 1868 年 8 月 18 日到此观察日食而建。在准确预测日食后，蒙库国王决定在王朝推行科学，于是建立了一个大型探险队，旨在消除千百年来人们对太阳会被拉胡天神吞噬的错误理解，且反驳占星术和宇宙学的传统理念。为此，他专门邀请法国科学家和新加坡的英国总督到此观看该天象奇观，而他自己则和 50 头大象及大臣们包括占星家一起出席，探险队的法国领导人曾这样写道：“即使他们对整个项目都没什么热情也无可厚非。”但不幸的是，拉玛四世及其 15 岁的儿子双双在瓦柯染上疟疾；10 月 1 日，拉玛四世于曼谷驾崩，但其儿子朱拉隆功幸运地存活了下来，并成为泰国历史上最伟大的国王——拉玛五世。

抵达和离开　　巴蜀

火车

几乎所有从曼谷出发的南部铁路线都会经过巴蜀火车站，位于市中心西侧的 Kongkiat 路西路口。

抵达站　曼谷（每天 11 班，全程 5~7 小时）；春蓬（每天 11 班，全程 2 小时 ~3 小时 30 分钟）；合艾（每天 4 班，全程 9~11 小时）；那空是贪玛叻（每天 2 班，全程 10 小时 30 分钟）；素叻他尼（每天 8 班，全程 4 小时 30 分钟 ~6 小时）；董里（每天 1 班，全程 11 小时）。

巴士

巴蜀并没有正规的汽车站，且往返于市中心和其他地区的特定巴士数量也正逐渐减少，因此许多人会选择前往 4 号公路拦截过往的巴士，或选择搭乘空调迷你巴士。

来自 / 前往曼谷的巴士　位于 Kongkiat 路南面 Phitak Chat 路的 Pudtan Tour 旅行社提供前往曼谷汽车南站的一等空调巴士，途经班布里和碧武里，沿着华欣支路 37 号公路行驶。而 Phitak Chat 路再往北有个机构可提供前往曼谷的二等空调巴士服务，但有时不太可靠，中途经常会停车，包括华欣中心。

来自 / 前往曼谷的空调迷你巴士　有若干家公司提供前往曼谷的空调迷你巴士服务，包括 Kongkiat 路北面 Phitak Chat 路上的 Monsiri Travel 旅行社（☎ 089 005 5139），其终点站位于胜利纪念碑或汽车南站和北站，中途会在班布里和碧武里停靠。

前往南部的长途汽车　Phitak Chat 路每天都有 1 班前往春蓬的非空调巴士，但如果要搭乘前往南部最快的交通工具需在 4 号公路警务处等候，距离通往城市的道路以北 1 千米，有从曼谷出发经过此地的

空调巴士；其中一些向南行驶的汽车会在8:30~11:30之间于此地接乘客上车（12点左右更多）。

抵达站 曼谷（约每小时1班，全程4~5小时）；春蓬（每天1班，全程3小时）；华欣（每天2~3班，全程90~120分钟）；碧武里（约每小时1班，全程3小时~3小时30分钟）；班布里（约每小时1班，全程60~90分钟）。

信息及周边交通

旅游信息 在城市最北端市政府庭院里坐落着一个较小的旅游信息局（每天8:30~16:30，偶尔在12:00~13:00员工会外出用餐 ☎032 611491），提供城市地图；位于一栋面朝海滨大道的白色建筑底楼。

自行车和摩托车租赁 Sun Beach Guesthouse旅馆提供自行车（B70/天）和摩托车（B250/天）租赁服务。

皮划艇租赁 海滨的Hadthong酒店隔壁的Kayak Adventures提供皮划艇租赁服务。

住宿

Faa Chom Khleun 柠檬湾 ☎032 661088-9 Ⓦwww.aomanao.com 这家位于海滩边上的空军酒店整洁漂亮，提供Wi-Fi，位于Wing 5空军基地附近。所有房间都有海景阳台、空调、热水、电视和冰箱，酒店拥有一个大泳池。无英文标记。B900

Hadthong Hotel Susuek路21号，另一门口位于海滨大道码头南面 ☎032 601050-5 Ⓦwww.hadthong.com 这家经营良好的酒店提供舒适的客房，其中大多数都带有阳台，可看到美丽的海景，所有房间都提供Wi-Fi、冰箱、空调、热水和电视，酒店设施还包括15米长的泳池、计算机室和桌球俱乐部。房价包括早餐。B950

Maggi's Home-stay Salacheep路和Susuek路之间的Tampramuk4巷5号，Kongkiat路以北 ☎032 604216/087 597 9720 Ⓔmaggies.homestay@gmail.com 这家温馨的住宿场所位于美丽的前花园后，凉爽的树荫下配备着吊床和起居室。房间风格多种多样，有明亮通风且铺有抛光木地板的传统木屋，共用热水浴室。在后面外屋内也有一些客房，但其中一些带有独立浴室（冷水淋浴）。所有房间都有Wi-Fi，且提供自行车和摩托车租赁服务。单人房价格实惠。风扇房B260，空调房B500

★ **Sun Beach Guesthouse** Chai Thalay路160号，海滨大道离码头500米左右 ☎032 604770 Ⓦwww.sunbeach-guesthouse.com 这家温馨舒适的旅馆是由一对泰国和德国夫妇所开，富丽堂皇，如地中海别墅一般，科林斯柱和精美的瓷砖随处可见。提供明亮舒适的天蓝色空调房，带有热水、冰箱、电视、免费Wi-Fi和阳台，房价根据海景质量而定。酒店设施包括泳池和漩涡池，提供上网服务。B700

餐饮

巴蜀便宜且美味的海鲜美食大多都聚集在城市热闹繁华的夜市，坐落于Kongkiat路和Phitak Chat路交会处周边的空地上。

Ma-prow Chai Thalay路，Hadthong酒店南面 这家淳朴通风的餐馆提供美味可口的鱿鱼咸蛋（B150）及酸角和花生酱炸鲈鱼鱼片（B180），此外还有炸鱼和薯条等一些西式菜肴。每天11:00~23:00

★ **Plern Smud** Chai Thalay路44号，码头南面，Hadthong酒店旁 ☎032 611115（仅在Susuek路入口有英文标记，海滨道路上没有） 这家城镇最好的餐馆拥有一个面朝大海的宽广美丽庭院，提供美味的煎牡蛎、可口的蟹钳（B150）和精致的野生鱼咖喱（kaeng pa pla；B100）等各种海鲜菜肴。每天10:00~21:30

Rome Beer（MC会所） Chai Thalay路，Ma-prow南边 这家海滨酒馆提供一流的饮料，拥有摩托车装饰品且聚集着一些友好的车手。每天从16:30营业至深夜

附录

自动取款机和货币兑换 坐落于Salacheep路和Phitak Chat路上，包括位于后者的Krung Thai银行，每天都会营业。

上网 大多数集中在Salacheep路。

邮局 位于Susuek路Hadthong酒店后面（周一至周五8:30~16:30，周六、周日9:00~12:00）。

咕噜村（Ban Krud）

咕噜村位于巴蜀以南70千米，拥有一个安静的5千米长沙滩，淡蓝的海水，随风摇曳

的木麻黄树，宛如人间仙境，在其海滨道路中央地段还聚集着许多豪华的高档洋房和海鲜餐馆。岛屿内陆距海滩主要丁字路口 1 千米处坐落着当地传统的小村庄，火车站周围可找到自动取款机。海滩北端是一个多姿多彩的渔村，周四下午有集市，再往前坐落在美丽的海角——**通猜山**（Khao Thongchai），以 14 米高的 Phra Phut Kitti Sirichai 佛像和雄伟的现代寺院**玛哈泰舍利塔寺**（Phra Mahathat Phraphat）而著名。这座完美融合了传统与当代风格的寺院矗立着 9 座金色佛塔，装饰有各种描述佛教故事的现代迷人彩色玻璃窗；在海滨沿着一条 1.5 千米长的蜿蜒小路即可抵达此寺院。除了拜访该寺院及前往空心岛（Ko Thalu）的浮潜之旅（Sala Thai 酒店提供此旅游线路，B350/ 人）外，咕噜村的主要休闲活动是坐在树荫下享受美味的海鲜午餐或晚餐。

6

抵达和离开

咕噜村

火车 从曼谷出发的大多数铁路南线都会途经咕噜村的小火车站，附近可找到摩的（挎斗摩托）。

抵达站 曼谷（每天 3 班，全程 5 小时 30 分钟 ~7 小时 30 分钟）；春蓬（每天 6 班，全程 2 小时）；合艾（每天 2 班，全程 8 小时 30 分钟 ~10 小时 30 分钟）；那空是贪玛叻（每天 1 班，全程 10 小时）；素叻他尼（每天 5 班，全程 4 小时 ~5 小时 30 分钟）；董里（每天 1 班，全程 10 小时）。

巴士 大多数前往南部的巴士会让乘客在 4 号公路下车，然后再搭乘挎斗摩的行驶 8 千米抵达海滩；每天仅有两班往返于曼谷和邦沙潘的空调巴士会在咕噜村停留。

住宿

★ **Bayview** 海角和破旧的青年旅舍北面，位于 Tangsai 海滩，距 Sala Thai 酒店 4 千米 Ⓣ 032 695566-7 Ⓦ www.bayviewbeachresort.com 这家非常休闲舒适的度假村酒店提供泳池、儿童泳池及海边木麻黄树下的躺椅。所有宽敞且多样化的洋房均有空调、冰箱、电视和热水，酒店设施包括精致的餐厅、上网服务和 Wi-Fi、免费自行车及皮划艇、汽车和摩托车租赁服务。周末价格稍贵一些。房价包括早餐。B1300

Sala Thai 海滩中央丁字路口以北 1 千米 Ⓣ 032 695181 Ⓦ www.salathaibeachresort. com 这家友好的度假村酒店提供美丽的木质洋房，房间带有空调、热水和电视，坐落于海滩对面宽敞美丽的花园内，绿树成荫；此外还提供一些简单的竹屋，房间设施包括风扇、蚊帐和共用浴室，酒店还设有一个汉堡包专柜。提供自行车和摩托车租赁服务。风扇房 B250，空调房 B600 起

春蓬（Chumphon）

泰国南部的官方边界起始于**春蓬**，主要公路会在此地分为西海岸和东海岸两路，因此该府会城市获得了“南部入口”之称。大多数游客就根据此标签的字面意思简单地将春蓬认定为曼谷开来的火车和前往**涛岛**、**帕岸岛**和**苏梅岛**船舶的中转站，因此该城设备齐全，以满足这些来来往往的游客，包括精明的旅行社、高效的交通连接网络和大量网吧。事实上，相对于不远处美丽多变的涛岛，此地确实没有什么特别吸引眼球的海滩、岛屿和珊瑚礁，但如果错过春蓬国家博物馆，会是你旅途中的一大憾事。

抵达和离开

春蓬

飞机

Solar Air 航空公司（Ⓣ 02 535 2455-6 春蓬 Ⓣ 081 902 9466 Ⓦ www.solarair.co.th）每天提供 1 班从曼谷前往此地的航班，Lomprayah 公司还会提供前往涛岛和帕岸岛的打折通票。如果你没有买到通票，可以从位于城市以北 40 千米的春蓬机场乘出租车前往市中心，价格约 B700。

火车

春蓬火车站位于城市西北边缘，步行至大多数旅馆和酒店只需 10 分钟不到的时间。

抵达站 曼谷（每天 12 班，全程 7 小时 ~9 小时 30 分钟）；巴特沃斯（马来西亚；每天 1 班，全程 14 小时）；合艾（每天 6 班，全程 7 小时 ~8 小时 30 分钟）；那空是贪玛叻（每天 2 班，全程 7 小时）；素叻他尼（每天 11 班，全程 2 小时 5 分钟 ~4 小时）；董里（每天 2 班，全程 7 小时）。

巴士

政府汽车站 位于城市以南 11 千米的 4 号公路，

可乘坐双条车（B50/人）和摩的（B100）前往市中心，但长途汽车有时候也会在城市让乘客下车；每天有两班往返于此地和曼谷的空调巴士，其上下车点位于泰国旅游局西侧的 Tawee Sinka 路。

私人汽车和迷你巴士 城市有若干私人空调巴士和迷你巴士服务线路，出发点各不相同（见下面地图），包括前往拉廊和素叻他尼的迷你巴士。如Suwanathee巴士公司提供前往曼谷的汽车、Chokeanan Tour 提供前往曼谷和合艾的汽车、Rungkit 提供的一些前往普及岛的汽车也会从相同地点出发，途经拉廊和攀牙，但有些线路也会使用政府车站。而 Suda 和 Fame（见 p.468）等旅行社还会提供前往甲米、兰达岛和碧武里的迷你巴士。

抵达站 曼谷（约每小时 1 班，全程 7~9 小时）；合艾（每天 4 班，全程 7 小时 30 分钟）；华欣（每小时 1 班，全程 3 小时 30 分钟 ~4 小时 30 分钟）；攀牙（每天 4 班，全程 5 小时）；普吉（每天 4 班；，程 7 小时）；巴蜀（每天 6 班，全程 2~3 小时）；拉廊（每天 4 班，全程 2~3 小时）；素叻他尼（约每小时 1 班，全程 3 小时 30 分钟）。

乘船

从春蓬前往涛岛、帕岸岛和苏梅岛有几家不同的船运公司，所有船票都可在城中的旅行社和旅馆购买。如果天气非常恶劣的话 Songserm 航船公司会取消班次。往返于春蓬和涛岛之间可选择比较快速的 Seatran。

抵达码头

Lomprayah 和 Songserm 的船票包括从城市前往码头的交通费用，甚至可前往旅馆和车站接车，包括乘坐从曼谷出发的通宵火车于 4:00 左右抵达此地的。汽车渡轮和较颠簸的午夜航船会在 22:00 左右前往城市的旅馆接乘客（B50/人）；但这些船只（及接车服务）有时会因潮汐和天气提前一两个小时离开。

航船与服务公司

Lomprayah 双体船 其办事处位于火车站 Ⓣ 077 558212-3 Ⓦ www.lomprayah.com 每天 7:00&13:00，船只从春蓬以南 27 千米的 Thuny Makham Noi 湾出发，1 小时 45 分钟后抵达涛岛（B600）；约 3 小时 30 分钟后抵达帕岸岛（B1000）；约 4 小时后抵达苏梅岛的湄南海滩（B1100）。

Songserm 快船公司 办事处位于火车站 Ⓣ 077 506205 Ⓦ www.songserm-expressboat.com 每天 7:00 从春蓬以南 20 千米的河口码头出发，2 小时 30 分钟后抵达涛岛（B450），约 4 小时 30 分钟后抵达帕岸岛（B750）。

汽车渡轮 Ⓣ 077 580030 周一至周六 23:00 从春蓬以南 15 千米的 Tha Yang 码头出发；全程 6 小时；B300，空调室提供毯子和枕头（Ko Jaroen 2 在周一、周四和周围晚上从 Ta Yang 码头出发，也提供宿舍式双层床位，B400）。

午夜航船 077 553052。每天午夜从春蓬以南 15 千米的塔阳码头出发；全程 6 小时；B200。

6

信息和旅游线路

旅游信息 泰国旅游局办事处位于Tawee Sinka路111号，一条小巷子里（每天8:30~16:30 ☎077 501831 ✉tatchumphon@tat.or.th），提供免费上网服务。

Suda Guest House Sala Daeng路3巷（又称曼谷银行小巷），距离Tha Tapao路30米 ☎077 504 366/085 571 2229 Suda和她经营的这家旅馆是城中最好的信息资源，提供个性化且公正的服务。除了前往涛岛的船票外，还提供有折扣的潜水包价旅游；巴士、迷你巴士和火车车票；每天两次签证办理，通过拉廊前往缅甸（B650，不包括B500的缅甸签证费）；摩托车（B150~200/天）和汽车（B1000~1300/天）租赁服务；上网服务；涛岛（拉廊）和阁帕延岛（Ko Phayam）包价游及拉廊附近帕县丛林徒步旅行和漂流。

其他旅行社 在规模较大的旅行社中，最好避免繁忙的Farang Bar，非常拥挤，人山人海。Fame（见下文）还不错，提供与Suda差不多的交通服务。

6

住宿

Chumphon Guest Hose(Kae House) Kromluang路1巷 ☎077 502900 🌐www.facebook.com/Sunisa Jet 这家休闲流行的旅馆提供24小时入住服务，老板Kae非常热情，旅馆坐落于安静的居民小巷中，有个精致的室外酒吧餐厅。旅馆提供摩托车租赁、船票、免费Wi-Fi和计算机服务，并可安排烹饪课程和春蓬周边一日游等。住宿类型包括前面的小客房，其中一间带有冷水独立卫浴，及主要木屋里共用热水淋浴的客房。共用卫浴 B150，独立卫浴 B250

Fame Sala Daeng路188/20-21号 ☎077 571 077 🌐www. chumphon-kohtao.com 这家位于同名餐馆和旅行社之上的旅馆提供10间宽敞干净的客房，地上铺有床垫，提供风扇和热水，或共用浴室或独立卫浴；还有电脑和免费Wi-Fi。共用浴室 B150，独立卫浴 B250

Novotel 东南方向15千米，河口码头附近 ☎077 529529 🌐www.novotel-chumphon.com 这家楼层不高的豪华酒店位于Paradornpab海滩，装饰简单，是泰国当代风格，宽敞的客房带有阳台和许多深木家具，酒店共有2家餐厅（国际和泰国东北部菜肴）、两个泳池、一个SPA馆、健身中心、高尔夫球场和儿童泳池。B2240

Paradorn Hotel Sala Daeng路180/12号 ☎077 511598/077 511500 🌐www.chumphon- paradorn.com 这家城中性价比最高的中档酒店坐落于美丽的白色建筑中，所有房间都有空调、热水、冰箱、电视和免费Wi-Fi。离主道较远，所以比较安静。酒店还提供一个咖啡吧。B360

★ **Suda Guest House** Sala Daeng路3巷（又称曼谷银行小巷），离Tha Tapao路30米 ☎077 504 366/085 571 2229 这家春蓬最受欢迎的寄宿旅馆提供干净整洁的客房，其中大多数都位于主人的现代房屋中，需共用热水卫生间。提供大量本地信息，且为路人提供B20的淋浴及更多服务。可打电话让旅馆安排火车站或汽车站接车服务。Suda打算安装Wi-Fi，并建立一栋独立卫浴客房。单人房价格实惠。风扇共用浴室 B200，独立卫浴 B400，空调共用浴室 B350，独立卫浴 B500

餐饮

最便宜的用餐点是夜市，坐落于Kromluang路街道两边，有炒面、烤鸡及以椰子为配料的糯米甜点。

Ahaan Jeh 位于Sala Daeng路Fame宾馆旁边 这家小餐馆提供已煮好的泰国和中国素食自助食物，每份B20，大多数食物在关门之前就已售完，因此最好早点前往。每天7:00~15:00左右

Boom Tha Tapao路 ☎077 511523 这家面包咖啡店提供一些路边餐桌，可观察来往行人车辆，提供美味的特浓咖啡、精致的果仁巧克力和其他西方和泰国糕点。周一至周六 8:00~19:00

Fame Sala Daeng路188/20-21号 ☎077 571077 这家餐馆以意大利食物为主，包括比萨及印度木豆、大量自制面包三明治和丰盛的美式（B140）和素食（B110~120）早餐；免费Wi-Fi。每天5:00~21:30

Green Kitchen Suksumer路 ☎077 571731 提供美味正宗的越南菜肴，如槟榔叶烤牛肉（B50）和新鲜春卷（B60）等，以及一些泰国美食和欧洲佳肴。每天10:00~22:00

Papa Kromluang路火车站对面 ☎077 504504 这家大型餐馆是享用晚餐最热闹的场所之一，大多数餐桌都位于露天区域，但也有一间空调房，提供各种各样新鲜海鲜、泰国龙豆（B80）等沙拉、中国美食和一些西方菜肴等。每天晚上还有现场音乐演奏，此外还有一个附属夜总会Papa 2000。每天12:00~次日2:00/3:00

猜亚（Chaiya）

猜亚位于春蓬以南约 140 千米处，在 8~13 世纪期间，曾作为苏门答腊岛室利佛逝王朝泰国南部的首都。如今室利佛逝文明几乎已消失殆尽，但这座宁静的小城又因**解脱自在园**而一举闻名——这座寺院提供的禅修课程吸引了大批外国游客（大多数泰国人只在此地购买当地著名的咸鸭蛋）。除非你对禅修很感兴趣，想在此继续修行，多数人只是将作为前往南部的中途休息站，或作为素叻他尼的短程旅游景点。

帕波隆玛塔寺（Wat Phra Boromathat）

城市西侧，41 号公路

猜亚的主要景点是建于 9 世纪的**帕波隆玛塔寺**，这是幸存下来的为数不多的几个室利佛逝建筑之一，据说里面收藏着佛陀舍利。佛塔隐藏在佛殿后面美丽的红瓦回廊之中，状似超大尺寸的结婚蛋糕，四周有护城河围绕。独特的方形平台上坐落着一些小佛塔，镏金装饰，风格类似于爪哇中部的寺院。

国家博物馆（National Museum）

寺院东侧・周三至周日 9:00~16:00・B30・Ⓦ www.thailandmuseum.com

这里的**国家博物馆**比较普通。虽然室利佛逝王朝时期雕刻了一些泰国最精美的雕像，且大部分都出土于猜亚，但最好、最独特的部分都已运送至曼谷的国家博物馆。如今此地仅留了一些仿制品，及一些出土于猜亚和苏梅岛的原始雕像碎片、两个已有 2000 年历史的精致铜鼓和各种泰国手工艺品。而这些剩余文物中，最有价值的是一尊 6 ~ 7 世纪的禅修石佛像，神情平静而优雅，坐落于解脱自在园，以及一尊表情同样宁静的粉红色砂岩大城风格佛头像，坐落于玉塔寺。

玉塔寺（Wat Kaeo）

城市南侧

从帕波隆玛塔寺朝猜亚市中心前行，在第一条柏油路处右转即可抵达这座建造于 9 或 10 世纪，气势宏伟的砖砌佛塔，途经龙塔寺（Wat Long）刚修复完成的佛塔基座，约 1 千米后即是**玉塔寺**，四周树木围绕，枝繁叶茂。佛殿其中三个昏暗的前堂里收藏着佛陀收服魔罗的雕像。

解脱自在园（Wat Suan Mokkh）

猜亚以南 6 千米，41 号公路・Ⓦ www.suanmokkh.org・所有往返于素叻他尼和春蓬之间的长途汽车都会在此寺院附近停靠

解脱自在园这座森林寺院是由帕波隆玛塔寺主持 Buddhadasa Bhikkhu 建造的，这位泰国南部最德高望重的僧侣于 1993 年去世，享年 87 岁。他提出的回归基础的激进理念融合了基督教、禅宗和道家的影响，不断发扬光大，吸引了泰国各地的信徒和成百上千的外国游客前往此寺院。你并不需要报名参加该寺的**禅修**课程，可顺便拜访这个树木繁茂的清静之地。

该寺独特之处在于金山布局：沿着树林和僧侣禅房之间的小路，途经 Buddhadasa Bhikkhu 的火化场，即可抵达寂静的金山山顶，这里装饰着佛像和法轮的露天平台是该寺院最神圣的聚会地点。坐落在山脚下的神灵园外墙上装饰着仿造印度原版雕刻的浮雕，描述了佛陀的生平。建筑内部遍布着由寺院僧侣和游客绘制的彩色教诲图案，混合了现实主义和超现实主义两种风格。

抵达和离开 猜亚

火车 该城位于南铁路线主道上，提供往返于此地和曼谷之间的火车（大多都是夜班车；每天 9 班，全程 9~11 小时）。

巴士 猜亚位于通往海湾海岸主要道路 41 号公路以东 3 千米：往返于春蓬和素叻他尼的巴士会让乘客在此公路上上下车，然后再换乘摩的或蓝色双条车即可抵达城市。

迷你巴士或双条车 素叻他尼的 Talat Kaset 2 车站每小时都会提供 1 班空调迷你巴士或班次更多但速度更慢的双条车前往猜亚市中心，全程约 1 小时。

解脱自在园的禅修课程

解脱自在园在每月前 10 天都会提供由西方和泰国师父教授的**禅修课程**，授课地点位于国际佛法遗产地（International Oharma Heritage ⓦ www.suanmokkh-idh.org），这个专门设计的庭院距离寺院主佛寺 1 千米。大量的外国游客，无论是初学者还是经验丰富的禅修人员都会前往此地修行，以此作为精神发展的挑战性运动。修行的意义并不是让禅修者放松或低成本生活一段时间，修行环境尽可能模仿僧侣严苛的生活方式，每天天亮前起床根据安般念法（Anapanasati）修习，通过关注呼吸过程从而到达静观的目的。虽然会有佛法（指佛的教义，由 Buddhadasa Bhikkhu 注释）和精心技巧会谈，但每天大部分时间都在独自练习安般念。为了提高专注力，除每天诵经外，其他时间段都必须保持安静，不过如果有疑问或问题可单独询问监事。男性和女性分开住宿且需帮助打扫寺院等。

实践

每个月月末时要尽早前往解脱自在园（最晚 15:00）报名注册（可在前一天晚上免费入住在寺院内）。该寺院修行最繁忙的时间段是 12 月 ~ 次年 4 月，尤其是 2 月和 3 月。禅修课程费用为 B2000/ 人，包括每日两顿素斋及简单住房。修行者需上交手机，且在修习期间不准离开寺院，因此要带好一切必须用品（不过寺院里有一家很小很简单的店铺）。

6

素叻他尼（Surat Thani）

素叻他尼（意为“好人之城”）位于猜亚以南 60 千米，多被作为前往阁沙美群岛的中转站。该城坐落于塔彼河（Tapi River）南岸，河口附近有个运输橡胶和椰子的繁忙港口，如今城市经济快速增长且经常交通堵塞。虽没有什么景点，但在解夏节（见 p.471 框中内容）期间可在此留宿，或者也可作为前往附近历史名镇猜亚的基地。

抵达和离开　　素叻他尼

素叻他尼最好的旅行社是 Phantip，非常可靠，位于 Talat Kaset 1 车站前面，Taladmai 路 293/6-8 号（☎ 077 272230/077 272906），提供火车票和飞机票预订服务。据报道这里有许多未注册的旅行社和兜售人员高价贩卖离开素叻他尼的迷你巴士和巴士车票，甚至有诈骗行为，特别是组合票一类，通常包括前往考索国家公园、普吉、甲米和马来西亚的车票等，购买时一定要小心谨慎。为了避免上述情况，你可直接前往 Talat Kaset 2 车站的相关迷你巴士线路办事处（当地线路办事处通常都坐落在车站西侧，而长途线路则在东侧，且都已获得府委办公厅的授权），或者直接在车站购买车票，抑或步行一小段路程前往 Phantip 旅行社。

飞机

乘飞机从曼谷（目前亚洲航空每天提供 2 班、飞鸟航空每天 3 班、泰国航空每天 2 班；全程 75 分钟）或吉隆坡（亚洲航空每周提供 3 班，全程 95 分钟）抵达此地，你可通过 Phantip 旅行社或在机场（☎ 077 441230-1）以南的 Wangtai 酒店乘坐 B100 的迷你巴士前往素叻他尼，或购买通票前往苏梅岛（B350）或帕岸岛（B550）。机场的 Budget（☎ 077 441166）会提供汽车租赁服务。如果乘飞机离开素叻他尼，城中的 Phantip 办事处搭乘机场迷你巴士即可。泰国航空办事处（☎ 077 272610）位于 Karoonrat 路 3/27-28 号，Chonkasem 路附近。

火车

火车站位于城市以西 13 千米处的喷平（Phunphin），然后搭乘汽车进入素叻他尼，途经 Baw Khaw Saw 政府汽车站，每 40 分钟至少 1 班（清晨班次较多），运营时间为 5:30 ~ 19:00，而包一整辆公共出租车（主要集中于素叻他尼的 Talat Kaset 2 车站）进城需 B200。也可以在火车站购买前往苏梅岛和帕岸岛的通票，包括相关码头的交通费用。素叻他尼前往帕岸岛和普吉岛的汽车会在喷平（Phunphin）火车站停留。

抵达站　曼谷（每天 10 班，全程 9~12 小时）；巴特沃斯（马来西亚；每天 1 班，全程 10 小时 30 分钟）；合艾（每天 7 班，全程 4 小时 30 分钟 ~6 小时）；那空是贪玛叻（每天 2 班，全程 4 小时 30 分钟）；董里（每天 2 班，全程 4 小时 30 分钟）。

巴士

素叻他尼共有三个汽车站，其中两个位于市中心 Taladmai 路：Talat Kaset 1 车站位于道路北侧（喷平、那空是贪玛叻的非空调巴士服务及其他当地巴士）和对面的 Talat Kaset 2 车站（大多数长途汽车，包括前往甲米、普吉、合艾、拉廊等，及那空是贪玛叻的空调巴士）。Baw Khaw Saw 车站

解夏节

在佛历十一月初始时（通常在10月），素叻他尼人会举行**解夏节**（拉佛节）以庆祝佛教斋戒的结束，象征着佛陀在季风季节前往天堂陪伴母亲后重回凡间。在塔彼河上，拖船会拖着供奉着城中主要佛像的筏子前行，且装饰有巨大的那迦像，而在陆地上，只见雪橇似的花车承载着佛像，装饰着五颜六色的彩旗，顶着遮阳伞，浩浩荡荡地被拖着穿过整个乡村地带和大街。由于僧侣已三个月闭门不出，因此在斋戒结束时的伽亭（kathin）仪式上，需供佛大量施舍和募捐，素叻他尼称之为thot Pha Pa，天亮前，各户各家会将施舍物挂在房屋前种植的树枝分叉上。此外，在节日期间，还会举行来自南部各地团队的划船比赛。

位于市中心西南方向2千米，通往喷平的途中，大多数来自曼谷的汽车都用此车站。如果要去甲米，Talat Kaset 2车站约每小时提供1班非空调巴士，而Phantip旅行车会提供每小时1班的较快的空调巴士（及空调迷你巴士）。

抵达站　曼谷（南站；每天10班，全程10~12小时）；春蓬（约每小时1班，全程3小时30分钟）；合艾（每天10班，全程5小时~5小时30分钟）；考索（每天10班，全程2小时30分钟）；甲米（每小时1班，全程3~4小时）；那空是贪玛叻（每天21班，全程2小时10分钟~2小时40分钟）；喷平（至少每40分钟1班；全程40分钟）；拉廊（每天10班，全程4~5小时）。

迷你巴士或公共出租车

空调迷你巴士（前往春蓬、拉廊、Ratchabrapa水坝、考索、帕岸岛、普吉、甲米、董里、合艾和那空是贪玛叻）及日益减少的公共出租车大多都聚集在Taladmai路南侧的Talat Kaset 2车站附近。

素叻他尼的船舶经营商

前往苏梅岛、帕岸岛和涛岛的船只大多都会从素叻他尼以东68千米的敦萨克（Don Sak）码头出发，信息可参考每个岛屿的相关章节，见p.475、491和503。喷平和汽车站周围挤满了兜售小贩，提供交通工具将游客运送至他们雇主通往岛屿的船舶办事处，通常都比较可靠，但要当心不要上错船。若要保证安全性，可通过Phantip公司或直接前往船舶经营商办事处购买船票。

Lomprayah Taladmai路，Amphoe路拐角处，郑信医院东面 ☎077 288732-3 🌐www.lomprayah.com 提供前往苏梅岛和帕岸岛的双体船，且有自己至敦萨克码头的连接巴士和前往涛岛的交通线路。

Phangan Tour Taladmai路 ☎077 205799 提供前

往当萨的巴士然后换乘 Raja 汽车渡轮前往帕岸岛。

Samui Tour Sri Surat 路 Ⓣ 077 282352 提供前往苏梅岛和帕岸岛的汽车，中途在当萨码头使用 Raja 汽车渡轮。

Seatran 位于 Taladmai 路加油站，Thammabucha 寺对面 Ⓣ 077 275060-2 Ⓦ www.seatranferry.com 提供前往苏梅岛的汽车渡轮（有自己的连接巴士），从当萨码头出发。

夜船 前往苏梅岛、帕岸岛和涛岛的夜船通常都是货船改装的，白天就会在素叻他尼中心的班敦（Ban Don）码头等候；只是抵达此处的交通和船票购买有些困难。

6

周边交通

共享双条车 嘈杂的合乘双条车会出现在城中各地，价格为 B15~20/人。

信息

旅游信息 泰国旅游局办事处（TAT）位于城市西端 Taladmai 路 5 号（每天 8:30~12:00 & 13:00~16:30 Ⓣ 077 288817-9/077 282352 Ⓔ tatsurat@tat.or.th）。

住宿

素叻他尼的多数住宿场所都比较嘈杂、脏乱且价格过高，但也有少数例外。

Ban Don Hotel Namuang 路 268/2 号，位于一家餐馆之上 Ⓣ 077 272167 这里的大多数客房都干净整洁，且有冷水独立卫浴、电视、风扇或空调，离嘈杂的主要街道较远。风扇房 B300，空调房 B450

Roi Koh（100 Islands） 位于旅游警察附近南面的岔道上，Tesco Lotus 超市对面 Ⓣ 077 201150-8 Ⓦ www.roikoh.com 虽然地处偏远，但提供美丽舒适的客房，带有空调、热水、电视和迷你吧，酒店繁茂的花园里还有瀑布、小 SPA 馆和泳池。房价包括早餐。B770

Wangtai Hotel Taladmai 路，市中心西侧泰国旅游局办事处附近 Ⓣ 077 283030-5 Ⓦ www.wangtai surat.com 这家素叻他尼最好的高档酒店价格非常实惠，共有 200 多间美丽的大房，且有 Wi-Fi 和泳池。B790

餐饮

除了下列餐馆外，在 Si Chaiya 路和 Ban Don 路之间还有一个大型夜市，提供各种引人注目的美食；班敦码头附近一个较小的市场虽然食物种类不多，但如果搭乘夜船的话会很方便。

Ban Don Restaurant Namuang 路 268/2 号 这家简单繁忙的餐馆内摆放着普通大理石餐桌，主要经营各种美味便宜的泰国和中国菜肴，其中大多数都是面食和炒菜，如鸡肉饭（B35）等，也有绿咖喱和酸辣汤等。每天 6:00~23:00

Milano Ban Don 路夜船码头附近 提供正宗美味且价格合理的烤比萨，但自制比萨的味道就比较一般。此外还提供西方主食。墨西哥菜肴、三明治、早餐和香浓咖啡等。每天 10:00~23:00

Vegetarian Restaurant Talat Kaset 路，Talat Kaset 2 车站东面的一个街区 提供大量便宜而美味的咖喱及其他 B25/份的盘菜。餐馆外面挂有黄色旗帜，且有标志写着"vegetarian food"（素食）。每天从 7:00 营业至 15:30 左右

附录

上网 位于 Taladmai 路邮局西边的 Boss 网吧可提供上网服务（每天 9:00~次日 00:00）。

旅游警察 位于 Taladmai 路西面延长的 Srivichai 路和南部岔路十字路口处（Ⓣ 1155/077 405575）。

苏梅岛（Ko Samui）

从环游世界的背包客至大包小包的度假游客，每年大约有上百万名游客会前往泰国南部，只为一睹**苏梅岛**的美丽海滩。苏梅岛距离素叻他尼 80 千米，纵横大约跨越 15 千米，面积足够大，平时比较清闲，但每逢圣诞节和新年都会分外拥挤。令人惊讶的是，虽然每年都有如此多的游客拜访此地，这里梦幻般的沙滩和清澈碧蓝的海水却丝毫未受影响，仍然美得令人如痴如醉，周边茂密的椰子树每个月都会长出 200 多万只椰子。虽然海滩的发展给岛民带来的经济效

益要比这些作物大得多，但因缺少环境意识，岛屿格局显得凌乱不堪。目前当地条例规定新建筑的高度不能超过椰子树（通常高度为3层楼左右），但这并没有使豪华酒店集团或房地产开发商望而却步，最近又建造了大批住房以作为泰国和外国人的第二居所。

大多数游客都沉迷于此地的各种水上运动，或仅躺在沙滩上等待下一拨饮料贩卖商、发型师或按摩师的到来。若你喜欢四处游览，绝对不能错过**红统国家海洋公园**（见p.488）景色壮丽，宛如人间仙境，如诗如画，占据了苏梅群岛80座岛屿中的大部分。或者你也可以租一辆汽车或摩托车沿着50千米长的环岛道路享受苏梅岛一日游，中途在南海岸精致的Hua Thanon村海鲜餐馆用餐，然后欣赏大片精美的海滩。

苏梅岛最迷人的**查汶**海滩发展最快，游客也最多，如今已是最昂贵的住宿场所，但确实提供了最好的设施和夜生活，从低俗的色情酒吧到高档的夜总会，多种多样。附近的**拉迈**海滩稍小一些，虽然看起来有点落后，却保留了大量背包客级别的平房度假村。另一个深受背包客喜爱的海滩是**湄南**，虽然魅力没有前两个那么大，却十分安静，在海滩和环岛道路之间有大片空旷地区可以让游客感受大自然的气息。与其相邻的**波普**海滩外观与湄南海滩类似，但设施比较精致，聚集了众多精品度假村、精美餐馆和一个地中海氛围的独特海滨村庄。独立的**辰蒙**海滩坐落于苏梅岛东北角，其独特之处在于：这里小巧精致，一部分是沙滩一部分是岩石的海湾非常宁静美丽，海湾间坐落着一些设施相对落后的海滨高档酒店但由此前往查汶海滩享受夜生活比较容易。

任何**季节**前往苏梅岛都差不多（见p.53）。其中11月东北季风比较强，在10月～次年

苏梅岛的活动项目

苏梅岛上共有十几家潜水公司，长年提供潜水和浮潜旅游及课程，挽叻还提供减压舱服务（☎077 427427 ⓦwww.sssnetwork.com）。有经验的潜水者可前往涛岛周边水域（见 p.501）；一日游价格为 B4000~5500，不过如果你能自己前往涛岛的话，可便宜一些。此外，苏梅岛上还有许多 SPA 馆、禅修中心、岛屿旅游、滑绳索道、卡丁车、风筝冲浪和烹饪课程等。

潜水经营者

6

Easy Divers 总部位于拉迈海滩 Sandsea Resorti 酒店对面 ☎077 413373 ⓦwww.easydivers-thailand.com 这家属于国际专业潜水教练协会的五星级潜水中心有数家分部，坐落于岛屿各地。

Planet Scuba 总部位于挽叻区 Seatran 码头附近 ☎077 413050 ⓦwww.planetscuba.net 这家属于国际专业潜水教练协会的五星级潜水中心也有好几家分部。

SPA 馆

Eranda 查汶海滩偏远的北端 ☎077422666 ⓦwww.erandaspa.com 这家 SPA 馆坐落于瀑布飞溅，鲜花遍地的山坡上，拥有一个跳水池，提供各种按摩（2 小时泰式按摩价格 B1900）。

Peace Tropical Spa 4169 号支路波普海滩中心附近 ☎077 430199 ⓦwww.peacetropical spa.com 共有 6 种按摩，包括 B1500 的 90 分钟泰式按摩及身体和面部护理等。

The Spa Resort 拉迈海滩 ☎077 230855 ⓦwww.thesparesorts.net 从非住客泰式按摩（B447/ 小时）到住宅空腹计划（8 天 21000 铢起），多种多样。此外还提供身体和面部保养、瑜伽、禅修、生食烹饪等。内部住宿或位于海滩上，或位于拉迈海滩的山上。

Tamarind Springs 拉迈海滩 ☎077230571 ⓦwww.tamarindsprings.com 这家美丽且幽静的 SPA 馆坐落于椰林中。其中草药蒸汽房坐落于瀑布下大圆石之间，提供 B5500 的 2 小时 30 分钟泰式按摩；还会开设按摩课程。

其他活动项目

Canopy Adventures ☎077 414150-1/087 046 7307 ⓦwww.canopyadventuresthailand.com 提供树屋和湄南海滩上方 4 千米山顶之间的滑绳索道，途经瀑布（2~3 小时；B1750，包括交通费用）。

Kiteboarding Asia ☎081 591 4592 ⓦwww.kiteboardingasia.com 提供风筝冲浪指南（为期一天，价格 B4000），从华塔侬村南部或纳通出发，视月份而定，也提供设备租赁服务。

Mr Ung's Magical Safari Tours ☎077 230114 ⓦwww.ungsafari.com 沿着崎岖的山间小径穿过岛屿内陆前往壮观的观景点，观看祖父母岩石、大佛、猴子和大象表演（B1400 起，包括午餐）。

Samui Go-Kart 波普村以西 1 千米的 4169 号支路 提供一个人畅通无阻的卡丁车行驶道路，非常安全（每天 9:00-20:00/21:00；B600/10 分钟，包括免费交通）。

苏梅岛泰国烹饪艺术学校（SITCA） 查汶海滩 Centara Grand Resort 酒店对面 Colibri 巷 ☎077 413172 ⓦwww.sitca.net 这家受到高度评价的烹饪学校每天早上和下午都会提供 3 小时的烹饪课程（B1950），以及为期 6~12 日的烹饪课程和水果雕刻等。周日休息。

解脱自在园禅修 ⓦwww.dipabhavan.org 每月 20~27 日，拉迈海滩山上的隐居所 Dipabhavan 会提供禅修课程（网站上有详细信息）；可提供发车自拉迈海滩中央十字路口北部的 Vtopia Resort 酒店的接车服务。

1 月间的任何时间段都会带来降雨，有时海浪较大，水流也比较湍急，尤其是东部沿海地带。苏梅岛 1 月通常凉风习习，3、4 月非常炎热，而 5 ~ 10 月海岸因受到西南季风影响会导致少量降雨。岛上的**节日**包括 9 月为期一周的爵士节（ⓦwww.samuijazz festival.com）及 5 月 /6 月举行的为期 6 天的帆船比赛，各种节庆活动吸引了许多参赛人员（ⓦwww.samuiregatta.com）。在苏梅岛比较低档的**住宿**中，很少会有平房的价格低于 B400，但在超过 B4000 的最高档酒店里，你可享受到最高国际标准服务。下文显示价格是以旅游旺季为标准的，但在平时（在 4~6 月，10 月和 11 月）价格会大幅下降。

抵达和离开

飞机

苏梅岛机场位于岛屿东北端，前往此地的飞机票价是全泰国最贵的，因此最好考虑先从曼谷飞往该岛附近的素叻他尼（见 p.470）或那空是贪玛叻（见 p.512）；飞鸟航空会提供途经这两个机场的比较实惠的通票，包括前往苏梅岛所需的飞机、汽车和船舶票价。

航线 你可从素万那普机场乘坐泰国航空（每天2班，曼谷 ⓣ 02 356 1111）或曼谷航空的航班（每天约20班，曼谷 ⓣ 02 265 5555/苏梅机场 ⓣ 077 428555）直接飞往苏梅岛，后者还提供从清迈、中国香港、甲米、芭堤雅、普吉、新加坡和达叻飞往此地的航班。

机场设施 除了酒吧和餐馆外，机场还有货币兑换服务和自动取款机、带有国际长途电话的邮局、Avis等汽车租赁点（ⓣ 084 700 8161 ⓦ www.avisthailand.com）。

迷你巴士 机场有空调迷你巴士服务（离开时可去酒店接，通过住宿酒店预订），至查汶海滩B120。

抵达站 曼谷（每天20班，全程60~90分钟）；清迈（每周2班，全程2小时30分钟~3小时30分钟）；中国香港（每天1班，全程3小时30分钟）；甲米（每天1班，全程50分钟）；马来西亚吉隆坡（每天1~2班，全程2小时）；芭堤雅（每天1~2班，全程1小时）；普吉（每天2~5班，全程50分钟）；新加坡（每天1班，全程2小时）；达叻（每周4班，全程80分钟）。

船和巴士

前往苏梅岛最直接的线路是从素叻他尼以东68千米的敦萨克码头出发（见 p.471）；从春蓬乘船前往比较贵，且如果海浪较大会延迟较长时间。从苏梅岛还可出发前往帕岸岛（见 p.491）和涛岛（见 p.503）；返程一样。

从素叻他尼出发

敦萨克至纳通 从敦萨克码头出发，Seatran（位于苏梅岛 ⓣ 077 426000-2）提供每小时1班的汽车渡船、Lomprayah（位于苏梅岛 ⓣ 077 950028）提供每天2班的双体船前往岛屿城镇纳通，且都提供巴士交通服务。

敦萨克至利巴诺伊和纳通 Raja提供每小时1班的汽车渡轮往返于敦萨克和纳通以南8千米处利巴诺伊码头的航船（ⓣ 077 415230-3）；而Samui Tour（苏梅岛 ⓣ 077 421092）会每2小时提供1班从素叻他尼或喷平前往纳通的巴士，中途会使用汽车渡轮。

素叻他尼至纳通 夜船每天23:00会从素叻他尼的班敦（Ban Don）码头离开前往纳通；船票可在离开当天于码头处购买。

票价和路程时间 Seatran和Samui Tour从素叻他尼至苏梅岛票价为B250，从喷平火车站至此B280，包括中间巴士交通费用；从素叻他尼至苏梅岛全程需3小时左右。Lomprayah票价为：素叻他尼出发B450（有时提供特价，全程2小时15分钟），喷平出发B500，包括中间巴士费用。夜船全程6小时，票价B250。

巴士

苏梅岛政府巴士站（Baw Khaw Saw）位于通往纳通的Taweeratpakee路北端（ⓣ 077 421125/077 420765）。提供汽车航船联合服务（途经敦萨克和利巴诺伊），如从曼谷南站出发（大都是夜班车；有些还会停靠在Mo Chit站），从B540的基础空调车到B940的VIP车一应俱全，比起考山路狡猾的旅行社提供的便宜线路要好很多，因为后者所用车辆通常都不合格，且常有偷窃事件发生。该车站还出售前往那空是贪玛叻的通票，途经敦萨克，然后换乘空调迷你巴士。

抵达站 曼谷（每天8班，全程13小时）；合艾（每天2班，全程7小时）；甲米（每天1班，全程7小时）；普吉（每天1班，全程8小时）。

从曼谷出发乘船和火车

华南蓬火车站提供前往苏梅岛的打折通票，使用轨道交通，如B698可乘坐二等空调双层车的上层座位抵达喷平车站，然后再支付B350可乘坐汽车和Lomprayah的双体船抵达纳通。

周边交通

双条车

双条车主要聚集在纳通的南码头停车场附近，白天会提供多条定向线路，沿着4169号支路或顺时针或逆时针前行，途中经过所有海滩；目的地会用英文标记，价格从抵达湄南的B50到查汶或拉迈的B60不等。晚上的双条车类似于出租车，你必须和司机讨价还价让他们送你至准确的目的地。

出租车

苏梅岛共有几十辆空调出租车。虽然都有计程器，但只是摆设，司机根本不会用它计程；不过价格都差不多，从纳通至湄南大约B300，至查汶B500。你在岛上还会时不时地看到一两部摩的，短程价格B30，从纳通至查汶最高价格B250。

摩的或小汽车

你可在纳通会主要海滩租一辆摩托车，价格在B200左右。苏梅岛每年都会有几十起致人死亡的交通事故，因此开车时一定要小心且戴好安全帽，只要被警察抓到没戴安全帽那么最轻处以B500的罚款。此外，苏梅岛经常会发生摩托车前篮筐里的行李被抢事件，因此一定要保管好随身物品，或者考虑租一辆四轮交通工具，价格在B800/天左右。

信息

旅游信息 泰国旅游局办事处（每天 8:30~12:00& 13:00~16:30 Ⓣ 077 420504/077 420720 Ⓔ tatsamui @tat.or.th），坐落于纳通一条不知名的小路上（码头以北且距邮局不远）。该办事处及苏梅岛上许多其他地方都会提供暹罗地图公司（Siam Map Company）出版的有关该岛的详细地图。

旅游警察 位于波普海滩和查汶海滩之间的 4169 号环形道路上，Big C 超市北面同一侧（Ⓣ 1155/077 430016）。

6

纳通（Na Thon）

岛屿的行政中心纳通位于长长的西部海岸顶端，这个只建设了一半的热闹城镇被大多数游客作为沙滩游玩的服务站：虽然如今大多数主要海滩都已拥有邮局、货币兑换、自动取款机、超市、旅行社和医疗诊所等设施，但大多数主要设施还是集中在该镇。纳通的格局比较简单：海滨大道 Chonvithi 路附近坐落着三个码头，与其平行的线路有狭窄的 Ang Thong 路，然后是 Taweeratpakdee 环岛道路，又称 4169 号支路；主要十字路口位于 Na Amphoe 路中央码头附近。如果自驾前往此地，需注意城镇中心有一条单行道：南起 Taweeratpakdee 路，北至 Chonvithi 路。

住宿 纳通

Nathon Residence Taweeratpakdee 路 Siam City (Thanachart) 银行旁 Ⓣ 077 236081 Ⓔ nathon-res@ windowslive.com 如果你一定要留宿在纳通，那么这家友好温馨的旅馆是最好的选择，虽然比较普通，但提供一尘不染的铺有瓷砖的客房，且有空调、有线电视、免费 Wi-Fi、冰箱和独立卫浴，其中一些房间还供应热水，后排的房间较安静。电脑仅限住客使用。B500

餐饮

Taweeratpakdee 路和 Chonvithi 路集市周边有好几家店铺和小咖啡馆，提供便宜的泰国食物（码头附近还有热闹的夜市）。

About Art & Craft Chonvithi 路南码头对面，与 Siam Commercial 银行之间相隔几家店铺 这家昏暗的工艺品店和咖啡馆临街而立，提供美味的素食及几十种果汁和冰沙。这里有一些有趣的泰国食物素食版，如用豆腐做成的辣猪肉及鳄梨卷饼（B160）等。周一至周六 8:00~17:00

Coffee Island Chonvithi 路与 Na Amphoe 路交叉处 Ⓣ 077 420153 这家便宜的店铺相当受欢迎，尤其是早餐；此外还提供三明治（金枪鱼 B80）、煎饼和比萨，以及泰国食物和各种咖啡。免费 Wi-Fi。每天 6:30 营业至深夜

附录

书店 位于 Na Amphoe 路的 Nathon Book Store（周一至周六 9:00~18:00 或更晚 Ⓣ 077 420332）提供许多不错的二手书及一些新出版的读物。

医院 府立医院（Ⓣ 077 421230-2）位于城镇以南 3 千米的 4169 号支路旁。

出入境管理局 位于城镇以南 2 千米的 4169 号支路旁（周一至周五 8:30~16:30 Ⓣ 077 421069）。

邮局 海滨大道北端，中央码头以北（周一至周五 8:30~16:30，周六及周日 9:00~12:00），提供邮件待取和包裹服务。楼上提供国际长途（周一至周五 8:30~16:00）。

旅行社 可靠的 Phantip 服务周到，从国际机票到当地汽车和火车票一应俱全，坐落于 Taweeratpakdee 路，Na Amphoe 路以北（Ⓣ 077 421221-2）。

湄南（Maenam）

坐落于苏梅岛北海岸中间的**湄南**海滩距离纳通 13 千米，是该岛屿最流行的海滩，深受经济型游客的喜爱。其 4 千米长的海湾并不是该岛屿最美丽的，海岸线上有许多凹痕，且相对倾斜的白色沙滩比较窄，沙子也不如苏梅岛其他著名海滩那样精细。但岛上大多数最便宜的洋房都坐落于此，且可欣赏到原始的渔船和帕岸岛的天然美景，是不错的游泳场地。近年来虽然在海岸线旁建立了一些高档酒店且在山丘后面开辟了一个高尔夫球场，但此地仍是苏

红统国家海洋公园（见 p.488）>

梅岛的主要海滩中最宁静休闲的一处。一座座高楼水泥大厦（包括几家银行）和一排排小酒吧平地而起，不过主要街道离大海有一段距离，通过一系列错综复杂的树林小径方可抵达海滨洋房。位于海湾中央的**湄南村**（Ban Maenam）集中于通往钓鱼码头的支路附近，两旁坐落着咖啡馆、网吧、旅行社、潜水店铺、二手书店和小饰品店等。每周四晚上这里就会成为一条热闹的**步行街**（与清迈的步行街类似），有传统音乐和舞蹈表演。出售各种便宜的服装和纪念品，从文胸到尤克里里琴，应有尽有，但最诱人的还是美味的小吃，既有甜的也有咸的，都是地道的本地菜。

住宿　　湄南

除了一些豪华度假村外，湄南还拥有 30 家左右便宜或中等价位的洋房建筑，大都提供住宿服务；其中最便宜的住宿场所位于海湾最东端，若想欣赏其他美景还可步行前往波普海滩。

★ **Four Seasons Resort** 湄南以西 5 千米，Laem Yai 附近 Ⓣ077 243000 Ⓦwww.fourseasons.com 这家超豪华度假村是湄南海滩地区的顶级酒店，拥有自己的小海滩，且能看到帕岸岛和日落的美丽景色。每一栋美丽的大别墅都设计有室内室外起居室，含蓄的现代风格中又带几有分自然，色调以棕色和大海颜色为主，且拥有无边泳池；度假村还提供许多其他活动设施，从 SPA 按摩到乘船游览及泰国烹饪课程，多种多样。B24500

Harry's 最西端，纳帕拉恩寺（Wat Na Phra Larn）附近 Ⓣ077 425447 Ⓦwww.harrys-samui.com 这家深受大众喜爱的酒店距离海滩 100 米左右，坐落于美丽繁茂的热带花园中。公共区域采用传统泰国建筑元素，虽然不是洋房，但干净宽敞，且都带有空调、热水、电视、冰箱和保险柜。提供免费上网、泳池和按摩浴缸等。B1000

Lolita Santiburi Resort 酒店东面 Ⓣ077 425134 Ⓔlolitakohsamui@yahoo.com 这家安静温馨且有效经营的度假村酒店坐落于海滩美丽繁茂的花园中，面积较大。提供各种宽敞的木质和水泥洋房，所有房间都有热水淋浴。位于中间的艳俗的圆形酒吧餐厅装饰有粉红色的科林斯柱。客房类型分为：后面的风扇房和沙滩上带有冰箱的空调房。风扇房 B800，空调房 B1700

Maenam Resort 村庄以西 500 米，Santiburi Resort 酒店前 Ⓣ077 247287 Ⓦwww.maenam resort.com 这家温馨宁静的度假村酒店（没有电视）干净整洁，四周绿树成荫，拥有一条特别长的海滩。宽敞的洋房带有阳台、热水、冰箱、Wi-Fi 和空调，非常舒适且价格实惠。B1600

Maenam Villa 位于海湾最东端，SR 旁边（见 p.546 附录）Ⓣ077 425501 Ⓔmaenamvilla@hotmail.com 这家温馨舒适的酒店非常安静，提供皮划艇租赁服务。客房类型包括干净明亮且带有阳台和冷水淋浴的老洋房以及宽敞的开放式水泥别墅，有空调、热水和小阳台。风扇房 B500，空调房 B1200

Moonhut 村庄东侧 Ⓣ077 425247 Ⓦwww.moonhutsamui.com 这家由英国人经营的温馨酒店坐落于绿树成荫的大面积沙滩上，提供一个精致的餐厅和海滩酒吧，Wi-Fi 和五颜六色的干净平房；所有房间都带有阳台、蚊帐、墙扇和独立卫浴，其中一些还提供热水和空调。此外酒店还提供皮划艇、冲浪和水上滑板设施。风扇房 B550，空调房 B1100

Santiburi Resort 村庄以西 500 米 Ⓣ077 425031 Ⓦwww.santiburi.com 这家由德国人经营的高

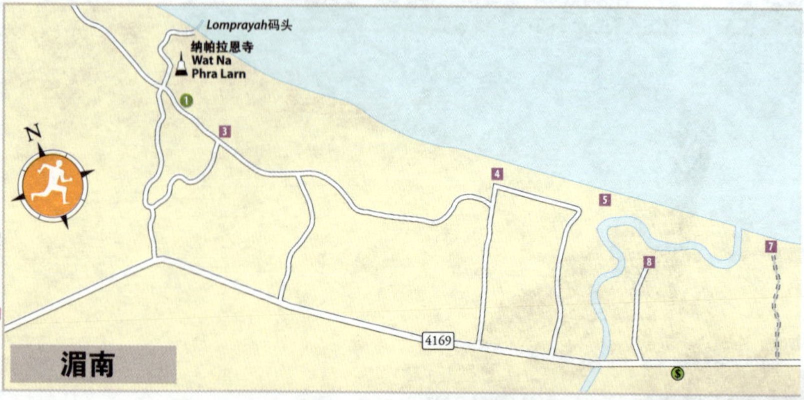

档酒店环境美丽，拥有一个大型淡水泳池和溪流。大多数客房是泰国风格别墅，受拉玛四世碧武里夏日王宫影响，每间房都带有大型浴室和渡轮的客厅，且有豪华的传统装饰物；其中一些还有私人室外按摩池。酒店设施包括私人海滩的水上运动、网球场、壁球场、健身房、高尔夫球场、儿童俱乐部和SPA馆。**B23900**

Shangrilah Maenam Resort 酒店西面 ☎077 425189 该酒店坐落于湄南海滩最美丽最宽阔的地带，并排洋房的主要区域遍布着美丽的鲜花、繁茂的树木及精心修剪的草坪。所有房间干净整洁且有独立卫浴、阳台、天花板扇及精致的装饰；前排的一些风扇房及所有宽敞的空调房拥有热水淋浴。酒店餐馆提供精美的泰国食物。风扇房**B400**，热水风扇房**B800**，空调房**B1200**

SR 海湾最东端 ☎077 427529-30 ✉sr_bungalow@hotmail.com 这家安静舒适且价格实惠的酒店位于狭小的花园中，拥有精美的餐厅和Wi-Fi。宽敞美丽的水泥平房带有阳台、椅子、空调、热水淋浴、电视和冰箱。可沿着海滩步行或沿着4169号支路在Family Mart超市转弯然后继续往前，经过W酒店即可抵达此地。**B700**

餐饮

Angela's Bakery 位于前往码头东面的主要通路上，警察局对面 ☎077 427396 这家美式空调用餐场所在树荫底下摆放着若干餐桌，提供美味的早餐（法国吐司面包B80）及多种三明治、沙拉、汤和西方主食、蛋糕和苹果派等。周一至周六8:30~16:00，周日8:30~14:00

Ko Seng 位于码头道路东面一条与之平行的道路上 ☎077 425365 这家当地著名的海鲜餐馆设施简单，仅有一些木质桌椅，且提供国家电视节目。鱼和海鲜的价格根据重量而定，或者可以尝试一下这里的kaeng som plaa（B150），这是配有罗望子酱的鱼咖喱。每天10:00~22:00

Sunshine Gourmet 海湾西端，坐落于纳帕拉恩寺东面一条设有路标的通道上 这家温馨干净的餐馆深受欢迎，提供各种美食，从卡布奇诺到自制烤馅饼（牛排和腰子价值B150）、三明治和蛋糕，再到各类国际菜肴尤其是德国美食、主菜、海鲜和其他泰国菜肴，应有尽有。每天12:00~21:00

波普（Bophut）

湄南海滩东面是**波普**海滩，两者外观有些类似，但氛围和设施却截然不同，波普海滩洋溢着浓浓的地中海气息。这片2千米长的宁静海滩吸引了各年龄层的游客及家庭旅行成员等，海湾东端有**"渔夫村"**之称的**波普村**（Ban Bophut），设备齐全，聚集了各种精品酒店和银行、自动取款机、潜水店铺、旅行社、网吧及小型市场等，可满足游客的各项要求。沿着4169号支路可通往查汶海滩，而4171号支路可前往机场，因此该村庄的发展一直相当活跃，而其两条狭窄空暇的街道两旁仍保留着许多老式木质房屋，最后交会于码头附近的丁字路口。入夜后的波普海滩与查汶热闹的海滩道路形成鲜明对比，这里聚集着许多高档餐馆及一些不起眼的由外国人经营的酒吧，非常适合散步；每周五晚上，村庄会开办一条**步行街**，和湄南海滩周四晚上的步行街类似（见p.478）。该海滩最美丽的地段位于海湾西端，Zazen Resort酒店附近，当然与苏梅岛其他精美沙滩相比还是略显逊色。此外海滩中央地带的酒店如Anantara旁的Bandara Resort会提供皮划艇、乘船游览及风帆冲浪运动。

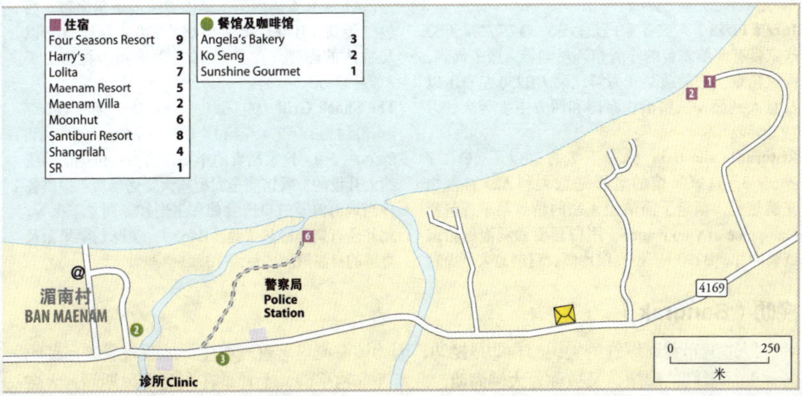

住宿　　波普海滩

在波普的约20家度假村中几乎没有便宜的住宿场所。大多数度假村酒店都坐落于海滨地带，不过有少许舒适的酒店会聚集在波普村内。

Anantara 村庄以西主要道路上 077 428300 www.anantara.com 这家豪华的东方宫殿风格酒店服务周到。带阳台的客房建筑坐落于繁茂的花园中，且带有池塘、迷人泳池、中央酒吧和餐馆，提供当代受亚洲影响的意大利菜肴。酒店设施还包括SPA馆、儿童俱乐部且提供各种活动项目，从瑜伽和泰国烹饪课程到网球和水上运动，多种多样。B9100

Hansar 村庄最西端 077 245511 www.hansarsamui.com 这家酒店非常宽敞，拥有长长的海滩，但仅有74间低层客房（所有房间都带有大的淋浴室，且从大阳台上可欣赏到美丽的海景），周围是花园，附带一个泳池。房间色调以棕色和米色为主，装饰时尚，用质朴的木材、竹子、大理石和花岗岩建造而成，酒店设施还包括SPA馆、健身房和豪华餐厅及H Bistro小酒馆，所有食材都是从世界各地进口的。B9500

Juzz'a Pizza 2 村庄丁字路口以东 077 245663 这家坐落于精致餐馆（见下文）之上的酒店提供小而美丽的客房，设施齐全，包括舒适的床、空调、热水淋浴、冰箱和有线电视。其中两间房正对马路，另外两间则有海滨阳台，可欣赏美丽的海景。B800

The Lodge 位于村庄西端 077 425337 www.lodgesamui.com 这家两层楼高的海滨小酒店提供非常干净且品位高雅的现代客房，所有房间的阳台正对大海，且提供空调、天花板风扇、迷你吧、卫星电视以及带有浴缸的宽敞卫生间。楼下的海滨酒吧可提供早餐。B1930

Samui Ley 村庄丁字路口以西 077 245647 www.samuiley.com 这家美丽时尚的小酒店装饰有各种泰国当代流行元素，到处都是花卉图案和复古海报，色彩明亮柔和。大客房里有免费Wi-Fi和可以正常使用的古董电视，以及空调、热水淋浴、沙发和海滨阳台等。楼下精品店里提供供住客免费使用的电脑以及位于沙滩的露天咖啡馆。B2700

The Waterfront 村庄丁字路口以东 077 427165 www.thewaterfrontbophut.com 这家由英国人经营的精品酒店非常受欢迎，绿草如茵的花园里坐落着一个小泳池。所有客房和洋房装饰简单但品位高雅，拥有空调、热水、迷你吧、保险柜、有线电视、DVD播放机和海景；房价包括早餐。B3045

Zazen 海滩最西端 077 425085 www.samuizazen. com 该度假村提供时尚的洋房和别墅，且附近有美丽的泳池和儿童泳池，装饰有泰国和其他亚洲国家的艺术品提供卫星电视、DVD、免费Wi-Fi和迷你吧（有些还有iPod基座）；此外所有房间都拥有热带风格的开放式浴室，配有花洒。这家生态友好型度假村酒店的其他设施包括SPA馆、精美餐厅且每周四、周日都有泰国舞蹈表演、烹饪课程、皮划艇、风帆冲浪、台球、地掷球等。B7150

餐饮

Happy Elephant 村庄丁字路口西侧 077 245347 这家年代较久远的餐馆带有一个迷人的海滨露台，提供各种泰国美食，包括猪肉沙拉（B220）等非主流食物和大量海鲜，餐馆前面可看到各种海鲜，按重量计价。工作人员服务周到。每天11:00~22:00

Juzz'a Pizza 2 村庄丁字路口以东 077 245663 这家带有海滨露台的小餐馆环境幽雅，服务周到，提供精致正宗的蔬菜和海鲜比萨（B250左右）以及意大利面、三明治、泰国和西方主食等。每天12:00~22:00

Ristorante alla Baia 村庄丁字路口以西 077 245566 这家餐馆的老板是意大利人，对食物充满热爱，制定了简洁但正宗的精致菜单，包括scaloppine al vino bianco（用白葡萄酒浸泡的猪肉或鸡肉片，B290）。也提供比萨、自制意大利面食和海鲜，每天菜单都公布在外面。餐桌上覆盖着白色的桌布，都摆着鲜花，大部分餐桌是铸铁材质的。餐馆有一个海滨露台，可远眺亚得里亚海。每天11:00~22:30

Samui French Bakery 村庄丁字路口以南200米，4169号支路附近。提供美味的羊角面包、面包、蛋饼（B70）和苹果饼（B70）等糕点，以及香浓的咖啡。此外还有三明治和沙拉。每天7:30~17:00

The Shack Grill 村庄丁字路口以西 077 246041/087 264 6994 www.theshackgrillsamui.com 这家昂贵的小餐馆是由一位热情的纽约人开设的，餐馆前是大型露天烧烤场所：提供各种当地海鲜及进口肉食如和牛肉和新西兰羊肉等。此外还有奶酪冷热拼盘（B465）、美味的苹果派及香醇的自制酒酿。每天18:00~23:00

挽叻（Bangrak）

经过遍布着珊瑚礁的尖锐海角即是**挽叻**，因为该海湾坐落着一尊庄严地凝视着来自岛屿各地朝拜者们的佛像，又被称为**大佛海滩**。此海滩非常平静，尤其是在东北季风期间，大海退潮后会留下湿滑泥泞的平坦沙滩。由于这里的度假村酒店大都挤在4171号支路和海岸之间一条狭窄且嘈杂的小道上，上方即是机场飞行线路，因此不建议游客住在此地。

这尊**大佛**（Phra Yai）非常巨大，且有很多游客前来参拜，但整体却毫无美感。而海滩东端一条简短的堤道可通往寺院前面的各种纪念品店和食物小摊，满足了一日游泰国游客和外国游客的喜好。然后沿着装饰有龙图形的壮观台阶向上，即可抵达大佛周围的盖顶露台，可将北部沿海地区的美丽景色一览无遗。你还可以在大米分配机上购买B10的大米，从而可在一天内任意时间段象征性地向僧侣布施。

6

辰蒙（Choeng Mon）

经过挽叻即可抵达苏梅岛东北高耸**海角**的山脚，站在多岩石的小海湾上，可远眺帕岸岛美景，各小海湾之间有铺砂道路连接。双条车会沿着4171号支路前往岛屿最大最美丽的海湾**辰蒙**，其白色沙滩周边的木麻黄树为洋房和高档度假村酒店提供了阴凉。辰蒙如今深受欢迎，蓬勃发展，已拥有若干小超市、旅行社和一家银行，但总体而言，还大致保持着原貌且相对比较悠闲。

住宿 辰蒙

Boat House Hotel 辰蒙海滩中央 ☎077 425041-52 🌐www.imperialhotels.com 这家酒店是由两层楼高的粮船改建而成，并因此得名。其较为平凡的现代建筑内是带阳台的实惠豪华客房，深受旅游团的喜爱。酒店设施包括一个海滨船形水池、花园小池、SPA馆、健身房、儿童俱乐部且提供免费Wi-Fi、皮划艇和风帆冲浪活动。B4000

Island View 位于Boat House酒店东侧 ☎077 245031 🌐www.islandviewsamui.com 这家坐落于美丽庭院里的酒店提供美丽实惠的客房和木屋，带有空调、热水、电视和冰箱，酒店设施包括超市、小书店和海滨酒吧，且提供按摩和皮划艇服务。客房B1000，洋房B1200

Kirati Resort Island View酒店东面100米 ☎081 881 2703 🌐www.kiratisamui.com 这里所有客房都有空调、热水、免费Wi-Fi、阳台和冰箱。房间类型包括茂密花园里装饰精美的宽敞木屋以及酒店式建筑里的明亮新建客房，有花岗岩瓷砖地板、深色木质沙发和美丽的现代浴室。洋房B1000，客房B2200

Ô Soleil Boat House酒店以西 ☎077 425232 ✉buisseretjean@yahoo.fr 这家干净整洁，坐落于美丽花园中的酒店是由比利时人经营的，非常安静，且有池塘装饰。在众多干净的洋房中，最便宜的是位于后面提供冷水淋浴的风扇房，且所有空调房都有热水淋浴、冰箱和电视，价格视尺寸而定。风扇房B400，空调房B600

★ **Tongsai Bay** 辰蒙海滩北部 ☎077 245480 🌐www.tongsaibay.co.th 这家温馨且环境友好的酒店提供一流的服务。豪华的客房、红瓦的小屋和富丽堂皇的别墅（其中一些拥有私人泳池）都可看到风景如画的私人海滩美景且有两个泳池。此外在僻静的露天阳台上还有第二个浴缸，如果你想在睡觉时看到满天繁星，还可睡在室外带有蚊帐的四柱床上。酒店设施还包括精致的餐厅和SPA馆。B9300

查汶（Chaweng）

就景色而言，没有一个海滩可与**查汶**相提并论，其宽阔而略倾斜的狭长白色海滩镶嵌在清澈的蓝色海洋和茂密的棕榈树之间。如此美丽的海滩当然会吸引很多人的注意，从好的方面来说，查汶海滩可提供各种需求，从令人心潮澎湃的夜生活至无所不在、多样化的水上运动多种多样。但是各项发展也使得该海滩变得越来越拥挤，物价也随之上涨，同时棕榈树后面的建筑工程和过度商业化主要海滨道路的维修也总是没完没了。

北查汶（North Chaweng）

这个6千米长的海湾北端是马兰（Ko Matlang）小岛，南端的珊瑚湾上坐落着300米高的海岬。**马兰岛**附近水域有些非常不错的浮潜项目，这里的珊瑚礁向西南方向蔓延，横跨整个内陆地区，从而形成了一个较浅的礁湖和**北查汶海滩**。这个S形的海滩比较宁静，但也受到了发展的荼毒；退潮时此地会变成一个宽阔迷人的运动场，而在10月～次年1月期间受东北风影响，此地会被珊瑚礁覆盖。在属于Chaweng Regent酒店的沙滩上，Samui Ocean Sports（☎081 940 1999 🌐www.sailing-in-samui.com）会提供风帆冲浪和皮划艇租赁服务及帆船运动课程、旅行和设备租赁。

查汶中央区及查汶诺伊（Central Chaweng & Chaweng Noi）

珊瑚礁南面是**查汶中央区**悠闲笔直的 2 千米长海岸线，与其平行的一条主要大道非常拥挤，两边坐落着似乎无穷无尽的现代设施，非常丑陋，其中大部分都隐藏在树木和度假村背后。**查汶诺伊**海滩坐落在一个较低的海角附近，这个位于岩石海湾的蜿蜒小海滩北部相对比较宁静，远离嘈杂的道路。在查汶中央区的内陆，环岛道路 4169 号支路会横穿原始的**查汶村**（Ban Chaweng）。

6

珊瑚湾（Coral Cove）

环岛道路会经过查汶以南的珊瑚湾，这个孤立的粗沙小海滩四周有高大的岩石围绕，珊瑚非常美丽，是不错的浮潜场所。此外还可前往查汶和拉迈的边界——海角顶端的比佛利山咖啡厅（Beverly Hills Café），将整个查汶、辰蒙海滩及帕岸岛的山脉壮丽景色尽收眼底（咖啡厅提供一些美味的中等价位食物，尤其是海鲜）。

住宿

查汶

查汶海滩共有50多家洋房度假村和酒店，大多聚集在成直角的各条狭窄街道上，距离海滩有段距离。最便宜的住宿场所仅有一些基本设施，如今越来越多的豪华酒店拔地而起，提供高价位的奢华住宿。

北查汶

Amari Palm Reef 北查汶海滩 ⓣ077 422015-8 ⓦwww.amari.com 这家舒适且生态友好的豪华酒店环境温馨，价格实惠。宽敞的客房包括家庭复式公寓距离海滩较远，都提供DVD播放机。酒店设施有两间优雅的餐厅（包括Prego，见p.484）、服务齐全的SPA馆、健身房、两个泳池和一个儿童泳池。酒店网站提供各种优惠团购方案。B5320

Anantara Lawana 北查汶海滩 ⓣ077 960333 ⓦwww.anantara.com 该豪华酒店的设计风格受20世纪中国商人在泰国的住房影响，给人以赏心悦目的复古之感，其中大多数客房都带有室外卫生间。多数客房坐落于两层楼中，其中底楼客房拥有一个跳水池，楼上客房带阳台；其他别墅或有单独的泳池或共用半私人式泳池。酒店设施还包括位于海滩附近的半圆形大泳池以及一个精美的SPA馆和Tree Tops餐厅，可在浪漫的侧面敞开式树屋中用餐。B9500

Chaweng Regent 北查汶海滩底端 ⓣ077 230391-400 ⓦwww.chawengregent.com 这家信誉良好的豪华酒店提供高雅的洋房和带有私人阳台的低层客房，所有房间都有现代化生活设施。酒店设施包括荷花池、两个泳池、健身中心、桑拿和SPA。B6100

★ **Coral Bay Resort** 北查汶海滩最北端 ⓣ077 234555 ⓦwww.coralbay.net 这家迷人的度假村酒店展现了查汶海滩发展的生态友好景象，在酒店宁静美丽的4公顷花园里种植着500多种植物，而用茅草覆盖的大别墅设计高雅独特，都是用当地的木材、竹子和椰子建成；所有房间都有宽敞的阳台、出水较大的淋浴、免费宽带及DVD/CD/MP3播放器（可在图书馆借影碟）。酒店设施包括泳池、SPA馆和精美的海滨酒吧餐馆；提供皮划艇和潜水活动安排。B6850

Matlang Resort 北查汶海滩偏远的北端 ⓣ077 230468-9 这家安静舒适的海滨度假村酒店可欣赏玛琅岛的美丽景色，但与周边豪华度假村相隔较近。房间类型分为古老风格的茅草木质平房（提供阳台、蚊帐和热水淋浴）和色彩明亮的新建空调房。风扇房B500，空调房B1000

Muang Kulaypan 北查汶海滩 ⓣ077 230849-50 ⓦwww.kulaypan.com 这家坐落于美丽大花园里的原始精品酒店拥有一个用黑色瓷砖铺成的泳池及精致的海滨餐厅Budsaba Restaurant（见p.484）。每个时尚的房间都有自己的私人阳台或花园，完美融合了当代和传统泰式风格，非常舒适。房价包括早餐。B4500

Tango Beach Resort 北查汶海滩 ⓣ077 422470 ⓦwww.tangobeachsamui.com 这家现代泰式风格的酒店非常温馨，与大多数苏梅岛的酒店不同：各种色彩艳丽且设备齐全的客房之间有小泳池（及儿童泳池）隔开，沿着一条木质栈道可抵达海滩，提供皮划艇活动。房价包括早餐。B2650

6

查汶中央区

★ **Akwa** 查汶中央区南端 ⓣ084 660 0551 ⓦwww.akwaguesthouse.com 这里温馨色彩明亮的客房里装饰着可爱的卡通壁画，有空调、热水、迷你吧、电视、DVD播放机（可借DVD盘）和免费Wi-Fi。“豪华房”要比“标准房”大一些，还提供阁楼及一个花园公寓。虽然不在海滩上却靠近海滩，而且住客可以免费使用对面Seascape Resort酒店的泳池。B500

Le Paradis 查汶中央区 ⓣ077 239041-3 ⓦwww.leparadisresort.com 该酒店坐落于美丽的花园里，近年部分建筑经过了重新装修。提供非常时尚的当代别墅且装饰有巨大的彩绘，内有露天卫生间、大浴缸、大阳台、空调、有线电视、DVD播放器、保险柜和免费Wi-Fi。酒店设施包括迷人的海滨泳池和健康SPA馆。B6300

The Library 查汶中央区 ⓣ077 422767-8 ⓦwww.thelibrary.name 这家高概念设计的酒店提供电子书、DVD和CD图书馆，全都带有iMac电脑（免费Wi-Fi）和DVD播放机房间分为套间（楼下）和带有阳台的工作室（楼上）。酒店设施包括鲜红色的泳池、健身中心和海滨露天餐馆The Page。工作室B15800，套间B18000

Long Beach Lodge 查汶中央区北端 ⓣ077 422162 ⓦwww.longbeachsamui.com 这栋高大阴凉的沙滩建筑提供干净整洁的洋房和客房，很宽敞，且都带有热水、步行、电视和空调。服务周到，房价包括早餐。B1200起

Relax Guest House and Kluaymai Boutique 查汶中央区南端的Colibri小巷中，标志性建筑Centara Grand Beach Resort酒店对面 ⓣ077 413836 ⓔsombatsamui@hotmail.com 功能性临时住处，提供各种性能良好的设备：有热水风扇房和热水、冰箱、电视的空调房（管理处有Wi-Fi）。或者你也可以选择隔壁相同管理人员的“精品酒店”，提供DVD播放器和室内Wi-Fi，装饰高雅。风扇房B300，空调房B500，“精品房”B800

Tradewinds 查汶中央区 ⓣ077 414294 ⓦwww.tradewinds-samui.com 这家运营良好的酒店提供独特的平房和客房（所有房间都带有空调、热水、迷你吧、有线电视、Wi-Fi和阳台），非常宽敞，坐落于五颜六色的热带花园中。度假村有其特有的帆船项目，提供双体船（有传授课程），以及皮划艇、浮潜和棒球活动。房价包括早餐。B2500

The Wave 查汶中央区 ⓣ077 230803 ⓦwww.thewavesamui.com 这家查汶海滩最便宜的旅馆是由英国人经营的，虽然不在海滩上，但位于主要道路一家受欢迎的酒吧餐馆上方。大多数房间都有风扇，提供共用冷水卫生间，而空调客房包括顶楼带有屋顶露台的一间复式客房都有热水淋浴、电视、冰箱和免费 Wi-Fi。提供各种旅游建议和旅行，且有一个大图书馆。风扇房 B400，空调房 B850

6

查汶诺伊海滩

Imperial 查汶诺伊海滩 ⓣ077 422020-36 ⓦwww.imperialhotels.com 这家苏梅岛上年代最久远的豪华酒店为地中海风格，气势雄伟但非常热闹，坐落于倾斜的园景花园中；酒店设施包括两个泳池（分别为海水池及带有按摩池的淡水池）、SPA馆、网球场和泰国烹饪及水果雕刻课程。B7800

★ **The Jungle Club** 从查汶诺伊海滩出发沿着一条陡峭的小道向上攀登 2 千米即可抵达，部分是柏油路 ⓣ081 894 2327 ⓦwww.jungleclubsamui.com 这家由法国和泰国人合开的独特住宿场所缓和了查汶的商业化氛围：面积较大，周围绿草如茵且有沙滩，斜坡边缘地区有个小泳池可看到帕岸岛及更远处的美景。岩石之间坐落着别致的酒吧餐厅，住房包括提供热水淋浴的木屋和提供热水和 DVD 播放器的水泥平房，所有房间都铺有茅草且提供有蚊帐。每天提供两班免费接车服务。B800，热水淋浴房 B1800 起

餐饮

查汶海滩提供各种各样的外国菜肴，从法国菜到俄罗斯菜，种类繁多，但大多数味道比较一般。而且要找到美味且价格实惠的泰国菜肴比较困难，除了下列推荐场所外，还可前往深受当地工人欢迎的便宜食物小摊，大都集中在查汶中央区和 4169 号支路中间道路的 Laem Din 夜市以及查汶村道路上的 Pang Bua 集市（大致从 6:00 ~ 次日 00:00），包括有名的 khao niaw mamuang（芒果糯米）摊贩。

Budsaba Restaurant 坐落于 Muang Kalaypan 酒店内 ⓣ077 230849-50 这家迷人的高档海滨餐馆提供了查汶北部最好的饮食：你可以斜躺在海边凉亭或敞开式吊脚楼里享用精致的泰国美食，如柚子沙拉（B180）。每天 7:00~22:30

Eat Sense 查汶中央区，Charlie's Huts 隔壁 ⓣ077 414242 ⓦwww.eatsensesamui.com 这家宽敞闲适的餐馆大部分都位于海滨露天区域，提供昂贵但美味的泰国和国际菜肴，只使用有机蔬菜，可尝试下这里的腰果和酸角酱炸虾。每天 11:00~次日 00:00

Ninja 查汶中央区 Burirasa Resort 对面。这家热门餐馆非常简单，价格也很便宜，提供简单的泰国美食，如酸辣汤（B55）、木瓜沙拉和泰式炒面，以及煎饼、早餐和其他西式餐点。24 小时营业

Noori 查汶中央区北端 Chaweng Buri Resort 酒店对面 ⓣ077 413108 ⓦwww.nooriindiasamui.com 这家相对比较简单的餐馆提供高档的意大利食物，以及各种传统美食，如印度咖喱鸡（B210）和各种海鲜和素食。此外在南面的查汶中央区，Centara Grand Resort 酒店过去一点还有一家分部，提供意大利烹饪课程。每天 11:30~23:30

★ **Prego** 北查汶海滩 Amari Palm Reaf 酒店内 ⓣ077 422015-8 这家精美的侧边敞开式餐馆总部位于主厨的家乡米兰。提供各种当代意大利菜肴包括美味的开胃菜、比萨、手工制作的意大利面和顶级意大利调味饭，还有各种酒类饮品。旅游旺季需提前预订。每天 11:30~ 次日 00:00

Sui Kin 北查汶海滩 Akyra 酒店内 ⓣ077 915100 ⓦwww.theakyra.com 这家非常美丽的露天餐馆可俯瞰这座用许多深色木材建成的日式度假村，装饰非常美丽。这里的鳗鱼寿司（unagi sushi；B280）和金枪鱼扇贝鞑靼（B250）非常美味，或者也可以选择铁板烧、天妇罗、烤鱼和当代寿司（大多是加州卷）。每天 12:00~22:30

酒吧及夜生活

绕开主要通路上喧闹的色情酒吧和英语主题俱乐部，该海滩上最好的饮酒场所是：入夜后，几十家度假村和精美酒吧会在沙滩上放置一些烛光餐桌和斧头垫，尤其是查汶中央区北端和北查汶海滩。

Ark Bar 查汶中央区北端 ⓣ077 961333 ⓦwww.ark-bar.com 举办非常流行的海滩派对，拥有国际和泰国著名 DJ、现场音乐、火技表演及免费烧烤。派对时间：周三及周五 14:00 直至深夜

Bar Solo 查汶中央区北端，Green Mango 北面的主路上 ⓦwww.barsolosamui.com 该酒吧黑白分明的外观与音效系统里的硬核科技音乐非常匹配。其他特色包括台球桌和水烟管，20:00 前有打折活动。而且经常会在岛上东北角的 Plai Laem 海滩举办沙滩派对。每天 14:00~ 次日 3:00

Green Mango 查汶中央区北端。这家年代较久的舞厅位于巨大的棚子里，将工业化的外观和热带温室完美融合。如今有其名字命名的小巷，道路两边坐落着其他酒吧和俱乐部。每天 22:00~ 次日 3:00

Q Bar 查汶村道路北面 ⓣ077 962420 ⓦwww.qbarsamui.com 这家曼谷酒吧俱乐部分部拥有

时尚大胆的装饰，可在其北岸高处看到美丽的湖景，且有当地和国际 DJ 播放音乐。每天 18:00 至深夜

Reggae Pub 位于查汶中央区的内陆，穿过湖泊即达 Ⓦ www.reggaepubsamui.com 这家查汶最古老的夜店久负盛名，其内部的纪念品店即可证明。这里不仅是单纯享受快乐的派对场所，还有许多饮酒游戏、台球桌、大屏幕体育节目，每天晚上都有雷鬼乐队现场演奏，偶尔还会举行大型音乐会。每天 18:00~ 次日 3:00

Sound 位于 Green Mango 南边的小巷里 前面是时尚的酒吧，后面是大型花园俱乐部，营业时间和其他地方错开。每天 23:00~ 次日 6:00

Tropical Murphy's 查汶中央区麦当劳对面 这个主题俱乐部非常独特：提供 Guinness 啤酒、Magners 苹果酒及 Kilkenny 酒，还有大屏幕播放的体育节目、智力竞赛、现场音乐、免费 Wi-Fi 和美味的食物，如今正向地标和聚会场所转变。每天 8:00~ 次日 2:00

6

附录

航空公司 曼谷航空位于 4169 号支路查汶村南端 Ⓣ 077 601300。

书店 此地有好几家 Bookazine 分部，交通便利，坐落于查汶中央区海滨大道的 Tropical Murphy's 酒吧旁（每天 10:00~22:00），出售英文书籍、报纸和杂志。坐落于北查汶海滩海滩大道东侧与查汶村道路交会的丁字路口处附近的 Saai 是不错的二手书店（每天 9:00~23:00）。

医院 私立的苏梅岛国际医院位于北查汶海滩（Ⓣ 077 230781-2 Ⓦ www.sih.co.th）提供 24 小时救护车和急救服务、出诊、牙科诊所和旅游疫苗接种等。

上网 共有几十个网吧，包括 Saai 书店（见上文）。

药房 Boots 分部位于查汶中央区的中间地带，沿着 Tropical Murphy's 酒吧的道路往上即可。

步行街 与湄南海滩的步行街（见 p.478）非常类似，每周三晚上在 Long Beach Lodge 酒店和 Ninja 酒店之间的海滩上举行。

拉迈（Lamai）

拉迈的规模仅次于查汶，不是很发达，且保留着较多的原始气息。这里的别致酒店、餐馆和夜总会没有查汶多，大多数发展都集中在海滩中央背后外国人居住的区域，有许多猥琐的露台色情酒吧和西式餐馆，中间穿插着一些超市、诊所、银行、自动取款机、网吧、潜水商店和旅行社。这里美丽的白色沙滩从北到南大约有 4 千米长，四周种植着棕榈树，如诗如画，相比查汶海滩，这里更加安静，水上运动也少得多，只要待在海湾宁静的两端，就可以轻易避开各种喧闹的场所；而且这里的背包客度假村也比查汶的功能性旅馆要好得多。沙滩北端道路进入海滩的地段可以说是最美丽的场景，如今已渐渐吸引了一些高档酒店的注意：这里的岩石比沙滩多，但珊瑚礁后面的浅海区域因 11 月 ~ 次年 1 月潮水上涨至今仍然保持完美。

原始的**拉迈村**（Ban Lamai）就坐落于 4169 号支路附近，至今仍未受到发展影响，寺院里面的小博物馆中收藏着各种陶瓷、农业工具及其他日常用品等。大多数游客都因海湾南部的海角岩层——**祖母岩**（Hin Yay）和**祖父岩**（Hin Ta）慕名前来，因为这两块岩石的形态与男性和女性的生殖器官惊人的相似。

住宿 拉迈

与查汶海滩相比，拉迈海滩的住宿比较宽敞且性价比更高，不过顶级酒店的选择就相对较少一些。大多数经济型平房都聚集在海湾偏远南端的祖父、母岩石附近。

Banyan Tree 海湾南面的海角地带 Ⓣ 077 915333 Ⓦ www.banyantree.com 这家酒店坐落于风景如画的陡峭山谷，从其大堂吧可看到查汶的壮观景色。酒店提供奢华美丽的泳池别墅：典雅的客厅、步入式衣柜和堪称泰国最大花洒的淋浴，还有如 iPod 基座等其他设施。还提供前往上下 SPA 馆、主要泳池、儿童泳池和海滩上美丽私人海湾的电动越野车，以及各种水上运动。B34800

Bay View Resort 海湾北面的海角地带 Ⓣ 077 458 778-9 Ⓦ www.bayviewsamui.com 提供干净整洁时尚的平房，且都带有阳台、迷你吧、Wi-Fi 和热水卫生间，坐落于鲜花遍地的宽敞庭院中；最豪华的客房有空调和有线电视。此外该度假村还会提供德国—泰国式欢迎仪式、皮划艇和上网服务，从其精美的餐馆还可看到美丽的夕阳景色。风扇房 B1500，空调房 B1900

Buddy Oriental 拉迈村东面 ☎077 458560-5 🌐www.buddysamui.com 这家考山路酒店的分部以“殖民主义”风格为主题：带有蚊帐的四柱床、木质百叶窗以及铺有黑白大理石的浴室。酒店客房及泳池离聚集着众多店铺的道路较远，在道路沙滩一侧坐落着另一个泳池及餐馆和酒吧。其他酒店设施还包括SPA馆、儿童大型俱乐部、免费Wi-Fi及专供住客使用的电脑。B6000

Flower Paradise 海湾南部的海角地带 ☎077 418059/089 288 8362 🌐www.samuiroestiland.com 这家由德国和瑞士老板合开的酒店非常温馨，就坐落于一个小巧美丽的花园中。提供各种大小的美丽精致平房，且都带有阳台和热水，精致的餐厅Röstilan（周一休息）的特色菜是与其同名的土豆煎饼，还有免费Wi-Fi。风扇房B350，空调房B650

Green Villa 海湾偏远的南端，White Sand酒店马路对面 ☎077 424296 ✉greenvilla@hotmail.com 虽然靠近主要道路，离海滩较远，但该度假村拥有一个宽敞的花园，周围遍布着棕榈树，中间还有一个小泳池。提供干净简洁的独立卫浴木质风扇平房（其中一些有热水），或带有电视、冰箱、热水浴缸和露天淋浴的豪华别墅。风扇房 B450，带有热水的风扇房 B550，空调房 B2000

Lamai-Wanta 中央十字路口以东 Ⓣ077 424550 Ⓦwww.lamaiwanta.com 这家地理位置优越的温馨酒店拥有诱人的海滨泳池和精美餐厅（见下文）。酒店简洁的大客房坐落于修剪整齐的草坪上，以白色、米色和深色木质简易泰式风格为主，而带有 DVD 播放器的洋房更加雅致；所有房间都提供空调、电视、迷你吧、保险柜、Wi-Fi 和热水。住宿时间较长可打折。房价包括早餐。客房 B2650，别墅 B4100

Renaissance 海湾北部的海角地带 Ⓣ077 429300 Ⓦwww.marriott.com 这家豪华的酒店地理位置优越，可通往两个海滩，提供的两种住宿环境形成鲜明对比：长而奢华的别墅坐落于遍地都是青蛙的繁茂花园里，每一栋都有自己的跳水池，位于后面的便宜客房则提供阳台和室外按摩浴缸。酒店设施包括诱人的多层式海滨泳池、SPA 馆、小吃酒吧及如泰式按摩和毛巾折叠课程等服务。客房 B8850，别墅 B16500

Samui Harmony Buddy 酒店南面 Ⓣ077 458120 Ⓔsamuiharmony@hotmail.com 这家酒店虽然被夹在道路、运河和海滩之间，但环境温馨，有茂盛的植被，且酒店里有咖啡厅、旅行社（有供住客使用的电脑）和免费 Wi-Fi。共提供三种类型的客房：干净整洁的独立卫浴小木屋，冷水淋浴风扇房（不过最近会改成热水），或是带有热水、电视和冰箱的空调房，还有位于沙滩上的宽敞客房。风扇房 B500，空调房 B800

Sunrise 位于通往祖父母岩石的道路上 Ⓣ077 424433 Ⓦwww.sunrisebungalow.com 这家温馨的酒店坐落于海滩偏远南端椰林里一个安静繁茂的花园中，房间类型包括拥有热水或冷水淋浴的干净风扇房及提供热水的宽敞空调洋房，其中一些有电视和冰箱。酒店设施包括免费 Wi-Fi、精美餐厅、图书借阅、健身房，旅游旺季还有 SPA 馆。风扇房 B550，热水风扇房 B800，空调房 B1200

White Sand 海湾偏僻的南端 Ⓣ077 424298 这家坐落于繁茂大庭院里的休闲旅馆历史较久，吸引了许多长期住客。客房为简单老式的风扇木屋，或提供蚊帐和共用浴室，或是带有纱窗的独立卫浴，以及提供热水、电视和空调的水泥平房。从坐落于海滨的三家迷人竹屋还可欣赏到最美丽的海景风光（冷水淋浴，没有空调）。风扇房 B150，独立卫浴房 B300，空调房 B600

6

餐饮

与查汶海滩相比，拉迈海滩的用餐场所很少，大多数游客都在酒店里面解决。除了下列推荐**餐馆**外，4169 号公路靠内陆附近有一个聚集着便宜的外卖食物小摊和简单餐馆的**市场**（Tesco Lotus超市东面），许多当地人都会到此享用午餐和晚餐（20:00 或 21:00 关闭）。除了 Lamai-Wanta 附近的海滩上有一些酒吧餐馆外，拉迈的**夜生活**主要集中在中央十字路口附近。

Beach Republic 海湾北部海角地带 Ⓣ077 458100 Ⓦwww.beachrepublic.com 虽然也提供住宿和水疗，但这个海滩俱乐部以其餐馆和酒吧闻名，拥有两个泳池和一个按摩池，以及大量躺椅和长沙发，可欣赏海湾的美丽景色。在各种三明治、全球小吃、面食和比萨中，美味的啤酒熏鱼和薯条（B380）尤为突出。目前每周活动包括“深情周六”有 DJ（13:00~18:00），周日早午餐（11:30~15:30），提供 DJ 至 18:00。餐馆每天 10:30~22:30

Coast Lamai-Wanta，中央十字路口东面 Ⓣ077 424550 这家流行的侧面敞开式餐馆位于酒店泳池和海滩附近，简约但不失美丽，菜式中一半是泰国菜，如美味的泰国伊斯兰咖喱（B160），一半是国际菜肴，融合了亚洲各国风味。每天 6:30~21:00

Continental Bakery 中央十字路口以北，4169 号公路附近 这家由瑞士老板所开的面包房氛围温馨宁静，提供美味的面包、蛋糕、三明治和香浓咖啡，以及早餐，从法式到美式再到比利时式（猪肉排），多种多样。每天 6:00~15:00，旺季期间会晚一些

Eldorado 中央十字路口西侧 这家深受好评的温馨瑞典餐馆价格实惠，提供许多泰国美食、沙拉、牛排、比萨和其他国际主食，外加一两道瑞典传统菜肴如瑞典肉丸（B190）等。每天 8:00~22:30

Kway Tiaw Muu Pratu Wat 4169 号公路，拉迈村 这家当地人最喜欢的简单餐馆提供非常美味的面汤，里面加有猪肉、排骨或海鲜或三者兼有（B35~65）。没有英语标志，但就位于拉迈寺入口右侧，门口有红底白字的泰文标志。每天 9:00~19:00

Radiance 位于海滩最北端的 SPA Resort 这家精美悠闲的海滨餐馆提供大量泰国和国际素食（包括墨西哥）及生食和素食，当然还有许多肉类和海鲜。素食生姜坚果小炒（B100）和泰国香肠木瓜沙拉（B70）都非常不错。此外还提供各种果汁、冰沙和奶昔，包括可口的蜂蜜青柠汁。每天 7:00~22:00

Shamrock 中央十字路口以北 这家流行的爱尔兰酒吧提供桌球和体育电视节目，每天晚上还有现场乐队演奏，提供桶装 Guinness 黑啤酒、Magners 苹果酒及 Kilkenny 苦啤等。20:00 之前为优惠价 Happy Hour 时段。每天 10:00~ 次日 2:00

南部和西部海岸（The south and west coasts）

由于**南部和西部海岸**没有出名的迷人海滩，因此住宿场所较少，不过在环岛旅游中这里有一两个不可错过的景点。如果你在11月抵达苏梅岛，因岛屿另一侧受东北季风影响，可以前往西海岸享受美丽平静的海滩。

苏梅岛蝴蝶园（Samui Butterfly Garden）

4170号支路，华塔侬村以南约3千米，Centara Villas 酒店对面 · 开放时间：每天8:30~17:30 · B200

6

苏梅岛蝴蝶园位于Centara Villas 酒店对面（并归其所有），坐落在多岩石的山坡上，可欣赏到美丽的海景。蝴蝶园门票有些贵，但园中有人工瀑布和茂密的植被，以及几十种颜色鲜艳的鳞翅类昆虫围绕着花丛翩翩起舞，漫步此地仿若进入画中一般，令人如痴如醉。

塔恩岛和马得桑岛（Ko Taen & Ko Mad Sum）

塔恩岛及**马得桑岛**这两座小岛靠近南部海岸，是苏梅岛最好的浮潜地点。通库拉特村（Ban Thongkrut）的TK Tour 旅行社（Ⓣ 077 334052-3 Ⓦ www.tktoursamui.com）提供的5小时游船之旅中会包含这两座岛，费用为B1100/人（B1300提供皮划艇），包括从入住酒店的接车服务、浮潜设备和马得桑岛漫长海滩上的午餐费用。

纳蒙瀑布群（Na Muang Talls）

纳蒙瀑布群位于距离**华塔侬村**（Ban Hua Thanon）内陆约5千米的**Thurian村**附近，由于瀑布离环岛道路不远，是旅游的热门景点（4169号支路上有通往两大主要瀑布的设有路标的铺面道路，长约1千米）。较低的瀑布沿着20米高的岩壁飞流直下，最后落入一个大水池里，上游的纳蒙2号瀑布更加壮观，波涛滚滚，从停车场步行至此要一段时间（大概15分钟）。

四岛五岛（Ko Si Ko Ha）

位于西部海岸**塔林村Ban Taling Ngam**的五岛画廊咖啡馆（Five Islands Gallery Café Ⓣ 077 415359 Ⓦ www.thefiveislands.com）会提供豪华的**长尾船半日游**，带游客观赏**四岛五岛**的各个洞穴，岛屿戒备森严，可看到海洋吉卜赛人在收集雨燕巢做燕窝。由于要空出时间浮潜和游泳，因此会匆匆在海滨的Five Islands 餐馆享用各种泰式午餐或晚餐；包价游价格两人B6600起，包括前往住宿酒店的接车服务。

餐饮　　华塔侬村

★ **Ban Hua Thanon Seafood** 4169号支路，华塔村侬 Ⓣ 077 418355 这家非常有名的餐馆受到所有泰国美食家的推荐，位于拉迈海滩南面的一个穆斯林渔村里。这家质朴的木屋餐馆的名字与苏梅岛一家华而不实的度假村餐厅仅一字之差，提供水畔美丽的户外餐桌，前面的水池里还饲养着各种价格合理的鱼类（约B100/100克）。推荐菜肴包括柠檬草烤贻贝和芒果沙拉香脆虾片。每天10:00~22:00

红统国家海洋公园（Ang Thong National Marine Park）

11月不对外开放 · 公园门票B200（通常包含在旅游价格里）· 公园总部 · Ⓣ 077 280222/077 286025 · Ⓦ www.dnp.go.th

在苏梅岛或帕岸岛时，即使没有欣赏完所有海滩，也要抽出一天前往美丽的**红统国家海洋公园**，这个郁郁葱葱，枝叶繁茂的公园里共聚集着42座岛屿，犹如龙牙一般，散落在苏梅岛以西约30千米的深蓝色泰国海湾。这里曾是海盗的避难所，后来成为泰国皇家海军训练基地，这些岛屿及其周围的珊瑚礁、白色沙滩和原始热带雨林如今都受国家公园管理局管辖保护。软石灰岩因侵蚀而形成洞穴和其他奇怪的形状，有像海豹、犀牛的，有像佛像的，甚至还有像吴哥寺院建筑的，生动有趣。

公园附近的水域里经常有海豚出没，但由于当地渔夫会捕捉海豚和短体鲭鱼（pla thu）制作日常菜肴，导致它们对人类保持着较高的警惕性，2~4月期间，海豚会成群结队地聚集在这里产卵。陆地上的长尾猴、豹猫、野猪、海獭、松鼠、巨蜥和大蟒以及入夜后活动的黑叶猴等由于在此没有天敌，随处可见，而且十分友好，不怕人类。至今公园里已发现过 40 多种鸟类，包括歌声悦耳的白腰鹊鸲、杰鸢、黑冠鹃隼、小鹭、丘鹬、不同品种的鸽子、翠鸟和灶巢鸟，以及常见的山雀等；此外，岛上的洞穴里还生活着许多金丝燕，而人们会为了做燕窝而偷走它们的家（见 p.598）。

睡牛岛（Ko Wua Talab）

红统国家海洋公园中的最大陆地是**睡牛岛**，公园总部就坐落于本岛小海滩后的一个洞穴里。从总部到岛屿顶部有一条长 430 米的陡峭**山路**，站在山顶可一览壮观的全景，在日出和日落时分景色尤其美丽：远处是苏梅岛、帕岸岛和主要内陆；近处有周边群岛蜿蜒的海岸线；山脚西侧坐落着一个神秘洞穴，东侧则是下降到清澈碧蓝海水的陡峭悬崖。从海滩还有另一条路径可抵达山顶，虽只有 200 米长，但非常难走（往返需 40 分钟左右），最终通往**布瓦柏洞**（Tham Buabok），坐落于较高位置的悬崖面上。据说洞中的一些钟乳石和石笋很像莲花，因此又有“摇摆的莲花”之称。如果在 9 月游玩此地，可以留意下岩石和悬崖上生长的白色**杓兰**，花瓣白中带紫，十分美丽。

6

湄高岛（Mae Ko）

红统公园的名字 Ang Thong（“金碗”之意）取自于一个直径 250 米的内陆咸水湖，坐落于睡牛岛北面的**湄高岛**，此处也是畅销小说和电影《海滩》的背景地点。从海滩出发有一条平坦的道路（往返需 30 分钟）会穿过天然岩石隧道，最后抵达湖泊四周的悬崖壁边缘，可欣赏到群岛和下方蓝绿色浅水区的另一番美丽景象，该浅水区与大海之间有天然地下隧道连接。

抵达和离开 红统国家海洋公园

除了组织的一日游外，并没有定时的航船前往红统，你可通过住宿机构或旅行社预订。如果不在此地留宿，可购买往返车票在当天晚些时候返回。

从苏梅岛出发

Blue Stars 查汶中央区北端，Green Mango 巷南面的小巷子里 ☎077 413231 www.bluestars.info 如果你想欣赏公园中奇形怪状的岩层和隐蔽的洞穴等大多数美景，可选择 Blue Stars 专业的皮划艇之旅。提供的一日游行程包括湄高岛泛湖以及公园北部岛屿之间的皮划艇和浮潜活动，B2200，包括住宿酒店接车及前往公园的航船费用、自助午餐和浮潜设备等。

Highway 南部码头对面，纳通镇 Chonwithi 路 Siam Commercial 银行附近 ☎077 421290/081 843 1533 www.highseatour.com 该运营商提供的大船每天 8:30 会离开纳通，在 16:30~17:00 返回。中途会在睡牛岛停靠 2 小时（刚好可以参观景点洞穴，且能游泳，不过时间较短，因此不要浪费），在船上用餐，其中一些会在群岛之间游弋，欣赏湄高岛湖泊美景，还有浮潜活动。票价 B1300/ 人（或皮划艇 B1850），包括前往住宿酒店的接车服务。

Lomprayah 湄南海滩 ☎077 427765-6 www.lomprayah.com 这家湄南、挽叻和波普为数不多的几家提供红统快艇一日游（B2200）的旅行机构之一。

从帕岸岛出发

帕岸岛也会提供与苏梅岛相似的旅游，花费 B1800 或 B2000 乘坐皮划艇。

Orion ☎081 999 2000 www.phanganboattrips.com 提供木船一日游。

Safari Boat ☎077 238232 www.safariboat.info 提供红统快艇一日游。

Seaflower Bungalows 召帕湾（见 p.500） 偶尔会组织公园两天一夜的航船旅行，包括浮潜、洞穴探险、捕捉海鲜、住宿在海滩的帐篷里或吊床上（B3500/ 人，包括食物和软饮料；至少 8 人）。

从涛岛出发

Davy Jones' Locker ☎077 456604 www.davyjoneslocker.asia 这家潜水机构属于 Silver Sand Resort 酒店，偶尔会组织前往红统的夜间旅行（B4500/ 人，B6000 包括潜水运动）。

信息及周边交通

旅游信息 红统国家海洋公园过去曾有一个信息管理分局位于苏梅岛纳通镇中间码头附近，最近可能会重新开放。

船只租赁 从睡牛岛出发游玩群岛，可从海洋公园工作人员处租一辆摩托艇；最好的浮潜地点位于 Thai Plao 岛附近。

住宿及餐饮

国家公园平房 睡牛岛公园总部 ☎077 280222/ 077 286025 🌐www.dnp.go.th 提供简单的 2~8 人的平房和餐馆。B500

露营 睡牛岛和 Samsao 岛公园总部。提供两人用帐篷，每晚 B200 左右。

帕岸岛（Ko Pha Ngan）

近年来，大部分背包客都喜欢前往位于苏梅岛以北 20 千米处，与其齐名的**帕岸岛**，由于这里的道路非常难行，对开发商来说有一定建设难度，因此至今仍然保持着相对淳朴的氛围。岛屿内部山脉丛林密布，海岸线上的花岗岩露头蜿蜒崎岖，因此并没有苏梅岛那样巨大柔美的海滩，但这里有许多美丽的珊瑚和一些隐蔽的港湾值得探索。北海岸的**瓶子海滩**及东海岸的一些质朴海滩非常宁静，人迹罕至；东海岸顶部的**通奈潘湾**拥有各种设施和住宿场所；而东南角狭长的**哈林海滩**是一个彻底商业化的背包客度假胜地，环境华丽，吸引了众多狂欢作乐的游客。

帕岸岛的商业化发展大都集中于岛屿南侧和西侧仅有的沿海道路上，起点位于岛屿的行政中心**通萨拉**。南部既长又直的海岸上坐落着众多洋房，尤其是在**泰村**（Ban Tai）和**凯村**（Ban Khai）附近，缓解了附近哈林海滩的住房压力，这里的海滩以泰国标准来说比较普通，且海岸线附近的珊瑚礁使得此地不能游泳，因此不建议游客在此住宿。但是岛屿西海岸拥有

非常美丽的沙滩，尤其在**尧海滩**和**萨拉海滩**上可欣赏到壮观的夕阳美景。

如今帕岸岛上所有**洋房**都会有水电提供，且大部分都装有空调，不过真正的豪华酒店却很少。这里共有 300 多家度假村酒店，与苏梅岛相比，空间要更宽敞一些，且生活成本较低。下文所给**价格**是一年中大部分时候的标准价格（但哈林海滩住宿价格涨落较频繁），在农闲时间可享受折扣（通常是 5 月、6 月、10 月和 11 月），在最繁忙的时间段（尤其是 12 月和 1 月），价格会上涨。帕岸岛的**夜生活**集中在哈林海滩，尤其是每月海滩上的**满月派对**，热闹非常；此外如今还会举行一些小规模的户外派对：**半月节**（每月两次，大约在满月前一周和后一周 Ⓦ www.halfmoonfestival.com）及每月一次的**黑月派对**（Ⓦ www.blackmoon-culture.com），两者都在岛屿南海岸的泰村举行。

6

抵达和离开 帕岸岛

前往帕岸岛最普遍的方法是从素叻他尼乘船前往，不过也有从春蓬出发的航船（见 p.467）。

从素叻他尼或敦萨克出发

素叻他尼至通萨拉 航船服务根据需求波动，但成立时间最久的是夜船，每晚 23:00 从素叻他尼的班敦码头出发前往通萨拉（Ⓣ 077 284928/081 326 8973，全程 7 小时，B450）；反方向夜船会在 22:00 离开通萨拉。船票可在离开当天在码头购买，但如果没有足够多的乘客航船不会出发。

敦萨克至通萨拉 Raja 每天会提供 5 艘汽车渡轮（帕岸岛办事处 Ⓣ 077 377452-3），价格 B400，包括从素叻他尼前往码头的汽车交通费用，全程需 4~5 小时。此外，Lomprayah 每天还会提供 2 艘双体船（帕岸岛办事处 Ⓣ 077 238411-2 Ⓦ www.lomprayah.com），价格 B550，从素叻他尼出发全程约 3 小时。

从曼谷出发

巴士和火车包价行程 曼谷巴士和火车包价行程与前往苏梅岛的行程类似（见 p.475），尤其是从汽车南站出发的政府运营巴士（一等空调巴士每天 1 班，B800；VIP 巴士每天 1 班，B1100，全程 12~14 小时）。离开帕岸岛时，可在通萨拉的 Raja 渡轮码头乘车（Ⓣ 077 238507/077 238762）。

从苏梅岛出发

至通萨拉 Lomprayah 每天会提供两艘双体船从苏梅岛出发前往通萨拉，全程 30 分钟（B300；纳通办事处 Ⓣ 077 950028）。Seatran 每天会提供两艘航船从挽叻东端出发（B250；苏梅岛办事处 Ⓣ 077 246086-9/ 帕岸岛 Ⓣ 077 238679 Ⓦ www.seatranferry.com），而 Lomprayah 每天提供两艘双体船从湄南海滩出发（B300，湄南 Ⓣ 077 427765-6）前往涛岛的航船，30 分钟后停靠在通萨拉。

至哈林海滩和东海岸 Haad Rin Queen 每天提供 4 辆航船从挽叻中央出发前往哈林海滩，全程不到 1 小时（全年时刻表保持一致：挽叻出发时间为 10:30、13:00、16:00 和 18:30，哈林海滩出发时

帕岸岛的活动项目

帕岸岛最受欢迎的活动项目是从哈林海滩、通奈潘海湾及尧海滩出发的环岛游船之旅（详情见相关章节）及红统国家海洋公园之旅（见 p.488）。该岛屿并不是潜水的最佳基地：需要前往涛岛附近的潜水场所，既费时又费钱，而且潜水机构也没有苏梅岛和涛岛多。其他活动项目包括泰国烹饪学习、瑜伽、风筝冲浪、风帆冲浪及帆船运动等。

Agama Yoga 通萨拉北面的 Wogtum 湾（Hin Kong）Ⓣ 089 233 0217 Ⓦ www.agamayoga.com 提供瑜伽课程。

Cookies Resort 通萨拉南面的金佛湾（Ao Plai Lae）Ⓣ 083 181 7125 Ⓦ www.cookies-phangan.com 提供帆船和风帆冲浪服务。

Cuttlebone Holiday Beach Resort 酒店，通萨拉东南方约 2 千米 Ⓣ 081 940 1902 Ⓦ www.cuttlebone.net 提供风筝冲浪运动。

Kiteboarding Asia 泰村，Milky Bay Resort 酒店对面 Ⓣ 080 600 0573 Ⓦ www.kiteboardingasia.com 提供风筝冲浪运动。

Lotus Diving Chaloaklam 湾，Dive Resort 酒店内（在哈林海滩的背包客信息中心设有办事处）Ⓣ 077 374142 Ⓦ www.lotusdiving.net 这家属于国际专业潜水教练协会（PADI）的五星级潜水中心提供潜水课程及帕岸岛和涛岛中途的帆船岩旅行。

My Wok and Me 通萨拉东端，前往泰村的路口处 Ⓣ 077 377846 Ⓦ www.mywookandme.com 提供烹饪课程。

Safari Boat Ⓣ 077 238232 Ⓦ www.safariboat.info 提供的一日游行程包括象营、浮潜及筌海滩、瓶子海滩、通奈潘湾和沙德海滩游船之旅。

6

洞山寺的禅修课程

在距通萨拉 4 千米处的南海岸泰村有一片安静的山坡，山上坐落着**洞山寺**（Wat Khao Tham），常年会举办为期 10 天的禅修课程（B5000/ 人包括食物 ⓦ www.watkowtahm.org）。这里的美国和澳大利亚籍老师强调将同情和理解作为精神发展的基础。由于此地空间有限（尤其在 12 月 ~ 次年 3 月到此修行的游客非常多），因此最好现场或以书面形式提前预订；有关禅修规则和要求的详细信息以及时刻表都可登录网站查看。

间为 9:30、11:40、14:30 和 17:30；B200；苏梅岛 ⓣ 077 484668/ 帕岸岛 ⓣ 077 375113）。如果有足够多的乘客且天气较好的话，通常在 1 月中 ~ 10 月末，每天 12:00 还会有一艘小船从湄南村码头出发前往哈林海滩（B250），然后抵达帕岸岛东海岸，中途根据需要会停靠在沙德海滩和其他地方，最后抵达通奈潘湾（B350）。

从涛岛出发

涛岛有航船出发前往帕岸岛（见 p.501）；反方向也有相同服务。

信息

旅游信息 帕岸岛上并没有泰国旅游局办事处，但会提供一份免费的小手册 *Phangan Info*（帕岸岛信息），还可通过其网站 ⓦ www.phangan.info 预订住宿。而哈林海滩旅行社 ⓦ www.backpackersthailand.com 也是不错的信息源。

地图 探索岛屿的最好地图是 Visid Hongsombud 出版的 *Guide Map of Koh Phangan and Koh Tao*（帕岸岛和涛岛地图指南，B120），但比较难找。

通萨拉（Thong Sala）

作为帕岸岛的行政中心**通萨拉**也是一个入口港，尤其是正午时分，大多数兜售者都堵在此地，将下船的乘客送至岛屿住宿酒店。码头附近还聚集着许多双条车和吉普车可前往岛屿其他地区，岛屿主要街道起点位于 Raja 渡轮码头，两边坐落着银行、超市、旅行社和潜水店铺，马路右侧还有一个非常热闹的夜市。

周边交通　　通萨拉

摩托车或吉普车 通往码头的街有摩托车（B150~200/ 天）和吉普车（800~B1000/ 天）租赁点。

住宿及餐饮

Nira's 主街南侧水畔，Seatran 码头对面 这家餐馆是著名的 Hat Rin Café 的分店，提供“快餐”：全天式早餐、香浓咖啡、焙烤食品如法式蛋挞（B65）、三明治和泰式、西式主食等。客人可免费使用电脑。每天 7:00~19:00

Pha Ngan Chai Hotel 通萨拉码头附近 ⓣ 077 238109 如果你想在通萨拉留宿，可前往这座码头旁的白色高楼，其国际标准服务吸引了许多企业家和政府官员入住，客房提供空调、热水、电视、冰箱，其中一些房间还有可以看到大海的阳台，酒店设施包括泳池、免费 Wi-Fi 和上网服务。房价包括早餐。**B1000**

附录

医院 岛屿上的主要医院（ⓣ 077 377034/077 375103）位于城镇以北 3 千米，通往迈哈德海滩的内陆大道上，设施较简单。此外还有 24 小时急救服务，工作人员都是志愿者（ⓣ 077 377500）。

警察 沿着前往 Chaloaklam 村的道路行驶 2 千米即可抵达主要警察局（ⓣ 077 377114），在通萨拉主要码头附近设有旅游警察局（ⓣ 1155）。

邮局 码头东南方向约 500 米，老主街上（周一至周五 8:30~12:00&13:00~16:30，周六 9:00~12:00）。

右页图从上往下顺时针顺序依次为：红统国家海洋公园（见 p.488）；三百峰的帕雅那空洞（见 p.463）；涛岛的长尾船（见 p.501）>

潘瀑布（Pang Water fall）

塔沙迪 - 帕岸岛国家公园，通萨拉东北方向 4 千米，前往 Chaloaklam 的路上 · 免费 · 乘坐前往 Chaloaklam 方向的双条车至 Madeuawaan 村，然后沿着设有路标的道路往东步行 1 千米即可抵达

从岛上的大部分地方前往鼎鼎有名的塔沙迪—帕岸岛国家公园（Than Sadet-Ko Pha Ngan National Park）都非常方便，园内景点包括帕岸岛最大的瀑布——**潘瀑布**（又写作 Phaeng）。公园总部及一个小食堂坐落于通萨拉东北部前往 Chaloaklam 村的主要道路上。沿着陡峭的森林步道步行 250 米即可看见主要瀑布；瀑布共分为若干阶层，与坚硬的灰色岩石激烈撞击，倾泻而下。继续往上走 300 米即是一个绝妙的观景点，可俯瞰岛屿南部和西部的壮丽景色。

哈林海滩（Hat Rin）

哈林海滩是东南亚主要的派对聚会场所，尤其是在 8 月、12 月和 1 月，非常热闹，但此

地最有名的是**满月派对**，仿佛露天超级大夜店，狂野与浪漫一触即发。哈林海滩紧凑型的地理环境非常适合激情的派对：坐落于帕岸岛东南海角平坦的狭长地带，仅有两个紧连在一起的海滩，南北两端则有一些横向马路。东面的**日出海滩**（又写作 Hat Rin Nok，哈林海滩外层）是吸引游客至此的主要景点，这个美丽精细的白色沙滩坐落于两个岩石斜坡之间，展现了经典的曲线美；斜坡南面至今仍有一些值得探索的珊瑚，但近年来海水已不像从前那样清澈了。该海滩是哈林海滩的活动中心，棕榈树下聚集着许多酒吧、餐馆和平房旅馆。

日落海滩（又写作 Hat Rin Nai，哈林海滩内部），一年中大部分时候都漂浮着各种废料，相比之下景观非常普通，但有许多安静的住宿场所。不过，海滩之间的发展与其设施并不同步：丑陋、局促又混乱，在众多老房子中间又建造了一些新的低层水泥店屋。这里的商业主要集中在名为**鸡角**（Chicken Corner）的地方，是南部横向道路与日出海滩后面道路的交会之地，包括超市、国际长途电话设施、几十处上网点、大量自动取款机和银行货币兑换亭，除此之外还有许多荒诞的店铺，如比基尼除毛和游戏机出租等。一些公园海滩和灯光无意之中将海角中间的大片水域衬托得更加美丽，沿着通往“Hat Rin Swamp”的精确路标步行即可抵达。

6

抵达和离开　　哈林海滩

双条车或迷你巴士　通萨拉和哈林海滩之间有双条车（白天 B100，晚上贵一些）和空调迷你巴士（B150）运营。

乘船　如果从苏梅岛或素叻他尼出发，前往哈林海滩最简单的方法就是在苏梅北海岸的挽叻区搭乘船只（见 p.491）：每天提供四艘前往日落海滩码头的船只，全程不到 1 小时。

满月派对：注意事项

即使你不穿着花里胡哨的衣服跳舞至黎明，哈林海滩的满月派对也是不错的旅游景点，成千上万的人聚集在月光笼罩的美丽海滩上，放烟花表演杂耍，气氛热闹非凡。若你打算参加派对，首先必须确定派对举行的确切时间：当满月之日恰逢重要的佛教节庆之时，该派对会延迟一天举行以避免发生冲突；详细信息请登录 Ⓦ www.fullmoon.phangan.info 查看。而在圣诞节和新年前夕，也会在哈林海滩上举行大型派对。如今派对入场费价格为 B100。

满月之夜，坐落于日出海滩最南端的天堂酒店将会装扮成主要的派对场所，有时还会有大名鼎鼎的国际 DJ 出席。但是日出海滩的大部分地区都是一片混乱，坐落着许多仓促建立起来的饮料摊位及十几个主要音响系统：Zoom 里会播放迷幻音乐和高科技舞曲，Tommy 会提供数码 House 音乐，而更远处的 Sunrise 会播放经典电音和鼓打贝斯。第二天，当海滩派对渐渐平静下来时，Back Yard 会在 11:00 左右重新开始新一轮小型聚会，聚集了昨天晚上最好的 DJ——就位于日出海滩南端的山上，通往莉拉海滩（Leela Beach）的中途。

传言哈林海滩有许多与毒品相关的交易，其中一部分是真实存在的：摇头丸、ya baa（缅甸制造的中枢兴奋剂）等毒品，平均每个月有两个外国人因毒品进入医院戒毒。地方当局如今已展开严厉的打击行动，在哈林海滩设立了一个永久的警察岗亭并定期设置路障检查过往车辆和室内搜索，对检举购买毒品客户的酒店和餐馆老板实行报酬嘉奖，并在满月之夜加强警力（既有制服警察也有便衣警察）。这并没有给派对造成多大影响，只是让游客变得更加小心谨慎。

有关满月派对需注意的其他事项都是些常识：将贵重物品放在酒店保险箱里（每当这个时候就会有许多小偷闯入平房住宿地），且不要带包；时刻注意自己的饮料以免被下药；当心海滩上破碎的瓶子；在酒醉情况下不要游泳，先前已有好几起在满月派对上溺毙的事故。除此之外，有报道说哈林海滩有深夜团伙会性侵女性并殴打路人，尤其是在月圆之夜前后，因此一定要格外小心。

住宿及交通

如今哈林海滩共有客房约 5000 间，在派对期间，其中一些客房会被改装成宿舍形式，但来此参加派对的游客可能多达 30000 人次。除非你不准备睡觉，不然你需要提前几天到达此地抢客房，因为派对期间许多酒店老板会规定至少要入住 5 天（有些地方甚至要求住 9 天，尤其是在 8 月、12 月和 1 月高峰季节）。或者你也可以顺便搭乘苏梅岛的旅馆和餐馆组织的派对游船（返程时约 B700/ 人），特别是挽叻和波普海滩，通常会提供 21:00~ 次日 00:00 出发的航船，然后在天亮时分返回；而帕岸岛的其他海滩也会提供前往此地的航船或汽车。

哈林海滩的活动项目

哈林海滩的大多数场所，包括 Backpackers Information Centre（见下文）都可预订岛屿东海岸往返游船之旅，价格 B800（包括简单的午餐和浮潜设备），旅游景点包括迈哈德海滩、通奈潘湾、瓶子海滩和塔沙迪公园。坐落于南部横向道路小巷上的 Chakra（☎ 087 283 4365）提供一流的按摩服务且开设按摩课程，而码头附近的 Jungle 体育馆（☎ 077 375115）可提供泰拳课程、桑拿房和瑜伽。

6

周边交通

吉普车或摩托车 哈林海滩的大部分场所都会提供吉普车（约 B1000/ 天）和摩托车（B150/ 天起）租赁服务。但许多游客反馈说在归还车辆时，即使是微不足道的损伤都要被收取天价赔偿，因此在租车的时候一定要仔细检查车辆状况。Sun Cliff（见 p.497）在南横向道路上有一个办事处，是提供摩托车租赁的可靠场所，不会耍小伎俩。哈林海滩与凯村之间的道路虽有铺面，但蜿蜒崎岖，非常陡峭，如果自驾的话一定要谨慎行驶。

信息和旅游线路

★ Backpackers Information Centre 非常有用的英一泰背包客信息中心位于鸡角南面（每天 10:00~22:00 ☎ 077 375535 Ⓦ www.backpackersthailand.com），是一家可靠且提供全方位服务的旅行社，其网站不仅有帕岸岛资讯，还有整个泰国的详细信息，包括各种旅游建议及最小背包旅游行程等。可预订帕岸岛旅行及其他活动项目、从哈林海滩前往泰国南部所有旅游中心的通票，以及吉隆坡和新加坡旅游。此外这里还是帕岸岛的 Lotus Diving 和涛岛的 Crystal Diving 两家潜水公司的代理机构（提前预订有折扣）。

住宿

日出海滩的住宿价格很贵且环境嘈杂，但海滩北端会好一些。**日落海滩**的 20 多家酒店都聚集在一起，排列整齐，且在 4 ~ 6 月及 10 月期间，既安静又便宜。许多游客都会选择留宿在主要海滩南部**海角**附近，尤其是海角西侧有棕榈树装饰的白色**莉拉海滩**，从鸡角出发，沿着设有清晰路标的道路步行 20 分钟即可抵达。这里的平房氛围宁静且空间宽敞，拥有更好的风景，通往夜生活区域的道路两旁有路灯照明。

Best Western Phanganburi Resort 日落海滩北端 ☎ 077 375481 Ⓦ www.bestwestern phanganburi.com 这个温馨奢华的建筑群包含三家酒店建筑、几十间平房、一个 SPA 馆、健身房，宽敞的海滨区域还坐落着两个泳池。简单但美丽的泰式风格客房装有空调、热水、步行、保险箱、免费 Wi-Fi 和卫星电视。房价包括早餐。B2400

Coco Hut 莉拉海滩 ☎ 077 375369 Ⓦ www.cocohut.com 这家有效率的美丽酒店坐落于海滩的干净宁静地段，装饰有泰国南部传统建筑元素。酒店提供各种高档住宿，从带有空调、热水淋浴、冰箱、电视和 DVD 的木质平房到拥有室外按摩池的海滨别墅，多种多样，此外酒店设施还包括迷人的泳池、精致的 SPA 中心，餐馆里还提供免费 Wi-Fi。房价包括早餐。B2600

Lighthouse Bungalows 海角偏远的西南端 ☎ 077 375075 Ⓦ www.lighthousebungalows.com 这家温馨的酒店提供风扇木房和独立卫浴水泥房，非常坚固，可抵抗强风，酒店后面则是遍布了许多小道的丛林，住房价格根据面积和舒适度而定；所有房间阳台上都装有吊床。餐厅菜式丰富且非常美味。可打电话让酒店安排船只从日落码头或通萨拉接住客，或从鸡角沿着多岩石海岸线旁的木栈道步行 30 分钟至此。B600

Phangan Bayshore Resort 日出沙滩中央 ☎ 077 375227 Ⓦ www.phanganbayshore.com 这是哈林海滩的第一家高档度假村酒店，有条不紊，稍显单调，占据了 80 米长的海滩地段。酒店里有一个独特形状的大泳池且提供各种联排洋房和客房，带有空调、热水、电视和冰箱，坐落于绿色草坪上，且有棕榈树环绕。至少需住宿 3 晚。B1680

Rin Bay View 日落海滩码头附近 ☎ 077 375188 这家性价比较高的温馨酒店坐落于紧凑的中央地区海滩旁的狭长地带，有鲜花树木装饰。空调洋房和客房提供蚊帐、热水淋浴、电视、冰箱和阳台，宽敞又干净。B1000

Same-Same Lodge 日出海滩附近，通往莉拉海滩的路口处 ☎ 077 375200 Ⓦ www.same-same.com 这家由丹麦人经营的酒店提供免费 Wi-Fi，坐落于一家嘈杂的流行酒吧餐馆上方。提供宽敞干净且颜色艳丽的客房，或是冷水淋浴风扇房，或是热水空调房。风扇房 B550，空调房 B850

Sarikantang 莉拉海滩 ☎ 077 375055-6 Ⓦ www.sarikantang.com 这家精品度假村酒店共有两个泳池，一个海滨水疗中心，风格独特。住房从带有空调、电视、冰箱、阳台和热水卫生间的洋房至带有 DVD 播放机、独立客厅和室外按摩池的别墅，多种多样。酒店提供上网室、免费 Wi-Fi 和免费皮划艇。房价包括早餐。B1700

Seaview Sunrise 日出海滩东端 ☎077 375160 www.seaviewsunrise.com 这家干净舒适的古老酒店坐落于安静的海滩地带，四周绿树成荫，鲜花遍地，共有 40 间平房和客房及一家精致餐厅。坐落于海滨上的房间都是风扇房，而后排的房间一般较便宜，有些有热水淋浴，有些没有。空调房都带有热水、电视和冰箱。风扇房 B400，风扇热水淋浴房 B600，空调房 B1000

Sun Cliff 日落海滩南端的山坡上，树林繁茂 ☎077 375134/077 375463 rsvnsuncliff@hotmail.com 这家宽敞舒适的酒店可欣赏到南海岸及苏梅岛的美丽风景，尤其是在餐馆旁的心型泳池观看，景色尤佳。在大量平房中，位于边缘地区的房间较粗糙，会发现一些奇怪的建筑元素，如岩石建造的卫生间和喷泉；还有一些客房拥有大型派对露台。所有空调房都有热水淋浴、冰箱和电视。风扇房 B300，热水淋浴风扇房 B500，空调房 B600

Thai Dee Garden Resort 北横向道路 ☎089 770 2290 thaidee-@hotmail.com 酒店工作人员都很热情，提供大量美丽的水泥房和白色隔板平房，坐落于斜坡之上，面积宽阔，绿草如茵，四周有树木和盆栽装饰，环境优美，距道路有段距离。客房分为冷水风扇房和热水空调房两种。在满月期间通常是最后一批入住酒店之一；其他时间段入住两晚以上可打折。接待处有免费 Wi-Fi。风扇房 B300，空调房 B890

餐饮

Bamboozle 南横向道路日落码头附近 ☎085 471 4211 提供各种美味的墨西哥食物，其中鸡肉馅春饼（B250）尤其美味。此外还提供比萨和一些 tapas。每天从 10:00 营业至深夜

★ Casa Nostra 南横向道路 ☎086 267 8445 这家精致的意大利小咖啡餐馆提供美味面食，尤其是肉酱意粉（B180），以及各种比萨、香浓咖啡、沙拉和其他素食菜肴，如自制凝乳菠菜卷和巧克力慕斯等。每天 13:00~23:30

Little House 南横向道路 这家运营良好且设施简单的餐厅是哈林海滩享用便宜泰国美食的好地方，提供鸡肉腰果（B80）和红、绿、黄咖喱等主食，还有西式早餐。每天 11:00~23:00

Nira's 鸡角附近 这家餐馆及面包房非常流行。平常时间段会提供美味的牛角面包，有甜有咸，还有蛋糕、三明治和咖啡；在白天忙碌的时间段里类似于餐馆，提供美味的早餐、汉堡和其他简单的热食。免费 Wi-Fi。面包房 24 小时营业；餐馆：每天 8:00~20:00

Om Ganesh 码头附近的南横向道路上 ☎086 063 2903 这家休闲的印度餐馆提供美味的大浅盘食物（B150 起）、烤米肉、大量素食和面包，且服务周到。提供免费外送服务。每天 8:00~23:00

夜生活

Cactus Club 日出海滩南端 露天跳舞大厅里播放着电台舞蹈音乐，沙滩上装饰着低矮的烛光餐桌和垫子。营业至深夜

Mellow Mountain Bar 日出海滩北端 这个凉爽热闹的酒吧坐落于岩石上的重要位置，可看到无与伦比的美景海滩。营业至深夜

Outback Bar 南面横向道路上 这家由英国人经营的热闹酒吧提供免费的泳池餐桌、大屏幕体育节目、免费 Wi-Fi、桶装嘉士伯啤酒和深受欢迎的牛排馅饼等。每天从 10:00 营业至深夜

附录

书店 Bookazine（每天 11:00~20:00）位于南面横向道路上，提供许多新出版的小说和旅游书，以及杂志和报纸等，坐落于与南横向道路北面一条平行新道路上的 D（每天 9:00~22:00）则有许多不错的二手书，设有咖啡馆。

急诊室 坐落于苏梅岛的大型私人医院 Bandon International Hospital 在南横向道路码头附近开设了一家急诊室（☎077 375471-2）。

暖海滩、田海滩及沙德海滩（Hat Yuan, Hat Thian & Hat Sadet）

哈林海滩北面的岩石地带并没有任何道路，直至岛屿唯一的大发展中心——东部海岸的**通奈潘湾**。第一批发展起来的地区包括**暖海滩**和**田海滩**这两片沙滩海湾，是继哈林海滩之后更为安静的两个美丽海滩。最近在凯村新建了一条粗糙的道路，如今在这两个海湾共有十几个平房住宿地。

偏远险峻的**沙德海滩**与哈林海滩之间的直线距离在 8 千米左右，由于此地靠近最后会汇入大海且巨石散落的**塔沙迪溪**（Thaan Sadet），吸引了许多平房住宿开放商。该海滩也

吸引了多位泰国国王，其中拉玛五世到此不下14次，或散步，或游泳，或在巨石上雕刻他们的姓名缩写；如今这条溪流里的水被认为是圣水，每逢重要的王室仪式就会将此水运送至曼谷。与塔沙迪溪平行的林间粗糙小径则将通萨拉和通奈潘湾连在了一起。

如果你精力充沛，还可以沿着此海岸徒步旅行，理论上这里有一条与海岸平行的15千米长的陡峭小径（在Visid Hongsermbud出版地图上有标记——见p.492），但据说大部分地段都已杂草丛生。依靠良好的导航技能，从哈林海滩的Laluna Bungalows附近起程通往暖海滩之间的道路是可行的（约需2小时），借助绿色圆点和白色箭头标记即可抵达。

抵达和离开

暖海滩、田海滩及沙德海滩

船舶 从哈林海滩出发，每天有一艘季节性船只途经东海岸海滩抵达通奈潘湾，其航线起点位于苏梅岛的湄南海滩（见p.476）。此外在哈林海滩还有许多长尾船会将你运送至该海岸，前往暖海滩的价格为B150/人左右。

住宿

暖海滩

Barcelona ⓣ 077 375113 这家温馨舒适的经济型旅馆拥有美丽的风景和不错的住宿条件，大多数都是位于海滩山坡上的白色棚屋平房，其中最好的客房（B700）带有大阳台和热水淋浴。共用浴室房 B200，独立卫浴房 B300

Centara Pariya Resort ⓣ 081 7373883 ⓦ www.centarahotelsresorts.com 这家坐落于哈林海滩附近的最奢华度假村共拥有40栋宽敞别墅，其中一些带有私人按摩浴缸，所有房间都提供莲蓬头淋浴、浴缸和大阳台；18:00~10:00提供空调和热水。酒店设施包括自由形式泳池和儿童泳池、SPA馆以及大量水上运动项目和Wi-Fi。可从哈林海滩或苏梅岛的波普海滩乘坐快艇抵达。B4600

田海滩

Sanctuary ⓣ 081 271 3614 ⓦ www.thesanctuarythailand.com 这家位于田海滩的主要住宿机构提供大量基础平房和豪华的独立卫浴平房、家庭房和宿舍房（B200~300），皮划艇设施和美味的素食、海鲜及自制面包蛋糕等。此外还有瑜伽、禅修和许多新时代主题的课程，及两种治疗机构：SPA馆提供按摩、脸部和美容按摩，健康中心会提供斋戒和肠胃清理等。B450

沙德海滩

Mai Pen Rai ⓣ 081 999 2000 ⓦ www.thansadet.com 这家沙德海滩最好的平房酒店提供各种迷人的客房，带有通风浴室、风扇和吊床（其中一部分还有宽敞的楼上阳台），坐落于溪流口岸的沙滩上或聚集在岩石附近，景色优美。每天13:00在通萨拉码头会提供前往该度假村的吉普出租车（B200）。B500

通奈潘湾（Ao Thong Nai Pan）

通奈潘湾坐落于树木繁茂苍翠的山林后方，是一个美丽的半圆形海湾，岛屿东北角看起来仿佛是被巨人咬过一口一般，而中间坐落着的高大山丘（被Panviman Resort酒店占据）则将此海湾一分为二：北面是**小通奈潘湾**（Tong Nai Pan Noi），南面则是**大通奈潘湾**（Thong Nai Pan Yai）。更长更蜿蜒的大通奈潘湾的白色沙子美丽精细，拥有许多美丽的海滩，但这两个部分都绿树成荫，且是游泳的不错场所。从南海岸的班村有一条蜿蜒崎岖的道路，长13千米，穿过陡峭的山峰直至通奈潘湾。只要抵达此地你会发现很多基础设施：网吧、旅行社、潜水店铺、自动取款机和一个小邮局（位于大通奈潘）。

抵达和离开

通奈潘湾

吉普车 每天都会有吉普车往返于此地和通萨拉之间（B200/人）。

乘船 每天都会有一艘季节性船只从哈林海滩出发途经东海岸抵达通奈潘，航线起点位于苏梅岛的湄南海滩（见p.476）。

旅游线路

航船旅游 Baan Panburi Village酒店提供一日游旅行，包括迈哈德海滩、瓶子海滩和塔沙迪（B600/人，至少8人）。

住宿

★ **Anantara Rasananda** 小通奈潘湾 ☎077 239555 🌐www.anantara.com 从苏梅岛出发有快艇可抵达这家相当别致豪华的世外桃源。共提供60栋宽敞的当代别墅和套房，全都带有私人跳水池，大多是室外浴室。此外酒店还提供一个主要的无边泳池，位于度假村中央位置，以及热闹酒吧和精致餐厅。山丘后面还坐落着SPA中心，提供岩石蒸汽室。其他活动包括皮划艇、烹饪和按摩课程。B16500

Baan Panburi Village 大通奈潘海滩南端 ☎077 238599/077 445075 🌐www.baanpanburivillage.com 这家坐落于山坡上的度假村酒店共提供两排精美的平房，带有阳台和躺椅，在人工小瀑布一侧还装饰有柳条吊床。房间类型包括带有蚊帐、风扇和冷水淋浴的用木材和竹子制成的老式茅草屋，以及带有热水和铺有瓷砖的宽敞空调木房。提供免费皮划艇。风扇房B600，空调房B1300

★ **Dolphin** 大通奈潘湾南端 Ⓔkimgiet@hotmail.com（没有电话预订）这家流行的酒店非常安静，周围树木繁茂，提供许多舒适的客房和吊床。共有26间宽敞干净的独立卫浴平房，或是风扇房（其中一些提供热水，B800），或是热水淋浴空调房；后者包括家庭房和豪华房（两者都是B2500），带有丝绸垫子和其他美丽的装饰品。此外在大通奈潘主要道路上还有漂亮的衣服和艺术精品店Karma。风扇房B600，空调房B1500

餐饮

Dolphin 大通奈潘湾南端。这家美丽精致的海滨餐馆提供西式早餐、美味咖啡、烤宽面条（B220）和其他面食、沙拉、三明治和泰国菜肴等，晚上还有许多开胃菜肴。每天8:30~16:30& 18:30~深夜

北部海岸（The north coast）

北部海岸最大的Chaloaklam湾长期以来深受泰国湾各地渔民的喜爱，有时甚至有上百艘拖网渔船在这个安静宽阔的港湾撒网捕鱼。此地作为旅游景点没什么可介绍的，仅有一个Chaloaklam村，从通萨拉乘坐双条车（B150）沿着一条铺面道路行驶约10千米即可抵达；但东面小而宁静的篁海滩和瓶子海滩有许多不错的景点。

篁海滩（Hat Khom）

引人注目的**篁海滩**就隐藏在Chaloaklam湾的东部海角地带。通过一条部分铺面的道路与外界相连，坐落着一些简单的平房，拥有一个狭长的僻静白色沙滩及适合浮潜的美丽珊瑚。

瓶子海滩（Hat Khuat）

如果波浪不大，一年中大多数时候每天都会提供若干艘长尾船从Chaloaklam村（钓鱼码头东面，B100/人或B600/艘）前往北部海岸最美丽的海滩——相对孤立的**瓶子海滩**，坐落于丛林密布的陡峭丘陵之间的美丽海湾上，非常适合游泳。或者你也可以从篁海滩沿着一条小道步行约90分钟抵达此地。

住宿 北部海滩

Coral Bay 篁海滩 ☎077 374245 这家温馨舒适的酒店坐落于鲜花遍地、绿草如茵的海角上，景色秀丽，空间宽敞，是篁海滩和Chaloaklam湾的分隔地带。这里的平房住宿从没有风扇的共用浴室简单客房到拥有空调和热水淋浴的宽敞客房一应俱全，有些房间还带有建立在岩石上的时髦浴室；酒店提供浮潜设备租赁服务，可欣赏篁海滩的大部分珊瑚。提前打电话询问酒店每天从通萨拉出发的交通服务信息。风扇房B200，空调房B1200

Haad Khuad Resort 瓶子海滩 ☎077 445153-4 🌐www.haadkhuadresort.com 这家经营良好的度假村酒店坐落于海湾中央，其两层楼高的建筑里提供豪华客房，拥有美丽的落地窗、空调、热水、电视、DVD播放器、迷你吧，房价包括早餐。此外前院和花园里还提供木制或水泥风扇平房，带有冷水淋浴。提供皮划艇。每天提供四辆从通萨拉出发的交通（B400/人）。10月中~12月中停业。风扇房B250，空调房B1500

餐饮

L'Oasi Chaloaklam村以南1千米的主要道路上 ☎086 470 4253 这家位置优越的适意餐馆是环岛旅游中的用餐场所。不仅提供汉堡包和烧烤，还有美味的意大利特色菜，如比萨、意式三明治和绿酱意大利面（B250）等，以及香醇的美酒，美丽的花园里还有一个很小的儿童乐园。每天11:00~21:30

西部海岸（The west coast）

帕岸岛**西部海岸**吸引的开发商数量和南部海岸差不多，但这里的景色更美丽多变，有一系列长长的沙滩，可看到西面红统国家海洋公园岛屿壮丽的日落美景。但大多数海湾有珊瑚礁覆盖，海水过浅不适合游泳，尤其是在 5 ~ 10 月。

松树角湖和召帕湾（Leam Son Laek & Ao Chaophao）

6

在从通萨拉前往西部海岸的半道上有一个奇怪形状的**松树角湖**，平静无波的清澈水面四周有松树围绕；但由于此湖泊以前曾是锡矿山，湖水有毒，不能游泳。再往前即是小巧美丽的**召帕湾**，坐落于此的 Seaflower 酒店提供一流的住宿和食物。

尧海滩（Hat Yao）

这个坐落于召帕湾北面的长长的**尧海滩**曲线柔和且沙子精细，如今正变得越来越繁忙，越来越流行，这里的设施已包括独立酒吧、潜水店铺、一间 7-Eleven 超市、一个货币兑换亭、若干自动取款机及吉普车和自行车租赁中心，此外还有联排的平房住宿。Ibiza Bungalows 酒店及 Khun Tonan（☎ 086 279 0166/077 349139）都可提供前往萨拉海滩、迈哈德海滩、笠海滩、瓶子海滩和通奈潘湾或塔沙迪瀑布（B750/ 人，包括浮潜）的**游船之旅**。

萨拉海滩（Hat Salad）

尧海滩北面的**萨拉海滩**同样拥有美丽的沙滩，其最北端则是一流的浮潜场地。海滩后面的通道非常凌乱，两边坐落着各种店铺、旅行社、自行车和吉普车租赁点及网吧。而此地十几个平房住宿酒店会提供接车服务。

迈哈德海滩（Hat Mae Hat）

位于岛屿西北角的**迈哈德海滩**是一流的游泳和浮潜之地，从沙堤至玛岛（Ko Maa）全程都有珊瑚覆盖。宽阔的粗沙海湾上还坐落着一些平房度假村。

抵达和离开

西部海岸

西部海岸有一条沿海公路可通往萨拉海滩，这条内岛环路与通萨拉主道相连，途经医院最后抵达迈哈德。

双条车 在通萨拉乘坐双条车可前往西部海岸的所有海滩，抵达尧海滩的价格为 B150/ 人。

住宿

Seethanu 海湾

Loy Fa ☎ 077 377319 Ⓦ www.loyfanaturalresort.com 这家坐落于南部陡峭海角上的酒店周围鲜花遍地，景色优美，可看到 Seethanu 海湾的独特美景。其下的私人海滩提供浮潜和游泳活动，还有一个不错的泳池。平房散落在山顶及抵达海滩的斜坡上，带有风扇和热水淋浴（其中一个有室外浴室）或空调、热水和迷你吧（一些有电视）。可上网，提供免费 Wi-Fi、皮划艇和自行车。风扇房 B1000，空调房 B1800

召帕湾

Seaflower ☎ 077 349090 Ⓦ www.seaflowerbungalows.com 这家坐落于繁茂花园里的酒店氛围宁静，提供美味的素食和非素食菜肴。带有热水独立卫浴的平房价格视房间大小和新旧程度而定：新建客房更类似于别墅，拥有露天浴室和大阳台休息区。酒店提供 Wi-Fi 和呼吸管及皮划艇租赁服务，并会组织钓鱼和浮潜一日游，偶尔还有前往红统国家海洋公园的夜游（见 p.488）。风扇房 B650，空调房 B1700

尧海滩

Ibiza Bungalows ☎ 077 349121 Ⓦ www.ibizabungalow.com 这家美丽的旅馆坐落于宽敞的绿色草坪中央，绿树成荫。共提供 34 间不同类型的通风平房，从海滩附近供应冷水的风扇房（额外支付 B100 可分配到海滩平房）到供应热水的空调房，多种多样。此外旅馆提供上网服务、浮潜设备租赁，还有一个 Lotus Diving 潜水中心分部（见 p.491 框中内容）和一个自动取款机。风扇房 B500，空调房 B800

Long Bay Resort ☎ 077 349057 Ⓦ www.phangan.info/longbay 这家尧海滩最高档酒店位于长长的海滩地带，宽敞的花园坐落于海湾北端。房间类型分为小而美丽的平房和带有空调和热水的

别墅。酒店设施包括迷人的泳池、皮划艇和呼吸管租赁服务。房价包括早餐。B2000

Shiralea ☎080 719 9256/077 349217 www.shiralea.net 这家坐落于海滩北端椰子树下宽阔海岸上的酒店绿草如茵，提供宽敞美丽的茅草平房，所有房间都有热水，酒店设施包括泳池、潜水和免费 Wi-Fi。风扇房 B600，空调房 B1200

萨拉海滩

★ **Salad Hut** ☎077 349246 www.saladhut.com 这家舒适且经营良好的木屋共提供十几间平房，非常受家庭游客喜爱。客房坐落于泳池后面繁茂美丽的花园中，与海滩平行，共有 12 间风格独特的客房，装饰有深色木质家具，以白色和红色为主色调，提供带有斧头垫的沙发床和大阳台。所有房间都带有热水、迷你吧和电视，精致的酒吧餐厅会提供美味的早餐。酒店设施包括电脑、Wi-Fi、呼吸管和皮划艇租赁。风扇房 B1900，空调房 B2200

迈哈德海滩

Wang Sai Resort ☎077 374238 wangsaikohma@live.com 这家温馨舒适的流行度假村酒店坐落于海湾南端阴凉的小溪旁。大多数独立卫浴平房都坐落在距海滩有段距离的空地上，有风扇和冷水淋浴，坐落在斜坡上的平房需额外支付 B200，可看到日落美景。而最好最贵的房间位于小溪对面的海滩上，全都有空调，其中一些有热水供应。餐馆里有免费 Wi-Fi，酒店还提供潜水课程、皮划艇和呼吸管租赁。风扇房 B600，空调房 B1000

6

餐饮

大多数留宿在西部海岸的游客都会在酒店里用餐，但有个非常不错的酒吧可前往一试。

召帕湾

Pirates Bar ☎084 728 6064 这家坐落于小海湾上的酒吧（可通过召帕湾南端一条很短的木栈道抵达），拥有非常响亮的沙滩音响系统，经常会在此举办派对，尤其是满月前三晚的月亮派对。每晚都会营业至深夜

涛岛（Ko Tao）

由于岛屿轮廓酷似一只正向南面 40 千米处的帕岸岛潜水的乌龟，因此**涛岛**又被称为龟岛。东面坚硬的“龟壳”上分布着许多蜿蜒崎岖的僻静小海湾，众岩石中间隐藏着一两家平房建筑。西侧乌龟的下腹部地带坐落着精美的海滩——**沙里海滩**，面朝**南园岛**，这个美丽的 Y 形近海岛屿又被称为龟尾岛。两者之间坐落着 21 平方千米大的花岗岩，其中较高的山坡上覆盖着茂密的森林，四周有巨石点缀，似乎在等待着复活节岛的雕刻家。这里崎岖的道路网非常有趣，值得花费一两日探索，并且了解岛上的居民。目前涛岛是最有名的**潜水课程**场所，周边拥有各种各样的潜水地点（见下文框中的内容）。

涛岛是该群岛最后一座也是最偏远的一座岛屿，与素叻他尼进入大海的山脉相连。在 1933~1947 年，这里曾是关押政治犯的地方，后来有一家帕岸岛的居民移居至此。如今，此地共坐落着 150 余套可供游客入住的**平房**，恰好足够应付 12 月～次年 3 月和 8 月期间的旅游旺季游客人数，其中大多数集中在岛屿的西侧和南侧；住宿类型包括数量迅速增长的高档度假村，提供空调、热水和泳池等设施。此地政府提供的电力有限，因此其中一部分电力仍然来自于偏远海滩上的私人发电机，通常仅在晚上供应。

如果你刚抵达此地，想要留宿在人烟比较少的海滩，可以跟着在岛屿主要村庄——**迈哈德**聚集的众多兜售者（迎接下船乘客）之一，搭乘便车或船只前往其他海滩，因为至少你可以知道他们的平房还未满员；或者你可以提前打**电话**，如今即使是最偏远的酒店都有通信线

涛岛游船之旅及浮潜

迈哈德或你入住的酒店会提供环岛游船之旅，且中途有潜水点和游泳点（B650/人，包括午餐和接车服务，或者 B2000 的长尾船一日游）；其旅行线路包括南园岛附近的日本花园浮潜，但如果你想踏上岛屿攀登到瞭望台的话需额外支付 B100 门票钱。一些潜水公司在下午前往较浅区域的旅行中通常还会带上**浮潜者**；如位于沙里海滩村的 Silver Sands Resort 酒店内的 Davy Jones' Locker（☎077 456604），会收取 B650/人的费用。

6

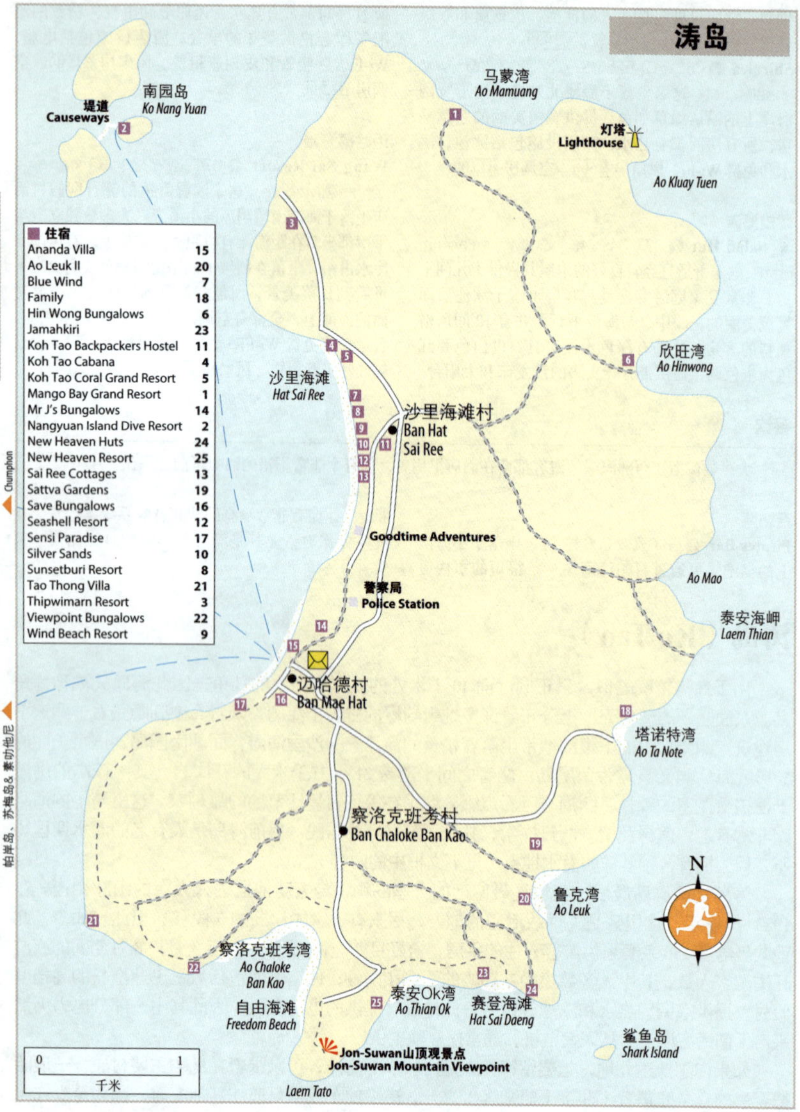

路或手机，且大多数老板会每天前往码头一次（接车费用为免费或 B50~150/ 人）。其中一些酒店还有附加的潜水机构，据说如果客人不预订潜水旅行或课程会被拒绝入住；另一方面，如今大多数潜水公司都有自己的独立场所，会对潜水人员提供免费价格或折扣价格。由于有常年的潜水客户群及居住在此地的潜水教练，越来越多的精致西式**餐馆**和**酒吧**拔地而起，其中大多聚集在迈哈德村和沙里海滩。有关夜生活的详细信息可注意每周的宣传海报及岛屿各地的每月派对，都吸引了大量人潮。

这里的**天气**与帕岸岛和苏梅岛（见 p.53）很相似，但是涛岛内陆地区受西南季风影响更严重：6~10 月经常有较强的暴风雨，有大量的碎片残骸会被吹向海岸。

抵达和离开

所有前往涛岛的船只最后都会停靠在迈哈德村。航船服务价格会根据需求上下浮动，且在旅游高峰期间会有更多的船只。6月~次年1月期间，离开或抵达涛岛的航线随时都会受天气影响。

从春蓬和曼谷出发

前往涛岛的航船主要出发点是春蓬（见p.467），与曼谷之间有火车和巴士连接。往返于春蓬和涛岛之间的两大航船公司都会提供从曼谷出发的通票；Lomprayah（涛岛 Ⓣ 077 456176 Ⓦ www.lomprayah.com）提供航船的价格为B950~1050，包括从它们位于Ram Bhuttri路的办事处（Ⓣ 02 629 2569-70）出发途经华欣（见p.454）的VIP巴士服务。最好直接在曼谷的航船公司办事处而非旅行社购买曼谷—涛岛通票，不然如果船舶满载的话不能退票，尤其是在旺季期间，这是经常会发生的事，或因为天气取消航船的话也不能退票。

从帕岸岛和苏梅岛出发

目前在帕岸岛通萨拉和涛岛之间共有三家公司每天都会提供航船。Songserm（涛岛 Ⓣ 086 273 0389/077 456274 Ⓦ www.songserm-express boat.com）全程耗时约2小时（每天1班，B300）。Lomprayah（见上文）和Seatran（涛岛 Ⓣ 077 456907-8 Ⓦ www.seatrandiscovery.com）全程75分钟（两者每天2班，B400）。从苏梅岛出发的话，Lomprayah双体船出发点位于湄南海滩，Seatran出发点位于挽叻（前往涛岛约2小时，B600）。

从素叻他尼出发

Lomprayah双体船 如果从素叻他尼出发，那么可以先搭乘敦萨克—纳通（苏梅岛）—通萨拉的航船抵达帕岸岛，然后再换乘湄南（苏梅岛）—通萨拉—涛岛的航船（从素叻他尼至此全程约6小时，B700）。

夜船 素叻他尼班敦码头有1艘夜船会在23:00出发（Ⓣ 077 284928/081 326 8973，8小时，B550）；反方向的船只会在21:00离开涛岛。

周边交通

虽然只需步行即可前往岛屿各处游览，不过如今有好几条通往大多数酒店的道路，但大部分仍非常崎岖，高低不平，仅适合四驱车行驶。

摩的或便车 在迈哈德村可搭乘摩的（B100抵达查洛克海滩）和便车（B100/人抵达查洛克海滩，至少2人；晚上价格会高些，或乘坐四驱车前往较偏远地区）。

机动脚踏两用车 租赁价格为B150/天。如果可以最好不要租四驱车或全地形车，因为它们不仅发生事故率高，而且污染也很严重。正如帕岸岛一样，归还车辆时即使是最小的损伤也要支付高昂的赔偿费用，最好避免迈哈德主要码头前的租赁店铺，可通过住宿酒店或可靠的人员如Mr J（见p.505）或码头南面前方街道上的Save店铺租赁（Ⓣ 077 456347）。

山地自行车 位于迈哈德海滩南端迷你高尔夫球场前面的查洛克海滩路上提供山地自行车租赁服务（Ⓣ 089 675 5798 B100/天，两天以上价格则是B80/天）。

生态涛岛

由于每年都有大量潜水者和其他游客前往该岛，因此这里的环境无论是水上还是水下都受到重大威胁。为了避免给涛岛带来破坏，可留意**"拯救涛岛"**（Save Koh Tao Ⓦ www.savekohtao.com）社区小组的工作，是由当地居民和居住在此的西方人共同组建的，其中有个小分队专注于海洋保护（Ⓦ www.marineconservationkohtao.com上面提供有各种保护项目中涉及的潜水学院名单）。这里的活动项目包括乌龟放生、水土流失控制、化粪池工程以防止废水直接流入大海，且在涛岛附近有珊瑚培育及十几个人工珊瑚场所，可让潜水员们在不损伤珊瑚的前提下锻炼潜水技术。他们每月都会进行路上水下大清扫，尤其在每年3月为期两天的**水下节**引起了巨大反响，活动内容包括大规模的海滩清理、募捐、现场乐队及海龟放生等。此外还有Yakuzen Japanese Bath Village酒店老板提供的生态旅游免费季刊Sabai Jai。

游客可帮忙做的事情基本就是：不要随地乱扔垃圾，尽可能多地回收利用且在购物时尽量不要使用塑料袋。涛岛缺水很严重，在雨季过后的热季期间偶尔会出现旱灾现象，因此请节约用水。在海里的主要规则就是不要碰触珊瑚，也意味着在4~9月水位较低时不能做浮潜运动，如果有疑问可咨询当地居民，且涨潮时一定要小心谨慎。另外请勿将已死的贝壳带走，也不要购买任何珊瑚或贝壳首饰。如果你真得很在意环境保护，那么在入住酒店之前可询问工作人员是否有化粪池。此外，一些潜水学院还设有拯救涛岛的募捐箱。

6

涛岛附近的潜水项目

泰国最好的潜水地点基本位于涛岛附近，不仅拥有清澈的海水（能见度可达 35 米）、高效的安全性，且岸边的水位也相对深一些。最重要的是，这里有丰富的珊瑚品种和其他海洋生物，如果运气足够好的话还会看见鲸鲨、梭鱼、棱皮龟和巨头鲸等。在任何季节，都可在岛屿一侧或另一侧找到室内潜水点，因此全年任一时间都可到此潜水，其中从西南季风转变至东北季风的 11 月是最差的潜水时间，而能见度最好的时间是从 4 ~ 7 月、9 月（通常是最好的时间段）和 10 月。涛岛上有多个从事潜水医学的伤病员中心和诊所，而最近的减压舱位于苏梅岛，乘坐快艇只需 90 分钟即可抵达（见 p.474）。

潜水公司、潜水课程和潜水旅游

涛岛上约有 50 家左右的**潜水公司**，是东南亚最大的潜水训练中心；其中大多数工作人员都是西方人，且都聚集在迈哈德、沙里海滩和查洛克海湾。到此潜水通常可享受住宿打折或免费住宿的优惠，但一定要确认住宿时间长短（开放水域课程一般会提供三到四夜）、住宿地点和住宿条件。涛岛上的**潜水运营商**包括 Crystal（Ⓣ 077 456106-7 Ⓦ www.crystaldive.com），这家属于国际专业潜水教练协会的 5 星级大型职业发展中心共有两个泳池、三艘大船和一艘快艇，提供 15 种语言的潜水课程及潜水视频，迈哈德海滩北侧的两家度假村还提供大量一流的住宿地。海滩另一端则坐落着一些私人小学院（但安全措施也很到位），如查洛克海湾的 New Heaven（Ⓣ 077 457045 Ⓦ www.newheavendiveschool.com），会提供一些新设课程且每节课最多只有 4 人，而且他们提供的潜水旅游还会带上浮潜游客。以上两家公司始终都以环保及可持续发展为宗旨（可登录 Crystal 的海洋保护部门网站 Ⓦ www.ecokohtao.com 查看，上面有各种专业的实习信息），并实行珊瑚礁保护和研究方案，从而为合格潜水员提供其他活动项目。你也可以通过基本信息（见 p.48）里介绍的任一家潜水公司了解更详细的内容。

目前最受欢迎的**课程**包括国际专业潜水教练协会经营商为初学者提供的“开放水域”课程，旺季价格在 B9800 左右，授课地点位于一家很有名望的潜水中心。有关潜水的介绍课程为期 1 天，价格 B2000，是国际专业潜水教练协会课程中必须的项目，直至“指导”训练。

对于合格的潜水员，一次潜水价格通常为 B1000，十次潜水包价 B7000，如果有自己的设备还可享受 15% 的折扣。在众多专业机构中，Crystal（见上文）会提供高氧潜水及水下摄影和录像课程，而隶属

信息

涛岛信息 涛岛上没有泰国旅游局办事处，但定期更新且大多数地方都可获得的 *Koh Tao Info*（涛岛信息免费手册）是一个非常有用的信息资源，而其网站 Ⓦ www.kohtaoonline.com 可提供客房预定服务。

迈哈德及其周边地区（Mae Hat）

迈哈德是一个非常热闹的海滨小村庄及港口，环境宜人，涛岛上的大部分设施都聚集在此地。在主要码头附近有一条铺面的繁华街道直线通往山顶（最终抵达查洛克海湾），且与一条和海岸平行的狭窄海滨大道成直角。三家航船公司有各自的码头，Lomprayah 和 Songserm 码头位于主码头南侧，Seatran 码头位于北侧。

药膳日式洗浴度假村（Yakuzen Japanese Bath Village）

Songserm 码头内陆村庄东南侧的小山上 · B500/ 人，至少 5 人 · 需提前拨打 · Ⓣ 084 837 3385 预约

我们强烈推荐这个生态友好、温馨舒适的**药膳日式洗浴度假村**。这里的原石中间共有 5 个风景秀丽的洗浴池，每一个温度都不同且是用不同纹理的岩石和木头建成的，四周有椰子树围绕，入夜后，可边观赏满天繁星，边用草药精华自我按摩，放松心情。白天的咖啡馆（周三休息）里会提供饮料、小吃和甜点，还有一个非常精致的餐馆 Kakureya（见 p.505）。

住宿 迈哈德及其周边

Ananda Villa 度假村北端，坐落于海滩之上 Ⓣ 077 456478 Ⓦ www.anandavilla.com 这家两层楼高的酒店建筑提供精心设计且整洁干净的空调客房，通过房间落地窗可抵达带有木栏杆的阳台。

于迈哈德海滩 Master Divers 的 Tech Thailand（ⓦ www.techthailand.com）会提供技术潜水和沉船潜水。

主要潜水点地址

南园岛（Ko Nang Yuan） 岛屿周围有各种软珊瑚、硬珊瑚及大量鱼群，因此有许多潜水点：南园尖礁（Nang Yuan Pinnacle），这个花岗岩尖礁有海鳗和礁鲨穿梭其中；绿岩（Green Rock），巨石、洞穴和峡谷如迷宫一般，除了黄貂鱼外，偶然还会遇到礁鲨；双岩（Twins），这两个有珊瑚和海绵覆盖的岩石形成了色彩斑斓的珊瑚园；日本花园（Japanese Gardens），位于沙堤东侧，其名字源于此地成百上千的硬珊瑚和软珊瑚，非常适合初学者，也深受浮潜者欢迎。

白岩（Hin Khao） 位于沙里海滩与南园岛之间，从水面上看，这里的肉质软珊瑚将花岗岩巨石变成了白色；此外还有各种黑角珊瑚、五彩缤纷的软珊瑚及柳珊瑚海扇等。鱼群包括泰坦鲀、蝴蝶鱼、神仙鱼、小丑鱼和海鳗。

鲨鱼岛（Shark Island） 这里的大型花岗岩巨石上覆盖着各种鹿角珊瑚、浓密的黑角珊瑚、柳珊瑚、海扇及海绵桶。岩礁鱼类则包括神仙鱼、鳞鲀和梭鱼；还有可能看见当海龟、豹鲨及礁鲨，偶尔会遇见鲸鲨。

欣旺尖礁（Hinwong Pinnacle） 位于欣旺湾；来此地的大多是有经验的潜水员，通常水流湍急。此地与白岩景色相似，但面积更大，在水深 30 米的地方有许多美丽的软珊瑚。热带鱼种类繁多，包括蓝色斑点扇尾黄貂鱼、细鳞河豚和箱鲀，此外还有玳瑁。

春蓬（Chumphon） 又称西北尖礁，该花岗岩尖礁是有经验潜水者的天堂，从水下 14 米开始可下潜至 36 米以上，顶部有海葵覆盖；周围有较小的岩层，提供独特的景观。水位较深的地方生长着海绵桶、树状和黑角珊瑚等；包括梭鱼、蝙蝠鱼、鲸鲨（有季节性）和大型石斑鱼在内的大量鱼群吸引了当地许多渔民。

西南尖礁（Southwest Pinnacle） 无论是在能见度方面，还是在景色、海洋生物方面都堪称是顶级的潜水点，非常适合有经验的潜水员。其中一座类似于金字塔的巨大尖礁高出水面 6 米，其上半部分有海葵覆盖，周边散落着一些小尖礁；而下半部分以花岗岩巨石为主，覆盖着海绵桶、柳珊瑚、浓密的黑角珊瑚和树状珊瑚等。有许多巨大石斑鱼、鲷鱼和梭鱼会穿梭其中；偶尔会看到一些大型鳐鱼、鲀鱼和鲨鱼、旗鱼、长须鲸和鲸鲨等。

船帆岩（Hin Bai） 坐落于涛岛和帕岸岛中间，自 40 米深的水下海沙中平地而起直至高出海平面 15 米。周围水域能见度高达 30 米，且水下有一个长达 10 米的"烟囱"（垂直岩柱）。覆盖着灌木丛状和条状的黑角珊瑚，还有美丽的海葵地毯。可看见大石斑鱼、鲷鱼、蓝环神仙鱼、蝙蝠鱼、无鳔石首鱼、细鳞小丑鱼和梭鱼；还有可能遇见鲸鲨和蝠鲼。

房间内部装饰有丝绸和其他装饰品以及深色木质家具；客房设施包括供应热水的大卫生间、电视、DVD 播放器和冰箱。也有一些空间较小的风扇房，但有热水提供。风扇房 B500，空调房 B1800

Mr J's Bungalows Mr J 超市（见 p.506）后面，位于迈哈德村以北，5 分钟步行路程 ⓣ 077 456066-7 这家住宿旅馆功能齐全、信誉良好且性价比高，提供宽敞干净的大房，其中一些空调房里有热水淋浴。共用浴室的风扇房 B250，空调房 B800

Save Bungalows 位于码头南面滨海大道的 Save Shop 超市 ⓣ 077 456347 这家酒店同属 Mr J's，因此风格类似：干净整洁、性价比高且功能齐全，大多数都带有独立卫浴，供应冷水或热水淋浴。共用浴室风扇房 B250、独立卫浴风扇房 B500，空调房 B1000

Sensi Paradise 村庄南面海角的较低斜坡上 ⓣ 077 456244 ⓦ www.kohtaoparadise.com 这家有独特魅力的度假村坐落于鲜花遍地的草坪上，提供美丽的海滨餐馆、迷人的自由形式泳池、免费的浮潜设备以及该岛屿一些最好的高档住宿地：精致的木质泰式小屋和别墅，带有迷你吧，其中一些提供空调和热水淋浴，还有一些有大阳台和露天浴室。房价包括早餐。B2900

Tao Thong Villa 从迈哈德向南步行 50 分钟即可抵达此旅馆（或者搭乘出租船，B150/人） ⓣ 077 456078 坚固的独立卫浴平房散布在岩石露头和后面斜坡附近，在两个小海滩之间绿草如茵的小地峡上还坐落着一个凉风习习的餐馆。周围绿树成荫，环境优美且是不错的浮潜和游泳场所。B500

餐饮

Cappuccino 距码头 100 米，位于主要街道左侧 ⓣ 077 456870 这家由法国人经营的咖啡馆和面包店提供巧克力咖啡、美味三明治及汉堡包和沙拉。每天 6:30~18:00

★ Kakureya 位于药膳日式洗浴度假村（见 p.575）内 ⓣ 087 936 2160/086 059 0408 这家舒适且口味正宗的日式小餐馆提供涛岛最好的食物。起先一定要享受美味的套餐（B140），接下来可选择烤鲑鱼（B180）、生鱼片（一盘 B340 起），以及热面或冷面。桶装朝日啤酒是不错的选择。6 月和 11 月休息。每天 17:00~21:30，周三休息

Moov 位于 Songserm 码头内陆村庄东南方向 这家

凉爽的酒吧餐馆有一个比利时主厨，屋内和后院的草坪上有许多可以斜躺的沙发。提供美味的全球小吃（B100以下），包括馄饨和红薯沙拉三明治。每月第一个周日还会举行跳蚤市场。每天15:00~深夜

Tukta 距Chaloke Ban Kao路约2千米。这家舒适的侧边敞开式便宜餐馆拥有一些位于花园的餐桌，提供多种美味的泰国菜肴，包括一流的鸡肉穆斯林咖喱。每天8:00~22:00

★ **Whitening** 海滨大道主要码头以南200米 ☎077 456199 这家时尚别致的酒吧餐厅拥有美丽的甲板和舒适的海滩餐桌，可俯瞰整个海湾。提供一些非常美味的泰国食物，如绿咖喱（B130），及更有创意更加昂贵的西方食物和美味的鸡尾酒。每天13:00~次日00:00（23:00停止供应食物）

Zest 主要街道，距码头100米 ☎077 456178 提供非常美味的咖啡、糕点、沙拉和各种各样的三明治（辣根酱烤牛肉B75）。可提供外卖服务。每天6:00~18:00

6

购物

Little Book and Old Dog 南面的主要街道上，主要码头前面。出售各种二手书、报纸和杂志。每天9:30~16:30&18:30~21:30

Mr J 从迈哈德村往北步行5分钟即可。这家阁道上岛提供全方位服务的总办公室位于小山顶部，提供摩托车租赁、电池回收和二手书买卖服务。

附录

银行 Thanachat（Siam City银行）位于主街左侧，设有一台自动取款机。

医疗中心 迈哈德村内有个政府开设的小医疗中心（在主街半途右转），还有一些私人诊所和药房。

警察局 从迈哈德村往北走5分钟，通往沙里海滩的狭窄道路上（☎077 456631）。

邮局 位于村庄前部（左转进入主街，然后在尽头处再左转），位于通往沙里海滩村的主要铺面道路路口附近（周一至周五9:00~17:00，周六9:00~12:00）。

沙里海滩（Hat Sai Ree）

在迈哈德北面，经过一个小海岬即可抵达涛岛上唯一一个比较长的海滩——**沙里海滩**。这条狭长的白色沙滩共有2千米长，曲线柔和，后面零星地散落着一些椰子树和大量平房度假村。在海滩最北端附近则是**沙里海滩村**，岛上的许多基础设施都聚集在此地，包括超市、诊所、药房、旅行社、网吧、设有一台自动取款机的Thanachat银行货币兑换亭、餐馆和酒吧。在迈哈德村和沙里海滩村之间的海滩后面有一条与内陆主要道路平行的狭窄铺面小道。

住宿　　沙里海滩

★ **Blue Wind** Sunsetburi Resort酒店北面，中间隔开两户人家 ☎077 456116 ✉bluewindkohtao@hotmail.com 这家坐落于繁茂庭院里的老酒店非常受欢迎，提供各种干净整洁的独立卫浴客房和平房，包括一些非常美丽的新建楼房，拥有隔板、带有蚊帐的四柱床和漂亮的阳台设备。其精致的餐馆（见p.507）还提供免费Wi-Fi。冷水风扇房 B350，热水风扇房 B800，热水空调房 B1400

Koh Tao Backpackers Hostel 沙里海滩村，Sliver Sands酒店附近 ☎077 601828 ⓦwww.kohtao-backpackers.com 这栋小水泥建筑提供8张床位的宿舍房，有空调和热水淋浴，与海滩有段距离。可免费使用Davy Jones' Locker的泳池，预订其潜水课程和酒吧餐馆可享受优惠。宿舍房 B300

Koh Tao Cabana 海滩偏远的北端 ☎077 456504-5 ⓦwww.kohtaocabana.com 这家温馨别致的豪华度假村和水疗中心坐落于长长的海滩前沿，后面是美丽的草坪，点缀着一些躺椅。所有覆盖有茅草的空调房都拥有供应热水的露天卫生间；房间类型包括海滩后面斜坡上的圆形土坯风格别墅及海角坐落在木桩上的单幢住所，其中一些可欣赏到美丽的风景，还有一些带有私人泳池。房价包括早餐。B3700

Koh Tao Coral Grand Resort 沙里海滩村北面 ☎077 456 432 ⓦwww.kohtaocoral.com 这家温馨的豪华海滨酒店有一个潜水学院，坐落于此的粉红色八角形砂岩小屋铺有磨光的椰木地板并提供非常美丽的大卫生间，有一些稍显紧凑；附近有一个美丽的Y形泳池。所有客房都有热水、电视、免费Wi-Fi和空调。房价包括早餐。B4050

Sai Ree Cottages 位于海滩中央区域，从迈哈德步行至此需20分钟左右 ☎077 456374 ⓦwww.sai reecottagediving.com 这家坐落于鲜花遍地的美丽大花园中的酒店提供各种客房，所有房间都是独立卫浴且维护良好，从位于斜坡上提供冷水淋浴的基础客房和平房至海滩上带有电视、冰箱且包括早餐的泰式别墅（风扇B2000，空调B2500），多种多样。此外宿舍床位还提供热水淋浴、电视和冰箱（风扇B250，空调B350）。酒店服务设施包括皮划艇和呼吸管租赁、潜水学院及精美的食物。冷水淋浴风扇房 B350，热水风扇房

6

沙里海滩的活动项目

沙里海滩的活动项目的主要组织者是 Goodtime Adventures 的当地工作人员，坐落于海滩南端（087 275 3604 www.gtadventures.com），提供活动以**攀岩**和**抱石**为主，包括初学者教授课程。此外还提供南园岛**游绳下降**、**徒步旅行**和**滑索**冒险之旅，以及串酒吧等。Blue Wind Bungalows 开设有**瑜伽**课程（见下文；每天 1~2 班，周日休息；B300 084 440 6755 shambhalayoga@yahoo.co.nz）。

B800，热水空调房 B1300

Seashell Resort 海滩正中央附近，Sai Ree Cottages 旁 077 456299-300 www.seashell-resort.com 这家坐落于宽敞整洁庭院中的温馨酒店带有一个潜水学院，最近已成功升级。如今酒店设施包括两个泳池——其中一个还有按摩池、SPA 馆、流行的海鲜餐馆、大堂提供电脑和免费 Wi-Fi（房间里使用 Wi-Fi 需额外付钱）。在众多热水空调房中，可选择稍贵一些的现代迷人新建“高级花园景色房”（B2420），且有深色木家具装饰；位于 1 楼的客房有美丽的大阳台。房价包括早餐。B2130

Silver Sands 沙里海滩村 077 456603-6 www.siver-sands-resort.com 这家坐落于狭窄但豪华地带的度假村酒店提供干净整洁的平房和客房，几乎所有房间都有热水。在各平房中，最便宜的是远离海滩的简单木屋，最贵的是类似于别墅的海滨空调房。后院两层楼高的酒店建筑里提供的简单水泥新客房比较工业化，不怎么别致，可能不值这个价钱。客人可免费使用邻近附属潜水公司 Davy Jones' Locker 的泳池。接待处提供电脑和免费 Wi-Fi 以及设备租赁服务。风扇房 B800，空调平房 B1800，空调客房 B2500

Sunsetburi Resort 沙里海滩村 077 457101 077 456101 这家酒店坐落于鲜花遍地的狭长地带，提供海滨泳池以及带有电视和迷你吧的现代混凝土别墅，其中多数都有空调，部分豪华房有热水，距离主要道路不远的酒店建筑里是热水空调房。风扇房 B700，空调房 B1200

Thipwimarn Resort 沙里海滩北部，南园岛对面 077 456409 www.thipwimarnresort.com 这家生态友好且带有 SPA 馆的时尚高档酒店坐落于陡峭斜坡之上，抬高的无边泳池一直延伸至其私有的小海滩。山坡四处坐落着覆盖茅草的美丽白色空调别墅，其中大多数都有热水，隐蔽性很好，且提供电视、DVD 播放器、迷你吧和美丽的日落景色。房价包括早餐。B3800

Wind Beach Resort 沙里海滩村 077 456082 www.windbeach-resort.com 这家最近重新装修过的温馨度假村酒店四周遍布着高大树木，提供多种设施：酒店餐馆和附近客房提供免费 Wi-Fi、旅行社、潜水学院、按摩及皮划艇和呼吸管租赁服务。客房和平房的选择较广，其中两层楼高的建筑里会提供时尚宽敞类似酒店的空调客房，包括热水淋浴、电视、冰箱及早餐（B2000）。冷水风扇房 B500，热水风扇房 B700，热水空调房 B1300

餐饮

★ **Blue Wind** SunsetburiResort 酒店北面，中间隔开两户人家 077 456116 这家精致的海滨餐馆提供自制面包、蛋糕、羊角面包和水果奶昔，以及各种印度菜肴和泰国美食（绿色咖喱价格 B70）、自制面食、比萨和其他西方菜肴。每天 8:00~ 22:00

Choppers 位于通往海滩的主要横向道路上 这家经营良好、服务周全的酒吧非常受欢迎，提供美味的食物，大量进口的桶装和瓶装啤酒，且有 16 个以上播放体育电视节目的屏幕。提供各种优惠，包括 16:00~20:00 的 Happy Hour。21:00 后有现场音乐演奏。每天 9:00~ 深夜

Fizz 位于沙滩上的 Sliver Sands 酒店内 在这家别致的酒吧餐馆里，你可以点一杯饮料，斜倚在绿色沙包上，享受悠扬的音乐，或者坐起来享用可口的美食：提供多种泰国食物（大多数不超过 B100）及西方食物，包括素食、面食、沙拉及非常美味的烤金枪鱼芒果沙拉（B260）。每晚营业至深夜

Lotus Bar 位于海滩上 New Heaven 熟食店和面包店附近 这家深夜时分十分喧闹的酒吧深受欢迎，许多客人都会到此饮酒跳舞，还有火技杂耍及定期派对。16:00~19:00 为 Happy Hour。每晚营业至深夜

New Heaven Deli & Bakery 位于村庄南侧的海滨大道旁 这家时尚的店铺提供美味的自制面包和蛋糕，以及三明治、沙拉、比萨、冰激凌、特浓咖啡和鲜榨果汁，免费 Wi-Fi。每天 7:00~20:00

南园岛（Ko Nang Yuan）

南园岛位于龟岛西北方向 1 千米处，由三座紧密的小岛构成，在岛上精美的白色沙滩堤道上还可欣赏到该区域最壮观的海滩美景。你可在堤道东侧游泳，然后潜游至日本花园，中途会经过成百上千个软硬珊瑚群。

抵达和离开

船舶 在迈哈德主要码头南面的 Lomprayah 码头每天有两艘摆渡船（B200 往返），从沙里海滩出发也有一些不定期的航班。此地非常重视环境保护，禁止游客携带易拉罐、塑料瓶及脚蹼，一日游旅客需支付 B100 方可登上岛屿。Lomprayah 提供B550的一日游行程，价格包括航船交通、浮潜、自助餐及登岛费用。

住宿及餐饮

6

Nangyuan Island Dive Resort Ⓣ 077 456088-93 Ⓦ www.nangyuan.com 这家度假村的装饰虽然比较简单，但环境优美，所有平房都有独立卫浴、电视和冰箱，大多数提供热水，一部分带有空调，分别散落在三个岛屿上。设施还包括餐馆、咖啡店及潜水店铺。且为住客免费提供与迈哈德之间的交通服务。房价包括早餐。风扇房 **B1500**，空调房 **B2000**

北海岸及东海岸（The north & east coasts）

孤独的**马蒙湾**（Ao Mamuany），又被称为芒果湾，坐落于**北海岸**，树木繁茂，非常美丽，与沙滩相比，这里的浅礁更受浮潜一日游游客的欢迎。而 Mango Bay Grand Resort 酒店的酒吧餐馆的大部分露天平台都坐落在这些岩石上。

东海岸大部分隐蔽的海湾上都坐落着一两套平房，可搭乘航船、便车或四驱车抵达。其中**欣旺湾**（Ao Hinwong）是岛屿最北端的居住地，非常隐蔽，海水清澈，拥有许多巨大的卵石和美丽的珊瑚礁，地处偏僻，几无人烟。

在海岸中间地段坐落着壮观分层的泰安海岬（Laem Thian），南侧隐藏着一个很小的海滩及五彩缤纷的礁石，一直延伸至东海岸最发达的海湾——**塔诺特湾**（Ta Note），共有 6 个度假村酒店坐落于此；从迈哈德海滩至此的一条铺面道路新建完成。塔诺特湾的马蹄口散落着各种卵石及大量粗沙，海湾口北侧则是一流的浮潜场所。

"龟壳"的最后一个海湾——**洛伊克湾**（Ao Leuk）拥有一个非常美丽的海滩，水深适合游泳和浮潜，可欣赏到软硬珊瑚花园。海滨的酒吧提供呼吸管和皮划艇租赁服务。

住宿

马蒙湾

Mango Bay Grand Resort Ⓣ 077 456948-9 Ⓦ www.kohtaomangobay.com 这家偏远的酒店提供精心设计、色彩斑斓的吊脚木质平房，所有房间都有热水，其中一些有空调和电视。房价包括从迈哈德至此的交通费用。风扇房 **B1500**，空调房 **B2800**

欣旺湾

Hin Wong Bungalows Ⓣ 077 456006/081 229 4810 这家该海湾最宽敞的旅馆非常受欢迎，坐落于岩石上方的陡峭斜坡上，绿草如茵，提供一流的独立卫浴木质平房，设施包括蚊帐和大浴室。其餐馆前方有个非常漂亮的水畔露台，且提供皮划艇和呼吸管租赁服务。**B400**

塔诺特湾

Family(Ta Note Bay Resort) Ⓣ 077 456757-8 Ⓔ tanotebay@hotmail.com 在 6 家度假村酒店中，这家是最好的选择，除了潜水中心及大量精心设计的独立卫浴木质平房外，四周还有茂密的九重葛围绕，其中一些带有大阳台，可欣赏到帕岸岛和苏梅岛的美丽景色。此外，酒店还提供浮潜设备及电脑和 Wi-Fi。贵一些的房间还提供早餐。风扇房 **B600**，热水淋浴风扇房 **B1000**，热水淋浴空调房 **B1800**

洛伊克湾

Ao Leuk II Ⓣ 077 456779 Ⓦ www.aowleuk2.com 这家酒店位于海湾南部，提供宽敞平房和家庭房，带有大阳台、风扇和热水浴室。留宿时间较长可享受优惠。如果此地客满，酒店老板在该海湾还有另两个度假村（包括一些便宜的冷水淋浴平房），因此不用担心，有其自己的出租车和海滨酒吧。**B1000**

Sattva Gardens(Baan Talay) Ⓣ 077 457 045 Ⓦ www.newheavendiveschool.com 这家幽静的世外桃源可看到海湾北侧美丽的山景，隶属 New Heaven 潜水学院（见 p.504 框中内容）。坐落在木桩上的时尚洋房提供大阳台、蚊帐、室内外浴室。潜水者入住可享受优惠。风扇房 **B1200**，热水风扇房 **B1800**，热水空调房 **B2500**

6

南海岸（The south coast）

岛屿东南角狭长的土地指向鲨鱼岛（Shark Island），其附近海域是非常迷人的潜水点和浮潜点；在东北季风季期间，海岬会将一侧的**赛登海滩**（Hae Sai Daeng）覆盖，若是刮西南风，则会掩盖住另一侧的岩石海湾。沿着南海岸经过宁静多沙的**泰安 OK 湾**（Ao Thian OK）即可抵达凹陷在海岸线内的**察洛克班考海滩**（Ao Chaloke Ban Kao），不受两个季风的恶劣天气影响，因此发展较快，在其宽阔隐秘的浅湾上坐落着一些潜水度假村，有时在退潮后会沙滩会变得泥泞不堪。海滩后面聚集着诊所、自动取款机、自行车租赁店铺、酒吧和餐馆。New Heaven 潜水学院（见 p.504 框中内容）每天 17:00~19:00 会提供露天**瑜伽**课程，可一边做瑜伽一边俯瞰整个海湾（B300）。

在查洛克班考海滩东侧的 Tato 海岬附近坐落着风景优美的白色沙滩——**自由海滩**（Freedom Beach），绿树成荫，非常僻静，仅有一个沙滩酒吧；步行途经 Taatoh Freedom Beach Bungalows 即可抵达此地。沿着酒店前面的陡峭山坡步行 15 分钟即可抵达 **Jon-Suwan 山林瞭望台**，放眼望去，附近的查洛克班考湾、赛登湾以及海对岸的帕岸岛、苏梅岛尽收眼底，尤其在日落时分，景色异常壮观。

住宿及餐饮 南海岸

赛登海滩和泰安 OK 海滩

Jamahkiri Ⓣ 077 456400 Ⓦ www.jamahkiri.com 这家奢华的水疗中心度假村就坐落于赛登海滩和泰安 OK 海滩之间偏远的岩石海岸线上，景色壮丽。酒店内有全景酒吧餐厅、潜水中心及分层泳池，华丽幽静的客房和洋房完美融合了泰国和西方设计风格，拥有独特的海景。水疗中心可为住客和非住客提供桑拿、身体磨砂和按摩等（可电话预约及询问费用等信息，主要码头北面的迈哈德办事处每天提供 3 班前往度假村的车辆）。房价包括早餐。**B6900**

New Heaven Huts Ⓣ 087 933 1329 Ⓦ www.newheavenkohtao.com 这家坐落于赛登海滩东面海角上的舒适旅馆设备齐全，提供精致的厨房和浮潜设备，14 间别致的独立卫浴平房非常宽敞，景色优美，其中一些带有热水淋浴，还有一些可供家庭居住。**B600**

New Heaven Resort Ⓣ 077 456462 Ⓦ www.newheavenkohtao.com 这家度假村酒店提供环境优美的餐厅和迷人的洋房，从查洛克湾出发沿着铺面道路即可抵达。餐馆（每天 7:30~21:30）坐落于 Tato 海岬东侧的美丽露台上，晚上供应海鲜（腰果炒大虾，B180）以及大量素食菜肴。白天可享用三明治（如 B110 的鸡肉香蒜沙司）、面食和简单的泰国美食。洋房坐落于树木繁茂的斜坡之上，最后延伸至私人沙滩，拥有大浴室和可欣赏美景的大阳台，包括供应热水的空调房。提供 Wi-Fi，且有呼吸管租赁服务。风扇房 **B1700**，空调房 **B2700**

查洛克湾

Koppee 海滩中央附近，主要道路。这家精致的小面包咖啡馆提供书籍、杂志和免费 Wi-Fi。食物包括美味的三明治，可选择面包和沙拉等，如金枪鱼三明治（B100），全天式早餐及各种酒类饮料和甜点。每天 7:30~18:30（淡季）或 20:00/21:00（旺季）

Viewpoint Bungalows Ⓣ 077 456444 Ⓦ www.kohtao viewpoint.com 这家酒店老板非常友好，独特的平房坐落于海湾西侧及海角附近，可欣赏美丽的日落景色；别致的巴厘岛设计风格，拥有岩石卫生间、抛光硬木地板、蚊帐和阳台。此外还有 6 间精美的空调别墅，内有无边私人泳池（B8000 起），且可提供皮划艇和呼吸管探索附近海域礁石。**B1000**

那空是贪玛叻（Nakhon Si Thammarat）

泰国南部第二大城市**那空是贪玛叻**（旧称洛坤）在大多数游客眼中是一个盲点，完全被其北面 100 千米处的苏梅岛的光芒掩盖。事实上，此地拥有许多名胜古迹：不仅是南部最重要的朝圣地和巨型军事基地，还提供精致美食和传统**手工艺品**，洋溢着轻松自信而又复杂的氛围。Thachang 路上的店铺主要出售当地一流的乌银器皿（kruang tom）、家居饰品和珠宝首饰等，以及在黑色底色上用金或银色绘制的典雅图画和 yan lipao——用蕨类植物编制而成的复杂坚固的篮筐编织物，颜色繁多。此外，那空是贪玛叻的 Suchart Subsin 工作室还是泰国观看**皮影戏**的最佳之地。此地也是前往巍峨的**銮山国家公园**和**孔清瀑布**（见 p.515）的主要出发点。

据说该城早在 2 世纪时是狼牙修（Lankasuka）王国的首都，名为六坤（Ligor 或

6

那空是贪玛叻节庆日

那空是贪玛叻又称 muang phra（僧侣之城），至今仍是泰国南部重要的宗教都市及节日中心。其中最盛大的庆典是在佛历十月（通常在公历 9 月或 10 月）残月期间举行的十月法会（Tamboon Deuan Sip）及 Hae Pha Khun That，该节日每年会举行若干次，但其中最重要的是佛历二月月圆日举行的万佛界和 5 月月圆日举行的佛诞节（见 p.43）。十月法会的主要目的是祭奠死去的亲人和朋友；据说在这 15 天中，所有下地狱的祖先（pret）都会返回尘世，因此亲人们会在寺院举行法事，供奉第一批丰收成果以减轻他们的痛苦。而这期间在城市北侧的 Thung Talaat 公园还会举行为期十日的巨大庙会，包括游行、皮影戏和其他文艺演出等。Hae Pha Khun That 节也吸引了南部各地的居民前往供奉着佛舍利的玛哈泰寺朝拜。该庆典最引人注目的是 Pha Phra Bot，人们会携带着数百米长的黄色布条绕着佛塔举行盛大的游行仪式。

Lakhon），而泰国传统古典舞蹈戏剧 lakhon 可能就是从那时发展而来。13 世纪时，作为与中国和南印度（通过安达曼海董里港口的陆上线路）的贸易中心，那空是贪玛叻引进了斯里兰卡小乘佛教，并且传播至新泰国王朝的首都——素可泰。

那空是贪玛叻的**方向定位**非常简单，不过乍一看城市布局会令人有些困惑：城镇从南至北长 7 千米，很少有超过几百米宽的地方，这种布局最初是由淡水供应的方便性决定的。现代商业中心坐落于北端地标**塔旺十字路口**（Tha Wang intersection）附近，及 Neramit 路和 Ratchadamnoen 路交会处。城市南部的 Karom 路以优雅传统的清真寺为中心，是古老的穆斯林区域；而南部还可看到一些老城墙遗迹，城市大部分主要名胜古迹都坐落在枝繁叶茂的住宅区，是非常有名的历史中心。

玛哈泰寺（Wat Mahathat）

正门位于 Ratchadamnoen 路，现代中心以南 2 千米左右

前往那空是贪玛叻如果没有游玩**玛哈泰寺**就如去罗马却错过圣彼得大教堂一般，由于巨大佛塔里收藏着佛舍利，那空是贪玛叻的玛哈泰寺是泰国南部最重要的佛教寺院。寺院庭院里 60 米高的主佛塔**舍利塔**（Phra Boromathat）周围围绕着一系列刺刀状小佛塔。寺内粗短的斯里兰卡大钟支撑着一个修长的环状尖塔，据说，该尖塔顶部闪亮的尖峰表面覆盖有 600 千克金箔。据编年史相关记载，200 年前一位印度王子和公主从斯里兰卡来到此地时携带了佛舍

利，并为此建造了这座寺院。至今该寺院已经历多次翻修：最早是三佛齐时期，当时的寺院建筑主要包括目前的 12 世纪佛塔，其中一个角落里还坐落着当时的建筑模型。近年的翻修工作的资金是由泰国人募捐而得，使寺院免于倒塌的命运，不过似乎寺院建筑仍然向东南方有大幅倾斜，非常危险。信徒们通常会到寺院北侧巨大的围蔽梯道朝拜，四周有狮子和巨人金箔雕像装饰，使寺院变得更加光彩照人，并且吸引了更多信徒。

Viharn Phra Kien 佛寺博物馆

佛塔北面 · 开放时间不定，但通常为每天 9:00~16:00 · 免费

Viharn Phra Kien 佛寺博物馆堪称是阿拉丁宝藏，据说里面收藏着 50000 多件文物，全都由信徒捐赠，从用贝壳制成的船模到金银材质的菩提树模型，各种各样，让人眼花缭乱。博物馆入口处坐落着神态安宁祥和的 Phra Puay 佛像。大多数女性会叩拜这尊佛像以求怀孕生子，而心想事成的信徒还会回拜并留下子女照片。

銮僧院（Viharn Luang）

院墙外南侧

銮僧院建立于 18 世纪，由倾斜的典雅支柱支撑，是大城风格建筑的典型代表。底层内部装饰十分简朴，但格子式红色天花板上雕刻着镀金的星星图形和盛开的荷花图案，非常引人注目。佛殿南面的宽敞空地上坐落着许多出售当地便宜的手工艺品摊位，如皮影、青铜器具和篮筐编织品等。

国家博物馆（The National Museum）

Ratchadamnoen 路，玛哈泰寺以南 10 分钟步行路程 · 周三至周日 9:00~12:00&13:00~16:00 · B150 · www.thailandmuseum.com

国家博物馆里的藏品虽然数量较少但种类繁多，其中大多数都是泰国南部文物。**楼下的**史前展览室里最引人注目的就是两只令人印象深刻的礼仪青铜定音鼓，可追溯至公元前 5 世纪；过去的人们在求雨仪式上会击打此鼓并在其中一个鼓上装饰体形粗圆的青蛙（据说当地青蛙是泰国体形最大的品种且是珍贵的佳肴）。此外底楼还收藏着有趣的印度文物，包括 7~9 世纪的一些灵根石像及后来的象头神迦内什青铜雕像，象征着智慧和艺术。还有一尊栩栩如生且保存完好的湿婆神雕像，正在象征着愚蠢的手持眼镜蛇矮妖身上的火圈里跳舞。而在**楼上**众多陶瓷展览品中，最吸引人的是拉玛五世船舶上的座板，堪称是那空是贪玛叻有名

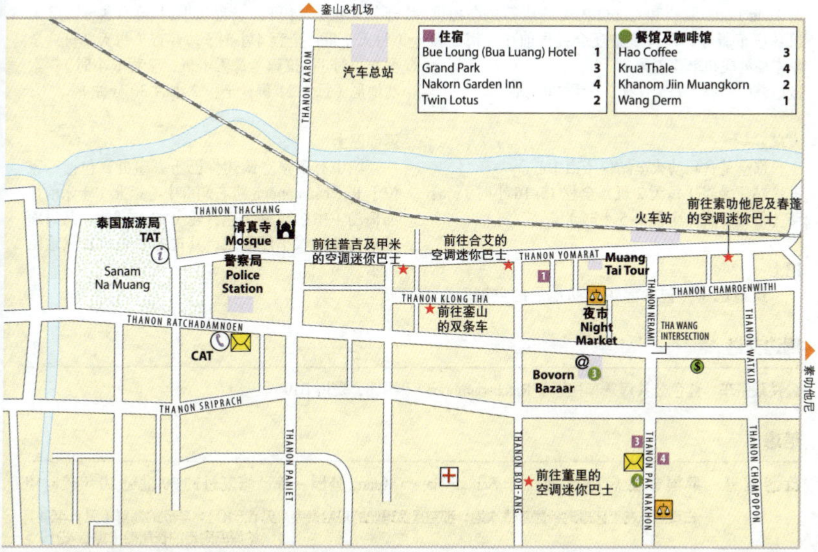

的乌银器具中的经典之作——用黄金蚀刻出精美的动物和景观图案，以白银为底，然后再通过镶嵌黑色合金形成背景。而周围的展览品是当地人民智慧的结晶，包括佛教传戒和婚礼，以及泰国南部传统戏剧舞蹈曼诺拉（manohra）的有趣展示。

皮影戏工作室（The shadow puppet workshop）

Nang Thalung Suchart Subsin 村 Si Thammasok 路 3 巷 110/18 号，玛哈泰寺往东步行 10 分钟即抵 · 免费 · ☎ 075 346394

6

Suchart Subsin 雄伟壮观的庭院会提供有关泰国南部**皮影戏**（见 p.514 框中内容）的详细介绍，这位伟大的国家级艺术家是南部皮影戏的代表人物。他和他的儿子们对公众开放他们的工作室，其中包括可追溯至 18 世纪的木偶小博物馆，如果提前打电话预约，他们通常还会为你安排在露天小剧场观看皮影戏表演，不过看完后需要给消费或捐赠。此外还可以观看皮影制作的复杂过程或购买成品做纪念——与泰国南部纪念品店相比，这里所出售的木偶质量更好，设计也更别致。

帕辛佛像大殿（Phra Buddha Sihing Shrine）

Ratchadamnoen 路府厅行政楼 · 周一至周五 8:30~12:00&13:00~16:30 · 免费

据说**帕辛佛像**奇迹般地出现于 2 世纪的斯里兰卡，在 13 世纪时船运进献给素可泰国王，却遇上了翻船事故，该佛像浮在一块木板上一路漂流至那空是贪玛叻。而另外两尊被奉为正宗帕辛佛像的雕像分别供奉于曼谷的国家博物馆和清迈的帕辛寺，但这三尊佛像全都不是斯里兰卡风格，因此它们可能是真正佛像的仿造品。虽然在尺寸和形状上与其他两尊佛像类似，但那空是贪玛叻的帕辛佛像有其独特之处：左肩上披着的褶皱长袍，鹰钩鼻，神情严峻，与下面短而肥胖的身体格格不入。而这种圆滚滚的饱满风格雕像被称为 khanon tom，意为“橡胶和米饭布丁”。

抵达和离开

飞机

那空是贪玛叻机场（☎ 075 369540-2）位于城市西北方向约 20 千米的路附近，飞鸟和亚洲航空每天都会提供前往此地的航班。抵达机场后，可搭乘出租车前往那空是贪玛叻市，价格为 B300，而 Twin Lotus 酒店和 Grand Park 酒店等还会提供机场班车服务。飞鸟航空还会提供前往苏梅岛和帕岸岛的飞机航船通票。

抵达站　曼谷（每天 7 班，全程 70 分钟）。

火车

那空是贪玛叻火车站位于市中心。

抵达站　曼谷（每天 2 班，全程 15~16 小时）；合艾（每天 2 班，全程 4~5 小时）。

巴士

所有巴士（包括前往素叻他尼的空调巴士）都会停靠在市中心西侧的总站，除了当地前往素叻他尼的非空调巴士外，其出发点位于市中心以北约 1 千米，Ratchadamnoen 路左侧的巴鲁寺（Wat Pradu）附近。

抵达站　曼谷（南站；每天 19 班，全程 12 小时）；合艾（每天 14 班，全程 3 小时 30 分钟）；甲米（每天 7 班，全程 4 小时）；普吉（每天 7 班，全程 6 小时）；拉廊（每天 1 班，全程 6 小时）；素叻他尼（每天 21 班，全程 2 小时 30 分钟）。

迷你巴士

城中有多家空调迷你巴士办事处，包括一家位于 Ratchadamnoen 路右侧市中心以北 1 千米前往苏梅岛（中途转敦萨克渡轮）的办事处，其对面是素叻他尼汽车停靠点；其他办事处位置见地图所示。

周边交通

公共双条车　蓝色公共双条车往返于 Ratchadamnoen 沿路，费用 B10。

信息

旅游信息　泰国旅游局办事处位于 Sanam Na Muang 公园一栋已修复过的 20 世纪 20 年代时期

右页图从左上起顺时针顺序依次为：那空是贪玛叻的玛哈泰寺（见 p.510）；华欣的海鲜（见 p.454）；帕岸岛附近的长尾船（见 p.491）>

6

皮影戏

作为最古老的戏剧形式之一，皮影戏在南亚随处可见，早在公元前400年就以佛教文学为表演主题。皮影艺术起源于印度，经过爪哇最后传入泰国，而在印度，皮影戏被称为nang，有"隐藏"之意：所用木偶是用水牛皮或牛皮制成的，先经过水软化，然后捣烂直至透明，最后雕绘成表演的人物形象。用竹竿操纵木偶，然后对准明亮的灯光将它们的形象投射在白色大屏幕上，并将故事讲述给观众。

该艺术更壮观的版本被称为nang yai，意为"大影戏"，其名字起源于真人大小的人物形象，不过只用来表演《拉玛坚》故事（见p.77框中内容）。据说在大城时期皮影戏已成为官方庆典的部分娱乐项目，如今却濒临灭绝的危险。Nang thalung是一种民间皮影戏，thalung可能是Phatthalung城（就位于那空是贪玛叻附近）名字的简称，据说这种民间皮影戏就起源于该城，因此以其名字命名，不过如今也渐渐远离人们视线：仅在寺院节日、婚礼、葬礼及受戒仪式上才能看到，通常会从21:00表演至黎明。木偶大师不仅会制作60厘米高的nang thalung木偶，同样还会叙述故事、扮演角色，并在长笛、小提琴及打击乐器的伴奏下吟唱、讲笑话。从这种半即兴式表演来看，木偶大师是当之无愧的天才艺术家。

每逢盛大节日，各机构都会表演《拉玛坚》史诗，有时甚至还会相互竞争；而遇上规模较小的活动时，则会上演比较朴实的故事，使用Yor Thong等固定小丑角色，这是一个脾气暴躁的人物，有啤酒肚，手持一把剑，Kaew Kop则是一个有着青蛙头的人物。天才老师Yogi的伙伴都是他用魔法召唤出来的邪恶神灵，从而保护木偶大师，因此每场表演开始时首先都会出现他的木偶形象。

为了让这些皮影戏继续流传下去，众多皮影公司如今正努力将现代乐器和现代服装融入表演中去，且在故事中添加了爱情元素。虽然不可能战胜电视和电影，但至少它们的地位已经被认可，如今nang已成为"电影"的泰语写法。

的政府官员俱乐部中（每天8:30~16:30 Ⓣ075 346515-6 Ⓔtatnksri@tat.or.th）。

上网 Ratchadamnoen路的Bovorn Bazaar建筑中的Klickzone提供上网服务（每天9:00~18:00）。

住宿

那空是贪玛叻没有旅馆也没有面向游客的住宿地，但其最好的酒店提供了各种价位的实惠客房。

Bue Loung（Bua Luang）Hotel Chamroenwithi路Luang Muang巷1487/19号 Ⓣ075 341518 Ⓕ075 343418 这家温馨的酒店位于城市中央，但相当安静，受到到此入住的销售代表的广泛好评。提供冷水风扇房和带有电视的热水空调房，以双人房或双床房为主。风扇房B180，空调房B340

Grand Park Hotel Pak Nakhon路1204/79号 Ⓣ075 317666-75 Ⓦwww.grandparknakhon.com 这家距离繁忙道路有段距离的高档酒店提供宽敞明亮、时尚美丽的客房，房间设施包括空调、热水、电视和迷你吧，大堂里有免费Wi-Fi，员工非常热情，服务周到。B600

★ **Nakorn Garden Inn** Pak Nakhon路1/4号 Ⓣ075 313333 Ⓕ075 342926 这家酒店坐落于两栋三层楼高的红砖建筑中，提供精致的乡村风格客房，宽敞美丽，且带有空调、热水、有线电视和迷你吧。酒店大堂和一些客房有免费Wi-Fi。B445

Twin Lotus 市中心东南方向约3千米，Patanakarn Kukwang路97/8号 Ⓣ075 323777 Ⓦwww.twinlotushotel.net 这家那空是贪玛叻最豪华的酒店虽然地理位置不便，但共拥有5家酒吧和餐馆、一个迷人的大型室外泳池，还有桑拿和健身中心。B1600

餐饮

那空是贪玛叻拥有各种便宜的美味佳肴，如Chamroenwithi路Bue Loung酒店附近繁忙热闹的夜市。

Hao Coffee Ratchadamnoen路Bovorn Bazaar大厦内。这家坐落于安静庭院里的热门场所以传统中式风格的咖啡馆为蓝本，装饰有老式灯具、钟表和其他古董。提供各种便宜的泰国美食、西方早餐、蛋糕、茶水、果汁和咖啡，包括泰国研磨咖啡和美味的冰卡布奇诺。每天7:00~17:00

Khanom Jiin Muangkorn Panyom路玛哈泰寺附近 这家非常有名的户外餐馆价格实惠，提供当地的特色菜肴khanom jiin——在面条上加上甜辣酱或鱼酱以及香酥生蔬菜pak ruam。每天8:00~15:00

★ **Krua Thale** Pak Nakhon路Nakorn Garden Inn酒店对面（没有英文标志，可寻找Coke标记）这家城中最好的餐馆以其精致多样且价格便宜的海鲜深受当地居民的欢迎。餐馆设施简单但非常干净，拥有露天厨房，每日菜肴也会展现在店门口，不仅有舒适的庭院餐桌，后院还有空调包厢。推荐菜肴包括非常美味的芒果沙拉油炸鲇鱼丝（yam plaa duk foo，B80）、烤全鱼和大虾，以及可口的加有柠檬草、罗勒和薄荷的青口贻贝药汤（hoy maleang poo op mordin，B60）。每天 16:00~22:00

Wang Derm Nang Ngam 路（没有英文标记） 这家餐馆在其露天凉亭里提供多种泰国南部食物自助餐，集咖啡店和面包房为一体，特色是美味的 khanom jiin 和其他当地便宜美食（B15）：温和的黄咖喱 kaeng som，鱼肚咖喱 kaeng tai plaa，美味的南方米饭蔬菜沙拉 khao yam，及各种椰奶布丁 khanom wan。每天 7:00~17:00

銮山国家公园（Khao Luang National Park）

6

公园总部位于山顶南侧咖隆瀑布附近・门票 B200・☎075 391240/075 391218・ⓦwww.dnp.go.th

这座坐落于那空是贪玛叻西部海拔 1835 米的泰国南部最高山脉**銮山**在城中各地均隐约可见。这个巨大的**国家公园**包括銮山连绵起伏的绿色山峰、美丽的溪流、众多壮观的瀑布、热带雨林和水果种植园等。銮山还是半岛主要水道之一——塔披河的源头所在地，最后在素叻他尼汇入泰国海湾。公园里的**动物**包括猕猴、麝香鹿、果子狸和熊狸，还有不常看见的马莱貘、鬣羚、虎、黑豹和云豹等，以及 200 多种鸟类。公园里的**植物群**也多种多样，特别是杜鹃花和秋海棠随处可见，还有大片苔藓、蕨类和地衣，以及 300 余种陆生和附生兰花，其中一些是该公园独有的品种。

銮山国家公园的**最佳游玩时间**是在 1 月雨季过后，此时仍然有非常壮观的瀑布流，且路径比较好走，水蛭也没那么猖狂。然而对于游客来说最困难的事情是**如何抵达**该公园：这个占地 570 平方千米的公园附近有若干条主道的支路会通往其中一些瀑布，但却没有横穿公园的道路，且支路上的公共交通服务也比较少。在 1 ~ 6 月，绮丽翁村生态旅游俱乐部（Ban Khiriwong Ecotourism Club ☎075 533113）可安排从公园东南侧的绮丽翁村（Ban Khiriwong）出发前往銮山的**徒步旅游**，包括山上露营两夜、食物和导游，以及村庄家庭寄宿服务等。公园里最引人注目的泰国最壮观的瀑布之一**孔清瀑布**会让游客感觉不虚此行。

孔清瀑布（Krung Ching Waterfall）

壮观的**孔清**九层瀑布坐落于公园北部，是该地区最热门的旅游景点，沿着**天然小径**穿过茂密潮湿的丛林即可抵达最美丽的第三层瀑布。这条 4 千米长的小径起点位于 Huai Phan 村以南 13 千米的孔清公园管理处附近，基本铺设完毕，部分地段非常陡峭，因此往返步行需 4 小时左右。途中会经过大片蕨类植物，包括世界上最大的蕨类植物 maha sadam 品种，以及粗壮的榕树、山竹果林和美丽繁茂的竹林。此外还会看见五彩缤纷的鸟类和昆虫，但很可能只会听到猕猴和其他哺乳动物的叫声却看不见它们的身影。沿着长长的台阶下山，最后会抵达地理位置卓越的木质平台，首先映入眼帘的就是 40 米高瀑布的壮丽景色，曾经是泰国 B1000 纸币的背面图案；由于整个景观笼罩在厚厚的水雾中，因此其泰国名字为 Fon Saen Ha，意为“千层瀑布”。

抵达和离开 銮山

双条车 前往公园附近主要道路和绮丽翁村的不定时双条车大都聚集在那空是贪玛叻的 Bue Loung 酒店南面的 Klong Tha 路上。但都不前往孔清瀑布，因此你必须先搭乘一辆双条车前往 Huai Phan 村（约 1 小时），然后再和司机交涉让他带你至 13 千米外的孔清公园管理处附近。

租借汽车 那空是贪玛叻的 Yomarat 路上的 Muang Tai Tour 旅行社（☎075 343996/075 342768，约 B1500/天，汽油另算）提供汽车租赁服务，带司机或不带司机都可。从那空是贪玛叻通往孔清的最简单自驾线路是沿着通往素叻他尼的 401 号公路往北行驶，在塔萨拉往西拐进入 4140 号公路，然后在 Nopphitam 村北转进入 4186 号公路，接着在 Huai Phan 村转入 4188 号公路，沿着这条支路行驶即可抵达孔清公园管理处，全程约 70 千米。

住宿及餐饮

国家公园住宿 ☎075 391240/075 391218 ⓦwww.dnp.go.th 提供可入住 2~20 人的平房，其中大多数都有热水，坐落于孔清公园管理处附近。且还提供露营服务。平房 B600

国家公园餐厅 在公园管理处附近有个小餐厅，需提前预订。

南部：安达曼海岸

皮皮岛玛雅湾

南部：安达曼海岸

Southern Thailand: the Andaman coast

4 号公路从泰国半岛左侧一直延伸至安达曼海岸，两边的景观发生着翻天覆地的变化：由于常年雨量充沛，因此这里的植被以热带植物为主，郁郁葱葱，非常繁茂，森林树木可高达 80 米，泰国中部的大片大米和甘蔗田在这里鲜少可见，取而代之的是大片橡胶树、棕榈油树和椰子种植园。一座座拔地而起的陡峭石灰岩壁、泰国最美丽岛屿四周围绕着的安达曼海以及最精美的珊瑚礁，吸引了大批游客。2004 年 12 月，该海域遭遇了可怕的海啸袭击，数千人遇难，无数人民生活也随之发生了永久性改变。虽然安达曼海岸大部分地区都受到了严重创伤（见 p.541），但所有受影响的度假酒店都已重建完毕，且和发生海啸之前相比，如今的旅游收益对区域的发展起着更加重要的作用。

安达曼海岸的**文化融合**与泰国中部也大不相同。这里的大部分泰国南部人民都是穆斯林，是从马来西亚或更远的地方迁移至此的。此外，该地还是海上吉卜赛人游牧民族的传统省府，其中许多人虽然已在此安家，但仍然从事船长和渔民等工作。在现今的商业捕鱼行业中，大多数工作人员都是从邻国缅甸过来的移民（合法和非法皆有），缅甸仅离安达曼北海岸几千米远。

安达曼海岸北部的景点往往被附近的旅游胜地普吉和甲米的光环所掩盖，实际上这里有许多宁静的天然宝地，包括不引人注目的**阁昌岛**（与东海岸更大更有名的同名岛屿截然不同）和**帕延岛**，这两座小岛都可提供吊床和煤油灯，洋溢着古老的氛围，这在更往南的地区是很难体会到的。到此游玩的浮潜者和潜水者大都沉醉在国家公园偏远地区**素林岛**和**斯米兰岛**附近的美丽珊瑚礁中，其中许多游客都会选择在海滩度假地**蔻立**入住，不过**库拉武里**附近的寄宿家庭也是非常有趣的选择。岛屿内陆多丛林，但美丽的**考索国家公园**有一些 21 世纪的现代设施，公园里的住宿设施不是水上木屋就是石灰岩峭壁下的树屋，非常别致。

泰国最大的岛屿**普吉岛**是家庭旅游、旅行团和新手潜水员在该区域的首选度假地；岛上的餐饮、购物和娱乐设施都是首屈一指的，但一栋栋高楼大厦和忙碌的商业街道大大降低了其本土风情。宁静而美丽的**小阁遥岛**洋溢着浓厚的泰国乡村气息，坐落于壮观的**攀牙湾**境内，海湾各处分散着的喀斯特小岛是泰国顶级自然奇观之一，搭乘海上独木舟可欣赏到最美丽的景色。安达曼海岸的第二个枢纽是**甲米**，以碧绿的海水和独特的岛屿闻名远近。其中最引人注目的是**皮皮岛**，虽有瑕疵但拥有壮观的潜水点、漂亮的海滩及热闹繁华的夜生活，仍然吸引着大量游客。虽然**奥南湾**的内陆和主要景点不可与皮皮岛相提并论，却与**帕南海岬的**

攀牙湾皮划艇探索之旅

旅游重点

❶ **岛屿田园生活** 帕延岛、拉岛、小阁遥岛和俊穆岛等非商业化岛屿的宁静生活。见 p.528、532、571 及 602

❷ **考索国家公园** 睡在丛林树屋或壮观的喀斯特风景环绕的湖泊之上，伴随着长臂猿的叫声醒来。见 p.535

❸ **斯米兰岛** 这片偏远的群岛提供最好的浮潜和潜水点，以及简单的一日游线路和潜水航船。见 p.544

❹ **普吉镇** 坐落着华丽壮观的中葡建筑，并提供该岛一流的住宿、餐饮和娱乐场所。见 p.551

❺ **攀牙湾海上独木舟** 探索喀斯特石灰岩地形及该美丽海湾隐蔽礁湖的最佳方式。见 p.575

❻ **攀岩** 即使是新手也可鸟瞰莱雷半岛壮丽的海岸风光。见 p.592

❼ **大兰达岛** 这个“长长的海滩岛屿”拥有气势雄伟的老城区，提供各种轻松闲适的中档设施。见 p.607

这些旅游重点在 p.520 的地图上都已标记

南部：安达曼海岸
旅游重点
1 岛屿田园生活
2 考索国家公园
3 斯米兰群岛
4 普吉镇
5 攀牙湾海上独木舟
6 攀岩
7 大兰达岛
缅甸
BURMA
春蓬
Chumphon
克拉地峡
Kra Isthmus
克拉武里
Kraburi
Kaw Thaung
拉廊
Ranong
Saphan Pla
泰国湾
GULF OF
THAILAND
圣马修岛
St Matthew's
Island
Nam Tok
Ngao
Lang Suan
阁昌岛
Ko Chang
Pha To
帕延岛
Ko Phayam
卡泊
Kapoe
北素林岛
Ko Surin Nua
南素林岛
Ko Surin Tai
达诺莱村
Ban Talae Nok
猜亚
Chaiya
Tung Nang Dam
安达曼海
ANDAMAN
SEA
拉岛 Ko Ra
库拉武里
Khuraburi
考索国家公园
KHAO SOK
NATIONAL PARK
秀兰湖
Cheow Lan Lake
素叻他尼
Surat Thani
喷平
Phunphin
阁普拉通岛
Ko Phra Thong
Ratchabrap
Dam
阁考岛
Ko Kho Khao
达瓜巴
Takua Pa
考索国家公园总部
Khao Sok National
Park Headquarters
Ban Ta Khun
帕侬
Phanom
Sai Rung Falls
蔻立
Khao Lak
斯米兰岛
Ko Similan
Thap Lamu
玛瑙腊公主森林公园
SA NANG MANORA
FOREST PARK
Thep Phut
攀牙
Phang Nga
路克湾
Ao Luk
泰孟
Thai Muang
攀牙湾
Ao Phang
Nga
萨克海岬
Laem Sak
Ao
Thalen
Khokkloi
考帕农
Khao Phanom
Talat
Kao
小阁遥岛
Ko Yao Noi
暖运河
Nua Klong
甲米
Krabi
普吉
Phuket
大阁遥岛
Ko Yao Yai
奥南湾
Ao Nang
莱雷半岛
Railay Peninsula
隆通
Khlong Thom
普吉镇
Phuket Town
库拉特海岬
Laem Kruat
华南考村
Ban Huay Nam Khao
俊穆岛
Ko Jum
华欣村
Ban Hua Hin
Bo Muang
皮皮岛
Ko Phi Phi
小兰达岛
Ko Lanta Noi
大阁拉差岛
Ko Racha Yai
大兰达岛
Ko Lanta Yai
董里
Trang
孩岛
Ko Hai
帕蒙
Pak Meng
小阁拉差岛
Ko Racha Noi
N
0
50
千米
4
41
401
4006
4090
415
44
4035
4037
4039
4156
4206
402

克拉地峡

泰国安达曼海岸的起点位于克拉武里545千米石头标记处（与曼谷之间的距离），经过该路标即意味着进入泰国半岛最狭窄的克拉地峡境内。这个仅44千米长的地峡将泰国湾与安达曼海的泸河河口及缅甸边境相隔开。虽然在印度海和南海之间有条航海捷径，可避免绕行1500千米途经马六甲海峡，但经过300多年的讨论，这个备受争议的克拉运河工程至今仍未实现。

莱雷半岛雄伟的悬崖和一流的攀岩场所相毗邻。附近海域美丽且尚未开发的**俊穆岛**拥有许多令人惊叹的美景，**大兰达岛**还提供了6个非常长的海滩及各种度假设施。

与泰国湾不同的是，5月底~10月中旬，安达曼海岸通常受**西南季风**影响。在此期间，外岛区域会有强降雨且风浪较大，航行比较困难，但对其他岛屿和内陆的度假旅游地不会产生较大影响，而且大部分酒店都会提供非常优惠的价格。虽然较小度假村的部分平房在淡季期间会全部歇业（在相关章节会强调），但大部分海滩至少会有一家酒店仍然开放，此外一些潜水店铺还会常年组织探险旅行。

7

抵达和离开 安达曼海岸

安达曼海岸没有铁线路，但许多游客会选择从曼谷搭乘火车前往泰国湾，再换乘汽车抵达此地；大多数从曼谷往南的直达汽车都是夜间出发。最快捷的交通方式是飞机——普吉和甲米都有国际机场，董里地区还有一座国内机场，距离南方腹地的兰达岛不远。

拉廊（Ranong）

拉廊每年的降雨量超过5000毫米，是泰国最潮湿的城市，但却吸引了许多来自缅甸、泰国、中国和马来西亚的移民。这座繁华的城市，19世纪时因获得锡矿挖掘特许权而飞速发展，如今取而代之的是蓬勃向上的捕鱼业，主要集中在城镇西南方向5千米处的Saphan Pla港口，其中大多数渔船和鱼类加工工厂的工作人员都是缅甸员工，待遇非常差。正如大多数边境地区一样，此地也充斥着各种安非他命、枪支和人口买卖等非法交易，而且国际渔业权形势也相当紧张，有时会导致两方交战，不过可在《曼谷邮报》（*Bangkok Post*）相关版页找到当地的最新消息。长年来，泰国游客都会到此享受有益健康的温泉，直至近2年，外国游客才发现从此地前往附近的**阁昌岛**和**帕延岛**非常方便。此外，拉廊还可以办理前往缅甸**高当**的签证。

市中心的主要街道Ruangrat路会提供该城一些历史和地理的简要信息。街道两边的店面虽然有些褪色，但仍然气势雄伟，属于典型的19世纪中葡设计建筑（见p.552），拥有拱形的“五英尺”通道、柔和的色彩及百叶窗装饰。许多店铺都会出售中国商品和各种便宜衣服，城里的大多数标志都有三种语言提示：泰文、中文和弯弯曲曲的缅甸文。

地热温泉（The geothermal springs）

拉沙瓦林公园，Ruangrat路集市以东约3千米 · Raksawarin Hot Spring：每天7:00~21:00 · B40，B60包括Tinidee Hotel（见p.523）至此的交通费用 · Siam Hot Spa Ranong：12:00~21:00 · B200起 · ❶ 077 813551-4 · Ⓦ www.siamhotsparanong.com · 可在集市搭乘2路红色双条车或摩的抵达此地

虽然拉廊的景点较少，但可以跟着泰国国内游客前往拉廊著名的纯天然**地热温泉**，享受药浴，放松心情。这些温泉主要集中在拉沙瓦林公园（Raksawarin Park）狭窄繁茂的河谷地带，四周有许多餐馆和纪念品店。在公园内部，你可以在开放区域的公共矿物质温泉池或Tinidee酒店经营的水位较深的按摩水疗温泉池里泡澡或行走；或者，你也可以选择前往马路对面更舒适的Siam Hot Spa Ranong室内温泉水疗中心，提供公共和私人按摩池、私人浴室以及便宜的按摩和蒸汽治疗等。

第一任总督府（First Governor's House）

城市北端 Ruangrat 路以西 · 每天 9:00~16:30 · 免费

提及拉廊的历史，人们就会想起著名的年轻人许泗漳（Khaw Soo Cheang），他原本是中国福建一位贫穷的普通农民，后来移民至此并于 1854 年成为拉廊府的第一任总督；至今仍然备受尊敬，有许多政治家前往他的坟墓吊唁；其子孙后代也被冠以高贵的贵族姓氏“na Ranong”（意为“拉廊的”）。如今许泗漳原先的住宅虽已所剩无几，但在其原址上矗立着许氏一族的房屋和小博物馆——**第一任总督府**（Nai Khai Ranong）。

抵达和离开 拉廊

巴士或迷你巴士 大多数往返于曼谷或春蓬与库拉武里、达瓜巴（Takaa Pa）或普吉之间的安达曼海岸汽车都会在 4 号公路（碧甲盛路）的拉廊汽车站稍作停留，位于中央集市东南方向 1500 米处。若从考索或素叻他尼出发，需在达瓜巴换车，但在此地和素叻他尼之间还有空调迷你巴士服务（每小时 1 班，7:00~15:00；全程 3 小时；B190）。Rungkit 会提供从春蓬出发的直达车（每天 4 班，全程 2~3 小时），以及快速空调迷你巴士（每小时 1 班，7:00~17:00；全程 2 小时；B120），若从曼谷出发，游客通常会选择先搭乘夜班火车前往春蓬，再换乘巴士或迷你巴士。Chokeanan 和 New Mittour 会提供从邦兰铺的布旺尼威寺和 Siam Commercial 银行对面出发前往春蓬的 Tha Muang 路的 VIP 巴士，途经曼谷汽车南站。Rungkit 会提供前往春蓬和普吉的汽车以及从拉廊汽车站出发的空调迷你巴士；前往普吉的空调迷你巴士，可在 Pon's Place（见下文）或普吉市汽车站查看。

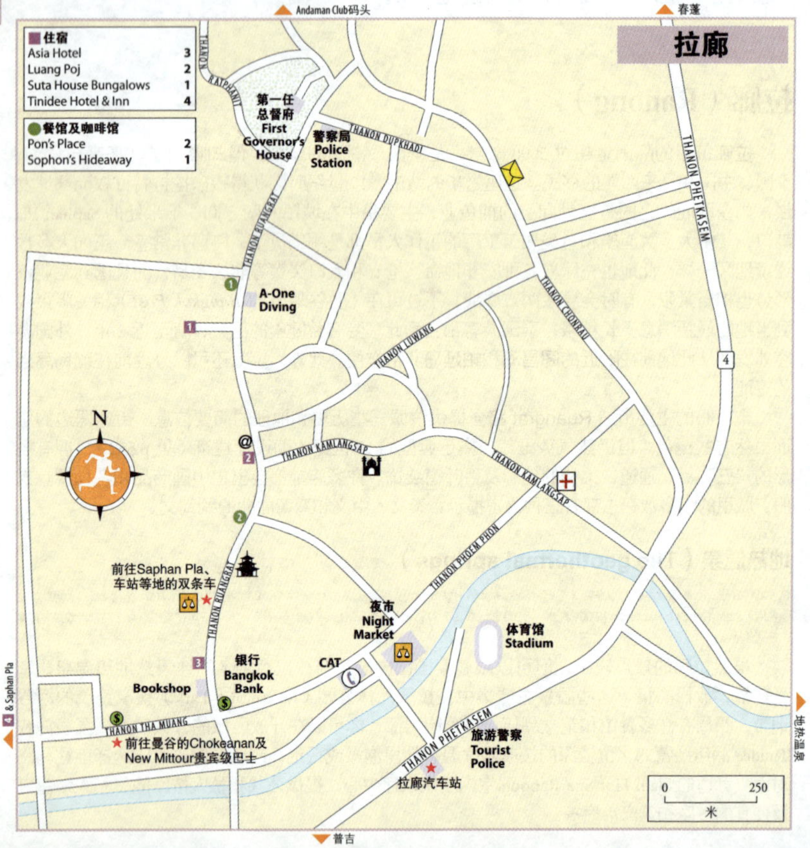

抵达站 曼谷（每天15班，全程9小时）；春蓬（每天4班，全程2~3小时）；蔻立（每天7班，全程3小时45分钟）；库拉武里（每天7班，全程2小时）；甲米（每天1~2班，全程5小时）；攀牙（每天1~2班，全程4小时）；普吉（每天7班，全程5小时30分钟）；素叻他尼（每天10班，全程4~5小时）；达瓜巴（每天7班，全程3小时）。

乘船前往各岛（途经Saphan Pla） 前往阁昌岛（见p.524）和帕延岛（见p.528）的航船会从Saphan Pla地区的拉廊港口出发，位于市中心西南方向5千米，可在Pon's Place搭乘双条车（见下文）或公共出租车抵达该港口（B50）。双条车会让乘客在横穿Saphan Pla地区的主要道路上下车，再往南步行500米即可抵达岛屿码头，或者也可乘坐公共出租车前往；从岛屿返回时可提前致电Pon's Place安排接车服务。

抵达站 阁昌岛（每天1~5班，全程60~90分钟）；帕延岛（每天1~5班，全程45分钟~2小时）。

周边交通

双条车 拉廊市内的双条车会从Ruangrat路的集市出发，靠近市中心酒店区域。其中大部分都在侧面用英文标明目的地，价格在B15左右。一些双条车会途经拉廊车站，包括前往Ruangrat路的酒店和白日市集的2路（红色）双条车，以及从白日市集出发前往城市西南方向5千米处Saphan Pla港口区域的6路（蓝色）双条车；红色3路双条车会从Ruangrat路的集市出发直接前往Saphan Pla港口区域。

汽车和摩托车租赁 位于Ruangrat路129号的Pon's Place（每天7:30~21:00 ☎081 597 4549 ⓦwww.ponplace-ranong.com）可提供自行车、摩托车和汽车租赁服务。

7

信息及旅游线路

旅游信息 位于Ruangrat路129号的Pon's Place，该餐馆兼旅行社（每天7:30~21:00 ☎081 597 4549 ⓦwww.ponplace-ranong.com）的老板Pon会提供该城最好的旅游信息，且可安排前往缅甸和返回时的签证办理，组织当地区域旅游、阁昌岛和帕延岛住宿预订、出售机票、长途汽车和迷你巴士车票以及春蓬或素叻他尼的火车票。Rungrat路256号坐落着A-One Diving潜水公司（见p.530）的分部（☎077 832984）。

住宿

Asia Hotel Ruangrat路39/9号 ☎077 811113 这家经典的中泰酒店位于集市南侧，虽然有些陈旧，但非常干净，大多数客房都离街道较远。提供通风的独立卫浴风扇房和带有热水、电视及两张大床的大空调房（B500）。**B160**

Luang Poj Ruangrat路225号 ☎077 833377 ⓔluangpoj@gmail.com 这家美丽的中葡建筑铺有抛光木地板，自称是"精品旅馆"但没有宿舍房。美丽时尚的现代客房里装饰有独特的壁画；睡得很沉的人可选择面朝街道的两个装有木质百叶窗的风扇房；其他人可选择无窗户的空调房。共用热水淋浴，在后面建筑里新建了带有电视和冰箱的独立卫浴空调房（以及咖啡店和花园酒吧）。有Wi-Fi。**B400**

Suta House Bungalows Ruangrat路 ☎077 832 707-8 这家独特的旅馆距道路50米远，拥有一排小而精致的空调平房，所有房间地上都铺有干净的瓷砖，并提供床位、热水淋浴、冰箱、有线电视和免费Wi-Fi。附近有个小庭院，带有停车场、酒吧咖啡店和餐馆。24小时营业。**B350**

TCDF Eco-Logic 拉廊东南方向45千米Pha To附近的Pak Song地区 ⓦwww.tcdf-ecologic.jimdo.com 这家泰—荷合资的生态旅游旅馆坐落于山上的农场中（拉廊-素叻他尼的长途汽车会经过此地），美丽的庭院中矗立着精心装饰的独立卫浴客房和洋房，其中一些带有花园浴室。有许多成人和儿童的娱乐项目，包括竹筏漂流、爬山及泰式烹饪课程等。宿舍房**B200**，双人房**B750**

★ **Tinidee Hotel** Tha Muang路41/144号 ☎077 835240 ⓦwww.tinidee-ranong.com 这家温馨舒适的高层酒店提供全市最高档的住宿条件，且价格合理，步行至集市只需10分钟，和其名字（意为"优秀场所"）十分相符。酒店提供宽敞明亮且装饰精美的空调客房，所有房间都有迷你吧、电视和浴缸，且洗澡用水是当地的矿物质水；此外酒店还提供SPA馆和迷人的泳池及按摩池。**B1100**

Tinidee Inn Tha Muang路41/144号 ☎077 834112 ⓦwww.tinidee-ranong.com Tinidee Hotel的侧翼建筑如今已改建为这个低成本旅馆，提供较小的基础客房，但所有房间都有空调、热水淋浴、电视和冰箱。住客可使用酒店泳池和按摩池；Wi-Fi需额外支付费用，或在大堂免费使用。**B550**

餐饮

拉廊地区的种族多样性决定了此地拥有许多不同口味的美味佳肴，如Ruangrat路两边坐落着许多穆斯林食物排档和中国糕点店，此外还有典型的泰国小夜市。入夜后，在Phoem Phon路CAT电话亭东侧还有一个大型夜市。位于 Luwang 路十字路口和 Sophon's Hideaway 之间的 Ruangrat 路在入夜后也十分热闹，尤其是在周末，一些文雅的当地小酒吧会变得非常狂野。

Pon's Place Ruangrat 路 129 号 Ⓣ 081 597 4549 这家精致的小餐馆有美丽的吊兰装饰，提供典型的外国风格早餐（法国吐司 B55）及传统泰国咖啡、免费 Wi-Fi 和详细的当地信息。此外还有三明治和标准泰国菜肴，包括大量海鲜及一些素斋。每天 7:30~21:00

Sophon's Hideaway Ruangrat 路 这个场所集热闹的酒吧和朴实的餐馆为一体，深受泰国家庭和外籍人士的喜爱，提供大量菜肴，包括腰果炒鸡肉（B85）、T 骨牛排（B350）、比萨、面食、冰激凌和早餐。不仅有最便宜的啤酒和最热情的员工，还会播放国际体育电视节目，提供免费桌球和免费 Wi-Fi。每天 10:00~ 次日 00:30

阁昌岛（Ko Chang）

7

与泰国东海岸面积较大的阁昌岛（见 p.357）截然不同，拉廊的**阁昌岛**是一座丛林密布的小岛，大约 5 千米长，虽然没有无与伦比的海滩，但这里没有汽车，气氛悠闲，完全是一个世外桃源。这里的生活节奏非常缓慢，适合长期住宿，且游客很少，可以享受宁静的氛围，如果带上吊床更是锦上添花。如果想欣赏更生动的美景，可前往帕延岛（见 p.528）。阁昌岛上的大多数岛民都以捕鱼和橡胶、棕榈及腰果种植为生，占据了内岛的大部分地区。海滩之间的连接通道两旁绿树成荫，且每晚只提供几小时自动生成的电力供应。

阁昌岛最美丽的海滩位于西海岸，而其中最长、最美、最流行的是**日落海湾**（Ao Yai）。岛屿北部和南部的大多数小海湾都拥有一个平房住宿地，远离世俗喧嚣，徒步可以很容易地抵达日落海湾。在西海岸和东海岸之间的中央附近地段坐落着一个十字路口，将阁昌岛仅有的一个**村庄**一分为二，大部分岛民都居住于此，还有一些店铺、餐馆和一家诊所。

大约从 4 月末或 5 月初起至 10 月中或 10 月末这段时间，阁昌岛受到暴雨影响，海滩上堆积着许多漂浮物，道路湿滑，十分危险，且没有冰块可以保存新鲜食物从而导致食品供应减少，因此几乎所有的平房旅馆都会**关门**歇业。在此期间，许多平房旅馆工作人员都搬迁至

进入缅甸：签证办理和高当地区

缅甸最南端地区的缅甸名为高当（Kaw Thaung）的，泰语写作 Ko Song，而在此地还是英国殖民地时被称为维多利亚角，就位于拉廊以西几千米的泸河（Chan River）河口附近，可从拉廊市中心以外的 Saphan Pla 钓鱼港口搭乘长尾船抵达。大多数外国游客都会通过此角进入**缅甸**境内，而返回时会重新得到一份为期 15 天的泰国签证（"旅游签证豁免"）。你可按照下文所述自己办理，或者通过城中各地的一条龙 **"签证办理"服务机构**办理签证，包括 Pon's Place（B850 包括签证）。大多数签证办理机构都会使用 Saphan Pla 线路，但也可提供更快更豪华的 **Andaman Club 航船**（7:00~16:00，每天 6 班，稍晚的船只主要为留宿的游客服务；单程 20 分钟；价格 B1000 包括签证），从拉廊市中心以北 5 千米的 Andaman Club 出发，前往华丽的 Andaman Club 酒店（Ⓦ www.andamanclub.com），坐落于高当以南缅甸水域的小岛之上，拥有赌场和免税店。

前往高当的航船会从城市西南方向 5 千米处 Saphan Pla 港口的缅甸码头（途经主要道路上的 PTT 加油站）出发，可在拉廊集市搭乘双条车抵达该码头（B15），6 路蓝色双条车会途经汽车站，而 3 路红色双条车比较快捷。泰国出境手续可在码头（每天 8:00~18:00），完成后乘坐长尾船前往高当（每条船往返价格为 B300~400，最后支付；单程 30 分钟）和缅甸出入境管理局办理。支付 US$10（或 B500）办理一张通行证，可在高当停留一周，但活动范围只能在 8 千米以内。由于缅甸时间比泰国时间晚 30 分钟，因此返回泰国时需在 18:00 之前抵达 Saphan Pla 出入境管理局。Saphan Pla 码头的影印店里可提供美元兑换服务，经过讨价还价最后差不多可达成 B400=$10 的比例。不过在高当也可使用泰铢。

高当地区并没有太多旅游景点和活动项目，但这里的氛围与泰国城市截然不同。抵达高当码头后，首先映入眼帘的即是市场、出入境管理局和小城中心，而往右走 20 分钟左右即可看到坐落在山顶的 Pyi Taw Aye 佛塔，周围有一尊巨大的卧佛像和一圈小佛像。当你探索过码头后面的室内市场，游览完街道上各种摊位后，剩下的时间就是在码头边的糕点店里享用咖啡，稍作休息。

阁昌岛
N
高湾
Ao Ko
帕莱岛
Ko Plai
Nice View
博赛岛
Ko Bonsai
军事基地
Army
Base
主码头
Main pier
Om Tao
Aladdin Dive
Safari
日落海湾
Ao Yai
帕昌岛寺
Wat Pah Ko Chang
迷你集市
Minimarket
迷你集市
Minimarket
黑鸟迷你集市
Black Bird
Minimarket
朝雷湾
Ao Chao Ley
塔当湾
Ao Daddaeng
373米
沙攀欣
Saphan Hin
凯涛湾
Ao Kai Tao
国家公园护林员站
National Park
Ranger Station
列克湾
Ao Lek
塞得湾
Ao Siad
(Ao Lek)
0 估值 1
千米
住宿
Cashew Resort 3
Chang Tong 5
Crocodile Rock 8
Full Moon 7
Hornbill 2
Ko Chang Resort 6
Little Italy 4
Mama's Bungalows 10
Sawasdee Resort 9
Sea Eagle 1

阁昌岛的活动项目

散步（不用担心迷路）是这座无机动车大岛上最流行的活动，但一些度假村，包括 Ko Chang Resort 会提供堪岛和帕延岛之旅，在美丽的海滩和珊瑚丛中进行钓鱼、浮潜和露营活动。对于潜水者来说，阁昌岛是丹老群岛中前往缅甸的最佳边境，泰国当地顶级潜水点则位于素林岛、花叶岛、达差岛、斯米兰岛和黎希留岩。

Aladdin Dive Safari 日落海湾 Cashew Resort 和 Saphan Pla 岛屿码头附近 ☎087 278 6908 ⓦwww.aladdindivesafari.com 这家由德国与荷兰合营的潜水店提供国际专业潜水教练课程及前往当地所有潜水点的航船（三日游 B14900 起，不包括设备和国家公园门票）。

Om Tao 日落海湾 Cashew Resort 以北 提供季节性的清晨瑜伽和太极课程。

大陆地区，因此你必须打电话提前确认。

7

日落海湾和塔当湾（Ao Yai & Ao Daddaeng）

日落海湾又称**长海滩**，被一条运河及长长的木码头一分为二，可欣赏西方地平线上缅甸圣马修岛的宁静景象。日落海湾运河北侧 800 米长的海滩拥有岛上最美丽的景色，即使在涨潮时也会看到漂亮而广阔的海滩，是小孩子们的天堂。运河南面的海滩在涨潮时十分狭窄，但退潮后必须走稍长一段路才会看到大海。再往南的岩石海岬附近，只见洒满金沙**塔当湾**夹在大量卵石和一些平房之间：通过 Tadang Bay Bungalaws 酒店后面的步道步行 5 分钟即可抵达。

在日落海湾中央和东海岸港口之间有一条狭窄的水泥路连接，两旁是茂密的红树林，长约 1700 米，步行需半小时。该水泥路西路口旁坐落着岛上唯一的寺院——**帕昌岛寺**（Wat Pah Ko Chang），部分正殿和僧侣厢房隐藏在海滩旁边的树丛中。游玩此地时，游客需衣着端庄，且不能在前面的海岸上游泳和晒日光浴。

阁昌岛北部（Northern Ko Chang）

日落海湾北部蜿蜒崎岖的海岸线上坐落着一系列小海湾，且每个海湾上只有一家住宿平房。穿过一条途经森林和橡胶种植园的小道即可抵达僻静而偏远的金色沙滩。如果不喜欢此地，可以从日落海湾出发，开始时长 3 小时的北部海湾环线旅行。或者也可以花费约 B50 搭乘拉廊航船沿着西海岸巡游一番。

沿着 Om Tao 北侧的内陆**小径**步行约 10 分钟即可抵达第一座山脉的顶部，附近有个军事基地，四周有铁丝网围绕，主要监控泰缅（海洋）边境地带的一举一动。再往前步行 10 分钟即是名副其实的 Nice View 餐馆和平房住宿：坐落于露头顶部，可将下面宽阔的小海湾及远处的岛屿尽收眼底，是享用午餐或饮料的最佳休憩之地。继续步行 20 分钟即可抵达北部海湾最后一个平房住宿地——Sea Eagle 酒店（途经沙滩上的 Hornbill 酒店，然后再回到内陆），经过此地前行 10 分钟，翻过下一座山脉即是面朝东北方向的渔村边缘，这个其貌不扬的村庄内却有一座基督教教堂。最后这条道路一直通往东海岸**高湾**（Ao Ko）的雨季码头及日落海湾。

象岛南部（Southern Ko Chang）

相比于北海岸，岛屿最南端的**塞得湾**（Ao Siad）更加人烟罕至，是一日游徒步旅行的流行地。此地有时也被称为列克湾，但真正的**列克湾**（Ao Lek）位于东北方 15 分钟步行距离处的海岸上，四周有红树林围绕。从塔当湾出发沿着一条路标清晰的小径步行 1 小时左右即可抵达**凯涛湾**（Ao Kai Tao），不仅拥有一片漂亮的海滩，国家公园护林站也位于此。经过凯涛湾后，道路变得混乱不堪，途经两座山丘之间的鞍状小道，沿着河床即可到达东海岸的列克湾（需 1 小时左右），再往北步行 15 分钟即是塞得湾。回到列克湾出发点，需步行 5 千米（2 小时）方可抵达村庄十字路口。

阁昌岛

抵达和离开

Cashew Resort 酒店（见下文）可提供汽车票售票服务。

船舶

前往/来自拉廊 该岛与外界联系的主要交通工具是航船，每天都有船只从 Saphan Pla（见 p.524 框中内容）的岛屿码头出发前往东海岸码头（目前是每天 14:00 出发；全程 1 小时；B100；雨季有时会取消航船）。可让住宿酒店安排码头接车服务；或者可以步行 3 千米至日落海湾。11 月初～次年 4 月末，每天还有 3 ～ 4 艘航船从 Saphan Pla 岛屿码头出发前往阁昌岛西海岸，途经多家酒店（全程 90 分钟，B150）；可咨询住宿酒店或拉廊的 Pon's Place 有关最新时刻表的信息。

前往/来自帕延岛 往返于阁昌岛和帕延岛之间最便捷、最便宜的方式是搭乘 Ko Chang Resort 酒店的一日游航船，在旅游旺季期间每周会提供若干航次（B150）；往返于两岛之间的船舶租赁价格约为 B1500/艘。

信息

旅游信息 有关岛屿的详细信息可登录 Ⓦ www.kohchang-ranong.com 查看。

7

住宿

阁昌岛上的大多数平房酒店都比较简单，是老式的木板房或竹屋，提供带蚊帐的床位；此外，客房浴室里没有抽水马桶（只有水桶和勺）、窗帘和门。虽然几乎所有平房酒店都有自己的发电机（通常只在晚上工作），但一些旅馆仍然继续使用蜡烛和煤油灯等，因此最好自带手电筒；几乎没有旅馆会提供风扇。岛上没有独立餐馆，而且由于酒店之间间隔较远，又没有交通工具，因此大多数游客都会在住宿酒店的餐厅里用餐。

日落海湾（长海滩）

Cashew Resort Ⓣ 077 820226/084 538 5385 Ⓔ cashew_resort@hotmail.com 这家阁昌岛上经营时间最长、最大的住宿旅馆感觉就像一个小村庄，共提供 40 间独立卫浴平房，散布在 700 米长的金黄色海滩地带的众多腰果树之中，旅馆常客还会将客房改为个性的迷你屋。所有木房或砖砌平房都可看到海景，其中有的位置较为隐蔽，有的拥有大型玻璃窗。该旅馆提供的设施也是岛上最多的，包括上网、外币兑换、Visa 和 Mastercard 卡使用、国际电话服务、交通预订、按摩和图书借阅等。餐厅提供烤面包、泰国美食和一些德国菜肴。将来可能会全年开放。B300

Chang Tong Ⓣ 080 526 8422/089 875 3353 Ⓔ aoy_changthong@hotmail.com 这家温馨的旅馆提供岛上最便宜的木屋和竹屋，设施很简单，但全部都是独立卫浴，且坐落于海滨大树之下，非常阴凉；海滩上新建的美丽客房房价要稍贵一些。B150

★ **Crocodile Rock** Ⓣ 081 370 1434/087 040 8087 Ⓔ tonn1970@yahoo.com 这家酒店位于日落海湾南部海岬附近阴凉幽静的较高地带，可看到整个海湾的壮观景色，热情的酒店老板充分利用这一有利条件，建造了迷人的餐馆露台，并在一些房间的浴室里提供风景如画的窗口。这里的平房装饰要比阁昌岛的普通旅馆时尚一些，其中一些客房浴室还有美丽的灰泥卵石涂层。酒店餐馆提供面包、曲奇和香蕉松饼，还有新鲜果汁和特浓咖啡。可上网。B300

Full Moon Ⓣ 084 850 3809 Ⓔ familymoon99@hotmail.com 提供迷人的独立卫浴木屋客房，虽然设施较简单，但设计精美，比日落海湾其他住宿旅馆要好很多。稍便宜的客房色彩美丽，且浴室里贴有蜡纸，而稍大一些的粉彩手绘隔板客房带有宽敞的露台。酒店提供海滩酒吧和按摩服务。B300

Ko Chang Resort Ⓣ 081 896 1839 Ⓦ www.kohchangandaman.com 该度假村酒店坐落于水域上方的岩石上，环境优美，其中最好的独立卫浴木房可从阳台上看到美丽的海景；离海滩较远的路边竹屋则比较便宜。虽然客房内饰较简陋，但露台很大，且提供一间宽敞豪华的家庭平房，以及两间带有风扇的水泥平房（全都是 B1000）。退潮后可在岩石下方游泳，或步行几分钟前往南部或北部的海滩游泳，比较安全。酒店提供上网服务，还有装饰有美丽彩灯的 Air Bar 酒吧。将来可能会全年开放。B300

Little Italy Ⓣ 084 851 2760 Ⓔ daniel060863@yahoo.it 这家由意大利和泰国老板合开的小旅馆仅有 2 间迷人平房，坐落于阴凉幽静的千层树花园中，距离 Cashew Resort 内陆 100 米。这里的平房有两层楼高，干净整洁，楼下浴室里铺有漂亮的木瓜色瓷砖，楼上是泰式风格的竹质墙壁寝室，带有清漆木地板和大阳台。花园餐馆提供美味正宗的意大利面。有 Wi-Fi。B250

Sawasdee Resort Ⓣ 084 846 5828 Ⓦ www.sawasdeekohchang.com 这家坐落于日落海湾偏远南端运河旁的温馨酒店虽然价格稍贵一些，但装饰更加美丽，吸引了越来越多上年纪的和不喜欢吊床的住客。酒店共提供 11 间精心设计的木质平房，全都带有大阳台和美丽浴室，其中位于海滩边的2间平房非常宽敞且设备齐全，有风扇（B800）。餐厅提供各种泰国食物和大量素食，树荫下坐落着露台和梯田。B350

塔当湾

★ **Mama's Bungalows** 从日落海湾往南步行5分钟翻过海岬即可抵达，坐落于塔当湾上 ⓣ 077 820180/088 476 7144 ⓔ mamas-bungalows@hotmail.com 这家惬意的酒店共提供14间各种大小且美丽整洁的木质和竹质平房，带有装饰精美的卫生间，其中一些还有大阳台。这些房屋坐落于山边美丽的花园中；有的位于海滩上，最高级的客房可看到橡胶种植园边缘的美丽海湾。餐厅提供香浓咖啡和各种精致美食，包括美味的酸奶黄瓜和其他德国菜肴。人多需提前预订。B250

7

北部海湾

Hornbill 日落海湾以北，中间相隔两个海岬，步行需35分钟左右 ⓣ 077 870240 ⓔ 66hornbill@hotmail.com 这家坐落于树丛中的酒店前面是归其所有的金沙海滩，提供不同设计风格的温馨独立卫浴平房，其中一些非常舒适，所有房间都可看到海景。食物非常美味，老板也非常热情。正如其名字一样，这里经常会看到黑白相间的犀鸟。可上网，提供皮划艇和航船旅游。B200

Sea Eagle 距日落海湾40分钟步行路程 ⓣ 082 289 0683 ⓦ www.seaeaglebangkalow.com 这家坐落于北海湾最长最宽地段的唯一酒店拥有美丽迷人的金色沙滩，在离海岸不远处的树丛中有许多竹质和木质平房。带有舒适的阳台，让人不禁沉醉在迷人的海景中。酒店可提供皮划艇和风帆冲浪板租赁服务及沙滩排球运动。餐厅提供泰国和欧洲食物及上网服务。B300

帕延岛（Ko Phayam）

类似于袋鼠形状的**帕延岛**拥有迷人的白色沙滩和漂亮的珊瑚礁，约有500人居住于此，其中大部分人都以捕捞大虾、鱿鱼和海蟹或种植腰果、扁豆、椰子树和橡胶树为生。帕延岛唯一的**村庄**坐落于东海岸码头后面，是许多岛民的居住地，可通过多条水泥路和崎岖小道前往岛屿的其他地区。村庄两边的海湾上坐落着两三家美丽的住宿场所，但主要海滩和住宿中心集中在西海岸的**日落海湾**和**水牛海湾**上。摩的服务可包括所有这些线路，但由于帕延岛的大小为5×8千米，因此旅途时间都不会很长。

与临近的阁昌岛（见p.524）相比，帕延岛活力四射，洋溢着青春的气息，设施也更发达一些，特别是低调繁华的海滩酒吧，全都带有手绘标记和浮雕图案，此外每年都有许多外国人会在此度假6个月以上。有些外籍人士甚至会在6～10月的**雨季**期间前往此地，感受电闪雷鸣的暴风雨和波涛汹涌的大海，但在这段时间里许多平房旅馆都会闭门歇业，所有工作人员都会前往拉廊避难。随着帕延岛变得越来越受欢迎，这里的居民和外籍人士正努力采取措施尽可能减少旅游业对岛屿**环境**产生的负面影响。他们特别敦促游客不要使用岛屿商店里面的塑料袋，并将电池和塑料制品等不可降解的垃圾带会大陆，购买大瓶矿泉水并前往各酒店里的饮水冷却器重新灌装水从而尽可能减少塑料瓶的使用。

村庄及其周边

帕延岛唯一的村庄里坐落着一小群房屋和商店，距离码头只有几分钟步行路程。此外还有百货商店、餐馆及一家诊所。沿着海岸线往北一小段距离有一座岛屿寺院，其圆形佛殿就矗立在码头尽头处的巨大水泥莲花建筑上。

日落海湾（Ao Yai）

帕延岛的主要海滩是坐落于西南海岸的**日落海湾**，这条3千米长的白色粉状宽阔沙滩背后是一大片木麻黄树，海岸线蜿蜒崎岖，沙滩南北两端深陷内陆，直抵岩石露头，非常适合浮潜活动。岸边波浪较小，可玩布吉冲浪板且非常安全；此外这里的日落景色也十分壮观。目前日落海湾的平房住宿大都分布在海岸线上，海滩后面的森林地带至今仍完好无损。在黎明和黄昏时分，常会看到当地黑白相间的犀鸟并能听到它们的啼鸣声，此外还有白腹海鹰和食蟹猕猴。

水牛海湾及其周边（Ao Kao Kwai）

岛屿西北海岸坐落着扇形的**水牛海湾**，当地发音为 Ao Kao Fai；站在海湾的悬崖中间即可看到两个类似于水牛牛角的海滩。水牛海湾的南半部经常会涨潮退潮，因此不适合游泳，但 Mr Gao 平房酒店往前，坐落于露头之间的北半部分非常完美僻静，无论是涨潮还是退潮都可游泳，且没有日落海滩那样大的波浪。

从水牛海湾北端出发，步行 30 分钟即可抵达 **Fangpip**（又写作 Kwang Pib）**海湾**的美丽小沙滩，是该岛最好的浮潜点。此外在东北海岸的**欣考湾**（Hin Kao）也有一些适合浮潜的珊瑚礁。

抵达和离开　　帕延岛

位于村庄码头墩头以北的 Nice Tour 旅行社（☎089 651 5177　Ⓔnicetour40@hotmail.com）会出售巴士车、火车票、飞机票和船票。其附近的 Oscar's 餐馆（☎084 842 5070）也会提供前往其他岛屿的交通和快艇服务。此外大多数平房住宿也会出售船票，其中一些还会出售巴士票。

船舶

前往/来自拉廊　11 月～次年 5 月，每天都有两艘慢船会从拉廊市中心以南 5 千米 Saphan Pla 的岛屿码头（见 p.524 框中内容）出发前往帕延岛（目前出发时间是 9:30 和 14:00，帕延岛返回时间是 8:00 和 14:00；全程 2 小时；B150），且每天还会有多

7

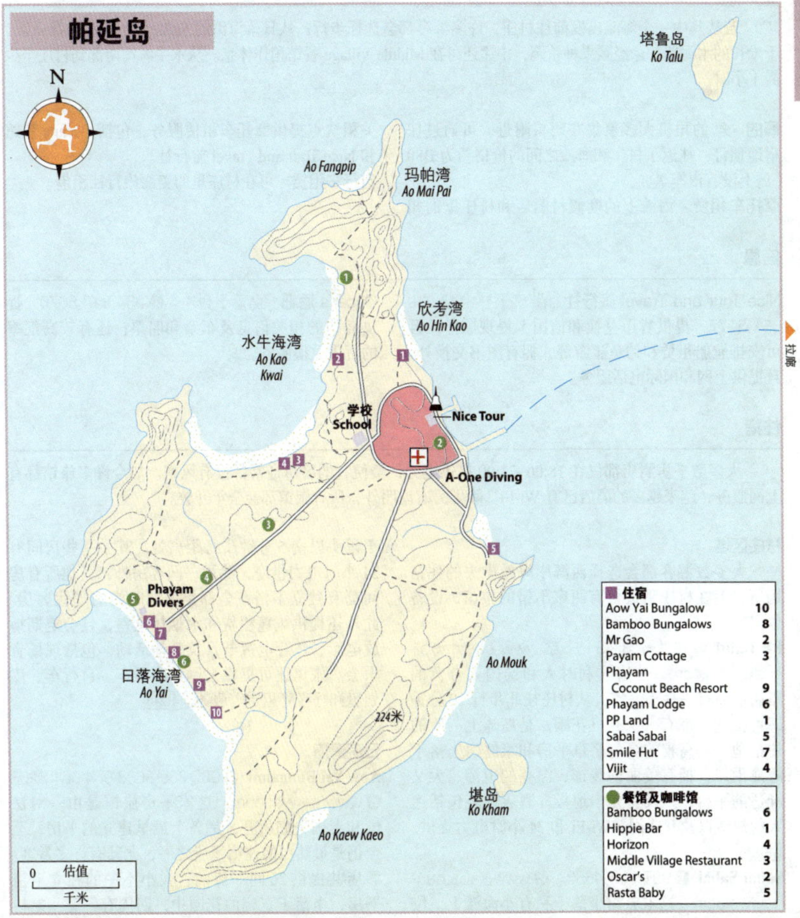

帕延岛的活动项目

大多数平房旅馆都可安排钓鱼和浮潜一日游行程，且村里的 Oscar's 餐馆还可提供海湾尾波滑水活动项目。潜水公司会提供国际专业潜水教练课程以及前往素林岛、黎希留岩、达差岛、花叶岛和斯米兰岛的潜水航船（三日游 B16000 起，不包括设备）。

A-One Diving 村庄内 ☎081 891 5510 🌐www.a-one-diving.com 也提供前往缅甸海岸的潜水航船以及跨过缅甸边境的丹老群岛之旅。

Mr Gao 水牛海湾 ☎077 870222 🌐www.mr-trip-phayam.com 偶尔会提供素林岛浮潜两日游，B4000/人，包括国家公园帐篷住宿。

Phayam Divers 日落海湾 Phayam Lodge 酒店 ☎086 995 2598 🌐www.phayamlodge 提供前往素林岛或黎希留岩的一日游旅行，B4900（包括设备租赁和国家公园门票）。

达 3 艘的快艇（全程 45 分钟，B350）。但在雨季期间只提供 14:00 的慢船以及 8:00 的返程船；拉廊地区的 Pon's Place 会提供最新的时刻表。

7

前往 / 来自阁昌岛 往返于帕延岛和阁昌岛之间最简单、最便宜的方式是由 Ko Chang Resort 酒店提供的一日游航船，旺季期间每周会有若干航次（见 p.527）。

周边交通

若从其中一个海滩出发前往村庄，许多游客都会选择步行：从日落海湾的 Smile Hut 出发沿着一条 7 千米长的水泥路，途经腰果种植园，中途还可在 Middle Village 餐馆稍作休息。从水牛海湾南部到村庄至少需 1 小时。

摩的 摩的司机大多聚集在码头附近，可通过住宿地预订；往返于村庄和海滩之间的价格约为 B80（岛上没有汽车）。

摩托车租赁 海滩上的度假村酒店和村庄里的相关租赁点提供摩托车租赁服务，包括 Oscar's 餐馆和 Nice Tour and Travel 旅行社。

自行车租赁 可在村庄里的美丽旅行社租借。

信息

Nice Tour and Travel 旅行社 坐落于村中 ☎089 651 5177 提供货币兑换和信用卡提现服务，且可安排航船租赁和钓鱼旅游等，拥有图书交换处，且提供上网和国际电话服务。

Oscar's 酒吧 坐落于村中 ☎084 842 5070 提供岛屿的相关信息及车票和船票；还有较高汇率的货币兑换服务。

住宿

大多数平房酒店都仅在 18:00~23:00 提供电力，最便宜的客房通常都没有风扇。如今许多旅馆都有上网服务，越来越多的酒店已有 Wi-Fi。除了另有说明外，所有旅馆都会全年开放。

村庄区域

大多数游客都会选择西海岸海滩中央的住宿场所，但在村庄附近也有两家不错的旅馆，设备也很好。

PP Land ☎081 678 4310 🌐www.payamppl-andbeach.com 这家比利时人和泰国人合营的酒店前面有一片小海滩，从村庄往北步行 10 分钟即可抵达，带有一个有机花园，是岛屿上一流的住宿地。其高雅的绿色茅草平房和家庭房坐落于海滩沿岸，拥有美丽的装饰、漂亮的卫浴、大又舒适的平台，以及抛光木地板。酒店设施包括迷人的泳池以及互联网、Wi-Fi 和 24 小时电力提供。B800

Sabai Sabai ☎087 895 4653 🌐www.sabaibun-galows.com 这家旅馆坐落于私有小海滩上，位于码头以南 5 分钟步行距离处，其中一些房间有 24 小时电力供应，除了一间客房外，其他所有房间都有独立卫浴；全都是美丽时尚的现代客房。此外还提供帐篷租赁和水烟休息室，且会定期播放电影、体育电视节目及其他活动，包括现场音乐会。旅馆还可提供上网、摩托车、自行车、皮划艇和呼吸管租赁等服务。B200

日落海湾

Aow Yai Bungalow ☎083 389 8688/084 061 3283 🌐www.aowyai.com 这家平房旅馆是由一对法国和泰国夫妇所开，是岛上最早建立的平房，至今仍是最热门的住宿场所之一，尤其有许多常客。酒店共提供 26 间一流的、大小不一的独立卫浴平房，坐落于宽阔的花园中，四周有鲜花、果树和棕榈树围绕：最便宜的木房和茅草住房有蚊帐，但没有风扇，最贵的水泥房拥有热水淋浴。酒店提供 Wi-Fi 和上网接口，以及呼吸管和皮划艇。B300

Bamboo Bungalows ☎ 077 820012 🌐 www.bamboo- bungalows.com 这家日落海滩最热闹的酒店是由以色列人和泰国人经营的，深受游客的喜爱，提供免费 Wi-Fi、呼吸管、皮划艇、冲浪板、货币兑换和国际电话服务。其独立卫浴平房坐落于美丽花园中的树荫下，客房类型从装饰精美的豪华大房到粗糙的水泥房和各种带有蚊帐的竹屋和木屋，多种多样。旺季期间 24 小时电力供应，但在淡季有较大限制。B500

Phayam Coconut Beach Resort ☎ 089 920 8145/083 389 6408 🌐 www.koh-phayam.com 这家坐落于海湾中央黄金地带的度假村酒店是由帕延岛的一户家庭所开，共提供 27 间高标准的一流平房，坐落于小花园中。客房类型从带有独立卫浴的小竹屋到宽敞一些的木质或竹质平房再到最高级的水泥或隔板大洋房（高达 B1200），各种各样。在雨季天气最糟糕的一段时间会关门歇业。B300

Phayam Lodge ☎ 086 995 2598 🌐 www. phayamlodge.com 这家舒适的新建酒店可能会成为帕延岛的标志性建筑：一排排宽敞美丽的水泥别墅，提供美丽的柚木家具、漂亮的卫浴、空调和热水淋浴（但不是 24 小时供电）。有 Wi-Fi。B2200

Smile Hut ☎ 077 820335/081 515 0856 🌐 www.smilehutthai.com 同 Bamboo 一样，这家旅馆非常受游客欢迎。共提供 35 间吊脚竹屋和木屋，有蚊帐，虽然设施简单，但有独立卫浴且分布于海岸边的树丛中，后排住宿较便宜。提供上网和皮划艇服务。B400

水牛海湾

水牛海湾既有许多长期住客，也有许多回头客，因此需提前预订。PPLand（见上文）最近在此新开了一家分部，名为 Heaven Beach（🌐 www.payam heavenbeach.com）。

★ **Mr Gao** ☎ 077 870222 🌐 www.mr-gao- phayam.com 这家坐落于海滩最佳地段的酒店是该岛最有名、最流行的酒店之一，拥有一家精致的餐厅及 9 间各种大小的精美豪华平房，坐落于宽敞精美的花园灌木和竹林中。所有房间都有良好的卫浴设施和大阳台，其中大部分铺有抛光木地板，且装有纱窗，内饰美丽。可上网。B500

Payam Cottage ☎ 085 222 1847 🌐 www.payam cottage.com 相比于帕延岛其他旅馆而言，这家酒店无论在风格还是设施上都更像度假村，24 小时提供电力，有空调、儿童俱乐部和大泳池。平房设施高雅且坐落于花园中央呈直角状，可让每间房都可看到美丽的海景。可上网，有免费 Wi-Fi。B1600

Vijit ☎ 077 834082 🌐 www.ohpayam-vijit. com 这家坐落于繁茂花园里的酒店长期深受欢迎。其中一些独立卫浴隔板平房非常适合家庭居住，且相当宽敞，带有风扇。有免费 Wi-Fi。B400

7

餐饮

帕延岛上坐落着一些休闲舒适的小海滩酒吧，包括坐落在日落海滩上年代较久远的 Rasta Baby 和水牛海湾的 Hippie 酒吧，不仅有火技表演，偶尔还会举行派对。

村庄区域

★ **Oscar's** 码头墩头以北 ☎ 084 842 5070 提供自制面包等早餐、冬荫功汤（B90）等泰式菜肴、比萨、印度咖喱、牧羊人馅饼（B180）和其他英国美食等，但这里最有名的是半露天酒吧，聚集了许多外籍人士。每天 7:00~ 深夜

日落海湾

Bamboo Bungalows 这家海滨餐馆提供美味的香蒜意大利面（B150）、肉排、三明治和西式早餐，还有各种泰国美食，包括海鲜，按重量计价。此外还提供按杯计算的酒类和中东咖啡。每天 7:45~22:00

Horizon 内岛，日落海滩的道路上 这家惬意的室外餐馆提供非常美味的泰国食物，所有都是素食，可加肉：加有胡萝卜、南瓜和土豆的穆斯林咖喱价值 B60，若加 B20 可加鸡肉。此外还有一些西方主食、三明治、各式早餐、泰国甜点以及多种茶水、果汁和拉西。旺季：每天 7:00/8:00~20:00/21:00，平季晚上不营业，淡季闭门歇业

库拉武里（Khuraburi）

小镇**库拉武里**位于拉廊以南 110 千米的 4 号公路上，是前往宏伟的素林群岛国家公园的主要出发点。距离库拉武里最近的岛屿是**拉岛**（Ko Ra）和**金佛岛**（Ko Phra Thong），拥有空旷的海滩、一流的潜水点和观鸟点，此外还可在大陆沿海社区的**寄宿家庭**体验典型的乡村生活。

库拉武里的商业中心位于 4 号公路两侧，坐落着一系列商店和企业，共长 500 米。大多数游客只将此地作为往返于素林群岛和大陆地区的中转站：前往岛屿的主要码头距此地仅 7.5 千米

远，且库拉武里的旅行社会出售船票并提供前往码头的交通工具。虽然没什么著名景点，但无论是沿海地带还是内陆地区都风景如画：你可花一下午或更多的时间，骑着租来的摩托车、山地自行车或乘坐皮划艇独自探索该区域，或者也可以包一辆摩的或一艘长尾船。

拉岛（Ko Ra）

拉岛多山丘且森林密布（南北长约10千米，宽3千米），坐落于库拉武里码头河口地带，四周是茂密的红树林，而完好无损的热带雨林里到处遍布着参天大树，生活着各种犀鸟和野生动物，还有空旷宁静的海滩，为该岛增添了不少魅力。如今有20多个海上吉卜赛人居住于此，此外还有一个相当特别的由美国人和泰国人合营的Ko Ra Ecolodge生态度假村酒店，值得入住。提供的旅游项目主要包括前往附近拉岛莫肯族村庄的半日游，有导游带领；皮划艇租赁和有导游带领的海水皮划艇一日游和多日游行程；有导游带领或自助的徒步旅行和观鸟旅行；瑜伽课程和禅修；附近素林岛的浮潜之旅（B2900/人，所有价格都包括在内）及松树角国家公园（Laen Son National Park）人迹罕至的孤岛旅行；以及素苏林群岛潜水之旅（两次潜水价格B6900，不包括国家公园门票和设备租赁费用）和监测当地珊瑚的珊瑚礁普查课程。

7

金佛岛（Ko Phra Thong）

就在拉岛以南距离库拉武里海岸约1千米坐落着拥有美丽海滩的**金佛岛**，其中最漂亮的海滩位于西海岸，长10千米，是得天独厚的精细金沙滩。Golden Baddha Beach Resort酒店和英国人经营的Blue Guru潜水中心（Ⓣ080 144 0551 Ⓦwww.blue-guru.org）都坐落于此。该酒店提供皮划艇、徒步旅行和瑜伽，Blue Guru则经营各种各样的浮潜旅行、国际专业潜水教练课程和潜水旅行以及前往达差岛、素林岛、黎希留岩和进入缅甸境内的潜水航船，包括独特的黎希留潜水一日游及夜游素林岛（在黎希留潜水）等。Blue Guru的老板还会组织岛屿红树林长尾船之旅，其网络 Ⓦwww.kohphrathong.com以推广该岛为目的，提供寄宿家庭和经济型平房的相关信息。

抵达和离开 库拉武里、拉岛和金佛岛

库拉武里

巴士 汽车站位于城镇中心4号公路东侧，但一些经过此地的巴士进会在公路上稍作停留。

抵达站 曼谷（每天6班前往汽车南站，其中2班会前往Mo Chit北站；全程10小时）；蔻立（每天6班，全程105分钟）；普吉（每天6班，全程3小时30分钟~4小时）；拉廊（每天6班，全程2小时）；达瓜巴（每天6班，全程1小时）。

拉岛

乘船 从库拉武里码头出发有长尾船会抵达Ko Ra Ecolodge酒店，价格B600（20分钟）。

金佛岛

乘船 从库拉武里码头出发有长尾船会抵达Golden Buddha Beach Resort酒店，价格B1800（90分钟）。

周边交通

库拉武里

自行车和摩托车租赁 Tom&Am Tour旅行社的办公室位于镇中心主要道路西侧，且旅游旺季期间在汽车站也设有办事处（Ⓣ086 272 0588 Ⓔtom_am01@hotmail.com），提供自行车、摩托车和汽车租赁服务。此外Boon Piya Resort酒店也提供摩托车租赁服务。

Andaman Discoveries 寄宿家庭工程

库拉武里是以社区为基准的Andaman Discoveries（Ⓣ087 917 7156 Ⓦwww.andamandiscoveries.com）旅游创意工程的总部所在地，主要提供经典一日游和当地若干村庄的家庭寄宿项目，以及前往素林岛（见p.533）的有趣旅行。该机构成立于海啸之后，目的是帮助当地受到重创的渔村重建家园，因此还开发了一系列为期1～5日的包价旅游（B1600/人/天起），行程包括各种各样的乡村工作和活动，从肥皂制造和蜡染设计到腰果种植和屋顶茅草加盖，丰富多彩。该机构办事处位于公路东面（汽车站以南）的小巷里，旁边有警察岗亭，对面是邮局。

住宿

库拉武里

Boon Piya Resort 汽车站以北 100 米，主要道路相同一侧 ☎081 752 5457 这家汽车旅馆风格的度假村平房坐落于树木繁茂的花园中，与主干道有段距离，虽然格局紧凑，但设备齐全。所有房间都有空调和热水淋浴；是销售代表和非政府组织成员的首选之地。有 Wi-Fi。**B650**

Mr Tom's Bungalows 河流北岸，大桥东侧 ☎086 272 0588 ✉tom_am01@hotmail.com 这家坐落于河流北岸的美丽平房旅馆提供 Wi-Fi 和早餐以及皮划艇租赁服务；请先致电 Tom&Am Tour 旅行社（见上文）。**B290**

Tararin 河流南岸城镇北端附近，汽车站以北 200 米左右 ☎076 491789 这家美丽乡村风格的酒店仅有少许设施简单但布置精美的独立卫浴木房和水泥平房，其中一些坐落于木桩之上，阳台正位于水域上方。此外酒店还提供河畔餐厅和用餐露台。所有房间都有电视；空调房（B500）还带有热水淋浴。**B300**

拉岛

★ **Ko Ra Ecolodge** ☎089 867 5288 Ⓦwww.thaiecolodge.com 这家生态旅游酒店坐落于北海岸线上，前面是蜿蜒的古铜色沙滩，可看到库拉武里壮观的山景，但主要亮点是这里的大片野生森林花园，到处是棕榈树、红木树、龙脑香料树和 17 种附生兰。这个私人森林里道路较长，不仅栖息着各种鸟类，尤其是太阳鸟和冠斑犀鸟，还生活着许多巨蜥、食蟹猕猴和黑叶猴。酒店共提供 18 间普通但很宽敞的客房，分布在竹质长屋里，就位于海岸附近，且可在海滨大厅里享用公共餐（全膳 B75/ 天），此外酒店还提供社区与环境相关项目（提供志愿者安置和实习机会）。5~10 月不营业。**B1100**

金佛岛

Golden Buddha Beach Resort ☎081 892 2208 Ⓦwww.goldenbuddharesort.com 这家品位高雅的度假村酒店共提供 25 间风格独特的泰式住宅，每间房可入住 2 ~ 6 人，酒店中还有水疗中心和俱乐部会所。**B4000**

7

餐饮

库拉武里

入夜后，许多人都会前往汽车站南面的夜市用餐，尤其是烤肉摊位，人流不断，只见摊主将烤鸡肉（mataba）和烤香蕉（kluay）翻来翻去，发出嗞嗞声。在 Boon Piya Resort 酒店对面的早市（每天 5:00 起）可买一些食物带着前往素林群岛。

Tararin Bungalows 河流南岸城镇北端附近，汽车站以北约 200 米 这家河畔露台餐馆深受泰国游客欢迎，提供各种特色菜肴，如用虾酱制成的南部菜肴 nam phrik kapii 以及辛辣蔬菜汤 kaeng liang，还有各种沙拉、鱼和海鲜。周一至周六 10:00~21:00

素林岛（Ko Surin）

素林岛国家公园，离岸约 60 千米・11 月 1 日 ~ 次年 4 月 30 日・门票 B400，有效期 5 天・Ⓦwww.dnp.go.th

独特的浅礁、清澈碧绿的海水、闪闪发光的白色沙滩以及茂密高雅的龙脑香料树林都使得**素林岛**成为泰国南部最热门的旅游目的地之一。然而素林岛最有名的却是海面之下壮观且多样化的珊瑚礁，是浮潜的完美场所，但在 2010 年年初，由于海水温度骤然上升，大部分珊瑚都已被漂白。如今 4 个最流行的珊瑚礁已关闭，但其他 6 个受漂白影响较小的珊瑚礁仍对公众开放；此外，国家公园还是一个不错的浮潜点，可观赏到大量鱼群，但若要这些珊瑚礁完全恢复，需花费多年时间。

素林岛上有非常多的户外活动，国家公园也会提供大量帐篷住宿，岛上没有任何商业活动，每天的主要活动就是两次浮潜。一些旅行社会组织从库拉武里出发的浮潜一日游，以及潜水旅行，其中大多数都会前往附近的黎希留岩，堪称是泰国最顶级的潜水点（见 p.565），但也可以选择自助旅行。目前由于这些岛屿位于远海，而在 5~10 月的季风季节，这条 60 千米长的航线存在致命威胁，因此在这段时间内，素林岛不对外开放。

北素林和素苏林（Surin Nua & Surin Tai）

素林群岛中最容易探索的珊瑚礁位于北素林岛和素苏林岛，中间只隔着一条狭窄的水道。**北素林**稍大一些，大约有 5 千米宽，国家公园总部、游客中心及公园住宿都坐落于此。

水道对面的**南素林**长期以来一直是海上吉卜赛人**莫肯族**的居住地，虽然他们已不能在

海上吉卜赛人：莫肯和拉沃族

海上吉卜赛人的泰语为 **chao ley** 或 chao nam（意为“大海之民”或“水上人民”），数百年来一直生活在马来半岛西海岸附近的海域。其中一些人至今仍然追求传统的捕猎生活，居住在自给自足的船屋 **kabang** 里，但大多数人都已在泰国、缅甸和马来西亚的安达曼海岸安家立业。安达曼海上的吉卜赛人拥有黝黑的皮肤，有些人的头发呈赤褐色，如今吉卜赛人数有 5000 名左右，共分为五大民族，都有其独特的生活方式和方言。

在这些不同的民族中，定居于兰达岛、俊穆岛、皮皮岛、普吉岛和丽贝岛的**拉沃族**（Vrak Lawoy）是最融入泰国社会的民族。大约 200 年前，他们从马来西亚北迁至泰国（可能是在两个世纪前从印度洋的尼科巴群岛迁移至此的），通常被称为泰马人，或“新泰国人”。自 20 世纪 60 年代以来，泰国的拉沃族就已被确认为泰国公民，当时的王太后赐予了他们五个姓氏，使得他们能够拥有身份证，并可去学校上学。许多吉卜赛人以种植椰子或捕鱼为生，其他人则继续保持传统的捕猎生活，以捕捞海底的珍珠和贝壳为业，他们将石头绑在腰上，下潜到水下 60 米处，仅用一根空气软管连接到水面；有时他们也用这种方式钓鱼，边沿着海床走，边用巨大的渔网捕捉放养的鱼。而他们的敏捷和勇气也使他们成为一流的捕鸟者（见 p.598 框中内容）。

7

泰国素林群岛和缅甸丹老群岛的**莫肯族**（Moken）可能来自于缅甸，是各海上吉卜赛民族中最传统的一支。其中一些人仍然过着古老的游牧生活，且由于没有任何土地和财产，大多数都不是泰国公民，他们仅靠淡水和海滩，以收集贝壳和海蛞蝓卖给泰国商人为生。莫肯人对泰国西海岸岛屿丛林中生长的植物非常了解，光是可用作食物的植物就有 80 种，而可用作医药治疗的也有 30 种。

海上吉卜赛人是**万物有灵论者**，信奉岛上和海里的自然神灵以及他们的祖灵。在一些海滩上，他们建立了图腾柱以此作为和神灵、祖先及萨满巫师的沟通点。此外，海上吉卜赛人还拥有丰富的音乐遗产。如莫肯人不使用任何现代乐器，只是自然地敲打天然艺术品即自成一曲；而拉沃人的习性和泰国与马来西亚文化相接近，是非常优秀的小提琴演奏家和打鼓手。在如拉沃族在兰达岛每年举办两次的圆月节（见 p.605 框中内容）等活动中，男性音乐家们会围成一个半圆，而中间年老的妇女们会对大海、丛林及她们的家庭载歌载舞。

建造新船是海上吉卜赛人对船只看法的最终体现，而且根据传统，大家需为每对新婚夫妇建造一艘自给自足的船屋 kabang。以前的人们会用一根树干建造出一座经得起航海的船屋，但这种复杂精致的艺术及其代表的生活方式都正在慢慢消失。在泰国，由于政府积极推动同化，真正的捕猎民族已经越来越少，趋向于绝迹边缘，且他们可以自由访问的未开发岛屿数量也在逐年变少。2004 年的海啸进一步威胁到了他们的文化遗产：在海浪将素林岛莫肯族人的船只和房屋摧毁后，他们不得不前往大陆避难，而其中一些人经过大陆传教士的鼓励，放弃了原先信仰的万物有灵论，改信其他宗教。虽然莫肯族人如今已返回了素林群岛，但不适当的捐赠以及两村庄之间的合并都加剧了家族争斗，并造成了分裂，而这些对他们的传统生活方式都可能是致命的打击。

公园水域捕鱼，但大多数人已成为长尾船船夫，将浮潜者送至北素林过夜。近年来，他们的生活并不如意：不仅是因为他们的房屋被 2004 年的海啸摧毁，更重要的是海啸过后的援助与外界干预都对莫肯族产生了永久性的影响，如两村庄合并、新建房屋之间间隔太过紧密、族人沾染上各种现代恶习等；但最重要的是，自 2010 年珊瑚礁白化之后，这里的游客人数呈下降趋势。最近，曼谷的朱拉隆功大学在**花叶湾**（Ao Bon）的村庄建造了有英文展板的游客服务中心，可聘请莫肯族导游带着你沿天然小径步行，游览村庄；在这里不能仅穿泳装，要在外面披一件纱笼以示衣着得体。此外，你还可以购买村民编织的露兜树叶纪念品或木船模型，从而给当地居民带来积极性的捐款；当然也非常欢迎捐赠牙膏和衣服。莫肯族始终坚持的传统之一是每年 4 月宋干节期间举办的新年庆典，每逢此节，附近岛屿的海上吉卜赛人（包括缅甸水域民族）都会聚集于此，将几百只象征着长寿的海龟放回大海。

抵达和离开　　素林岛

船舶 虽然没有前往素林岛的公共航船，但如果你愿意在岛上留宿，可从库拉武里搭乘游览船前往此地，然后改日返回。

周边交通

长尾船 岛上提供非常有效的航船系统：莫肯族人每天会有2班从国家公园野营地出发前往不同珊瑚礁和花叶湾村的长尾船，两小时价格为B100/人（呼吸管租赁价格为B80/天）。也可以选择包一艘长尾船，价格为B2500/天。

旅游行程

大多数游客都会选择从库拉武里出发前往素林群岛的浮潜一日游或潜水旅行，或在拉岛、金佛岛、蔻立、普吉、拉廊、阁昌岛或帕延岛搭乘潜水航船。大多数时候前往素林岛的快艇浮潜旅行会从库拉武里西北方7.5千米处的库拉武里码头出发；而速度较慢的大木船（全程2~3小时，往返价格B1300）仅在周末和国家节假日期间供大型泰国公民旅游团使用。

Andaman Discoveries 库拉武里（见p.531） 提供四日游，两晚入住在素林岛，旨在了解莫肯族生活，包括有导游带领的森林、村庄和浮潜旅行以及烹饪课程（B14500）。

Blue Guru Dive Centre 金佛岛（见p.532） 提供高档潜水巡洋舰或快艇一日游，包括“美味午餐”、浮潜（B3500起）或潜水（两次潜水；B4900起）；含从库拉武里的酒店出发的交通。还提供前往素林群岛的多日游；以及从蔻立出发的交通。

Boon Piya Resort 库拉武里（见p.531） 出售船票和包价旅游，提供周末国家公园平房住宿的折扣。

Tom&Am旅行社 总部位于库拉武里中心主要道路西侧，但旺季期间在车站也有一个办事处 Ⓣ 086 272 0588 Ⓔ tom_am01@yahoo.co.th 提供前往素林岛的快艇（全程75~120分钟），8:30从码头出发，14:00左右离开岛屿；B1600包括其他交通。此外素林岛（所有都比国家公园费用便宜）还提供帐篷出租（B50~100/天）、床上用品（B20/天）、呼吸管（B50/天）及脚蹼（B50/天）。

住宿

所有岛上的住宿地都位于北素林岛，且是由国家公园提供的。两个露营地都有卫生间、衣物柜（B100/天）及餐厅，每天都会在固定时间提供一日三餐（B80~220）；但许多人会从库拉武里自带物品过来。需通过国家公园（Ⓦ www.dnp.go.th或thaiforestbooking.com）或库拉武里码头办公室（Ⓣ 076 472145-6）提前预订平房住宿，除了公共假日和长周末期间外，帐篷可随时供应。

Ao Chong Khad 坐落于公园总部和码头附近的海滩之上，提供国家公园独立卫浴平房（可入住2人）以及国家公园帐篷租赁（B300~450/天），或者自带帐篷（可从库拉武里租借），B80/天；床上用品B60/天。平房 B2000

Ao Mai Ngam 拥有更美丽的野营地，提供帐篷（B300~450/天）或自带帐篷（B80/天），没有平房，可从总部出发沿着一条2千米长小径搭乘长尾船抵达此地。

考索国家公园（Khao Sok National Park）

Ⓣ 077 395154 • Ⓦ www.dnp.go.th • B200，可在总部检查站支付，有效时间24小时；如果在24小时后抵达需在秀兰湖再次付费

毋庸置疑，安达曼海岸的大部分亮点都位于沿海地带，但岛屿内陆丛林密布的**考索国家公园**迷人的喀斯特地貌也吸引了不少游客。该公园坐落于南半岛两海岸之间的中间位置附近，可从蔻立、普吉和素叻他尼轻松抵达，这个游客最喜欢的旅游胜地之一提供了一系列易于行走的徒步小径、适合业余爱好者的洞穴探查，且在秀兰湖上还坐落着风景如画的船屋。索河（Sok River）流经公园的大部分地区，园中耸立着近1000米的高峰，遍布着繁茂的雨林，栖息着白肢野牛、豹猫和老虎等，以及多达155种鸟类。湖畔和远离湖泊的石灰岩峭壁非常壮观，尤其是清晨：在长臂猿的叫声中醒来，放眼望去即可看到笼罩在白色浓雾中的喀斯特地貌，该景象是如此美丽，让人终生难忘。

公园共有两个中心：一个是坐落在公园总部和步道起点处的**旅游村**，提供所有基本服务设施，包括晨雾迷你市场（Morning Mist Minimarket）中的**自动取款机**以及Khao Sok Track & Trail提供的货币兑换和国际电话服务；另一个坐落在东面65千米的**秀兰湖**（Cheow Lan Lake）源头处的水坝附近。大多数游客会留宿在旅游村，并安排从此地出发的湖泊之旅，但也可以先在湖上留宿一夜或多夜。由于考索非常潮湿炎热，徒步旅行时一定要带大量饮用水。

7

徒步小径

公园的 9 个景点（瀑布、水池、峡谷和瞭望台）中有 7 个坐落于设有明确路标的主要**步道**支道上，而这条沿着索河流域的主要小径最后通往西面的公园总部和游客中心。前面 3.5 千米是一条**解释性步道**，这条普通的 90 分钟单向小道位于类似于马路的宽阔小径。大多数游客会继续沿着河流前往距总部 7 千米远的 **Ton Kloi 瀑布**（需 3 小时），全年奔腾不息，最后滚落于水池之中，是游泳的不错场所。途中标志着指向 **Bang Liap Nam 瀑布**（距总部 4.5 千米远）的路牌，看见后直走即可抵达；前往**丹沙旺瀑布**（Tan Sawan Waterfall 离总部 6 千米远）的最后 1 千米需沿着河床涉水步行才可抵达，因此在雨季期间不对外开放。而通往相当壮观的 **Sip-et Chan 十一层瀑布**的步道起点位于公园总部以北，途经 Bang Laen 河流域，

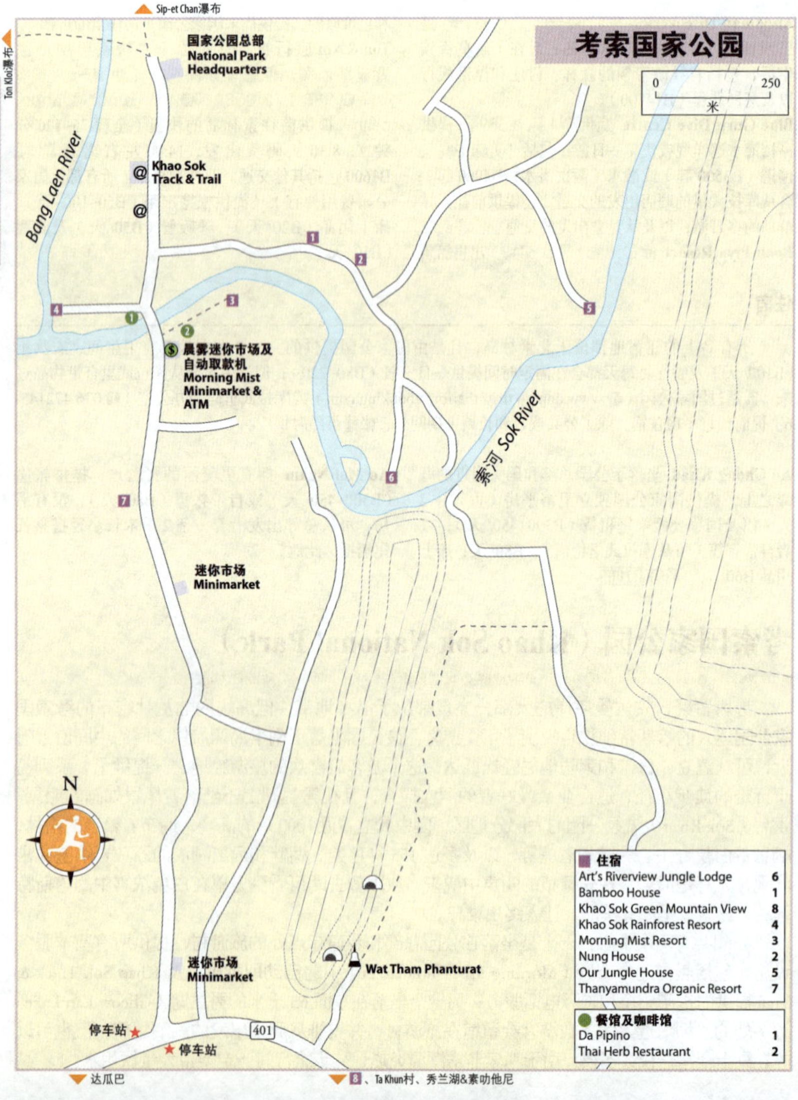

7

有导游带领的考索徒步之旅

公园徒步之旅及夜间旅行

绝大多数游客在入住公园后会选择加入**有导游带领的徒步旅行**。虽然公园道路都设有路标，很容易自助旅游，但导游会告诉你一些你很可能错过的细节信息，如马来熊爬树找蜂蜜时留下的爪印，以及用于治疗疟疾发烧和肠胃不适的药用植物，而且这里的导游旅行既有趣又便宜；价格固定，但不包括国家公园门票。

普通的**一日游**徒步旅行（B700~900）会前往 Ton Kloi 瀑布，在 12 月～次年 3 月期间还有一条特别线路，即观赏盛开的世界第二大花——**大王花**，这是一种其貌不扬，类似于白菜的褐色植物，将其巨大的赤褐色花瓣平展开来直径可达 80 厘米；由于其散发的气味与腐肉相似，因此人们又称之为"散发出尸体臭味的百合花"。

此外入夜后沿着主要公路小径的**夜间旅行**（2~4 小时价格为 B600~800）也非常流行，不仅是因为夜间可以看见更多的果子狸、鼷鹿和懒猴，足够幸运的话，还能亲眼目睹大象和云豹，月初较暗的夜晚更容易看见。

在夜间野营旅行中可于**丛林中过夜**（约 B2300），通常都扎营在丹沙旺瀑布附近。

信誉良好且服务期限较长的**导游**可通过 Bamboo House、Nuang House、Khao Sok Rainforest Resort 或 Khao Sok Track & Trail（☎ 081 958 0629，🌐 www.khaosoktrackandtrail.info）预订。

此外任何一家旅馆也可安排**大象骑乘**（B800~900）、提供**索河漂流**和**独木舟旅行**所需的所有设备和交通（B300/B600 起）。

秀兰湖旅游

由澳大利亚人和泰国人合营的 Limestone Lake Rainforest Tours 旅行社（☎ 087 268 8017 🌐 www.limestonelaketours.com）提供各种**以湖泊为主的旅游线路**，包括 2 小时行程（B1800/ 船）以及全日游，可选择在船屋里留宿（每人 B2500/B3700 起，最多三人，包括公园门票，组团人数多一些，价格可便宜一点）。

考索的旅馆可提供 B1500 的湖泊一日游以及 B2500 的两日一夜游。或者也可以直接从水坝出发，租船游览，价格在 B2000 左右。

但如今人迹罕至，杂草丛生，已变得非常模糊。虽然该瀑布离公园总部仅 4 千米，但海拔较高，还要涉水经过多条河流，因此仅步行至该瀑布就需 3 小时。

秀兰湖（Cheow Lan Lake）

距国家公园总部 65 千米

由于翡翠色的水域被美丽的岩溶岛、森林密布的水湾和薄雾笼罩着的高山围绕，因此**秀兰湖**又有"泰国桂林"之称，这条 28 千米长的广阔湖泊（又称为 Ratchabrapa 水坝）是考索最有名的景点，也是导游旅行最热门的目的地。20 世纪 80 年代，为了建立一个新的水力发电厂将莎昂运河（Khlong Saeng River）建造成了这个堰塞湖，如今其枝繁叶茂的湖畔及百余座岛屿上栖息着大量的鸟类及一些灵长类动物，通常可在黎明时分看到这些动物出没。秀兰湖旅行多会和附近淹没的洞穴涉水游览结合在一起，然后晚上入住水上船屋。秀兰湖只能乘坐长尾船游览，可通过考索或 Ratchabrapa 水坝安排。

对于大多数游客来说，湖泊旅游的亮点是 800 米长马蹄形**南他露洞**（Nam Talu）的 3 小时徒步冒险之旅，从国家公园船屋乘船至此需 5 分钟，或者也可从水坝乘坐 1 小时长尾船抵达此地。然而该**旅行线路**并不适合所有游客，因为洞穴里包含涉水隧道路段，需 1 小时左右的时间：洞穴地面湿滑，环境黑暗，而且有一段至少 20 米长的地段必须游泳才能通过；当水位较高时，游泳时间也更长。若想游玩洞穴一定要聘请公园授权导游，且需遵守所有因高水位和强水流而张贴的封闭标志；2007 年 10 月，此地山洪暴发，共造成 9 人死亡，因此如今公园当局变得更加严格。进洞需穿摩擦力较好的便鞋，并带好手电筒。

许多游客选择留宿在秀兰湖船屋的部分原因是可以在次日**黎明**时分看到湖岸的黑叶猴、猕猴和长臂猿等**野生动物**；一些旅游线路包括此行程，或者你也可以向住宿的旅馆借一艘皮划艇，自己划到岸边观看。

7

抵达和离开

考索国家公园

考索国家公园、旅游村及秀兰湖都坐落于401号公路北部，可乘坐班次频繁的**巴士**抵达：所有往返于库拉武里以南40千米处的**达瓜巴**路口镇和素叻他尼之间的车辆都会经过此地，包括往返于素叻他尼与蔻立或普吉之间的一些车辆。若从曼谷、华欣或春蓬出发，可先乘坐素叻他尼方向的巴士直至401号公路距素叻他尼20千米的十字路口处，然后再换乘前往达瓜巴城镇的车即可。

公园总部

通往旅游村和步道起点的通道位于401号公路109千米石头标记处，许多旅馆工作人员会在此接车，并提供前往其住宿场所的免费交通服务，其中最近的旅馆距离主要道路3千米远。

考索路径和通道 坐落于旅游村（Ⓣ081 958 0629 Ⓦwww.khaosoktrackandtrail.info），出售车票（包括前往曼谷的VIP巴士）、船票、飞机票和火车票，以及前往甲米（全程2小时）、素叻他尼Talat Kaset Ⅱ车站途经奔屏火车站（全程105分钟）、苏梅岛（全程3小时）和董里（全程4小时30分钟）的空调迷你巴士。

巴士抵达站 曼谷（每天1班，全程11小时）；蔻立（每天9班，全程90分钟）；素叻他尼（每90分钟1班，全程2小时）；达瓜巴（每90分钟1班，全程50分钟）。

秀兰湖

通往秀兰湖的途中会经过401号支路考索以东50千米的塔坤村，从此地往北12千米即是水坝所在地。许多游客会通过考索住宿场所安排秀兰湖旅行，包括所有交通，但从素叻他尼和攀牙湾出发会先经过该湖泊。素叻他尼Talat Kaset Ⅱ车站提供前往秀兰湖的迷你巴士（2小时1班，全程1小时），途经奔屏火车站，或者也可以乘坐往返于素叻他尼和达瓜巴之间的巴士至塔坤村，然后乘摩的前往水坝。

7

信息

地图 公园总部检查站办公室提供考索国家公园和步道的简易地图。

住宿

公园总部

大部分经济型住宿都坐落于喀斯特地形下方的公园总部附近，环境优美，虽然位于雨林边缘附近，但每天晚上一些背包客酒吧的音响系统都非常大声，夹杂着喧闹的蝉叫声，十分嘈杂。一些旅馆（以下没有列出）可能不会接受那些没有通过他们预订公园旅行的游客。这里的“树屋”是指建造在树林中非常高大的木桩上的平房，并非真的建造于树木之上。

★ **Art's Riverview Jungle Lodge** Ⓣ086 479 3234/087 885 6185 这家坐落于美丽宁静地带的热门旅馆旁边是一个一流的游泳池，周围丛林密布，且在其露天餐馆可欣赏到美丽的河景（但食物不怎么好吃）。较便宜的宽敞精致木房有百叶窗和露台，豪华房更大，装饰精美，其中一些有红砖室外卫生间和瀑布式淋浴；此外还提供树屋式平房和家庭别墅。所有房间都有风扇和蚊帐。**B650**

Bamboo House Ⓣ081 787 7484 Ⓦwww.krabidir.com/ bamboohouse/index.htm 这家坐落于果园草坪上的旅馆是公园里最早的旅馆之一，由公园守护人的家人所开，服务热情。提供坐落于木桩之上的简单独立卫浴木屋，有蚊帐，是该区域最便宜的住宿场所，此外旅馆还提供装饰有卵石的水泥房、两间树屋风格的平房及提供热水淋浴和位于水流上方阳台的宽敞木屋（B800）。**B200**

Khao Sok Green Mountain View 沿着401号公路106千米标记东面一条朝北的小道往上攀登1500米即可抵达 Ⓣ087 263 2481 Ⓦwww.khaosok-greenmountainview.com 这家经济型旅馆坐落于安静地段，附近杳无人烟。共提供7间质量不错的竹质和木质平房，大小各不相同，且都是独立卫浴，其中一些精美的客房带有美丽的无顶浴室、风扇、蚊帐、阳台和吊床。旅馆坐落于主要住宿区域岩洞另一侧的橡胶种植园边缘地带。提供前往公园村庄的免费交通，或者步行15分钟前往河对面的丛林之屋，再往前步行25分钟即是公园总部。**B300**

Khao Sok Rainforest Resort Ⓣ077 395135 Ⓦwww.khaosokrainforest.com 这家温馨舒适的酒店提供一些拥有壮观“山景”的平房，坐落于丛林密布的山坡之上，可欣赏到无与伦比的喀斯特地貌，此外还提供空调树屋和带有风扇或空调的河畔平房。空调房有热水淋浴、电视和迷你酒吧，且房价包括早餐。风扇房**B500**，空调房**B1650**

★ **Morning Mist Resort** Ⓣ089 971 8794 Ⓦwww.khao sokmorningmistresort.com 坐落于美丽的河畔花园，遍布着盛开的热带花朵，而其大草药园里还坐落着精致的餐馆，提供宽敞美丽的木房和水泥房，风格各不相同，所有房间都提供热水，或可看到水光山色，或有花园美景相伴。其中一些客房可入住四人，非常适合家庭居住，此外还有许多适合儿童玩耍的场地和一个小泳池。单人房价格

便宜。B550

Nung House Ⓣ 077 395147 Ⓦ www.nunghouse.com 这家由公园守护人的儿子及其家人开设的旅馆提供18间非常美丽的小屋，坐落于美丽的花园中，绿草如茵，四周有红毛丹树围绕。房间类型包括带有独立卫浴的简单坚固的竹质和木质平房及由砖和水泥建造而成的平房以及树屋；其中一些提供热水淋浴和大阳台。B300

Our Jungle House Ⓣ 081 417 0546 Ⓦ www.khaosok accommodation.com 这家坐落于宁静湖泊的酒店离公园总部仅20分钟步行距离，隐藏于茂密的雨林中，可看到犀鸟和一些不同种类的猴子出没。房间类型包括设计精美的通风木屋、竹屋和树屋；所有房间都有风扇和蚊帐，大多数坐落于河畔，带有一个小海滩。提供免费上网和Wi-Fi。平房B800，树屋B1300

Thanyamundra Organic Resort Ⓣ 077 336000 Ⓦ www.thanyamundra.com 这家坐落于山坡上的豪华度假村氛围宁静，环境迷人，拥有一个50米长的美丽泳池，且可看到度假村有机农场和稻田直至喀斯特山脉的壮丽景色。共提供9间客房和套房，分布于泰国南部风格庭院里的两栋建筑中，大多是由金色柚木制成，带有中国古典装饰、黄铜花洒淋浴、免费Wi-Fi、iPod基座和蒸馏咖啡机。近年新建了全方位服务的SPA馆。B6290

秀兰湖

秀兰湖夜间旅行（见p.537）的住宿场所位于丛林中的帐篷里或湖面上的船屋中。在湖岸边既有私人船屋，也有国家公园提供的船屋，景色秀丽，大多数至水坝仅约1小时航程。所有船屋都是简陋的竹制建筑，带有蚊帐和床垫，提供天堂般的美丽湖景。如果你自行安排船只，那么入住价格为B600/人，包括三餐。12月~次年4月期间，丛林瑜伽提供会在偏远的Praiwan船屋里举办瑜伽、禅修和按摩课程（Ⓦ www.jungleyoga.com）。

7

饮食及酒吧

公园总部附近的旅游村里坐落着两家提供美味佳肴的餐馆。

公园总部

Da Pipino 这家乡村风格的意大利餐馆干净整洁，温馨舒适，坐落于湖畔，风景优美。提供海鲜开胃菜、美味的奶油沙司意大利宽面条（B195）、一些意大利主食和多款可口的手工比萨。每天12:00~22:00

Thai Herb Restaurant 晨雾度假村 提供非常美味且极具创意的泰式酸辣沙拉（B70）及其他泰国景点菜肴，也提供大量素食和西方早点；大部分材料都是员工自己种植的。此外还制作泰国甜点和拉西、奶昔和洛神葵等草药茶。每天8:00~21:00

蔻立（Khao Lak）

蔻立位于普吉国际机场以北1小时车程、达瓜巴以南30千米处，是一个繁荣兴旺的中档市场海滩度假胜地，提供许多美丽的潜水和浮潜点，且可轻松前往顶级国家公园斯米兰岛的珊瑚群，四处洋溢着轻松愉悦的氛围。虽然没有特别高雅的场所，价格对于背包客来说也贵了一些，但仍是家庭旅行的理想度假胜地。11月~次年4月是此地的旅游旺季，无论是天气还是游泳适宜度都是最好的，而且斯米兰群岛也会都公众开放；但在其他时间段里，蔻立就变得安静很多，住宿价格也会大幅下降。

蔻立区通常是指4号公路以西的一系列海滩。该区域位于最南端，属于最不发达地区，距离商业化程度最高的**南通**（Nang Thong，又称Bang La On）度假村5千米远，而大多数店铺、餐馆、潜水中心及各种各样的住宿场所都聚集在海滨和4号公路内岛区域。再往北约3千米（搭乘出租车需5分钟，若沿海滩步行需45分钟）是更低调，也更显青春活力的**邦尼安**（Bang Niang），这条长长的美丽金色沙滩背靠一个发展中的旅游村庄，而村庄里的各条小巷远离公路，与其邻近地区相比更加诱人。沿着海岸再往前12千米即可抵达**帕卡兰海角**（Laem Pakarang），在这个海角上可看到11千米长的帕威海滩（Hat Pakweeb，又称Hat Bang Sak）的日落美景，此外该地区最独特的住宿场所都坐落于此。

2004年12月，苏门答腊岛海底地震引发了**海啸**，一波又一波凶猛的海浪直击蔻立海岸（及安达曼海岸其他地区），摧毁了所有的海滨房屋和酒店，致使上千人遇难，对该地区造成了毁灭性的伤害。但令人欣慰的是，如今大致已恢复完全。海啸过后，南通迅速成为浩大重建工作中心，数千名志愿者前来帮忙，仅花费两三年时间，重建工作就已大致完成，但对于那些幸存者来说，内心的伤痛有可能一辈子也恢复不过来。

1、帕卡兰海角、帕威海滩、南肯村、达瓜巴&素叻他尼

1、塔拉姆、攀牙、普吉、甲米

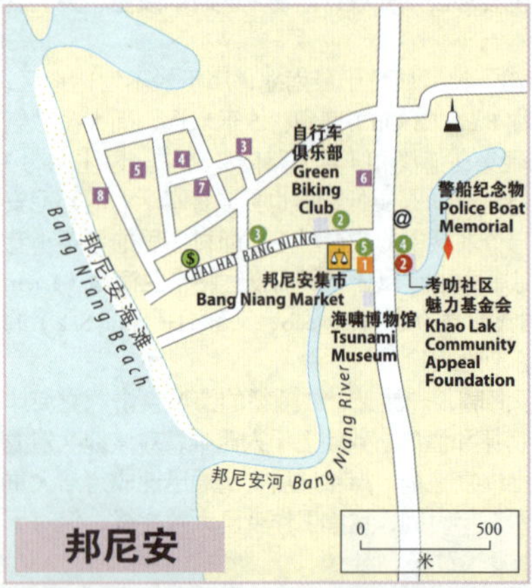

7

海啸博物馆（Tsunami Museum）

邦尼安 · 每天 9:00~19:00 · B100 · Ⓦ www..tsunamimuseum.net

这个小博物馆通过展览板和视频影像对 2004 年的海啸进行了单调的总结；展馆入场费用和工艺品出售所得都会用作当地的慈善工作。

警船纪念物（Police Boat Memorial）

邦尼安

穿过一片田地和一座大桥，距公路有段距离的内岛地区有一艘**搁浅的警船**，如今已成为显示海啸波浪巨大威力的纪念物。当时这艘警船正在 La Flora Resort 前面水域搜寻住在此酒店里的 Ubolrat 公主和她的孩子，而一个海浪卷过来就把这艘船带到了内岛 2 千米处，公主的一个孩子也在此灾难中丧生。

南肯村纪念馆（Ban Nam Khem Memorial）

从帕卡兰海角出发沿着 4 号公路往北行驶 13 千米，然后按照路标左转行驶 3 千米

当地主要的海啸纪念馆坐落于**南肯村**的沙滩上，这是泰国遭受海啸影响最严重的村庄，4000 居民中几乎有一半遇难。这座纪念馆由泰国军队建造，让人感触颇多：沿着坐落于 4 米高卷曲水泥"海浪"建筑和代表着陆地的草坡之间的路径前行，每一块饰板都是对遇难者的纪念。通过水泥海浪上的窗户，只见一艘渔船悬挂于头顶之上，这艘"奇迹般的船只"被卷向内陆地区，却安然无恙地停了下来，没有摧毁任何一间房屋，也没有伤害到居民。

出了纪念馆后，沿着 4 号公路继续往前走约 1 千米后左拐，可顺便拜访一下**纱织纺织厂和店铺**（周日休息），就坐落于邦孟村（Ban Barry Muang）北端。这是一个复兴和职业疗法项目，在此可观看妇女编织的过程，也可购买一些美丽的围巾。

抵达和离开 蔻立

前往斯米兰群岛的航船从位于南通以南 6 千米处的塔拉姆（Thap Lamu）码头出发，然后再沿着 4 号公路向西 5 千米即可抵达（见 p.546）。

飞机 蔻立位于普吉机场以北 70 千米（全程 1 小时；出租车费用 B1700~2200；见 p.548）。

巴士和迷你巴士 所有往返于普吉和达瓜巴或拉廊之间的巴士都会途经蔻立，且会让乘客在 4 号公路任何地段下车；若从甲米或攀牙出发，可在 Khokkloi 换车，若从考索出发，可在达瓜巴换车。离开时，你可在主要道路上拦截到大多数巴士，不过邦尼安偏远北端的汽车站会提供前往曼谷的班车。此外每天至少还有一班空调迷你巴士可前往素叻他尼（途经 Khokkloi 而非考索，全程 4 小时）、甲米 / 奥南湾（全程 3 小时 /3 小时 30 分钟）和董里（甲米换车，全程 5 小时 30 分钟）。巴士和空调迷你巴士车票可通过南通的 Khao Lak Land Discovery（Ⓣ 076 485411 Ⓦ www.khaolaklanddiscovery.com）预订，此外还提供往返于此地和普吉机场之间的交通（B600/ 人或 B1500/ 辆迷你巴士）。

抵达站 曼谷（每天 3 班，全程 12 小时）；普吉（每天 20 班，全程 2 小时 30 分钟）；拉廊（每天 8 班，全程 2 小时 30 分钟 ~3 小时）；达瓜巴（每天 18 班，全程 30 分钟）。

周边交通

双条车 在蔻立地区，有一些公共双条车会往返于南通和邦尼安（在市场前面有一个聚集处）之间，费用在 B10~20，但大多数时候都用作私人出租车，费用为 B100 甚至更多。

摩托车和汽车租赁 许多酒店都提供摩托车租赁服务，而汽车可通过旅行社租借；Budget 有一机构坐落于前往 Nang Thong Resort 的小巷上（Ⓣ 076 443454 Ⓦ www.budget.co.th）。

住宿

帕卡兰海角

★ **The Sarojin** 蔻立以北 12 千米 Ⓣ 076 427905 Ⓦ www.thesarojin.com 这家酒店的工作人员和客人比例是 2：1，拥有低调且朴实无华的风格和

蔻立附近的潜水和浮潜旅行

蔻立是前往国家公园斯米兰群岛（见 p.544）潜水和浮潜旅游最近、最方便的出发点，乘坐潜水航船或其他大型船只需3~4小时，或者也可以乘坐快艇抵达，虽不怎么舒适，但全程只需2小时。目前这些岛屿仅在11月~次年4月左右开放，所有潜水员必须一次性支付B400国家公园入场费以及B200/天的潜水费用，通常是潜水旅游的最高价格。蔻立当地潜水旅游一般是全年开放，尤其是邦萨海滩附近的锡矿船残骸水域，拥有丰富多样的海洋生物，如鬼龙、海鳗、蝎鱼、裸鳃类鱼群及黄尾梭鱼等。蔻立所有潜水店铺还会教授国际专业潜水教练课程，开放水域课程的最后两天通常会前往斯米兰群岛；有关潜水店铺的选择建议请查看本书"基本信息"章节（见 p.49）。

IQ Dive 南通，麦当劳对面 Ⓣ076 485614 Ⓦwww.iq-dive.com 这家由瑞士人和泰国人合营的国际专业潜水教练协会5星级潜水中心提供乘坐大型潜水航船前往斯米兰群岛的一日游行程（B4700，设备另付；浮潜者B2800）。他们的开放水域课程价值B17000，提供斯米兰群岛潜水两日游。

7

Sea Dragon 潜水中心 南通 Ⓣ076 485420 Ⓦwww. seadragondivecenter.com 这家高度推荐的国际专业潜水教练协会五星级教练发展中心共有3艘潜水航船，有经济型和豪华型两种，提供前往斯米兰群岛和花叶岛的3日游旅行（B11900起，包括设备），以及前往斯米兰群岛、素林群岛、花叶岛、达差岛和黎希留岩的4日游行程（B17900起）。浮潜者可享受1/3优惠。此外，该机构还提供当地失事船只残骸等其他潜水旅游（B1000，不包括装备，两个潜水氧气罐）和国际专业潜水教练课程：4日开放水域课程B9800，B15900包括斯米兰群岛两日游（外加B1200国家公园门票）。

Similan Tour 旅行社 蔻立区南通中心以南7千米的Posidon Bungalows酒店 Ⓣ076 443258 Ⓦwww.similantour. com 提供前往斯米兰群岛的浮潜3日游（B8200），乘坐潜水航船。目前每周四、周五各出发一班，营业时间大致在10月末~次年5月。

态度，是蔻立附近地区顶级的住宿场所。酒店共提供56间高雅简约的时尚客房，就坐落于宽阔的海滨花园和碧绿的方形泳池附近，环境优美。这里提供高标准的10S管理，专为情侣设计的旅游线路以及坐落于海滩或瀑布附近浪漫隐蔽的烛光晚餐，堪称是度蜜月的最佳场所。此外，酒店还提免费费非机动式水上运动和山地自行车、免费Wi-Fi和水疗中心。房价包括全日式早餐和香醇的葡萄酒，且常会举办特价促销活动。**B13500**

邦尼安

Amsterdam Resort 3巷 Ⓣ081 857 5881 Ⓦwww.amsterdamresortkhaolak.com 这家由荷兰人经营的小酒店距海滩仅200米远，提供邦尼安地区一些最便宜的住宿和精致的美食。这里的客房和红砖平房有各种不同大小，或有风扇，或有空调；大多数都提供热水。此外还提供上网和免费Wi-Fi、自行车和摩托车租赁服务以及旅游办事处。风扇房**B600**，空调房**B900**

Ayara Villas Ⓣ076 486478-9 Ⓦwww.ayaravillas.com 这家迷人的高中档酒店分布于三个不同的庭院中，拥有两个泳池。其中最顶级的客房是位于沙滩上的海滨别墅；其他大多数都是带有阳台的平房，离大海不远，剩余的客房位于一栋3层楼建筑内，底层客房可直接通往泳池。内部装饰有空调、精美的深色木质现代家具，且所有房间都有小厨房。房价包括早餐。**B4500**

Fair House Ⓣ089 473 7985 这家酒店目前是邦尼安最便宜的住宿场所之一，提供一些干净整洁的宽敞风扇水泥平房和带有冰箱与热水淋浴的客房，分布在距公路50米处的美丽小花园中，步行至海滩约1千米。**B600**

Sanuk Bangalows Ⓣ081 979 0308 Ⓦwww.sanuk resort.com 这家由瑞士人所经营的小酒店共提供5间舒适宽敞的砖砌平房，坐落于小花园中，带有一个心形漩涡池，距海滩仅100米。平房设施包括空调、热水淋浴、冰箱、小厨房和Wi-Fi。**B1000**

南通

Jai Ⓣ076 485390 Ⓔjai_bungalao@hotmail.com 这家繁忙的家庭酒店提供蔻立区最便宜的住宿场所。其质量一流，大小宽敞的独立卫浴水泥平房坐落于一家流行餐馆后面的草坪上，绿树环绕，离公路非常近，且距海滩600米；空调房里有热水淋浴和冰箱。风扇房**B400**，空调房**B600**

Khao Lak Banana 邦拉翁巷 Ⓣ076 485889 Ⓦwww.khaolakbanana.com 这家酒店的几十间设计精美的风扇和空调平房都坐落于遍布香蕉树和热带花卉的花园中。所有房间都有保险箱、热水淋浴、Wi-Fi和冰箱，还有小泳池。风扇房**B700**，空调房**B900**

★ **Khao Lak Green Beach** Ⓣ076 485845 Ⓦwww.greenbeach.de 这家设计精美的海滨平房非常实惠，工作人员服务也很周到。坐落于池塘周围的奶白色小木屋风格的平房带有空调、热水淋浴、抛光木地板、美丽的装饰和精致的卫生间，大多数房间还带有冰箱。价格主要根据位置而定：一些就位于

蔻立一日游及其他活动项目

除了潜水和浮潜旅游外，蔻立及其附近地区有许多其他一日游景点，例如当地各种瀑布。其中位于南通以北 16 千米的蔻立彩虹瀑布（Sai Rung）是最美丽壮观的。其他瀑布还包括蔻立的 Merlin Resort 酒店对面的 Tong Pling 瀑布；蔻立以南约 20 千米的 Nam Tok Lumphi 瀑布；以及坐落于邦尼安以东 5 千米不到的 Chong Fah 瀑布，但该瀑布属于蔻立－拦露山国家公园（Khao Lak-Lam Ru National Park, W www.dnp.go.th），需支付 B100 门票。该国家公园总部位于南通和蔻立海滩之间的海岬上，其南面约 1 千米有条小径可通往一个宁静美丽的海滩，找到停车点对面主要道路西侧的"Small Sand Beach"标记即可。

Everyday 2 餐馆 南通南端 T 085 299 0410 早上提供泰式烹饪课程，B1200，包括接车服务。

The Green Biking Club 邦尼安 T 076 443211 W www.greenbikingclub.com 提供蔻立农村和沿海地带的山地自行车之旅，有导游带领（半日 B1850）。

Khao Lak Land Discovery 南通 T 076 485 411 W www. khaolaklanddiscovery.com 这家当地最好最有名的旅行社之一提供的一日游行程包括大象骑乘（B1600）、攀牙湾皮划艇之旅（B3200）以及考索国家公园的徒步旅行、独木舟和大象骑乘（B2800）。

The Yoga Studio 邦尼安 Khao Lak Community Appeal Foundation T 089 710 5770 W www. yogakhaolak.com 旺季期间提供瑜伽课程（B500/节），课程安排见网站。

海滩之上，且所有房间距离海滩都不远。单人房价格实惠。**B1400**

Khao Lak Seafood Family House 南通巷 T 076 485318 W www.khaolakseafood.com 提供宽敞一流的平房住宿，坐落于同名餐馆后面的花园中，距道路较远。风扇房性价比非常高：房间宽敞、设计精美，且带有供应热水的卫生间；两栋两层楼高建筑里的空调房也不错。这家家庭经营的酒店有许多回头客，并深受长期住宿者的喜爱。有 Wi-Fi。风扇房 **B600**，空调房 **B1200**

Nang Thong Bay Resort T 076 485088-9 W www. nangthong.com 这家建立时间较久的流行海滨酒店价格实惠，提供干净整洁的空调平房，坐落于海滨花园中，其中绝大多数可欣赏到美丽的海景，此外还提供一些酒店风格客房。此外，度假村还提供海景泳池和餐馆。**B2000**

★ **Phu Khao Lak Resort** T 076 485141 W www. phu khaolak.com 这家经营良好的度假村酒店提供一系列豪华客房，共有 30 间干净整洁的宽敞平房，坐落于公园风格的椰子种植园中，绿草如茵，环境优美。风扇房铺有瓷砖地板，且大多数都带有热水卫浴；空调房窗户可看到美丽的景色，内饰非常美丽时尚。度假村设施包括泳池、餐馆和有 Wi-Fi 的休息室图书馆。距海滩 500 米左右。风扇房 **B500**，空调房 **B1500**

蔻立

Poseidon Bungalows T 076 443258 W www. similantour. com 这家位于南通中央以南 7 千米的酒店四周有橡胶种植园围绕，由瑞典人和泰国人合营，坐落于泰国海军私人海滩北面的沙滩上。这里的岩石都已被波浪磨平，氛围宁静，且长期以来一直组织前往斯米兰群岛的浮潜旅游。共提供 15 间平房，都有独立卫浴和空调，非常宽敞，且提供热水淋浴和阳台，其中一些还可欣赏美丽的海景；此外酒店还提供上网、免费 Wi-Fi 和摩托车租赁。可在 53 和 54 千米石头标记之间的 Poseidon 路牌处下车，然后打电话给酒店来接或步行 1 千米。**B900**

餐饮

邦尼安

The Candle T 076 486123 W www.thecandlerestaurant.com 这家酒馆提供白桌布、一间空调房和室外餐桌，菜式包括美味的泰国传统和混合菜肴，如油炸香酥鸡甜椒绿咖喱（B215），以及泰国甜点。每天 11:30~22:30

Degree Bar 这家便宜温馨的酒吧餐馆有木桌、水牛头骨，洋溢着泰国乡村风情，每晚 22:00 都有泰国和西方流行音乐现场演奏。每天 21:00~ 次日 2:00

Khao Niau 这家淳朴的侧边敞开式餐馆提供非常美味的泰国东北风味菜肴，包括青木瓜沙拉等多种沙拉（B60 起）、辣猪肉糜和酸辣汤等。每天 13:00~22:00；每月 9 号和 23 号休息

Pinocchio T 076 443079 这家餐馆提供自制面食、用燃木烤炉制成的美味比萨（B300 左右）、一些意大利肉类主食和各种海鲜等，尤其是提拉米苏和其他自制甜点，堪称人间极品。餐馆周围还有白色栅栏和彩灯装饰。每天 12:00~23:00

Takieang 这家路边木质餐馆稍显高档，提供正宗的泰国食物，包括美味的冬荫功汤（B150）、香蕉花沙拉（B120）及特殊的海鲜热菜（B250）。每天 12:00~22:00

南通

Bussaba 这家温馨酒馆提供多种泰国美食，包括海鲜和鱼，按重量计价，还有一些特色菜肴，如烤肉面包虾肉绿咖喱（B189）。也提供三明治和其他一些西方菜肴和香醇的特浓咖啡。每天 13:30~23:00

★ **Dive In** 邦拉翁巷 Khao Lak Banana Resort 这里的老板兼主厨 Sunny 提供很多好吃的食物，拥有众多回头客。这里的特色菜肴包括香气逼人的穆斯林咖喱（B90）、普吉风格的鱼肉红咖喱面 khanom jiin 以及芒果炸鱼。西方菜肴包括自制蛋糕和面包、早餐和特浓咖啡。免费 Wi-Fi。每天 6:30~23:00

Happy Snapper Ⓦ www.happysanpperbar.com 这家蔻立区最有名的、深受潜水工作人员喜爱的酒吧氛围温馨，提供百余种鸡尾酒品种。酒吧内有现场音乐表演，包括朋克摇滚乐，周一至周六 22:30 左右，周日有 DJ，偶尔还会有自愿者自行参与环节。营业时间：每天 20:30~ 次日 1:00

7

Jai 这家精致的侧边敞开式路边餐馆非常热闹，提供大分量的辛辣咖喱（B80），包括咖喱炒蟹和穆斯林咖喱、海鲜和冬荫功汤等。此外还提供泰国美食和西方早餐。每天 8:30~22:00

O Rendezvous Ⓣ 076 485108 Ⓦ www.orendezvous khaolak.com 这家由法国人和泰国人合营的室内外茅草酒吧餐馆深受当地外籍人士的欢迎，提供美味的带橙酱和红酒酱全鸭宴（B420）以及泰国特色菜肴，如虾肉和香蕉花沙拉，以及稍便宜一些的鸡肉穆斯林咖喱等标准菜肴（B110）。每天 16:00~23:00

Phu Khao Lak 这家有名的餐馆附属于同名酒店，提供非常美味的泰国食物，菜单上共有 100 多种带图片展示的菜肴。从红咖喱、黄咖喱、绿咖喱（B120~150）到海鲜大浅盘多种多样。每天 7:00~22:00

Stempfer Café 这家优雅的德国风格咖啡馆提供美味的早餐、香浓的咖啡、热巧克力和各种茶水、面包和蛋糕，如苹果馅饼（B100）等，还有沙拉和三明治。免费 Wi-Fi。每天 8:30~21:30

塔拉姆

Navy Club Restaurant 南通西南方 11 千米的码头旁 Ⓣ 081 648 8656 提供正宗的泰国美食和最新鲜的海鲜，且比蔻立地区便宜。特色菜包括软壳蟹、白鲷鱼、鲳鱼（B35/100 克）、大虾和乌贼等，此外还有几十种泰国沙拉（B80）。餐厅虽然其貌不扬，但可以提前打电话预订露台桌位，可俯瞰海港景色。每天 10:00~22:00

购物

南通可为游客提供各种商品，主要有衣服、纪念品和手工艺品，还有无数的裁缝和眼镜商。

Book Tree 南通偏远的北端。提供新书、二手书、杂志、新闻、艺术卡及咖啡。每天 9:00~21:00

社区工艺品 Khao Lak Community Appeal Foundation，邦尼安主要道路东侧 Ⓦ www.khaolakappeal.com 这家非营利性店铺提供由泰国人、莫肯人和缅甸移民制作的珠宝首饰、蜡染布、箱包和灯具等。周一至周六 13:00~18:00，有时周一至周五早晨也会开放

斯米兰岛（Ko Similan）

斯米兰群岛国家公园・B400，如果在国家公园留宿，门票有效期为 5 天・5 月~ 10 月不对外开放

斯米兰群岛国家公园中央 11 座岛屿的水上水下美景都堪称是世界一绝，属于泰国最顶级的潜水目的地。巨大的花岗岩石衬托着碧绿的海水，让岛屿显得更加独特，但真正吸引潜水者的是这里的海水能见度可达 30 米。据说此地的珊瑚是泰国最为古老的，已有 5000 年寿命，因此品种十分多样，且海底景色更是令人大开眼界：珊瑚丛中穿梭着成群结队的珊瑚鱼、海龟、蝠鲼、海鳗、狗鱼、礁鲨、海蛇、赤点石斑鱼以及白鳍鲨、梭鱼、巨型龙虾和巨大的金枪鱼等。

斯米兰群岛距离大陆 64 千米，包括同名的斯米兰岛附属的 9 座岛屿以及另外 2 座偏向北部的岛屿——花叶岛（Ko Bon）和达差岛（Ko Tachai），坐落于斯米兰岛屿和素林群岛中间，附近经常有蝠鲼和鲸鲨出没。斯米兰群岛从北往南依次用 9~1 排序分别为：巴务岛（Ko Ba Ngu，9）、斯米兰岛（Ko Similan，8）、巴友岛（Ko Payoo，7）、欣波萨岛（Ko Hin Posar，又称 Ko Hok；6）、哈岛（Ko Ha，5）、弥安岛（Ko Miang，4）、巴炎岛（Ko Pāhyan，3）、巴央岛（Ko Pahyang，2）、胡央岛（Ko Hu Yong，1）。国家公园总部和住宿场所位于弥安岛，此外斯米兰岛上还有野营地和餐馆。斯米兰岛是群岛中最大的岛屿，拥有美丽精细的白色沙滩和壮观的卵石，可通过两条天然小径抵达；弥安岛上坐落着两个精美海滩，两者相距 20 分

考索国家公园中的树屋（见 p.535）>

钟左右的步行距离，拥有三条天然小径；胡央岛拥有一个非常长的白色沙湾，但在 11 月~次年 2 月期间，**海龟**会上岸产卵，因此相关通道会有泰国海军把守限行。

如此美景吸引了大批观光者，尤其是来自普吉和蔻立的一日游旅客，以及乘坐潜水航船前往此地多日游的潜水者和浮潜者。如今大批量的游客已造成不可避免的拥堵现象和环境问题，且部分地段的珊瑚礁也因抛锚泊船和当地使用炸药捕鱼的行为遭到破坏。对此国家公园采取了相应措施，禁止渔民捕鱼且颁布了旅游航船必须严格执行的规章制度等，如在 5~ 10 月季风期间**关闭群岛**等措施。

抵达和离开　　斯米兰岛

想在岛屿上多留宿几天的自助游客通常可乘坐潜水游览航船前往。此外还可搭乘各种潜水航船前往岛屿潜水或浮潜，其中最好最便宜的航船由蔻立提供（见 p.541）。

7

浮潜旅游　蔻立、普吉和攀牙的大多数旅行社都会提供前往斯米兰群岛的包价旅游服务，其一日游线路通常至少会包括 4 座岛屿（B3100 起，包括国家公园门票）；此外还提供两日一夜游（B5800，留宿在帐篷中），以及三日两夜游（B7200），入住于弥安岛。其中绝大多数旅游团队规模较大，乘坐 8:30 的快船从蔻立纳通西南方约 11 千米、普吉以北 90 千米处的塔拉姆码头出发，2 小时不到即可抵达岛屿，大约 15:30 返回。提供该项服务以及蔻立、普吉接车服务的公司包括还会提供甲米接车服务的 Medsye Travel and Tour 旅行社（Ⓣ 076 443276　Ⓦ www.medsye.com），和 Jack Similan（Ⓣ 081 648 8656　Ⓦ www.jacksimilan.com），这两家公司的办事处都坐落于塔拉姆码头；还有南通的 Khao Lak Land Drscovery（Ⓣ 076 485411　Ⓦ www.khaolak landdiscovery.com）。

周边交通

如果是自助旅游，可乘坐往返于各岛屿之间的斯米兰群岛长尾船探索不同种类的珊瑚礁：价格固定，半日游价格在 B200/ 人左右。

住宿及餐饮

弥安岛提供国家公园客房、平房（风扇房 B1000、空调房 B2000）和帐篷（B300~450）住宿，数量有限，斯米兰岛也有野营地；这两座岛屿各有一家餐馆。由于有许多旅行团前来，尤其是在周末和节假日期间，因此需通过塔拉姆码头以东 500 米的国家公园办事处（Ⓣ 076 453272）或登录网站（www.dnp.go.th 或 www.thaiforestbooking.com）提前预订住房。

普吉（Phuket）

泰国最大的岛屿**普吉岛**（Phuket，发音为“Poo-ket”）属于泰国的一个府，在 19 世纪时，中国商人到此进行锡矿开采和海上贸易，后来又逐渐转向橡胶贸易，是一个名副其实的繁华之地。而普吉岛的人均收入也一直位居泰国榜首，是泰国最富裕的府，但大多数收入来源于**旅游业**：每年到普吉岛旅游的游客人数多达 500 万，仅次于芭堤雅，而且如今的包价旅游交通也有了脱胎换骨的改变。大肆的旅游发展已使该岛伤痕累累，且岛屿设施越来越高档，几乎没什么经济型选择（住宿和用餐价格预计是大陆的两倍，有时交通费用甚至比两倍还多，是普吉岛最大的问题）。但是，岛上的许多海滩仍然美丽非凡，度假村酒店的设施也遥遥领先，浮潜和潜水更是具有独特之处。岛屿内陆的许多街区都远离旅游中心，坐落着许多当地的清真寺，35% 的普吉岛民都是**穆斯林**，据说岛上的清真寺甚至比佛教寺院还要多；虽然这里的氛围和泰国其他地区一样，非常随和，但出了主要度假胜地，衣着一定要端庄，且无论在哪里享受日光浴都不能赤裸上身。

普吉岛的府会城市**普吉镇**位于东南海岸，通往大陆的萨拉辛桥（Sarasin Bridge）堤道以南 42 千米处。虽然此地是普吉岛的文化中心，但大多数游客都忽略它直奔**西海岸**，而此地的三个度假胜地几乎垄断了大部分贸易：高楼林立的**芭东湾**是最发达、最昂贵的商业地带，提供越来越纸醉金迷的夜生活；卡伦湾虽有些普通，但更加美丽；邻近的**卡塔湾**，是三片海湾中最小的一个。如果你追求的是清静之地，那么可前往**迈考海滩** 17 千米长的国家公园海滩，及其附近较发达的**奈扬海滩**，或者也可以前往规模较小的**奈通海滩**或**甘玛拉海滩**。西海岸其他大多数海滩上都仅有一些高档酒店，特别是**奈涵海滩**、**攀西湾**和**班涛湾**；而南部和东部海滩的海鲜比游泳更加有名。

正如安达曼海岸的其他岛屿一样，在 6~ 10 月的**季风**季节，普吉岛周围的风浪较大，尤其是西海岸的海滩，会变得相当杂乱，狂风肆虐。无论何时，游客都要当心湍急的**暗流**且务必要注意所有红色警告标志；普吉岛每年都会发生几十起溺亡事件，但目前还没有成立正式的救生员服务。普吉岛部分沿海地段在 2004 年 12 月的**海啸**中受到严重损毁，造成了重大的生命损失和财产损失。不过在各方人士的帮助下，普吉岛迅速完成了重建工程，第一次游玩该岛屿的游客都不会想象到该区域曾经遭受过海啸袭击。

抵达和离开

飞机

普吉国际机场 （Ⓣ 076 327230-9）位于岛屿最北端附近，普吉镇西北方 32 千米处的迈考海滩和奈扬海滩之间。提供自动取款机、货币兑换、邮局、曼谷医院诊所、酒店预订、旅行社办事处和行李寄存（每天 6:00~22:00；B80/ 件 / 天）等服务。有许多国际航班可飞往普吉，从中国的上海、北京、香港、成都、武汉等地都有直飞普吉的航班。此外，泰国航空、亚洲航空、曼谷航空、泰国东方航空和飞鸟航空每天都提供 30 班左右的国内航班

普吉一日游及其他活动项目

下面列举的大多数普吉岛一日游行程和活动项目都可通过任何一家旅行社预订，且包括前往酒店接车的往返交通服务（但烹饪课程不含此项服务）。除了下列行程，还提供潜水旅游（见 p.565）。其他值得一看且适合小孩子游玩的景点包括普吉镇的普吉岛蝴蝶园和昆虫世界（见 p.552）、水族馆（见 p.568）、普吉岛贝壳博物馆（见 p.567）、查龙附近的大佛（见 p.568）以及塔廊附近的长臂猿野放计划（见 p.570）。最好不要前往西瑞岛，虽然与普吉镇之间只隔开一个狭窄的海峡，但只是为了让巴士观光团参观普吉最大、最悠久的土著居民——海上吉卜赛人（见 p.534）。

自行车旅行 Action Holidays Phuket（Ⓣ 076 263575 Ⓦ www.biketoursthailand.com 全日游 B2400 起）提供有导游带领的普吉乡村腹地和小遥岛山地自行车全日游和半日游，以及攀牙湾附近的多日游。

大象骑乘之旅 屡获殊荣且有环保意识的 Siam Safar；旅行社（Ⓣ 076 280116 Ⓦ www.siam-safari.com）提供四合一旅行，包括参观山坡大象营地和割胶、水牛车骑乘和缅甸帆船之旅（B2350）；还提供考索国家公园之旅。

风筝冲浪 奈扬海滩和查龙湾的 Kiteboarding Asia（Ⓣ 081 591 4594 Ⓦ www.kiteb-oardingasia. com）提供为期 1 天（B4000）和 3 天（B11000）的课程（视季节而定）。

迷你高尔夫 如果距离海滩较近，可以前往位于卡伦湾和卡塔湾之间的海角上 Marina Phuket Resort 旁的恐龙公园 18 洞迷你高尔夫球场（每天 10:00~ 次日 00:00 B240 Ⓦ www.dinopark.com），这是一个伪史前公园，包括恐龙餐馆和“火山”爆发场景（仅在晚上开放）。

海上独木舟 普吉共有几十家公司提供独木舟和皮划艇旅行，但声誉最好的是 John Gray's Sea Canoe（Ⓣ 076 254505-7 Ⓦ www.johngray-seacanoe.com），提供前往攀牙湾壮观喀斯特岩石附近的“星光”午后旅行和夜间旅行（B3900），以及多日游和划桨之旅；而 Paddle Asia（Ⓣ 076 241519 Ⓦ www.paddleasia.com）提供攀牙湾一日游（B4200）和多日游，行程包括考索国家公园和其他冒险活动。

冲浪 雨季（大致从 5 月 ~ 10 月）是普吉西海岸冲浪的最佳世界，可在大卡塔湾的 Phuket Surf 租借滑板（Ⓣ 087 889 7308 Ⓦ www.phu-ketsurf. com）。

泰式烹饪课程 最有名的是大卡塔湾 The Boathouse 酒店每周六、周日早晨提供的烹饪课程（B2200 Ⓣ 076 330015 Ⓦ www.boathous-ephuket.com）；还有芭东 Thavee Wong 路 86/11 号的 Holiday Inn Phuket 酒店（周一至周六下午 B1800 Ⓣ 076 340608 Ⓦ www. phuk-et.holiday-inn.com）；和普吉镇 Krabi 路 96 号的 Blue Elephant 餐馆（B3300/ 半天 Ⓣ 076 354355 Ⓦ www.blueelephant.com）。

泰国文化和野生动植物之旅 Plan to Phuket（Ⓣ 081 691 1955 Ⓦ www.plantophuket.com B1500）提供各种各样的旅游行程，如“文化旅游”全日游，包括市场和寺院参观、蜡染和橡胶生产；和前往通塞瀑布和长臂猿野放计划（见 p.570）的“丛林之旅”；或两者皆有。

往返于曼谷和普吉之间，泰国航空和亚洲航空还有从清迈出发的直达航班，曼谷航空还提供往返于普吉与芭堤雅及苏梅岛之间的航班。

通往城镇的交通 机场巴士（☎076 232371 🌐www.airportbusphuket.com；B85；全程80分钟）前往普吉镇汽车站，约每小时1班，途经塔廊；由于该线路不前往海滩，因此需在城镇换乘双条车前往。抵达大厅里的旅行社提供空调迷你巴士，只要凑齐10名乘客就会出发，可抵达普吉镇（B100）、拉萨达码头（B150）、芭东（B150）和卡塔（B180）。抵达大厅外的建筑南侧可看到计程出租车岗亭（但需协商很久才能让这里的司机答应启动计价器）：如前往芭东需B450，包括B100机场费用。从海滩出发，大多数游客都会使用酒店安排的出租车，芭东或卡伦出发的收费标准为每小时B500左右。如果抵达机场后想搭乘前往北部的汽车，不用绕到普吉镇，可直接乘坐出租车或前往机场东南方6千米402号公路孟迈村的汽车，然后再搭乘往北方向的汽车。

7

抵达站 曼谷（每天30班，全程80分钟）；清迈（每天3班，全程2小时）；苏梅岛（每天2~5班，全程50分钟）；芭堤雅/乌塔堡（每天1班，全程95分钟）。

巴士和迷你巴士

几乎所有从普吉出发或抵达普吉的巴士都会使用普吉镇Phang Nga路东口的Baw Khaw Saw政府巴士站（但很有可能搬迁至城镇北部较宽敞的地段）。从该车站步行至镇中心酒店区域只需10分钟，也可搭乘嘟嘟车很快抵达，再往前即可抵达Ranong路通往海滩的双条车出发点。车站西侧有营业执照的私人公司提供前往甲米、兰达岛、素叻他尼、那空是贪玛叻、董里、拉廊及合艾的空调迷你巴士。

从曼谷出发 大多数从曼谷汽车南站出发前往普吉的空调巴士都是通宵夜车，下午3点左右出发。虽然没有火车可抵达普吉，但可先乘坐夜班卧铺火车抵达普吉以东约290千米的素叻他尼，再换乘班车前往普吉（约5小时）。

汽车抵达站 曼谷（每天30班，全程10~14小时）；春蓬（每天17班，全程6小时30分钟）；合艾（约每小时1班，全程7小时）；董立（每天20班，全程2小时30分钟）；考索（每天4班，全程3~4小时）；库拉武里（每天20班，全程3小时30分钟~4小时）；苏梅岛（每天1班，全程8小时）；甲米（每小时至少1班，全程3小时30分钟）；那空是贪玛叻（每天8班，全程7小时）；攀牙（每小时至少1班，全程2小时30分钟）；拉廊（每天20班，全程5小时）；沙敦（每天4班，全程7小时）；素叻他尼（每天13班，全程4小时30分钟~5小时30分钟）；达瓜巴（每天20班，全程2小时30分钟~3小时）；董里（约每小时1班，全程5~6小时）。

船舶

若从甲米府的兰达岛或奥南湾出发前往普吉岛，最快捷的方式是乘船，沿途风景也最美。

前往/来自皮皮岛 旅游旺季期间，每天最多有三艘渡轮外加一两艘快艇往返于皮皮岛和普吉岛的Rassada港口之间；淡季期间，两方向至少各有一艘航船。

前往/来自小阁遥岛 从小阁遥岛出发的船只以及旺季期间从奥南湾出发途经小阁遥岛的快船服务最终会停靠在普吉东北海岸的Bang Rong码头。

前往/来自兰达岛 从兰达岛Sala Dan码头出发（仅在11月~次年5月营运）的旅客可在奥南湾或皮皮岛换乘船只前往普吉Rassada港口。

前往/来自奥南湾 提供前往Rassada港口的渡轮；从奥南湾出发途经小阁遥岛的快船最后会停靠在Bang Rong码头。

从Rassada港口前往城镇的交通 Rassada港口有公共空调迷你巴士，B50/人可前往普吉镇的酒店区域，芭东B150、机场B200；出租车费用为B500~600/辆，前往西海岸主要海滩或机场（如果要赶飞机需预留充足的时间，因为航船通常会晚点）。

从邦龙码头前往城镇的交通 在邦龙码头和普吉城镇之间偶尔会有双条车服务（全程约1小时；B40），而乘坐出租车前往机场或西海岸海滩的费用为B500~800。

抵达站 奥南湾（11月~次年5月每天2班，全程2小时）；大兰达岛（11月~次年5月每天2班，全程4小时30分钟）；大皮皮岛（每天1~3班，全程2小时）；小阁遥岛（约每小时1班，全程40~70分钟）。

周边交通

普吉岛的环岛旅行简直是梦魇：一方面，嘟嘟车和出租车有许多被动的受众且经常会被敲竹杠；另一方面，普吉岛的司机可以说是泰国最糟糕最危险的了，开车时常常会打瞌睡，摇摇晃晃，还有许多急转弯，因此不建议游客租车行驶。如果你一定要驾车，那么务必要时刻保持警惕，处处防备。普吉镇有一个公共双条车系统（还有汽车服务）可通往各个方向，但如果要从一个海滩前往另一个海滩，必须先回城镇。度假地内部最便宜的交通即是公共双条车，或者也可以搭乘摩的（B30~100）。

双条车 从普吉镇中心的Rahong路出发全天都有（当乘客足够多的时候）定时双条车前往各海岸，价格在B25~45。

嘟嘟车或出租车 嘟嘟车和出租车通常直接往返于主要海滩之间，但价格过高（岛上几乎没有计程出租车），从卡塔到卡伦至少要B100，而芭东

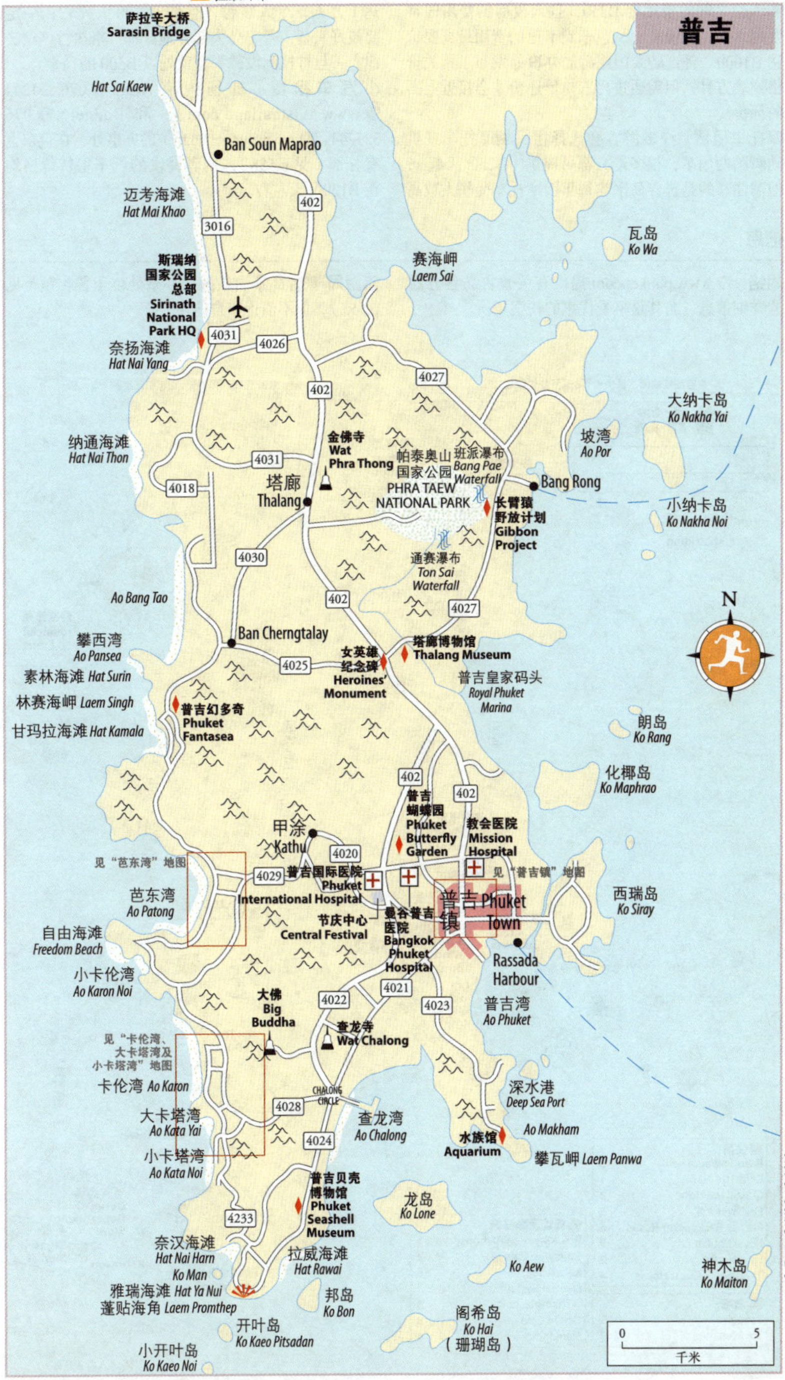
普吉
拉廊&甲米
萨拉辛大桥 Sarasin Bridge
Hat Sai Kaew
Ban Soun Maprao
迈考海滩 Hat Mai Khao
402
3016
斯瑞纳国家公园总部 Sirinath National Park HQ
4031
4026
奈扬海滩 Hat Nai Yang
纳通海滩 Hat Nai Thon
4027
4031
4018
金佛寺 Wat Phra Thong
塔廊 Thalang
帕泰奥山国家公园 PHRA TAEW NATIONAL PARK
班派瀑布 Bang Pae Waterfall
Bang Rong
长臂猿野放计划 Gibbon Project
通赛瀑布 Ton Sai Waterfall
4030
Ao Bang Tao
Ban Cherngtalay
4025
女英雄纪念碑 Heroines' Monument
塔廊博物馆 Thalang Museum
普吉皇家码头 Royal Phuket Marina
攀西湾 Ao Pansea
素林海滩 Hat Surin
林赛海岬 Laem Singh
甘玛拉海滩 Hat Kamala
普吉幻多奇 Phuket Fantasea
瓦岛 Ko Wa
赛海岬 Laem Sai
大纳卡岛 Ko Nakha Yai
坡湾 Ao Por
小纳卡岛 Ko Nakha Noi
朗岛 Ko Rang
化椰岛 Ko Maphrao
N
402
普吉蝴蝶园 Phuket Butterfly Garden
教会医院 Mission Hospital
甲涂 Kathu
4020
4029
见"芭东湾"地图
普吉国际医院 Phuket International Hospital
见"普吉镇"地图
普吉镇 Phuket Town
西瑞岛 Ko Siray
芭东湾 Ao Patong
自由海滩 Freedom Beach
节庆中心 Central Festival
曼谷普吉医院 Bangkok Phuket Hospital
Rassada Harbour
小卡伦湾 Ao Karon Noi
大佛 Big Buddha
4022
4021
4023
普吉湾 Ao Phuket
查龙寺 Wat Chalong
见"卡伦湾、大卡塔湾及小卡塔湾"地图
卡伦湾 Ao Karon
CHALONG CIRCLE
4028
大卡塔湾 Ao Kata Yai
查龙湾 Ao Chalong
深水港 Deep Sea Port
Ao Makham
水族馆 Aquarium
攀瓦岬 Laem Panwa
小卡塔湾 Ao Kata Noi
4024
普吉贝壳博物馆 Phuket Seashell Museum
龙岛 Ko Lone
4233
奈汉海滩 Hat Nai Harn
拉威海滩 Hat Rawai
Ko Man
雅瑞海滩 Hat Ya Nui
蓬贴海角 Laem Promthep
邦岛 Ko Bon
Ko Aew
神木岛 Ko Maiton
开叶岛 Ko Kaeo Pitsadan
阁希岛 Ko Hai（珊瑚岛）
小开叶岛 Ko Kaeo Noi
0 5 千米
阁遥岛&小阁遥岛
皮皮岛、奥南湾&兰达岛

7

和卡伦之间的费用要 B250，且入夜后的费用通常要翻一番，据说晚上从芭东到卡伦的费用最高要价达 B1000。普吉岛泰国旅游局办事处发布了相关价格列表方针，但需通过再三讨价还价才会接近上面的标价。

摩托车租赁 许多游客会选择租一辆摩托车或机动脚踏两用车，很多地方都可提供（B250/ 天起），但需注意的是普吉岛平均每年因摩托车受伤人数高达 1 万人，令人震惊，且约有 100 人死亡；一定要戴好头盔，普吉岛大部分地区都严格执行该项法律，一旦被抓到没戴头盔就处以 B500 的罚金。

小汽车租赁 机场内有 Avis（Ⓣ 076 351244 Ⓦ www.avisthailand.com）和 Budget（Ⓣ 076 327744 Ⓦ www.budget.co.th）的办事处，在芭东也有分部（见 p.558）；两者提供的汽车租赁价格均在 B1200/ 天左右。

信息

网络 Ⓦ www.phuket.com 提供有关普吉岛各方面的详细信息，尤其是享受优惠的住宿场所。

旅游局 普吉岛泰国旅游局办事处位于普吉镇（见 p.553），但不值得亲自前往。

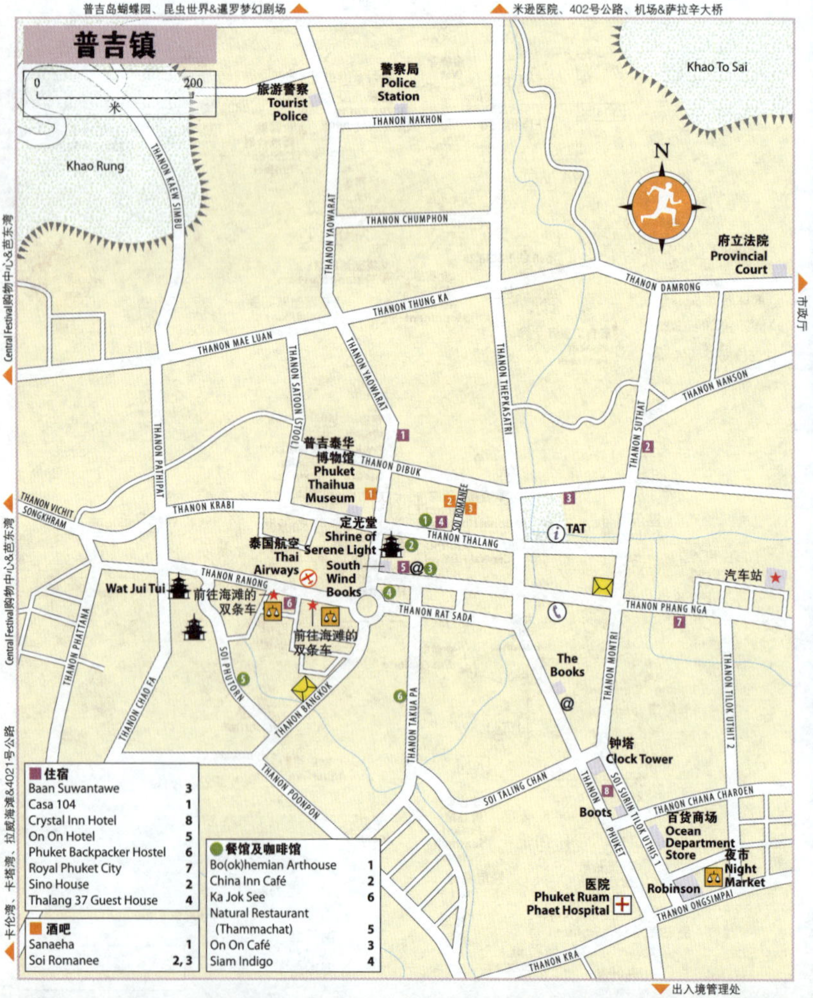

附录

牙医 普吉国际医院和曼谷医院普吉分院（见下文）拥有牙科部门。

医院 普吉国际医院（Phaket Internation Hospital，☎076 249400 急救☎076 210935 🌐www.phuketinternationalhospital. com）位于普吉镇西部402号公路Central Festival购物中心以北，拥有普吉最好的医疗设施，包括急诊部和救护车服务。另外比较有名的是曼谷医院普吉分院（Bangkok Hospital Phuket），位于普吉镇西北边缘Yaowarat路附近的Hongyok Uthis路2/1号（☎076 254425 🌐www. phukethospital.com），以及米逊医院（Mission Hospital，又称Phuket Adventist Hospital），位于北郊Thepkasatri路4/1号（☎076 237220-6 急救☎076 237227 🌐www. missionhospitalphuket. com）。

出入境管理局 位于普吉镇Sap han Hin边缘，Phuket路南口（☎076 221905 🌐www.phuketimmigration.go.th 周一至周五8:30~12:00 & 13:00~16:30），此外在芭东还有一处信息中心（见p.639）。

旅游警察 遇上任何紧急事件可拨打旅游警察24小时免费（☎1155），其主要办公室位于普吉镇Yaowarat路327号（☎076 223891 🌐www. phukettouristpolice.go.th），芭东也有分部（见p.561）。

7

普吉镇（Phuket town）

虽然普吉镇（Muang Phuket）有大量酒店和餐馆，但海滩沿岸量身定制的旅游居住点非常独特，是有形的历史文化体现。大多数游客都需闲荡足够长的时间才能搭乘到一辆前往海滩方向的双条车，但你会发现长时间的等待是有回报的；许多双条车都会带你穿过老城镇规模较小但气势雄伟的度假中心，街道两旁坐落着各种优雅独特的咖啡馆和艺术商店、高雅精致的餐馆和高档手工艺品店。此外，该城镇不仅是各岛屿与汽车站或机场之间的通宵中转站，还是探索普吉岛的最佳基地，因为与其他海滩相比，该城镇的住宿、餐馆和酒吧选择都更多也更便宜，而且有定时双条车前往各个海滩。

老城镇（The Old Town）

位于Dibuk路和Rat Sada路之间 · 🌐www.lestariheritage.net/Phuket

普吉镇最有趣的设施都聚集在Dibuk路和Rat Sada路之间的**老城镇**保护区互相交错的街道上，其殖民风格的**中葡店屋**（见下文）的历史可追溯至19世纪，是以前来自于槟榔屿、新加坡和马六甲的中国商人移民居住之地。如今这里的居民致力于修复这些美丽别致的古老建筑，而且这里的商业建筑中也穿插着许多可爱的波西米兰风格。普吉岛老城镇基金会帮助出版的免费精致《**普吉镇藏宝图**》（*Phuket Town Treasure Map*）可在老城镇各地取得，而且该机构还负责筹划举办中国春节前夕的**旧城节**（通常在1~3月期间）。

老城镇一些最别致优雅的建筑坐落于**Thalang路**西段，沿路的十几个招牌建筑，包括37号的Thalang 37 Guest House（见p.553）和20号的China Inn Café门口（见p.553）都让人叹为观止：色彩柔和的大门和百叶窗、精美的灰泥雕塑、华丽的木门以及连接各建筑的独特的拱形"五英尺通道"。沿着Thalang路往东洋溢着浓厚的伊斯兰教氛围，道路两边坐落着许多出售布料和女装制作配饰的古老风格店铺，包括从马来西亚和印度尼西亚进口过来的纱笼，价格非常实惠。这条道路的**Romanee小巷**曾是有名的红灯区，如今经过彻底翻新，已发生了翻天覆地的变化，日落后不再是灯红酒绿，取而代之的是洋溢着艺术气息的小酒吧，热闹非凡，而附近**Dibuk路**69号的Dibuk餐馆的大门和百叶窗则展现了精湛的木雕和金箔浮凸雕工技术。此外游客还会在**Yaowarat路**、**Ranong路**（泰国航空公司办事处就坐落于其中一个古老精美的豪宅中），以及**Phang Nga路**（尤其是On On酒店）看到一系列中葡建筑，而**Damrong路**府立法院东面的市政厅曾在电影《杀戮战场》中"出演"金边的美国大使馆。

普吉泰华博物馆（Phuket Thaihua Museum）

Krabi路28号 · 每天9:00~17:00 · B200 · 🌐www.thaihuamuseum.com

这座20世纪30年代时期的新古典主义建筑曾是一所学校，带有雄伟的圆柱、精致的灰泥装饰、百叶窗和中央吊灯等，如今已改建为**普吉泰华博物馆**。一些老学校的桌椅仍在原位，但该博物馆最重要的展览物是有关普吉岛主要移民群体——即那些前往普吉岛开采锡矿的中

普吉镇中葡建筑

由于中国移民商人在锡矿开采中取得了丰厚的利润，他们便开始在此地安家。虽然最富裕的商人都会建造巨大的豪宅，且普吉镇中也有许多幸存至今，但绝大多数都是直接购买商业区中心地带非常实用的联排店屋。目前普吉老城镇仍然保留着泰国南部最精美的建筑，其中一些对公众开放，不过在许多其他南部城市也有一些比较完整但保护不周的店屋街区，如拉廊和达瓜巴。

店屋设计所遵循的标准原型深受从马六甲和马来半岛其他地区迁移至此的峇峇娘惹（又被称为“海峡华人”）混血移民喜爱。由于当时马六甲地区的建筑受其前殖民者葡萄牙的影响较大，因此这种建筑风格又被称为中葡建筑，同时也融合了荷兰和英印殖民时期的建筑特征。随着时代的改变，一些建筑特色也发生了变化，但总体而言仍以 19 世纪中叶的建筑风格为主。

后来由于街道两旁的地段价格昂贵，店面建筑又长又薄，狭窄的临街面、凹进去的入口以及将整条街区与被称为五英尺走道的拱形多荫柱廊连接在一起的门廊，都深受行人和购物者的喜爱。建筑通常有两层或三层，前屋一般都是营业场所（至今仍是如此），而其余部分都用作居住之地。前屋后面阳光充裕，倡导自然通风，有时在底座部分还有一个小花园，而家庭佛龛通常都坐落于整栋建筑最突出、最吉祥的位置。使得该街区如此令人称叹的标志性外部特征包括粉彩画式的拱形或方形百叶窗，顶部是一个漂亮的玻璃扇尾，以及镶嵌式涂漆木门、精湛的金箔浮凸雕工、细致的灰泥雕塑和新古典主义风格的壁柱等。

国人和峇峇娘惹（马来西亚和中国）混血移民的地位及其传统的精彩视频和历史性照片。

定光堂（San Jao Saeng Tham）

沿着一条小巷穿过 Phang Nga 路 South Wind Books 书屋旁边的狭窄拱道即可抵达 · 开放时间：每天 8:30~12:00 &13:30~17:30

普吉岛中国移民的精神文化遗产至今仍被他们的子孙后代广为流传，尤其是一年一度非常壮观的素食节（见下文框中内容）。此外他们还在城镇各地修建了许多神殿，如**定光堂**，屋顶装饰有色彩鲜明的陶瓷塑像，如龙、鲤鱼和圣人雕像等，以明亮的蓝色、绿色和红色为主。

普吉岛蝴蝶园（Phuket Butterfly Garden）

Yaowarat 路北路口往前 2 千米 Sam Kong 村 Paneang 巷 71/6 号 · 每天 9:00~17:00 · B300 · ☎ 076 210861 · Ⓦ www.phuketbutterfly.com · 从镇中心乘坐嘟嘟车往返路程费用约为 B150

小孩子们一般都喜欢前往**普吉岛蝴蝶园和昆虫世界**游玩，环境优美，绿草如茵，共有 20 多个当地品种的成千上万只蝴蝶在此翩翩起舞，宛如人间仙境；此外这里还坐落着一个丝绸博物馆，记载了蚕勤劳短暂的一生，再加上蝎子、狼蛛和其他令人毛骨悚然的爬行动物等，让人大开眼界。

Ngan Kin Jeh：素食节

佛历九月初的 Ngan Kin Jeh **素食节**通常在公历 10 月或 11 月举办，历时 9 日（具体日期请登录 Ⓦ www.phuketvegetarian.com 查看），在此期间，普吉街道有游行、戏剧表演和各种食物小摊等，热闹非凡，而最令人称奇的高潮部分是一些用不锈钢棒刺穿脸颊和舌头的男女游行的场景。该节日标志着道教斋期的开始，世界各地虔诚的中国**道教信徒**都需连续吃斋一个月，其中最隆重的是普吉，是由岛上 5 家中国寺院里的信徒举办的。在经过六天的戒荤（素食节名字的由来）、戒酒、戒色，身着白衣的信徒们争先恐后地涌向当地寺院，而这里的击鼓节奏可使人变得精神恍惚，从而让神灵附体。为了证明他们发现了物质世界卓越的新奇事物，这些人用各种尖锐的工具（过去曾用鱼竿和汽车后视镜）将自己刺穿，然后再踏过火红的煤炭或锋利的剑梯从而进一步证明他们的超凡脱俗。此外，节日期间人们会载歌载舞，还有几乎从不间断的烟花表演，而普吉镇 Ranong 路的 Jui Tui 寺会举行最盛大的礼仪活动。

该仪式可追溯至 19 世纪中叶，当时有一个中国歌剧旅行团出现在普吉岛为岛上从事锡矿开采工作的中国移民表演助兴。他们在此待了将近一年的时候，有一天整个剧团和许多矿工都突发高烧，生命岌岌可危。后来他们意识到可能是因为自己忽略了长期敬重的神灵，于是这些演员们精心举办了仪式并坚持食用素食，很快大多数病人便已痊愈。自此以后每年都会举行该节日，但这个可能起源于印度教的自我禁欲仪式后来也发生了稍许改变。

抵达和离开

双条车 （有汽车辅助）会定时从镇中心 Ranong 路的集市出发前往各大海滩，全天服务，价格 B25~45。

信息

旅游信息 泰国旅游局办事处位于 Thalang 路 191 号（每天 8:30~16:30 Ⓣ076 212213 Ⓔtatphket @tat.or.th），但不值得亲自前往。

住宿

★ Baan Suwantawe Dibuk 路 1/10 号 Ⓣ076 212 879 Ⓦwww.baansuwantawe.com 这家公寓式酒店以二星级的价格提供四星级的客房，主要是为长期留宿的人准备的，不过也非常欢迎游客入住。宽敞美丽的空调房全都带有阳台，可俯瞰小泳池，房间设施包括电视机、宽带、冰箱和茶壶。虽然没有餐厅或酒店服务，但前台服务周到，且离老城镇也较近。**B1500**

Casa 104 Yaowarat 路 Ⓣ076 221268 Ⓔcasa-104 phuket@gmail.com 这家温馨舒适的酒店提供 4 间独特但没有窗户的客房，远离嘈杂的街道，位于一座法国酒馆后面，后面是一座美丽的花园，绿树成荫；所有房间都有空调、平板电视和热水浴室。房价包括自制面包等欧式早餐。**B1200**

Crystal Inn Hotel Montri 路 Surin 巷 2/1-10 号 Ⓣ076 256789 Ⓦwww.phuketcystalinn.com 这家美丽时尚的当代奶白色建筑共有 54 间小客房，位于市中心，装饰有深色木质家具，非常流行，价格实惠。所有房间都有空调，且楼下可上网。房价包括早餐。**B950**

On On Hotel Phang Nga 路 19 号 Ⓣ076 211 154 这家 20 世纪 20 年代的殖民地风格雄伟建筑长期以来一直是游客的最爱，提供非常便宜的客房。房间设施简单，薄薄的墙壁、有洞的地板以及古老的抽水马桶，但设施齐全；最便宜的客房需共用浴室，最昂贵的客房有空调。大堂里有 Wi-Fi、网吧和旅行代理机构。共用浴室房 **B180**，独立卫浴房 **B250**，空调房 **B400**

Phuket Backpacker Hostel Ranong 路 167 号 Ⓣ076 256680 Ⓦwww.phuketbackpacker.com 这家深受欢迎的旅馆提供各种旅游线路和信息，楼下还坐落着一个热闹的酒吧。宿舍房可入住 10 人，但宁静的后花院有一些干净美丽的小风扇房，有电视和热水淋浴。可上网，有免费 Wi-Fi，提供自行车租赁及看电影的公共房。风扇宿舍 **B250**，空调宿舍 **B300**，风扇双人房 **B550**，空调双人房 **B650**

Royal Phuket City Phang Nga 路 154 号 Ⓣ076 233333 Ⓦwww.royalphuketcity.com 这家雄伟的高楼商务酒店带有大泳池、健身房、商务中心并提供色彩柔和、明亮舒适的空调房，其中大多数可看到城市的美丽景色，且都有宽带连接。**B2200**

Sino House Montri 路 Ⓣ076 232494-5 Ⓦwww.sinohousephuket.com 这家美丽大气的公寓式酒店装饰有中国艺术风格的文物及精美饰品，坐落于醒目的艺术装饰建筑中，提供宽敞且色彩柔和的客房，房间设施包括空调、冰箱、DVD 播放器、免费 Wi-Fi、咖啡机和欧式早餐。酒店还提供餐馆和雨林 SPA 以及一些旅游设施，但没有泳池。**B2000**

Thalang 37 Guest House Thalang 路 37 号 Ⓣ076 214225 Ⓦwww.thalangguesthouse.com 这栋 20 世纪 40 年代中葡建筑铺有木地板，位于老城镇最美丽的街道之一，虽然设施简单，但风格独特，价格实惠。共有 12 间风扇房和空调房，空间宽敞且有独立卫浴，其中最好的客房位于顶层，提供美丽的全景。此酒店非常流行，因此需提前预订；房价包括简单早餐。风扇房 **B400**，空调房 **B500**

餐饮

普吉镇聚集了岛上所有的泰国美食，非常值得前往。和泰国其他地区的泰国人不同，相比起米饭，普吉岛民早饭更喜欢吃面食，尤其是细长的 khanom jiin 面，这是用米粉以不同的火候制成，再加以咖喱酱，非常美味，是当地的特色菜肴，下列餐馆都有提供。

Bo(ok)hemian Arthouse Thalang 路 61 号 这家洋溢着艺术气息的小咖啡馆提供卡布奇诺咖啡（B60）、免费 Wi-Fi、DVD 租赁等，偶尔还会播放电影。每天 10:00~21:00

China Inn Café Thalang 路 20 号 Ⓣ076 356239 这家翻修过的美丽古老房屋和庭院花园吸引了大批客户前来用餐，不过这里的菜肴也非常不错，提供各种泰国美食，如泰式炒面（B190）和辛辣沙拉等，还有一些西方尤其是意大利美食，如美味的马苏里拉沙拉（B290）等。这个位于路边的艺术店铺还陈列着许多亚洲古董、纺织品和漆器。旺季期间周一至周三 11:00~18:00，周四至周六 11:00~22:00；淡季期间周一至周六 11:00~18:00

Ka Jok See Takuapa 路 26 号 ☎076 217903。这家餐馆坐落于一栋美丽的传统店屋中（没有标记），提供各种令人垂涎欲滴的美食荟萃，价格昂贵（B1500）且洋溢着热情友好的用餐氛围。复杂精美的主食，用清脆面条包裹着的 goong sarong 虾在整个普吉岛都赫赫有名。需提前预订。周二至周日 19:30~22:30

★ **Natural Restaurant(Thammachat)** Putorn 巷 62/5 巷 ☎076 214037 这家闲适、氛围轻松的餐馆被盆栽围绕，环境优美，吸引了大批客人前来享用晚餐，不仅提供 200 多种菜肴，且价格实惠（主食在 B100 左右）。特色菜肴包括辣椒酱炒鲈鱼、穆斯林草药炸鸡、大蒜辣椒软壳蟹以及香味扑鼻的普吉绿豆沙拉。每天 10:30~23:30

On On Café Phang Nga 路 这家环境温馨的咖啡馆提供便宜的泰国和中国菜肴以及早餐等，包括快餐（"美国"式早餐价格 B120）和特浓咖啡。周一至周六 7:00~19:00，周日 7:00~12:00

Sanaeha Yaowarat 路。这家热闹时尚的酒吧坐落于一处古老豪宅内，色调以蓝色和白色为主，装饰有枝形吊灯和镜球，21:00 过后中央舞台上还有乐队现场演奏爵士等。每天 18:00/19:00~00:30

Siam Indigo Phang Nga 路 8 号 ☎076 256697 Ⓦwww.siamindigo.com 这家集酒吧餐馆和衣服精品店为一体的店铺坐落于一栋百年老房中，带有美丽的后院，且装饰着各式各样的吊灯、红色天鹅绒窗帘以及引人注目的影视明星马赛克肖像。餐馆提供当地特色菜肴和小吃，如 prik kung siab（香辣虾米，B120）；17:00~19:00 为 Happy Hour 优惠期。每天 14:00 营业至深夜

Soi Romanee 这条位于 Dibuk 路和 Thalang 路之间的连接小巷非常美丽，四周有盆栽装饰，色彩美丽柔和，且装饰有老城镇独特的灰泥雕塑，共有 6 间小咖啡酒吧，桌椅一直蔓延至人行道上，只为让游客欣赏美丽壮观的建筑。

7

娱乐活动

Siam Niramit Phuket 剧场 城镇北部 Chalerm Prakiat 路附近 ☎076 335000 Ⓦwww.siamniramit.com 这家最新开放的剧场提供 70 分钟的表演，梦幻般的服饰、庞大的演员阵容、高科技的效果，再加以令人惊奇的杂技表演和绚丽的特技，将泰国传统戏剧以新奇的面貌呈现在游客面前。门票 B1300 起。每天 20:30 开放，周二休息

购物

普吉岛大多数手工艺品和古董店铺都坐落于 Yaowarat 路和 Rat Sada 路这两条繁华的购物街，而 Thalang 路东口的店铺主要提供各种价格昂贵的纱笼，大多是缅甸、马拉西亚和印度尼西亚设计风格。《泰国南部艺术与文化》（*Art and Culture South*）是一本非常有用的英文免费季刊，可在泰国旅游局和其他销售点获得，上面记录着城镇及其周围店铺和艺术画廊的详细信息。

The Books Pheket 路 提供各种新上市的英文书籍和杂志，角落里有咖啡，且提供上网服务。每天 8:30~21:30

South Lvind Books Phang Nga 路 这家规模较大的书店供应各类二手书。周一至周六 9:00~18:00，周日 10:00~15:00

附录

旅行社 Phang Nga 路 On On 酒店大堂里的 Mark Travel 旅行社（☎076 225741/081 693 6207）提供各种各样的交通票务服务，非常有用，包括便宜的船票等，还安排各种活动和一日游行程。

迈考海滩（Hat Mai Khao）

长 17 千米的**迈考海滩**是普吉岛最长、最安静的海滩，坐落于西北海岸，起点位于萨拉辛大桥堤道以南 3 千米左右，终点就在机场北侧（距普吉镇 34 千米）。海岸线上坐落着美丽的木麻黄和棕榈树林，枝繁叶茂，绿树成荫，至今仍保留着天然的气息，没有经过大肆商业开发。由于在 10 月 ~ 次年 2 月期间，有一些巨型海龟会在此产卵，被作为**斯瑞纳国家公园**（Sirinath National Park）的一部分受到保护。

住宿

迈考海滩

迈考海滩的住宿大多都是五星级别：有 6 家豪华酒店坐落于倾斜的海岸线后面的海滩北端，只可通过私人道路抵达，附近没有公共交通。由于此地的回头浪非常汹涌且变幻莫测，因此大多数度假村都会提供泳池。

★ **Anantara Phuket Villas** ⓣ 076 336100~9 ⓦ www.anantara.com 这家酒店环境优美，周围有礁湖，所有别墅都有自己的跳水池、户外浴室和花园大厅，非常僻静，且内饰华丽，提供古董家具、深色木地板、试衣间、咖啡机和免费 Wi-Fi 等。此外，酒店还提供各种令人印象深刻的免费活动，包括帆船和瑜伽、儿童俱乐部、美丽的 Spa 馆，酒店精美的餐厅 Sea Fire Salt 还提供精致的海鲜美食。淡季期间房价有时会打五折。B18000

JW Marriott Phuket Resort and SPA ⓣ 076 338 000 ⓦ www.marriott.com 这家豪华度假村提供高标准服务以及装饰精美的客房、SPA 馆、两个网球场，且有至少 7 家餐厅。酒店还提供 2 个泳池、一个设备齐全的儿童娱乐馆、一流的运动器材和一望无垠的草坪，深受家庭游客的喜爱。B6960

Mai Khao Beach Bungalows ⓣ 081 895 1233 ⓦ www.mai khaobeach.wordpress.com 这家酒店共提供 6 间独立卫浴平房，坐落于海岸后面 Holiday Inn 酒店旁广阔的草坪上，椰子棕榈树下还悬挂有吊床。酒店还有一间餐厅和摩托车租赁服务，除此之外别无其他。抵达该酒店最快捷的方式是从普吉镇乘坐汽车：4 千米后在 402 号公路的 Thachatchai 警察岗亭处下车，然后打电话让酒店来接。雨季期间 8 月闭门停业，有时会更长。风扇房 B900，空调房 B1300，热水空调房 B1800

Sala Phuket ⓣ 076 338888 ⓦ www.sala phuket.com 这里的别墅庭院以独特的中式现代建筑为主，以冷白色或银色为主色调，装饰有五颜六色的盆栽植物，吸引了许多情侣到此度假，尤其是度蜜月的新婚夫妇，非常喜欢这里的风格和隐秘性，特别是泳池别墅。酒店还提供带有精致柔软沙发的美丽露天海滨休息区，以及屋顶露台、SPA 馆和三个泳池。房价包括早餐和 Wi-Fi。B10100

7

奈扬海滩（Hat Nai Yang）

长而蜿蜒的**奈扬海滩**位于迈考海滩以南 5 千米，普吉镇以北 30 千米，部分属于斯瑞纳国家公园的保护范畴，且商业发展较少。海湾上坐落着大片木麻黄树和白千层树，绿树成荫，树荫底下还坐落着十几家海鲜小餐馆及一个低层楼的旅游小村庄，一些旅行社、住宿旅馆、自动取款机、按摩馆、网吧和潜水店铺都聚集于此。这是一片清澈干净的海滩，其南端非常适合游泳，从旅游村庄往北步行 15 分钟即是斯瑞纳国家公园总部（如果自驾前往奈扬海滩，在主要道路和海滩交会处左转是旅游村庄，右转是国家公园），在距其 1 千米的海上区域坐落着美丽狭窄的**珊瑚礁**（乘坐长尾船 10 分钟即可抵达）。

抵达和离开　　　　奈扬海滩

出租车 奈扬海滩位于机场以南 2 千米，乘出租车至此约 B150。

双条车 偶尔会有双条车服务（B35，全程 105 分钟）往返于普吉镇和奈扬海滩之间。

住宿

Indigo Pearl ⓣ 076 327006 ⓦ www.indigo-pearl.com 这里的豪华客房和别墅可俯瞰海滨大道南端种植园风格的美丽花园；酒店设施包括类似于礁湖的珍珠状咸水泳池、潜水店、创造性活动中心、SPA 馆和儿童俱乐部。房间内部以金属色为主，铺有水泥地板，工业艺术风格装饰，让人不禁联想起普吉的锡矿开采历史，但舒适的家具又为其增添了一丝柔美的气氛，此外还有美丽的阳台和许多绿色植物。B11700

Nai Yang Beach Resort ⓣ 076 328300 ⓦ www.nai yangbeachresort.com 这家一流的中上等度假村酒店坐落于海滩南端，提供舒适的现代化白色空调房，带有迷人的深色木质家具，大多分布在美丽热带花园周围两层和三层楼高的侧翼中；此外，酒店设施还包括三个泳池、一个潜水中心以及 Wi-Fi 提供。房价包括早餐。B2700

餐饮

奈扬旅游村里的海滨小餐馆在当地非常有名，以海鲜烧烤为主（还有用木材烤制的新奇比萨），树下阴凉处有座席，沙滩上有餐桌，晚上还提供烛光晚餐，氛围浪漫而静谧。

The Beach Club 旅游村为数不多的几家海滨小酒吧之一，气氛凉爽舒适，或在低矮的桌椅上，或在海滩带有三角垫的躺椅上喝一杯，非常惬意。Happy Hour 为 15:00~17:00 & 22:00~23:00。每天 12:00~次日 1:00

Black Ginger Indigo Pearl 酒店 ⓣ 076 327006 该酒店的黑色大厅大气豪华，是真正一流的浪漫用餐之地。提供各种经典菜肴（B300 起），包括普吉红色椰子咖喱龙虾、加有香菜和草药的新鲜越式米粉酿虾煎饼，以及当地特色鱼片黄色咖喱 kaeng leuang。每天 18:30~23:00

奈通海滩（Hat Nai Thon）

奈扬海滩往南的下一个海湾是小而美丽的500米长金色沙滩**奈通海滩**，乘坐长尾船只需很短时间即可抵达美丽的珊瑚礁，是顶级浮潜之地。大多数店铺、酒店和餐馆都坐落于狭窄海滨小道的内岛一侧，但仍然洋溢着低调的乡村气息。

抵达和离开

奈通海滩

由于双条车需绕道公路，且途中出租车稀少，因此大多数游客会选择租借交通工具自驾前往。

住宿

7

Andaman White Beach Resort ☎076 316300 🌐www.andamanwhitebeach.com 该度假村酒店位于南海角以南2千米僻静的悬崖旁，最后通往美丽的私人海湾，既有白色沙滩，也有海水碧绿（有时被称为小奈通海滩），酒店提供豪华客房和别墅，风景无与伦比，还有一些专门为家庭游客设计的客房，此外，酒店还提供40米长的泳池、Spa馆和Wi-Fi。B7750

Naithonburi Beach Resort ☎076 318700 🌐www.naithonburi.com 这个气势雄伟的度假村共有200多间漂亮的空调房，分布于巨大泳池旁的U形建筑中，其中一些可直达泳池，但看不到海湾景色。B2800

班涛海湾（Hat Bang Tao）

班涛海湾曾是锡矿的开采地，经过重新美化，如今该海湾已坐拥礁湖、公园以及普吉最好的18洞高尔夫球场，此外，气势雄伟的“综合度假胜地”Laguna Phuket度假村就坐落于此，度假村的7家豪华酒店都分布在此地令人印象深刻的8千米长海岸线上。该海湾远离芭东海滩的嘈杂与喧嚣，深受家庭游客的喜爱，但海岸边暗流汹涌，使得许多游客只能使用酒店泳池。7家酒店之间有免费交通运行，且提供各种休闲体育活动设施，还设有一个购物中心。

抵达和离开

班涛海湾

白天每半小时就有一班双条车（B25，全程75分钟）会从普吉镇出发前往24千米外的班涛海湾，或者你也可以乘坐度假村穿梭巴士或租借小汽车前往。

住宿

Laguna Phuket ☎076 362300 🌐www.lagunaphuket. com 网站有时会提供Laguna7家酒店的优惠房价，但以家庭游客为主的Best Wester Allamanda Laguna 酒 店（☎076 362700 🌐www.allamanda.com）共提供150间带有小厨房和独立客厅的公寓式套间，且价格是7家酒店中最便宜的（B5000）。唯一一家经常有上流社会和体育明星出没的Bangan Tree Phukec（☎076 324374 🌐www.banyantree.com）提供坐落于私人花园的豪华别墅，其中大多数都带有私人泳池，以及休闲舒适屡获殊荣的Bangan Tree水疗中心（B20000）。

素林海滩和攀西湾（Hat Surin & Ao Pansea）

班涛海湾以南，松树角（Laem Son）附近坐落着美丽的**素林海滩**，每逢周末，普吉岛民都会到此游玩，远离世俗喧嚣，且吸引了大批外籍人士，入住小而美丽的海滩后面不断扩大的内岛公寓。但如今海岸上挤满了日光躺椅和海滨餐馆，很难欣赏到从前的美景。不仅提供一流高档的餐饮和购物设施，这里的主要消遣是海滨用餐和饮酒。素林海滩北海湾的**攀西湾**非常宁静，两者之间只有一岩石海角相隔。

抵达和离开

素林海滩和攀西湾

双条车 白天普吉镇和素林海滩之间有双条车运行，约每30分钟1班，全程24千米，价格B30。

住宿

Amanpuri Ⓣ 076 324333 Ⓦ www.amanresorts.com 该僻静的度假村不似攀西海湾的喧嚣嘈杂，通常是泰国王室和好莱坞影星的聚集之地，大多都会选择有管家管理的楼亭之中，其中一些有自己的泳池，可在水疗中心放松心情，也可包租酒店游艇。B31500

Benyada Lodge 素林海滩路 103 号 Ⓣ 076 271 261 Ⓦ www.benyadalodge-phuket.com 这家坐落于海滨小公园对面的酒店共提供 30 间高标准服务的客房，为清新明亮的现代风格，此外还提供屋顶泳池和酒吧餐馆。所有宽敞的空调房里都提供 Wi-Fi、热水淋浴、电视和冰箱。房价包括早餐。B2800

Surin Bay Inn Hat Sarin 路 106 号 Ⓣ 076 271 601 Ⓦ www.surinbayinn.com 这家酒店坐落于 Benyada Lodge 酒店旁边的餐馆和酒吧之上，提供宽敞且带有空调、热水淋浴、免费 Wi-Fi、电视和冰箱的美丽客房。房价包括早餐。B1800

餐饮

Opus One Ⓣ 076 386562 Ⓦ www.opusonephuket.com 这栋别致雄伟、明亮宽敞的建筑集休息室、酒吧和酒馆为一体，以黑色和红色为主色调，提供非常美味的菜肴，如大份蘑菇和松露烩饭（B450）；周五 21:30 还会提供现场灵魂乐队演奏。每天 18:00~ 次日 00:00/ 次日 1:00，厨房 22:00 歇业

Taste Ⓣ 076 270090 Ⓦ www.tastesurinbeach.com 这家精致的海滨餐馆和艺术长廊提供非常有名的海鲜食物，如加有柠檬和黄油酱的清蒸红鲷鱼片（B390）以及野生姜和青椒虾（B390）。周二至周日 14:00~ 次日 00:00

7

甘玛拉海滩和林赛海岬（Hat Kamala & Laem Singh）

甘玛拉海滩上坐落着一些色彩柔和的房屋，没什么高楼大厦，旅游发展比较低调，且以中档市场为主，类似于一座小村庄，被夹在海滩和以穆斯林为主的甘玛拉镇之间，位于芭东—素林主要道路以西 300 米，芭东以北 6 千米，普吉镇西北方 26 千米。大多数住宿旅馆、店铺、餐馆和其他旅游服务设施都聚集在 Rim Had 路（又可拼写为 Rim Hat）的街道两侧，虽然选择有限，但比大度假村更舒服。沿着 Rim Had 路越往北，海滩越漂亮宁静，主要地段上的餐馆还会提供太阳躺椅租赁服务。该区域部分地段背靠穆斯林墓地，所以一定要尊重当地风俗，衣着端庄得体，避免过分暴露。

甘玛拉在 2004 年**海啸**中受到了极大破坏，许多居民丧生于此，海滨的学校、寺院及不计其数的房屋和企业大厦都被夷为平地。虽然经过大力重建，大多数灾后痕迹都已清除，但坐落于 Print Kamala 酒店对面公园里的铜像雕塑却见证了这一次毁灭性的灾难。

甘玛拉海滩东北方约 1 千米有两条陡峭的山路，是芭东—素林主干道向西的支路，可通往**林赛海岬**，这个美丽的小沙滩海湾拥有碧绿的海水、光滑的花岗岩巨石，风景优美，如诗如画，是普吉岛最精美的海滩之一。此外，这个僻静的海湾非常适合游泳，林荫遍地，非常凉爽。

抵达和离开

甘玛拉海滩和林赛海岬

双条车 前往甘玛拉海滩最便宜的方式是在普吉镇搭乘双条车（白天约 30 分钟 1 班，全程 75 分钟；B35）。

住宿

甘玛拉海滩深受长期度假者的喜爱，因此一些酒店会提供带有小厨房的客房；也有规模较小的酒店。

Benjamin Resort Rim Had 路 83 号，海滨大道南端学校对面 Ⓣ 076 385146-7 Ⓦ www.phuketdir.com/benjaminresort 该度假村坐落于海滩之上，堪称是甘玛拉海滩最好最实惠的酒店，共提供 37 间空调房，虽然缺乏特色，但非常接近大海。除了最昂贵的客房外，其他房间的海景都或多或少被挡住一些，但客房宽敞，内饰基本相同，所有房间都提供阳台、冰箱、电视、热水和早餐，还可使用外面的太阳躺椅。B500

Coconut Garden Police Statisn 小巷 Ⓣ 081 477 3331 Ⓦ www.coconutgarden.se 该酒店共提供 12 间宽敞但设计普通的水泥空调平房，其中两张和三张床位的客房坐落于中央海滩南端更美丽的地段；所有房间都带有空调、热水淋浴、冰箱、电视和 DVD。B2000

Kamala Dreams Rim Had 路 74/1 号 Ⓣ 076 279 131 Ⓦ www.kamaladreams.net 这家坐落于旅游村中央地段海岸之上的美丽小酒店聚集了所有甘玛拉最

美好的事物。共提供 18 间宽敞的现代风格客房且所有房间都带有空调、电视、小厨房和大阳台，可俯瞰泳池和大海。B2300

Malinee House Rim Had 路 75/4 号 ☎081 691 7879 🌐www.malineehouse.com 这家友好的旅馆坐落于旅游村中央，提供上网服务，且楼下有 Jackie Lee 旅行代理机构，楼上是宽敞舒适且色彩柔和的空调房，包括阳台、热水和冰箱。B1000

Print Kamala Resort Rim Had 路 74/8 号 ☎076 385396-8 🌐www.printkamalaresort.net 这家该海滩最好的酒店坐落于类似村庄的庭院中，提供空间宽敞的平房，中间由抬高的步行栈道连接，附近是热带巴厘岛风格的花园。所有平房装饰精致，提供空调、独立客厅和宽敞阴凉的露台。此外酒店侧翼还有一些无趣但昂贵的客房和一个大泳池。房价包括早餐。B3500

餐饮

大多数餐馆和酒吧都坐落于海滩之上，尤其是 Prin Kamala 度假村往北的沿海地带；海鲜是这里的一大特色，还可将脚埋在沙滩里。

Rockfish Kamala Beach Estate 酒店 ☎076 279 732 🌐www. rockfishrestaurant.com 这家由澳大利亚人经营的餐馆坐落于南部海角，环境优美，且提供全岛有名的美食，以亚洲风味和海鲜食物为主，如酸角酱虎虾（B600）或蓝色螃蟹和芒果沙拉开胃菜（B350）；早餐和午餐时段还提供简单便宜的食物。每天 8:00~22:00

7

娱乐活动

普吉幻多奇（Phuket Fanta Sea） 甘玛拉海滩东北方约 1 千米，芭东—素林主道沿途 ☎076 385111 🌐www.phuket-fantasea.com 这家巨大的幻多奇娱乐建筑场所提供令人赏心悦目的高科技大型壮观“幻想王国文化幻影展”，有威亚飞人、杂技、烟火、魔术、喜剧和传统舞蹈等节目，但小象马戏团表演有点令人沮丧。B1500 或 B1900 包括平平无奇的预展晚宴。每天 21:00，周四休息

芭东湾（Ao Patong）

普吉岛的所有海滩中，最繁忙、最流行的就是芭东湾，位于甘玛拉海湾以南 5 千米，普吉镇以西 15 千米，但由于过度开发，不建议游客前往。如今海滨大道两旁高楼林立，挤满了各种各样的旅行社和纪念品店，且随处可见不知疲倦又令人心生厌恶的兜售者。入夜后，这里的色情酒吧和脱衣舞女郎吸引了越来越多的西方单身男性来到这片位于曼谷和合艾之间的香艳之地，享受纸醉金迷的夜生活。而另一端宽阔的 3 千米长海滩上拥有精美的沙滩及大量供游客纳凉的阳伞，天黑后有数百店铺和酒吧以及大量的一流餐馆可供你随处闲逛。

抵达和离开

芭东湾

双条车 从普吉镇东北方出发前往芭东（约 15 分钟一班，6:00~18:00；全程 30 分钟；B25），先沿着单向道路 Raja Uthit Song Roi Phi 路（又称 Raja Uthit 200 Phi 路）往南行驶，然后沿着 Thavee Wong 路（也是单向）往北绕回，途经 Patong Merlin，双条车返回时都会在此地等候乘客上车。

周边交通

National 租车公司（☎076 340608 🌐www.nationalcarthailand.com）在 Holiday Inn 酒店设有办事处；而当地的 Budget 位于 Patong Merlin 附近（☎076 292389 🌐www.budget.co.th）；Thavee Wong 路上的任意一家运输公司都可提供吉普车和摩托车租赁服务。或者也可以询问四处闲逛的嘟嘟车，但度假地短途价格可能会高达 B200。

信息及旅游线路

大多数旅行社的办事机构都位于 Thavee Wong 路的南半段，提供各种各样的一日游旅行线路和活动项目（见 p.547 框中内容）；许多潜水经营商也都坐落于此（见 p.565 框中内容）。

住宿

芭东地区很少有价格低于 B900 的住宿地，也没有背包客旅馆，但所有高档酒店提供一流设施，且价格合理。

The Album Sawatdirak 路 29 号 ⓣ076 297023 ⓦwww.thealbumhotel.com 这家城市风格的小精品酒店共提供 22 间设计精美的空调房，且都带有宽屏电视、DVD 播放机、免费 Wi-Fi 和美丽阳台。4 楼屋顶露台还有个小按摩池，房价包括欧式早餐和傍晚茶。B2900

Amari Coral Beach Resort Traitrang 路 104 号 ⓣ076 340106 ⓦwww.amari.com 这家坐落于海湾最南端海角僻静小海滩上的高档泰国连锁酒店提供带有可欣赏美丽海景阳台的现代风格客房、2 个泳池、浪漫 SPA 设施、网球场和几间餐厅。环境优美，地处偏僻；由于酒店坐落于斜坡之上，因此无交通工具的游客比较麻烦。B5700

Hemingway's Saen Sabai 巷 179/95-8 号 ⓣ076

7

343264-5 Ⓦ www.patonghemingways.com 这家酒店提供美丽时尚的现代空调客房，色调以黑色和红色为主，且带有小小的热水卫浴、电视、冰箱和免费 Wi-Fi。楼下的柳条藤椅和老式天花板风扇都使人联想到海明威，但该酒店最大的亮点是屋顶露台小泳池、按摩池和酒吧，可看到周边美丽山景。B2500

★ Holiday Inn Phuket Thavee Wong 路 86/11 号 Ⓣ 076 340608 Ⓦ www.phuket.holiday-inn.com 这家运营良好的创新高档连锁酒店提供美丽的现代客房，位于海滩马路对面的两栋风格迥异的侧翼中，洋溢着轻松质朴的气氛。其中最豪华的 Busakorn 别墅拥有互连池且每个侧翼都有美丽的大泳池，外加一些餐厅和一系列有趣的活动项目。该酒店以家庭游客为主，为儿童提供特殊的"儿童套房"、全天式儿童俱乐部及一个青少年俱乐部和两个儿童泳池。此外还有轮椅房。房价包括早餐和 Wi-Fi。B6300

7

Impiana Phuket Cabana Thavee Wong 路 94 号 Ⓣ 076 340138 Ⓦ www.impiana.com 这家度假村酒店坐落于海滩之上，提供设计高雅的空调小屋，附近有小花园和美丽泳池；还有儿童泳池和 Spa 馆。B7600

Novotel Phuket Resort Phra Barami 路 /Hat Kalim 路 Ⓣ 076 342777 Ⓦ www.novotelphuket.com 这家舒适豪华的连锁酒店建立于卡利姆海湾的山坡上，度假村北面非常安静，步行 10 分钟或搭乘城镇免费短驳车即可抵达芭东主要海滩和店铺，且离一些高档酒店非常近。酒店坐落于斜坡上美丽的热带花园中，提供顶级的海景，拥有各种活动及一个多级泳池深受家庭游客喜欢。B4500

Patong Bay Garden Resort Thavee Wong 路 33/1 号 Ⓣ 076 340297-8 Ⓦ www.patongbaygarden.com 这家美丽的中型酒店坐落于海滩上，共提供 71 间客房，其中最顶级的"工作室"客房拥有芭东中央非常独特的海景。其他客房可看到小海滨泳池或压根看不到海景。房间设计精美，且都带有空调、免费 Wi-Fi 和电视。房价包括早餐。B3200

Sand Inn Saen Sabai 巷 171 号 Ⓣ 076 340275 Ⓦ www.sandinnphuket.com 这家坐落于酒吧云集的 Bangla 路东面的酒店共有 30 间稍显拥挤的精致空调客房，但服务一流，且方便享受夜生活。所有房间提供电视、热水淋浴和冰箱，楼下有 Euro Deli 餐馆，可使用小巷不远处的小泳池。B1600

Shamrock Guesthouse Raja Uthit Song Roi Phi 路 31 号，The Deli 超市之上 Ⓣ 076 340991 Ⓦ www.deliguesthouse 这家坐落于度假村北端的三层楼酒店提供舒适实惠、干净美丽的宽敞空调客房，色彩明艳，且都带有电视、冰箱和保险箱。建筑北面的客房稍好些，更凉爽，有阳台且远离附近爱尔兰酒吧的嘈杂喧嚣。B800

餐饮

芭东的大多数饮食都比较普通，但在供应从匈牙利至瑞典"家庭菜肴"等各种食物的小咖啡馆中你会发现一些声誉较好、建立时间较长的高档摊位；下列所有餐馆都建议提前预约。若想品尝价格实惠的泰国快餐食物，可前往 Jung Ceylon 的 Food Haven 美食中心，坐落于 Raja Uthit Song Roi Phi 路北面的 Patong Food Park 夜市从 17:00 左右就会开始提供各种当地特色菜肴，南面 Royal Paradise 酒店对面还坐落着一排海鲜餐馆。

★ Baan Rim Pa Hat Kalin 路 Novotel 酒店对面 Ⓣ 076 340789 Ⓦ www.baanrimpa.com 这家普吉岛最有名最精致的餐馆之一环境优美，坐落于悬崖顶部的柚木建筑里，可俯瞰整个海湾，而其分布在露台上的餐桌可看到美丽的海景。该餐馆提供经典的"泰国王室"美食（主菜价格 B400 左右），包括香蕉花沙拉、奶油鸭肉咖喱、酸角酱炒虎虾以及储量丰富的酒窖。Piano Bar 每晚都会提供现场爵士演奏。每天 13:00~ 次日 00:00

Da Maurizio Hat Kalim 路 Novotel 酒店对面 Ⓣ 076 344079 Ⓦ www.damaurizio.com 这家高档的意大利餐馆地处优越，坐落于海滨的岩石之上。提供正宗的开胃菜和自制面食，如扇贝宽面和辣番茄酱蘸蟹，还有普吉龙虾和其他美味海鲜以及各种酒类饮品等。主菜价格 B450 起。每天 12:00~23:00

Sala Bua Thavee Wong 路 41 号 Ⓣ 076 340138 Ⓦ www.sala-bua.com 这家美丽时尚的海滨餐馆附属于 Inpiana Phuket Cabana 酒店。提供创新的太平洋周边和泰国菜肴，价格昂贵，包括凯金风格的豆豉酱红鲷鱼（B485）以及青芒果奶昔糯米寿司卷等（B250）甜点。每天 6:00~ 次日 00:00

★ The Sea Hag Dr Wattana 巷（Permpong 3 巷）Ⓣ 076 341111 Ⓦ www.kenyaphuket.com 这家餐馆的主厨已经在此掌勺 24 年，可烧制出一流的海鲜食品，许多外籍酒店老板都会到此享用美味的芭东食物。提供各种泰国风格的鱼类菜肴和海鲜。家 B200~400。每天 12:00~16:00& 18:00~ 次日 00:00

Terrazzo Holiday Inn Phuket 酒店，Thavee Wong 路 86/11 号 Ⓣ 076 340608 Ⓦ www.phuket.holiday-inn. com 提供美味香脆的薄比萨饼（B300 左右）及各种可口面食，包括自制馄饨和汤圆，坐落于美丽的开放式花园中，且有一个位于主要海滨大道的流行椭圆形酒吧。每天 18:00~23:15

White Box Hat Kalim 路 Novotel 酒店以北 1.5 千米 Ⓣ 076 346271 Ⓦ www.whiteboxphuket.com 这家美丽精致的现代立方体水畔餐馆和酒吧

设计独特，从其窗户可看到美丽的全景图，吸引了大批名人和颇具时尚意识的外籍人士。提供泰国和地中海混合菜肴，价格昂贵（主食 B480 起），特色菜如加有薄荷和生姜的普吉龙虾烧烤、生牛肉片以及烤鸭红咖喱，餐前餐后还可前往屋顶沙发稍作休息。每天 11:00~23:30

夜生活及娱乐活动

入夜后，大多数游客都会前往 Bangla 路步行街享受灯红酒绿的芭东**夜生活**，且到处都是成群结队的普吉游客，从年迈夫妇和推着婴儿车的年轻父母到盛装打扮的年轻人，各式各样。比较单纯的游客大都前往 Bangla 路的 Crocodile 巷，又称人妖巷，在巷口舞台上聚集着许多装束大胆且表情可爱的人妖，付钱后可与他们合照。但 Bangla 路上有许多遍布着酒吧的小巷，主要以露天的色情酒吧和霓虹灯脱衣舞俱乐部为主，纸醉金迷，彻夜不眠。芭东的大多数酒吧都有便车服务且欢迎夫妇和女性游客的到来，但也有一些其他选择，如下文所示，大多都是环境高雅的酒吧。如果你晚上想单独（或和孩子）一起做些其他事情，可前往普吉幻多奇（见 p.558）观看西蒙卡巴雷特人妖秀或其他壮观的表演。此外，Jung Ceylon 购物中心还有一个 SF **电影城**，共有 7 个屏幕。

Full Moon Brewwork Raja Uthit Song Roi Phi 路，Jung Ceylon 购物中心港口区 Ⓦ www.facebook.com/ fullmoonbrewwork 这家酿酒厂最好的酒类是黑啤酒，微苦，仿佛能够抚平那些英国游客的思乡情绪，此外这里还提供如冬荫功汤（B145）等美食佳肴。楼上有现场音乐演奏（每天 19:30~22:00，周二、周四除外）。每天 11:00~ 次日 00:00

Molly Malone's Thavee Wong 路 94/1 号 Ⓦ www.mollymalonesphuket.com 这家由泰国人和爱尔兰人合开的连锁酒吧提供桶装 Guinnes's 和 Kilkenng 黑啤，提供国际体育电视节目，21:30 起有乐队现场演奏摇滚，还提供桌球、啤酒小花园，环境简单，没有脱衣女郎。每天 10:00~ 次日 2:00

Seduction Bangla 路 Happy 巷 Ⓦ www.seducti-on disco.com 这家 3 层楼高的酒吧和俱乐部聚集着许多情侣及其他单纯前来跳舞的人们，提供相当舒适的休息区域、高科技灯光效果及天主教音乐，偶尔还有鼎鼎大名的国际 DJ 表演。午夜前免费，午夜后 B200。每天 22:00~ 次日 4:00

Simon Cabaret 芭东南端 Prachanukho 路 Ⓣ 076 342011-5 Ⓦ www.phuket-simoncabaret.com 这是一个由人妖剧团出演的华丽盛会，非常有名。有点类似于好莱坞风格，虽有些有伤风化，但并不低俗，深受旅游团和家庭游客的喜爱。B700。每晚 18:00、19:45&21:30 表演

Surface Bar Thavee Wong 路 39 号，La Flora Resort Patong 酒店顶楼 Ⓣ 076 344241 这个酒店宽敞的顶楼露台酒吧是享受西暮酒的最佳场所，可享受舒适的大沙发。此外，不仅有美丽的海景，还能感受凉爽的海风。每天 17:00~ 次日 00:00

购物

Jung Ceylon Raja Uthit Song Roi Phi 路 Ⓦ www.jung ceylon.com 即使不前往普吉镇中心，也可在这个目前最好最干净舒适的购物中心购物，设计清新雅致且宽敞明亮，有喷泉和广场休息区，以及不计其数的商店和餐馆。购物中心内坐落着 Robinsons 百货公司，而其前端底楼还有 Boots 药妆和 Asia Books 书店（提供英文书籍、杂志和报纸），地下还有泰国手工艺品商场。每天 11:00~22:00

附录

出入境管理局 普吉岛出入境管理局芭东分部（仅提供信息）位于 Thavee Wong 路 Sala Bua 餐馆旁（Ⓣ 076 340477；周一至周五 10:00~12:00& 13:00~15:00）。

邮局 Thavee Wong 路（每天 9:00~19:00）。

旅游警察 Thavee Wong 路出入境管理局前面（Ⓣ 076 340244/1155）。

卡伦湾（Ao Karon）

卡伦湾是普吉岛仅次于芭东的第二大度假地，为广大游客所喜爱。虽远不如芭东海滩热闹拥堵，但与其他小海滩相比，更商业化、大众化。卡伦湾聚集着许多经济实惠的旅馆和包价旅游酒店，吸引了许多中档预算游客，其中大多数都来自于斯堪的纳维亚半岛。该海湾拥有 2.5 千米长的柔软金色**沙滩**，踩在上面吱吱作响，且完全没有任何发展的痕迹，不过海滩上几乎没有什么天然的阴凉之地；海滩南半部分从道路伊始的大部分路段都被筑堤覆盖，而沿路 Hilton 酒店以北景色优美，部分路段背靠礁湖和未开垦之地。卡伦**主要购物和用餐区**

域都聚集在蜿蜒的 Patak 路南部 Centara Karon 度假村附近，提供各种游泳的度假设施；此外 Luang Pho Chuain 路沿途及其周边的 Kata Plazn 区域及 Taina 路有时又被称为 Kata Centre）沿途有许多住宿酒店、餐馆和酒吧。

在 6 月 ~ 10 月的雨季期间，卡伦湾的**回头浪**非常汹涌，因此游客一定要听从警告指示和标志并寻求当地居民的建议（经常会发生意外事故）。卡伦湾北面的小海湾被称为**小卡伦**或放松海湾，来此观光的游客几乎都是 Le Neridien 酒店的客人，但非住客也可在此地游泳或晒日光浴。

抵达和离开

卡伦湾

卡伦湾位于芭东以南 5 千米，普吉镇西南方 20 千米。大多数从普吉镇出发的**双条车**（约 20 分钟 1 班，全程 30 分钟，B30）会通过 Patak 路抵达卡伦湾的北端海滩，然后沿着 Karon 路海滨大道往南行驶，跨过海岬即可抵达大卡塔湾的 Kata Beach 滩度假村。若想搭乘返回城镇的双条车，只需站在道路另一侧然后挥手拦截即可。该度假区域的所有交通运输机构都会提供摩托车和吉普车租赁服务。

住宿

★ **Casa Brazil** Luang Pho Chuain 路1巷9号 ☎076 396317 🌐www.phukethomestay.com 这家充满艺术气息的小酒店以圣达菲设计风格为主，拥有大地色的土坯墙壁和时髦的装饰及家具。共提供21间舒适的客房，全都有热水淋浴、冰箱和电视，且几乎所有房间都有空调。后排客房的落地窗和私人阳台可欣赏到后面卡伦丘陵郁郁葱葱的美丽景色，非常宁静，推荐入住。房价包括早餐且提供Wi-Fi。风扇房B1200，空调房B1400

Centara Grand Beach Resort Patak 路683号 ☎076 201234 🌐www.centarahotelresorts.com 这家规模巨大的低层楼豪华海滨酒店是按照普吉岛的中葡建筑仿建的，以粉色调为主。该度假村共有两个儿童俱乐部、一个儿童泳池、一个自由形式的主要泳池以及一条流经各座桥梁和内管勘探隧道的人工河流“懒人河”，水流缓慢，非常适合儿童玩耍。此外酒店还提供一个成人泳池、皮划艇、风帆冲浪、网球、SPA及各种其他成人活动项目。B10500

Jum Guesthouse Kata 路，距离海滩约100米，Andaman Seaview 酒店后面 ☎076 396570 这家舒适的旅馆坐落于枝繁叶茂的花园内，共有5间宽敞的水泥平房，全都带有冰箱、电视、衣橱，免费Wi-Fi及一些装饰性物品；卫浴空间较大、设备齐全，提供热水淋浴。风扇房B1000，空调房B1200

Le Meridien 小卡伦湾，卡伦湾以北 ☎076 370100 🌐www.lemeridien. com 这家规模巨大的酒店建筑拥有整个小海湾，且提供各种服务设施，功能齐全，包括十家餐厅和酒吧、两个类似于礁湖的泳池（带有岛屿）、一个SPA馆、壁球场和网球场、免费非机动式水上运动和私人树林。此外酒店还提供一流的婴儿保姆服务和儿童俱乐部。房价包括早餐。B9200

Lucky Guest House Kata Centre,Taina 路110/44-45号 ☎076 330572 ✉luckyguesthousekata@hotmail.com 这家经济实惠的低层旅馆提供宽敞明亮的独立卫浴客房（最好的房间带有阳台），再往里还坐落着一些虽然普通但非常干净整洁的半独立式洋房；该旅馆距小巷有段距离，在这条挤满商店、酒吧和餐馆的道路上让人倍感清新。风扇房B450，空调房B650

Marina Phuket Resort Karon 路47号，卡拉/卡塔海角，卡伦海湾偏远的南端 ☎076 330625 🌐www.marinaphuket.com 该度假村不仅地处中央位置，且背靠海滩，附近有许多餐馆和店铺，而曾经的椰子种植园如今已成为宽阔宁静的热带花园，是不错的高档酒店。房间里有空调，花园景色房装饰比较过时而平淡，相比之下，丛林景观房更加精致，此外，酒店还提供泳池、Wi-Fi以及环境优美的On the Rock餐厅。房价包括早餐。B6000

7

The Old Phuket Karon 路192/36号 Aroona Karon 巷 ☎076 396353-6 🌐www.theoldphuket.com 这家美丽宁静的酒店拥有浓厚的文化遗产意识，其中国式侧翼不禁使人联想起中葡店屋建筑。酒店提供美丽的现代客房，拥有彩色的玻璃窗板及东印度风格的木门。而宁静侧翼里的简约装饰更加现代化，房价也更高，其中大部分房间可直接通往礁湖泳池。B8200

Pineapple Guesthouse Patak 路和 Luang Pho Chuain 路交汇处的 Karor Plaza ☎076 396223 🌐www.pineapplephuket.com 这家经济实惠的英泰旅馆提供21间整洁美丽且铺有瓷砖的客房，所有房间都有冰箱、电视和热水，大多数有空调，且提供一个十床位的男女混合宿舍，带有保险柜和一些风扇。楼下餐馆提供全套英式早餐。旅馆附近的Karor Plaza上坐落着许多其他外籍人士酒吧和餐馆（不同于卡伦海滩北端的Karor Plaza市场摊位）。所有房间都提供免费上网和免费Wi-Fi。宿舍B200，风扇房B500，空调房B900

餐饮

卡伦的餐馆比较普通，既没有像芭东和卡塔那样大名鼎鼎的餐馆，也没有普吉镇的民俗风情。虽然这里没有脱衣酒吧，但各种各样的户外色情酒吧服务却越来越多。

75 Stang Bar Karor Plaza Luang Pho Chuain 路的一条小道上，Patak 路附近 这家动人的波西米亚风格户外小酒吧是当地的创造性“艺术酒吧”，位于Karon Plaza的众多运动酒吧和客房租赁服务之间。这里陈列着许多乱七八糟的浮木和其他物品，唯一可以看见的便是红色、金色和旅馆的椅子，与时刻播放的雷鬼音乐相匹配。虽然这里的饮料不值75撒当，但确实非常便宜。每天18:00~次日2:00

Baan Bang-la Patak 路 Patak 巷6号 这里的海鲜非常有名，且提供各种面食和比萨，全都是由意大利比萨师用砖炉烘烤而成。用餐场所大多是在美丽的泰式小花园中。主食B180~300。每天18:00~深夜

Baan Mama Noi Karon Plaza，Patak 路附近小巷，Pineapple 旅馆隔壁的隔壁 在午餐和晚餐时分，许多外籍人士、潜水工作人员和意大利游客都会聚集在此享用各种美味精致且价格中等的意大利菜肴，如意大利面肉酱（B130）等。每天7:00~22:00

Kwong Shop Seafood Taina 路114号 这家温馨舒适的家庭餐馆虽朴实无华，但非常流行，价格实惠的新鲜鱼类（所有都按B40/100克计算）和海鲜非常有名，按照次序烧制。每天8:00~次日00:00

On the Rock 卡塔/卡伦海角，Marina Phuket 度假村底层 ☎076 330625 🌐www.marinaphuket.

com 这家坐落于卡伦海湾南端岩石之上的开放式餐馆环境优美，提供非常美味的烧烤和油炸海鲜、烘烤贻贝和混合海鲜沙嗲。晚上特别浪漫。主食价格 B350 起。每天 11:00~22:30

大卡塔湾和小卡塔湾（Ao Kata Yai & Ao Kata Noi）

蜿蜒宽阔的**大卡塔湾**位于距卡伦海滩（距离普吉镇 17 千米）几分钟车程的海角附近，不过因其两端都有保护性岩石海岬，所以非常适合游泳，环境优美，且安全性更高。该海湾距主要道路也有段路程。大卡塔湾北半部分坐落着 Club Med 度假村朴实无华的建筑，南部则是 Kata Beach 度假村：中间柔软的沙滩上聚集着许多晒日光浴的游客，偶尔还有些饮料和水果摊位。而其他住宿酒店、旅游村庄及其餐馆、酒吧、旅行社和各种店铺都散落在 Club Med 围墙东面，一直延伸至主要道路 Patak 路上。

南部海岬过去即是**小卡塔湾**宁静的白色沙滩，坐落于道路尽头处，面积虽小，但游客很多，放眼望去尽是躺椅和遮阳伞。小卡塔湾拥有自己的商业区，低调且无趣，包括一个自动取款机和迷你市场，但其主要部分隶属于规模庞大的 Katathani 酒店；通往海滩的公共交通可直达酒店的 Thani 侧翼建筑前。

7

抵达和离开　　大卡塔湾和小卡塔湾

大多数从普吉出发的**双条车**首先会抵达卡伦，然后再往南行驶途经 Club Med 度假村，最终停靠在大卡塔湾和小卡塔湾之间海岬上的 Kata Beach 度假村旁（B30，回程双条车约 20 分钟 1 班，5:00~16:30）。下车后，继续步行翻过丘陵，大约 10 分钟后即可抵达小卡塔湾，或者你也可花费 B100 搭乘嘟嘟车。

住宿

Alpina Phuket Nalina Resort and Spa 大卡塔湾 Ked Kwan 路 7/1 号 ⓣ 076 370999 ⓦ www.phuketnalina.com 这家温馨舒适的酒店提供设计高雅的泰国风格客房，虽靠近商业店铺和餐馆，但非常安静，步行至海滩只需 10 分钟。酒店还提供免费短驳车将住客送至 Club Med 前面的酒店私人海滩俱乐部。客房拥有宽敞的阳台，可俯瞰自由式泳池及前面的丘陵，其中一些可直通泳池；套房及私人泳池别墅非常豪华。酒店设施包括水疗中心、7 家餐厅和 Wi-Fi。房价包括早餐。B6150

The Boathouse 大卡塔湾 Kok Tanode 路 ⓣ 076 330015-7 ⓦ www.boathousephuket.com 这家气势雄伟的海滨精品酒店共提供 38 间装饰别致优雅的现代风格临海客房、一流的服务及顶级餐厅。所有房间都有免费 Wi-Fi，酒店还提供泳池、SPA 馆及周末烹饪课程。需提前预订。B9600

Capannina Inn 大卡塔湾海滩中心 ⓣ 076 284 450 ⓦ www.phuket-capannina-inn.com 这家时尚的现代风格酒店提供宽敞的卧室、设备齐全的卫浴，且带有空调、有线电视、热水、冰箱和咖啡机。客人可免费使用前面迷人的花园泳池，周边绿树成荫。酒店坐落于店铺和酒店的新发展区，步行至海滩只需 5 分钟，或者搭乘免费嘟嘟车前往海滩或餐馆（见 p.566）。房价包括欧式早餐。B2000

Cool Breeze 大卡塔湾 Kok Tanode 路 225 号 ⓣ 076 330484/085 900 3681 ⓦ www.phuketindex.com/coolbreezebungalows 虽然是卡塔最便宜的住宿场所，但大多数都是宽敞的私人平房，从阳台可看到各种不同的美景（或可看到远处的大海，或可看到山顶大佛的轮廓），坐落于陡峭的山坡之上，绿草如茵，到处都是棕榈树和灌木丛。内部装饰虽不别致但功能齐全，带有热水淋浴（绝大多数）、电视和冰箱，且远离狭窄嘈杂的道路。风扇房 B800，空调房 B1000

Kata Beach Resort 大卡塔湾卡塔路 ⓣ 076 330530-4 ⓦ www.katagroup.com 这家四层楼高的酒店建筑共提供 275 间客房，坐落于大卡塔湾白色沙滩南端的边缘地带。酒店设施包括一家海滨餐厅和两个泳池、种植着棕榈树的海滨花园、SPA 馆和潜水店铺。其中一些带有阳台且铺有木地板的迷人客房可直接通往泳池，还有一些客房可看到美丽海景。B9300

Katathani Beacha Resort and Spa 小卡塔湾 Kata Noi 路 14 号 ⓣ 076 330124-6 ⓦ www.katathani.com 巨大豪华的酒店的各座侧翼建筑几乎占据了整个僻静的小卡塔湾。Thani 侧翼海滨全套房坐落于首要位置，狭窄的草坪直接通往白色沙滩；这里的所有房间都带有海景阳台。穿过私人道路即是 Bhuri 侧翼，房价较便宜，以花园景色为主，独特的现代风格装饰，色彩柔和，里面的客房也非常豪华。所有房间都有宽带（大堂里有免费 Wi-Fi），且每天都会提供一班前往城镇和芭东的短驳车。酒店设施包括 6 家餐厅、6 个泳池和一个 SPA 馆，并提供各种活动项目和一个儿童俱乐部。房价包括早餐。B8750

Mom Tri's Villa Royale 小卡塔湾 Kata Noi 路 12 号 ⓣ 076 333569 ⓦ www.villaroyalephuket.com 提供豪华套房，装饰有各种精美的纺织品和柚木家具，且拥有一家有名的餐馆（见 p.566）、精致的

普吉岛潜水和浮潜旅行

普吉岛附近的珊瑚礁和岛屿是世界上数一数二的旅游景点，因此无论是**潜水**还是**浮潜**都深受欢迎。许多旅行线路终年开放，但一些较偏远地区的岛屿和珊瑚礁在6～10月的季风期间会比较危险。

潜水店铺和旅游行程

下列所有潜水**店铺**都是经过认证的国际专业潜水教练协会五星级指导和职业发展中心机构；提供课程教育、潜水旅行和设备租赁等服务。有关潜水店铺的选择和其他普遍的潜水信息可查询“基本信息”相关章节（见p.47）。通常情况下，为期一天的入门**潜水课程**价格约为B4500，4天**开放水域课程**价格B14500，包括设备。而前往下列最近潜水点的**一日游**价格在B3800左右，包括两次潜水；乘坐潜水航船前往偏远的斯米兰群岛和素林群岛、红岩和紫岩以及丹老群岛顶级珊瑚礁的4日游价格为B33000，共包括16次潜水以及全食宿服务，但不包括设备和国家公园门票。

普吉镇的普吉国际医院（见p.551）以及普吉镇Yaowarat路Wachira巷的Vachira医院（Ⓣ076 211114 Ⓦwww.vachiraphuket.go.th）提供**减压舱服务**。

Dive Asia 位于卡伦湾，卡塔/卡伦海岬，Karon路24号以及卡伦湾，卡伦环岛，Patak路623号 Ⓣ076 330598 Ⓦwww.diveasia.com。

Marina Divers 卡伦湾，Karon路45号，Marina Phuket度假村旁 Ⓣ076 330272 Ⓦwww.marinadivers.com。

Santana 芭东湾，Raja Uthit Song Phi路240号 Ⓣ076 294220 Ⓦwww.santanaphuket.com。

Scuba Cat 芭东湾，Thavee Wong路94号 Ⓣ076 293120 Ⓦwww.scubacat.com。

潜水旅游

从普吉出发的最流行的浮潜目的地是**皮皮岛**（见p.596框中内容）。所有旅行社都会安排皮皮岛一日游，其巨大的渡轮上每次可容纳百余人；该旅游行程平均价格在B1600左右，途中会在小皮皮岛和大皮皮岛停留，且费用包括浮潜设备租赁和海鲜午餐。若想避开较大人流，可选择皮皮岛快船之旅，但价格要高一些；而OffsprayLeisure提供的皮皮岛旅游行程（B3200 Ⓣ076 281375 Ⓦwww.offsprayleisure.com）评价较高，且还提供前往大阁拉差岛（B3200）的快船浮潜之旅。前往偏远但美丽的斯米兰群岛一日游价格为B2600起（见p.544）。下列许多潜水公司都非常欢迎浮潜游客上船享受一日游旅行，有时也可搭乘潜水航船，享有7折优惠。

安达曼海岸潜水和浮潜点

海葵礁（Avemone Reef） 普吉往东约22千米 约水下5米处开始出现软珊瑚礁和海葵。拥有各种各样的鱼群，包括豹纹鲨、金枪鱼和梭鱼。通常和其附近的鲨鱼潜水点结合在一起。不适合浮潜旅行。

缅甸礁群（Burma Banks） 普吉西北250千米；只可通过潜水航船抵达 拥有一系列被海水淹没的“礁群”，远离任何大陆，且非常接近缅甸边境。这里的唯一特色就是鲨鱼。能见度达25米。

红岩和紫岩（Hin Daeng & Hin Muang） 兰达岛西南方56千米 红岩是一个特殊的礁壁，以岩石上覆盖着的红色软珊瑚礁命名，能见度达30米。在距其100米的地方坐落着紫岩，位于水下50米左右，可看到美丽的黄貂鱼、蝠鲼、鲸鲨和白边真鲨。海水能见度达50米。由于这两处潜水较深、水流较急，因此对于潜水少于20次的新手来说有一定危险性。不适合浮潜旅行。

宋皇号（King Cruiser） 普吉岛和皮皮岛之间的鲨鱼角附近 这个有泰坦尼克之称的潜水点自1997年5月一艘旅游渡轮在前往皮皮岛的途中沉船失事后便成为残骸潜水场所。能见度达20米，但由于深度较深且倒塌部分比较危险，因此不适合浮潜游客，前往此地的大多都是经验丰富的潜水者。

皮皮岛 普吉岛查龙湾以东48千米（见p.593） 能见度达30米。是普吉潜水和浮潜游客最流行的目的地。壮观的海底世界；还可看见鲸鲨。

小阁拉差岛和大阁拉差岛 分别位于普吉岛查龙湾以南33千米和28千米 能见度达40米。大阁拉差岛非常适合潜水初学者和浮潜游客；而小阁拉差岛挑战性较大，但有机会目睹蝠鲼、鹰鳐和鲸鲨。

洛克诺岛和洛克奈岛（Ko Rak Nuk & Ko Rak Nai） 普吉岛东南方100千米，兰达岛南部（见p.608框中内容） 能见度18米。狭窄的珊瑚礁群非常适合浮潜运动。

斯米兰群岛 普吉西北方96千米；最快捷的方式是从蔻立出发（见p.542） 世界顶级潜水点之一。能见度30米。拥有豹纹鲨、鲸鲨、蝠鲼以及洞穴和峡谷。

素林群岛 普吉西北方174千米；最快捷的方式是从库拉武里出发（见p.534） 狭窄的软珊瑚礁和硬珊瑚礁提供了一流的浮潜点。

黎希留岩 素林岛东面，靠近缅甸水域 这个被海水淹没的尖峰以鲸鲨出名，被评为泰国最好的潜水点。

鲨鱼角（Hin Mu Sang） 普吉岛攀瓦角以东24千米 已作为海洋保护区被保护。能见度10米。拥有非常有名的软珊瑚、海扇及豹纹鲨。通常和宋皇号潜水和/或海葵礁行程连在一起；不适合浮潜者。

SPA馆和两个咸水泳池和一个淡水泳池，坐落于美丽的热带花园中，可看到小卡塔湾无与伦比的美景。免费Wi-Fi。B12900

The Shore at Katathani 小卡塔湾Kata Noi 18号 076 330124 www.theshore.katathani.com 这家Katathani Beach度假村的姐妹酒店拥有自己的SPA馆、餐厅和无边泳池，客人以情侣为主（12岁以下儿童不可入住）。酒店提供130平方米的舒适泳池别墅，坐落于海滩南端的山坡上，现代设计风格别致新颖，无论是屋里还是屋外都有足够的休息空间，此外还提供咖啡机和iPod基座等额外设施。B25000

餐饮

The Boathouse Wine and Grill 大卡塔湾Kok Tanode路 076 330015-7 www.boathousephuket.com 这家普吉岛最有名的餐馆之一不仅菜式丰富，酒品种类也非常多，通过四道泰国或法国的美食菜单即可看到法国主厨精湛的厨艺（B1500，加上配对的葡萄酒需B3000以上）。餐馆的海滨露台和用餐场所带有航海风格装饰，附属于同名精品酒店，可欣赏到美丽的日落之景，此外每周末还提供烹饪课程。建议提前预约。每天6:30~23:00

7

Capannina 大卡塔湾Kata路一条简短的商业店铺小巷上 076 284318 www.capanninaphuket.com 这家意大利人经营的开放式餐馆以冷红和黑色为主要色调（带有一间空调包厢），提供美味的自制面食（意粉B230）、用柴烧式烤炉烘烤的比萨以及各种各样的海鲜和主要肉食；最后可点一份格拉巴酒或意式浓缩咖啡。每天11:00营业至深夜

Mom Tri's Kitchen 小卡塔湾Kata Noi路12号，Mom Tri's Villa Royals 076 333569 www.villaroyale phuket.com 这家广受好评的豪华酒店提供泰国和欧洲美食，如帕尔马干酪小牛肉和大虾红咖喱等。主食B460起。建议提前预订。每天6:30~23:30

Ratri Jazztaurant 可通过Patak路东面崎岖但简短的山路（或马路）抵达 076 333538 www.ratrijazztaurant.com 这个坐落于高山上的精美餐馆可边享用鸡尾酒边观赏日落美景，且可看到卡塔对面的独特景色，此外该餐馆还提供柔软的沙发以及美味但昂贵的泰国菜肴（B220~850）。20:30直至深夜都会有爵士乐队在室内演奏激情的爵士音乐。每天从15:00营业至深夜

★ **The Seacret** 小卡塔湾Kata Noi路14号，Katathani Beach Resort and Spa 076 330 124-6 www. katathani.com 这家餐馆提供精美的普吉岛和泰国南方特色菜肴，如经典的虾米风味的nam prik kung siap（B220）、pla thawt khamin（生姜菠萝炒鱼片）和muu hong（肉桂炖猪肚）。餐馆的餐桌位于泳池旁的露天地带，最好的位置位于海滩旁挂满彩灯的大树底下的露台上。每天11:00~17:00 & 18:00~22:30

奈涵海滩（Hat Nai Harn）

拉威海滩上聚居着许多外籍人士，其中大多数最喜爱的海滩是坐落于普吉镇西南方18千米的**奈涵海滩**，这个非常美丽的弧形白色沙滩背靠木麻黄树林，且有许多食物小摊，但商业发展程度较轻。放眼望去，大片海滩上都拥挤着躺椅和遮阳伞，然而在季风期间，这里的海浪较大。

抵达和离开

奈涵海滩

双条车 从普吉镇出发（约30分钟1班，全程45分钟，B40）前往奈涵海滩，途经拉威，最后一班返程车的出发时间在17:00左右。

住宿

All Seasons Naiharn Phuket 076 289327 www.allseasons-naiharn-phuket.com 这家由法国Accor集团创建的酒店虽然选址很好，但建筑装饰平淡无奇，主要提供可看到海景或花园景色的现代风格水泥联排房、5家餐馆厅酒吧、SPA馆、儿童俱乐部和泳池，坐落于海滨狭窄道路对面，旁边即是The Royal Phuket Yacht Club。B3470

The Royal Phuket Yacht Club 076 380200 www.pura-varna.com 这家年代较久远的豪华酒店占据了海滩北海角的大部分区域，且客房坐落于山上的九重葛露台花园中；所有房间都提供宽敞的卫浴及带有阳台的起居室，可欣赏到大片美丽海景。此外酒店设施还包括SPA馆、泳池、网球场和各种水上运动设施。B6000

餐饮

★ **Trattoria del Buongustaio** 087 467 2554 www.trattoriabuongustaio.ilmiosito.net 这家意

大利餐馆坐落于北海角的岩石之上，拥有美丽的露台且可欣赏壮观的海湾景色；沿着一条铺面道路穿过 The Royal Phuket Yacht Club（该道路可能是私有的，但仍有许多路人经过）即可抵达。餐馆菜式包括各种开胃菜和肉类以及海鲜主食，还有意大利调味饭和面食，如美味的鼠尾草黄油海鲜馄饨（B350）。每天 12:00~00:30；厨房 23:00 停止供应食物，而楼下的酒廊酒吧会在 2:00 关门

雅瑞海滩和蓬贴海角（Hat Ya Nui & Laem Promthep）

从奈涵海滩出发，沿着海滨大道往南 2 千米即可抵达凹凸不平的海角，其附近则坐落着一个路边小海滩——**雅瑞海滩**，虽然面积较小，且旁边即是非常安静的道路，仍然吸引了大批游客。海滩近海区域拥有非常美丽的珊瑚礁，但水流湍急，不适合潜水或浮潜，此外海滩还提供皮划艇和日光躺椅租赁服务。

雅瑞海滩往前 1 千米是坚固的**蓬贴海角**，常年经受风吹雨打，两侧绿草如茵，是普吉岛的最南端，高耸于深蓝色的安达曼海中，美丽而壮观。该海角是普吉岛最美丽的景点之一，每到日落时分，一辆辆旅行团巴士都会运行至此让游客观赏无与伦比的日落美景；这里的泰国人通常会前往印度教神殿参拜，其内供奉着四头神梵天及其大象坐骑伊拉旺，四周还矗立着大象雕像。沿着山间小道可以避开拥挤的人群，最后抵达大海之上的岩石地带。

7

抵达和离开 雅瑞海滩和蓬贴海角

你可在普吉镇搭乘**双条车**抵达奈涵海滩，然后翻过海角或在海角周边漫步，两三小时后再从拉威海滩搭乘另一辆双条车返回城镇。

住宿

Nai Ya Beach Bungalow ☎ 076 238179/076 288817 这家温馨舒适的旅馆位于海角顶部附近，距雅瑞海滩 200 米，提供美丽坚固的茅草屋顶竹屋，房间设施包括风扇、冷水淋浴独立卫生间和阳台。所有客房都坐落于鲜花盛开的花园里，周围遍布着许多繁茂的腰果树和九重葛植物，且可欣赏到美丽的海景。5 ~ 10 月闭门歇业。B950

拉威海滩（Hat Rawai）

普吉岛最南端的**拉威海滩**是该岛第一个旅游开发地，但半个世纪过去后，大部分酒店老板都将业务迁移至更加美丽迷人的卡塔和卡伦沙滩，如今的拉威海滩上只余下其原来的居民拉沃族海上吉卜赛人（见 p.534）以及越来越多的外籍人口。而大多数前往此地的游客都是为海滨大道 Viset 路沿途的露天**海鲜餐馆**而来。

普吉岛贝壳博物馆（Phuket Seashell Museum）

海滩以北 1500 米的 4024 号公路沿途 · 每天 8:00~17:30 · B200

除了海滨餐馆外，拉威海滩最主要的景点就是**普吉岛贝壳博物馆**，共收藏有 2000 多种贝壳，包括已有 3.8 亿年历史的化石、巨型蛤蚌及一颗重达 140 克拉的黄金珍珠。

抵达和离开 拉威海滩

往返于普吉镇和奈涵海滩的**双条车**会途经拉威海滩（全程 35 分钟，B30）。

餐饮

Nikita's 海角北端 ☎ 076 288703 Ⓦ www.nikitas-phuket.com 这家当地著名的酒吧餐馆吸引了许多外籍人士，餐桌坐落于宁静的沙滩之上，环境优美（晚上还提供烛光晚餐）。主要提供泰式和西方菜肴，以及用柴烧烤炉烘烤的比萨（B200）和价格实惠的鸡尾酒、杯装白酒和蒸馏咖啡。10:00~次日 2:00，厨房最迟 23:00 关门

Salaloy 海角北端，Nikita's 餐馆对面 ☎ 076 613740 这家拉威海滩最好最有名餐馆的特色菜包括 pla thawt khamin（姜黄煎鱼）及小牡蛎煎蛋（B90）；一些户外餐桌就设在海滨的木麻黄树下。每天 10:00~21:30

查龙湾、攀瓦角及其周边（Ao Chalong & Laem Panwa）

拉威海滩北部宽阔的**查龙湾**位于离岸岛屿——龙岛（Ko Lone）的保护范围之内，曾有许多中国人到此海湾开采锡矿从而飞黄腾达。如今，查龙湾已成为潜水旅行以及浮潜和钓鱼之旅的主要基地，其中大多数旅游行程都会从查龙环路（又称 Chalong Ha Yaek）瓶颈地段东面的查龙码头出发。

查龙寺（Wat Chalong）

普吉镇西南方 8 千米，Chao Fa Nok 路沿途，又称 4022 号公路，往返于普及镇和卡伦海滩之间的双条车会经过该寺院门口。

对于这里的岛民而言，查龙拥有非常重要的地位，因为普吉岛最美丽、最有名的寺院**查龙寺**就坐落于此，寺内供奉着得道高僧 Luang Pho Saem 的雕像，他曾在 1876 年帮助解决了移民至此的中国锡矿工人发动的暴力叛乱。此外，坐落于寺院其他庭院里的玛哈泰佛塔里还收藏着佛陀舍利。

7

普吉岛大佛（Big Buddha of Phuket）

沿着设有路标的 Chao Fa Nok 路（422 号公路）西侧蜿蜒陡峭的 Jao Fa 51 巷行走 6 千米即可抵达，该大佛位于查龙寺以南 2 千米、查龙环路以北 1 千米 · www.mingmongkolphuket.com

如果你自驾前来，那么在游览完查龙寺后可前往参拜这尊新建的**普吉岛大佛**（官方名称为 Phra Phuttha Mingmongkol Eaknakakeeree），该佛像高 45 米，耸立在 Nakkerd 佛山上，从大卡塔湾至西南方的大部分区域，以及在飞机上都很容易看到这尊巍峨的佛像。佛像面朝东方，由混凝土制成，但表面镶嵌着闪闪发光的白色大理石砖，整个雕像巨大无比：仅其底下的莲座就有将近 25 米长，甚至其每根弯曲的头发都有 1 米左右。从佛像底座放眼远眺，从东面的查龙湾到远处连绵起伏的龙岛再到西面的小卡塔海角，所有景色一览无遗；此外，还可欣赏美丽的日落景色。

普吉岛水族馆（Phuket Aquarium）

普吉镇以南 10 千米的攀瓦角 · 每天 8:30~16:30，周六及周日 11:00 会有喂食表演 · B100 · www.phuketaquarium.org · 可从普吉镇的市场乘坐双条车抵达此处（B25），最后一班返程车会在 15:30 左右经过此地

查龙湾往东呈逐渐变小的趋势，最后汇入**攀瓦角**，而**普吉岛水族馆**就坐落于此。这家由普吉岛海上生物中心管理的水族馆非常有趣，游客不仅可站在珊瑚礁上观看，还提供步行隧道、海龟池及鲨鱼喂食表演。

抵达和离开 查龙湾

从普吉镇到查龙湾的双条车价格为 B25。

住宿

Shanti Lodge 从查龙寺（往返于普吉和卡伦的双条车会在其附近停车）出发沿着 Chao Fa Nok 路往南走 1500 米，Bangrae 巷 076 280233，www.shantilodge.com 虽然该地区没什么特别吸引游客入住的地方，但这家以游客为中心的旅馆还是不错的。坐落于舒适的花园中，拥有咸水泳池、图书交换以及以素食为主的餐厅，且提供风扇和空调双人房，有的带有私人热水卫浴，有的带有轮椅通道，也提供家庭房。风扇房 B750，空调房 B850

餐饮

Kan Eang @ Pier 查龙湾 076 381212 www.kaneang-pier.com 这家成立时间较长的经典餐馆坐落于距查龙码头河口 200 米的临街地带，位置优越，环境优美。海鲜是这里的特色，其中最吸引游客的是在椰子壳上燃烧的老式海鲜烧烤（B1200/千克）；加有虾酱和辣椒酱的油炸海藻以及 haw mok（香蕉叶蒸鱼咖喱）也非常美味。其姐妹餐馆 Kan Eang Seafood 坐落于海滩北端（076 381323 www.phuket-seafood.com），同样广受好评且提供免费接车服务。每天 10:30~23:00

右页图从左上起顺时针顺序依次为：普吉岛的海鲜；芭东湾准备上车的僧侣（见 p.558）；普吉镇的中葡建筑（见 p.552）>

合發
發榮
隆富

塔廊及其周边（Thalang）

普吉岛东北部的城镇**塔廊**附近游客较少，坐落于 Tha Rua 十字路口中央、普吉镇以北 12 千米的 402 号公路沿途的**女英雄纪念碑**（Heroines' Monument）是当地的标志性建筑。该纪念碑是为了纪念普吉岛总督的遗孀和她的姐妹于 1785 年一起击退缅甸军队的英雄事迹而建的；据说，她们和岛上的妇女使用计谋剪短了缅甸军人的头发，并把香蕉叶卷起来制成步枪的形状，从而将缅甸军队逼退，因此每年 3 月 13 ~ 15 日当地都会举行僧侣受戒仪式和游行活动以庆祝这场战争的胜利。

塔廊国家博物馆（Thalang National Museum）

女英雄纪念碑以东 200 米，4027 号支路沿途 · 每天 8:30~16:00 · B30 · Ⓦ www.thailandmuseum. com · 所有通往大陆方向的交通以及往返于普吉和素林海滩或奈扬海滩的所有双条车都会经过该纪念碑

作为普吉岛神秘悠久历史的唯一官方介绍，**塔廊国家博物馆**所提供的信息难免令人有些失望，但可以结合普吉镇私人资助的泰华博物馆（见 p.551），加上图文描述，普吉岛的历史信息便可一目了然。博物馆展览包括当地锡矿和橡胶行业的相关有趣展品，各种民俗传统介绍以及素食节（见 p.552 框中内容）庆祝活动的相关照片等。

7

金佛寺（Wat Phra Thong）

塔廊镇十字路口往前一段距离，女英雄纪念碑以北 8 千米处

因**金佛寺**里供奉的佛像有神奇的力量，所以长久以来一直是普吉岛最受尊崇的寺院之一。该纯金雕像有一半被埋在土里，过去曾用挖土机想将其挖出，但都发生了事故，因此至今没有人敢碰它，生怕被诅咒。后来人们就在佛像周围建造了这座寺院，并用石膏包裹以威慑各路劫匪。

帕泰奥山森林保护区（Khao Phra Taew Forest Reserve）

游客服务中心位于塔廊镇十字路口以东 3 千米

帕泰奥山野生动物园及森林保护区里山峦起伏，有若干条小径纵横交错，通往森林里猕猴与野猪的栖息之地，但该公园最引人注目的是长臂猿野放计划以及通赛（Ton Sai）和班派（Bang Pae）两道瀑布，游客通常将这些景点结合起来作为一日游行程（见 p.547 框中内容）。野放中心附近有一些饮食和小吃摊位，且标志着通往瀑布的相关线路。

长臂猿野放计划（The Gibbon Rehabilitation Project）

女英雄纪念碑东北方 10 千米，4027 号支路沿途 · 每天 9:00~16:30 · 国家公园门票 B200 · Ⓦ www.gibbonproject.org · 从普吉镇乘坐双条车可抵达该项目附近，早上班次较多；在班派下车（距城镇有 40 分钟车程），然后沿着设有路标的道路行走 1 千米左右即可抵达

普吉岛的森林地带曾日日回响着白掌长臂猿猴的叫喊声，但因人们将它们训做宠物，至 20 世纪 80 年代中期时几乎全部灭绝。如今白掌长臂猿猴已是濒危物种，1992 年，泰国政府立法规定将白掌长臂猿猴当作宠物、贩卖或捕杀皆是非法行为。尽管如此，普吉岛上仍有许多宠物长臂猿，许多酒吧和酒店老板都将它们作为娱乐客户的工具。为了扭转这种局面，政府成立了**长臂猿野放计划**，他们的首要目标是要尽可能多地挽救宠物长臂猿，然后让这些长臂猿重新适应野外生活，最后将它们放归森林。但让受到严重创伤的宠物长臂猿接受该计划是非常困难的：这些宠物不仅强行与它们的母亲分离，而且还长期受到主人的虐待。

该计划的办事处坐落于帕泰奥山森林保护区中央的“禁止捕猎区域”，靠近班派瀑布，非常欢迎游客访问，但由于该野放计划的重点是尽量减少长臂猿与人类的接触，因此只能远远地看它们一眼。此外，这里还提供与该计划相关的展览，规模较小，但经验丰富的志愿者导游会告诉你每个展品的详细信息以及白掌长臂猿特有的生活习性。如果你想成为**该计划的志愿者**，可以领养一只长臂猿或给计划中心发邮件捐助资金等。

班派和通赛瀑布（Bang Pae & Ton Sai waterfalls）

从长臂猿野放计划出发，沿着河畔小径往前，很快即可抵达**班派瀑布**，而在距其约 10~15 分钟步行路程处还坐落着一个流行的野餐和洗澡场所。沿着这条小径继续往前走 2.8

千米即是**通塞瀑布**：虽然攀登比较容易，但线路没有路标指示，容易走错，且有些地段地势陡峭，地面坑坑洼洼，非常粗糙。整个路途中有许多美丽的游泳点，河水清澈凉爽。抵达通赛后，你可以先下山至帕泰奥山保护区游客中心，然后搭乘便车回到城镇，或者原路返回。

小阁遥岛（Ko Yao Noi）

小阁遥岛坐落于美丽悠闲的攀牙湾，且此地与普吉、攀牙和甲米岛之间的距离几乎都相等，无论何时何地，小阁遥岛都享有雄伟壮观的海景，是一个清新宁静的度假地。小阁遥岛长达 12 千米，共有 4000 多名岛民居于此，其中绝大多数是穆斯林，以橡胶和椰子种植、捕鱼和虾养殖为生。小阁遥岛的海滩不似附近其他沙滩那样美丽迷人，因此旅游业并不发达，而且大多数到此游玩的游客都是为感受这里天然的乡村气息而来。但是在涨潮期间，东海岸是个不错的游泳点，即使是退潮后也有一些游泳场所，还提供皮划艇、攀岩等丰富的活动。

小阁遥岛的大部分住宿场所都坐落于东部，因此许多游客都会在**塔考海滩**、**长海滩**、**巴赛海滩**以及**沙海岬**留宿。探索岛屿内陆非常有趣，可沿着空旷的环岛道路穿过各个村庄抵达岛中一座极小的城镇——塔凯村，或者也可以沿着森林内部纵横交错的小道行驶，沿途可看见许多猴子和眼镜蛇，甚至还有巨蟒，当然还有各种鸟类，包括美丽的冠斑犀鸟等。

7

塔考海滩及赛泰奥海滩（Tha Kao & Sai Taew）

小阁遥岛东部主要海滩中位于最北端的是**塔考海滩**，有一座名为**塔考村**（Ban Tha Kao）的小村庄坐落于此地，此外还有两三家店铺和餐馆、往返于此地和甲米的船只码头以及全岛最便宜的平房住宿地——住客以背包客为主。该海滩并不美丽，也不可以游泳，却是距离阁岛最美海滩——**赛泰奥海滩（又称寺院海滩）**最近的场所，中间只相隔 2 千米，无论涨潮抑或是退潮，这里精美的金色沙滩海岸都非常适合游泳。但海滩后面是属于民粹主义佛教宗派法身基金会的私人场所，且没有路标，很难找到。从塔考码头出发，朝内陆前行，经过店铺后面的十字路口时右拐，然后沿着运河旁的散步道前行，跨过大桥后沿着模糊不清的小径翻过山丘即可到达赛泰奥海滩。或者也可以从码头乘坐皮划艇抵达。

长海滩（Hat Khlong Jaak）

塔考海滩以南数千米坐落着**长海滩**（Long Beach, 官方名称为 Hat Klong Jaak），全岛成立时间最长且最有名的旅游住宿地以及最热闹的餐馆和酒吧都聚集于此。长海滩的确很长，从北端至南面海岬的沙拜角（Sabai Corner）约有 1500 米。海滩大部分地段都散落着许多岩石，且在退潮时，除了 Koyao Island 度假村前面最平滑的地段外，整个海岸线都不可游泳。不过无论站在哪个角度，都可看到美丽的海景，尤其是攀牙湾东部许多漂亮小岛，一览无遗。

巴赛海滩（Hat Pasai）

从长海滩沙拜角往南步行几分钟即可抵达**巴赛海滩**，这是一片相当美丽的小海滩，绿树成荫，坐落着一些度假村和几家简单的海滩餐馆，大多数餐桌都摆放在海滩南端的木麻黄树下。

沙海岬（Leam Sai）

巴赛海滩前面的**沙海岬海滩**通常被简称为 **Lom'Lae 海滩**，以坐落在海岸的泰—加合营的 Lom'Lae Bungalows 旅馆（见 p.575）的名字命名。

Lom'Lae Bungalows 旅馆往西数百米，距塔凯村约 3 千米处有一条通往**沙海岬码头**的支路，该沿海地带虽然没有真正意义上的海滩，但风景优美，点缀着各种各样的吊脚楼、钓鱼平台、几十艘长尾船，还可欣赏到小阁遥岛和其海峡对面大阁遥岛的美丽景色。此外，半岛顶端坐落着一家精致的海鲜餐馆（见 p.575），往东 300 米还有一处精美的小海滩，四周被岩石环绕。

塔凯村及北部地区（Ban Tha Kai and north）

岛屿的商业行政中心位于西南海岸主要码头内陆地区的**塔凯村**（Ban Tha Kai）。这里不仅有邮局、银行、医院、警察局、设有自动取款机的 7-Eleven 便利店，还可找到数家网络中心、主要市场和烧烤摊。

当地人非常欢迎游客前往城镇西端的**阁遥岛儿童社区中心**（Ko Yao Children's Community

Centre （T 087 929 4320 W www. kayao-ccc.com），这个非政府组织旨在帮助提高岛上儿童和成年人的英语、艺术、手工艺品和计算机等技能，此外还会定期安排海滩清理工作。

塔凯村的 7-Eleven 便利店附近有一条**通往北部**的道路，风景秀丽，沿途会看到一些坐落于村庄的清真寺和橡胶乳液抽取机，此外还有大片稻田和水牛，周边有红树林围绕，上空有海鹰盘旋，远处更有附近岛屿的圆形山丘衬托，让人眼花缭乱。在距离塔凯村 3 千米的道路交会处往北转，不久就会出现一条蜿蜒崎岖的小径，可通往**洛哈湾**（Ao Loh Ha）的美丽沙滩，若右转翻过山丘，可前往 4 千米外岛屿东海岸的塔考海滩。

抵达和离开

小阁遥岛

普吉、甲米 Thalen 湾以及攀牙湾是前往小阁遥岛的三大主要**航船**出发点，奥南湾也提供航船服务。抵达小阁遥岛后，可乘坐双条**出租车**前往酒店，最高价格 B100/ 人（视路程远近而定），包租最高价 B150。

前往 / 来自普吉 最常见的线路是从普吉东北海岸的 Bang Rong 码头出发抵达小阁遥岛西南海岸的 Manok 码头，每天共有 5 艘长尾船（全程 70 分钟，B120）和 7 艘快船（全程 40 分钟，B200）走这条航线，最后一艘航班在 17:00 左右出发。返回 Bang Rong 码头的船只约每小时 1 班，末班船 16:40。此外，偶尔还有双条车往返于普吉镇 Ranong 路市场和 Bang Rong 码头之间，途经女英雄纪念馆（约 1

7

小阁遥岛的活动项目

皮划艇和浮潜

小阁遥岛沿海地带的皮划艇是一项非常愉快的休闲运动，其东海岸可看到几十座小岛，吸引了许多经验丰富的划独木舟者前往；小阁遥岛的大多数酒店都提供皮划艇租赁服务，费用约 B300/ 天。此外，几乎所有酒店和旅行社都会组织前往割喉岛及攀牙湾其他岛屿的皮划艇和浮潜旅行线路。

Koh Kayak Expeditions 巴赛海滩，Coconut 角南侧 T 087 929 4320 这家机构提供自助过夜探险旅行，皮划艇质量一流，且设备齐全，租赁时间从 24 小时至 1 个月不等（单人 B1500/ 天，双人 B2000/ 天，包括露营设施、旅行指南和地图）。

Ko Yao Islander Tour 巴赛海滩，Pasai Cottage 旁 T 084 744 3686 这家机构提供当地浮潜之旅，最低价格 B600/ 人（至少 4 人）或 B1700/ 艘，此外还有攀牙湾皮划艇和浮潜一日游，最低价格 B1400/ 人（至少 4 人）。

潜水

Koh Yao Diver 沙海岬 Lom'Lae 度假村 T 076 597406 W www.kohyaodiver.com 该机构提供特色潜水旅游和课程，两次当地潜水价格 B3600，乘坐长尾船前往皮皮岛附近珊瑚礁的两次潜水价格 B5520，此外还提供 B16680 的开放水域潜水课程。

攀岩

小阁遥岛如今吸引了越来越多的**攀岩游客**，与附近通赛海滩和拉威海滩的繁忙景象相比，这里环境清新且游客较少。小阁遥岛共有 150 多条攀岩线路，从初级到高级（5~8a）一应俱全，全都是由美国和泰国登山者建立的，此外他们还在塔考村创办了登山店铺。其中多数线路都位于水域上方，只能乘船到达，或者也可沿着泥泞小道步行前往 Paradise 酒店。

The Mountain Shop 塔考村 Sea Gypsy 餐馆 T 083 969 2023 W www.themountainshop.org 提供初学者半日入门课程，价格 B2500，也提供多日课程；且为有经验的攀登者提供导游和设备租赁服务。

其他课程和活动项目

Lam Sai Hotel 沙海岬 W www.phuket-krabimuaythai.com 提供 B300 的 2 小时泰拳课程和 B2500 的一周课程。

Tappi 泰式烹饪学院 塔凯村 T 087 887 3161 提供 3 小时的烹饪课程，可选择上午也可选择下午，价格 B1600 包括交通费用。

Ulmer's Nature Lodge 塔考海滩 T 084 690 3731 W www.thailandyogaretreats.com 每天都会提供瑜伽课程（B300），此外还有各种工作间和禅修课程。

小时；B40）。从城镇或主要海滩前往 Bang Rong 码头的出租车价格为 B500 左右，普吉机场至该码头需 B350，如果能说服司机打开计价器，那么只需 B260；从 Bang Rong 码头出发前往机场需 B500，芭东需 B800。

前往/来自泰凌湾 大多数甲米的航船都会从甲米镇西北方 33 千米处的泰凌湾码头出发，抵达小阁遥岛东北海岸的塔考码头：每天有三艘长尾船（全程 1 小时，B120）和四艘快船（全程 30 分钟，B200），末班船时间为 17:00。甲米镇的双条车与大多数船舶时间相连，提前 1 小时从 Maharat7 巷的清晨市场出发途经 Maharat 路的 7-Eleven 便利店和 Talat Kao 汽车站。

前往/来自奥南湾 旅游旺季期间，Green Planet 快船服务公司会每天提供一班从奥南湾诺帕拉塔拉海滩前往小阁遥岛的航船（全程 30 分钟；B550，包括甲米地区的接车服务），然后再继续前往普吉岛的邦龙海滩；此外奥南湾每天还会提供一艘大船（全程约 1 小时，B350）。

前往/来自攀牙湾 前往小阁遥岛沿途风景最美丽的线路是从攀牙湾出发的航船，每天 1 班（周一至周六），途经攀牙湾中心位置，且可近距离观察攀依岛（见 p.576）的吊脚楼。该航行线路于 13:00 从攀牙镇以南 9 千米的 Dan 码头出发，7:30 从小阁遥岛的 Suka 码头返回（全程 90 分钟；B200）；攀牙镇和码头之间有双条车服务。

周边交通

7

双条出租车很容易即可拦截到，且小阁遥岛的许多酒店都会提供摩托车（B200~350/天）和自行车（B200）租赁服务。

信息

岛屿各处都会提供由 Pakorn Photo Classic 制作的最新版免费岛屿及岛上旅游机构分布情况的**地图**。塔凯村的 7-Eleven 便利店以及长海滩 Six Senses 酒店前面都设有**自动取款机**。

住宿

塔考海滩

Nam Tok Bungalows ☎ 087 292 1102 这家坐落于运河附近的旅馆距海滩有段路程，从塔考渡轮码头往南步行 5 分钟即可抵达，是全岛最便宜的住房之一，氛围轻松闲适。提供带有美丽卫浴的舒适竹房和木屋，且露台上装有吊床，坐落于小花园中，鲜花遍地，鱼池典雅；豪华房间有热水供应。旅馆老板 Danny 有时还会组织前往白比亚岛（Ko Pak Bia）的露营旅行（B4000/艘船）。**B400**

★ **Suntisook Resort** ☎ 089 781 6456 Ⓦ www.suntisookkohyao.com 这家温馨舒适的度假村酒店提供坐落于美丽花园中的平房住宿，房间设施包括电视、冰箱和热水卫浴。虽然各有不同，但每个房间都有一个露台和吊床，其中一些还装有空调和三张床位。酒店还提供上网和免费 Wi-Fi，以及摩托车、山地自行车和皮划艇租赁服务。风扇房 **B900**，空调房 **B1500**

Ulmer's Nature Lodge ☎ 084 848 5112 Ⓔ almar_k @hotmail.com 这家旅馆坐落于海湾偏远的南端，附近有片红树林沼泽，氛围宁静，是不错的瑜伽中心，当然也提供海滨独立卫浴平房，或是茅草屋顶小客房，或是装饰别致的宽敞客房，且有许多抛光木家具。风扇房 **B600**，空调房 **B1500**

长海滩

Koyao Island Resort ☎ 076 597474 Ⓦ www.koyao. com 这家美丽时尚的度假村酒店坐落于长海滩的最佳地段，共提供 18 间别致的茅草屋顶客房，且大多数都是风扇房，此外所有房间都有独立客厅、拥有户外淋浴的大卫生间以及可通往花园并欣赏美丽海湾景色的移门。度假村设施包括泳池、SPA 馆、网络、Wi-Fi、山地自行车和皮划艇。房价包括早餐。**B7000**

Sabai Corner ☎ 081 892 1827 Ⓦ www.sabaicorner bungalows.com 这家年代久远的意-泰合营酒店坐落于长海滩多岩石的南部海岬附近，仅提供 11 间舒适悠闲的木房，设计精美且都装有风扇、蚊帐、仿古浴室以及露台和吊床。客房位于道路和海滩之间的高地上，四周种满了高大的腰果树和菠萝蜜树。酒店精致的餐厅提供自制面包和酸乳酪以及意大利和泰国食物等，还有皮划艇租赁。**B1000**

Six Senses Yao Noi ☎ 076 418500 Ⓦ www.sixsenses.com 这家超豪华超昂贵的度假村酒店坐落于私人小海滩上，非常隐蔽，可通过私人道路抵达。提供自然别致风格的豪华别墅，大多数都是用木材和茅草制成的，但所有别墅都有私人泳池及宽阔的日光露台，以及热情的工作人员。**B28000**

Tabeak Viewpoint Bungalows ☎ 089 590 4182 Ⓦ www.kohyaotravel.com 这家日-泰合营旅馆坐落于内岛 200 米左右的跨岛小径上，提供宽敞且设备齐全的木质或竹质风扇平房，所有房间都有热水淋浴、抛光木地板和落地窗，阳台上还可看到美丽的岛屿风景。这里的泰国老板是社区警察，也是一位钓鱼爱好者，对岛屿信息了如指掌。**B900**

巴赛海滩

Coconut Corner ☎ 076 454221 Ⓦ www.kohyaotravel. com 这家坐落于巴赛海滩南端马路对面小花园里的独立卫浴平房旅馆提供该岛屿最便宜的舒适客房。距长海滩的金字塔酒吧仅几分钟步行路程且提供上网以及自行车和摩托车租赁服务。B500

Koh Yao Beach Bungalows Ⓣ 076 454213 Ⓦ www.kohyaobeach.com 这家干净整洁的平房酒店坐落于海滩南端主要道路对面修剪整齐的美丽草坪上。较小的茅草屋顶风扇平房带有蚊帐和冷水供应的小卫生间，而其性价比要比带电视的宽敞客房高一些（B800）；此外，该酒店还提供宽敞美丽的空调房，房间设施包括热水淋浴、电视和冰箱。有免费 Wi-Fi。风扇房 B500，空调房 B1500

Pasai Cottage Ⓣ 076 454235，Ⓔ pasaicottage@hotmail.com 这家坐落于巴赛海滩对面的旅馆仅提供 10 间竹屋，距马路有段路程，客房内部装饰高雅别致，拥有折叠式玻璃门和铺有瓷砖的美丽浴室。B800

沙海岬

Lam Sai Hotel Ⓣ 084 746 3861 Ⓦ www.lamsaihotel.com 这家英国人创办的酒店和泰拳训练营（见 p.573 框中内容）坐落于半岛西部，风景一般，提供质量一流的铺有瓷砖的客房和少许平房，分布于两层楼高的建筑中，且所有房间都有电视、热水淋浴、Wi-Fi 和阳台，酒店还提供了小泳池、皮划艇和摩托车租赁及免费自行车服务。风扇房 B1000，空调房 B1700

Lom'Lae Bungalows Ⓣ 076 597486 Ⓦ www.lomlae.com 这家美丽宁静的酒店背靠稻田和橡胶种植园，从其边缘种满了棕榈树的海滩和枝繁叶茂的花园中可观赏到令人惊叹的海湾美景。酒店提供的宽敞通风木质风扇房铺有茅草屋顶，拥有移门、露台和吊床，悠闲自在。一些平房楼上还提供额外的阁楼床，以及两间卧房的家庭房屋；所有房间都提供免费 Wi-Fi。此外，酒店海滩共皮划艇、自行车和摩托车租赁服务及潜水店铺。入住 5 晚及以上的房客可打八折。B2500

洛哈湾

The Paradise Koh Yao Ⓣ 076 584450 Ⓦ www.the paradise.biz 这家坐落于美丽但孤独海滩上的酒店提供豪华宽敞的空调客房和别墅，且都有宽阔的户外空间和半露天式卫生间，其中一些房间还有私人按摩池。酒店设施包括大泳池、SPA 馆、Wi-Fi、皮划艇和瑜伽课程等。房价包括早餐。B8500

7

餐饮

塔考海滩

Suntisook Resort 这家迷人的餐馆提供各种各样的泰国美食，包括鱼类（根据市场价格而定）及美味的鸡肉清真咖喱，此外还提供意大利面、土豆泥和西式早餐。每天 7:30~21:00

长海滩

★ La Luna Ⓣ 084 629 1550 Ⓦ www.lalunakohyao. com 这家适意的意大利酒吧餐馆坐落于美丽的花园中，且带有吊床。提供自制面食，包括非常美味的奶油火腿干面条（B230）、比萨（B200 左右）、意大利甜点和各种鸡尾酒。每天从 14:00 左右营业至深夜（厨房通常在 21:30/22:00 关门）

Pyramid Bar 这家全岛非常有名的聚会场所提供桌球、体育电视节目以及品种繁多的鸡尾酒、葡萄酒以及泰国和西方美食，包括三明治（B120 起）、早餐和海鲜；每周五晚上是该酒吧最热闹的时候，几乎有一半岛民都会到此欣赏每周一次的岛民音乐表演。每天从 9:00/10:00 营业至深夜（厨房在 22:00 关门）

沙海岬

Lam Sai Seafood Restaurant Ⓣ 081 446 0689 从 Lam Sai 酒店继续往前 1.5 千米即可抵达该餐馆，途经一些铺路站口，提供非常有名的海鲜食物，食材都是根据需要从浮码头新鲜打捞上来的（价格按重量计算）。餐桌都摆放在水域上方的甲板上，可欣赏到对面大阁遥岛的美丽景色。每天 10:00~22:00

塔凯村

Je t'aime Ⓣ 076 597495。这家坐落于村庄中央丁字路口处的温馨餐馆是由法国和丹麦人所开，提供当地出名的新鲜鱼类和海鲜，绿色咖喱很不错，B180，此外还提供一些西方食物，如早餐等。每天 9:00~22:00

攀牙湾（Ao Phang Nga）

国家公园门票 B200・Ⓦ www.dnp.go.th

和普吉岛不同，**攀牙湾**没有遭受到商业蹂躏，至今仍拥有非常奇特且美丽的海景。攀牙湾位于普吉和甲米岛之间，面积达 400 平方千米，边缘地区簇拥着红树林的海湾上耸立着高达 300 米的石灰岩岩溶地层，丛林密布且到处都是奇形怪状的岩石。泰国的攀牙湾可与越南举世闻名的下龙湾以及中国的桂林山水相媲美，其中大部分区域都已成为**国家公园**保护区。

据说，该海湾已有 1.2 万年历史，当时海平面急剧上升淹没了整个山脉，且百万年来一直受到大气中二氧化碳和雨水的酸性混合物侵蚀，从而形成了如今的模样。而其中一些岩溶岛屿进一步受到侵蚀，成为空心的隐秘礁湖，又称 hong，只能在特定潮汐期乘坐皮划艇抵达。主要的隐秘礁湖岛屿坐落于**东西**两个海湾区域，在小阁遥岛西面和东面，大致位于普吉岛和甲米岛的中间位置。但攀牙湾最著名的景色位于**中央海湾**，不仅聚集着大量喀斯特岛屿，且有形状最奇特的岩层。

中央海湾（The central bay）

中央海湾的标准旅游行程为环形或八字形线路，途经灯光转换的独特喀斯特地貌轮廓，尤其是清晨薄雾笼罩下怪诞奇异的光芒，是一次激动人心的体验。其中一些岩层还有因其奇特的轮廓而获得的别名，如**马丘山**（Khao Machu/Marju）可翻译为“狮子狗岩石”。其他岩层的名字则是从其他一些属性中衍生出来的，如 **Tham Nak**（或 Nark，意为那迦洞）的名字就起源于洞内的蛇纹钟乳石；**Ko Thalu**（镂空洞）的名字来源于贯穿洞内的一条隧道；如果仔细观察 **Khao Kien**（绘画岩），你会发现岩壁上装饰着大象、猴子、鱼、螃蟹和狩猎武器的壁画，这就是该岩洞名字的由来，且据说该岩洞已有 3000~5000 年历史了。

7

然而攀牙湾之所以能够声名鹊起是因为一部影片：裂开的 **Khao Ping Gan**（倾斜岩）及其锥形露头 **Khao Tapu**（指甲岩）又被称为**詹姆斯·邦德岛**，曾在 007 系列电影《金枪客》中作为斯卡拉孟加的隐匿之处。每艘船都会在此停留，让游客在此标志性岩石前拍照留念，而其越来越窄的底座则充分说明了海浪是如何将该海湾塑造成这般形态的。该岛上还聚集着许多贝壳和饰品摊贩。

中央海湾另一个主要景点就是**攀依岛**（Ko Panyi），整个穆斯林村庄几乎全部建立在木桩上，分布在支撑着清真寺的岩石周边。几乎所有游船旅行的船只都会停靠在此地用午餐，如此可前往清真寺附近的食品摊位而不用去码头周边昂贵的海鲜餐馆用餐。如果选择从攀牙镇出发的夜间旅游（见 p.578），可以感受到更加宁静的攀依岛，价格包括晚餐和岛屿旅馆住宿，还可以观赏到海湾美丽的日落日出之景；或者你也可以在码头租一艘皮划艇独自探索中央海湾。

在中央海湾旅行线路中，有时会经过红树林沼泽边缘的几个小砖**窑**，曾是用红树林木生产木炭的场所。此外渡船还会在**洛穴**（Tham Lod）下穿梭而过，前往壮观的石灰岩和红树林，抬头仰望，还可看到美丽的拱形岩石顶部悬挂着各种各样的钟乳石，令人叹为观止。

西海湾：攀娜岛和割喉岛（Ko Panak & Ko Hong）

西海湾主要的旅游景点是**攀娜岛**，其石灰岩悬崖下隐藏着的秘密隧道可通往攀娜岛空洞的中心位置，里面至少有 5 个不同的**隐秘礁湖**。这里堪称是攀牙湾最壮观的隐蔽世界，穿过一条蝙蝠出没的漆黑隧道即可抵达明亮且无顶的隐秘礁湖，仿若是两个完全不同的世界，而上方缠绕着的藤本植物和微型旋转松树就像一个空中花园，有蝉出没，偶尔还会看到一些食蟹猕猴。西海湾旅游行程通常还会包括攀娜岛附近的**割喉岛**（有别于东海湾的割喉岛），该岛外表覆盖着红色、黄色和橙色的硬壳海绵、牡蛎壳和石鳖（类似于拖鞋的壳，已有 5.6 亿年历史），是红色、蓝色和黑色螃蟹遇敌逃脱时最好的保护色。割喉岛内部有一些会发光的浮游生物，照亮了整个通道，直达一系列洞穴礁湖。

东海湾：割喉岛、泰凌湾和路克湾（Ko Horg，Ao Thalen & Ao Luk）

东海湾的主要隐秘礁湖岛屿被称为**割喉岛**（又被称为 Ko Lao Bleh），位于甲米的卡隆芒海滩（Hat Klong Muang）和小阁遥岛东南海岸之间的中间位置附近。该岛屿拥有美丽的白色沙滩以及格外清澈碧绿的海水，是非常流行的浮潜目的地。然而此岛的隐秘礁湖并没有完全封闭，也不需像攀娜岛那样穿过漆黑的隧道，因此缺乏了攀牙湾最好隐秘礁湖的独特美感，不过这里有非常多的海星，也很漂亮，但受潮汐影响，只能在特定时间探索此地。

东海湾其他的旅游景点包括甲米岛和攀牙岛之间主要沿海地带的红树林港湾，尤其是在

隐秘礁湖

隐秘礁湖（Hong）是攀牙湾的主要景色：这些隐秘的潮汐礁湖被围绕在坚不可摧的石灰岩露头中央，任何路过的航船都不会发现，只能在特定潮汐时间段乘坐很小的皮划艇通过较低悬岩之间的黑暗隧道抵达。正如喀斯特地形一样，隐秘礁湖也需经过百万年时间才会形成，较软的石灰岩从上面开始经过长期的风吹雨打，渐渐地呈空心状，而侧面还会受到海浪侵蚀。最终当两个空洞相通时，海水就会通过波浪侵蚀的通道进入岩溶中心位置直至与海平面持平，于是就形成了礁湖。这些没有顶部的空洞内部非常奇特，其外湾四周有崖壁围绕，悬挂着上下颠倒的苏铁树、扭曲的棕榈树盆景以及缠绕的蕨类植物，类似于史前花园，让人眼花缭乱。当潮水退去后，聚居在隐秘礁湖里的生物就会在泥泞的地面上觅食，如招潮蟹、弹涂鱼、黑叶猴以及食蟹猕猴等，还经常会看到白腹海鹰在你的头顶上空盘旋。

路克湾和**泰凌湾**（Thalen 有时又拼写为 Talin 或 Talane）附近，但后者总是挤满了大批的旅游团。红树林沼泽区域的路径错综复杂，有的途经石灰岩峭壁之间的裂缝，有的位于喀斯特露头下方，且偶尔会穿过洞穴。其中大部分通道都是隐秘礁湖，这些隔绝的世外桃源最长达 2 千米，除了与主要海湾隔断的礁湖外，其他都只能在特定潮汐时段才能通过。路克湾的 Ban Bor Tor（或写作 Ban Bho Tho）区域以**洛穴**（Tham Lod）闻名，这是一条漫长的隧道，顶部悬挂着钟乳石，入口处有藤蔓遮挡，而其附近的**皮华托穴**（Tham Phi Hua Toe）的岩壁上展现着 100 幅左右的史前洞穴绘画，还有一些形状非常有趣的钟乳石。

7

海湾旅游 攀牙湾

海上独木舟 最好通常也是最贵的海湾旅游线路就是乘坐海上独木舟（可选择导游或自助游），不仅可以探索隐秘礁湖内部，还可近距离观察喀斯特岛屿周边及其内部的特殊生态系统。大多数海上独木舟旅行都会使用大型辅助船，每次最多可搭载 30 人。该旅游行程可通过普吉岛任何一家度假村或 John Grany's Sea Canoe and Paddle Asia（见 p.547）等专业机构预订；此外蔻立的 Khao Lak Lond Discovery（见 p.543 框中内容）、所有甲米海滩和岛屿以及甲米镇（见 p.588 框中内容）和小阁遥岛（见 p.573 框中内容）都可安排此旅游线路。整个行程通常根据出发点而定，从普吉出发的行程以西海湾为主，而甲米则以东海湾为主。

旅游船 大多数中央海湾的旅游行程主要从普吉或甲米乘坐大型旅游船出发，通常以浮潜和海滩活动为主，不提供皮划艇服务，或者也可以选择乘坐便宜且规模较小的长尾船从攀牙镇或普吉和小阁遥岛出发。该海湾的所有主要区域都是热门旅游景点，因此不要期望可以享受到宁静的氛围。

攀牙镇（Phang Nga town）

小城镇**攀牙镇**坐落于普吉和甲米中间区域的石灰岩峭壁之下，若隐若现，周边有棕榈树林围绕，风景优美，氛围友好但平平无奇，主要用作长尾船经济旅游的出发点，可方便地前往攀牙湾喀斯特群岛（见上文）。但城镇附近也有一些洞穴和瀑布，可通过攀牙的旅行商安排旅行线路，价格较便宜。

抵达和离开 攀牙镇

坐落于汽车站内部的旅行机构会出售汽车票和船票，并提供若干小时的行李保管服务。

巴士 攀牙拥有不错的巴士运营系统：白天，所有往返于甲米和普吉之间的巴士都会从 415 号公路绕道，且在这个狭长城镇北端的 Phetkasem 路汽车站（☎ 076 412014）稍作停留；晚上虽不绕道，但如果你从 Mr Kean(见下页框中内容）那里购买车票，那么他会提供城镇以西 4 千米 415 号公路和 4 号公路交会处的免费接车服务。如果你想前往考索国家公园总部（见 p.538），最快捷的方式是乘坐素叻他尼方向的巴士，然后在帕侬（Phanom）换车。此外其中一些通往曼谷汽车南站的巴士还会继续前往曼谷北部的 Mo Chit 车站。

抵达站 曼谷（每天 8 班，全程 11 小时）；苏梅岛（每天 1 班，全程 6 小时）；甲米（30 分钟 1 班，全程 90 分钟 ~2 小时）；普吉（每小时至少 1 班，全程90分钟~2小时30分钟）；拉廊（每天1~2班，全程4小时）；沙敦（每天4班，全程5小时30分钟）；素叻他尼（每天5班，全程4小时）；达瓜巴（每小时1班，全程1小时）；董里（30分钟1班，全程3小时）。

航船 前往攀牙湾和小阁遥岛的船舶码头位于城镇以南9千米的Dan当码头，可乘坐途经汽车站的双条车抵达（B25）。

抵达站 小阁遥岛（每天1班，全程90分钟）

信息

旅游信息 攀牙泰国旅游局（TAT）的信息办公室位于城镇以南2千米，4号公路沿途（每天8:30~16:30 ☎076 411586），交通不便。或者也可以咨询汽车站建筑内的旅游机构（见上文）。

住宿

攀牙最好的酒店都位于汽车站方圆250米内，沿着碧甲盛路（4号公路）往东北（右）前行即可。

7

Baan Phang Nga Phetkasem 路 100/2 号（左手侧）☎076 413276 ⓦwww.baanphangnga.com 这家温馨高档的旅馆位于咖啡馆之上，提供带电视、热水小卫浴的空调房，现代风格装饰。还提供上网和免费 Wi-Fi。B650

Phang Nga Guest House Phetkasem 路 99/1 号（右侧，Krung Thai 银行旁）☎076 411358 该旅馆的公共区域近年经过了重新装饰，五彩缤纷，但干净舒适的客房仍保持原样，拥有小独立卫浴和电视，大都是冷水供应；除砖墙之外，几乎看不到其他景色。风扇房 B380，空调房 B480

Thawisuk Hotel Phetkasem 路 77 号（道路右侧 Phang Nga 旅馆前面）☎076 412100 这家干净整洁的古老风格酒店深受当地公务员的喜爱，提供干净明亮的风扇房，还有两间宽敞的空调房和一个屋顶露台。风扇房 B180，空调房 B500

餐饮

Duang Phetkasem 路，与 Baan Phang Nga 旅馆之间隔开两栋（有一个很小的英文贴纸）当地居民将这家简单而温馨的餐馆评为城镇最好的餐馆，带有一些屋外餐桌；该餐馆已有30年历史，提供非常美味的鱿鱼沙拉（yam pla meuk; B150），还有饭菜和面食等，每份约B70。每天

攀牙城镇之旅

攀牙湾

攀牙湾（见 p.575）最流行的经济旅游线路是**长尾船之旅**，主要由坐落于攀牙汽车站里的旅行社提供。这些旅游机构之间的竞争非常激烈，而且提供的行程几乎都是相同的，因此最好咨询一些刚刚游完海湾之旅的其他游客，尤其是工作人员变化时相关的声誉波动。迄今为止保持最稳定的是 Mr Kean Tour 旅行社（☎076 430619/089 871 6092），及与其隔开一家的 Sayan Tour 旅行社（☎076 430348 ⓦwww.sayantour.com）。这两家机构都提供海湾半日游（每天8:30&14:00出发，全程3~4小时），价格B500/人（包括国家公园门票，至少4人），以及B800的全日游，包括午餐和国家公园门票费用；8:30出发的行程可避免较大的人流量。所有旅行线路都包括在海湾游泳，此外大部分线路还提供 Thalu 岛附近的1小时独木舟之旅，但需额外支付B350。

所有旅游结构还会提供**攀依岛住宿**服务。在半日游或全日游的基础上额外支付B250~300即可享受该服务；该价格包括晚餐、住宿和早餐。此外，Kean 先生有时还会提供他家乡 **Ban Mai Phai 岛**的夜间旅行，可以说是一座尚未商业开发的"攀依岛"，提供徒步、自行车和皮划艇等项目。

攀牙镇周边景点

Mr Kean 先生会安排**朋昌洞**（Tham Phung Chang）之旅（B500），该洞又称象腹洞，是一条1200米长的天然隧道，横穿800米高悬崖的大部分地区，该悬崖树木繁茂，矗立在镇中心以西4千米左右的府政厅旁。通过想象可发现该悬崖的轮廓类似于一条跪伏在地的大象，而其空荡荡的内部则象征着大象的腹部。你可穿过"象腹"抵达悬崖的另一侧，然后沿着侵蚀通道的淡水溪流——山洞河（Khlong Tham）涉水、漂流、划皮划艇，两小时后即可返回原处。

此外，Mr Kean 还会提供当地其他洞穴（B450）及**玛瑙腊公主森林公园**（Sa Nang Manora）旅游线路，其登山步道沿途会经过茂密的热带雨林及一些带有可游泳水池的瀑布，坐落于镇中心以北9千米。

10:30~22:00
Kafeh Phetkasem 路（无英文标记） 从汽车站沿着 Phetkasem 路往左步行 100 米左右即可在左侧找到这家非常流行的甜点铺，提供丰盛的泰式早餐。菜式包括泰国各类甜点，如甜椰奶香蕉叶包糯米，里面塞有香蕉、芒果或其他配料，大约 B5/ 份，然后点一杯热咖啡或冷咖啡，和其他人一起看泰国早餐电视。每天 6:00~18:00

甲米镇（Krabi town）

河口城镇**甲米**不仅是甲米府的府会城市，而且是前往该区域著名岛屿和海滩的主要交通枢纽，包括皮皮岛、兰达岛、奥南湾、克隆芒（Klong Muang）以及帕南海岬（莱雷湾）。如今的交通连接十分高效，并不需要真的在此停留，但此镇坐落于甲米河口西岸，东边有大片的红树林，陡峭的石灰岩拔地而起，还有许多旅馆，是不错的旅游基地。**奥南湾**（见 p.584）和**莱雷**海滩（见 p.590）距城镇不超过 45 分钟路程，附近其他旅游景点还包括河口对面的**红树林沼泽**和**巴生**半岛、**虎穴寺**雄伟壮观的老虎洞寺院以及**高番本查国家公园**。此外还提供包括浮潜和皮划艇游览在内的**甲米一日游**线路（见 p.588 框中内容）。

7

甲米镇虽没有什么不可错过的景点，但城镇较小，很容易即可游览完其所有主要景点。甲米镇最引人注目之处在于其格局，沿着风景优美的铺面**河边走道**可抵达 Chao Fa 码头以南 800 米的钓鱼港口；此地坐落着一些酒店设施，对面即是遍布着大片红树林的巴生岛，走道南路口则与甲米市塔拉公园（Thara Park）接壤。

在岛屿内陆城镇中心的 Maharat 路与 10 巷交叉路口处的两个红绿灯旁坐落着奇怪的**类人猿**雕像，是甲米最有名祖先——无尾 Siamopithecus oceanus 猿猴的象征，距今已有 4000 万年历史，出土于省府南部的褐煤煤矿中，经科学家判定，属于全世界最早的类人猿之一。

克拉瓦兰佛寺及甲米当代艺术博物馆（Kaew Korawaram & Krabi Museum of Contemporary Art）

Maharat 路往西・甲米当代艺术博物馆：周二至周日 10:00~13:00&14:00~17:00・免费

这个坐落于城镇中心的**克拉瓦兰佛寺**（又可称为 Grovaram）拥有现代简约风格的正殿以及非常醒目的白色围墙，可通过装饰有那迦像的阶梯抵达，气势雄伟。佛堂内部的壁画描绘了许多传统场景，包括《本生经》里佛陀的生平事迹，再加以一些现代曲线元素，使整座佛堂熠熠生辉，如大门两侧交战的长毛外国人。而在 Isara 路寺院宽阔的庭院建筑对面坐落着**甲米当代艺术博物馆**，有时还会举办甲米及其周边地区艺术家的现代画作临时展。

巴生岛（Ko Klang）

甲米镇河对岸・Chao Fa 码头（B20，全程 10 分钟）和塔拉公园码头（B20，全程 3 分钟，可带自行车）聚集着许多前往巴生岛的长尾船

甲米大多数长尾船船夫都来自于**巴生岛**，这座红树林围绕的半岛就位于 Chao Fa 码头和塔拉公园码头的海峡对岸。在经过两小时的红树林之旅后，即可登上半岛游玩，或者也

红树林之旅

甲米河口的游船之旅可以观赏到该区域的独特景色，沿途风景优美，两岸遍布着茂密的**红树林**。如果前往一两个河边洞穴，还可以近距离观察到栖息在这片沼泽地的奇特生物（见 p.581 框中内容）。徘徊于甲米两个码头及周边街道附近的长尾船船夫可提供最好的**旅游**线路（B300~500/ 艘 / 小时），或者也可以通过大多数旅行社安排红树林之旅。

该河口最有名的景点是两个相似的、被称为**卡纳南山**（Khao Kanab Nam）的石灰岩露台，耸立于 Maritime Park and Spa 假村附近的甲米河两岸，高出水平面 100 米，形状奇特，已成为甲米镇的标志性景点。其中一座喀斯特山藏有可探索的洞穴，在过去几百年中此地发现了许多骷髅残骸，可能是在抵达大陆前因洪水滞留于此的移民。此外还可以前往巴生半岛的穆斯林岛屿游玩。

可乘坐白天从甲米镇出发的公共长尾船自行前往。此外还可通过 Krabi Friendly Tour 旅行社（见 p.581）前往巴生岛村庄的**寄宿家庭**预订入住，或者提前与 Tell Tale Travel 旅行社（Ⓦ www.telltaletravel.co.uk）联系将其作为包价旅游行程中的一部分。

这座以穆斯林为主的半岛上有三个小**村庄**，共居住着 4000 名左右的岛民，其中大部分都以旅游和捕鱼为生。岛屿并不美却拥有其独特的魅力，可让游客亲身体验典型的泰国南方生活。巴生岛长长的西南**海滩**洋溢着野性美，不仅可以游泳，还可欣赏到当地所有著名**岛屿**的独特轮廓，如帕南海岬（乘船 30 分钟）、波达岛（45 分钟）、竹岛、皮皮岛（2 小时）和俊穆岛；所有巴生岛船夫都会将你送至这些岛屿，价格与甲米镇相同。

虎穴寺（Wat Tham Seua）

甲米镇东北方 10 千米，4 号公路以北 2 千米左右 · 在甲米镇乘坐红色双条车前往 Tesco Lotus 超市（约 B20），途经 4 号公路丁字路口，可换乘摩的（约 B30）；你也可以额外支付一些费用（约 B50）让双条车司机绕一小段路将你送至寺院，或者步行最后 2 千米即可抵达

虎穴寺（Wat Tham Seua）坐落于热带森林中，四周围绕着高耸的石灰岩峭壁，雄伟壮

观，是非常有名的禅定寺，附近有幽深的洞穴、树木繁茂的小径以及美丽的全景。该寺院有僧人居住，因此游客需穿着端庄得体（无论男女都不准穿短裤和无袖上衣）。

虎穴寺的住持是内观禅修教派的著名大师，悬崖下方左侧的**正殿**里收藏着一些他的教育工具。虽然这些人类内脏器官的特写照片看起来比较异端，令人惊恐，却反映着佛教哲学的一个基本理念：生命是变化无常的；而出于相同目的，寺院其他地方也都装饰着各种人类头骨和骨架。沿着正殿前面的步道途经尼姑宿舍即可抵达陡峭的**阶梯**，通向600米高的崖顶。第一个阶梯较长（共1272级台阶），且非常陡峭，攀登至顶需约1小时，但山顶景色尤为壮观，可看到石灰岩露头和远处的岛屿，仿若人间仙境。此外顶部还坐落着巨大的坐佛像和佛塔，树丛中也隐藏着少许僧人禅房。另一个阶梯位于观世音菩萨的巨大雕像旁，相比之下，路程较为平坦，直通山下的溪谷，四周耸立着陡峭的石灰岩壁。僧侣在此地的岩石裂缝及其周边建立了自给自足的禅修小屋（kuti），中间有步道连接，途经繁茂的山沟：如果你一直沿着主要步道前行，最终会回到阶梯口这个出发点。该山谷里栖息着许多松鼠和猴子，还生长着两棵参天大树，其**板状根**足有10多米高。

高番本查国家公园（Khao Phanom Bencha National Park）

甲米以北25千米・B200・Ⓦ www.dnp.go.th

如果有自己的交通工具，那么在参观完虎穴寺后可沿着一条风景如画的蜿蜒小径前往**怀斗**（Huay Toh）五层瀑布，位于**高番本查国家公园**境内。

抵达和离开

甲米镇

位于Chao Fa路9/3号的Krabi Friendhy Tour旅行社（Ⓣ 075 612558）服务齐全，出售巴士车票、空调迷你巴士车票、船票、火车票和机票，包括前往曼谷途经素叻他尼的汽车和火车联票以及前往苏梅岛和攀牙岛的通票。

飞机

甲米机场（Ⓣ 075 636541-2 Ⓦ www.krabi airport.org）位于甲米镇以东18千米的4号公路附近，距奥南湾35千米。泰国航空、曼谷航空、飞鸟航空、泰国东方航空及亚洲航空会提供从曼谷出发的国内航班。机场班车会前往甲米镇，价格B100/人，或乘坐出租车前往甲米镇和港口，价格固定为B350/辆。也有汽车租赁服务（见下文）。

抵达站　曼谷（每天最多15班，全程80分钟）；苏梅岛（每天1班，全程50分钟）。

巴士

许多巴士会前往甲米汽车站，位于镇中心以北5千米的塔拉考（Talat Kao）郊区4号公路旁。经常有红色双条车（B20）往返于镇中心（会先在镇中心绕一圈接乘客上车，起点位于Maharat路7-Eleven便利店或Utrakit路的Pak-up旅馆门口）和汽车站之间。

前往/来自曼谷 往返于曼谷汽车南站和甲米的空调巴士和VIP巴士大多都在傍晚或晚上出发，于次日清晨抵达。在乘坐考山路的私人巴士前一定

红树林沼泽之地

退潮时，红树林沼泽的气生根完全暴露在空气中，在泥泞的河岸上方形成多节的拱道状，可以说是最令人毛骨悚然的时候。这些气生根不仅是树木呼吸的主要结构，还会为将来的红树林开拓更多的土地，通过诱捕和积累水中生物残骸从而使1米长的红树林幼苗落地生根。如此，红树林沼泽也起着重要的生态作用：固定移动的污泥，且保护海岸线免受热带风暴的侵蚀和影响。

红树林沼泽污泥里也隐藏着一些有趣的生物，如瞬间即可被识别的招潮蟹，因雄蟹有一只特大的红色蟹钳而得名，在其跟同伴交流或遇敌防御时都会挥舞着这个巨大的钳子；招潮蟹的蟹钳力量非常大，甚至可以打开烤豆罐。如果你眼睛一眨不眨地盯着沼泽，也许还会看到一些弹涂鱼。这些奇特的变种鱼可以通过皮肤呼吸大气中的氧气，只需保持外表面潮湿即可，这也是它们长时间在污泥里滑行的原因所在——通过轻轻地拍打尾巴，再加上力量超强的胸鳍可快速地跳跃前行。如果运气足够好还可以看到翠鸟和白腹海鹰，甚至食蟹猕猴等。

但甲米红树林最终也没能逃脱侵入性行业对环境的破坏——为制造商业木炭大肆砍伐树木，如今整个安达曼海岸线有15%左右仍有红树林覆盖，是泰国红树林复杂多样生态系统的最佳标准。

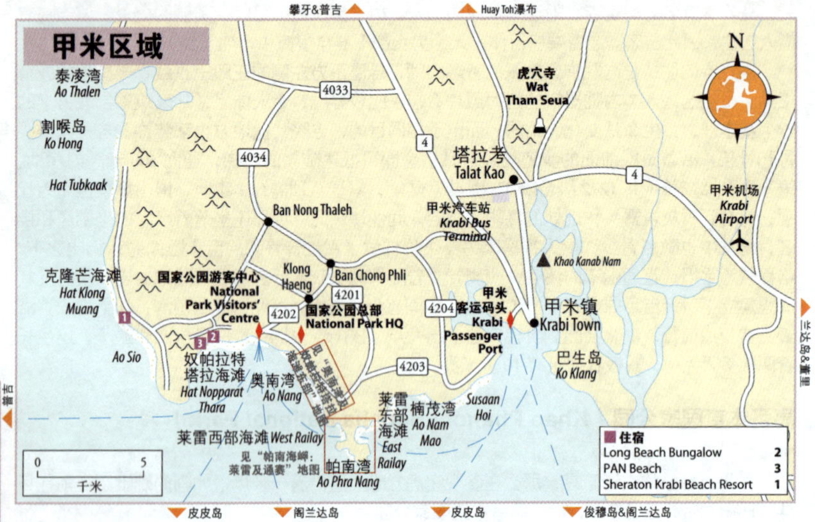

要慎重考虑（见 p.117）。

空调迷你巴士 甲米出发的私人空调迷你巴士（都是约每小时 1 班）主要前往素叻他尼、那空是贪玛叻、董里和兰达岛（见 p.580 地图）。为了与船舶竞争，Lanta Service 会前往甲米酒店接车，价格在 B250~350，视游客在大兰达岛下车的海滩而定。在塔拉考车站，还有从兰达岛出发前往普吉机场和城镇的空调迷你巴士（约每 2 小时 1 班，可通过甲米的酒店和旅行社预订）。

汽车抵达站 曼谷（每天 12 班，全程 12 小时）；合艾（每天 13 班，全程 4~5 小时）；那空是贪玛叻（每小时至少 1 班，全程 3 小时）；攀牙（30 分钟 1 班，全程 2 小时）；普吉（每小时至少 1 班，全程 3 小时 30 分钟）；拉廊（每天 2 班，全程 5 小时）；沙敦（每天 4 班，全程 5 小时）；素叻他尼（每小时至少 1 班，全程 2 小时）；达瓜巴（每天 4 班，全程 3 小时 30 分钟 ~4 小时 30 分钟）；董里（每小时至少 1 班，全程 2~3 小时）。

火车和巴士

从曼谷出发除直接乘坐巴士外，还可先搭乘夜班火车前往素叻他尼，然后再换乘空调巴士和迷你巴士抵达甲米（每小时 1 班，全程 2 小时）。

船舶

前往皮皮岛、兰达岛和俊穆岛的渡船会从甲米客运码头（有时也被称为 Khlong Jilad 码头；☎075 620052）出发，位于甲米镇中心西南方 2 千米。船票可通过城镇旅游机构购买，且提供前往甲米客运港口的免费交通，在前往港口前会先绕镇中心一圈。

皮皮岛 在旺季期间，每天有 4 艘渡船会从甲米客运港口出发前往皮皮岛，淡季期间每天至少 2 班（全程 2 小时，B350~400）。

大兰达岛 虽然如今乘坐空调迷你巴士前往兰达岛更流行些，但在旅游旺季（大致 11 月中至次年 4 月中，11:30 出发；全程 2 小时 30 分钟；B400）每天仍有一艘渡船会从甲米客运港口出发，途经俊穆岛。

帕南海岬（莱雷湾东部） 前往帕南海岬莱雷湾东部的长尾船（全程 45 分钟；B1500/ 艘，如果有 8~10 个乘客价格为 B150/ 人）会根据要求从 Kong Ka 路，位于镇中心的 Chao Fa 码头出发。

小阁遥岛 和奥南湾出发的船只一样，每天有若干船只会从甲米城镇西北方 33 千米的泰凌湾码头出发前往小阁遥岛（见 p.573）。

抵达站 俊穆岛（约 11 月中至次年 4 月中，每天 1 班；全程 90 分钟 ~2 小时）；大兰达岛（约 11 月中至次年 4 月中，每天 1 班；全程 2 小时 30 分钟）；大皮皮岛（每天 2~4 班，全程 2 小时）；小阁遥岛（泰凌湾出发，每天 6~7 班，全程 1 小时）。

周边交通

双条车 大多数公共双条车在前往当地海滩、城镇和旅游景点之前都会绕城镇转一圈，并会在 8 巷和 Maharat 路交会处南面的 7-Eleven 便利店门口和 Utrakit 路沿途停车；从黎明至正午一般每小时跑 2 班，而下午至黄昏时分，班次较少。游览城镇的最佳路径是乘坐往返于 4 号公路虎穴寺支路附近的 Tesco Lotus 超市与甲米客运港口之间的红色双条车。白色双条车从塔拉考汽车站出发，在出发前往奥南湾之前会先绕城镇转一圈（白天 B50，18:00 过后 B60）。

汽车或摩托车 机场有 Budget（☎ 075 636171 🌐 www.budget.co.th）和 Avis（☎ 089 969 8676 🌐 www.avisthailand.com）汽车租赁公司的分部，此外 Chao Fa 路 9/3 号的 Krabi Friendly Tour 旅行社（☎ 075 612558）也提供汽车租赁服务。

自行车 Pak-up Hostel（见下文）提供山地自行车租赁服务，价格 B150/ 天。

信息及旅游线路

旅游信息 甲米泰国旅游局办事处（每天 8:30~16:30 ☎ 075 612812 ✉ tatkrabi@tat.or.th）位于镇中心以北 2 千米的 Maharat 路上，交通不便，且没多大帮助。

旅行社 甲米镇拥有许多旅行社，任意一家都会提供各种各样的一日游线路（见 p.588 框中内容）以及海滩住房服务，前两晚可考虑此服务，尤其是在圣诞至新年这段非常拥挤的时间。我们推荐位于 Chao Fa 路 9/3 号的 Krabi Friendly Tour 旅行社（☎ 075 612558）。

7

住宿

★ Chan-Cha-Lay Utrakit 路 55 号 ☎ 075 620 952 🌐 www.chanchalay.com 这家旅店以蓝色和白色为主调，提供时髦的卫生间、白色木质家具和蓝色百叶窗，是甲米最有魅力且最具艺术气息的住宿场所。坐落于花园里的独立卫浴房带有风扇或空调，十分美丽；位于主建筑里的客房需共用浴室，且有些房间没有窗户。可上网。共用卫浴房 **B250**，独立卫浴房 **B450**，空调房 **B700**

City Hotel Maharat 路 10 巷 15/2-4 号 ☎ 075 611 961 🌐 www.citykrabi.com 这家温馨舒适的现代酒店大部分客房都远离道路；房间类型包括冷水淋浴风扇房和热水淋浴空调房（所有房间都有电视）。大堂和最贵的客房里有 Wi-Fi。风扇房 **B450**，空调房 **B650**

K Guest House Chao Fa 路 15-25 号 ☎ 075 623 166 ✉ kguesthouse@yahoo.com 这家非常受欢迎且运营良好的酒店位于镇中心地区，但比较安静，提供长长的联排木屋，有卫生间、木地板、隔板墙、临街阳台和热水淋浴，楼上客房要更好一些。此外楼下和后院还提供较便宜的共用卫浴客房。提供上网和免费 Wi-Fi 服务。共用浴室房 **B200**，独立卫浴房 **B350**，空调房 **B500**

Krabi River Hotel Kong Ka 路 73/1 号 ☎ 075 612321 🌐 www.krabiriverhotel.com 这家坐落于甲米镇南部边缘河口附近的酒店环境优美，从 Chao Fa 码头往南步行至此仅几分钟路程，提供高标准空调房，其中最好的房间有河景阳台；较小较便宜的客房只能看到邻近酒店的围墙。此外酒店还有河滨用餐区。标准房 **B800**，河景房 **B1200**

Kyo Ngean(Ngoen) Mansion 2 Chao Fa 路 25/1 号，☎ 075 621111 ✉ kyo-ngean@hotmail.com 这家坐落于现代建筑里的小酒店价格实惠，深受长期住宿客户的喜爱，提供干净整洁且设备齐全的客房，所有房间都有空调、电视、免费 Wi-Fi、冰箱、热水和阳台；一些位于较高楼层的客房还可享受到大片河景。工作人员非常热情但不太会说英语。**B600**

Kyo Thong Mansion Chao Fa 路 31 号 ☎ 075 613 001 ✉ baankyothong@hotmail.com 这家旅馆与 Kyo Ngeam 非常相似，中间相隔三户人家，提供设备齐全的宽敞现代客房，房间设施包括供应热水的小卫浴、空调、电视、免费 Wi-Fi、冰箱和阳台。**B600**

Maritime Park and Spa Resort 城镇以北 2 千米，Utrakit 路附近 ☎ 075 620028-35 🌐 www.maritimepark andspa.com 这家高档酒店环境优美，附近是石灰岩岩溶和甲米河红树林。客房装饰虽有些过时，但宽敞舒适，可看到大片美丽的景色。其他设施还包括泳池、温泉及前往甲米镇和奥南湾的班车。有时网站上还提供优惠套餐。房价包括早餐。**B3200**

Pak-up Hostel Utrakit 路 87 号 ☎ 075 611955，🌐 www.facebook.com/pakuphostel 这家五颜六色的现代旅馆位于甲米最繁忙角落里的小巷中，拥有干净整洁的十床位宿舍。旅馆提供多种旅游行程，免费 Wi-Fi 和付费电脑。城镇里的许多旅馆都提供较便宜的私人客房，可供 2 人或多人入住，但相比之下，这里的设施更公众化，拥有许多公共区域以及屋顶酒吧，附近还有一个花园酒吧。风扇宿舍 **B180**，空调宿舍 **B200**

Swallow Maharat 路 4 巷 31 号 ☎ 075 612464 这家经济型小旅馆共提供 6 间干净整洁的客房，一尘不染。所有房间都有窗户和风扇；最便宜的房间共用卫浴。不可提前预订。共用卫浴房 **B250**，独立卫浴房 **B350**

餐饮

甲米拥有许多以游客为主的餐馆，Krabi Friendly Tour 旅行社还有一流的果汁吧，此外 Kong Ka 河滨街道与 Maharat 路 10 巷还会举办夜市，提供便宜的当地菜肴。8 巷步行街夜间市场（周五、周六及周日 17:00~22:00）还挤满了各种精致的食物小摊，且提供娱乐舞台以及饰品和工艺品摊位。

7

Bai Toei Kong Ka 路 Thara 旅馆南面 ☎075 611509（仅有河畔英文标记，可在路边寻找百事可乐标记） 该餐馆是享受日落晚饮的好地方，不仅可观赏到甲米河与巴生岛的全景，还可享用美丽的海鲜：尤其是当地的 nam prik kung siap（菜单上 Smok-Shrimp Paste——熏虾酱，B120）及咸蛋炒鱿鱼；炒饭和面食仅需 B60。周一至周六 10:00~22:00，周日 16:00~22:00

Chalita Chao Fa 路 这家适意的意大利泰国餐馆主要提供泰国菜肴，也有牛排、汉堡包、意面及一两个混合菜肴，如绿色咖喱鸡意面（B110），非常美味。每天 16:00~22:30

Good Dream Utrakit 路 83 号 ☎075 622993 这家由外国人经营的精致餐馆提供丰盛的早餐：美味的法国吐司（B70）、炒什锦（B170）、欧式套餐、麦片和水果及现磨咖啡，而晚些时候还会提供大量西方和泰国菜肴及鸡尾酒等。有免费 Wi-Fi，客人还可免费上网。每天 8:00~23:00

★ **Ko Tung** Kong Ka 路 36 号 ☎075 611522 这家泰国小餐馆虽然看起来平平无奇，但深受当地居民喜爱，提供美味实惠的南部海鲜食物。特色菜肴包括甜贻贝（hawy wan）、烤蟹，以及蘑菇、长豆和虾仁鲜蔬沙拉。大多数菜肴价格在 B80 左右。周一至周六 11:00~22:00

May and Mark Maharat 路 2 巷 这家餐馆营业时间较早，提供自制面包、新鲜咖啡和全英文什锦菜单，是当地非常流行的早餐场所。此外还提供玉米饼、三明治、干酪和金枪鱼三明治（B160）、比萨及泰国、德国和素食菜肴。每天 6:30~21:00

Old West Utrakit 路 这家酒吧几乎全部都是裸露的木材以及西部荒原的照片，长长的吧台后面存放着各种各样的进口烈酒，然后调制成一些度数较高的鸡尾酒。顶级的音响系统播放着激情的摇滚乐，还有两张台球桌。每天 16:00~ 次日 4:00

Pizzeria Firenze Kong Ka 路 这家餐馆提供正宗的意大利菜肴，包括 20 种不同的薄脆比萨饼（B175 起）、自制意大利面、冰激凌、提拉米苏、蒸馏咖啡和意式葡萄酒。每天 9:00~21:30

Ruen Mai 镇中心以北 2 千米 Maharat 路 315/5 号 这家精美的花园餐厅深受当地人喜爱且广受好评，是不错的用餐地点。该餐馆主要提供泰国菜肴（B60~180），其中特色菜包括色香味俱全且加有大虾的冬荫功汤、多汁的炸排骨以及酸角和生姜炒鲳鱼。每天 11:00~21:00

购物

书店 位于 Maharat 路 Vogue Department Store 商场旁的 Books 书店（每天 8:00~21:30）提供大量新出版的英文书籍，而位于 Utrakit 路的 Pakarang 书店（每天 8:00~21:00）藏书丰富，提供二手书买卖服务，且出售手工艺品和蒸馏咖啡等。

附录

医院 Krabi 医院位于镇中心以北 1 千米 Utrakit 路 325 号（☎075 611202）且提供牙科设施，但相比而言位于城镇以北 3 千米 Utrakit 路 514 号的私人穆斯林医院 Jariyatham Ruam Phet 医院（☎075 611223）要更好一些，且工作人员会说英语。

出入境管理局 位于前往甲米客运港口途中的政府大楼（周一至周五 8:30~16:30 ☎075 611097）。

警察 遇到任何紧急时间可拨打 24 小时免费 ☎1155 与旅游警察联系，或拨打 075 637208 与当地奥南湾旅游警察局分部联系。

奥南湾（Ao Nang）

奥南湾（有时也会标记为令人混淆的帕南湾）位于甲米镇以西 22 千米，是一个非常忙碌且毫无特色的大陆度假胜地，如今仍在不断扩大发展，前往此地的大都是中档预算或包价旅游的游客。虽然奥南湾缺乏莱雷半岛（乘坐船只仅 10 分钟即可抵达）那样精美的海滩，但环境空旷，且拥有更多更好的餐馆和酒吧、购物商场（商品大多是沙滩装、DVD 和纪念品等），以及各种潜水店、一日游和浮潜旅游等其他典型的度假设施。附近的**奴帕拉特塔拉海滩**更加美丽，流经此地的一条河流将其分成两个独立的海滩，如今已成为国家海洋公园的一部分。空旷的**东部海滩**长 2 千米，在通往奥南湾的道路沿途聚集着大量住宿旅馆和商店，相比之下，河流对面的**西部海滩**更加宁静美丽，有时又被称为**通松海滩**（Ton Son），仅可通过长尾船或一条环形小道抵达。位于奥南湾以西 15 千米的**克隆芒海滩**（Klong Muang）平凡无奇，却拥有不少高档的四星级和五星级酒店。

奥南湾中央海滩及竹角湾（Central Ao Nang & Ao Phai Plong）

奥南湾中央海滩比较普通，经常有长尾船来来往往，但其后面有一条风景优美的滨海步行大道。Ao Nang Villa 度假村东面的地段更显美观，沿着海滨大道即可抵达，该道路终点是名副其实的最后咖啡馆（Last Café），周围绿树成荫，可享受美好的用餐时光。沿着最后咖啡馆前面的木栈道跨过海岬，约 10 分钟后即可抵达**竹角湾**小海滩，全都属于豪华的 Centara Grand 酒店的领域。

奴帕拉特塔拉海滩东部（Hat Nopparat Thara east）

长长的**奴帕拉特塔拉海滩东部**非常漂亮，其后有一条风景优美的海滨大道，沿着此路一直往前即可抵达奥南湾西侧海岬前面的 Krabi 度假村（或步行，或乘坐前往甲米方向的双条车）。其东部腹地发展迅速，拥有多家酒店和餐馆，但道路另一头 4202 号支路丁字路口附近坐落着奴帕拉特塔拉海滩 - 皮皮群岛**国家公园（Hat Nopparat Thara-Mu Phi Phi national Park）总部**及住宿区。除此之外，此地还矗立着由路易斯 · 布尔乔亚设计的“紧拥我入怀”**海啸纪念碑**（2005），这个支离破碎，没有屋顶的木板条玉米状建筑将两双紧握在一起的手围在中央，伸向波涛汹涌的大海，似祈祷似恳求。

退潮后的海滩不适合游泳，但因成千上万留在沙滩上的海星和寄居蟹而变得生机勃勃，且可看到远处壮观的岛屿美景；此外在水位较低时，还可步行前往最近的露头。

7

国家公园游客中心位于海滩尽头处的河畔区域，而其附近隐蔽的奴帕拉特塔拉码头是奥南湾渡船前往普吉、皮皮岛和兰达岛的出发点，此外，许多前往西部海滩的长尾船也多聚集于此。游客中心停车场里的数家**海鲜餐馆**非常有名，甲米岛民也非常喜欢到此海滨区域的木麻黄树下聚会野餐。

奴帕拉特塔拉海滩西部（Hat Nopparat Thara west）

奴帕拉特塔拉海滩西部的氛围与东部截然不同：西部海滩长而宁静的海岸线上生长着大片木麻黄树和棕榈树，仅有少许小平房酒店和一些私人住宅，远离甲米其他海滩拥挤的人群和浓厚的商业气息。该海滩可以看到非常壮观的喀斯特岛屿轮廓，但游泳运动需根据潮汐而定。如果没有自己的交通工具，只能乘坐国家公园游客中心旁的长尾船穿过狭窄但水位较深的河流抵达，如有汽车或摩托车，则可沿着通往平房住宿区边缘的 Klong Muang 路旁一条蜿蜒而宁静的乡村小道抵达。

抵达和离开　　奥南湾

奥南湾地区没有确切的交通终点站，因此大多数巴士必须绕道前往甲米镇（见 p.581）。从甲米到奥南湾的出租车价格为 B500 左右。若从机场出发（见 p.581），可支付 B150 乘坐机场班车前往奥南湾，或者乘出租车抵达奥南湾和卡隆芒海滩，价格 B600~900。

奥南湾潜水旅行

奥南湾是甲米主要的潜水中心，共有十几家**潜水店铺**坐落于此，其中名气最大的是 Kon-Tiki（T 075 637826 W www.kontiki-thailand.com）和 Poseidon（T 075 637263 W www. poseidon-diving.com）这两家潜水机构；它们提供的国际专业潜水教练课程都会签订价格协议，但相比之下，Poseidon 提供的潜水行程比较便宜。由于一些潜水工作人员认为淡季潜水更有价值，至少人流较少，因此奥南湾经营商提供全年潜水旅游。

大多数一日游潜水旅行都会前往皮皮岛周边地区（B3500 起，包括两罐氧气瓶；Poseidon 会为浮潜者提供 B1700 的旅游行程），且通常会包括鲨鱼角和“宋皇号”沉船潜水（见 p.565 框中内容）；兰达岛附近的哈岛群也是非常流行的潜水目的地，但价格要高一些（见 p.608 框中内容）。

奥南湾波达岛（Ko Poda）和雅瓦萨岛（Ko Yawasam）的两次潜水价格在 B2700~3200（浮潜 B1900），如果乘坐 Poseidon 提供的长尾船前往，价格要便宜得多。国际专业潜水教练体验潜水入门课程价格为 B5500，开放水域课程为 B14900。

距奥南湾最近的减压舱位于普吉岛（见 p.565 框中内容）；一定要确认你选择的潜水机构可使用该减压舱。有关泰国潜水的大致信息可查看“基本信息”相关章节（见 p.47）。

双条车 从甲米到奥南湾最便宜的交通线路是乘坐白色双条车，白天定时会从镇中心汽车站出发（每10分钟左右1班；全程45分钟；白天B50，入夜后B60），途经奴帕拉特塔拉东部海滩。在奴帕拉特塔拉国家公园丁字路口停车场下车，换乘长尾船穿过狭窄的河流即可抵达西部海滩（B100），若自驾前往，可沿着Klong Muang路行驶，直至看到路标提示拐弯。此外在甲米镇和克隆芒海滩之间也有双条车服务。

船舶 除了下列渡船外，还会提供前往帕南海岬的长尾船（见p.592框中内容）和前往小阁遥岛的航船（见p.573框中内容）；后者在旺季期间还会每天提供一艘继续前往普吉Bang Rong码头的Green Planet快船（从奥南湾出发，B900）。国家公园游客中心附近的奴帕拉特塔拉码头每天都会提供一班前往大皮皮岛（全程2小时30分钟，B450）和普吉岛（全程3小时，B650~700）的渡船，理论上全年运行，但有时在季风期间会停运；大致在11月~次年5月期间；还会提供前往兰达岛（全程2小时30分钟；B470）的渡船。船票包括从奥南湾的酒店至码头的交通费用。

周边交通

奥南湾、奴帕拉特塔拉海滩和城镇之间有甲米**双条车**运行，奥南湾和奴帕拉特塔拉海滩周边还提供带有挎斗的摩的服务，非常嘈杂；所有度假胜地都提供有**摩托车**和**吉普车**出租服务；奥南湾偏远东端的最后咖啡馆前面的海滩上有皮划艇服务（B100~150/小时），当风平浪静时，只需15分钟即可抵达竹角湾，或者划行45分钟前往通赛湾和莱雷西部海滩。

住宿

旅游旺季期间，除了奥南湾附近奴帕拉特塔拉海滩东部的Laughing Gecko旅馆外，其余双人房价格都不会低于B600。如果想入住海滨单人平房，需前往奴帕拉特塔拉海滩西部。奥南湾各处都坐落着大量中高档住宿酒店，且提供高标准服务；通过网上预订可得到较大优惠。在5月~10月的雨季期间，整个地区的房价最多有五折优惠。

竹角湾

Centara Grand Beach Resort 奥南湾东端的竹角湾 ⓣ075 637789 ⓦwww.centarahotelsresorts.com 这家奥南湾顶级的度假村酒店拥有整个宁静的竹角湾沙滩，可乘坐长尾船前往奥南湾的商店和餐馆区域，或乘坐免费快船前往奴帕拉特塔拉海滩东部。酒店住房紧密相连，背后是丛林茂密的悬崖峭壁，绿意盎然，拥有非常美丽的海景。四层楼高的酒店建筑里几乎所有的客房及独栋别墅都可欣赏到海景。现代风格的客房内部带有宽敞明亮的阳台和位于树荫底下的户外长椅；所有房间都有Wi-Fi。酒店设施包括大泳池、潜水和水上运动中心、儿童俱乐部、健身房和SPA馆。B10700

奥南湾中央海滩

Ao Nang Orchid Resort Ao Nang 路 141 号 ☎075 638426-8 Ⓦwww.aonangorchid-resort.com 这家坐落于奥南湾的酒店虽然规模中等，但设备齐全且价格实惠。房间类型包括酒店侧翼可看到泳池和远处喀斯特山脉最美风景的客房（不是"城市"景观房），以及直通礁湖泳池的独栋别墅。房间内饰时尚美丽，且所有客房和别墅都有阳台，多数铺有硬木地板。一些区域带有 Wi-Fi。B3850

Ao Nang Villa Resort Ao Nang 路 113 号 ☎075 637270 Ⓦwww.aonangvilla.com 这家非常受欢迎的温泉酒店坐落于海滨大道沿途。高档空调房坐落于楼层较低的侧翼建筑中，其中一些可观赏到美丽的海景，但大多数客房只能看到花园或度假村两个较大的泳池。房价包括早餐。B4500

Centara Anda Dhevi Resort Ao Nang 湾 8 巷 ☎075 626222 Ⓦwww.centarahotelsresorts.com 这家新成立的豪华酒店共提供 130 间宽敞的当地风格客房，有花洒淋浴和 Wi-Fi，坐落于一座 43 米长的泳池周围，拥有水滑梯和泳池酒吧；底层客房直接通往泳池，其他房间则带有阳台。此外，酒店设施还包括 SPA 馆和儿童俱乐部。B4590

J Mansion Ao Nang 路附近 ☎075 695128 Ⓦwww.jmansionaonang.com 这家奥南湾最有名最受游客喜爱的迷你酒店提供时尚宽敞的风扇房和空调房，所有房间都提供热水淋浴、卫星电视、冰箱和 Wi-Fi。大多数房间可观赏到美丽景色，其中一些可看到酒店后面郁郁葱葱的悬崖峭壁。此外，屋顶露台也拥有美丽的全景。风扇房 B1000，空调房 B1200

PK Mansion 及 Top View Ao Nang 路附近 ☎075 637431 Ⓦwww.krabidir.com/pkmansion 住宿价格类似于周边的经济型旅馆，而位于其附近的姐妹酒店 Top View 旅馆价格稍贵一些，提供大量质量一流的客房，房间设施包括热水浴室、风扇或空调、阳台（多数可看到部分海景）、电视和冰箱。建议提前预订。风扇房 B700，空调房 B800

Red Ginger Ao Nang 路 8 巷 ☎075 637999 Ⓦwww.redgingerkrabi.com 这家坐落于两座海滩之间的中—泰现代酒店距奥南湾中央海滩商店仅几分钟路程，提供 63 间客房，其中一些是复式楼房，坐落于咸水泳池周围。干净简洁的中式现代风格设计让人感觉明亮而欢快。房价包括早餐。B3300

Somkietburi Resort Ao Nang 路 ☎075 637990-1 Ⓦwww.somkietburi.com 这家度假村共提供 26 间客房及一些泳池，坐落于野生丛林风格的花园中，四处遍布着吊蔓植物和莲花池，还可欣赏到奥南湾最美丽的风景。房间装饰美丽典雅但并无特色；所有房间都有空调和电视，酒店还提供温泉服务。房价包括早餐。B3000

奴帕拉特塔拉海滩东部

Cashew Nut Hat Nopparat Thara 巷 13 号 ☎075 637560 Ⓦwww.cashewnutbungalows.com 这家美丽牢固的砖砌和水泥平房带有供应热水的独立卫浴、风扇或空调，坐落于宁静的花园中，四处遍布着木麻黄树，距奴帕拉特塔拉海滩东部仅 5 分钟步行路程。家庭经营，氛围温馨舒适，餐厅有免费 Wi-Fi。风扇房 B500，空调房 B1000

★ **Laughing Gecko** Hat Nopparat Thara 巷 13 号 ☎081 270 5028 Ⓦwww.laughinggeckothailand.com 这家随和友好的旅馆可能是奥南湾区域最后一家老式平房住宿，由一对泰国—加拿大夫妇经营。提供各种设施简单、草盖屋顶的独立卫浴风扇

7

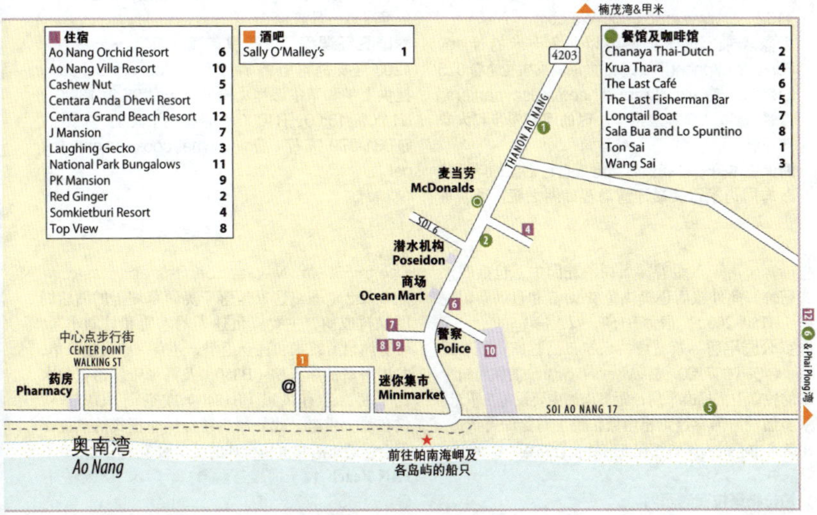

甲米、奥南湾和帕南海岬附近的活动项目

甲米镇、奥南湾、克隆芒和莱雷湾的所有旅行社都会提供**浮潜一日游**和其他**活动**项目；价格通常包括酒店接车服务。也有潜水（见p.585框中内容）和攀岩（见p.592框中内容）行程。

浮潜一日游

目前，大多数从甲米、奥南湾和帕南海岬出发的旅行线路都是前往附近岛屿的**浮潜旅游**。其中最主要的**岛屿**是波达岛、盆岛（Ko Tup）和鸡岛（Chicken Island），从奥南或莱雷湾乘坐长尾船出发，半小时不到即可抵达这些岛屿。大多数旅游机构还会安排各种组合线路，包括访问岛屿的数量（通常是3~5座）以及交通工具的选择，有长尾船、较大的木船和快船三种；价格最低的是长尾船之旅，B450，可游玩三座岛屿，价格包括午餐和浮潜设备。不过不管是哪种线路，你都必须和几十甚至上百人同行，因为几乎所有人都会聚集在同一个地方。但如果不介意人流拥挤，这些行程还是非常有趣的。

你也可以直接搭乘奥南湾海域的**长尾船**自行安排游船之旅。船只价格固定，但不提供浮潜设备和午餐：波达岛、盆岛和鸡岛的往返行程（8:00~16:00）价格为B300/人，至少6人；若前往割喉岛（见p.576），价格为B2500/艘/天，若前往皮皮岛附近的竹岛（见p.596框中内容），价格则为B3800/艘/天。甲米镇的距离稍远一些，因此前往这三座主要岛屿船夫会收取B1800~2300。

7

从某些角度看，坐落于**鸡岛**的一座高峰的确有些类似于瘦长的鸡脖子和喙状鸡头。鸡岛沿海地带生活着大量珊瑚礁鱼和巨蛤，是非常美丽的浮潜点，但如今大多数珊瑚礁都已白化或死亡。闪闪发光的东北白色海滩上坐落着一家食品摊位及一些盥洗室，且提供皮划艇租赁服务，与**盆岛**之间有沙洲相连，在退潮时可步行通过，当看到其他游客仿佛轻飘飘地走在水面上的景象时，不禁让人感叹大自然之神奇。直接坐落于奥南湾前面的**波达岛**四周有美丽的白色沙滩和清澈碧绿的海水围绕。岛屿上有家餐馆，附近环绕着大片木麻黄树，因此是享用午餐的经典场所；此外贩卖三明治的小船也会停靠在此处。虽然任一时间段都有可能有300多人在此海岸用餐，但餐馆规模很大，不用担心位置问题。有些旅游行程还会包括帕南湾及其位于**帕南海岬**（莱雷）半岛（见p.590）的洞穴探索，这个被过度开发的小海湾上除了挖沙外别无其他旅游景点，不建议前往。

其他活动项目

自行车旅行 位于4202号支路奴帕拉特塔拉国家公园游客中心内陆2千米左右的Krabi Eco Cyde旅行社提供甲米乡村地区或巴生岛和高番本查瀑布，抑或Khlong Tom的翡翠池的自行车半日和全日游（B800起 ⓣ081 607 4162 ⓦwww.krabiecocycle.com）。

大象骑乘 位于奥南湾以北7千米的Nosey Parker's Ekphont Trekking大象骑乘机构（ⓣ075 612258 ⓦwww.krabi dir.com/noseyparkers）广受好评。B800包括1小时的河畔漫步和大象洗澡。

海上独木舟 会提供有向导或自己划桨的喀斯特岛屿周边旅行及攀牙湾隐秘礁湖之旅，通常集中在东部海湾的路克湾、泰凌湾和割喉岛（见p.576）。许多旅行机构都会提供此旅游项目，包括位于甲米镇Maharat路2巷的Sea Kayak Krabi(ⓣ075 630270 ⓦwww.seakayak-krabi.com)，提供众多一日游和多日游线路，如B1500的泰凌湾一日游。

泰国烹饪课程 位于奥南湾内岛4千米左右4203号支路附近的Ya's Thai Cookery School提供上午和下午课程（周一至周六9:00~13:00 &14:00~18:00；B1000起，包括交通费用；ⓣ081 979 0677 ⓦwww.thai cookeryschool.net）。

竹屋，坐落于点缀着腰果树的花园中，包括四人式宿舍。此外旅店还提供免费wi-fi和自助泰国晚餐（B150~200）。宿舍 B150，双人房 B500

国家公园平房 奴帕拉特塔拉东路国家公园总部旁 ⓣ075 637200 ⓦwww.dnp.go.th 提供风扇冷却的独立卫浴标准平房，距奥南湾主要设施2千米，从美丽的海滩穿过（相当繁忙的）马路即可抵达，距游客中心的海鲜餐馆仅5分钟步行路程。B1000

奴帕拉特塔拉海滩西部

Long Beach Bungalow 河流以西600米 ⓣ089 777 5853 ⓦwww.longbeachkrabivillas.com；见p.582地图 这家坐落于美丽草坪上的酒店周围绿树成荫，主要提供迷人的木质和竹制小屋，带有风扇、蚊帐和独立卫浴；还有一些设施简单、共用浴室的单人房（B350）及两张床位的宽敞水泥平房，带有风扇（B1840）或空调（B3000）。仅在晚上供电。此外酒店还提供非正式的烹饪课程、浮潜旅游和价格合理的接车服务。B750

PAN Beach 位于海滩最西端，距河流700米左右 ⓣ089 866 4373 ⓦwww.panbenchkrabi. com；见p.582地图 这家装饰简单牢固的木屋平房共有

两种大小和风格，每一种都有纱窗、风扇和浴室，坐落于海滨后面的草坪上。此外，酒店还提供上网、摩托车和汽车租赁及当地游船之旅等。仅在晚上供电。早上有奥南湾免费接车服务。B800

克隆芒海滩

Sheraton Krabi Beach Resort ☎ 075 628000 Ⓦ www.sheraton.com/krabi；见 p.582 地图 这家不寻常的顶级海滨酒店因其所有低层度假村都坐落于红树林中和河流沿岸，所以看不到海景；但绿意盎然，鸟语花香，令人心旷神怡。克隆芒海滩最美丽的沙滩距该度假村酒店仅几步路，可通过一系列木栈道抵达，酒店前面的海滨草坪上还提供休闲区域。所有房间都整洁宽敞且非常舒适；此外，酒店设施还包括大泳池、SPA 馆、网球场、水上活动中心及自行车租赁。公共区域提供免费 Wi-Fi，客房需另外付费。房价包括早餐。B6800

餐饮

奥南湾的餐馆和酒吧比较简单，没有什么特别出众的场所。每逢周末，当地居民都会纷纷前往奴帕拉特塔拉海滩国家公园游客中心停车场的海鲜餐馆，或在附近小摊购买一些炸鸡，然后坐在海滨树荫底下野餐。奥南湾中央海滩的 Krabi 度假村外的道路旁有一些便宜的热食摊位，对面是 Kontiki Diving 潜水机构，且度假地到处可看见一些出售穆斯林烤煎饼（里面装有牛奶、香蕉或巧克力）的手推车。酒吧大多集中在海滨店铺后面的 U 形奥南中央步行街，里面挤满了播放摇滚、雷鬼等各种音乐酒吧，包括甲米第一家钢管舞俱乐部。此外在 Nopparat Thara 路 Wang Sai 餐馆旁的海滩上还有一些临时搭建的小酒吧。

7

奥南湾中央海滩

Chanaya Thai-Dutch Ao Nang 路 这家餐馆装饰有漂亮的彩灯、繁茂的盆景及木质餐桌，经常座无虚席。主要提供欧洲菜肴，如各种制法的带骨牛排、鸵鸟肉排、芦笋、火腿和干酪面包，还提供美味的晚饭套餐，包括荷兰苹果馅饼和乳酪。主食价格 B160 起，套餐价格 B515 起。每天 8:00~次日 2:00

The Last Fisherman Bar Ao Nang 巷 17 号 这家坐落于海滩最东端的偏远酒吧在午餐时分提供非常简单的泰国食物及大量三明治，但最有名的是晚上的烧烤（B350/ 份起），如烤土豆、玉米棒等，还有沙拉和甜点。每天 11:30~16:30 & 18:00~21:00

Longtail Boat Seafood 巷 ☎ 075 638093 提供各种各样的泰国标准美食，包括大量鱼类和海鲜，展示在门口的冰柜和水槽中，但最令人垂涎欲滴的还是美味的烤肉煎饼清真咖喱（B280）。每天 14:00~22:30

Sala Bua and Lo Spuntino Seafood 巷，滨河大道旁的一条餐馆步行小巷 ☎ 075 637110 Ⓦ www.salabua- lospuntino.com 这家二合一的温馨餐馆共有两位主厨，且可观察到美丽的海景，尤其是日落时分，令人沉醉。其中一位主厨主要提供泰国美食，包括非常美味的帕能甜辣咖喱（B175）和海鲜，而另一位意式主厨制作了大量正宗的意大利食物，如各种开胃菜和自制意大利面、比萨以及主食所用的进口意大利肉食。每天 11:00~22:00

Sally O'Malley's 位于滨海大道的一条小巷里 这家非常友好的苏格兰酒馆以爱尔兰为主题，有长长的吧台，提供桶装 Kilkenmy Guinness 黑啤和苹果酒，经常会举行现场吉他音乐演奏，还有一张台球桌。每天 11:00~ 次日 1:00/2:00

Ton Sai Ao Nang 路麦当劳以北 150 米 这家家庭经营的竹棚餐馆主要提供美味的泰式家常菜。此外还有各种各样的海鲜，所有菜肴都可按照客户的口味量身制作。大多数主菜价格为 B80~100。每天 8:30~22:00

奴帕拉特塔拉海滩东部

Krua Thara（以海啸名字命名） 国家公园游客中心停车场 这家餐馆深受当地居民、外籍人士及泰国游客的喜爱，提供价格合理的新鲜海鲜（大多都是按重量计算），还有一些东北口味的沙拉、饭菜和面食（B70 左右）以及香浓的蒸馏咖啡等。每天 11:00~22:00

★ **Wang Sai** 奴帕拉特塔拉路东路口大桥旁 ☎ 075 638128 在这家餐馆的海滨餐桌用餐可欣赏到美丽的日落景色，提供各种各样的海鲜及大量泰国南方特色菜肴。如心形的 haw mok thalay（"清蒸海鲜咖喱酱"；B180），非常美味，里面塞满了各种各样的鱼肉和海鲜，或者也可以尝一下这里的海鲜炒饭，仅需 B70。营业时间：每天 10:30~22:00

附录

旅游警察 位于奥南湾与奴帕拉特塔拉海滩之间的主要道路上（☎ 075 637208）。

帕南海岬：莱雷及通赛（Laem Phra Nang:Railay and Ton Sai）

乘坐长尾船近距离观看**帕南海岬**半岛周围陡峭的石灰岩悬崖、纯净的白色沙滩及碧绿的海水，十分壮观，如果没有这么多旅游者还会更加美丽。该半岛（通常简称为**莱雷**）其实是一座很小的岛屿，四周围绕着巍峨的石灰岩山丘，使得道路受阻，但却提供全世界有名的**攀岩**项目；唯一的交通线路就是从甲米镇，更多的是从附近的奥南湾出发乘船至此。莱雷半岛共有 4 个海滩，相互之间的间隔距离不超过 10 分钟步行路程：**帕南湾**坐落于西南边缘，两侧分别是**莱雷东部海滩**和**莱雷西部海滩**，中间仅隔 500 米；**通赛湾**位于莱雷西部海滩过去岩石海角的另一侧。莱雷东部和西部海滩上的每一寸可建土地几乎都被平房度假村占领，如今已逐渐发展至悬崖崖壁和岛屿内地的森林地区。但至少没有高楼大厦，且很多建筑都隐藏在树林或坐落于美丽的花园之中。这里的住宿条件一流但价格昂贵，因此两处莱雷海滩及帕南湾的游客多是短期度假者而非背包客。附近的通赛海滩是甲米主要的背包客聚集地，也是著名的攀岩中心。

7

莱雷西部海滩（West Railay）

帕南海岬最美丽、最流行的海滩是**莱雷西部海滩**，拥有华丽的白色沙滩和水晶般清澈的海水，且到处都是壮观的喀斯特景色。半岛上最好的别墅酒店就坐落在该海岸线，从奥南湾出发的长尾船也会停泊在此，因此整个海滩非常拥挤。

莱雷东部海滩（East Railay）

沿着岛屿内部的任意一条小径穿过度假村发展区，几分钟后即可抵达另一海岸的**莱雷东部海滩**，此地布满了红树林沼泽，海岸也泥泞不堪，因此不适合游泳；从甲米镇出发的船只会停靠在此地。除了两家高档酒店外，这一侧的住宿价格要便宜一些，但价格变动更大，大致融合了普通低档的住宿酒店及一些取名为臭鼬和石头等的恶俗酒吧。令人郁闷的是，莱雷东部海滩的大部分穷乡僻壤之地都堆积着各种垃圾和建筑瓦砾，但岛屿内陆又是另一番景象：沿着通往通赛海滩的返程道路步行 10 分钟即可抵达雄伟壮观、森林密布的喀斯特圆形剧场。

帕南湾（Ao Phra Nang）

抵达莱雷东部海滩南端海岸线后沿着小径前往规模较小的**帕南湾**（有时又被称为**帕南洞海滩**），周边是悬崖峭壁。虽然该海滩非常漂亮，却聚集着大量饰品摊位和成群结队的一日游游客，而运送船只也对沿海水域造成了污染。帕南湾最好的游玩时间是每天 10:00 前或 16:00 后。

莱雷东部海滩附近的蜿蜒步道位于超豪华的 Rayavadee 酒店和巨大的岩溶洞口之间，通往**帕南洞**（又称**公主洞**）旁的海滩。无论是海滩洞穴，还是这座半岛，都是以公主之名命名的（在泰语中 phra nang 有“尊贵的夫人”之意）：相传，曾经有位印度公主远洋至此，但不幸遇到暴风雨葬身海底，于是这位公主的灵魂就此居于山洞之中。当地渔民认为这位公主掌控着这片海洋的丰饶，为了获得更多的捕鱼量，他们会在洞穴入口处供奉红色尖头的木质阳具。深埋在同一悬崖下的还有 Sa Phra Nang（**公主礁湖**），唯一路径是位于步道半途通往山下的陡峭小径，步行 45 分钟即可抵达。由于该下山通道非常湿滑，周边岩石也很尖锐，穿拖鞋或光脚都很难行走，因此一定要选择适当的鞋子。步行 10 分钟后，在路径岔道处使用绳索：左边可看到莱雷东西部海滩的全景，右边通往礁湖。（如果臂力强劲，还可以从崖顶利用绳索直蹦而下，可观赏到绝美的鸟瞰景象。）右手边通往黑暗礁湖的岔道中途会经过有“大树谷”之称的热带溪谷。

通赛湾（Ao Ton Sai）

从莱雷西部海滩往北穿过牡蛎岩即可抵达**通赛湾**海滩，虽然不是最美丽的，且环境阴暗，岩石散落，退潮时也不可游泳，但其橙色和赭色条纹悬崖景色非常壮观，中央碗状洼地林木茂密，周围有花体和塔楼装饰，且拥有无数具有挑战性的攀岩之地。通赛湾大部分住宿旅馆的客人都以登山者和游客为主，地处隐蔽，距海岸几百米远，大多散落于剩余的森林地带及 Sai Tong 度假村前面的林荫大道沿途，20 分钟左右即可抵达莱雷东部海滩。此地绿意盎然，氛围轻松舒适，登高者们白天攀岩，晚上会前往几家热闹的酒吧饮酒聚会。退潮时可从莱雷西部海滩踏着尖锐的岩石步行而过，但若是在涨潮时分，可从莱雷东部海滩或游泳，或乘坐长尾船，或步行翻越山丘抵达通赛湾。

抵达和离开

帕南海岬

帕南海岬仅可通过水路抵达。

前往/来自甲米镇 白天甲米河畔提供前往帕南海岬的长尾船（全程 45 分钟；B150/人，至少 8 人，或 B1500 包下整艘船只），人满出发。根据潮汐，所有甲米的船只都会停靠在莱雷东部海滩，因此必须涉水一段路程；雨季期间也会提供航船服务，但海浪较大，有一定危险性，因此最好先前往奥南湾海滩。返回时，若想搭乘甲米镇的船只，可联系帕南海岬的旅行社或住宿的旅馆，每天约有 6 班航船定时离开。

前往/来自奥南湾及周边地区 与甲米镇相比，奥南湾更靠近帕南海岬，其海滩会提供前往莱雷西部海滩、帕南湾及通赛湾的公共长尾船服务，人满出发（至少 8 人；全程 10 分钟；B100，入夜后 B150）。途中有若干长尾船码头，其中包括奴

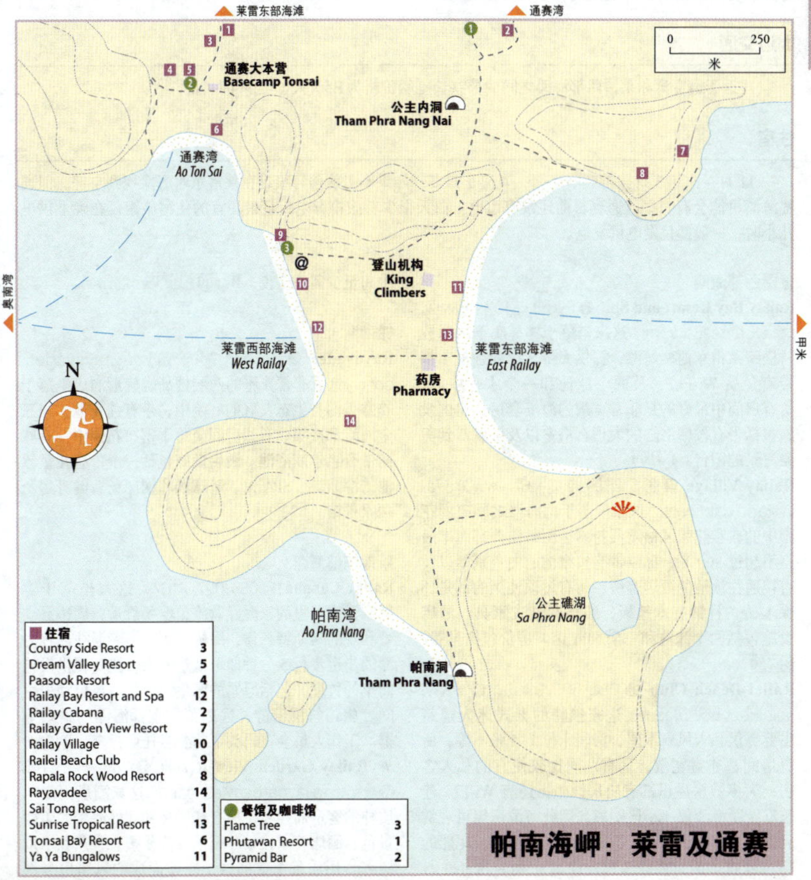

帕南海岬攀岩和皮划艇之旅

通赛和莱雷海湾是泰国最大的**攀岩**中心，整个半岛共有700多条规定线路，难度等级5a ~ 8c不等（详细信息登录网站www.railay.com查看），每年都吸引了成千上万名有经验的攀岩者和新手。在众多提供设备租赁和有导游带领的攀岩活动机构中，历史最悠久的是坐落于莱雷东部海滩Ya Ya Resort酒店内的King Climbers（075 662096 www.railay.com/railay/climbing/climbing_king_climbers.shtml）以及位于通赛海滩的Basecamp Tonsai（081 149 9745 www.weesclimbingschool.com）。半日入门课程价格B1000，全天价B1800，B6000的3日课程则包括所有的攀绳技巧学习；两人设备租赁价格约B1300/天。**深水独攀**是指不借助绳索、膨胀螺栓和合作伙伴徒手攀登水域上方的悬崖及海面上的露头，如今在此地也变得越来越流行，可通过大多数攀岩机构安排，价格在B1000左右。

帕南海岬的**皮划**艇旅行也非常有趣，无须1小时即可抵达奥南湾；莱雷西部海滩的Flame Tree餐馆前面的海滩上提供皮划艇租赁服务，价格为B200/小时。此外甲米地区的许多其他活动也可以在帕南海岬找到（见p.590）。

帕拉特塔拉海滩国家公园游客中心，所有价格都保持一致；海滨大道东路口的码头最为流行，因此如果前往此地，等待时间最少。旅游旺季期间，每天从奥南湾出发前往皮皮岛（全程2小时30分钟）、兰达岛（2小时30分钟）和普吉岛（3小时）的渡轮会途经莱雷西部海滩；其他时候需前往奥南湾转乘。

周边交通

往返于通赛湾和莱雷西部海滩之间的公共长尾船价格为B50/人（至少4人）。

住宿

11月~次年3月旅游旺季期间，人流非常多，如果不提前预订很难在莱雷东西海滩找到空房，但通赛海湾可能会有一些。通赛目前还没有市电：白天很少有旅馆有电，且最便宜的住宿旅馆仅在晚上供电几小时，一般都是发电机发电。

莱雷西部海滩

Railay Bay Resort and Spa 075 819407 www.railaybayresort.com 这家坐落于椰林底下的度假村横跨莱雷东西两海滩，提供大量客房和别墅（都带有免费Wi-Fi），及两个泳池和一个水疗中心。所有房间中最好的是非常宽敞的海滨套房，房内设施包括带有按摩浴缸的大理石浴室以及可欣赏到美丽海景的阳台。B4100

Railay Village 075 819412-3 www.railayvillagekrabi.com 这家坐落于两海滩之间美丽花园中的典雅热带风格度假村酒店距莱雷西部海岸最多不超过300米，提供带有按摩池的白色别墅以及直接通往泳池的酒店客房，所有屋顶使用的都是环保木砖，且铺有木地板，装饰有泰式家具。酒店设施包括两个泳池和一个SPA馆。房价包括早餐。B6750

Railei Beach Club 086 685 9359 www.raileibeachclub.com 这家独特的泰式迷人建筑主要提供私人风扇木屋。房间床位1~4张不等，所有房间都非常宽敞，且有两间比较便宜的私人客房；大多数房屋里都有厨房设施，还有Wi-Fi。建筑庭院距海滩仅一小段距离，因此海滨房屋可观赏到美丽的海景，但缺乏隐密性，还会受到长尾船的噪声骚扰。至少需住3夜，12月中旬~次年1月中旬至少需住7夜。B2500

帕南湾

Rayavadee 075 620740 www.rayavadee.com 这家非常典雅的两层楼高螺旋形酒店坐落于非常美丽且生态友好的庭院中，带有莲花池，与三个海滩都接壤，有些房间坐落于密布花园中，有些则带有惠尔浦浴池。酒店设施包括一个带有儿童泳池的游泳池、SPA馆、壁球场和网球场、健身房及两家餐馆。B22300

莱雷东部海滩

Railay Cabana 084 057 7167 这家坐落于宽敞露天围场里的家庭经营旅馆温馨舒适，周边矗立着壮观的喀斯特悬崖，绿树成荫，沿着通往通赛海滩的步道步行5分钟即可抵达海滩，主要提供设施简单的竹屋，包括厚厚的床垫、蚊帐、风扇和卫生间。旅馆氛围宁静，远离莱雷东部海滩的嘈杂喧嚣。工作人员会在码头帮助游客托运行李。B450

★ **Railay Garden View Resort** 085 888 5143 www.railaygardenview.com 这家酒店因简单质朴的客房而闻名，拥有红树林和远处海景的美丽景色，酒店花园枝繁叶茂，有菠萝蜜、香蕉和木瓜树等。用质量上成的竹子搭建而成的风扇房分部广泛，且都坐落于木桩之上有彩色装饰的冷水浴室、铺有木地板的卧房和阳台以及许多休息用的三角垫。该酒店的缺点是坐落于莱雷东北海滩最北端的陡峭山坡上，只可通过 Last Bar 附近的步道抵达，距莱雷西部海湾约 15 分钟步行路程。免费 Wi-Fi。房价包括早餐。B1000

Rapala Rock Wood Resort 沿着陡峭的台阶即可抵达该旅馆，共有 30 间粗糙的风扇木屋和砖屋，是莱雷最便宜的住宿场所，坐落于海滩上方杂乱的花园中，其中一些房间还可在阳台看到壮观的喀斯特景色。树梢还有一个非常美丽的公共露台，此外旅馆餐厅还会提供意大利美食及自制饼干和面包。无须提前预订。共用卫浴房 B200，独立卫浴房 B400

★ **Sunrise Tropical Resort** T 075 819418-20 W www.sunrisetropical.com 这家最时尚的经济型酒店仅提供 40 间客房，大多数都是设计独特的空调平房，其中一些位于两栋两层楼高的建筑中，所有房间都装饰有泰国家具以及宽敞的起居室，酒店设施包括美丽的热带花园、泳池和 SPA。有 Wi-Fi。客房 B2550，别墅 B3700

通赛海湾

Country Side Resort T 084 848 0146 W www.country side-resort.com 这家装有太阳能的生态度假村提供坐落于木桩之上的木质平房，既通风又迷人，有些拥有喀斯特壮观美景，有些带热水淋浴，还提供带有 iPod 基座的空调房和三人房。有 Wi-Fi。风扇房 B850，空调房 B1380

Dream Valley Resort T 075 819810-2 W www.dreamvalleyresortkrabi.com 这家坐落于偏远地区崖壁附近的度假村地处隐秘，共提供 90 间不同类型的美丽客房，从带有风扇、纱窗和浴室的木屋到有热水淋浴的空调别墅各种各样，其中最好的是位于通赛海湾的一流住宿。房价包括早餐。风扇房 B900，空调房 B1400

Pasook Resort T 089 645 3013 这家温馨舒适的旅馆坐落于斜坡之上，四周绿草如茵，鲜花遍地，提供独立卫浴风扇水泥房和隔板平房，其中最实惠的是带有漂亮卫浴的宽敞水泥客房（B450）。价格根据需要经常变动。客房 B300，平房 B600

Sai Tong Resort 沿着通往莱雷东部海滩的道路步行 400 米即可抵达 T 081 079 6583 这家友好实惠的小旅馆提供便宜的带有蚊帐、风扇和卫生间的竹编房屋，及更加宽敞舒适的美丽竹排房屋，也带有独立卫浴、蚊帐、风扇和舒服的床位。B200

Tonsai Bay Resort T 075 695599 W www.tonsaibay.co.th 这家通赛海湾的顶级酒店提供宽敞的平房，虽然设计普通但环境舒适。茅草或半茅草覆盖的平房拥有巨大的玻璃窗和大阳台，可观赏海滨不远处的大片树林，所有房间都有空调、热水、卫星电视、冰箱和保险箱。房价包括早餐。B2250

7

餐饮

帕南海岬有许多以游客为主要目标的酒吧，大多聚集在莱雷东北海滩北端及通赛海滩，这里有焰火杂技、浮木装饰和烟斗，偶尔还有激情派对。

莱雷西部海滩

Flame Tree 海滨地带 这家地域广阔的休闲半露天式餐馆与帕南海岬大多数餐馆相比，菜式更加多变，包括腰果沙拉（B175）、一些泰国南方菜肴、蘑菇酱牛排（B395）、意大利面、三明治、各式早餐和特浓咖啡等。每天 7:00~21:30

莱雷东部海滩

Phutawan Resort 这家度假村餐馆坐落于通往通赛海滩的小径沿途，周围峭壁林立，非常壮观，步行至莱雷东西两海滩都只需 10 分钟左右，风景优美，且提供各种美食，以海鲜和泰国咖喱为主，价格实惠，大多数都在 B100~120。每天 7:30~22:00

通赛海湾

Pyramid Bar 这家日夜忙碌的酒吧吸引了大批登山者，主要提供现磨咖啡、金枪鱼和芝士吐司（B100）、意大利面包三明治和泰国食物。仅在旺季营业，时间不定

附录

自动取款机 分布于度假地，包括 Flame Tree 餐馆旁。

大皮皮岛（Ko Phi Phi Don）

大皮皮岛位于甲米以南 40 千米，拥有令人惊叹的美丽海景，只见弧形的纯净白色沙滩周边耸立着巍峨的悬崖峭壁，清澈碧绿的海水轻轻拍打着海岸，绿树成荫，让人不禁沉醉其中。岛屿中间平坦的地峡将其对称分为东西两半，取名为通赛湾和罗达拉木湾。绝大多数旅游住宿场所都坐落于此地，此外这里也是岛屿狂野夜生活的聚集地，还有部分娱乐场所分布在东部沿海地带。皮皮岛的土著人口不多，大多都生活在东北部。

然而隐藏在这美丽风景背后的是该岛动荡混乱的近期历史。截至20世纪90年代初，皮皮岛一直是一个美丽的热带世外桃源，吸引了无数徒步旅行者，但当其附近无人居住的姐妹岛**小皮皮岛**在1999年作为电影《海滩》的拍摄地一举成名后，越来越多的一日游游客、旅行团及大酒店出现在大皮皮岛，使得问题急剧恶化，而小皮皮岛则因利润颇丰的燕窝经济（见p.598框中内容）受到国家海洋公园的保护。在2004年12月，这座小岛又受到**海啸**袭击（见p.539），当5米高的海浪从北面滚滚而来，淹没罗达拉木湾海滩上享受日光浴的游客同时，南面3米高的海浪直接砸向渡轮码头以及通赛海湾的旅游村庄。当两股海浪在岛屿中间相遇时，沙滩上70%的建筑物瞬间倒塌，且有2000多人遇难。所幸岛屿其他地区受影响不大。

海啸过后，志愿者和捐赠物品接踵而至，以帮助该岛重建家园，虽然因众多政治角力，重建工作困难重重，但无论如何，如今的皮皮岛已重新崛起，且欣欣向荣，是泰国南部所有旅行线路的必选目的地。但不幸的是海啸前的**问题**几乎都没有得到妥善解决，部分原因是这些海啸幸存者们不顾一切地想摆脱过去，从而尽快开始新的生活。如今皮皮岛再一次沦为过度开发的牺牲品，毫无规划，垃圾处理能力不足，住宿价格过高，尤其在通赛至罗达拉木地段，长期发展下去，弊端尽显。但如今岛上的建筑工程只增不减，成千上万的游客从世界各地前来，将通赛村庄混乱狭窄的步行小道挤得水泄不通，有时不禁就产生了咄咄逼人的紧张氛围。而奔放的户外酒吧和俱乐部所产生的噪声污染又是一大令人扫兴之事，虽然是有趣的聚会场所，但也有许多游客只想静静地享受宁静的氛围，远离一切世俗喧嚣。

所有船只都会停靠在**通赛海湾**，然后再走一小段路程即可抵达主要住宿中心——**通赛村**、沙滩东部的**欣海岬**以及地峡对面仍然非常美丽的弧形海湾**罗达拉木湾**。乘坐船只不久即可抵达另一美丽的海滩——**尧海滩**，同样非常受欢迎。若想避开人群，可前往北面较小的海滩：**托考海滩**、**兰提海滩**和**帕克南海滩**，都提供非常不错的中等价位住宿，而**罗巴考湾**和**通海岬**的住宿则更贵更豪华。

通赛村、罗达拉木湾和欣海岬（Ton Sai village,Ao Loh Dalum & Laem Hin）

通赛村非常繁忙，村中两条奇特的老式胡同中挤满了自行车和手推车，中间夹着一个鲜货市场，边缘地区隐藏着破败不堪的棚户区及臭气熏天的下水道，新建的狭窄小巷上则挤满了最先进的潜水机构、DVD播放器租赁店和时尚精品店等。

码头西面的**通赛湾**的海滩是一个美丽的世外桃源，坐落于喀斯特岩石下，但在午餐时段的两三个小时里非常繁忙，且靠近长尾船停泊处。许多游客会直接穿过狭窄地峡，前往其北面300米步道的**罗达拉木湾**，在涨潮时分格外美丽，柔美的粉末状白色沙滩映衬着淡蓝色海水，宛如人间仙境；但退潮后，潮水会退去几千米，景色截然不同。海滩东端的Sunflower酒吧附近的海啸纪念公园(Tsunami Memorial Park)里树木茂密，陈列着各种墓志铭和照片。

从通赛码头出发沿着海岸主要道路往东步行10分钟左右即可抵达**欣海岬**，其附近坐落着一片小海滩及一些较为宽敞的平房建筑。岛屿内陆地区还有一些岛民房屋和一座清真寺。

瞭望台（The viewpoint）

这个坐落于罗达拉木湾东部的瞭望台可观赏到远处两个相似海湾的壮观全景，每天晚上都会有许多游客攀登15分钟爬上这座陡峭的山丘观看美丽的日落之景；清晨的景色也非常漂亮，且山顶热带花园内的Topview商店还会提供咖啡和冷饮。走出瞭望台后，沿着岩石小径（有些地段非常陡峭）一路向下，可抵达东海岸的三个小海滩：托考海滩、兰提海滩及帕克南海滩，前往任一处的路程都在30分钟左右。

尧海滩（Hat Yao）

尧海滩又被称为长滩（Long Beach），不仅拥有精致的沙滩，而且在距其仅20米的近海水域生活着大量珊瑚礁以及丰富多彩的海洋生物，因此被评为皮皮岛最美丽的沙滩，但其周围有众多酒店，人声鼎沸，非常繁忙。位于此地的Long Beach Divers潜水机构（Ⓦ www.longbeachdivers.com）是由英国人所开，提供与村庄潜水店相同的**潜水**旅行和课程，且为潜水

大皮皮岛

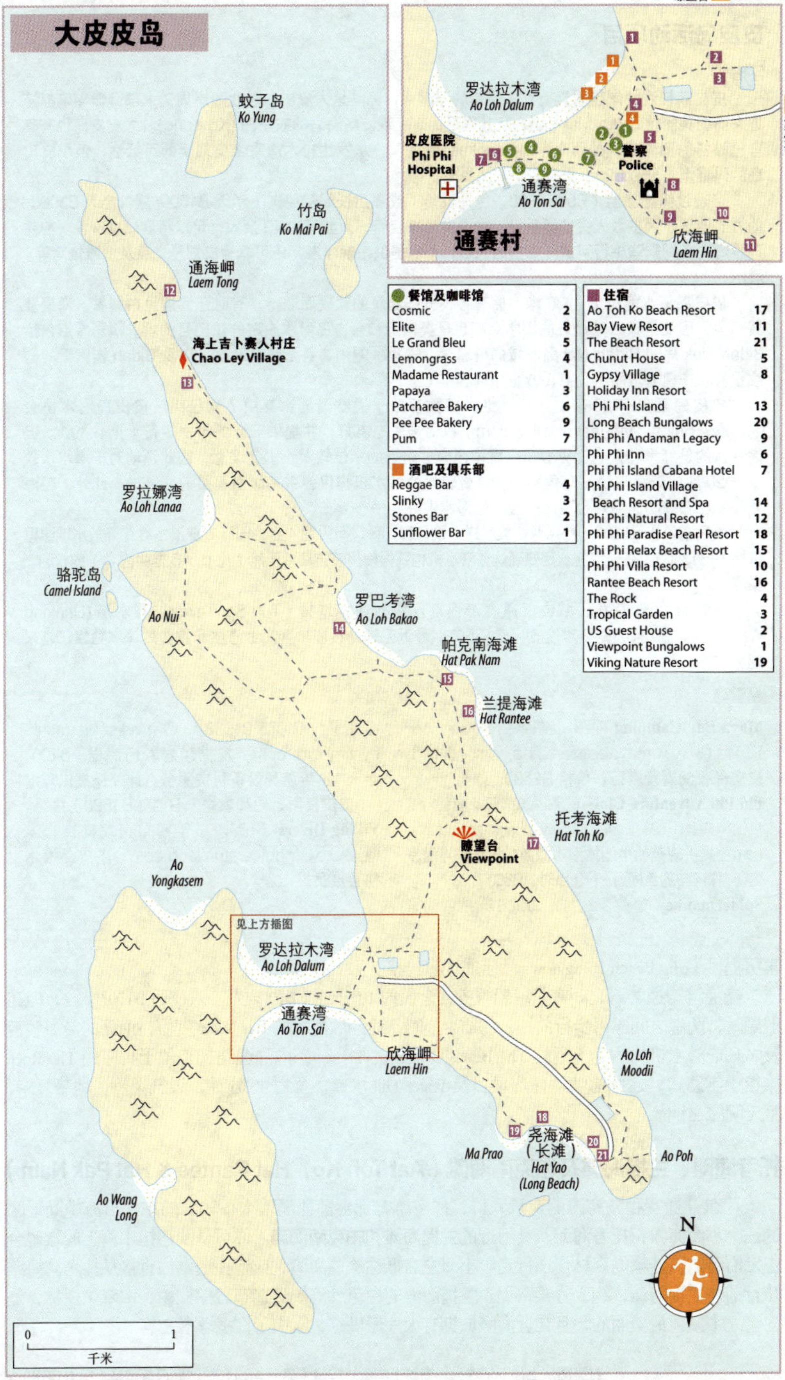

7

餐馆及咖啡馆	
Cosmic	2
Elite	8
Le Grand Bleu	5
Lemongrass	4
Madame Restaurant	1
Papaya	3
Patcharee Bakery	6
Pee Pee Bakery	9
Pum	7

酒吧及俱乐部	
Reggae Bar	4
Slinky	3
Stones Bar	2
Sunflower Bar	1

住宿	
Ao Toh Ko Beach Resort	17
Bay View Resort	11
The Beach Resort	21
Chunut House	5
Gypsy Village	8
Holiday Inn Resort Phi Phi Island	13
Long Beach Bungalows	20
Phi Phi Andaman Legacy	9
Phi Phi Inn	6
Phi Phi Island Cabana Hotel	7
Phi Phi Island Village Beach Resort and Spa	14
Phi Phi Natural Resort	12
Phi Phi Paradise Pearl Resort	18
Phi Phi Relax Beach Resort	15
Phi Phi Villa Resort	10
Rantee Beach Resort	16
The Rock	4
Tropical Garden	3
US Guest House	2
Viewpoint Bungalows	1
Viking Nature Resort	19

皮皮岛活动项目

浮潜

皮皮岛较浅的岸礁附近有许多不错的**浮潜**点，尤其是大皮皮岛东北海岸周边大部分珊瑚礁都接近海面的美丽**竹岛**(ko Mai Pai)，及其附近拥有壮观陡峭海岩的**蚊子岛**(Ko Yung)。大皮皮岛也有其自己独特的珊瑚礁，如西海岸的 Yongkasem 海湾，从罗达拉木湾乘坐皮划艇即可抵达，但小皮皮岛的**玛雅湾**（见 p.598）更有名，人流更多。

可通过组团旅游（B500~800，包括设备）或雇用**长尾船**船夫（半天 B1500/ 艘，全天 B3000）的方式游玩，大多数人会选择后者，如果乘坐旅游船，人数可达 40 余人，足以将珊瑚礁淹没。前往玛雅湾的**夜间露营旅行**可避开拥挤的人群，不仅提供傍晚浮潜，还可体验皮划艇之旅及海滩烧烤等。

潜水

皮皮岛海水能见度达 30 米，拥有各种各样健康的软硬珊瑚礁，有时还会遇见白鳍鲨、海鳗及黄貂鱼，因此是该区域最好的潜水点，也是奥南湾和普吉岛潜水旅游的热门目的地。精彩看点包括 Bidah Nok 岛和 Bidah Nai 岛海域的柳珊瑚、梭鱼、蝠鲼，甚至还有鲸鲨，以及 Bidah 岩附近的豹纹鲨群和宋皇号沉船（见 p.565 框中内容）。

7

皮皮岛至少有 20 家潜水店，绝大多数都位于通赛海滩；其中 7 家已组成皮皮岛潜水协会（Ⓦ www.phiphidivingassociation.com）以促进生态友好，并提供安全的潜水旅行（见 p.49）。但需注意的是红岩和紫岩（见 p.565 框中内容）附近的水位较深，水流湍急，因此活动对于潜水次数少于 20 次的新手来说是有危险的；声誉较好的潜水机构仅会带高级潜水员前往该地。此外，尧海滩、罗巴考湾和通海岬也有一些较小的潜水中心。

一日游价格 B2500，包括两瓶氧气罐、设备和午餐，而为期 4 日的国际专业潜水教练开放水域**课程**价格为 B13800。在预定前一定要确认该潜水机构获得使用普吉岛减压舱（见 p.565 框中内容）的权利。

攀岩

皮皮岛主要攀岩区域位于通赛湾西部，包括通赛塔楼（Ton Sai Tawer）和水墙 (Drinking Wall)，共有 30 条线路，难度 5 ~ 7a 不等。最近无辅助设施攀登海上悬崖和露头的深水独攀已越来越受欢迎。

经营商

Maya Bay Camping 码头以东第四条南北向街道上 Ⓦ www.mayabaycamping.com 提供小皮皮岛夜间露营旅行，价格 B2500。

Phi Phi Adventure Club 码头以东第四条南北向街道上 Ⓣ 081 895 1334 Ⓦ www.phi-phi-adventures.com 提供规范的小团体潜水旅游、课程和浮潜旅游（“保证与鲨鱼同游”；3 小时；B800）。

Spidermonkey 通往罗达拉木海湾东端的中途岩石附近 Ⓣ 075 819384 Ⓦ www.spidermonkeyclimbing. com 提供攀岩入门课程（B100，半天）、导游和设备租赁服务。此外还提供浮潜（小皮皮岛附近）和攀岩一日游（B1600）线路。

Viking Divers 码头以东第四条南北向街道上 Ⓦ www.vikingdiversthailand.com 皮皮岛潜水协会成员。

学员提供 Long Beach Bungalows 酒店的优惠价格。

尧海滩与通赛湾之间有长尾**船**服务，全程约 10 分钟（B100/ 人，入夜后 B150/ 人），但在退潮时，两者之间还可**步行**前往，约需半小时，途经欣海岬的 Bay View 度假村前面的沿海地带及 Viking 潜水机构。岛上通往 The Beach 度假村的唯一一条内陆**道路**起点位于村庄的 The Rock 旅馆十字路口，途经海啸后住房项目及 Water Hill 水库；全程 40 分钟，天气炎热，地势复杂，且无阴凉之地。

托考海滩、兰提海滩及帕克南海滩（Aat Toh Ko，Hat Rantee & Hat Pak Nam）

为避开通赛和尧海滩的大量人群，许多游客都会前往消费水平较低的东部沿海中间地区的三个小海海滩：**托考海滩**及其附近的**兰提海滩**和**帕克南海滩**。你可从罗达拉木湾上的瞭望台出发沿着内陆陡峭的森林步道行走半小时左右抵达这些海湾，或者在退潮后直接从托考湾海滩步行前往兰提海滩，约 5 分钟路程。兰提海滩的白色沙湾周边遍布着棕榈树、木麻黄树林，是三者之中景色最美丽的，且在近海区域拥有大片珊瑚礁，吸引了许多浮潜游客。

右页图从上往下依次为：海滩上的泰式按摩（见 p.46）；兰达岛日落美景（见 p.607）>

Thai MASSAGE

鸟巢

燕窝汤是非常珍贵的药品，有壮阳提神之功效，在新加坡、中国台湾和中国香港非常流行，许多人为此一掷千金，但其基本食材只是带有鸟类唾液的细小树枝。这些鸟巢的收集是一个利润丰厚但危险指数极高的行业：海燕经常在海平面上几百米的陡峭崖壁或似巨穴的中空喀斯特岩溶的岩石缝里筑巢。海燕从一月开始**筑巢**，而收集季节一般是 2~5 月，在此期间，雌燕会在同一地点通过不断分泌唾液铸造三个鸟巢，仿佛一个线圈罐，最大直径不超过 12 厘米。**收集者们**通常只会窃取每只海燕的前两个鸟巢，利用特殊的金属叉将它们撬离洞壁。理论上海燕可以建造最后一个鸟巢从而平安孵化小鸟。鸟巢收集需要完美的敏捷性和平衡性，让人自然联想到海上吉卜赛人（见 p.534），他们 6 人一组，每天都会从危险的竹架上取下 400 个左右的鸟巢，总计可达 4 千克。燕窝的市场价格高达 2000 美元 / 千克，利润巨大，迫使政府下令任何收集行动都必须获得政府专权，且晚上经常有军队保护现场。在收集季节开始之前，海上吉卜赛人会给悬崖或山洞的神灵供奉祭品，以求平安；在海盗洞中，他们通常会将水牛的肉、犄角和尾巴摆放在石笋脚下。

近年来，泰国南部海湾海湾碧武里附近的班兰（Ban Laem）的企业家与海上吉卜赛人有竞争之势，通过建造海燕鸟巢试图将经常出入附近寺院阁楼的海燕吸引至此。其手段是模仿安达曼海洞穴构建无窗的混凝土塔楼，加上阴凉黑暗的内部装饰及抹有鸟兽粪便的墙壁，再连续播放海声响从而吸引它们到此筑巢，然后轻松收集。从目前海燕可选择的新筑巢数量来看，主要受益者是建立这些丑陋塔楼的公司。

罗巴考湾及通海岬（Ao Loh Bakao & Laem Tong）

岛屿北部美丽僻静的**罗巴考湾**和**通海岬**的海滩远离通赛湾及其周边地区的喧嚣，仅有少许高档度假村坐落于此。Phi Phi Island Village Beach Resort and Spa 酒店（见 p.601）拥有一条长 800 米的精美白色沙滩以及碧绿的**罗巴考湾**水域。除了这些沙滩和酒店的四间餐厅外，该酒店后面还聚集着一些价格实惠的当地餐馆，也可步行 10 分钟前往西海岸长长的半圆形**罗拉娜湾**（Ao Loh Lanaa）的海滩，或步行半小时抵达通海岬。

通海岬位于皮皮岛最北端，相比于罗巴考而言更加繁忙，商业化氛围更浓重，一些高档度假村和独立餐馆就坐落于其白色沙滩沿岸，且可看到附近竹岛和蚊子岛的独特景色。该海滩居住着一群拉沃“海上吉卜赛人”（见 p.534），其村庄就位于 Hdiday Inn 酒店旁；这里所有的长尾船旅游和交通线路都是由通海岬的海水吉卜赛人合作社提供的。

小皮皮岛（Ko Phi Phi Leh）

与姐妹岛屿大皮皮岛相比，**小皮皮岛**仅有其 1/4 大小，地势崎岖，位于大皮皮岛以北约 20 分钟路程，是其最流行的一日游目的地，也是普吉岛和奥南湾的浮潜旅行之地（国家公园 B200 的门票仅在踏上该岛时才会收取，如果只是在离岸海域浮潜则无须支付该费用）。小皮皮岛风景优美，因作为电影《海滩》的取景之地而一举成名，吸引了大量游客，也引起了严重的环境问题，如各种废弃的聚苯乙烯午餐盒以及旅游船和渔船抛锚停泊时因粗心大意对珊瑚礁造成的伤害。参加大皮皮岛的夜间露营和浮潜旅行（见 p.596 框中内容）前往小皮皮岛是最好的观赏线路。

在小皮皮岛所有海湾中，最美丽的是西南海岸的**玛雅湾**（Ao Maya），依旧拥有清澈的海水及丰富多样的珊瑚礁；东海岸几乎完全封闭的**小皮湾**（Ao Phi Leh）的礁湖也非常美丽，碧绿的海水让人不禁沉迷其中。附近有一个名为**海盗洞**（Viking Cave）的洞穴，其名字来源于山洞里已有 400 年历史的中国帆船简易壁画，经常令人误解。但该洞穴最有名的景点是**鸟巢**（见上文）：只见摇摇晃晃的竹棚有几百米长，直达洞穴顶部，而勇猛的海上吉卜赛人会到此将小海燕筑成的珍贵鸟巢从岩壁上剥离下来，然后出口给世界各地的专业中国餐馆。

抵达和离开 大皮皮岛

普吉、奥南湾、甲米镇及兰达岛的所有旅行社都会提供前往大皮皮岛和小皮皮岛的浮潜一日游行程。推销人员和酒店工作人员都会在通赛码头接乘客；如果提前预订了住宿场所，还会有手推车行李运送服务。此外坐落于通赛村码头东面主要胡同里的 Parntawan Tour 旅行社（☎ 075 601412）还可提供前往俊穆岛的航船（见 p.604）以及大陆汽车票预订服务。

前往 / 来自普吉 旅游旺季期间，一些公司会提供大而拥挤的渡船从普吉的 Rassada 港口（见 p.548）出发前往大皮皮岛，每天 2 班（目前出发时间分别为 8:30&13:30；全程 2 小时），且淡季期间每天至少也有一艘航船。普吉镇的 Mark Travel 旅行社提供价格为单程 B300，往返 B550，包括普吉镇的交通费用。Andaman Wave Master 渡轮公司提供的航船会停靠在通赛湾，但会继续前往通海岬的西海岸（单程 B500），然后度假村会安排长尾船将客人接至酒店。Mark Travel 旅行社还会提供普吉—兰达岛旅行线路，中途会在皮皮岛稍作休息，价格 B650；B650 的普吉—皮皮岛—甲米旅行线路；B800 的普吉—皮皮岛—奥南湾 / 莱雷旅行线路。此外，Rossada 港口每天还会提供一班前往皮皮岛的快船（然后会继续前往兰达岛），全程 50 分钟，价格达 B1500。

前往 / 来自甲米 甲米客运港口全年每天都会提供前往皮皮岛的船只，旺季期间每天至少 4 班（全程 2 小时，B350~400）。或者也可在奥南湾搭乘每天一班的渡轮抵达皮皮岛，途经莱雷西部海滩（全程 2 小时 30 分钟；B450），理论上全年运营，但在季风季节可能会停运。

前往 / 来自大兰达岛 旅游旺季期间，每天有两艘航船会从大兰达岛的萨拉丹村出发前往皮皮岛（全程 90 分钟，B400）。

7

周边交通

游客可沿着小径徒步穿过陡峭且时而高地不平的内岛区域。岛上仅有少数几条简短的摩托车小道以及一条从通赛村后面通往尧海滩的度假村的道路，步行约 10 分钟。

乘船 你可搭乘通赛湾主要码头以东的长尾船前往其他任一海滩，收费标准从最近的长海滩 B100/ 人（至少 2 人），到最远的通海岬 B1000/ 人不等；入夜后价格通常会翻倍。Andaman Wave Master 渡轮公司（见上文）及一艘较小的短驳船每天都会在通赛和东海岸偏远的通海岬之间往返跑两次（价格皆为 B200）。或者也可乘坐皮划艇四处游览（从罗达拉木湾的 Slingky 酒吧前出发，B700/ 天），这是探索石灰岩悬崖和僻静海湾的最佳方式，没有长尾船或游轮的嘈杂声。

住宿

皮皮岛的住宿经常供不应求，如果你没有提前预订，可采用码头附近的代理预订服务，里面张贴着所有类别的酒店真实图片及价格，以方便浏览；然后工作人员会提前打电话确认房间，甚至还会帮你将行李送至酒店。但需注意的是皮皮岛住宿价格非常贵，且设施一般。下列房间价格皆是 11 月 ~ 次年 4 月旅游旺季期间的报价，但在圣诞节和新年期间，大多数酒店价格还会继续上涨 30%~50%，而在 5 ~ 10 月的旅游淡季，最多会有 5 折优惠。

通赛村及罗达拉木湾

通赛地区的酒店是全岛性价比最低的，虽然价格昂贵，但所有酒店都可以听到各酒吧和俱乐部吵闹的噪声；如果你不去派对，必须戴上耳塞才能入睡。

★ **Chunut House** The Rock 旅馆处右转然后朝欣海岬方向步行 5 分钟左右 ☎ 075 601227 ⓦ www. phiphichunuthouse.com 这家非常温馨舒适的酒店坐落于斜坡上枝繁叶茂的花园中，氛围宁静。提供宽敞时尚且带有茅草的别墅，房间设施包括空调、免费 Wi-Fi、平板电视、迷你吧及热水供应的迷人大卫生间。最近酒店老板在罗达拉木湾斜坡上新建了一个相似的分部：Hin Puu 度假村，距皮皮岛瞭望台仅 10 分钟步行路程。房价包括早餐。B2300

Phi Phi Inn 码头一直往前，位于 Phi Phi 酒店标志性建筑旁 ☎ 081 797 2088 ⓔ phiphi_inn@ hotmail.com 这家非常干净整洁的白色隔板小酒店共提供 15 间带有空调、电视、热水淋浴、迷你吧、保险箱和阳台的客房，但仅楼上的客房才可看到美丽的风景，隐秘性也较好一些。免费 Wi-Fi。B1650

Phi Phi Island Cabana Hotel 通赛湾码头以西 ☎ 075 601 170 -7 ⓦ www.phiphi-cabana.com 这家规模庞大，气势雄伟的酒店提供现代风格客房，环境非常优美。大多数都可看到勺状的罗达拉木湾及其巍峨的悬崖，底楼客房可直接通往沙滩。此外酒店还有一个大泳池。但该酒店缺乏气氛，拥有巨大的餐厅，一些客房还会受到酒吧噪声的影响。B8000

The Rock ☎ 081 607 3897/075 601021 这家坐落于标志性酒吧餐馆后的经济型旅馆提供全岛最便宜的男女混合大宿舍床位；最多有 17 个双层床铺，但有风扇和衣物柜。还提供一些单人房（B400）和双人房，共用冷水浴室。宿舍 B300，双人房 B800

Tropical Garden 前往瞭望台的小道转弯口附近 ☎ 081 968 1436 ⓦ www.thailandphiphitravel.com 这家酒店提供大量客房及宽敞的粗糙木质平

房，大多数坐落于露头岩壁的木桩上。较好的房间有微风习习的阳台（但看不见什么风景），且周围绿草如茵，枝繁叶茂，还有一个小泳池，但四周有其他旅馆。提供免费 Wi-Fi、图书交换和工艺品商店，风扇房 B1000，空调房 B1600

US Guest House 位于通往瞭望台的台阶底部附近 ⓣ075 601400 ⓔjo_uspp@hotmail.com 这家两层楼高的旅馆提供 Wi-Fi，给人以城市旅馆之感，拥有该区域较便宜的独立卫浴客房，以及带有热水和电视的空调房。内饰优美，且有一个长长的公共休息露台，位于狭窄的小巷旁。风扇房 B800，空调房 B1500

Viewpoint Bungalows ⓣ075 601200 ⓦwww.phiphiviewpoint.com 这家酒店分布于罗达拉木湾偏远东部崖壁上，其客房和别墅拥有美丽的海湾景色，但内部装饰比较简单，而且在晚上，附近嘈杂的酒吧令人难以安睡。酒店设施包括风景优美的餐厅、旅游咨询台及一个小而美丽的海湾景色无边泳池。房价包括早餐。风扇房 B1600，空调房 B2500

7

欣海岬

Bay View Resort ⓣ075 601127 ⓦwww.phiphibayview.com 这家度假村酒店共提供 70 间宽敞的空调平房，环境优美：坐落于欣海岬海滩偏远南端的崖壁上，沿着山脊呈一条线排列，直至尧海滩。所有房间都有巨大的窗户和阳台，可欣赏外面的美景，此外酒店还有一个泳池。但地势较高，需爬多级台阶。房价包括早餐。B3600

Gypsy Village 沿着清真寺及 Phi Phi Andaman Legaly 酒店之间的小道步行 150 米左右即可抵达 ⓣ075 601045 ⓦwww.krabidir.com/ppgypsyvillage 这家旅馆共提供30间简单的粉红色水泥平房，价格便宜，且都有独立卫浴和风扇，坐落于大片草坪上。B900

Phi Phi Andaman Legacy ⓣ075 601106 ⓦwww.ppandamanlegacy.com 这家酒店地处僻静，距海滩仅几米远，其老式风格的平房坐落于方形大草坪上，中央有一座小泳池，还有 36 间现代客房分布于后面三层楼高的酒店建筑中。所有房间都有空调、电视、热水、冰箱、Wi-Fi 和保险箱。房价包括早餐。B2090

Phi Phi Villa Resort ⓣ075 601100 ⓦwww.phiphivillaresort.com 这家该地区最好的酒店提供坐落于泳池旁美丽花园前面的家庭别墅，带有空调。此外在海滩后面还拥有一些小洋房及分布于附属楼里的时尚新客房，所有房间都有空调、热水、冰箱、电视和付费 Wi-Fi。房价包括早餐。B3100

尧海滩

The Beach Resort ⓣ075 819206 ⓦwww.phiphithe beach.com 这家尧海滩最豪华的酒店提供大量宽敞的木质隔板房屋，坐落于山坡的木桩上，其中最高最豪华的房间可将小皮皮岛的景色一览无遗。房间内部装饰高档典雅，带有空调，且可自由使用地板和墙板隔板。酒店设施包括 Wi-Fi 和一个海滨小泳池。B4300

Long Beach Bungalows ⓣ086 470 8984 ⓔlongbeach @gmail.com 这家价格便宜、地理位置优越且年代较久远的酒店是大多数经济型游客的第一选择，共提供几十间格局紧凑的小屋，从带有风扇、蚊帐和冷水卫浴的干净简单竹屋到有热水的美丽海滨别墅种类繁多。房间价格包括 B100 的餐厅食品饮料优惠券，潜水游客有优惠（见 p.596）。B1000

Phi Phi Paradise Pearl Resort ⓣ075 601246 ⓦwww.phiphiparadisepearl.com 这家坐落于海滩西半段的酒店共提供 35 间洋房和客房，中间间隔较为宽敞，且离海岸没几步远。内部装饰虽然比较普通，但非常舒适，设施齐全，包括空调、热水和阳台。酒店提供上网、旅游服务柜台以及码头免费长尾船接送服务。房价包括早餐。B3000

Viking Nature Resort ⓣ075 819399 ⓦwww.vikingnatureresort.com 这家隐藏于尧海滩西侧两个私人小海湾的酒店可通过一条多岩石小径抵达，是非常时尚经典的泰国海滩平房建筑。房间几乎都是用木头和竹子建造而成，没有空调，但内部装饰着亚洲波西米亚风格的别致艺术品。其中最有魅力的住房是地势较高的巨大"MaKmai"树屋，提供有 1~4 张床位，而其气势宏伟的客厅露台可看到整个海湾的景色。酒店设施还包括坐落于海滩上的休息用餐区，有 Wi-Fi；提供皮划艇和呼吸管租赁。B1500

托考海滩

★ **Ao Toh Ko Beach Resort** ⓣ081 537 0528 ⓦwww.tohkobeachresort.com 这家家庭经营的度假村酒店令人有宾至如归之感，且厨师厨艺精湛。客房温馨舒适，房间类型包括带蚊帐和独立卫浴的迷人竹屋，其中一些就坐落于海面岩石之上；以及有空调、热水、冰箱和电视的水泥洋房等，多种多样。此外酒店还提供皮划艇和呼吸管租赁服务。风扇房 B1800，空调房 B2500

兰提海滩

Rantee Beach Resort ⓣ089 725 4411 ⓦwww.krabidir.com/ranteeresort 这家坐落于阴凉之处的度假村提供带独立卫浴和茅草屋顶的竹房以及带空调、热水淋浴和电视的宽敞拱形巴厘岛风格别墅。酒店提供皮划艇和上网服务，码头接车服务价格为 B200/ 人。房价包括早餐。风扇房 B1800，空调房 B2900

帕克南海滩

Phi Phi Relax Beach Resort ⓣ089 725 4411 ⓦwww.phiphirelaxbeach.com 这家质朴而温馨舒适的度假村酒店共提供 51 间美丽的独立卫浴竹质和木质平房，成排列于海滩树林丛中。酒店设施包括上网、皮划艇和每天两侧的码头接车服务（B150/ 人）。B1800

罗巴考湾

Phi Phi Island Village Beach Resort and Spa ☎ 075 628 999 🌐 www.ppisland.com 这家豪华的空调度假村坐落于美丽的海滩上，是非常流行的蜜月目的地，也为游客提供了一处宁静而舒适的休息场所。茅草覆盖的竹质洋房和泳池别墅大多以传统的泰国风格设计为主，且装饰独特典雅。度假村设施包括一个大泳池及温泉，坐落于美丽的热带花园中，此外还有一个潜水中心。**B8300**

通海岬

Holiday Inn Resort Phi Phi Island ☎ 075 627 300 🌐 www.phiphi.holidayinn.com 这家酒店位于海湾南端，占据将近1千米长的海滨地带，但其120间豪华的空调洋房和带有阳台的宽敞海景客房（都有Wi-Fi和DVD播放器）都隐藏在海岸树林丛中的美丽花园里，整齐的草坪上鲜花遍地。在山脊顶部还有一家非常流行的日落酒吧，此外酒店提供两个泳池、一个潜水中心、一个按摩馆及网球场、烹饪课程、免费皮划艇和浮潜设备租赁等。**B7000**

Phi Phi Natural Resort ☎ 075 819030-1 🌐 www.phiphinatural.com。这家坐落于海湾北端宽阔热带花园中的海滨度假村酒店提供空调客房、木屋及泳池别墅，沿着海岸线一直延伸至一个无人居住的小海湾，有泳池。所有房间都有空调、电视、迷你吧、热水、免费早餐及相当传统泰式风格装饰。**B3600**

餐饮

7

岛屿美食大都聚集在通赛地区；而在其他区域，游客们一般都在度假村餐馆用餐。

通赛村

Cosmic 码头东面第四条南北向小道，Phi Phi Divers黄色店铺往北 提供美味实惠的面食，包括自制的馄饨和汤圆（B150）及比萨（B150）。每天8:00~22:30

Elite 码头朝东的主要街道沿途 这家空调咖啡馆提供普吉制造的美味意大利冰激凌（一勺B80）及香醇的意式特浓咖啡。每天10:00~22:00

Le Grand Bleu 东西巷主要街道码头东面 这家舒适的餐馆提供法国风味菜肴，包括各种新鲜海鲜，如扇贝烩饭（B190）、沙朗牛排，且每天菜单都有变动。每天18:30~22:30

Lemongrass 码头东面第一条南北向小道上 这家友好简单的餐馆拥有一个开放式厨房，提供非常美味的泰国标准菜肴，如鸡肉炒饭，B80。每天10:00/10:30~22:30/23:00

Madame Restaurant 位于码头东面第四条南北向小道附近，通往The Rock旅馆的主道上 提供非常美味的咖喱，有帕能甜辣咖喱、清真咖喱、绿咖喱和红咖喱，大都是B80。此外还提供薄脆的比萨和各种素食，以及西式早餐和蒸馏咖啡。每天8:00~23:00

Papaya 码头东面第四条南北向小道附近 这家最好的乡村风格餐馆之一提供正宗且便宜的泰国美食，包括面汤、炒面、炒饭及辛辣咖喱（B150），深受当地居民和潜水工作人员的喜爱。每天15:00~次日1:00

Patcharee Bakery 位于码头朝东的主要街道上 这家面包房与狭窄小巷对面的Pee Pee面包房竞争激烈，尤其是早餐时间段。提供原味巧克力（B25）、杏仁和咸味新月面包，经过蒸馏咖啡冲洗。每天7:00~20:00

Pee Pee Bakery 位于码头朝东的主要街道上，Patcharee面包房对面 提供美味的早餐和午餐，如蒸馏咖啡、早餐套餐（B100起）、三明治及各种自制面包、蛋糕和曲奇。每天7:00~17:00

Pum 码头东面第四条南北向小道上 ☎ 081 521 8904 🌐 www.pumthaifoodchain.com 这家舒适的现代连锁小餐馆提供基本的泰国美食，如面（B89）、炒饭和咖喱等，有时还会提供独特的混合食物。此外其坐落于西面小巷里的学院还开设了烹饪课程，价格为3小时B1200。每天11:00~21:00

夜生活和娱乐活动

通赛村和罗达拉木湾

通赛夜生活大多都集中在罗达拉木海滩上，活力四射且令人醉意朦胧，提供各种桶装的Sarsom和红牛，嘈杂的舞蹈音乐直至天明，此外海滩上还会表演焰火杂技。大多数酒吧提供相似的服务，唯一不同的是一次性活动和促销时间。

Reggae Bar 码头东面第四条南北向小道附近，前往The Rock旅馆的主道沿途 这家酒吧坐落于村庄中央，年代较久远，经历过多种行业变化。如今还定期举办业余泰拳比赛，时间在21:00左右，“击败对手即可获得免费畅饮”，此外还提供桌球和吧台。甚至还有雷鬼卡拉OK。每天大致10:00~次日1:00

斯林克 罗达拉木东端，The Rock旅馆前面左岔道和海滩交会处 这家混乱嘈杂的夜生活中心拥有出色的音响系统、提供焰火表演及桶装酒类饮料。每天18:00~深夜

Stones Bar 罗达拉木东端海滩 这家现代酒吧有几十个美丽的红色、金色和绿色斧头垫，散落于海滩上和树阴底下的平台上，其树屋里还有DJ工作室。声称是24小时营业

Sunflower Bar 罗达拉木东端海滩 这家木质酒吧提供餐桌和斧垫，花园里遍布着各种植物，景色优美，音乐悠扬，且提供免费Wi-Fi和桌球。Happy Hour：每天17:30~20:30。每天大致10:00~次日2:00

附录

自动取款机和货币兑换服务 通赛村有许多自动取款机，其中一个位于码头朝东主要街道上 Siam Commercial 银行货币兑换柜台（每天 9:00~20:30）旁。

医院 皮皮岛医院（Phi Phi Hospital ☎ 075 622 151/081 270 4481）位于通赛湾西端。

警察 警察局（☎ 075 611177）位于码头朝东主要街道上的 Carlito 酒吧旁，而在通往欣海岬的沿途还有皮皮岛旅游警察机构（☎ 1155），不过可能会迁往码头西面的 Phi Phi Island Cabana 酒店附近。

俊穆岛（Ko Jum）

俊穆岛（其北半部分被称为**普岛** Ko Pu）坐落于甲米和大兰达岛之间的中央位置，氛围轻松闲适，让人流连忘返。虽然岛上有大量住宿场所，但晚上的娱乐活动只有少许海滩酒吧，白天也只能前往西海岸的 6 个海滩游玩。这些海滩可能不淳朴，有些多岩石地段在退潮后也不适合游泳，但长度较长，大部分都尚未开发，洋溢着野性魅力且人迹罕至。俊穆岛的夜晚也比较普通：在 23:00（或稍早一些）左右过后，主要住宿场所会提供石蜡灯和海星照明，由于岛上海风非常凉爽，大多数旅馆也不提供风扇设施。

7

俊穆岛约有 3000 名居民，其中绝大多数都是穆斯林，但岛上也有一些海上吉卜赛人（见 p.534）及佛教徒。主要村庄**俊穆岛村**（Ban Ko Jum）位于岛屿东南端，拥有一些当地店铺和小餐馆以及一所海滨学校，此外，岛屿三大码头之一也坐落于此，主要提供往返于此地和大陆库拉特海岬（Laem Kruat）之间的船只交通。俊穆岛最热门的海滩**长海滩**位于岛屿南端，距村庄约 1 千米。**金珍珠海滩**与长海滩相连，位于**汀莱村**南面，而这座位于岛屿中央的村庄则坐落于通往西海岸的半途。汀莱村以北是三个越来越偏远的小海滩，分别位于**希湾**（Ao Si）、**汀莱湾**（Ao Ting Rai）和**卢波湾**（Ao Luboa）。岛屿第三大村庄**普岛村**（Ban Ko Pu）位于东北端，距汀莱村 5 千米左右，拥有另一个库拉特海岬渡轮码头。许多岛民所说的北半岛是指汀莱村以北地区，被称为普岛（Ko Pu），而俊穆岛一般指的是南半岛。北半岛大部分地区都是森林繁茂的山丘，人迹罕至，其最高峰是普岛山（海拔 422 米）。

5 ~ 10 月，俊穆岛地区狂风呼啸，波涛汹涌，因此在这段时间内，几乎所有住宿酒店和餐馆都**闭门歇业**；少数例外会在文中强调。

长海滩及金珍珠海滩（Long Beach & Golden Pearl Beach）

长海滩（有时又被称为**安达曼海滩**）是背包旅行者的主要聚集地，长度确实很长，达 2.5 千米，大部分海岸线仍未开发，背靠树林和荒野，且完全看不见岛屿道路。海滩南端的 New Bungalow 旅馆距俊穆岛的村庄约 20 分钟步行路程。

长海滩北端与**金珍珠海滩**相连，位于 Bo Daeng 旅馆以北约 750 米，步行 15 分钟即可抵达，距俊穆岛村 5 千米，汀莱村以南 1 千米。与长海滩一样，金珍珠海滩蜿蜒曲折的海岸线上仅坐落着少许平房住宿，且都靠近岛屿道路。

希湾（Ao Si）

退潮后，从金珍珠海滩出发，沿着岩石海岬步行 10 分钟即可抵达长且清澈美丽的游泳胜地**希湾**，或者你也可从公路绕道。该海湾上拥有少数住宿场所以及大群猴子。从最豪华的 Ao Si 酒店出发穿过橡胶树，约 10 分钟后即可抵达汀莱湾南面的魔法海滩。

汀莱村、普岛山和汀莱湾（Ban Ting Rai，Khao Ko Pu & Ao Ting Rai）

在金珍珠海滩边缘有一条上山小径直接通往带状的**汀莱村**，遍布着美丽的九重葛植物和木质房屋，还有少许小餐馆和面馆。距离较远的普岛山海拔 422 米，是该岛屿最高的山脉，山上栖息着许多猕猴，有时它们会前往北部海滩附近的岩石觅食；山峰东侧的徒步旅行线路有导游带领，上山需 1 小时左右，到达顶峰后可欣赏到整座岛屿、大陆及其他外岛的 360° 全景。

小海湾**玎莱湾**有时又被称为**刺刀海滩**（Hat Kidon），不仅拥有美丽的住宿场所，其附近水域还有大量可探索的珊瑚礁和鱼群，是一流的浮潜点。退潮后，海滩周边岩石较多，不适合游泳，但你可以租一辆皮划艇穿过这些岩石，或沿着海滨公路往南步行500米抵达小小的新月形**魔法沙滩**（Magic Beach），无论何时都可游泳。此外，从希湾出发沿着这条海滨公路步行约20分钟可到达玎莱湾。

卢波湾（Ao Luboa）

俊穆岛最北端宁静的海滩**卢波湾**感觉有些偏僻。沿着普岛山东北斜坡的主要环岛道路即

俊穆岛的活动项目

俊穆岛的大多数住宿酒店和旅行社都可安排**一日游**行程，主要前往皮皮岛、竹岛和蚊子岛（每条船B3500~4000），或俊穆岛周边旅游（B2500/艘）。其中大部分还会提供有导游带领的**普岛山**徒步旅行（B1000，包括午餐）。位于长海滩北端Ko Jum Beach Villas酒店的Ko Jum Divers潜水机构（☎082 273 7603 ⓦwww.kohjum-divers.com）每天都会提供前往皮皮岛的**潜水**旅行（B4200），也欢迎浮潜游客（B2100），此外还提供潜水课程（水肺体验课程B4900，开放水域课程B14900）。

可抵达该海湾的北端，或者也可以从玎莱湾出发沿着连绵起伏的陡峭海滨公路徒步前往（从OonLee Bungalows 酒店至此约 45 分钟）。和玎莱湾一样，卢波湾近海岸的礁岩在退潮后会显露出来，因此不适合游泳，但当水位较高时，此地风景优美，是一片宁静闲适的海滩，仅有少许住宿旅馆。

抵达和离开

俊穆岛

前往 / 来自甲米 / 兰达岛 旅游旺季期间，往返于甲米和兰达岛之间的渡轮通常会经过俊穆岛（每天 1 班；从甲米出发至此需 90 分钟 ~2 小时，目前出发时间为 11:00，若从兰达岛出发至此需 45 分钟，目前出发时间为 8:00；B400）。俊穆岛的平房旅馆会安排长尾船前往迎接住客，而从甲米出发的船只会在西海岸的两处地方停留：第一处主要前往北部的“普岛”的旅馆（位于玎莱湾和卢波湾），第二处是“俊穆岛”，主要前往坐落于希湾、金珍珠和长海滩上的住宿平房。

7

前往 / 来自皮皮岛 该线路并不固定，但旺季期间，每天下午都会有一艘船会从通赛前往俊穆岛（全程 90 分钟，B500），详细信息请咨询 Parntawan Tour 旅行社（见 p.599）。

前往 / 来自库拉特海岬 雨季期间，必须走陆路才能抵达俊穆岛，如今越来越多的游客会使用这条全年运营的线路；如一些住宿经营商会利用该线 路前往甲米机场接车（约 B800/ 辆抵达库拉特海岬）。若从甲米镇出发，可先搭乘蓝色双条车，途经机场后前往库拉特海岬（B100），或在 Nua Klong 换乘。从库拉特海岬出发的航船会前往俊穆岛东海滩的三个“村庄”码头（全程 45~60 分钟，B50~70），然后乘坐带挎斗的摩的（最好让住宿酒店提前预约）前往下榻酒店，价格 B50/ 人。前往普岛村的船只会从库拉特海岬出发，白天约每 2 小时 1 班，而前往 Mu tu 和俊穆岛村的船只每天有 3 班，且大多都在下午出发，以方便购物者和贸易商返回岛屿。

周边交通

大多数住宿旅馆都会提供**皮划艇**（约 B600/ 天）和**摩托车**（约 B350/ 天）租赁服务，而 Bo Daeng 旅馆主要提供山地自行车租赁（B120/ 天）。岛屿主要道路正从北部的俊穆岛村慢慢铺设，但普岛山西侧的小道仍然非常颠簸。

信息

有关岛屿各方面的详细**信息**和住宿图片可登录 Ⓦ www.kohjumonline.com 查看。

住宿

长海滩

长海滩的住宿旅馆主要集中在三处场所，相互之间间隔约 15 分钟步行路程。

Andaman Beach Resort Ⓣ 089 724 1544 Ⓔ andaman_ kohjum@yahoo.com 这家运营良好的温馨度假村提供屋顶陡峭的水泥平房，颜色以惊人的粉色、黄色和其他“幸运”色为主，如姜饼屋一般，1 楼装饰有虚假的窗户。所有房间都光线明亮、干净整洁，带有独立卫浴、纱窗和阳台，坐落于美丽的花园中，价格根据房间大小和与海滩的距离而定（最贵的海滨空调房空间宽敞且有热水和早餐，价格 B3000）。食物非常美味且价格合理。**B350**

Bo Daeng Ⓣ 081 494 8760 这家质朴的旅馆价格超低，设施非常简单，深受背包游客的喜爱，是由当地一家非常有名且热情好客的海上吉普赛家庭所开，提供非常美味的食物。简陋的竹屋有的有私人卫浴，没有独立卫浴的竹屋是全岛最便宜的住宿之一，但所有房间都有蚊帐，晚上有电。全年无休。共用浴室房 **B150**，独立卫浴房 **B200**

Freedom Hut Ⓣ 084 991 0881/084 746 2964 Ⓔ yakohjum@hotmail.co.th 这家坐落于最南端的酒店提供当代乡村风格的宽敞简约且带有茅草屋顶的美丽平房（包括一间树屋），阳台上有较宽敞的吊床和座椅。一些房间带有美丽的户外岩石卫生间，有间客房坐落于小小的岩石海角上，无与伦比，可 360° 看到壮观海景（B3000）。**B500**

Joy Bungalows Ⓣ 075 618199 Ⓦ www.kohjum-joy bungalow.com 这家酒店是全岛成立时间最长且最有名的住宿场所，但服务并不是最好的。所有房间都坐落于海滩后面阴凉的树林中，其中大多数是木质平房，装饰美丽，大小不同且靠近大海，此外还有一些带有茅草屋顶的便宜平房和两室房屋。度假村有电但平房里不供电，所以晚上全部使用石蜡灯照明。**B650**

New Bungalow Ⓣ 075 618116 Ⓔ nbkohjum@hotmail.com 这家年代较久远的温馨住宿地共提供 20 多间不同风格的平房，包括一些竹屋，有的有私人卫浴，有的没有，还有一些普通的独立卫浴木屋以及两间坐落于海滩 5 米高树枝上的树屋，拥有美丽的海景但共用卫生间。仅在晚上供电。共用浴室房 **B200**，独立卫浴房 **B300**，树屋 **B400**

★ **Woodland Lodge** ⓣ 081 893 5330 ⓦ www.woodland-koh-jum.com 这家温馨宁静的酒店是由一对英—泰夫妇所开，是岛上为数不多的几家全年开放的住宿场所之一（雨季期间折扣较多）。其设计精美的宽敞洋房分散于海滨花园的树荫底下，24小时供电，且所有房间都带有美丽的大卫浴；双人房带有平台床、蚊帐、清漆木地板及阴凉的阳台，此外还有较大的家庭房。B1000

金珍珠海滩

Koh Jum Lodge ⓣ 089 921 1621 ⓦ www.kohjum lodge.com 这家泰法合资酒店是全岛最高档的度假村之一，共提供19间带有茅草屋顶的乡村独特风格木质房屋。酒店最大利用岛上的风力，其房门正对阳台从而避免使用空调，此外床位较低，装饰简约典雅。度假村设施包括小泳池、网络、电视和DVD区域、按摩服务和餐馆。至少需入住4夜，旺季期间需入住7夜。房价包括早餐。B5000

希湾

Ao Si Bungalows ⓣ 081 747 2664 ⓦ www.aosi bungalow.com 这家酒店坐落于希湾北海角，提供竹织独立卫浴平房，全都聚集于悬崖壁上，从其环绕式阳台还可欣赏到海湾及南半岛的美丽景色。B500

玎莱湾

OonLee Bungalows ⓣ 087 200 8053 ⓦ www.kohjumoonleebungalows.com 这家泰法合资酒店规模虽小，但服务热情，提供多种风格的坚固平房，全都聚集在崖面上。木质平房空间较大，拥有美丽的卫浴和海景阳台；酒店设施包括时尚的高档休息区和精美的餐馆、海滩酒吧和按摩服务、皮划艇租赁及免费呼吸管。此外还提供多项活动和旅游线路，包括有导游带领的普岛山徒步旅行及钓鱼之旅。B600

Ting Rai Bay Resort ⓣ 087 277 7379 ⓦ www.ting rai.com 这家深受欢迎的酒店提供设计精美的木质平房，全都坐落于海滨斜坡的木桩上，其中大多数都有宽敞阳台，景色优美（尤其是“蜜月”房）。内部设施包括风扇、四柱床及大量细节装饰。餐厅食物很美味，且提供上网服务。B600

卢波湾

Bonhomie Beach Cottages ⓣ 086 560 7977 ⓦ www.bonhomiebeach.com 这家坐落于海滩偏远北端的度假村酒店提供设计精美的宽敞独立卫浴木屋且带有蚊帐，其中大多数房间都可看到海景；价格根据距大海的距离而定。B700

Luboa Hut ⓣ 081 388 9241 ⓦ www.luboahut.com 这家友好的住宿旅馆共提供10间独立卫浴木质和竹质平房，坐落于海滨的树荫底下，所有房间阳台都可看到美丽的海景；其中大多数空间较为宽敞，质量也比较好，其中一些还有额外的床位或沙发，所有房间都有蚊帐。酒店提供免费皮划艇、烹饪课程和上网服务。B500

7

餐饮

长海滩

★ **Bo Daeng** 这家餐馆提供精美的泰国美食，且属于全岛最低价格，因此需排队购买（有时队伍很长），其特色菜肴包括烤鱼、素食天妇罗（B80），咖喱包括南方黄咖喱（B80），此外还提供泰国甜点、自制面包和椰子奶昔。每天 7:30~ 21:00

Freedom Hut 入夜后，许多游客都会到此围着篝火饮酒作乐，氛围轻松舒适，就坐落于长海滩底端。主要提供鸡尾酒、葡萄酒和便宜的啤酒；目前正在筹划添加咖啡机和比萨烤炉。每天 7:30~凌晨 00:30

Woodland Lodge 提供美味的咖喱，如印度咖喱虾（B200），以及天妇罗（B80）等大量素食，还有西餐，如早餐、鱼和薯条等。每天大致7:00~20:30/21:00

俊穆岛

Ban Ko Jum Seafood ⓣ 081 893 6380 这是一家相当有名的餐馆，其餐桌位于码头旁景色秀丽的防波堤上，可欣赏到对面美丽的红树林。提供各种烹饪方式的新鲜海鲜（B100~400），特色菜肴包括蜜汁烤大虾以及蟹和牡蛎。每天 9:00~22:00

兰达岛节日

每年3月，大兰达岛都会在兰达老城镇举行时长5天的Laanta Lanta节（laanta大致意为“令人眼花缭乱”）以庆祝其丰富的民族文化遗产，通常会有传统和现代音乐及娱乐活动、无数的美食小摊以及工艺品摊位等（具体日期和详细情况请登录 ⓦ www.lantaoldtown.com 查看）。此外每年佛历六月和十一月月圆之日，通常在公历6月和10月/11月，兰达岛都会举行传统的海上吉卜赛人仪式（见p.610）。而兰达老城镇的中国寺院是兰达岛素食节（见p.552框中内容）的主要场所，期间会举办游行、文化表演及赤脚过热煤等。

兰达岛
甲米&董里
俊穆岛&甲米
皮皮岛、奥南湾、普吉&丽贝岛
Klongson码头（前往董里）
住宿
Anda Lanta Resort 13
Baan Phu Lae 15
Bamboo Bay Resort 14
Bee Bee Bungalow 3
Fisherman's Cottage 4
La Laanta Hideaway Resort 16
Lanta Coral Beach 10
Lanta Marine Park View 11
Lanta Nature Beach Resort 6
Lanta Paradise 8
Lanta Riviera 1
Mango House 7
The Narima 9
Otto Bungalow 5
Pimalai Resort and Spa 12
Where Else 2
餐馆及咖啡馆
Cook Kai 3
Jai-Dee 2
Mango House 4
Same Same But Different 5
Sonya's 1
华欣村 Ban Hua Hin
克隆马克村 Ban Khlong Mark
小兰达岛 Ko Lanta Noi
高望海滩 Hat Kaw Kwang
萨拉丹村 Ban Sala Dan
克隆当海滩 Hat Khlong Dao
帕耶湾 Ao Phra-Ae
帕耶村 Ban Phra-Ae
见"萨拉丹村、克隆当海滩及帕耶湾"地图
红树林 ThungYee Pheng Mangroves
Ban Thung Yee Pheng
Ban Phu Klom
克隆广村 Ban Khlong Khong
克隆广海滩 Hat Khlong Khong
克隆宁海滩
山顶观景点 Viewpoint Hill
Ban Je Lee
4245
气象台 Meteorological Station
克隆宁村 Ban Khlong Nin
迈部洞 Tham Mai Kaew
警察局 Police Station
克隆宁海滩 Hat Khlong Nin
大兰达岛 Ko Lanta Yai
西拉雅村（兰达岛老城镇） Ban Si Raya (Lanta Old Town)
兰达医院 Lanta Hospital
克隆南犹海滩 Hat Khlong Nam Jud
克隆欣村 Ban Khlong Hin
坎提昂湾 Ao Kantiang
克隆雅克湾 Ao Khlong Jaak
迈竹湾 Ao Mai Phai
国家公园总部 National Park Headquarters
Laem Tanode
桑嘎犹村 Ban Sang-Ga-U
Ko Talabeng
Ko Rapu
Ko Kham
布布岛 Ko Bu Bu
珀尔岛 Ko Por
N
0 2
千米

7

附录

诊所 该岛屿的医疗中心位于 Ko Jum Lodge 旅馆附近，玎莱村南部边缘附近。

货币兑换 岛上没有自动取款机，最好多带些现金。在紧要关头，可前往俊穆岛村码头附近的 Jum Island Travel 旅行社兑换货币，但价格昂贵。

上网 俊穆岛村和每个海滩的一两家酒店都会提供上网服务。

大兰达岛（Ko Lanta Yai）

7

虽然**大兰达岛**不可与风景如画的皮皮岛相提并论，但这座 25 千米长，丛林茂密的岛屿拥有甲米地区最长的海滩，海滩数量也较多。岛屿附近有许多一流的浮潜和潜水点，加上可探索的洞穴、皮划艇和其他水上运动等，许多游客到会在此度过整整两周的假期。大兰达岛之所以深受家庭游客的喜爱部分，是因为到目前为止，当地法律都一直禁止水上摩托、海滨遮阳伞及色情酒吧的出现，以防止此岛成为另一个普吉岛，但度假设施却发展迅速。如今兰达岛也迅速被来自斯堪的纳维亚的外籍人士“殖民”化，到处都耸立着别墅家园及相关业务，而其发展速度引起部分岛民的不满。在大兰达岛 10000 名原住居民中，绝大多数都是峇峇娘惹，信奉伊斯兰教，抑或是信奉万物有灵论的海上吉卜赛人（见 p.534 框中内容），在旅游业带来新的工作机遇和挑战之前，这些居民大多都以捕鱼和耕种为生。

其中最大的挑战是**旅游季节**较短，仅在 11 月～次年 4 月之间岛屿才风平浪静，比较安全；而在其他时间段，所有主要渡轮都会停运，一些酒店也会关门歇业，但大多数还会继续营业且提供较大优惠。由于每年赚钱时间有限，因此兰达岛的住宿价格浮动比泰国南部许多其他城市都要大得多。

当地海上吉卜赛人称大兰达岛为 Pulao Satak，意为“长海滩岛屿”，形象地阐释了其**西海岸**的长条状海滩，相互之间有岩石海角相隔，且间隙较大。最繁忙且人流最多的海滩通常都聚集在岛屿北部，靠近**萨拉丹村**的港口：**克隆当海滩**是家庭海滩，而**帕耶海湾**拥有更长且更美丽的海滩。中间地段**克隆广海滩**、**克隆宁海滩**和**克隆南犹海滩**虽然变化不定，却坐落着一些充满艺术气息的有趣住宿场所。南部的**坎提昂湾**全年都可游泳，且是人工铺路的尽头；此海湾过去则是**克隆雅克湾**及**迈竹湾**，由于道路崎岖，因此感觉比较偏远。大兰达岛**东海岸**边缘围绕着茂密的红树林，虽然没有经过旅游开发，却非常适合皮划艇旅游，此外**兰达老城镇**里坐落着许多传统家园，拥有非常有趣的文化遗产。从萨拉丹村港口往北穿过狭窄的海峡即可抵达大兰达岛的姐妹岛屿**小兰达岛**（Ko Lanta Noi），兰达岛行政办公室及一些小村庄都坐落于此，但不提供旅游住宿。而阁兰达群岛剩余 50 多座小岛大多都无人居住。

萨拉丹村（Ban Sala Dan）

旅游旺季期间，从甲米、皮皮岛和丽贝岛（Ko Lipe）出发的船只都会停靠在大兰达岛最北端**萨拉丹**旅游村的 T 形钓鱼港口。此地设施齐全，从沙滩装店铺和迷你市场到提供货币兑换和自动取款机服务的银行及旅行社和潜水机构，一应俱全。该村庄的古老木屋位于沿海地带，连成一排面朝北方，建立在水面上方的木桩之上，分外迷人，如今大多数都已改建为独特的餐馆。

兰达岛的瑜伽和烹饪课程

瑜伽

旅游旺季期间，克隆当海滩的 Cha Ba 酒店会提供**瑜伽**课程（Ⓦ www.theretreatthailand. com；此外也提供禅修课程以及瑜伽禅修等），但最有名的瑜伽教练任职于帕耶湾的 Relax Bay 酒店（Ⓦ www.monayago.com）。

泰国烹饪课程

位于克隆当海滩南端的 Time For Lime（Ⓣ 075 684590 Ⓦ www.timeforlime.net）会提供时长 4 小时的烹饪课程（B1800）。

兰达岛浮潜之旅和水上运动项目

浮潜之旅

兰达岛区域最好最流行的**浮潜**点位于其南面 47 千米的**洛克奈岛**（Ko Rok Nai）和**洛克诺岛**（Ko Rok Nok）；这两个树林繁茂的相似岛屿皆拥有迷人的白色沙滩以及可游玩的瀑布，中间相隔的狭窄海峡里布满了美丽的浅礁。另一广受欢迎的旅游线路是董里附近的“**四岛**”浮潜之旅：**姆克岛**（Ko Mook）封闭的翡翠礁湖（见 p.626）及其附近的**孩岛**（Ko Hai 或写作 Ngai）、**玛岛**（Ko Ma）和**柯拉丹岛**（Ko Kradan），但这些场所都非常拥挤。此外还提供大皮皮岛、小皮皮岛和竹岛一日游（见 p.596 框中内容）。快船旅游价格为 B1500，大型渡船 B900，包括午餐、浮潜设备和国家公园门票。若想感受规模较小且比较自由的旅游，可与 Sun Island Tours 旅行社或 Freedom Adventures 联系。

潜水

与皮皮岛和普吉岛附近的**珊瑚礁**相比，兰达岛周边的礁石更加平静，更加纯净，可清晰地看到鲸鲨。该岛的**潜水季节**从 11 月持续至次年 4 月，但在 5~8 月仍有一些潜水机构会提供相关旅行。所有潜水船只的出发点都位于萨拉丹村，且几乎所有的潜水课程教授地点都在萨拉丹或克隆当海滩，不过每个海滩都有潜水店铺。

兰达岛最好的一些**潜水点**位于兰达岛和皮皮岛之间，包括 **Bidah 岛**的软珊瑚，生活着大量豹纹鲨、梭鱼和金枪鱼。兰达岛西部和南部以及**哈岛**（Ko Ha）群岛五个岛屿各有 4 个不同的潜水点，包括陡峭的海岩、“水下大教堂”和其他洞穴等；能见度都非常不错。再往南距兰达岛 56 千米左右坐落着有名的**红岩**和**紫岩**（见 p.565）。

距兰达岛最近的减压舱位于普吉岛（见 p.565）；一定要确认你选择的潜水机构拥有该减压舱的使用权（见 p.48）。

皮划艇

大兰达岛东海岸、小兰达岛周边及其东部的**塔拉奔岛**（Ko Talabeng）和**布布岛**（Ko Bubu）等岛屿拥有许多美丽的红树林和洞穴，是一流的**皮划艇**旅游目的地；此外，一些机构还提供前往上述四座岛屿的皮划艇浮潜之旅。

经营商

Freedom Adventures Ⓣ 084 910 9132 Ⓦ www.freedom-adventures.net 提供各种浮潜一日游线路以及洛克岛和柯拉丹岛的夜间露营旅行（B2600）。

Ko Lanta Diving Centre 位于通往萨拉丹村主要道路上 Ⓣ 075 668065 Ⓦ www.kolantadivingcenter. com 这家潜水中心由德国人开办，提供 B3000 的两次潜水，不包括设备，以及 B1600 的浮潜随行和 B15650 开放水域课程。

Lanta Diver 位于通往萨拉丹村主要道路上 Ⓣ 075 684208 Ⓦ www.lantadiver.com 这家由瑞典人经营的 PADI 五星级教练发展中心提供 B2900 的两次潜水，不包括设备，以及 B14300 的开放水域课程。

Lanta Garden Hill Speed Boat Ⓣ 075 684042 Ⓦ www. lantaislandtours.com 这家浮潜旅行的主要经营机构之一可提供兰达岛任一代理预订。

Lanta Kayaking Ⓣ 081 787 1040 提供前往塔拉奔岛的皮划艇旅游，B1300，可通过大多数旅行社预定。

Lanta Paddlesports 位于通往克隆当海滩的主要道路及一些海滩上 Ⓣ 075 668096 Ⓦ www.lanta paddlesports.com 提供冲浪课程、租赁及旅游行程，此外还有风帆冲浪、皮划艇、和浮潜旅行等。

Sun Island Tours Ⓣ 087 891 6619 Ⓦ www.lanta longtail.com 提供前往兰达岛周围四岛以及阁兰达东部岛屿（还有夜间露营旅行）的多种长尾船旅行线路，广受好评，价格 B1500。

克隆当海滩（Hat Khlong Dao）

长而弯曲的**克隆当海滩**是著名的“家庭海滩”，不仅有大量中档价位的住宿设施，还有适合游泳的平坦海岸线，四周有海岬围绕；此外海滩西北端高望半岛（Kaw Kwang Penihsula）附近水域还可提供一流的浮潜环境。虽然克隆当海滩发展的将抵达最大限度，但地域广阔，从来没有拥挤之感，这里的日落之景非常壮观，背后的山脉也将整个海滩衬托得更加生动美丽。虽然靠近萨拉丹村，但克隆当海滩的沿海地带和主要道路沿途也拥有自己的迷你市场和交通站点。

帕耶湾（Ao Phra-Ae）

凭借其长而柔软的美丽白色沙滩、平静且水晶般清澈的海水、枝繁叶茂的木麻黄树，**帕耶湾**

（又被称为**长海滩**）是兰达岛众多长海滩中当之无愧的最美海滩，景色如诗如画且非常适合游泳。与北面2千米的克侬当海滩相比，这里的住宿选择更多也更具特色，主要街道沿途还坐落着各种商业店铺、自动取款机、餐馆和旅行社。海滩主要地段与南部岩石海角之间隔有一条可涉水而过的狭窄河流；Lanta Marina度假村是南部海滩的起点标志，沿着海滩步行30分钟即可抵达北端的Sayang度假村。帕耶海滩的经济型旅馆大多都聚集在Ozone酒吧后面铺有沙子的小道上。

克隆广海滩（Hat Khlong Khong）

华丽的**克隆广长海滩**位于帕耶湾度假村以南2千米，遍地是岩石，且大部分地区只在涨潮时才可游泳，却是一流的浮潜点。该海滩另一吸引游客的地方是这里的经济型平房，其设计是全岛最具创新意识的。此外还有一些时髦的小海滩酒吧，其中最引人注目的是Bee Bee Bungalous旅馆。

克隆宁海滩（Hat Khlong Nin）

7

克隆广海滩以南约4千米，道路在**克隆宁村**（Ban Khlong Nin）边缘13千米石头标记处一分为二。左手边往东的岔道最后通向大兰达岛东海岸，途经多个洞穴和瞭望台。右边岔道通往南部海滩，然后沿着西海岸继续往南14千米即可抵达该海滩的最南端。

就在**克隆宁海滩**岔道附近聚集着少许平房住宿、餐馆、酒吧和旅行社，与北部海滩相比，增添了一份乡村气息。这条长长的美丽沙滩非常适合游泳，但距道路太近。此地拥有一些价格实惠的住宿场所，其中最便宜的酒店房间位于道路内岛一侧独立的小花园庭院中，而海滨的少许酒吧餐馆风格独特典雅。

克隆宁村道路交会处附近拥有一些迷你市场、自动取款机和一家诊所，迈部洞距此地约3千米，步行需1小时左右。

克隆南犹海滩（Hat Khlong Nam Jud）

就在克隆宁海滩以南1千米左右坐落着两片名为**克隆南犹海滩**的小海湾。北面的海湾属于The Narima酒店所有（见p.614）。穿过混乱的小岩岬即可抵达南部的小海湾，部分地区岩石较多，但拥有一个可游泳的海滩且坐落着Lanta Coral Beach度假村（见p.613）。

坎提昂湾（Ao Kantiang）

宁静的**坎提昂湾**距离克隆南犹海滩7千米，是一个非常美丽的弧形长海滩，后面坐落着丛林密布的山脉，属于一家豪华酒店的私人领地，而海滩南半部至今仍然保持着原始状态。与兰达岛其他海滩不同，该海湾安全性较高，全年都可游泳，南端还有一些珊瑚礁；此外还可安排浮潜和钓鱼旅行。小而热闹的路边村庄拥有许多必要设施，包括旅行社、离开交通、摩托车租赁及上网服务等。

克隆雅克湾及迈竹湾（Ao Khlong Jaak & Ao Mai Phai）

从坎提昂湾到4千米外阁兰达南端的道路地势陡峭，但路面近年已重新铺设过。坎提昂湾南面的**克隆雅克湾**拥有一些住宿设施，包括美丽的Anda Lanta Resort度假村（见p.614）。沿着海湾附近的溪流主干步行2小时左右即可抵达克隆雅克湾内岛的**瀑布**，不过更像一条细流。再往南抵达下一个海岬附近，坐落着阁兰达西海岸最后一个海滩——形状美丽的**迈竹湾**白色沙滩，地处偏远，且沿途大部分都是泥泞之路，因此非常宁静，远离一切世俗喧嚣。该海湾近海水域拥有非常美丽的珊瑚礁，但在退潮后沿石遍地，不适合游泳，不过可乘坐皮划艇前往上游的克隆雅克湾。

迈部洞石窟（Tham Mai Kaew）

距克隆宁道路交会处 3 千米・周一至周四 2 小时，周六 & 周日 9:00~16:00，周五 8:00~10:00 & 13:30~16:00（☎ 089 288 8954）・B300，包括国家公园门票及安全头灯・从克隆当海滩或帕耶湾乘摩的至此价格约为 B200

迈部洞石窟拥有不计其数的小洞穴，其中一些只能匍匐前进，是兰达岛最引人注目的内岛景点。石窟里面遍布着各种钟乳石和有趣的岩层，还有一个阴森的洞穴池及大量蝙蝠。该洞穴旅游是由 20 世纪 80 年代当地第一家完整探索此洞穴系统的家庭提供的；不仅如此，有时他们还会安排较长时间的洞穴之旅及夜间丛林旅行等标准线路。泰国的大多数洞穴都平平无奇，价格绝对不值 B300，但迈部洞石窟却有所不同，至少这里的管理员没有用电灯照明，因此你只能对用手电筒照明看到的以及其他看不到的范围感到吃惊。洞穴里最吸引游客的是镶嵌在洞壁上的结晶瀑布、化石和菊石，以及大大小小的悬岩、石笋和钟乳石等，仿佛这是一条无尽头的探索通道。雨季期间，道路湿滑，部分地段需涉水而过，是一次非常有挑战性的体验，而且还可以在只在潮湿季节出现的礁湖里浸泡一番。即使是在干燥季节，整条线路也比较艰难，因此最好穿合适的鞋子以及耐脏的衣服。

瞭望台（The viewpoint）

通往迈部洞石窟的转角往前 3 千米・咖啡厅：每天 8:00~20:00

在通往迈部洞石窟的转角往前 3 千米有一条朝东的，通往山脊中央的道路，途经 View Point Café 咖啡馆，几乎每一位游客都会在此点一杯饮料，欣赏令人惊叹的全景。**东海岸的景色**非常壮观，可欣赏到东南沿海地带红树林围绕的小兰达岛、漂浮在蔚蓝色大海上的几十座小岛（包括布布岛和珀尔岛 Ko Por）以及大陆地区拔地而起的山峦轮廓。

兰达老城镇（Lanta Old Town）

Ⓦ www.lantaoldtown.com

气势雄伟的**兰达老城镇**水畔居民区官方又称**西拉雅村**（Ban Si Raya），是兰达岛最古老的城镇。该城镇最初是各路航船的停靠码头，后在 1901 ~ 1998 年期间成为岛屿的行政首府。但自从政府部门迁移至小兰达岛，萨拉丹村成为港口以后，西拉雅村又回归了百年前的生活，拥有完好无损的历史魅力。老城镇宁静的主要海滨街道与 4245 号支路平行，两边坐落着传统的百年老木屋和店铺，饱受风吹浪打，其中大多数都建立在海面上的突码头木桩之上，1 楼就悬于阴凉的人行道上方，门口植物繁茂。街道中途的中国佛堂是该城镇混合文化的象征：长久以来，西拉雅村聚集了许多信奉佛教的中泰居民及穆斯林，此外，其南面还坐落着信奉万物有灵论的拉沃缤海上吉卜赛人社区。

拉沃缤海上吉卜赛人（见 p.534 框中内容）早在 500 年前就已居于此地，是兰达岛的第一批居民，每逢季风季节，他们都会在海岸线沿岸安家，当风浪减小时再出发离开。如今他们已在兰达岛永久安家，拥有自己的村落，如阁兰达老城镇以南 4 千米的**桑嘎犹村**（Ban Sang-Ga-U）；居住在安达曼海滩其他地区、董里附近及其他偏远地区的拉沃人将兰达岛作为他们的首府，每次远行时都会在桑嘎犹村停留。**音乐**是拉沃人的主要文化之一，巧妙地融合了其他元素，如小提琴（来自荷属东印度群岛）、鼓（来自波斯）及铜锣（来自中国），此外还可欣赏到他们的歌声、舞蹈及仪式等。每年两次为期 3 天的**圆月节**以及 Laanta Lanta 节（见 p.605 框中内容）是聆听他们音乐的最佳时机。

在主要街道两旁的木建筑中夹杂着一些出售蜡染纱笼和纪念品的独特**店铺**以及一间迷人的吊床楼（Ⓦ www.jumbohammock.com），里面展示有各种各样的吊床，甚至包括濒临灭绝的泰国北部拉布利部落编织的吊床。每小时 1 班的甲米空调迷你巴士服务的起终点位于兰达老城镇。

兰达岛社区博物馆（Koh Lanta Community Museum）

坐落于码头和停车场对面的小公园草坪上・每天 9:00~15:00・B40

兰达岛社区博物馆主要介绍了西拉雅村三个截然不同但和平相处的社区文化，坐落在一栋建造于 1901 年的迷人木质建筑中，曾是当地的区政府办公室。从里面陈列着的存档照片及一两个英文说明板可以看出，这些社区主要以捕鱼和用红树林木制造木炭为生，馆内有时还会播放有趣的影片，展现了社区居民对近年来岛屿旅游业快速发展的担忧以及大批外来者和投资者涌入对他们的传统生活方式及生计的影响。

红树林（Thung Yee Pheng）

在 4245 号支路及通往帕耶湾的道路交会处以北约 1 千米右转后行驶几百米即可抵达・每天 8:00~16:00・B20

沿着一条 200 米长的简短木板路即可抵达该社区坐落于大兰达岛东海岸的旅游项目——红树林沼泽。这里的一小时长尾船之旅（B1000/ 艘，包括导游）十分有趣，此外还可以租一艘两人式皮划艇四处游览（B500/2 小时，导游需另加 B300）。

抵达和离开

大兰达岛

甲米、吉普和董里提供前往兰达岛及**机场**的长途巴士。董里还有一个火车站，且 KK Travel 旅行社（见 p.621）还会提供前往兰达岛的水陆联合交通：先乘坐空调迷你巴士前往帕蒙北面的 Klong Son 码头，然后再换乘快船前往兰达老城镇，搭乘兰达岛免费交通（旺季期间每天 2 班；全程约 90 分钟；B450）。

7

乘船 旅游旺季期间，下列地区会提供前往大兰达岛的航船：甲米（B400），途经俊穆岛（B400）；皮皮岛（渡船 B400，快艇 B600），与普吉相连（渡船 B800，快艇 B1500）；奥南湾（B400），途经莱雷西部（B470）。此外董里群岛及丽贝岛也提供前往兰达岛的旺季航船服务，与兰卡威岛相连。所有这些渡船都会停靠在萨拉丹村，且此地聚集着的住宿兜售者通常会免费送你至你想去的海滩。如果你想乘坐带有挎斗的摩的，司机有可能会高价收取费用；从码头出发步行 250 米抵达主要道路，可搭乘到比较实惠的摩的。

抵达站 奥南湾，途经莱雷西部（每天 1 班，全程 2 小时 30 分钟）；大皮皮岛（每天 2 班，全程 90 分钟）；甲米，途经俊穆岛（每天 1 班，全程 2 小时 30分钟）；普吉（每天1~2班，全程4小时30分钟）。

陆路 游客也可通过陆路运输前往大兰达岛，是雨季期间的必要线路，如今也已变得越来越流行。该线路途经甲米以南 75 千米的华欣村，拥有通往小兰达岛 Khlong Mark 村的小渡轮，抵达后乘坐陆上交通行驶 7 千米前往小兰达岛西南端，再换乘另一艘渡船穿过狭窄海峡抵达大兰达岛东北海岸的汽车渡轮码头；两艘渡船都约 20 分钟 1 班，从 7:00 运营至 22:00（总计 B120/ 车）。下列地区出发的空调迷你巴士会使用该线路：甲米镇（每小时 1 班，全程 2 小时，B250~350，根据下船的海滩而定，终点站兰达老城镇）；普吉（每天 9 班，全程 5 小时，B500）；董里（约每小时 1 班，全程 3 小时，B300）；以及所有自驾旅行的游客。离开兰达岛时，甲米迷你巴士会将你运送至甲米机场；抵达后拨打 081 606 3591 让他们安排机场接车服务。此外，每天还有一班往返于华欣村和曼谷 Mo Chit 车站的汽车（12 小时），辅以大兰达岛空调迷你巴士。

周边交通

岛上没有公共交通，但许多机构都会提供摩托车和吉普车租赁服务。

公共出租车和双条车 萨拉丹村提供大量带有便车的公共摩的，司机身着有号码标序的汗衫；以及少许白色双条车，可前往岛屿的大部分地区。但若在萨拉丹以外的地区搭乘需打电话叫车（可让酒店或餐馆的工作人员帮忙）。兰达岛也有一些敲竹杠的的士司机，因此最好记住下列萨拉丹村出发的 1 人乘坐大致价格：克隆当海滩 B40、帕耶湾 B60、克隆广海滩 B90，上述海滩之间约 B50。

住宿

大兰达岛在旺季期间（11 月 ~ 次年 2 月）客流非常大，最好提前预约第一晚的住宿旅馆或前往驾驶船只前来的平房旅馆兜售者建议的酒店。确认预订可享受从港口前往住宿酒店的免费交通服务。兰达岛住宿价格变动非常灵活，通常根据岛上游客数量而定：在 12 月中旬 ~ 次年 1 月中旬期间，住宿价格可能会翻一倍（有些度假村的“高峰期”会包括整个 1 月和 2 月），而在 5 ~ 10 月的雨季期间，价格会大打折扣。

克隆当海滩

克隆当海滩拥有两家经济型酒店，但主要目标客户为家庭及其他寻求空调舒适客房的住宿者。

Cha-Ba Bungalows ☎075 684118 路 Ⓦwww.krabidir.com/ chababungalows 这家坐落于恐龙模型和巨大燧石堆中的平房酒店温馨别致，独具创

意。这些排列紧凑的平房非常简陋，但装饰典雅，带有复古织品和墙纸。风扇房有热水淋浴，空调房则带有电视、冰箱和免费早餐。餐馆和一些客房拥有免费 Wi-Fi。风扇房 B1300，空调房 B2000

Costa Lanta Ⓣ 075 684630 Ⓦ www.costa lanta.com 这家酒店共提供 22 间极简约的灰色混凝土平房，每一座都由未装饰的灰白卧房组成，带有蚊帐、相似风格的淋浴卫生间以及大阳台，有些人非常喜欢，也有人非常讨厌该酒店。酒店坐落于地域广阔的花园中，被河流一分为二，两边分别有一个圆滑的大泳池和一家美丽的酒吧餐厅。房价包括早餐。B6200

Crown Lanta Ⓣ 075 626999 Ⓦ www.crownlanta.com 这家高档的德国度假村位于岛屿西北角，屋顶装饰着大量皇冠图案。酒店共提供两种客房：标准间（带有大阳台）及大堂附近可通往泳池的客房；山坡上还坐落着别墅及另一自由形式的泳池，此外酒店设施还包括全景餐馆、Spa 馆以及山下半沙滩半岩石的私人海滩。B6500

7

Hans Restaurant Ⓣ 075 684152 Ⓦ www.krabidir.com/ hansrestaurant 这家该海滩最便宜的旅馆共提供 15 间小屋，坐落于海滩中央 Royal Lanta 度假村旁海滨餐馆后面花园中，排成一条狭窄的带状直线。房间类型包括非常简陋的竹屋，带有蚊帐和浴室，以及稍美丽一些的木屋。所有平房都有 Wi-Fi。仅在旺季开放。B300

Kaw Kwang Beach Resort 克隆当最北端 Ⓣ 075 668260-1 Ⓦ www.lanta-kawkwangresort.com 这家温馨的家庭经营度假村提供非常实惠的客房，坐落于高望海滩大片海滨区域，靠近 Royal Lanta 酒店。客房类型从坐落于海滨树林中的便宜典雅老式独立卫浴木房和水泥房到宽敞的海滨空调平房、家庭别墅及酒店式客房各种各样，且都有热水淋浴和电视。度假村设施包括一个无边式泳池、部分客房有 Wi-Fi，及供客人使用的电脑。此外还提供浮潜装备租赁及萨拉丹码头的免费交通。风扇房 B650，空调房 B1700

The Noble House Ⓣ 075 668096 Ⓦ www.lantanoblehouse.com 这家迷人的瑞士小酒店提供时尚的空调洋房，带有玻璃落地窗和热水淋浴。成排坐落于美丽的灌木丛花园中，大多数围绕在小泳池四周。此外后庭院中还有一些酒店式空调客房。餐厅里有免费 Wi-Fi。房价包括自助早餐。B2000

Slow Down Ⓣ 083 632 1551 Ⓦ www.slowdownlanta.se 这家瑞典度假村坐落于海滩偏远的南端，提供非常迷人的深蓝色泳池和儿童泳池、一家精致的餐厅、按周出租的别墅和公寓以及两间酒店客房（通常称之为“平房”）。房间有些昏暗，但完美融合了瑞士和泰国南部的美丽元素，如白色的木墙和木瓦顶，且提供空调、热水、迷你吧及 DVD 播放器。B2600

Southern Lanta Resort Ⓣ 075 684175-7 Ⓦ www.southernlanta.com 这家该海滩最大的酒店之一提供几十间非常宽敞的空调平房，间隔宽敞，坐落于美丽的灌木丛花园中，树篱整齐，树影婆娑。其他设施还包括一个大泳池及 Wi-Fi。深受家庭和背包游客的喜爱。房价包括早餐。B1800

帕耶湾（长海滩）

Lanta LD Beach Ⓣ 075 684548 Ⓦ www.sandybeachlanta.com 这家坐落于 Somewhere Else 旅馆南面的海滨旅馆周边绿草如茵，提供大量阴凉且便宜的独立卫浴竹房，带有风扇和蚊帐，此外还有更宽敞的水泥房，房间设施包括风扇或空调、电视、冰箱和热水；大多数房间都有吊床，且所有房间都有个小浴室。风扇房 B500，空调房 B1000

★ **Lanta Marina Resort** Ⓣ 075 684168 Ⓦ www.lantamarina.com 这家温馨舒适的度假村旅馆坐落于帕耶湾偏远南端的岩岬旁，共提供 23 间盖有蓬草的平房，由木头和竹子建造而成，中间有木板路连接，围绕在美丽草坪和花园四周。所有房间都有美丽的床位、设计精美的浴室、较高的棕榈叶房顶、风扇和 Wi-Fi（需额外支付，但也提供免费电脑），坐落于海滩上宽敞昂贵的房间带有热水淋浴。B700

Lanta Palm Beach Ⓣ 075 684406 Ⓦ www.lantapalmbeachresort.com 这家繁忙流行的度假村酒店地处海滩中央，附近有一些海滩酒吧。水泥平房和宽敞明亮的别墅坐落于距海岸较远的花园中，树篱修剪整齐，且所有房间都提供空调和热水。酒店设施包括网络和潜水中心。房价包括早餐。B2500

★ **Layana** Ⓣ 075 607100 Ⓦ www.layanaresort.com 这家坐落于海滩中央美丽地段的住宿场所是帕耶湾最豪华的酒店，也是整座岛屿最好最受欢迎的酒店之一，氛围宁静（18 岁以下不准进入）且服务周到。其 44 间空调房坐落于美丽海滨花园中两层楼高的现代泰式风格建筑中，四周草坪修剪整齐且遍布着枝繁叶茂的灌木丛。酒店设施包括一个迷人的海滨咸水无边泳池、SPA 馆及大量活动项目和一日游行程，且提供 Wi-Fi。房价包括早餐。B11300

Relax Bay Resort Ⓣ 075 684194 Ⓦ www.relaxbay.com 这家风格独特的法国经营度假村坐落于 Lanta Marina 度假村南面小海湾的岩岬附近（路途较远），提供 40 间价格实惠的质朴别致茅草盖顶平房，装饰简单而高雅，且都带有海景大阳台。此外酒店大露台上还坐落于豪华的猎装风格帐篷，且带有独特的户外浴室。酒店设施包括泳池、潜水中心，旺季期间还提供瑜伽课程（见 p.607 框中内容）。房价包括早餐。风扇房 B1400，空调房 B2300

Sayang Beach Resort Ⓣ 075 684156 Ⓦ www.sayangbeachresort.com 这家温馨的家庭经营酒店共提供 30 间空调平房，相互间隔较大，坐落于宽阔海滨地带的棕榈树下。房间类型包括家庭平房及一间海滨套房。酒店拥有一家精美餐馆，提供自助早餐，价格包含在房价内。每天还会提供

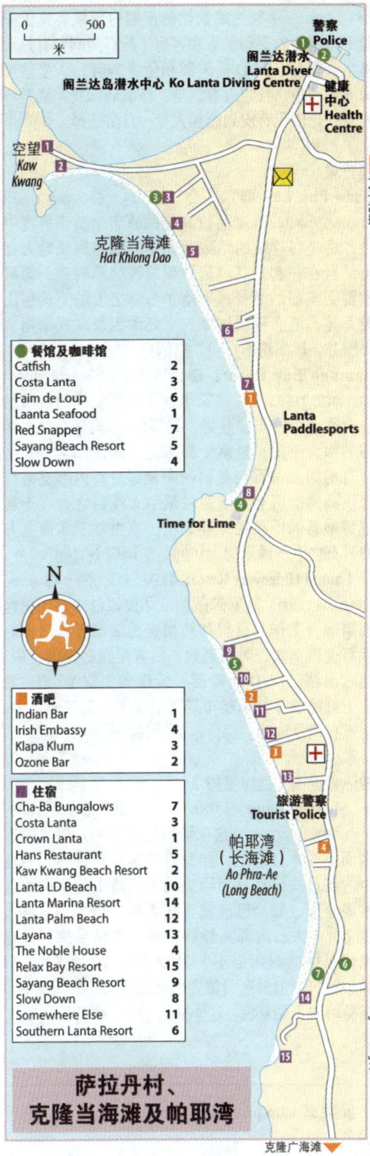

萨拉丹村的免费交通服务。B2550

Somewhere Else 081 536 0858 这家便宜闲适的旅馆坐落于帕耶湾热闹的海滨草坪中央，周边有多家酒吧，是该海滩主要的经济型旅馆之一。其宽敞独特的六角形平房由紧密编织的竹子制成，拥有美丽浴室，其中一些带有热水淋浴。该旅馆的缺点是大多数住房之间间隔较为紧凑，缺乏私密性，但许多房间都可看到海景。餐馆提供免费Wi-Fi。B300

克隆广海滩

★ **Bee Bee Bungalow** 081 537 9932 bee-beepiya 02@hotmail.com 这家独特友好的旅馆共提供14间高度隐秘的小屋，每一间都设计独特迷人，由竹子建造而成。所有房间装饰虽简单但非常舒适，装有华丽的蜡染织物，且有风扇、蚊帐和半露天式卫生间；有一些还提供楼上客房。旅馆精致的酒吧餐馆风格类似，却是木质的茅草屋顶建筑。B550

★ **Fisherman's Cottage** 081 476 1529 www.fishermanscottage.biz 这家宁静且不起眼的温馨小酒店坐落于海滩南端，共提供9间茅草屋顶的水泥别墅，每间都带有落地窗，非常简单的现代海滩舍内设计：白色墙壁、古怪的壁画作品以及强烈的色彩视觉冲击，房间设施包括蚊帐、风扇和精致的卫生间。有Wi-Fi。7~10月停业。B1500

Lanta Riviera 075 667043 www.lantariviera.net 这家酒店提供一排排精美舒适的标准水泥风扇和空调平房，以及分布于两层楼高建筑中的客房，坐落于海滩偏远北端枝繁叶茂的灌木丛和花丛中。其中大多数客房都可睡三人，因此深受家庭游客喜爱。此外还提供海滨泳池和按摩池。风扇房 B800，空调房 B1300

Where Else? 081 536 4870 www.lanta-where-else.com 这家旅馆共提供22间迷人舒适的平房，隐秘性较好，相比于Bee Bee旅馆更加受欢迎。设计精美隐秘的竹屋和椰树林木平房都带有风扇、蚊帐、吊床和露天浴室，装饰有各种植物，此外旅馆各处都有贝壳、浮木雕刻及盆栽，其中一些客房还带有天窗和塔楼。B500

克隆宁海滩

Lanta Nature Beach Resort 075 662560 www.lantanaturebeachresort.com 这家水泥平房酒店坐落于克隆宁海滩东端，提供一排排奶白色和淡紫色的风扇和空调水泥小屋，内部宽敞，贴有瓷砖。而马路对面内岛花园内或坐落着更加宽敞便宜的平房。风扇房 B800，空调房 B1000

Lanta Paradise 075 662569 www.lantaparadisebeachresort 虽然这家海滨度假村的水泥平房间隔紧密，但内部宽敞且干净整洁；装饰虽平平无奇，但都带有空调和热水淋浴，此外酒店还提供泳池。房价包括早餐。B1600

Otto Bungalow 084 051 7180 otto_lanta@hotmail.com 这家间隔紧凑的路边平房酒店共有4间A型海滨小屋，茅草屋顶、水泥墙壁，带有蚊帐和风扇，此外还提供各种各样的空调房，包括一间由小汽车改造而成的客房。风扇房 B800，空调房 B1500

克隆南犹海滩

Lanta Coral Beach 075 662535 www.lantacoralresort.com 这家友好的度假村旅馆带有一家精美的餐厅，坐落于岩岬之上，拥有非常美丽的日落之景，提供 Wi-Fi。共有 20 间宽敞的竹制和水泥小屋，虽普通但干净整洁，且有独立卫浴，分布于棕榈树林中的草坪上（其中一些悬挂有吊床）；水泥房分为空调房和风扇房，但都有热水淋浴。风扇房 B300，空调房 B800

The Narima ☎ 075 662668 🌐 www.narima-lanta.com 这家氛围宁静、设计优雅且有环保意识的温馨度假村酒店共提供 32 间豪华又朴实的茅草屋顶平房，排成三排坐落于棕榈树园林中。所有平房都铺有抛光木地板，阳台可看到海景，且带有热水淋浴、风扇或空调（但没有电视）；酒店还提供三层式泳池（带有儿童泳池）及潜水中心，也提供吉普车、摩托车和山地自行车租赁服务。房价包括早餐。B2300

7

坎提昂湾

Lanta Maine Park View ☎ 075 665063 🌐 www.lantamarine.com 这家旅馆共提供 30 间平房，坐落于海滩北端的斜坡上，台阶通往山下的海滩。其中最好的客房价格昂贵，但性价比高，建于木桩之上，从其阳台和玻璃内饰可看到壮观的海湾美景，装饰别致，洋溢着现代气息。便宜普通的风扇木屋和竹屋坐落于后排。此外酒店坐落于崖面的小酒吧景色壮丽，公共区域还提供 Wi-Fi，且设有旅游代理机构。风扇房 B600，空调房 B1100

Pimalai Resort and Spa ☎ 075 607999 🌐 www.pimalai.com 这家坐落于坎提昂湾南端的住宿场所是兰达岛最豪华的酒店之一，地域非常广阔因此客人需使用高尔夫越野车出入。所有现代风格客房设计豪华优雅，还提供一个精致的水疗中心、两个无边泳池、一个潜水中心及各种各样的水上运动、网球场和免费自行车服务。但只有较贵的房间才可欣赏到海景（泳池别墅和围有围墙的海滩别墅的海景尤为美丽）。旅游旺季期间，客人可乘船直达该度假村，在 Pimalai 私人浮动码头登陆。B11900

克隆雅克湾

Anda Lanta Resort ☎ 075 665018 🌐 www.andalanta.com 这家热闹繁忙的度假村提供装饰优美且干净整洁的空调平房和客房（所有房间都有热水淋浴、阳台、DVD 播放器和免费 Wi-Fi），坐落于海滨花园中，且附近有泳池。该酒店深受家庭游客喜爱，提供免费皮划艇和大量一日游选择。B3200

迈竹湾

Baan Phu Lae ☎ 081 201 1704 🌐 www.baanphulae.com 这家品位高雅的酒店坐落于海湾中央，将曼谷建筑的精致及休闲的海盗风格魅力完美结合在一起。其风扇竹屋装饰简单时尚，都可欣赏到美丽的海景；坐落于海滨之上的空调房比较无趣。酒店提供按摩、烹饪课程及摩托车租赁等服务。风扇房 B1180，空调房 B1480

Bamboo Bay Resort ☎ 075 665023 🌐 www.bamboo bay.net 这家坐落于海湾北端的泰国丹麦合营度假村非常温馨，共提供 21 间带有热水淋浴的水泥平房，坐落于海岬之上的崖面上。几乎所有房间都可看到美丽的海景，房间内部宽敞且提供高标准服务。度假村最引人注目之处在于其诗情画意的甲板餐厅和酒吧，就坐落于水面上方的岩石之上。风扇房 B1000，空调房 B2100

La Laanta Hideaway Resort ☎ 075 665066 🌐 www.lalaanta.com 这家隐蔽的豪华度假村坐落于偏远的南端，工作人员服务热情，提供铺有木地板的茅草屋顶别墅，美丽别致，所有房间都提供空调、热水淋浴、DVD 播放器、低床和免费 Wi-Fi，酒店为舒适的乡村风格布局，坐落于海滨花园之中，附近有两个泳池。房价包括早餐。B2800

兰达老城镇（西拉雅村）

★ **Mango House** ☎ 086 948 6836 🌐 www.mango houses.com 这家酒店的客房和别墅坐落于水面上的木柱之上，洋溢着兰达岛独特迷人的魅力。在这些已有百年历史的木建筑中的一座曾是木炭仓库，如今已改建为迷人的住宿客房，可入住 2 ~ 6 人；内部是独特的渔村风格装饰，带有现代风格的时尚浴室、DVD 播放器、免费 Wi-Fi 和小厨房。但最吸引游客的是水畔露台，可看到 7 座岛屿的美丽景色。B2000

餐饮

萨拉丹村

该村庄许多建立在水面木桩之上的迷人古老木屋都已被改建为有独特魅力的码头餐馆，可边用餐边欣赏海景，凉风习习，是消磨时光的好地方。

Catfish 餐馆的名字来源于猫而非鱼，提供不同口味的海鲜。此外还提供标准泰食（炒饭 B70）及各种西方食物，包括沙拉三明治（B180）、意大利面、三明治、早餐、冰激凌和意式黑咖啡。每天 8:30~21:00

Laanta Seafood 这家城镇最古老的餐馆拥有最高评价，门口陈列着冰冻海鲜，提供各种美食，包括 haw mok thalay（海鲜咖喱酥；B120）及熏虾蔬菜酱 nam prik kung siab 等当地美食。每天 10:00~21:30

克隆当海滩

入夜后，海岸线上摆满了餐桌，装饰有美丽的彩灯和灯笼，营造出浪漫柔美的氛围。大多数餐馆的菜单都相似，主要提供应时的新鲜海鲜烧烤。各海滩小酒吧还提供鸡尾酒、躺椅和靠垫，通常会播放轻松的音乐，大家都围坐在篝火旁。

Costa Lanta ☎ 075 684630（见 p.612） 这家海滩上最精美的餐馆是享用落日晚饮的最佳场所，提

供海景躺椅、舒适的靠垫、轻松的音乐及柠檬草马天尼酒。虽然食物价格不菲，但味道一般。每天 11:00~次日 00:00

Indian Bar Cha-Ba Bungalows 酒店南面隔开三户人家 该海滩上最舒适的酒吧之一，提供中档鸡尾酒，及非常精彩的焰火杂耍表演，而且这里的老板总是打扮成好莱坞风格的美国印度人。24 小时营业

Slow Down ☎075 684982（见 p.612） 提供美味的肉酱意大利面（B160）、凉虾冷盘等瑞典特色菜肴和泰国菜肴等，也有各种套餐。此外还提供独特的儿童菜单、改造的长尾船座椅和坐垫，更重要的是成人用餐区还可看到排球网，因此深受家庭游客喜爱。每天 8:00~22:00

帕耶湾（长海滩）

帕耶湾绝大多数非常有趣的餐馆都坐落于主要道路沿途，而在通往海滩的道路上坐落着一些轻松舒适的小酒吧。

★ **Faim de Loup** 坐落于通往海湾南端的主要道路上 这家非常精致的法式面包店提供羊角面包、巧克力面包、水果蛋挞及香浓的现磨咖啡。此外还提供三明治、乳蛋饼、土豆香肠沙拉（B75）及每天特色菜，如茄子脆皮烙菜沙拉（B250）；且提供免费 Wi-Fi。每天 7:30~17:00，有时周末会休息

Irish Embassy 主要道路沿途，海湾中央附近 这家非常友好的小爱尔兰酒吧提供如炸鱼薯条等家常菜，且会举办智力竞赛之夜、提供体育电视节目、偶尔还有音乐现场演奏。每天 16:00~凌晨 1:00

Klapa Klum Lanta Palm Bungalows 酒店附近 这家海滨酒吧提供竹质情侣座及私人休息区，还提供促销活动（17:00~20:00）、整晚都便宜的鸡尾酒及每周一次的海滩派对，有国际 DJ 加盟（目前时间定于周三）。每天 17:00~深夜

Ozone Bar 位于 Somewhere Else 酒店旁 该海滩最有名的酒吧之一提供每周一次 DJ 派对（目前时间定于周四），每次都吸引了大量人群。每天大致 11:00~深夜

Red Snapper 帕耶湾南端 Lanta Marina Bungalows 内岛主要道路沿途 这家广受好评的荷兰花园餐馆提供各种美味的开胃菜肴和极具创意的欧洲美食，使用进口肉食，其特色菜肴包括苹果酸辣酱猪里脊和戈贡佐拉干酪（B290）。有时白天还会提供三明治。每天 17:00~23:00

Sayang Beach Resort 帕耶海滩 这家度假村餐馆是流行的晚餐点，其餐桌摆放于海滨木麻黄树下，装饰有美丽的彩灯。厨房拥有泥路烧烤，提供各种各样的正宗印度食物，包括印度扁豆汤（B90）和印度咖喱鸡（B200），此外还有泰国和西方美食，且每晚都有新鲜海鲜及大量素斋。每天大致 10:00~22:00

克隆广海滩

Sonya's 主要道路沿途，7-Eleven 便利店以北 这家非常流行便宜的花园餐馆带有免费 Wi-Fi（及需额外付费的电脑），可从面食、酱料、肉类及其他配料中"自己制作"面团。此外还提供大量泰国食物（B60 起）、西方早餐和茶点、三明治和蒸馏咖啡。每天 8:30~21:30

克隆宁海滩

该海滩共有十几家温馨舒适的海滨小酒吧餐馆，吸引了许多游客到此消磨几小时、一天或过夜，沙滩上铺有坐垫，餐桌位于茂密的海滨露兜树下，且会播放清脆的音乐。

Cook Kai 美丽海滩以北，马路斜对面 Ⓦ www.cook-kai.com 这家友好的餐馆装饰有美丽的贝壳和灯具，提供大量泰国经典食物及著名的热菜，如大蒜胡椒热炒鱿鱼（B190）还有少许西方菜肴，包括早餐。每天 7:30~22:30

Jai-Dee 海滩北端，夹在道路和海滩之间 这家酒吧餐馆拥有坐落于树荫底下的美丽露台和吊床、网络和免费 Wi-Fi，且提供各种美味的泰国咖喱和三明治（培根 B80）、现磨咖啡和早餐。每天 9:00~深夜，厨房 21:00 关门

坎提昂湾

Same Same But Different Pimalai 南面的沙滩上 这家酒吧餐馆氛围宁静，其餐桌和茅草屋顶房间坐落于繁茂的灌木和藤本植物下，四周装饰有贝壳和浮木雕刻；餐馆老板与甲米有名的 Ruen Mai 餐馆老板是同一人，提供中等价位的泰国美食和海鲜，及相似的高标准服务。每天 8:00~23:00

兰达老城镇（西拉雅村）

Mango House 这家精致的小酒吧咖啡厅装饰有时尚的深色木质家具，主要提供汉堡包、沙拉、三明治、葡萄酒和现磨咖啡。旅游旺季每天 8:00~20:00

7

附录

银行及自动取款机 萨拉丹村拥有数家银行和若干自动取款机，此外大部分海滩和阁兰达老城镇都拥有自动取款机。

医院 几乎每个海滩都有一家诊所，萨拉丹村拥有一家较大的健康中心，且兰达老城镇内坐落着一家设施非常简单的海盗医院（☎075 697107），但若情况严重需前往普吉。

邮局 坐落于萨拉丹村南端和兰达老城镇。

旅游警察 位于帕耶湾的主要道路沿途（长海滩；☎1155）。

旅行社 位于克隆宁海滩 Otto Bungalows 酒店的阁兰达 OttoLanta Tour 行社服务周到（☎083 634 8882 Ⓔ ottolantatour@gmail.com），出售机票、火车票和汽车票且提供旅游行程预订服务（见 p.608）和住宿。

南方腹地

丽贝岛

南方腹地 The deep south

泰国和马来西亚以北纬 6° 的整个半岛为边界，但相比较而言，两国文化相互渗透现象在北部要更突出一些。根据官方划分，春蓬附近的泰国人属于泰国南部的巴泰人，沿着该半岛前往泰国南方腹地，可看到越来越多穿着纱笼、头戴面纱的居民以及高耸的清真寺，听到越来越多许多泰国人都不能理解的当地方言。除此之外，你还会发现许多屋外挂有鸽子笼的房屋，以及矗立着高大金属杆的奇怪场地，其实这里的人们通常会将鸟笼悬挂在该金属杆上定期举办鸽叫比赛；而如果你看到皮卡车后面载着巨大的驼背婆罗门牛时，则表示它们正在前往斗牛的道路上（泰国斗牛比赛主要是牛与牛对抗，先后退的就是输家）。

在董里府和博他仑府，穆斯林人口通常被认为是泰国人，但是在最南端省府——如沙敦、北大年、也拉、那拉提瓦和宋卡——大部分地区的居民更像马来西亚种族：这些地区大约共有 150 万伊斯兰教徒，其中多数都说马来方言，写亚维语，这是一种古老的阿拉伯字符修改版，可体现马来语的发音。此外，该地区还有大量城市人口来自中国，使得种族更加复杂，与穆斯林农民和渔民相比，这些中国人要富裕得多。

目前南方腹地的旅游景点大都分布在美丽的**西部海岸**，可见陡峭的石灰岩露头、纯净的沙滩以及延伸至马来西亚边境的珊瑚礁，其间还游弋着美丽的鱼群。董里**大陆沿海地带**拥有 30 千米长的迷人海滩，沿途遍布着大片红树林及令人印象深刻的洞穴，可乘坐海上独木舟探索。但此地真正吸引人之处在于近海**岛屿**，提供华丽的全景和海滩、一流的浮潜点以及几座舒适的度假村。此外，近年来还新增了有趣的固定航船**环岛线路**：如今从普吉出发不需要踏上半岛即可抵达槟榔屿。一段时间以来，从普吉岛至该海岸的旅游业发展速度会减慢，因此至今除了丽贝岛这个偏远但吸引了大量游客的小岛外，其他大部分岛屿都尚未开发。

8

抵达与周边交通

南方腹地

除了寻常的巴士服务外，本章节所提及的所有区域都会提供前往董里的飞机和火车（见 p.620），各岛屿之间以及大陆和岛屿之间也有航船服务（见 p.625）。

公共出租车 南方腹地长久以来一直拥有大量公共出租车，往返于某些城镇之间，价格是普通汽车的两倍。这些出租车人满出发，通常坐 6 位乘客，有时需等待很长一段时间；如果时间紧迫，你可以购买额外的座位或直接包下整辆出租车。这是比较快捷的游览方式，且可送至目的地门口。

迷你巴士 如今公共出租车正被空调迷你巴士取代，二者运行模式几乎一模一样，价格也相差无几；但迷你巴士座位更加舒适，提供大致时间表，不过迷你巴士人满后也会迅速离开。

简史

约在 14 世纪初的素可泰时期，马来半岛中央地区首次出现于泰国史书之中。14 世纪末时，伊斯兰教传入了该区域，彼时该半岛已成为大城王朝的管辖之地。**宋卡**和**北大年**是该区域的两大主要城市，非常繁华，其两大港口是货物进入半岛的主要通道，从而可以避开马来西亚与苏门答腊岛之间出现在马六甲海峡之间的海盗。由于南部与信奉伊斯兰教的马来人联系更加紧密，因此北大年的苏丹国于 16 世纪时开始**反抗**大城的统治，但这场自决权的斗争只减弱了北大年的力量。该城镇最后一次叛乱发生于 1902 年，自此以后就被明确纳入了泰国领土，而其盟友吉打、吉兰丹和丁家奴族人则加入了马来西亚的英国宗主领土。

列岛旅游 p.625
孩岛的活动项目 p.625
丽邦岛游船及潜水之旅 p.629
苏孔岛游船之旅及其他活动项目 p.630
涝莨岛 p.631
帕巴拉的往来交通 p.632
阁阿当岛周边浮潜之旅 p.633
丽贝岛周边的浮潜和潜水项目 p.634

前往姆克岛的翡翠洞

旅游重点

❶ **自然度假村** 这些坐落于昭迈村、姆克岛及丽邦岛的非营利性度假村提供昭迈洞及丽邦岛儒艮和鸟类观赏之旅，途经红树林。见 p.623、626 及 628

❷ **孩岛** 拥有各种预算的度假村酒店以及美丽的风景。见 p.624

❸ **莫拉克洞** 姆克岛的翡翠洞，位于自然火山口山下，拥有美丽的粉末状内岛沙滩，最好乘坐皮划艇游览。见 p.626

❹ **克雷登岛** 这座偏远的岛屿拥有面朝东方的白色长沙滩、水晶般清澈的海水以及可供浮潜者探索的珊瑚礁。见 p.628

❺ **苏孔岛** 可体验岛民的生活方式且拥有独特的海滩度假村。见 p.629

❻ **阁德鲁道岛** 这家规模巨大的国家公园岛屿拥有红树林、可探索的丛林小径，以及该区域最完好的海滩。见 p.631

这些旅游重点在 p.620 的地图上都已标记

董里（Trang）

董里（又称 Taptieng）正逐步发展为流行的旅游出发点，将甲米沙滩上拥挤的人群吸引至南面附近海岸的原始海滩和岛屿。该城市的橡胶、油棕及渔业都非常繁荣，如今旅游业也正逐步发展，氛围友善，干净宽阔的街道上坐落着破旧的木质百叶窗房屋。晚上，街道两旁挂满了五颜六色的彩灯，白天，城中的许多中国居民都会前往咖啡厅消磨时光，品饮当地的过滤咖啡。每年 10 月或 11 月，董里的中国人会举行盛大的**素食节**（见 p.552 框中内容），甚至可与普吉相媲美，而在此期间，素食游客可在寺院周围的小店里享受美味的斋菜盛宴。

抵达和离开

飞机 亚洲航空和飞鸟航空每天都会提供往返于曼谷和董里机场的航班（全程 90 分钟），然后乘坐空调迷你巴士（B100）可前往北面 3 千米的董里，由 BB Tour 旅行社运营，位于 Sathanee 路 23 号（☎ 075 219054）。

火车 曼谷每天有两班通宵火车（全程 15~16 小时）会沿着南铁线路支线抵达董里。

巴士 巴士起始点和终点位于 Phattalung 路（4 号公路）的新车站，Robinson 百货商场对面，市中心东北方 3 千米左右，包括往返于沙敦和普吉的空调巴士，每天 4 班；前往沙敦的巴士也会在 Rama Ⅵ路中央塔楼东面稍作停留。

抵达站 曼谷（每天 11 班，全程 12~14 小时）；甲米（约 30 分钟 1 班，全程 2 小时）；普吉（每小时 1 班，全程 5 小时）；沙敦（30 分钟 1 班，全程 2 小时 30 分钟 ~3 小时）。

迷你巴士 前往素叻他尼、那空是贪玛叻和合艾的空调迷你巴士会使用 Phattalung 路的新汽车站，而前往帕蒙和昭迈村的迷你巴士办公室位于火车站西北方的 Tha Klang 路。在众多以游客为中心的空调迷你巴士服务机构中，位于车站对面的 Andaman Tour 旅游代理机构（☎ 075 216119）会提供前往帕巴拉的迷你巴士，每天至少 1 班（全程 2 小时，B150），而位于 Sri Trang 酒店东面的 Kanokwan Tour（☎ 075 215235）会提供前往兰达岛的迷你巴士（每天 6 班；全程 3 小时；B250，可在中途任意地方下车，直至偏远的克隆广海滩）。此外火车站对面的 KK Travel（☎ 075 211198 Ⓦ www.kktravelandtour.com）还会提供前往兰达岛的快速迷你巴士及快船服务（见 p.611）。

公共出租车 前往帕巴拉和沙敦的公共出租车聚集在城市东南的 Ratsada 路；前往甲米的公共出租车聚集在城市北面 Huay Yod 路老汽车站对面（Wisetkul 路十字路口往北 500 米左右）。

周边交通

小汽车或摩托车 Trang Island Hopping Tour 旅行社（见下文）会提供汽车租赁服务（B1200~1500/天），而 Rama Ⅵ路的 Koh Teng 酒店（见下文）可提供摩托车租赁服务（B250/天）。

信息及旅游线路

旅游信息 泰国旅游局办事处位于 Wisetkul 路（每天 8:30~16:30，有时周六和周日的午餐时段会休息 ☎ 075 215867 Ⓔ tattrang@tat.or.th）。

旅行社 该城市最好的旅行社是位于 Sathanee 路 28/2 号车站正对面的 Trang Island Hopping Tour（☎ 075 211457/082 804 0583 Ⓦ www.trang-island-hopping.com）。这家运营良好的机构提供各种各样的服务，包括大陆和岛屿交通和车票，以及所有岛屿的住宿预订等。工作人员非常友好，提供该区域的准确信息，是董里旅游的第一站。此外，他们还提供导游周边的航船一日游、洛克岛露营多日游、内岛瀑布和洞穴之旅，以及徒步旅行和皮划艇旅行等。此路角落里的 Wunderbar（☎ 075 214563 Ⓦ www.wunderbar-trang.com）也是一家信息齐全、服务周到的旅行社，主要提供岛屿旅行预订服务。

8

住宿

Ban Aothong Sathanee 路 25/28-31 号 ☎ 075 225611 Ⓔ banaothong@yahoo.com 这栋粉红色的高档旅馆深受泰国商务人士的喜爱，提供较矮的木质家具、半华盖床以及粗劣的装饰。双人房布局较紧凑，而稍贵一些的双床房空间较为宽敞，但浴室很小；所有房间都有空调、热水淋浴、冰箱、免费 Wi-Fi 和 DVD 播放器。**B790**

Koh Teng Hotel Rama Ⅵ 路 77-79 号 ☎ 075 218622/ 075 218148 这家 20 世纪 40 年代的独特中国酒店虽有些老旧，但提供宽敞干净的独立卫浴客房，其中一些有有线电视和空调，楼下流行的餐厅和咖啡店提供泰国南部和中国美食及西式早餐。风扇房 **B180**，空调房 **B280**

Sri Trang Hotel Sathanee 路 22 号 ☎ 075 218 122 Ⓦ www.sritranghotel.com 这家近年重新装修过的温馨酒店提供宽敞的客房，带有五颜六色的装饰品、免费 Wi-Fi、热水、有线电视和冰箱。除了少许风扇单人房（B450~500）外，其他都是空调房。可上网。**B650**

Thumrin Hotel Rama Ⅵ路 ☎ 075 2110114 Ⓦ www.thumrin.com 这家性价比较高的酒店提供国际标准设施，包括空调、热水、电视、Wi-Fi 和上网服务，价格便宜，坐落于高楼大厦中，楼下是咖啡面包店，非常受欢迎。**B850**

Thumrin Thana Hotel Huay Yod 路 69/8 号 ☎ 075 211211 Ⓦ www.thumrin.com 这是董里最好的酒店，但不属于沿海地带的 Anantara 品牌（见 p.626）。提供设施齐全的宽敞客房、泳池、健身房、Wi-Fi 和上网服务。**B1400**

Trang Hotel Wisetkul 路 134/2-5 号 ☎ 075 218 944 Ⓕ 075 218451 这家温馨的中档价位酒店提供宽敞舒适的双床房，有空调、热水、冰箱和电视。**B590**

餐饮

董里街道上坐落着几十家咖啡馆，提供当地过滤咖啡 kopii 及各种小吃和便餐。其中最有名的是当地特色菜 muu yaang，这道美味的炭火烤猪肉菜肴通常在早餐时享用。市政府后的 Ruenrom 路晚上有非常热闹的夜市，提供其他美味的南部食物，如 khanom jiin，在软面条上加上辣酱、甜酱或鱼酱，然后搭配香脆的蔬菜一起吃。

Fatimah Sathanee 路 这家设施简单的清真餐馆在晚上非常热闹。提供泰国南方咖喱、美味的泰式炒面（B35）、Kopii 咖啡和茶等。周二至周日大致 8:30~22:00

Nam Mui Rama Ⅵ路（无英文标记，但就位于 Koh Teng 酒店对面） 这家中泰餐馆后面有一个

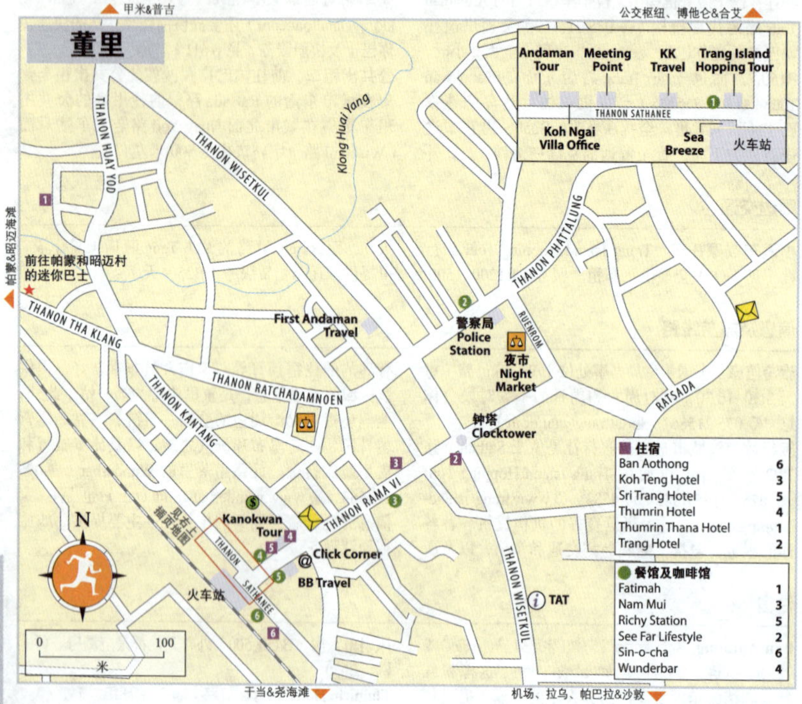

美丽的露台，提供有名的海鲜及非常美味的菜肴，分量很足，如腰果炒鸡肉（B150）。英文菜单比泰文菜单少很多，因此需运用你的泰语能力。每天 11:30~21:00

Richy Station Sathanee 路 ☎075 218431 这家环境幽雅的面包咖啡馆提供新月面包、蛋糕、冰激凌、各种果汁意式浓缩咖啡，此外还有美味的火腿奶酪三明治（B80）、意大利面、早餐及大量泰国和中国菜肴。每天 7:00~20:00（周三只提供饮料和焙烤食物）

See Far Lifestyle Phattalung 路 37 号（无英文标记位于 3 巷入口附近）☎075 210139 这家物美价廉的餐馆提供各种各样精心制作的菜肴，尤其是健康美食和当地佳肴，如加有鲈鱼、蘑菇和孜然的清汤 tom som plakapong，以及中国风格的芋头蒸猪肉 kao yok（B120），仅可在董里吃到。每天 10:30~20:00

Sin-o-cha Sathanee 路 25/25-26 号，车站旁 这家近年重新装修过的流行传统咖啡馆提供当地的 kopii 咖啡以及泰国和西方糕点及主食（炒饭，B45），还有蒸馏咖啡、各种茶水和西方早餐。每天 7:00~17:00

Wunderbar Sathanee 路 ☎075 214563 ⓦwww.wunderbar-trang.com 这家多功能的外国酒吧餐馆有免费 Wi-Fi，主要提供各种酒水饮料（包括葡萄酒和意式浓缩咖啡）、泰国食物和汉堡包（B60）、沙拉、比萨、早餐和其他西方标准美食，如干酪拼盘（B290）等。营业时间：每天 7:30~22:00

附录

上网 Sathanee 路的 Wunderbar 餐馆及其对面的 Click Corner 都提供上网服务。

董里沿海地带（The Trang coast）

从位于董里正西方 40 千米的帕蒙出发前往董里河河口，可看见一片 30 千米长的迷人海滩，一眼望去仅坐落着一些巍峨的石灰岩露头。由于该海岸线名义上属于昭迈海滩国家公园的领土范围，因此除了一条大致与海岸线平行的柏油道路外，几乎没有任何发展设施。

帕蒙及昌琅海滩（Pak Mong & Hat Chang Lang）

虽然**帕蒙**西面的海岬和岛屿都非常美丽（有通往最大岛屿孩岛的定时船只），却并不是该海岸最迷人的海滩，每当退潮后，整条狭长的沙滩都会变得泥泞不堪。但在其他时间段，海面风平浪静，非常适合游泳，此外还可在海滩后面树荫底下的食物小摊和餐馆中享用美食。

帕蒙正南方坐落着美丽的白色沙滩——**昌琅海滩**，以其牡蛎而出名，在其北端还坐落着整个省府最好的豪华酒店 Anantara Si Kao。

昭迈海滩国家公园总部（Hat Chao Mai National Park HQ）

通往总部的小巷距昌琅海滩 3 千米远 • B200 • Ⓣ 075 213260 • Ⓦ www.dnp.go.th

昭迈海滩国家公园占地约 230 平方千米，包括部分姆克岛和克雷登岛，但只有当你游览国家公园总部时才会收取公园门票。公园总部附近有一条简短的小径可通向海滩南端，途中会经过一个坐落于岩溶山顶的瞭望台，可看到美丽的姆克岛及山下海湾偶尔会出现的儒艮。总部还有一家简单的咖啡馆及住宿场所。

永陵海滩及尧海滩（Hat Yang Ling & Hat Yao）

国家公园总部往南 5 千米，前往姆克岛的 Kuantunku 码头附近坐落着**永陵海滩**。这片宁静美丽的凸海滩是国家公园管理处的所在地，也是整个海岸线最美丽的地段，海滩附近有一座巨大的洞穴，涨潮时可游泳前往，退潮后可步行进入。永陵海滩过去则是**尧海滩**，长 5 千米，非常宽阔，拥有精美的白色沙滩，后面则是大片木麻黄树及一些简单的餐馆。

8

昭迈村（Ban Chao Mai）

昭迈村（又称**尧海滩村**）坐落于尧海滩南端，四处分散着一些吊脚楼，主要用于捕鱼，尤其是螃蟹。该村庄港口经常会有船只前往丽邦岛（Ko Libong），且是 Tigerline 旅游阁兰达—丽贝线路的大陆渡船港口。港口旁的尧海滩自然度假村（Had Yao Nature Resort）还会提供有导游带领的全额投保昭迈洞长尾船或独木舟之旅，途经红树林（B800/ 人，至少 4 人，包括午餐；酒店住客享受九折优惠）；**昭迈洞**里有许多令人印象深刻的岩柱及一个天然剧场，其舞台周边装饰有岩石帷幕。如果你喜欢自助游，那么该酒店还会提供两人式皮划艇租赁（第一个小时 B200，随后 B100/ 小时）、地图和安全头灯（租赁价 B100），除此之外，酒店也会组织当地岛屿旅行，包括高度评价的丽邦岛儒艮观赏之旅（见 p.629）。

抵达与周边交通　　董里沿海地带

从董里 Tha Klang 路出发的**空调迷你巴士**通常只会在人满后离开，主要前往帕蒙（全程 45 分钟，B60）或途经尧海滩前往昭迈村（全程 1 小时，B70），如果你想探索整个海岸线，可在董里租一辆摩托车或汽车（见 p.621）。

住宿及餐饮

帕蒙

Lay Trang Resort Ⓣ 075 274027-8 Ⓦ www.laytrang.com 这是帕蒙地区最好的住宿及用餐场所，距海滩偏远的北端仅几步之遥。带有大卫生间的明亮水泥房屋及时尚的砖砌房屋坐落于宁静宽敞的花园中，周围绿草如茵，点缀着美丽的兰花，所有房间都有阳台、热水淋浴、空调和电视。其温馨实惠的餐馆提供非常有名的海鲜，如 nam prik kung siap（虾米风味作料）和加有海鲈鱼的 kaeng som（酸辣蔬菜汤）。B1200

昌琅海滩

★ **Anantara Si Kao** Ⓣ 075 205888 Ⓦ www.anantara.com 这家董里最精致的豪华酒店提供低层建筑时尚卧房和泳池别墅，所有房间都带大阳台，前面是一片木麻黄树。酒店设施包括一个美丽的大泳池、意大利和国际餐馆、健身中心和一个 SPA 馆。水上运动包括潜水和冲浪，此外还提供其他服务，如烹饪，泰语学习及一些有趣的当地旅游行程等。此外，该酒店在克雷登岛的主要海滩上还有自己的海滩俱乐部和餐馆，每天都有船只前往。

房价包括早餐。B6000

昭迈海滩国家公园总部

国家公园平房 Ⓦ www.dnp.go.th 提供独立卫浴风扇平房和客房，可入住 2~6 人，位于沙滩后面的木麻黄树下，且有一间简单的咖啡馆。B800

昭迈海滩

★ **Had Yao Nature Resort** Ⓣ 087 885 7815/081 894 6936 Ⓦ www.natureresortsgroup.com 这家生态友好的非营利性度假村所有营业额都会用来帮助当地居民及改善环境（见 p.59）；此外老板还拥有 Libong Beach Resort（见 p.629）和 Ko Mook Nature Beach Resort（见 p.626）。所有空调客房和平房都有 Wi-Fi，大多数正对大海，其中一些还提供热水淋浴和卫星电视。其凉爽的水滨餐厅提供西方早餐、素食，以及乌贼等美味的海鲜。此外，酒店还提供皮划艇、摩托车和呼吸管租赁等，可上网。房价包括早餐。B1200

董里和沙敦群岛（The Trang and Satun islands）

董里和沙敦沿海地带的岛屿大多都拥有炫目的白色海滩、美丽的珊瑚和丰富的海洋生物，且几乎每个海滩上都坐落着几家度假村酒店，正如多年前的普吉和沙美岛一样，感觉就像是一些无人的荒岛。事实上，如**孩岛**和**克雷登岛**等岛屿除了一些平房住宿地外，并没有永久的定居点，而南部偏远的**阁德鲁道岛**和**阁阿当岛**获得国家公园局的保护，非常宁静祥和；但在另一端的**丽贝岛**附近，发展较为迅速，如今已有 40 多家度假村酒店及一个海上吉卜赛人度假村（见 p.534）。

岛屿上大部分**住宿设施**价格中等，且在旅游旺季期间，酒店房间大多会被预订满。这里的多数度假村都是全年开放，但在淡季期间（通常 6 ~ 10 月），大海波涛汹涌，因此路程比较艰险，我们建议最好提前与度假村取得联系确认开放时间及空房情况，且通常可安排董里接车服务；一些度假村还会在董里开设办公室或代理机构以方便操作。

8

孩岛（Ko Hai）

孩岛（又称**艾岛**，Ko Ngai）位于帕蒙西南方 16 千米，是董里群岛中最发达的岛屿，但相对于其他有名岛屿仍然不太起眼。该岛是东海岸的中央区域，共有 6 家度假村坐落于此，可欣赏到锯齿状石灰岩露台的壮观全景，其峭壁在落日余晖中闪耀着粉红色和蓝色的光芒，一直延伸至大海对面的大陆地区。此地微斜的精美白色沙滩连绵不绝，共有 2 千米长（但在退潮时，海滩北端散落着许多死珊瑚，不适合游泳），岛屿东南端清澈的浅海区域还提供一流的潜水点。

抵达和离开

孩岛

如果你打算乘坐**飞机**前往董里或甲米机场，可提议与住宿酒店联系让他们安排接车服务。此外还提供大量列岛旅游线路（见下文）。

渡船 目前前往孩岛东海岸的渡轮都是由 Koh Ngai Villa 和 Fantasy 度假村提供的，主要用于迎接帕蒙的住客（全程 45~60 分钟）；抵达后会有长尾船将乘客运送至海滩其他地区的度假村。这两艘渡船都在 11:30 左右出发；Koh Ngai Villa 渡船价格较便宜，从帕蒙至此需 B350，或 B450 包括董里办事处的空调迷你巴士服务（见 p.622 地图）。

包租长尾船 如果错过了渡船，可通过 Koh Ngai Villa 包租一辆长尾船，价格约 B1000。

信息

昭迈海滩国家公园在帕蒙码头有一个管理处，游客从此地前往孩岛需支付 B200 门票；这张门票还包含了姆克岛翡翠洞景点，因此一定要妥善保管。

住宿

★ **Coco Cottage** 海滩北端 Ⓣ 087 898 6522 Ⓦ www.coco-cottage.com 这家独特的度假村坐落于繁茂的棕榈树林中，深受家庭游客喜爱，其别致的茅草屋顶木质平房（分独立式和半独立式两种）都有

列岛旅游

从大陆港口通往董里和沙敦群岛的最近线路会在各自相关的岛屿章节有所提及，本部分内容主要描述的是旅游旺季期间极具魅力的列岛旅游，定时会有船只从兰达岛出发前往该海岸线的诸多岛屿（见 p.608），船票可通过该区域任意一家旅行社预订。如果你只是想花一天时间探索部分岛屿，那么董里的所有旅行社都可为你安排前往克雷登岛、姆克岛翡翠洞及附近小岛的浮潜游船之旅（仅在 10 月中旬～次年 5 月中旬提供），约 B700/ 人，包括外带午餐和软饮料。

兰达岛—丽贝岛及其附近

Bundhaya Speedboat Ⓣ074 783643-4 Ⓦwww.bundhayaresort.com 提供往返于兰达岛和丽贝岛之间的快船服务（每天 1 班，全程 4 小时，B1900），途经孩岛、姆克岛的番石榴海滩及巫仑黎岛。且当天还有出发前往兰卡威岛的航船。

Satun Pakbara Speedboat Club Ⓣ074 783643-4 Ⓦwww.tarutaolipeisland.com 提供往返于兰达岛和丽贝岛之间的快船服务（每天 1 班，全程约 4 小时，B1900），途经孩岛、姆克岛的番石榴海滩、克雷登岛及巫仑黎岛。且当天还有往返于丽贝岛和兰卡威岛，兰达岛和皮皮岛、普吉岛及甲米之间的航船。

Tigerline Ⓣ081 092 8800 Ⓦwww.tigerlinetravel. com 提供往返于兰达岛和丽贝岛之间的渡船（每天 1 班，全程约 5 小时 30 分钟，B1700），途经孩岛、姆克岛番石榴海滩（有通往克雷登岛的长尾船）及大陆地区的昭迈村（通常需换乘船只）。此外，当天还提供往返于丽贝岛和兰卡威岛，兰达岛和皮皮岛、普吉岛、甲米、奥南湾及莱雷之间的航船。

兰达岛—克雷登岛

Petpailin and Lanta Princess 一日游航船 提供往返于兰达岛、孩岛、姆克岛及克雷登岛之间最便宜的交通方式，从兰达岛出发，可在中途任意一座岛屿上下船；如从兰达岛前往孩岛，B500。

Garden Hill 快船 该机构（见 p.608）每年都会提供从兰达岛出发的三岛线路快船，如兰达岛和孩岛之间的价格为 B700，和上述阁兰达—丽贝岛船只的价格基本一致。

孩岛的活动项目

大多数度假村酒店都会提供**浮潜装备**（如 Coco Lottage 价格 B100/ 天）和**皮划艇**（Koh Ngai Villa 酒店价格 B50/ 小时）租赁服务。且所有酒店都会提供**游船之旅**（Ko Hai Seafood 价格为 B1500/ 条船，或 B300/ 人，6 人一组），旅游行程包括姆克岛翡翠洞和孩岛附近的浮潜项目（孩岛东南方的 Cheuak 岛的珊瑚礁因 2010 年海水温度急剧上升而出现严重白化现象，为保护此地的珊瑚礁目前禁止游客前往——建议游客拒绝所有前往此地的旅游线路）。此外，Ko Hai Seafood 还提供洛克岛夜间浮潜和露营之旅（见 p.608），价格 B2300/ 人。

海滩南端的 Fantasy 度假村里坐落着一家运营良好的德国**潜水店**——Rainbow Divers（Ⓣ075 206962 Ⓦwww.rainbow-diver.com 11 月～次年 4 月）。

阳台、空调及设计精美的卫生间，带有户外竹质热水淋浴、木质水池及室内厕所。提供 Wi-Fi、网络、时尚海滩酒吧和提供创意性泰国食物、泰国甜点及蒸馏咖啡的精美餐厅。房价包括早餐。**B2800**

Ko Hai Paradise Resort 南海岸 Kauntong 湾 Ⓣ089 646 5731 Ⓦwww.kohhaiparadise.com 其董里办事处位于车站对面的 Meeting Point 餐馆 Ⓣ075 216420 这家友好的度假村拥有整个宁静的海湾，坐落于宽敞草坪上的高大棕榈树下，提供简单而坚固的独立卫浴平房，有蚊帐。度假村餐厅食物非常美味，且其前面长长的白色沙滩可通往美丽的浮潜珊瑚礁海域。度假村还提供从董里 Kuantunku 码头出发的航船（B450）。仅在旅游旺季期间运营（大致从 12 月～次年 4 月）。**B500**

Ko Hai Seafood 海滩中央附近，Koh Ngai Valla 北面 Ⓣ081 367 8497 提供美丽宽敞的茅草屋顶竹编平房，带有墙扇、纱窗和设备齐全的卫生间，面朝海滩一直线排列，坐落于美丽的草坪上。可上网。**B1200**

Koh Ngai Villa 主要海滩中间区域 Ⓣ075 203 263 Ⓦwww.kohngaivillathai.com；董里办事处位于车站对面 Ⓣ075 210496 这家友好的古老风格海滩度假村规模较大。其简单但整齐的竹屋里有阳台、蚊帐和小卫生间，或者也可以选择水泥长屋里的双床房或带有空调的时尚水泥平房，此外还提供两人式帐篷（B200，包括床上用品）。大多数房间价格都包括早餐。风扇房 **B850**，空调房 **B1800**

Mayalay Beach 主要海滩中间地区，Koh Ngai Vlla 南面 Ⓣ083 590 7523 Ⓦwww.mayalaybeachresort.com 这家温馨的度假村酒店共提供 19 间豪华的空调竹编平房，带有茅草屋顶、躺椅、冰箱和宽敞的热水卫浴。度假村餐馆比较普通，但提供

8

免费 Wi-Fi，且可使用电脑（需付费）。通常是全年营业。房价包括早餐。B3000

Thanya 海滩南端 075 206965 www.kohngaithanyaresort.com 这家坐落于宽敞草坪之上的酒店的特色在于美丽的海滨大泳池，且带有按摩池。所有别墅都有空调、热水、冰箱、阳台、落地窗及各种抛光柚木家具，其餐厅还提供各种泰国菜肴，包括一些有趣的海鲜美食。房价包括早餐。B3500

Thapwarin Resort 主要海滩北端，Coco Cottage 北面 081 894 3585 www.thapwarin.com 这家温馨凉爽的度假村酒店提供带有半户外式卫生间的竹制和藤蔓房屋以及宽敞美丽的海滨木质平房；所有房间都是茅草屋顶且带有空调和热水淋浴。可上网，有免费 Wi-Fi、按摩水疗中心、海滨酒吧及精美餐馆，主要提供泰国和西方食物，晚上还有海鲜烧烤。房价包括早餐。B3000

姆克岛（Ko Mook）

姆克岛位于孩岛东南方 8 千米，东侧是一个相对比较繁忙的渔村，但在其附近地区，除了通往昂贵的 Sivalai 度假村的沙洲外，其他大部分地区都平凡无奇，当潮水退去后只剩下一片肮脏的泥滩。然而在岛屿的西海岸坐落着美丽的**番石榴海滩**（Hat Farang），微斜的白色沙滩、水晶般清澈的海水，吸引了大量游客前来游泳和浮潜，此外还可看到壮观的日落美景。

莫拉克洞（Tham Morakhot）

属于昭迈海滩国家公园・10 月～次年 6 月・如果周边有公园管理处需支付 B200 门票

8

该岛屿主要是因其西海岸番石榴海滩北面迷人的“翡翠洞”——莫拉克洞而出名，虽只能通过游船抵达，却是绝对不能错过的景点。沿着洞穴涉水游 80 米——其中约有 10 米处于完全漆黑的环境之中——即可抵达一个隐秘的礁湖（见 p.577 框中内容），其露天**内陆海滩**的沙子呈粉状，位于壮观的自然岩石狭缝底部，岩壁上长满了苍翠欲滴的植被。相比于在阁兰达或帕蒙搭乘巨大的一日游航船，大多数游客都会选择包租长尾船或姆克岛自然海滩度假村（Ko Mook Nature Beach Resort）提供的旅行线路（B200/ 人，至少四人）：如果算好时间，还可以独自享受整个内陆海滩，让人终生难忘。从番石榴海滩乘坐**皮划艇**可轻松抵达此地（Sawaddee 酒店提供的皮划艇租赁价格为 B100/ 小时），若是退潮时分，可直接涉水而过前往内陆海滩：洞穴入口有浮标做标记，然后沿着一条隧道即可直达岩石背后；半途右侧有一条小支路，里面一片黑暗，不过很快就会看到亮光，出去就可看到美丽的礁湖。下午 3 点左右通常是该旅行的最佳时间，当船只离开时，洞穴水位也处于适中高度。

抵达和离开　　姆克岛

除了下列交通服务外，还提供许多列岛旅游线路（见 p.625 框中内容）。

迷你巴士和船只包价游 抵达姆克岛最简单的方式是通过董里的旅行社预订前往番石榴海滩的迷你巴士和船只包价游，价格 B350，包括 30 分钟的长尾船之旅。

公共船只 在中午时分，帕蒙以南 8 千米的昌琅海滩和永陵海滩之间的 Kuantunku 码头提供前往姆克岛村的可靠公共船只（B60）；从董里出发的昭迈村空调迷你巴士（见 p.623）如果有需要通常会绕道 Kuantunku 码头（B100/ 人）。抵达村庄后，步行 30 分钟或花费 B50 乘坐摩的即可抵达番石榴海滩。

住宿

番石榴海滩的大部分地区都被 Charlie's 度假村占据，而其他地区则仅坐落着一家 Sawaddee 度假村。但海滩后面的 Rubber Tree 酒店和 Had Farang 酒店位于最迷人的斜坡之上，周围绿树成荫，姆克岛自然海滩度假村则坐落于岛屿东侧的村庄附近。

Had Farang Bungalows 087 884 4785 www.kohmookhadfarang.com 这家友好的酒店共提供 19 间平房和客房，基本都是由竹子和木头制成，设施简单，但大多数独立卫浴房都有自己的阳台。酒店餐厅也非常精致。有时在雨季期间也会对外开放。B400

★ **Ko Mook Nature Beach Resort** 087 885 7815/ 081 894 6936 www.natureresortsgroup.com

右页图从上往下依次为：丽贝岛的芭堤雅海滩（见 p.633）；阁德鲁道岛的食蟹猕猴（见 p.631）>

这家最近新开张的酒店是尧海滩自然度假村非营利性酒店的分部，以促进环境保护和可持续旅游发展为目的。酒店坐落于尽头处是 Sivalai 度假村的朝南沙洲上，提供明亮的水泥平房，且所有房间都有面朝大海的落地窗、空调、卫星电视、DVD 播放器和免费 Wi-Fi。此外，酒店还提供自行车、皮划艇、呼吸管租赁服务、通往翡翠洞和克雷登岛的旅游行程和上网服务。房价包括早餐。B2800

Rubber Tree Ⓣ 081 606 9358 Ⓦ www.mookrubbertree.com；或可联系董里车站前面的 Sea Breeze 餐馆（Ⓣ 075 215972）。这家精心设计的酒店坐落于美丽的斜坡之上，周围是橡胶种植园，提供带有冷水浴室及白色亚麻清新装饰的风扇平房，和宽敞美丽装饰有橡胶木且提供热水淋浴的空调房。偶尔还会提供洛克岛夜间露营旅行。房价包括早餐。风扇房 B800，空调房 B1990

Sawaddee Ⓣ 081 508 0432 Ⓔ sawaddee resort64@yahoo.com 或与董里的 Wunderbar 联系（见 p.622）。这家休闲的老式酒店提供与海滩平行的水泥平房或木质吊脚楼，所有房间都有蚊帐、独立卫浴，周围树木繁茂且拥有非常美丽的海景。仅在旅游旺季开放。B800

克雷登岛（Ko Kradan）

克雷登岛位于姆克岛西南方约 6 千米处，是董里群岛中最偏远的无人岛屿，也是最美丽的岛屿之一，拥有水晶般清澈的海水。这座细长三角形岛屿丛林密布，其**主要海滩**位于东部海岸，长度较长，地势陡峭，沙子精细，可看到姆克岛、丽邦岛和大陆喀斯特地形的壮观风景，海滩北部的近海区域还拥有大量美丽的硬珊瑚；然而，也因为此番美景吸引了许多从兰达岛前往此地的一日游游客，每逢夏季，这片海滩就成为了午时野餐之地。Anantara 海滩俱乐部坐落于海滩的南端，在其北面不远处有一条跨岛步道，沿着此路步行 15 分钟左右即可抵达另一片美丽的白色沙滩——**日落海滩**；而此步道在 Paradise Lost 附近的支路主要通往南海岸海滩，拥有一流的浮潜珊瑚礁（距 Anantara 海滩俱乐部约 15 分钟路程）。

8

抵达和离开

克雷登岛

迷你巴士和长尾船 董里列岛旅游机构（见 p.625 框中内容）会安排从董里出发的迷你巴士和长尾船线路，途经 Kuantunku 码头（旅游旺季每天 2 班，B450）。此外还提供大量列岛旅游线路（见 p.627）。

住宿

Kalume Ⓣ 089 650 3283 Ⓦ www.kalumekradan.com 这家意大利度假村坐落于海滩 Seven Seas 酒店旁，提供设施简单的茅草屋顶小竹屋，带有蚊帐和独立卫浴，且还有美丽时尚的宽敞木质平房，带有落地窗和美丽阳台（B1500）。其酒吧餐馆提供美味的意大利食物，有免费 Wi-Fi。B900

Paradise Lost Ⓣ 089 587 2409；详细信息请登录 Ⓦ www.kokradan.wordpress.com 查看或联系董里车站前面的 Sea Breeze 餐馆（Ⓣ 075 215972）这家位于岛屿中央通往日落海滩半途的酒店是克雷登岛性价比最高的住宿场所，由美国人开设。酒店周边绿草如茵，四周是棕榈树林，提供设施简单、干净整洁的茅草屋顶共用浴室藤蔓平房，以及宽敞的独立卫浴木质平房，和带有蚊帐和风扇的侧边敞开式宿舍房（B250/ 人），此外酒店还提供皮划艇、呼吸管及美味的泰国和西方食物等。B700

Seven Seas Ⓣ 075 203389-90 Ⓦ www.sevenseas resorts.com 这是目前东海岸最好的度假村酒店之一，为这个偏远的小道增添了一丝现代的奢华之感。其宽敞的平房和客房位于一处黑色无边小泳池之后，提供户外温水浴室，装饰时尚，色调以灰色和白色为主，且带有空调、Wi-Fi、冰箱、电视和 DVD。此外酒店还提供一个较小的按摩水疗中心，且房价包括早餐。B6500

丽邦岛（Ko Libang）

丽邦岛是董里群岛中最大的岛屿，现居人口达 6000 人，位于姆克岛东南方 10 千米，与大陆的昭迈村隔海相望。相比于其北部的相邻岛屿而言，丽邦岛游客人数不多，主要以岛上的野生动物出名，但也拥有几个不错的金色海滩。丽邦岛是泰国**儒艮**最重要的安全栖息地之一，儒艮又被称为“美人鱼”，是一种类似于海牛的大型海洋哺乳动物，以生长在海底的海草为食——丽邦岛附近的海草面积位居整个东南亚地区榜首。不幸的是，人们为提取它们的

丽邦岛游船及潜水之旅

丽邦岛自然海滩度假村（Liborg Nature Beach Resort）提供丽邦岛附近的一日游航船之旅（B1200/人，包括午餐，至少4人；度假村住客可享受九折优惠）广受好评，且安全性高，拥有泰国旅游局发布的许可证，其工作人员是当地的海上吉卜赛人，对儒艮知之甚深。除了参观海上吉普赛部落村庄外，还会提供该保护区的皮划艇之旅，行程包括稀有鸟类观赏及海草海床浮潜等，根据工作人员估计，在此地有80%的机会可看到儒艮。此外，他们还提供姆克岛翡翠洞及克雷登岛一日游（B1200/人，包括午餐，至少4人；度假村住客可享受九折优惠）。如果你更喜欢水下探索，那么可联系位于兰考村北侧丽邦岛海滩度假村里的PADI潜水机构Jolly Roger（Ⓦ www.trangdiving.com）。

海兽脂（可用作燃料）及肉大肆捕杀儒艮，加上受到挖掘等捕鱼作业影响，儒艮的食物来源也受到沿海污染影响，这种性格温驯的动物濒临灭绝。如今，儒艮已被列为泰国15种“保护动物”之一，且是董里府的官方吉祥物标志。

此外，丽邦岛地区的**候鸟**也非常有名，每年这些候鸟从西伯利亚往南迁移时，都会被该岛屿富含食物的泥滩所吸引而栖息于此地（如今已成立了丽邦群岛保护区，其保护范围还包括丽邦岛东面的第三座岛屿）。对于那些疯狂的观鸟者来说，前往此地的最佳时间是3月和4月，此时间段不仅可以看到褐翅翠鸟和亚洲日鹛，甚至还能看到稀有的黑颈鹤，这在泰国马来半岛其他地区是没有的。

该岛屿少数几个度假村坐落于西南海岸渔村——**兰考村**（Ban Lan Khao）的狭长金色沙滩上。退潮时分，海水会退后数百米，暴露出来的岩石水池是戏水的好地方，但不适合游泳。

8

抵达和离开 丽邦岛

公共长尾船 每天都有公共长尾船会从昭迈村（见p.623）出发，人满离开（早上和中午时分班次较多；B50/人），约20分钟后即可抵达丽邦岛北侧的帕劳村。然后再搭乘摩的（B100）前往兰考村。

私人交通 你可乘坐从昭迈村出发前往丽邦岛自然海滩度假村的直达船只，价格约B1000/艘。

住宿

Libong Beach Resort Ⓣ 075 225205 Ⓦ www.libongbeachresort.com 这家友好的度假村酒店位于兰考村北侧，客房类型从位于后面的独立卫浴小水泥平房和木质平房到坐落于海滨木桩之上，有空调和美丽露台的宽敞明亮木屋别墅（B2500）各种各样，周围绿草如茵，鲜花遍地。此外还提供上网、皮划艇和摩托车租赁服务等。风扇房B700，空调房B1000

★**丽邦岛自然海滩度假村** Ⓣ 087 885 7815/081 894 6936 Ⓦ www.natureresortsgroup.com 这家度假村酒店与Had Yao Nature Resort（见p.624）是由相同的慈善基金会经营的，提供干净整洁的独立卫浴平房，所有房间有Wi-Fi，一些房间还提供热水和空调，坐落于海滩的宁静地段；从该度假村往北走10分钟即可抵达兰考村，而往南走5分钟（或搭乘皮划艇）即可抵达另一个隐蔽的海滩。度假村设施包括一个精美的餐厅，可上网，提供山地自行车和浮潜设备租赁服务。房价包括早餐。风扇房B1200，空调房B1500

苏孔岛（Ko Sukorn）

地势较低的**苏孔岛**距董里其他岛屿较远，位于偏远的南部地区，虽然没有其相邻岛屿那样迷人的白色沙滩和美丽的珊瑚礁，但拥有热情的居民，氛围轻松闲适，是一流的度假胜地；来苏孔岛旅游可让你亲身感受岛民的生活工作方式。

岛屿内陆地区郁郁葱葱，大都是繁茂的橡胶种植园，夹杂着一些稻田、香蕉树和椰子树；此外该岛还盛产非常有名的西瓜，尤其是在3月和4月，到处可见西瓜摊位。500米长微斜的褐色大他勒沙滩（Hat Talo Yai）是该岛的主要**海滩**，在其后的西南海岸沿途则拥有大片椰子棕榈树。

苏孔岛游船之旅及其他活动项目

Sukorn Beach Bungalows 酒店提供前往贝德拉群岛国家海洋公园（Mu Ko Phetra）的涝莨岛（Ko Lao Liang）和打江岛（Ko Takieng）的浮潜游船旅行。从 11 月～次年 5 月，几乎每天都会提供该线路；但在其他时间段，海面风浪较大，通常仅限于钓鱼旅行，抑或探索 30 平方千米大的苏孔岛本身。此外，该度假村还提供导游、摩托车（B250/ 半天）和山地自行车（B150/ 半天）租赁，以及标记了所有景点的地图，包括三座村庄及海鲜市场。

抵达和离开

苏孔岛

前往苏孔岛的双条车和船只联合交通（B250/ 人）每天 11:00 从董里列岛旅游机构（见 p.625 框中内容）出发，中途在塔赛海岬（Laem Ta Sae）换乘公共渡轮，全程 2 小时左右；或者也可以乘坐私家交通。Sukorn Beach Bungalows 酒店还会提供往返于附近岛屿之间的长尾船，但价格昂贵。

住宿

Ko Sukorn Cabana ☎ 089 724 2326 ⓦ www.sukorncabana.com 这家温馨舒适的度假村是苏孔岛为数不多的住宿酒店中仅次于 Sukorn Beach Bungalows 的最豪华酒店，提供坐落于木桩上带有迷人浴室的空调平房，以及坐落于僻静的大他勒海滩北部，设计精美的宽敞木屋。此外，度假村还提供涝莨岛和打江岛的一日游旅游、皮划艇和摩托车租赁、上网和 Wi-Fi 等服务；且可安排董里至此的私人交通服务，共 B2100。**B1500**

★ **Sukorn Beach Bungalows** ☎ 075 207707 ⓦ www.sukorn-island-trang.com；位于董里的董里列岛旅游机构（见 p.625 框中内容）可提供详细信息 这家董里最杰出的度假村之一全年营业（淡季期间最多可打六折）。其泰国和荷兰老板非常精明且热情友好，酒店氛围安静低调（7 岁以下儿童不可进入），工作人员大多都是当地居民，热情程度堪称全岛之最。提供装饰迷人且设计精美的平房和客房，所有房间都一尘不染，带有独立卫浴和热水淋浴，坐落于郁郁葱葱的花园中，装饰着躺椅和遮阳伞，还提供一个价格实惠的精美餐厅。度假村设施包括网络（有 Wi-Fi）、国际电话、货币兑换、按摩、免费使用皮划艇等；此外还提供价格昂贵但非常迷人的列岛五夜包价游。房价包括早餐。风扇房 **B1000**，空调房 **B1250**

8

巫仑黎岛（Ko Bulon Lae）

巫仑黎岛位于沙敦府的帕巴拉以西 20 千米，虽然不可与南面的阁德鲁道岛国家公园相提并论，但也有其独特之处：其东海岸有一条 2 千米长的精美白色沙滩，后面是木麻黄树林，而海上吉卜赛渔民大都居住在岛上其他地区的山洞中，房屋摇摇欲坠。此外，东部海滩旁拥有一群奇形怪状的硬珊瑚礁，而岛屿南部的**白岩**（White Rock）附近拥有五颜六色的软珊瑚及令人眼花缭乱的鱼群。

抵达和离开

巫仑黎岛

前往 / 来自帕巴拉 目前从帕巴拉（见 p.632 框中内容）前往巫仑黎岛的船只每天 12:30 左右出发（全程 90 分钟，B450）。由于巫仑黎岛没有码头，因此在抵达后可乘坐长尾船前往海岸（B50）。从巫仑黎岛返回帕巴拉的船只出发时间为 9:30 左右。此外还拥有大量列岛旅游选择（见 p.625 框中内容）。

住宿

岛上度假村营业时间大致为 10 月末～次年 5 月中。

Bulone ☎ 081 897 9084/086 960 0468 ⓦ www.bulone-resort.net 这家坐落于主要海滩北端木麻黄树下的温馨度假村占地面积广阔，绿草如茵。提供建立于木桩之上的通风独立卫浴平房，有风扇、蚊帐和阳台，度假村餐厅提供大量素食菜肴及少许美味的意大利食物，此外还有网络和 Wi-Fi；且提供皮划艇和浮潜装备租赁服务。**B1250**

Pansand ☎ 081 693 3667 ⓦ www.pansand-resort.com；董里办事处位于 Wisetkul 路 Firse Andaman Travel 旅行社 这是该岛最古老最大的度假村，坐落于东海岸海滩，提供有阳台、风扇、纱窗和冷水卫浴的宽敞时尚别墅，氛围宁静。在海滩绿树成荫、精心修剪过的草坪上还坐落着度假村餐厅，提供美味的海鲜及其他泰国菜肴；度假村还提供上网和浮潜设备租赁服务。房价包括早餐。**B1500**

阁德鲁道岛国家海洋公园（Ko Tarutao National Marine Park）

门票 B200 · Ⓦ www.dnp.go.th

未受破坏的**阁德鲁道岛国家海洋公园**堪称是所有泰国海滩中最美丽的景点。该公园占据了沙敦府1400平方千米的安达曼海域，共包括51座岛屿，其中大部分都无人居住。国家公园总部位于主要岛屿**阁德鲁道岛**，提供各种各样的政府住宿及旅行线路，相比之下，西面的**阁阿当岛（Ko Adang）**非常不起眼，主要作为前往一些顶级浮潜点的出发地。**帕巴拉**（见p.632框中内容）是前往该公园的主要港口，**国家公园游客中心**（Ⓣ 074 783485）就坐落于码头的左前方，提供相应的公园信息，且可在上船离开之前提前预订阁德鲁道岛或阁阿当岛的住房。

该公园的森林和海域中栖息着大量不同种类的**动植物**：比较常见的是长尾叶猴、食蟹猕猴及野猪，此外还有一些松鼠的独特亚种、树鼩和小鼷鹿等；而在百余种鸟类中，经常可以看见岩鹭和犀鸟，偶尔还会遇到白腹海鹰、护卫舰鸟和斑皇鸠等；此外，全世界25%的热带鱼类都居于此地，当然还有儒艮、抹香鲸、海滩及数量惊人的海龟。

阁阿当岛的公园设施在5月中旬~11月中旬的季风季节期间会向游客关闭（具体日期每年都不一样），但阁德鲁道岛公园的设施仍会对外开放。在三个新年期间（泰国、中国和西方），住房特别紧张，因此最好提前预订国家公园的客房（见p.34）。

阁德鲁道岛（Ko Tarutao）

国家公园最大的岛屿**阁德鲁道岛**拥有最壮观的自然景观：覆盖着半常绿雨林植被的山脉，最高海拔700米；海岸线上点缀着石灰岩洞穴和红树林沼泽；西海岸拥有迷人的海滩，最长达26千米。普吉岛的John Gray海上独木舟旅行社可提供该岛附近的**海上皮划艇**多日游，导游或自助游任选，能欣赏到阁德鲁道岛的另一番风情（Ⓣ 076 254505-7 Ⓦ www.johngray-seacanoe.com）。 8

西海岸（The west coast）

潘特湾（Ao Pante）坐落着**国家公园总部**、游客中心以及阁德鲁道岛唯一一个店铺，主要出售基本生活用品。居民区后面的**To-Boo陡峭悬崖**是当地的必游景点，攀爬半小时左右即可抵达，尤其是在日落时分，可看到周围岛屿及海湾北端形如鳄鱼头海岬的美丽景色。此外还可在潘特湾附近享受时长90分钟的有趣游船之旅（B400/艘，可联系游客中心预订）或皮划艇旅行，从码头出发沿着水道逆流而上抵达内岛2千米，穿过聚集着大量鸟类的红树林沼泽即可抵达**鳄鱼洞**（Crocodile Cave）。

从潘特湾往南步行半小时左右即可抵达两个安静的海湾：**雅克湾**（Ao Jak）和**莫拉依湾**（Ao Molae），边缘坐落着高大的椰子棕榈树，遍布着精美的白色沙滩。下一个海角（距潘特湾有2小时步行路程）附近坐落着**松海湾**（Ao Sone，其名字来源于海滩周围的木麻黄树），还有一条漂亮的淡水溪流会流经该海湾北端的护林站，宁静祥和，是露营的好去处。该海湾的主要景色是一条3千米长的沙滩，完美无瑕，沿着小径步行1小时即可抵达沙滩北端的**露杜瀑布**（Lu Du Waterfall），而沿着一条90分钟长的小径可经过沙滩中央的**罗宝瀑布**（Lo Po Waterfall）和偏远南端的**红树林沼泽**。

东海岸（The east coast）

岛屿东侧的**搭罗哇湾**（Ao Taloh Wow）岩石遍地，拥有一个护林站、一家店铺和一处露营

涝莨岛

涝莨岛（Ko Lao Liang）其实是两座美丽的小岛，位于苏孔岛西面，拥有迷人的白色沙滩、丰富的珊瑚礁及壮观的岩石峭壁。岛上除了一个孤零零的冒险营地——Lao Liang度假村（Ⓦ www.laoliang resort.com；11月中旬~次年4月；B1500）外，荒无人烟。房价包括海滩上的豪华帐篷露宿、三餐（包括晚上的海鲜烧烤）及浮潜设备；而皮划艇租赁、攀岩（入门指导、设备租赁、深水独攀）及浮潜旅行需额外支付费用。董里列岛旅游机构（见p.625框中内容）还可安排途经塔赛海岬的交通服务，价格为B850/人。

地，与潘特湾之间有一条 12 千米长的道路连接，途经老橡胶园和常绿森林。搭罗哇海湾附近有一条步道（往返 5 小时）横跨整片森林，直接通往岛屿南端的沙滩海湾**搭罗乌当湾**（Ao Taloh Udang），游客可在此搭帐篷。此地曾是国家政治罪犯的流放地，如今，一些海盗和走私者仍然会藏匿于阁德鲁道群岛，但目前的主要问题是国家公园水域范围内的非法捕鱼活动。

抵达和离开

从帕巴拉和丽贝岛出发 帕巴拉和丽贝岛之间每天至少有一班快船服务（见 p.634），中途会在阁德鲁道岛停留；目前从帕巴拉出发的时间为 11:30（至阁德鲁道岛 30 分钟，B300~350），丽贝岛出发时间为 9:30（至此 1 小时，B350）。如果你两座岛屿都想游玩，可以购买 B500 的船票，然后前往丽贝岛时会在阁德鲁道岛停留。乘客下船点位于阁德鲁道岛的潘特海湾；但潘特湾码头有时在退潮时期无法抵达，因此需乘坐长尾船（B30）抵达海岸。

周边交通

卡车 游客中心会安排陆路交通服务前往岛屿海滩，通常是敞篷卡车，价格标准如下：莫拉依湾 B50/人、松海湾 B400/ 辆左右、搭罗哇海湾 B600/ 辆。

乘船 乘船抵达相同目的地价格至少要翻一倍，不过也可以支付 B3000 享受环岛游船之旅。

皮划艇或山地自行车 公园总部提供皮划艇和山地自行车租赁服务。

住宿

国家公园住宿 公园总部提供坐落于海滩后面宽敞宁静地带的平房（可入住 4 人，也可用作双床房），是国家公园的主要标准房，带冷水浴室；此外还有一些设施简单的四人客房，位于长屋之中，提供地板床垫，共用浴室；外加一间餐馆。莫拉依湾上坐落着一些平房，包括独立卫浴双床房和

帕巴拉的往来交通

通往巫仑黎岛、阁德鲁道岛和丽贝岛的主要港口**帕巴拉**（Pak Bala）位于沙敦府北端。**董里**有前往帕巴拉的直达空调迷你巴士及公共出租车；或者你也可以乘坐沙敦方向的巴士（全程 2 小时 ~2 小时 30 分钟）抵达内陆的**拉乌**（Langu）城镇，然后再换乘红色双条车行驶 10 千米抵达港口。**合艾**也有前往帕巴拉的直达空调迷你巴士（见 p.637），但从**沙敦**出发，经常会有巴士和空调迷你巴士前往 50 千米外的拉乌，然后再换乘双条车即可。如果客户数量较多，帕巴拉的 Andrew Tar 旅行社（☎ 081 897 6482）还会提供往返于此地与甲米及合艾之间的空调迷你巴士。

阁阿当岛周边浮潜之旅

你可通过公园管理处包租长尾船（且提供呼吸管和防护面具租赁服务，约 B50/ 天）前往附近的拉威岛（Ko Rawi）和珍邦岛（Ko Jabang）等岛屿享受顶级的浮潜旅行（B1500~2500，最多 10 人，价格视距离远近而定）。

一家小餐馆。总部平房 B1000，总部双床房 B600 起，总部长屋客房 B500，莫拉依湾双床房 B600

露营 潘特海湾、莫拉依湾及搭罗哇湾都有露营场所。潘特湾提供两人式帐篷，价格为 B150/ 晚（床上用品需另付 B50/ 人）。

阁阿当岛（Ko Adang）

阁阿当岛位于阁德鲁道岛以西 40 千米，巍峨崎岖的山脉上覆盖着热带雨林，散发着野性魅力。公园管理处位于南海岸的**松海岬**（Laem Sone），其附近海滩地势陡峭狭窄，背后是枝繁叶茂的松树林。沿着松海岬地区的陡坡攀爬半小时即可抵达 Sha-do 悬崖，放眼望去，可将南部整个丽贝岛的美丽景色尽收眼底，而从公园管理处出发沿着海岸向西 2 千米有一条步道，通往内岛小巧的**海盗瀑布**（Pirate Waferfall），步行需 20 分钟左右。

抵达和离开　　阁阿当岛

乘坐任一一艘前往丽贝岛的船只都可抵达阁阿当岛（见下页）：如果船只停靠在丽贝岛的芭堤雅海滩，可乘坐长尾船前往阁阿当岛，价格 B100/ 人；如果停留在两岛之间的海峡，那么前往阁阿当岛的长尾船价格为 B50。

住宿

松海岬公园管理处提供竹质长屋客房（B300/ 间，可睡 3 人）、可睡 2~8 人的平房（B600~1800）以及 2 人 /3 人式帐篷租赁服务（B150~225/ 晚）。此外还有一家餐馆。

8

丽贝岛（Ko Lipe）

丽贝岛位于阁阿当岛以南 2 千米，约有 1000 名海上吉卜赛人居住于此，是一个非常独特的边境岛屿，其闪闪发光的海滩、50 家左右的私人平房度假村和不拘小节的氛围吸引了越来越多的游客前往此地度假。虽然名义上属于阁德鲁道国家海洋公园，但政府似乎已经将丽贝岛剔除了国家公园保护范围，因此也不会向游客收取门票费用。丽贝岛面积较小，地势平坦，呈三角形状，拥有大片椰子种植园，此外，岛屿东侧的村子里还坐落着一家学校和一个卫生中心。按道理国家公园境内是不允许存在这种居民区的，但丽贝岛的海上吉卜赛人自很久以前就已居住于此：第二次世界大战期间，沙敦政府将他们从普吉岛和兰达岛强行迁移至此，以加强该岛屿的泰国文化并防止驻扎在马来亚的英国统治者霸占此地。

近年来，丽贝岛美丽的**芭堤雅海滩**（Hat Pattaya）吸引了越来越多的游客，包括外国人、泰国人、家庭游客和背包客等，芭堤雅海滩形如新月，柔软的白沙踩上去会吱吱作响，东侧还可探索美丽的近海珊瑚礁，此外，这里的氛围轻松舒适，夜生活丰富多彩，让人流连忘返。丽贝岛上的许多海上吉卜赛人都将他们的海滨土地出售给来自大陆的中泰投资者，如今整座岛屿共拥有 2000 多间客房；而这些吉卜赛人用所得的费用购买了大量长尾船，全都停靠在该岛的芭堤雅海湾。丽贝岛最繁华的街道是**步行街**，道路平坦，从芭堤雅海滩东端一直延伸至**日出海滩**（Sunrise）的村庄南端，两边坐落着大量旅游机构，日出海滩面向东方，平凡无奇，仅提供格拉岛（Ko Gra）周边的一些浮潜活动；而村庄四周还分布着其他一些狭窄的小道。丽贝岛另一主要道路的起点位于芭堤雅海滩西端的 Daya 度假村，通往迷人的**日落海滩**（Sunset），周边绿树成荫，可看到阁阿当岛的美丽景色，全程 10 分钟左右。

丽贝岛周边的浮潜和潜水项目

丽贝岛周边主要的**潜水和浮潜点**位于阁德鲁道岛国家海洋公园北侧和西侧的阁阿当岛、拉威岛和侗岛（Ko Dong）附近，不仅拥有大量珊瑚礁，偶尔还会看见鲸鲨、海豚和黄貂鱼。高级潜水员通常会前往更南方的8英里岩（Eight Mile Rock），该海岩高出海平面14米左右，拥有美丽的软珊瑚、灰色鲸、豹纹鲨和鲸鲨等。丽贝岛有少许潜水机构，且海上吉卜赛人长尾船老板也会提供浮潜一日游；浮潜者需支付B200公园门票，但有些长尾船船夫会巧妙地避开公园管理员。

Koh Lipe Thailand.com 见下文 提供阁阿当岛西面岛屿最好的浮潜点，价格B550~650/人，包括午餐。

Sabye Sports 位于日落海滩Porn度假村东侧，Power Bakery面包店后面 ☎089 464 5884 Ⓦwww.sabye-sports.com 这家加拿大潜水机构是丽贝岛资历最久远的潜水中心，每天都会提供潜水旅行（B2000起，不包括设备租赁，潜水两次）及国际专业潜水教练课程（开放水域课程B12900）。此外还提供浮潜设备租赁（B150/天，包括脚蹼）。

抵达和离开

丽贝岛

作为列岛游船之旅的交通枢纽之一（见p.625框中内容），从沙敦附近Thammalang码头出发的**渡船**、从沙敦府北部帕巴拉出发的**快船**及从马来西亚兰卡威岛出发的渡船和快船都可抵达丽贝岛。但近来由于船舶公司和当地政府交通竞争激烈，因此前往丽贝岛的**交通服务**有所改变；有关当前的交通信息，可咨询Koh Lipe Thailand.com（见下文）。丽贝岛没有码头，因此船只会停泊在芭堤雅海滩，有时也会停在丽贝岛和阁阿当岛之间，然后再换乘**长尾船**前往海滩（B50/人可前往丽贝岛的任一海滩）。

8

经过Thammalang码头 约从11月~次年5月初，Andama Express公司（☎086 964 8929 Ⓦwww.andaman express.com）会每天提供一班往返于Thammalang码头和丽贝岛之间的渡船，目前大陆出发时间为12:30，丽贝岛出发时间为9:30（全程2小时15分钟，B600）。Thammalang和沙敦之间相距10千米，提供橙色双条车（约30分钟1班，B40）及嘟嘟车（B150）和摩的（B60~70）服务。

经过帕巴拉 旅游旺季期间，一些公司会提供往返于帕巴拉（见p.632框中内容）和丽贝岛之间的快船服务（每天至少5班，全程90分钟，B400~650）。雨季期间，每天至少有一般，通常在11:30或13:00出发。

经过兰卡威 丽贝岛和其东南方马来西亚最大岛屿兰卡威岛之间有快船服务，旅游旺季期间每天4班（全程1小时，B1200）；此外每天还会提供一班渡船（全程90分钟，B1100）。在此期间，泰国出入境管理局会在丽贝岛芭堤雅海滩偏远的东端设立办事处，提供此条线路。

周边交通

山地自行车 丽贝岛的多家机构都可提供山地自行车租赁服务，包括步行街的Pooh's酒店（见p.635）旁的店铺，价格B200/天。

信息

Koh Lipe Thailand.com 这是（Boi's Travel ☎089 464 5854/081 541 4489 Ⓦwww.kohlipe thailand.com）丽贝岛最好的旅行社，也是最好的信息来源，其网站也非常实用。目前在芭堤雅海滩和村庄之间的步行街上共有两个办事处，主要办事处靠近海滩（另一家位于岛屿内部Pooh酒店附近，提供图书交换服务）。此外还提供各种交通票务（包括打折船票）和住宿预订（包括网上预订）服务。

住宿

丽贝岛绝大多数平房酒店都位于**芭堤雅海滩**，是该岛屿最漂亮也最拥挤、最昂贵的海滩。Porn度假村拥有西北侧的整个**日落海滩**，而东侧日出海滩的十几家度假村酒店坐落于村庄附近。www.kohlipethailand.com网站拥有大量住宿选择，可提前预订；如果你想抵达岛屿后再寻找空闲的房间，可前往度假村位于步行街的办事处了解预订信息（见上文）。

★ **Blue Tribes** 芭堤雅海滩东端 ☎083 654 0316 Ⓦwww.bluetribeslipe.com 这家适意的意大利度假村及餐馆提供设计精美的宽敞平房和客房，或是美丽的深色木质房屋，或是茅草屋顶的白色水泥

房，带有铺有瓷砖的迷人大卫生间；而一些两层楼高的平房还有阳台及冷藏室/额外的楼上卧室。B1700

Castaway 日出海滩 ☎083 138 7472 🌐www.castaway-resorts.com 这家度假村提供通风的茅草屋顶平房，大都是两层，拥有设备齐全的浴室、冷水淋浴、吊顶风扇、大阳台、吊床，风格独特，都是用印度尼西亚独特的红色硬木建造而成。其沙滩上还拥有一家潜水店、一个精致的多层酒吧餐馆和一个按摩Spa；还提供皮划艇和呼吸管租赁服务。B2000

Daya 芭堤雅海滩西端，☎081 479 0682 ✉daya-resort@hotmail.com 这家由海上吉卜赛人经营的度假村共有30多间五彩缤纷的独立卫浴客房和平房，坐落于枝繁叶茂的大花园中，从简单的水泥客房到位于美丽海滩的隔板平房各种各样。提供Wi-Fi、皮划艇和呼吸管租赁。B500

Idyllic 日出海滩南端 ☎081 802 5453 🌐www.idyllicresort.com 这家温馨舒适的"概念度假村"是泰国远海角落的惊人之作，提供白色和灰色的现代尖角木质建筑。坐落于迷人花园中的简约客房有落地窗、空调、室外热水淋浴和DVD播放器，以及许多好看的装饰物，如供客人使用的太阳帽等。度假村设施包括两个泳池（一个无边，一个位于海滨），带有池畔酒吧，另一个则有按摩池，此外还提供皮划艇和其他水上活动，餐馆里有免费Wi-Fi。房价包括早餐。B5900

Kafair Hut 日落海滩内岛150米处，通往村庄的道路沿途 ☎081 541 9870；可通过网站www.koh lipethailand.com预订 这家温馨友好的咖啡馆度假村有3套坐落于高大木桩上的迷人红木平房，凉风习习，有蚊帐、风扇和半露天式现代卫生间。房价包括丰盛的早餐。B1500

Lipe Power Beach 日出海滩村庄学校附近 ☎081 970 0741 🌐www.lipepowerbeach.com 该度假村共有7排隔板平房，每排5栋，间隔紧密，但四周遍布着五颜六色的鲜花。所有房间都有抛光的水泥卫生间，还有热水淋浴、空调、电视、迷你吧和保险箱，度假村设施包括咸水小泳池、网络和Wi-Fi（付费）。房价包括自助早餐。B3000

Lipe Resort 芭堤雅海滩西端 ☎074 750291，🌐www.liperesort.com 这家度假村由其主厨开设，地处海滩优越位置。虽然周边环境混乱，且几乎没有客房位于海滩上，但房间干净整洁，有空调、热水淋浴和现代风格的大卫生间。此外还提供免费皮划艇、呼吸管和简单自助早餐。B3000

Pattaya Song 芭堤雅海滩偏远的西端 ☎086 960 0418 🌐www.pattayasongresort.com 这家意大利度假村是该海滩年代最久远的住宿场所（其名字意为"芭堤雅2号"），提供普通的独立卫浴隔板或水泥平房，最便宜的房间远离海滩，且卫生间较小，或坐落于陡峭的海岬之上，可看到整个海湾的壮观景色；提供皮划艇租赁服务。B500

Pooh's 坐落于日出海滩和芭堤雅海滩之间的步行街上 ☎074 750345 🌐www.poohlipe.com 这家酒店坐落于内岛一家有名餐馆之后，是不错的住宿选择。共提供8套单层水泥房，有小阳台、空调、热水淋浴和电视，酒店设施包括免费Wi-Fi和潜水中心。房价包括早餐。B1800

★ **Porn Resort** 日落海滩 ☎084 691 8743 这个流行迷人的度假村坐落于海滩宽阔斜坡上的大树底下。提供有阳台和蚊帐的独立卫浴平房，设计精美，或者也可以选择在海滩的黄金地带搭帐篷（B100）。提供浮潜设备租赁。B400

Seaside 芭堤雅海滩中央附近区域 ☎087 398 7932 这家性价比极佳的度假村由海上吉卜赛人所开，提供设备简单但牢固的竹编独立卫浴平房，有蚊帐，周边绿草如茵，还点缀着一些树木，前面是广受欢迎的全家餐馆。B600

8

餐饮

除了下列酒吧外，日落海滩上还坐落着两家海滩酒吧，但大多数酒吧都集中在芭堤雅东端，提供较低的烛光餐桌和烟火表演，沙滩上铺有坐垫，酒吧名称类似于和平与爱等。位于日落海滩西面一个小海湾上的Mia Luna酒吧会提供地下电子音乐派对（每周一次，根据月亮圆缺而定；提供露营服务），详细信息可登录🌐www.pirates4ever.de查看。

Café Lipe 芭堤雅海滩中央区域附近 这家生态友好的咖啡馆拥有太阳能设施，坐落于繁茂的树林后，提供大量便宜的泰国素食菜肴、三明治、沙拉和意式咖啡，还有自制面包、咖啡和燕麦片。每天6:00~17:00

Daya 芭堤雅海滩西端 ☎081 479 0682 该餐馆是芭堤雅海滩几家餐馆中最有名的用餐场所之一，晚上在海滩上提供烛光晚餐和海鲜烧烤。此外还有大量泰国菜肴，如虾酱天妇罗（B120）等，及各种豆腐素菜、泰国甜点和西方早餐。每天8:00~22:00

★ **Flour Power Bakery** 日落海滩 这家面包店的餐桌位于海滨树荫底下，提供美味的自制巧克力饼、新月面包（B60）、长棍面包和蓝莓馅饼、三明治（B100）、意大利面和泰国菜肴等，包括各种素食。此外还提供杯装葡萄酒、鸡尾酒，冷却器处可装水，如果你想醒醒酒还可以租一辆皮划艇四处游玩一下。每天7:30~20:30

Kafair Hut 日落海滩内岛150米处，通往村庄的道路沿途 ☎081 541 9870 这家精美的小咖啡馆主要提供三明治（B80起）、简单泰食、早餐、奶昔和意式咖啡。每天7:30~18:00/19:00

Navy Club 芭堤雅海滩偏远的东端 这家设施简单的酒吧坐落于海军基地边缘地带，拥有一些木质长

椅，氛围安静，提供便宜的冰啤酒，是观赏日落的好地方。从6:00/7:00营业至午夜或更晚，视客人而定

Nong Bank South Sea 芭堤雅海滩西端，Lipe度假村东面 这家友好餐馆的餐桌位于海滩之上，早上比较阴凉，提供美味的泰国和西方食物，包括早餐、各种咖喱（小份B80）、泰国甜点、果汁和奶昔等。每天7:00~23:30

Pattaya Song 芭堤雅海滩偏远的西端 ☎086 960 0418 其餐桌位于沙滩上，提供非常美味的肉酱意大利汤团（B240）及其他一些自制面食、意大利香肠、泰式海鲜，晚上还有正宗比萨（B180起），所有食材都用意大利葡萄酒冲洗过。每天8:00~22:00

Pooh's 坐落于日出海滩和芭堤雅海滩之间的步行街上 ☎074 750345 这家运营良好的酒吧餐馆提供各种流行的活动项目，有免费Wi-Fi。提供美味的泰食，包括腰果炒鸡肉（B150）和各种素斋，此外还提供三明治、蛋糕、夜间烧烤和现场音乐，以及早餐和意式咖啡等。每天大致9:00~22:00

Rastafari Home Bar 日落海滩通往村庄的道路北面，Mountain度假村入口处旁 这家温馨舒适的酒吧提供各种鸡尾酒，装饰有红色、金色和绿色的浮木、篝火及一圈圈黄色的抽水马桶。他们的座右铭是"在别家关门之时营业"。

Terbilang 步行街，距芭堤雅海滩50米，位于右侧 这家著名的餐馆提供各种稀奇古怪的烤肉煎饼，如独特的罗勒芝士烤鸡肉，此外还有广为人知的咖喱鸡烤肉（matabah；B60）和香蕉烤肉（B50）。此外还有香浓的泰国传统咖啡、茶和奶昔等。每天12:00~次日00:00

附录

货币兑换 目前丽贝岛上暂没有自动取款机（最近的位于沙敦和帕巴拉），但Koh Lipe Thailand.com旅行社（见p.634）会提供货币兑换和现金预支等服务。

上网 Koh Lipe Thailand.com旅行社可提供有上网服务（B3/分钟，旅行社客户有优惠）。

旅游警察 位于日出海滩和芭堤雅海滩之间步行街的Pooh's餐馆 ☎1155。

沙敦（Satun）

偏远的小城**沙敦**坐落于泰国西海岸的边缘地带，仅可通过406号公路抵达，途经一些外形可怕的喀斯特露头。城镇位于绿色山谷之中，周边耸立着石灰岩山脉，绿意盎然，氛围轻松舒适，但除了规模较小的素食节（见p.552框中内容）和2月末的国际风筝节外，没有什么有趣的活动；外国游客主要把此地当作前往马来西亚瓜拉玻璃港口和兰卡威岛以及丽贝岛的游船出发点。

国家博物馆（National Museum）

Satun Thani路5巷中央北侧・周三至周日9:00~16:00・B30

如果时间充裕，还可以前往**国家博物馆**参观。其壮观的格局不逊于其他任何景点，如气势雄伟的**库登官邸**（Kuden Mansion）以英国殖民地风格为主，夹杂着一些泰国和马来西亚建筑元素，是由马来西亚槟榔屿的工匠建造，于1902年竣工，主要作为沙敦府总督的官邸。博物馆里的展品和英语视听资料展示了独特的人类学见解，但非常有趣，尤其是对泰国穆斯林、丽贝岛海上吉卜赛人以及生活在泰国南部丛林地带逐渐减少的

游牧狩猎民族——**萨凯族**（Sakai）的相关信息介绍。

抵达和离开

巴士 沙敦新车站位于市中心东南方偏远的新支路上，但合艾的巴士和董里的非空调车通常会在市中心 Bureewanit 路的 Sinkiat Thani 酒店前稍作停留；而从普吉出发途经董里的空调巴士（每天 4 班）会在 Satun Thani 路的 Wangmai 酒店附近停车；且可通过 Hatthakam Sueksa 路 Baw Khaw Saw 中央政府交通办事处提前预订车票。

抵达站 曼谷（每天 4 班，全程 16 小时）；合艾（每小时 1 班，全程 2 小时）；普吉（每天 4 班，全程 7 小时）；董里（每小时 1 班，全程 2 小时 30 分钟 ~3 小时）。

迷你巴士或公共出租车 通往拉乌与合艾的空调迷你巴士聚集地以及前往合艾的公共出租车聚集地都已在地图上作了标记。

渡船 旅游旺季期间，附近的 Thammalang 码头会提供前往丽贝岛的渡船（见 p.634），以及前往马来西亚瓜拉玻璃的港口和兰卡威岛的船只。

周边交通

摩托车或小汽车 On Kongnual（见下文）会提供摩托车（B250/ 天）和汽车（B1500/ 天）租赁服务。

信息及旅游线路

On Kongnual Bureewanit 路 36 号 ☎ 074 724133/ 081 097 9783 ✉ onmarch13@hotmail.com On Kongnual 的餐馆 On's: The Kitchen 位于 Sinkiat Thani 酒店附近，提供实用的旅游信息，出售各种交通票价且会组织当地的河流皮划艇之旅及洞穴参观。

8

住宿

On's Guest House Bureewanit 路 36 号 ☎ 074 724133/081 097 9783 ✉ onmarch13@hotmail.com 这家旅馆共提供 3 间宽敞明亮的客房，坐落于 On's: The Kitchen 餐馆上方现代中葡风格建筑里，房间有木质百叶窗、五彩玻璃窗、空调、热水淋浴、冰箱、卫星电视和免费 Wi-Fi。B650

Rian Thong Saman Pradit 路 4 号 ☎ 074 711 036 这家经济型酒店坐落于市中心西侧，提供带电视的宽敞独立卫浴客房，可看到河流，酒店老板非常热情友好。B200

Satunthanee Hotel Satun Thani 路 ☎ 074 711 010 这家坐落于市中心的传统中式酒店性价比高，提供破旧但整洁干净的客房，房间设施包括小卫生间和电视，但可听到马路噪声，且没有蚊帐。风扇房 B280，空调房 B350

Sinkiat Thani Hotel Bureewanit 路 50 号 ☎ 074 721055-8 ✉ sinkiathotel@hotmail.com 这家沙敦地区的顶级酒店提供铺有地毯的宽敞卧室，房间设施包括空调、热水、冰箱、电视等，楼上房间还可看到周边乡村地区的美丽景色；后面新建了更豪华的侧翼客房。B680

餐饮

市中心以北 Satun Thani 路西侧的夜市非常热闹流行，是享用晚餐的最佳地点。

Go Ho Saman Pradit 路中国寺院对面 这家便宜繁忙的餐馆环境舒适，餐桌摆放在街道旁的树荫底下，提供美味的泰国和中国菜肴，包括各种海鲜（价格视市价而定），还有沙拉及酸角酸辣汤（B70）等泰国南部特色菜肴。17:00~ 次日 00:00

On's: The Kitchen Bureewanit 路 36 号 ☎ 074 724133 提供非常美味的泰食，包括南部特色食物、一些有趣的鱼类菜肴及套餐等，如绿色咖喱虾肉饼（thawt man kung）和米饭（B120）。此外还提供大量西方美食，包括丰盛的早餐、带皮土豆馅饼、意式咖啡和免费 Wi-Fi。（On 酒吧 The Living Room 与该餐馆之间仅隔几户人家，客人可使用电脑，提供免费 Wi-Fi，每天会营业至很晚。）每天 8:00~22:00。

碧武里大苏旺纳蓝寺的冥想佛像

背景资料

历史

约4万年前，泰国居民主要以狩猎采集为生，过着半永久性定居生活，所用工具是用木头、竹子和石头制成。至1万年前的冰河时代末期，这些种群已学会了种植水稻和豆类，饲养鸡、猪和牛等家畜，在泰国北部山洞里发现的种子和水稻壳可证明这一点。向农业社会的过渡带来了进一步的技术发展：泰国发现的陶器最早可追溯至公元前6800年，而从近年在东北班清地区出土的文物可推算出，早在公元前2000年泰国就已出现青铜器。直至2000年前，东南亚地区的人民都已定居在小村庄中，互相之间经常有贸易往来，但通常会分成几个大家族，语言和文化各不相同。彼时，泰国人祖先主要说古侗台语（proto-Thai），仍然生活在中国偏远的南方地区，而泰国领土上的居民是南亚语族，其中孟族人民建立了该地区第一个文明社会——堕罗钵底王国。

堕罗钵底和室利佛逝

堕罗钵底时期的历史目前尚不明确，但该名字象征着独特的文化情结：说**孟族**语言，信奉**小乘佛教**。该宗教大约是在公元前3世纪传入泰国境内的，据说当时的印度孔雀王朝的阿育王曾派遣使者前往"黄金之地"素万那普传播佛教，随后佛教才传入东南亚大陆。

而流传至今的寺院界石（sema）、黏土还愿笠石以及受印度影响的佛教雕塑都清楚表明堕罗钵底拥有广泛繁荣的佛教文明，在公元6～9世纪更达到了鼎盛时期。然而，并没有足够的证据证明堕罗钵底有一个首都，与其说它是一个帝国，不如说是众多城邦的集合体。那空拍侬、华富里、席贴和赛玛古城等都是最重要的堕罗钵底文明遗址，主要聚集在湄南河流域，繁华一时，长久以来通过途经三塔通的印度洋**贸易线路**一直与印度保持着宗教和文化上的联系。

虽然堕罗钵底王朝的艺术、宗教和政治融合了大量印度元素，对泰国后来的统治者也产生了重大影响，但这些孟族城邦在政治上一向软弱，自9世纪柬埔寨高棉人占领堕罗钵底后，他们就一直屈服于其他民族的统治。北方以南奔为中心的**哈黎朋猜**城邦王国的边境城市与中国南部建立了**贸易线路**，直至13世纪才获得独立。

同时，堕罗钵底南面的狼牙修国也潜移默化地受到了印度文化影响，该城邦国成立于2世纪，首都定于六坤（Ligor，今那空是贪玛叻），占据了马来半岛部分区域，包括重要的贸易港口猜亚和董里。8世纪时，此地被苏门答腊大乘佛教城邦王国**室利佛逝**占领，与印度关系较密切，但与附近的爪哇国关系复杂，局势动荡不安。室利佛逝与波斯和中国之间的海上贸易非常兴盛，就连北面的城邦国首府猜亚也深受其影响，而泰国建造的寺院遗址和一些最精致的石像和青铜雕像都见证了这个重要帝国的文化活力。10世纪时，狼牙修国北部的**单马令**王国重新获得了独立，但仍然受到室利佛逝文化的影响，且在某种程度上仍效忠于堕罗钵底。然而在11世纪初，泰国半岛遭到了高棉帝国入侵，后由一位柬埔寨王子统治了留在单马令地区定居的高棉人和士兵。

高棉族

东南亚中部地区的历史因**高棉族**的出现而备受关注，高棉族是一个强大的帝国建立者，其政治历史可从遗留下来的众多石碑雕刻中拼凑了解。6世纪下半叶，柬埔寨北部经济萧条，**真腊**地区的高棉人趁机夺取政权。虽然8世纪时，室利佛逝帝国为一雪前耻远征，大败真腊

公元前6800年	公元前3世纪	公元6~9世纪	8世纪	802~850
泰国最早发现陶器的年代	小乘佛教第一次传入泰国	堕罗钵底文明鼎盛时期	室利佛逝取得泰国南部的统治权	高棉国王阇耶跋摩二世统治时间，建立了吴哥王朝

王国，但在**阇耶跋摩二世**（802~850）的统治下，真腊卷土重来，占领了整个爪哇人统治的岗伽王国，大致形成了现代柬埔寨的国土领域。为了建立君主制政权和国家，阇耶跋摩二世自封为转轮王，又称世界之主，是神王**提伐罗阇**的现实化身，体现了王权的神圣本质——后来泰国统治者也采用了这一理念。阇耶跋摩二世将男性生殖器灵根作为王权的象征，因此国王就代表了湿婆神，虽然高棉的王权概念以此种方式和宗教融为一体，但并不局限于印度教：还包括祭祖元素，且在接下来的400年中，大乘佛教也逐渐占据了主要地位。

将高棉首都迁至柬埔寨北部**吴哥**的国王正是阇耶跋摩二世，他和其后的历任国王建立了众多华丽壮观的寺院建筑，尤其是在11世纪之后。此外，阇耶跋摩二世还利用吴哥附近的湖泊灌溉稻田、养殖鱼类，从而供养众多人口。他的继任者们始终贯彻这一理念，将该城邦发展成为一个重要的经济中心，拥有非常复杂的**水库**（baray）和水道系统，对后来的泰国城市布局产生了深远影响。

在9世纪和10世纪时，阇耶跋摩二世及其帝国主义的接班人，尤其是**耶输跋摩一世**（889~900），将吴哥发展为东南亚地区的主要大国。高棉人曾将领土拓展至越南、老挝和中国南部，并在泰国东北部地区留下了几十座吴哥风格的寺院建筑，如帕侬蓝寺和披迈寺。后来吴哥占领了泰国整个中部地区直达西部和西北部，其中最重要的前哨位于华富里，甚至在马来半岛的南部地区也是个强大的存在。由于领土扩张，高棉人掌控了与印度和中国之间最重要的贸易线路，以及该区域几乎所有的通信联结，从而获得了巨大的利润和力量，成为一个重要大国。

阇耶跋摩七世（1181~1219）信奉大乘佛教，将王室看成菩提萨埵的象征，而他的统治为吴哥的衰败埋下了种子。在该帝国所有幸存下来的伟大宗教古迹中，几乎有一半都是由阇耶跋摩七世下令所建，但这些建筑工程规模宏大，维修费用极高：20000多座寺院共有30万左右的僧侣和仆人，每年都要消耗38000吨粮食，加上一系列反对越南的战争爆发，经济急剧衰退。

在随后的统治中，吴哥周边大部分曾是人们生命之海的灌溉系统因疏于管理变成了被疟疾侵蚀的沼泽，而崛起的小乘佛教民主性破坏了高棉国王源自大乘佛教信条的神圣权威。由于各方面的原因，13、14世纪的高棉人已无力抵抗东南亚新生力量——泰人的冲击。

最早的泰人

泰人的历史最早可追溯至5世纪，当时中国南部人民因受到中国和越南领土扩张的影响，被迫迁至人烟稀少的老挝东北部及其附近区域，这就是泰人的起源。清盛时代，第一批泰人进入了现今的泰国领土境内，直至7世纪后，泰人才在当时的**庸那迦**地区建立城邦。而其发展可更准确地追溯到10世纪末期，当时小乘佛教经堕罗钵底传入庸那迦地区，产生巨大的文化意义，不仅促进了泰人统一，而且让泰人更好地融入孟族文明，给予他们佛教徒的归属感。

泰人的政治发展也得到了**南诏国**的帮助，南诏国是一个组织良好的军事城邦，包含了各种不同的种族，自8世纪初就一直是中国南部边缘地段的主要领导者。而且南诏允许泰蒙民族及其他小公国在其外围建立势力，尤其是在其南面的**西双版纳**区域。

泰人的渗透是潜移默化的，直至12世纪末，他们已占据了泰国的绝大部分人口，当时仍处于高棉帝国统治时期。高棉位于华富里的主要边区村落被看成是“暹国”（可能取自于梵文syam，有皮肤黝黑之意）的行政首都，而一块位于吴哥窟的12世纪中叶浮雕描绘了华富里军队前一大群雄赳赳气昂昂的暹国雇佣兵，体现出泰人正逐步发展成为一股不可忽视的中坚力量。

9世纪末	12世纪中叶	1181~1219	1238
高棉开始入侵泰国	吴哥窟的浮雕描绘了该地区一股不可忽视的新生力量——泰人雇佣兵	阇耶跋摩七世统治时期，他是高棉历代统治者中最伟大、最雄心勃勃的国王	泰人占领高棉前哨素可泰地区

素可泰

至13世纪中叶，泰人蓄势待发，自主权唾手可得，很大程度上要归因于吴哥王朝的衰落及小乘佛教的激励效应。而1215年左右，中国忽必烈可汗的蒙古大军及南诏入侵，则直接加快了这一行程，泰人最终于13世纪50年代取得政权。众所周知，忽必烈是一位伟大的可汗，雄心勃勃，一心想“教化”周边的“野蛮人”，将他们纳入中国南部版图，而这迫使泰人形成强大的军事力量以应对这一威胁。

泰国的第一个王朝建立于**素可泰**地区，如今也被普遍视为该国家的发展基地，而事实上这只不过是一个小规模的机会主义领土，在第一次交战中几乎被完全摧毁。1238年左右，湄南河上游流域的两个小公国的王子加入该势力，从而夺取了高棉位于素可泰的主要前哨基地，其中一位名为**印拉第**的王子加冕为王。但在前40年里，素可泰仍只是一个地方政权，而邻国诸侯虎视眈眈，其存在岌岌可危。当受到湄索统治者攻击时，印拉第的军队因获得素可泰最年轻有为的领导人——该国王19岁的儿子拉玛的及时援助才得以幸存，这位少年英雄不仅保卫了自己的疆土，还进攻击败了对方的指挥官，从而获得了**兰甘亨**的称号，意为“拉玛勇士”。

在兰甘亨于1278年继承王位后，他将目光瞄准南部地区，作为其最有力的领土扩张后盾，并仿照蒙古人强大的军事组织，取得了湄南河流域大部分的控制权。在随后的20年里，兰甘亨主要通过外交手段而非军事行动，占领了现今泰国的大部分领土；而地方统治者们无论是迫于素可泰国王的人脉压力，还是臣服于他卓越的军事实力和道德威信，都一一签订了复杂的朝贡和保卫制度，后来泰国一直沿用该政治制度，直至19世纪末才被废除。此外，兰甘亨还将他的势力范围延伸至东面的老挝万象地区；并通过和亲的方式将他的女儿下嫁给孟族统治者，从而笼络西部地区，获得了缅甸南部地区的效忠；其南面的诸侯还为他将疆土拓展至那空是贪玛叻附近。素可泰北部地区则在1287年与另外两个实力相当的王国——兰纳王国和帕尧王国结成同盟，共同抵抗蒙古大军，此外兰甘亨还成功收服了几个位于东部外围的城镇地区。

同时在13世纪中叶，**华富里**也摆脱了吴哥的统治获得独立，主要控制了湄南河流域的东侧地带。华富里最初是孟邦主要的文化宗教中心，后又成为高棉的府会城市，如今更是泰国移民的聚集地，而此阶段制造的众多原始艺术作品完美融合了这三种文化，体现了该地区的繁荣强盛。

虽然泰国大部分地区都受到素可泰王朝的影响，但其对泰国发展的最大贡献主要体现在文化和政治方面。兰甘亨曾**题字**描述这个繁荣的德政时代：“在兰甘亨国王的统治下，素可泰土地一片生机勃勃，堪称是鱼米之乡……（国王）在大门入口处挂有一口钟：如果平民百姓有任何悲痛之事需申诉……可前往敲钟鸣冤……（而兰甘亨国王）会询问此人，调查案情，并作出公正的判决。”非常有名，如今被收藏在曼谷国家博物馆。虽然这确实有自我赞美之嫌，但也包含了一定的事实：与高棉的神王不同，兰甘亨自诩为**法王**，根据小乘佛教教义公正地管理国家，并实施亲民政策。为了展现对国教的尊敬，该城市的所有寺院都装饰华丽：素可泰的政治制度与其宗教**建筑和雕像**一样，虽然都带有现存的高棉和斯里兰卡风格，却展现了泰国艺术史上巨大的飞跃，拥有创造性的突破。此外，泰人还创造了新的泰文**字符**，从而让这片土地上的非泰人居民了解他们的音调语言，进一步体现了泰人的自信心。

所有这些成就都在极短的时间内得以实现。但在1299年兰甘亨去世后，他的继承者们一味地钻研佛教而疏于朝政，到1320年时，素可泰又重新回到当初那个仅有地区意义的国度。

兰纳

北方的**兰纳**王国与素可泰王国几乎同时诞生，其成立历史虽不似素可泰那般轰轰烈烈，

1278	1281	1287	1299
兰甘亨“勇士”继承素可泰王朝王位	在占领了室利佛逝的哈黎朋猜的前哨地区后，孟莱王统一了泰国北部，建立兰纳王国	素可泰、兰纳和帕尧王国结成同盟	兰甘亨国王驾崩，素可泰王朝开始衰败

但统治时间较长。该王国是由位于湄公河岸今清盛附近的 Ngon Yang 小公国统治者**孟莱**建立的。北部原有多个小公国，长年以来征战不断，1259 年时，孟莱下定决心要统一这混乱的局面；1262 年，他首先在清莱建立了一个战略基地，之后与帕尧的南蒙王以及素可泰的兰甘亨王结成同盟。

在经过十年的精心准备后，孟莱王于 1281 年一举歼灭孟邦位于南奔的哈黎朋猜王国，成为现今泰国北部的霸主。后听取南蒙王与兰甘亨王的建议，在 1291 年将王都迁至**清迈**的兰纳地区，如今这里仍是北部的中心城市。后来孟莱王与缅甸和老挝缔结盟约，从而成功抵御了蒙古大军的进一步攻击，但最终仍不敌蒙古铁骑，自 1312 年起向他们称臣纳贡。1317 年孟莱王驾崩，据说是因被雷电击中而亡，共执政 60 年，创建了一个国力强盛的泱泱大国。虽然他开创了人性化的传统以及借鉴于孟邦的合理法律，但并没有建立完善的政治和文化机构。他的死使兰纳陷入一片混乱中，无论是国家的规模还是影响力都快速收缩。

直到**库纳**王统治时期（1355~1385），兰纳才开始复苏。库纳王是一位受过良好教育的卓越统治者，1369 年时曾下令来自素可泰的得道高僧须摩那在兰纳建立斯里兰卡苦行教派。须摩那随身携带了一些佛像，100 多年来，一直激发着一个新的艺术流派的蓬勃发展。更重要的是，他所创建的教派成为了一种文化力量，对王国的统一产生了深远影响。在**第洛克**（1441~1487）的统治下，佛教影响进一步加深，他在清迈地区建立了许多雄伟的纪念碑和各种青铜坐佛像，都是仿照佛陀开悟之地——印度菩提伽耶的中央佛像风格雕刻而成。此外，第洛克还是一位伟大的战士，毕生都致力于抵御当时最强大的大城王朝的侵略。

在受到大城和缅甸的双重施压之下，兰纳在 16 世纪 20 ~ 50 年代快速衰败。直至 1546 年，清迈被澜沧王国（古代老挝）国王塞塔提拉占领，但由于无法应对兰纳的派系之争，他很快就宣布退位，并盗取了兰纳的辟邪国宝玉佛带至自己的王都琅勃拉邦。1558 年，缅甸一举占领了清迈，标志着孟莱王朝的正式灭亡。在接下来的 200 年里，缅甸通过扶持一系列傀儡国王控制兰纳，于是兰纳又恢复了孟莱王统治之前的局势，各党派之间纷争不断。

大城

自 14 世纪起，兰纳就作为一个边缘化王国不断地为这片土地争斗，为南部的**大城**王国发展成为一个统一的泰国国家埋下了种子。1351 年，华富里的乌通（“金色摇篮”）国王就在其现今位置建立了大城王朝。乌通王又被封为**拉玛铁菩提王**，他很快就统一了湄南河下游流域的众多公国，那些小公园曾是高棉帝国的西部省府。拉玛铁菩提主要任用华富里城市中的精英，而其位于大城的**政府形态**采用吴哥王朝的礼仪、语言和宗教仪式等，其中最重要的是其神王的概念。对平民而言，国王高高在上，是神圣的象征，完全没有素可泰国王的平易近人：当国王穿过城镇时，所有百姓都不可直视君主，且沿途必须肃静。这种分级体制也提供了急需的人才，因为所有自由市民每年都有 6 个月的时间需为国家做出贡献，或从事公共建筑工程，或服兵役。

拉玛铁菩提所选王都地理位置优越，拥有一个国际港口，因此在 14 世纪中叶时期，大城与印度及中国之间的**贸易**往来频繁，逐渐发展成为一个繁华的国家。得益于其经济的飞速发展，拉玛铁菩提的继任者们吞并了周边地区的一些小公国。经过长时间的镇压，素可泰最终于 1438 年成为大城王国的省府城市，6 年后，波隆摩罗阁二世大败曾盛极一时的吴哥王朝，捕获大批俘虏、洗劫高棉王室陈列馆，进一步奠定了大城的霸主地位（柬埔寨王室成员被迫放弃整座宫殿，并在金边附近重新建立了一个王都）。

大城和兰纳之间持续了近一个世纪的战争，虽然都不是什么决定性的战役，但众多小规模的胜利成就了最后的胜利，此外，大城的贸易繁荣带动了经济的快速发展，使其比周边城

1317	1351	1432	1477	1511
孟莱王因被雷电击中而亡	拉玛铁菩提建立大城王朝	大城占领吴哥并将其洗劫一空	清迈举办第八届小乘佛教理事会	葡萄牙与大城开通贸易，是第一个如此做的西方国家

邦国家更加强大。为了使整个庞大的帝国合理运作，**特莱洛**（1448~1488）国王下令实行行政改革。他颁布的**公民阶级法**正式确立了大城王朝的不平等社会关系，通过分配给他/她的稻田虚数来定义每个人的身份地位，如普通自由市民的稻田虚数是25，而最高国务部部长则有10000。特莱洛的这种理念仍可在如今非正式但极为复杂的社会等级制度中窥见一二，在泰国凭此即可知道每个人的社会地位。

拉玛铁菩提二世（1491~1529）对自己庞大的财富感到不知所措，于是建立了大量的公共工程计划。15世纪90年代期间，他下令建造了几个重要的宗教古迹，在1500~1503年，还建造了曾经最大的金属立佛像——菩斯里善佩佛，并以此命名供奉该佛像的王宫寺院。至1540年，大城已取得了现今泰国大部分地区的控制权。

缅甸战争和欧洲贸易

16世纪时期，查卡拉帕（1548~1569）国王统治时期，大城与缅甸经常发生战争，虽然查卡拉帕努力提高军事力量，并在王都周围修建砖砌城墙，但这根本无济于事：1568年，缅甸率领大军围攻大城，后来据说其军队总人数竟达140万。泰国人民始终奋勇抵抗，直至1569年8月8日，泰国军队内部叛乱才使得缅甸军队突破防御。城市在此战役中被洗劫一空，缅甸军队共捕获数千名俘虏，并设立藩王统治此地。

20年后，**纳黎萱**（1590~1605）积累了庞大的军队，大败缅甸，重新获得独立，使得大城的经济再次增长。而缅甸大张旗鼓兴师问罪，1593年1月18日，两国交战于今素攀武里附近的隆沙拉地区，最终以缅甸战败告终，而在此次战争中，纳黎萱亲手斩杀了缅甸王太子。历史学家们一直评论纳黎萱有勇有谋、拥有卓越的领导能力，但根据编年史记录，他是一个非常残暴的君主，在其执政15年中，除战争遇难者外，共处死了8万余人。而他最喜欢的惩罚手段就是将罪犯的肉割下来，然后再亲眼看着罪犯将自己的肉吃下去。

纳黎萱的统治以更加复杂的**外国贸易**为主。1511年，葡萄牙成为第一个与大城建立外贸关系的西方强国，1598年，纳黎萱亲自签订了与西班牙之间的条约；且在1608年和1612年分别与荷兰和英国建立外贸关系。在17世纪的大部分时间里，欧洲商人纷纷涌入泰国，不仅可以购买到泰国本地产品，也可找到一些来自中国和日本的商品。**那莱王**（1656~1688）统治时期，外国人在大城的地位达到顶峰，但那莱王与法国路易十四国王的密切关系打破了这一现象，因为这位法国君主暗地里一直致力于将大城的宗教信仰改为基督教，于是在那莱王去世后，大城与西方列国的关系立刻被中止。

虽然贸易缩减，且每当一位国王去世后都会出现长期的王位斗争（那时还没有如今的长子继承权固定原则），但在18世纪的大部分时间里，大城都一直在蓬勃发展。**博罗玛科**（1733~1758）统治期间，大城的发展达到顶峰，留存有大量戏剧和诗歌作品。此外，佛教在泰国地位极高，13世纪时期，斯里兰卡的小乘佛教传入泰国，因此在1751年，当斯里兰卡要求泰国帮助他们重建寺院时，泰国人民都踊跃响应。

然而，当博罗玛科离世后，缅甸军队立刻开始从北部再次入侵大城。缅甸的Alaunghpaya是一个盲目激进的乡巴佬，他首先从孟邦手中夺回了缅甸的南部地区，然后又将目光对准了大城。1760年的围攻计划因Alaunghpaya的伤势而失败，但战争没有结束，1766年2月，缅甸最后一次与大城开战。这场战争共持续了一年之久，在此期间，泰国人民经历了饥荒、瘟疫及恐怖的大火，共有10000多间房屋被烧毁，但他们仍然咬牙战斗。最终于**1767年4月**，城破家亡，缅甸军队将整座城市夷为平地，数万俘虏全都被押送至缅甸，包括大量王室成员。据说大城的国王Suriyamarin曾乘船逃离了城市，但十天后被发现饿死于途中。一位评论家曾这样批判缅甸军队对大城的所作所为："竟会使用如此野蛮的方式，很难想象他们居然

1558	**1569**	**1590~1605**	**1767**	**1768**
缅甸一举占领清迈	缅甸占领大城并设立藩王	武士国王纳黎萱执政时间，他曾大败缅甸	大城被缅甸夷为平地	郑信在新王都吞武里加冕为王

与暹罗人民拥有相同的宗教信仰。”虽然大城成为了一片废墟，但由于泰国人民的团结一心，他们迅速在湄南河更下游的曼谷建立了新的政权。

早期曼谷帝国

由于中缅战争爆发，大批缅甸军队不得不立刻撤出泰国前往中缅边境，留在泰国的缅甸军人则沦落为土匪。所谓乱世出枭雄，这片动荡不安的土地上也出现了几个政权中心，其中最重要的是**郑信**于庄他武里建立的政权。郑信将军拥有领袖之风，果断勇敢且才华横溢，在大城反攻缅甸之时受到了不公平的指责，但他预料到大城注定失败的命运，因此带着一支500人的军队悄然离开。1767年6月，郑信占据了庄他武里附近的东海岸地带，并迅速将其力量扩张至泰国中部地区。

郑信通过其父与中国贸易界建立联系，并获得了他们的财政支持，最终在1768年12月，郑信于今曼谷河对岸的吞武里新王都加冕为王。这位新国王将他的对手一一击败，短短两年之内，他就收复了所有大城的领土。更出乎意料的是，在接下来的十年里，兰纳、柬埔寨及老挝大部分地区都归入郑信王朝，其功勋远超大城先人。在扩张期间，郑信将大多数战斗都交给通銮，他不仅是一位雄心勃勃的战士，也是大城王朝的贵族后裔，后成为军事指挥官，并被册封为**昭披耶却克里将军**。

但是到1779年时，这位国王性情大变。郑信出生于社会边缘的普通家庭，生性多疑，有被害妄想症，有时甚至会殴打妻儿。此外，他过度沉迷于宗教，要求僧侣拜他为神。1782年3月，郑信残暴及危险的非理性行为引起了公愤，最后在政变中被赶下台。

众人推举昭披耶却克里将军主持大局并将郑信处决。按照古老礼仪，王室鲜血不可沾地：于是将国王捆在黑色的天鹅绒麻袋中，并用檀香棍敲其后颈部（民间传说即使是这种形式的处决也太过分：于是找了一个替罪羔羊执行上述处罚，郑信则被圈进那空是贪玛叻附近的山间宫殿中，据说他在此一直活到1825年才去世。）

拉玛一世

由于有大城贵族的支持，却克里，即后来的**拉玛一世**（1782~1809年在位）主要着手巩固泰国王朝。其第一项举措就是将首都迁移至河对岸的曼谷，拥有更有利的防御位置，可抵抗西面缅甸攻击。借鉴于大城的格局，他建立了一座新王宫及一些令人印象深刻的寺院，而王宫寺院里供奉着拉玛一世在战争期间从老挝带回来的玉佛像。

由于所有的官方记录都随着大城的毁灭而消失殆尽，因此各种宗教和法律文献都必须重新编写，且历史编年史也需要重新设立，这只能做一些非常粗略的猜测。由于大多数人都认为道德沦丧是大城倒台的部分原因，因此僧侣的地位岌岌可危。在成为国王一个月不到之时，拉玛一世出台了一系列宗教法律并任命僧侣领导阶层以恢复郑信过激统治后的宗教纪律和信心。在大城被洗劫一空之时，也遗失了大量戏剧和诗歌作品，因此拉玛一世决定重建泰国的文化遗产，并试图使之更加国际化和平民化。其主要贡献是印度史诗《罗摩衍那》的戏剧版本《拉玛坚》，据说是由拉玛一世于1797年亲自著作的，且他的大臣们也帮了一点小忙。由于《拉玛坚》是根据泰国背景重新改编而成，是对新君主及其神圣关系的肯定，因此成为了泰国的民族史诗。

在拉玛一世统治之初，缅甸又蠢蠢欲动，其中规模最大的一次入侵战争发生在1785年，但泰国上下团结一心，重创了缅甸军队。后来曼谷王朝与中国的贸易逐渐复苏，拉玛一世下令在每个人身上都文上主人和自己的姓名，从而解决了人力资源的管理问题，以防止有人逃避王室服务。此外，拉玛一世推行的政治形态具有现代基础：在保留了室利佛逝大部分功能

1782~1809	1782	1809~1824	1824~1851
拉玛一世统治时期，创建了现今的却克里王朝	仿照大城在曼谷建立了一个宏伟的新首都	拉玛二世统治时期，标志着却克里王朝的建立	拉玛三世统治时期

的同时，国王帮他的臣子们承担了更多的责任，以作为众人平等的先驱。

拉玛二世和拉玛三世

拉玛一世的儿子**拉玛二世**（1809~1824 在位）的和平继位标志着**却克里王朝**的成立，直至今天仍旧有条不紊。第二任国王的统治可以说是一段宁静的插曲，不过在这段时间里却产生了大量泰国文学作品。拉玛二世本身也是一位伟大的泰国诗人，他周围聚集的作家包括非常有名的顺通铺，著有大量精美的爱情诗、旅游指南及叙事歌。

与此相反，**拉玛三世**（1824~1851 在位）为反抗他的父亲，强烈阻止文学发展，坚决遵守传统保守的价值观。为此，他着手重建了曼谷最古老的寺院——卧佛寺，工程浩大。为防止传统文化被侵蚀，拉玛三世向世人展示了数以百计的教育碑刻和壁画，大都以世俗和宗教为主题。在外交方面，拉玛三世面临着老挝众诸侯国的严重威胁，1827 年，万象曾发动战争侵略泰国，一直打到了沙拉武里，距曼谷只有 3 天行程。而这位国王采取了非常野蛮的退敌手段：当击退了敌人的进攻之后，他下令军队将万象夷为平地，仅余一些佛教寺院，并将大量老挝人民强行迁至伊桑。1834 年，拉玛三世亲自前往柬埔寨，与越南争夺这片处于两国间的土地；14 年间，大小战火不断，最后柬埔寨被占领，但几乎仍处于被奴役的地位，一位越南国王曾这样描述柬埔寨："被两国奴役的独立国家。"

但拉玛三世时期，日益强大的西方国家所带来的威胁更大。早在 1825 年，泰国人民就开始时刻警惕英国的殖民统治，因此在湄南河河口铸造了一条伟大的铁索以加强曼谷的防御系统，而该地区几乎每个铁匠都捐助了一定数量的连接物。1826 年，拉玛三世被迫与英国签署了一个受限制的贸易条约——**《伯尼条约》**，通过减少英国商品进入曼谷的税收赢得政治安全。1850 年，英美使团曾要求泰国做出更多让步，但被泰国政府拒绝，当时拉玛三世已病入膏肓，是其远见卓识的继承者们与西方列强达成协议让他们定居泰国才得以解决危机。

蒙库和朱拉隆功

拉玛四世（1851~1868 年在位）常被外国人称为**蒙库**（泰语是 Phra Chom Klao），他在继承其兄弟的王位前已做了 27 年的佛教僧侣。但蒙库并非过着隐居的生活，他游遍泰国大江南北，与法国和美国传教士一直保持着学术联系，且和大多数国家的新一代领导人一样，对西方文明非常好奇，因此刻苦钻研英语、拉丁语和科学等。此外，他还深入思考了佛教在泰国的形势，在他看来，当时泰国的佛教与其说是宗教信仰，倒不如说是迷信；事实上，在研究过巴利文佛经后，他震惊地发现泰国的受戒仪式可能毫无意义。因此在 19 世纪 30 年代，他设立了严格信奉原教旨主义的法宗派（意为"坚持秉承佛陀的教诲"）并按主持的顺序亲自为泰国佛教培训新一代学术领袖，就从其所在寺院——曼谷的布翁尼维寺开始，后来此地也成为了西学的主要中心，至今依然获得王室赞助。

1855 年，香港总督**约翰·鲍林爵士**率领英国使团来势汹汹，蒙库的王位第一次面临重大考验，但他处理得有条不紊。意识到泰国无力抵抗英国的军队袭击，于是他下令减少英国商品的进出口税收，允许英国国民在泰国居住且拥有自己的领土，并授予他们自由贸易权限。**政府垄断**一直是泰国经济的主要支柱，而在其垄断行业中，唯有鸦片是被保留项目。通过内部税收弥补了相关损失后，蒙库很快意识到他可以与其他西方国家建立外交关系：在短短 10 年中，他先后与法国、美国和其他十几个国家签订了类似于《伯尼条约》的协议。通过娴熟的外交手段，蒙库避免了只与一个国家保持密切关系的危险境况——很容易导致泰国被吞并。

当各殖民帝国逐渐瓜分整个东南亚时，泰国只减少了其对柬埔寨的影响力，因为在 1863 年，法国将柬埔寨列为势力保护范围。由于实行门户开放政策，泰国的对外贸易蓬勃发展，

1826	1851~68	1855	1863
与英国签订贸易条约《伯尼条约》，贸易做出更多让步	拉玛四世（蒙库）统治时期	鲍林使团为英国要求进一步的贸易优惠	法国将柬埔寨纳入其势力保护范围

因此政府决定集资重建曼谷滨水地区，修建了第一条柏油马路。然而蒙库虽然知道要想泰国跻入现代国家行列就必须发动影响深远的国内变革，却没有时机实施。

泰国的现代化

蒙库的儿子**朱拉隆功**继承王位，称号拉玛五世（1868~1910在位），虽然当时只有15岁，但他从小就受到传统泰国和现代西方文化的良好教育——在其英国女教师安娜·李奥诺文斯所著的《王与我》一书中有所提及。5年后，朱拉隆功亲政，开始着手其父亲所设想的国内变革。他的第一项举措就是废除臣民向国王顶礼膜拜这一习俗，随后在1874年，他颁布了一系列法令，宣布逐渐废除奴隶制。然而，朱拉隆功的财政和行政变革速度引起了**"古派"**（hua boran）的不满，其中大都是跟随其父亲的部长和官员。最后于1875年导致了前殿危机，这次军事演习几乎使整个国家陷入内战，虽然朱拉隆功巧妙地化解了危机，但他的许多变革进程都不得不暂且搁置。

通常重要的行政变革都离不开殖民扩张的威胁，正如前兰纳王国一样。1874年，当英国柚木开发从周边的缅甸逐渐进入泰国北部时，朱拉隆功派遣一名专员前往清迈监视清迈亲王的一举一动，以保证他不与英国有任何接触。渐渐地，该专员成功限制了清迈贵族的权利，并将该地区并入大城王国版图。

19世纪80年代的变革一片光明，因为大多数"古派"官员或死或告老还乡，已无力再干涉朝政。于是朱拉隆功**重新建立政治形态**，以满足当前国家的需要：王室审计局可适当控制税收与财政；兵部是现代武装的中坚力量；此外还成立了许多其他部门以掌管法律、教育和公共卫生等。朱拉隆功还任命其接受过现代教育的弟弟们接管这些新职位，同时聘请大量外国技术人员和顾问以帮助解决外事铁线路的所有事务。

然而在此阶段，西方列强一直对泰国施压。其中对泰国主权最严重的威胁是1893年的**法暹危机**，最终以法国在越南设立基地，并派遣炮艇前往湄南河上游对准曼谷落幕。法国藐视众多国际条约，强夺老挝主权，并迫使朱拉隆功接受一系列不平等要求。1907年，泰国被迫承认法国获得柬埔寨主权。1909年，三个马来城邦沦为英国殖民地（而泰国保留了第四个穆斯林城邦北大年）。为了保证国家的独立性，泰国割让了绝大部分附属国的控制权，并放弃了巨额税收。但自拉玛五世末起，泰国的边界就已固定，正如今日所见。

到1910年朱拉隆功驾崩之时，泰国也不可称为一个现代民族国家，曼谷虽然还没有完全失去最外层区域的控制权，但朝堂内部的腐败和裙带关系问题都非常严重。不过，朱拉隆功也使泰国取得了显著的进步，如为应对20世纪的发展重新创建了政治机构。

君主专制的结束

朱拉隆功的王位继承人是接受英国教育的高贵王子**瓦栖拉乌**，即后来的拉玛六世（1910~1925年在位）。这位新国王一继位就发现他父亲任命的主要政府官员的地位难以撼动，形成了一个范围小的精英群体，且这些人几乎全部来自朱拉隆功的家庭成员。为了培养一批只效忠于他的追随者，1911年5月，瓦栖拉乌创建了**野虎**，这是一支全国范围内的准军事部队，大多都是从政府工作人员中招募进来的。然而在1912年，一群年轻的军队副官对君主专制失望至极，再加上为支持野虎部队而贬低正规军队的行为心生不满，于是密谋发动**政变**。虽然这些谋反者在有所动作之前就已悉数被擒，却开创了泰国历史之先例：泰国仅在王室有过内斗，从没有发生过背景较普通的人发动军事阴谋的情况。

这场小小的政变过后，瓦栖拉乌实行了一系列的现代化**变革**，包括引进小学义务教育，并试图推行一夫一妻制取代广泛存在的一夫多妻制以提高妇女的社会地位。他所有著述都鼓

1868~1910	1874	1893	1910~1925	1912
拉玛五世（朱拉隆功）统治时期	开始取消奴隶制	炮艇开往湄南河：法暹危机迫使泰国放弃老挝和柬埔寨	拉玛六世（瓦栖拉乌）统治时期	泰国史上第一次现代军事政变

励人们像现代西方人那样生活，并任用大量平民担任政府高位。虽然如此，他仍然强烈反对民主宪政。

1914 年，**第一次世界大战**爆发，泰国人因对英法抢占自己领土的事情耿耿于怀，普遍偏帮于德国人。然而拉玛六世国王一直保持中立态度，直至 1917 年美国加入战争，泰国才想出权宜之计加入胜者一方，并在 1918 年 6 月派遣一支 1300 人的远征军前往法国。1920~1926 年间，泰国因此次善意的举动才免于签署西方列强强加给他们的不平等条约。居住在泰国的外国人不再享有泰国法律豁免权，且被允许设置合理的进出口税。

巴差提朴

瓦栖拉乌奢侈的生活方式（据统计，在其执政期间，王室开销占据国家预算的 10%）为他的继任者留下了严重的财政问题。瓦栖拉乌并没有儿子，而三个更有资格继承王位的王室成员都于 20 世纪 20 年代相继去世，因此**巴差提朴**——朱拉隆功国王的第 76 个孩子，也是其最后一个儿子被推上王位，成为拉玛七世（1925~1935 年在位）。这位国王年纪较小，且毫无经验，却会通过设立最高国务委员会应对国家各大危机，因此许多人都认为他代表了朱拉隆功专制主义“政府首领”的回归。

巴差提朴自己似乎一直赞成立宪政体，但其性格软弱，再加上最高委员会保守党派的反对，阻止了该政体的实施。不过在此期间，下层官僚之中出现了大批受过西方教育的知识分子，他们对不公正的君主制政府感到越来越不满，最终因 1930 年的经济大萧条，对泰国政治体制发动了最后的冲击。1932 年 6 月 24 日，比里·帕侬荣律师带领的一小群中级官员及銮·披汶少校带领的少数部队发动了**政变**。最终，巴差提朴向这帮反叛者，或称“促进者”屈服，标志着曼谷长达 150 年的君主专制轰然倒塌。自此国王即是一个象征性代表，没有实权。1935 年，巴差提朴宣布退位，将王位传给其年仅 10 岁的侄子**阿南塔**，当时他还是一个生活在瑞士的小学生。

1957 年政变

1932 年政变的成功在很大程度上需归因于军官对谋反者的忠诚，且他们效命的对象都支持宪政制度。政变发起人最担心的事情是法国或英国军队可能会倾力恢复泰国的君主专制。为了避免英法干涉，他们根据临时宪法建立了一个政府，并支持大量西方自由主义形式的改革，包括言论自由和社会平等，但几乎都没有成功。

早在 1933 年，当比里·帕侬荣，即现政府人民党领导人在土地和劳动力国有化的基础上提出社会主义经济计划时，该政权就第一次出现了危机。军政府将比里暂时流放。而后在 10 月，保皇党发动政变，几乎将泰国陷入内战的困境。经过激烈的战斗，叛军被中校銮·披汶（或称披汶）击败，从而加强了该政府力量，并形成了以披汶为领导人的军事派别。

1934 年，比里获得平反恢复原职，深受欢迎，尤其是在知识分子阶层威望极高，但在 **1938 年决定性选举**中，总理人选是披汶，其掌管的内阁以军人为主。1939 年，披汶将国家正式更名为泰国，他认为暹罗是外人给予泰国的称号，而这个新国名则清楚表示该国领土归泰国人所有，从而掀起了一股民族主义热潮。

第二次世界大战

第二次世界大战的爆发给了泰国一次报仇机会，一雪 1893 年法暹危机之耻。1940 年 6 月，法国被德国占领，披汶乘机入侵柬埔寨西部及湄公河西侧的老挝地区。但在 1941 年，日本隐约有攻击泰国之势。1941 年 12 月 8 日，就在珍珠港被袭的同一时间段，日本共从九处进攻

1925~1935	1932	1935~1946	1939
拉玛七世（巴差提朴）统治时期	一场政变结束了泰国的君主专制并颁布了泰国第一部宪法	拉玛八世（阿南塔）统治时期，基本不理朝政	国家名字从暹罗改为更具民族主义的泰国

泰国，其中大多数都位于半岛东海岸沿途。最初，泰国人奋勇抵抗，但在意识到两者实力悬殊太大，胜利无望之时，披汶迅速下令停火。与此同时，英国曾派遣一支军队从马来西亚进入泰国以试图阻止宋卡的日本侵略军，却被泰国边境的警卫队劫持。从而给了日本军队足够的时间休整，然后继续向新加坡进军。

1942 年 1 月，泰国政府认为日本会赢得这场战争，因此与日本结成军事同盟，并宣布对美国和英国开战。但是，居于华盛顿的泰国部长社尼·巴莫拒绝对美国宣战，且与美国人合作并组织抵抗运动，史称**"自由泰国"**运动。而作为年幼国王的摄政领导人，比里在日本侵略军眼皮子底下小心翼翼地配合该运动，将美国特工偷偷安置在曼谷的一处欧洲战俘营里。

1944 年，日本败相渐露，而与他们关系最密切的披汶被迫于 7 月的国民议会中辞职。由民主党人宽·阿派旺接任总理之职，而自由泰国运动也在比里的控制下成立于政府机构之中。在战争结束之时，泰国被迫将吞并的柬埔寨和老挝省份归还给法属印度支那，且幸亏有美国的支持才阻止了英国报复与日本联盟的泰国。

战后动荡

随着军政府的衰落，1946 年 1 月的选举是第一次政党之间的执政权竞争，最后由比里出任总理一职。之后政府起草新宪法，而民主的民选政府前景似乎也一片光明。

然而好景不长，1946 年 6 月 9 日，阿南塔国王被暗杀，死在自己的床上，头部有一处致命的枪伤。三个宫殿的仆人都被一一审问处决，但依然无法找到此次谋杀的相关线索。随后而起的公众舆论都有意无意地将矛头指向比里，因为他过去对保皇党深恶痛绝。迫于压力，比里辞去了总理职务，然后在1948年4月，军政府卷土重来：披汶将比里描绘成一个红毛怪，趁乱接手了总理之职。

支持比里的追随者们曾发动了两次政变，但都被血腥镇压，在披汶第二届任职期间，其政府的主要特点表现为：与美国的往来异常频繁。1951~1957 年间，泰国每年的国家预算仅 2 亿美元左右，但其收到的美国经济援助和军事援助分别高达 1.49 亿美元和 2.22 亿美元。这加强了披汶的独裁政权，他让几个军事领导人分配这笔钱财，其他资金都进入了他们自己的口袋。

1955 年，披汶的地位受到两个敌对将领的威胁，于是突然转向民主事业。1957 年，他有惊无险地赢得了换届选举，却是靠公然买票和胁迫等卑劣手段获得的。虽然在泰国大选中历来都有暗箱操作，但这次选举可以说是有史以来最肮脏的：百姓怨声载道，最终军队统帅**沙立将军**于 1957 年 9 月推翻了新政府。

如今

沙立相信，只要政权集中，国家一定会蓬勃发展（这一理念至今仍有大量支持者），于是他重新建立君主制，而君主不仅是社会阶层的最高领导人，还是政府合法性的来源。阿南达的继承人**普密蓬国王**（拉玛九世）起了非常积极的作用，而沙立非常残酷地斩杀了反对者并加紧实施经济发展计划。这些政策在很大程度上促进了泰国国内的稳定和繁荣，但自 20 世纪 60 年代起，泰国的国际形势恶化。沙立决定再一次向美国求助。而美国人不得不大幅增加了军事援助并派军队驻扎于泰国。

越南战争

1963 年，沙立去世，**他侬将军**因获得其副首手**巴博将军**的帮助继承了军权。但这两人都没有沙立那样非凡的领导力，因此在他们执政的 10 年时间里，基本上仍旧遵循沙立的政治哲学，没做多大改变。而他们所面临的最棘手的问题是 20 世纪 60 年代初越南北部和南部之间

1941	1946	1957~1963	1973
日本入侵，泰国与其结盟	拉玛八世被枪杀，离奇死亡；现任国王拉玛九世（普密蓬）继位	军事强人沙立将军成功发动政变，并使泰国和美国的关系进一步加强	血腥镇压学生示威运动导致了沙立继承者他侬将军的垮台

的争斗——**越南战争**。他们不得不寻求美国人的帮助——至1968年为止，约有4.5万名美国军人驻扎于泰国领地，后成为美国轰炸北越和老挝的军事基地，且方便美军进入老挝及其附近地区执行秘密行动。

美国军队的存在对泰国影响深远。由于美元的流通，泰国经济膨胀，成千上万的泰国人都需依靠美国人为生，随后导致了腐败和卖淫现象的扩散。更重要的是，突然接触到的西方文化引起许多泰国人对泰国传统价值观和政治现状的质疑。

民主运动和内乱

然而，贫穷的农民渐渐地对他们的命运感到绝望，于是在20世纪60年代，大多数农民都开始反抗曼谷政府。至1967年时，该问题已从泰国东北偏远地区扩散至清莱和难府，而泰国南部也出现了单独的威胁势力。

在此阶段，他侬正面临一个重大的安全危机，特别是在越南的战争进展不顺。1969年，他侬举行选举，虽然提拔了绝大多数政府党人，但国家稳定性仍然堪忧，使这位将军心生怯意。1971年11月，他侬在其自身、其子纳隆上校以及巴博三人执政的统治下，重新实施镇压的军事统治，而这三人也被称为“三大暴君”。然而，1969年的民主试验加剧了中产阶级对权力共享的期望，尤其是在大学，这种期望更加强烈。1973年6月，**学生**开始**示威**游行，而至10月，共有50万人聚集在曼谷的法政大学要求政府出台新宪法。后普密蓬国王出面干预取得了明显的成功。在10月14日早晨，当警察试图控制人流量时，示威人群也的确开始慢慢散去。但局势瞬间变得紧张，不久就发生了大规模骚乱，据报道在此期间共有350人被杀害。然而军方却拒绝提供更多的部队控制该形势，于是在当天晚些时候，他侬、纳隆和巴博被迫辞职并离开了泰国。

在政治透明的新气象中，**克立·巴莫**（见p.110）成功组建了一个由17个当选政党组成的联盟，并获得了美国会从泰国撤军的承诺，但其政府内部却因长期争斗而四分五裂。与此同时，国王和许多中产阶级人士都对学生未受制止的激进主义感到惊慌，因此转而支持新崛起的暴力右翼组织。1976年10月，学生群体再次爆发示威游行，以抗议他侬回到泰国前往布翁尼维寺出家。由于有军队和政府的支持，警察对政法大学的学生发起了大规模袭击。10月6日，数百名学生遭到了残酷的殴打，大多数被处以私刑，还有些人甚至被活活烧死；之后军方控制了泰国政权并中止了宪法。

炳廷将军

不久之后，由军方任命的总理他宁·盖威迁实施强硬的审查制度，但他的执政措施太过铁血，就连军队也承受不了，因此于1977年10月被迫辞职。随后江萨将军接管其位，通过赦免政策巧妙地平定了叛乱。然而，他的权利基础比较薄弱，虽然在1979年的选举中获胜，但很快于1980年2月被**炳廷·素拉暖将军**赶下台，而这位将军背后有强大的国会联盟支撑。

炳廷为人清正廉明，获得了包括君主党派在内的众多支持。1983年的议会选举决定恢复军方的权力，并使炳廷的统治合法化。在炳廷将军的管理下，泰国获得了雄厚的外商投资，经济增长迅速，于是他一直担任总理直至1988年，而他实行的独裁与民主混合的政策有时又被称为**炳廷政策**：虽然他从不代表议会，但每次选举过后，立法机关都会要求他出任总理。虽然最终他也下台了（但他仍然是一个很有影响力的枢密院委员，且与国王非常亲近），但用他的话来说，是时候从人民选出的代表中决定国家领导人了。

1992年示威游行和1997年宪法

新总理**差猜·春哈旺**的确是一个民选的国会议员，他是一名退役将军，此后长时间出任

1976	1980~1988	1991	1992
更多学生示威运动的残酷镇压导致了军政府的回归	炳廷将军军事和民主统治混合阶段，称为炳廷政策	军方发动政变以抗议新民选政府的腐败，并重新实行民主体制	大规模示威游行导致流血事件

公职。他一心实施经济发展的强力政策，却导致了政府内部普遍的腐败现象。随着经济的衰退，差猜试图削弱军队的政治力量，于是最高指挥官顺通率领军队于1991年2月23日发动了一场不流血的政变，随后其军队统帅苏钦达将军接任了总理一职。

当苏钦达背弃其修订民主宪法的承诺时，成千上万的泰国老百姓于1992年5月17~20日间涌入曼谷民主纪念碑周边的街道进行**大规模示威游行**活动。而苏钦达误判国民情绪，残酷镇压抗议人群，造成了数百人死亡或受伤，还美其名曰是保护国王免受伤害，最终当普密蓬国王在世界性电视节目上痛斥苏钦达的行为并表示不赞成其做法后，苏钦达被迫辞职。

同年9月的选举大会上，由川·立派（著名的民主法治维护者）带领的**民主党**获得胜利。后来川又将职位成功传给班汉·西巴阿差及差瓦立·永猜裕将军，当地媒体戏称班汉为“走动的取款机”，以形容其购买选票的行为。发生在差瓦立任期内最重要的事件是1997年**新宪法**的通过。该宪法是由一个独立的起草机构制定，其要点包括：参议院议员采取直接选举的方法，而非由总理委任；承认集会权是民主社会的基本，保障个人权利和自由；对公众负更大责任；鼓励当地民众参与管理。新章程的最终目标是结束任免权、特权阶级及选票购买的传统制度。

冬荫功：1997年经济危机

1997年2月，外汇交易商开始对泰铢进行投机性炒作，泰国的私人外债规模也令人感到震惊——仅非生产性物业部门的外债就有2500亿泰铢，其中大部分都是因曼谷著名的摩天大楼激增而产生的。差瓦立政府为了捍卫与之挂钩的汇率，共耗资国家前健康外汇储备230亿美元，但是在7月初被迫放弃无力的反抗——泰铢自由浮动，很快就呈现直线下降的趋势。最终泰国不得不求助于**国际货币基金组织**（IMF），获得了170亿美元的**一揽子救援计划**并严格实施一系列紧缩措施。

11月，无能的差瓦立被川·立派取代，他在听取IMF的建议后采用了一系列强硬的措施，包括维持极高的利率以保护泰铢并削减政府预算。虽然这些举措在国际上评价良好，但在国内，越来越多的新贫困人士都对政府抱有敌意——经济衰退速度极快，且形势极其严峻，因此人们又称之为**冬荫功危机**，以非常有名的热辣泰式汤命名。然而，川的强硬立场还是有所回报的，至少泰铢已趋于稳定且通货膨胀的经济也有所回落，到1999年10月，他宣布放弃IMF所提供的40亿美元一揽子救援计划。

他信

2001年1月的换届选举是第一次根据1997年的宪法实施的，试图将贿选排除在外。然而，这次选举恰逢一个新的政党出现——**泰爱泰党**，该党由**他信·西那瓦**成立，他是泰国最富有的人之一，曾做过警察，后来靠政府电信特许权发家。

他信的确在大选中获胜，但他并没有像新宪法所设想的那样迈向更伟大的民主，而是开始应用商业和法律压力，包括几场诉讼，从而试图压制媒体和国会的批评舆论，并操纵参议院及所谓的独立机构，如选举委员会等，以巩固自己的势力。随着他信的地位变得越来越稳固，他拒绝了旨在遏制其权利的先发变革，而他也说过这样一句非常有名的话：“民主只是实现其他目标的一种工具。”

然而，他信确实是一个民族主义改革者，也兑现了几乎所有的竞选承诺。他为常年负债累累的农民提供了3年的无偿贷款，并为泰国所有村庄（共7万个）都设立了100万泰铢的发展基金——但许多村庄只是将这些钱用作贷款工具以弥补过去的债务，而非像预期的那样为未来创造生产性项目。为了让更多人可享受到公共健康服务，在全国推行统一的收费标准——每次医院就诊费用为B30。然而，卫生服务的投资太少，不足以应对越来越多的需求。

1997	1997	2001	2004
具有重大意义的新宪法出台，旨在遏制政府腐败并保障个人权利和自由	冬荫功：泰国遭受经济危机	他信·西那瓦赢得选举，喜欢他的和讨厌他的人数基本相当	伊斯兰教南部省府的暴力，行为急剧升级，泰国国内发动军事政变，他信被推翻，流放之后被暴力驱逐

虽然在 2004 年年初，南部伊斯兰教省府的暴力行为急剧升级，他信仍轻松通过 2005 年 2 月的选举，成为泰国历史上第一位以绝对优势赢得选举的总理，但这造成了泰国中坚分子的大面积恐慌。2006 年 1 月，他信的亲戚以 11 亿英镑的价格将他们家族企业 ShinCorp 公司的股份变卖，且没有付税，因此数以万计的泰国中产阶级涌入曼谷，在**人民民主联盟**（PAD）的保护下进行旷日持久的示威游行。后来他信又进一步被指控贪污腐败、任人唯亲，因此在 2006 年 9 月，当他信因公务逗留美国之时，泰国一军政府发动**政变**推翻了他信的统治。

他信的遗留隐患

后来他信定居于英国，但其支持者，即如今的人民力量党（PPP）赢得了 2007 年 12 月的大会选举；其领导人沙马兼电视厨师，脾气暴躁，曾公开承认他是他信的代理人。作为回应，人民民主联盟（PDA）——彼时已牢牢建立了民族主义和保皇主义的形象，而其标志是**黄衫**（国王的颜色）——重新开始大规模抗议运动，最终占领了政府大楼数月。此后他信在不在场情况下被判有贪污腐败之罪。

2008 年 11 月和 12 月，事件发展到达顶峰：人民民主联盟占领并关闭了曼谷的素万那普机场；执政的人民力量党被法院宣判为非法党派，从而说服黄衫军解除他们的静坐抗议；人民力量党迅速重组为**为泰党**但其很快便意识到自己已不可能成立一个新的联合政府。随后，在阿披实 · 维乍集瓦（曾在伊顿公学和牛津大学接受教育）的带领下，民主党与**自豪泰党**（以前是他信的忠实支持者）联合夺取了政权。

但这反过来又促使他信的支持者——如今的**红衫军**，并联合组织成 **UDD**（反对独裁的民主联合阵线）——举行大规模的抗议游行。2009 年 3 月，他信通过视频直播声称枢密院主席炳廷 · 素拉暖曾一手策划了 2006 年的政变并任命阿披实为总理，且要求推翻该中坚分子。在接下来的一个月中，因红衫军的干涉，ASEAN（东南亚国家联盟）在芭堤雅举行的首脑会议被迫中止，并使曼谷中央地区歇业若干天，最后被政府用武力驱散。

民主党政府严厉打击言论自由，例如，严格执行电脑犯罪法第 112 章《欺君法》，因此在下一年初，引起了更暴力的抗议游行。4 月初，数千名红衫军在曼谷中央**拉差帕颂**十字路口设立有重兵防守的阵营，要求阿披实举行新的竞选活动。5 月 19 日，阿披实派遣军队用武力打破了该阵营；在为期两个月的抗议斗争中，双方共有 91 人死亡。

但是，他信的大众支持者没有丝毫减弱，且在 2011 年 5 月的换届选举中，由他信的妹妹**英拉 · 西那瓦**领导的为泰党以绝对性优势重新夺得了政权。

错综复杂的 2014 年大选

2013 年 11 月，因英拉提出取消 2006 年以来，泰国由于红衫军和黄衫军举行政治集会而引发的各类控诉的“特赦法案”激起民众的广泛不满，以此事件为发端，最终导致了英拉解散国会下议院，重新举行大选。

2014 年 2 月 2 日，新一届泰国大选投票如期举行，但一些投票站因反政府示威民众阻挠而未能顺利展开投票。事实上，自从 2006 年 2 月反他信力量因西纳瓦集团股份出售案走上街头以来，两大阵营的对峙似乎已经陷入了一个议会斗争—街头政治—权威干预的怪圈：如果进行选举，必然是占选民多数的支持他信阵营获胜，反他信阵营就会进行抵制；不进行选举甚至恢复军政统治，支持他信阵营也会进行抵制。无论哪一个阵营的代表者组织政府，另一方都会采取街头政治的方式表示反对，靠国王这一最高权威出面获得暂时的平静，不久后又会掀起新一轮动荡。

泰国陆军司令巴育 • 占奥差 5 月 30 日发表政变后首场全国电视讲话，称泰国至少需要一年才能举行国会下院选举。

2006	2010	2011	2014
他信在美国时，曼谷设立了一个长达一个月的抗议阵营	他信的红衫军支持者	他信的妹妹英拉以绝对性优势赢得了竞选	新一届泰国大选阻力重重，结局成谜

宗教：泰国佛教

85% 以上的泰国人民都信奉小乘佛教，小乘佛教是亚洲佛教的两大流派之一，而在泰国它又适当吸收了万物有灵论和印度教的相关元素。

伊斯兰教是泰国最大的少数宗教，信奉人数占总人口的 5%~10%。大多数穆斯林都生活在南部，尤其是也拉、北大年和那拉提瓦等南方腹地省府及马来西亚边境地带，这里 80% 以上的人口都信奉穆斯林教。该地区的分裂主义暴动造成了当地曾和平共处的两教派——佛教和穆斯林教之间的紧张局势；但是并没有影响泰国其他地方不同信仰民众间的关系。泰国其他剩余人口主要信奉大乘佛教、印度教、锡克教、基督教和万物有灵论。

佛陀：生平和信仰

根据泰历计算，释迦牟尼佛出生于公元前 7 世纪，是尼泊尔的**乔达摩·悉达多王子**，但现代学者推测佛陀可能要晚一两个世纪出生。在他出生时，占星家曾预言他将成为一代明君或伟大的圣人，只取决于他想选择的道路。王子的父亲更喜欢前者，因此下令禁止男孩离开宫殿，并教授乔达摩上流社会各方面的生活知识。如今大多数佛像都将他描绘成长耳垂，其实这是早期宠爱的象征，因为他耳朵上会佩戴许多沉重的宝石。

后来这位王子成亲生子，但在 29 岁时，他无视其父亲的权威偷偷溜出了宫外。在这次决定其命运的旅途中，他相继遇到了一个老人、一个病人、一具尸体和一个隐士，这是他第一次意识到痛苦和磨难是生命的内在本质。沉思似乎是找到原因的唯一手段，因此乔达摩决定离开王宫成为一个印度教**苦行僧**。

多年来，他一直在农村逗留，过着自我否定和自我禁欲的生活，但仍不能找到任何答案。最终他领悟出：最好的行动方针是遵循“中间之道”——既不纵容也不过分禁欲，于是乔达摩就在印度菩提伽耶有名的河畔**菩提树**下席地而坐，面朝东方**冥想禅修**直至开悟。在悟道的 49 天里，他盘腿坐在“莲花中央”，默思苦难和挫折的原因。其间经常有妖魔幻化出来分散他的注意力。其中大多数都是由邪恶的**魔罗**派遣的，最终乔达摩召唤**大地之母**将其右手手指指向大地——该手势表示**呼地做证**（又称降妖伏魔），后被成千上万的泰国雕刻家永记——才将魔罗制伏。大地之母将头发上的水拧干形成洪流，冲走了魔罗的恶魔大军，而这个情节经常出现在寺院壁画上。

处理完这些妖魔之后，乔达摩很快就获得了**启示**并因此成佛。作为他的开悟之地，**菩提树**（bodhi，在梵文和巴利文中有“开悟”之意；有时也称作 bo，取自泰文的 ton po）对于佛教徒来说拥有特殊的意义：不仅出现在众多佛教图案中，而且寺院中也经常会种一棵真正的菩提树（Ficus religiosa，又称神圣的无花果树）。此外，几乎所有寺庙的正殿都会邻水或朝东而建（最好是两者皆备）。

佛陀**第一次布道**的地点在印度的鹿野苑，在此，他把他的学说或**佛法**称为轮。佛教早期的象征**法轮**就是由此得来，且通常伴有鹿的雕像。每年 7 月，泰国人都会放假以纪念佛陀的第一次布道，被称为**阿萨拉日**。而泰国 2 月举行的**万佛节**则是为纪念 1250 人自发聚集去听佛陀布道的事件。

在接下来的 40 多年里，佛陀经过众多地区，教化了众多非信徒，也上演了一段又一段传奇故事。在一个多雨的季节，他甚至跻身**忉利天**（三十三天）看望他的母亲，并对她宣讲教义。佛陀从天界返回人间的传奇也经常是佛教绘画和雕塑的题材，而众多佛像中的**立佛像**也出自于此。

佛陀于印度拘尸那揭罗附近的河岸“入灭”，享年 80 岁——该事件可追溯至公元前 543 年，这也是**泰历**比西方公历早 543 年的原因，因此公元 2014 年即佛历 2557 年。佛陀用右手支撑着头部，侧躺偃卧，进入**涅槃**（这也产生了另一个经典姿势——**卧佛像**），呈现一种难以想象的虚无状态，表情安详宁静，也无轮回之苦。佛教徒认为佛陀涅槃之日也是其出生和开悟之日，于是泰国人每年 5 月都会隆重举行**佛诞节**以纪念这三个非常重要的节日。

佛教徒认为释迦牟尼只是佛陀的第500个化身：而佛陀的500种不同的生平故事则全部被记录在《**本生经**》中，为众多泰国艺术提供了灵感。印度教徒也接受了释迦牟尼，并将他视为毗湿奴神的第九个化身。

佛教的传播

当佛陀进入涅槃之后，他的**学说**在印度各地迅速蔓延，但大约在公元前3世纪，印度阿育王（泰国人称之为阿索克）派遣布道使者前往泰国才首次引入了佛教。他的教义《大藏经》是用巴利文（当时梵文的白话衍生物）写成的，被称为**小乘佛学**或"长者的教义"。

在1000年年初，小乘流派中出现了一种新的佛教形式——**大乘佛法**，试图引入**菩萨**或佛教圣徒等众神从而让更多人了解佛教，这些人虽都已开悟，但为了普度众生都延迟了进入涅槃的时间。大乘佛教主要往北传播，进入中国、韩国、越南和日本境内，8世纪左右也通过室利佛逝帝国传入泰国南部地区，并于11世纪时传入柬埔寨的部分地区。与此同时，小乘佛教（大乘佛教徒轻蔑地称之为"下乘佛教"或"次级佛教"）在斯里兰卡、泰国北部和中部以及缅甸确立了其重要地位。

佛教教义和实践

小乘佛教的主要信仰包括**因果报应**（从广义上来讲，就是相信每个行为都有一定的后果）和**轮回**，并了解欲望是人类苦难的根源。佛教徒的最终目标是摆脱永恒轮回之苦并进入一切皆空的**涅槃**幸福之境。这种证悟境界可能终其一生也不一定会达到，因此大多数佛教徒制定了更现实的目标：每一次重生时，因缘梯级都略高一层。在泰国佛教徒的眼中，牲畜处于因缘等级底层，僧侣位于最顶层，而女性的梯级比男性要低一层。

美好的生活，尤其是"纯洁意图"的生活会创造好的因缘，而佛教教义之重点即如何实现这一目标。其中心理状态和对人性弱点的认知起着重要作用。其核心是关于苦痛的概念，即欲望是一切**苦难**的根源，或者更简单地说，当一个人的感官、精神或物质欲望没有得到满足时，其难以抑制的不满情绪就会引起痛苦。苦难和欲望的概念被称为佛教**四圣谛**。当个人完全脱离尘世欲望之时即可达到开悟之境，远离苦痛。开悟之人必须承认物质世界变幻无常，因此所有事物，包括自身都不值得渴求。佛教徒通常会遵循**八正道**或**中间之道**领悟该真谛，即培养一系列高尚的个人品质，如"正语"、"正业"和"正念"等。禅修对此特别有帮助。

一个虔诚的泰国佛教徒必须遵守**五条基本戒律**，即不杀生或偷盗、避免邪淫和误言（妄语、两舌、恶口）、不沾使人兴奋的酒精和毒品。但是在特殊的神圣佛日及对那些俗家弟子（包括在泰国寺院学习禅修的外国弟子）来说，还需**额外**遵守**三大戒律**：午后不食、远离娱乐（包括电视和音乐）且不睡软床；此外，无不正当性行为改为不可发生性行为。

积攒功德

泰国佛教对**积攒功德**的理解有所偏差，因此有部分信徒认为只要他们给寺院及其僧人更多更好的供奉物，就可以更快地爬上因缘阶梯上层。然而，每个人**积攒功德**（tham buun）背后的诚意是最重要的。

信徒积累功德的方式从给僧人施粥到参加佛教法会，抑或给邻近寺院捐赠钱财和礼物等，多种多样，而且绝大多数**节日**的本质就是给公众一个积累功德的机会。在各盛大节日期间，积累功德且拜访寺院人数最多的日子被称为**朝觐日**（又称圣日），是根据月亮圆缺而定的，一般每月会出现四次。寺内最简单的**贡品**包括莲芽、蜡烛和三炷香（象征着佛教三宝——佛陀、佛法教义和僧侣）。还有一种很常见的功德积攒方式是**放飞笼中鸟**：信徒们从寺院周边的小商贩手中购买小麻雀，然后将之放生，以体现他们的慈悲及对万物的同情。但事实上，这些鸟一直都是自由的，直到当天清晨时分才被抓起来以防止它们破坏仪式。而在河滨和海滨的寺院，主要放生鱼类或小乌龟等。

对于泰国佛教理念和实践的独特见解可登录 Ⓦ www.thaibuddhism.net 查看。许多泰国寺院都非常欢迎佛教和禅修弟子前往（见p.47）。

僧侣

泰国的20万名**僧侣**需尽可能以中间之道的方式生活并对社区人民宣讲佛法，从而为小乘佛教徒树立榜样，这也是他们的职责所在。和尚（比丘）的一生共受到227条戒律的管束，包括独身及拒绝除赠物之外的全部个人财产。

僧侣每天早上起来的第一件事情是到附近地区化缘，而平民信徒们会给他们一些食物以积累功德，之后他们的大部分时间主要用于禅修冥想、辩论佛法、布道及学习。作为所有社区中最受尊敬的成员，僧侣还充当教师及当地纠纷中的律师和仲裁者的角色，有时还是村民权利的代言人。此外，他们也会举行火葬、婚礼及其他活动项目的仪式，包括新店铺的开张，甚至新车购买等。许多贫困家庭的小男孩被迫成为**小沙弥**（dek wat），因为只有如此，他们才可以吃饱穿暖，更重要的是可以接受教育。小沙弥可通过在寺院工作获得免费上学的机会，且他们不需要遵守227条戒律，只需遵守10条即可。

僧侣并不是终身制的：每人可以离开寺院三次，这并不会遭到别人歧视，事实上，每个泰国男性（包括王室）都需**出家**一段时间，尤其是从学校毕业到结婚之前这段时间，主要作为成年仪式。泰国政府部门及一些私人企业会授予员工带薪休假的福利让他们前往寺院为僧，但如今该习俗正在逐渐消失，因为越来越多的年轻男性考虑到他们的离开可能会影响职业前景。因此，许多男性都会选择在父母亡故后短暂受戒一段时间，从而为死者及其他家庭成员积累功德。如今泰国最流行的短期出家是指为期3个月的佛教闭关——**斋戒**（Pansa），有时又称作“守夏节”，通常从7月开始一直持续到雨季结束（据说在佛教历史初期，农民经常抱怨来来往往的僧人踩坏了他们刚出芽的水稻作物，而这就是僧人闭关的起源）。

当代社会的僧侣

一些僧侣从村庄代言人渐渐成为有影响力的活动家：如今泰国有越来越多的寺院已成功成为戒毒康复中心，其中包括华富里附近的探克拉布寺及北碧的依三班寺（Wat Nong Sam Pran）；华富里南浦佛足寺（Wat Phra Bat Nam Pu）的僧人还为艾滋病患者提供收容所且有一个非常震撼人心的艾滋病宣传博物馆；曼谷附近的竹林寺（Wat Phai Lom）的僧侣建立了全泰国最大的亚洲钳嘴鹳养殖基地；北碧的瓦銮达波佛寺（Wat Pa Luang Ta Bua Yannasampanno）的僧侣还建立了非常著名的老虎庇护所。还有如呵叻的万莱寺（Wat Ban Rai）的著名八旬僧侣龙波管等得道高僧可以为信徒们给出明智的忠告并带来好运，因此他们已成为国家大师，且经过他们特别祝福的护身符和照片为寺院带来了巨大的财富。

众人对僧侣涉入世俗世界的看法莫衷一是，但世人对那些**藐视佛家戒律**，屈服于消费社会诱惑的僧侣感到非常失望，不仅戴着雷朋眼镜和劳力士手表，开着奔驰跑车（有些甚至是用寺院资金购买的）招摇过市，而且抽烟嫖妓无所不为，甚至还通过预言彩票结果和信仰疗法赚外快。由于泰国人民长久以来一直认为僧侣是神圣崇高的象征，为其诚实廉正而感到骄傲自豪，因此任何一个丑闻势必会影响到民族精神。如今涉嫌吸毒、军火走私甚至强奸和谋杀的僧侣案件已引起了一连串社会舆论以及泰国社会核心精神价值的崩溃。僧侣（任何男性只要愿意随时都可成为僧侣）的包容性如今已非常脆弱，其主要原因是想要改过自新或只想掩盖罪行的罪犯们都会选择出家，一件藏红袍就掩盖了所有罪恶。

有趣的是，早在20世纪80年代末，当时颇有影响力的僧人觉护比丘将其所看到的事实批判为影响泰国佛教的颓废潮流，却被处以解除僧职的惩罚。如今，他脱离了**善地阿索**教派，以宣扬反物质主义的苦行准则为主，而其便宜的素食餐馆及自给自足的生活信条在泰国都非常有名，此外，苦行教派的大多数追随者都只穿简单的蓝色农民衬衫。

女性和僧侣

虽然一些国家的小乘佛教僧侣制度允许**女僧人**（又称比丘尼）受戒，但泰国僧伽是不允许这种情况的。在泰国，女性只允许成为**尼姑**（mae chii），剃光头、着白袍并遵守8大戒律而非227条。她们的社会地位比僧人低，且主要职责是寺院的打扫维护而非施行宗教仪式。

然而，改革论者变得越来越直言不讳，直到2002年，一位泰国女性和佛教当局争论并**受**

戒为泰国领土上的第一个新手女僧人。但泰国的僧伽大会仍然不承认她的受戒仪式及其位于那空拍侬的 Watra Songdhammakalyani 尼僧院，也是其受戒之地。该尼僧院（而非寺院）是由另一位泰国比丘尼达摩难陀（Dhammananda）建立的，她共著有若干本有关**女性和佛教**的英文书，且是网站 www.thaibhikkhunis.org 的创始人，网络内容非常丰富。

印度教神明和万物之灵

泰国复杂的历史使得泰国的佛教成为一种混合而成的融合信仰，这点通过佛教寺院里的印度教神明雕像即可证明。虽然定时的佛教功德积累可以确保泰国人下辈子的生活，但许多泰国人（尤其是精明的曼谷市民和目不识丁的农民等）都会信奉一些**印度教神明和万物之灵**以帮助他们解决更为迫在眉睫的问题；而且通常人们也不会找佛教僧侣来驱除邪灵。甚至是佛教徒普密蓬国王也会请婆罗门祭司和占星家确定良辰吉日或主持某些王室仪式，而且正如却克里王朝的世代君主一样，他也采用了与印度教毗湿奴神有关的称号——拉玛九世，拉玛是印度史诗《拉玛坚》中的英雄，也是毗湿奴在凡间的第七个化身。

如果泰国人想祈求实现短期目标，像通过考试、怀孕或中彩票等，他 / 她经常会前往**印度教的万神殿**，参拜里面供奉着的梵天、毗湿奴、湿婆或迦内什的雕像，而携带的祭品包括花、香烛和食物等。如果结果不错，那么他们还可能会带更多的祭品回来还愿，甚至还会聘请舞蹈团表演拉空查特里（lakhon chatri）戏剧以示庆贺。曼谷为纪念梵天而建的四面佛是整个泰国最有名的印度教朝圣地。

灵魂及灵屋

不同于印度教仁慈的神明，**灵魂**（phi）几乎都不可以信赖，且需要经常招抚平息它们的怨气。灵魂种类繁多，其中一些比较邪恶，而它们的居住场所从树木、河流和洞穴到公共建筑和私人住宅，多种多样，只要它们喜欢，甚至还可以居住在人体之内。

为了让这些灵魂不纠缠居住在里面的人类，每一栋建筑都会在其附近设有一个特别的灵屋（saan phra phum），作为这片土地上因建筑施工而被赶出来的灵魂的栖息之地。灵屋通常都建造在与视线平行或高于视线的短柱之上，且必须坐落于吉祥之地——例如不可以建在主建筑的暗处。灵屋一般与娃娃屋差不多大小，外观类似于寺院或传统泰式房屋，但其装饰应该反映人类居住建筑的现状，所以当建筑物进行扩大或翻新时，灵屋也需要有适当的改善。而且由于现代建筑师在设计上变得越来越大胆，如今也开始出现了一些现代风格的灵屋，尤其是在曼谷，一些引人注目的新摩天大楼附近可能坐落着用玻璃或磨光混凝土制成的灵屋。有时人们还会在灵屋里面摆放相关守护神灵及其助手的**小雕像**，且每天都会在其旁边供奉一些香烛和茉莉花花环等祭品以取悦这些灵魂——心怀不满的灵魂非常危险，容易引起疾病、事故甚至死亡。正如泰国其他宗教建筑物或图像一样，荒废或破旧的灵屋永远不可以被拆除或摧毁，因此你经常可以在神圣的榕树根部附近看到一些受损的灵屋，在这里，它们可以得到安息。

艺术及建筑

除了一些印度教风格的雕像和建筑外，绝大多数泰国历史文化的灵感都来自于小乘佛教，而且虽然泰国拥有一些非常精美的博物馆，但若要充分了解泰国艺术的演变，就必须参观其寺院。艺术家、雕刻家和建筑师们通常将他们的作品视为积累功德的一种方式，而非自我表达或自我宣传的手段，因此 20 世纪前的泰国艺术历史以风格变化为主，而不是艺术家个体的表现。本章节旨在帮助读者了解泰国艺术和建筑在不同发展阶段的特色。

寺院

佛教**寺院**几乎是泰国每个社区的核心建筑，且几百年来，作为公共建筑和艺术的主要体现，吸引了大批前往泰国的游客。寺院建筑的衍变方式虽各有不同，但主要建筑的名称和用途 1500 年来基本保持不变。

泰国寺院的一些**主要结构特征**也各具特色。在泰人占据这片领土之前，大部分地区都属于高棉人的管辖范围，在他们较长的统治时间里，建立了许多宇宙风格的寺院：同心层分别代表了大地、海洋和天堂，三者拔地而起直至中央最高点（素林附近的帕侬蓝寺是典型代表）。这种格局的遗迹在泰国众多寺院中都依稀可见，包括围墙（有时与护城河联系在一起）和多层屋顶等。

此外，泰国传统建筑大多是用木材而非石头或砖建造而成，寺院微倾的墙壁以及长而弯曲的屋顶使建筑更加优雅，且线条渐细。而寺院顶部的光环是建筑师们长期以来最为注重的地方，它是佛教徒智慧和仁慈的象征，且建筑表面通常会有镏金、金银丝细工以及明亮的彩色玻璃镶嵌细工覆盖。

正殿

寺院中最重要的建筑是**正殿**（有时又被称为大雄宝殿），是僧人受戒的地方。正殿通常位于寺院的中央位置，但平民信徒一般不准入内。所有寺院都只有一座正殿，而它有别于其他寺院建筑的唯一地方是：正殿周围通常都有八大**界石**。这些界石通常坐落于正殿的四个角落以及东、南、西、北四个方位，是神圣之地的边界标志，看起来类似于直立的墓碑，但形式多种多样。界石上经常会雕刻着具有象征意义的佛教事件或字符，有些甚至还有其自己的小神社。其中最好的一些界石目前被收藏在东北部孔敬的国家博物馆中。

佛殿

佛殿的外观与正殿几乎别无二致，是游客最有可能进入的寺院建筑，里面通常供奉着寺院的主佛像，有时也会有两三尊小佛像。大寺院可能会有多个佛殿，但一些戒律较严，不接待平民信徒的禅修寺院也可能一个佛殿也没有。

佛塔

佛陀去世后，亚洲各地的佛教弟子都声称拥有其舍利，并将它们供奉在特别建造的塔楼中，泰国称之为 chedi，即佛塔。在以后的几百年中，佛塔也用于储藏王室或佛教大师，以及任何其他出得起价钱建造佛塔的人的遗骸。每座佛塔的三大主要构成元素拥有传统的象征意义。理论上，佛塔底座需分为三层，分别代表地狱、人间和天堂。在此之上的圆顶里通常包含着立方体形状的圣骨匣，众人称之为哈米嘎（harmika），以佛陀静坐冥想的梵文术语命名。建筑顶部的塔尖上共分为 33 个环，代表了佛教的三十三天。

蒙多普式佛塔及藏经阁

比较少见的寺院建筑包括正方形的**蒙多普式佛塔**，其屋顶一般比较复杂，呈十字形状，主要用于收藏佛像、佛足或圣典。其中最壮观的蒙多普佛塔位于华富里附近的佛足寺，拥有华丽的绿色和金色屋顶，且雄伟的大门上镶有珍珠母，里面收藏着泰国最神圣的佛足印。

藏经阁通常坐落于木桩之上，有时会建于池塘水面上，以防虫蚁和火灾。曼谷古钟寺（Wat Rakhang）、清迈帕辛寺以及碧武里大苏旺纳蓝寺的传统藏经阁都是经典之作。

佛教圣像

佛教早期时代，人们认为图像制作不足以传达信仰的抽象理念，因此唯一被批准的意向包括法轮（又称教义之轮或生命之轮）等佛教**象征**。渐渐地，这些象征被**佛像**取代，主要解释为佛陀教义的物质化身而非佛陀的画像。雕塑家主要从巴利文典籍中获得灵感，里面写明了佛陀最常见的身体姿势和手势（降魔手印）。

所有立体佛像都是信徒尊崇的对象，但其中一些威望更高。据说一些佛像对特殊事件会有特定的反映，其他的则拥有传奇的背景，或者只是因为佛像的美丽、惊人的尺寸。甚至其物质价值（如用纯金或翡翠制造而成）而被世人敬仰。大多数泰国人对这些特殊的佛像都了如指掌，且都有特定的名字，并会在前面加上前缀“Phra”表示尊敬，如今这些佛像大多以微型佛像的形式出现在成千上万的护身符上。如果前往圣地朝拜可看到最著名的原雕像。

素可泰时代是生产**佛足印**的鼎盛时期。这些佛足印通常可追溯至有隐含典故而非代表性的图像时代，大多都是用灰泥雕刻而成，共描绘了108种吉利符号和特征（其中包括16个佛教诸天、传统四大洲以及七大河流和湖泊），并被收藏在特殊的蒙多普佛塔中。虽然素可泰时代的圣足印鲜有留存，但大城和拉塔那古辛时代的圣足印在泰国随处可见，其中最有名的是华富里附近的佛足，全年都有许多信徒到此朝圣。曼谷卧佛寺著名卧佛像的足底也刻有108个吉利特征，且上面镶嵌着美丽的珍珠母。

印度教圣像

与佛教图像相比，**印度教神像**更显生动鲜明；印度教中有无数的神明可供选择，其中大多数性格多变且有多个化身。根据印度教观点，任何物体都有可能是神明暂时的化身或象征，因此他们的代表物都比较抽象，如生殖器灵根代表湿婆，此外还有一些形象化的图像。虽然纯印度教随着高棉帝国的瓦解逐渐从泰国淡出，但信仰佛教的泰国人仍将一些印度教和婆罗门的观念融入了国家信仰体系中，并继续创造印度教三大主要神明的雕像——梵天、毗湿奴和湿婆，此外在现代建筑设计中应用了许多印度教神话中的人物。

印度教的三位一体

在印度教众神之中，毗湿奴一直深受人们喜爱：当他是“保护者”时会显现原貌，代表了恒心及无私之爱。虽然经常被描绘为神，但他共有十个分身，其中**拉玛**（第七个分身）是目前为止在泰国最流行的人物。拉玛具有理想的男子汉气概，是《罗摩衍那》史诗中的超级英雄——泰国将其改编为《拉玛坚》（见p.77框中内容），且几乎会出现在泰国所有印度寺院的浮雕和壁画上；而在肖像画中，只能通过绿色的脸才能将其认出。毗湿奴的第八个分身是

佛陀的身体姿势和手势

佛陀的身体姿势共有**四种**：坐、立、行和卧，其中**坐佛像**代表沉思冥想的佛陀，是最为普遍的泰国佛像姿态。后来该姿势渐渐衍生出其他雕像，如坐在盘绕大蛇上有蛇颈保护的佛陀：传说佛陀在雨季冥想期间，一条蛇将他顶起使他远离潮湿的地面并保护他免受风暴的袭击。**卧佛像**象征着佛陀入灭进入涅槃之境，而**立佛像**和**行佛像**都代表了佛陀从天堂返回人间。

最常见的**手势**包括：

禅定印（冥想）两手搭在膝部，掌心向上。

降魔印（呼地作证，佛陀抵制诱惑的象征），左手朝上搭在膝部，右手手指放在右膝盖并指向地面（见p.652）。

说法印 将一只或两只手举高至胸前，且拇指和食指相扣。

无畏印 屈臂将右手举起（偶尔两手举起），手指自然舒展，类似于“停止”的手势。

讫里什那，在西方他比拉玛更受欢迎，但在泰国不太常见。讫里什那通常被描述为一个长相美艳且会吹笛的蓝皮肤牧牛者，但他在道德长史诗《摩诃婆罗多》中也是一个至关重要的角色。令人困惑的是，毗湿奴的第九个化身是**佛陀**——该化身是在几百年前才被印度教采用的，以避免教徒改信佛教。在代表**神明**之时，毗湿奴的形象通常会展现为：头戴冠冕，四条手臂，且手上持有螺贝（其乐声可抵达恶魔）、铁饼（用作武器）、棍棒（象征着自然和时间的力量）及莲花（快乐及重生的象征），此外还经常骑着鹰头人身的**金翅鸟迦楼罗**。即使背上没有毗湿奴，迦楼罗也是一个非常重要的神兽：它是力量的象征，通常用于"支撑"寺院建筑。

有关**梵天**（造物主）的雕像和化身比较稀少。他也有四只手臂，但手持无物；他还有四张脸（有时被涂成红色），其坐骑是一种类似于天鹅的生物，名为汉萨，此外，梵天还是正北之神。

湿婆（毁灭者）是众神之中最不稳定的。他疯狂的毁灭之舞是极端行为的象征，代表了开始和结束，此外他还掌管生育之事，代表了强大的能力和力量。当他显现为神明之时，通常有四、八或十只手臂，有时会手拿三叉戟（代表创造、保护和毁灭）和锣鼓（敲打出创造的韵律）。其最有名的化身是舞神**那吒罗阇**，通常以固定的站姿显现——双腿弯曲，呈芭蕾舞姿势，手臂打开举过头顶。额头上有三条纹的人物也是湿婆或他其中一个化身。在抽象形式中，他的代表形象是**灵根**（曾可在东北地区所有高棉寺院的中心位置找到）。灵根主要是精力和神力的象征，尤其是当其直立在一个名为**优尼**的外阴状容器中时，则代表了生育。此外，优尼还兼用作朝拜者们倒向灵根像的圣水容器。

小神明

与湿婆相关的神明包括其妻子**帕尔瓦蒂**及其象头儿子**伽内什**。作为智慧和排除障碍（特指学习之路上的障碍）之神，伽内什一直是泰国艺术部的象征，因此在所有泰国的国家博物馆和历史公园的门票上都有其图像。

王室三首大象**伊拉旺**是众神之王**因陀罗神**最喜欢的坐骑，有控制自然元素（尤其是雨）的特殊能力，是东方之神。**其他方位的印度神**形象通常可在高棉寺院对应的瓦檐上找到，包括骑着神牛的**阎罗**（南方）、那迦（神话中的蛇）或神鹅汉萨上的**伐楼那**（西方）、梵天（北方）及骑着公牛的**伊舍那**（东北方）。

鲜为人知的神话人物起初被用作印度教象征，但经常会出现在寺院及其他佛教建筑中，包括吓阻邪灵的巨大**夜叉**（如守卫曼谷玉佛寺的巨大独立雕像）；美丽的**金娜丽**，半女人半鸟；无处不在的**那迦**，或称地狱蛇王，通常有7个头，而其身体通常出现在印度教和佛教寺院的楼梯栏杆上。

流派

在20世纪20年代，泰国的艺术史学家和学者开始仿照国家的历史阶段为泰国艺术和建筑制定分级制度；主要从6世纪佛教开始成为泰国主要信仰开始，在此之前的艺术实例很少有幸存，也尚未发现任何更早期的建筑遗物。

堕罗钵底（6~11世纪）

堕罗钵底文明主要集中在湄南河流域的那空拍侬、乌通和华富里以及哈黎朋猜（今南奔）北部的小片地区，其人民主要是说孟邦语言的小乘佛教徒，深受印度文化影响。

南奔查玛德维寺的金字塔形红土佛塔是目前唯一一座幸存下来的堕罗钵底时代**建筑**，但曼谷、那空拍侬和南奔的国家博物馆里收藏有大量该时代的佛**像**。为了有效利用他们所用的劣质石灰石，堕罗钵底的雕刻家们将佛像雕刻得相当敦实，且用像床单一样的装饰覆盖在雕像表面，从两只举起的手腕处一直垂到脚踝，形成一个U形的底边，非常巧妙——这种风格通常也运用在青铜雕像中。从幸存下来的佛像面部可以发现，其雕工非常自然，而佛像厚厚的嘴唇、扁平的鼻子和宽大的颧骨等线条鲜明，精致独特。

自公元1世纪起，印度佛教使团就一直将那空拍侬视为布道目标，因此此地也产生了许多**法轮**，可追溯至佛陀不可直接以形象来体现的时代。这些1米高的雕刻石轮象征着生命和轮回的的周期，而在堕罗钵底，法轮旁经常还会坐落着小鹿雕像，代表了佛陀在野鹿苑的第一次传经讲道。

室利佛逝（8~13 世纪）

虽然堕罗钵底的小乘佛教逐渐扩展至中部平原地区及更北部的小部分区域，但泰国南部人民主要信仰**室利佛逝**文明的大乘佛教。大乘行者认为那些获得开悟的**菩萨**应推迟他们进入涅槃之境以普度众生，而这些类似于圣人的描绘则是室利佛逝艺术的主体。

最精美的室利佛逝菩萨雕像是用青铜雕刻而成的，且是泰国艺术史上最优美的雕像，隐隐透露着曲线美。室利佛逝时代的许多雕像都装饰华美，其中一些甚至装饰着真正的宝石。至今为止泰国最流行的菩萨是大慈大悲的**观世音菩萨**。观音像有四只或更多的手臂，左肩上通常覆盖有动物皮，或绑在腰间，有时其躯干还会隐藏在小佛像下。曼谷国家博物馆里收藏有最美丽的观音像——在猜亚发现的手持莲花菩萨，不过北碧附近狮子城石宫里也坐落着一尊独特的砂岩菩萨雕像。

最经典完整的室利佛逝**寺院**建筑是位于猜亚帕波隆玛塔寺里已经过重大修复的爪哇风格佛塔，坐落于阶梯之上，拥有华丽的装饰，且每个角落还矗立着迷你佛塔。

高棉及华富里（10~14 世纪）

9 世纪末，柬埔寨的高棉人开始从首都吴哥拓展至堕罗钵底城邦，带来了印度教信仰和神王（提伐罗阇）宗教仪式。在这片新占领的土地上，他们共建造了数以百计的雄伟石质**圣殿**，其中大多数都位于南部伊桑地区的披迈、帕侬蓝和威含山（Phra Viharn）等地。

每一座类似于城堡的**寺院**（高棉语称之为 prasat）主要用于供奉湿婆的灵根，这些寺院基本都遵循类似的风格模式：中央至少有一座金字塔形或玉米状的**塔楼**，代表了天神居住的须弥山，且里面供奉着灵根。塔四周由同心矩形**回廊**围绕，其东南西北四个**瞿布罗**（即塔门）通常需通过台阶抵达，两侧装饰有**那迦栏杆**；在高棉寺院中，那迦通常是人界和神界之间桥梁的象征。大多数寺院的外墙和内墙之间都有池塘，且四周有护城河和**水库**围绕：历史学家将高棉人政治上的成功部分归因于其高效灌溉系统的设计。

几乎每座寺院建筑表面都有精致的**雕刻**装饰。通常是用砂岩雕刻而成，但会用灰泥粉刷，以印度教神明、化身和相关故事为主要题材，尤其是出自《罗摩衍那》的场景。在 12 世纪末，高棉统治者信奉大乘佛教，于是在印度教雕刻旁加上了佛教雕刻，且用佛像或菩萨塑像替换了湿婆灵根。

高棉时代，信奉小乘佛教的前**华富里**公国建造的寺院规模比伊桑地区小很多；其中最典型的是三峰塔寺院。华富里时代的经典**佛像**特点为：脸形较宽、身形强壮有力，头上戴着观赏性头带（象征着高棉人天地力量融合的观念），而佛顶髻（开悟的标志）已呈独特的锥形，而非头上混乱的一坨。早期的华富里佛像还会装饰有花环项链和观赏性腰带。华富里国家博物馆收藏有一尊该时代的经典雕像。

素可泰（13~15 世纪）

由于高棉人对泰国中部地区统治力量的减弱，两个泰人将军在 1238 年于**素可泰**建立了第一个主要的泰人王国。在接下来的 200 多年里，其臣民建造了一批泰国最精致的艺术。

素可泰时代的艺术特征主要体现在其**雕塑**上。素可泰佛像的线条甚至比室利佛逝雕像更加弯曲有致，且趋向于雌雄同体，非常优雅：纤细的椭圆形脸，修长婀娜的身姿，身上通常罩有一件淡雅的紧身长袍，流苏主要系在肚脐附近。素可泰时期的雕塑家最喜欢坐姿，佛像双手呈降魔手印状，其中最经典的作品是成功佛雕像，如今被收藏在彭世洛的吉祥乐达纳大舍利寺（Wat S: Ratana Mahathat 其复制品位于曼谷云石寺），以及巨大的释迦牟尼佛像，如今位于曼谷善见寺。此外，他们还建造了第一尊**行佛像**，身姿极其曼妙：右腿呈移动姿势，左臂呈说法印，相关实例可参考素可泰撒西寺的雕像。

素可泰建筑师们并没有推倒祖辈留下的神圣宝塔，而是选择在现有建筑上增建正殿、佛殿和佛塔，或者建立单独的**寺院建筑**。他们建造的佛殿和正殿是泰国现存最早的朝圣大厅

（高棉人没有举行过大型公众集会），但大多数只余下石柱和建筑平台，而其木质屋顶早已瓦解。最典型的此类建筑可在素可泰、西沙差那莱和甘烹碧历史公园找到。

大多数**佛塔**建筑的形状要更好一些。泰国许多佛塔都是仿照斯里兰卡的钟形舍利塔（象征着佛陀的教义会广为流传）建造的，通常坐落于一或两层的方形底座上，周围用大象雕塑支撑；西沙差那莱的群象寺就是个中翘楚。素可泰时代的建筑师也建造了**莲花蓓蕾状佛塔**：细长的塔楼，顶上装饰有锥形尖顶，如今已成为素可泰时代的标志；素可泰的玛哈泰寺及银池寺都拥有经典的此种风格佛塔。

古老的素可泰王国还以其陶工精湛的技能而闻名，生产出了名为宋加洛的**陶器**，是以附近一个瓷窑城镇的名字命名的。泰国博物馆里的陶瓷藏品大多是宋加洛制品，是用独特的灰绿色青瓷釉料制造而成，碗盘上还装饰着鱼和菊花的图案；素可泰地区还专门设立了一个宋加洛博物馆。

兰纳（13~16 世纪）

素可泰北面的**兰纳**王国与素可泰王国处于同一时代，是一个信奉小乘佛教的独立王国，非常繁华。其艺术风格可称为**清盛**或兰纳风格，建立于哈黎朋猜的堕罗钵底遗址之上，完全照搬印度教风格且融入了南部素可泰和斯里兰卡地区的一些想法。

现存最早的兰纳**纪念物**是位于清迈附近魏功甘古城的堕罗钵底风格斯莲佛塔（Chedi Si Liam），按照孟邦建筑师的金字塔形式建造。此外，清迈界遥寺是按照印度菩提伽耶的寺院建造而成的，以纪念佛陀在获得开悟之后前七个礼拜的七个禅修点。

兰纳**雕刻品**的灵感也来自于菩提伽耶，如佛像丰满的体形、宽阔的肩膀及独特的卷发。但后期的作品比较相似，可能是受到素可泰的影响，其中该风格最有名的雕像是供奉在清迈帕辛寺的帕辛佛像。其他这两种风格的经典雕塑都收藏在清迈国家博物馆中。

大城

1351 年，泰国中部平原地区被**大城**王国占领并由前华富里王子统治。在接下来的 400 年中，大城首都成为全亚洲最繁荣昌盛的城市之一，其统治者共建造了 400 座左右的寺院以彰显他们的富有和强大。虽然大城的历代国王基本都信奉小乘佛教，但也采纳了高棉人的一些印度教和婆罗门教信仰，其中最重要的是神王的观念，由此君主成为人民和印度众神之间的传递者。这个时代的宗教建筑和雕塑通过融合高棉和素可泰的建筑风格以及类似于摄政者的佛像穿着反映了新综合的意识形态。

大城的建筑师们保留了高棉佛教**寺院**经典的同心布局，并将普兰佛塔完善拉长，形成**玉米芯形状的佛塔**建筑，将塔顶弄圆并在周围引入垂直切口。而在塔尖，他们经常会添加一个青铜雷电装饰，佛塔内部的壁龛上通常会摆放佛像。大城的玛哈泰舍利塔寺及复兴寺遗址建筑里就有这些玉米芯状佛塔，但最有名的实例位于曼谷黎明寺，虽然是在随后的曼谷王朝时期建成的，但却是典型的大城建筑。

大城的建筑师们也对素可泰先辈们所喜爱的斯里兰卡**佛塔**进行了相对的调整：将钟形底座拉长，佛塔慢慢变细形成一个非常优美的圆锥形尖顶，正如大城的菩斯里善佩寺所示。该时代的**佛殿**的墙壁很有特色，主要装饰着狭缝状的窗户，通过限制建筑内部的光照营造神秘的气氛。正如所有大城建筑一样，鲜少有佛殿在 1767 年的洗劫中幸存下来，但须弥山前寺（Wat Na Phra Mane）就是最典型的例外之一。此外，彭世洛的吉祥乐达纳大舍利寺风格与此类此，而碧武里的大苏旺纳蓝寺根本没有窗户。

大城的**佛像**沿用了素可泰佛像柔美的瓜子脸，但增添了一丝世俗的韵味，且神情比较傲慢以与神王理念相一致。早期大城的雕像都带有王冠以将王权和成佛联系在一起；随着寺庙的庭院变得越来越阔气，这些雕像装饰也越来越华丽，因此就如纳菩梅汝寺不凡的青铜佛像一样，出现了耳环、臂镯、脚链、长斜带及冠冕。艺术家们将这些雕像归类为甜美的佛陀肖像（毕竟佛陀需放弃身外之物），并引出这样一段插曲：佛陀曾转化成一位风流倜傥的贵族以得到一个骄傲自大的皇帝注意，之后佛陀斥责了这位皇帝，并让他皈依佛门。

虽然素可泰有几座寺院装饰有彩绘图像，但泰国真正的宗教**绘画**起源于大城时代。不幸的是，大城地区的大多数绘画都在1767年被摧毁，只留下其他地区几个寺院里保存完好的壁画，如碧武里的大苏旺纳蓝寺。正如17世纪后期所有典型的绘画一样，碧武里壁画描绘了众多神明前往参拜佛陀的场景，没有使用阴影或透视画法，色调以暗红和奶白色为主。

拉塔那古辛（18世纪~20世纪30年代）

1782年，**曼谷**王朝取代了大城王朝，其创始人决定恢复这座古老城市的繁荣，因此**拉塔那古辛**（或曼谷）时代初始的艺术作品全都是仿照大城所做的。自此以后，无论是寺院建筑还是宗教雕塑，都没有太大变化。

拉塔那古辛第一个**建筑**是曼谷玉佛寺的正殿，为供奉玉佛像而建。该建筑是典型的大城风格，表面装饰着闪闪发光的镜子和金箔，多层次屋顶上铺有绿色和橙色的瓦砖。直至今天，大多数新建的正殿和佛殿都是按照这种风格以更经济的方式建造而成的：外墙虽只用石灰水刷白，但山形墙上装饰有镀金饰品和彩色玻璃镶嵌细工。分层的屋顶仍然逐渐变细形成鸟状尖顶的丘发（chofa）造型，此外还有装饰着那迦雕像的楼梯（这是大城继承的高棉特色），这些几乎都成为了该时代寺院建筑的必备要点。因此泰国的现代寺院几乎都大同小异，没什么区别，但曼谷也有少数例外，如云石寺的墙壁使用的是大理石，且采用了维多利亚风格的彩色玻璃窗，而王爷寺则全部是用中国陶瓷铺盖而成。拉塔那古辛时代最显著的建筑是建立于19世纪中叶那空拍侬地区的原始斯里兰卡风格佛塔，但没有素可泰的大象雕塑扶壁。

拉塔那古辛早期雕刻者制作的**佛像**非常华丽，与大城别无二致。由于对佛像大小的痴迷（首次出现于素可泰时期），雕刻家们一直在探索新的深度，最终以高达60米的混凝土丑陋雕像为基准，通常以棕色或暗黄色为主。大多数小雕像的图形或图案都是按照古老的素可泰或大城原型雕刻而成。

拉塔那古辛时代的**绘画**作品要精美得多，如曼谷卧佛寺的《拉玛坚》史诗壁画展现了大城精湛的技术及用传统题材改编而成的作品之奇妙、生动和美丽。

当代艺术

20世纪30年代，随着泰国民主化政策的实行，艺术家们逐渐被确认为个体，并开始在他们的作品上签名。1933年，曼谷民主纪念碑设计者——意大利雕刻家**科拉多·费罗奇**（后更名为Silpa Bhirasri）建立了泰国第一所艺术学校（今曼谷艺术大学），由于新一代艺术家们尝试以世俗为主题，且采用改编自西方的风格，泰国的艺术渐渐变得更加**“现代”**。过去80年中，主要的艺术题材是泰国的精神遗产及其对当代社会的影响。但自1985年起，一些泰国更有建树的当代艺术家已获得**国家艺术家**之称号，这项荣誉主要颁发给每年在各艺术领域方面有杰出贡献的艺术家，包括美术、表演、电影和文学等方面。

艺术家

Angkarn Kalayanapongsa（1926~　）是第一批改变传统风格和主题的现代艺术家之一，很早之前就被授予国家艺术家的称号。长期以来，他主要从事寺院壁画创作，其大多数作品（其中一些收藏在曼谷国家美术馆中）都反映了这方面的经历，尤其擅长二维大城风格的人

美术馆及展览

几乎泰国所有的**美术馆**都位于曼谷。虽然首都国家美术馆（见p.85）的永久性展品有些令人失望，但雄伟壮观的**曼谷艺术文化中心**（见p.105）、主要艺术学校——泰国艺术大学的艺术中心（见p.82）、王后画廊（见p.92）及曼谷周围的小美术馆都会定期举办非常有趣的当代作品展览。出色的《曼谷艺术地图》月刊（Ⓦ www.bangkokartmap. com）提供曼谷美术馆的详细地图说明，且附有展览列表，在所有美术馆免费供应。各府规模较大的艺术博物馆包括：那空拍侬艺术大学附属中学的泰国当代艺术中心（见p.157）及清迈大学艺术博物馆（见p.249）。想进一步了解泰国顶级现代艺术家的作品，可登录Ⓦwww.rama9art.org 游览虚拟的拉玛九世艺术博物馆。

物及超现实风格的腾云驾雾的神灵形象，周边装饰有佛教象征符号及当代文化标志。

从前的电影广告牌艺术家、今国家艺术家 Chalermchai Kositpipat（1955~　）进一步推动了这种艺术融合，主要创作现代风格，颇具争议的扭曲寺院壁画。他在泰国以外最著名的作品是伦敦佛陀婆提寺内墙上色彩强烈的惊人图像。国内，他的最新巨作是坐落于其故乡清莱的华丽的非传统风格白庙——灵光寺（见 p.314）。

国家艺术家 Pichai Nirand（1936~　）致力于营造画廊和私人住宅更世俗化的环境，摆脱了传统壁画风格，转而使用更具选择性的佛教意象，借用宗教对象和符号，并重新诠释它们的意义。其代表作品是精美细致的佛足印油画，其中大多数都可在曼谷美术馆和公共场所看到。

Pratuang Emjaroen（1935~　）以社会纪实而出名，代表作是巨大有力的《法与罪》；而其绘制的《灾难日》反映了 1973 年军队与学生之间的暴力冲突：这幅长 5 米宽 2 米的图像描绘了一些断臂残肢、尖叫的面孔及血腥的争斗，而其背景隐约可看到佛陀的脸庞、有尖刺的法轮及其他宗教符号。

传统主义者 Chakrabhand Posayakrit（1943~　）是一位多产的艺术家，其灵感也来自于泰国的佛教文化；他对自己国家的文化遗产感到非常骄傲，其大部分作品也都体现了他的爱国情操，也因此被授予了国家艺术家的称号。其代表作有 33 幅《佛陀生平事迹》绘画，此外还有许多泰国王室成员的肖像画。

Thawan Duchanee（1939~　）是一位家喻户晓的艺术家，其作品颇具争议性，通常描绘的是精神紧张的现代生活。他的超现实风格宗教图标排列及确切的色情图像激怒了一小批学生，因此在 1971 年，他有十幅早期作品被学生销毁，而这种对泰国艺术作品的情绪反映是前所未有的。但 Thawan 并没有后退，仍然以寓意作品为主，不断与追随中间之道的障碍做斗争，其中最突出的就是欲望和暴力，不过 20 世纪 80 年代后，随着作品越来越畅销，他的街头信誉已开始减弱。

Vasan Sitthiket（1957~　）一直认为自满即批判，他是泰国最直言不讳、最特立独行的艺术家之一，其强硬风格的作品收藏在首都各地大大小小的美术馆中，但有些仍是禁图。作为对僧侣、政治家、首席执行官和军事领导人等伪善人物的坚定改革者，Vasan 是当代艺术舞台上名望最高、最积极的政治代表，主要体现在其油画、多媒体作品和表演艺术中。在 2003 年的威尼斯双年展中，泰国第一次拥有了自己的展馆，而他则是代表泰国的 7 位艺术家之一，堪称泰国艺术界的泰山北斗。

同样具有对抗性的双年展参展者 Manit Sriwanichpoom（1961~　）是一位摄影师、表演艺术家和社会活动家。Manit 最著名的作品是一套名为“粉先生”的摄影集，描述了一位泰国男子（是 Manit 的合作者 Sompong Thawee）身着华丽的粉红色西装，推着一辆粉红的购物车出入泰国和其他地方的不同场景。这位粉先生代表了轻率和危险的消费，而其背景可能是一个贫穷的山村部落（《旅行中的粉先生》1998），或是取自于 1973 年、1976 年和 1992 年政治暴力的黑白镜头（《粉先生的恐慌》2001）。

泰国的女性艺术家一般都比较默默无闻，但是在 2007 年，Pinaree Sanpitak（1961~　）成为泰国文化部年度 Silpathorn 奖的第一位女性知名艺术家得主。Pinaree 因对性别问题很感兴趣且经常使用船只和山丘形式的女性肖像画而出名，其作品与佛教浮屠图像也有部分相同之处。她的作品主要以多媒体为主；如 2001 年的“船只与山丘”展中展示着巨大的乳形地板靠垫、蜡烛和碗等。

在泰国艺术界的新生力量中，Thaweesak Srithongdee（1970~　）将超现实主义和流行文化与色情和比喻技巧融合在一起，以达到类似于卡通的效果。而 Jirapat Tatsanasomboon（1971~　）专注于流行文化，其作品融合了东西方的超级英雄和文化象征，例如在《哈努曼对蜘蛛侠》作品中，他让《拉玛坚》史诗中的猴将军哈努曼对抗蜘蛛侠，以及融合性的神话故事《西塔化身（波提切利之后）》。

植物、动物和环境问题

泰国位于东南亚热带区域的中央地段，南北长约1650千米，其最北端地区距北回归线以南仅有几度，南部边境位于赤道以北不到7°。正如其他热带地区一样，泰国的气候特点是炎热潮湿，植被类型从北部山区的混合落叶林和干性落叶龙脑香林到南部潮湿的热带雨林，丰富多样，为大量动植物群提供了栖息之地。世界上至少有6%的维管植物都可在此找到，迄今为止所发现的种类共超过1.5万种。

观赏泰国生物多样性的最佳场所是其国家公园，其中最受欢迎的是东北部的考艾国家公园、北部的因他暖山和素贴山国家公园以及南部的三百峰、考索和达鲁岛国家公园。有关国家公园的实用信息请查看“基本信息”章节。

泰国的地理

泰国属于**热带季风气候**。5 ~ 10月，从印度洋吹过来的西南季风带来了大量雨量，因此该阶段被称为雨季。11月~次年2月，东北季风带来了凉爽干燥的气候：寒冷干旱的季节。但是，该东北季风在跨国中国南海后会袭向半岛东海岸，与当地潮湿的空气相遇，因此形成了该地区最多雨的季节，一般是在11月。

农业是泰国经济的重要组成部分，约有40%的泰国人依靠土地或大海为生。中部平原拥有肥沃的稻田；东北贫瘠高原上的经济作物以木薯、玉米和桉树为主；而南部的商业用地则以橡胶和棕榈油种植园为主。此外，泰国海岸线沿岸还点缀着红树林沼泽和棕榈树林。

混合落叶林和干性落叶龙脑香林

据估计，泰国65%的森林都是**落叶林**，有时也被称为季风林，因为它们必须度过至少半年雨量较少的干季，这些树木的叶子纷纷掉落以节约水分。落叶林通常比较开阔，阳光充足，树木高10~40米，还拥有茂密的灌木丛。这里的树木主要以**龙脑香科**植物为主，属于热带硬木，其木料及树脂都是非常珍贵的。曾经，**柚木**在北方落叶林中也非常常见，但因其牢固结实的木材销量极大，几乎所有的柚木森林都已被砍伐。由于柚木树大约需要200年的时间才能成熟，因此自1989年起，泰国就已禁止砍伐柚木，如今，泰国大部分的柚木都来自缅甸。

竹子主要生长在季风气候地带，其在雨季期间的生长速度非常快，周围土地贫瘠，通常不适合其他物种生长；竹子一般是次生林的主要植物，很早之前就已出现砍伐现象。所有品种的竹子都具有光滑、空心的特点，是一种适应性极强的材料，从外墙、椅子到水管（主要用于山地部落）和乐器等，都可用竹子制作；竹笋也是常见的泰国和中国菜肴。

热带雨林

泰国的**热带雨林**生长在半岛雨量较多且雨期较长的南部地区，其中主要分布于考索、阁德鲁道岛和王家山等国家公园。有些区域在单单1公顷内的树木种类多达200种。热带雨林的特点是其多层次的**树冠**。最高的树木可达60米，通常需要巨大的根部支撑；其下是25~35米的茂密林木，通常有蕨类、藤本、苔藓和兰花等攀缘植物和附生植物缠绕；随后是分布不均匀的5~10米高植物，多由棕榈、藤蔓、灌木和小树组成。由于上面三层树木的遮挡，热带雨林的森林地面阳光不足，因此相对比较开阔，没有密集的下层丛林。龙脑香科植物也是热带雨林的主要树种，作用重大，不仅是犀鸟的筑巢点，也是长臂猿的警戒场所，其木材也有多种用途。

半常绿森林和山地森林

半常绿森林位于热带雨林和干性落叶阔叶林中间，包括从平原到海拔1000米高地的所有低地和山下常绿森林。半常绿森林通常生长在具有明显季节性降雨的地区，可在考艾和卡詹石滩国家公园以及整个泰—缅边界地带找到，所有这些地方都可以观察到大型哺乳动物，如大象、白肢野牛、老虎和熊等。

在海拔1000米的高地，高大的树木被耐寒的**常绿山地森林**植被代替，如橡树、栗子树和月桂树等，其中大多数树木的树干扭曲，叶子相对较小。频繁的降雨使得这里生长着大量青苔和茂密的下层丛林，包括附生植物、杜鹃花和树蕨。在因他暖山和普加东国家公园、素贴山和考艾国家公园的部分地区都可看到常绿山地森林。

红树林沼泽和沿海森林

红树林沼泽是多种海洋生物的重要栖息地（包括200多种鸟类、70种鱼类和50种螃蟹），但正如大部分泰国内陆森林一样，这些沼泽地带由于人们生活区侵占和大规模的虾类养殖已显著退化。曾经泰国大片沿海地区边缘都有红树林沼泽围绕，但如今只能在半岛西部拉廊和沙敦之间的沿海地带找到，不过东部沿海地区庄他武里的Khung Kraben湾是个例外。普吉岛的Thachatchai自然小径可提供有导游带领的红树林沼泽之旅，但**探索沼泽**更好的方式是乘坐皮划艇穿过攀牙湾遍布着红树林的入口以及岛屿礁湖。红树林沼泽不仅拥有自身丰富且重要的生态系统，还有利于防止海岸侵蚀；在遭受海啸袭击的安达曼海岸部分地区，完好的红树林吸收了一部分海浪的影响，保护该区域的土地和家园免受更大的伤害。

聂帕榈与红树林一样喜欢咸水区域，这些有茎的粗短棕榈树主要生长在南部，但如今也被商业种植园取代。正如泰国大多数本土的棕榈品种一样，聂帕是一个可被充分利用的多功能植物：其含糖的汁液可提炼出酒精，而其叶子可编织成屋顶（尤其是沙滩小屋和农村家庭房屋）、糯米篮和椅背。

坚韧的**椰子树**也可忍受咸的沙质土壤，且同样十分有用。在阁骨岛等岛屿，椰子树是当地的经济支柱，每月都会收获数以百万计的椰子以取得其中的椰汁、产油果仁（椰子干）及纤维椰壳（可用于制作绳索、席子、刷子和床垫填充物等）；椰子树的叶子可编织成屋顶覆盖物和篮子，其木材还拥有迷人的纹理。

木麻黄树（也称作铁木树）也同样生长在沙质土壤中，在泰国沙滩上遍地可见；由于它们生长较快且非常高大（可达20米），因此通常被用作防风林。虽然其毛茸茸的轮廓看起来像松树，但其实是一些微小的树枝而非针叶。

野生动物

泰国位于印度—马来地区异常肥沃的“过渡区”，其森林、山脉和国家公园吸引了许多来自中南半岛和印度尼西亚的野生动物。据统计，泰国共生活着300种哺乳动物（其中37种是濒危或易危物种），且目前已发现了982种鸟类（其中49种属于全球受威胁名单）。

哺乳动物

在考艾、因他暖山和考索等主要国家公园里，最有可能遇到的是**灵长类动物**，尤其是猕猴和长臂猿。后者会长时间待在森林树冠上觅食，而前者往往会在靠近地面的地方休息或和同伴交流。

整个森林里不时回响着长臂猿独特的呼叫声。其中叫得最频繁的是**白掌长臂猿**，其拥有米色或黑色的身体，脸呈白色，但不幸的是，它们的可爱、聪明和灵巧使之成为非常受欢迎的宠物。白掌长臂猿的偷猎和虐待现象非常严重，如今已出现一些组织致力于保护它们（见p.668框中内容）。

同样叫声不停的猕猴往往会20多只聚集在一起。**长尾弥猴**或**食蟹猕猴**主要生活在河流、湖泊和海岸附近的低地地区，如攀牙湾、甲米、阁德鲁道岛、红统和三百峰等。它们不仅吃螃蟹，还以贻贝、其他小动物和水果等为食，当它们游泳或潜水时，会用其大颊囊运输或储藏食物。**豚尾猴**因其弯曲的短尾得名，主要生活在伊拉湾、考艾、因他暖山等国家公园里，擅长攀爬高大的树木，因此泰国人经常会抓捕大量雄性豚尾猴然后通过训练让它们采摘椰子。

印支虎比较难找，它们的生命不仅受到偷猎者的威胁，而且由于伐木者对利益的追求，它们的栖息地已遭到大肆破坏，导致了印支虎数量的急剧减少，可能已不足100只；如今印支虎主要生活在考艾和考索这两个国家公园里。中等体型的树栖**云豹**也属于濒危动物，基本上很难看见，因此它们每次都会在夜幕的掩护下出来寻找鸟类和猴子，很少会在有月光的夜晚出现，更不用说是白天。

貘比较害羞，通常昼伏夜出，其后肢的脚爪上有三趾，前肢有四趾，生活在泰国半岛的森林深处，但偶尔也会在白天出现。貘是马和犀牛的近亲，差不多矮种马大小，鼻子粗短，类似于树干，而其体表独特的两种色彩主要用于迷惑掠食者：其前半身和四条腿都是黑色的，剩余部分则是白色。

据估计，如今泰国的野生**大象**也少于2000头：小耳亚洲象主要生活在考艾和考索国家公园内（见p.276框中内容）。

鸟类

由于泰国地处东南亚动物地理学的十字路口，因此拥有庞大的**鸟类**品种。泰国大陆地区的森林地带栖息着的鸟类与印度、缅甸和中南半岛地区大致相同，但北部山脉地区的鸟类品种则与喜马拉雅山和中国西藏类似，此外，半岛森林里的鸟类还可在马来西亚和印度尼西亚找到。考艾和考诺竹崎（Khao Nor Chuchi）是泰国主要的全年观鸟点，在干季，还可以前往因他暖山观看鹟和啭鸟，而三百峰国家公园以及小海水鸟园（Thale Noi Waterbird Park）则可看到大批迁移的涉禽和水鸟。有关泰国各地特定**观鸟**点的详细信息可登录 Ⓦwww.thaibirding.com 查看；泰国观鸟协会（Ⓦ www.thailandbirdwatching.com）提供有导游带领的观鸟旅行；观鸟指南列表见本书所示。

泰国共有12种**犀鸟**，所有品种都拥有宽大强健的翅膀（在很远的地方就可听到它们扇动翅膀的声音）及巨大的喙，上面是奇怪的角状头冠。考艾国家公园是最容易看到黑白**东方冠斑犀鸟**及华丽**双角犀鸟**的场所之一，双角犀鸟身体呈单色，但头部点缀着一些明亮的黄色羽毛；此外，拉廊的帕延岛及阁昌岛也栖息着一些东方冠斑犀鸟。

华丽而害羞的**八色鸫**比较少见。通常会出现在常绿森林的地面上，尤其是因他暖山、素贴山和考艾国家公园，这些胖嘟嘟的小鸟（其品种包括**栗头**八色鸫、**蓝枕**八色鸫和**双辫**八色鸫）外形耀眼，有红色、黄色、蓝色和黑色等，各种各样。通常在热带雨林以外地区看到的品种是**蓝翅八色鸫**，它们偶尔会迁移到更干燥的竹林地区。泰国还拥有极为罕见的**泰国八色鸫**，仅可在甲米的空统国家公园找到。

鸡科鸟类与八色鸫一样害羞，同样非常迷人。黑白相间的**白鹇**及**绿孔雀**都是非常美丽的鸟类，而常见的**红色原鸡**是所有泰国鸡的祖先。

泰国的**稻田**也吸引了许多不同的鸟类，包括不同品种的**文鸟**，这种胖乎乎的鸟类是雀的近亲，粗短的圆锥形鸟喙非常适合食用开裂的未成熟水稻种子。**白鹭**和**苍鹭**也经常会出现在稻田中，涉水穿过淹没的水沟，或栖息在水牛的背上啄食昆虫，而在11月~次年4月期间，成千上万的亚洲**钳嘴鹳**也会出现在农田里，在糖棕榈树和竹子上筑巢并以蜗牛为食。

壁虎

无论你是留宿在沙滩上还是国家公园里抑或是城镇中，你都可能在房间里看到一些壁虎。这些浅绿色的热带生物对人类无害，有4~10厘米长，通常会在晚上出现在高高的墙壁或天花板上捕食昆虫。由于其平坦的脚趾下面分布着数以百计的微观毛状物，可以牢牢抓住最细小的不规则物体，因此壁虎几乎能够在任何表面爬行，包括玻璃，这也是它们会出现在奇怪或违背地心引力位置的原因。体形最大且最吵闹的壁虎是大壁虎，泰语叫tokay，以其令人惊讶的响亮声音命名。大壁虎最长可达35厘米，有些吓人，却深受屋主的喜爱，因为它们可以帮忙抓昆虫和老鼠；而且泰国人认为在婴儿出生时听到大壁虎的叫声是吉祥的征兆。

沿海地区也吸引了鹳、白鹭和苍鹭等小鸟，小海水鸟园与三百峰国家公园的泥滩上栖息着大量长颈的**紫鹭**。英武的**白腹海鹰**会在泰国海岸上方盘旋，其巢穴通常位于甲米、攀牙湾和阁德鲁道岛周边的陡峭狭缝中，以鱼和海蛇为食。而小巧的**金丝燕**（雨燕）也会在石灰岩峭壁上筑巢。

蛇

泰国境内约有175种不同种的**蛇类**，其中56种是非常危险的毒蛇。因毒蛇咬伤死亡的案例并不常见，所有医院都存有一些由曼谷蛇园（见p.108）制造的血清。

黄色和黑色条纹的**金环蛇**在泰国随处可见且剧毒无比，长2米，通常昼伏夜出，游客一定要小心避开，另外一种稍短一些但同样有剧毒的**单眼纹眼镜蛇**主要潜伏在低洼潮湿之地，靠近人类居民区，其头巾状颈部长有独特的"眼睛"标记。另一种比较常见的毒蛇是60厘米长的**马来亚红口蝮蛇**，外表呈粉棕色和黑色，善于伪装，非常危险。**网纹蟒**虽然无毒，但长达7.5米（最长有10米），最重有140千克，经常徘徊在泰国各地的人类居住区，以老鼠、猪、猫和狗为食，将猎物紧紧勒住直至死亡；如果引起它的愤怒，甚至也会将人类扼死。

海洋物种

印度洋（安达曼海）及南海（泰国海湾）两地共生活着850余种开放性水域鱼类、100多种礁岩鱼类及250种左右的硬珊瑚。泰国40%的珊瑚礁都受到**国家海洋公园**的保护，而这些地区大多是顶级的浮潜和潜水点，尤其是在斯米兰岛、素林岛和阁德鲁道岛附近（见p.49）。

珊瑚

珊瑚礁是由众多海洋生物组成的活生物体，但每个珊瑚礁的基础是其表面无生命的**石珊瑚**——结构坚硬，由群集的珊瑚虫构建而成——这是一种以浮游生物为食的微小无脊椎动物，依赖藻类和直射阳光的光合作用生存，并从海水中提取碳酸钙（石灰岩）实现再生产。珊瑚虫使用该碳酸钙在它们身体外面构建新的骨架（是一种被称为出芽繁殖的无性生殖过程），然后就形成了珊瑚礁。中间过程非常缓慢，有些地方的菌落平均每年只生长5~30毫米。

类似于肉质植物的**软珊瑚**，通常会在石珊瑚的斜坡及其周边自我繁殖，随着水流摇摆不定，并用触须捕捉微生物。软珊瑚也是由珊瑚虫组成的，但它们各种各样柔软的内部构架是由蛋白质而非钙构建而成。还有介于石珊瑚和软珊瑚之间的**角珊瑚**，而**海葵**是最为明显且最具危险的珊瑚家族成员，它的触角可用来捕获鱼和其他大型猎物。

鱼和海龟

聚集在珊瑚群落周围的藻类和浮游生物吸引了各种各样的**礁岩鱼类**。大部分体形较小，色彩鲜艳，以逃脱珊瑚的捕捉，而其扁平的身体和宽大的尾巴使得它们可以在珊瑚礁周边轻松自在地游来游去。

在众多礁岩鱼中，最好辨认的是**皇帝天使鱼**，拥有明亮的蓝色和橙色横条纹及橙色的尾巴，非常引人注目。**镰鱼**的形状十分奇特，从其三角旗形状的背鳍即可轻易辨认，此外它的嘴都突出，且拥有鲜明的黑色、黄色和白色条纹；卵形的**颊纹鼻鱼**拥有浅蓝色的身体、明亮的黄色背鳍及白色的"下颏"。常见的**长鼻子蝴蝶鱼**身体呈银色，带有黄色条状纹路，由于它和蝴蝶一样喜欢穿梭在裂缝中觅食而得名。亮橙色**小丑鱼**身上厚厚的白色条纹就如小丑的围脖一般，但因其与海葵的共生关系，又被称为海葵鱼，通常生活在海葵周边。

还有一些礁岩鱼，如无处不在的碧绿色和紫色的**鹦鹉鱼**等，会以珊瑚为食。鹦鹉鱼的嘴巴与鸟类似，其实就是几颗融合在一起的牙齿，在其嘴巴的帮助下，鹦鹉鱼会紧贴珊瑚，然后用后排牙齿咀嚼——据说这种方式导致了泰国大量珊瑚的侵蚀。华丽的淡紫色和酒红色**长棘海星**因全身布满毒刺而得名，同样以珊瑚为食，每24小时就会糟蹋多达50平方厘米的石珊瑚。

泰国近海珊瑚礁周围还有一些体形较大，但数量较少的鱼类，其中包括**海鳗**，长而锋利的毒牙使其成为致命的掠食者，而与其外形类似的**梭鱼**是世界上速度最快的鱼。**鲨鱼**经常会出现在珊瑚周围，有时还可能在其旁边看到**蝠鲼**，蝠鲼极其扁平，拥有奇特的翼状鳍，体形庞大——最长可达6米，重1600千克，是海底世界惊人的存在。海龟有时也会在珊瑚礁周围水域划行，但泰国当地的四种龟——棱龟、橄蠵龟、绿龟和玳瑁近年来的数量急剧减少，已成为濒危动物。

环境问题

泰国快速增长的经济已严重影响了环境。如房地产开发及旅游业的不断扩展等新大型基础设施建设都是**森林砍伐**和严重污染的重要原因。由于1988年素叻他尼爆发洪水和泥石流，造成了巨大的损失，因此政府在第二年下令禁止商业伐木，但森林用地仍因其他用途而继续被剥蚀。此外，泰国也有地方“势力”问题，例如当大人物想要清除以前的原始区域用作新的物业发展时，卑微的府级公务员几乎不可能拒绝他们的计划或抵挡住金钱的诱惑。

洪水一直是泰国环境的特色，对土壤的肥沃至关重要，而其最坏的影响也因泰国传统吊脚木屋的设计而消除。但如今，几乎每年都有一些河边城镇中心、道路和铁轨被淹没，尤其是在泰国海湾沿岸；2011年泰国发生了特大洪水，导致其中部平原的城镇连续几周都被水淹没，其中包括大城的世界文化遗址及曼谷的众多城郊地区。近年来，更加危险的**山洪暴发**也越来越频繁，其中最严重的一次发生于2005年的北部城镇拜县附近，众多房屋和旅馆都被洪水冲走。森林砍伐和洪水之间的关系颇有争议，但泰国泛滥平原上侵占了森林面积的水泥和柏油路绝对是有影响的，再加上泄洪管道被垃圾和其他污染物堵塞，以及气候变化，都是灾难频发的原因。

珊瑚礁和海岸线

泰国许多**珊瑚礁**（有些甚至已有4.5亿年历史）都因旅游业而被摧毁，其中最显著的问题的是沿海酒店污水处理系统不足所产生的污染。长期以来停泊在珊瑚礁上的长尾船、用珊瑚制成的纪念品以及不负责任的潜水教练使用的鱼叉枪等都产生了累积影响，但与当地人民使用炸药捕鱼，包括将礁岩鱼出售给水族馆的做法相比就不值一提了。

2004年的**海啸**也对整个安达曼海岸的沿海地带和海洋环境产生了重大影响。靠近海岸的珊瑚礁都被垃圾的碎片残骸（家具、器械甚至是汽车的）压碎，并被流失的土壤掩埋；海水因污水处理系统的破坏而被严重污染；而海滨地区的大片农田也因受到咸水侵蚀无法使用。2010年，全球各地海洋的**珊瑚**发生了大规模**白化**，尤其是泰国素林岛等浅水区域的珊瑚礁，受损特别严重；珊瑚白化是因海洋温度陡升引起的，可以说是全球气候变化的显著证据。

国家公园

尽管泰国自20世纪70年代以来就成立了一些**国家公园**以保护其自然资源，但这些机构的目的大多都处于商业和保护管理之间，为解决这一问题，政府于2002年新成立了国家公园和野生动植物保护部门（DNP Ⓦ www.dnp.go.th），与王室林业部和其上级机关农业部区分开来。

如今泰国共有140座国家公园和海洋公园，以及其他各种保护区，至少理论上有超过13%的领土都受到保护，禁止侵占和狩猎（与其他国家相比，比例很高，如日本为6.5%、美国为10.5%）。

然而，一些国家公园仍然持续**旅游化**；尤其是皮皮岛和沙美岛，因有大量过夜游客，已遭到不可逆转的环境破坏。如今大多数人都已明白国家公园的作用是保护脆弱珍贵的自然资源，但国家公园的外国人门票费用急剧上涨（2000年从B20涨到B200，后来一些特殊的公园又涨到了B400），引起了各界人士的嘲讽和愤怒，至少人们并没有看到国家公园有任何有形的变化。

大象之旅和野生动物贸易

尽管当地和国际保护机构及野生动物保护组织都做出了众多努力，但泰国人对**动物权利**

野生动物慈善机构和志愿者项目

金三角亚洲象基金会 Anantara 度假村，清莱苏鲁克 Ⓦ www.helpingelephants.org 大象的福利是 Anantara 象营的首要关注问题，主要提供大象之旅及象夫课程。所得利润用于该基地的大象援助中心项目。见 p.318

大象自然公园 清迈附近 Ⓦ www. elephantnaturefoundation.org 这家著名的保护教育中心及大象保护区主要对提前预订的游客、住宿客人和志愿者开放。见 p.307

长臂猿野放计划 普吉岛 Ⓦ www.gibbonproject.org 在将受虐待的宠物长臂猿送回大自然之前先让它们适应野外生活。欢迎游客和志愿者的到来。见 p.570

高地农场长臂猿保护区 湄索附近 Ⓦ www.highland-farm.org 该保护区主要照看受伤和被遗弃的长臂猿，欢迎一日游及家庭寄宿游客。也可提供一个月的实习。见 p.228

泰国野生动物救援基金会（WAR） Ⓦ www.warthai.org 该活动组织在泰国各地都有动物救援保护区、医院和研究中心，对不熟练的志愿者开放，需支付费用。

问题的响应仍然比较混乱。其中最典型的是清迈夜间野生动物园：这家商业性动物园不仅建立于国家公园的领地上，而且早期还大肆宣传公园餐馆里会提供国家公园奇珍异兽为原料的美味佳肴，包括老虎、狮子和大象等。虽然迫于负面评论的压力很快被撤销，但泰国各地仍会秘密提供濒危动物菜肴。

曼谷和清迈等地的**动物园**是合法的、相当得体的场所，但许多其他（尤其是以老虎和鳄鱼为主的）私人野生动物主题公园和动物园的目的都比较可疑，其中一些已成为“生而平等”等国际动物福利机构的目标。

如今，**大象之旅的道德问题**也越来越受关注，作为旅游业快速发展且收益颇丰的项目，有些人认为其已经一发不可收拾。1989 年政府下令禁止伐木之后，许多大象都闲赋了下来，而象夫为了维持大象昂贵的饲养费用才想出此种办法，但如今由于越来越多的大象都被训练为徒步旅行的代步工具（见 p.276），东南亚地区的野象数量急剧减少，已成为濒危动物。缅甸大象尤其如此，据说每年都有大批缅甸大象被偷运过边境。此外，这些大象的福利标准千差万别。不过庆幸的是，如今有越来越多的**动物保护区**致力于照顾受虐待和濒临灭绝的动物，以大象和长臂猿为主，既是动物的安全避风港，也是有教育意义的旅游景点。

野生动物贸易

虽然泰国在 1983 年就已签署了**《濒危物种国际贸易公约》**（CITES），且在 2004 年举行了一年一度的濒危物种国际贸易公约会议，但濒临面绝的动物及其相关产品仍在继续出售。

大多数**濒危物种**的贸易都集中在柬埔寨和缅甸的边境地带，而泰国作为中间商则可在此轻而易举地获取任何数量的动物。其中一些或被作为宠物，或被出售给动物园，其他的则成为人类的盘中餐或药材。**老虎**的身体部分利润尤其丰厚，主要销往中国、韩国等国的虎骨、虎皮、虎牙、胡须及阴茎都有珍贵的“药物”属性——这也是泰国老虎数量逐渐减少的主要原因。**熊**掌和熊胆也具有类似效力，功能颇多，和其他珍稀动物一样也会出现在泰国某些秘密餐馆里。位于缅甸边境湄赛周边的大其力镇市场就是臭名昭著的老虎和熊器官的出口场所，而曼谷恰图恰周末市场的活体动物（从犀鸟到懒猴各种各样）贸易也比较频繁，虽然偶尔当局会进行打击行动，但成效不大。

音乐

无论是与当地寺院佛教活动、万物有灵论仪式或婆罗门典礼相关的宗教音乐，还是各种各样的流行歌曲，都是泰国文化的重要组成部分。虽然卢克逊和摩拉穆等泰国流行音乐风格仍然广受欢迎，且个性鲜明，但千变万化的摇滚乐、独立音乐、DJ/舞曲及地下艺术等也都在这个国家迅速发展。

古典传统音乐

泰国古典舞蹈和音乐的历史可以追溯至素可泰时期的石版画时代（13~15世纪），版画记录了音乐家合奏时所用的传统乐器**皮帕特**（piphat）。皮帕特合奏包括许多打击乐器，如铜锣、木琴和鼓，有点类似于印度尼西亚的加麦兰，此外还有音色沙哑的双簧管pinai。该音乐主要是古典舞蹈戏剧（箜舞或拉孔舞）或皮影戏的伴奏乐：曼谷大王宫玉佛寺里宏伟的《拉玛坚》壁画上描绘了皮影戏的场景。

由于泰国古典音乐的7个音符落于钢琴键盘的裂缝之间，因此对于西方人来讲，皮帕特音乐听起来会有些奇怪。但如果在特定的环境聆听，如寺院、舞蹈表演或泰国拳击赛等，你会不禁沉醉其中。乐器上没有任何标记，所有东西都必须记在脑子里。而且多年来，所有泰国音乐的要素都已被其他来源同化，综合形成了新的风格。

虽然泰国的西化速度很快，但在过去几年中，由于获得王室的赞助，其古典音乐呈复兴之势。最近泰国的Kangsadan和Fong Naam等乐团也掀起了将泰国古典和西方的爵士或摇滚风格融合在一起的热潮。Boy Thai乐队紧跟他们的步伐，但更偏向于以流行乐为主，且成功发行了两张主流专辑。

曼谷皇家剧院、国家剧院及泰国文化中心（见p.142）都会提供舞蹈和古典音乐**表演**，而且有时泰国人为了感谢神灵，会聘请寺院音乐家和舞蹈家在拉玛一世大街的四面佛神殿及大王宫前面的国柱神庙表演，但缺乏生气。许多曼谷餐馆也会为游客提供音乐演奏和舞蹈表演，如Tawandang German Brewery（见p.141）有Fong Naam乐队的Bruce Gaston定期表演及泰国历史最悠久的古典乐队Duriyapraneet的表演。

民间音乐

泰国的民间音乐被称为phleng pheun bahn，其不同的风格出现于泰国四个不同的地区（中部、北部、东北部和南部）。尽管泰国急于现代化，但仍有众多的民间音乐风格存在，从偏远北方山地部落的新年舞蹈到清迈地区的三弦小提琴（saw）和指甲舞（fon lep），从东北部通宵达旦的嘹亮对歌（lam klawn）到南方腹地难忘的穆斯林likay huuluu音乐，令人称奇。

大多数泰国人最熟悉的是令人兴奋的中部民俗风格乐曲，如lam tad、phleng choi和phleng I-saw，通常是男女之间的情歌对唱。这些风格的音乐以及东北部曾经流行的摩拉穆都已融入了现代流行风格，如卢克逊等。

近年来，东北部快节奏的**蓬朗**（pong lang）乐器风格民俗舞曲变得越来越流行（一个垂直连接到树上的木琴，原本主要用来阻止鸟类靠近作物）。蓬朗非常古老，其历史可追溯至印泰文化之前；20世纪70年代时，泰国国家艺术家Pleung Chairaasamee对其进行了改编更新。几年前，Pong-Lang Sa-Orn乐队因出现于动感十足的喜剧表演中而家喻户晓，并创下了百万销量的专辑和影片记录。

内陆是欣赏蓬朗的最佳之地，尤其是11月~次年3月干季的伊桑中部加拉信（Kalasin）府地区。此外，东北部的孔敬、乌汶和乌隆等城市在主要节日（见p.42）期间也会有民间音乐表演，特别是在宋干节（4月）、火箭节（5月）和Asanha Puja蜡烛节（7月）。一般来说，在任何国家节日或宗教节日期间，到处都可听到民俗音乐。

流行风格音乐

泰国是东南亚第二大音乐市场，仅次于印度尼西亚，而曼谷是流行音乐和流行文化的重要枢纽地区。

泰国音乐在 20 世纪 20 和 30 年代时期引进了西方管弦乐编制法，导致了泰国国际音乐（phleng Thai sakon）的发展，以大乐队和摇摆乐、乡村和西部音乐、好莱坞电影音乐及摇滚等形式为主。早些时候共有两个独特的泰国流派：luk krung 是一种浪漫的民谣风格，由泰国最受大众喜爱的作曲家乐队领队 Euah Sunthornsanan 及其乐队 Suntharaporn 推广；另外一种是卢克逊（乡村音乐）。**Luk krung** 拥有明确清晰的演唱风格及浪漫的幻想力，长期以来一直与曼谷社会的富人阶层息息相关（krung 取自 Krung Thep，是首都的泰文名）；这种音乐通常由泰国广播电台等国家机关播放。但在 20 世纪 60 年代期间，由于克里夫·李察德等西方明星的普及，这种音乐已发生了很大转变；随着音乐家开始模仿西方新音乐，又创造出了新的流派 wong shadow（wong 意为乐队，shadow 取自于英国的 The Shadows 乐队）。

弦乐

在 20 世纪 80 年代的经济繁荣时期，泰语流行音乐迅速发展，渐渐引入了**弦乐**器。弦乐包括民谣、摇滚和另类摇滚、独立音乐、迪斯科、泰克诺 / 货仓音乐、日本和韩国流行乐、重金属、雷鬼、斯卡、说唱和地下音乐；泰国艺术家主要选择国际流行趋势并将其融入泰国文化中。目前各地都追随韩流，包括各种男团、女团、时尚风格和发型、超级巨星 Rain 和 2PM、青少年电视节目、肥皂剧、料理和漫画等。

如**通猜**（Thongchai "Bird" Macintyre）等泰国超级巨星一般与亚洲歌莱美或 RS 推广唱片有限公司签约。亚洲歌莱美控制了泰国一半多的市场，旗下艺人从慢摇滚歌手 **Mai Chareonpura** 到卢克逊明星 "Got" Chakrapand Arbkornburi，涵盖各种风格。但最有名的泰国摇滚歌手是 **Asanee 和 Wasan（Chotikul）**，这对兄弟才华横溢，也发掘了大批新一代的摇滚乐艺人；2008 年，这两个兄弟周游了世界各地的泰国侨民社区。

泰国另类摇滚音乐在 20 世纪 90 年代中期快速发展，由当时独立的 Bakery（今属于新索音乐公司）唱片公司旗下的 **Modern Dog** 乐队首次开创，其专辑 Ting Nong Noy（2008）囊括了泰国摇滚乐的各大奖项。Bakery 还捧红了多变的 **Joey Boy**，从而开启了独立摇滚和说唱音乐的先河。目前，**Loso** 可能是泰国最有名的摇滚乐队，其领队 **Sek Loso** 一直担任乐队主场，拥有标志性的地位。

近年来，加入泰国音乐行业的西方人和亚洲人日益增多，如时髦的电子乐队 **Futon**（队员有泰国人、日本人和西方人）。目前泰国的流行歌手和摇滚乐艺人都会使用 **Ebola**（金属加说唱）、**Big Ass**（硬核朋克 / 流行乐）、**Bodyslam**（重摇滚）、**Thaitanium**（生长在美国的泰国人所创造的嘻哈音乐）、**Tattoo Colour 和 Silly Fools**（两者都是独立摇滚）及 **Apartment Khun Pa**（放克加独立摇滚）。

泰国正在建立其自己的音乐身份，尤其是曼谷地区，部分原因是其拥有许多知名度较高的**节庆**活动，如 3 月的芭堤雅音乐节上会有亚洲乐队亮相，还有部分原因是新流派的爆发及繁忙的地下乐队和**现场音乐**的出现。如今在曼谷许多俱乐部和酒吧里都会看到泰国人、外国人、混合乐队及 DJ 表演，此外在清迈、呵叻和苏梅岛也有许多演出活动。

兰甘亨大学等学校及电台（尤其是 Fat Radio 频道）会提供即将举行的音乐**活动**的详细信息。曼谷是演出最多的地方，相关列表可查看免费的 BK 周刊或其网站 www.bk.asia-city. com。

生命之歌及雷鬼乐

另一重要流派是 phleng pheua chiwit，即"生命之歌"，起始于 20 世纪 70 年代早期，最初是一种前卫摇滚乐，由 Caravan 等乐队将 phleng pheun bahn（民间音乐）和西方民俗乐及摇滚乐融合而成。Caravan 曾是民主左翼运动的支持者，虽然在 1973 ~ 1976 年间成立了一个民选政府，但很快就被军政府推翻，而 Caravan 乐队就如许多学生活动家一样，藏匿于丛林之中。在那里，他们为村民和山地部落的人们表演，偶尔还会举行演唱会。1979年政府大赦，大多数学生，也包括Caravan乐队，对民选政府失去信心，回到了正常的生活。

20世纪80年代时期，**Carabao**乐队接替了Caravan的斗争。虽然该乐队在1988年就已解散，但之后多次重聚，也曾改名；如今他们的影响依旧强烈，其领队Ad Carabao依然生活在聚光灯下，但已成为一名成功的商人，主要通过乐队演出和讨厌的民族电视广告出售他的"能量"饮料Carabao Daeng。1992年，血腥的街头骚乱（抗议当时的军政府）再一次使生命之歌的艺术家们站出来支持亲民主抗议活动，但自20世纪80年代起，Caravan乐队早年强烈的社会行动主义已渐渐被更多个人主题所取代。目前顶级的生命之歌艺人是新出道的词曲作家**Pongsit Kamphee**，其认真刻苦、脚踏实地的工作态度（据说他曾做过Caravan乐队的舞台工作人员）为他赢得了巨大的成功。

就音乐方面，该流派在过去几年几乎没有发展，仍然以西方民谣摇滚风格为主。但最近随着音乐家们发现**雷鬼乐**也非常适合生命之歌的旋律，该流派开始渐渐发生改变，产生了一个新的子流派；可能是受到泰国长期以来唯一一支雷鬼乐队**T-Bone**的启发。

生命之歌的歌迷们可前往曼谷恰图恰周末市场的CD摊位，其中一些专门销售该流派的音乐。

卢克逊音乐

曼谷郊区的寺院和体育场以及农村庙会都会举办大型**卢克逊（Luk Thung）**音乐表演，这是亚洲未被发现的伟大流行音乐之一。舞台上灯光明亮，周围有许多食物小摊和露天游乐场设施，表演一般持续几小时，共有几十个舞者且装着不同的服装。与luk krung相比，卢克逊（字面意思为"田野之子"）通常与乡村和城市贫困人口相关，正因如此，其在过去40年间获得了全国性的知名度。

据卢克逊DJ主持人Jenpope Jobkrabuanwan回忆，该音乐风格首次是在1964年由Jamnong Rangsitkhun创造的，但第一首歌曲是1937年录制的《哦，菜农的新娘》（*Oh Jao Sao Chao Rai*），而该流派第一位大歌星是出现于20世纪40年代中期的**Kamrot Samboonanon**。该风格最初被称为phleng talat（市场歌曲）或phleng chiwit（生命颂），主要将民歌、泰国中部古典音乐及泰国民族舞蹈融合在一起。20世纪50年代，该流派引入了马来弦乐器和小提琴、恰恰和曼波等拉丁铜管乐器和旋律、好莱坞电影配乐和约德尔调乡村音乐元素，以及类似于吉恩·奥特里和汉克·威廉姆斯等大师的西部演唱风格。1952年，歌手**Suraphon Sombatjalern**以一首名为《万象女孩的眼泪》（*Nam Ta Lao Wiang*）的歌曲出道，一时成为卢克逊音乐天王，直到1967年被谋杀（有传言说是因为他大量的桃色绯闻）。Suraphon将该风格的音乐发展至成熟阶段，被称为"卢克逊之父"，而与其齐名的"卢克逊之母"是拥有甜美嗓音的Pongsri Woranut。

如今的卢克逊是泰国民间音乐、likay（四处奔跑的流行剧团）等传统娱乐形式以及各种西方音乐风格的混合产物。当然，卢克逊也融合了其他地区的流行音乐，如印度尼西亚的dangdut和日本的演歌，但决定泰国卢克逊音乐与其他壮观的现场表演不同的地方是其歌唱风格及歌词内容。卢克逊的声乐风格充满重音（luk khor）和长音（auen或"揉捏音符"）。歌手必须具有宽阔的音域，已故卢克逊巨星**Pumpuang Duangjan**曾这样说道："卢克逊音乐的发音非常困难，你必须将高低音都处理好。而且由于其情感内容要强于luk krung，你还必须创造出有强大渲染力的气氛。"

Pumpuang可以将高音变得圆润，在20世纪70年代末她到达事业巅峰和Suraphon Sombatjalern一样，他们都来自农村，所创造的主题和故事都通俗易懂。歌曲以讲述迷你中篇小说为主，主要角色通常是卡车司机、农民小伙或姑娘、贫穷的农民、妓女或佣人；而主题一般是前往大城市、背叛、不幸、悲剧和性快感。有趣的是，其歌词通常都没什么淫词秽语（如果政府当局认为歌词有伤风化，歌曲要受到严格的审查），但是其演唱风格和舞台表现却非常淫秽。

随着电视的出现及管弦乐的流行，大型卢克逊表演逐渐变少。Pumpuang说要带着100多位工作人员四处巡演是非常不容易的，其中包括合唱（hang kruang）时段的舞者。“我们需表演四个多小时，但工作人员较少的管弦乐队只需演奏区区2小时！”为应对管弦乐的出现及宣传视频的日益重要性，她选择创建一种以舞台为主的音乐——**电子卢克逊**。很少有卢克逊歌手会符合这个条件，但Pumpuang的音域既可处理民谣歌曲也可适应快节奏的舞蹈旋律。她多元化的音乐才能使其知名度显著提高，当她1992年去世时，年仅31岁，而前往其故乡素攀武里悼念的歌迷上至王室成员，下至农村贫民，共有20万。

Pumpuang的死讯报道甚至将当时的政治问题（1992年叛乱）挤下了报纸头版，且在2008年**Yodrak Salakjai**去世的时候也发生了类似的状况。Yodrak是有史以来作品最多的卢克逊明星，一生中共有3000首左右的歌曲及500张专辑。

在Pumpuang死后，**“Got” Chakrapand Arbkornburi**成为顶级卢克逊艺人，当他从流行音乐转向专业卢克逊时，为该风格带来了许多年轻的听众，而当时的顶级女歌手**Sunaree Ratchasima**已被更年轻的**Arpaporn Nakornsawan**所取代。**Mike Piromporn**原为摩拉穆歌手，是Got的主要竞争者。曼谷第一个24小时的卢克逊电台——卢克逊频道（90FM）起始于1997年，而其对中产阶级的影响力类似于如今的卢克逊。此时也已出现了一批新一代歌手，但也有评论说一些新出道的卢克逊明星正如流行音乐和摇滚乐歌手一样是人工制造，漂亮的脸蛋重于声乐专业知识。

长久以来，卢克逊一直是由中部平原素攀地区的表演者演唱的，但如今该流派的歌手来自多个不同的地区，尤其是东北部歌手的数量占绝对优势。20世纪80年代时，**“Khru” Saleh Kunavudh**开创了伊桑卢克逊音乐，其节奏要更快一些。而泰国南部也有其自己的卢克逊明星——非常受欢迎的**Ekachai Srivichai**。

除了庙会外，在各府会城市民政事务处的集会、在曼谷皇家田广场举行的国家节日活动及新年庆典上都可看到一流的卢克逊表演。

摩拉穆

摩拉穆（Mor Lam）是东北部伊桑地区的民谣风格音乐，该地区非常贫穷，以干旱的气候、辛辣的食物、优秀的拳击者及美妙的音乐而著名。在过去25年中，这种风格的现代流行音乐飞速发展。传统意义上的摩拉穆主要是指lam唱腔（用伊桑方言，其实就是老挝语演唱），有khaen（竹笙）、phin（2~4弦吉他）和ching（较小的寺庙钹）等乐器的伴奏。现代**摩拉穆**由mor lam klawn和mor lam soeng发展而来，前者是男女歌手间通宵对歌的叙事形式，后者是集体舞形式。这两者在现今泰国许多社交场合仍起着重要作用，如婚礼、生日和祭日、节庆、庙会等。摩拉穆歌手会用自发说唱的形式演唱出复杂但有固定格式的老挝史诗，或叙述时事。在规模较大的乐队中，主要使用吉他（代替phin）和合成器（代替khaen）等西方乐器。

该风格大约是在20多年前因摩拉穆女歌手**Banyen Rakgan**出现于国家电视台而成为国家主流。20世纪80年代早期，随着大量伊桑农村人口涌入首都找工作，还可在曼谷贫民窟听到摩拉穆。而在80年代末，**Jintara Poonlarp**和**Pornsak Songsaeng**等摩拉穆明星也像卢克逊歌手那样，举办的演唱会门票都可一售而空。Jintara至今仍是泰国最超级巨星之一，她的表演融合了卢克逊和拉穆（lam）两种风格；而在大型表演舞台上，**Nok Noi Ulaiporn**和Pong-Lang Sa-Orn可能是最受欢迎的歌手。**Siriporn Ampaiporn**扎实的唱功、浑厚的嗓音引起了拉穆热潮，其专辑Bor Rak Si Dam一上市就被抢售一空，主要记录了现今的卢克逊音乐。

摩拉穆的**表演**形式与卢克逊类似：众多身着狂野服饰的舞者、大型伴奏乐团，且以表演喜剧短剧为主，主题相同。其音乐绝对火热，尤其是看现场版的时候，乐队通常会通宵轮流演奏phin和khaen，中间一分钟不停。对于一些人来说，phin快速有力的弹奏风格带有一丝西非或凯尔特音乐色彩；khaen拥有丰富的声音效果——在经过一个低长音后，表演者们会围绕曲调即兴创作，同时还会即席伴奏出基本的旋律。通常在mor khaen击打出一个节拍后，男女歌手才开始轮流对唱或合唱幽默的情歌。歌唱内容涉及热点问题、少量新闻、下流笑话或取悦观众，全部都不可当真。

但从音乐上来讲，摩拉穆和卢克逊迥然不同：摩拉穆的节奏更快且不间断，转音急速，有点类似于说唱。当听到前奏中“Oh la naw”（有“命运”之意）的哀号时，立即就可判断出这是一首摩拉穆曲子。摩拉穆艺术家都是双语人才，可轻而易举地从卢克逊转为摩拉穆，但卢克逊艺术家通常只会说中部泰语。

20世纪90年代时期，摩拉穆音乐家新创了mor lam sing，这是由小型电子组合演奏的mor lam klawn强劲现代版。近年来，由于高昂的管理费用、电视娱乐节目的出现及弦乐队的普及，四处巡回表演的卢克逊或摩拉穆大型表演数量有所下降，因此介于现代风格边缘的mor lam sing满足了人们对当地音乐的需求。

Rocksadert和Rock Saleang等时髦的小型乐队紧跟mor lam sing的步伐，创建了以摇滚为主的mor lam sound风格，更加适合现场演奏。

Kantrum：泰柬流行音乐

kantrum泰柬流行音乐的第一位明星Darkie在其歌曲“伊桑南部团结一致”（Isaan Tai Samakki）中曾这样唱道：“伊桑北部有摩拉穆，伊桑南部有kantrum。”他的音乐源自伊桑南部泰国柬埔寨居民区一个特别的分支，其中混合了老挝人和泰人。到目前为止，kantrum在泰国仅在伊桑地区流行，却在边境附近的柬埔寨城镇广为传唱，如暹粒等，当地人称其为高棉雷或高棉素林风格。

现代kantrum音乐由柬埔寨民间音乐和古典音乐发展而来，通常由小乐队伴奏，其中包括小提琴、小手鼓和khrab（将一块块硬木撞击在一起，有点类似于响棒）。这种传统风格如今在泰国已极为少见；20年前，泰国音乐家们开始使用传统和西方乐器将音乐电子化。避开了竞争对手Khong Khoi、Oh-Yot和Samanchai等喜爱的合成器，Darkie在中央舞台添加了凄婉的小提琴，并加快了音乐节奏（kantrum的节拍甚至比摩拉穆更快）。1997年，他凭借自己第一张名为Darkie Rock II: Buk Jah的kantrum混合专辑开创了新局面。不幸的是，2001年Darkie去世，年仅35岁；但如今出现了以Songsaeng Lungluangchai为主的新一代kantrum明星，录制了一些以Darkie为封面的优秀专辑。

唱片

在曼谷，可询问白天和晚上市场的小贩找到自己喜爱的CD，或者前往Charoen Krung路（新路）或周日的Klong Thom廉价电子产品市场（位于Charoen Krung路后面的小巷里，Plaplachai和Mahachak两十字路口中间）。Suraphon Sombatjalern等人的老式唱片可在Mae Mai Phleng Thai的Mah Boon Krong购物中心底楼找到，而其附近Siam Square 4巷中的DJ Siam店铺可买到一流的泰国独立音乐和流行音乐唱片。Zudrangma唱片公司（Ⓦ www.zudrangmarecords.com）提供各种各样有趣的商品：如今他们已发行了自己品牌的古典卢克逊和摩拉穆音乐集，且他们的唱片店位于Sukhumuit路51巷附近WTF（见p.141）旁，值得音乐爱好者前往；此外，他们还会在曼谷举行动感十足的俱乐部狂欢夜，将摩拉穆和牙买加舞厅音乐融合在一起。

网上欣赏音乐可登录以下网站Ⓦ www.thaimuzic.com、Ⓦ www.thaiclassicalmusic.com、Ⓦ www.thainetcity.com和Ⓦ www.ethaimusic.com；最后一个网站提供大量流行歌曲，且都带有泰英双语歌词，因此也是学习泰语的好资源。如Ⓦ www.truemusic.truelife.com等音乐网站及GMM歌莱美和RS推广唱片公司的网站上提供有大明星的相关信息。

John Clewley / 编著（改编自《世界音乐简明指南》）

山地部落

山地部落起源于中国和东南亚的多个地区，至今仍然过着四处漂泊的日子。大多数山地部落在20世纪抵达泰国，且东南亚其他地区也有许多山地人民。自1975年以来，共有100万难民从缅甸、老挝和柬埔寨逃至泰国，其中大多数都已成为山地部落人民。然而也有一些部落的历史比较久远，如第一批定居泰国北部的拉瓦族人，但如今他们基本都融入了泰国主流文化。

被泰国人称为chao khao（山地人民）的部落大多都没有文字，其风俗、法则和信仰的复杂体系已使个人和周围环境之间形成协调关系。近年来，山地部落人口迅速增长和随之而来的土地竞争、低地泰国人的歧视和剥削以及旅游业的发展，都对他们的古老文化产生了威胁。但他们的生活方式在很大程度上尚未被破坏，接下来我们会简单介绍一下这个极为复杂的课题。如果你想了解更多信息，可在徒步旅行之前前往清莱的山地部落博物馆和工艺品店（见p.312）参观。

农业

虽然山地部落人民会饲养一些牲畜，如猪、家禽和大象等，但他们的经济基础是**刀耕火种的**农业，这种原始的烧垦方式也被许多低地的泰国农民采用。在种植季节初始之时，先将丛林区域砍伐并烧毁，然后将产生的灰烬用作水稻、玉米、辣椒和其他蔬菜的肥料，接下来的几年重复种植直至土壤里的养分耗尽。人口密度较低的区域，在丛林再次被开垦之前有足够的时间恢复，因此该种植系统可持续使用。但近几十年来，随着人口的增加，越来越多的土地正被耗尽，森林覆盖率下降，从而导致了土壤侵蚀和小气候变化等环境问题。

结果，许多村庄开始大规模生产**鸦片**以代替他们传统的粮食作物——不过目前泰国政府已基本根除了北部的鸦片生产。但是，由于这些引入的低利润作物通常需要更大规模种植，意味着需要砍伐更多的森林，从而导致了进一步的环境恶化。此外，水资源被化学农药污染，虽然如今引入了许多环保农业技术，但尚未被广泛应用。

宗教和节日

虽然有些部落如今已信奉佛教，还有一些部落，尤其是克伦族、勉族及拉祜族等因基督教传教者为他们带来了教育与现代医学体制从而改信基督教，但是大多数山地部落人民都是**万物有灵论者**。该信仰认为所有自然物体都有灵魂居住，此外还有部落祖先的灵魂及至高无上的神灵等，都必须被供奉起来以防止它们伤害家庭或村庄。大多数村庄有一个或多个宗教领袖，其中可能包括一个掌管群落仪式的祭司，还至少有一个巫师，主要负责平息灵魂的怨气并规定必做之事让它们满意。如果群落中有人生病，其家人会先询问巫师哪方面得罪了神灵，再进行相应的献祭仪式。

新年是最重要的节日，在此期间，各个群落都会载歌载舞并举行相关庆典仪式，山地部落尤其如此：如赫蒙族的年轻男女会参加求爱仪式，并一起玩球。泰国新年并没有固定的日期，但大致在1~3月的凉季农闲期间。

服饰和手工艺品

山地部落最突出的特色是他们精工雕琢的**服装**及装饰品，风格和颜色都各不相同。现如今，虽然许多男人及孩子的日常穿着以西方服饰为主，尤其是男孩，总是穿着长短裤及有标志的T恤衫，但大多数妇女及女孩的衣着仍旧以传统服饰为主。此外，这些妇女还会自己做衣服，其中一些仍然自己纺线，但赫蒙族、傈僳族和勉族的许多妇女都有钱可以从流动商贩那里购买材料。山地部落另一独特之处是人工制品，如工具、珠宝、武器和乐器等，主要由男人制作，而专业**铁匠**和**银匠**的地位非常崇高，甚至吸引了几千米外的村民。珠宝是一个家庭财富的主要象征，特别是傈僳族女性，每当新年期间就会佩戴首饰，其材料银通常是用印度和缅甸的硬币融化得来的，不过也会使用黄铜、铜和铝。

起初，山地部落**服饰**和**手工艺品**并未被当成畅销产品，直至20世纪80年代初，成立了一些合作社来生产和销售这些商品，如今这些合作社与泰国商店都有大量生意来往。山地部落的深染粗布上绣有鲜艳色彩的简单几何图案，深受泰国中产阶级及外国游客的喜爱。如今许多店铺都可找到勉族制作的靛蓝色或黑色染色布料，上面带有色彩鲜艳的雪花刺绣，还有简单但非常独特的阿卡族黑色粗棉布工作服，及彩虹色的三角形拼接图案和纺织小布料，通常用来制作包和帽子。而赫蒙族更为复杂精致的**刺绣**和**贴花**也可在大多数店铺内找到，通常可以添加在夹克翻领、袖口和裙装下摆处。

除了服装外，山地部落制作的其他工艺品也深受外国游客喜爱，如刀和木质或竹质管乐器等，其中销量最好的是雕工精美的银器，尤其是粗大的手镯。对于规模较大的少数民族村庄而言，手工艺品制作为他们提供了稳定的收入来源，足以弥补耕种的损失。

主要部落

在泰国北部较小的地理区域内，至少生活着10个不同的山地部落，其中大多数又会被分成多个不同的小部落——下面列出了最主要的7个部落，主要按照人口数量排列，使用的是其原有的名字，而非泰国人有时使用的带有贬义的叫法。除了上述这些相似点外，本章节还概括了他们在历史、经济和宗教等方面的差异，并描述了可以区分他们的服装元素。

克伦族

克伦族（Karen，泰国人称之为Kaliang或Yang）是目前为止泰国最大的山地部落，总人口约有50万，是继拉瓦族之后最古老的种族，在17世纪时从缅甸和中国迁移至此。泰国许多克伦族人都是来自缅甸的难民，大多数居住于清迈以西广阔的土地上，从夜丰颂边界地区一直延伸至北碧府，其中一些分散的部落主要位于清迈、清莱和帕尧府。

克伦族传统实行当地山谷和低丘陵之间的**轮作栽培**体系，这种做法相比于刀耕火种而言要环保得多。他们的房屋与低地泰国人的房屋基本类似，体积较小（他们不生活在大家庭里），建立于木桩之上，通常是用竹子或柚木建造而成；四周围绕着果园和整齐的栅栏。除了耕种自己的土地外，克伦族人还出售劳动力帮泰国人和其他山地部落的人种植，并饲养各种牲畜，包括大象，曾用于柚木贸易，但如今常被用作徒步旅行的代步工具。

克伦族的未婚女性主要穿宽松的白色或未染色的V领直筒连衣裙，接缝处常用草种装饰。一些分部落的装扮更加精致，如斯高克伦（Sgaw）女孩会在腰部上方绑一条红色或粉色的编织条带，而普沃克伦（Pwo）女孩衣服的下半部分装饰有红色编织图案。已婚妇女一般穿色彩大胆的衬衫和长裙，以红色或蓝色为主。男性通常穿蓝色的宽松长裤，上身也是红色或蓝色衬衣，是女式衬衫的简化版。

赫蒙族

赫蒙族（Hmong，意为“自由人民”）被泰国人称为Meo（“野蛮人”），起源于中国中部和蒙古地区，如今广泛存在于泰国北部。赫蒙族有两个分部落：**蓝赫蒙族**，主要生活在清迈附近及其西部；而**白赫蒙族**人主要生活在清迈东部。其生活在泰国的总人口约为11万，是第二大山地部落。

在所有山地部落中，赫蒙族是最快摆脱农耕生计的。在过去，相比起泰国大多数其他部落，赫蒙族人生产的鸦片规模更大，但如今许多人也欣然接受了新作物。赫蒙族服饰在泰国的需求量非常大，且经常可以在泰国各地的市场上看到赫蒙族妇女出售她们的手工艺品。事实上，赫蒙族的大部分农活和家务活都是由女人操持的。

赫蒙族**村庄**通常都建在海拔较高的山顶之下。虽然一些富裕的家庭有时会建造更舒适的泰式风格房屋，但大多数村民仍然坚持使用传统房屋，泥土地板，且屋顶似乎有与地面水平之势。他们家族庞大，基本都生活在一起，拥有两间或更多的卧室及较大的客人平台地区。

蓝赫蒙族人的**服装**格外引人注目。女性身穿繁冗复杂的刺绣百褶裙，装饰有红色、粉色、蓝色和白色的平行横条图案；外套用黑色缎子制成，袖口和衣领上有大量橙色和黄色刺绣图案。白赫蒙族女性主要穿宽松的黑色长裤及蓝色袖口的简单外套。而两部落的男性通常都穿宽松的黑色长裤，装饰有五颜六色的腰带，上身则是拥有刺绣图案的外套，通过左肩上的纽扣将衣服收拢在胸部附近。赫蒙族人因其迷人的**银饰**而出名，赫蒙族妇女每天都会佩戴，男人则只在特殊场合佩戴：他们始终相信银器会将一个人的魂魄聚集在一起，而戴上沉重的颈环可以将灵魂锁在体内。

拉祜族

拉祜族（Lahu）起源于中国西藏高原地带，大约 100 年前迁移至中国南部、缅甸和老挝地区；直至 19 世纪末期，他们才从缅甸南部进入泰国。由于第一批到达泰国北部的多数拉祜族人都是专业的猎人，因此泰国人称他们为 Muser，在缅甸语中有“猎人”之意。如今其人口在 8 万左右，是第三大山地部落民族：其中大多数居民都集中在泰—缅边境附近的清莱、清迈北部和夜丰颂等地，但家庭和村庄的位置经常改变。由于拉祜族人经常聘请其他部落的劳动力，因此拉祜语言也成为山地部落之间的混合方言。如今已有 1/3 的拉祜族人已改信基督教（通过在缅甸殖民地传教），也因此许多人都已放弃了他们的生活方式。剩余的万物有灵论拉祜族人主要信奉村庄的守护之灵，通常被供奉于中央寺院，四周围绕着白色和黄色标记的横幅及彩带。村庄房屋都坐落于高高的木桩之上，墙壁由竹子或木板建成，屋顶盖有茅草。虽然自给型农业仍然很常见，但果园、茶园或咖啡种植园等可持续农业已越来越普及，玉米和棉花等经济作物已取代了鸦片。

虽然一些拉祜族妇女仍然会穿着与众不同的对角线白色条纹黑色斗篷，袖子顶部有大胆的红色和黄色装饰，但许多拉祜族部落的传统服饰都已被泰国衬衫和纱笼替代。该部落精致的刺绣**双肩包**（yaam）非常有名，在清迈随处可见。

阿卡族

阿卡族（Akha，泰国人称之为 Kaw 或 Eekaw）是所有山地部落中最贫穷的民族，约 2000 多年前从中国西藏迁移至云南，在某些阶段，该部落曾拥有一个组织形态及历代史文字记录——这些编年史及阿卡族文字如今都已失传。自 20 世纪 10 年代起，该部落迁入泰国境内，主要定居于清莱、清迈、南邦和帕府这四个地区，共有 250 座左右的村庄，人口总数近 5 万。如今云南仍有大量阿卡族人民，且在邻近的老挝和缅甸境内也有该部落社区。

与其他山地部落相比，阿卡族人比较保守，长期以来一直维持着**刀耕火种**的传统农业方法。阿卡族的万物有灵论形式——Akhazang，意为“阿卡族的生活方式”——也被完整地保留了下来。除了信奉自然界的神灵外，Akhazang 还包括对祖先的崇拜：一些阿卡族人甚至可以背诵出前面六十几代的祖先名字。

每个阿卡族村庄入口处都坐落着崇敬**门**，上面装饰有人类活动和象征意义的雕刻（甚至有汽车和飞机图形）以暗示神灵界前面的村庄只有人类能够进入。如果碰触这些雕刻，或对它们不敬都会受到罚款或献祭的惩罚。这些门每年都会重建，因此许多村庄拥有一系列的门，其中年代较久远的都已破败不堪。阿卡族村庄的另一特色是巨大的**秋千**（也每年都会更换），主要在每年 8 月或 9 月初的秋千节上使用。

阿卡族的**房屋**坐落于较矮的木桩上，屋顶坡度较陡，但一些村民会使用较高的木桩以显示其较高的地位。该部落更为鲜明的特色是妇女整天都佩戴着的精致**头饰**；这种头饰可将整个脸部都包裹在其中，白色的珠子中间通常穿插着一些银币，顶部则有红色平纹羽毛装饰，周边点缀着晃来晃去的中空银球及其他珠宝或珠串。烦琐服饰的其他部分还包括：脚踝到膝盖部位有装饰的管状紧身裤、长度在膝盖以上且中间有白色串珠的黑色裙子及袖口和衣领有大量刺绣图案的宽松黑色外套。

勉族

勉族（Mien，泰国人称其为 Yao）人自认为是山地部落中的贵族。起源于中国中部，大约在 2000 年前开始往南迁移至中国南部、越南、老挝和泰国。如今泰国的勉族部落分布在北部各地，主要集中于难、帕尧和清莱附近，总人口约4万。他们是唯一一个有文字的山地部落，编制的宗教法典以中世纪的中国道教为基础，但近年来，许多勉族人已改信基督教和佛教。总体而言，勉族人既融入了泰国生活，又维持着自己独立的文化底蕴，在两者之间达到了平衡。大多数村民还通过出售精美刺绣及大胆中式风格的宗教绘画卷轴赚取额外的费用。

勉族村庄并不特别出众：他们的房屋通常是用木板建造而成，泥土地板，且带有一个竹制会客平台坐落于公共生活区内。但其妇女的**服装**十分容易辨认：黑色的长外套上带有类似于披肩的鲜红色羊毛翻领，非常迷人，设计复杂的宽松长裤上有大量刺绣图案，通常需耗时两年才能完成，此外还戴着相似刺绣的黑色头巾。婴儿的帽子也很美丽，装饰有大量红色或粉色的绒球。在婚礼等特殊场合，所有女人和儿童都会佩戴银颈环及银链坠，一直延伸至背部，甚至她们的头巾上都装饰有各种银饰。勉族女性的结婚头饰非常精美，精致的拱形支架平板上覆盖有红布及有绣花图案的祖传织物。侧面有两簇酒红色的流苏，遮住了新娘的脸庞，其中唯一使用的现代道具是黑胶布带，以便将首饰固定在新娘头上。

傈僳族

傈僳族（Lisu，泰国人称之为 Lisaw）起源于中国西藏东部，1921年首次抵达泰国，主要生活在西部地区，尤其是清迈和夜丰颂之间，以及清莱西部、清迈和帕尧等地，总人口约有3万。与其他由村庄酋长或巫师管理的山地部落不同，傈僳族由宗族组成，可管理众多村庄，而他们对氏族地位高低的强烈意识经常会引起公共暴力冲突。

傈僳族大多是大家庭，生活在中高海拔地带，其房屋建立于地面之上，带有泥土地板和竹墙。傈僳族无论男女打扮得都非常鲜艳；女性身穿夹杂着蓝色或绿色的及膝束腰外衣，侧面叉开直至腰部，装饰有一条黑色宽腰带及蓝色或绿色的裤子。新年期间，妇女的装束更是令人眼花缭乱，包括马甲及式样烦琐的银腰带，上面装饰有五颜六色的绒球和流苏；而根据传统，男人需穿绿色、粉色或黄色的宽松长裤及蓝色外套。

拉瓦族

拉瓦族（Lawa 泰国人称之为 Lua）人的历史无从考证，但至少是在8世纪后才移居泰国的；当800年前泰人到达之时，拉瓦族就已存在。拉瓦族是泰国独有的民族；大多数人认为他们是从柬埔寨迁移至此的，且语言与孟邦高棉语密切相关，但一些考古学家提出他们的起源地位于太平洋群岛密克罗尼西亚，可能在2000年前就已离开。

这种与泰国人漫长的共存生活令拉瓦族产生了大规模的整合，因此大多数拉瓦族村庄与泰国住房无甚区别，且将泰语作为他们的第一语言。虽然在夜沙良的热县及夜丰颂之间500平方千米区域上的拉瓦族人仍然过着传统生活，但绝大多数村民也都采用了佛教和泰式风格的房屋。他们的经济基础是自给型农业，根据复杂的轮换体系种植梯形稻田。而拉瓦族总人数目前仅有1万多。

拉瓦族未婚女性会佩戴亮丽的橙色和黄色珠串，穿着粉红色边缘的白色宽松衬衫，以及有蓝色、黑色、黄色和粉色平行条纹的紧身裙。结婚后，这些色彩鲜艳的服装被长长的淡黄褐色连衣裙取代，但仍然会佩戴珠串。所有女性都会将头发用头巾绑起来，男人则会穿宽松的浅色裤子和外衣，不过现在更多人会穿西方服饰。

电影

泰国电影是在最近几年才向国际发展的。但西方人早在2000年时就已开始关注泰国影视，如《人妖打排球》《黑虎的眼泪》及后来的《烈后苏仪若泰传奇》等影片都深入人心，体现了泰国导演娱乐非泰语观众的风格和才智。如今泰国许多预算较大的电影都已在国外发行，且带有英文字幕。

简史

泰国的第一个**电影院**建立于1905年曼谷Tuk寺后面的Charoen Krung路，几十年里主要放映美国、欧洲和日本的无声电影短片。虽然最早的电影剧院已消失得无影无踪，但1933年建于曼谷唐人街的装饰艺术皇家剧院（Art Deco Sala Chalermkrung）经过重新装修后至今仍作为现场戏剧的表演场地，且偶尔还会放映电影。

泰国第一部本土电影是1927年由曼谷电影公司的Wasuwat兄弟制作的《双喜临门》（*Chok Sawng*），5年后才又拍摄了泰国第一部有声电影《误入歧途》（*Long Thang*）。

20世纪20年代期间，一些国外电影公司来带泰国拍摄当地文化及野生动物。此阶段早期一部代表性作品《昌》（*Chang*；1927年）以纪录片的形式讲述了难的森林边缘一家人的生活。导演梅里安·库珀和欧内斯特·舒德萨克后来借鉴他们在泰国丛林的生活经验在1993年拍摄了经典之作《金刚》。

虽然在20世纪30和40年代期间泰国电影制作仍在继续，但在“二战”期间几乎暂停，直至20世纪50年代重新出现并蓬勃发展。50～70年代是泰国电影发展的黄金时期，产生了大量制作急速但成本普遍较低的电影，以逃避现实为主题，而大多数动作情节剧的角色都比较刻板，基本都是枪匪片和老土的爱情剧。其中许多电影都是由**Mitr Chaibancha**主演的，他是泰国历史上最伟大的电影明星。据统计，他在265部影片都出演帅气的英雄形象，其中多数都是与昔日的选美皇后**Petchara Chaowarat**饰演对手戏。在二人合作的165部影片中，最有名的是《迷人的乡村》（*Mon Rak Luk Thung*，1969年），这部描述农村生活和爱情的民间音乐剧在曼谷连续播放了六个月，后来还推出了一个畅想的电影原声专辑。几乎每个泰国成年人都可以回想起当年Mitr与Petchara合作出演的年代，1970年，Mitr在出演直升机悬挂绳梯的相关特技中不幸坠落去世，举国哀悼。其火化地点位于曼谷铁西林寺（Wat Thepisirin），至今仍展示着当年火化仪式及前来哀悼的大量粉丝的照片。虽然非泰语观众不能体会到观看Mitr和Petchara合作影片的乐趣，但可以欣赏与其情节类似的2000年电影巨作《黑虎的眼泪》，完美重现了这一时期的影片。

20世纪70～80年代

Mitr去世多年后，泰国电影仍以动作情节剧为主，但影片《他的名字是卡恩》（*Khao Cheu Karn*）除外，这是泰国第一部针对政府工作人员腐败问题的电影——于1973年大规模学生游行示威活动导致军政府下台不久后上映，由Chatri Chalerm Yukol制作，他此后还拍摄了2001年的历史大片《烈后苏仪若泰传奇》（*The Legend of Suriyothai*）。20世纪70年代另一部杰出的影片是《旧伤疤》（*Phlae Khao*，1977年），其导演Cherd Songsri将泰国传统农村作为影片悲剧恋情的最后场景，埋葬了一代英雄。

由于电视剧的出现及大量好莱坞电影的引进，泰国电影制作在20世纪80年代逐渐减少，但在1984年，**泰国国家电影资料馆**成立，不仅保护了泰国的电影发展，还制作了大量精彩的

海报与告示牌

在20世纪90年代之前，泰国一直采用其原创艺术方式宣传国内外电影，如悬挂告示牌或重制成海报等。制作这些图片的艺术家们真的非常用心，不仅以自己的风格解释了影片，还体现了非常多的细节，是电影综合画。与电影本身不同，泰国的电影海报很少受到审查，因此对于相同的影片而言，泰国的海报艺术绘画远比西方更引人注目，且内容更加详尽。恐怖电影的海报（在泰国，此类影片市场极大）通常描绘得特别可怕，展示有各种血淋淋的图像，而软色情电影（非法）放映的广告则经常会显示大量的赤裸肉体。

虽然如今泰国仍会使用当地生产的海报做影片推广，但近十年来，摄影图像已逐渐取代了原来的艺术方式。不过，许多府级电影院每周都会聘请当地艺术家制作绘图告示牌，因此仍可欣赏到泰国电影艺术的丰富创造力。这些艺术巨作通常会展示在电影院大门、城镇各处的关键位置及带有扩音器的影片宣传车两侧，这些宣传车还会围绕城镇宣传电影放映的时间及大致情节，声音刺耳嘈杂。这些告示牌通常会在7天内被拆除，成为一堆木板，然后再在上面绘制下周的电影作品。

宣传海报。该年代最辉煌的影片是由 Yuttana Mukdasanit 导演的成人剧《花与蝴蝶》（*Pee Sua Lae Dok Mai*，1986 年），以泰国南部的穆斯林社区为背景，着重讲述了一个贫困青年迫于压力最终在马来西亚边境走私大米的故事，是夏威夷国际电影节的获奖作品。

到了 20 世纪 90 年代，泰国电影业仍然萎靡不振，制作的几部影片仍以陈腐的情景剧为主，仅有尚无辨别能力的青少年观看。直至 1997 年，开始出现转机。

现代泰国电影

1997 年是泰国电影业的重生之年，出现了《死到临头唱生晒》和 Nonzee Nimibutr 的《喋血青春》等一系列经典影片。随着 Nonzee 和 Pen-Ek 等**新一波**天才导演和编剧的出现，泰国电影的经济预算越来越大，且获得了国际赞誉。新时代的泰国电影工作者摆脱了传统的动作情节剧和肥皂剧，创作了一批更具想象力且更加时尚的影片。此外，他们还着重于制作价值，虽然看起来同样美丽，但其独特新颖的泰国风味吸引了大部分西方观众，一泰国电影评论员将这种风格总结为“新空想主义”，而另一评论员则称此类影片受到泰国淫秽夸张的街头剧场影响——除对白外，演员还使用歌曲和舞蹈来讲述自己的故事。

新浪潮电影艺术导演

影片《喋血青春》（*Dang Bireley's and Young Gangters*）在 1997 年上映后曾轰动一时；**Nonzee Nimibutr** 导演的这部影片的故事情节围绕着 20 世纪 50 年代的强盗展开，不仅荣登各国际艺术节的榜单，也吸引了当地的电影观众。他延续这一风格，在 1999 年拍摄了更加成功的《幽魂娜娜》（*Nang Nakin*），该影片成本较高，根据泰国 19 世纪的传统鬼故事改编而成，讲述了一难产而死的女人与其未出世孩子的故事。而影片《晚娘》（*Jan Dara*，2001 年）讲述了 20 世纪 30 年代时期，一位年轻的男子非常痛恨他风流成性的继父，然而最终却偏偏成为了同类人的故事，Nonzee 的这部影片处于泰国电影院的接受尺度边缘，有强奸和女同性恋等情节，若是在十年前，绝对属于禁播电影。在影片《海上的女皇》（*Puen Yai Jom Salad*，2008 年）中，Nonzee 的制作风格开始转向保守的历史动作奇幻电影，拥有华丽的服饰、海盗、海上吉卜赛人和巫师等元素。

Pen-Ek Ratanaruang 的第一部影片《死到临头唱生晒》（*Fun Bar Karaoke*，1997 年）讲述了来自阴间的诙谐讯息，从而反映出现代泰国中产阶级的生活仍然受到传统迷信的影响。他的第二部作品《69 两头勾》（*Ruang Talok 69*，1999 年）是一部快节奏惊悚片，以亚洲金融危机为背景，讲述了一个倒霉的女人在无意之中获得大笔财产后的一系列麻烦事。Pen-Ek 将这种风格延续至《走佬唱情歌》（*Mon Rak Transistor：A Transistor Love Story*，2003 年）中，讲述了一个想成为卢克逊歌手的农村少年苦涩又甜蜜的爱情故事；片中极具魅力的流行配乐也已推出了电影原声 CD。Pen-Ek 导演的影片《宇宙的最后生命》（*Last Life in the Universe*，2003 年）情节更加黑暗忧郁，讲述了一个有自杀倾向的日本男子和一个泰国女孩这两个来自完全不同世界的人最后悲剧地走到一起的故事。在影片《密谈》（*Ploy*，2007 年）一对外籍泰国夫妇为倒时差留宿于曼谷酒店里，然后围绕其婚姻展开了情感故事，但泰国审查员认为这部影片的性爱场面太过露骨。Pen-Ek 的最新作品《爆头》（*Fon Tok Kheun Faa*，直译为“洒向天空的雨”；2011 年）讲述了一个杀手从昏迷中醒来后，看到了上下颠倒的世界，是一部介于政治讽刺边缘的另类惊悚片。

Nonzee 的影片《喋血青春》和《幽魂娜娜》的编剧是 Wisit Sasanatieng，他还是 2000 年影片**《黑虎的眼泪》**（*Fah Talai Jone*）的导演。这部影片柔美地展现了泰国 20 世纪 60 年代和 70 年代的老动作片，运用夸张的动作风格及令人不可抗拒的漫画色彩讲述了英俊土匪 Dum 与贵族女孩 Rumpoey 之间的爱情故事。Wisit 是编剧兼导演，从小就喜欢看鲁尔乔·莱翁内的意大利西部片，其影片或多或少都会受到相关影响。由他执导的**《大狗民》**（*Mah Nakorn*，2004 年）是一部更具超现实色彩的讽刺片，既滑稽又一针见血，讲述的是一个农村男孩想在曼谷寻找事业和爱情的故事。

国内外大片

在其他高知名度的国际大片中，温暖又诙谐的喜剧片**《人妖打排球》**（*Satri Lek*，2000 年）描述了南邦一支人妖排球队热闹真实的冒险之旅。**《美丽拳王》**（*Beautiful Boxer*，2003 年）也是一部类似题材的有深刻见解的敏感传记片，讲述了泰拳冠军为做变性手术努力奋斗的真实故事。**《曼谷杀手》**（*Krung Thep Antharai*，2000 年）是一部非常吸引人的吴宇森风格惊悚片，由 Oxide 和 Danmy Pang 兄弟编导；不仅描述了一个聋哑杀手的残酷无情，还讲述了他与一个天真少女之间的爱情故事，里面有许多场景都是在曼谷街道上拍摄的。

历史巨片**《烈后苏仪若泰传奇》**（*The Legend of Sunyothai*，2001 年）拥有令人惊叹的视觉效果，讲述了 16 世纪时期大城王朝的一位王后在缅甸入侵中用生命捍卫她丈夫的真实故事。影片里复杂的宫廷阴谋吸引了大量国际观众，且相当强硬地呈现了泰缅之间的关系，导演 Chatrichalerm Yukol 还邀请《迷失东京》的导演弗朗西斯·福特·科波拉为西方观众编辑了该影片的删减版。紧接着，他又导演了迄今为止成本最高的泰国电影《纳黎萱国王传奇》（*Tamnan Somdej Phra Naresuan*，2007 年），据说共投资了 7 亿泰铢，讲述了 16 世纪时期大城民族英雄纳黎萱国王的传奇故事。这部电影抓住了泰国社会某些阶层强烈的民族主义精神及保皇党情绪，如见已变成了系列电影，2012 年上映了该系列的第五部影片。在泰国电影新分级制度中，第三和第四部影片属于“P”等级（表示该电影拥有很高的文化价值，必须被推广，鼓励所有泰国人观看），是 2011 年两部最卖座的电影。该系列影片的拍摄地点位于北碧郊外特别建造的 Prommitr 电影制片厂，如今其有关设置都会向公众开放（Ⓦ www.prommitrfilmstudio.com）。

Prachya Pinkaew 的武术动作片**《拳霸》**（*Ong Bak*，2003 年）票房大卖，风靡世界各地，其主演 **Tony Jaa** 甚至被任命为泰国文化大使，影片中所有超炫特技都是他自己上阵表演的。此外导演和明星原班人马再度携手打造了另一经典巨作**《冬荫功》**（*Tom, Yum Goong*, 2005 年），影片描述了 Tony Jaa 为追寻一头大象只身前往澳大利亚的冒险故事。目前共制作了两部《拳霸》续集，而《冬荫功 2》也会在不久之后开拍。

另一方面，随着 **Apichatpong Weerasethakul 的**影片**《热带疾病》**（*Sud Pralad*，2004 年）的成功，泰国艺术电影也逐渐步入国际轨道，而这部影片也获得了 2004 年的戛纳电影节评委会奖。作品既有浪漫的同性恋情节，也有可怕的丛林鬼故事，在一定程度上开创了泰国故事叙述的先河，不过对于另一部分人来说也可以说是无聊至极。他的《恋爱症候群》（*Sang Sattawat*，2006 年）是泰国第一部入围威尼斯电影节的电影，但由于影片中佛教僧侣弹吉他的片段被泰国审查人员禁止播出，再加上其他原因使得该电影最终并没有获奖。为此 Apichatpong 加入抗议游行，以示对反动主义新电影评级制度的反对，但压根无济于事。而他的《波米叔叔的前世今生》（Uncle Boonlnee：Who Can Recall his Past Lives）是一部对泰国灵魂信仰的幻想准现实主义勘察片，荣获 2010 年戛纳电影节的金棕榈奖，但在泰国国内的反响却比较一般。其他一些值得关注的实验片导演包括 **Thanska Pansittivorakul** 和 **Thanwarin Sukhaphisit**。

许多得到国际社会广泛发布的电影并没有在泰国大卖。这些影片通常趋向于有许多爆笑片段、黑帮情仇、剧情狗血且会打趣当权人物。2009 年泰国国内大片《下一站，说爱你》（*Bangkok Traffil Love Story*，泰语名称为 Rot Fai Faa Ma Ha Na Thoe）是由 BTS 轻轨运输公司为庆祝其成立十周年而赞助制作的浪漫喜剧。影片**《鬼 4 虐》**（*See Prang*，2008 年）共讲述了 4 个怪诞的恐怖故事，每一则的导演都不同（其中包括《人妖打排球》的导演 **Yongyoot Thongkongtoon**），不仅在国内反响很好，也吸引了许多国外观众。

Neil Pettigrew / 编著

语言

泰语属于世界上最古老的语系之一——奥泰语系，与东南亚其他大多数方言有本质上的区别。泰语音调对中国人来说不算困难，且只要掌握少数核心词汇，日常生活基本不是问题。大多数泰国人都会对游客说英语，但在一些偏僻地带，可能需要知道一点泰语。不过无论去哪里，倘若你能说一些泰语，都可得到更好的待遇，给泰国人的印象也更好。

泰国北部、东北部和南部所说的方言各不相同，增加了游客理解讲话内容的难度。**泰语字母**更是一个大问题，共有 44 个辅音和 32 个元音。不过旅游区的街道名称除泰语外通常还会用罗马字母标注，在其他情况下，建议游客直接询问路人，也好过解读这些乱七八糟的字母和重音。有关泰语音译为罗马字母的更多信息可查看本书下文介绍内容。

对泰语感兴趣的话，**网站** www.thai-language.com 是一个非常惊奇的免费资源，相当于一个可搜查的字典，共收藏有 5 万个条目，此外还有泰文字母和音频剪辑以及语言、课程和论坛指南等相关信息；而且你也可以在该网站上浏览或购买泰语书籍和学习资料等。除此之外，泰国各地还会提供大量**语言课程**。

发音

掌握**音调**可能是泰语学习最困难的部分。泰语共有五种不同的音调：低、中、高、降调和升调，通过变换音调，每个单音节都有五种不同的解释方式。因此，仅使用单音节五个音调中的其中四个即可造句：如“mái mài mâi maˇi”可译为“新木烧起来了，不是吗？”除了很难适应说和听这些不同的音调外，泰国人喜欢通过音调调整来表达句子整体含义的习惯也增加了外国人的理解难度——例如，通过转变重音和音调，可将陈述句转为疑问句。仔细听泰国本土人说话，很快你就可以发现不同的发音方式。

说话时，每个音调的高低会根据你的音域来衡量，但都属于窄带，不过可通过足够大的间隔区分它们。**低调**（音标为 ˋ）、**中调**（无音标）和**高调**（音标为 ˊ）应发音均匀且没有音调变化。**降调**（音标为 ^）在发音时音调明显下降，正如在英语中想要急剧强调的一个单词。**升调**（标记为 ˇ）发音就如用英语询问一个夸张的问题。

除了不熟悉的音调外，你还会发现无论音译者如何努力都不会找到与泰语中许多**元音和辅音**等同的英语。下面列出了一些简化发音。

元音

a 如 dad
aa 没有精确的等同英语，但其发音正和它看起来一样，将元音拉长即可
ae 如 there
ai 如 buy
ao 如 now
aw 如 awe
ay 如 pay
e 如 pen
eu 如 sir，但鼻音要重些
i 如 tip
ii 如 feet
oa 如 knock
oe 如 hurt，但嘴巴要闭紧一些
oh 如 toe
u 如 loot
uu 如 pool

辅音

r 如 rip，但需将舌头快速抵住上颚——在日常用于中，其发音类似于“l”
k 如 keep
p 如 put
th 如 time
e 如 pen
k 是不送气轻音，更类似于“g”
p 也是不送气轻音，更类似于“b”
t 也是不送气轻音，更类似于“d”

一般用语和词汇

问候和基本用语

在泰国和陌生人说话时，若你是男性，句子结束时需加 khráp；若是女性，则加 khâ——这些礼节性音节不可翻译，基本都用在 sawàt dii（你好 / 再见）和 khàwp khun（再见）等用语后面。Khráp 和 khâ 通常还用作对问题的肯定回答“是”，但更常见的是直接重复问题的动词（若否定则在前面加上前缀 mâi）。相比于英语，Châi（是）和 mâi châi（否）的运用次数相对较少。

你好	sawàt dii
你去哪儿?	pai năi?（但通常不用作字面上的意思，只是一般的问候语）
我出去玩玩 / 去旅行	pai thîaw（对 pai năi 的回答，一般只是玩笑话）
再见	sawàt dii/la kàwn
祝你好运 / 干杯	chôhk dii
对不起	khăw thâwt
谢谢	khàwp khun
没什么 / 没关系	mâi pen rai
你好吗?	sabai dii reŭ?
我很好	sabai dii
你叫什么名字	khun chêu arai?
我的名字是……	phŏm（男）/diichăn（女）chêu···
我来自……	phŏm/diichăn maa jàak···
我不明白	mâi khâo jai
你会说英语吗?	khun phûut phasăa angkrìt dâi măi?
你有……吗?	mii··· măi?
可以……吗?	··· dâi măi?
你能帮助我吗?	chûay phŏm/diichăn dâi măi?
（我）想要……	ao···
（我）想……	yàak jà···
（我）喜欢……	châwp···
这用泰语怎么说?	níi phasăa thai rîak wâa arai?

四处游览

……在哪里?	...yùu thîi năi?
有多远?	klai thâo rai?
我想去……	yàak jà pai...
你去哪里了?	pai năi maa?
这班巴士前往哪里?	rót níi pai năi?
这班巴士何时离开?	rót jà àwk mêua rai?
这班巴士何时会抵达……?	rót theŭng...kìi mohng?
请停车	jàwt thîi nîi
这里	thîi nîi
那里	thîi nâan/thîi nôhn
右	khwăa
左	sái
直	trong
北	neŭa
南	tâi
东	tawan àwk
西	tawan tòk
近 / 远	klâi/klai
街道	thanŏn
火车站	sathàanii rót fai
汽车站	sathàanii rót mae
机场	sanăam bin
票	tŭa
酒店	rohng raem
邮局	praisanii
餐馆	raan ahăan
商店	raan
市场	talàat
医院	rohng pha-yaabaan
摩托车	rót mohtoesai
出租车	rót táksîi
船	reua
自行车	jàkràyaan

住宿及购物

……价格多少?	...thâo rai/kìi bàat?
谢谢，我不要塑料袋。	mâi ao thŭng khráp/khâ
这里房间每晚价格是多少?	hâwng thîi nîi kheun lá thâo rai?
你有便宜一点的房间吗?	mii hâwng thùuk kwàa măi?
我 / 我们可以看看房间吗?	duu hâwng dâi măi?
我 / 我们会住两晚。	jà yùu săwng kheun
可以便宜一点吗?	lót raakhaa dâi măi?
我可以把包寄存在这里吗?	fàak krapăo wái thîi nîi dâi măi?

便宜 / 昂贵	thùuk/phaeng	洗衣	sák phâa
空调房	hăwng ae	毯子	phâa hòm
普通房	hăwng thammadaa	风扇	phát lom
电话	thohrásàp		

常用形容词

单独的	khon diaw	有趣的	sanùk
另外的	ìik…nèung	热的（温度）	ráwn
糟糕的	mâi dii	辣的	phèt
大的	yài	饥饿的	hiŭ khâo
干净的	sa-àat	生病的	mâi sabai
关闭的	pìt	开着的	pòet
冷的（物体）	yen	美丽的	sŭay
冷的（人或天气）	năo	小的	lek
美味的	aròi	口渴的	hiŭ nám
困难的	yâak	疲倦的	nèu-ay
肮脏的	sokaprok	真正的	mâak
容易的	ngâi		

常用名词

浴室 / 卫生间	hăwng nám	朋友	phêuan
男朋友或女朋友	faen	金钱	ngoen
食物	ahăan	水 / 液体	nám
外国人	fàràng		

常用动词

泰国动词没有词形变化，且经常兼用作名词和形容词。

来	maa	去	pai
做	tham	坐	nâng
吃	kin/thaan khâo	睡觉	nawn làp
给	hâi	走	doen pai

数字

0	sŭun	12、13……	sìp săwng, sìp săam...
1	nèung	20	yîi sìp/yiip
2	săwng	21	yîi sìp èt
3	săam	22、23……	yîi sìp săwng, yîi sìp săam...
4	sìi		
5	hâa	30、40……	săam sìp, sìi sìp...
6	hòk	100、200……	nèung rói, săwng rói...
7	jèt	1000	nèung phan
8	pàet	10000	nèung mèun
9	kâo	100000	nèung săen
10	sìp	1000000	nèung lăan
11	sìp èt		

时间

最常见的时间表达方法概述如下，实际上是由几个不同的体制组合而成，令人困惑。国家铁路部和政府部门使用 24 小时制（9:00 是 kâo naalikaa，10:00 是 sìp naalikaa，以此类推），如果你想要知道时间，可前往这些地方查看。

1:00~5:00	tii nèung–tii hâa
6:00~11:00	hòk mohng cháo–sìp èt mohng cháo
12:00	thîang
13:00	bài mohng
14:00~16:00	bài săwng mohng–bài sìi mohng
17:00~18:00	hâa mohng yen–hòk mohng yen
19:00~23:00	nèung thûm–hâa thûm
24:00	thîang kheun
现在几点了？	kìi mohng láew?
几小时？	kìi chûa mohng?
需要多长时间？	naan thâo rai?
分钟	naathii
小时	chûa mohng
天	wan
周	aathít
月	deuan
年	pii
今天	wan níi
明天	phrûng níi
昨天	mêua wan níi
现在	dĭaw níi
下周	aathít nâa
上周	aathít kàwn
早上	cháo
下午	bài
夜间	yen
夜晚	kheun

日期

周日	wan aathít
周一	wan jan
周二	wan angkhaan
周三	wan phút
周四	wan pháréuhàt
周五	wan sùk
周六	wan săo

餐饮用语

基本食材

kài	鸡肉
mŭu	猪肉
néua	牛肉、肉
pèt	鸭肉
ahăan thalay	海鲜
plaa	鱼
plaa dùk	鲇鱼
plaa mèuk	乌贼
kûng	大虾、虾
hŏy	贻贝
hŏy nang rom	牡蛎
puu	螃蟹
khài	鸡蛋
phàk	蔬菜

素食

makĕua	茄子
makĕua thêt	番茄
nàw mái	竹笋
tùa ngâwk	豆芽
phrík	辣椒
man faràng	土豆
man faràng thâwt	薯条
taeng kwaa	黄瓜
phrík yùak	青椒
krathiam	大蒜
hèt	蘑菇
tùa	豌豆、蚕豆或小扁豆
tôn hŏrm	葱

面食

ba miì	鸡蛋面
kwáy tiăw（sên yaì/sên lék）	白米粉（宽/细）
khanŏm jiin nám yaa	鱼咖喱酱面条
kwáy tiăw/ba miì haêng	米线/加有小片肉和一些蔬菜的鸡蛋面
kwáy tiăw/ba miì nám（mŭu）	米线/鸡蛋用鸡汤（和贡丸）煮成的汤面
kwáy tiăw/ba miì rât nâ（mŭu）	米粉/鸡蛋面加有蔬菜（和猪肉片）的类似于肉汁的炒菜
miì kràwp	加有小片肉和一些蔬菜的香脆炸鸡蛋面
phàt thai	细面条炒鸡蛋、豆芽和豆腐，顶上浇有花生酱

phàt siyú	加有肉和鸡蛋的酱油宽面或细面

米饭

khâo	米饭
khâo man kài	鸡片拌饭
khâo mŭu daeng	叉烧饭
khâo nâ kài/pèt	酱鸡 / 酱鸭拌饭
khâo niăw	糯米
khâo phàt	炒饭
khâo kaeng	咖喱饭
khâo tôm	米汤（通常是早餐）

咖喱和汤类

kaeng phèt	辛辣红咖喱
kaeng phánaeng	浓稠可口的咖喱
kaeng khĭaw wan	绿咖喱
kaeng mátsàman	丰盛的穆斯林咖喱，通常有牛肉和土豆
kaeng karìi	清淡的印度风格咖喱
hàw mòk thalay	海鲜咖喱酥
kaeng liang	辛辣蔬菜汤
kaeng sôm	罗望子汤
tôm khà kài	鸡肉、椰子和高良姜汤
tôm yam kûng	酸辣虾汤
kaeng jèut	通常带有猪肉的蔬菜清汤

沙拉

lâap	卤肉沙拉
nám tòk	烤牛肉或猪肉沙拉
sôm tam	辣木瓜沙拉
yam hua plee	香蕉花沙拉
yam néua	烤牛肉沙拉
yam plaa mèuk	鱿鱼沙拉
yam sôm oh	柚子沙拉
yam plaa dùk foo	香酥鲇鱼沙拉
yam thùa phuu	龙豆沙拉
yam wun sen	面食和猪肉沙拉

其他菜肴

hâwy thâwt	贻贝馅煎蛋
kài phàt bai kraprao	紫苏叶炸鸡
kài phàt nàw mái	竹笋炒鸡
kài phàt mét mámûang	腰果炒鸡
kài phàt khĭng	姜炒鸡
kài yâang	烤鸡
khài yát sài	猪肉和蔬菜陷煎蛋
kûng chúp paêng thâwt mŭuprîaw wăan	面糊糖醋排骨炒虾
néua phàt krathiam phrík thai	大蒜胡椒炒牛肉
néua phàt nám man hâwy	蚝油牛肉
phàt phàk bûng fai daeng	大蒜和豆瓣酱炒牵牛花
phàt phàk ruam	炒青菜
pàw pía	春卷
plaa nêung páe sá	蔬菜生姜蒸全鱼
plaa rât phrík	辣椒煮全鱼
plaa thâwt	烤全鱼沙嗲
thâwt man plaa	鱼糕

泰国甜点（Khanŏm）

khanŏm beuang	小香脆煎饼，外面涂油椰奶，里面有丝丝甜鸡蛋
khâo lăam	加有椰子奶油和黑豆的糯米竹筒饭
khâo niăw daeng	有椰子奶油的红色糯米
khâo niăw thúrian/mámûang	加有椰子奶油和榴梿 / 芒果的糯米饭
klûay khàek	炸香蕉
lûk taan chêum	糖浆甜棕榈仁
săngkhayaa	椰子蛋奶
tàkôh	上方带有椰子奶油的正方形透明果冻

酒水饮料（Khreûang deùm）

bia	啤酒
chaa ráwn	热茶
chaa yen	冰茶
kaafae ráwn	热咖啡

kâew	杯
khúat	瓶
mâekhŏng	泰国品牌（或英国化的湄公河）大米威士忌
klûay pan	香蕉奶昔
nám mánao/sôm	新鲜瓶装水或碳酸柠檬/橙汁
nám plào	饮用水（煮沸或过滤）
nám sŏdaa	苏打水
nám taan	糖
kleua	盐
nám yen	冷水
nom jeùd	牛奶
ohlíang	冰黑咖啡
thûay	杯

要求

我是素食者/严格素食者	Phŏm（男）/diichăn（女）kin ahăan mangsàwirát/jeh
我能看下菜单吗？	Khăw duù menu nóy?
我想要……	Khăw...
要/不要……	Saì/mâi saì...
我能看下账单吗？	Khăw check bin?

词汇表

Amphoe 区域
Amphoe muang 府会
Ao 海湾
Apsara 阿普莎拉，仙女
Avalokitesvara 观音菩萨
Avatar 阿凡达，一位神祇的凡间化身
Ban 村庄或房屋
Bang 坐落于河畔或海滨的村庄
Bencharong 针对泰国市场的中国制造多色陶瓷
Bhumisparsa mudra 触地印；佛像最常见的手势，象征着佛陀战胜了诱惑
Bodhisattva 菩萨，大乘佛教中推迟进入涅槃之境的开悟之人
Bot 正殿，佛教寺院的主要场所
Brahma 梵天，印度教三大神之一——“造物主”。通常以四张脸四个手臂的形象出现
Celadon 灰绿色釉面瓷器
Changwat 府
Chao ley/chao nam “海上吉卜赛人”——泰国南部的游牧渔民
Chedi 佛塔、佛教寺院供奉圣物的塔楼
Chofa 寺院屋顶的尖顶饰物
Deva 提婆，印度教、佛教中的神
Devaraja 提婆罗阇神王
Dharma 佛陀教义或学说
Dharmachakra 佛教法轮（又称教义之轮或生命之轮）
Doi 山
Erawan 伊拉旺，神话中的三首大象；因陀罗的坐骑
Farang 外国人/外国
Ganesh 伽内什，印度教象头神，障碍扫除者及智慧之神
Garuda 迦楼罗，印度教神话中的生物，半人半鸟；毗湿奴的坐骑
Gopura 进入寺院（尤其是高棉寺院）的门楼
Hamsa 桓娑，神话中的神鹅；梵天的坐骑
Hanuman 哈努曼，神猴且是《拉玛坚》中猴子大军的将军；拉玛的同盟
Hat 海滩
Hin 石头
Hinayana 小乘佛教的贬义词，直译为“次级佛教”
Ho trai 藏经阁
Indra 因陀罗，印度教众神之王，且是佛陀的正体；通常带有雷电
Isaan 泰国东北部
Jataka《本生经》佛陀 500 个化身的故事
Khaen 芦笛和木管；伊桑的独特乐器
Khao 山，山脉
Khlong 运河
Khon 孔剧，古典舞蹈剧
Kinnari 金纳里，神话生物，半是女人半是鸟
Kirtimukha 克尔提姆哈，非常强大的狮头神
Ko 岛屿
Ku 普兰佛塔的老挝语；寺院塔楼
Laem 海岬
Lakhon 洛坤剧，古典舞蹈剧
Lak muang 市柱；城市守护之神的居住之地，备受尊敬
Lakshaman/Phra Lak 拉什曼，拉玛的弟弟
Lakshana 佛陀显示的祥瑞标记或“伟大标记”
Lanna 兰纳王国，泰国北部王国，13 世纪 ~ 16 世纪
Likay 流行的民间戏剧
Longyi 笼基，缅甸传统服饰
Luang Pho 住持或得道高僧
Maenam 河流
Mahathat Chedi 佛舍利佛塔
Mahayana 佛教流派，主要流行于中国、日本和韩国，直译为“大乘”
Mara 摩罗，邪恶魔王；佛陀的诱惑者
Mawn khwaan 传统三角形或“斧头”枕垫

Meru/Sineru 须弥山，处于印度教和佛教宇宙观中心的神山
Mondop 蒙多普，空间较小的方形寺院建筑以收藏小图像或宗教经文
Moo/muu 街区
Muang 城市或城镇
Muay thai 泰拳
Mudra 佛陀的象征性手势
Mut mee 扎染棉布或丝绸
Naga 那迦，佛教和印度教神话中的龙头蛇
Nakhon 一个城市的尊称
Nam 水
Nam tok 瀑布
Nang thalung 皮影戏娱乐，可在泰国南部找到
Nielloware 雕刻图像的金属制品
Nirvana 涅槃，彻底摆脱不停的轮回，佛教徒追求的无欲状态
Pak Tai 泰国南部
Pali 古印度语；原始佛教字母
Pha sin 女式纱笼
Phi 万物有灵论信奉的灵魂
Phra 表示尊敬的名词，字面意思为“优秀”
Phu 山
Prang 普兰，高棉寺院的中央佛塔
Prasat 高棉寺院建筑或中央佛堂
Rama/Phra Ram 拉玛，印度教毗湿奴神的人类化身;《拉玛坚》中的英雄
Ramakien《拉玛坚》，泰国版《罗摩衍那》
Ramayana《罗摩衍那》印度教善恶对决的史诗：主要人物包括拉玛、悉多、罗波那、哈努曼
Ravanasee 见 Totsagan
Reua hang yao 长尾船
Rishi 苦行僧
Rot ae/rot tua 空调巴士
Rot thammadaa 普通巴士
Sala 会堂、展厅、公共汽车站——或任何侧面敞开式的建筑
Samlor 三轮车
Sanskrit 印度教神圣的言论；也用于佛教
Sanuk 趣事
Sema 寺院建筑内神圣区域的界石
Shiva 湿婆，印度教三大神祇之一——“毁灭者”
Shiva lingam 湿婆灵根，湿婆的代表物阳具
Soi 支巷或支路
Songkhran 泰国新年
Songthaew 双条车，公共交通车辆；意思是“两排”，以其后面两排面对面的长椅命名
Takraw 藤球比赛
Talat 市场
Talat nam 水上市场
Talat yen 夜市
Tambon 小区
Tavatimsa 协利天，佛教天堂
Tha 码头
Thale 大海或湖泊
Tham 洞
Thanon 路
That 佛塔
Thep 神
Theravada 泰国的主要佛教流派，也称小乘佛法
Totsagan 图萨坎，《拉玛坚》中拉玛的邪恶对手；也称为罗波那
Tripitaka 佛经
Trok 小径
Tuk-tuk 电动三轮出租车
Uma 乌玛，湿婆的妻子
Ushnisha 佛像头上的突起物，开悟的标志
Viharn 寺院俗人的集会大堂；通常供奉有主要佛像
Vipassana 佛教禅修技术；直译为“内观”
Vishnu 毗湿奴，印度教的三大神之一——“守护者”，其形象通常为四只手臂，各持铁饼、螺贝、莲花和棍棒
Wai 泰国的问候表达方式，两手作祈祷状
Wang 王宫
Wat 寺院
Wiang 设防城镇
Yaksha 神话中的巨人
Yantra 数字和字母的神奇组合，可用来抵挡危险

附录

《易行指南》简介

第一本《易行指南》(Rough Guides)主要描写希腊旅游，出版于 1982 年，本是一个学生的个人计划，后来却成为出版业的传奇。当时马克·埃林厄姆还是一位刚从英国布里斯托大学毕业的英语专业学生，在前一年夏天已经去过希腊旅游，但没有找到合适的指南书。在一群朋友的帮助下，他完成了自己的旅游指南，结合当代新闻风格及深入实际的做法满足了游客的需求。

这本书的成功迅速催生了一系列旅游指南，共涵盖几十个目的地。此外，这些指南还为囊中羞涩的背包客提供了解决之道，加上内容准确翔实、方法简明扼要且提供了物超所值的信息，很快就被更广泛的读者津津乐道。

如今的《易行指南》会包括从经济型到豪华型的多种旅游建议，并涵盖了全球 200 多个国家和地区，并终于在 2015 年登陆中国，与广大中国旅游者见面。

登录 Ⓦ roughguides.com 查看最新出版物。

易行指南主要工作人员

编辑：Emma Gibbs, Melissa Graham
排版：Nikhil Agarwal
制图：Ed Wright
图片编辑：Roger d'Olivere Mapp
校对者：Jan McCann
总编辑：Kathryn Lane
副编辑：Dipika Dasgupta
制作：Gemma Sharpe
封面设计：Nicole Newman, Nikhil Agarwal
摄影师：Martin Richardson, Karen Trist
编辑助理：Eleanor Aldridge
高级印刷制图设计师：Dan May
设计总监：Scott Stickland
旅游出版：Joanna Kirby
数字旅游出版：Peter Buckley
参考资料总监：Andrew Lockett
操作协调员：Becky Doyle
出版总监（旅游）：Clare Currie
商务经理：Gino Magnotta
总经理：John Duhigg

英文版版权信息

This eighth edition published October 2012 by
Rough Guides Ltd, 80 Strand, London WC2R 0RL
11, Community Centre, Panchsheel Park, New Delhi 110017, India
Distributed by the Penguin Group
Penguin Books Ltd, 80 Strand, London WC2R 0RL
Penguin Group (USA)375 Hudson Street, NY 10014, USA
Penguin Group (Australia)250 Camberwell Road, Camberwell, Victoria 3124, Australia
Penguin Group (NZ) 67 Apollo Drive, Mairangi Bay, Auckland 1310, New Zealand
Penguin Group (South Africa)
Block D, Rosebank Office Park, 181 Jan Smuts Avenue, Parktown North, Gauteng, South Africa 2193
Rough Guides is represented in Canada by Tourmaline Editions Inc. 662 King Street West, Suite 304, Toronto, Ontario M5V 1M7
Printed in Singapore by Toppan Security Printing

816pp includes index
A catalogue record for this book is available from the British Library
ISBN: 978-1-40539-010-1

1 3 5 7 9 8 6 4 2

帮助更新

作者和出版人已尽最大努力确保本版《易行指南——泰国》提供准确的最新内容。然而，所有事情都会不断改变，如新景点“被发现”、营业时间变动、餐馆和酒店涨价或质量降低，等等。如果你发现本书有错误或遗漏的信息可随时与我们联系，最好能提供相关内容、价格、营业时间、电话号码等。请将你的宝贵意见以邮件的形式发送至 Ⓔ mail@uk.roughguides.com，主题为“Rough Guide Thailand Update”。我们会感谢你的支持并会将下一版（如果你喜欢也可以选择其他旅游指南）的副本以最好的邮件形式发送给你。Ⓦ www.roughguides.com 可提供更多旅游信息、同行游客联系及旅程预订等服务。

作者简介

保罗·盖瑞（Paul Gray）经过20年的来回奔波，保罗最近已定居泰国。他是《泰国海滩和岛屿旅游指南》及《爱尔兰旅游指南》的合著者，且编辑完成了许多其他导游书，包括《英国旅游指南》中他的家乡东北部的信息更新。

露西·里杜特（Lucy Ridout）一直从事于有关亚洲的旅游工作和写作。她是《曼谷旅游指南》《泰国海滩和岛屿旅游指南》及《巴厘岛和龙目岛旅游指南》的合著者，此外还与人合作编写了《亚洲首次旅游》，该系列为游客提供了他们第一次旅游时可游玩的地方。

致谢

The authors jointly would like to thank: Emma, James, Melissa, Ed, Roger and Kathryn at Rough Guides; staff at TAT offices in Ayutthaya, Kanchanaburi, Phrae, Chiang Rai, Pattaya, Surin, Cha-am, Hua Hin, Chumphon, Ko Samui, Nakhon Si Thammarat and Trang; Felix Hude for the original section on cycling; John Clewley for the original section on music;and Neil Pettigrew for the original section on film.

Paul Gray Thank you to Gade Gray for everything; thanks for his invaluable assistance to Colonel Prakob Siriphap; and a big thank you to Steve Epstein for the excellent info on meditation and for top MC-ing. Thanks also to: Kanokros Sakdanares and Marion Walsh in Bangkok; Alessio, Danaan and Paul in Bangkok/Lampang/Phetchaburi; Serge in Trat; Tom Kirk on Ko Chang; Cristina on Ko Mak; Tom in Phetchaburi; Suda in Chumphon; Rashi, Bambi and Jorge on Ko Pha Ngan; Matt Bolton, Nathan Cook and Dev on Ko Tao; Pon in Ranong; Richard on Ko Phayam; Karen and Bodhi in Khuraburi; Paul Counihan in Khao Lak; Mai in Krabi; Ray and Sao on Ko Jum; Ekkachai in Trang; On in Satun; and Tuppadit Thaiarry and all the Phuket staff at Avis.

Steve Vickers Thanks to Lucy Ridout for her expert advice and encouragement, and to Paul Gray for welcoming me on board and helping me throughout. Thanks also to Naa and family in Old Sukhothai, Toh and Long in New Sukhothai, Dennis and Nee in Kanchanaburi, Bryan and Will in Tha Ton, everyone at Mut Mee in Nong Khai, the staff at Boonsiri in Phimai, Fhu and Ung in Nan, and all the party people in Pai. Extra special thanks go to Karin Ingesten for sharing some of the highs and lows. I' d like to dedicate my work on this book to my mum, who never saw it published.

读者来信

感谢所有花费宝贵时间对我们提出意见和建议的读者（若我们无意中遗漏或拼错任何人的名字，在此致）：

Luis F. Arévalogarcia; Mark Azavedo; David Barthez; Sarah Bell; Keeley Bolger; John Breadman; Andrew Dean; Allan Dreyer Andersen; Ruth French; Uschi Gaida; Tim Hare; Jim Hayes; Ian Hodge; Clare Holden; Penny Holmes; Hilary Kennedy; Erin Klemm; Monica Mackaness & John Garratt; Natalie Marchant; Stefania Minuto & Giulia Gionchetta; Graeme Nicholson; Charlotte Norton; Rob; Lien Roose; Daniel Roy; Pete Searl; Alex Shields; Paul Smekens; Jeff Stone; Kerrie Taylor Cross; Barry Walden & Mandy Berger; Clive Walker; Tony Watson; Denise Williams.

图片来源

除下列所示外，本书中其他所有图片版权都归易行指南（Rough Guides）所有（关键词：a- 上；b- 底部；c- 中间；f- 远；l- 左；r- 右；t- 顶部）。

p.12 Alamy/Markus Braun
p.13 Alamy/Constantinos Pliakos（tr）；SuperStock / Luca Tettoni（b）
p.15 SuperStock（br）
p.16 Corbis/Constantinos Pliakos（bl）；Richard Powers（t）
p.17 Corbis/Martin Puddy（b）
p.18 Alamy/Anders Ryman（tr）；SuperStock（tl）；Luca Tettoni（bl）
p.19 SuperStock/Katja Kreder（c）
p.20 Alamy/Jack Barker（cl）；Henry Westheim（t）
p.21 Alamy/StockShot（t）；SuperStock/Andy Selinger（bl）；Luca Tettoni（br）
p.22 SuperStock（l）；Otto Stadler（c）
p.93 Alamy/Art Kowalsky（br）
p.177 SuperStock
p.237 Alamy/Kevin Levesque
p.259 Alamy/Pakorn Lopattanakij（b）
p.270 Alamy/Robert Harding
p.297 Alamy/Chris Hellier
p.315 Alamy/Chris Hellier（t, b）
p.335 Alamy/Jack Barker（bl）；epa（t）
p.359 Alamy/Paul Kingsley（b）
p.411 Dorling Kindersley/David Henley（t）
p.477 SuperStock/Steve Vidler（br）
p.508 Alamy/Hemis
p.561 SuperStock（br）；Dave Stamboulis（bl）
p.585 Alamy/Neil Setchfield（tr）；SuperStock/Heeb Christian（tl）
p.647 Alamy/Travelscape Images（b）；Corbis/Richard Taylor（tl）
p.700 Corbis/Michael Christopher Brown
p.703 SuperStock
p.711 Alamy/Lee Dalton（b）

封面 清迈素贴寺 © 全景图片网

封底 Ko Pha Ngan © Rough Guides/Martin Richardson (t); Royal Pantheon, Ratanakosin, Bangkok © Rough Guides/Karen Trist (l); Tropical coral reef fish © Getty Images/Georgette Douwma (r)

地图符号

本书所有文中地图所用符号示意如下所述

- 国界线
- 地区界线
- 府界线
- 高速公路
- 步行道
- 公路
- 单行道
- 台阶
- 未铺面道路
- 小道
- 铁路
- 轮渡线路
- 河流/运河
- 城墙
- 缆车&车站
- 人行桥
- 桥
- 过境处
- 山峰
- 山脉
- 山洞
- 瀑布
- 喷泉
- 岩石
- 灯塔
- 瞭望点
- 历史遗迹
- 野生动物园
- 门
- 拱门
- 雕像
- 机场
- 运输中心
- 兴趣点
- 国家公园
- 公园管理处
- 博物馆
- 银行/自动取款机
- 互联网接入
- 旅游信息
- 电话局
- 航空公司办事处
- 医院/诊所
- 邮局
- 大使馆/领事馆
- 厕所
- 市场
- 地标酒店
- 寺院
- 清真寺
- 印度教寺庙
- 中国寺庙/道观
- 体育馆
- 教堂
- 建筑
- 基督教公墓
- 沼泽
- 公园/森林
- 海滩

列表图例

- 住宿
- 餐馆&咖啡馆
- 酒吧&俱乐部
- 商店

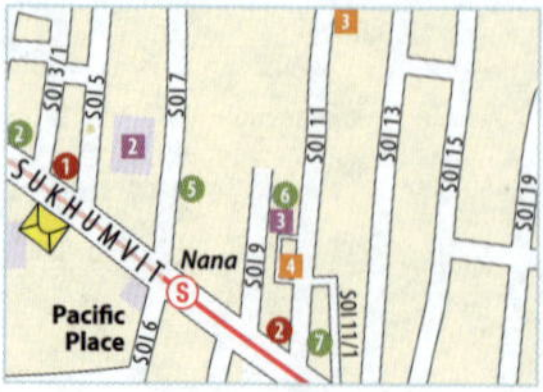

项目策划：高　瑞
责任编辑：朱铁佳
责任印制：冯冬青

图书在版编目(CIP)数据

泰国 / 英国ROUGH GUIDES公司著；许碧云译. --
北京：中国旅游出版社，2015.3
（ROUGH GUIDES）
ISBN 978-7-5032-5091-0

Ⅰ.①泰…　Ⅱ.①英…②许…　Ⅲ.①旅游指南—泰国　Ⅳ.
①K933.69

中国版本图书馆CIP数据核字(2014)第255903号

北京市版权局著作权合同登记号：图字：01-2014-1173
审图号：GS（2014）2546号，本书插图系原文原图

书　　名：泰国
作　　者：英国ROUGH GUIDES公司
译　　者：许碧云
出版发行：中国旅游出版社
（北京建国门内大街甲9号　邮编：100005）
http://www.cttp.net.cn　E-mail:cttp@cnta.gov.cn
营销中心电话：010-85166503
排　　版：北京中文天地文化艺术有限公司
经　　销：全国各地新华书店
印　　刷：鸿博昊天科技有限公司
版　　次：2015年3月第1版　2015年3月第1次印刷
开　　本：889毫米×1194毫米　1/32
印　　张：21.75
字　　数：1028千
定　　价：105.00元
I S B N　978-7-5032-5091-0